【天津市志】

海关志

1949—2014

天津市地方志编修委员会办公室
中华人民共和国天津海关
编著

方志出版社
Publishing House of Local Records

图书在版编目（CIP）数据

天津市志．海关志：1949—2014 / 天津市地方志编修委员会办公室，中华人民共和国天津海关编著．-- 北京：方志出版社，2018.9

ISBN 978-7-5144-3259-6

Ⅰ.①天… Ⅱ.①天… ②中… Ⅲ.①天津－地方志 ②海关—工作概况—天津— 1949-2014 Ⅳ.① K292.1

中国版本图书馆 CIP 数据核字（2018）第 214565 号

天津市志·海关志（1949—2014）

编　　著：天津市地方志编修委员会办公室
　　　　　中华人民共和国天津海关
责任编辑：张　昊
封面设计：战盈彤

出 版 人：冀祥德
出 版 者：方志出版社
　　　　　地址　北京市朝阳区潘家园东里 9 号（国家方志馆 4 层）
　　　　　邮编　100021
　　　　　网址　http://www.fzph.org
发　　行：方志出版社发行中心
　　　　　电话（010）67110500
经　　销：各地新华书店
排　　版：北京中文天地文化艺术有限公司
印　　刷：北京中科印刷有限公司

开　　本：889 × 1194　　1/16
印　　张：42
字　　数：1000 千字
版　　次：2018 年 9 月第 1 版　　2018 年 9 月第 1 次印刷
印　　数：001 ~ 350 册

ISBN 978-7-5144-3259-6　　定价：480.00 元

天津海關全體員工歡迎孔署長克夫里斯內赫顧問攝影留念
一九四九年十二月廿七日

1949 年 12 月 27 日，海关总署署长孔原、顾问克夫里斯内赫到天津视察时与天津海关全体员工在营口道 2 号海关院内合影

1992 年 5 月 17 日，海关总署署长戴杰（左二）视察天津海关慰问一线工作人员

1997 年 6 月 11 日，海关总署署长钱冠林（左三）视察天津海关业务现场

2003 年 12 月，海关总署署长牟新生（左二）出席“天津海关查缉走私文物移交仪式”，
听取关长赵桂芬（左一）汇报查缉走私文物工作情况

2007 年 7 月，海关总署署长盛光祖（左）在天津海关出席奥运安保反恐应急演习活动

2011 年 9 月 28 日，海关总署署长于广洲（右二）视察天津海关时到食堂了解关员伙食情况

1862 年津海关由东浮桥临时办公处迁至英法租界交界处的紫竹林

1862 年津海关迁至紫竹林后，因房舍狭窄，年久失修，于 1888 年由津海关税务司德璀琳主持在原址重建津海关办公楼，并请直隶总督李鸿章题写匾额

20 世纪 30 年代日本空军从空中拍摄的津海关附近

津海关于 1942 年日伪时期大规模扩建，天津解放后成为天津海关办公楼

1971 年 3 月至 1973 年 8 月天津海关总关机构迁至塘沽区海关路 14 号办公

1973 年 8 月天津海关总关机构从塘沽迁回天津营口道 2 号办公

1990 年 10 月天津海关迁至河东区六纬路 2 号办公

2005 年初天津海关迁至天津经济技术开发区宏达大街 15 号办公

2014 年 3 月，天津海关迁回经过加固修缮的营口道 2 号办公

2014 年，经过改造后的六纬路 2 号成为天津海关业务办公楼

2014 年天津海关行政机关位置示意图

天津海关始终把开展职工文体活动作为海关文化建设的重要组成部分，通过开展健康的文体活动活跃关员生活，增强关员的集体荣誉感，提高关员综合素质

20 世纪 70 年代天津海关篮球队队员

20 世纪 50 年代的天津海关女子篮球队队员

2004 年天津海关承办全国海关乒乓球比赛

2005 年 10 月 16 日，天津海关第九届运动会

天津海关足球赛

天津海关关员参加 2008 年北京奥运会火炬传递

20 世纪 40 年末天津海关关员的婚礼留影

2011 年天津海关举办的集体婚礼和婚礼上的新人们

①1949 年 10 月 16 日，全国海关工作座谈会在北京召开，津海关在 38 名与会代表中占有 8 席（图中标注），为参会各海关中人数之最。

②2009 年 9 月 25 日，获得中国海关荣誉纪念章的天津海关部分老同志合影

③2011 年 3 月 23 日，海关总署、天津市有关领导在天津海关举办的纪念天津设立海关 150 周年活动中与天津海关关员合影

天津市地方志编修委员会组成人员

主　　任　张国清

副 主 任　李　毅　王小宁　高玉葆　孟庆松

委　　员　阎　峰　杨绍启　刘炳刚　王赤涛　胡学明
刘小芃　刘春雷　王　禹　许颖悟　谷云彪
刘东水　徐广宇　薛景山　董玉文　畅志杰
宋称意　刘基智　李伟桥　陈　晖　霍　兵
路　红　张　巍　苗加兴　魏　侠　毛科军
张文波　游庆波　王　浩　梁益铭　刘道刚
苏德芬　褚丽萍　马庆余　侯晓韧　王　洪
杨荣山　李建华　蓝兆琪　鲍培兰　房靖彪
张　莉　李梦林　陈　宇　王云齐　舒令嘉
于学蕴　聂永安　郝树龙　王悦群　严木生
郭振影　王　珂　戴　蕴　钟海澄　张再生

秘 书 长　关树锋

《天津市志·海关志》总编审人员

总　　编　关树锋

执行总编　张月光

分志主编　宋铭月

分志编辑　沙　洵　郭天天

评审人员　（以专家、天津市地方志办公室、天津海关为序）

罗澍伟　谭汝为　李家璘　关树锋　张月光

沙　洵　宋铭月　钟海澄　杜春雷　高　岚

陈嘉亮　邢蕴莹　张　旭

《天津市志·海关志》编纂委员会

《天津市志·海关志》编辑部

凡　例

一、本志以马克思列宁主义、毛泽东思想、邓小平理论、“三个代表”重要思想、科学发展观、习近平新时代中国特色社会主义思想为指导，坚持辩证唯物主义和历史唯物主义的立场、观点和方法，全面、准确、实事求是地记述天津海关65年的历史与现状，力求做到科学性、资料性、可读性的统一。

二、本志记述时限为1949年至2014年底，为保持事项的完整性，对于反映历史变迁和具有较大影响、意义深远的事项在时间节点上适当上溯或下延。

三、本志结构为篇章节目体、横分门类、纵述历史、述而不论，寓观点于记述之中。

四、本志记述地域范围主要为天津海关关区行政区域。因不同历史时期的关区范围略有不同，为尊重历史，记述内容以史实为准、资料为据，不尽相同。

五、本志体裁为述、记、志、传、图、表、录等体裁，以志为主，综合运用。篇前设概述，重要的章、节设无题小序，对文中所涉及的内容作必要的概括和提示，但全书不做统一要求。人物篇坚持生不立传的原则，严格收录标准，以生年为序。

六、本志专有名词在书后附录集中作名词解释。

七、本志年代表述使用公元纪年。

八、本志使用的各种称谓，包括国名、人名、地名、职务、党派、社会团体、机构、企业、产品、牌号等均引自资料原文。在容易引起歧义之处加注说明，首次出现时使用全称，并加注“简称”，重复出现时可使用简称。

九、本志中货币按史实中适时的币值表述，人民币旧币与新币换算后括注新币币值。

十、本志使用的计量单位，中华人民共和国成立前沿用当时用法；中华人民共和国成立后使用国家规定的法定计量单位。

十一、本志使用规范的现代语文体，行文使用简化字，对引文及人物姓名如简化后易造成误解的，仍使用繁体字，个别冷僻字加注音。

十二、本志使用的资料主要源自历史原始档案，部分采自经考证核实的公开发行的书、报、期刊出版物以及史实事件经历者的口碑资料。

十三、本志使用的统计数字以天津海关统计数据及相关部门公布的统计资料为准，表中缺失的数字以空格表示，无此数字以“—”表示。

目　录

第四篇 物品监管

第五篇 税费征管

第六篇 保税及加工贸易监管

第七篇 查缉走私

第八篇 海关统计

第九篇　海关稽查

第十篇　科技应用

第十一篇　督察　审计

第十二篇　人　物

综　述

综 述

1949年1月15日天津解放。翌日，天津市军事管制委员会即接管津海关。本着“完整接收，逐步改造”的方针，在短时间内，把被外国人把持长达88年之久，为帝国主义服务的旧海关，彻底改造成独立自主、有利于新民主主义国计民生的人民海关，真正实现了中国人民为之奋斗近百年的“关税自主”“把中国大门的钥匙放在自己的袋子里”的伟大宏愿，翻开了天津海关历史新的篇章。在此后的65年里，天津海关坚持与国家同呼吸、共命运，坚持国家经济建设和海关工作方针，坚持根据不同时期政治、经济形势的发展变化和国家总体战略要求，坚持履行海关的工作职责，在服务社会主义现代化建设的伟大进程中，推进天津海关的各项工作不断迈上新台阶。

（一）

在建设新中国海关的准备期，作为人民政权最早接收和恢复海关业务、基础较好的口岸大关，天津海关发挥着重要的历史作用。在掌握津海关的领导权后，根据新的工作重点对旧海关的组织机构进行了调整，对旧海关的人事制度进行了改革，实行德才兼备、量才使用的干部政策；废除旧海关不合理的薪酬待遇；开展对旧海关留用人员的思想政治教育；同时改革业务制度，取消与海关无关的业务职能。为日后新解放地区海关的接收工作和新中国海关建设提供了宝贵的可借鉴的经验。另外，为支援新解放地区海关的接收和建设，天津海关还先后派出业务骨干随人民解放军南下，直接参与新解放地区海关的接管工作。

1949年9月23日至10月16日，中央财经委员会海关总署筹备处在北京召开“全国海关工作座谈会”，探讨未来海关工作任务和业务范围，海关机构及领导系统的构成，新建海关总署的任务和组织条例，验征税则、稽查缉私、海港管理、统计及人事制度等海关行政与业务问题。津海关的朱剑白、卞鼎孙、韩彪、徐国英、王熙甫（王化民）、刘贻禄、周宝荫和卢寿汶出席会议，在38名与会代表中占有8席，为参会各海关中人数之最。此次会议被后人称之为新中国海关的奠基性会议，是建设新中国海关的开端。会议期间，津海关税务司朱剑白作为海关总署筹备小组的成员之一，带领津海关参会人员，结合接收津海关的工作经验和体会，为海关总署的建立和新中国海关事业的发展提出许多有价值的建议和意见。

1949年10月25日，中央人民政府海关总署宣告成立。1950年2月14日，津海关更名为

"中华人民共和国天津海关"。其间，政务院发布《关于关税政策和海关工作的决定》，确定了海关的工作方向;《中华人民共和国暂行海关法》的颁布，为海关提供了法律依据;《中华人民共和国海关税则》的实施，彻底结束了近百年中国海关关税不能自主的状态；政务院批准的《海关总署试行组织条例》，确定了海关集中统一垂直领导的管理体系。这些都为天津海关实现历史性大变革奠定下坚实的基础，提供了重要的保证。在国家三年经济恢复时期（1950 ~ 1953 年），天津海关在业务工作中实现了从单纯税收机构向负责监督国家对外贸易统制政策有效实施的行政管理机关的转变。在监管方式上，由从凭单（报单）监管转为凭证（许可证）监管，为配合国家打破帝国主义封锁禁运、抢运进出口货物，采取"分清情况、区别对待、严密监管、简化手续、加速货运"的监管方针，调整机构、改革工作流程，减少重复作业、实施船边验放、集中纳税等便利措施，对资本主义国家进口货物的报关手续从 25 个环节减少至 8 个，单证齐全的货物实现了随到随放。在便利通关的同时，天津海关履行为国把关的职能，严厉打击各种走私行为。通过与铁路、邮局、银行、公安、司法、文化部门及外贸公司的联系配合，破获了一批重大走私案件，维护了天津口岸的正常经济秩序。

在组织建设上，在中国共产党的领导下，天津海关初步建立起一支符合新中国海关建设需要的干部队伍。经过历次政治运动和不断的思想教育、改造，绝大多数旧海关人员逐渐接受党的领导，愿意把自己的知识和能力贡献给新生的共和国，思想觉悟有了明显提高，其中的积极分子和骨干还加入了中国共产党。新加入海关队伍的干部，逐渐熟悉和掌握海关的业务，很多工农干部经过努力从文盲达到小学甚至初中的文化水平，提高了为人民服务、领导海关工作的能力。同时又有一批青年干部充实到海关的各个岗位。

（二）

20 世纪 50 年代至 60 年代初，随着国家政治、经济策略的调整变化，天津海关的管理体制亦随之发生变化。经历"关局合并""双重领导""体制下放"的三次变革，进行简政放权和改革，天津海关的领导关系和工作职能几经变化。1953 年 1 月，根据国家的统一部署，天津海关与天津市对外贸易局合并，对外统称天津海关。合并后，天津海关根据业务需要对内部组织机构、人员编制等进行必要的调整。1955 年 9 月，国务院进一步调整海关管理体制，地方海关改由对外贸易部和所在地省、自治区或直辖市人民委员会双重领导。在此次调整中，天津海关将"关局合并"时增加的执行对外贸易许可证、登记管理进出口厂商、拟订口岸进出口计划等三项任务，连同机构、人员一并移交天津市对外贸易局。1960 年 11 月，国务院将海关管理权下放至各省、自治区或直辖市人民政府，天津海关编制列入河北省人民政府系统（当时天津市为河北省的省辖市），属省外贸局的组成部分，行政级别为局级单位，对外仍称"天津海关"。

1951 年，新中国第一部海关税则颁布后，天津海关依据新税则对进出口货物征收关税及其他税费，配合国家对农业、手工业和资本主义工商业实行社会主义改造，采取对公有制经济从宽，对私营经济从严的计征政策。但1956年以后，随着国家实行计划经济模式，由国营外贸公司经营进出口贸易，进出口业务统一计划，关税的作用逐渐弱化，致使天津海关的税收征管工作基本处于停滞状态。

在此阶段，海关的工作任务增加了“经济政治保卫”和“监督检查”的职能，海关的监管对象也随着国家完成对生产资料私有制的社会主义改造，全部转为国营外贸公司，海关监管的手段也随之发生改变。一方面货运监管的重点转向揭发、查禁和处理进出口货物的不规则现象，同一切货运事故做斗争。另一方面海关监管的重点也由货运渠道转向旅客行李物品、邮包、船舶监管及查私等非贸易渠道。监管的对象主要是华侨、港澳同胞、出国人员携带的行李物品，天津海关在对进出境人员实施检查时，严格遵照国家的对外政策，把政治影响放在首位，在防止走私漏税、维护国家权益和进出境秩序的同时，注意依照具体情况予以简化、照顾、方便，用实际行动体现政府的关怀和人道主义。

在此阶段，天津海关建立起一套较为健全的干部管理制度，干部队伍素质也有了进一步的提升。随着采取多种形式的培训，原有干部的思想、业务水平得到明显提高，一批富有朝气、有文化，具有较好政策、业务和外语水平的青年充实到海关队伍之中，成为海关各项工作的骨干和生力军。1960年，天津海关被海关总署评为“全国红旗关”，同时还被授予“全国档案工作先进单位”和“全国卫生模范单位”的称号，天津海关的多项工作在全国海关名列前茅。

（三）

“文化大革命”的10年中，天津海关各方面的工作都受到了严重的干扰和冲击。

1966年，“文化大革命”开始，天津海关的“造反派”，在无政府主义思潮影响下组成“夺权委员会”，夺取了天津海关的管理权，接管印信，解散党、团支部，致使海关机构处于瘫痪状态，海关业务无法正常开展。受极“左”思潮的影响，“造反派”还以否定一切的观点，定性天津海关是“黑路线、黑班子、黑队伍”，要“砸烂旧海关”，并炮制出“伪海关案”，致使天津海关的40名干部受到牵连，有的被投进监狱，有的被迫害致残。其间，近百名海关干部以各种原因或被迫停止工作或调离海关。“造反派”还取消了海关制服、标志，改为佩带红色袖章在码头值勤。

“文化大革命”期间，海关的正常业务几乎取消殆尽。1967年，天津海关奉命停止征收进出口货物的税费、停编海关对外贸易统计、解除对国营外贸进出口货物的监管。“船勤”在“要做码头的主人，不当梯口的奴隶”口号中被取消，查私在“宣传一条毛主席语录，比查到一块手表更重要”的观念中被淡化。由于政策、纪律被轻视，在仅有的非贸货物监管中事故频发，先后发生了大使馆的过境货物、外交官个人物品被检查的外交事故。由于海关队伍人员变化很大，对新干部的培训跟不上，海关队伍出现了政策、业务、外语水平低的“三低”现象，给海关工作造成消极影响。1968年8月19日，天津海关革命委员会成立，接受天津市革命委员会供给服务组领导。在1970年，天津海关的干部人数仅剩201人，队伍人数达到新中国成立后的最低值。1971年1月，天津海关降为局属公司级机构（处级），隶属天津市对外贸易局领导。

（四）

1978年12月，中共十一届三中全会决定，将国家的工作重点转移到社会主义现代化建设，海关的对外贸易管理职能逐步恢复并得到加强。1980年2月，国务院发布《关于改革海关管理体制的决定》，恢复成立中华人民共和国海关总署，统一垂直领导各地海关。1980年12月31日，天津市人民政府下发文件，天津海关升格为局级机构，归口天津市进出口委员会代管。为满足新时期海关工作任务的需要，天津海关干部队伍的人数也增加至401人。

1985年，全国海关关长会议确定新时期海关“把关服务”的职能，1987年，《中华人民共和国海关法》发布实施，明确了海关监管、征税、查私、统计四项基本任务和具体工作内容，天津海关的各项工作重新步入健康快速发展的轨道。

在队伍建设上，天津海关干部队伍随着海关业务的发展不断扩充，1993年时历史性地突破了千人。至2014年，天津海关干部人数已达到2118人，比1980年海关体制改革时增长了4.28倍。随着业务的发展，天津海关的机构也在不断调整、增加，截至2014年，天津海关（包括缉私局）共设副厅级机构2个，内设处级机构40个、处级分关、分局、驻外机构16个、全关共设科级机构315个。海关队伍的人员结构、文化素质也都发生了明显的转变，1979年，天津海关干部中拥有大专以上学历的仅占全员的27.67%；至2014年，拥有本科以上学历的关员已占全员的85.44%。1993年以后，随着《国家公务员暂行条例》及配套法规相继实施，天津海关人事管理工作按照法制化、制度化的要求，从行政干部管理体制过渡到国家公务员管理体制。当时在职的海关正式干部经过考试合格后转为国家公务员身份。此后海关招录的人员则必须通过国家公务员考试合格方可取得报名资格，海关依据需要择优录取。2003年2月28日，全国人民代表大会审议通过《中华人民共和国海关关衔条例》，9月12日，在北京人民大会堂举行的国务院授予海关关衔仪式上，天津海关关长赵桂芬接受国务院授予的一级关务监督关衔，靳晨光、赵志坚、王则光、李佩林、吴士浩五人被授予二级关务监督关衔。9月17日，在天津礼堂举行的授予海关关衔仪式上，海关总署驻天津特派办和天津海关的1016名关员分别被授予三级关务监督至一级关务员衔级的海关关衔。2003年10月1日起，海关关员统一佩带关衔标志上岗。

在业务建设上，从1998年起，天津海关作为全国海关通关作业改革首批试点单位之一，建立起集中审核报关单据与现场对货物实际监管分离作业的新型通关作业模式。2005年，天津海关启动“属地申报、口岸验放”区域通关模式的试点工作，提高跨关区进出口货物通关效率。2009年，在货运监管中引入风险分析，对进出口货物实行分类管理。2012年，实施无纸通关模式，当年通关作业无纸化报关单突破万票。2014 年，配合国家京津冀协同发展，启动京津冀海关区域通关一体化作业，为全国海关的区域通关一体化改革探索路径、总结经验。从 1978 年天津出现第一个来料加工合同，到 2014 年筹备天津自由贸易试验区，36 年里有 6 类海关特殊监管区域在天津落户，形成天津经济发展的支柱，在促进天津滨海新区经济发展中发挥着重要的作用。天津海关则依法对海关特殊监管区域实施监管，以保证其有序地运行和健康的发展。1980年，国务院批准海关"恢复单独计征关税"，天津海关开始征收进出口货物关税，同时恢复对外贸专业公司为其他部门代理进口的商品代征工商税。在"依率计征"的同时，天津海关为天津市的外商投资企业、国内企业技术改造、引进国外先进技术、发展"三来一补"（即来料加工、来样加工、来件装配和补偿贸易）及老企业技术改造，和"天津大发"厢式货车及"夏利"轿车国产化过程中提供税收优惠政策支持。2001 年，海关总署在天津海关设立商品价格信息处和全国海关进出口商品归类分中心，进一步发挥天津海关在全国海关系统价格管理和归类工作中的专业性优势。2002 年，天津关区建立税收征管监控网络，开展综合治税，当年获得海关总署授予的综合治税特殊贡献一等奖。2008 年，天津海关实征税收突破 1000 亿元。2006 ~ 2014 年，天津海关历年税收总量基本保持在全国海关第二位的水平。1994 年，实行海关稽查制度以后，本着"前面放开，后面管住"的方针，天津海关依靠风险分析，对企业实行分类管理，适时开展常规稽查和专项稽查，监督企业守法经营。天津海关在积极支持和促进经济发展的同时，发挥海关为国把关的职能，严厉打击各类走私行为，维护国家正常经济秩序。特别是 1999 年天津海关走私犯罪侦查分局（2003 年更名为天津海关缉私局）成立后，贯彻"打防结合、综合治理、突出重点、坚持不懈"的缉私工作方针，破大案、打团伙、摧网络。针对走私情况的变化，每年组织开展各类专项行动，打击重点地区、重点渠道、重点商品的走私活动，查获一批重大走私犯罪团伙。2012 年以后，相继侦破象牙、紫檀、冻品、固体废物、资源性矿产品等一批海关总署挂牌督办、有影响的大要案，打击走私成效显著。

在科技应用上，1979 年，天津海关成立技术革新小组，结合业务需要开展技术革新和技术改造。1983 年，天津海关开始使用迪吉多 16 位电脑（PDP-11 小型机），并自行编写征税、统计、人事程序，实现自动计税，使用无线电台进行通讯联络，使用 X 光行李检查设备进行旅客检查。1999 年 11 月，天津海关在全国海关率先建成首套国产固定式集装箱检查系统（H986），用于货运集装箱的快速检查，使集装箱检查时间从人工开箱约需 4 个小时缩短到 2 分钟，并且能够发现人工难以发现的暗藏于集装箱箱体及货物中的违禁物品。从 20 世纪 90 年代，随着社会科技的发展，天津海关开始将视频监控系统、卡口通道物流监控系统应用于各业务现场，通过科技手段实施海关监管。通信技术应用，从早期租用电话直线通信线路进行通讯联络，历经关区微波通信网络、全国卫星通信网络、无线寻呼网络、海关专网等的应用，最终形成覆盖全天津关区的光纤网络、移动虚拟网、互联网、网络电话等通信应用，实现语音、视频、数据"三网合一"。依托科技应用形成以"电子海关""电子总署""电子口岸"的信息化为龙头，涵盖海关各业务领域的监控检查、通讯、化验等全方位的科技应用格局。在近30年的时间里，天津海关先后有70余项科技成果获得国家及地方科技进步奖或被评为海关优秀科技项目。

另外，在政务办公、人事管理、关务保障、审计督察、思想政治工作等方面，也都紧密围绕海关的中心工作，各司其职，锐意改革，为全面完成海关各项工作任务提供支持和保障。

天津海关历经65年不平凡的奋斗历程，随着中华民族的崛起而前进，伴随中华民族的伟大复兴而发展。几代海关人在中共中央、国务院和海关总署的领导下，开拓进取、改革创新，为国家的经济建设、改革开放和地方的经济发展把关服务，保驾护航，做出突出贡献。在未来的日子里，新一代的天津海关人将继往开来，昂扬奋进，不辱历史使命，不负祖国和人民的重托，为国家的建设和民族的富强续写新的、更大的辉煌。

大事记

1949 年

1 月 15 日　天津市解放。翌日，由华北对外贸易接管处副处长、军代表江明及秘书卢荫依等人组成接管组，接管津海关。接管后称为“天津市军事管制委员会海关管理局津海关”。

1 月 17 日　接管后津海关及所属分关共接管留用人员 776 人，其中职员 413 人。工友 363 人。即日正式对外办公。

同日　经华北军事管制委员会批准，秦皇岛关重归津海关，其全称为“天津市军事管制委员会海关管理局秦皇岛分关”。

1 月 19 日　由军代表韩彪等人组成的接管组接管塘沽分关。

2 月 15 日　接管天津、塘沽、秦皇岛三地的海港检疫所。是年 6 月 27 日，海港检疫所移交给天津市卫生局管理。

2 月 17 日　启用“天津市军事管制委员会海关管理局关防”木质印章。同年 4 月 15 日停止使用，改用原“津海关税务司关防”印章。

2 月 24 日　设立审查组，对官僚资本的进口货物进行审查。是年 5 月 12 日该项审查工作转由税务课办理。

3 月 1 日　以军代表李琢之等人组成的接管组正式接管津海关北平分关。

4 月 10 日　中共中央书记处书记刘少奇，视察天津时听取完整接收津海关工作汇报，提出“完整接收，逐步改造”的指示。

4 月 27 日　华北人民政府任命朱剑白为津海关税务司，王熙甫为常务副税务司。

5 月 20 日　批准外籍代理港务长付莱秋辞职。

7 月 18 日　试行华北对外贸易管理局制定的员工福利规定。

7 月 22 日　设立社会服务部，指导商民自行报关，解答海关手续问题和出售各种海关单据。

9 月 17 日　北平分关改组，对外称“津海关北平办事处”。

10 月 26 日　军管会决定，撤销津海关及所属的北平办事处和秦皇岛、塘沽分关的军代表。

11 月 19 日　中国共产党津海关支部委员会宣布公开。

12 月 26 日　海关总署署长孔原和苏联顾问克夫里什内赫视察津海关，苏联顾问作题为“1950 年海关工作的方针与任务”的报告。

12 月 31 日　年内，津海关共抽调 127 人去华北革命大学学习，其中干部 111 人，工友 16 人。

1950 年

1 月 1 日　《津关通讯》创刊。

1 月 13 日　津海关由华北对外贸易管理局移交海关总署直接领导，海关总署委派朱剑白负责接收。

2 月 3 日　海关总署暂派朱剑白任津海关关长。

2月14日 津海关改称为“中华人民共和国天津海关”。即日起启用“中华人民共和国天津海关”印章。

3月21日 海关总署批准天津海关建制设置为：总关设8个科及邮局支关，下设秦皇岛、塘沽两个分关和北京办事处。

4月7日 天津海关抽调31名干部到华北革命大学学习。

5月9日 海关总署任命，高元济为秦皇岛分关长。

5月24日 海关总署奉政务院令，任命朱剑白为天津海关关长。

7月15日 海关总署暂派王熙甫任天津海关代理副关长。

9月28日 天津市财政金融业工会海关委员会成立。

12月21日 海关总署决定设立北京海关，天津海关北京办事处撤销。

12月22日 天津海关总关及秦皇岛、塘沽分关的海港管理机构和人员，移交港务部门领导和管理。

是年 分批抽调骨干支援全国各地，协助加快接收各地旧海关、创建人民海关。截至年底天津海关共抽调186名骨干派遣至各地海关。

1951年

2月1日 撤销塘沽分关的北塘和大沽2个支关。

4月1日 海关总署任命，韩彪为天津海关代理副关长（兼塘沽分关关长）。

4月1日 海关总署任命，高元济，崔文华为秦皇岛分关正副分关长。

5月1日 结合《中华人民共和国暂行海关法》的实施。关长朱剑白在《天津日报》发表《贯彻执行海关法》的文章。

5月17日 副关长王熙甫赴重庆参加中央土改工作团。

5月20日 关长朱剑白在天津人民广播电台专题讲解“海关法与海关工作”。

5月22日 天津海关新录取工作人员短期训练班开学。

6月20日 为抗美援朝捐献“中国海关号”飞机。全关职工共捐献人民币七千一百五十一万零九百元（旧币），超额45%完成任务。

6月23日 总关成立整风委员会，领导开展整风审干。随后，全关开始整风审干工作。至9月6日整风审干结束，关长朱剑白作整风总结报告。

7月10日 经请示上级领导机关同意，天津海关与外籍职员伊佐托夫（苏联籍）解除聘用关系。彻底解决旧海关遗留的外籍职员问题，终止近代中国海关雇佣外籍洋员的历史。

9月27日 天津海关生产委员会成立。

1952年

1月10日 海关总署干训班92名学员到天津海关报到。

6月19日 天津海关民主建设委员会成立。

11月1日 海关总署通报各关，推广天津海关试行的“船边放货”办法。

1953年

1月8日 根据对外贸易部电示：海关与对外贸易管理局合并，天津海关并入天津市外贸局。经政务院、中央财政经济委员会决定，朱剑白任天津海关关长；高自新、韩彪、余进贤为副关长。合并后，对外仍称“天津海关”，仍在营口道2号原址办公。

5月11日 对外贸易部决定，天津海关化验室并入天津商品检验局。

1954年

3月9日 华北外贸局任命，卢荫侬为天津海关代理副关长（兼进出口处主任）。

5月17日 根据华北外贸局决定，将组织实现地方计划的任务移交各有关公司，派出干部10人进驻进出口公司办公。

6月9日 撤销计划处。有关计划编制工作移交华北外贸局。

7月6日 秦皇岛分关“锦龙”号缉私艇无偿调拨给河北省海洋水产试验场，6名船员随船调出。

1955年

12月31日 天津海关进出口处主任等46名干部，随移交业务调至天津市外贸局。

1956年

3月24日 “春顺”号关艇移交天津港务管理局，11名船员随船调出。

4月20日 国务院人事局任命，梁家瑛为天津海关副关长。

7月20日 天津海关工资改革小组成立，开始进行工资改革。

11月26日 实行新的考勤制度，取消签到办法，建立月中生活检讨会和批评表扬月报制度。

12月14日 天津海关基层红十字会成立。

1957年

1月20日 国务院人事局任命，余进贤为天津海关关长。

6月17日 港务局、海关、外轮代理公司、外贸运输公司4单位组成天津港联合办公组织。

10月28日 天津海关派遣12名干部赴西郊区张家窝乡开展社会主义教育运动。

11月20日 天津海关批准50名干部赴西郊区张家窝乡参加农业生产劳动，至1959年1月回关。

1958年

1月11日 天津民航局开始接受办理国际空运出口货物，天津海关派员监管。

4月25日 与天津市第一工人文化宫协议换房，以自由道宿舍换取在保定道新盖的宿舍。

6月22日 天津海关实行节假日及夜间值班办法，全天24小时接受申报。

7月10日 根据天津市人民委员会对公产房屋统一管理的精神，将保定道、泰安道、自由道、重庆道、宁波道、解放南路等处关产宿舍移交市房产公司。

9月1日　天津海关红专学院成立，关长余进贤任院长。

9月18日　天津海关主办反走私展览会。该展览历时51天，接待观众15.3万余人次。随后展览转至塘沽展出，又接待观众3.32万余人次。

1959年

10月9日　天津港口运输指挥部成立，天津海关担任副指挥。

10月24日　天津海关在保定市举办小型反走私展览，参观展览的观众达3.31万人次。

11月22日　天津海关在张家口市举办反走私展览，参观展览的观众达2.47万人次。

12月8日　经天津市委批准，天津港联检党组成立，关长余进贤任党组成员。

1960年

2月16日　总关下放4名干部到河北省霸县参加劳动锻炼，塘沽分关下放5名干部到塘沽郊区参加劳动锻炼。

3月30日　天津海关和秦皇岛分关，分别建立机关农场。

5月10日　民主德国海关秘书长波里兹访问天津海关。关长余进贤陪同参观。

6月22日　天津港联检党组改名为港口涉外党组。关长余进贤任党组成员。

1961年

3月2日　接外贸部通知，自1961年1月1日起，天津海关经费预算列入天津市政府预算。

7月29日　经中共河北省委批准，天津市委组织部决定，戴克忠任天津海关副关长，张建国任天津海关副关长兼秦皇岛分关分关长。

10月26日　经中共河北省委批准，天津市委组织部决定，梁家瑛任天津海关关长。

1962年

6月1日　部分天津市人民代表、政协委员视察天津海关。

7月30日　越南海关局副局长朱文实一行访问天津海关。

1963年

6月4日　经外贸部批准，秦皇岛分关改称秦皇岛海关，不再隶属天津海关，接受河北省政府和外贸部海关管理局双重领导。

6月13日　古巴海关总局局长冈萨雷斯及技术顾问鲁马迪亚斯一行访问天津海关。

8月9日　天津海关组织干部参加独流减河防汛工程，获“天津市模范集体”称号。

1964年

8月5日　天津海关被评为天津市“卫生先进单位”。

10月　天津海关对进出口邮递物品实行《海关委托邮局代收税款办法》。

12月30日　天津市委派工作组进入天津海关，领导开展“四清”运动。

1965 年

11 月 31 日 在查私工作中试行《关于确定走私与非走私界限的规定》。

1966 年

1 月 25 日 经中共中央华北局批准，天津市委组织部决定，冯西森任天津海关副关长。

2 月 14 日 天津港口成立外轮工作领导小组，天津海关为领导小组成员。

3 月 9 日 经中共中央华北局批准，天津市委组织部决定，天津市对外贸易局副局长石振华兼任天津海关关长。

8 月 24 日 以扫“四旧”为由，取消海关关员制服、大檐帽、关徽、臂章和制服上的铜纽扣，关员改着布质军便服式制服，佩带红色袖章在码头值勤。

本月 天津海关“文化革命委员会”成立。

12 月 19 日 天津海关在新港港口出入口处设立海关值班室，撤销船边梯口执行监督执勤人员。

1967 年

1 月 1 日 停止海关统计工作。

1 月 26 日 群众组织夺权、行政部门瘫痪。

3 月 28 日 经行政领导与群众组织协商，选出“抓革命、促生产”三结合领导班子。

本月 夺权委员会解散，各群众组织自行活动。

7 月 1 日 根据外贸部转发国务院的通知，即日起对外贸进出口公司进出口商品停征关税，关税并入外贸利润交库。

9 月 14 日 根据外贸部的通知，即日起停止编制对外贸易海关统计。

1968 年

8 月 19 日 经天津市革命委员会同意，天津海关革命委员会成立，石振华任主任，马景溪、齐青珉任副主任。在革命委员会下设办事组、业务组、政工组。

8 月 26 日 工人毛泽东思想宣传队进驻天津海关。数月后撤出。

9 月 5 日 向外贸部海关管理局及各有关革命委员会、天津市的有关单位发布通知，自 9 月 6 日起启用新印章。原“中华人民共和国天津海关”印章停止使用。

1969 年

3 月 25 日 以关产“海卫”号关艇与华北石油勘探指挥部的交通船“海渔 26 号”进行对换，部分船员随船调出。

4 月 3 日 天津市革命委员会分配 60 名退役军人到海关工作。将关产“红卫”号关艇调拨给解放军总参谋部防化学兵团。

7 月 16 日 凌晨 2 时，塘沽分关大楼失火，共烧毁楼房面积 300 余平方米及公、私物品等，估计损失28000元。

8月16日 天津海关60名干部调离海关，从事副食、饮食、服务等行业的售货、服务工作。

9月26日 外贸部海关管理局设在天津的海关干部学校停办，原校人员及校舍等经天津市革委会决定并入天津海关。

10月13日 进驻天津海关的解放军毛泽东思想宣传队撤离。该宣传队是于上年进驻天津海关。

12月 天津海关34名干部下放至天津市财贸系统“五七”干校劳动锻炼。

1970年

8月1日 恢复对香港陆运出口货物的监管。

9月 按照天津市革命委员会指示，将解放北路179—181号海关干校房屋移交天津医药站使用。

12月3日 天津海关革命委员会向天津市对外贸易局革命委员会报批的人员编制为：机关31人，新港办事处105人，天津办事处38人，塘沽办事处33人，其他人员38人，合计245人。

1971年

1月 天津海关降为局属公司级机构。

2月22日 经天津市革命委员会批准，天津海关重新组建革命委员会，徐玉峰任主任，马安治任副主任。办公地由天津市区迁至塘沽，以“中华人民共和国天津海关”名称对外办公。

3月8日 取消原有科室建制，改按连队建制，下设政工组、业务组、办事组、天津连、塘沽连、新港连。

3月22日 总关从市区营口道2号迁往塘沽区海关路14号办公；塘沽分关即日起撤销。

本月 43名退役军人分配到天津海关。

4月12日 天津市对外贸易局革命委员会批复，同意成立中国共产党天津海关委员会，徐玉峰任书记，马安治、齐青珉任副书记。

8月20日 贯彻“全面监管、重点查验”的海关工作方针，全面恢复对海运进出口货物的监管。

11月25日 阿尔巴尼亚海关小组一行访问天津海关。

12月6日 天津市对外贸易局革命委员会任命，张登铭为天津海关革命委员会副主任。

1972年

2月10日 天津市对外贸易局革命委员会任命，徐玉峰为天津海关革命委员会主任。

5月20日 取消连队建制，恢复科、室机构设置。天津海关革命委员会设3个职能组，下属8个科。在市区设立天津办事处。

1973年

5月1日 经国务院批准，启用“中华人民共和国天津海关”新印章。

8 月 5 日 天津海关总关由塘沽区迁回市内营口道 2 号原址办公。原设置在市区的天津办事处撤销。

10 月 18 日 经天津市计委批准，在新港新建办公楼房 2500 平方米。

1974 年

3 月 30 日 天津市对外贸易局党委任命，王珉为天津海关革命委员会副主任。

9 月 5 日 天津海关与天津市物资局签订协议，天津市物资局退还占用的海关办公楼，该局在海关院内另建新办公大楼。

1975 年

7 月 14 日 天津市对外贸易局党委任命，唐勋、石城为天津海关革命委员会副主任。

11 月 举办业务学习班，对新招收的 82 名中学毕业生进行培训，该培训班至 1976 年 10 月结业。

12 月 新建塘沽区老弯道职工宿舍楼竣工。

1976 年

1 月 27 日 与商检局、人民保险公司、包装公司等 4 单位联合举办的“天津口岸货运展览”先后在天津市区、新港、塘沽、秦皇岛、北京等市、区的 11 个场所展出，观众计 15500 多人次，于即日结束。

6 月 21 日 天津市对外贸易局党委任命，赵桂芬为天津海关革命委员会副主任。

7 月 28 日 河北省唐山市发生 7.8 级强烈地震，震灾波及天津。全关职工 362 人中有 1 人受伤，总关办公楼中等程度受损，新港检查室地裂、房危，塘沽分关三楼部分倒塌。市内职工宿舍有 29 处倒塌，18 处需要大修。

8 月 25 日 成立“天津海关抗震救灾指挥部”在总关和分关分别成立政工组、保卫抢险组、综合业务组和后勤组。

8 月 31 日 塘沽分关抽调干部 52 人组成维修队，抢修地震倒塌的部分房屋。

1977 年

2 月 22 日 经天津市革命委员会审定，天津海关编制由 280 人增至 420 人。

4 月 1 日 天津市对外贸易局党委任命，张国祥为天津海关革命委员会副主任。

4 月 18 日 天津海关组织在职干部进行短期业务轮训，以提高干部的业务能力和政策水平。

12 月 15 日 天津海关实施《船边验放、直装直提货物试行办法》。

1978 年

5 月 12 日 天津市委组织部决定，戴克忠任天津海关关长。

6 月 4 日 天津海关与外贸部海关管理局联合在天津自然博物馆举办《全国反走私展览》。该展览展出历时两个多月，共接待参观者 27 万余人次。

11 月 17 日 将天津海关保管的 1860 ~ 1948 年“天津海关监督公署”“常关”等档案

13134卷，以及相关资料卡片等移交给天津市档案管理处。

1979年

4月6日 全国海关工作会议在北京召开，会议确定新时期海关“依法监管征税、方便合法进出、制止走私违法、保卫促进四化”的工作方针。关长戴克忠一行3人参加会议。

9月 天津海关与天津市市政设计院合建的和平区气象台路职工宿舍竣工。

10月底 新建新港海关办公楼竣工。新港海关原办公处旧平房交港务局使用。

12月 塘沽区宁波道新建职工宿舍竣工。河西区紫金山路联建职工宿舍竣工。

1980年

3月24日 成立清查小组，对英商和有关外商进出口贸易档案、“五反”材料、逃汇套汇等案件资料进行复核。同时，查阅津海关职员养老金的有关档案，整理书面材料一并报天津市外资清查小组。

3月29日 接海关总署通知，检查揭发货运事故不再列为海关任务。

6月1日 关长戴克忠当选为天津市人民代表，出席天津市第九届人民代表大会。

8月10日 天津海关启用海关总署颁发的新印章。

8月 南开区复康路新建职工宿舍竣工。

9月10日 海关总署（天津）海关干部训练班第一期开班，天津海关关长戴克忠任副主任。天津海关组织附属班参加各期的学习。

9月15日 财政部决定，各地海关的行政经费实行“预算包干，结余留用”办法。

10月 河西区宁波道新建职工宿舍竣工。

12月31日 根据《国务院关于改革海关管理体制的决定》，天津海关定为局级海关机构。

1981年

4月10日 经海关总署批准，天津海关将保管的1862～1949年原总税务司署海务科档案4166卷，全部移交给中国第二历史档案馆。

7月7日 海关总署决定，戴克忠任天津海关关长，王绮园、傅绍成、石城、张国祥、杨戊辰任副关长。

10月28日 经中共天津市委组织部批准，建立中共天津海关党组，戴克忠任党组书记，王绮园、傅绍成任副书记，石城、张国祥、杨戊辰任党组成员。

11月10日 朝鲜民主主义人民共和国税关局副局长李茂率领朝鲜税关代表团一行到关访问。

12月24日 将天津海关保管的原华北对外贸易管理局1949～1952年档案移交天津市档案局。

1982年

3月1日 海关总署、财政部联合发布《科教用品报运进口免税办法》，授权天津海关负责河南、山西、甘肃、青海、宁夏5省（区）及天津市的审批工作。

9月29日 经劳动人事部及海关总署批准增加人员编制，即日起登报招录。于10月15日结束，共招收工作人员60名。

10月4～13日 天津海关派出11人参加引滦入津工程义务劳动，获得“引滦入津工程义务劳动先进单位”称号。

11月15日 60名新入关人员到天津海关报到，自18日起在塘沽正式参加培训。

12月1日 将天津海关保管的伪中央信托局、敌伪码头办事处、输出入管理委员会3部分旧档案全部移交天津市档案馆。

1983年

1月1日 PDP-11/23型微型计算机正式投入使用。

8月10日 海关总署干训班在津开学，副署长朱剑白参加开班仪式。

4月4日 关长戴克忠当选为天津市第十届人民代表大会代表。

5月27日 天津海关干部中等专业学校成立，9月8日正式开学。

12月26日 海关总署党组决定，杨戊辰任天津海关党组书记、关长。王绮园、张国祥任天津海关党组成员、副关长。

1984年

1月16日 建立业务处室碰头会制度，由关长杨戊辰主持，每两周一次。

4月 天津海关批准服装进出口公司设立第一家保税仓库。

5月10日 经海关总署及劳动人事部批准，增加干部编制50人，就地招收录用。

5月29日 斯里兰卡海关局局长迪萨纳亚克一行访问天津海关。

8月1日 即日起实行海关总署下达的关于海关系统职工休假的暂行规定。

10月30日 天津海关业务改革推动小组成立，关长杨戊辰任组长。

11月13日 根据海关总署指示，将原分管的宁夏、青海、甘肃3省区的有关监管业务及审批工作等移交西安海关；将山西省的有关监管业务等移交北京海关。

是年 天津海关与日本神户税关建立友好海关关系。

1985年

1月1日 海关代征的产品税、增值税一律作为中央预算收入上缴中央金库。正式实施《海关经费会计制度》《海关税收会计制度》以及海关总署与国家统计局联合制定的《海关统计制度》。

1月17日 海关总署党组决定，黄汝凤任天津海关党组成员、副关长。

1月20日 在关区内统一实行货管、关税、调查部门联合办案工作制度。

4月10日 国家审计署、海关总署审计室到关审计固定资产管理情况。

4月27日 统一更换新制服。

6月30日 制定实施《天津海关、天津市财政局关于技改免税项目核查办法》，与社会力量合作，加强对技改免税项目的后期管理。

9月2日 天津海关举办第一期报关员培训班。

1986年

2月18日 《动向与分析》第1期出刊。

2月21日 业务职称评审委员会成立，职称评定工作开始。

4月14日 派员赴郑州海关移交有关监管工作，是月16日开始天津海关不再办理河南省的减免税审批。

5月2日 《昨日快讯》出刊。

5月19日 海关总署决定，自4月1日起在全国海关系统内实行统一的“海关人员贡献奖”。

6月10日 天津海关编制的“海关业务汉字处理系统”，评为1985年天津市计算机推广应用优秀项目。

6月30日 海关总署人教司转发天津海关《思想政治工作暂行规定》。

8月15日 机场旅检现场实行“红、绿”通道，同时启用新格式行李申报单。

9月16日 海关总署党组决定，赵桂芬任天津海关党组成员、副关长。

10月13日 天津电视台播出介绍天津海关的专题电视片《国门巍巍》。

11月14日 《天津海关简志》编修完成。

12月30日 天津海关被评为1986年度天津市“五讲四美三热爱”文明单位。

1987年

1月8日 海关总署批准在天津经济技术开发区设置处级海关、对外称中华人民共和国天津经济技术开发区海关。

2月17日 天津市政府授予天津海关、新港海关支持出口成绩显著荣誉奖状。

2月19日 全关职工认购“外环线债券”，共认购6220元，平均每人认购34.94元。

3月16日 海关总署党组决定，陈国平任天津海关党组成员、副关长。

5月22日 天津海关在蓟县举办第一期加工贸易核销员培训班，260余人参加。

6月15日 天津海关EDJ汉字转换软件获天津市1986年度科技进步三等奖。

7月1日 《中华人民共和国海关法》施行。天津海关对外公布海关职业纪律“十不准”和监督电话。

9月11日 天津海关TCWG文档管理系统获得国家档案局授予的发明四等奖。

11月24日 举行河东区六纬路新建办公大楼奠基仪式。

11月30日 经海关总署批准，设置驻塘沽办事处（处级）和驻东港办事处（处级），于1988年1月1日正式对外办公。

1988 年

1 月 3 日 开始实行专业技术职务聘任制。即日起陆续公布各类专业技术职务的聘任名单。

3 月 17 日 关长杨戊辰当选为中共天津市第五次代表大会代表。

4 月 19 日 经天津海关批准，天津市第一家由乡镇企业经营的加工贸易公共保税仓库—天津市新兴公共保税仓库在东郊区正式开业。

4 月 21 日 关长杨戊辰在中共天津市第五次代表大会上当选第五届委员会候补委员。

6 月 18 日 天津海关批准中国外运总公司天津储运分公司建立综合性保税仓库。

7 月 2 日 大龙邮票发行 110 周年纪念活动在京举行，关长杨戊辰应邀参加。天津海关为此制作纪念邮折 1500 个。

9 月 5 日 关长杨戊辰随中国海关代表团出访泰国、新加坡等国。

9 月 13 日 天津海关聘任天津市第一法律顾问处高级律师武宝锐等 5 人为常年法律顾问。

10 月 8 日 经海关总署批准，聘任关长杨戊辰、副关长黄汝凤、陈国平为高级关务监督。

10 月 10 日 芬兰海关署长拉依奈率芬兰海关署代表团一行到关访问，参观天津新港和经济技术开发区。

10 月 19 日 青年业余党校成立，成立大会在新港海关举行，首批学员 20 余人参加。

1989 年

1 月 7 日 开发区海关迁入新大楼办公。

1 月 27 日 海关总署党组决定，张春起任天津海关党组成员、副关长（正厅局级）。

1 月 31 日 经国务院批准设立蓟县海关。

2 月 2 日 PDP11/23、11/73 计算机应用系统通过海关总署鉴定，获得《科技成果鉴定证书》。

2 月 13 日 作为天津新车站楼群的组成部分，天津市市长李瑞环主持审定海关新办公大楼外沿立面设计方案。

3 月 10 日 关党组研究决定，成立试行公务员制度工作领导小组并设办公室。

4 月 9 ~ 11 日 日本神户税关长冈下昌浩访问天津海关。两关签署进一步发展友好交往和加强业务合作备忘录。

4 月 27 日 天津海关副关长陈国平病逝，终年 45 岁。

5 月 20 日 关区国库券认购任务为 22000 元，实际认购 23720 元，超额 1720 元完成认购任务。

7 月 5 日 海关总署发文通报表扬天津海关 1988 年成为无欠税口岸。

9 月 28 日 受海关总署委托，关长杨戊辰率队对兰州海关筹建工作进行验收，验收合格正式开关，杨戊辰代表海关总署参加开关典礼。

10 月 5 日 ~ 11 月 3 日 天津海关第 9 期干训班开学，共有 79 名学员参加学习。经过一个月的强化培训，全部学成结业。

1990年

1月5日 经海关总署批准将河东区二号桥宿舍有价调拨天津钢厂。

2月3日 海关总署党组决定，黄汝凤任天津海关党组副书记。

2月11日 对报考天津海关的135名社会调干人员进行考试。

3月27日至4月2日 应日本神户海关邀请，关长杨戊辰赴日本对神户海关进行正式访问。

10月4日 河东区六纬路天津海关新办公楼正式对外办公，上午9时举行升国旗仪式。

12月3日 天津海关进行公务员过渡考试。应考749人，实考718人，及格率100%。

1991年

2月26日 天津海关批准成立天津市第一家保税集团—腈纶棉及腈纶制品保税集团。

4月30日 经海关总署批准，东港办事处改为东港海关，举行开关典礼。

6月25日 在开发区海关召开批准保税区工厂命名大会，91家企业被批准为保税工厂。

7月10日 海关总署党组决定，黄汝凤任海关总署关税司司长，免去天津海关党组副书记、副关长职务。

7月17日 天津海关干部、职工为灾区捐献衣被2211套，捐款10855元。

10月18日 海关总署党组决定，沈焕骥、杜琨任天津海关党组成员、副关长，肖亚农任天津海关党组成员。

11月18日 天津海关招待所正式开业。

12月7日 天津海关报关自动化系统试点和办公自动化系统分获海关科技进步一等奖、三等奖。

12月30日 在中共天津市委五届八次会议上，关长杨戊辰递补为天津市委委员。

1992年

2月29日 天津商业储运中心解放路分公司六纬路海关监管库开业，天津市副市长李长兴批示：商业仓库要拓宽思路，在海关的支持下搞好外贸储运业务。

3月12日 保税区海关办公楼破土动工。关长杨戊辰在奠基仪式上讲话，天津港保税区管委会副主任王海平到场祝贺，市外经贸委主任王述祖、保税区管委会副主任魏长利等出席。

3月16日 关长杨戊辰以天津港保税区顾问身份随保税区招商宣传团赴日本。

4月6日 参加中国第八次南极考察活动的“极地号”科考船抵达新港，海关对随船抵港的41名船员、20个部委办的60名考察人员及科学仪器的验放给予方便。

4月8日 国务院副总理田纪云在天津市领导聂璧初、海关总署副署长吴乃文陪同下视察天津海关，并为天津海关题词“为改革开放服务，为四化建设把关”。

3月29日 关长杨戊辰随海关总署署长戴杰率领的中国海关代表团出访欧共体。

4月20日 经海关总署党委批准，成立政治部，下设办公室、人事教育处、保卫科，赵桂芬兼任政治部主任。

4月23日 天津港保税区通过验收。关长杨戊辰主持验收颁证仪式，海关总署副署长刘文杰向保税区颁发“合格证书”，并与天津市副市长李盛霖签署“验收纪要”。是日，《天津海关保税区监管细则》开始实施。

4月25日 蓟县海关办公楼基础工程验收合格。

5月5日 《科长培训资料选编》编辑出版。海关总署将此书列为海关科长培训参考教材。

6月16日 日本神户税关长买手屋为一率领的神户税关代表团访问天津海关。关长杨戊辰会见日本海关客人，就加强双边的工作合作与交流交换意见。

6月27日 批准天津商业系统第一家、市区首个海关出口卖断保税仓库——天津市商业储运公司解放南路分公司设立，天津市副市长李长兴、关长杨戊辰到会祝贺。

6月29日 与天津电视台联合摄制的《金色的钥匙》在天津电视台播出。海关总署署长戴杰为该片题写片名。

7月21日 欧共体海关法律专家杰弗尼及其助手应海关总署的邀请，到关进行为期3天的海关专业业务研讨访问，关长杨戊辰会晤宾客。

9月1日 特大海潮袭击新港海关食堂、大厅、仓库，平均水深达半米以上，新港海关76人连夜抢救物品，关长杨戊辰等关领导到现场了解情况并慰问抢险人员。3日，天津海关通过《天津日报》公布3条措施，方便受海潮侵袭损毁进出口货物通关。

9月29日 经海关总署机要处、档案馆联合验收合格，天津海关向海关总署档案馆移交783卷永久档案，此举在海关系统属首例。

10月29日 天津海关与天津市文物局举行首次查扣走私文物交接仪式。

1993年

2月1日 在天津市第十一届人代会第七次会议上，杨戊辰当选为第八届全国人大代表。

2月17日 海关总署署长戴杰为东港海关与总参文明共建题词：“发扬光荣传统、军民鱼水情。”

3月2日 海关总署党组决定，龚正任天津海关党组成员、副关长。

3月10日 中国人民解放军总参谋长张万年为东港海关和总参天津特运办文明共建题词：“军民团结、鱼水情深。”

6月18日 关长杨戊辰在天津市第九届政协会议上当选为政协常委。

9月24日 比利时海关及国内税务署卡洛斯冯·瓦来根等一行4人到访，海关总署署长钱冠林、副署长黄汝凤专程到津会见。

11月12日 蓟县海关开关，蓟县海关筹备处撤销。

12月13～15日 全国人大外事委员会副主任委员朱启祯一行到关检查工作，关长杨戊辰汇报海关工作。

12月15日 经海关总署党组决定，赵桂芬任天津海关党组书记、关长。

12月18日 保税区海关开关。

1994年

2月16日 天津海关在全关区范围内实行挂牌上岗制度，主动接受社会监督。

3月17日 天津海关关长赵桂芬在天津会见日本神户税关税关长。

4月18日 经天津市档案局升级评审委员会对海关总署档案馆工作进行考评，批准该馆为市一级档案馆。

5月31日至6月4日 全国保税区工作座谈会在津举行。6月3日，国务院副总理李岚清在海关总署署长钱冠林、天津市委书记高德占、天津市市长张立昌陪同下视察天津海关并发表讲话。6月10日，海关总署监管司致电天津海关，对圆满完成“全国保税区工作座谈会”的会务接待工作提出表扬。

6月20日 审计署京津冀特派员办事处首次进驻天津海关，开展为期40天的“1993年度关税及代征税征管情况的审计”。

7月19日 开始执行《海关系统职工养老保险暂行办法》。

10月10日 批准市区、塘沽、汉沽、大港及五县的27个邮局增设国际邮政业务。

10月22日 天津海关开通420海关电话支局。

12月17日 全国人大代表杨竞衡一行到关检查1994年执法情况，关长赵桂芬汇报海关工作情况。

12月28日 向社会各界公告“天津海关职业纪律”。

1995年

2月17日 东港海关协助天津市和平区人民法院处理一起涉外民事案件。根据法院要求，派员到港口对退运货物进行外形核对，首次通过海关查验为法院判决出具书证。

3月20日 天津海关教育工作委员会成立，关长赵桂芬任主任。

5月8日 天津港保税区（一期）隔离设施通过海关总署组织的验收。

6月8日 天津海关书画协会成立。

6月19日 收到第43届世乒赛组委会转送的由国际乒联主席和天津市市长签章的纪念证书，以感谢天津海关为举办世乒赛所做的贡献。海关总署对天津海关做好第43届世乒赛监管工作予以通报表扬。

10月4日 天津海关参加天津市举办的首次海上缉私联合演习。

1996年

1月23日 经海关总署党组批准，任命肖亚农、邹志武、李茂龙为天津海关党组成员、副关长；姚玉玺任天津海关党组成员、纪检组长。

3月29日 天津海关、市外经贸委、中国银行天津市分行关于对加工贸易实施银行保证金台账制度的合作备忘录签字。

4月1日 开发区加工贸易银行保证金台账制度试点工作正式启动。

7月12日 设立海关总署新闻办公室驻天津工作站（副处级）。

8月29日 在武清县开发区举行武清海关办公楼奠基仪式。

9月16日 天津海关集邮协会成立。

10月18日 关长赵桂芬向蓟县县委、县政府转交全关区为灾区捐献的10万元人民币。

1997年

4月20日 召开命名首批A级企业新闻发布会。

4月21日 办公自动化微机网开始试运行。

4月23日 天津海关业务改革推动小组成立，关长赵桂芬为组长。

6月10日 全国海关创建文明窗口经验交流会在津举行，海关总署署长钱冠林、副署长黄汝凤及天津市副市长叶迪生出席会议，天津市委副书记李建国到会致辞。

7月10日 开始使用灵通卡发放工资。

10月31日 “天津海关档案综合管理”晋升署特级考评结束，以106.5分的优异成绩获海关系统档案管理特级单位。

12月15日 关长赵桂芬、副关长邹志武在海关总署党组扩大会议上汇报并演示通关制度改革方案。海关总署领导原则通过该方案。

12月22日 首次全国统一报关员资格考试结束。

12月28日 举行武清海关开关典礼。海关总署副署长黄汝凤、天津市副市长朱连康、关长赵桂芬出席并讲话。

1998年

1月12日 天津海关向天津市慈善协会转交全关802名职工捐赠的26635元现款，人均33.21元。

1月17日 天津市第十二届人民代表大会第六次会议闭幕。关长赵桂芬当选为第九届全国人大代表。

3月2日 第九届全国人大代表、关长赵桂芬随天津市人大代表团赴京参加第九届全国人民代表大会。

3月21日 海关总署署长钱冠林在津视察通关作业改革试点工作。

4月1日 京津两关全面实行海、空运对等口岸转关直通。

4月22日 关长赵桂芬当选为中共天津市第七次代表大会代表。

5月28日 机场海关办公大楼开工奠基仪式在天津滨海国际机场举行。

7月6日 经海关总署批准，天津海关原关长杨戍辰在结束第九届天津市政协常委任期后，正式办理退休手续。

8月31日 天津海关向黑龙江灾区捐赠防寒服8100余件。

11月24～25日 中共中央政治局候补委员、国务委员吴仪视察天津东港海关、天津海关集装箱检查系统现场工地、保税区海关通关卡口和开发区海关。

1999年

1月8日 经海关总署党组批准，天津海关走私犯罪侦查分局领导班子组成，副关长邹志武兼任局长。

1月12日 天津海关走私犯罪侦查分局举行揭牌仪式。海关总署副署长牟新生、天津市委副书记宋平顺、副市长王述祖、市党政军及有关部门的领导出席。

1月22日 程控电话交换机与海关总署和兄弟海关联网。

3月2日 关长赵桂芬随天津代表团赴京出席第九届全国人大二次会议。

3月27日 天津海关原关长梁家瑛病逝，享年86岁。

4月1日 海关总署党组决定，靳晨光任天津海关党组成员、副关长。

7月15日 国际互联网天津海关主页全面改版。

8月2日 海关捐赠给平津战役纪念馆的触摸屏揭幕。

11月1日 关党组会研究决定，成立“三讲”领导小组、“三讲”办公室，规定“三讲”期间处以上领导干部停止休假和出国。以海关总署政工办副主任李多宽为组长的海关总署“三讲”教育巡视组一行进驻天津海关。

11月26日 由档案处编辑的《澳门与旧中国海关》一书在全国海关内部发行。

12月7日 海关总署党组决定，任命邹志武为南宁海关党组书记、关长，免去天津海关副关长职务。

12月28日 天津海关原关长、离休干部戴克忠因病逝世，享年69岁。

2000年

1月1日 顺利通过计算机系统的“2000年零点过渡”。

1月17日 协助海关总署完成加入WTO前海关规范性文件清理第一阶段工作。

3月14日 天津海关缉私指挥中心成立。

3月25日 中共中央政治局常委、国务院副总理李岚清视察天津海关的国产固定式集装箱检查系统（H986）工程。

6月14日 经海关总署党组决定，任命赵志坚、王则光为天津海关副关长。

6月28日 经海关总署研究决定，赵志坚、王则光任天津海关党组成员。

9月18日 天津滨海国际机场海关快件监管中心举行落成典礼。

12月8日 天津市外经贸工委批准成立天津海关第五届机关党委。赵志坚任党委书记。

2001年

1月15日 天津海关正式启用海关信息安全认证系统。

2月28日 按照海关总署办公厅的要求，海关总署档案馆整体迁入大理道88号并正式对外办公。

3月2日 关长赵桂芬赴京参加第九届全国人民代表大会四次会议。

3月26日 《历史镜鉴——旧中国海关戒律》一书公开出版发行，该书由档案馆编译，从不同角度反映海关历史治腐清廉的管理制度。该书由海关总署出版社向社会公开发行。

3月30日 根据国办文件通知，自2001年1月1日起提高公务员工资。天津海关调整工资总人数1371人，月增资总额为14.25万元，人均月增资103.9元，3月30日全部兑现增加的工资。

5月31日 “口岸电子执法系统”天津海关制卡分中心开始启用。

6月1日 启用新的海关专用政府域名：“tjc.customs.gov.cn”，成为海关系统直属海关中首个启用规范的政府专业域名单位。

6月22日 启用新网址“http://www.tjc.gov.cn”。

7月4日 海关总署党组决定，刘晓辉任天津海关走私犯罪侦查分局党组书记、局长。

7月12日 天津海关正式启用“网上办文”收文管理系统。

8月7日 天津海关8420局电话开通。

8月21日 天津关区正式启用全国海关跨关区快速通关作业系统。

9月19日 向天津市红十字会捐赠的运动服4000余套及助学款发放给部分特困大、中、小学生。

10月16日 天津海关开发区综合业务楼正式对外办公暨集中式通关作业启动仪式在开发区举行。

12月3日 天津港全封闭式海关监管试运行工作正式启动。

12月19日 海关总署副署长赵光华、天津市副市长王述祖出席天津机场海关开关典礼并为机场海关揭牌。

12月25日 国务委员吴仪到天津海关视察工作，听取关长赵桂芬工作汇报，查看天津东港海关H986大型集装箱检查系统的运行情况。

12月27日 海关总署党组决定，肖亚农任沈阳海关党组书记、关长，免去天津海关副关长职务。

12月30日 中国建筑业协会授予开发区海关综合业务楼2001年度中国建筑业鲁班奖（即国家优质工程奖）。

2002年

2月6日 海关总署党组决定，李佩林任天津海关党组成员、党组纪检组长。

2月26日 海关总署党组决定，刘来久、郑维群任天津海关党组成员、副关长。

4月21日 根据《海关总署关于同意天津新港海关机构调整等问题的批复》，将天津新港海关、东港海关和塘沽办事处合并重组为天津新港海关（正处级），对外全称“中华人民共和国天津新港海关”。

6月5日 天津海关老办公楼（营口道2号）通过天津市文物局等有关部门的确认，将对外公示“天津海关旧址”标示（包括简介）。

7月10日 海关总署驻天津特派员办事处揭牌仪式在开发区综合业务楼举行。

8月1日 零点开通移动电话虚拟网。

10月22日 北京朝阳口岸与天津海港口岸直通暨朝阳口岸集装箱中转站启动运行。

11月26日 实现与港务局EDI信息中心联网。

12月6日 海关总署署长牟新生、副署长刘文杰、政治部主任甄朴、党组成员杨国勋出席在天津举行的首届全国海关监管业务技能竞赛决赛暨颁奖仪式。

2003年

1月2日 “08420”短信服务中心投入使用。

1月7日 全国人大常委会委员、全国人大内务司法委副主任委员顾金池一行6人在天津市人大常委会副主任罗远鹏陪同下，就《中华人民共和国海关关衔条例（草案）》到海关开展立法调研。

1月24日 关长赵桂芬当选为天津市第十四届人民代表大会常务委员会委员。

4月16日 关长赵桂芬、副关长王则光主持召开防治“非典型”肺炎紧急会议。出台《天津海关预防、控制非典型肺炎预案》。

4月28日 国家质检总局局长李长江率国务院防治“非典”工作检验检疫组对机场海关等多家驻机场单位的防治措施落实情况进行检查。

6月16日 海关总署党组决定，刘晓辉任天津海关党组成员、副关长。

9月17日 海关总署驻天津特派办、天津海关授衔仪式在天津宾馆举行。

10月24日 天津报关协会第一次会员代表大会暨第一届理事会在天津礼堂召开。

2004年

3月1日 海关总署党组决定，任命黄胜强为天津海关关长，免去赵桂芬天津海关关长职务，聘任赵桂芬为海关总署特派员，聘期一年。

3月5日 天津海关为抵津的首批“CEPA”项下零关税港货快速办理通关手续。

3月23日 天津建城600周年、津海关开办邮政126周年纪念封首发仪式在天津海关举行。

3月26日 世界海关组织秘书长达内及秘书长办公室主任达沃到天津海关参观考察。

4月5日 海关总署党组决定，任命靳晨光为长沙海关党组书记、关长，免去天津海关副关长职务。

6月7日 经国务院批准，天津新港海关、天津东港海关、天津海关驻塘沽办事处合并，设立中华人民共和国天津新港海关（副厅级），隶属天津海关。

7月5日 海关总署党组决定，刘学新任天津海关党组副书记、副关长（正厅局级）。

7月9日 天津市委决定设立中共天津市委巡视组和中共天津市委巡视工作办公室，任命赵桂芬为中共天津市委巡视组组长、正局级巡视专员。

7月16日 天津海关移交抗战文物仪式在新港海关查验现场举行，天津海关向中国人民抗日战争纪念馆移交2003年查扣的抗战文物109件。

8月3日 海关总署党组决定，刘学新兼任天津海关政治部主任。

12月8日 天津海关H883电子账册成功切换到H2000系统。

2005年

1月5日 天津海关印发《天津海关领导干部达到最高任职年龄限制退出领导岗位人员管理办法（试行）》。

1月13日 天津海关印发《天津海关关领导接待日制度》。

1月27日 天津海关向天津市文物局移交897件文物。

3月4日 海关总署党组决定，许可任天津海关党组成员、党组纪检组组长。

5月25日 青岛海关890缉私艇抵达天津海关缉私码头，开始天津海域的值勤工作。

6月25日 中共中央政治局常委、国务院总理温家宝视察天津海关。

6月30日 海关总署党组决定，肖亚农任天津海关党组成员、副关长（正厅局级）。

7月8日 天津海关驻西青办事处成立并举行揭牌仪式。

7月14日 关长黄胜强代表海关总署出席在美国芝加哥市召开的“海关全球化与贸易守法国际会议”，并在会上发表题为《中国海关现代化》的演讲。

10月27日 海关总署党组决定，赵树香任天津海关党组成员、副关长。

2006年

1月5日 海关总署党组决定，赵树香任天津海关缉私局党组书记、局长（副厅局级）。

6月6日 天津关区全面启用报关员IC卡管理系统。

6月20日 “澳大利亚集团”主席约翰·沙利文一行在外交部军控司、海关总署政法司有关人员陪同下访问天津海关。

6月27日 党组成员、副关长赵志坚接待津海关税务司德璀琳的曾孙德依信夫妇一行，陪同客人参观营口道二号办公楼（津海关旧址）和天津海关关史展。

11月23日 中共中央政治局委员、中央书记处书记、中央组织部部长贺国强由关长黄胜强陪同，视察天津国际贸易与航运服务中心。

2007年

1月5日 天津海关与天津市档案馆联合开发、中国海关出版社出版的《津海关秘档解译》一书正式出版并陆续在全国发行。

3月8日 党组成员、副关长兼缉私局局长赵树香与到访的国际刑警组织中国国家中心局澳门支局代表团会面。

4月13日 关党组决定，设立天津东疆保税港区海关筹备处（临时机构）。

6月2日 关长黄胜强在中共天津市第九次代表大会上当选为天津市委委员，并出席中共天津市第九届委员会第一次全体会议。

12月6日 关领导黄胜强、刘学新出席天津东疆保税港区（一期）、天津出口加工区B区颁发验收合格证书仪式。

12月14日 中国海关首辆流动检测车在天津海关投入使用。

12月27日 接海关总署缉私局通知，受公安部国际合作局派遣，天津海关缉私局干警惠晓林作为中国维和警察，于2008年1月赴东帝汶执行维和任务。

2008年

1月10日 全国第一个“报关单位、报关员网上注册系统”在天津关区正式投入使用。

1月22～28日 关长黄胜强出席天津市第十五届人民代表大会第一次会议。

4月2日 海关总署党组决定，赵志坚任满洲里海关关长，免去天津海关副关长职务。

4月2日 海关总署党组决定，魏新平任天津海关党组成员、副关长。

5月23日 天津海关第一本电子化手册在现场业务处生成。天津天菱超硬工具有限公司在现场业务处备案生成第一本电子化手册，手册编号为B02018050001，进口商品为立铣刀毛坯，商品编码8208101000，出口成品为立铣刀，商品编码8208101000。

本月 意大利海关高级专家代表团访问天津海关，双方就共同关心的议题举行会谈。

6月18日 举办天津海关首批AA企业颁证仪式。摩托罗拉（中国）电子有限公司、光宝电子（天津）有限公司、天津力神电池股份有限公司、天津三星通信技术有限公司等30家企业获得AA类别资格。

6月25日 天津海关与行业组织签署的第一个合作备忘录，即《天津海关、天津市国际货运代理协会合作备忘录》举行签字仪式。

7月22日 海关总署党组决定，罗文金任天津海关党组成员、副关长（正厅局级）。

8月1日 关员张伟、李强分别作为第132号和第79号火炬手，参加北京奥运圣火在天津滨海新区的传递。

2009年

1月29日 党组成员、副关长兼缉私局局长赵树香于0时15分病逝，终年54岁。

4月16日 关领导黄胜强、罗文金出席保税区海关“全国文明单位”揭牌仪式。

7月27日 海关总署党组决定，王家鹏任天津海关党组成员、副关长。

9月22日 关长黄胜强在京会见到华出席中意海关关于天津海关—热那亚大区海关关际合作签字仪式的意大利热那亚大区海关副关长罗萨里耳·卡洛露一行。

9月25日 举行“天津海关颁发中国海关荣誉纪念章仪式”。

10月28日 埃及海关署长苏蒂一行访问天津海关。

12月17日 海关总署党组决定，李佩林任天津海关党组书记、关长。

2010年

1月6日 举行“天津海关关长李佩林任职仪式”。海关总署副署长、政治部主任王松鹤向新任关长李佩林颁发任命书。

1月21日 关长李佩林主持召开2010年第一次关务会。会议审议通过《天津海关工作规则（试行）》。

4月16日 关领导李佩林、郑维群会见香港海关助理关长俞官兴一行。

5月27～29日 意大利热那亚大区海关关长祖克尼率领意大利海关专家代表团访问天津海关。访问期间，党组书记、关长李佩林与热那亚大区海关关长祖克尼共同签署《中华人民共和国天津海关与意大利共和国热那亚大区海关2010～2011年关际合作计划》。

6月13日 海关总署党组决定，李振江任天津海关党组成员、党组纪检组组长。

同日 海关总署党组决定，任命张强为天津海关副关长，天津海关缉私局党组书记、局长。

6月19～20日 关领导李佩林、刘来久、郑维群、王家鹏等局处级领导干部170余人参加天津市局级领导干部法律知识考试。

7月12日 中共天津市委市级机关工委下发《关于成立中共天津海关直属机关委员会及隶属关系的批复》，批复成立中共天津海关直属机关委员会其党的组织关系隶属于中共天津市委市级机关工作委员会，在中共天津市委市级机关工作委员会领导下开展党建工作。

9月12日 国务院总理温家宝视察天津国际邮轮母港客运大厦和码头，慰问在岗的海关关员并合影留念。

10月9日 关长李佩林出席第41届世界邮政日暨天津邮政博物馆开馆庆典活动，为天津邮政博物馆开馆纪念封揭幕并致辞。

10月14日 天津保税区海关编号为021220101120004485的报关单及其税单被海关总署关税司认定为全国海关税收实现1万亿的单据。

12月6日 天津海关“12360”统一服务热线正式开通。

12月29日 天津海关举行东疆保税港区海关开关仪式。天津市副市长任学峰出席仪式。

2011年

1月11日 天津海关首任关长朱剑白病逝，享年96岁。

3月14日 关领导李佩林、罗文金、肖亚农、刘来久、郑维群、魏欣平、李振江、王家鹏、张强出席“纪念天津设立海关150周年”升国旗仪式。

3月23日 在天津大礼堂召开“天津设立海关150周年纪念会”。

3月24日 天津设立海关150周年纪念历史图片展开幕。该展览通过百幅历史照片再现不同时期天津海关的史实。

6月8～18日 关长李佩林陪同驻署纪检组组长胡玉敏出访缅甸、印度等国家和中国香港特别行政区。

9 月 28 日 海关总署署长于广洲与天津市市长共同签署《海关总署、天津市人民政府合作备忘录》，并视察天津海关。

10 月 3 ~ 14 日 关长李佩林随天津市副市长任学锋率领的天津市代表团出访加拿大、美国等国家和中国香港特别行政区。

11 月 1 日 天津海关进出口货物分类通关改革在东疆保税港区海关正式启动。

11 月 27 日 ~ 12 月 1 日 天津海关代表团访问意大利海关署，其间举行双边会谈，对《天津海关与热那亚大区海关 2010 ~ 2011 年关际合作计划》的执行情况进行评估。

2012 年

2 月 15 日 天津东疆保税港区海关国际航行船舶备案业务开通。

5 月 7 日 天津海关党组印发《隶属海关党组工作规则（试行）》，决定在人数超过 100 名的隶属海关建立党组。

5 月 26 日 关长李佩林当选中共天津市第十届委员会委员。

8 月 1 日 天津海关海运现场进口货物通关无纸化改革试点启动。

8 月 2 日 天津海关向天津市红十字会转交一批罚没侵权货物。包括牙膏、背包和洗衣粉等商品 12 万余件，价值总计人民币 73 万余元。

8 月 26 日 ~ 9 月 6 日 关长李佩林随同天津市政协主席邢元敏出访丹麦、瑞典、匈牙利、法国等国家。

8 月 经海关总署批准，天津海关缉私局成立直属缉毒科，并配备 3 只缉毒犬。

2013 年

1 月 16 日 在政协天津市第十二届委员会常务委员会第三十二次会议上，关长李佩林当选政协天津市第十三届委员会委员。是月 28 日，政协天津市第十三届委员会召开第一次会议，李佩林当选政协天津市十三届委员会常委。

4 月 9 日 天津海关第一套“人工查验视频单兵装备系统”在现场业务处子牙业务现场投入使用。通过该系统，实现对固体废物人工查验全过程的监督、监控和后方监控中心对查验关员的实时指挥、调度，开机后自动全程摄录存储人工查验全过程。

11 月 1 日 天津海关党组决定对办公场所统筹调整，调整后营口道 2 号为天津海关机关办公楼，六纬路 2 号为业务技术综合楼，开发区宏达街 15 号为天津海关滨海新区综合业务现场。办公用房面积严格执行中央要求，局级、副局级、处级及处级以下工作人员办公面积标准分别为 24、18、9、6 平方米。

11 月 8 日 静海海关开关。

12 月 17 日 天津海关运输工具动态管理系统水运子系统正式上线运行。该系统实现船舶运营企业、代理企业和国际航行船舶的备案工作，以及船舶进出港动态的网上审批。

2014 年

4 月 2 日　总关部分机关从天津经济技术开发区宏达街 15 号搬迁到和平区营口道 2 号行政楼办公。

4 月 28 日　中共中央政治局委员、国务院副总理汪洋在海关总署副署长孙毅彪陪同下到天津海关调研，并视察东疆保税港区海关。

5 月 21 日　海关总署党组决定，钟海澄任天津海关党组成员、副关长兼政治部主任。

5 月 27 日　海关总署党组决定，郑维群任天津海关巡视员，免去其天津海关副关长职务。

6 月 1 日　东疆保税港区海关正式对外办理口岸通关业务。

6 月 19 日　海关总署档案馆由天津海关整体搬迁至海关总署。涉及档案 245 箱、资料 260 箱。

6 月 30 日　京津冀海关区域通关一体化应急协调中心启用。

7 月 1 日　京津冀海关区域通关一体化改革启动运行。截至当日 17 时，京津两关共接受申报报关单 14940 票。是日，通关单无纸化试点工作正式启动。

9 月 11 日　中共中央政治局常委、国务院总理李克强到天津新港海关视察。

12 月 26 日　天津海关驻北辰办事处正式对外办公。

12 月 31 日　海关总署党组决定，王宏志任天津海关党组成员、副关长。

第一篇

组织机构

海关的组织机构是依法建立的国家公务机构，是为执行国家及海关的方针、政策提供服务的载体和保障。

自天津解放，新政权接管天津海关起，天津海关在组织机构的建设上，坚持依据国家法律和海关总署的要求，结合天津海关的自身实际和特点，围绕服务海关不同时期的中心任务，合理设置机构、配备人员，科学调剂人、财、物，通过多种形式的政治、业务培训，提升队伍成员的思想觉悟、开发队伍成员的才智，以满足完成国家赋予海关的进出关境监督管理职责的需要。

从 1949 ~ 2014 年的 65 年中，天津海关的机构设置根据不同时期政治、经济与社会的发展及国家对海关工作的具体要求，贯彻执行海关总署的统一部署，并结合天津海关的具体工作实际进行调整，经历增加、调整、削弱、壮大、发展的历史曲线变化，至 2014 年，天津海关的内设机构及人员编制数量都达到历史最高点。

在人事管理上，从接管之初，天津海关执行中共中央对海关“完整接收，逐步改造”的方针，废除旧海关人事制度的糟粕，吸收其有益经验和做法，逐步形成适合新中国人民海关要求的人事管理制度体系。经历新民主主义建设时期，通过审查、改造留用人员、裁撤外籍职员、实行供给制、招录交流，完成人员管理从旧海关向新海关的过渡。社会主义建设时期，海关的人事管理纳入国家人事管理体制。改革开放以后，海关的人事管理又从国家行政干部管理体制转变为公务员管理体制。特别是进入 21 世纪，天津海关的人事管理工作围绕海关的中心任务，按照现代化人才培养的要求，采用科学先进的管理模式，努力打造一支适应新时期、新任务需要的准军事化海关队伍。

在机关事务上，天津海关经过 65 年，从改造旧海关税务司掌控机关事务体制，按照社会主义制度对新海关的要求，紧跟时代发展的步伐，逐步实现向机关事务制度化、规范化、自动化、现代化的过渡，使机关事务为实现现代化海关提供保障和支持。

在教育培训上，天津海关按照不同历史时期国家及海关总署关于干部教育培训工作的中心任务和具体要求，组织有针对性的培训工作。特别是改革开放以后，海关的工作重心转向为经济建设和对外开放服务，海关干部面临着自身知识和能力的更新。天津海关把教育培训作为队伍建设的重要环节，按照新时期干部“革命化、年轻化、知识化、专业化”的要求，改革培训管理、更新培训内容、创新培训方式，保证教育培训工作始终围绕海关中心任务，为海关事业发展提供智力支持和人才保障，为海关干部营造良好的成长环境和氛围。

在思想政治工作中，天津海关坚持思想政治工作是海关一切工作的生命线。通过围绕不同时期的中心工作，结合自身的实际及特点，有针对性地开展多种形式的思想政治教育。从建国初期改造旧海关留用人员，到改革开放以后，开展党的群众路线教育实践活动；从组织社会主义劳动竞赛到准军事化纪律部队建设；从树立模范典型到开展丰富多彩的文化、体育活动，把思想政治教育根植于海关日常工作之中，发挥工会、共青团、妇联等群众组织的凝聚力，潜移默化地影响和带动全关干部职工努力工作、自觉奉献。

在队伍廉政建设上，海关作为国家进出关境的监督管理机关，始终处在反走私与反腐败的最前沿，执法点多、线长、面广，情况复杂，廉政风险高，反腐任务重、责任大。自新中国成立以后，天津海关坚持把加强廉政建设作为队伍建设的重要内容，坚持从严治关，通过健全规章制度，规范工作人员的行为；通过教育培训，提高工作人员的廉政意识和自觉性；通过严厉查处违规违法案件，保证和维护海关队伍的纯洁性。

第一章 机构设置

机构是把人力、物力和智力等按一定的形式和结构，为实现共同的目标、任务或利益有秩序、有成效地组合起来而开展活动的社会单位。海关作为国家设在口岸的进出境监督管理机关，依法、科学、规范地设置内部组织机构，是保证海关履行国家赋予的权力、完成好国家交付的使命的关键和基础。

第一节 机构沿革

在 1949 ~ 2014 年的 65 年中，天津海关的机构设置始终根据不同时期政治、经济与社会发展及国家对海关工作的具体任务要求，执行海关总署的统一部署，并结合天津海关的具体工作实际进行调整和变化。

1949 年 1 月 15 日天津解放。翌日，天津市军事管制委员会对外贸易接管处组成海关接管组全面接管津海关。接管组针对天津是北方重要的对外商埠，具有悠久的历史，津海关是管辖范围和业务职能影响大、技术性强的行政机关，在天津战役中津海关人员建制、建筑设施都基本上保持完整，以及天津是中国共产党解放的第一个大城市，津海关是新政权接管的第一个口岸大关，其做法对此后接管各地海关具有试点意义等特点，本着“完整接收，逐步改造”，在设法减少接收过程中的损失，尽快使其在转变领导权后立即为新政权服务，并在服务的过程中逐步加以改造的方针，从五个方面全面开展接收工作。

一是派军代表接管津海关的领导权，在基本保持津海关组织架构基础上，对原组织机构进行调整，设置验估、税务、港务、查缉、总务、人事、会计、秘书共 8 个科及驻邮局支所、塘沽分关、秦皇岛分关和北平分关。新设置的机构由接管人员任正职，原部门负责人担任副职，并要求旧海关留用人员坚守岗位继续工作。津海关及所属分关共留用旧海关 776 人，其中职员 413 人、工友 363 人。二是改革人事制度。实行德才兼备，量才使用的干部政策。开除 11 名参加过反动组织且有严重劣迹的员工；另外对思想落后、工作不积极、群众意见大的旧员工采取不同方式处理，经本人同意 28 人自动离职，对另外 14 人则采取发给 1 ~ 2 个月薪资，“资遣” 裁减，对绝大多数旧海关人员则继续留用。在管理方式上，以考察、鉴定的方法取代旧海关的密报制度，改革工资制度，批判“高俸养廉”。同时，采取多种方式加强对旧海关留用人员的思想改造，建立生活会制度，开展批评与自我批评、安排去革命大学学习、参加土地改革经受锻炼和考验，从 1949 年下半年到 1951 年，天津海关派到革命大学、政治学校学习和参加土地改革工作队的干部将近 300 人，其中很多人通过思想改造后思想觉悟快速提高，有的还加入中国共产党。三是初步改革税制。废除民国时期对 38 国所签订的有利于帝国主义侵略的协定关税、取消附加税，逐渐恢复对外贸易，执行奖出限入、量出为入的政策，实行出口货物和进口当时急需的器材免税，奢侈品及非急需品禁止进口的政策。四是初步解除与海关业务无关的工作。如邮包检查，航标管理等业务，与公安机关协商确定“公安管人，海关管物”分工配合的工作关系。五是重点抓货管、查私两项业务工作，加强实际查验、正确归类和估价，采取严缉宽处的方针，严厉打击各类走私活动。

1949 年 10 月 26 日，华北对外贸易管理局正式通知津海关，奉天津军事管制委员会令，由于中央人民政府海关总署已成立，此前任命的对外贸易接管处所属各单位军代表职即行撤销。截至 1949 年 12 月 31 日，津海关在编人员共计 799 人，其中干部 429 人、工友 370 人；在岗人员 672 人，赴华北人民革命大学学习人员 127 人。

1950 年 2 月 14 日，津海关改称“中华人民共和国天津海关”。是年 3 月 21 日，经中央人民政府海关总署批准，天津海关总关机构设置为 8 个科及邮局、机场两个支关，下设秦皇岛、塘沽两个分关和北京办事处。当时，全国海关共有 27 个独立关，19 个分关和 127 个支关（所、站），在 19 个分关中天津海关所辖分关占 2 个。此后，天津海关的机构虽有增删，但总体架构没有发生大的变化。1950 年 12 月 21 日，海关总署决定在北京设立直属海关机构，天津海关北京办事处即撤销。1950 年 12 月 22 日，奉交通部、海关总署指示天津海关将海港科、塘沽分关海港股及秦皇岛分关原管理的港务工作及设备，连同工作人员一并移交给天津区港务局及其所属各所在地机关接管。截至 1952 年 12 月 31 日，天津海关总人数为 719 人，其中干部 508 人、工友 211 人。

1950 年 3 月 29 日，海关总署下发《关于统一全国海关查私部队建制意见》，明确各地方海关查私科下设关警股，海关查私及警卫武装部队一律称为中华人民共和国海关人民关警队，简称“人民关警队”。关警队的工作任务为查私、押运、看守私货关产及警卫工作，全国海关关警队统一制服、标志。天津海关随即成立关警队协助查缉走私，至 1951 年天津海关共有关警 53 人。根据形势发展，1952 年 7 月 21 日，海关总署将全国海关关警管理工作由查私处转交给人事处，各地海关开始逐步裁减关警编制，至 1955 年全国只剩天津等 9 个海关还保留有关警，主要是承担警卫职责。1955 年 4 月 14 日，全国海关人事工作会议决定陆续撤销关警。随后，天津海关根据海关总署的统一安排撤销关警编制。

1951 年 1 月 3 日，天津海关塘沽分关按照海关总署调整海关机构的原则，根据国内贸易已自由放开，1951 年后中国籍船只不再向海关交纳吨税，支关既无税收，查私也未曾发现任何案件的具体情况，申请撤销该关所属的北塘、大沽两个支关。是年 1 月 26 日，经海关总署批准，北塘、大沽两支关正式撤销。

1951 年 8 月 25 日，中央人民政府发布修建塘沽新港的命令，并于 9 月 5 日成立塘沽建港委员会。随后，第一期修复建设第一码头（6 米码头）、第二码头（7 米码头）等工程全面展开，翌年 10 月 17 日竣工开港，成为新中国建立后第一个自行改建完成的深水港，设计年吞吐能力为 240 万吨。为配合天津新港建港工程和对外贸易的需要，经海关总署批准，天津海关塘沽分关新港办事处也于当日成立并正式对外开展业务。

1953 年 1 月，根据第 114 次政务院会议通过并经中央人民政府主席批准的《政务院关于调整机构紧缩编制的决定》，根据国家大规模经济建设和扩大对外贸易，进一步贯彻对外贸易政策需要，全国对外贸易的管理监督工作必须在领导上、组织上更加统一与集中，中央人民政府海关总署划归中央人民政府对外贸易部领导，成为对外贸易部的组成部分，改称中央人民政府对外贸易部海关总署。各口岸对外贸易管理局及其分支机构亦与当地海关合并，统称海关。这段历史被后人称之为“关局合并”。是年 1 月 8 日，根据对外贸易部电示，天津海关与对外贸易管理局合并，对外仍称天津海关，在原址办公。合并后，天津海关的业务范围除海关的三大任务外，又增加批证、审价、私商管理等工作。同时，根据外贸部的指示，将化验室移交给天津商品检验局。是年 8 月 17 日，经海关总署批准，塘沽分关所辖新河办事处撤销。天津海关以原有组织机构及人员配备为基础，本着明确职责，简化手续，便于发挥组织与管理效能的原则，对内部组织机构、人员编制有步骤地进行合理调整，共设办公室、进出口处、计划处、货管处、查私处、行政科、会计室、人事室、保卫科、总务科、驻车站、邮局办事处，塘沽、秦皇岛二分关，共 15 个科级单位。是年，编制由 825 人减少至 628 人，减少比例达 24%。

1954 年 6 月 9 日，天津海关撤销计划处。有关计划编制工作移交华北对外贸易局。7 月 1 日，设立征税处。至 1954 年底，天津海关为“4 处 3 室 2 分关 1 科”的机构设置，即：进出口处、货运监管处、征税处、查私处、办公室、财务室、人事室、塘沽分关、秦皇岛分关和保卫科。

1955 年 8 月 28 日，根据国务院印发的《关于调整各地海关任务和领导关系的通知》精神，天津海关将“关局合并”时增加的执行对外贸易许可证、登记管理进出口厂商、拟订口岸进出口计划等三项任务，连同机构、人员一并移交给天津市对外贸易局。自是年 12 月 31 日起，天津海关进出口处主任及干部 46 人随移交业务调入天津市对外贸易局。至 1956 年，政务院决定原海关总署和各地海关管理的对外贸易任务及相应的机构人员，重新划回对外贸易部和各地对外贸易局管理，地方海关的领导关系也改为由外贸部和所在地的省或直辖市人民委员会双重领导，并受该省（市）对外贸易局的指导。1956年12月，天津市人民委员会批复同意天津海关按政务院要求将签证、私商管理、审价、商情等工作移交给天津市对外贸易局。根据1956年12月13日，海关总署向天津海关下达《关于核定你关编制员额和今后不准增加人员增加机构的通知》，经国务院编制工资委员会核定的编制为292人。

1957年2月27日，毛泽东在《关于正确处理人民内部矛盾的问题》的报告中强调，要精简机构、下放干部，从而“使相当大的一批干部回到生产中去”。4月27日，毛泽东在为中央起草的《关于整风和党政主要干部参加劳动的指示》中，把整风与党政主要干部每年抽一部分时间下乡劳动并列作为反对主观主义、官僚主义，正确处理人民内部矛盾的主要方法。根据中共中央的指示精神，是年11月20日，天津海关批准50名干部到天津市西郊区张家窝乡参加农业生产劳动。12月10日，天津海关制定编制方案，初步确定总关精减人员60%，塘沽分关精减人员21%，秦皇岛分关精减人员16%，以响应中共中央精简机构的号召。

1958年，遵照中共中央和地方党委的指示，本着精简节约行政事务人员，业务工作分专划细的原则，天津海关人员编制减至272人。

1959年7月14日，天津海关根据当时海关工作职能的变化，调整业务分工，将原货管处负责的船舶监管、旅客行李检查及船勤工作职能划归查私处，货管处专门负责货物监管及检查揭发货运事故工作。

1960年11月15日，国务院批准对外贸易部上报的《关于各地海关、商检体制下放和人员精简的报告》，按照该报告要求，全国各地海关、商检体制下放到各省、市、自治区管理，其编制人员列入所在省、市、自治区人民委员会编制之内，为各地外贸局的组成部分，对外名称不变。国务院要求海关体制下放后“应当受地方党政和外贸部双重领导”，根据上述精神，天津海关编制列入河北省人民政府系统（当时天津市为河北省的省辖市），属省外贸局的组成部分，行政级别为局级单位，对外仍称“天津海关”。自1958～1962年间，天津海关的机构设置基本保持总关为5～6个处室以及塘沽、秦皇岛两个分关。

1963年6月，经外贸部批准，天津海关秦皇岛分关升格为独立海关，改称中华人民共和国秦皇岛海关，不再隶属天津海关，直接接受河北省人民委员会和国家外贸部海关管理局的双重领导。

1966年5月6日，根据天津新港海运业务发展的情况，为加强现场一线工作，天津海关塘沽分关迁至新港六米原新港办事处原址办公，同时撤销新港办事处的机构，并在塘沽8号码头塘沽分关原址设塘沽业务科，负责塘沽地区海陆运监管业务。

“文化大革命”开始以后，1966年8月，天津海关在“砸烂旧海关”“批斗走资派”的无政府主义思潮影响下，由海关群众自行组织的天津海关“革命委员会”成立。1967年1月26日，以“造反派”组织组成的“夺权委员会”夺取天津海关的管理权，解散党、团支部，接管印信，致使海关机构瘫痪，各项工作被迫停止，正常的海关监管业务也无法进行。是年3月28日，经行政领导与群众组织协商，选出“抓革命、促生产”三结合领导班子，“夺权委员会”解散，海关基本恢复正常的工作秩序。1968年8月19日，天津海关革命委员会正式成立，受天津市革命委员会供给服务组领导。1971年1月，天津海关降为局属公司级机构（处级），隶属天津市对外贸易局领导。天津海关降为处级机构后，原有各处室由处级降为科级，但分关的科仍维持原状；天津海关关长由原来的局级降为处级，分关长、处室主任、处长则降为科级，与原分关的科长平级。由于过去的上下级、从属关系变成平级或平行关系，打乱正常的工作秩序，导致混乱无章，给海关管理和开展各项工作造成诸多的麻烦。

在“文化大革命”期间，天津海关的机构设置、人员编制几经变化，1969年8月16日，经天津海关革命委员会和驻军代表决定，60名干部调离天津海关，到副食、饮食、服务等行业从事售货、服务工作。至1970年时，全关职工数仅为201人，创新中国成立后天津海关的历史最低纪录。

1970年3月8日，天津海关革命委员会决定取消原有科室建制，按照军队的建制在全关设天津、塘沽、新港三个连，天津连下设货管、查私、邮局和总务4个班，塘沽连下设业务、海卫2个班，新港连下设卡口、货管、炊事及一班、二班5个班；3月22日，天津海关总关机构从市区迁至塘沽办公，撤销塘沽分关。

1972年4月1日，中共天津海关党委向天津市外贸局党委提交《关于调整机构的请示报告》，提出海关机构调整方案，取消连队和班的建制，改为科室。革命委员会设政工组（包括人保）、总务科、办公室3个职能组；下属查私一科、货管一科、邮管科（以上3科在天津），查私二科、货管二科、船管科、检查科（以上4个科在新港），塘沽业务科8个科。关于革命委员会的设置地点共提出天津市区、新港、塘沽3个方案，经分析各自的利弊，党委会主要领导的意见是革命委员会设在天津市区比设在新港和塘沽更好。是年5月，天津海关正式取消连队建制重新改回科室设置。1973年8月5日，天津海关总关机构由塘沽迁回市区办公，同时撤销因总关迁至塘沽而设立的天津办事处，重新设立塘沽分关。

1975年10月，根据工作需要，天津海关招收82名应届初高中毕业生充实到海关队伍中，天津海关职工人数增加至362人。

1977年8月，改革开放成为时代的主旋律，海关事业亦步入高速发展的快车道。1977年2月22日，经天津市革命委员会审定，天津海关编制由原280人增至420人，为日后海关队伍发展预留出宽松的发展空间。

1979年3月15日，对外贸易部建议调整全国海关领导体制，“将各地海关的建制收归中央，实行双重领导，中央部门为主的管理体制”。1979年4月6日，在北京召开的全国海关工作会议上，确定新时期海关的工作方针是：把工作的重点转移到为社会主义现代化建设服务上来。是年8月17日，国务院批准财政部、国家计委、外贸部《关于改进征收关税办法和改革海关体制的报告》，批准成立中华人民共和国海关总署，直属国务院领导，统一管理全国海关机构及业务。各地海关建制收归中央，实行中央管理为主的垂直领导体制；1980 年 2 月 9 日，国务院发布《关于改革海关管理体制的决定》，海关总署成立，统一管理全国海关机构和人员编制及其业务，同时明确天津等 9 个海关为局级机构。是年 12 月 31 日，天津市人民政府下发文件，根据《国务院关于改革海关管理体制的决定》精神，同意天津海关改为局级机构，归口天津市进出口委员会代管。

1981 年 1 月，海关总署下发《关于天津海关内部机构设置的批复》，同意天津海关设办公室、人事处、查私处、货运监管处和技术科、行政科、保卫科及驻邮局办事处。塘沽分关改称为新港分关。

1983 年 10 月 24 日，天津海关向海关总署提交《关于天津海关调整内部机构的请示报告》，根据当时业务形势发展的要求，为进一步提高海关的工作效率，拟对内部机构进行调整。是年 11 月 19 日，海关总署批复同意天津海关设办公室、货运监管处、查私处、技术处、人事教育处、行政处、驻邮局办事处和保卫科，新港分关为处级。天津海关内设处级机构数量达到 7 个。同时，批复同意在货运监管处、查私处和新港分关下设立若干科级机构。为适应海关工作的需要，提高海关干部队伍的文化、业务素质，天津海关根据教育部《关于举办职工中等专业学校试行办法》精神，经海关总署批准，是年 5 月 27 日，成立天津海关干部中等专业学校，组织在职员工参加脱产班和业余班的学习，培养德智体全面发展的中等海关专业人才。

1984 ~ 1988 年，随着中国改革开放、对外贸易快速发展。天津海关的机构为适应业务形势的需要。几年间，在保税、行邮、后勤保障方面的机构都有增加和调整。1988 年底，天津海关机构设置已经达到 11 个处、2 个直属科、4 个隶属分关、办事处及中专学校。

1984 年 12 月 6 日，经国务院批准，天津经济技术开发区（TEDA）① 设立。作为首批国家级开发区之一，在 1985 年建设之初，天津海关就曾向海关总署申请在开发区设立海关机构。1986 年底，开发区已有 181 家企业在建，39 家企业投产，58 家企业在海关注册登记，涉及开发区企业的海关业务俱增。是年 12 月 3 日，天津海关再次向海关总署提出在开发区内设立海关机构的申请。1987 年 1 月 9 日，海关总署批复，同意设立中华人民共和国天津经济技术开发区海关（处级），隶属天津海关。是年 7 月 1 日，天津经济技术开发区海关正式对外办公，负责区内海关业务。

1987 年 6 月 10 日，海关总署批复同意天津海关调整业务管理机构，设置新贸监管处、驻塘沽办事处、驻东港办事处。新港海关下设的原驻塘沽办事处，驻东段码头办事处撤销。

1988 年 4 月 9 日，第七届全国人大一次会议通过《国务院机构改革方案》，启动新一轮的政府机构改革。其目的是合理配置职能，科学划分职责分工，调整机构设置，转变职能，改变工作方式，提高行政效率。改革的重点则是与经济体制改革关系密切的经济管理部门。按照海关总署的统一部署，1989 年 4 月，天津海关根据本关工作实际情况确定职能、机构、人员（三定）方案上报海关总署。是年 12 月 14 日，海关总署下发《关于天津海关“三定”方案的批复》，同意

① TEDA 为开发区的英文缩写，音译为“泰达”，简称“开发区”

天津海关的“三定”方案，全关拟设正处级机构22个，编制人员835人。根据此次“三定”方案，1991年，天津海关设立机场办事处和蓟县海关筹备处。1993年11月12日，蓟县海关正式开关后，蓟县海关筹备处撤销。

1991年5月12日，经国务院批准设立天津港保税区。1992年5月6日，天津海关向海关总署提交《关于在天津港保税区设立海关机构及人员编制》的请示，鉴于是年4月24日天津港保税区1.2平方公里的隔离设施已通过海关总署验收，保税区开始运行，《中华人民共和国天津海关对进出天津港保税区货物、物品和运输工具的监管实施细则》在区域内已正式实施，为保证海关监管和业务工作的顺利开展，适应保税区扩展的态势，便于海关同保税区管委会（局级机构）、工商、税务（均为独立的处级机构）等部门的工作联系，请求海关总署批准在保税区设立处级海关机构，隶属天津海关领导。是年9月18日，经国务院批复，同意设立天津保税区海关，编制规模为120人。1993年12月18日，天津保税区海关正式开关。

1991年8月，经海关总署和国家档案局批准设立海关总署档案馆，对外称“中华人民共和国海关总署档案馆”（处级），对内称“天津海关档案处”，业务上受国家档案局的监督指导和海关总署办公厅领导，行政上属天津海关领导。受海关总署办公厅委托，当月，天津海关成立档案馆筹备组，开始各项筹备工作。1993年5月3日，海关总署档案馆在天津市和平区营口道2号正式开馆。后经2001年、2006年两次移迁馆址，在2014年中国海关博物馆在北京落成后，海关总署档案馆完整迁至北京。

1993年3月22日，第八届全国人大一次会议审议通过关于国务院机构改革方案的决定。新一轮机构改革的目的是，按照建立社会主义市场经济体制的要求，加强宏观调控和监督部门，强化社会管理职能部门，转变职能，理顺关系，精兵简政，提高效率。1994年7月27日，天津海关根据机构改革的要求向海关总署提交《天津海关关于机构改革“三定”方案的报告》，是年11月4日，海关总署审核批准天津海关的“三定”方案，确定天津海关内设机构为17个处和1个直属科，派驻机构为3个处级办事处，隶属机构为5个处级海关。全关区人员编制为1045人。

1995年5月12日，国务院批复同意设立武清海关，为处级机构，隶属天津海关，人员编制规模为50人。1996年2月7日，天津海关成立武清海关筹备处，经过近两年时间的建设，1997年12月16日，武清海关正式对外办公。同时开工的“天津海关培训中心”工程亦进入收尾阶段。1999年2月，“天津海关培训中心”正式挂牌运营，成为海关教育培训施教机构的组成部分，承担海关总署和海关系统培训、会议、干部休假和对外开展经营活动等任务。2001年1月31日，海关总署将包括天津海关武清培训中心在内的15个地方海关培训基地（中心）实行统一管理，“天津海关武清培训中心”改为“海关总署天津教育培训基地”。

1998年7月中旬，针对当时全国走私犯罪活动猖獗，走私范围之广、规模之大、危害之烈，达到前所未有的程度。在全国打私工作会议上，中共中央、国务院决定组建由海关和公安双重垂直领导、以海关领导为主的海关缉私警察队伍，实行“联合缉私，统一处理，综合治理”的反走私斗争新体制。1999 年 1 月 5 日，海关总署走私犯罪侦查局正式成立。1 月 12 日，天津海关走私犯罪侦查分局举行揭牌仪式。经海关总署批准，天津海关走私犯罪侦查分局为副厅（局）级建制。内设 5 个正处级机构，下辖正处级天津新港海关走私犯罪侦查支局。天津海关走私犯罪侦查分局首期编制为 63 人。2000 年 3 月，经海关总署批准增设情报技术处和直属队两个正处级机构。2003 年 1 月 1 日，天津海关走私犯罪侦查分局更名为天津海关缉私局，内设 9 个处级机构，下辖新港海关缉私分局（详见第七篇“查缉走私”。）

2000 年 12 月 12 日，海关总署批复《天津海关关于职能配置、内设机构和人员编制调整方案的请示》，同意天津海关内设正处级机构 14 个（另含 2 个副处级机构），隶属正处级海关机构 7 个，正处级派驻机构 3 个及侦查分（支）局、海关总署档案馆和机关服务中心，行政编制为 1445 名（海关 1286 名，侦查 159 名）。该批复同意设立海关总署天津商品价格信息处（正处级）和全国海关进出口商品归类中心天津分中心，由天津海关在海关总署有关部门指导下筹建。

2001 年 10 月 9 日，天津海关就天津港区现有海关机构合并重组一事请示海关总署，拟将原分布于天津港区的新港海关、东港海关、塘沽办事处 3 个工作任务相同、职责交叉的正处级海关机构合并重组为新港海关（副厅局级）。合并后的新港海关负责天津口岸的全部海运进出口货物监管，按照新的通关作业流程和集约化、规范化、信息化要求，重新调整机构设置和职能配置，对天津港港区实行全封闭的卡口式管理。2002 年 4 月 3 日，海关总署批复，同意将天津新港海关、东港海关和塘沽办事处合并重组为天津新港海关（正处级），对外全称“中华人民共和国天津新港海关”，监管区域为天津新港码头、海河码头、南疆码头等陆地港区以及天津塘沽区、汉沽区、大港区和宁河县的加工贸易监管。调整后的新港海关内设 4 个正处级机构。2004 年 3 月 8 日，《国务院关于同意调整在天津港区的海关机构设置的批复》，同意将天津新港海关、天津东港海关和天津海关驻塘沽办事处合并，组建中华人民共和国天津新港海关（副厅级），隶属天津海关。

2005 年 7 月，根据中央机构编制委员会办公室《关于海关总署调查局职能调整及更名的批复》，海关总署调查局更名为稽查司。是年 7 月 4 日，根据海关总署关于印发《调查部门职能配置和机构设置调整方案》要求，天津海关撤销调查局，设立稽查处、风险管理处和企业管理处。7 月 25 日，又根据全国海关调查职能调整工作会议和《海关总署关于印发〈调查部门职能配置和机构设置调整方案〉的通知》精神，关党组决定，原调查局办公室和贸易调查处撤销后，在稽查处增设综合科，在风险管理处增设综合科、风险处置科，在企业管理处增设综合科、报关管理科。

2005 年 12 月 16 日，天津市人民政府正式向国务院申请在天津港东疆港区内建立保税港区。2006 年 5 月 26 日，国务院印发《关于推进滨海新区开发开放有关问题的意见》，原则同意设立天津东疆保税港区。并在 2006 年 8 月 31 日的批复中提出：“海关总署要会同有关部门，切实做好天津东疆保税港区的监管和服务工作，促进其健康发展，为推进天津滨海新区的开发开放作出贡献。”是年 10 月 8 日，天津海关向海关总署提交《关于设立天津东疆保税港区海关机构的论证报告》，并建议在此设立海关机构。2007年4月13日，关党组决定设立天津东疆保税港区海关筹备处（临时机构）。2009年8月12日，根据《海关总署关于设立天津东疆保税港区海关的通知》，在天津东疆保税港区设立“中华人民共和国天津东疆保税港区海关”，机构级别为正处级，隶属天津海关。2010年12月16日，经海关总署同意东疆保税港区海关开关，正式对外办理海关业务。2011年1月6日，天津东疆保税港区海关筹备处撤销。

2004年4月中旬，天津市委、市政府为贯彻实施《中华人民共和国行政许可法》，落实国务院《全面推进依法行政实施细则》，开始筹建天津市行政许可服务中心（以下简称“中心”），同年11月1日投入运行。中心构建行政审批、要素配置、社会服务、效能监察四个平台，形成“四位一体”管理服务模式和运行机制，推进政府管理创新和职能转变，提高依法行政水平，改善投资环境。2006年6月5日，根据天津市人民政府的统一部署，天津海关从关税处、企业管理处和现场业务处等部门抽调业务骨干进驻中心开设对外窗口，正式办理报关企业、报关员行政许可及注册登记等11项海关审批事项。当年，天津海关驻中心审批部门共办理各项行政审批业务5200件，综合审批时限在2个工作日内，办结率则达到100%。2014年4月，根据天津海关2012年的“三定”方案，驻中心人员编制减少，并撤销1个驻中心减免税审批窗口。

2006年8月10日，天津市就设立静海海关办事机构和海关检验检疫监管区问题召开专题会议。研究决定在静海县设立海关办事机构，以加大监管力度，促进地方经济发展。由天津海关、静海县政府拟文并呈天津市政府审核后，2011年6月23日，天津海关正式向海关总署呈报《关于设立静海海关的请示》。是年11月8日，海关总署拟文同意天津海关的申请并请示中央机构编制委员会办公室批准。2012年3月9日，海关总署通知天津海关，根据中央机构编制委员会办公室《关于设立静海海关的批复》，同意设立“中华人民共和国静海海关”，机构规格为正处级，隶属天津海关，负责办理静海县行政区划内的海关业务。是年6月11日，关党组决定成立临时机构“静海海关筹备处”，负责静海海关开关前的各项筹备工作。2013年11月8日，静海海关正式开关，“静海海关筹备处”撤销。

2008年3月12日，第十一届全国人大一次会议第四次全体会议公布新一轮《国务院机构改革方案》，改革重点是按照精简、统一、效能的原则和决策权、执行权、监督权既相互制约又相互协调的要求，着力优化组织结构，规范机构设置，完善运行机制。天津海关以适应业务建设需要，理顺工作关系，明确工作职责为目的，从2008年上半年至2009年底，天津海关分批次对关内的科级机构进行增加、撤销和调整，以满足改革开放和业务发展的需要。

2010年8月23日，针对天津市人口老龄化在全国各大城市中已位列第三，天津海关退休人员的增幅也达到高峰期的情况，根据《海关总署关于离退休人员工作机构设置有关问题的通知》，关党组决定设立天津海关离退休干部办公室（正处级机构），列为关政治部的组成部门，负责全关退（离）休人员管理和服务工作。

2011年12月23日，《海关总署关于天津海关机构设置主要职责和人员编制的批复》，同意天津海关的“三定”方案，全关拟内设部门为副厅局级机构 1 个、正处级机构 17 个；派出机构为副厅局级隶属海关 1 个（下设 7 个正处级机构）、正处级隶属海关 6 个、正处级派驻机构 4 个，全关行政编制为 1784 人（另有缉私警察编制 279 人）。

2012 年 5 月 7 日，天津海关党组印发《隶属海关党组工作规则（试行）》。决定在人数在 100 人以上的天津新港海关、天津经济技术开发区海关、天津保税区海关和天津机场海关 4 个隶属海关设立党组。隶属海关党组在关党组的直接领导下讨论和决定本单位各项建设中的重大问题，在规定权限内行使对干部的管理，指导本单位党组织的工作，发挥好本单位领导核心的作用。是年 5 月 9 日，上述 4 单位分别举行党组成立暨党组成员任职仪式。

2013 年 11 月 21 日，天津海关党组下发通知，决定在人员数量已超过 100 人的天津东疆保税港区海关设立党组，该关成为天津海关第 5 个设立党组的隶属海关。

2014 年 8 月 31 日，海关总署批复，同意设立天津海关驻宁河办事处。是年 11 月 20 日，根据《海关总署关于设立天津大港港区海关的通知》，设立“中华人民共和国天津大港港区海关”，两个机构均为隶属天津海关的正处级规格。

截至 2014 年底，天津海关共有内设处级机构 19 个、驻外处级机构 3 个、其他机构 6 个，另有下辖副厅局级分关 1 个、处级分关 7 个。同时，天津海关缉私局内设处级机构 9 个、下辖缉私分局 4 个。全关共有在职人员 2118 人。

第二节 内设及隶属机构

自1949年1月，天津市军事管制委员会对外贸易接管处接管组全面接管津海关始，天津海关的机构设置基本保持为内设机构、隶属机构和派出机构的架构，只是在不同的历史时期机构的规格和数量各不相同。

一、内设机构

1949年1月15日，天津解放。翌日，天津市军事管制委员会决定，由天津市军事管制委员会外贸接管处负责接管津海关税务司公署、经济部天津商品检验局、输出入口贸易管理委员会天津办事处、敌伪物资处理局海关接收办事处、码头仓库办事处和塘沽分关6个单位。由接管处副处长、军代表江明等人组成接管组，接管津海关。接管组下设秘书、总务、人事等7个组，分别承担相应的工作。1月17日，接管后的津海关正式对外办公。1月19日，接管组接管塘沽分关。2月15日，接管组接管天津、塘沽、秦皇岛三地的海港检疫所（是年6月27日将海港检疫所移交给地方卫生局）。

接管后，本着中共中央对海关“完整接收，逐步改造”的工作方针，津海关基本保持旧海关原有的组织机构，沿袭旧制设税务司（即关长），在税务司以下设秘书课、会计课、总务课（办理进出口报关及税收工作），验估课、缉私课、关产课、稽查课、港务课8个内设机构。并根据需要陆续对部分机构进行必要的调整，根据干部管理和教育、改造工作的需要成立人事课；根据业务工作实际将总务课改为税务课、关产课改为事务课。同年9月又将缉私课与稽查课合并为查缉课。1949年10月，根据海关总署试行组织条例第14条的规定，结合业务需要，重新拟定组织机构草案，增设秘书科。

1950年7月，关内机构由原来的“课”改为“科”。根据海关总署试行组织条例的规定，结合本关的实际情况，天津海关重新拟定组织机构方案，机构设置为：在关长以下，设验估征税科、货运监管科、查私科、海港科、人事科、会计科、秘书科、总务科8个内设机构。是年12月，奉海关总署指示，将不再属于海关职权范围之内的海港科移交给天津港务局。是年12月22日，中央人民政府交通部天津区港务局、中华人民共和国天津海关联合发布公告，宣布自即日起将天津海关海港科塘沽分关海港股及秦皇岛分关的港务管理工作及设备、工作人员一并移交天津区港务局及其所属各地机构接管。次日，天津海关（塘沽分关）向港务局移交相关人员61人。

1951年4月1日，因开办中（国）苏（联）联运贸易，铁路货运增多，为便利办理中苏联运进出口、过境、转运等监管业务，是年4月7日天津海关增设驻车站办事处，主要负责对联运、过境进出口货物的监装监卸，其余仓库监管及报关等手续仍由总关办理。并分别在天津南站和码头设立若干办公处负责办理船舶结关手续。至 1952 年码头办事处及所属 4 个办公处并入货管科。

1952 年 10 月 10 日，根据海关总署指示，天津海关秘书科、人事科、货管科、验征科、查私科调整为处级内设机构。是年 12 月 20 日，奉海关总署命令为加强机关保卫工作增设保卫科。1953 年初，根据中共中央的统一部署，天津海关与天津对外贸易管理局合并，天津海关的业务范围增加审查价格，签发进出口许可证，管理登记进出口厂商等项工作内容，根据工作需要增设进口处、出口处、计划处等部门。同年 6 月 26 日，天津海关监察室成立。

“关局合并”后，1953 年上半年呈现进口利大易进，出口亏损难销的局面，为推动出口，贯彻以进带出的方针，简化手续，是年 7 月将进口、出口 2 个处合并为进出口处。并将车站、邮局办事处划归为货管处领导。1953 年第四季度为贯彻中共中央关于精简机构的指示，以原进出口处为基础，将行政科和计划处的审价工作合并，取消行政科的设置。总务科与会计室合并成财务室。监察室合并至人事室。

1954 年第二季度，为便于集中领导，加强对外贸易管理，进出口计划工作划归华北对外贸易局（即天津市外贸局）领导，撤销计划处。同时为加强全关验估征税工作的统一领导，于是年 7 月 1 日成立征税处，邮局办事处划归征税处领导。

1954 ~ 1965 年，根据国家精简机构、下放体制的总体要求，天津海关的职责、机构设置基本处于压缩、精减的趋势。1954 年 6 月 9 日，将计划编制工作移交给华北对外贸易局。1955 年 2 月 6 日撤销征税处，原属征税、验估等工作并入货管处。同时为加强国际邮递物品的监管，原属征税处领导的驻邮局办事处独立。是年 8 月 28 日，根据国务院通知，将签发许可证、对私商管理工作机构及人员一并移交天津市对外贸易局。1956 年 8 月 24 日，根据外贸部指示，天津海关化验室移交给天津商品检验局。同时，部分内设机构亦或撤销或合并，至 1965 年，天津海关的内设机构仅剩 5 个处。1956 年 11 月 28 日，天津市人民委员会转发国务院《关于国家机关停止增设机构增加人员的通知》，要求自通知到达之日起，各级国家机关，一律停止增设新的机构，增加人员，原有人员因外调或入学有空额时也不再补充。是年 12 月 13 日，海关总署下发《关于核定你关编制员额和今后不准增加人员增加机构的通知》，经国务院编制工资委员会核定天津海关编制为 292 人，内设机构为：办公室、人事室、码头办事处、邮局办事处。

自 1968 年开始，受“文化大革命”的影响，天津海关革命委员会成立后，内设机构改为政工组、办事组、业务组。至 1970 年时，为顺应当时的社会风潮，天津海关在原有三个组之下，实行连队建制，连下设班。1972 年，取消连队建制，改为科室设置。内设机构为人保组、总务科和办公室。

1976 年 12 月 23 日，天津海关向天津外贸局党委提出《关于调整内部机构的请示》，为加强对现场工作的领导，减少层次，以适应天津港口建设的不断发展，根据 1975 年全国海关海运口岸货运监管工作座谈会精神，参照全国各主要海运口岸的做法，与对外贸易运输单位作业现场对口，分别设立办事处和科：在塘沽新港设立六米码头办事处、十三米码头办事处、8号码头办事处、检查科。在天津设立货运监管科、查私科、邮局科（与全国海关一致，对外统称驻邮局办事处）、技术科。机构调整后，对外统称“中华人民共和国天津海关”。

1980年2月9日，国务院发布《关于改革海关管理体制的决定》，明确天津等9个海关为局级机构。此后，随着国家改革开放的发展需要，天津海关机构不断增加。1981年8月1日，经海关总署同意，天津海关调整内设机构，调整后的机构为办公室、货运监管处、查私处、人事处和技术科、行政科、保卫科共4个处、3个科。在此后的30多年里，天津海关的内设机构随着工作的需要和海关机构改革的要求不断进行调整，2014年与1981年相比增加5倍之多。

二、隶属及派出机构

自1950年海关总署成立后，中国海关实行的是垂直领导体系，直属海关下辖分关、支关、办事处，依据行政管理学“隶属关系”指行政的上下级关系的定义，上述机构统称隶属及派出机构。

1949年1月津海关被接管后，对外暂称“天津市军事管制委员会海关管理局津海关”。所辖派出机构有邮局支所，隶属机构为北平分关、塘沽分关、秦皇岛分关。1950年5月4日，华北对外贸易管理局明确，各分关为津海关的下属机构，所有税务行政、经费预决算，人事管理等由津海关统一领导。

自1901年12月15日秦皇岛海关成立，至1930年6月30日前该关作为津海关的分关，接受津海关的领导。其后，秦皇岛海关成为隶属牛庄（营口）海关的一个分关。1931年1月1日，秦皇岛海关成为独立海关。由于秦皇岛先于天津解放，1948年11月27日，秦皇岛海关撤退到当时尚未解放的天津，在天津巴斯德路（今赤峰道）124号设立秦皇岛海关办事处。1949年1月1日，秦皇岛海关办事处全部人员划归津海关管辖。天津解放后，1949年1月17日，经华北军事管制委员会批准，秦皇岛关重归津海关，全称为“天津市军事管制委员会海关管理局秦皇岛分关”，废除“秦皇岛海关税务司署”。是年2月13日，奉华北人民政府令，秦皇岛海关在津的19名职工在军代表的率领下返回秦皇岛恢复海关机构和业务，隶属天津海关领导。是年6月28日，根据华北外贸局指示，该关更名为“津海关秦皇岛分关”，下设6个股级机构。1950年初，奉海关总署令，该关更名为“中华人民共和国天津海关秦皇岛分关”，根据天津海关的组织机构人事配备安排，下设4个股级机构。1951年1月31日，更名为“中华人民共和国秦皇岛分关”。1963年6月，对外贸易部受国务院的委托函复河北省人民委员会同意将秦皇岛分关改为秦皇岛海关，受河北省人民委员会领导，业务直接受海关管理局领导。至此，天津海关秦皇岛分关升格为独立海关，改称中华人民共和国秦皇岛海关，不再隶属天津海关。

在接管津海关时，北平尚未解放，至1949年2月北平和平解放后，“天津市军事管制委员会海关管理局津海关”于是年3月1日派出军代表正式接管北平分关。是年9月17日，北平分关改称津海关北平办事处。新中国成立后，北平改称北京，津海关北平办事处也随即改称为北京办事处。1950 年 12 月 21 日，海关总署决定在北京设关，自 1951 年 1 月 1 日起北京办事处成为海关总署领导的直属海关，更名为“中华人民共和国北京关”，天津海关北京办事处撤销。

1951 年 1 月 3 日，塘沽分关行文请示天津海关，根据该关所属的大沽、北塘支关的工作情况，建议撤销上述二关。天津海关就此事请示海关总署，提出北塘及大沽两支关成立之初，目的是为检查风船防止大连及朝鲜走私，兼收转口税及风船吨税。随着全国已基本解放，海关已决定放弃国内贸易的管制，根据国内贸易自由的原则，加之两支关自天津解放后未曾查获任何走私案件，只是征收中国籍风船的吨税管理，且风船管理属增加船商麻烦，违反共同纲领和国内贸易自由的原则的实际情况，北塘及大沽两支关已无存在必要，应立即撤销。是年 1 月 26 日天津海关收到海关总署的批复，同意自 1951 年 2 月 1 日起，撤销塘沽分关下辖的北塘和大沽两个支关。

1951 年 11 月 26 日，塘沽分关新河办事处正式成立。在塘沽区新港山东路办公。后经海关总署同意该办事处于 1953 年 8 月 16 日撤销。

1952 年 8、9 月间，天津海关两次向海关总署提出申请，随着天津新港建港工程和对外贸易发展的需要，在所属的塘沽分关增设“新港办事处”。是年 10 月 6 日，海关总署批复同意塘沽分关建立“新港办事处”。10 月 17 日，新港办事处成立，隶属塘沽分关领导。

从 1952 ~ 1962 年的 10 年里，天津海关的隶属机构只有塘沽和秦皇岛两个分关，1963 年秦皇岛海关成为独立海关后，至 1986 年天津海关的隶属机构仅剩下 1 个。1952 ~ 1986 年期间，天津海关的派出机构仅有驻邮局办事处。

改革开放以后，天津成为中国北方改革开放的前沿，天津海关得以壮大发展。1981 年 8 月 1 日，经海关总署同意，驻邮局办事处为天津海关处级派出机构，天津新港海关为天津海关隶属处级分关，下设办公室、塘沽办事处等 8 个科级机构。

1987 年 7 月 1 日，天津经济技术开发区海关开关、东港办事处、塘沽办事处，均属天津海关的隶属或派出机构。

1991 年，天津海关设立机场办事处。1993 年 11 月 12 日，蓟县海关正式开关。是年 12 月 18 日，天津保税区海关正式开关。1995 年 5 月 12 日，国务院批复同意设立武清海关。翌年 5 月 15 日，经关党组研究决定，成立武清海关筹备组。1997 年 12 月 28 日，经海关总署验收批准，武清海关正式开关对外办公。2004 年 3 月 8 日，天津新港海关、天津东港海关和天津海关驻塘沽办事处合并，组建中华人民共和国天津新港海关（副厅级），隶属天津海关。2010 年 12 月 16 日，天津东疆保税港区海关开关，2013 年 11 月 8 日，静海海关正式开关。

2014 年 8 月 14 日，天津海关就设立驻宁河办事处事请示海关总署。天津海关根据天津市宁河县人民政府呈报天津市人民政府的《宁河县人民政府关于在宁河设立天津海关办事处的请示》的有关意见，经过调研论证，建议在天津市宁河县设立海关办事处。是年 8 月 31 日，海关总署批复同意设立天津海关驻宁河办事处，机构规格为正处级，隶属天津海关。

2014 年 10 月，国务院正式批准天津港口岸新一轮扩大对外开放计划，天津港口岸开放水域从 470 平方公里扩大到 1590 平方公里，码头岸线总长从 78.9 公里扩大到 148 公里，批准新建的码头泊位从 75 个增至 146 个。是年 11 月 20 日，根据《国务院关于同意天津港口岸扩大开放的批复》意见，海关总署同意设立“中华人民共和国天津大港港区海关”，机构规格为正处级，隶属天津海关。

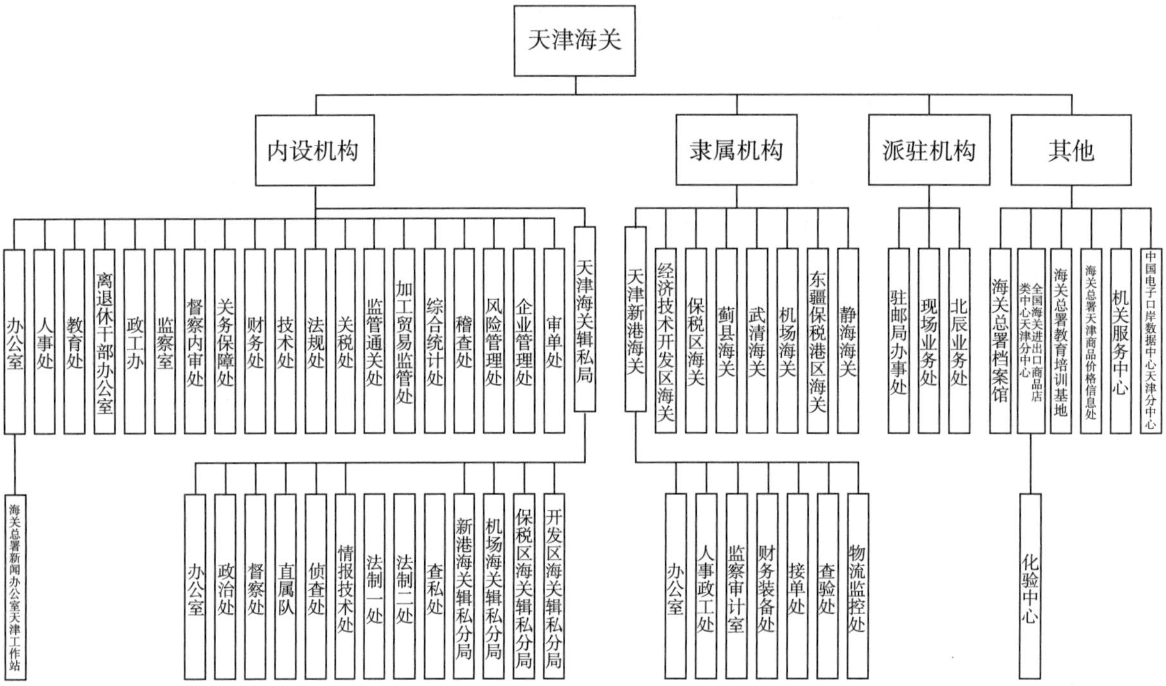

图 1-1-2-1　2014 年天津海关组织机构示意图（表中机构仅显示处级单位）

2012 年“三定”确定的天津海关各机构主要职责一览表

表 1-1-2-1

部门	主要职责
办公室	关区政务和综合工作的职能管理部门，与海关总署办公厅实行业务对口。 主要职责：协助关领导处理政务和日常事务工作，承办关领导交办的各项事务；组织推动重大业务改革课题的实施，协调关区业务工作；组织开展海关理论和政策研究，组织管理关区信息及新闻宣传工作，组织管理关区政务信息化及网站的维护工作；承担档案管理、机要保密、印章管理、往来文电处理等办公事务；负责总值班室、外事及各类对外联系工作
人事处	关区人事管理的职能部门、政治部的组成部门，与海关总署人事教育司实行业务对口。 主要职责：依据公务员法及国家、海关总署关于人事工作的政策和规定，研究制定本关区实施细则、管理办法并组织实施；负责关区机构和人员的各项具体日常管理事务；管理干部人事档案

续表 1-1-2-1

部门	主要职责
教育处	关区教育培训工作的职能管理部门，政治部的组成部门，与海关总署教育培训中心实行业务对口。 主要职责：依据国家和海关总署关于国家公务员教育培训、海关干部教育培训的相关规定，规划、组织、实施、管理和监督、检查关区各级各类岗位培训、任职培训、关衔晋升培训、初任培训和专门业务培训；本关干部参加国民教育序列学历教育的审批、备案管理；报关员资格全国统一考试天津考区的考务组织、实施；承担海关总署教育培训中心课件分中心和海关天津教育培训协作区的组长单位的相关工作
离退休干部办公室	关区离退休人员管理的职能部门，政治部的组成部门。 主要职责：负责全关区离退休人员管理和服务及党建工作，组织离退休干部开展适合老年人身心健康的各类有益活动，为离退休干部提供医疗保健、生活福利、休养、用车等服务，会同有关部门办理离退休干部的丧葬和善后处理事宜
思想政治工作办公室	关区党的建设和政治思想工作的职能管理部门，政治部组成机构，与海关总署政工办（机关党委办公室）实行业务对口。 主要职责：推动全关思想政治工作和精神文明建设，检查指导关区各单位开展思想政治工作；负责关区党的组织建设、党组中心组的理论学习和各级领导干部政治理论培训；负责组织、指导工会、共青团等群众组织开展相关工作；组织开展全关区的文化、体育活动
监察室	关区纪检、监察工作的职能管理部门，关党组纪检组下设日常工作机构，与中纪委驻海关总署纪检组、监察局实行业务对口。 主要职责：根据国家相关法律法规和党风廉政建设、反腐败规定及纪律，监督、检查、指导关区党风廉政建设与反腐败工作，组织推动党风廉政建设责任制的落实；受理、核查对监察对象的信访举报、检举和控告，调查监察对象的违反党纪和政纪行为，查办违纪违法案件，受理监察对象不服纪律处分的申诉、复审、复核；组织落实关区专、兼职纪检监察干部的培训；负责与地方纪检监察和公检法等部门相关工作联系等
督察内审处	关区督察及审计工作的职能管理部门，与海关总署督察内审司实行业务对口。 主要职责：研究制定关区督察、审计各项工作计划并监督实施；组织开展对海关行政执法常规督察和专项监督，组织开展对缉私警察行政执法监督；组织开展对关区隶属海关的经济责任审计和管理审计；实施对关区海关经费、预算外资金、查私办案费、税费征管、罚没收入、基建经费等财政、财务收支情况审计及审计署外审等工作
关务保障处	关区关务保障工作的职能管理部门与关区基建工作的组织、执行部门，与海关总署关务保障司实行业务对口。 主要职责：研究拟订关区装备设备发展规划、管理制度并组织实施；组织关区关务保障工作的监督检查；制订关区各类装备设备的配备计划和分配方案并组织实施；制定关区实物资产（含存货、固定资产）管理制度及实物资产的审批和监督管理；落实关区安全保卫工作；编制关区基建工程计划并予以落实；指导和协调关区后勤服务工作

续表 1-1-2-1

部门	主要职责
财务处	关区财务、罚没财物、政府采购和海关事业单位及所属经济实体财务工作的职能管理部门，与海关总署财务司实行业务对口。 主要职责：依据会计法及国家相关法律、法规，制定内部财务制度并监督实施；负责关区各项预算、决算编报及各类经费的管理；指导监督所属海关的财务活动；组织实施关区政府采购活动；负责天津关区罚没货物、超期未报关货物、放弃货物的处置工作等
技术处	关区技术工作的职能管理部门，承担中国电子口岸数据中心天津分中心的科技业务保障、地方电子口岸建设技术的协作与配合。与海关总署科技司实行业务对口。 主要职责：负责天津海关所有信息系统、通信系统建设的运行、维护管理；关区内（海关总署统一配置之外的）信息系统、通信系统和技术检查设备的选型、安装、调试和维护；全关区跨部门联网项目的技术开发、技术支持与保障；海关总署集中开发的业务信息化管理系统，跨部门（关区）联网项目运行、维护、技术保障和安全管理；履行科技领导小组办公室的职责，统筹规划科技项目的管理
法规处	关区法制工作和知识产权保护的职能管理部门，与海关总署政策法规司实行业务对口。 主要职责：组织关区执法监督检查和对具体行政执法行为的规范化管理；对重大行政行为进行预审、备案、跟踪与管理，为关区重大行政事项决策提供政策法律咨询；审理行政复议、行政赔偿案件，参加行政诉讼和行政赔偿诉讼案件的应诉工作；指导、监督、协调关区知识产权保护的执法工作；组织开展关区法制培训、法制宣传及普法教育；受海关总署政法司委托进行“海关业务规范性文件数据库”的清理、维护工作；协调、配合法院、检察院、公安、人大、政府、政协等管理部门涉及的与法律相关的工作
关税处	关区税收工作的职能管理部门，与海关总署关税司实行业务对口。 主要职责：落实国家关税政策，组织实施各类关税业务的具体管理，组织推动关区综合治税工作，组织指导关区审单业务规章制度的实施，规范进出口商品申报
监管通关处	关区监管通关业务的职能管理部门，与海关总署监管司实行业务对口。 主要职责：组织推动关区各项通关作业改革项目的实施，制定通关作业规范、流程及管理制度，维护通关作业参数；管理暂时进出口货物业务、直接退运货物业务；组织、监督、检查、评估关区物流监控执行情况；组织对设立的各类开放口岸、海关监管点、海关监管场所进行前期审核、验收；对转关运输、免税店、快件运营人、各类运输企业、运输工具审批、注册备案及年审；管理关区行邮、查验和进出口舱单业务职能，监督关区各业务现场执行政策法规情况，统一和规范监管尺度和验放标准；负责通关监管环节海关反恐、维稳、防扩散工作等
加工贸易监管处	关区加工贸易保税业务的职能管理部门，与海关总署加工贸易和保税监管司实行业务对口。 主要职责：组织、指导、监督关区加工贸易和保税货物监管业务，对加工贸易和保税货物监管工作情况进行检查、评估；协助地方政府做好各类海关特殊监管区域的申报、建设、验收等工作；与地方政府相关管理部门开展加工贸易和保税监管业务联系等

续表 1-1-2-1

部门	主要职责
综合统计处	关区进出口贸易统计、海关业务统计、海关统计执法评估及进出口监测预警的职能管理部门，与海关总署综合统计司实行业务对口。 主要职责：编制本关区进出口贸易统计及海关业务统计；负责本关区报关单及统计数据库的审核、上报、维护及职能管理；开展业务数据检控分析；管理和发布本地区进出口贸易统计资料，提供海关统计咨询服务；组织统计业务培训；管理天津海关统计学会日常工作等
稽查处	关区稽查工作的职能部门，与海关总署稽查司实行业务对口。 主要职责：依据《海关法》《海关稽查条例》及《海关稽查操作规程》等相关法律法规，管理关区的海关稽查工作，根据海关总署和关党组的部署，协调稽查部门与关区各职能部门、各业务现场，组织实施专项稽查、常规稽查、验证稽查、减免税核查及保税中后期核查、贸易调查；制定关区稽查工作规章制度，研究、总结、推广稽查技能和方法
企业管理处	关区企业管理工作的职能部门，与海关总署稽查司实行业务对口。 主要职责：根据《中华人民共和国海关企业分类管理办法》，组织实施分类管理工作；负责报关企业及跨关区分支机构、报关员行政许可审批、注册登记，指导、监督、考核各隶属海关、直属单位的注册登记工作；组织开展对报关员、关区注册登记管理人员进行业务培训；与政府有关部门、社会团体、行业组织建立公共协调机制
风险管理处	天津海关风险管理委员会的执行机构，与海关总署稽查司实行业务对口。 主要职责：负责关区风险管理的职能管理和组织协调工作；研究推动关区风险管理长效机制建设，推行风险管理技术应用，组织开展风险管理业务培训和专项课题研究，对关区各业务领域风险管理工作进行绩效评估，整合发布关区风险信息，负责风险管理平台应用的授权管理、应用管理与日常维护，以及对内、对外联络工作和信息交流等
审单处	海关单证审核业务的公共平台，直属海关派驻业务现场机构。 主要职责：实时审核报关单数据的完整性、合法性和合理性；向货主及现场海关发出相关管理指令；负责全关区报关单相关数据的批量复审，并下达布控任务、进行线索移交；协调指导现场海关审单部门的业务工作
天津海关缉私局	关区反走私工作的职能部门，与海关总署缉私局实行业务对口。 主要职责：开展对走私、违规案件的调查、审理和执行工作，对关区缉私情报进行搜集分析；实施对关区查缉的走私犯罪案件的侦查、拘留、执行逮捕和预审等工作；组织实施海关管理环节的反恐、维稳、防扩散等工作；组织开展关区缉毒培训和禁毒宣传；组织实施天津市反走私综合治理，开展关区反走私绩效评估；与公安、检察、审判机关及其他相关部门开展协调、配合；对缉私警察队伍建设、后勤、科技装备进行日常管理与维护，管理走私违法犯罪案件案卷、档案
经济技术开发区海关	隶属天津海关的属地管理型海关机构。业务管辖区域为天津经济技术开发区和出口加工区。 主要职责：负责天津经济技术开发区和出口加工区的外商投资企业、其他企事业单位、驻区机构等部门进出口货物实施海关监管；负责区内企业登记备案、年审，保税工厂审批；对区内企业和有关进出口货物进行稽查

续表 1-1-2-1

部门	主要职责
保税区海关	隶属天津海关的属地管理型海关机构。业务管辖区域为天津港保税区、天津港保税区（空港）、天津保税物流园区、天津滨海新区综合保税区、天津空港物流加工区。 主要职责：办理以上区域内企业的备案注册、变更和注销手续；办理辖区内企业进口特定减免税货物、加工贸易合同备案、加工贸易合同的核查核销、企事业单位进口特定减免税货物的核查、进口特定减免税货物的解除监管、开展企业稽查；办理特殊监管区域内企业自用物资、非保税料件区内加工、临时出区保税货物、转库转让保税货物、企业使用减免税货物抵押贷款的审批、临时出区货物的核销；特殊监管区域内仓储企业的审批备案和中期核查核销；对进出口货物、物品、运输工具以及转运、过境、中转、转关货物、物品以及加工贸易、外商自用物品和减免税设备、物品进行监管
蓟县海关	隶属天津海关的属地管理型海关机构。业务管辖区域为天津市蓟县和宝坻区。 主要职责：对辖区内进出口货物、物品、运输工具以及转关货物、物品进行实际监管。办理加工贸易合同审批、核销、中期核查；三资企业减免税货物的前期审批和后续监管；进出口货物的接单、征税、查验、核放、统计；对辖区内重点企业和保税货物的稽查以及一般违规走私案件的调查处理
武清海关	隶属天津海关的属地管理型海关机构。业务管辖区域为天津市武清区及其所属武清经济开发区、逸仙科学工业园、天津高新技术产业园区。 主要职责：办理辖区企业进出口货物的监管及企业登记备案、年审、减免税审批手续和后续管理；对辖区企业、保税货物开展稽查，对一般违规走私案件的调查处理
机场海关	隶属天津海关的空运通关现场型海关机构，业务管辖区域为天津滨海国际机场和机场货运区域的各级海关监管仓库、机场免税店、航油航材库等。 主要职责：负责经由天津滨海国际机场进出境的国际客货运航班及国际航班国内段的货物、物品的海关监管；对机场货运区域的各级海关监管仓库、保税航油航材库的物流监控和机场免税店的进销存日常监管；对天津空港进出港航空器及进出境旅客、机组人员行李物品、空运快递物品的监管；对业务管辖范围内走私违规案件的移交
东疆保税港区海关	隶属天津海关的驻海关特殊监管区域及口岸的海关机构。业务管辖区域为东疆保税港区、天津港太平洋码头、散货线材码头、东疆邮轮母港码头等。 主要职责：对进出辖区的海运进出口货物、进出口转关运输、中转、过境货物的监管；对辖区进出境行邮物品的监管业务；对保税港区内企业的管理，对区内企业开展海关稽查；对进出辖区的车辆及停靠保税港区的船舶进行监管
静海海关	隶属天津海关的属地管理型海关机构。业务辖区为静海县、国家级子牙经济技术开发区。 主要职责：对辖区内海关监管场所的海关监管货物、承运海关监管货物海关监管车队监管；对辖区内加工贸易相关业务的海关管理
驻邮局办事处	天津海关派驻天津市邮政局的处级监管机构。 主要职责：对天津口岸邮递渠道进出境普通邮件和 EMS 邮政快实施监管并办理海关手续；对邮递渠道进出境印刷品及音像制品实施监管、审查，依法对各类违禁印刷品和音像制品进行收缴、移交；依法对邮递渠道实施知识产权海关保护；对天津国际邮件交换站实施监管

续表 1-1-2-1

部门	主要职责
现场业务处	天津海关派驻关外的处级监管机构。业务管辖区域为天津市内六区、西青区、东丽区、津南区、新技术产业园区等。 主要职责：对辖区内企业加工贸易货物的监管和中期、后期核查、稽查；对加工贸易企业、异地备案企业的管理；市内外商常驻人员自带车、安家物品、出国留学生购买国产小轿车审批，陆运出口分运行李验放；外国市内驻津商社、办事机构备案、年审、撤销，及其进口办公用品审批业务；市内举办的国际展览会的监管等
北辰办事处	天津海关派驻关外的处级监管机构。业务管辖区域为北辰行政区。 主要职责：负责北辰行政辖区内的进出口货物、企业管理、加工贸易管理、保税货物监管等相关海关业务和作业
新港海关	隶属天津海关的属地管理型海关机构。业务管辖区域为天津港区和塘沽、汉沽、大港、宁河。 主要职责：办理海运进出口货物作业手续，对进出口转关运输、中转、过境货物实施监管，办理“属地申报、口岸验放”进口货物的实货放行和出口货物的单证放行；实施进出境船舶监管，负责天津关区海运舱单集中管理；实施港区卡口、验放中心和集装箱通道的物流监控；办理海运分离运输方式进出境旅客行李物品、进出境国际邮件、国际客货班轮、邮轮进出境旅客行李物品、免税店等的监管业务；实施对辖区内一般贸易、保税和减免税货物的后续稽查；以及涉及辖区内的相关海关业务；负责天津关区汽车进口证明书和领销牌照通知书的签发和管理；及其新港海关固定资产账目、实物资产，新港海关范围内的税费、经费、财务管理等
全国海关进出口商品归类中心天津分中心	海关总署设立在天津海关的进出口商品归类和商品化验的职能管理部门，内设天津海关化验中心。海关总署关税司商品归类处及北京海关归类办公室为业务对口管理部门。 主要职责：在海关总署关税司的指导下，实施对分管纸张、贱金属类商品的归类职能管理； 同时承担对天津关区归类业务监督、指导、协调等职能；天津海关化验中心在北京海关归类办公室的指导下，承担北方片区内 11 个直属海关的商品化验鉴定职能；实施商品化验方面的商品调研、风险管理等
海关总署天津教育培训基地	海关教育培训施教机构的组成部分，承担海关总署和海关系统培训、会议、干部休假和对外经营活动
海关总署天津商品价格信息处	海关总署派驻天津的商品价格信息机构。 主要职责：按照商品分工收集、整理、分析各类价格资料，制定、审核和发布价格风险参数，开展价格监控分析和评估，回复直属海关提交的价格咨询，组织审价业务培训，开展政策和课题研究，及时向关税司报告审价工作中发现的重大敏感问题，以及相应的建议措施，为全国海关审价工作提供价格信息和估价技术支持。同时，作为天津关区审价工作职能管理部门，负责研究制订关区的审价工作制度，收集、整理、报送价格信息资料，制定价格风险参数，开展价格监控分析，组织实施价格核查，开展价格专业认定，回复价格咨询，组织审价业务培训，处理审价疑难问题，为相关机构提供估价技术支持

续表 1-1-2-1

部门	主要职责
机关服务中心	关区后勤综合服务职能部门。 主要职责：关区招标采购、安全保卫、医疗保障、物业管理、食堂管理、农场建设及经济实体的管理；关区各类公务车辆、合同工驾驶员的日常管理；关区干部职工及离退休人员的医疗保障；市区行政楼、业务楼物业管理和安全保卫；关区农作物种植园的生产建设
中国电子口岸数据中心天津分中心	主要职责：承办天津地区政务卡、企业卡的录入、制作等项工作；负责天津地区电子口岸应用项目及联网企业的技术支持、操作培训、热线值班；天津地区电子口岸系统服务业务；天津地区用户集中托管服务器的运行、维护管理等

第三节　海关总署派驻机构

由于天津海关业务内容包含海关所有业务门类，以及特殊的地理位置优势，新中国成立以后，海关总署根据不同时期全国海关工作的整体布局和便于领导指挥的需要，先后在天津设立过海关干部学校、海关总署武清培训基地、海关总署档案馆、海关总署归类分中心和海关总署商品价格信息处等派驻机构，责成天津海关代为管理。

一、对外贸易部天津海关干部学校

1953 年 1 月 15 日，根据政务院《关于海关与对外贸易管理机关实行合并的决定》，海关总署正式划归对外贸易部领导，组成中央人民政府对外贸易部海关总署。1954 年 11 月，在国务院机构改革中，中央人民政府对外贸易部海关总署改称“对外贸易部海关总署”。1956 年 8 月，对外贸易部海关总署在天津开办海关干部外国语训练班，1957 年，海关干部外国语训练班改名为海关总署天津干部学校，校址设在天津市和平区解放北路 179 号，位于原天津海关第二码头办事处和天津海关干部俱乐部旧址，任命天津海关关长朱剑白兼任训练班主任。干部学校的任务是负责统一训练全国海关的在职干部。

1956 年 9 月外国语训练班开课，外语老师由旧海关的税务司和精通外语的海关干部担任。第一期外语班设有 4 个英语班和 2 个俄语班。学员是来自各海关的青年骨干，共约 70 余人。外国语训练班学制为 2 年，但因当时开展政治运动的原因，第一期外语班学员延至 1959 年 7 月毕业。是年 9 月，第二期外国语训练班开学。

1957 年 9 月，海关总署天津干部学校开办首期业务班，至 1967 年底，前后共举办过 10 期业务班，每期课时为 3 个月，每期参加学习的学员在 30 人以上，大多数是各地海关中层以上的领导干部。教员多是海关总署各业务司的领导，根据课程的安排，分别专程到天津授课。

1961 年 8 月 31 日，根据中共中央关于精简机构、压缩城市人口的指示，天津海关干部学校暂时停办两年。停办期间校舍暂借给天津水产学校使用。

1964 年 3 月 19 日，对外贸易部致函天津市人民委员会，中央组织部已于 1964 年 2 月 6 日批准恢复开办天津海关干部学校，学员 110 人，教职员 18 人。复校之事对外贸易部委托天津海关办理，收回暂借给天津水产学校使用的校舍，由天津海关干部学校继续使用。

1964 年 7 月 23 日，对外贸易部发布通知，自 8 月 1 日起，天津海关干部学校正式办公，校址不变，名称由原"对外贸易部海关总署干部学校"改称为"对外贸易部天津海关干部学校"，由王琨任校长。1965 年 1 月，第三期英语班开学，分设高、中、初级各 1 班，学员约 60 人。因"文化大革命"的原因，1967 年下半年在校学员返回各关。

1968 年，外贸部海关管理局决定撤销天津海关干部学校，其房产和职工全部移交天津海关。1969 年 9 月 26 日，正式停办对外贸易部天津海关干部学校。经天津市革命委员会决定，该校遗留的人员及校舍等并入天津海关。

天津海关干部学校兴办于国家经济建设发展时期，致力于为国家和海关建设服务，由于海关干部学校自始至终采取从严治学、学以致用的教育方针，教学内容既面向专业知识，又涉及思想教育，使在校学员在思想、外语、业务等方面都得到显著提高。改革开放后，海关干部学校培养的 40 多名学员先后成为海关高级干部或业务、外语骨干，为海关事业做出贡献。20 世纪 80 年代，海关总署确认天津海关干部学校英语班为大专学历。

二、海关总署天津培训基地

海关总署天津培训基地，于 1996 年 7 月由天津海关自行筹建，占地约 5 万平方米。1999 年 2 月正式挂牌运营，当时对外称为"天津海关培训中心"，培训中心在天津海关为正式列编（正式干部、职工均为在编教育处人员）。

2000 年 8 月，天津海关向海关总署人教司专题请示天津海关培训基地归属海关总署的问题。同年 10 月 24 日，主管教育培训工作的海关总署党组成员叶剑专题听取天津海关关于武清培训基地归属海关总署管理的意见。

2001 年 1 月 31 日，海关总署人教司正式下发文件，将天津海关武清培训中心同其他 15 个地方海关的培训基地（中心）统一划归海关总署管理。名称定为"海关总署天津教育培训基地"，隶属海关总署由天津海关代管。

根据海关总署对教育培训基地的定位，基地具有事业单位法人资格，实行独立核算，自主经营，自负盈亏，是海关教育培训施教机构的组成部分，承担海关总署和海关系统培训、会议、干部休假和对外开展经营活动等任务。培训基地负责完成海关总署和代管海关安排的各项任务，并在保证完成海关总署和直属海关任务的前提下开展对外经营活动。

2014年10月13日，天津海关根据海关总署指示要求，结合海关总署天津教育培训基地的经营管理状况，专门向海关总署提交《关于报送海关总署天津教育培训基地功能转型和职能定位相关建议的报告》。建议提出其功能由会议接待和培训功能，转型为业务科技研发实训功能；职能定位为全国海关业务科技改革研发基地、全国海关业务实训基地、全国海关业务应急协调指挥中心之一；名称定为“海关总署天津教育培训基地”。

三、海关总署档案馆

1991年7月15日，国家档案局批复海关总署，同意建立中华人民共和国海关总署档案馆，集中保管海关系统的重要档案。

1991年8月，海关总署正式行文，委托天津海关负责筹建海关总署档案馆。明确该馆对外名称为“中华人民共和国海关总署档案馆”（处级），对内称“天津海关档案处”，业务上受国家档案局的监督指导和海关总署办公室（厅）的领导。行政上属天津海关领导。随即天津海关成立海关总署档案馆筹备组。

1993年5月3日，经国家档案局、海关总署验收合格中华人民共和国海关总署档案馆正式开馆。馆址设于天津市和平区营口道2号（天津海关办公楼内）。

1998年2月26日，天津海关就海关总署档案馆馆址存在诸多安全隐患，亟须另择办公用房事请示海关总署。鉴于原档案馆所在地为木结构三级防火的百年建筑，已被天津市房管部门列明为危楼，楼内旧电力线路老化曾多次引发火情，直接威胁海关档案的安全等问题，建议为档案馆重新择址。

1999年11月26日，由海关总署档案馆编辑的《澳门与旧中国海关》一书于澳门回归之前在全国海关内部发行。

2001年2月28日，经海关总署批准，天津海关经多方协调，海关总署档案馆迁入临时租用的天津市和平区大理道88号华森公寓办公。是年3月26日，编译并公开出版发行《历史镜鉴——旧中国海关戒律》一书，该书客观介绍历史上海关治腐清廉的管理制度，面向社会公开发行。

2006年2月13日，因海关总署档案馆所租办公楼内出现多个单位在同一楼内办公，人员混杂、安全隐患增多的情况，天津海关就另择新址搬迁档案馆一事请示海关总署办公厅。主管副署长盛光祖对请示做出:“档案管理若出现毁失，将是无法补救的重大损失。若无法保障，应考虑迁移地点，以防不测”的批示。

2006年4月7日，经海关总署批准，海关总署档案馆迁入天津市武清开发区泉州路2号武清海关办公楼内，此次档案馆搬迁，共转移档案箱柜600个、设备物资27车次。

2013年9月，中国海关博物馆在北京落成开馆后，根据海关总署的统一部署，翌年6月19日，海关总署档案馆整体搬迁至坐落在北京的中国海关博物馆。此次，由天津整体搬迁至北京的海关总署档案馆共涉及档案245箱、资料260箱。

海关总署档案馆自1993年5月开馆至2014年6月迁入北京，在天津海关代管的20年间，除完成日常档案资料接收、保管、整理、档案数字化加工及档案现代化管理及应用程序开发工作外，还先后参与旧中国海关总税务司署通令编译、《津海关史要览》《海关总署全宗介绍》《中国海关通志》编写、出版旧海关总税务司署通令选编和部分资料丛书等编辑出版工作。

四、海关总署归类分中心

1989年，海关总署提出在天津海关建立化验室、样品室，担负天津口岸进出口主要商品税则归类与许可证管理商品的化验鉴别任务。1990年11月15日，天津海关行文向海关总署报告化验室、样品室的筹建和准备工作情况。据此报告称，自1990年4月，样品室收集十大类800余种样品，已初具规模。为科学规划化验室的设计，先后走访多个教学科研单位化验室，学习收集经验资料。同时天津海关在营口道2号的海关办公楼内腾出500平方米的工作空间作为化验室、样品室用地。

1993年3月16日，海关总署发布通知，天津海关化验中心于是年4月正式投入使用。主要负责北京、天津、黑龙江、吉林、辽宁、河北、河南、山东、山西、陕西、甘肃、宁夏、内蒙古、新疆等省市、自治区进出口货物和涉嫌毒品的化验检测工作。同时，承担全国其他关区进出口货物中税则归类疑难货物及涉嫌毒品的化验检测工作。

1993年12月10日，为更好执行中华人民共和国海关对进出口货物实施化验鉴定，方便对位联系。海关总署人教司下发文件，将广州海关和天津海关的化验室定名为“化验中心”，全称为“天津海关化验中心”。

1997年10月28日，天津海关请示海关总署关税司，鉴于原化验中心所在地存在建筑老旧火灾隐患大、电力匹配不足、增容困难、远离海关业务现场送样不便等问题，拟将化验中心搬迁至天津港保税区海关楼内，预留面积为620平方米。

2001年1月18日，海关总署人事教育司发文明确，化验中心为归类分中心内设副处级机构，允许单独挂牌，化验中心的工作职责、范围不变；归类分中心的处级领导中应有1名负责化验中心的工作。

2001年2月，全国海关进出口商品归类中心天津分中心成立。由原天津海关化验中心、天津海关审单中心归类科合并构成。归类分中心为处级机构，下辖化验中心为副处级。分中心下设综合科、归类一科、归类二科、化验管理科、化验科5个科室。

2001年8月20日，海关总署发文，根据《全国海关通关作业指导方案》，在大连、天津、上海、广州海关建立商品分中心。根据上述分中心的筹备状况和所具备的能力，对归类分中心逐步授权、分批启动。商品归类分中心的全称是：“海关总署商品归类中心天津分中心”，简称“天津归类分中心”。

按照海关总署的要求，归类分中心是海关总署派驻分中心所在地海关、面对全国海关代行海关总署部分归类决定权的行政机构，并负责管理分中心所在地海关化验中心的工作；归类分中心同时是所在地海关的归类职能部门。归类分中心受海关总署归类职能部门的业务领导和所在地海关的行政领导，在海关总署授权范围内行使归类决定权。归类分中心的主要职责是在授权范围内，负责对全国海关提交的归类疑难问题进行研究并作出归类决定；负责在授权的商品范围内，对全国海关的商品归类和《预归类决定》进行指导和监控，发现问题、纠正错误归类并报署备案；负责归类风险布控与管理，适时发布进行全国重点归类的商品目录；负责所在地海关化验中心的各项工作；完成海关总署授权或交办的其他工作。

2001 年，在天津海关制定的“三定”方案中明确：设立全国海关进出口商品归类天津分中心，将天津海关化验中心划归分中心管理。该中心是海关总署派驻天津海关的进出口商品归类和商品化验的职能管理部门，与海关总署商品归类中心实行业务对口管理，在全国海关进出口商品归类中心指导下开展分管范围内商品归类和商品化验，受理和审核预归类申请并制发“预归类决定书”，对片区内直属海关提出的商品归类方面的疑难问题作出专业认定，开展商品归类方面的风险管理。设置主任（正处级）1 人，副主任（副处级）1 人，人员编制 22 人。

2009 年 11 月 12 日，海关总署下发《关于调整海关化验机构布局有关问题的通知》，核定天津等 6 个海关化验中心的领导干部职数均为主任 1 名（副处级）、副主任 1 名（正科级），天津海关化验中心主任由商品归类分中心副主任兼任。

五、海关总署天津商品价格信息处

2001 年 1 月 31 日，海关总署办公厅下发《海关总署办公厅关于商品价格信息机构职责的通知》，明确根据实施《WTO 估价协定》和通关作业改革后海关估价工作的需要，海关总署决定分别在上海、天津、深圳、宁波和哈尔滨设立海关总署商品价格信息处。商品价格信息处的主要职责为：负责跟踪、收集、分析、筛选、整理、编发所分管的进出口商品价格信息资料和有关信息动态；开展对分关商品的价格监控和风险分析，制定价格风险参数；研究解决直属海关提出的估价疑难问题等 5 项内容。同时明确商品价格信息处可承担本关区的审价职能管理工作。

是年 2 月，海关总署天津商品价格信息处成立。天津商品价格信息处作为海关总署派驻天津海关的价格审核职能管理部门，与海关总署审价中心实行业务对口管理。在海关总署审价中心指导下，负责收集、整理各类价格参考资料，对价格数据进行审核和监控，提出和调整审价布控参数及通关风险布控的要求和建议，负责进出口商品完税价格的咨询答疑。

2001 年 2 月 28 日，海关总署关税征管司下发《关于进一步明确商品价格信息机构职责及有关问题的通知》，明确天津商品价格信息处分管的主要商品范围为：车辆（不包括汽车和摩托车零部件）、航空器、船舶及有关运输设备；塑料及其制品；纺织原料及其机织物。天津商品价格信息处主要负责对上述范围内商品的全国审价工作，答复价格咨询，制定和平衡一、二级价格风险参数，为全国及天津关区估价工作提供价格信息及相关的技术支持。同时负责天津海关的价格审价工作，答复关区价格咨询，调整和汇总二级价格风险参数及边角料指导价格，测算天津关区的价格水平，辅导本关区审价工作；对口岸重点税源商品的国际市场价格动态变化、定价规律进行跟踪；对口岸价格风险商品申报完税价格的真实性和完整性进行调研；以价格调研工作成果为依据，为相关部门制定价格风险参数、有效开展价格磋商、发现和移交价格风险提供参考。

作为海关总署派驻天津海关的商品价格信息机构，其基本架构是由天津海关关税处内的审价办公室撤转而成，为天津海关直属正处级单位，下设综合科、价格一科、价格二科 3 个科室。设置主任（正处级）1 人，副主任（副处级）1 人，人员编制 25 人。

2007 年 3 月 13 日，海关总署关税征管司下发《关于调整总署商品价格信息机构分管商品范围的通知》，将原由天津商品价格信息处分管的部分车辆零件、附件调整为由广州商品价格信息办公室管理。

2008 年 3 月，根据价格工作的新变化及需求，海关总署天津商品价格信息处增设价格调研科。截止到 2014 年 12 月底，天津商品价格信息处共设有 4 个科。

第四节　办公机构

1949 年 1 月 15 日天津解放。翌日，天津市军事管制委员会对外贸易接管处全面接管津海关，海关接管处办公室下设秘书、总务、人事等 7 个组，分别承担相应的工作。接管后津海关设秘书课，下设总务股、人事股、文牍室、书记室，承担政务办公工作。1953 年“关局合并”时，对机构设置进行调整，天津海关设立办公室。在此后的历次机构调整中，办公室始终作为核心机构存在，只是内部设置因时代及任务不同而发生变化，至 2014 年，天津海关办公室设有新闻办、综合科、秘书科、政研科、文档科、机要科、信息化科、总值班室。

一、文档管理

（一）文书管理

1949 年 5 月，接管后的津海关对旧海关的发文管理工作进行更改，将“谕”改为“通知”，同时对“通令”发文程式也有部分更改。1949 年 12 月 1 日起，津海关建立工作日报制度。1950 年 1 月 1 日，《津关通讯》创刊。《津关通讯》包含日报、旬报、月报等各类报告。

1950 年上半年，天津海关初步规范文件管理。包括改进旧的登记文簿和收发簿，创制发文回执、印制“借文证”，对文件的流转流程和检查进行调整和规范。是年 5 月，根据海关总署的要求，天津海关制定《公文检查催办试行细则》，就公文流转、登记、保管等环节提出 17 条具体要求，对文件的流转流程和检查进行调整和规范。自 5 月 1 日起，天津海关实行公文检查制度，对外重点检查未经答复的外来文件和未获答复的发出文件，对内则重点检查传阅的文件。1951年4月14日，天津海关根据政务院《公文处理暂行办法草案》和《海关总署公文分类及其编号办法》，制定《公文分类及其编号办法》。规定公文分为报告、令、指示、批复、函、通知、布告、公告共8种；公文的应用范围分为上行、平行、下行，并就公文编号办法做出若干条规定。此办法于是年4月16日开始试行。1956年11月1日，天津海关参加天津市文书档案工作会议并在会上作专题发言。1964年1月6日，天津海关制定《关于公文处理工作的几项规定》，对文件运转、承办、存档、销毁都作出明确规定。

“文化大革命”期间，海关的文书工作受到严重的冲击和影响。

改革开放以后，海关的文书工作进入新的改革期，规范、法制、科技、高效成为这一时期海关文书工作的主要特征。

1990年8月1日，天津海关开始执行《海关公文处理细则》。是年，天津关区举办多期文档培训班，并开展年度文档工作检查。同年，天津海关推荐15篇公文参加海关总署优秀公文评比，其中12篇分获一、二、三等奖。1999年，天津海关根据《海关总署机关发文规程》调整本关发文流程，加强公文规范化管理。2003年，天津海关下发《电子公文收发管理办法》。2005年，天津海关下发《公文运转和办理工作规程（试行）》，规范公文运转及办理工作。2013年，天津海关下发《印章、介绍信、组织机构代码证使用管理办法》，加强印章、介绍信、组织机构代码证的使用管理。

（二）档案管理

1949年，津海关在办公室下设档案室，负责文件、资料、档案的管理。1952年10月3日，《天津海关档案管理暂行办法》开始试行。

1956年，天津海关对档案工作进行调查统计，发现累计存留有解放前4个全宗10967卷档案。1957年4月22日，在天津市委办公厅及天津市人民委员会档案管理处联合举办的文档工作展览会上，天津海关介绍整理积存档案的经验。1957年5月29日，国家档案局副局长及苏联专家专程到天津海关视察档案工作。1959年4月4日，天津海关档案工作被评为河北省红旗单位。

图1-1-4-2　20世纪50年代天津海关参加天津市档案工作汇报展览

“文化大革命”以后，天津海关的档案管理工作迎来一个新的发展时期。1978年11月17日，天津海关将所存的1860～1948年的“天津海关监督公署”、“常关”等档案13134卷，以及资料卡片等移交天津市档案管理处。1981 年 4 月 10 日，经海关总署批准，天津海关将 1862 ~ 1949 年的原总税务司署海务科档案 4166 卷，全部移交给国家第二历史档案馆。1981 年 12 月 24 日，天津海关将 1949 ~ 1952 年间原华北对外贸易管理局档案移交天津市档案局。

1988 年 3 月 3 日，天津海关制定印发《关于文书和档案的管理规定》。1988 年 11 月 3 日，在天津市组织的档案工作检查评比中，天津海关档案室被评为一级档案管理部门。在 1988 年天津市档案局的档案业务检查验收中，天津海关被评为“一级单位”。1989 年 3 月 30 日，印发《天津海关档案工作制度》，对安全保密、案卷借阅、鉴定、销毁、移交、管理等 13 个方面做出规定。

1991 年 6 月 27 日，天津海关被评为天津市档案系统先进集体。1991 年 7 月 15 日，国家档案局批复建立海关总署档案馆。根据海关总署要求，该馆对外称“中华人民共和国海关总署档案馆”，对内称“天津海关档案处”。1992 年 9 月，天津海关向海关总署档案馆移交第一批 1949 ~ 1958 年的永久档案，在海关系统属首家，1995 年移交第二批 1959 ~ 1978 年档案，提前完成移交任务。1993 年 5 月 5 日，海关总署档案馆（天津海关档案处）正式开馆。1994 年 4 月 18 日，晋升为天津市一级档案馆。1995 年，获国家档案局授予的“全国档案工作先进集体”称号。1996 年，天津海关研制开发的“文书、档案自动化管理系统”荣获国家档案局科技成果进步三等奖，并列为向全国档案界推广的软件。

1995 年 12 月 27 日，天津海关档案工作经过天津市档案局的考评，被评为“一级管理单位”。1996 年 10 月 31 日，天津海关获得海关系统档案管理特级单位。1997 年 1 月 21 日，天津海关、海关总署档案馆被评为“天津市 1996 年度档案工作先进单位”。1997 年 7 月 25 日，在天津海关办公室下设综合档案室，具体负责关区档案工作的监督、检查、指导和信息开发利用。

1999 年 4 月 9 日，天津海关新版文档管理系统投入运行。

2004 年 8 月 17 日，天津海关决定与天津市档案局共同开发利用津海关旧档案。翌年 12 月 28 日，双方联合着手《津海关秘档解译》的编辑工作。2007 年 1 月 5 日，《津海关秘档解译》一书由中国海关出版社正式出版发行。

2007 年 9 月，“天津海关专业档案管理系统”正式投入使用。

2008 年 1 月，天津海关完成文书档案资料数字化加工整理工程，将文书档案全部数据导入海关政务办公系统，实现室藏文书档案（1949 ~ 2007 年）的网络化、信息化管理。2008 年 5 月 21 日，海关总署档案综合管理复查评估组授予天津海关“海关档案综合管理复查评估特级单位”奖牌。

2013 年 3 月 14 日，天津市电子文件管理工作检查小组对天津海关电子文件管理工作进行考核检查，天津海关获得 94 分。

2014 年 6 月 4 日，在天津海关政务网主页开辟“天津海关历史图片展”专栏。

二、新闻宣传

开展新闻宣传工作是新中国海关落实“人民海关为人民”宗旨，开展群众工作的方法和途径。1951 年 4 月 29 日，天津海关就实施《中华人民共和国暂行海关法》，召开记者招待会，解答各方对暂行海关法实施提出的有关问题。1951 年 5 月 1 日,《中华人民共和国暂行海关法》发布实行，天津海关关长朱剑白在《天津日报》发表署名文章，宣传贯彻执行暂行海关法。在天津解放初期，天津海关多次派员就与海关业务相关的问题到天津市的企事业单位、河北省保定等地举办政策宣讲会，宣传新中国海关的工作方针政策。

改革开放以后，天津海关更加注重新闻宣传工作。1990 年 7 月 9 日，办公室增设对外宣传科。1994 年 4 月 13 日，天津海关下发《对外宣传工作管理办法》。1996 年 7 月 12 日，在天津海关设立海关总署新闻办公室驻天津工作站。2000 年 7 月 20 日，天津海关下发重新修订的《对外宣传工作管理办法》。2011 年，天津海关制定《新闻发布实施细则》。2012 年，制定《天津海关办公室新闻工作站工作规范（试行）》。

1985 年 3 月 19 日，天津海关关长杨戊辰就新发布的《中华人民共和国海关进出口税则》的实施接受记者专访，并在《天津日报》上发表文章介绍新税则。1986 年 10 月 13 日，天津电视台播出介绍天津海关的专题电视片《国门巍巍》。1987 年 6 月 25 日，天津电视台播出专访节目，关长杨戊辰就《中华人民共和国海关法》实施问题答记者问。1991 年 9 月 28 日，中央电视台《正大综艺》节目播放介绍天津海关工作的录像片。1992 年 4 月 16 日，天津海关与天津电视台联合录制《金色的钥匙》。该片主要反映海关发展保税业务、促进天津市经济发展的工作业绩，海关总署署长戴杰为该片题写片名。是年 6 月 29 日，该片在天津电视台播出。1993 年 8 月 19 日，天津海关与天津电视台共同录制时长 80 分钟的“金钥匙文艺晚会”，在天津电视台播出。1997 年 8 月 25 日，中央电视台“新闻联播”节目在“展示新成就，迎接十五大”专栏中介绍天津海关实行通关制度改革，促进提高企业贸易效率的情况。2001 年 1 月 23 日,《天津日报》第二版（要闻版）刊登关于天津海关 2000 年工作情况的报道，详细介绍海关改革、监管、服务和打私等方面取得的成绩。天津海关在保护知识产权、营造高效通关环境、打击走私等方面的工作情况和成绩，被《人民日报》《天津日报》《经济日报》《国际商报》《今晚报》《每日新报》、新华社、中央电视台、天津电视台、天津人民广播电台等中央和地方媒体多次报道。2010 年 10 月 14 日，全国海关税收突破一万亿的报关单在天津保税区海关产生，中央电视台对此进行专题报道。2011 年 3 月 14 日，天津海关举行“纪念天津设立海关 150 周年升国旗仪式”，天津电视台现场拍摄有 460 名关员参加的升国旗仪式。2014 年 7 月 1 日，京津冀海关区域通关一体化正式启动，率先在天津海关和北京海关实施。《人民日报》、新华社和中央电视台等中央媒体，以及《天津日报》、天津电视台等地方媒体现场跟踪体验通关一体化流程，天津海关关长李佩林就此接受各媒体采访。据统计，2012 ~ 2014 年底，中央媒体共刊发天津海关各类新闻稿件 360 条（次），地方媒体刊发天津海关各类新闻稿件 239 条（次）。

三、政务信息化

政务信息化是进入 20 世纪 80 年代后，随着政府机关在履行职能、处理事务和日常管理活动中形成、处理和保存的文件，越来越多由纸质转为电子文本，而产生的一种办公模式的改革。2012年5月5日，国家发展改革委员会发布《“十二五”国家政务信息化工程建设规划》，提出加快国家信息化建设是党中央、国务院顺应世界信息化发展趋势作出的重大战略决策，政务信息化建设是国家信息化建设的重要组成部分，要求强化顶层设计，加强规划指导，大力推进国家政务信息化工程建设。

根据改革及科技发展的要求，1986年，天津海关开发0520微机文件管理系统程序，以节省文件管理的人力物力，初步实现文件管理电子信息化。各科室开始利用计算机系统进行文件登记、查询和调阅。1987年9月9日，“天津海关TCWG计算机文档管理工作程序”通过国家档案局的验收，9月11日获得国家档案科技进步四等奖。1988年4月20日，天津海关拟定信息管理系统开发报告，提出通过计算机系统处理信息的初步设想。

1991年3月21日，海关总署“办公自动化小组”考察天津海关办公自动化，参观“天津海关信息管理系统”及天津海关与天津经济技术开发区海关的远程通信试验，并据此开发第一代海关总署机关办公自动化系统。1997年7月15日，天津海关下发《办公自动化系统暂行管理办法》，从系统及用户管理、公文管理、信息管理、保密管理4个方面作出详细规定。

1997年4月21日，办公自动化微机网开始试运行。1997年，海关总署决定从9月1日起，在海关总署与各直属海关单位之间试行计算机网络公文交换。1997年，办公自动化在天津关区得到广泛应用，制发的所有公文全部通过网络进行传输，取消纸质文件的印发，部分收文实现文件资源共享，减少文件传阅时间。

1998年8月1日，天津海关尝试引入互联网技术，对关发文采用微机管理。同年11月15日，办公自动化收发文管理系统从小型机、微机并行统一为微机管理，由两次录入改为一次录入、多次使用，减轻工作量，加速文件运转。

1999年4月9日，新版文档管理系统投入运行。同年7月15日，国际互联网天津海关主页全面改版。1999年11月26日，办公自动化等项目被评为海关系统“1998～1999年度海关科技进步奖和科技应用效益奖获奖项目”。

2001年1月8日，天津海关因特网网站改版。2001年6月1日，正式启用新的海关专用政府域名：“tjc.customs.gov.cn”。2001年6月22日，启用新的天津海关网址“http://www.tjc.gov.cn”。

2001年6月6日，按照国家档案局《归档文件整理规则》开发的档案管理子系统开通使用。同年6月11日，网上办文管理系统开始试运行，7月12日起正式启用。7月16日停止所有纸质文件（收文）的手工传递工作。2001年12月5日，新版“网络公告系统”投入运行。2002年5月13日，全新改版的天津海关网站正式启用。

2003年12月1日，新版天津海关网上办文系统在天津海关正式上网运行。

2004年11月30日晚7点35分，天津海关HB2004系统所属6个子应用系统一次性全部正式切换成功，第一份文件通过该系统顺利流转，原有“天津海关网上办公系统”停止使用，全部留作历史数据查询应用。12 月 1 日，天津海关全体用户正式使用 HB2004 系统。

2005 年 9 月 9 日，中国海关互联网网站正式开通，天津海关子网站同时开通，此后该网站连续 7 年获得全国海关优秀网站称号。

2014 年 12 月 29 日，中国海关办公平台（HB2012）正式在天津海关上线运行，实现 HB2004 与 HB2012 平稳切换。

四、国际交往

天津海关作为中国海关一个重要的对外窗口，得到世界各国的广泛关注。1949 年 12 月 26 日，苏联顾问克夫里什内赫在海关总署署长孔原的陪同下专程到津海关视察，并给全体员工做“1950 年海关工作的方针与任务”的报告。

自 20 世纪 50 年代初至“文化大革命”前，天津海关先后接待过朝鲜贸易代表团及民主德国海关、越南海关、朝鲜海关、古巴海关总局、阿尔巴尼亚海关到访，并接待和安排越南民主共和国海关实习生在关学习海关业务。“文化大革命”期间，天津海关的国际交往受到影响。改革开放后，中国海关与世界各国海关的交往得以恢复并稳步发展。

20 世纪 80 ~ 90 年代，联合国相关组织及朝鲜税关、斯里兰卡海关、芬兰海关、美国海关、蒙古海关、越南海关、日本海关、韩国关税厅、比利时海关等多个国家和地区的海关组织代表团先后访问天津海关，实地了解改革开放后天津海关的工作情况。1999 年底，随着“H986”集装箱检查设备在天津海关率先安装并于海关查验工作中应用，专程到关参观“H986”集装箱检查设备工作情况、学习查验工作经验的外国海关代表团越来越多。天津海关先后接待越南海关、蒙古国工商协会、澳大利亚海关、泰国交通部、俄罗斯海关委员会、伊朗海关、比利时海关、南非运输部、罗马尼亚海关、白俄罗斯海关、韩国海关、以色列海关、泰国海关、美国国务院、美国海岸警卫队、巴基斯坦中央税收委员会、欧盟海关、蒙古海关、缅甸海关、肯尼亚内罗毕海关、叙利亚海关、乌干达税务总局、朝鲜税关、乌兹别克斯坦国家海关委员会、埃及海关、刚果（金）海关、巴布亚新几内亚海关、美国海关、波兰海关、俄罗斯海关、以色列边境保护局代表团或官员的访问考察。2004 年 1 月 14 日，世界海关组织（WCO）副秘书长御厨邦雄到天津海关考察海关现代通关系统。同年 3 月 26 日，世界海关组织（WCO）秘书长达内及秘书长办公室主任达沃也到天津海关参观考察。

图 1-1-4-3　1994 年 3 月 17 日，天津海关关长赵桂芬会见日本神户税关税关长

2010 ~ 2014 年，天津海关先后接待韩国驻华使馆、澳大利亚驻华使馆、古巴海关、老挝海关总局、意大利研究生访华团、意大利海关专家代表团、瑞典海关专家代表团、泰国驻华使馆、

比利时驻华使馆、以色列税务总局、阿曼政府安全委员会高级代表团、刚果（金）海关署、巴布亚新几内亚海关高级代表团、伊朗海关、新西兰驻华使馆、韩国海关、亚洲开发银行高级专员代表团、美国海关和美国国务院文教局代表团、波兰海关代表团、俄罗斯海关代表团、以色列边境保护局高级代表团、美国能源部考察团、古巴海关总署、意大利海关、比利时驻华大使、墨西哥海关署代表团的交流考察。

随着天津海关与各国海关的友好往来，业务合作也逐渐拓展，1984 年天津海关与日本神户税关建立起友好海关关系，此后双方通过人员互访交流工作经验，加强沟通联系。2008 年 5 月，意大利海关高级专家代表团到天津海关访问，双方就共同关心的议题进行探讨和会谈。到访期间，意方提出与天津海关开展关际合作的意向。2009 年 9 月，海关总署正式启动天津—热那亚关际合作项目，意大利海关署署长率代表团专程访华与海关总署共同宣布启动天津海关和热那亚大区海关关际合作，并签署《中华人民共和国海关总署和意大利共和国海关署关于天津海关和热那亚海关关际合作谅解备忘录》。2010 年 5 月 27 ～ 29 日，由意大利热那亚大区海关关长祖克尼率意大利海关专家代表团到天津海关考察访问。期间，天津海关党组书记、关长李佩林与热那亚大区海关关长祖克尼共同签署《中华人民共和国天津海关与意大利共和国热那亚大区海关 2010 ～ 2011 年关际合作计划》。同年 11 月 15 ～ 20 日，意大利热那亚大区海关专家代表团访问天津海关，就知识产权保护、海关稽查、风险管理、企业管理和缉私情报交换等问题进行探讨与交流。2011 年 5 月下旬至 2013 年 9 月，天津海关 3 次派遣专家代表团访问意大利，开展业务交流，对《天津海关与热那亚大区海关 2010 ～ 2011 年关际合作计划》执行情况进行评估，并签署《天津海关与热那亚大区海关 2012 ～ 2013 年关际合作计划》。2013 年 12 月 3 ～ 4 日，意大利海关和专卖署代表团访问天津海关，双方在对关际合作进行简要评估基础上，共同签署《中华人民共和国天津海关与意大利共和国热那亚大区海关 2014 ～ 2015 年关际合作计划》。2014 年 6 月 30 ～ 7 月 5 日，意大利利古里亚、皮埃蒙特和瓦莱达奥斯塔区际海关代表团访问天津海关，就知识产权保护、风险管理、企业管理等进行会谈。

图 1-1-4-4　2010 年 5 月，意大利热那亚大区海关代表团到天津海关考察访问

五、其他事务

除上述事务外，天津海关办公室还承担着政务信息、政策研究、应急值班和对全关各项工作的督促检查等管理工作。

海关政务信息管理是对海关行政活动中产生的信息进行收集、整理、加工、传递、存储，最终以信息稿件的形式予以发布的过程。自1980年海关管理体制改革之后，海关总署十分重视此项工作。1985年9月10日，海关总署印发《关于加强信息工作的几项规定的通知》，天津海关根据海关总署通知精神制定《信息工作规范（试行）》，在全关实施。1986年2月18日，天津海关创刊《动向与分析》。1986年5月2日，创刊天津海关《昨日快讯》。1989年3月22日，天津海关制定《信息管理办法》，以规范政务信息管理工作，随后于1997年、2009年、2011年、2013年，先后4次对《信息工作管理办法》内容进行修订完善，以适应形势发展的需要。1993年4月12日，天津海关被天津市委系统评为1992年度信息工作先进单位。2002年10月28日，天津海关建立政务信息化工作联络员制度，在关区各部门设1～2名政务信息化联络员，负责本部门政务信息化工作的组织、推动和监督检查。2004年12月2日，首次通过HB2004系统发布《每日信息》。

自20世纪80年代中期开始，天津海关着手组织、培养专门的政策研究骨干力量。1985年7月，天津海关在办公室设置调查研究小组，专职从事业务政策、业务管理和行政管理制度等方面的调研工作和宣传工作。1997年，天津海关创办政研刊物《津关政研》。2004年5月，天津海关设立办公室政策研究室。2005～2009年，天津海关5次承担海关总署国际司下达的课题研究任务，对WTO、WCO制度及《标准框架》《京都公约》进行较为深入的研究，形成研究报告7篇，得到海关总署国际司的肯定。2010年，政策研究室起草完成天津海关大监管体系改革方案。2012年6月，政策研究室更名为政研科。2013年，政策研究室参与制定京津冀海关区域通关一体化改革方案。

此外，天津海关在开展政研工作中，依托海关学会，结合队伍建设、政策研究、业务改革等课题，组织关员开展政研和理论研究活动，培养政研及理论研究骨干。1985年，天津海关学会成立后，至2014年历四届学会理事会，作为海关内部的群众性社团组织，在中国海关学会和中国海关学会天津分会的指导下，每年结合天津海关的特点，配合关党组的中心工作和业务改革的关键问题，从海关通关作业改革、整合海关特殊监管区域，到建设自由贸易区、京津冀一体化、一带一路，适时选准课题，组织开展政研活动。历时近30年，取得许多有价值的政研成果，许多政研文章不仅被海关总署刊物转发后受到各级领导的重视，还有多篇文章被录入天津学术文库得到社会各界的关注。

1982年10月1日，海关总署正式建立值班室，实行每天24小时值班制度。同年，根据海关总署要求，天津海关完善24小时值班制度。1999年10月11日，天津海关成立总值班室。

2004年11月21日，调整办公室信息政研科职能，更名为秘书二科，负责天津海关24小时政务值班、突发事件应急处理和信息采编报送等工作。2010年，天津海关与天津海关缉私局联合成立天津海关总值班室，由总关办公室会同缉私局办公室共同管理。2012年12月，秘书二科更名为总值班室。2013年3月25日，根据海关总署要求建设指挥中心。2014年5月，确定指挥中心设在营口道2号，是年11月，指挥中心开始基础施工。

20世纪80年代，办公室设检查组，在关长直接领导下轮流检查总关各处和分关及各科的工作。对文件实行文书管理人员、秘书人员、办公室领导三级催办，建立“催办卡”，对工作任务按照执行方案或《计划进度表》督促办理。2006年2月16日，设立办公室督查室。2006年，印发《天津海关督查工作制度》和《天津海关督查员制度和管理办法》。每年将任务和指标进行细分，建立《任务分解表》和《重点指标表》，将责任落实到具体部门，并在全关建立起督查员队伍，对各项任务落实情况进行督办。2012年，撤销办公室督查室。

第五节　财务管理机构

海关系统的财务管理工作属于行政财务，但又不同于一般行政机关的财务。海关财务除担负行政经费、查私（缉私）办案费、教育事业费的领报，基本建设资金的核拨以及关务费的提取、领报和预算外资金的收支管理外，还要管理由海关征收的各种税、费缴库的会计核算，以及大量保证金的核算管理和经国家物价部门批准收取的行政性事业收费等会计核算工作。它所担负的任务比一般行政单位财务担负的任务复杂而繁重。“保障供给，厉行节约，为海关事业服务”是海关财务工作的方针和出发点。

一、沿　革

自天津解放至1950年初，天津海关的财务管理隶属于地方军事管制委员会。1949年1月，被接管后的津海关即设会计课，负责财务管理工作，全课共有19人，其中干部16人、工友3人。当时，天津解放前的海关所有款项均已冻结并移交军事管制委员会接收。由于没有预算制度，每月由军事管制委员会按照人数拨发现金和实物，随用随领。而决算仍采用天津解放前的模式，每月编制《经费收支月报表》，于每月24日前将上月收支的所有传票、单据及薪饷清册编造目录装订成册随报表一并送交军事管制委员会报销。

1950年，天津海关经费划归中央支出，预算由华北行政区代管。是年3月，经中央人民政府海关总署批准，天津海关在机构设置中将会计课改为会计科。1951年5月9日，天津海关在海关总署财务会计会议上提案建议，一是要明确规定财务会计工作人员的职责和权限以便执行工作；二是各分支机构的会计事务，应单独设立机构，直属于行政首长。是年6月，在海关总署召开的全国海关财务工作会议上，吸收天津海关和其他海关的提案意见，确定海关财务管理统一制度、统一收支科目、统一报表、统一会计处理方法的工作原则。1953年1月，天津海关与天津对外贸易管理局合并后，会计科更名为会计室。是年末，根据中共中央精简机构的指示，天津海关将总务科与会计室合并为财务室。1957年2月12日，财务室并入办公室。从1952年12月至1960年12月，原海关总署掌管的海关系统税收征解和经费会计工作随海关体制变化划归对外贸易部管理，查私费用各地海关仍向海关总署查私处领报。在此期间，天津海关的财务工作依据全国海关财务工作会议确定的三项工作职能：一是征收、报解关税及其他税费、编审预决算。在20世纪50～60年代初，海关的关税、罚没等各项收入均列为预算收入，全部上交国家，支出则由国家预算拨款。海关唯一的开支来源是行政经费，当时各级财务机构对预算管理十分严格，逐项核定，科目之间不能相互串用，如特殊需要串用的必须报请上级批准。经费按月划拨，年终结束，一律上交；二是掌管机关经费开支、制定各种报表。主要有月报、季报、年报3种经费报表和关税收入解库月报表等5种税收报表，对经费报表开支的具体项目逐项审查增删。1957年后，经费改为限额拨款，停止报送月报。经费报表要求必须按时报送，误期未报将停拨经费；三是开展财务监督。1952年天津海关成立经费审查小组，负责按月审核本单位支出单据及报表，每半年向海关总署上报审查结果，同时接受海关总署财务部门的检查。1953年“关局合并”以后，海关系统的经费问题由对外贸易部统一处理，天津海关的经费开支情况改由天津市外贸局检查。1954年第三季度，天津海关财务室税款会计工作改由征税处办理。

1961年2月27日，对外贸易部印发《关于全国海关、商检局体制下放后有关财务工作方面的问题的通知》，明确各地海关经费预算自1961年1月1日起列入各省、市、自治区预算，财务管理工作亦由地方财政机关办理。海关的关税收入（包括海关的其他收入）仍按原规定上解中央。根据上述原则，天津海关自是年1月1日起成为天津市对外贸易局的组成部分，受对外贸易部和地方政府的双重领导，海关经费列入地方预算，财务工作归地方财政部门管理。天津海关向天津市财政局领报经费，天津市财政局按地方行政机关开支范围和标准于年初一次核定海关预算，一般情况不再办理追加预算。海关执行预算时，专项经费不能用于其他项目，除人员经费和分用经费不能相互串用外其他科目经费允许串用。经费一般是按月拨付，预算超支不补，结余上缴财政。是年7月，对外贸易部海关管理局部分下放查私费用管理权，天津海关所需的查私费用可直接在按规定提取的查私费用中列支。1966～1979年底，查私费用重新交由对外贸易部海关管理局管理。

1980年1月1日，根据国务院《关于改革海关管理体制的决定》，全国海关经费、基建、物资、外汇由海关总署统一管理。海关的行政经费由海关总署向财政部领报。海关的技术设备、船只车辆、制服、武器、印刷和培训干部所需关务费和外汇留成，从关税收入和外汇收入中提成解决。海关所需基建投资和相应材料及交通工具等物资，由海关总署分别向国家计委和物资总局申请拨给。海关罚没收入按一定比例留作海关查私费用。1985 ~ 2001 年，经财政部批准，海关行政费由国家预算拨款改为从关税中提成解决。自 1994 年 1 月 1 日起，国家实行强制银行结汇制度，海关外汇留成取消。2002 年 1 月开始，海关系统实施部门预算改革，经费由从关税收入中提成转为国家财政拨款。是年 7 月 5 日，海关的各项经费全部纳入中央财政预算管理。

1980 年，作为直属海关，天津海关被划定为二级会计单位，行政经费直接向海关总署报领，其隶属的各海关为基层会计单位，向天津海关报领经费。1981 年，海关总署决定天津干部训练班的财务由天津海关代管，经费由海关总署按一个预算单位拨予，固定资产由天津海关建立专门账目、设专人管理。1983 年 10 月 24 日，天津海关在内部机构调整中，将行政科升格为行政处，内设财务科负责全关的财务管理工作。1985 年 8 月 1 日，关党组决定撤销行政处建制，成立财务装备处，下设财务科、行政科、基建办公室。

为规范海关的财务管理，在此期间，海关系统制定完善《海关经费会计制度》《海关税收会计制度》《海关经费预算定额包干办法》等多个规定。在 1980 ~ 1984 年海关实行行政经费“预算包干，结余留用”和关务费全额预算的管理办法。

1986 年，为统筹安排资金、简化核算手续，海关总署将“行政经费”和“关务费”合并为“海关经费”预算支出科目，对由海关总署统一支付的大项目开支不列入各关预算。适时，天津海关被海关总署列为《海关经费预算定额包干办法》的试行单位，开始财务制度改革的尝试。是年 5 月 24 日，海关总署印发《关于授给编好 1985 年度“经费及基建财务决算”单位奖励的通知》，天津海关获得“1985 年度经费决算”二等奖。

1987 年，海关总署制定《海关系统预算外资金管理办法》，天津海关随即确定预算外资金实行先收后支、留有余地的管理原则以及具体的执行措施，以加强预算外资金的管理。是年 8 月 10 日，天津海关印发《关于税收会计工作与各业务部门联系配合办法》。翌年 1 月 21 日，又印发《天津海关关于业务单证的管理办法》。

改革开放的前 10 年，随着海关管理体制的改革，天津海关的财务管理队伍得到加强，截至 1990 年，全关区已有专职财务人员 34 人，其中具有大专以上学历的占 70% 以上，有高级会计师 1 人、会计师 5 人、助理会计师 28 人。

1990 年 7 月 12 日，根据海关总署关于局级海关设立财务处的要求，天津海关撤销行政处下设的财务科，正式设立财务处。

20 世纪 90 年代，天津海关开始运用计算机管理经费。1994 年，天津海关应用海关总署的“海关通用财务软件”，使用计算机制单、记账、报表。1996 年，天津海关正式应用“海关税收财务信息管理系统”程序，对税款入库核销实行计算机管理。1998 年，天津海关随着机构的变化和人员增加，采用“用友财务软件”实现全关工资的集中管理。1990 年 6 月 13 日，天津海关出纳工作的做法被纳入海关系统出纳人员培训材料，在全国海关推广使用。1995 年天津海关财务处被海关总署评为“全国海关财务工作先进集体”。

1994年3月29日，天津海关制定印发《天津海关经费包干管理办法（试行）》，在各基层单位实行经费包干管理，预算管理形式分为经费全额包干、经费定额包干和经费定额定项包干。凡是经费实行独立核算的基层单位实行经费全额包干，对经费开支项目比较单一的部门实行经费定额包干，对经费管理未实行独立核算和负责技术设备、行政购置、修理、修缮等重点开支部门实行经费定额定项包干。是年10月18日，海关总署财务司印发《关于表扬和奖励1993年度海关财务决算及固定资产报表编审工作先进单位的通知》，天津海关获得经费决算、基建财务决算一等奖、税费决算二等奖和固定资产报表编审三等奖。受到海关总署通报表扬。翌年，天津海关再次获得税费决算一等奖、经费决算二等奖和固定资产报表编审二等奖。

1995年，天津海关被海关总署列为四个税收财务通用软件试点单位之一后，关里成立税收财务通用软件试用小组组织开展试用工作。是年，天津海关财务处被评为海关总署“全国海关财务工作先进集体”。

1997年，天津海关通过加强审计工作，发挥审计手段，对科技经费运用、设备购置开展“预审计”，对设备运用情况进行年度审计，加大科技经费、设备的管理力度，确保科技经费得到合理分配使用，科技设备得到有效应用，防止设备重复购置和积存浪费。

1998～2001年，在海关总署历年的全国海关经费、税费、基建财务决算联审互查及固定资产报表编审评比工作中，天津海关的财务工作多次受到表彰。1998年，获得经费决算、税费决算一等奖和固定资产报表编审二等奖。1999年，获得海关经费决算一等奖和缉私警察经费、税费决算、固定资产报表3项二等奖和基建决算三等奖。2000年，获得“海关税费决算”“缉私警察经费决算”“海关固定资产报表”优秀单位。2001年，获得“海关经费决算”“海关税费决算”“缉私警察经费决算”“海关基建财务决算”“海关固定资产报表”优秀单位称号。

2000年12月20日，根据天津海关职能设置、内设机构和人员调整方案，撤销行政处，将原行政处的后勤、行政管理职能划归财务处。调整后的财务处为关区财务、装备和海关固定资产的职能管理部门，与海关总署财务装备司实行业务对口管理。主要负责全关各项经费及预算外资金的使用及管理；税收会计，缉私警察会计工作；制定并监督实施内部财务、行政管理制度；编制全关税收及各项经费的财务报告，进行财务状况分析；指导监督所属海关的财务活动；实施对外收费标准的管理及报批；全关固定资产的购置、报废、调配、维修等呈批管理工作，以及车船设备的申报、调拨、配发等安排工作；全关制服、装备及有价单证等的请拨、配发的管理工作；社控商品购置的报批及基建资金和项目的管理。

2001年9月20日，天津海关印发《关于开发区综合业务楼内各部门财务报账及相关问题的通知》，鉴于关内多个部门迁入新建的开发区综合业务楼内办公后，由于大楼内的部门较多，以往的财务管理和审批模式需进行相应调整。经研究决定，开发区综合业务楼内涉及财务的事宜全部由新港海关财务科负责管理，机关服务中心负责涉及行政修理、修缮、购置和后勤事务性工作。楼内人员的经费管理以工资关系为依据。新港海关负责本关在册人员和大楼内临时工费用的开支。在年度内开发区海关负责本关在册人员的工资、津贴、奖金、差旅费、职工和家属医药费等经费的开支，以及本关水电、电话、食堂费用、临时工费用和零星的房屋修理、修缮等的支出。东港海关在楼内办公的查验科人员的各项支出由东港海关负责。

新港海关财务科负责开发区综合业务楼内各项行政经费的审批、使用、管理，以及固定资产的购置、报废、调配、维修等管理工作。预算范围内各项正常支出在 1 万元以内的报新港海关财务科进行事前审批，支出在 1 万元以上的按照签报审批制度的要求，事前报财务处、督察审计处等相关部门进行会签，再上报主管关长审批后方可办理采购等相关事宜。该通知还针对若干财务事宜制定出具体 10 条措施。

2002 年 10 月 16 日，经天津海关党组研究决定，财务处成立货物管理科，负责走私、超期、放弃、抵税等货物及物品的接收、变卖、处理等工作。

2003 年 11 月 20 日，天津海关印发《关于开发区综合业务楼财务管理问题的通知》，经关党组研究决定，本着依法、方便、效能的原则，对塘沽地区（除保税区海关外）的财务管理模式进行调整。继续保留新港海关、开发区海关对外独立的财务职能含账号、印章和报表。在开发区综合大楼内对外统一设置收费窗口。财务处下设综合业务大楼财务科，负责塘沽地区（除保税区海关外）各单位财务管理工作，原新港海关、开发区海关相关人员归属综合业务大楼财务科，对内撤销原新港海关财务科。是年 6 月，中国电子口岸数据中心天津海关数据分中心成立，其经费核算统一由财务处专人管理，按照海关总署统一下发的用友财务软件，使用计算机制单、记账、报表。

2004 年 12 月 10 日，海关总署印发通报对 2003 年度海关经费、税费、缉私警察经费、基建财务决算、固定资产报表及海关事业单位会计决算编制工作先进单位予以表扬，天津海关除基建财务决算项外，其他 4 项均被评为先进单位，受到通报表扬。在 2005 年海关总署组织开展的对 2004 年度海关经费、缉私警察经费、税费、事业经费、基建财务决算及固定资产报表的审查评比工作中，天津海关又获得“海关经费决算”“海关税费决算”“缉私警察经费决算”“海关固定资产报表”工作先进单位称号。

2006 年，天津海关自主开发“科技经费管理系统”“科技经费预算分析系统”等科技经费管理程序，将各种渠道下拨的科技经费统一纳入“科技经费管理系统”，实行计算机管理。是年 5 ~ 6 月间，按照海关总署的统一部署，天津海关开展财务收支自查整改工作。依据财务制度对预算管理、专项资金管理、中央财政转移支付资金管理、基建管理、固定资产管理、税费管理等 8 个方面进行检查，对查找出的问题限时整改。

2007 年 7 月 26 日，天津海关党组印发《关于进一步加强财务装备工作的意见》。是年 8 月 1 日，根据海关总署的统一要求，天津海关财务处更名为天津海关财务装备处，作为关区财务、装备、资产、罚没财物、基本建设、政府采购和海关事业单位及所属经济实体财务工作以及关区基建工程的职能管理部门，与海关总署财务装备司实行业务对口管理。其主要职能调整为：负责全关各项经费及缉私警察经费、预算外资金、基本建设资金的预决算编报和会计核算及管理；税收资金会计核算；以会计法及其他相关规定为依据，制定内部财务、行政管理制度并监督实施；编制全关税收及各项经费的财务报告，进行财务状况分析；指导监督所属海关的财务活动；监督管理事业单位及其所办经济实体执行财经政策情况和财务收支情况；对外收费标准的管理及报批；对资产配置、调拨、处置等事项按规定权限进行审批或报批工作，以及组织固定资产清查和日常监督检查工作；车船设备的申报、调拨、配发等工作；全关制服、装备及有价单证等的申请、调拨、配发管理工作；组织实施并监督、检查、指导本关区的罚没财物管理；编制年度政府采购预算，下达采购计划、报批公开招标以外的采购方式，监督政府采购政策的执行情况；基本建设的项目立项、资金筹措以及资金来源合法性、工程预决算、招投标方式、程序合法性的审核；编制关区基建工程计划；实施关区新建工程的立项、征地、设计、施工、竣工验收、竣工结算、工程档案整理移交、固定资产移交；办理工程土地证、消防许可证、质量证、产权证等其他相关证书；实施关区内的扩建工程；根据国家及海关总署有关法规、规定，制定关区基建工作管理细则等。同时，天津新港海关财务处更名为天津新港海关财务装备处；天津保税区海关、武清海关、机场海关内设的行政财务科均更名为财务装备科。

2009年1月4日，天津海关印发《关于全面应用“天津海关财务管理平台”软件系统的通知》，决定在2009年在关区范围内全面推行“天津海关财务管理平台”系统，对车辆、办公用品、接待费、教育经费、会议费等定额包干经费及各类专项经费进行网上管理、明细核算。天津海关于2008年开发该平台，通过平台实现对关区车辆、接待、办公用品等包干费用“各部门自行控制使用、财务监督核算”的网络管理模式。2009年又继续扩大该财务管理平台的使用和管理范畴，在网上实现全部“部门预算”和“项目预算”的统一管理和核算。是年7月3日，天津海关党组印发通知，依据《海关总署关于直属海关设立关务保障部门的通知》精神，决定天津海关财务装备处更名为天津海关财务处。更名后财务处内设综合科、经费科、缉私经费科、税费科、预算稽核科、货物管理科。原天津海关财务装备处资产管理科、装备管理科予以撤销。

2013年，根据天津海关内设部门机构设置和人员编制方案，财务处内设综合科、预算稽核科、经费科、缉私经费科、公物处置科。人员编制18人。是年11月11日，经天津海关党组决定，在财务处增设税费科。

截至2014年底，除天津海关财务处外，还在天津新港海关设有财务装备处，在开发区海关、保税区海关、蓟县海关、武清海关、机场海关、静海海关分别设有财务装备科，东疆保税港区海关设有行政财务科。

2014年，按照财政部的统一部署，天津海关开始财务报销制度改革工作，在总关和缉私局推行网银报销管理模式。通过网银支付代替现金、转账支票和汇款，进行财务报销以及支付货款报销。

1949～2014 年天津海关财务机构及经费领拨关系一览表

表 1-1-5-2

序号	起止时间	机构名称	经费领拨关系
1	1949.1 ～ 1950.2	会计课	海关总税务司署
2	1950.3 ～ 1960.12	会计室	海关总署
3	1961.1 ～ 1979.12	财务室（总务科）	天津市财政局
4	1980.1 ～ 1985.7	财务科	海关总署
5	1985.8 ～ 1990.7	行政处财务科	海关总署
6	1990.7 ～ 2007.8	财务处	海关总署
7	2007.8 ～ 2009.7	财务装备处	海关总署
8	2009.7 ～ 2014.12	财务处	海关总署

二、经费 税费

海关经费管理包括对行政费、关务费、查私办案费的预算、收支、结余，以及预算外资金的管理。依据《国家财政预算收支科目》和海关总署《海关税收会计制度》的规定，海关税费管理则包括关税（进口税、出口税、船舶税，进口税分为货物进口税和行李物品进口税）、代征工商税、增值税、调节税、海关罚没收入和其他收入等会计科目的入库、退库。

1. 制度

海关财务制度是保证国家各项政策顺利执行和海关各项工作正常开展，建立、维护海关财务管理体系，对会计核算与监督的保障。

1950 年，天津海关从制度入手，规范财务会计工作，制定会计科各环节的办事细则，对税款登记、税款纳库、发薪手续、借款、编造预算、拨付款、会计项目等 9 项内容作出具体规定。如：将原当日所收税款于次日纳库，改为收税当日纳库，以达到与中央人民政府 1950 年度财政收支决定的统一要求相一致。

1952 年 1 月 1 日，海关总署根据政务院《预算决算暂行条例》印发《海关经费会计处理办法》。依据此办法，天津海关为二级会计单位，与其发生经费领报关系的各分关为三级会计单位。天津海关按该办法的规定处理相关会计工作，并调整与该办法不相适应的原有工作制度。

1954 年，实行“关局合并”后对外贸易部印发《海关及商品检验局税收会计制度》明确海关税收会计分为三级制，天津海关为二级会计单位，其隶属分关为三级会计单位，并强调天津海关关长和会计主管人员负有领导和监督职责。是年 1 月 15 日，天津海关财务室制定健全财务制度，严格掌握开支防止贪污挪用，对采购、修缮、预支旅差费及库存现金、收取房租等提出具体规范要求。

1955 年 10 月 8 日，外贸部印发《各地海关应速将签发许可证等工作移交各地对外贸易局接办》的通知。对经费的移交问题明确，因年度即将终了，为简化追减中央预算追加地方预算的手续，移交后除地方预算已能调整解决者外，一切人员经费（如工资、工资补助费、福利费及办公费）在本年内仍继续由各地海关供给。1956年起，各地外贸局（处）必须随着人员编制的转移列入1956年各局（处）的预算，向各省市财政机关报销，不再由各海关负担。

此后，天津海关的财务管理一直延续执行海关总署和本关已有的制度规定，直至“文化大革命”开始。“文化大革命”中财务管理的相关规定亦遭到破坏。

1972年7月27日，天津海关制定印发《财务工作岗位责任制》。为严格执行会计制度，规范机关财务工作，确定财会人员的6项职责和4项具体要求。

1977年，天津海关在《财务工作岗位责任制》中明确，财务工作的职责任务是：负责按期编制机关财务预算，根据上级审核批准的财务计划和有关政策法令，相关节约的原则，进行财务支出、记账和各项报表的编制工作，保证机关业务活动和各项工作的正常进行。

1980年，海关管理体制改革后，国务院决定，全国海关的人员编制和经费统一由海关总署管理。是年9月20日，财政部、海关总署印发《关于全国海关经费开支问题的通知》，规定行政费列中央级行政预算，由海关总署统一管理和供给，关务费由“其他支出”改由关税提成解决，公费医疗在地方行政预算中安排，支出实行预算包干结余留用的办法，开支标准和财务管理制度执行国家或海关总署的统一规定，基本建设资金由海关总署向国家计委申请拨付，预算外资金由各海关财务部门统一管理等。天津海关按照该通知的精神，调整本关财务管理的工作内容和流程，并严格执行。

1984年10月23日，海关总署印发《海关经费会计制度》，明确海关系统按照行政隶属关系，实行“统一领导，分级管理”的财务管理体制，天津海关列为二级会计单位。依据规定，天津海关及所属的新港分关分别向上一级会计单位领报经费，解缴税费，报送年度预算和会计报表，开展财务管理工作。此财务管理体制延续至2008年底。

1990年4月，天津海关编印《财务·装备管理制度汇编》，内容包括9个财务制度、13个技术装备管理规定，内容涵盖海关行政工作的每个环节。7月12日，印发《财务处安全制度》，并设专人负责处内安全工作。

1991年5月23日，天津海关印发《执行保证金财务管理规定的实施细则》，对保证金的收取、退还、转税做出具体规定。6月1日，印发《财务收据管理办法》，规定各种业务和行政用财务收据，统一由行政处单证室管理，并对财务收据的领取、使用、收回和登记管理做出具体规定。8月13日，印发《财务管理制度汇编》，内容包含《天津海关财务制约制度》《财务内部稽查制度》《财务各类收据核销制度》《财务收据管理办法》《海关税费预算外资金管理办法》《海关税费收入会计制度》《关于执行新税收会计制度有关报表要求的通知》《业务收费管理办法》《天津海关保证金财务管理规定》共9个财务管理制度办法。

1994年3月29日，天津海关为加强完善对预算资金的管理，特制定《经费包干管理办法（试行）》。规定以经费全额包干、经费定额包干、经费定额定项包干三种形式对本关经费预算实施管理，并明确实行不同形式经费预算管理的单位和项目。该办法对各基层单位编报预算、执行预算均提出具体要求，并强调要加强经费预算的管理，凡属开支无计划、无控制措施，不注意节约，费用开支超支过大且无充足理由及管理不善等造成经费不足，盲目追加经费包干指标的，一律不予增加经费包干指标。

1999 年 1 月，天津海关走私犯罪侦查分局成立后，根据国务院《组建缉私警察队伍实施方案》确定的缉私警察财务工作由直属海关财务部门直接管理、单独核算的原则，天津海关缉私警察经费财务按照海关总署相关规定由财务处统一执行和管理。2001 年 9 月 20 日，根据海关总署《关于进一步加强缉私警察经费财务管理的通知》要求，天津海关明确财务部门与侦查分局在缉私警察经费管理和使用上的职责分工，财务部门负责预算、决算管理和开支的审核、监督以及财务制度的制定实施工作，侦查部门负责年度预算的执行工作。2002 年 7 月 5 日，海关总署印发《海关缉私警察经费管理试行办法》，根据该办法确定的缉私警察财务管理体制，天津海关财务处为缉私警察经费管理的职能部门。

2001 年 8 月 3 日和 31 日，天津海关根据《海关税费财务管理办法》和《海关总署关于建立健全重大财务事项集体审批制度的通知》精神，为加强税费财务管理，提高资金使用效益，堵塞漏洞，防止财务活动中舞弊行为的发生，先后印发《天津海关税费财务管理实施细则》和《天津海关重大财务事项集体审批管理办法》。提出以民主理财、集体把关、科学决策、强化监督为原则，实行重大财务事项集体审批。集体审批的内容包括年度各项经费预算安排、基建项目建设方案的审定、中标施工单位的确定、预算在 30 万元以上的大中型维修项目的确定、支出大于 30 万元以上的大额度资金的使用、一般设备购置支出在 30 万元以上或技术设备购置支出在 50 万元以上的项目以及银行账户的设立和大额度资金的存储。集体审批通过党组会、关务会和关长办公会完成。建立“重大财务事项集体审批记录簿”，财务人员在《天津海关重大财务事项审批表》上签署意见，审批表整理归档作为财务原始资料妥善保存，并严格按照规定对用款审批情况进行监督检查。

2003 年，天津海关先后制定《经费使用效益追踪考核办法》《基建项目及大型维修内外审制度》，并完善《天津海关政府采购制度暂行办法》，以加强预算和经费的管理。

2004 年 5 月 18 日，天津海关为加强廉政制约，结合执行“海关人员六项禁令”，印发《业务招待费定额包干财务管理办法》，以增强经费预算执行的透明度。

2010 年 1 月 6 日，天津海关印发《天津海关财务开支审批办法》《天津海关财务工作职业纪律》《天津海关财务内部牵制制度》《天津海关财务内部稽核制度》《天津海关财务档案管理制度》《天津海关财务工作交接规范》等 6 项内控制度，以改进和完善本单位各项内部管理制度，规范和加强财务管理和会计核算工作。是年 9 月 8 日，结合天津海关发展的实际情况，对《天津海关重大财务事项集体审批管理办法》和《天津海关财务开支审批办法》的部分内容进行修订、完善，以加强财务管理，理顺涉及财务审批事权关系，明确各级财务开支审批权限，提高资金使用效益，防止财务活动中舞弊行为的发生。2012年9月11日，经关党组会审议，对上述两个办法的相关条款再次进行修订，以满足新形势下财务管理工作的要求。调整后的《天津海关重大财务事项集体审批管理办法》，明确对财务活动中政策决策、重大财务收支的事前事后审定、财务报告都以集体研究的方式进行决定，重大财务事项实行集体审批，并规范重大财务事项所涵盖的具体内容和实行集体审批的形式。

2010年7月，天津海关按照海关总署《财务司关于转发〈财政部关于将按预算外资金管理的收入纳入预算管理的通知〉的通知》精神，制定《实施〈海关系统预算外资金管理办法〉的细则》，明确预算外资金，指“海关经费”和“查私办案补助费”以外的资金，包括规费收入留成、行李物品保管费收入、招待所收入、停车场收入、废品变价收入、代征车辆购置附加费手续费、地方财政补助费、上级补助收入及其他收入9项，规定预算外资金使用范围是用于预算外资金有关收入项目的相应支出、弥补经费的不足、经批准的自筹基建和购买商品房、举办职工的集体福利事业及按照海关总署和地方财政部门的规定应列支的有关费用。对于预算外支出，各财务部门要在每年年初按规定支出科目编制预算报总关核批，超出批准预算的支出，要报经总关主管关长批准后方可列支。

2011年8月2日，天津海关印发《缉私局经费开支审批办法》。依据海关总署《海关缉私警察财务管理办法》，规范天津海关缉私局经费财务管理，理顺缉私经费开支审批事权关系，明确经费开支审批权限。规定经费开支实行“分级审核、一支笔审批”的管理原则，并对审批权限、流程等作出具体要求。

2014年，天津海关针对2013年财政部在财政票据专项检查中发现的管理职能不清、管理手段不足等问题，制定《财政票据管理办法》，对财政票据的工作流程，及财政票据的适用范围、仓储保管、具体使用、缴销及作废处理予以明确规范；明确管理职能，将财政票据的账务及实物管理统一纳入财务处集中管理；应用“海关票据管理系统”，实现票据的事前、事中、事后监管，并加强财政票据的专项检查。

2. 经费管理

1949年1月，津海关税务司向北平、秦皇岛分关发布训令就会计改革明确诸事项，规定各分关的经费预算需按月编表制送3份于上月20日前寄至总关；分关各项税收收入按日编造税收日报表，无税收造无字报表，取消原有旬报月报年报；罚没款项扣除缉运费及提成奖金后结余全部归税款缴库。是年4月8日，华北对外贸易管理局就编制预算提出要求，明确临时费、事业费应统筹办理不得零星预算，所有预算应详尽说明不得浪费。是年9月1日，华北对外贸易管理局通知，从是日起天津海关经费由华北财政部拨款。

1953年4月23日，天津市人民政府印发《1953年行政经费开支标准》，规定供给制和工资制人员的津补贴标准，以及公杂费、旅差费等公共开支具体标准。5月12日，天津海关参照天津市的标准，在给中央人民政府对外贸易部行政财务处《对天津市人民政府1953年行政经费开支标准提出意见的报告》中就办公费（包括：办公费、电灯费、自来水费、学习书报费、电话费、特别费）、邮电长途电话费及电报费、汽油费（包括：大卡车、中吉普车、卧车、小吉普车）、自行车保修费、旅差费（包括：中途伙食补助费、住勤费）及员工、直系家属死亡的埋葬费等 7 个方面提出具体执行标准意见。是年 9 月 24 日，天津海关向外贸部行政财务处报备汽油费、住勤费标准，按照天津市政府财政局 1953 年行政经费开支规定，自 10 月份起，小卧车、吉普车用油标准调整为每月每车 35 加仑；市外出差住勤费为到一般地区者每人每天补助 4000 元（旧币）。

1954 年，天津海关通过加强现场调查及与各业务部门的主动联系提高预算编制质量，节省经费开支。同时改进会计工作，实行新会计制度，简化编单记账，保证各项表报的及时编送，实行执行预算、用款计划办法，加强领款、采购、报销等方面的联系配合。

1955 年 11 月 2 日，天津海关根据天津市人民委员会调整修订的《天津市各机关行政经费开支标准》，制定《行政经费开支标准》，结合关区具体情况对办公费、汽车燃料费、旅差费等行政经费开支标准进行调整。重新调整后的行政经费开支标准，办公费总关按每人每月 5 元、分关按 4.5 元、关警按 3 元制定预算，按实有人数掌握在标准内报销；汽车燃料费，包括零星添购修理，每辆每月大卡车、中吉普 50 元，小卧车、小吉普 60 元，大修费另编制预算；旅差费分途中伙食补助费每人每天 0.15 ～ 0.3 元，住勤费每人每天 0.3 ～ 0.4 元；夜餐费为下班后继续工作超过 4 小时的，每次每人 0.2 元，不足 4 小时的不发。并印发《关于调整行政经费开支标准》的函，指示塘沽、秦皇岛分关执行。

1959 年 12 月 14 日，天津海关接对外贸易部通知，1959 年度经费限额除基建限额外于年度终了后全部注销，不再结转下一年度使用。

1960 年 4 月 8 日，天津市财政局印发《天津市事业、行政经费单位预算包干办法》，要求各单位经费预算按照“统一领导，分级管理”的原则，实行“总额控制，互相调剂，包干使用，结余留用”的办法。对外贸易部行政经费工作简报第 6 期刊登天津海关财会人员开展经费工作更好为政治、为业务、为职工服务，在保证业务需要的前提下，节约一切可以节约的国家预算资金竞赛的情况。是年，塘沽分关开展技术革新，对关艇“天祥”轮设备、管道进行改造，燃料消耗降低 17%，年节煤达 100 吨。汽车用油百公里油耗比天津市定的节能指标节省 3.5 公斤，通过对取暖锅炉的改造，每天节煤达 100 公斤。

1961 年 1 月 1 日，根据 1960 年 11 月 15 日国务院下发的关于“各地海关、商检局的经费预算列入各省、市、自治区预算，财务管理工作亦由地方财政机关办理”的指示精神，天津海关成为天津市外贸局的组成部分，受地方政府和外贸部双重领导，海关经费列入地方预算，财务工作归地方财政部门管理，天津市财政局按地方行政机构开支范围和标准核定海关预算。每年一次核定，一般不办理追加预算。执行预算时，专项经费不能用于其他项目，人员经费和分用经费不能互相串用，其他科目可以互相串用。经费一般按月拨给，预算超支不补，结余上缴财政。

1969年6月18日，天津市革命委员会供给服务组印发《关于进一步做好清理文化革命经费工作的意见》，要求加快清理各部门在“文化大革命”期间借发给群众组织和个人的粮、款、物工作。在清理过程中，对违反财政制度、铺张浪费和其他一些不合理开支，只要不是用于个人吃、用，有合法的凭证，一般准予报销，对个别人员、个别问题，群众意见较大的，本着“思想教育从严，经济处理从宽”的原则，进行思想教育。天津海关亦按照文件的要求开展经费清理工作，但从资料记载中并未发现在“文化大革命”中天津海关有类似问题发生。

1974年10月31日，在天津海关向海关管理局报送的该年行政经费实际支出为35万余元。其中行政支出27万余元，含个人经费17万余元，公用经费97564.01元，公务费52198.94元，修缮费12660.71元；设备购置费32704.36元；其他支出（关务费）77069.54元。海关经费存在的主要问题是，关内拥有机动车6辆，但天津市财政局对海关按公司级行政单位标准对待，仅报销3辆机动车燃料费和维修费，无法保证业务和行政用车需要；因地方财力不能满足需要，影响海关购置更新业务工作所需的技检仪器；海关业务交通艇船员（工人）待遇（出海津贴、制服装备）和船舶维修费用依靠地方财力难以解决。

1978年1月16日，天津海关向海关管理局报告经费开支存在的困难和问题，一是由于经费紧张关内交通工具不能保证业务用车需要；二是随着海关业务的发展，新增加的天津新港客运码头和天津机场海关监管区域内的设备投资无法落实；三是关内的车、船修理费缺口较大。是年，天津海关经费总支出为56万多元，其中行政支出34.7万余元、抗震救灾专项支出16.3万余元。1979年，天津海关经费总支出为65万余元，其中行政支出40.2万余元、抗震救灾专项支出1.78万余元。

天津海关向天津市财政局领报经费的做法一直执行至1979年底。

1980年2月9日，根据国务院《关于改革海关管理体制的决定》自是年1月1日起，全国海关经费、基建、物资、外汇改由海关总署统一管理。天津海关确定经费支出分设“行政费支出”和“关务费支出”两套明细科目。行政经费支出设工资、补助工资、职工福利费、公务费、设备购置费、修缮费等科目；关务费支出设技术设备费、交通工具费、监管、检查场所经费、业务房屋修建费、宣传教育费、印刷费、服装购置费等科目。是年，经费预算总支出78.75万元，行政支出57.6万元。

从1980年经费改由海关总署统一管理后至1982年，海关总署给天津海关三年共拨经费315万元，比改革前三年地方财政管理时多拨经费155万元，增长98%。其中：行政费三年共拨152万元，比地方财政管理时多拨44.5万元，增长42%。关务费三年共拨153万元，比地方财政管理时多拨110万元，增长210%。天津海关在保证各项日常开支的前提下，集中资金，着重用于增添技术设备、交通工具、检查场所等方面，为业务建设提供物质保证。仅关区的检查仪器增加数量3年就达到70%，有效地提升海关的监管效能，三年里通过检查仪器发现的案件92起。

1985年12月12日，海关总署决定根据财政部批准的《关于改革海关经费供应办法》，于

1986 年 1 月起试行财务管理改革，在天津等 13 个海关试行经费“定额包干”办法，把原来的行政费和关务费合并为海关经费，确定各关的“经费包干基数”，试行“定额包干”办法，其中天津等 4 个海关的“经费定额包干”与关税挂钩。在海关总署印发的《海关经费“定额包干”试行办法》中规定，“经费定额包干”范围为，行政和业务经费的开支，工资、补助工资（包括各种补贴、津贴及奖励工资）、职工福利费（包括福利费、独生子女费、离退休人员经费、差额补助费等）、公务费（包括海关机关和监管现场的办公、水电、邮电、会议、差旅费、养路费等）、动力燃料费（包括机动车辆、交通船艇、发电机组用油费）、购置费（包括技术设备、办公设备及家具的购置和设备更新）、修理费［包括技术设备、车、船维修费（不包括船艇大修），家具、器具修理费等］、修缮费（包括公用房屋、码头修缮费及租赁费）、科研宣教费（包括科研费、宣传费、培训费等）、印刷费、制服费及其他费用。经费定额包干的方式为，参照各海关 1984 年度开支水平以及调资、物价等因素，核定经费包干总定额，按职工人数计算出每人全年经费定额，并实行“定额包干”结余留用。

1986 年 1 月，天津海关根据海关总署《海关经费会计制度》，试行经费定额包干办法，把原来的行政费和关务费合并为海关经费，定额包干范围包括 12 个项目，用于行政和业务经费开支。对上一年度的年终结余，在下一年度继续使用，用于海关业务发展经费、集体福利事业和自筹基建。

1987 年，天津海关执行海关总署《海关经费会计制度》，将经费预算科目调整为：工资、补助工资、职工福利费、公务费、动力燃料费、购置费、修理费、修缮费、科研宣教费、印刷费、制服费及其他费用等包干经费；购置费、修缮费、自筹基建费等专项经费（经海关总署批准用于自筹基建的费用，不列预算，只作专项支出使用）；告发人奖励金、私货运输、仓储整理费、海关本身查私办案补助费，联合办案和移送单位办案补助费，协助破案单位奖励金等海关查私费。

1990 年 4 月 27 日，海关总署下发《海关系统专项经费管理办法》，天津海关严格执行该办法，管好用好专项经费，对以前年度结余的专项经费专款专用，不准在专项经费中列支奖金、补贴。

1995 年，海关总署修订《海关经费预算包干办法》，把包干经费由原来的 5 项改为人员经费、离退休费用、临时工费用、技术设备费、动力燃料修理费、修缮费 6 项。同年 9 月，海关总署又下发《海关经费预算管理办法》。天津海关根据规定制订本关具体的经费包干定额管理办法，落实财务工作规章制度，完善关区的财务预算管理机制，以保障财务政策、制度在海关的正确执行。

1996 年 7 月 1 日开始，根据海关总署修订经费会计科目及会计报表的通知精神，决定将海关 9 项行政性收费纳入预算管理。天津海关按照“总关收入集中、统一上缴、统一分配使用”的原则，要求各分关将预算外收入在规定的时间内全部汇总上缴总关，总关根据各分关使用情况分配和下拨。凡是对外出售的有价单证、表册、账、卡等统一由总关负责对外购买，各分关将各自使用的单证用量报单证室统一领取，不再用支票进行结算。各关行政后勤部门使用的各种单证支出在经费支出中的印刷费中列支；各关凡是用于印刷海关业务环节使用的各种单证费用将在新增收费业务费支出中的印刷费中列支。凡是需要从收费业务费支出的各项费用，各关事先要向总关提出书面申请，待总关批复后方可列支，不允许擅自将应从经费支出和查私办案费中列支的各项费用从收费业务费支出中列支，另外收费业务费支出中专业会议费开支是指关区以上级别的专业会议支出。

1998年后，天津海关随着机构的变化和人员增加，在工资财务管理上采用“用友财务软件”，实现全关工资的集中管理，提高经费管理水平。并通过编制《专项经费支出情况表》《预算执行情况表》《大项支出分析表》，确保各项经费资金的合理使用。此外，进一步修订完善财务处各岗位责任制，制订经费核算工作流程、税费核算工作流程，修订预算管理办法，出台财务稽核制度，经费、税费原始凭证交接办法等。

1999年，天津海关缉私警察机构建立以后，依据国务院的《组建缉私警察队伍实施方案》财务管理原则，确定天津海关缉私警察经费和基本建设投资由财务部门单独核算管理。是年8月21日，根据全国海关缉私警察财务工作会议精神，天津海关走私犯罪侦查支局属于三级会计单位，财务工作由天津海关财务部门直接管理，实行独立核算。同时，加强财务预算管理，通过制订全关集中统一使用购置费、印刷费、修缮费及进行采购、印刷、维修的管理办法，由主管部门分别对会议、接待费、电话费实行定额管理，对各主管部门分管的预算定额进行严格监督，控制超预算开支。

2001年4月26日，天津海关依据海关总署《海关外勤经费管理办法》精神，印发《天津海关外勤经费管理实施办法》，对海关外勤管理工作范围、外勤工作费标准及报销手续都予以明确规范。是年9月20日，海关总署下发《关于进一步加强缉私警察经费财务管理的通知》，明确财务部门与侦查部门在缉私警察经费管理和使用上的职责分工，财务部门负责预算、决算管理和开支的审核、监督以及财务制度的制定实施，侦查部门负责年度预算执行。

2002年1月起，随着国家财政体制改革不断深入，海关系统实施部门预算改革，经费由从关税收入中提成转变为国家财政拨款。是年7月5日，为适应国家财政预算改革和海关经费来源体制改革的形势，海关总署制订出台8项财务装备管理制度，海关各项经费全部纳入中央财政预算管理。天津海关依据海关总署财务装备管理制度规定，将海关收入预算调整为“财政拨款收入”和“其他收入”。同日，海关总署在《海关缉私警察经费管理试行办法》中进一步明确缉私警察的财务管理体制，即海关总署财务装备司是海关缉私警察经费的主管部门，直属海关财务部门是缉私警察经费管理的职能部门。海关缉私警察经费按照领拨关系和预算管理权限实行海关总署和直属海关分级管理。

2003年，天津海关为加强预算管理工作，先后制定《技术设备配备标准》《办公用品和设备配备标准》，为有计划、规范、合理执行预算提供保证。

2008 年 4 月 8 日，天津海关印发《机动车辆经费包干管理办法》，本着“整体费用包干、单车核定指标”的原则，以部门为单位结合经费预算，对关区各配置车辆的部门实行车辆经费包干办法定额管理。财务装备处每年年初根据海关总署核拨的机动车辆经费预算情况，以财装处调拨各部门车辆为依据，以各职能处室及非财务独立核算部门为单位，核定单车包干经费指标（不含车辆固定费用），确定部门车辆包干经费总额度。要求各用车单位严格本部门车辆管理，确保行车安全及车辆完好，车辆使用费严格控制在本部门车辆包干经费总额度内开支，不得突破当年核定的车辆包干经费。单车包干经费内容包括：油料、高速、存车、修理、保养、事故等费用。

2009 年 3 月 9 日，天津海关又印发《机动车辆经费包干管理办法补充规定》，决定关内各部门、各隶属海关、缉私局所有机动车辆，全部纳入经费定额包干管理范围，严格执行“整体费用包干、单车核定指标”的原则。在下达给关区各财务独立核算单位的本年度车辆经费包干指标中包括涉及车辆开支的各种费用（含车辆的商业保险费用等）。

2011 年 8 月 2 日，天津海关制定《缉私局经费开支审批办法》，规范天津海关缉私局经费财务管理，理顺缉私经费开支审批事权关系，明确经费开支审批权限。依据海关总署《海关缉私警察财务管理办法》，明确天津海关缉私局经费开支坚持“分级审核、一支笔审批”，先审批后用款的管理原则。办公用品、车辆费用实行定额包干，并严格缉私办案费的审批权限规范审批、支取、报销流程。

2013 年，天津海关按照中共中央改进工作作风、密切联系群众的八项规定要求，从严格预算执行、推行公务卡管理、严格控制因公出国、公务用车购置及运行、公务接待等“三公”经费的支出、规范政府采购 4 个方面加强管理，降低海关行政成本，加强资金控制，减少经费支出，提升财务管理的效能。

2014 年 11 月 12 日，天津海关印发《天津海关财政票据管理办法》，推进财政票据改革，建全岗位职责和操作规程、理顺工作流程、细化责权监管。该办法规范财政票据申领、入库、发放、使用、保管、缴销、作废、销毁的全部工作流程，对财政票据的适用范围、仓储保管、具体使用、缴销及作废处理予以明确规定，并运用“海关票据管理系统”实现对票据的事前、事中、事后监管，保证票据安全和资金及时足额上缴。

3. 税费管理

1949 年 1 月，津海关税务司向北平、秦皇岛分关副税务司发布训令，要求所有税款杂项收入及代收货物税均应按日解交人民银行金库，每日征收关税款及货物缴款书 3 联，次日由人民银行退回缴款书第 3 联及人民银行编造的缴款书 2 份，核对无误后寄至海关会计课。

1950 年，天津海关简化税款账登记办法，将过去 5 本分类账合并为一本，按照银行收税处征收税款项目分别登录，同时实现税款当日纳库，并按照次日米价折算出实际收缴入库税款数及时上报海关总署，改变过去海关征收的税款要于次日入库，由于税款需折算米价，第三天方能上报海关总署的问题，实现海关总署每日将前一日税收情况以电报报署的电令要求。

1952年1月21日，天津海关关长朱剑白就实行集中纳税办法后地方性税费如何征收的问题请示海关总署，提出“由海运输入天津之应税货物除关税及货物税外，尚须缴纳海河工程受益费，向由我关代收，关于是项关系地方性的税费我关认为亦可按‘集中纳税办法’办理，籍以简化手续，节省人力。”对海关征税工作提出改革建议。

1955年2月10日，天津海关向外贸部财会局报送《天津海关各项税费收款凭证领发销号掌握办法》。该办法规定，依据海关、商品检验局收入会计制度，为加强对各项凭证的管理，分关所用各项凭证由总关财务室统一编号，凡未预印编号的凭证由财务室预先编号再发给各单位应用；各单位领用税费凭证需填写领用单，经各单位主管领导签字后向财务室领用；财务室对领用并已使用的凭证每月核对销号。

1957年9月7日，天津海关根据天津市人民委员会《关于停征海关代征商货税时附征的地方自筹经费通知》的精神，在代征商货税时停征附征的地方自筹经费。自1954年12月8日海关开始执行附征地方自筹经费始，历时两年多，通过征收地方自筹经费，起到增加地方建设经费收入，保护国内生产，使进口的应税货物与国内产品的税负及地区间负担平衡，对私商的限制作用。

自1956年公私合营以后，由于国营外贸公司垄断国家对外贸易，在国民经济工作中海关的关税调节作用逐渐淡化，天津海关财务的税费管理工作比重大幅减少。

至1967年7月1日，根据国务院的通知，海关对各外贸进出口公司进口统一作价商品实行“利税合并”停征关税，税款则由各外贸公司自行核算并入外贸利润统一缴库。此后，天津海关仅对极少数不执行统一作价的进口商品和行邮物品征收关税，实际上海关的征税职能已基本取消，天津海关财务的税费管理工作也基本停止。此状况至1979年底延续12年之久。

1979年，国务院批准的财政部、国家计委、外贸部《关于改进征收关税办法和改革海关体制的报告》明确“恢复单独计征关税”。天津海关于1980年1月1日开始，恢复对进出口货物征收关税，并于同年6月，恢复对外贸专业公司为其他部门代理进口的商品代征工商税。此后，天津海关的税费种类和收入陆续增加。1980～1982年，天津海关三年关税收入达到6.3亿元，罚没和其他收入460万元。

1982年1月，海关总署和中国人民银行联合下发通知，规定凡发现在银行存款是走私资金或非法所得的暴利和有重大走私嫌疑的，由海关通知暂予冻结，待海关处理。是年9月18日，天津市财政局转发财政部《制发“关于罚没财务管理办法”的通知》，明确各单位所查获的走私案件，统一交海关处理。其罚没收入应交地方财政的50%部分，由天津海关负责上缴天津市财政局。

1985年1月起，天津海关根据《国家财政预算收支科目》和海关总署《海关税收会计制度》规定，税费设有关税（包括进口税、出口税、船舶税，进口税又分为货物进口税、行李物品进口税）、代征工商税、增值税、调节税、海关罚没收入（分查私罚没50%缴中央金库、50%缴地方金库以及全部上缴中央金库的违章罚没收入部分）和其他收入（分规费收入、其他杂项收入）6个会计科目。至1990年，天津海关根据修改的《海关税费收入会计制度》，又增设暂存款及应交税费收入等科目。

1985年1月1日起，天津海关根据《国家财政预算收支科目》和海关总署制定的《海关税收会计制度》，税收会计采用单式记账法，会计账簿使用多栏式明细账。设立：关税（包括进口税、出口税、船舶税，进口税又分为货物进口税、行李物品进口税）、代征工商税、增值税、调节税、海关罚没收入（分查私罚没50%缴中央金库、50%缴地方金库以及全部上缴中央金库的违章罚没收入部分）和其他收入（分规费收入、其他杂项收入）6个会计科目。至1990年，天津海关根据修改的《海关税费收入会计制度》，又增设暂存款及应交税费收入等科目。

1990年，天津海关根据海关总署修改后的《海关税收会计制度》规定，将原在经费会计制度中的暂存款、保证金及应缴税费收入转入税收会计，并采用复式资金收付记账法，账簿使用3栏式或多栏式。是年2月27日，天津海关印发《关于出口产品退国内税实行“退单凭证”的管理办法》，次日又印发《业务收费管理办法》。是年11月29日，天津海关制定《税费收取管理办法》，规定财会人员要严格执行《财会工作责任制》和《税收会计与业务部门联系配合办法》，加强责任心，做到与业务环节无脱节，严格按照作业程序进行，做到账目清楚无差错；日清点、月小结，复核内容全面无遗漏；税费收取后由税收会计于当日16时前转交银行入库，做到不过夜。

20世纪90年代初期，天津新港分关，通过增强税收意识，加大宣传力度，敦促纳税人自觉遵纪守法。同时，对内密切部门间的联系配合、对外开展调查研究，通过联检、核批等业务环节确定监管重点，保证船舶代征税应收尽收。1990～1992年累计征收船舶代征税共计3100余万元。其中，1990年征收749万元，至1992年增长至1300万元，增幅173%。

1992年8月20日，天津海关印发《关于执行海关税费收入会计制度的实施细则》，规定总关和分关、办事处财务部门根据业务量设专职或兼职税收会计办理税费的收缴及核算工作，并按资金性质分类管理，在当地的国家专业银行分别开设独立的资金账户；各关、办事处对通过海关账户代缴的税款要就地入库；应上缴的各项费用及罚没收入，于每月25日结出账面余额分别汇交总关税费账户，总关汇总后统一上缴海关总署、地方财政及有关部门；保证金的管理要严密收、退、转手续，财务与业务每月必须核对存款余额等具体税费管理的操作规定和流程。

1993年，海关总署开发的“海关税收财务信息管理系统”程序投入使用，开始对税款入库核销实行计算机管理。天津海关于1996年正式运行该计算机管理系统。每天将从国库取回的税款缴款书回执联通过“海关税收财务信息系统”全部输入计算机，与H883系统已经开出的税单数据进行核销，然后将国库提供的当日税收入库数据与已核销的数据进行对账，最后由财务人员根据对账误差开具“更正通知书”通知国库将当日国库记账错误进行调账更正，以保证天津关税款及时、足额、准确地缴入国库。

1995年6月13日，天津海关根据海关总署要求，为规范保证金的财务管理，对原有实施细则进行修订后，印发《保证金财务管理规定》。明确收取保证金一律由业务部门开具保证金三联联系单，由财务部门凭联系单开具专用的保证金收据并收款，各业务部门不得直接收取保证金、不得留存现金和支票；收取的保证金全部列入税费收入总账“暂存款”科目核算，不论支票或现金应及时存入国家专业银行，保证金不得作为“储蓄存款”和“委托货款”不得挪用或横向拆借；退还保证金，须由经办人员和主管领导签注退还意见，经税收会计核实后方可办理；各业务部门在开具的保证金联系单时应注明期限，对逾期的保证金，财务部门应及时提供清单协助各业务部门办理清退或转税手续，自清单提供起业务部门应在10日内做出处理等规定内容。

1996年6月，天津海关按照财政部、海关总署《关于海关系统行政性收费纳入预算管理有关问题的通知》及修订的《海关税费收入会计制度》，将海关监管手续费、国际集装箱批准手续费、货物进出口证明书、海关施封锁成本费、报关单位注册登记手续费、进出口商品退税（关）手续费、单证费、进出口货物滞报金、出口监管仓库货物监管手续费、知识产权海关保护备案费、ATA单证注册调整费等海关行政收费纳入预算管理。

1998年2月13日，海关总署财务司转发财政部《1998年政府预算收支科目的通知》。天津海关自是年3月1日起按照该通知的要求，除保留原有的“一般预算收支科目”和“基金预算收支科目”外，增设“债务预算收支科目”。将“款”“项”两级科目增至“类”“款”“项”三级科目。其中“增值税”增设“进口货物增值税税款滞纳金、罚款收入”；“消费税”增设“进口产品消费税税款滞纳金、罚没收入”，将原“罚没收入、行政性收费”并入“海关罚没收入”科目下，增设“海关缉私罚没收入”“海关缉毒罚没收入”“海关其他罚没收入”3个项级科目，并重新设置科目代码表。

2000年1月1日，天津海关正式开始运行海关总署税费财务软件，将各项业务行政收费和所收税款统一纳入计算机管理。

2001年8月3日，天津海关印发《天津海关税费财务管理实施细则》。规范海关税收、罚没收入、行政性收费、其他收入的征收入库和存款项的财务管理工作。该细则的实施，使天津海关的税费财务管理工作趋向规范化。

2004年7月，天津海关按照海关总署财务装备司《关于中央财政转移支付罚没收入和地方财政返还违规罚没收入实行分账核算并相应进行财务软件修改的通知》，将地方财政罚没返还分为违规罚没和中央财政转移支付罚没进行核算。

2005年，天津海关缉私局加大行政执法力度，组织开展4次打击走私专项行动，集中查办一批大要案。全年查处行政违法案件268起，累计罚没收入7620万元，分别比上年同期增长44%和40%。同时，缉私部门与财务部门建立没收货物、物品变卖情况联系反馈机制，形成“随案移交、定期统计”的工作模式，对变卖过程中遇到的难题及时沟通解决，确保罚没变卖工作顺利进行。全年没收货物、物品变卖收入共计1931.1万元，占罚没收入总量的25%。另外，缉私局采取措施妥善处理接收的原调查局遗留案件，共执行终结遗留案件 14 起，申请法院强制执行 7 起，罚没收入 1311.6 万元，占罚没收入总量的 17.2%。

2011 年 9 月 19 日，天津海关致函财政部驻天津市财政监察专员办事处，鉴于作为天津海关所属独立核算的隶属海关，天津东疆保税港区海关已于 2010 年 12 月 29 日正式开关，由于尚未开立相关税费管理账户，其税费业务均由总关财务处代办，不仅票据传递存在安全隐患，而且业务处理时间延长，无法充分发挥其作为独立核算单位对外服务的优势，申请增开东疆海关税费账户。是年 9 月 26 日，财政部驻天津市财政监察专员办事处批复天津海关，同意天津东疆保税港区海关在浦发银行天津浦裕支行分别开立用于核算行政性收费、待结算款和代保管款的银行账户各一个。

2012 年 6 月 1 日，天津海关印发《关于变更税费抵押金收款单位的通知》，为规范税费财务管理，理顺工作关系，决定自是日起财务处不再代管新港海关缉私分局、开发区海关缉私科、保税区海关缉私科的案件抵押金、取保候审保证金的收、退、转等工作。由天津新港海关财务装备处对口负责新港海关缉私分局、由天津开发区海关财务装备科对口负责开发区海关缉私科、由天津保税区海关财务装备科对口负责保税区海关缉私科。财务处于是日后将在账的案件抵押金、取保候审保证金及利息划拨至相应财务部门抵押金账户。

2013 年 11 月 11 日，经天津海关党组决定，在财务处设立税费科，以加强对税费的管理，发挥关区税费管理的职能。

2014 年 7 月 11 日，天津海关代天津银行转呈给海关总署的《关于协助申请海关税费电子支付业务的函》。根据 2013 年 11 月 4 日海关总署公告精神，该行将按照海关的相关要求，做好系统开发、测试等业务开展的各项准备工作，并于获批业务资格后，发挥代理银行的职责，配合天津海关做好海关税费电子支付业务的推广工作。

三、罚没物资处理

罚没物资处理是海关财务管理的一项特殊工作。是海关对处罚决定或人民法院判决生效没收的货物、物品和运输工具，依法变价抵缴的货物、物品和运输工具的处置过程。海关对罚没物资的处理方式主要有拍卖（变卖）、移交有关法定部门收购和收兑或销毁。对一般性货物、物品，海关根据《中华人民共和国拍卖法》的相关规定进行拍卖；对金银及其制品、外币交由银行收购、收兑；属于国家禁止出口的文物无偿移交文物管理部门；对有利用价值的侵权货物，在消除侵权商标后，移交社会公益组织或依法拍卖给非侵权人自用；对于危害国家安全的货物、物品、武器、弹药，以及淫秽色情物品、反动宣传品、散发性宗教物品等交由公安机关及相关机构销毁处理。

新中国成立之初，海关总署对私货保管和处置没有统一的管理规定，各海关对私货的保管、处置根据具体情况“各自为政”。

天津解放初期，对流入国内市场走私货物的处理是新旧海关交替后的重要工作内容。当时天津地区的走私货物以手表和火石为主，津海关对天津解放后进口的走私货物的处理采取三条措施：一是对市场上未交纳货物税或商品流通税的进口货物，一律视为走私进口货物，税务机关查获此类案件后移送海关处理；二是税务机关在接受商人申报交纳进口货物临时商业税时，必须凭原进货发票，无原进口发票者，一律视做走私进口货物，将货物扣留移送海关处理；三是居民向税务机关申报出售解放前旧存的进口货物，无确实凭证者，税务机关将货物扣留移送海关调查处理。对移交法院的走私案件所没收的走私物品及罚金、罚没款等，由海关按规定上缴国库。对没收的走私物品，津海关委托百货公司按照双方拟定的办法代售。

1950 年 9 月 15 日，海关总署发布通令《关于海关员工、海关员工合作社不得购买海关没收私货及海关因公用购买没收私货手续及作价的规定》，“鉴于海关系负责查私及变卖一般私货的机构，如果自售自买，不但流弊滋多且易引起外界对海关发生不良印象。”明确规定，各地海关员工及海关员工合作社，一概不准购买海关没收充公的私货；各地海关如必需购买没收充公的货物、物品时，应事先呈请海关总署批准后，方得作价购用，其作价办法，应与一般承购者向关购买私货同样办理。是年，天津海关根据海关总署的要求，对查获的淫秽物品没收销毁，毒品交由民政部门或公安机关焚毁，军火移交公安机关，古玩移交文化部文物局作价保管，反动书报移交当地新闻出版部门，不能兑换的外币移交人民银行，私盐移交盐务机关。

1951 年，天津海关在对充公的私货处理时，采取一般日用品根据领导指示，以市场批发价 8 ~ 9 折的价格售予百货公司；对一些特殊物品，例如无线电、汽车材料、医药器材、铜圆、子弹壳等则分别售予中央器材厂、交通器材部、人民大药房以及兵工局办事处等国营企业单位；对所有金银外币则按牌价在人民银行兑换后分别交库提奖。对套汇案件，按规定应由对外贸易管理局处理，但由于报告往返耽误时间较长，责成海关代为处理，向对外贸易管理局呈报处理结果。

是年 3 月，海关执行政务院下发《海关处理没收物品暂行办法》，规定对海关没收的物品，联系国营公司收购或委托其代售、公开标卖、拍卖；国营公司不予收购的物品，接洽其他国营企业、合作社、机关团体收购，售出后付给一定的手续费用。是年 5 月，天津海关依据《中华人民共和国暂行海关法》和《海关处理没收物品暂行办法》等相关规定，统一处理各部门查获的走私物品。

1953 年，天津海关执行海关总署颁布的《海关处理没收物品办法》，对没收物品按照不同性质和用途依法进行处理。规定海关及其工作人员不得挪用、私分或留购没收物品；没收物品属于商业部门经营范围的，一律交由国营百货公司收购，收购价格原则上按市场零售价格的 7 折计算，市价无从考察时，由海关估定；商业部门经营范围以外的物品，海关委托寄售、标售或拍卖；金、银、货币、有价证券交由中国银行收兑，不能兑换的外币，移交中国人民银行；钻石、珠宝、饰物交由工艺品收购部门收购；西药交国营医药公司收购；无法利用的伪药、淫秽书画按照规定由海关组织定期销毁。

1954 年，天津海关根据对外贸易部颁布的《海关处理没收物品办法补充规定》，对没收的物品除按规定需交由政府主管部门、专卖公司或移交政府专管机关处理之外，其余交商业部门所属日用百货、医药及工业器材等公司或合作社收购，并由收购单位负责按章补纳关税等税款。

1965 年，天津海关对属于商业部门经营范围以外的货物，一律采取寄售或者标售、拍卖的方式处理。

20 世纪 50 ~ 70 年代末，天津海关的私货管理总体上是按照国家及海关总署的有关规定，由查私部门兼管，但私货的数量有限。

1983 年 6 月，天津海关执行国务院颁发的《中华人民共和国金银管理条例》，对依法没收的金银，一律交售给中国人民银行，没收的金银价款按照有关规定上缴国库。是年 10 月 17 日，天津海关印发《扣没物品具体管理办法》，明确保管人员的任务、职责、作业手续和应遵守的纪律，规定保管人员、业务人员和财务人员的责任及其相互关系，规范物品进库、物品出库手续、物品的变价处理等作业程序和定期检查制度。

1985 年 11 月，对外贸易部颁发《海关处理没收物品办法》，规定没收金银、货币、证券、外币等走私物品交中国人民银行收兑、托收、保管或处理；武器、无线电通信器材，其他政治破坏性物品及珍贵文物、图书、公债券、企业股票等，分别无偿移交有关专管机关；禁用药品、淫秽书画物品、赌具及吸毒用具等由海关销毁；属于商业部门经营范围以内的货物，交商业部门收购；商业部门经营范围以外的货物，委托国营商店寄售或拍卖。天津海关根据此办法，将全部在扣私货和超期货交由国营商业部门或委托收购部门，共处理 1984 年私货 1453 票，价款 33.9 万；1985 年 1 ~ 9 月私货 575 票，价款 366.3 万。并做到账目清楚，手续完备。

是年，海关总署先后印发《关于调查处理走私旧服装的通知》和《关于销毁走私进口旧服装的通知》，天津海关按照文件的要求，将扣留的走私进口旧服装予以登记、封存，并于当年 12 月按规定予以销毁。

1987 年 7 月，《中华人民共和国海关法》正式实施，明确规定走私案件私货由海关处理，除鲜活、易腐或即将失效的物品，先由海关变价处理，其他走私货物、物品一律由海关暂扣，待案件处罚生效后再行处理。随后海关总署下达《关于罚没财物的保管和处理规定》，规定海关工作人员不准购买私货，私货管理人员不准私自处理或擅自留用、挪用、调换、外借、使用罚没财物。是年 7 月 16 日，天津海关根据海关法和海关总署的相关规定，重新修订本关的《扣留、没收货物、物品的管理办法》《关于对查扣违禁品的管理办法》《关于对〈扣留物品凭单〉的管理办法》等 5 项关于扣留、没收货物、物品的管理制度。

1988 年，天津海关成立专门从事私货处理部门，负责私货的保管和处理工作。

1989 年 5 月 19 日，海关总署印发《关于全面检查私货管理工作的通知》，针对由于少数海关在私货管理上出现问题，给国家造成一定的经济损失，为加强私货管理工作，决定由各关自行组织对私货的保管、处理工作进行检查。天津海关根据通知要求，由财装处牵头，抽调审计、调查、财装等部门的相关人员，组成“私货检查小组”，对1988年至1989年1～5月期间的私货保管、处理，变价款项上缴等环节逐一进行检查。通过检查，私货保管放置整齐、妥善；出入库制度严密，手续完备；账账、账物相符，没有发生短少或丢失。私货物品的处理及时，变价款足额上缴无拖欠现象。查获的反动、黄色书刊均加封保存，封志完整，销毁及时，没有扩散情事发生。

1990年，天津海关执行海关总署重新修订的《关于罚没财物的保管和处理规定》，加强对私货的管理，建立仓库物品登记明细账，做好实物保管，严格私货处理审批手续，开展市场调查掌握价格信息。

1991年6月21日，天津海关印发《罚没财物管理细则》，规定对罚没财物的管理，要账物分开，账物相符，相互制约；海关工作人员不准购买私货，不准私自处理或擅自留用、挪用、调换、外借、拆卸、使用罚没货物、物品；在行政处下设私货管理小组负责总关罚没财物的管理和处理全关区依法扣留没收的财物（含货币、金银、有价证券等及货物所有人声明放弃的进口货物和超期未报关货物），并对罚没货物、物品的交接、保管、处理都做出具体的规定。8月，天津海关根据海关总署下达的《关于销毁私货工作的通知》，对历年查获的伪劣、残次积压货物进行清理，并当众销毁。

1992年，为加强私货、扣留物品管理，实现“统一存放、集中管理、妥善保管”，天津海关经商，由天津经济技术开发区提供土地3500平方米建造私货库。是年，天津海关落实国务院下发的《关于公物处理实施公开拍卖的通知》，着手将走私物品委托地方政府指定的拍卖行通过公开拍卖的方式变卖私货。对需要提前变卖的货物、物品，天津海关则按照有关规定向上级有关部门报批。

1993年10月29日，天津海关根据海关总署《关于贯彻〈关于治理乱收费和进一步加强收费、罚没收入管理的紧急通知〉》的精神，结合开展反腐败斗争和落实中共中央加强宏观调控的经济政策，对海关各收费项目和罚没收入的情况进行清理和检查，并制定措施加强对罚没物品的管理，要求调查部门对罚没货物、物品及时结案。私货管理部门及时进行处理，罚没款收到后两日内必须交到财务部门。审计部门每季度检查和监督罚没收入的财务管理情况。

1994年4月29日，天津海关印发重新修订的《罚没财物管理细则》，同时废止1991年印发的《罚没财物管理细则》。修订后的新细则增加下属海关、办事处设立私货暂存库的条款，对罚没货物、物品的交接、保管、处理各环节的手续更加严密。1996年4月16日，天津海关又印发《罚没财物管理工作规程》。

1997年10月，天津海关落实海关总署下发的《关于海关罚没物品实施公开拍卖的规定》，明确对依法没收的货物、物品交由政府指定有经营权的拍卖行实行公开拍卖。对属于专营专卖的，交专营专卖部门处理。

1999年9月23日，海关总署印发《关于在北京、天津海关开展缉私罚没收入缴库试点工作的通知》，决定比照海关税收缴库的方式对缉私罚没收入实行新的缴库办法。翌年6月29日，天津海关行文向海关总署报告开展缉私罚没收入“税款缴库”试点工作情况。天津海关接受试点工作任务后，组成试点工作小组，结合天津口岸实际情况，联系财政部驻天津财政监察专员办事处、中国人民银行天津分行，共同制定《关于海关缉私罚没收入缴库实施办法》，于2000年5月印发执行。在实施办法中，明确各部门的职责和各业务环节的衔接方式，明确缉私罚没收入缴库工作的程序、做法和责任。同时，推广应用海关总署新开发的缉私罚没收入管理软件，使用计算机程序管理缉私罚没收入缴库业务。实行新的缴库办法后，保证罚没收入罚缴分离，保障应缴国家财政的收入及时、准确的入库，调查部门通过计算机系统查询财务部门对罚没收入的入库核销情况，便于及时查处、催缴逾期未缴的罚没收入，既有利于加强部门之间的互相监督，又对当事人起到督促的作用，推动行政处罚的执行。

图1-1-5-5 2000年后，天津海关通过罚没物品拍卖会拍卖走私物品

2000年4月25日，天津海关经商财政部驻天津财政监察专员办事处、中国人民银行天津分行，制定印发《关于海关缉私罚没收入缴库实施办法》，以贯彻国务院关于缉私罚款实行处罚决定与罚款收缴分离的要求，规范缉私罚没收入缴库。规定除违禁品、金银、外币、文物等国家专管或专营的不允许流通的物品外，对国家法律、法规允许流通的各类走私货物、物品以及抵押物，在案件结案之日起15日内，由天津海关调查部门会同财政部驻天津市财政监察专员办事处共同委托市政府指定的拍卖行公开拍卖。并首批指定天津市拍卖总行、天津北方国际拍卖中心、天津蓝天国际拍卖行责任有限公司、天津市浩天拍卖行为缉私罚没物品拍卖行。该文件还对此项工作的流程及相关单位的联系配合办法都做出具体规范。

2001年7月25日，天津海关行文海关总署调查局，鉴于天津市浩天拍卖行和天津蓝天国际拍卖行有限责任公司是已合作多年的海关罚没物品拍卖的定点拍卖行，从企业自身条件、规范程度和严格执法等方面也符合从事罚没车辆定点拍卖工作的要求，同意上述两家拍卖行作为海关罚没车辆定点拍卖企业。

2002年，天津海关根据国家经贸委和海关总署发布《关于开展缉私罚没车辆定点拍卖工作的通知》，将没收的进口汽车、摩托车等车辆以公开拍卖的方式予以处理，拍卖所得收入全额上缴国库。是年11月19日，海关总署财务装备司批复，同意天津海关对在扣待结案350辆帕萨特轿车的拍卖工作方案，由天津市蓝天国际拍卖行、天津市浩天拍卖行进行公开拍卖，拍卖车辆所得价款暂存在天津海关有关账户，待结案后及时按有关规定进行处理。由天津海关在价格认证中心评估价值的基础上，根据拍卖车辆的实际情况和尽量争取以较高价格拍卖的原则，确定该批车辆的拍卖保留价、起拍价。

2003年1月，天津海关执行海关总署下达的《海关总署调查局、侦查局、财装司职责分工》，将原调查局承担的私货变卖、处置等职能交由财务处负责，相关业务及单证管理由财务处负责处理。是年3月，根据海关总署的要求，天津海关组织实施对1999～2002年罚没、侵权、超期、放弃货物、物品入库、拍卖和变价收入上缴情况的专项督察。重点是罚没、侵权、超期、放弃货物、物品操作程序是否规范；罚没、侵权、超期、放弃货物、物品变卖处理是否按国家规定和程序进行，以及相关监督制约机制、联系配合办法是否健全。督察结果罚没物品的拍卖严格履行三级报批手续，按照拍卖程序估价、公告，拍卖过程合法、公正，相关单据齐全，拍卖款项缴库及时。罚没物品处置部门由专人负责罚没物品的出入库和罚没收入上缴管理工作，按时核销相应的罚没物品账目。罚没物品处置和罚没收入缴库过程中相关部门之间均有具体联系配合办法。同时督察发现存在罚没收入迟延入库、扣留凭单使用不够规范、已结案文物未能及时处理的问题，并提出具体的整改意见。事后，按照督察要求对《天津海关罚没物品财务管理工作规程》和《天津海关关于放弃加工贸易保税货物的操作规程》进行修改。

是年11月，海关总署印发《海关罚没财物管理办法》，明确罚没财物的管理范围、交接手续、拍卖程序、价格评估、仓库保管、罚没收入缴库等各个环节的要求，天津海关按文件要求结合关区的实际情况，制定罚没财物管理实施细则。同年，天津海关开始以拍卖权公开竞标取代实行多年的委托拍卖。

2003年12月19日，天津海关举办查缉文物移交仪式暨表彰大会。会上向天津市文物局移交海关查没的走私文物、文物监管物品8944件，是新中国成立后天津海关一次性向文物行政管理部门移交文物数量最多的一次。

2004年3月1日，天津海关印发《在处理罚没、超期、放弃等货物工作中遴选拍卖机构的规定》，确定拍卖机构应遵循公开透明、公平竞争、择优选定的遴选原则，遴选工作步骤分为公示报名、择优选择、签订协议三步进行，还具体规定拍卖机构的入选条件。是年，海关总署建立海关罚没财物报表制度，天津海关按照海关总署要求，每季度按规定报送统计报表和报表说明。年底，海关总署财物装备司联合海关总署缉私局在全国海关组织开展库存罚没财物专项清理工作，天津海关按照上级要求组织人力彻底查清库存底账，并依法变卖、公开拍卖积压旧货。8月21日，天津海关印发《罚没、超期、放弃财物管理实施细则》，依法规范罚没、超期、放弃财物的管理。细则共56条，对罚没财物的范围，罚没财物管理的职责和权限、罚没、超期、放弃货物的移交与接收的流程，以及罚没、超期、放弃财物的保管、变卖和处置都做出具体规定。11月8日，经海关总署同意天津海关对扣留的三菱吉普32辆（3.5升排量14辆、3.0升排量18辆）、大宇轿车336辆（排量2.0升）、现代轿车147辆（3.0升排量31辆、2.0升排量116辆）、现代自卸卡车10辆（15吨），共计525辆欠税汽车，实行公开拍卖，拍卖所得价款按相关规定扣除仓储费等相关费用后全部上缴国库。

2005 年，海关总署将海关私货处理职能由海关总署调查部门移交海关总署财物装备司管理。天津海关按照海关总署的规定将此职能由调查局移交给财物装备处。

2006 年 4 月，天津海关按照海关总署的要求，开始应用海关罚没财物管理系统。

2008 年，天津海关根据海关总署《关于进一步加强海关罚没财物管理工作的通知》的要求，将罚没货物、物品处理作为关务公开的重要内容，坚持依法拍卖，事前将有关拍卖信息在国家指定的媒体和海关互联网门户网站上刊登。

2009 年，天津海关共召开罚没、超期、放弃货物拍卖会 13 场，拍卖总额达 2199 万元，其中罚没货物拍卖 1480 万元（含先行变卖货物）；超期放弃货物拍卖 719 万元。

2011 年 9 月，天津市拍卖总行有限责任公司按照天津海关提供的清单制作拍品目录，拍卖一批共计 38 件进口还原炉、转化炉及相关电源设备。该批货物是内蒙古大陆电子材料有限公司 2009 年 7 月 2 日从意大利运抵天津港，2010 年 1 月，天津新港海关按照有关规定认定该批进口设备为超期货物，并于同年 7 月办理超期货移交入库手续。2011 年 6 月，天津海关拟拍卖上述进口设备，在天津市价格认证办公室按程序对拍卖货物进行估价时，海关经办人员因故未能到场，导致由于估价人员不了解设备情况，在现场勘查时仅勘查总价为 1376 万多美元的 38 件进口设备中的 6 个金属容器，便作出人民币 50 万元的价格鉴定结论，并最终以 50 万元人民币拍出。事发后，天津海关党组采取措施挽回损失，经多方努力，于是年 9 月 21 日，派员赴上海监装运回拍出的 38 件进口设备，避免因设备拍卖造成巨额的国家赔偿。2013 年 10 月 22 日，天津海关党组做出《关于对有关人员与单位在超期货拍卖工作中失职造成严重影响予以责任追究的决定》，对此次事故中的 5 名责任人分别给予停职、撤职和记过处分。对涉事的科室给予通报批评。

2011 年 11 月 17 日，天津海关印发通知，按照《海关总署关于开展库存罚没财物专项清理工作的通知》要求，利用两个月的时间，对截至 2011 年 9 月 30 日，库存时间超过 1 年以上的涉案在扣货物、超期未报关货物、放弃货物、侵权货物等所有罚没财物进行全面专项清理。

2012 年 3 月 21 日，天津海关委托天津市拍卖总行有限责任公司以网络竞价方式对依法处置的机动车辆进行公开拍卖。拍卖会上共拍卖机动车 12 辆，通过来自天津、河北、河南、广东、上海、山东、山西、内蒙古、吉林、辽宁、浙江、安徽、江苏等地的 46 家客户竞价，最终以成交率 100%、成交价格增值率 168%、成交金额 393 万元圆满结束。是年 8 月 2 日，天津海关向天津市红十字会转交一批罚没侵权货物。包括牙膏、背包和洗衣粉等商品 12 万余件，价值总计人民币 73 万余元，用于社会公益事业。10 月 12 日，天津海关举行“对查获违禁印刷、音像制品集中销毁交接仪式”，将海关封存的 1.2 万余件违禁印刷、音像制品移交天津市保密局销毁中心集中进行销毁。11 月 14 日，天津海关将罚没的 12000 余件运动服、书包等侵权货物捐赠给天津市宝坻区，用于资助贫困学生和社会公益事业。11 月 23 日，天津海关委托天津蓝天国际拍卖行有限责任公司、天津福信国际拍卖有限公司和天津市拍卖总行有限责任公司联合公开拍卖牛腱肉、羊排、猪筒骨、猪手、凤爪等冷冻品约2301吨。拍卖共成交4480万元，拍卖成交价较物价评估价增值约1998万。

2013年5月20日，天津海关委托天津国际拍卖有限责任公司公开拍卖矿石、废塑料、氢氧化钠、硅铁粉、汽车配件等货物。吸引天津、上海、广州、深圳、河北、北京、辽宁、山东等地客户参与竞价，货物拍卖成交金额达339.6万元。是年6月24日，天津海关委托天津国际拍卖有限公司公开拍卖涉案冻品成交金额达450万元。6月26日，又委托天津星宇国际拍卖有限公司公开拍卖涉案、超期冻品成交金额达260万元。财政部天津财政监察专员办事处、物价评估部门、公安部门到场监督两次拍卖情况。是年9月25日，天津海关委托天津星宇国际拍卖有限公司公开拍卖冻品成交金额达75万元。是年12月27日，委托天津蓝天国际拍卖行有限责任公司公开拍卖超期放弃财物，此次公开拍卖废塑料等货物，成交金额88万元。12月31日，又委托天津市同方国际拍卖行有限公司公开拍卖涉案超期放弃还原钛、镁粉、废塑料等货物，成交金额56万元。

2013年7月3日，天津海关印发《罚没财物管理工作联系配合办法》及《罚没财物仓储管理规定》，以加强罚没财物管理相关部门之间的联系配合，规范罚没财物保管、变卖、处置工作，规范罚没财物仓储管理工作流程和职责。

是年4月26日，天津海关组织集中销毁罚没侵权货物活动，当场销毁近年在出口环节查获罚没的侵权药品、食品、灯泡、香烟、化妆品和汽车摩托车配件等共计15万件，价值人民币400余万元，严防侵权货物再次流入市场。5月13日，根据海关总署政策法规司《关于向中国肢残人协会转交罚没知识产权侵权货物的通知》，天津海关向中国肢残人协会转交一批书包、浴巾和排球等罚没侵权货物，共计数量8150件。6月29日，天津海关集中销毁在2012年“5·29”打击走私冷冻肉产品专项行动中查获的220.59吨来自疫区的走私冷冻肉产品。

是年7月8日，天津海关通过甘肃省红十字会和宁夏回族自治区红十字会，分别转交一批罚没侵权的衣物、鞋、包等生活用品，用于支援宁夏的定点扶贫项目和救助甘肃困难群众。据统计，2013年天津海关共向天津市红十字会转交罚没侵权货物117批次、175762件，向其他公益机构或部分天津市属机关转交罚没侵权货物12批次、14225件，向异地红十字会转交罚没侵权货物20批次、45864件，转交的货物主要为箱包、毛巾、浴巾、运动鞋等生活用品，将没收的侵权物资用于社会公益事业。

2014年5月15日，天津海关向天津市文物局移交罚没的酱釉葫芦瓶等277件文物。是年9月，天津海关制定三项措施提升罚没财物管理水平，一是完善3项管理制度和罚没财物管理岗位责任制，明确岗位、任务和责任，建立巡库检查制度，对在库罚没财物、货物进行定期检查和不定期抽查；二是规范罚没财物的入库管理和外部配合，先后与天津市发改委、文物局、商检局、烟草局等部门签订备忘录，密切海关与相关单位的联系配合；三是重新改造库房，拓展400平方米的存储空间，并加装隔离网、安全护栏等安全防盗设施。是年，海关总署督审司在对天津海关

2013年度罚没财物管理专项督察的整改情况进行追踪检查后，反馈意见，给出“党组重视、措施得力、工作扎实、成效显著”的评语。是年11月25日，印发《天津海关罚没财物管理实施细则》，12月19日，又印发《天津海关罚没财物仓储防灾救灾应急预案》，以加强罚没财物管理工作。

四、监督检查

财务检查是以核算资料为主要依据，对海关经济活动和财务收支的合理性、合法性和有效性所进行的检查。自海关总署成立以后，财务检查是保证海关财务工作正常进行的重要措施之一。

1950年3月9日，中央财委发布《关于草拟统一的会计制度的训令》，指出各企业会计制度十分混乱，要求财政部设置专门机构统一审查。4月25日，财政部根据训令的要求成立会计制度审查委员会。翌年9月14日，海关总署通报福州海关会计贪污、挪用公款事件，要求各海关会计部门开展财务工作制度的自查。天津海关按照海关总署的要求健全财务管理机制、改进和完善财务制度，加强财务管理工作。

1952年5月，根据政务院的要求，海关总署成立经费审查小组，审查所有预算的编造和执行情况。天津海关也相应建立审查小组，制定支付用款制度，有关预算、计算及决算须先通过小组审核才可报送。1954年，海关的预算管理采取“大包干”办法，海关财务接受地方财政机关的监督检查，经费审查小组撤销。1953年海关总署并入外贸部后，天津海关的经费开支由天津市外贸局检查监督，直至1980年海关体制恢复前。

从1952年开展的“三反五反”运动到“文化大革命”结束前，财务检查多是结合或配合历次政治运动进行的，而重点多是以“阶级斗争为纲”，清查财务工作中存在的各种违规违法的问题。如在1964年1月1日天津海关制定的“五反”运动整改方案中，就制定有《关于财务管理方面的几点规定（草案）》，明确有“加强会计监督，认真执行会计工作人员职责条例，监督机关财务开支情况……财务工作人员应廉洁奉公，公私分清，不虚报冒领，不挪用公款，分清预算内及预算外开支，不化大公为小公”等内容。

20世纪80年代，国家和海关总署每年都会组织开展年度财务、税收大检查，天津海关按照国务院、天津市政府和海关总署的要求，针对自身的工作特点，适时组织开展关内的财务、税收大检查工作，从中发现问题，改进工作。

1982年8月26日，天津海关关长戴克忠主持召开行政会议，学习海关总署下达的关于开展财务检查的文件，决定组成由副关长任组长，财务、纪检、人事和有关业务部门参加的检查组，开展财务检查工作。检查的重点是财务管理、遵守财政纪律、应上交款和退税情况、预算外资金等4个方面是否存在在资金使用和财务管理上制度不严、管理混乱和家底不清的问题，预算外资金的安排使用有无失去控制和监督，有无随意改变开支范围和资金的用途，有无不按规定滥发奖金和补贴，有无用公款请客送礼，铺张浪费等问题。通过检查达到整顿财政纪律，健全财务管理制度，管好用好预算资金，发挥更大的经济效益的目的。

1983年8月31日天津市人民政府办公厅下发《关于开展财务检查的通知》。1983年11月27日，天津市政府转发财政部《关于地方帮助国务院各部委所属单位进行财务检查的通知》。1983年12月23日，天津海关根据海关总署转发《国务院批转财政部关于开展财务大检查的报告的通知》和11月27日天津市人民政府转发财政部《关于地方帮助国务院各部委所属单位进行财务检查的通知》精神，认为此次财务大检查不仅是财务部门的事，而且对开展整党、端正党风、发扬党的优良传统都有着重大的政治意义。并对天津海关的财务工作和征收关税工作进行检查。

1987年10月30日至翌年2月，天津海关根据海关总署的部署，按照开展税收、财务大检查的统一安排进行检查。在自查阶段税收方面重点检查漏征、错征、错补和伪报进口货物品名、规格、价格、原产国别偷逃关税的问题，共发现问题线索80起，共查获偷漏税共计4100余万元，并全部追缴入库，追缴入库拖欠税款2亿4500余万元。通过对财务自查证明天津海关能严格执行财会制度，应缴各种税费，都能及时、足额缴库，记账数字正确，核算真实无误，对罚没物品的交接、保管、处理等方面的制度也较为健全、严密，没有发现违纪的情况。是年11月，国务院税收、财务、物价大检查办公室和天津市税收、财务检查团分别到关听取开展大检查的汇报，对天津海关的工作予以肯定。

1988年，结合国家整顿经济秩序，治理经济环境，天津海关根据国务院、天津市政府和海关总署关于开展1988年税收、财务大检查的通知要求，自10月中旬至次年2月，分自查、重点检查和整改建制三个阶段。通过开展对外部偷漏税的清查工作，共清查偷漏税4900余万元，全部补缴入库，使天津口岸成为无欠税口岸。

在1989年开展的税收、财务大检查中，清理欠税199户，解缴入库税款3890余万元。查获偷漏税款共计6320余万元，较之1988年增加27%。在财务检查中，清理“小金库”6个，涉及金额4044元。

20世纪90年代，天津海关以海关业务相关的税收管理和加强内部财务管理的基础工作作为检查的重点，每年开展财务、税收大检查工作。

1991年10月10日至11月15日，天津海关根据国务院和海关总署有关开展财务、税收大检查工作的精神，组织开展税收、财务自查和重点检查。在税收检查中，查出漏征调节税、手续费、归类有误等线索50票，应补税款98万元。对在检查中发现的下属塘沽办事处记账科目中“应缴税费收入”和“暂存”混在一起的差错当即予以纠正。天津海关各种应上缴税费收入均及时足额上缴，各项经费开支、收费标准、奖金补贴的发放均符合有关文件规定，未发现未办专控手续而购买专转控商品、私设小金库等问题。

是年11月，天津海关又进行一次税收、财务大检查。税收检查重点检查错征、漏征、错退、错补和伪报进出口货物品名、规格、原产国别、低报价格问题并结合天津口岸情况，对进口100

万元以上的大型设备、税率低的大宗化工产品以及易漏征调节税商品进行重点核查；财务检查重点检查征收税费，罚没收入、预算外收入记账、缴款或留成使用情况及经费收支、上缴能源税和罚没物品，超期货等处理情况。

1992年6～7月，根据海关总署的统一部署，天津海关开展税收、财务大检查，抽查进口报关单23060份，发现因归类不当等原因漏征28笔，补征税款90余万元，多征3笔，退还税款32100元，并发现偷漏税线索9起。重点检查经费、税费会计账簿30册，会计凭证2600余张，原始凭证3万余张，以及应上缴的税收、罚没收入和其他收入。检查证明财务部门管理的各种税费账实相符，登记齐全，特别是保证金，注册押金管理较好。在对经费、预算外资金及食堂、工会财务检查中，均未发现违规违纪问题。由于财务部门实行核销制度，坚持每月与相关业务部门进行一次全面核对，较好发挥财务部门监督把关作用。

1993年9月13日至12月底，根据国务院、海关总署关于开展1993年税收、财务大检查的通知要求与安排，天津海关组织开展财务、税收大检查。成立以关长杨戍辰为组长的天津海关税收、财务大检查领导小组，设立由审计室等5个处室的处、科长参加的大检查办公室。确定把完善、健全各项税收制度，严肃查处、打击违反税收政策的偷漏税行为，严肃党纪、政纪、财经纪律，促进经济健康发展，为扩大改革开放提供良好的外部环境。同时，将开展财务、税收大检查与党中央提出的开展反腐败斗争紧密联系起来。税收检查以征税作业流程为主线，以报关单审价、关税及代征税、审批减免税执行情况等7项内容为重点，先后检查东港海关、新港海关、开发区海关、塘沽办事处、关税处等7个部门，查阅审核18246份报关单和退税档案441宗，查出漏税案件线索20个，应退税9.4万元，补税55.3万元。财务检查列出上缴国家税收及罚没收入等是否按规定及时、足额上缴、预算外收入、查私办案费、各种奖金津贴补助的发放、各项收费是否合理等6个重点方面，检查核对1993年1～9月份的经费、税费会计账簿74册，会计凭证及原始单据15万余条／张，报表450份，与各业务部门核对保证金、监管手续费等账目。通过税收、财务大检查，证明天津海关财务工作能严格执行国家有关的财经法纪、法规，各项收入能按照规定及时足额上缴，税费入库及假入库底数清楚反馈及时，严格遵守经费会计制度，无违纪事件发生。

1997年，根据国务院、海关总署的统一部署，天津海关成立以党组纪检组长为首的税收财务物价大检查领导小组，组织开展检查工作。检查中，全关区共核对经费、税费会计账册150册，会计凭证1.7万余张，审查原始单据20万张，报表百余份。通过检查发现由于海关对企业、合同的监管力度不够，缺乏严密有效的监管机制，导致全关区存在到期未核销合同1100份（其中1994年以前400份，1995年700份），以及个别下属海关存在已开出的税单，企业不能及时足额清缴入库形成欠税的问题，通过检查、整改，堵塞漏洞。1997年8月14日，天津海关向海关总署报告《天津海关关于清理检查预算外资金工作的总结报告》。

进入21世纪以后，天津海关在开展财务、税收大检查的过程中，则把规范财务、税收管理制度，加强廉政建设作为重点。

2003年4月22日，天津海关根据《海关总署关于在全国海关开展行政事业性收费两条线专项检查的通知》开展检查。

2006年10月，天津海关利用一个月时间，重点对全关各独立核算单位及机关服务中心及下属经济实体、教育培训基地、数据中心、海关学会、统计学会等单位，从预算管理、资金管理、基建管理、固定资产管理、事业单位及经济实体财务管理、税费管理和津补贴管理等7个方面进行检查。

2007年6月28日至7月18日，海关总署财务装备司和督审司组成财务检查组重点对天津海关2006年1月1日至2007年3月31日预算执行和财务管理情况开展专项检查。检查组肯定天津海关财务管理的规章制度、固定资产管理的内控机制较为健全；预算管理、税费管理较为规范，罚没财物的管理及罚没处理档案较完善。同时，对检查中发现的内控机制、预算管理、资金管理、固定资产管理等7个方面存在的问题提出具体的整改要求。

2013年7月9日，天津海关印发《关于进一步加强对财务管理监督工作的通知》，规定设有财务管理职能的各隶属海关（单位）主要负责人不能直接分管财务、工程招标、物资采购等涉及财务事项相关工作。上述工作应由各隶属海关党组、单位领导班子指定一名副职领导具体负责；凡涉及重大项目安排、大额资金使用等重大财务事项应按照集体审批制度的要求由各隶属海关（单位）党组、领导班子集体研究决定；重大财务事项中涉及干部职工切身利益的，应按照有关规定征求干部职工意见或向干部职工进行公布，主动接受干部职工的监督；专门监督部门和各隶属海关（单位）纪检监察特派员应加强对所在隶属海关（单位）重大财务事项决策、运行情况的监督检查。

第六节　关产管理机构

海关所属的固定资产亦称关产。从1954～2003年，对海关固定资产的分类进行过一次调整，对固定资产的标准进行过4次调整。自1983年起，海关的固定资产分为专用技术设备、车、船、土地房屋及建筑物和一般设备等五大类，并制定有相应的标准。对固定资产的管理是海关行政管理工作的重要内容。

一、房屋建筑

（一）移交关产土地、房屋建筑

在天津解放前，津海关曾拥有为数可观的关产房屋建筑和闲置空地，根据历史档案记载，其来源一部分是属于海关陆续购置的关产，另一部分属于1945年抗日战争胜利后海关奉命接收的物资。据1949年津海关报告记载，津海关共有关产30处，包括办公地9处、宿舍12处、租出房地5处、市内子牙河北岸耕地1处约9亩左右及市区以外的土地3处。另有分散在天津市内及天津县区与静海县区的关产空置未用土地7处，共计约1600余亩，这些耕地是1945年抗日战争胜利后，伪津海关监督公署奉令裁撤时移交给伪津海关，并一起由伪监督公署租予当地百姓耕种。

天津解放后，津海关所属的房屋建筑，少部分被部队、政府机关、部门征用。大部分则根据《政务院指导接收工作委员会工作条例》和《海关总署试行组织条例》中，关于"原海关机构之档案、图书、房产、物资等，遵照政务院关于华东区接收工作规定，一般均应划归海关总署及其所属各地海关，凡非海关业务所必需的物资房产，可由海关与当地财政经济委员会接洽，造具清册，估价登记，移归当地军政机关保管使用"的原则，除仍留为办公和职工宿舍的建筑外，其他陆续移交地方相关单位。移交房地产工作成为天津海关历史上一项耗时较长、情况复杂的行政工作内容。

自1951～1970年，天津海关先后向地方政府及相关单位移交房屋建筑多处，移交闲置空地1600余亩。

天津海关移交房屋建筑及闲置空地一览表

表1-1-6-3

序号	建筑名称（旧称）	今坐落位置	用途	面积／间数	移交时间	接收单位
1	六区浦口道69号	河西区浦口道	办公	—	1951.5.5	公安总队
2	六区解放南路63号	河西区解放南路	宿舍	12间	1951.5.5	中国油脂公司
3	六区解放南路65号	河西区解放南路	宿舍	7间	1951.5.5	中国进出口公司
4	十区解放北路183、185号	和平区解放北路	办公	—	1951.5.5	华北石油公司
5	二区自由道18、20号	河北区自由道	办公	2幢15间	1951.5.5	华北军区坦克第一师
6	三区黄纬路35号	河北区黄纬路	办公	1幢12间	1951.5.5	公安三分局
7	陈塘庄信号台	河西区陈塘庄	不详	—	1951.12	天津区港务局
8	九区大红桥关产房屋	红桥区大红桥	不详	8幢32间	1951.12	市政府公产管理局
9	大窑空地	红桥区内	空地	—	1951.12	市政府公产管理局
10	张自忠路123号楼	和平区张自忠路	办公	16间	1953.1.20	天津区港务局
11	新港、山东北街	塘沽区	空地	4855平方米	1953.2.25	塘沽区政府
12	侯家台空地	西郊区	荒芜	175亩6分	1953.10.22	西郊区人民政府
13	静海县境内土地	静海县	耕地	14顷23亩2分8厘3毫	1953.11.17	静海县人民政府
14	海河西岸船坞用地	塘沽区	船坞	48053亩	1953.12.14	塘沽区人民政府
15	建设路113号	和平区建设路	不详	—	1954.3.5	天津市外贸局

续表 1-1-6-3

序号	建筑名称（旧称）	今坐落位置	用途	面积／间数	移交时间	接收单位
16	解放南路 351 号	河西区解放南路	不详	—	1958.1.3	天津市外贸局
17	自由道 26、28 号	河北区自由道	宿舍	—	1958.1.3	天津市房管局
18	保定道、泰安道、自由道、重庆道、宁波道、解放南路	和平区、河北区、河西区	宿舍	—	1958.7.10	天津市房产公司
19	营口道 2 号	和平区营口道	办公	原面积的一半	1959	天津市物资局
20	营口道 4 号	和平区营口道	办公	2000 平方米	1962.6.5	天津市房地产管理局
21	塘沽区山东路职工宿舍	塘沽区	宿舍	1329.16 平方米	1967.2.14	塘沽区房屋公司
22	解放北路 179、181 号	和平区解放北路	海关学校	—	1970.9	天津市房管局分配给医药采购供应站

（二）新建关产办公、宿舍用房

改革开放以后，天津海关的干部队伍得到快速发展，人员增长，机构增加，办公用房和职工宿舍都出现严重缺口。特别是 1976 年 7 月 28 日，河北省唐山市发生 7.8 级大地震，波及天津地区，导致天津海关总关办公楼中等程度受损、新港分关检查室地面断裂，塘沽分关 3 楼部分倒塌。市内的职工宿舍有 29 处倒塌、18 处需要大修。

1977 年 1 月 11 日，天津海关向外贸部海关管理局提出申请，鉴于 1976 年 7 月 28 日地震，造成占该关职工宿舍约三分之一的 100 多间住房倒塌或严重损坏。加上 1975 ~ 1976 年又新增职工 80 多人，导致海关宿舍紧张影响职工生活，如全靠天津市解决十分困难，请求海关管理局本着支援灾区建设的原则，分配一部分宿舍指标，协助解决实际困难。2 月 4 日，天津对外贸易局向海关下达 1977 年基本建设计划，确定天津海关 1977 年基建计划面积为 3436 平方米，投资 25 万元。3 月 8 日，外贸部致函天津市外贸局，批复同意天津海关修建职工宿舍 5800 平方米，所需基建投资，在国家计划委员会划拨给天津市计委 1977 年海关基本建设投资中调剂解决。5 月 21 日，天津市外贸局将外贸部关于海关宿舍建设指标的批复转告天津海关。当年，天津海关与天津市政设计院在天津市河西区气象台路合建的职工宿舍 2500 平方米，在天津市河西区紫金山路参加联建的职工宿舍 1200 平方米先后动工。气象台路宿舍于 1979 年 9 月竣工，紫金山路宿舍于 1979 年 12 月竣工（产权不属于海关）。此后，从 1978 ~ 1998 年的 20 年间，天津海关先后通过自建或社会购买的方式在天津市区及塘沽、蓟县、武清等地添置职工宿舍 30 处，总面积达 114755.19 平方米。1999 年以后，国家陆续取消福利分房。此后，天津海关不再自建或购置职工宿舍。1990 ~ 2008 年，由于海关业务发展需要，天津海关机构、人员不断增加，为满足业务工作的正常开展，方便和促进企业办理海关手续，经海关总署和相关主管部门批准，为新开设的业务机构新建办公场所 13 处，总面积 13673.90 平方米。

图 1-1-6-6　左上图：20 世纪 80 年代，新港分关使用的坐落在新港六米的办公楼
右上图：在 20 世纪 80 年代末，天津海关塘沽办事处使用的办公楼
左下图：20 世纪 90 年代初，原东港海关与港务局合用的办公楼
右下图：1999 年，东港海关搬迁到港区四号路后使用的办公大楼

另外，天津海关还于 1980 ~ 1999 年期间，先后在天津市区、塘沽区、天津经济技术开发区、武清开发区和蓟县分别购买商品房分配给职工，以改善海关职工的住房条件。

2008 年 5 月，天津海关收到天津滨海新区中心商务商业区开发建设管理委员会《关于尽快拆迁天津海关港务局港埠三公司北侧办公用房的通知》。根据滨海新区中心商务区建设规划，对坐落在塘沽区水线路 2 号的原塘沽办事处办公楼予以拆迁，并要求在 5 月底前完成拆迁工作。该房屋为砖混结构，办公楼主体 3 层、局部 4 层，建筑面积 2138.48 平方米，始建于 1987 年，翌年初竣工投入使用。由于天津海关已将此楼改造后用于集体宿舍，经与天津滨海新区中心商务商业区开发建设管理委员会协商，同意海关组织住宿人员的搬迁安置工作，各项搬迁费用由地方拆迁部门承担，搬迁结束后该楼被拆除。

2008 年 3 月 31 日，海关总署转发中共中央纪委等七部委《关于做好清理整改工作建立控制党政机关办公楼等楼堂馆所建设长效机制的通知》。要求各海关单位对办公楼等楼堂馆所建设项目进行清理、整改，对人均面积超标或领导班子使用面积超标的项目，凡已建成使用或在建的要根据具体情况分别采取腾退超标面积、安排其他单位使用、调整分割房屋布局或调整为业务用房等措施进行整改；凡未开工建设的要修改设计方案，切实解决人均面积超标或领导班子使用面积超标的问题。

2013 年 7 月 31 日，海关总署印发《关于海关系统停止新建楼堂馆所和清理办公用房的通知》，8 月 12 日，海关总署关务保障司又印发《关于海关系统清理领导干部办公用房的通知》，10 月 8 日，海关总署关务保障司再次印发《关于清理各直属海关单位领导班子成员办公用房的通知》，要求在对本单位领导干部占有、使用办公用房全面清理的基础上，对单位主要负责同志使用的办公用房情况进行重点清理，立查立改。天津海关党组在开展党的群众路线教育实践活动中将此项工作列为专项整治的重点内容。12 月 23 日，天津海关党的群众路线教育实践活动领导小组办公用房专项整治工作办公室召开专题会议，审议通过《开展清理办公用房工作任务分解表》，明确各部门在清理办公用房工作中的职责划分。关党组要求全关在开展办公用房专项整治工作中，高度重视办公用房调整工作，从领导干部到普通关员都要按照人均面积指标调整到位，一视同仁，没有例外。上报办公用房清理腾退的情况必须属实，不得弄虚作假，并将适时组织抽查整改情况。

2014 年 3 ~ 4 月，天津海关落实海关总署《关于进一步停止新建楼堂馆所和清理办公用房工作的紧急通知》要求，组成停止新建楼堂馆所和清理办公用房工作领导小组和清理工作办公室，具体负责对本关停止新建和清理办公用房组织、协调、实施和检查工作。在 2013 年全关办公用房清理工作的基础上，对照通知的要求，组织人员对各级领导干部办公室使用面积进一步进行认真清理核实，严格按照国家发展改革委员会、住房城乡建设部印发的《党政机关办公用房建设标准》，对各级人员中部分超出标准使用的办公用房进行腾换、整改、封存。以后不再开发新的办公场所建设项目。

截至 2014 年底，天津海关共拥有办公用房 109174 平方米；业务用房 1369 平方米；其他建筑物 51920 平方米。

1962 ~ 2008 年间天津海关办公建筑情况一览表

表 1-1-6-4

序号	建筑名称	坐落地点	建筑面积	投入使用时间	备注
1	天津海关办公楼	和平区营口道 2 号	—	1862 年	接收
2	天津海关塘沽办事处办公楼	塘沽区水线路 2 号	2138.48 平方米	1988 年	置换（2014 年已拆除）
3	天津海关办公楼	河东区六纬路 2 号	11207.65 平方米	1990 年	自建
4	天津蓟县海关办公楼	蓟县城关镇南环路东一环路	3347.71 平方米	1992 年	自建

续表 1-1-6-4

序号	建筑名称	坐落地点	建筑面积	投入使用时间	备注
5	天津经济技术开发区海关办公楼	天津经济技术开发区第一大街 18 号	5356.65 平方米	1993 年	自建
6	天津新港海关办公楼	塘沽区新港路 1 号路	5503.53 平方米	1994 年	自建
7	天津海关综合楼	天津经济技术开发区第一大街晓园	4038.33 平方米	1994 年	自建
8	天津海关邮局办事处驻地	河东区海河东路 87 号市邮政大楼内	365.79 平方米	1996 年	合建
9	天津武清海关办公楼	武清区武清开发区泉州路 2 号	4538.10 平方米	1997 年	自建
10	海关总署武清培训基地办公楼	武清区武清开发区泉州路 1 号	1333.32 平方米	1999 年	自建
11	天津新港海关查验处办公楼	塘沽区新港 4 号路	11488.28 平方米	2002 年	自建
12	天津经济技术开发区海关办公楼	天津经济技术开发区宏达街 15 号	48873.59 平方米	2002 年	自建
13	海关总署天津教育培训基地	武清区武清开发区泉州路 1 号	21430.92 平方米	2006 年	自建
14	天津海关私货库	天津经济技术开发区第七大街 11 号	3402.58 平方米	2008 年	自建
合计			123024.9 平方米		

1978 ~ 1999 年间天津海关自建、购买职工宿舍情况一览表

表 1-1-6-5

序号	建筑名称	建筑坐落位置	建筑面积	建设时间	完工时间	备注
1	永顺里	塘沽区宁波道	2166 平方米	—	1978 年	自建
2	胜利楼	塘沽区老湾道	2033 平方米	—	1978 年	自建
3	团结楼	塘沽区三槐路	1601 平方米	—	1978 年	自建（2014 年已拆除）
4	气象台路职工宿舍	河西区气象台路	2500 平方米	1977 年	1979 年 9 月	自建
5	紫金山路职工宿舍	河西区紫金山路	1200 平方米	1977 年	1979 年 12 月	自建
6	复康路宿舍	河西区复康路	933 平方米	1978 年	1980 年 8 月	自建
7	宁波道宿舍	河西区台湾路	1400 平方米	1979 年	1980 年 10 月	自建
8	望园里	南开区水上村	807 平方米		1980 年	社会购买
9	气象里	河西区气象台路	1666 平方米	1983 年	1986 年	自建
10	保定里	塘沽区广州道	5880 平方米	—	1986 年	自建
11	锦州道宿舍	塘沽区锦州道	2249 平方米	—	1986 年	自建
12	胜利楼	河西区尖山	2029.73 平方米	1985 年	1987 年	社会购买

续表 1-1-6-5

序号	建筑名称	建筑坐落位置	建筑面积	建设时间	完工时间	备注
13	北仑里	塘沽区新港三号路	6132 平方米	—	1986 年	社会购买
14	四新里	河西区前进道	2243.67 平方米	—	1988 年	集资建房
15	华阳里	塘沽区新港路	1245 平方米	—	1993 年	社会购买（2014 年已拆除）
16	敬重里	河西区浦口道	4990 平方米	—	1994 年	社会购买
17	信阳里	塘沽区新港路	3276 平方米	—	1994 年	社会购买（2014 年已拆除）
18	正德里	塘沽区宁波道	21193 平方米	—	1997 年	社会购买
19	天娇园	河西区马场道	1130 平方米	—	1998 年	社会购买
20	泰达园	河西区永安道	231 平方米	—	1998 年	社会购买
21	合众大厦	河西区友谊北路	448 平方米	—	1998 年	社会购买
22	广顺园	河西区广东路	3100 平方米	—	1998 年	社会购买
23	宁家房子	南开区苍穹道	64 平方米	—	1998 年	社会购买
24	重华南里	河西区挂甲寺街	7061.79 平方米	1992 年	1994 年	社会购买
25	华馨公寓	河东区新开路	2134 平方米	—	1998 年	社会购买
26	侚园西里	经济技术开发区	530 平方米	—	1998 年	社会购买
27	栖仙公寓	武清区杨村镇泉兴路	2234 平方米	—	1998 年	社会购买
28	翠湖小区	蓟县人民东路	2160 平方米	—	1998 年	社会购买
29	万联公寓	经济技术开发区二大街	1274 平方米	—	1999 年	社会购买
30	新关公寓	河东区八经路	30844 平方米	1996 年	1999 年	自建

二、车、船

（一）车辆

天津解放初期，津海关接收旧海关的车辆有美国产 10 轮卡车、福特卡车、美式吉普车、美国地索多轿车各 1 辆。塘沽分关接收的车辆有美式吉普车、法沟（FARGO）卡车和英式带篷轿车各 1 辆。其中，英式带篷轿车在 1955 年二连海关建关时连同驾驶员调剂给该关使用，美国地索多轿车于“文化大革命”期间调拨给天津市使用。

根据《天津海关 1951 年度年终总结报告》的记载，1951 年天津海关共拥有机动车 9 辆，分别是出厂于 1937 年和 1942 年的 2.5 吨、4.5 吨卡车各一辆，出厂于 1939 年的 8 人座福特牌大轿车1辆，以及出厂于1940 ~ 1945年间的吉普车、小轿车6辆。其中除2辆小轿车用于关领导办公，其他车辆皆用于查私等海关业务。

在20世纪60 ~ 70年代，天津海关曾陆续购置苏制嘎斯卡车、北京212吉普车和江苏产30人轿车各1辆，但天津海关拥有机动车的具体情况在历史资料中并没有详细记录。从1960 ~ 1979年期间，由于受各地海关管理权下放，以及“文化大革命”的影响，对海关的缉私装备等固定资产投入不足，至1979年时全国海关系统仅有机动车171辆。

1980年，随着海关管理体制的改革，海关的各项工作逐渐步入正轨，海关的行政、业务和缉私用车也进入到一个新的发展时期。此后，天津海关的机动车辆无论是在数量上，还是车辆的质量、性能上，都得到空前的提升，车辆的管理工作也逐步实现规范化。

1980年3月31日，天津海关印发《贯彻〈全国海关机动车辆管理试行办法〉实施细则》，确定机动车辆实行统一管理的原则，由财务装备处负责办理全关区机动车辆的分配、调拨，以及向海关总署办理更换、报废、更新的审批，各隶属海关及各处未经批准不得自行购置和处理各种机动车辆。对机动车辆的日常管理、使用与保养等都提出具体的要求。规定使用机动车实行派车单制度，各科室因公需要用车，要事先提出申请，说明用车时间、任务、去向，经总务科主要负责人同意并在“派车单”上签字后交由驾驶员出车。对驾驶员的管理则实行“行车登记簿”制度，驾驶员于每次出车后，要将登记簿中的有关项目内容填写清楚，以备存查。截至1981年底，天津海关已拥有缉私、业务、行政办公用各类车辆21辆。

1987年，海关总署印发《全国海关机动车管理试行办法》，共6章，对车辆申请、管理、保养、奖惩等事项予以规定。天津海关按照海关总署的要求规范本关的机动车和驾驶员的管理工作。

1990年3月27日，天津海关结合本关实际情况，制定印发《机动车辆管理细则》，以规范机动车辆的管理，提高机动车辆的使用率、完好率，适应各项服务工作的需要。对机动车辆的申请、报批，车辆的日常管理，车辆驾驶员的管理，车辆的维护和保养，交通事故的处理及奖励、处罚等都做出明确规定。同时，还印发《机动车辆使用规定》，强调海关机动车辆是保证关领导、外事、业务、行政和生活等需用而配备的，严禁用于出租或获利性经营。明确天津关区机动车辆由天津海关行政处统一管理，集中调派。天津海关行政处总务科和各隶属单位行政部门负责日常的管理和调度，车辆管理人员负责具体工作。并对海关车辆的用车范围、用车手续等做出明确规定。5月22日，天津海关印发《机动车驾驶员管理规定（暂行）》，明确天津海关机动车驾驶员实行车辆主管部门集中管理的原则。天津海关行政处是全关区各类机动车驾驶员培训、奖惩、业务学习、安全教育、人员调整管理的职能部门并负责有关手续的审批。机动车驾驶员严格岗位责任制度，实行定人定车、定岗定车，对于未定人的车辆执行谁驾驶谁负责的办法，未经车管人员批准任何人不得换驾、借驾、替驾，不允许将车辆交与他人使用。

1992年8月21日，天津海关印发《借用机动车辆管理办法》，规范对借出、借入期限超过一个月以上的机动车辆的管理。规定借出（入）机动车辆单位需向行政处递交“借用机动车辆申请表”根据借用期限的长短分别由主管处长或主管关长签批。借用机动车辆须签订使用协议书，明确车辆借用期限、借用期有关费用（保险费、养路费、车税等）、验车时间、车辆维修、事故处理及承担责任等。借用车辆统一纳入关区编外车辆管理，总关及各基层海关车管部门应备有编外车辆档案。

1994年4月27日，天津海关印发《机动车、驾驶员档案管理办法（试行）》，对关内的机动车和各类机动车驾驶员实行档案专卷分类管理。

至1997年底，天津海关拥有的缉私、业务、行政办公用各类车辆首次达到100辆。

2001年11月15日，海关总署印发《海关机动车辆分配使用管理办法（试行）》，共7章，规定机动车的分配标准、机动车辆管理、驾驶人员管理、车辆维护保养、车辆报废与更新等事项予以明确。分配原则按直属海关所属分支机构数量、业务量、辖区面积、道路状况和气候条件等因素安排。

至2002年底，天津海关拥有的缉私、业务、行政办公用各类车辆首次突破200辆。

2007年3月23日，天津海关为规范关区机动车辆使用和车辆经费的预算管理，印发《机动车辆经费包干使用实施细则》。翌年4月8日，天津海关又印发《机动车辆经费包干管理办法》，要求严肃执行车辆经费预算，杜绝公车私用现象，规定各部门严格控制车辆包干经费，不能突破当年核定的经费总额度。11月24日，天津海关印发《机动车辆编制和配备标准规定》，按照党风廉政建设管理的相关规定，从规范机动车辆管理，合理分配使用车辆，为海关各项业务改革和海关事业发展提供服务保障出发，对机动车辆实行“集中使用为主，分散使用为辅”，重点保证业务一线的工作需要的原则；明确机动车的基本配备标准；特别强调车辆配备标准要符合海关总署统购统配的车型、排气量等指标，地方政府无偿提供的车辆不得超过海关总署车辆配备标准，超标配备的车辆需报经纪检监察部门审核后，报财务装备处备案，从廉政建设角度强化海关的机动车管理规范。至是年年底，天津海关共有机动车244辆，其中由各分关、办事处管理的108辆，关服务中心管理的53辆（包括班车40辆），其余83辆分配在总关各职能处室管理使用。

2009年3月9日，天津海关印发《机动车辆经费包干管理办法补充规定》，对《机动车辆经费包干管理办法》中的条款进行修改补充。

截止到2014年底，天津海关共有缉私、业务用车289辆。

（二）船艇

天津解放时，津海关接收旧海关的船艇共9艘。包括船名为“天祥轮”“海明轮”“春顺轮”的汽艇3艘；船名分别为“锦龙轮”“张骞轮”“关钢轮”“关节轮”“19号轮”“65号轮”的摩托艇6艘。其中的3艘汽艇在天津塘沽解放前被国民党军队劫持到青岛，于天津解放后又陆续接回天津。“锦龙轮”原为秦皇岛分关用船，天津解放后即返回秦皇岛。

1950年9月25日，天津海关向海关总署申请，为便于执行监管、查私任务，拟在“天祥轮”“海明轮”两艘关艇上安装无线电话设备，以保证通讯联系。是年10月9日，海关总署海务处批复同意。

1954年7月6日，原为秦皇岛分关缉私艇的“锦龙轮”连同6名船员无偿调拨给河北省海洋水产试验场。

1951～1956年期间，经海关总署批准，海明轮、春顺轮、张骞轮3艇被先后移交给天津港务管理局。1956年3月24日，天津海关塘沽分关将汽艇“春顺轮”连同11名船员一并调拨给天津区港务管理局接管。原作为港内巡视和天津、塘沽之间押送外轮使用的“关钢轮”“关节轮”“19号轮”“65号轮”4艇，因外轮不再进入天津，不再需要摩托艇押送，先后调拨给地方公用事业和部队使用。

图1-1-6-7　天津海关的“海明”号关艇

1958年3月22日，对外贸易部办公厅函复天津海关《对“关钢轮”的处理意见》，因海关业务上已不需要为由，将天津海关所有的摩托艇“关钢轮”调拨给天津市公用局使用。

1952年10月，天津新港开港初期，因海关办公用房尚未建成，汽艇“天祥轮”除船员用房外，还有部分房舱，曾作为新港办事处工作人员办公及住宿的处所使用1年之久。“天祥轮”船体较长，是600匹马力的拖轮，经常担任大沽口巡缉任务，“文化大革命”中曾更名为“海卫轮”。1969年3月，为支援重点建设任务，经石油部和天津市革命委员会供应服务组同意，决定以海关600匹马力拖轮“海卫号”与华北石油勘探指挥部250匹马力交通船“海渔26号”对换，但仍以“海卫号”命名，海关随船调给华北石油勘探指挥部船员5名，华北石油勘探指挥部随船借调给天津海关船员3名。1979年7月，由于该艇不适合海关使用，加之海关总署已另拨新船，天津海关将该船调拨给塘沽地方运输单位。

1969年4月30日，天津海关鉴于“红卫艇”（即原“关节艇”）已不适应海关工作的需要，并造成海关财产的长期积压和浪费，经天津市财政局革命委员会批准，将该艇无价调拨给中国人民解放军防化学兵部使用。

1977年10月12日，天津海关向外贸部海关管理局提交报告，天津的大沽口锚地为海关监管场所，距港内12～16海里。平时风浪较大，冬季有冰，要求关艇具有抗风及破冰能力。鉴于关内原有的关艇为日本造船龄近70年的小渔船，早已不堪使用。面临大沽口锚地等泊的船只数量增多且停泊时间较长的情况，由于关艇原因导致海关与大沽口锚地间往返交通不便，既延误船舶办理进口手续又易造成监管漏洞和走私风险，为满足海关监管、查私部门往返锚地接送监管、查私人员的需要，申请配备梧州船厂建造的“联检、引水船”。

1978年5月10日，天津海关向外贸部海关管理局提交《关于申请小型交通艇的报告》，鉴于天津口岸有关部门在塘沽盐场修建的出口盐专用码头即将竣工。该码头出口散盐，凡5千吨级的船舶皆可通过新港船闸进入海河，从盐场坨地直接装货。该码头虽与海关一水相隔，但因附近没有桥需绕道而行，乘车前往路程约15公里，给监管工作造成不便。此外，塘沽陆运出口货物的5个装货点也设在海河沿岸，海关监装人员如能通过水路前往，可比陆路缩短距离节省时间。为适应工作需要，申请常州产的玻璃钢工作艇（长6.5米）1艘，因在海河内使用，由监管人员自行驾驶，不专设船员。

1979年，外贸部海关管理局分配给天津海关“海关401”号检查船一艘。该轮总吨位397吨，长37米、宽8米，68座，平均吃水深度3米，主机为东德8 NVD1320马力内燃机，由广西梧州船厂建造。2月15日，天津海关先后分三批派出船员去梧州办理接船、放船工作。经过进行点交、验收和试航等准备工作，于5月28日由梧州启航，沿途经广州、汕尾、汕头、厦门、福州、上海、青岛、烟台等港口和沿海岛屿共17处，历时4l天，于6月29日安全抵达天津新港，途中实际航行时间170小时，航程2344.9海里（4217.4公里）。

图1-1-6-8　20世纪90年代，天津海关配备的“401”号缉私艇

1980年5月，海关总署调拨给天津海关90马力玻璃钢小艇1艘，至1983年该艇移交给丹东海关。是年，海关总署还调拨给天津海关600马力“海关302号”监管艇一艘，于1985年移交给宁波海关。是年8月，天津海关制定《海关船舶安全操作规程》，以加强船艇的安全管理，防止各类事故的发生，保护国家财产和船员的人身安全。是年11月，经海关总署批准，为解决新调拨关艇的停靠和防止冬季风浪冰块冲击，对塘沽关码头北段损坏部分进行修复。同年10月，

印发《天津海关船只管理办法》，明确海关关艇是完成海关工作任务的水上交通工具，统由新港分关总务科领导。日常由总船长按照总务科下达的任务指派各艇执行任务，调配人力，并负责具体领导、调度和监督各艇工作。各科室需要关艇时，提前向办公室或总务科申请，经同意后，由总务科通知总船长，并与港务局船闸联系，确定时间后直接通知有关科室。

1982 年，海关总署调拨给天津海关台湾 400 马力 25 座“003 号”交通艇 1 艘。1984 年，经海关总署同意，天津海关购进 600 吨方驳船（即活动码头）1 艘。

1985 年 10 月 17 日，天津海关向海关总署财装司提交《关于海关船员制服标志和船艇使用情况报告》据此报告记载，天津海关有船艇 2 艘、驳船 1 艘。2 艘船艇分别为：1320 马力的“401 号”监管轮，船体和主机运行正常，主要用于在港内和大沽口海域进行巡视监管任务，每月出航 8 ~ 10 次，航程约 250 公里。300 马力的“116 号”交通艇，船体和主机正常，主要用于在港内、河内码头对国际航行船舶的巡视监管，但由于船体钢板太薄，无撞冰能力，每年度会有 5 个月的停航时间。因为内河码头停靠的国际航行船舶不多，故使用的次数较少。驳船则为 1978 年建造的 200 吨规格的大型驳船，1982 年投入使用，船体完好，停靠在新港码头，用于做浮码头使用。1986 年，“116 号”交通艇移交给黑河海关。

1989 年 3 月，天津海关印发《关于海关船艇管理办法的实施细则》，明确船艇统一由财务装备处管理。有关船艇的定编、增编、调配、临时调动及更换、报废、更新，由各分关向总关财务装备处申报，再由财务装备处向海关总署科技装备司申请。

2001 年 1 月，由于船舶联检工作的改革，海关已不用再赴锚地办理联检手续，加之天津地处渤海湾内，基本没有海上缉私任务，导致“海关 401”艇常年停在码头，经久不用损坏严重，经海关总署财务司批准报废。

2003 年 12 月，方驳船因年久失修，破损严重，经海关总署财务司审批报废，变价 10 万元人民币处理。

2010 年 9 月，海关“003”号玻璃钢交通艇因船舶老化，超出使用年限，无修复价值，经海关总署财务司批准报废。

至此，天津海关再无船艇。

（三）灯塔

灯塔并不属于海关的关产。但在近代海关，灯塔的管理始终是海关的职能之一。天津解放之初，津海关依旧承担着对曹妃甸灯塔的管理职能。

曹妃甸地处渤海湾西北外缘、河北省乐亭县东部的大海中，是一个沙丘堆积的小岛，横亘直沽海口，为进出天津港船舶的必经之路。该岛随潮水出没，周围因有沙岛和浅滩，地形复杂，不易辨别，常有来往船只搁浅遇难，民间称此地为“拆船场”。天津开埠后，驶津的船舶日益增多，其中的外国船舶多是铁制火轮，载重量大、吃水深，亟须以灯塔指引过往船舶夜间航行。

清光绪十年（1884 年），大沽漕粮海运局请津海关自英国代购洋式灯机 1 具。翌年，正式在曹妃甸兴建新型灯塔，历时1年多，于清光绪十二年（1886年）6月18日建成发光，由津海关派人驻守。清光绪十九年（1893年），津海关在曹妃甸修建管理人员宿舍，派驻专人管理灯塔，并为管理人员配置武器枪支，防止海盗骚扰，保证灯塔与管理人员的安全。1922年，因原灯塔受海浪冲击基础逐渐破坏，在离该塔半海里的地方另建一新塔，上置四等电石自动闪光灯，每3秒闪白光一次，射程达12海里，是当时中国技术比较先进的大型灯塔之一。至1944年该灯塔毁于抗日战争之中。

1949年11月3日，政务院财政经济委员会饬令海关总署修复曹妃甸灯塔，以利航行。海关总署将任务交给天津海关塘沽分关具体执行。由于当时已是冬季，气候严寒，海河冰冻，无法出海施工。至翌年3月26日，气候转暖冰块融解，海关总署海运处上海临时办事处派出测量、制图等5名技术人员协同天津海关开展勘察曹妃甸地形，测量水道，做修复灯塔的准备工作。4月6日至5月28日，历时52天出航7次，完成灯塔重建的前期勘察准备工作。同时，在4月底即开始施工的筹备工作，打造灯塔铁架及准备桩基器材。6月5日修复灯塔的工作人员正式出海施工，克服天气、环境等诸多困难，甚至冒着生命危险忘我工作，至28日完成全部修复工作。28日晚7时，所有工作人员乘海关“天祥轮”撤离曹妃甸，于次日晨1时安全抵达塘沽。1950年6月27日夜间曹妃甸灯塔重新开始发光，该灯塔每3秒钟闪光一次，每次明0.3秒、暗2.7秒，灯塔四周约13海里范围内均可望见。

1950年9月15日，海关总署署长孔原签发海关总署令，鉴于参加重建曹妃甸灯塔工程的职工，多数均能发挥积极负责的主人翁态度，在6月底台风季节到来以前完成恢复灯塔工作任务，决定给予塘沽分关工友张兴隆、“天祥轮”正驾驶倪光信、技工郑凤有等3人，每人各发给慰劳品布质冬季服装料1身、布衬衫1件、汗背心2件、毛巾2条，以资慰劳，其余所有参加工作人员均发给纪念册1本，作为纪念。

1950年11月16日，海关总署海务处正式移交中央交通部。12月22日，奉交通部、海关总署指示天津海关海港科、塘沽分关海港股及秦皇岛分关原管理的港务工作及设备，连同工作人员一并移交给天津区港务局及其所属各所在地机关接管。此后，航标、灯塔管理不再作为天津海关的职能范围。

三、专用技术设备

海关的专用技术设备包括检查设备、通讯设备、计算机设备以及一般设备。天津解放初期，津海关在接收旧海关时，共接收手摇计算机32台、加数机4台、英文打字机33台以及油印机、印刷用压力机各1台。而用于业务现场检查的“设备”则主要是依靠改锥等小工具甚至是手工作业。由于特定的历史原因，至“文化大革命”结束前，天津海关的专用技术设备发展缓慢。

中共十一届三中全会以后，尤其是20世纪80年代，伴随着国家改革开放和海关体制改革，天津海关的专用技术设备得到快速发展。

1984 年，天津海关拥有计算机设备 1 台／套、检查设备 109 台、通讯设备 65 台／套以及复印机 5 台。

1994 年，天津海关拥有计算机设备 102 台／套、检查设备 30 台、通讯设备 265 台／套以及复印机 24 台。

2004 年，天津海关拥有计算机设备 2450 台／套、检查设备 345 台、通讯设备 1777 台／套以及复印机 69 台。

2014 年，天津海关拥有计算机设备 10244 台／套、检查设备 238 台、通讯设备 876 台／套以及复印机 101 台。是年，天津海关的人均占有计算机设备达到 4.83 台／套。（具体情况参见本书第十篇“科技应用”）

四、清产核资

清产核资，是指国有资产监督管理机构根据国家专项工作要求或者特定的经济行为需要，按照规定的工作程序、方法和政策，组织进行财务清理、财产清查，并依法认定各项资产损益，从而真实反映资产价值和重新核定国有资本金的活动。清产核资主要包括账务清理、资产清查、价值重估、损益认定、资金核实和完善制度等内容。

天津海关分别于1953年、1962年、1972年、1979年根据地方人民政府的安排，落实国务院、中央人民政府对外贸易部的要求，适时开展固定资产、库存材料及财产清查估价等工作。1972 年 5 月 2 日，天津市革命委员会转发《全国清产核资实施办法》，天津海关即于 6 月 1 日制定印发《进一步开展清产核资工作意见》，部署开展清产核资的工作，要求全关通过清产核资，既要弄清家底，挖掘潜力，加强经济核算，改善管理。同时，让广大干部和群众通过清产核资工作普遍接受一次思想和政治路线方面的教育。天津海关在此次清产核资工作中，做到清查财产、摸清家底、心中有数，搞清全关的全部财产为 4729 件，价值为 148.4 万元。并建立健全相关账目，做到物账相符，为管理好固定资产打下良好基础。

全国海关系统的清产核资工作是从 1992 年正式开始的。是年 2 月 9 日，海关总署印发《关于开展清产核资试点工作的通知》，根据国务院清产核资领导小组关于第一期试点工作的要求，海关总署确定汕头、长沙海关为海关系统的第一批试点单位。同时印发《海关清产核资试点工作方案》和《海关清产核资办法》等文件，确定清产核资的内容包括资产清查、产权界定和资金核实三个方面。要求试点海关确保完成“摸清家底、界定产权关系、建立国有资产产权管理关系，核实国有资金、建立健全各项管理办法，促使资产合理、节约、有效使用”的任务。

1992 年 12 月至 1993 年 11 月，在总结汕头、长沙海关试点经验的基础上，海关总署印发《关于全面开展海关财产清理登记工作及印发工作方案、办法、目录、报表的通知》，在系统内正式部署开展财产清查登记工作。在此次清产核资工作中，天津海关结合海关的实际情况做到清查“家底”，不重不漏，不走过场，不留死角，采取以物对账，以账查物的方式共对 9000 余件、价值8200余万元的物品，和占地面积4.1万平方米，建筑面积5.6万平方米的房地产进行逐一核查，加上1086.9万元的流动资产和565万元的在建工程，清查的全关各类财产总值达1亿元。通过清产核资，重新补充修订原有的《固定资产管理细则》和《物品使用保管须知》，制定印发《低值易耗品管理办法》，改进并规范关产财务及使用部门的联系配合办法等。

2000年5月29日，海关总署组织召开“全国海关清产核资工作会议”，部署全国海关的清产核资工作。随后又于5月、6月、9月三次印发关于开展海关单位清产核资工作的文件，明确组织开展清产核资，是海关财务管理的一项重要基础工作，是国家推进财政预算管理制度改革、加强行政事业单位财产监管的一项重要措施。海关清产核资工作的主要任务是摸清“家底”，清理、核实所有债权债务、各项资金来源渠道和支出结构情况，清查经费支出结构，针对发现的问题，建立健全规章制度，堵塞管理漏洞。

2002年8～11月，按照国务院、海关总署关于加强机关事业单位国有资产的使用和管理，防止国有资产流失的指示，天津海关组织开展固定资产清查登记工作，以核实本关固定资产实际的价值量和实物量。关党组还提出“加强内部管理、依法理财，提高固定资产使用效率”的要求。

2004年1月4日，天津海关印发《关于开展固定资产清查登记工作的通知》。鉴于天津海关的固定资产总值已近10亿元人民币，加之建在天津经济技术开发区的海关综合业务大楼和装修改造后的旧办公用房相继竣工投入使用，以及新港海关整合、机场海关成立、内部机构调整后处室搬迁等原因，关区内添置、调配、报损、报废的固定资产变化较大，为规范固定资产管理，保证固定资产的安全完整、合理节约、有效使用，关党组决定，是年1～3月在全关区范围内开展固定资产清查登记工作。重点是技术设备、车、船、房屋建筑物及专用设备资产。通过此次固定资产清查登记，达到所有资产登记记录与资产使用人直接对应，资产保管责任落实到人。并将相关信息通过固定资产管理主页反馈到每个职工的“我的资产”栏目中，将原来财务处一家管理的模式，转变为固定资产网上管理、责任到人的管理模式，实现固定资产管理的科学化、制度化、规范化。

天津海关在经过连续几年开展固定资产的清查登记工作，基本摸清“家底”后，于2005年6月15日制定印发《固定资产管理实施细则》。2010年9月19日，海关总署印发《海关单位固定资产管理办法》，对海关固定资产的管理机构及职责、固定资产的配置、固定资产的使用和日常管理、固定资产的处置、固定资产核算、固定资产评估、清查和监督检查、法律责任都做出具体规定。2011年2月23日，天津海关根据《海关单位固定资产管理办法》的原则，重新修订本关《固定资产管理实施细则》的部分内容。

此后，该项工作纳入日常工作之中，实现常态化。

表 1-1-6-6

1981 ~ 2014 年间天津海关固定资产基本情况统计表

年份	项目									
	车船情况（台）			专用技术设备（台 / 套）			一般设备（台）	房屋建筑物（平方米）		
	行政用车	缉私、业务用车	船舶	检查设备	通讯设备	计算机设备	复印机	办公用房	业务用房	其他建筑
1981	21		3	—	—	—	—	—	—	—
1982	22		4	—	—	—	—	—	—	
1983	24		4	—	—	—	—	—	—	—
1984	26		4	109	65	1	5	—	—	—
1985	32		3	108	79	2	7	27157.53		
1986	75		2	86	133	12	7	30976.8		
1987	35		3	13	172	28	10	40404.5		
1988	41		3	18	223	32	16	40732.8		
1989	44		2	21	205	33	15	30517.6		
1990	47		3	26	218	46	20	46585.5		
1991	50		3	36	225	48	17	45175.5		
1992	59		3	29	207	54	20	57261.1		
1993	64		3	29	257	69	23	77007		
1994	68		3	30	265	102	24	83444		
1995	95		3	36	285	180	23	110450		
1996	87		3	36	313	258	18	108312		
1997	100		3	38	312	445	21	108312		
1998	110		3	38	327	632	20	151928		

续表 1-1-6-6

年份	项目									
	车船情况（台）			专用技术设备（台 / 套）			一般设备（台）	房屋建筑物（平方米）		
	行政用车	缉私、业务用车	船舶	检查设备	通讯设备	计算机设备	复印机	办公用房	业务用房	其他建筑
1999	107		3	50	353	800	45	170250		
2000	123		3	16	445	855	56	182992		
2001	153		2	16	536	1071	57	248333		
2002	200		2	341	1777	1277	67	122107	19537	111740
2003	200		1	343	1777	1709	67	120959	19537	111740
2004	202		1	345	1777	2450	69	120959	17848	17550
2005	222		1	240	8	2195	65	114017	18069	21808
2006	207		1	318	8	2375	65	106206	30527	17516
2007	222		1	327	8	3906	78	106914	35884	10729
2008	230		1	328	8	4105	90	106913	35884	10678
2009	210	40	1	93	796	8581	92	108357	4409	48570
2010	248	36	0	148	845	9094	87	108357	1910	50497
2011	224	36	0	194	811	9944	91	108357	1910	50223
2012	55	241	0	259	200	10502	92	108357	1910	50223
2013	6	291	0	286	197	10714	101	106988	3279	50223
2014	6	289	0	238	876	10244	101	109174	1369	51920

注：因 1981 ~ 1984 年年度统计中未列该表项目，故统计内容为空

第二章　队伍建设

新中国海关的人事管理体制是本着中共中央对海关"完整接收，逐步改造"的方针，在废除旧海关人事制度的糟粕，并吸收其有益经验和做法的基础上逐步改造、建立、完善起来的。自天津解放后，天津海关的人事管理工作，按照国家和海关总署的统一部署，本着"完成海关的历史大变革，把旧海关改变成新海关"的目的，在新民主主义建设时期，通过审查、改造留用人员、裁撤洋员、实行供给制、招录交流，完成人员管理从旧海关向新海关的过渡。进入社会主义制度建设时期，海关的人事管理纳入国家人事管理体制。改革开放以后，海关的人事管理又经历从国家行政干部管理体制到公务员管理体制的转变。进入 21 世纪，海关开始实行关衔制度，海关成为继中国人民解放军、武装警察部队和公安警察之后，中国的第四支实施衔级管理的准军事化队伍。同时根据国家机构改革，转变政府职能，提高政府工作效能的政治体制改革目标，天津海关的人事管理工作围绕海关不同时期的中心任务，按照现代化人才培养的要求，采用科学先进的管理模式，打造一支适应新时期、新任务需要的准军事化海关队伍，满足海关工作的需要。

第一节　招录　考核

（一）接收旧海关留用人员

1949 年 1 月 15 日天津市解放。翌日，天津市军事管制委员会对外贸易接管处的海关接管组全面接管津海关。接管后，即刻宣布新的干部政策是德才兼备、量才使用，欢迎旧海关人员留下来继续为新中国海关服务。新政权除清除极个别有劣迹的旧海关人员、放弃少数自动离职的人员外，津海关及所属分关共留用旧海关人员 776 人，其中职员 413 人，工友 363 人。由于旧海关长期在外籍税务司的把持下，又经历过多次时事变化政权更迭，海关"金饭碗""中立"的立场和"独立性""超党派"的纯经济机构的传统在旧海关人员的思想意识中根深蒂固。在接管之初，大多数的旧海关留用人员对新政权和接管干部持有怀疑、观望和排斥的态度。针对当时的状况，接管组在人事管理上，注意改善与留用人员的关系，废除旧海关的密报制度，实行透明、民主的考察、鉴定的办法。同时，注意对留用人员的思想改造，组织学习政治理论，建立生活会制度，开展批评和自我批评，并抽调部分人员到革命大学学习或参加土地改革运动，在实际工作中转变思

图 1-2-1-9　津海关员工参加天津市庆祝新中国成立大游行

想，经受锻炼和考验。当年，天津海关送到华北革命大学及政校学习的人员近 200 名，占全关人数的三分之一。通过教育改造，绝大多数海关人员的思想觉悟得到提升，有 30 多名积极分子要求加入中国共产党。在 1949 年 10 月 2 日，天津市庆祝中华人民共和国成立大游行时，海关职员都踊跃参加，一些老关员还情绪高涨地加入到秧歌队中，从下午 1 点到次日凌晨 3 点持续欢庆 14 个小时之久。由于在短时间内，旧海关人员的思想认识和精神状态都得到明显的改变，为日后顺利改造旧海关打下良好的思想基础。

（二）裁撤外籍职员（洋员）

旧中国海关，曾被称为“国际官厅”，职员来自世界上的 20 多个国家。在外籍税务司制度下，列强为保障其在华利益，实行洋员对华员的绝对统治，以便垄断海关的管理权。1925 年杨德森编著的《中国海关制度沿革》中记载，洋员在海关“尽占高级，各职华员仅任中下阶级助员，以听外员指挥，无升任正副税务司及其他主职。自有总税务司六七十年来，华员中仅张玉堂 1 人，被任西藏亚东代理税务司，且非参与征税事务，并为极短时间。”据陈诗启所著《中国近代海关史》记载，旧中国海关虽“海关华员约 6 倍至 7 倍于洋员，但内班华员只能担任办事员一类的供事，外班再高也不超过验货。多数华员都是担任低微工作如听差、轿夫、更夫、匠人、杂人等，没有超过供事的。”外籍职员对华员的绝对统治成为近代中国海关的异态之一。天津解放后，津海关于 1949 年 5 月 20 日，批准外籍代理港务长付莱秋辞职。

新中国成立后，海关总署的成立标志着半殖民地海关的覆灭和社会主义海关的诞生。鉴于历史的原因，海关内各部门的高级人员仍有为数不少的外国人，他们依据不平等条约进入中国海关，并享受着特别优厚的待遇，在人民海关改革旧海关行政和人事制度之初，对这些洋员是留用还是遣散，是新政权需要解决的问题。于是，海关开始着手裁撤外籍职员工作。裁撤的原则为，对无特别技术的行政部门洋员予以遣散。其工作由海关华员接替；对有特殊技术且现在华员中暂时找不到替代者的洋员，则暂仍留用，待遇另定。留用期间派人向他们学习技术，待具备条件替代他们时再遣散。

津海关被接收时，接管组依照中央人民政府的规定，对海关的外籍工作人员，特别是技术人员，采取与华籍职员相同的政策，只要进行外侨居住登记，遵守政府法令，服从领导，无破坏及特务行为，尽量争取其留下继续服务。当时，因工作需要留用的外籍职员有 3 人，分别为一等验估员依佐托夫（N.I. Izotoff，苏联籍）、沙拉威也夫（D.I. Shororieff，苏联籍）和特等一级验货员巴乃吉（H. Pasternatski，波兰籍）。根据海关总署《海关工作人员任免暂行办法》第 6 条“外国籍技术人员之录用概须经海关总署批准后始得签订合同或解雇”的规定，天津海关考虑工作需要，以及外籍职员的个人意愿，于1950年3月11日就外籍职员去留问题请示海关总署。提出与愿意继续为中华人民共和国服务的依佐托夫签订雇佣合同；对因不通汉语，感觉办事困难的外籍职员沙拉威也夫，和不愿留在天津、希望返回波兰原籍或去上海工作的外籍职员巴乃吉，因本人不愿继续签订服务合同，建议予以解职。

1950年4月12日，海关总署复函天津海关，同意与伊佐托夫议订合同，唯服务地点不必规定为天津，合同内可订为中央人民政府海关职员，以便将来业务需要时，可调派到其他关、所服务。关于薪额，因其薪金已经低于上海海关已签合同的外籍职员的薪金，准略予提高，为每月除支领同级华员之薪金外，令加津贴美元75元，按牌价折合人民币发给。薪额提高后，医药费包括于薪金内，不再予以补助。沙拉威也夫及巴乃吉2人无意签订合同继续服务准予解职。

关于留用外籍职员的待遇问题，1950年3月14日，海关总署给天津海关的复函明确：“关于处理海关外籍人员问题，本署曾拟定办法呈经政务院财政经济委员会批准，兹将关于在你关的外籍人员处理办法分别指示如下：一等验估员伊佐托夫、沙拉威也夫，因未从伪总税务司领得养老金，天津海关可按旧章算至1949年12月31日，发给其应得比例的养老金，即服务逾25年者，发给80%，未及25年者，每一年发给等于一个月安家费的奖金。特等一级验货员巴乃吉既领过养老金，不再发给。留用者可自1950年1月起与其签订1～2年的雇佣合同，按原来待遇，可斟酌予以增减，但不再发给养老金。”

1950年5月1日，天津海关与伊佐托夫正式签订为期一年的聘用合同，聘用其为天津海关职员。该合同对聘用期的待遇和福利等亦作出规定，即每月发给与同等中国籍职员相同的薪酬小米600斤，另支付津贴小米1800斤，以支付本人及家属医药费等费用。是年9月全国实行工资改革，关内各地区计算工资的单位、依粮、布、油、煤等实物的当地价格计算，称为“工资分”。12月31日，天津海关请示海关总署，建议按工资分核发工资后，考虑政治影响原因，对伊佐托夫的津贴按小米1800斤另加10%实发人民币。

鉴于天津海关验估员人手缺乏，若即刻与沙拉威也夫及巴乃吉2人解约，其工作将暂时无人接替。1950年5月5日，海关总署批复天津海关，同意沙拉威也夫、巴乃吉2人暂时留用，仍支原薪不必重行评定。因海关验估员人手缺乏，无人接替而暂时留职的沙拉威也夫，在对海关遴选的接班验货员传授、交接工作后，于是年6月底辞职离开。

1951年1月18日，天津海关就验货员巴乃吉呈请辞职返往澳洲居住酌发旅费一事请示海关总署。是年2月2日，海关总署批复天津海关，同意外籍验货员巴乃吉辞职，并指示发给旅费、津贴合英镑130镑。

1951年5月23日，天津海关就外籍职员伊佐托夫续签合同事请示海关总署，鉴于在合同期内伊佐托夫除担任本关俄文班教授及俄文翻译工作外，对税则分类工作上亦多有贡献，根据工作需要拟继续聘用，合同延长一年。是年5月28日，海关总署批复准予续订合同，再行聘用一年。

1954年7月10日，天津海关经请示华北外贸局，并报送海关总署和天津市人民政府外事处，鉴于当时海关的实际情况，自7月10日起与伊佐托夫按照合同正式解除聘用关系，其工资发至7月底止。天津海关还特意组织召开茶话会，欢送伊佐托夫。

至此，旧海关遗留的天津海关外籍职员问题彻底得到妥善解决，中国海关延续一百余年的雇用外籍人员为中国海关服务的历史彻底结束。

（三）招录新干部

新政权接收津海关后，既着手改革海关的人事制度，实行德才兼备，量才使用的干部政策，除欢迎旧海关的工作人员留下来继续为人民服务外，根据工作需要适时补充新干部加入海关队伍。

1949年9月17日，华北对外贸易管理局印发《关于严禁滥用私人、建立正规的人事制度的指示》，针对录用新干部中存在的因审查不细导致录用不称职或问题不清楚人员，人事管理制度不认真，不严谨等问题，要求招录新干部要根据工作需要，尽量通过组织系统录用，录用人员应能力称职，个人问题清楚，并要经过试用期考核，正式录用要填具保证书。1950年7月24日，海关总署印发《录用人员试用制度暂行办法》，规范海关录用干部工作。天津海关严格执行海关总署关于录用干部的各项规定，在改造旧海关留用人员的同时，开始充实新生力量，以满足业务工作的需要，补充因大批业务骨干调遣支援其他海关建设导致的人员不足。当时天津海关新干部的主要来源是海关总署分配的干部训练班学员和上海海关专科学校毕业的学员，以及天津海关在社会招录的新干部，这些人员入关后经过短期训练，分别安排担任助理监管员或分配到关警队工作。

1956年7月15日，上海海关专科学校毕业学员16人分配到关工作。是年11月28日，天津市人民委员会转发国务院《关于国家机关停止增设机构增加人员的通知》，要求各级国家机关，一律停止增设新的机构，增加人员，原有人员因故留出的空额也不予补充。个别单位如有确实需要增加的，属地方的报省、自治区、直辖市人民委员会批准，属中央一级的报国务院批准。从1956年底至1966年“文化大革命”开始前，根据国务院的要求，天津海关队伍人数形成逐年减少的趋势，天津海关的实际员工数由1956年的365人减至1965年底的208人。其间，1960年6月，经对外贸易部海关总署同意，在编制限定范围内天津海关招录高中毕业生18人，翌年再次招收高中毕业生38人，以补充海关队伍人员的短缺。但总体上，自1956年以后，天津海关除有个别工作人员调入调出外，不再有常态性的招录工作。

“文化大革命”开始后，特别是1968年开始的“清理阶级队伍，下放科室人员”运动中，为保持海关队伍的“纯洁”，将家庭出身不好、有海外关系的干部清理出海关队伍，导致天津海关的干部队伍受到新中国成立后的最大一次冲击，全关约有50%以上的干部遭到“清理”，或下放到“五七干校”和农村安家落户，或被调离出海关队伍，分配到商业和服务行业卖肉卖菜。同时，为补充海关队伍人员不足，本着“掺沙子”的目的，1969年4月3日，天津市革命委员会分配给天津海关退伍军人60名，1971年3月，再分配给天津海关退伍军人43名。退伍军人的共同特点是政治出身好，但文化水平低，对外事政策知之甚少，外语基础极差，有的甚至只有小学文化程度。退伍军人的加入虽然从人数上能满足海关工作的需要，但从个人综合素质上难以达到海关工作的要求，不仅影响海关工作的正常开展，甚至连续发生检查大使馆的过境公用物品、外交官个人物品、重复检查外国记者的行李物品等严重涉外事故。

20世纪70年代，中共中央开始纠正“文化大革命”的错误，落实干部和知识分子政策。天津海关一方面通过内查外调逐人核实，对在“文化大革命”中遭受冲击和迫害的69名干部，根据实际情况对确定的冤案、错案做出实事求是的结论，为当事人平反恢复名誉，对在“文化大革命”中被清理出海关队伍的近百名干部本着考虑海关工作需要、尊重个人意愿的原则，将其中大部分人重新招回海关队伍。另一方面，根据国务院《关于口岸工作的情况和改进意见》的精神，为满足扩大海关业务的需要，天津海关于1975年10月和1980年1月两次通过地方劳动部门招收录用天津市应届高、初中毕业生113人，经过短期培训后，安排在海关各业务岗位“以工代干”（指未办提干手续，以工人身份从事干部岗位工作的）使用，以解决海关干部短缺的问题。

1980年，国务院《关于改革海关管理体制的决定》发布以后，天津海关重新恢复为海关总署直属的局级海关，各项工作逐渐步入正轨。随着对外开放和经济体制改革形势的发展，以及海关业务的大幅增长，当时的海关队伍面临人员不足，素质不高，不能适应海关工作需要的状况。

1982年9月29日，劳动人事部、海关总署批准天津海关增加人员编制。随后，天津市人事局、天津海关联合在报纸上刊登招录公告，在天津市的和平区和塘沽区招收参加高考未被录取的应届高中毕业生60名，经入关培训后，充实到各业务岗位。这也是“文化大革命”以后，天津海关首次从社会直接录取正式国家干部。

1983年，中共中央组织部、人事部发出《关于整顿“以工代干”问题的通知》，提出妥善解决“以工代干”问题的具体政策，并且规定以后一律不再使用“以工代干”人员。1984年，天津海关按照《关于整顿“以工代干”问题的通知》及海关总署的要求，为111名“以工代干”人员办理转为正式干部的手续，并从海关工人中通过考试择优录用干部9人。从根本上解决由于历史原因形成的干部长时间以工人身份从事干部工作，各方面待遇得不到合理落实的问题。

1984年，海关总署印发《关于严格执行人事制度的通知》，天津海关按照通知的要求，对本关自1981年1月至1984年3月期间招录的137人，从入关途径、有无经过认真地审查、有无降低招收条件以及职工入关后表现4个方面逐人进行分析检查。检查证明，3年里天津海关共录取通过社会招工、招干62人、海关总署分配大学毕业生14人、地方安置的专业军人1人、由外单位调入60人。所有录用人员都是按照正规的程序和严格的条件，经过统一的考试，择优吸收录用，且绝大多数人入关后的工作表现都比较优秀。

20世纪80年代后期，随着改革开放的深入和海关业务的不断发展，天津海关干部队伍资源严重不足的问题突显。为解决这一难题，在海关总署和天津市有关管理部门的支持下，天津海关自1987年开始连续5年大批量招录和调入干部充实海关干部队伍。1987年，天津海关党组根据海关总署人事教育司转发的国家教育委员会、劳动人事部《关于职业高中毕业生使用的有关问题的通知》精神，从天津市职业高中学校招录60名毕业生充实海关干部队伍。1988～1991年本着公开、公平、公正的原则，通过笔试、面试等程序从社会机关、企事业单位择优调入干部151人，加之招录应届大学毕业生137人及接收军队转业干部22人。至1991年底，天津海关的干部人数由1986年底的511人增加至806人，增幅达到36.6%，使海关业务发展与人员不足的矛盾得到缓解。

1981年6月，国务院、中央军委批转《关于全国军队转业干部安置工作会议情况报告和关于做好今明两年军队转业干部安置工作意见的通知》强调，安置军队转业干部是在国民经济进一步调整的新形势下，加速军队现代化建设的一项重大措施，对加强国防，巩固人民民主专政，实现进一步安定和加速四个现代化建设都具有重要意义。1982年，海关总署下发《关于做好接受军队转业干部工作的通知》，按照海关总署的通知精神，有计划、有标准的进行接收军队转业干部工作。1982～1993年，天津海关共接收军队转业干部28人。

1989年，人事部确定海关系统作为推进公务员制度试点单位。海关总署决定以天津、北京、上海、广州、拱北和海关总署机关作为海关系统试行公务员制度的先行单位。1989～1993年，天津海关按照试行公务员制度，对在社会招收的应届毕业生、企事业单位调干、军队转业干部等所有进入海关的人员都坚持"逢进必考"，考题委托专业院校或相关单位拟定，组成的面试考核小组按统一的内容进行面试，通过严格的政审，由人事部门提出初步意见，经党组集体研究审定，实现公开、公平、公正。1990年12月3日，天津海关对所有在职干部进行公务员过渡考试，参加考试的718人全部达到及格线，都顺利转入公务员序列。

1993年以后，根据国家公务员招录制度的要求，天津海关首先根据需求向海关总署人教司提出需求计划，由海关总署向人事部申报海关系统招考计划，经人事部审批后，列入全国公务员资格考试计划。依据海关总署对报考海关公务员的条件和程序规定，报考者除符合《国家公务员录用暂行条例》所规定的条件外，还必须具有参加海关工作所要求的职业条件（拟报考职位所需的资格条件和录用机关规定的其他条件。如报考海关缉私警察，必须符合人民警察录用的有关标准）。招录过程要经过海关发布公告、报名、资格审查、公共科目笔试、面试、体检、考核、公示、录用等九个环节，全程体现透明、公开、平等竞争、择优录用的原则。

1996年11月22日，天津海关按照人事部、海关总署《关于做好部分海关面向社会公开招考国家公务员工作的通知》精神，首次面向社会公开招考公务员。计划在天津、塘沽两地招收8人，实际录用5人。

1998年，本着"公开、平等、竞争、择优"的原则，天津海关根据业务发展和通关制度改革的需要，按照招录公务员的报名、考试、体检、政审等规定流程，第一次公开招录9个职位、11个专业的32名应届大学毕业生为非海关专业的新招公务员。

此后，天津海关每年按照业务需要及职数规定，坚持公务员逢进必考的招录原则，按规范的程序开展招录工作。

2006年，天津海关历时10个月完成当年的公务员招录培训工作，先后审核9113名考生的信息，派员到25个城市的57所院校实地考核了解121名考生的情况。是年12月29日，天津海关政治部决定对在招录公务员工作中表现突出的13名干部予以通报和嘉奖。

2012年，在天津海关招录公务员过程中，意外发生面试题本使用错误的事故。事情发生后，党组书记、关长李佩林马上赶到面试现场，组织相关人员采取措施，挽回影响及后果，使问题得到圆满解决。事后还对此次事故的相关责任人分别给予政纪处分。

据统计，天津海关自1993 ~ 2014年的20余年间，通过招考共录用公务员1724人，从未发生违反国家公务员法违规录用的情事。

1949 ~ 2014年天津海关人员变化情况一览表

表1-2-1-7

统计截止时间	总人数	干部数	工勤人员数
1949年1月15日	776	413	363
1950年1月	799	429	370
1951年1月	658	423	235
1952年1月	686	439	247
1953年1月	719	508	211
1954年12月	556	426	130
1955年12月	541	392	149
1956年12月	365	259	106
1957年12月	335	238	97
1958年12月	272	210	62
1959年12月	248	189	59
1960年12月	294	237	57
1961年12月	273	215	58
1962年12月	286	240	46
1963年12月	276	216	60
1964年12月	207	163	44
1965年12月	208	164	44
1966年12月	206	—	—
1967年12月	208	—	—
1968年12月	213	—	—
1969年12月	213	—	—

续表 1-2-1-7

统计截止时间	总人数	干部数	工勤人员数
1970年12月	201	—	—
1971年12月	233	199	34
1972年12月	224	188	36
1973年12月	250	210	40
1974年12月	272	230	42
1975年12月	362	228	134
1976年12月	363	224	139
1977年12月	360	219	141
1978年12月	358	306	52
1979年12月	369	301	68
1980年12月	401	333	68
1981年12月	416	335	81
1982年12月	502	418	84
1983年12月	512	427	85
1984年12月	552	468	84
1985年12月	578	504	74
1986年12月	587	511	76
1987年12月	688	602	86
1988年12月	735	640	95
1989年12月	793	704	89
1990年12月	835	735	100
1991年12月	909	806	103
1992年12月	980	876	104
1993年12月	1001	895	106
1994年12月	1041	924	117
1995年12月	1028	914	114
1996年12月	1050	937	113
1997年12月	1080	968	112
1998年12月	1111	1001	110
1999年12月	1204	1093	111
2000年12月	1254	1143	111
2001年12月	1318	1208	110
2002年12月	1369	1260	109
2003年12月	1408	1297	111
2004年12月	1425	1317	108

续表 1-2-1-7

统计截止时间	总人数	干部数	工勤人员数
2005年12月	1459	1350	109
2006年12月	1563	1456	107
2007年12月	1676	1571	105
2008年12月	1841	1739	102
2009年12月	1893	1797	96
2010年12月	1991	1898	93
2011年12月	2009	1920	89
2012年12月	2064	1982	82
2013年12月	2110	2031	79
2014年12月	2118	2047	71

注：1. 1949 ~ 1950年人数中含塘沽、秦皇岛、北平3个分关的人数；

2. 1951 ~ 1963年人数中含塘沽、秦皇岛2个分关的人数；

3. 1966 ~ 1970年因“文化大革命”原因，人事统计项目不全，故只有总人数；

4. 1975 ~ 1977年统计项目工人中包含“以工代干”（以工人身份从事干部工作的人）人数；

5. 1982 ~ 1984年统计项目干部中包含“以工代干”人数。1985年以工代干转为正式干部，此后不再有“以工代干”；

6. 自1999 ~ 2014年，历年数据中均含天津海关缉私局的人数

（四）干部考核

1950年9月29日，海关总署颁发《关于建立海关员工定期考级鉴定制度的规定》，以取代旧海关的密报考绩制度，要求各地海关每年年终有组织地对每个员工进行一次鉴定，采取自我鉴定，群众评议，行政审查三方面相结合的方式，鉴定内容以总结干部在一定时期的实际工作表现，工作态度，工作作风为主，适当的联系思想检讨。天津海关按照海关总署的要求，通过考核鉴定检查总结员工一年的政治思想表现和工作学习情况，肯定成绩，指出缺点和不足，明确努力的方向，以保证正确了解、教育和使用干部。该制度一直实行到1965年年底。

1966 ~ 1976年，在“文化大革命”的10年间，考核工作与海关其他的干部管理工作一样也陷于停滞状态。20世纪80年代初，随着海关管理体制的改革，海关恢复通过年终鉴定考核干部的办法。

1986年，海关总署印发《关于开展年终干部评议考核工作试行意见的通知》，海关系统年度干部考核逐步走上正轨，形成制度。是年，天津海关对全关任职满3个月的科以上领导干部50人（关级4人，处级17人，科级29人）进行评议考核。采取要素测评考核、上级、同级、下级间分别测评等方法，对每个人做出定性评价，同时进行“对不胜任现职领导干部职务的民意调查”和民主推荐关、处级后备干部。在考核中强调组织考核与个人述职相结合；考察工作实绩与

考察品德素质相结合；定性考核与定量考核相结合。全关46名处、科级领导干部的最终评议考核结果是优秀14人、称职25人、基本称职5人、不称职2人。在对关级领导干部的考核中，则按照海关总署建立的对各直属海关领导班子的量化考核体系、执法评估系统、税收评估系统、督查审计评估系统等内容，进行多角度的立体综合考核评估。

1988年，海关总署印发《海关干部考核暂行办法》。此后，天津海关根据该办法将对干部的考核分为平时考核、年度考核、晋升考核、见习和试用期考核。年度考核的结果则根据干部的具体工作表现分为优秀、称职、基本称职、不称职4个档次。是年，按照海关总署《关于科级领导干部实行见习制的通知》精神，天津海关开始实行科级领导干部见习制，见习期为一年，期满考核以是否称职作为任职的重要依据。

1989年，海关总署党组印发《对处以上干部进行一次深入考察的通知》，天津海关党组根据通知精神，对全关任职满6个月以上的20名处级干部和89名科级干部进行考核，考核的重点是各级领导干部的工作态度、工作能力、工作实效。在被考核的处级干部中有8人被评定为优秀，占处级干部总数的40%；被评定为称职的10人，占处级干部总数的50%；另有2人被评定为基本称职。

1993年，开始实行公务员制度。此后，根据《国家公务员考核暂行办法》，天津海关按照对公务员的管理要求实行全员考核，从德、能、勤、绩4个方面，对所有公务员进行考核。

1994年，海关系统第一次实行国家公务员考核制度。海关总署印发《关于执行〈国家公务员考核暂行规定〉的通知》，根据海关系统的实际情况对年度考核工作做出具体规范，强调考核的结果与工资、奖金、职务、升降挂钩。天津海关成立由关长、党组书记赵桂芬任主任的考核委员会，各处室分关也分别成立考核领导小组。全关以处、室、分关为单位，在两周左右时间内，按照动员教育、个人述职、民主评议、考评等级、总结反馈等考核流程，对全关870名干部、103名职工进行考核，参加考核的人员占全关总人数的93%。经考核被评为优秀的139人，占参加考核人数14.3%，称职的834人，占参加考核人数的85.6%;不称职的1人，占参加考核人数0.1%。

1995年，天津海关对在年度考核中被评定为不称职的5名干部，分别作出限期调离或辞退处理的决定，并于翌年全部离开海关。

1997年，天津海关在年度考核中强调严格考核标准，压缩优秀比例，加大考核力度。参照《国家公务员考核暂行条例》和海关总署制定的《考核实施办法》，将各考评等次标准量化为29项具体内容，从廉政、考勤、纪律、工作态度和工作实绩等五个方面使考核具有比较客观的依据。在是年考核中全关共有3名干部被评为不称职、11名干部被评为基本称职。关党组严肃兑现奖惩措施，对考核不称职的干部分别做出撤职、降级或辞退处理，对考核基本称职的干部给予告诫并免发考核奖。同时，为952名连续两年考核称职的干部晋升职务工资档次，为4名连续3年考核优秀的干部提前晋升工资级别。

2000年，天津海关在年度考核工作中，严格按照《廉政责任制落实情况列入领导干部年度考核》的要求，对本部门发生违法违纪和党风廉政问题负有领导责任的6名处长和4名科长分别追究责任，给予相应处理，2人给予警告处分、3人年度考核为基本称职、2人考核结果由优秀改为称职。

2001年2月21日，海关总署转发人事部《关于进一步加强国家公务员考核工作的意见》，通过充实考核内容，改进考核方式，提高考核水平，发挥考核作用，对进一步完善国家公务员考核办法，加强考核工作，调动公务员的积极性和创造性，增强公务员队伍活力，提高公务员管理水平，起到积极的促进作用。天津海关在是年的年终考核工作中，按照文件要求，本着年终考核与平时考核相结合；与量化考核相结合；与评功授奖相结合；与末位调整相结合的“四个结合”原则，对全体员工进行年终考核。全关参加考核的人员1298名（含侦查分局123名），占全关职工总数的98.9%。通过考核获得优秀的135人，占参加考核人数的10.4%、获得称职的1063人，占81.9%、基本称职4人，占0.3%；参加考核不定等次85人，占6.5%。在参加考核的121名处级干部中，获得优秀的12人、称职104人，分别占本级人数的9.9%和86%。首次按照“对拟确定为优秀等次的人员要在本单位范围内实行公示”的要求，在津塘两地分别设立公示信箱，公布专用电话和联系人，对135名确定为优秀等次的人员进行为期一周的公示，公示期间没有接到举报和投诉。

2006年，天津海关党组要求在考核中按照程序规定规范操作、增加考核评比工作的透明度，通过考核激励关员、鼓舞士气、增进和谐。提倡处、科级领导干部发扬风格，把更多荣誉让给普通关员。在考核过程中，关党组和党组成员的述职报告上网公布并公开征求群众意见。

1994～2014年的20年间，天津海关每年都按照海关总署关于年终考核的部署，结合海关的实际情况制定出具体的考核工作方案，开展全员年终考核工作。

第二节　任免　交流

天津市军事管制委员会接管津海关后，当时，由华北人民政府任免津海关的主要领导干部。1949年4月27日，华北人民政府任命朱剑白为津海关税务司，王熙甫为常务副税务司。

1949年5月6日，津海关税务司发布通知：奉华北对外贸易管理局规定，今后行政领导关系由津海关所辖的各分关所有税务行政、税款解交、经费预算、工作报告、人事管理及调动等统由津海关统一领导。

1949年10月25日，中华人民共和国海关总署宣告成立。在海关总署发布的第一号《通告》中明确：在新的海关组织章则尚未公布前，全国各海关及其分支机构仍在当地最高政府或军管会指导之下，照常努力工作，海关一切事务及关产，均由现任负责人担负。

翌年1月13日，华北对外贸易管理局将津海关移交给海关总署直接领导。海关总署派遣朱剑白负责组织接收工作，并于2月3日，暂时任命朱剑白为津海关关长。2月14日，津海关改称“中华人民共和国天津海关”。5月24日，政务院发布命令，正式任命朱剑白为天津海关关长。

1950年7月24日，海关总署印发《海关工作人员任免暂行办法》，明确规定各地海关关长、副关长由海关总署提请政务院任免；各地海关正、副分关长，正、副支关长由海关总署任免并呈报政务院备案；各地海关正、副科长及其同级人员由海关总署任免；各关股级以下工作人员由各关关长任免。根据《海关工作人员任免暂行办法》，天津海关副科级以上干部的任免全部按照海关总署的命令执行。翌年，天津海关即根据《海关工作人员任免暂行办法》的职权范围，自行培养、提拔股级以下干部34名。年内，天津海关分批抽调派遣186名骨干支援全国各地，协助加快接收各地旧海关，创建人民海关。

1951年9月21日，海关总署制定《海关员工职名表》，确定地方海关干部职名包括正副关长、分关长，科长、支关长，股长，科员则细化为验货员、监管员、征税员、查私员、统计员、档案员及办事员。天津海关根据海关的业务及人员实际情况，参照《海关员工职名表》的职名分类，确定关内工作人员的相应职务。是年，根据海关业务发展的需要，天津海关全年配备科、股级干部60余人。1957年12月30日，海关总署印发《关于重新规定海关干部职名的通知》，根据形势发展及海关工作的需要，对1951年海关总署制定的《海关员工职名表》相关内容予以修订，明确现场一般干部统称监管员或助理监管员；室内一般干部统称科员或办事员。各级领导干部的职名不变。

1953年6月10日，海关总署印发《关于建立干部后备名单制度的若干规定》，为针对当时国家大规模经济建设发展和海关工作任务日益繁重的需要，有计划有准备地培养提拔更多优秀干部，充实海关系统的各级领导力量，同时克服提拔使用干部中存在的问题，首先建立科长级（处、室主任、分关长、科长）的后备名单。明确规定后备干部应具备的条件及选拔后备干部的流程和应注意防范的问题。1954年，天津海关就以实行后备干部专人培养，组织45名干部开办短期业务培训班，选送52名干部分别参加天津市党校、行政干校、工农速成中学和外贸学院学习，并以在职干部带徒弟等方式，从多方面培养提高干部的业务政策水平。

自1953年，“关局合并”后各地海关实行“双重领导”，由于对干部的任免、调遣交流等没有制定具体的规定，导致各海关的科级以上干部因无法任命而长期代理，因工作需要的全国范围内海关干部的交流亦无法进行。经海关总署报请对外贸易部批准，海关干部改由对外贸易部和各省（市）人民委员会双重管理、分级任免。天津海关被列为10个一等关之一，正副关长由对外贸易部征求地方意见后报国务院人事局任免。其他级别领导干部的任免则由海关总署征求地方意见后报请对外贸易部批准任免。是年1月21日，中央人民政府对外贸易部电示天津海关，经政务院和中央财政经济委员会决定，海关与对外贸易管理局合并后，任命朱剑白为天津海关关长。

1957年1月20日，关长朱剑白调对外贸易部工作，国务院任命余进贤接任天津海关关长。

20世纪50年代，根据《海关工作人员任免暂行办法》规定，关、处级人员在关区内调遣交流，由海关总署署长下达调遣命令，并报呈中央人民政府财政经济委员会审核；科长、分关长、支关长在关区内调遣交流，依据海关总署署长下达的调遣令执行；员工在关区内调遣交流，由各关关长下达调遣令。

1958年，为贯彻执行国务院《关于严格管理外国货物经由西藏地区和其他边境流入内地的规定》海关总署选派出干部到青海、四川两地设立工作组。1959年底，根据西藏建关的需要，海关总署又从14个关抽调干部31人派往西藏工作。天津海关按照海关总署的要求选派3名业务骨干，支援边疆海关建设。

1960年11月15日，国务院批转对外贸易部关于各地海关、商检局体制下放和人员精简的报告，明确除天津等7个海关外的所有干部全部交归地方管理，天津海关关长仍由中央人民政府管理。翌年10月26日，经中共河北省委员会批准，天津海关关长余进贤调至天津市财政局任局长，梁家瑛接任天津海关关长。

1966年4月，经中共中央华北局批准天津市对外贸易局副局长石振华兼任天津海关关长、党组书记。“文化大革命”期间，天津海关与全国各地各级党政机关一样被“造反派”夺权。1968年下半年，全国普遍建立起由革命干部代表、军队代表和革命群众代表参加的“三结合”的革命委员会，作为各级地方的临时机构。1968年8月19日，天津海关革命委员会成立，石振华任主任。

1971年2月22日，经天津市革命委员会批准，重新组建的天津海关革命委员会成立，徐玉峰任主任。翌年2月10日，天津市外贸局革命委员会正式任命徐玉峰为天津海关革命委员会主任，同时免去石振华的革命委员会主任职务。

“文化大革命”结束后，全国人民代表大会决定，取消革命委员会，改为地方各级人民政府。1978年5月12日，中共天津市委员会组织部任命戴克忠为天津海关关长，取消天津海关革命委员会，并免去徐玉峰革命委员会主任职务。

1980年2月9日，《国务院关于改革海关管理体制的决定》下发后，天津海关与其他9个厅局级海关的关长由中共中央组织部管理，天津海关的中层领导干部（处、科长）由海关总署直接管理，其他干部由天津海关自行管理。

1981年7月7日，海关总署任命戴克忠为天津海关关长。是年10月28日，经中国共产党天津市委员会组织部批准，建立中共天津海关党组，关长戴克忠任党组书记。

1983年12月26日，经中共中央同意，海关总署任命杨戊辰为天津海关关长，免去戴克忠天津海关关长职务。12月31日，海关总署党组批准，任命杨戊辰为天津海关党组书记。

1985年4月16日，海关总署党组印发《海关系统干部管理规定》，要求各单位党组（党委）要认真执行干部革命化、年轻化、知识化、专业化的方针，选拔任用干部，要坚持实行群众推荐、人事部门考察，党组（党委）集体研究决定的做法，切实把好政治关、年龄关、文化关。把政治素质好、经过基层锻炼、有知识、懂业务、有干劲、能开创新局面的优秀中青年干部选拔到各级领导岗位上。天津海关按照海关总署党组的要求对干部管理工作进行改革，一是对各级领导干部实行岗位流动；二是打破“铁饭碗”，对不符合干部工作，经教育不改者予以除名处理；三是改革干部考核方法，建立个人工作日志和政绩优劣登记制度，改空洞考核为记实考核。

1986年4月22日，海关总署印发《转发中央职称改革工作领导小组同意试行的〈海关专业职务试行条例〉及〈实施意见〉的通知》，决定在海关干部管理中实行专业技术职务聘任制度。海关专业技术职务分为关务员、助理关务监督、关务监督、高级关务监督，不同职务有明确的职责和具体的任职条件，并作为晋升工资的依据。1985年11月，天津海关专业职务试点工作正式开始。组成由主管人事工作的副关长担任组长的领导小组和办公室，根据条例规定划定评审范围，在全关504名干部中确定有资格申请专业职务的海关专业人员及辅助人员321人。在评审过程中，严格履行申请、考核、评审和任命的标准和流程，最终308人经评审分别被聘任为相应的海关专业技术职务。1992年9月22日，天津海关根据海关总署的部署，再次评定25人任高级专业技术职务、158人任中级专业技术职务、14人任经济师专业职务。1995年，由于国家开始实行《公务员暂行条例》，人事部在全国国家机关范围规范公务员职务，历时10年的海关专业技术职务聘任制度退出历史舞台。

1988年4月6日，海关总署印发《海关系统干部交流暂行办法》，确定海关干部交流分为岗位交流、关区内交流、系统内交流和对口交流4种形式。交流的对象主要是各级领导干部和业务骨干。天津海关根据《海关系统干部交流暂行办法》组织开展岗位交流和关区内交流的同时，协助海关总署做好系统内交流干部的接待安排等工作，按照海关总署的要求选送干部对口交流。

1989年3月，根据国务院《关于调整省、自治区、直辖市金融、税务部门和部分海关领导干部管理体制问题的通知》精神，天津海关与其他14个海关的正、副关长由国务院直接管理。由海关总署提出任免名单，送人事部审核并提出任免建议，报国务院审批。至1991年10月，根据国务院的通知，上述海关正、副关长又改由海关总署管理。

1993年12月15日，鉴于关长杨戊辰已到退休年龄，经海关总署党组批准，任命赵桂芬为天津海关关长、党组书记，免去杨戊辰天津海关关长、党组书记职务。

1994年4月19日，天津海关依照《国家公务员暂行条例》的有关规定，针对在干部交流中存在的问题，制定《天津海关干部交流办法》，要求全关干部尤其是各级领导干部都要明确交流干部是对干部的爱护关心和培养，人人都要树立交流意识，做好思想准备，服从组织安排。在该办法中对干部交流工作的原则、期限、组织管理都做出具体规定。是年，天津海关印发《关于干部交流中不搞公款吃喝的通知》，针对在干部交流中出现的以宴请形式用公款吃喝，甚至将吃喝费用转嫁给海关工作对象的问题，做出三条具体规定，提倡交流人员进出时部门以座谈会、茶话会的形式叙情寄望。

1996年7月，根据《国家公务员职务任免暂行规定》和《国家公务员职务升降暂行规定》，海关干部实行委任制，晋升副科、副处级领导职务的干部均有一年见习期。2001年，根据中共中央组织部要求，将任职见习期改为任职试用期。

1997年，根据海关总署统一部署，天津海关实行“公开选拔、竞争上岗”的干部选拔制度，公开职位、公开考试结果、公开任职结果，使干部任免得到更广泛的监督。翌年，按照海关总署的部署，天津海关开始实行科级领导干部竞争上岗制度，在对科级干部任期届满考核工作的基础上，选拔任命45名科长、副科长，同时免去5名科长的职务，打破干部职务只能上不能下的局面。并确定11个副科长的职位，组织已通过副科级行政领导职务任职资格考试，具备任职资格的青年关员竞争上岗。

1999年10月9日，海关总署同时印发《海关系统领导干部任期制试行办法》《海关系统干部交流规定》和《海关系统处、科级领导干部竞争上岗暂行办法》。天津海关根据海关总署相关文件要求，组织开展上述各项工作，同时对已开展的相关工作按照海关总署新的要求进行规范和调整。

2001年，海关总署党组转发中组部《印发〈关于执行党政领导干部任前公示制的意见〉的通知》，在海关系统实行领导干部和非领导干部任前公示制。是年，按照海关总署的要求，天津海关开始进行“领导任职最高年限制度”的试点工作。

2002年3月20日，海关总署党组印发《海关系统干部交流规定》，替代海关总署1999年印发的《海关系统干部交流规定》，与时俱进地对海关干部交流的方式、对象、期限及组织管理和纪律提出新的要求，并考虑交流干部的实际制定解决生活待遇的7条措施。是年，贯彻中共中央《党政领导干部选拔任用条例》，通过公开考试、民主推荐、组织考核和任前公示的方法，选拔任用10名副处长，20名副科长，分别占全年提拔处、科级领导干部总数的30%和61%。

2004年1月5日，鉴于关长赵桂芬已到退休年龄，经海关总署党组批准，任命黄胜强为天津海关党组书记，免去赵桂芬天津海关党组书记职务。3月1日，海关总署党组决定，任命黄胜强为天津海关关长，免去赵桂芬天津海关关长职务。

2005年10月8日，依照《国家公务员职位轮换（轮岗）暂行办法》和《海关系统干部交流规定》，天津海关印发《工作人员岗位交流实施办法》，旨在加大干部交流工作力度，优化队伍的组合，增强干部的活力，使干部交流工作规范化、制度化。该办法明确岗位交流要坚持个人服从组织，“以人为本”和“发展海关，成就个人”的原则，通过交流达到有利于发挥干部专长，有利于培养锻炼干部，有利于人员优化组合，有利于提高工作效率，有利于廉政建设的目的。岗位交流的对象以中青年干部为主，一般3年内进行一次跨科室的交流，5年内进行一次跨处室的交流，50周岁以上人员则有选择地进行交流。该办法还就岗位交流的组织管理、配套措施、交流方式和相关纪律都作出具体规定。年内，全关共交流各级干部132人，占全关干部总数的10.3%。

2006年10月19日，海关总署印发《海关系统后备干部工作实施办法》。

2009年12月17日，海关总署党组决定，任命李佩林为天津海关关长、党组书记，免去黄胜强天津海关关长、党组书记职务。

2010年，随着天津海关晋升99名干部为科级及科级以下非领导职务，历时6年时间，完成科级非领导职务由依照工作年限、任职年限、学历进行选择性晋升到依据任职年限进行自然晋升的过渡。

2011年1月7日，天津海关重新修订印发《干部交流规定》，从提高各级干部的素质和能力，优化人力资源的合理配置、有效防范海关执法和廉政风险、强化海关队伍和基层建设出发，从制度上对海关的干部交流工作予以规范。同时废止2005年印发的《天津海关工作人员岗位交流实施办法》。

2012年1月21日，天津海关印发《干部挂职锻炼管理办法（暂行）》，并于4月18日对其中部分内容进行修订，以规范对干部挂职锻炼工作的管理。是年，天津海关选派14名处、科级领导干部到地方相关部门挂职锻炼。并根据《天津海关与西部受援海关互派干部跟班作业工作实施方案》，选派干部赴兰州、银川海关短期跟班作业。是年9月7日，天津海关印发《处级领导职务后备干部选拔工作实施方案》，具体规范选拔处级领导职务后备干部的资格条件、工作流程等。

2012年5月4日，海关总署印发《关于建立海关专家制度的指导意见（试行）》，决定在海关的业务、技术领域设置不同层级的专家，承担本业务领域内的辅助决策、基础研究和技能传承等职责。2013年7月17日，天津海关制定《专家评任办法（试行）》和《关于建立天津海关专家制度的若干规定（试行）》，成立专家评审委员会，并确定在7个业务领域分三级设置8个类别的海关专家。是年，全关共评任二级专家4名、三级专家13名。

2013年，天津海关再次选派14名处、科级领导干部到地方相关部门挂职锻炼。是年6月5日，选派11名处、科级干部赴兰州、银川海关短期跟班作业。

2014年3月21日，天津海关印发《2014年选派干部赴关外培养锻炼工作方案》，决定年内选派17名处、科级领导干部，分别到天津滨海新区政府、市政府办公厅、市口岸服务办公室、市外事办公室和市商务委员会挂职锻炼1年，并选派15名业务骨干到兰州、银川海关跟班作业。通过选派干部赴关外培养锻炼，开阔视野，增长才干，以满足海关现代化管理的需要。

自1949年天津解放至2014年，由天津海关交流到全国海关系统的干部中，先后有江明、朱剑白、徐国英、吴乃文、黄汝凤、龚正、邹志武等7人，曾担任过海关总署署长或副署长职务。

改革开放以后，1980～2014年，由天津海关交流至海关总署或其他海关任职司局级领导干部的共计有21人，由海关总署和其他海关交流至天津海关任职司局级领导干部的有13人。

1949 ~ 2014 年天津海关历届领导班子成员名录

表 1-2-2-8

序号	时间	姓名	职务	任职时间	备注
1	1949 年 1 月至 1949 年 4 月	江　明	军代表	1949.1 ~ 1949.4	天津解放后，接收接管期间
		卢荫侬	秘　书	1949.1 ~ 1949.4	
		韩　彪	塘沽分关军代表	1949.1 ~ 1949.4	
		李琢之	北平分关军代表	1949.3 ~ 1949.4	
2	1949 年 4 月至 1957 年 1 月	朱剑白	税务司、关长	1949.4 ~ 1957.1	
		王熙甫	常务副税务司、代理副关长	1950.4 ~ 1953.1	
		韩　彪	代理副关长、副关长	1951.4 ~ 1953.9	
		高自新	副关长	1953.1 ~ 1953.9	
		余进贤	副关长	1953.1 ~ 1957.1	
		卢荫侬	代理副关长	1954.3 ~ 1955.2	
		梁家瑛	副关长	1956.4 ~ 1957.1	
3	1957 年 1 月至 1961 年 10 月	余进贤	关　长	1957.1 ~ 1961.10	
		梁家瑛	副关长	1957.1 ~ 1961.10	
		戴克忠	副关长	1961.7 ~ 1961.10	
		张建国	副关长	1961.7 ~ 1961.10	
4	1961 年 10 月至 1966 年 3 月	梁家瑛	关长	1961.10 ~ 1966.3	
		戴克忠	副关长	1961.10 ~ 1966.3	
		张建国	副关长	1961.10 ~ 1963.6	
		冯西森	副关长	1966.1 ~ 1966.3	
5	1966 年 3 月至 1971 年 2 月	石振华	关长、革委会主任	1966.3 ~ 1971.2	
		戴克忠	副关长	1966.3 ~ 1969.8	
		冯西森	副关长、革委会副主任	1966.3 ~ 1971.2	
		马景溪	革委会副主任	1968.8 ~ 1969.10	
		齐青珉	革委会副主任	1968.8 ~ 1971.2	
		马安治	革委会副主任	1971.2 ~ 1971.2	
		张登铭	革委会副主任	1971.12 ~ 1971.2	
6	1971 年 2 月至 1978 年 5 月	徐玉峰	革委会主任	1971.2 ~ 1978.5	
		齐青珉	革委会副主任	1971.2 ~ 1978.5	
		马安治	革委会副主任	1971.2 ~ 1973.3	
		张登铭	革委会副主任	1971.2 ~ 1977.3	
		王　珉	革委会副主任	1974.3 ~ 1981.7	
		唐　勋	革委会副主任	1975.7 ~ 1978.12	
		石　城	革委会副主任	1975 ~ 1978.12	
		赵桂芬	革委会副主任	1976.6 ~ 1978.12	
		张国祥	革委会副主任	1977.4 ~ 1978.12	

续表 1-2-2-8

序号	时间	姓名	职务	任职时间	备注
7	1978 年 5 月至 1983 年 12 月	戴克忠	关长	1978.5 ~ 1983.12	
		石　城	副关长	1978.5 ~ 1983.12	
		张国祥	副关长	1978.5 ~ 1983.12	
		傅绍成	副关长	1978.10 ~ 1983.12	
		王绮园	副关长	1981.7 ~ 1983.12	
		杨戊辰	副关长	1981.7 ~ 1983.12	
8	1983 年 12 月至 1993 年 12 月	杨戊辰	关长	1983.12 ~ 1993.12	
		王绮园	副关长	1983.12 ~ 1985.1	
		张国祥	副关长	1983.12 ~ 1989.11	
		黄汝凤	副关长	1985.1 ~ 1991.7	
		赵桂芬	副关长	1986.9 ~ 1993.12	
		陈国平	副关长	1987.3 ~ 1989.4	病逝
		张春起	副关长	1989.1 ~ 1993.12	正局级
		沈焕骥	副关长	1991.10 ~ 1993.12	
		杜　锟	副关长	1991.10 ~ 1993.12	
		龚　正	副关长	1993.1 ~ 1993.12	
9	1993 年 12 月至 2004 年 3 月	赵桂芬	关长	1993.12 ~ 2004.3	
		张春起	副关长	1993.12 ~ 1999.6	正局级
		沈焕骥	副关长	1993.12 ~ 1998.8	
		杜　锟	副关长	1993.12 ~ 2000.9	
		龚　正	副关长	1993.12 ~ 1996.1	
		肖亚农	副关长	1996.1 ~ 2001.12	
		邹志武	副关长	1996.1 ~ 2000.2	
		姚玉玺	党组纪检组长	1996.1 ~ 2001.7	
		李茂龙	副关长	1996.1 ~ 1999.1	
		靳晨光	副关长	1999.1 ~ 2004.3	
		赵志坚	副关长	2000.6 ~ 2004.3	
		王则光	副关长	2000.6 ~ 2004.3	
		李佩林	党组纪检组长	2002.1 ~ 2004.3	
		刘来久	副关长	2002.2 ~ 2004.3	
		郑维群	副关长	2002.2 ~ 2004.3	
		刘晓辉	副关长、缉私局局长	2003.6 ~ 2004.3	
		黄胜强	党组书记	2004.1 ~ 2004.3	正局级

续表 1-2-2-8

序号	时间	姓名	职务	任职时间	备注
10	2004 年 3 月至 2009 年 12 月	黄胜强	关长	2004.3 ~ 2009.12	
		靳晨光	副关长	2004.3 ~ 2004.4	
		赵志坚	副关长	2004.3 ~ 2008.4	
		王则光	副关长	2004.3 ~ 2005.5	
		李佩林	党组纪检组长	2004.3 ~ 2004.7	
		刘来久	副关长	2004.3 ~ 2009.12	
		郑维群	副关长	2004.3 ~ 2009.12	
		刘晓辉	副关长、缉私局局长	2004.3 ~ 2004.3	
		刘学新	副关长	2004.7 ~ 2008.7	正局级
		许　可	党组纪检组长	2005.3 ~ 2010.6	
		肖亚农	副关长	2005.6 ~ 2011.7	正局级
		赵树香	副关长、缉私局局长	2005.10 ~ 2009.1	病逝
		魏欣平	副关长	2008.4 ~ 2011.5	
		罗文金	副关长	2008.7 ~ 2014.4	正局级
		王家鹏	副关长	2009.7 ~ 2009.12	
11	2009 年 12 月至 2014 年 12 月	李佩林	关长	2009.12 ~ 2014.12	
		许　可	党组纪检组长	2009.12 ~ 2010.6	
		肖亚农	副关长	2009.12 ~ 2011.7	正局级
		魏欣平	副关长	2009.12 ~ 2011.5	
		罗文金	副关长	2009.12 ~ 2014.4	正局级
		刘来久	副关长	2004.2 ~	
		郑维群	副关长	2009.12 ~ 2014.5	
		王家鹏	副关长	2009.7 ~	
		李振江	党组纪检组长	2010.6 ~	
		张　强	副关长、缉私局局长	2010.6 ~	
		钟海澄	副关长	2014.5 ~	
		王宏志	副关长	2014.12 ~	

注：

1. 1949 年 1 ~ 4 月，为津海关被接管初期，由天津市军事管制委员会华北对外贸易接管处领导。

2. 1971 年 1 月，天津海关降为局属公司级；1980 年 12 月，根据国务院《关于改革海关管理体制的决定》，天津海关恢复为局级机构

第三节 工资 福利

(一)工资

新中国成立之初,国家工作人员的工资情况非常复杂,没有统一的工资制度。国家机关及其直属事业单位的工作人员和人民解放军的指战员,实行供给制。对新中国成立后参加工作的部分机关工作人员则实行工资制。形成供给制和工资制并存的状况。

当时海关的工资福利制度尚不完备,根据"完整接收、逐步改造"的政策,对留用的旧海关人员主要采取原职原薪的过渡办法。

1949年5月4日,华北人民政府发布命令,明确政府机关行政部门留用的旧职员,仍操行薪金制,其临时标准为原薪金每月小米在175公斤以上者,一律减为150公斤发给;原薪金每月小米在175公斤以下者,照原薪发给。

1949年5月27日,华北对外贸易管理局函告津海关,员工薪金发放标准为室主任175公斤,科长125公斤,科员100公斤,办事员75公斤,勤杂人员50公斤。对海关新录用人员在试用期间一律按每月125公斤小米计发薪金。

1950年年初,天津海关开始进行评薪工作,废除不合理的旧薪资制度,确立新的薪资制度。评薪过程采取自报公议、发扬民主与行政决定相结合的方法,本着按劳取酬和德才并重、兼顾资历的原则。评薪后在工作中踏实苦干、认真负责的员工薪酬都得到适当增长。通过评薪,员工的积极性增强、工作效率提高。是年,政务院规定,中央直属机关凡在新中国成立前参加工作的,继续实行供给制或薪金制,新中国成立以后参加工作的,除自愿享受供给制外,其余按规定发给薪金(即工资)。同年,政务院统一规定各级人民政府供给制人员伙食待遇标准,根据工作人员的职务及工作经历分别享受大、中、小灶待遇。7月24日,中央人民政府海关总署颁布第71号通令,颁布《海关员工调遣暂行办法》,其中规定调遣员工于15日以前卸职赴调者,应以16日为调遣日期,其薪金由原服务部门发至15日为止,自16日起由调往部门发给;于16日以后卸职赴调者,应以次月1日为调遣日期,其薪金由原服务部门发至月底为止,自次月1日起由调往部门发给。7月27日,华北人民政府下发《为华北与平津两市供给制人员试行包干供给制》的通知,包干供给制标准为:包括粮食菜金,津贴费、细粮调剂与过节费、被子鞋袜,伙夫费用、伙食运费、轻病号补助7项在内,以小米为准,每月大灶为70公斤、中灶为85公斤、小灶为115公斤。此外衣服费,出差补贴、车马费、家属招待粮、医药费、保健费、老年优待金、妇女卫生费、生育费、婴儿保育费、保姆费及其他水电公杂等费则按标准另外发给。是年8月24日,塘沽分关设立理发所,理发员待遇为每月薪资小米140公斤。

1951 年，海关系统废除旧的人事制度和近百年海关长期实行的脱离一般人民物质生活水平的优厚待遇制度，结合鉴定进行评薪定级，落实中共中央推行的低薪制度。1951 年 10 月 19 日，海关总署向全国各海关（东北除外）下发《各关员工工资调整方案（草案）》，征求各关意见。该方案为纠正当时各关工资制度混乱、标准不一的现象，逐步建立统一的符合“按劳计值”的工资制度。原则确定施行统一的“工资分”（1950 年 9 月全国工资改革准备会议后至 1956 年工资改革前，关内各地区统一使用的一种工资计算单位。“工资分”是以一定种类和数量为计算基础，以货币进行支付的工资计算单位。工资分由伙食分、服装分、津贴分三部分构成，按粮、布、油、盐、煤 5 种实物的数量进行折合。工资分率先在天津施行，工资分的折实牌价由人民银行每天挂牌公布。天津的每个折实单位为“1 斤面粉、1 斤玉米面、1 尺布”前 5 天的平均价格。后来这一做法推及京沪宁汉苏杭等地，实物内容则根据地区的实际情况不同而变化）。按照干部、技术人员、技工、工友、关警分别确定新的工资标准，并依据各海关所在地经济的重要性、业务的繁简、生活水平的高低和地区的特殊性 4 个原则划分为 4 类，天津海关被归入第三类。

1952 年 8 月 19 日，海关总署正式发布《关于统一全国海关工作人员工资标准和评定办法》的通令。是年 9 月，天津海关正式开始评薪定级工作。

1955 年 6 月 18 日，根据国务院《关于国家机关工作人员全部实行工资制和改行货币工资制的命令》，通过工资改革，建立起国家机关、企事业单位等几大类分配制度。其中党政机关开始实行职务等级工资制，全部实行工资制以后，工作人员及家属的一切生活费用均由个人负担，住房、家用公家家具、水电费及子女入托等一律要征租缴费。6 月 30 日，天津市人民委员会也发布紧急通知，从 7 月起，国家机关工作人员全部实行工资制，原实行包干制的人员一律改为工资制。天津海关按照通知要求，自 7 月份起对原实行包干制待遇的职工按原工资标准改发工资；对职工住用的公家房屋、使用的公家家具、水电费等按章收费；停发包干制人员家属生活费和子女的入托入学费用。从此，结束历史遗留的供给制和工资制并存的局面。

1956 年 6 月，国务院第 32 次全体会议作出《关于工资改革的决定》。7 月 4 日，国务院公布《关于工资改革中若干具体问题的规定》。继中共中央、国务院 1955 年决定国家机关工作人员全部实行工资制和改行货币工资制后，是奠定国家工资制度基础的一次重大工资制度改革。7 月 13 日，对外贸易部发布《关于海关、商品检验局系统工资改革的通知》，取消工资分和物价津贴制度，实行直接用货币规定工资标准的制度。海关人员按所担任的不同行政职务及行政级别，执行 11 等 30 级海关工作人员工资级别，对于有重要贡献的高级科学技术人员及其他高级知识分子，除按照他们的工资标准发给工资外，加发特定津贴。是年 7 月 20 日，天津海关成立工资改革小组，开始进行工资改革。7 月 21 日，天津市印发《天津市国家机关工作人员工资改革实施计划》，要求在工资改革中，除增长工资标准外，应着重进行升级、定级的工作，进一步解决工资级别中存在的某些不合理的问题。在评定工作级别时应按照“依其现职结合德才，适当照顾资历”的原则进行。“德”是指的工作人员的政治品质，“才”是指的工作人员担负某一种业务的工作能力，

“资历”是指工作人员的革命斗争历史，以及他对革命事业的贡献。工程技术人员级别的评定，主要应根据工作能力和工作表现，并可适当照顾其从事技术工作的经历和过去在技术上的贡献；升级的指标在具体执行中可按35%～45%掌握，防止平均主义。

1963年下半年，在国家刚刚渡过连续三年的自然灾难，国内经济萧条，民众生活困难的情况下，国务院批准《劳动部关于1963年工资工作安排意见的报告》，决定为部分职工调整工资。天津海关按照调资工作的精神，为约占关内总人数40%的职工调整工资。在此次调资中，经民主评议升级87名职工的工资，另针对实际情况，按照调资政策为个别职工分别通过变更工种、调整工资标准等方式提高他们的工资待遇。在调资过程中，塘沽分关把调资作为一次对职工开展思想教育的过程，举办骨干培训班，引导职工明确调资的意义，在评议中正确认识他人和自己，评出团结、评出风格，通过调资调动全体职工的工作积极性。此后，海关干部的工资基本再没有大的变动。

1977年8月10日，国务院下发《关于调整部分职工工资的通知》，天津海关按照国务院通知精神，为符合增资、调资和靠级标准的119人调整工资。由于名额限制，此次调资人员仅占总调资面的50%。因此在调资过程中，“三榜”公布拟增调资人员名单，反复听取群众评议意见，注意做好干部的思想工作。尽管当时干部的整体工资水平都偏低，仍涌现出主动让出调资名额给收入更低、生活更困难人员的好人好事。

1982年，国务院颁布《关于调整国家机关、科学文教卫生等部门部分工作人员工资的决定》，决定从1982年10月1日起，在此后两三年时间里，陆续调整国家机关、科学文教卫生等部门及企业部分工作人员的工资，并着手工资制度的改革。此次，天津海关参加调整工资的共有383人（其中升一级的382人、升半级的1人）。另外，根据是年9月1日，天津市人民政府《关于做好调整部分职工工资升两级工作的通知》精神，为20名干部再升一级工资，全关月增资总额2868.11元。1983年，天津海关参加调整工资的共有528人（其中升一级的526人、升半级的2人），并根据相关政策为31名干部再升一级工资，全关月增资总额6984.31元。

1985年1月，国务院办公厅转发《关于国家机关、事业单位工作人员工资制度改革方案（征求意见稿）》，广泛征求意见。5月18日，在北京召开全国工资工作会议，正式部署国家机关、事业单位的工资制度改革工作。此次工资改革的特点是将等级工资制改为结构工资制，将工资分为基础工资、职务工资、工龄工资、奖励工资等若干单元。8月22日，海关总署致函天津市工资改革办公室，根据《关于实施国家机关和事业单位工作人员工资制度改革方案问题的规定》，中央各部门所属工作人员工资制度改革工作，由所在地区的省、自治区、直辖市人民政府统一领导，有关执行中的具体政策问题，一律按当地具体规定执行，增资指标统一下达到省、自治区、直辖市的精神，天津海关的工资改革工作由天津市统一领导实施，增资指标由国务院工资制度改革小组办公室统一下达给天津市。同时明确天津海关系厅局级机构，截至1985年6月底，工作人员（包括新港海关）共550人。天津海关参加1985年工资改革的共有547人，全关月增资总额9254.08元。是年，天津海关开始实行专业技术人员职务工资制试点工作，全关有308人参加海关专业职务评审，并兑现专业技术人员职称工资。至实行公务员制度后专业技术人员职务工资取消。

1993年，天津海关根据国务院《关于机关和事业单位工作人员工资制度改革问题的通知》和国务院办公厅《关于印发机关、事业单位工资制度改革三个实施办法的通知》进行工资制度改革。改革后，海关系统按照《国家公务员暂行条例》实行公务员职级工资制。将工资分为职务工资，级别工资，基础工资和工龄工资4个部分，改革后将个人原来的基础工资、职务（岗位）工资、工龄津贴合并，加上按国家规定纳入工资的64元物价补贴和福利性补贴，就近、就高套入本职务（技术等级）新工资标准。为避免把原来工资中存在的不合理问题带入新的工资制度，在套入时考虑工作人员的工作业绩、任职年限、工作年限和学历等不同条件，制定具体政策，合理拉开差距。是年6月底，天津海关的工资套改工作顺利完成，全关参加此次工资套改的干部、工人共971人，加上31名见习人员，共1002人，平均增资额为73.4元，其中最高增资409元，最低增资25元。

2006年，国家对公务员工资进行重大改革，海关系统按照改革实施办法进行工资套改。主要内容：一是简化公务员工资结构，取消基础工资和工龄工资，保留职务工资和级别工资；二是实行职务与级别相结合的工资制度，公务员按照确定的职务执行相应的职务工资标准，按照确定的级别和级别工资档次，执行相应的级别工资标准；三是适当拉开职务间工资差距，实行级别与待遇适当挂钩。是年6月30日，海关总署印发《关于严肃纪律确保改革公务员工资制度和规范公务员收入分配秩序工作顺利进行的通知》，要求各海关要严格执行和坚决维护国家工资福利政策。不得自行更改国家工资福利政策，擅自提高工资福利待遇；不得自行制定工资制度、工资标准；不得放宽规定的工资套改条件；不得将不符合国家政策规定的人员列入工资改革的实施范围。不得以任何借口、任何名义、任何方式擅自新设津贴补贴项目或擅自提高津贴补贴标准、扩大津贴补贴实施范围。

2007年1月26日，海关总署致函天津市人事局，根据人事部、财政部《关于印发〈公务员工资制度改革实施办法〉的通知》和《关于海关总署机关事业单位工资收入分配制度改革实施意见的批复》精神，委托天津市人事局审批海关总署驻天津特派员办事处和天津海关工作人员的工资套改。是年11月19日，天津海关印发《关于做好海关规范津补贴后廉政风险预防工作的通知》，针对海关规范津补贴后给海关人员思想和生活造成的影响，提出要加强调查研究、宣传疏导、监督制约和严格纪律，保持队伍的稳定和廉洁从政。

2012年2月2日，按照《海关总署转发中共中央纪委、中共中央组织部、监察部、财政部、人力资源和社会保障部、审计署〈关于做好二级管理京外中央国家机关第二步规范津贴补贴工作有关问题的通知〉的通知》的文件精神，天津海关开始着手规范津贴补贴的准备工作。

2013年1月18日，海关总署印发《人事教育司转发财政部办公厅、人力资源和社会保障部办公厅〈关于调整二级管理京外中央国家机关津贴补贴标准的通知〉》，天津海关按照通知要求完成关区二级管理京外单位调整津贴补贴标准工作，并形成《天津海关关于二级管理京外单位调整津贴补贴标准工作实施情况的报告》上报海关总署。

2014年，按照海关总署《关于部署开展海关系统三级以下管理京外单位规范津贴补贴有关工作的通知》和《关于下达部分海关2014年三级以下单位津贴补贴执行标准的通知》要求，天津海关制定关区三级以下单位规范津贴补贴具体工作方案，并按期完成规范三级以下管理京外单位津贴补贴工作，从2014年11月起，全关三级以下管理京外单位执行津贴补贴新标准。是年3月，根据中共中央六部委和海关总署的有关规定，依照《天津市调整规范公务员津贴补贴工作实施方案》，天津海关完成离退休人员天津市补贴标准的调整和兑现工作。并参照中央驻津垂管单位的做法，从2014年11月起，调整全关二级单位人员的津贴补贴。

（二）福利

1949年9月14日，津海关制定《员工福利规定试行办法细则》，规定对未住宿舍的员工经申请可发放宿舍补助费，夫妻双方在海关供职的只可1人领取水电补助费。同时制定《员工就医办法》，规定员工需至人事课领取就医证书；员工患病需先到人事课登记，领取介绍函到特约医院就医，医疗费用自行交纳后持单据到会计课领取医疗补助费；如需住院治疗的需特约医院出具证明书经人事课批准并发给介绍函，方可住院治疗。员工患病治疗费用庞大的，可凭特约医院证明经人事课查验批注后，到会计课借款，借款数额巨大的需经税务司核准。是年8月津海关税务司朱剑白在给塘沽分关和秦皇岛分关负责人的信函中明确“旅费补助每人每日补助小米3斤12两，按市价折款发放，但在机关或本局系统内用餐者不予补助。”

天津解放后，津海关还在总关、塘沽分关、秦皇岛分关和北京办事处分别组织起员工消费合作社，帮助员工解决食粮、日用品等问题，以减轻员工的生活负担。仅津海关员工消费合作社，1949年下半年就配售各种食粮13万余公斤、布匹127匹，零售的货品达到70余种，合作社售出商品的价格与市价相比，共为员工节省折合小米23000余公斤。

1950年，天津海关成立外贸联合保育院，接收71个孩子入托，有效解决女干部因照顾小孩请假过多影响工作的问题。1953年第二季度，为解决妇女干部带孩子的困难，天津海关设立员工托儿所，归属人事室领导。

1951年10月，天津海关为解决职工福利问题，抽调海关干部、工友各2人、技工6人，从海关福利基金中抽取数千万元（旧币）作为资本金，开办海关机关生产福利铁厂，主要业务内容为承修汽车、自行车，承接暖气、卫生及电器安装工程，是年11月1日正式营业。翌年初，随着“三反”运动展开，该厂暂时停业，工作人员全部参加海关的“三反”运动学习。在不影响学习的情况下，为维持原有业务关系，适当接受业务项目，其间共创收营业额59249368元（旧币）。此后，政务院做出关于统一处理机关生产企业的决定，根据天津市机关生产处理委员会的指示，1952年3月20日，该厂开始全面的资产清理工作。是年7月经天津市人民政府工商局批准该铁厂撤销。该企业自1951年11月开业至1952年6月停业，8个月累计总营业额达到

351388859 元（旧币）。

1951 年，天津海关卫生所成立，职工患一般小病不必再去医院就诊，以节省医疗费用和时间。1952 年卫生所全年接待门诊 5447 人次、出诊 37 次，其中家属就诊约占三分之一。在防疫方面全年四次为预防传染病注射接种 1389 人次。天津海关医务室在 1962 年机构精简时撤销。1980 年 6 月，“海关总署天津干部训练班”成立时，医务室重新成立。截至 2014 年底，天津海关医务室共有医务人员 3 名，负责海关工作人员的医疗卫生及保健工作。

1952 年 7 月 1 日，依据政务院 6 月 27 日关于国家工作人员公费医疗预防的指示精神，天津海关全员实行公费医疗，个人医疗费用按照相关规定由公费负担。7 月 31 日，海关总署印发通知，实行公费医疗后，员工本人的医药费基本上可由公费医疗解决，本署所颁福利条例中关于员工本人医药补助的条款予以取消。各关已设有的诊疗室可根据具体情况暂予维持，日后逐渐取消或合并为公费门诊所。

1957 年 1 月 30 日，天津海关制定《福利金贷款的暂行规定》，规定按照国家机关工作人员生活困难补助办法，在厉行节约的原则下，通过福利金贷款方式帮助职工解决中、长期或临时性发生的重大生活困难，并对福利金贷款的享受对象、贷款范围、贷款款目及扣款办法和如何办理贷款手续都作出明确规定。是年 3 月 28 日，天津市财政局印发通知，根据中央有关部门规定，自是年 4 月起，福利费由原按工作人员工资的 3.5% 改为按 3% 计算。根据该通知规定，天津市财政局核减天津海关的行政预算。

1960 年春季，天津市河北区拨给天津海关小淀地区半荒土地 50 亩，发展海关农副业生产，资金来源主要是外贸部拨给的生产基金。天津海关组织人员垦荒、开渠、播种，并修建起牲畜舍房和饲养员宿舍，发展农业生产，补充职工副食福利。据 1962 年 10 月 23 日，天津海关向天津市河北区垦荒指挥部提交的《关于我关农副业生产情况的报告》记载，开办后两年共收获粮、菜、肉、蛋、鱼的情况为：共收获粮食 3000 公斤、蔬菜约 15000 公斤、蛋、肉 350 余公斤，每人每年可分得粮食 5 公斤、菜 50 公斤、肉 0.5 公斤、蛋 2 公斤。是年，根据当时的形势要求，天津海关农场撤销。

1961 年 6 月 22 日，天津市对外贸易局转发天津市财政局、卫生局《关于对享受公费医疗及劳保待遇的职工看病应一律以联单记账定期结算不得使用现金的联合通知》，此后，天津海关干部、职工患病至医院就诊一律使用“三联单”结算费用，1 角钱挂号费则由个人担负。1984 年 9 月 24 日，天津市卫生局、财政局印发《关于改革公费医疗管理办法的通知》，明确所有享受公费医疗单位试行门诊费定额包干办法；取消联单记账定期结算制度，自是年 10 月 1 日起，公费医疗联单作废，医药费一律收取现金结算。至此，使用 20 余年的医疗“三联单”终退出历史舞台。

1973 年 6 月 17 日，天津海关印发《福利补助暂行办法》，确定困难补助分为“经常性补助”和“特殊性补助”，“经常性补助”标准为居住在天津市区的，职工本人每月的生活费按 10 元，家庭（直系）每月每人按 12 元计算，每月差多少补多少；居住在外地的，职工本人每月的生活费按18元计算，家属（直系）居住在天津郊区，家中没有劳动力的按每月每人9元计算。居住在一般城镇，家中没有劳动力的，按每月每人8元计算，居住在纯农村，家中没劳动力的，按每月每人6元计算。每月差多少补多少。“特殊性补助”针对家庭发生特殊困难、职工本人长期患病、职工供养的不享受劳保的直系家属患病、住院所导致家庭生活临时困难的。办法还规定补助金额不超过50元的由关福利委员会审批，超过50元的由关革命委员会批准。

“文化大革命”中，受当时形势的影响，天津海关的各种职工福利都基本处于停滞状态。

1986年5月2日，海关总署印发《关于办好海关集体福利事业的通知》，要求各海关要搞好集体福利事业，根据自身条件兴办幼儿园、托儿所、浴室、理发室，关心职工生活，解除职工后顾之忧，调动职工积极性。天津海关根据海关总署的要求陆续建起沐浴室、理发室，并为职工宿舍安装集中天线、防雨罩和厨房的洗菜盆，改善职工居住条件。还资助社会的幼儿园、托儿所，以解决职工子女入托难的问题。

2004年5月12日，海关总署批复同意天津海关执行天津市目标管理奖新标准、天津市机关事业单位工作人员夏季防暑降温补贴新标准和天津市岗位责任奖金办法，调整在职人员目标管理奖和离退休人员目标生活补贴执行标准，并为在职人员发放夏季防暑降温补贴，为在职人员发放岗位责任奖金，为离退休、退职人员发放岗位生活补贴。具体发放金额根据级别确定。是年11月26日，天津海关印发《职工福利委员会工作规程》，以规范和加强职工福利工作的管理，建立依法、规范、公开、有效的福利工作机制，建立关党组与职工沟通的渠道，解决群众福利待遇问题，维护和保障职工的切身利益，调动职工工作积极性。

20世纪90年代初，天津海关购置位于宁河县附近的天津市星河纸业有限公司的200亩土地，早期规划为水塘，用于养殖鱼虾等水产口，命名为宁河养殖基地。2006～2008年用作天津海关缉私局的拓展训练中心。由于该基地受附近造纸厂严重污染，2009年3月，天津海关向宁河县提出土地置换的要求。是年7月，经天津海关和宁河县政府协商，并签订土地置换协议，将原天津海关使用的天津市星河纸业有限公司的200亩土地与宁河县林业局苗圃场300亩土地进行置换，置换后由天津海关永久使用。2010年2月，基地正式开工建设，并命名为天津海晟农作物种植园。

2011年5月，宁河县发改委批准天津海晟农作物种植园正式立项。2012年，该种植基地的工程建设全面完成，成为全关干部职工享受绿色副食品的来源。是年5月23日，基地委托专业机构（谱尼测试）现场对土壤、水源、产出物按照中国无公害监测标准进行化验，结果14项指标全部低于国家农残限定值。在建成当年3～12月份，就先后为全关发放果蔬百余次、品种达四十余种，共计25万余公斤，累计发放鸡蛋0.5万余公斤，累计发放猪肉、肉鸡1万余公斤。

至2014年，随着基地对种养殖生产的科学规划，种养殖规模和种类增加，产量不断提高，每月为干部职工发放的农产品数量增幅明显。据2014年第二季度的统计，当季共发放鸡蛋504030枚，蔬菜83567份，肉类20余万公斤，豆制品2120份。

第四节 关衔管理

早在新中国成立之初，海关就曾设想在人事管理体制中设立衔级制度，实行准军事化的管理，但由于各种历史原因此动意被搁浅。改革开放以后，1985年海关总署再次酝酿建立海关关衔制度，经过十余年的努力，2003年2月28日，在第九届全国人民代表大会常务委员会第32次会议上《中华人民共和国海关关衔条例》被审议通过。

2003年7月21日，海关总署在长春召开海关系统首次评定授予关衔准备工作会议，研究部署海关系统首次评定授予关衔工作。随后在8月4日，海关总署印发《首次评定授予关衔办法》及《实施〈首次评定授予关衔办法〉若干问题的意见》的通知，对关衔评定授予范围、授予标准及审批和授予程序都作出具体规定。根据海关总署的部署，天津海关开始启动评定授予关衔工作。评定工作依据海关工作人员现任职务、德才表现、任职时间和工作年限确定授予相应衔级的关衔。

是年9月2日，海关总署印发《关于做好首次授予海关关衔仪式准备工作的通知》，统一规范全国海关首次授予海关关衔仪式的程序安排。9月10日，海关总署署长牟新生签发命令，根据《中华人民共和国海关关衔条例》和《首次评定授予海关关衔办法》，分别授予天津海关的10名关员三级关务监督关衔、64名关员一级关务督察关衔、177名关员二级关务督察关衔、185名关员三级关务督察关衔。天津海关按照海关总署的要求筹备举行首次授予海关关衔仪式的相关工作。

2003年9月12日，在北京人民大会堂国务院举行的授衔仪式上，天津海关关长赵桂芬被授予一级关务监督关衔、副关长靳晨光等5人被授予二级关务监督关衔。

9月15日，天津海关发布第一号授予关衔命令，根据《中华人民共和国海关关衔条例》和《首次评定授予海关关衔办法》，分别授予564名关员一、二、三级关务督办和一级关务员关衔。9月17日，天津海关、海关总署驻天津特派办授予关衔仪式在天津礼堂举行。海关总署署长牟新生、天津市常务副市长夏宝龙，市人大副主任王德惠，市政协副主席卢金发等出席授衔仪式。会上，天津海关和海关总署驻天津特派办的1016名关员分别被授予三级关务监督至一级关务员级别的海关关衔。会后中共中央政治局委员、天津市委书记张立昌接见天津海关和海关总署驻天津特派办被授予高级关衔的人员并合影留念。天津电视台、《天津日报》《今晚报》等媒体对授衔仪式进行报道。从2003年10月1日开始，天津海关关员统一佩带关衔标志上岗。

此后，天津海关根据海关总署的安排，每年例行进行两次关衔选升、授予或调整工作。同时根据关员在工作中的表现和业绩，破格晋升或降低、取消关员的关衔。

2004年4月19日，天津海关根据《中华人民共和国海关关衔条例》规定，取消2名辞职关员的关衔。是年11月9日，海关总署署长牟新生签署关衔降级命令，对天津海关因违反海关廉政纪律受到行政撤职降级处分的1名关员，由二级关务督察降为一级关务督办。

2007年12月6日，天津海关发布命令，根据《中华人民共和国海关关衔条例》规定，取消因辞职、调离海关系统的5名关员的关衔。是日，根据《中华人民共和国海关关衔条例》《海关关衔工作管理办法（试行）》，取消1名因受行政开除处分关员的关衔。

2008年2月28日，海关总署署长牟新生签署关衔命令，取消天津海关3名关员的关衔。11月3日，天津海关根据《中华人民共和国海关关衔条例》《海关关衔工作管理办法（试行）》，对1名因受行政开除处分关员的关衔予以取消。

2011年1月，经天津海关申请，因在海关综合治税工作中作出突出贡献，天津海关林楠等5人荣获海关总署个人一等功，根据《中华人民共和国海关关衔条例》和《海关关衔工作管理办法（试行）》，海关总署发布命令，提前晋升天津海关5名关员的关衔衔级。

通过实行关衔制度，适时地调整关员的衔级，起到增强海关工作人员的责任感、荣誉感和组织纪律性，调动关员工作积极性，促进海关准军事化纪律部队建设的作用。

2003～2014年各年度天津海关关衔授予情况一览表

表1-2-4-9

年份	一级关务监督	二级关务监督	三级关务监督	一级关务督察	二级关务督察	三级关务督察	一级关务督办	二级关务督办	三级关务督办	一级关务员	二级关务员
2003	3	7	16	76	188	188	156	130	234	120	1
2004	—	2	5	8	26	42	70	62	62	58	—
2005	—	2	4	14	48	26	26	45	10	26	—
2006	2	—	6	16	48	64	45	130	75	31	—
2007	1	—	2	28	63	26	59	59	86	56	—
2008	1	1	21	11	42	69	43	10	75	62	—
2009	—	1	10	12	24	28	128	81	87	96	—
2010	—	3	4	13	64	49	62	88	89	43	—
2011	—	1	8	6	31	60	13	69	81	66	—
2012	—	1	3	6	67	48	81	83	102	25	—
2013	—	2	15	4	28	110	87	79	60	37	—
2014	—	1	9	3	41	54	66	71	81	55	—
合计	7	21	103	197	670	764	836	907	1042	675	1

第五节　退（离）休管理

退（离）休人员管理工作是海关人事管理部门的重要工作内容之一。中华人民共和国成立后的干部退休制度始于1950年，后经数次调整逐渐规范。天津海关根据国家和海关系统不同时期对退（离）休工作的要求及变化，调整工作思路、工作机构和工作范围，从政治、思想和精神、生活多方面落实退（离）休管理相关政策。

1949年1月16日，天津市军事管制委员会接管津海关后，作为具有80余年历史的老关，当即面临如何处理退休人员待遇问题，津海关军管会就此请示华北对外贸易管理局。是年8月23日，华北政府工商部部长姚依林、副部长林海云复函华北对外贸易管理局局长郭今吾、副局长江明，明确"海关职员退休金暂不发给，待中央政府成立后再拟订办法。目前生活特别困难的退休职员可按一般规定先发给一个月退职金。"是年10月，津海关北京办事处伙夫张德隆因年迈请求退休，鉴于其家庭贫困，津海关税务司朱剑白批准补助其2个月薪金。

1950年3月15日，中央人民政府政务院财经委员会发布《关于退休人员处理办法的通知》，统一各部门处理退休人员的做法，明确"凡过去有退休金规定之机关，如铁路、海关、邮局等职工工作满10年，年龄在50岁以上者，退休时按标准酌给退休金，但过去规定低于标准者，仍按过去规定发给。""退休金发放标准：每工作1年给10日的薪资（即退休前1月薪资的三分之一），按年计算，一次发给。但最高不得超过18年，即6个月的薪资数。"这是中华人民共和国成立后首个关于退休人员的文件。

1950年3月29日，中央人民政府海关总署以通令第29号转发中央人民政府政务院财政经济委员会所订关于退休人员处理办法，要求各海关"以上办法，即希遵照执行具报为要。"

据统计自天津解放，至中央人民政府政务院财政经济委员会颁布退休人员处理办法前，天津海关除免职解聘者外，退休职员工有64人，分为退职资遣及停薪留职22人、病故6人、转业人员1人、辞职25人、不合规定的退职人员10人共五种类型。1950年6月15日，海关总署对天津海关6月8日的请示予以批复："第一项内退职、退休及资遣人员退休金照发，惟资遣人员已领之遣散费应在退休金中扣除，停薪留职人员应分别了解其离职原因，自动离职抑由行政动员其离职，并调查其离后情形与家庭情况，照规定办法，分别处理。第二项内病故人员如年龄工龄均合规定，准予发给退休金，但应扣除所发之丧葬费。年龄不合规定者，不能补发退休金。第3、4、5三项不同意发。"天津海关根据此规定，对符合退休条件的职工，报经海关总署同意办理手续并照章发放退休金。

1950年5月29日，中央人民政府海关总署发布第36号通知，《补充本署第29号通令关于退休人员的处理办法》，转达中央人民政府政务院财政经济委员会5月22日函两点指示：“一是解放后及本委订定之退休人员处理办法未公布前，经你署准予退休且约定俟有新办法即按新办法处理者，如合于本委3月15日通知所列之条件，可按通知办法，发给退休金。二是工龄已满10年但年龄未满50岁而确实丧失工作能力不能继续服务由行政上动员其退职者，可根据3月15日之通知，结合实际情况，酌发退休金。”

1950年7月3日，中央人民政府海关总署发布第51号通知,《规定按照工龄年龄比例计算办法处理人员补充办法内酌发退休金问题但在执行时仍应结合退休人员实际情况斟酌处理》，介绍上海海关计算核发退休金办法：“凡年龄不满50岁而工作已过18年者，照满50岁的比例发给，如工作满18年年龄在50岁以上，按章可得6个月薪给数退休金，设某一人员工作已在18年以上，而年龄只有47岁，拟按比例给予5.64个月薪给数的退休金：50∶6＝47∶X；凡年龄不满50岁而工作在18年以内者，如年龄为47岁，工作14年，拟照满50岁比例发给之；年50岁，工作14年者，按章可得4.67个月之退休金，年47岁，工作14年者，拟给予4.39个月薪给数的退休金：50∶4.67＝47∶X。”

1951年3月10日，天津海关就科员郑葆琪染患肺病多年提请自4月1日起准予退休事请示海关总署。郑葆琪时年60岁，1914年7月入关，有37年工龄，月薪小米220公斤。因其常年患病，仅1950年病假达149天，短期内康复无望，偶尔上班其病对其他人威胁甚大。经天津海关与其商谈，劝其退休。其退休金按规定为6个月薪金，合计小米1320公斤。3月17日，海关总署批复，同意郑葆琪自4月1日起退休，并照章发给等于6个月薪金的退休金。是年10月27日，天津海关就验征科进口股股长曹秉绪因病请求自10月22日起退休事请示海关总署。曹秉绪时年60岁，1931年9月入关，工龄达20年，因患血压高及心脏衰弱不能继续工作于10月22日提出退休申请。10月31日海关总署批复同意其退休，并按规定照发6个月薪资的退休金。

1952年1月2日，海关总署印发题为《关于整编意见和编余人员处理办法请考虑执行》的通知，提出对编余干部中老弱合乎退休条件者，应尽量动员退休。是年，根据该通知的精神，天津海关先后为5名员工办理退休手续、3名员工办理退职手续。

1953年4月15日，海关总署抄中央人民政府人事部《关于颁发各级人民政府工作人员退职处理暂行办法的通知》。7月25日，海关总署又下发通知对《各级人民政府工作人员退职处理暂行办法》补充三点意见：一是规定各地海关科长以上干部的退职，应报海关总署批准；其余积极工作人员的退职由关长批准，并将具体情况报署备案。二是因年老或其他原因，完全丧失工作能力，而本人又无任何亲属可以依靠者，可暂不按退职办法处理，关于非因年老体弱，而系由于思想落后或缺乏劳动力等原因，要求退职人员，应以说服教育方式，提高其思想觉悟，并解决其实际困难，使其安心工作。经教育说服仍然要求退职者，不应按退职办法处理等。

1955年12月29日，国务院颁布《国家机关工作人员退休处理暂行办法》规定：退休年龄为男子年满60岁、女子年满55岁，工作年限已满15年的，经工作人员的任免机关批准，准予退休，退休后按照相应标准逐月发给退休金。按此办法，天津海关工作人员申请退休，经天津市人民委员会人事处研究同意，发给退休人员证明书及介绍信后，退休人员持介绍信到居住地人民委员会按核定数额逐月领取退休金。

1958年2月9日，国务院颁布实施全国人民代表大会常务委员会第85次会议原则批准的《国务院关于工人、职员退休处理的暂行规定》，统一企业和事业单位、国家机关、人民团体的工人、职员的退休条件、退休待遇，形成国家退休政策的基本原则和较为完善的退休工作法律文件。此后，天津海关据此精神及规定为26名适时退休、退职人员办理相关手续。

“文化大革命”期间，海关队伍及各项工作都受到冲击，退休制度亦近瘫痪，这种状况一直延续到改革开放。

1978年6月2日，国务院颁布《关于安置老弱病残干部的暂行办法》，在结束“文化大革命”期间退休制度瘫痪停滞的局面同时，首次把老干部离职休养（此后简称离休）作为一种特殊的退休制度以法律形式确定下来。离休是指对符合规定条件的干部，在达到一定年龄或基本丧失工作能力时，离开工作岗位休息，由国家供养并给予从优照顾的一种特有的安排老干部的形式。离休制度是在1958年6月中共中央《关于安排部分老同志担任各种荣誉职务的通知》基础上完善规范形成的，此后于1980年10月和1982年4月又两次进行补充和修订，并确立离休干部“基本政治待遇不变，生活待遇略为从优”的原则。据此，天津海关也在人事工作中将离休管理列为一项重要工作内容。

是日，国务院同时颁布《关于工人退休、退职的暂行办法》，根据此办法，截止至1982年，天津海关先后为13位年老或完全丧失劳动能力的工人办理退休手续，并将其中11名符合规定条件的退休工人子女招收进海关工作。

1982年5月6日，海关总署转发《国务院关于老干部离职休养制度的几项规定的通知》，其中第五条明确：离休干部所在单位，要根据需要，建立健全老干部工作机构或确定专人负责，做好为老干部服务的工作。1983年5月17日，海关总署专题下发《关于认真做好离休老干部工作的通知》，强调要妥善安置海关系统离休老干部，在力所能及的条件下继续发挥作用，并及时解决实际困难，使他们安度晚年。是年6月6日，海关总署又转发《国务院办公厅转发劳动人事部〈关于中央和国家机关离休干部生活待遇问题的补充规定〉的通知》，就离休干部的医疗、用车、住房、福利等方面的问题作出具体规定。天津海关党组落实中共中央和海关总署要求，把老干部工作列入议事日程进行专题研究，由人事教育处主管、并设专人负责老干部离休管理工作，还分别在天津、塘沽各指定1名人事干部负责日常事务，并逐项落实相关规定。在政治待遇方面，在津、塘两地各设一个老干部活动室便于离休干部集中活动，从制度上保证离休干部与同级在职干部享有同等的阅读文件、学习材料的权利，组织离休干部参加各类会议、报告和活动。自1986年起，在离退休干部党支部成立离休干部党小组，针对老干部思想变化情况，有针对性地开展思想疏导工作；在生活待遇方面，除保证离休干部享受与同级在职干部同等的生活福利待遇外，还专为每位离休干部订阅《天津日报》等报刊；在医疗保健、住房、用车等方面，尽量按照国家和海关总署的规定解决落实；每年安排每人一次赴外地参观休养。同时，注意发挥老干部的作用，1985年10月，中国海关学会天津分会成立，邀请所有离休干部参加并担任副会长、顾问等职务。对于参加社会活动的老干部，天津海关也尽量为其创造条件。

1990年，根据天津市人事局1990年4月16日印发《天津市1989年国家机关和事业单位提高离休、退休人员待遇的实施办法》，为全关退（离）休人员调整离退休费。2003年，根据海关总署增加退（离）休人员离退休费相关文件精神再次为全关退（离）休人员调整离退休费，人均月增资70元。

1995年9月13日，天津海关成立以相关职能部门的负责人为成员的离退休管理委员会，关长赵桂芬担任组长。同时明确离退休管理委员会的五项具体职责。

1999年6月20日，海关总署办公厅转发中组部、中宣部、人事部、劳动保障部《关于加强退（离）休干部思想政治工作的通知》，针对退（离）休干部管理中存在的问题，要求对退（离）休干部不仅要老有所养、老有所乐，还要老有所教、老有所学。

2000年11月底，第五次人口普查结果显示全国65岁以上老年人口已达8811万人，占总人口6.96%，60岁以上人口达1.3亿人，占总人口10.2%，按国际标准衡量中国已进入老年型社会。天津市亦初步踏入老龄化社会。老龄化问题是发达国家和发展中国家共同面临的挑战，而加强退（离）休干部的管理工作已成为一项重要国策。

图 1-2-5-10 1999年春节前夕，关长赵桂芬慰问离退休工作人员并与大家合影

2001 年 12 月 5 日，为加强退（离）休干部管理工作，海关总署人事教育司批准天津海关的申请，在人事教育处设老干部工作办公室并下达副处级行政领导干部职数 1 个。2002 年 7 月 1 日，经关党组研究决定，人事教育处成立老干部工作办公室。

2008 年 6 月，海关总署转发中共中央组织部、人力资源和社会保障部《关于进一步加强新形势下离退休干部工作的意见》的通知。此意见要求全面做好离退休干部工作，落实离退休干部政治、生活待遇，发挥离退休干部作用，开创离退休干部工作的新局面，为老有所养、老有所医、老有所教、老有所学、老有所乐、老有所为创造良好条件。根据中共中央和海关总署的要求，天津海关在总结以往离退休干部工作经验的基础上，研究、分析离退休工作面临的新情况、新问题，查找存在的不足，提出具体的改进措施。

2010 年 3 月，天津海关贯彻海关总署《进一步加强新形势下离退休干部工作的意见》精神，关党组提出天津海关的老干部工作要本着“真心尊重，真诚服务，真情工作”的工作宗旨，逐步完善起“老有所养、老有所医、老有所教、老有所学、老有所乐、老有所为”的工作机制，并从完善离退休干部的政治待遇和制度、改进离退休干部党支部和思想政治建设、健全困难离退休干部帮扶机制、改善老干部活动阵地、老干部活动中心设施和活动服务管理、加强老干部工作部门自身建设等 6 个方面制定出具体措施。

截至 2010 年年底，根据天津市统计局提供的资料，天津市户籍总人口中 60 岁及以上老年人占总人口比例为 17.91%。天津市人口老龄化随上海、北京之后，在全国各大城市中位列第三，天津海关退休人员的增幅也达到高峰。

2010 年 8 月 23 日，根据《海关总署关于离退休人员工作机构设置有关问题的通知》要求，关党组决定设立天津海关离退休干部办公室，为内设正处级机构，政治部的组成部门。核定人员编制 7 名。其中：主任（正处级）1 名，副主任（副处级）1 名，工作人员 5 名。撤销天津海关人事处老干部办公室。天津海关离退休干部办公室职责为负责全关退（离）休人员管理和服务工作。据此，原由人事处老干部办公室负责的退（离）休人员管理工作职责事权划归离退休干部办公室，同时将天津新港海关人事政工处负责的塘沽地区退（离）休人员管理工作，统一划归离退休干部办公室集中管理。

2012 年 1 月 18 日，海关总署《离退休干部工作情况》第 5 期刊发介绍天津海关做好老党员、老干部节日慰问工作的文章。天津海关党组利用春节期间，先后到医院和家中走访慰问老党员、老干部近百人。关党组书记、关长李佩林带队到离退休老党员、老干部家中，详细询问他们的身体健康状况、生活情况，向他们介绍海关各方面工作取得的成绩，为他们送去全关干部职工的祝福。关党组全体成员还出席离退休干部办公室筹备组织的老干部新春团拜会，听取老干部的意见建议，并为每人准备一份节日慰问品。

2012 年 2 月 4 日，天津海关离退休干部办公室全体工作人员和退休党支部委员一行，带着生日蛋糕和鲜花，前往退休老党员李春家中，祝贺他 96 岁生日，送上关党组的慰问与祝福。

海关总署离退休干部办公室刊物《离退休干部工作情况》第9期载文介绍此事，海关总署副署长王松鹤看后批示："天津海关为90岁以上老同志过生日的做法很好！"指示海关总署离退休干部办公室宣传天津海关的做法。

2013年9月27日，天津海关离退休干部办公室组织召开塘沽地区离退休党支部全体党员大会，接收时年73岁的退休干部张培为中共预备党员，在古稀之年圆她多年的入党梦。

2013年3～10月，天津海关离退休干部办公室先后举办老年台球班、乒乓球技法班和老年电脑学习班，吸收80余名离退休老干部参加培训，累计授课176学时，通过培训激发老干部的学习兴趣，提高老干部科学锻炼的技能，丰富老干部的日常文化生活。

天津海关离退休干部办公室实行老干部工作目标责任制管理。每年年初，由关党组副书记、副关长兼政治部主任代表天津海关与天津市商务工作委员会签订《领导干部老干部工作目标责任书》，实行老干部日常工作要点规划管理。在关心老干部生活的同时，组织老干部参加各类有益活动，为有学习能力和学习愿望的退（离）休老干部每年报销一门老年大学课程的费用，组织参观天津海关荣誉室、周邓纪念馆、平津战役纪念馆，参加天津市商务工委举办的年度"五好家庭"和"健康之星"评比活动，及文艺演出和老年艺术书画展等活动。离休干部张国祥、张福海、连子青、褚会恩分别获得天津市商务系统2004年、2005年"健康老人"，"五好家庭"称号，81岁的退休干部王惟实获得天津市商务系统老年艺术节书画展二等奖，离休干部党支部被评为2005年天津海关先进党支部。2014年，分别有两名老干部和一个退休党支部获得天津海关优秀党务工作者和先进基层党组织荣誉称号，离退休第一党支部获得天津市离退休先进集体荣誉称号。

截至2014年底，全关共有职工2118人，退（离）休人员252名，退（离）休人员占全关人数比例达到12.4%。在退（离）休人员中，2000～2014年段内退休的人数达到196人，占全关退（离）休人员总数的77.7%。

第六节　干部人事档案管理

干部人事档案是组织、人事等有关部门，在培养、选拔、任用干部等工作中形成的记载干部经历、政治思想、品德作风、业务能力、工作表现、工作实绩等内容的文件材料，是历史、全面考察了解和正确选拔使用干部的重要依据，是国家档案的重要组成部分。从新中国成立后至改革开放前，海关的干部人事档案管理都属于秘密进行，且没有严格、系统、规范的要求。1980年以后，随着海关体制建设的完善，干部人事档案管理工作也逐步走向正规。

1987年10月21日，海关总署人事教育司印发《关于加强干部人事档案安全保管的通知》，要求各单位加强对干部人事档案的安全管理工作。1990年以后，中共中央组织部先后印发《干部档案工作条例》《干部档案整理工作细则》等一系列管理规定，加强和规范干部人事档案管理工作。

从1998年开始，天津海关利用两年的时间，从管理体制和制度建设上完善干部人事档案的规范化管理。先后制订《干部档案工作人员职责》《档案库房管理制度》《干部档案保管制度》《干部人事档案保密制度》《干部档案材料收集制度》《干部档案材料签别归档制度》《干部档案转递工作制度》等8项制度；通过设立《档案查阅和借阅登记簿》《档案调入、调出登记簿》《干部档案利用审批单》等手续流程，在加强管理的同时，为干部人事档案使用提供便利。

2000年10月11～13日，海关总署人事教育司干部人事档案考核验收组对天津海关干部人事档案目标管理工作进行考核验收。2001年2月14日，海关总署人事教育司印发《关于2000年干部人事档案工作目标管理达标情况的通报》，天津海关在验收中以97.89分顺利通过检查验收，评为干部人事档案目标管理一级单位。

2005年3月23日，天津海关根据海关总署人事教育司关于做好干部人事档案工作有关要求的通知精神，结合天津海关的实际情况，对本关的1564卷（册）干部人事档案管理进行自查，并配备1名大学本科学历的档案管理人员专职从事干部、人事档案的管理工作。

2014年10月，中共中央组织部决定把整治档案造假问题列为整治选人用人不正之风6项重点任务之一，在全国分三批开展干部人事档案专项审核工作。是年11月28日，天津海关根据《海关总署关于印发（全国海关干部人事档案专项审核工作方案）的通知》要求，结合本关干部人事档案管理的实际情况，制定《天津海关干部人事档案专项审核工作方案》。决定对天津海关全部公务员的干部人事档案内容进行专项审核，重点是对每位公务员干部人事档案中的出生时间、参加工作时间、入党时间、学历学位、工作经历、干部身份、奖惩情况、家庭主要成员及重要社会关系等信息情况进行审核，确定档案材料是否涂改造假，干部信息是否真实准确，重要原始依据材料是否完整规范。

第七节　教育培训

教育培训是天津海关队伍建设的重要环节。新中国成立后，天津海关根据国家及海关总署不同时期对干部教育培训工作的要求，及时调整工作思路和工作内容，保证教育培训始终围绕海关大局和中心开展工作，为海关事业发展提供智力支持和人才保障，为海关干部成长、成才提供良好环境氛围。

一、沿革

新中国成立之初，为适应新中国海关工作需要，天津海关通过抽调干部到华北革命大学、海关总署天津干部学校学习以及组织关警训练班、短期业务训练班和脱产外语学习班的方式开展干部培训工作，重点是加强干部的思想政治教育、强化政策业务学习和提高外语应用水平。

1951年3月29日，天津海关举办关警队训练班，对27名关警队员进行为期三个月的政治、时事、业务的系统培训，培训班采取集体生活、军事化管理。通过培训提高关警队员为人民服务的觉悟，了解海关的工作内容，明确关警的工作职责，掌握关警工作的基本技能，更好地履行关警队安全警卫、保护海关财产、船舶警戒和协助查私任务的能力。

1956年8月，海关总署在天津开办海关干部外国语训练班，天津海关关长朱剑白兼任训练班主任。是年9月，海关总署在天津创办海关干部学校，统一训练全国海关的在职干部。1961年8月，根据中共中央指示精神，海关干部学校暂时停办2年。1964年2月，经中共中央组织部批准重新恢复办学。

1966年开始的“文化大革命”使海关队伍及海关的各项工作都受到冲击，直到改革开放前，天津海关的干部培训工作始终处于停滞状态。

中共十一届三中全会后，随着全党工作重心转移到经济建设，天津海关针对新时期海关队伍建设的需要，把提高干部的外语、业务和政策水平，作为适应工作着重点转移的一项重要任务。1979年，天津海关印发《干部培训三年规划》，提出利用3年时间，基本摘掉干部队伍“三低”帽子（即外语、业务、政策水平低）的具体目标。1981年，天津海关党组制定《1981～1985年干部培训工作的设想》，明确到1985年初步形成一支适应海关工作需要的骨干队伍。

1980年，国务院《关于改革海关管理体制的决定》发布，海关总署成立。为适应海关工作迅速发展的需要，是年6月16日，海关总署印发《关于轮训在职干部的通知》，决定成立海关总署天津干部训练班，分期分批轮训全国海关未受过海关专业训练的在职关长和处、科级干部，每期时长为三个月。天津海关关长戴克忠兼任副主任，天津海关代海关总署负责训练班的日常管理工作。海关总署第一期干部训练班于当年9月10日开班，共招收学员40名，其中关长学员占一半以上。此后海关总署先后在天津举办7期领导干部和业务骨干专业培训班。其间，天津海关借助海关总署天津干训班的师资力量，组织起天津海关的业务、政策脱产培训班，对天津海关干部进行培训。1984年8月21日，根据中共中央关于干部培训应逐步走向正规化、制度化、经常化的要求，海关总署停办天津干部训练班。

1983年，为加强对教育培训工作的管理，天津海关党组决定将人事处改为人事教育处。同年，关党组决定对干部培训工作进行改革，按照中共中央关于干部培训正规化、制度化、经常化的要求，从以短期轮训干部为主，转向以培养德、智、体全面发展，思想觉悟高、政策业务强、工作干劲大、纪律作风好的海关专业干部为目标，对干部进行正规化的培训。经海关总署批准，1983年5月27日，天津海关干部中等专业学校正式成立，学校性质为全日制文科中等专业学校，录取在职关员脱产学习两年半。

1984年5月，海关总署颁布《海关干部培训规划要点》，要求广开学路，多种形式培训干部。

天津海关根据海关总署的要求制定《天津海关培训规划》，确定到1990年前，干部培训的主攻方向是提高干部的专业知识和外语水平。

1992年，海关总署先后下发《海关“八五”期间干部培训规划要点》和《海关系统培训暂行规定》，按照海关总署要求，天津海关印发《1992 ~ 1995年干部培训规划要点》，并组成天津海关培训工作领导小组，负责组织推动教育培训工作。

1993年，根据海关教育培训工作的发展变化，经天津海关党组研究决定，撤销天津海关中专学校。同年10月20日，原人事教育处按职能切割为人事处和教育处（在实际工作中亦称培训处），明确教育处为统管全关教育培训工作的职能部门。

1994年1月，全国海关关长会议上，海关总署党组首次提出教育培训工作是海关基础性、战略性工作。2月28日，天津海关党组印发《关于加强教育培训工作的决议》，提出各部门、各级干部应充分认识培训工作是海关生存发展的根本大计，是从严治关的基础。教育培训工作要坚持统一管理、分工负责的原则，各部门要积极支持配合搞好培训工作，通力协作，形成全关办教育的格局。此决议也是天津海关首次以党组决议形式下发的关于教育培训工作的文件。

1994年3月2日，天津海关首次召开教育培训工作会议，讨论并通过《天津海关教育培训工作管理规定》。规定明确培训处是全关教育培训工作的职能部门，在关党组领导下负责关内外各项教育培训工作的组织和管理。同时就培训处职责和任务、关内培训、外出培训、“五大”学习（泛指函授大学、业余大学、职工大学、夜大、广播电视大学及自学考试等经国家批准的大专以上学历培训）、关外培训、培训费用、讲课费和编译教材费、培训工作奖励、兼职教师管理、外出培训补助、调出人员退还培训费等11个问题作出具体规定。同年，为加强教育培训管理，又先后印发《英语水平考核及奖励办法的暂行规定》和《教育培训专项奖励资金管理办法》。

1995年3月20日，为加强对教育培训工作的领导，天津海关成立教育工作委员会，关长赵桂芬任主任，教育处、办公室、人事处、政工办及下属海关办事处等部门的主要负责人任委员。教育工作委员会的主要职责是指导、管理教育培训工作；审定关区教育培训计划、规划，并进行督查；决定教育培训工作的重大事项；协调关内外培训中涉及部门之间配合的有关事宜。教育工作委员会办公室设在教育处，负责日常工作。同年，教育处设培训科和教育科，负责制定关内外各级各类培训的计划、规划及组织实施、培训教材建设、兼职教师建设等工作。

1996年11月15日，天津海关印发《1996 ~ 2000年干部教育培训规划》，在对“八五”期间关党组把教育培训放在优先发展的战略地位，使其为队伍建设和海关工作改革提供必要的保障和服务功能进行总结的基础上，针对“八五”期间教育培训工作存在的问题，提出“九五”期间教育培训工作的指导思想、基本原则、任务要求和主要措施。

1997年7月10日，海关总署为完善海关教育培训体系，将全国直属海关划分为大连、天津、上海、厦门和广州5个教育培训协作区，天津海关担任天津协作区组长单位。同年11月26日，天津海关在天津组织召开天津教育培训协作区成立暨第一次工作会议。此后于2005年和2011年，海关总署又2次调整协作区划分，天津海关均担任协作区的组长单位。

2000年，按照中共中央关于海关机构改革方案关于2000人以上的直属海关方可设教育处的规定，鉴于天津海关当时职数不足2000，依规撤销教育处，成立人事教育处，下设副处级教育办公室。

2002年，天津海关根据《海关总署党组关于进一步加强教育培训工作的决定》和海关总署《2001～2005年海关教育培训规划》，结合本关实际情况，制定一系列教育培训工作管理规定，主要包括《国家公务员培训和培训工作的管理规定》《国家公务员学历教育管理办法》《关外培训工作的管理规定》《兼职教师及相关问题的管理办法》等。天津海关的教育培训工作逐步纳入科学化、制度化、规范化建设的轨道。

2004年，根据海关总署关于各直属海关单位要结合实际，设置教育培训工作部门或配备教育培训工作人员，保证教育培训各项工作任务落到实处，以及2000人以上和作为教育培训协作区组长单位的直属海关可设立教育培训处的精神，经天津海关党组研究决定：将人事教育处更名为人事处，恢复设立教育处。

同年，在全国海关关长会议上，海关总署署长牟新生提出，实现现代海关制度第二步发展战略必须“牢固树立人才资源是第一资源、人人都可以成才和以人为本的观念，大力实施人才强关战略，努力创建学习型海关”的要求。9月，天津海关党组印发《关于推进学习型海关建设的意见（试行）》。提出：大力推进学习型海关建设是现代海关发展的创新模式，是实现天津海关“争一流”宏伟目标的根本道路和必然要求。并建成以网络教育论坛及网络考试系统、培训档案管理系统为主体的网络化教育平台，陆续开通在线学习网门户网站，立项开发“在线学习系统”，设置网络专用服务器，教育培训信息化建设扎实起步。

2005年4月，天津海关印发《推进学习型海关建设初步实施方案》，明确学习型海关建设的基本概念、总体思路、基本目标、总体要求、基本措施、实施步骤、组织领导和运行保障机制。此后，按照队伍建设要以建立学习型海关为抓手，打造准军事化纪律部队为目标的工作要求，天津海关相继修订、印发《在职培训学员管理规定》《兼职教师工作管理办法》《教育培训工作联络员制度和管理办法》《党组关于建立领导干部“述学”制度的意见（试行）》《干部教育培训登记制度和管理办法》《公务员继续教育管理办法》《党组关于推进学习型海关建设的意见》《推进学习型海关建设实施方案》等一系列文件，以制度保证学习型海关建设和干部教育培训工作按照科学化、制度化、规范化的要求在天津海关扎实开展。

2006年4月7日，天津海关党组印发《关于认真学习贯彻〈干部教育培训工作条例（试行）〉的意见》，提出要采取多种手段，确保处级以上领导干部每5年累计培训3个月以上，切实保证干部参加脱产教育培训时间每年累计不少于12天。

2007年2月，天津海关党组印发《2006～2010年教育培训工作规划》。明确“十一五”期间天津海关教育培训工作的指导思想、总体目标、工作原则、主要任务和保障措施。

2008 年 3 月 19 日，天津海关率先在全国海关教育部门中设立教育信息化科，负责教育培训信息化网络平台的建设与管理。8 月，天津海关干部教育培训管理系统立项开发。12 月，海关总署决定在全国设立海关教育培训课件制作分中心，天津海关成为首批设立的 4 个课件分中心之一。

同年，在由全国总工会、中央文明办、国家发改委、教育部、科技部、人力资源和社会保障部、国务院国资委、全国工商联等 8 部委和人民团体联合开展的全国“创建学习型组织，争做知识型职工”活动中，天津海关成为海关系统中首个被授予“全国学习型组织先进单位”称号的单位，也是全国海关唯一获此荣誉的直属海关。

2009 年，天津海关教育培训工作的重点逐渐转向侧重于提高关员政治业务素质和自身文化修养。按照科学化、制度化、规范化建设的标准，以确保处以上领导干部每年累计参加脱产培训不少于 110 学时、其他干部每年参加脱产培训不少于 100 学时为目标，创新教育培训方式，拓宽教育培训渠道，实施分级分类培训。同年，根据教育培训工作的新情况、新要求，教育处设立综合科，负责公文起草，督办保密，技术设备、经费管理，上海海关学院学生实习及其他日常工作，并先后修订《兼职教师管理办法》和《公务员在职继续教育管理办法》。

同年，天津海关改建升级关区教育培训门户网站，发挥网络平台在教育培训和学习型海关建设中的窗口和阵地作用，推进学习型海关建设。网站改版后日平均点击率超过 500 人次，在关区树立“我学习，我快乐；我参与，我创造”的快乐学习理念，营造“人人关注教育，人人重视培训，人人乐于学习”的氛围。

2010 年 2 月，天津海关印发《教育培训工作量化评估考核办法（试行）》，强调突出量化考核要求，把教育培训工作由软任务变成硬指标，由定性管理变为定量管理。4 月，印发《干部教育培训管理办法（试行）》对教育培训的管理体制、职责分工、培训对象、任务和类别、培训方式、培训管理和培训保障等内容作出明确规定。

2012 年 4 月，天津海关印发《关于进一步规范培训请假管理的通知》，明确各类培训请假的审批流程和权限，明确要求坚持干部培训和使用相结合，切实做到“不培训不上岗，不培训不提拔，不培训不晋衔”。

同年 6 月 4 日，天津海关按照海关总署关于“三定”工作的要求，优化运行机制和人力资源配置，精简机构，印发《内设部门机构设置和人员编制》的通知，确定教育处内设科级机构为综合科、教育科、培训科，撤销教育信息化科，科室职能划归综合科。

2014 年 5 月 5 日，依据财政部、中共中央组织部、国家公务员局联合下发的《中央和国家机关培训费管理办法》精神，天津海关制定印发《培训费管理办法》，以加强和规范天津海关培训工作，完善培训费管理，保障和节约培训费开支为目的，对培训计划编报、审批制度以及培训费用的开支范围及标准都做出明确的规定。

二、培训

新中国成立后，天津海关针对不同历史时期的特点和要求，对关员有重点地开展培训工作，并形成传统。1949 ~ 1950 年，天津海关先后分 3 批抽调 169 名干部到华北革命大学学习。1951 年 3 月，为使关警适应海关工作需要，天津海关举办“关警训练班”，提高关警的业务能力。同年 6 月，天津海关举办“新录取工作人员短期训练班”，对招录的新干部进行初级培训。1953 年，天津海关先后抽调干部参加海关总署选派到中国人民大学专修科对外贸易班、北京俄文专修学校和商品检验总局训练班的学习。1956 年，为提高干部的外语水平，天津海关派员参加海关总署在天津举办的外语干部培训班以及海关总署干部学校在天津举办的外语培训。1966 年开始的“文化大革命”，使海关的教育培训工作遭受冲击亦至停滞。1970 年 6 月，中共中央批准《北京大学、清华大学关于招生（试点）的请示报告》后，各高等院校开始招生复课。是月，天津海关与河北财经学院联合举办在职干部外语短训班，并抽调 15 名干部脱产学习英语。1972 年，根据中日建交后的形势发展，天津海关自编教材举办脱产日语学习班。并根据工作和人员的实际情况，编写出两套英语教材，以科室为主，以能者为师，展开教学外语的活动。1980 年，国务院颁布《关于改革海关管理体制的决定》，提出加强对海关干部的培养训练，大力办好海关专业院校，培养海关专业人才。通过培训提高海关干部的政治、政策、业务、技术和外语水平，为建设一支思想觉悟高、政策业务强、工作干劲大、纪律作风好的海关干部队伍奠定基础，海关的培训工作重新步入正轨。

（一）岗前（初任）培训

1951 年 6 月天津海关举办新中国成立后的第一个“新录取工作人员短期训练班”，并确立新关员“先培训，后上岗”的岗前培训工作制度。但此后，由于海关不再成批次地招录新关员，新关员培训班亦不再举办。

1975 年 11 月，随着国家开始全面整顿，加快经济恢复和发展，根据对外贸易发展的需要，

图 1-2-7-11　1976 年天津海关业务学习班结业时三班师生的合影

天津海关在“文化大革命”后期首次招收一批中学毕业生充实海关队伍。天津海关依据“先培训，后上岗”的传统，组织新招收的82名中学毕业生参加为期1年的业务学习班，系统的进行政治、业务和外语培训，至1976年10月结业。由于此次培训的管理和培训的内容都做到规范、扎实，为参训学员打下良好的海关专业基础，在此后的工作中，这批学员不仅成为天津海关各项业务工作的骨干，而且随着时间的推移，很多人都走上海关各级领导岗位。当时，海关总署对新关员岗前培训尚无统一要求，天津海关亦是“文化大革命”后首次开展入关培训，通过边培训边摸索经验，为日后规范岗前培训奠定基础。

1980年，国务院《关于改革海关管理体制的决定》发布后。根据改革开放和海关业务发展的需要，自1981～1991年天津海关陆续成批量地招录新关员。充实海关干部队伍，而对新关员“先培训、后上岗”的做法贯穿始终。10年间，先后举办入关培训班10期，参加培训人员达507人次。

1992年6月，天津海关印发《1992～1995年干部培训规划要点》，明确入关教育要以海关总署下发的统编教材为教学内容，时间安排划分为三个阶段：第一阶段集中食宿1个月，进行政治思想教育及海关业务概论学习；第二阶段历时2个月，分部门、按岗位进行实际业务培训及实习；第三阶段进行考核。

1993年，国务院颁布《国家公务员暂行条例》，明确国家公务员实施分类培训，培训期间的成绩和鉴定作为其任职和晋升职务的依据之一。次年，海关总署党组下发《关于加强教育培训工作的决定》，要求新录用人员，必须先培训后上岗，凭“岗前培训证书”定岗、定级或转正。根据国务院和海关总署文件精神天津海关印发《关于加强教育培训工作的决议》，明确新入关人员必须参加为期1年的规范化岗前培训。完成上岗培训，初级岗位培训和实习，考试合格者，发给合格证书，并作为转正、定级的条件之一。

1997年7月，海关总署成立教育培训协作区，天津海关作为协作区组长单位，首次举办协作区新关员初任培训。2000年11月，根据《海关总署教育办关于组织2000年军队转业干部岗前培训班的通知》要求，天津海关承办全国海关军队转业干部岗前培训班，对来自12个海关的90名转业干部进行培训。

2002年10月，天津海关印发《教育培训工作有关管理规定》，明确新关员岗前培训时间为12个月，其中集中培训3个月，岗位实习9个月。新关员在完成岗前培训的基础上，应接受4个月相应的初级专业岗位培训，培训采用以自学方式为主，辅以集中辅导，统一考核、发证。

2007年2月，天津海关印发《2006～2010年教育培训工作规划》，要求进一步规范新录用人员初任培训，以塑造海关职业精神、培养准军事化纪律作风、熟悉和掌握履行岗位职责所需的基本知识和技能为重点，把实习作为初任培训的重要组成部分，建立和完善初任培训实习管理制度和考核办法。

2010年4月，天津海关印发《干部教育培训管理办法（试行）》，规定：经国家公务员考录、选调及军队转业等形式进入海关的新录用干部应参加初任培训，新录用干部未经培训合格不得上岗。

截至2014年，天津海关共举办新入关人员岗前（初任）培训35期，其中13期为协作区范围的初任培训，培训新关员2230余人，为海关总署机关、海关总署驻天津特派办、石家庄海关、太原海关、呼和浩特海关、武汉海关、汕头海关、兰州海关、西宁海关、银川海关、乌鲁木齐海关、中国海关管理干部学院（原海关总署秦皇岛培训学校）等单位培训470余人。

（二）岗位培训

新中国成立之后，为适应海关工作需要，天津海关采取抽调干部到华北革命大学、海关总署天津干部学校学习以及组织关警训练班、短期业务训练班和脱产外文学习班的方式开展岗位培训，重点在于加强干部的思想政治教育、强化政策业务学习和提高外语应用水平。1966年开始的“文化大革命”使海关培训工作受到影响，直至改革开放前，天津海关的干部培训工作始终处于停滞状态。

中共十一届三中全会以后，按照《天津海关干部培训三年规划》和《天津海关1981～1985年干部培训工作的设想》确定的培训目标，天津海关从外语、业务、政策、文化等方面着手，分别按照普及水平和提高水平的标准，开展干部培训工作。并强调将考核作为培训工作的重要内容，无论是脱产学习的入学、结业还是在职的业务及外语学习，都坚持考试和日常考核相结合，保证培训工作的质量。通过培训逐步缓解天津海关干部队伍不适应工作需要的状态。

根据《天津海关培训规划》确定的培训目标，按照培训与本职业务相结合，培训与适应对外开放相结合，多出人才，快出人才的指导思想，天津海关组织开展多层次、多形式、多渠道的培训。相继围绕提高领导干部的素质举办处以下领导干部读书班、科长研讨班和科以上干部的业务知识系列讲座；围绕提高干部业务能力举办毒品鉴识和查缉技巧、敏感商品知识、审单、核销、后续管理查账、计算机、英语等专题和业务培训班；同时，派员参加海关总署天津干部训练班和海关总署举办的海关人员查缉毒品、商品分类目录、海关业务统计微机程序应用等各类培训班。自1979～1994年初，天津海关不断加强以能力素质和业务短期培训为重点的岗位培训，共举办各类培训班128期，接受培训人员3324人次。

1992年6月，天津海关印发《1992～1995年干部培训规划要点》，开始对培训进行分类管理，并明确各类培训的主要任务和要求。

1994年2月，天津海关党组印发《关于加强教育培训工作的决议》，指出要根据海关总署的部署和海关业务发展的需要，组织在职干部定期参加以各类业务培训为主的岗位培训，对考试合格者发给岗位培训合格证书。

1996年，天津海关印发《1996～2000年干部教育培训规划》，明确“九五”期间对处、科级领导干部以更新知识和提高能力为重点轮训一遍。同时，随着计算机使用的普及，组织处级领导干部计算机培训班，按照计划先后对全关592人进行计算机应用能力培训。

进入21世纪后，天津海关确定为以提高干部队伍政治业务素质为核心开展岗位培训工作。2002年10月，根据《国家公务员培训暂行规定》以及《海关总署党组关于进一步加强教育培训工作的决定》的有关要求，天津海关印发《教育培训工作有关管理规定》，明确海关的国家公务员必须接受岗位培训。培训内容以提高政治素养，业务技能和知识更新为主，采取全员培训、专业知识更新培训和常规培训等形式，以脱产培训、在岗培训、外出培训和业余学习的方式进行。培训以各部门组织为主，每人每年平均培训时间不少于 10 个教学日。是年，为应对中国加入世界贸易组织，先后举办 14 期关于中国加入世界贸易组织的专题培训，参训人数达 390 人。

2004 年起，天津海关以推进学习型海关建设为契机，把学习型海关建设和海关日常工作相结合，通过建立学习型海关建设试点单位和团队，推动学习型海关建设。期间，举办 4 期全关学习型海关建设骨干力量研修班，为各部门培训骨干 100 余人，为 4 个试点单位举办专门培训班，培训骨干 120 余人。至 2008 年，围绕提高干部队伍政治业务素质开展岗位培训，相继举办 40 岁以上中年关员知识更新、公务员法、电子签名法、文物知识、纺织品归类知识、手机零部件知识、毒品知识、奥运安保、英语强化和青年关员岗位培训班等内容丰富、形式多样的培训活动。2008 年，干部职工参加各级各类培训总计 13281 人次，平均每名关员接受培训 7.6 次。

2010 年 4 月，天津海关印发《干部教育培训管理办法（试行）》，确立天津海关“层级管理、分工负责”的培训工作体制。教育处负责组织实施关级各类培训，业务职能部门负责专门业务培训，各部门负责本部门内部人员的岗位培训。随后，根据工作需要又先后确立教育培训工作要减少“公共课”，增加“专业课”，侧重以管用实用的业务技能和专业知识为重点，加强制度学习和法治培训，实行分级分类培训的工作思路，明确普通关员以岗位能力培训为重点，各级领导干部以管理能力培训为重点，同时结合海关工作实际适度体现关员个性化的培训需求。天津海关创新培训手段，拓展培训渠道，采取制作精品课件、海关微课程、完善题库等形式充实丰富网络学习平台，为基层单位开展岗位业务培训创造条件。自 2009 年始，每年以提高管理能力为重点开展领导干部岗位培训。截至 2014 年底，举办面向局、处、科级领导干部的“津关大讲堂”26 期，参训人员 7200 余人次；举办处级领导干部执政能力培训班 13 期，参训人员 620 余人次；举办科级领导干部岗位能力培训班 11 期，参训人员 730 余人次。

（三）任职培训

海关系统在 20 世纪 80 年代前，对各级领导干部任职培训的形式和内容既没有统一标准也没有统一要求。1979 ~ 1990 年，天津海关以提高新任科级领导干部的岗位能力为重点，共举办 7 期科长培训班，培训新提任和拟提拔的科级领导干部 88 名。

1992 年 2 月，海关总署下发《海关“八五”期间干部培训规划要点》，提出对准备晋升领导职务人员要进行资格培训。逐步做到拟任司局级职务人员由广州海关干部管理学院或国家级行政管理学院培训、拟任处级职务人员由广州海关干部管理学院或各关培训、拟任科级职务人员由各关组织培训。天津海关根据海关总署的要求，印发《1992 ~ 1995 年干部培训规划要点》提出，新提拔科长必须参加上岗前培训。是年，天津海关为落实海关总署关于对科级职务人员培训的要求，编辑出版《科长培训资料选编》。该书收录关长杨戊辰等人撰写的相关文章，作为本关科级职务人员培训的教材。此后，海关总署将此书推广到全国海关系统，列为海关科长培训的参考教材。

1994 年 2 月，天津海关党组印发《关于加强教育培训工作的决议》，指出晋升处级、科级领导职务人员，按照海关总署有关规定，必须参加有关院校或海关培训机构组织的资格培训。

2002 年，天津海关印发《教育培训工作有关管理规定》，明确对晋升为副科级、副处级的领导干部进行任职培训，培训分自学和集中学习 2 个阶段进行。副科级领导干部培训时间不少于 1 个月，其中集中学习时间不少于 10 个教学日；副处级领导干部培训时间不少于 2 个月，其中集中学习时间不少于 15 个教学日。

2007 年初，天津海关印发《2006 ~ 2010 年教育培训工作规划》，明确任职培训要着力提高新晋升处、科级领导干部的依法行政、公共服务、学习创新和科学管理能力。进一步拓展任职培训的内容与形式，加大公共行政管理专业理论和依法行政理论的系统学习。在培训形式上采取委托海关院校或地方市委党校、行政学院代培与自训相结合的方式，广开培训渠道，保证科、处级领导干部在提任后 1 年内完成任职培训。

2010 年 4 月，天津海关印发《干部教育培训管理办法（试行）》，强调在职干部晋升领导职务，按照新任职务要求必须进行任职培训，且干部晋升职务试用期满之前未经培训合格者不得转正。

（四）晋衔培训

2003 年 2 月 28 日，国务院颁布《中华人民共和国海关关衔条例》。规定“关务员晋升关务督办、关务督办晋升关务督察、关务督察晋升关务监督，经培训合格后，方可晋升”。2005 年 10 月 17 日，海关总署下发《海关关衔晋升培训办法（试行）》，规定：关衔培训工作实行海关总署、直属海关两级管理，海关院校、海关总署广州教育培训中心和教育培训协作区共同参与的工作机制。

2006 年，天津海关首次举办关务员晋升关务督办培训；2007 年，首次举办协作区关衔晋升培训。截至 2014 年底，共举办关务员晋升关务督办、关务督办晋升关务督察培训班合计 17 期，培训拟晋升人员 939 名，其中为协作区海关培训拟晋升人员 27 人，同时选派 45 名干部参加海关总署举办的关务督察选升关务监督培训（历年参训人数见表 1-2-7-10）。

2010 年，天津海关印发《干部教育培训管理办法（试行）》，规定关务员晋升关务督办、关务督办晋升关务督察，关务督察晋升关务监督前都应参加晋衔培训，干部晋升关衔未经培训或培训不合格者不得授衔。

2006 ~ 2014 年天津海关关衔晋升培训一览表

表 1-2-7-10 单位：人

年份	关务员晋升关务督办培训人数	关务督办晋升关务督察培训人数	备注
2006	58		—
2007	50	41	二项培训协作区 15 人
2008	32	55	一项培训协作区 10 人

续表 1-2-7-10

年份	关务员晋升关务督办培训人数	关务督办晋升关务督察培训人数	备注
2009	30	35	一项培训协作区 2 人
2010	60	43	—
2011	44	30	—
2012	88	73	—
2013	41	111	—
2014	62	59	—
合计	465	447	协作区 27 人

三、在职教育

新中国成立之后，天津海关的干部培训工作主要是以加强干部思想政治教育、强化政策业务学习和提高外语水平为主，海关干部的在职教育工作始于改革开放以后。1979 年，中共十一届三中全会后，为提高干部文化程度，天津海关印发《干部培训三年规划》提出，鼓励干部通过代培学习，上业余大学、业余中专等途径提高学历，为加强在职教育的管理工作，天津海关印发《参加业余学校学习的有关规定》。

1982 年，天津海关有 92 人参加初、高中学历的业余学校及脱产学习，其中 71 人完成补课培训，取得相应学历。1983 年，天津海关正式开办干部中专学校，负责组织天津海关成人中专教育以及承办秦皇岛海关中专学校天津学员的代培工作。

1984 年，根据海关总署的决定，上海海关专科学校在天津海关设立函授站。天津海关鼓励并支持干部参加进修，至 1987 年共有 39 名干部参加函授学习，并全部获取大专学历。其间，还有 39 人通过参加社会“五大”学历教育并获取大专学历。

1985 年，为鼓励和支持海关干部在职学习，天津海关设立自学成才奖。明确初中文化程度以下人员到 1990 年仍达不到中专和高中毕业文化水平的，将视工作需要予以调整，并在定职、定级和使用上与中专毕业生、高中毕业生有所区别。

1992 年，天津海关印发《1992 ~ 1995 年干部培训规划要点》，要求加强对学历培训的引导和管理，克服单纯追求文凭的倾向，倡导“学以致用、立足本职、多做贡献”。

1994 年，天津海关印发《关于加强教育培训工作的决议》，明确学历培训向海关业务靠拢，凡是与海关工作有直接关系的专业，符合有关规定，经部门推荐，培训处批准，可报销部分学费。参加海关总署举办的学历培训，本着骨干优先的原则，由培训处会商人事处及有关处室统筹考虑人选，报主管关长审批。同年，天津海关印发《教育培训工作管理规定》，明确参加“五大”学历培训要坚持学有所用，海关在工作、学费等方面对参加学习人员给予适当的照顾。

1996年，为适应现代海关建设的需要，多渠道培养高层次海关管理人才，天津海关印发《对报考研究生及硕士学位的暂行管理规定》。是年，天津海关印发《1996 ~ 2000年干部教育培训规划》，计划在“九五”期间，要继续通过“五大”学习以及参加海关总署举办的证书班等方式开展学历教育，到2000年全关干部大专以上学历要达到干部总数的80%以上。同时，推选优秀干部进行双学位、研究生（硕士生）的学习。

2000年，天津海关的912名干部达到大专学历及以上水平，占干部总数的79.79%，基本实现《1996 ~ 2000年干部教育培训规划》确定的学历教育目标。此后，天津海关在职教育的重点逐步由提高基础学历转向提高干部的能力素质。

2002年，天津海关印发《海关国家公务员学历教育的管理办法》，提出公务员学历教育，将本着坚持个人成长与海关事业发展相结合；单位鼓励学习与发挥个人积极性相结合；重点培养与整体提高相结合的原则，以需求为导向，鼓励个人利用工余时间参加以提高职业素养为基本目的成人学历教育。同时，还对公务员参加学历教育的形式、条件、学历认定等内容做出具体规定。

2006年，天津海关与天津师范大学合作，举办公共管理硕士（MPA）研究生班及研究生课程进修班，30余名处、科级领导干部参加学习。

此后，为加快实施人才强关战略，进一步规范公务员在职继续教育管理，根据实际情况，天津海关于2008年和2009年两次对《海关国家公务员学历教育的管理办法》进行修订、完善，在此基础上印发《天津海关公务员在职继续教育管理办法》，规定干部继续教育应以胜任本职工作为目的，在国家教育部认可的院校学习并取得国家承认的学历或学位证书，同时还明确干部参加继续教育的学习条件、审批手续和其他相关要求。2011 ~ 2014年，天津海关76名干部通过在职教育实现学历提升，其中23人取得本科学历，53人取得研究生学历（学历变化情况见表1–2–7–11）。

改革开放后天津海关干部学历结构变化情况表

表1–2–7–11 单位：人

年份	总人数	研究生	大本	大专	中专	高中	初中	小学
1979	206	—	9	48	71	48	21	9
	占总人数 %	—	4.37%	23.30%	34.47%	23.30%	10.19%	4.37%
1985	469	—	37	48	74	239	62	9
	占总人数 %	—	7.89%	10.23%	15.78%	50.96%	13.22%	1.92%
1990	703	—	74	245	212	139	21	12
	占总人数 %	—	10.53%	34.85%	30.16%	19.77%	2.99%	1.70%
1995	914	1	156	370	262	93	32	
	占总人数 %	0.11%	17.07%	40.48%	28.67%	10.17%	3.50%	

续表 1-2-7-11

年份	总人数	研究生	大本	大专	中专	高中	初中	小学
2000	1143	11	403	498	163	48	20	
	占总人数 %	0.96%	35.26%	43.57%	14.26%	4.20%	1.75%	
2014	2047	271	1478	265	33			
	占总人数 %	13.24%	72.20%	12.95%	1.61%			

第八节 思想文化建设

自新中国成立后，在中国共产党的领导下，思想政治工作是海关一切工作的生命线。而海关思想政治工作主要包括思想建设和文化建设两个部分，政治教育则是海关思想政治工作的重要内容。海关的政治教育主要是围绕国家不同发展时期的政治形势和要求展开的，具有阶段性和全局性的特点。天津海关的政治教育主要分两大阶段，新中国成立以后至“文化大革命”结束前的30年里，天津海关的政治教育活动基本是在国家政治形势大背景下，结合海关实际蕴含于历次政治运动之中。从建国初期对旧海关留用人员的思想改造，20世纪50、60年代初期围绕“抗美援朝”“三反五反”“整风”“四清”等政治运动开展的政治教育，以及“文化大革命”期间开展的带有极“左”倾向的路线教育、纪律教育和反腐蚀教育等。改革开放以后，随着国家指导方针和工作重心的转移，政治教育活动取代政治运动。天津海关按照海关总署的统一部署，结合本关的具体实际，先后开展“三讲”（讲学习、讲政治、讲正气）教育、保持共产党员先进性教育活动、学习实践科学发展观活动、创先争优活动以及党的群众路线教育实践等活动，通过教育活动提高全体关员的政治觉悟，加强海关队伍的思想建设。此外，天津海关的政治教育内容还包括结合不同历史时期海关中心工作，有针对性开展的多种形式、内容和特点的劳动竞赛和岗位练兵活动等。

天津海关在日常工作中注重抓好经常性思想政治工作，结合海关不同时期的工作特点，从抓基层，打基础入手，加强海关基层建设；结合创建全国青年文明号、全国文明单位等活动，发挥典型模范的示范引领作用，推进海关精神文明建设；以建设“一流海关”为目标，以准军事化海关纪律部队建设为载体，努力打造一支坚强有力、值得信赖的海关干部队伍。

群众性文艺体育活动是海关文化建设的重要载体，也是海关思想文化建设的重要形式和内容。新中国成立以后，天津海关的群众性文艺体育活动十分活跃。特别是改革开放以后，天津海关根据海关总署的统一部署，按照《海关文化建设纲要》的要求，健全和完善群众文艺体育组织机构，充分发挥工会、共青团等群众组织及各文体协会的作用，通过举办文化艺术节、运动会等各种积极健康向上的文体活动，推进关区文化建设，丰富全关干部职工的文化生活，潜移默化地提升思想政治工作的实效性。

一、思想建设

（一）政治教育

1. 改造旧海关留用人员 改造旧海关留用人员是新中国成立后针对海关自身队伍建设而开展的一项政治教育活动。天津解放时，接管后的津海关及所属分关共留用旧海关的员工776人。由于津海关近百年一直被帝国主义统治，海关人员享受着优越的待遇，海关的“金饭碗”对于他们是牢不可破。特别是一些资历较深的老职员，认为海关有它的“独立性”，经过多次的改朝换代，这个组织都是依然不动，谁都离不开，存在着严重的超政治、超党派的观念和浓厚的奴役思想。军管会进驻后，绝大部分人员对共产党的政策持怀疑态度，一小部分人则恐慌不安。针对旧海关人员的思想状况，接管组采取强制与自愿相结合的在职教育办法，发动积极分子组织小型读书会、读报纸、学习各种政策文件，对留用人员进行正面引导。通过一段时间学习，员工的政治觉悟初步受到启发，原有的海关是“超政治”“超党派”的思想开始动摇，在提高新的社会制度的了解的基础上，多数人开始接受新政权，海关恢复正常的工作制度，按部就班开展业务。

1949年10月25日，海关总署成立，统一管理全国海关。根据政务院总理周恩来的相关指示，海关总署依据对旧海关员工，除极少数劣迹昭彰的反革命分子、坏分子外，其余都量才留用的方针，并把加强留用人员的思想政治工作，作为海关的一项重要政治任务。1950年，政务院颁布《关于关税政策和海关工作的决定》，天津海关按照海关总署的部署，发动旧海关留用人员，深刻揭发列强夺取中国海关自主权的罪行，批判旧中国海关的反动本质，纠正旧海关灌输的“不问政治”“崇洋媚外”“雇佣观点”等错误观念，引导留用人员站在人民的立场，在新中国海关新的岗位上，全心全意为人民服务。通过政治教育，留用人员的理论和政策水平在原基础上得到一定程度的提高，工作作风发生很大的转变，并在工作中涌现出一批积极分子。1949年6月3日，“北海轮”船长威尔逊在会见津海关税务司朱剑白和常务税务司王熙甫时，谈及他对刚解放的天津码头印象，称“我在近15年间，前后来过天津不知道有多少次，但从来没有看到过码头上秩序有现在这样的良好。以往轮船到埠，就有很多的闲人、小贩及窃手等往来于码头及船上，秩序非常混乱，无法防止。而现在则完全绝迹，秩序井然。像这样的情形，过去在中国任何口岸都未曾见过。”

在加强对留用人员的思想教育的同时，天津海关注意强调发挥共产党员和骨干的带头作用。在海关工资改革进入民主评定新工资阶段，天津海关一方面宣传人民海关的工资政策，另一方面号召共产党员要比同岗位的职工低评一级工资，全体党员都以实际行动作出表率，以实际行动影响留用人员，从而保证天津海关评薪任务的顺利完成。完成工资改革之后，留用人员的工资普遍降低，致使人口多的家庭经济发生暂时困难。海关各级领导对此予以高度重视，采取一系列的“增收节支”措施，将行政经费中的福利费主要用于家庭经济困难职工的经济补助，不但使群众的生活得到改善，也使上下级关系更为密切，使留用人员对中国共产党的认识更加深刻，思想觉悟普遍得到提高。

思想教育取得的成果最终体现在海关的各项工作中，变为海关员工工作的热情和积极性。1950年6月，天津海关塘沽分关接受配合海关总署海务处上海办公处重修曹妃甸灯塔的任务。参加重建曹妃甸灯塔工程的职工，发扬主人翁态度，在施工中克服设备短缺、施工环境艰苦、工作过程危险重重，在极困苦的工作条件与生活环境中，圆满完成工程建设任务。是年7月1日，曹妃甸灯塔重新发光，华北航运的安全得到保证。海关总署署长孔原签发决定对参建人员予以表彰。1950年10月，抗美援朝开始，天津海关有72名职工响应国家号召，主动报名参军保家卫国，其中6人应征入伍。还有7人志愿到处于抗美援朝第一线的东北地区海关工作。1951年6月6日，为响应开展抗美援朝"增产捐献武器运动"的号召，海关总署通电号召全国海关员工在自愿量力原则下捐献"中国海关号"飞机，天津海关职工踊跃参加，不到10天时间就捐献7182万余元（旧币），超额45%完成捐献任务，以实际行动支援抗美援朝。在1950年，天津海关有15名员工加入中国共产党，11人随军南下参加接收新解放区海关工作，3人南下参加土地改革。另外，还先后有186人被派往新解放区，参加接收旧海关的恢复建设工作。

2. 20世纪50、60年代初期的政治教育　从新中国成立之初，中共中央根据形势发展的需要，先后开展镇压反革命、民主改革、"三反""五反"、整风和整党、审干肃反、城乡社会主义教育（四清）等运动。如在1955年7月至1956年5月，天津海关全关330人分两批参加肃反运动。在两批运动中，先后确定29名员工为重点审查对象，经审查最终确定"反革命分子"5人，"坏分子"1人，占参加运动总人数的1.8%。天津海关围绕历次政治运动开展政治教育，强调突出政治、政治挂帅，通过领导深入现场种试验田，大鸣、大放、大字报、大辩论，下放干部参加

图1-2-8-12　1952年7月，天津海关党支部党员合影

劳动锻炼、开展整风运动、做形势报告、上党课、组织座谈会、开展义务劳动、领导个别谈话等多种方式开展思想工作。另外，还采取每月一次生活会，开办红专学校抓理论学习等方式，加强对干部的政治和政策思想教育。通过政治教育，绝大多数职工能够认清形势，看清前途，增加信心，鼓舞干劲，精神面貌发生很大变化。干部队伍中存在的闹名利、闹地位、争福利、争待遇，骄傲自满、自高自大，图安逸、怕劳动，追求物质享受等形形色色的个人主义思想，以及自由主义等错误观点，都在不同程度得到纠正；领导作风发生很大转变，机关里政治局面生动活泼。

3.“文化大革命”时期的政治教育 “文化大革命”期间，天津海关干部队伍遭受冲击。虽然思想政治工作被削弱，但是，自新中国成立后10多年行之有效的思想政治工作成果仍继续发挥着作用，天津海关的工作人员克服“文化大革命”所造成的各种困难，坚守岗位自觉完成海关各项工作任务。“文化大革命”初期，天津海关工作人员顺应时代风潮，利用各种机会主动向中外旅客、进出境运输工具人员宣传毛泽东思想。在“文化大革命”这个特定的历史时期，天津海关的政治教育主要突出两个重点，一是思想路线教育与读马克思、列宁、毛泽东著作相结合、与开展革命大批判相结合与政治运动相结合，落实在努力改造世界观上；二是联系海关业务工作特点，开展纪律教育和反腐蚀斗争。引导干部明确纪律和路线的关系，纪律和胜利的关系，纪律和执行政策的关系，加强党的领导，增强组织纪律观念。在坚持正面教育的前提下，对严重违反纪律的极个别人员，给予适当的纪律处分，以达到教育本人和警示群众的作用。另外，针对关员中暴露出的各种不廉洁问题，开展反腐蚀斗争，提高关员拒腐蚀、防渗透的自觉性，坚定立场，遵守纪律，认真执行各项政策。

图 1-2-8-13 被评为“1974 ~ 1975 年度天津市先进集体”的塘沽分关检查科全体干部合影

4. 改革开放初期到 20 世纪 90 年代的政治教育 1980 年，国务院做出《关于改革海关管理体制的决定》，决定强调要建设一支思想觉悟高、政策业务强，工作干劲大，纪律作风好的海关干部队伍。这一时期，天津海关的政治教育主要以正面教育为主，在全体干部职工中先后开展理想纪律教育、责任感教育、形势教育、爱国主义教育等，同时，结合海关工作特点，坚持开展反腐蚀教育。1980 ~ 1982 年，在全关区开展“五讲四美”文明礼貌教育。1983 ~ 1986 年，先后开展国格人格教育，登轮纪律教育，提出“文明监管、文明办案、文明检查、文明办公”的口号。1987 年，在全关区开展“海关意识”“海关职业道德”“海关职业纪律”的“三位一体”教育。1999 年 6 月，结合湛江海关曹秀康案件和天津海关发生的廉政问题，在全关区集中开展廉政教育，通过对案件的剖析反思，汲取教训，教育引导全员树立正确的人生观、价值观和权力观。

5. 20 世纪 90 年代以后的新时期政治教育 1996 ~ 2014 年，根据中共中央统一部署，在全体党员特别是领导干部中先后开展以“讲学习、讲政治、讲正气”为主要内容的党性教育活动（以下简称“三讲”）以及保持共产党员先进性教育活动（以下简称“先进性教育”）、学习实践科学发展观活动、创先争优活动和党的群众路线教育实践活动。天津海关按照中共中央、海关总署的安排，根据中共中央对开展活动的具体要求，把开展教育活动与解决天津海关实际问题相结合。按照历次政治教育活动的具体要求，天津海关成立由关领导牵头的领导小组，制定教育活动方案，针对自身存在的问题有的放矢地提出教育活动的重点，明确教育活动的具体目标，保证活动不走过场。

在先进性教育活动中，天津海关结合自身实际，针对党员领导干部、机关党员、一线党员和离退休党员四个层面的不同特点，提出保持共产党员先进性的具体要求。2005 年 5 月 24 日，天津电视台第六套《党的生活》栏目播出专题片《党旗映红金钥匙》，报道天津海关全面提高把关服务能力、营造一流通关环境、促进天津经济发展的事迹。

在开展深入学习实践科学发展观活动中，天津海关创新活动形式，拓展活动空间，走出去，请进来，增强活动影响力，提升活动成效。天津海关在民营骨干企业天津荣程联合钢铁集团有限公司共建科学发展观教育基地。组织党团员、海关干部到共建基地参观学习，感受企业创业发展的成功经验，提高对实践科学发展观的认识，推动海关与企业共同实现科学发展。

在开展创先争优活动中，天津保税区海关组织关员结合海关具体工作任务，做“画像式”承诺，“见其承诺，知其人”突出承诺人的特点，在创先争优中体现和落实承诺的内容。为督促承诺的落实，开展“立体式”评诺，即党支部、党小组、群众各层级共同参与，评诺覆盖全方位。该关被海关总署确定为署领导的创先争优活动联系点和天津关区“基层党建工作创新实践示范点”。人民日报等新闻媒体还先后对天津保税区海关开展“画像式”承诺、“立体式”评诺的活动情况进行集中采访报道。2012 年 2 月 16 日，中共中央创先争优办公室专题介绍天津海关开展创先争优群众评议工作的情况。天津海关成为创先争优活动中，全国海关系统唯一得到推介的直属海关。《人民日报》还先后两次就天津海关开展创先争优活动的情况予以报道。

在党的群众路线教育实践活动中，自2013年7月起，天津海关39个部门（单位）的1400多名党员干部分两批参加教育实践活动。在学习教育、听取意见阶段，先后组织7次扩大的党组中心组专题学习会和两期有129名处级以上领导干部参加的集中轮训班，讲党课136次。通过领导干部跟班作业、与群众开展谈心活动，征求具体意见2602条。在查摆问题、开展批评阶段，共召开各层级专题民主生活会102次，1077名党员参加民主测评。在整改落实、建章立制阶段，共梳理归纳出102项专项整治内容。活动期间，中共中央政治局委员、天津市委书记孙春兰、中共中央第十二巡回督导组组长邢元敏，海关总署署长于广洲等各级领导先后到天津海关对教育实践活动进行检查指导。

6. 组织开展劳动竞赛 新中国成立后，天津海关根据上级的要求，参与地方党委和政府组织的各种竞赛活动。1952年9月，在天津市外贸系统增产节约运动中，天津海关验征科、货管科、车站办事处分别被授予锦旗、颁发奖金100万元（旧币）。1954年，天津海关员工在劳动竞赛中提出合理化建议1706件，采纳571件，对改进海关工作、健全规章制度、提高工作效率、节省经费开支起到促进作用。1958年3月，天津海关在全关干部职工中开展以“比红与专、比贯彻执行监督检查职责、比反走私斗争的效果、比货运监管、比征税、比政策宣传、比搞好秘书、文书管理和档案工作、比除‘四害’卫生工作”为主要内容的“八比”竞赛活动。同年，天津海关组织员工参加海河工程和“大炼钢铁”的义务劳动。在海河工程中，全关参加海河劳动人员中半数以上获得各种表彰。在“大炼钢铁”活动中，天津海关机关因超额44%完成炼钢任务，获得中共天津市委颁发的奖状。1959年5月，全关职工在开展增产节约五好红旗竞赛活动中，涌现出先进工作者72人，省级先进集体2个，市、区级先进集体3个，市级先进工作者3人。1960年3月，天津、厦门等海关开展跨关区“五好红旗竞赛”，以做好海关监管工作和开展技术革新、技术革命为主要竞赛内容，通过竞赛推动海关各项工作的开展。1963年8月9日，天津海关参加独流减河防汛工程战斗队获天津市模范集体称号。1964年6月17日，《天津日报》头版刊登关于“天津海关干部带着问题练基本功”的通讯报道，详细介绍天津海关克服思想障碍和练什么、怎么练的问题，组织干部落实全国海关关长会议提出的“四过硬”（即在方针政策、规章制度上过得硬，在业务技术上过得硬，在商品知识上过得硬，在外国语上过得硬）要求，刻苦练习海关业务基本功的事迹。6月27日，对外贸易部海关管理局向全国海关全文转发《天津日报》的报道文章。在“文化大革命”期间，海关的劳动竞赛活动处于停滞状态。

1980年，国务院发布《关于改革海关管理体制的决定》，海关总署成立后，以转变海关工作作风、提高海关工作效率、树立海关良好对外形象为目的，结合不同时期的工作重点和任务，在全国海关普遍开展各种竞赛活动。天津海关响应海关总署的号召，结合自身业务特点和工作实际，适时组织开展各类竞赛活动，如在各业务现场开展业务达标竞赛、青年星级服务竞赛、争创青年模范岗、口岸共建双十佳竞赛、争创一流服务窗口，树立良好海关形象主题竞赛、百日优质服务竞赛、文明窗口竞赛，以迎亚运、迎奥运为主题，开展“学雷锋、当标兵”,“讲文明、树新风”文明服务竞赛活动，以及以提高各项业务技能为目的各类业务知识竞赛等活动。2002年12月，在天津海关承办的首届全国海关监管专项业务技能竞赛中，天津海关选手张程获得“全国海关技术检查”竞赛第一名，并获得“全国海关技术检查能手”称号。2003年12月4日，在首届全国海关法律知识竞赛中，天津海关高健获得“海关法律学习标兵”称号，天津海关代表队荣获集体三等功。

2007年4月17日，海关总署印发《关于开展岗位练兵活动的指导方案》，决定2007～2008年在全国海关系统开展岗位练兵活动。天津海关根据海关总署统一安排和部署，推动岗位练兵和学习型海关建设活动。是年12月，在全国海关统计、缉私系统岗位练兵“十佳百优”评比评选决赛中，天津海关均取得较优异的成绩。

2011年11月，天津海关缉私局干警薛婷婷代表海关缉私警察系统参加全国首届公安机关警务技能战术教官大比武，获得公安部颁发的“全国公安机关优秀警务实战教官”奖章和奖牌。

（二）经常性政治工作

新中国成立以后，天津海关根据国家不同时期政治、经济工作重心，结合海关工作的特点，有针对性地开展经常性政治工作。1952年9月，天津海关在总结新中国成立三年开展政治工作的经验及教训的基础上，制定出加强海关政治工作的若干办法，提出坚持政治教育与业务工作相结合的原则，设立专职人事干部，加强员工的政治教育和管理，培养新式海关工作人员。1957年12月，天津海关制定加强政治思想工作方案，明确政治思想工作的主要任务是加强对职工的社会主义思想教育，同时提出思想工作要结合实际；要与业务工作密切结合；坚持走群众路线的思想工作三原则。1965年5月，天津海关设政治处，配备专职政治干部，加强海关思想政治工作。

改革开放以后，天津海关进一步加强思想政治工作，逐步形成纵向一条线，层层有人负责思想政治工作；横向一个网，各部门都有负责思想政治工作的干部。1984年，天津海关总结新港分关运用筛选法、循环法、渗透法、抑制法、反馈法、管理法开展思想政治工作的经验，在全关各单位宣传推广。1986年5月，天津海关印发《思想政治工作暂行条例》，明确海关思想政治工作的目的、任务、应遵循的原则、主要方法及责任和制度。

20世纪80年代以后，天津海关根据海关总署思想政治工作要点的要求，以及不同历史时期思想政治工作的特点，围绕精神文明建设、基层建设和准军事化纪律部队建设活动持续开展经常性的政治工作。

1. 精神文明建设 1986年9月，中共十二届六中全会通过《关于社会主义精神文明建设指导方针的决议》。1987年2月，在全国海关关长会议上，讨论通过海关总署《关于加强海关社会主义精神文明建设的实施意见》，提出加强海关社会主义精神文明建设，树立海关意识和海关职业道德，严守海关职业纪律。

1987年初，天津海关提出“七五”期间加强社会主义精神文明建设的总体设想，明确到1990年，天津海关精神文明建设在精神、作风、形象、意识、环境5个方面要达到的目标和具体要求。并在关区内开展“海关意识”“海关职业道德”“海关职业纪律”的“三位一体”的教育活动。是年7月27～31日，海关总署在广州召开全国海关精神文明建设汇报会，天津海关在会上做题为《以强化海关意识为重点，加强精神文明建设》的大会发言。

围绕海关精神文明建设，天津海关及隶属各单位与相关单位开展文明共建活动。1991年，天津海关与天津海运公司开展共建社会主义精神文明口岸活动。是年5月17日，在全国口岸共建精神文明表彰大会上，天津海关和天津海运公司被国务院口岸领导小组授予“结对共建设社会主义精神文明先进单位”称号。

1993年，天津东港海关与中国人民解放军总参谋部天津特运办开展文明共建活动。海关总署署长戴杰为此活动题词：“发扬光荣传统、军民鱼水情”。中国人民解放军总参谋长张万年题词：“军民团结、鱼水情深”。

1996年5月27日，共青团中央授予天津海关驻机场办事处旅检科全国“青年文明号”称号。

1997年5月，天津海关在关区范围内开展“落实承诺制，树立好形象”创建文明窗口活动月活动。是年6月，海关总署在天津召开全国创建“文明窗口”经验交流会。会上，海关总署命名天津海关报关厅、天津海关机场办事处旅检科等20个部门为全国海关文明服务示范单位。同年，天津海关制定下发《关于深入扎实持久地开展创建文明窗口活动的决定》《文明窗口奖惩制度》《文明窗口督察制度》等相关制度，以规范文明窗口活动做法，巩固文明窗口活动成果。翌年，天津海关再次召开文明窗口现场经验交流会和“创建青年文明号”经验交流和现场观摩会。

1999年11月19日，天津开发区海关和机场办事处旅检科被中央精神文明建设指导委员会授予“全国创建文明行业工作先进单位”称号。

2001年5月23日，天津东港海关查验一科被共青团中央命名为“2000年度全国青年文明号”。

2002年3～9月，天津海关以“创一流通关速度、建一流文明窗口”为目标，在全关窗口部门集中开展“比态度作风、比通关速度、比服务意识”的“三比”竞赛活动。通过活动，天津海关的文明窗口创建工作得到加强，窗口的态度作风、通关效率和服务意识得到明显改善和提升，新港海关接单处进口一科等11个窗口单位被评为文明窗口标兵单位；保税区海关查验科等12个窗口单位被评为文明窗口优秀单位；还有14个岗位被评为优质文明服务岗；20名关员被评为文明服务标兵；39名关员被评为文明服务关员。

2003年3月9日，保税区海关被中央精神文明建设指导委员会评为“全国创建文明行业工作先进单位”。

2004年，海关总署结合海关系统精神文明建设发展情况，在全国海关关长会议上提出加强海关文化建设的新要求。2005年6月21日，海关总署印发《海关文化建设纲要（试行）》，强调海关文化建设是海关政治工作的重要组成部分，是海关精神文明建设的重要内容。2006年6月，天津海关下发《文化建设实施方案（试行）》。2010年4月，天津海关正式印发《文化建设实施方案》。对天津海关文化建设的指导思想、基本目标、基本原则、组织形式、基本任务、主要工作以及建立海关文化建设长效工作机制都提出具体要求。

2005 年，天津新港海关查验处查验一科、天津机场海关旅检科、天津经济技术开发区海关查验科被海关总署和共青团中央授予 2005 年度海关系统全国青年文明号。是年 11 月 22 日，天津保税区海关被中央精神文明建设指导委员会评为全国文明单位，天津机场海关被中央精神文明建设指导委员会评为全国精神文明创建工作先进单位。

2007 年 5 月 11 日，天津保税区海关查验科首次被命名为全国青年文明号，新港海关查验处查验一科、机场海关旅检科、开发区海关查验科再次获得"全国青年文明号"称号。

2009 年 12 月 28 日，天津新港海关查验处查验一科被海关总署和共青团中央命名为海关系统 2008 年度全国青年文明号。

2012 年，在第三次全国文明单位评比中，天津武清海关被中央精神文明建设指导委员会评为全国文明单位，保税区海关通过复查再次获得全国文明单位称号。

2014 年 6 月，根据《中央精神文明建设指导委员会关于评选表彰全国文明城市、文明村镇、文明单位的暂行办法》和《海关系统精神文明创建工作管理办法》等相关规定，天津海关印发《精神文明创建工作实施细则》。是年，天津海关（机关）、机场海关被中央精神文明建设指导委员会评为第四届"全国文明单位"称号，保税区海关通过复查再次获得"全国文明单位"称号。

2. 基层建设　基层建设是海关事业发展的基础，是海关队伍、业务建设的综合体现，海关基层建设包括政治建设、业务建设、廉政建设和行政管理等多项内容。1988 年，全国海关关长会议提出要切实抓好基层单位的思想、组织、业务、制度、作风建设，增强基层单位的内在活力。1991 年 1 月 31 日，海关总署印发《关于加强海关基层建设的通知》和《海关基层建设要点》，明确海关的基层主要是指在一线直接从事海关业务工作的科级单位。海关基层建设的目标是把海关基层单位建设成为政治强、业务精、风气正、纪律严、团结好、基础牢，能够完成各项任务，经得起各种考验的坚强集体。是年 11 月 14 ~ 19 日，海关总署召开全国海关基层建设经验交流会。1995 年 8 月，在全国海关思想政治工作会议暨领导班子建设会议上，正式讨论通过《海关基层建设要点》。

天津海关党组落实海关总署对加强基层建设工作的要求，把基层建设作为一项重要工作，着重抓制度的制订和落实，根据海关总署《海关基层建设要点》的要求，先后起草下发《关于进一步加强基层建设的意见》《天津海关科长职责及有关奖惩规定（讨论稿）》《党支部工作规范》《团支部工作规范》等，基本健全基层建设的各项制度。从 1995 年 10 月下旬开始，根据海关总署通知要求，天津海关采取各分关、办事处自查、总关派员抽查的方法，对关区各部门科级领导班子建设、党的基层组织建设及基层建设工作情况进行检查。通过检查，推广经验，发现问题，查找工作差距。

1995 年 11 月，天津海关在关区推广天津新港海关加强基层建设的经验做法。翌年 9 月 2 日，在海关总署召开全国海关基层建设经验交流会上，天津新港海关进口科获得全国海关基层建设标兵单位荣誉称号。

2002年10月，海关总署召开全国海关基层建设工作会议，国务委员吴仪做出具体批示，要求“紧紧抓住基层海关的建设，真正做到管住自己人，把好国家门”。天津新港海关查验处作为先进集体代表在会上做题为《以“绩效管理”为载体，把基层建设做真抓实》的发言，交流基层建设经验。

2003年1月5日，海关总署印发《海关基层建设纲要（试行）》，对海关基层建设的目标、标准、责任等做出具体规定。是年3月，天津海关成立基层建设工作领导小组，并下设办公室，负责组织推动基层建设工作的实施。是年5月，印发《天津海关关于加强基层建设的意见》和《天津海关基层建设考核评估办法（试行）》，（以下简称《意见》《办法》）对基层建设实行统一规划和量化考核。《意见》明确基层单位8个方面的工作重点，职能部门6个方面的保障措施；确定全关基层建设的指导思想、目标、原则；《办法》针对基层单位的不同类型分别制定量化考核评估表，明确对各基层单位的考核内容、评分标准、考核方式、责任部门、相关制度。

2004年10月28日，海关总署对《海关基层建设纲要（试行）》进行重新修订，正式颁发实施《海关基层建设纲要》。2004年11月2日，海关总署印发《海关总署关于印发〈海关总署关于开展基层建设达标活动的指导意见（试行）〉的通知》。强调通过开展基层建设达标活动，推动海关基层建设，圆满完成海关各项任务。

2005年6月2日，天津海关下发通知，根据人员变动情况，对基层建设工作领导小组及其办公室成员进行调整。

2005年以后，随着海关系统开展准军事化纪律部队建设，基层建设的提法淡出，其主要内容和要求则融入准军事化纪律部队建设内容之中。

3.准军事化海关纪律部队建设 2003年，海关实行关衔制度，根据《海关关衔条例》和《海关内务规范（试行）》的要求，建设准军事化海关纪律部队工作开始起步。2004年全国海关关长会议上，海关总署提出坚持以人为本、从严治关，努力造就一支准军事化海关纪律部队的队伍建设目标。2005年6月20日，海关总署印发《2004～2010准军事化海关纪律部队建设指导方案》，并在深圳召开建设准军事化海关纪律部队试点工作会议，对如何开展好试点工作进行研究部署。是年7月，天津海关印发《准军事化纪律部队建设实施方案》。方案明确天津海关准军事化纪律部队建设的指导思想、基本目标和工作原则，同时对准军事化纪律部队建设涉及的相关内容（包括基础建设、实施办法、组织领导以及检查、评估、考核、表彰及奖惩等）做出具体说明。

2006年2月14日，海关总署在天津召开部分海关参加的准军事化海关纪律部队建设工作研讨会。5月8日，海关总署党组印发《关于全面开展准军事化海关纪律部队建设的决定》，确定在海关系统全面开展准军事化海关纪律部队建设，并把建设“政治坚强、业务过硬、值得信赖”的准军事化海关纪律部队作为基本任务，统筹海关队伍建设各项工作。6月27日，天津海关召开“准军事化纪律部队建设工作推动会”，对加强关区准军事化纪律部队建设的组织领导和各项工作任务做出具体部署，要求全关各单位结合自身实际，通过学习发动、推动落实、完善方案、健全机制、分步实施 5 个阶段逐步落实准军事化海关纪律部队建设工作各项要求。2006 年 6 月 29 日，天津海关重新修订下发《准军事化纪律部队建设实施方案》，明确将“政治强、业务精、管理严、作风硬、廉政好、效率高”作为天津海关准军事化纪律部队建设的主要标准。同年，天津海关组织两期党组中心组准军事化专题学习班，关党组成员按要求参加队列训练，并组织 15 期准军事化建设培训班，1000 余人次的关员接受培训。全年还组织内务规范全面检查 3 次，突击抽查 8 次，受检人员达 3600 余人次，检查范围覆盖关区 30 多个分关、处室的 120 多个科室，对检查中发现的问题责成有关部门迅速整改，提高关区内务规范水平，最终通过年内海关总署组织的内务规范检查。

2007 年 4 月 17 日，海关总署下发《关于建立全面开展准军事化海关纪律部队建设长效机制的指导意见》，提出通过建立引导激励、教育培训、检查考核、统筹协调、组织推动等机制，确保 2010 年基本建成一支高素质的准军事化海关纪律部队。是年 7 月，天津海关准军事化建设工作领导小组制定下发《准军事化纪律部队建设考评办法（试行）》，提出实现准军事化建设考评科学化、制度化、规范化，“建设一流海关”的具体要求。

2008 年，海关总署提出把开展‘岗位练兵’活动，作为推进准军事化纪律部队建设的一项重要工作。天津海关根据海关总署的要求，在全关范围内开展各种形式的岗位练兵活动。并在海关总署举办的全国海关统计、缉私系统岗位练兵决赛中取得良好成绩。

2011 年 11 月 15 日，按照海关总署的要求，天津海关在全关范围内开展为期一个月，以队列训练、强化内务管理、提升服务水平、加强考核评比为主要内容的“内务规范强化月”活动。12 月 21 日，天津海关通过海关总署检查组对“内务规范强化月”活动情况的检查。

2012 年 3 月，海关总署党组印发《全国海关开展“四好”单位争创活动试行方案》。根据海关总署要求，天津海关结合关区实际，制定《“四好”单位考评办法（试行）》，开发“天津海关‘四好’单位考评系统”。

2014 年 3 月，天津海关制定下发《关于加强关容关貌管理的通知》，对加强关区关容关貌管理提出要求，是年 4 月，天津海关在全关区组织开展“关容关貌管理提升月”活动，立足职能定位、立足办公场所布局、立足窗口建设，坚持自查自纠和督查整改相结合、正面引导和反面警示相结合、常规督查与暗访抽查相结合的方式提升活动效果。天津市委市级机关工委、海关总署办公厅、政治部分别以简报和信息形式对天津海关的典型做法进行宣传。是年 4 月，修订《天津海关升挂使用国旗管理办法》，明确具备升旗条件的各办公场所在每月第一个工作日举行一次升国旗仪式，通过活动提升关员为国把关的责任感和荣誉感。12 月，制订下发《天津海关基层科室规范化管理工作指导意见（试行）》。

（三）培育典型

新中国成立以后，天津海关坚持把培养先进典型、树立先进典型、宣传先进典型，以先进典型引导、调动全体员工的工作积极性，作为海关思想政治工作的重要内容。

20世纪50～60年代，天津海关响应中共中央、中华全国总工会开展先进生产者运动的号召，根据海关总署的部署，在全关开展先进工作者运动，调动全体干部职工以“多、快、好、省”的社会主义劳动热情完成海关各项工作任务，并在本职工作岗位涌现出一批先进集体和个人。在1956年10月召开的全国海关第一次先进工作者代表会议和1960年5月召开的全国海关第二次先进集体和先进工作者代表会议（又称“全国海关群英会”）上，天津海关的先进集体和先进个人代表受到海关总署的表彰，并受到毛泽东、刘少奇、周恩来、朱德等党和国家领导人的接见。1959年3月，天津海关还被海关总署授予“红旗海关”荣誉称号。

改革开放以后，天津海关总结30年思想政治工作的经验和海关队伍建设的特点，概括为“进取求实、忠于职守、廉洁奉公、团结协作”和“以身作则、工作严谨、严守纪律、讲究效率、文明礼貌”为内容的“四种精神、五种作风”，并在全关进行推广宣传，以“四种精神、五种作风”作为全体关员日常行为的具体要求。1989年9月，天津海关召开弘扬“四种精神、五种作风”表彰大会，对25名先进个人予以表彰，树立关员身边的先进典型。

进入21世纪后，天津海关利用新媒体开展培育、选树“先进典型”的活动，在全关范围内开展“津关楷模”评选表彰活动，编辑出版《津关楷模先进典型事迹汇编》、设立“津关楷模”网上专栏、在主要业务现场以张贴宣传画和展板的形式宣传“津关楷模”的先进事迹，引导广大关员“学习身边人、干好当前事”，形成比学赶超的生动局面。组织开展“榜样的力量——党员群众风采录”评选，积极参与海关总署和地方组织的“两优一先”评选表彰，涌现出许多先进集体和个人，先进典型的示范带动作用得到进一步发挥。

自1949年10月新中国成立至2014年底，据不完全统计，天津海关共涌现出省部级以上先进集体121个，先进个人143名。

1949～2014年天津海关获得省部级以上荣誉称号的集体和个人一览表

表1-2-8-12

时　间	荣誉称号	授予集体	授予个人
1959年	红旗海关	天津海关	—
1985年	全国海关先进集体	天津海关货管处灵活贸易科 天津新港海关	—
1985年	全国海关先进工作者	—	马维萍
1988年	全国海关先进集体	天津海关新贸处灵活贸易科 天津海关人事教育处 天津新港海关船管科	—
1988年	全国海关先进工作者	—	张训国、王士栋、龚辉

续表 1-2-8-12

时　间	荣誉称号	授予集体	授予个人
1990 年	全国海关先进集体	天津海关人事教育处宣传教育科 天津新港海关进口科 天津海关技术处计算机中心	—
1990 年	全国海关先进工作者	—	陈宝光、姚玉玺、周建民
1991 年	全国海关先进集体	天津海关驻机场办事处旅检科 天津海关行政处总务科 天津新港海关进口科	—
1991 年	全国海关先进工作者	—	夏春祥、姚玉玺、闫津义
1991 年	天津市劳动模范	—	夏春祥
1993 年	天津市劳动模范	—	杨光明
1994 年	全国海关先进集体	天津东港海关调查科 天津海关保税处核销科 天津新港海关旅检科	—
1994 年	全国海关优秀关长	—	邹志武
1994 年	全国海关先进工作者	—	由昌民、张燕雨
1996 年	全国海关基层建设标兵单位	天津新港海关进口科	—
1996 年	全国“青年文明号”	机场办事处旅检科	—
1997 年	全国海关先进集体	东港海关查验科	—
1997 年	全国海关先进工作者	—	王健（新港海关）
1999 年	全国海关先进集体	天津新港海关进口科	—
1999 年	全国海关先进工作者	—	胡丛华
1999 年	全国创建文明行业工作先进单位	开发区海关 天津海关驻机场办事处旅检科	—
1999 年	“全国优秀青年卫士”	—	胡丛华
1999 年	天津市劳动模范	—	高岚、武建中
2001 年	天津市劳动模范	—	任国权、蔡昕
2001 年	全国青年文明号	东港海关查验一科	—
2001 年	第三届全国杰出青年卫士	—	刘晓辉
2003 年	全国创建文明行业工作先进单位	保税区海关	—
2003 年	天津市劳动模范	—	刘建军、杜青岩
2003 年	全国海关防治非典型肺炎工作先进基层党组织	天津海关所属机场海关党支部	—
2003 年	全国海关防治非典型肺炎工作优秀共产党员	—	郑卫
2003 年	全国反走私先进集体	调查局、缉私局	—

续表 1-2-8-12

时　间	荣誉称号	授予集体	授予个人
2003 年	全国反走私先进个人	—	胡丛华、陈东
2005 年	全国青年文明号	天津新港海关查验处查验一科 天津机场海关旅检科 天津经济技术开发区海关查验科	—
2005 年	全国文明单位	天津保税区海关	—
2005 年	全国精神文明创建工作先进单位	天津机场海关	—
2006 年	天津市劳动模范	—	白树林、缪斌
2007 年	全国海关先进集体	新港海关接单处进口一科 天津开发区海关	—
2007 年	全国海关先进工作者	—	王伟（女）
2007 年	全国青年文明号	保税区海关查验科	—
2007 年	全国青年文明号	新港海关查验处查验一科、机场海关旅检科、开发区海关查验科	—
2008 年	全国五一劳动奖状	天津保税区海关查验科	—
2008 年	全国学习型组织先进单位	天津海关	—
2008 年	天津市劳动模范	—	白莹、吴洁健、白琳
2008 年	北京奥运会、残奥会先进个人	—	田宝明
2009 年	海关系统 2008 年度全国青年文明号	天津新港海关查验处查验一科	—
2011 年	全国工人先锋号	机场海关旅检科	—
2011 年	天津市劳动模范	—	柏林、王怡
2011 年	全国海关先进基层党组织	新港海关缉私分局党支部 新港海关物流监控处党支部	—
2011 年	全国海关优秀共产党员	—	韩适存、高健、周剑
2011 年	全国海关优秀党务工作者	—	杨明升
2012 年	全国文明单位	武清海关	—
2012 年	全国文明单位	保税区海关	—
2013 年	全国海关先进集体	缉私局侦查处	—
2013 年	全国海关先进工作者	—	杜连营
2013 年	天津市“五一”劳动奖章	—	周宏亮、王秀禄
2014 年	全国文明单位	天津海关（机关）、机场海关	—
2014 年	全国文明单位	保税区海关	—

二、文化建设

重视文化建设始终是海关职业的突出特色。新中国成立前，旧海关即十分注重职工的业余文体活动，津海关在原英租界的“维多利亚路”（今解放路）设有职工俱乐部，还组建有海关自己的乐队。新中国成立后，天津海关还保留着旧海关遗留的钢琴、铜管乐器和英式台球台，至“文化大革命”后期才部分移交给天津市。新中国成立后，天津海关始终把开展职工文体活动作为海关文化建设的重要组成部分，通过开展健康的文体活动活跃关员生活，增强关员的集体荣誉感，提高关员综合素质。特别是改革开放以后，随着海关物质条件的不断改善和海关人员文化素养的提高，天津海关的文体活动更加丰富活跃。1996年，天津海关成立绿草地文学社，创办《绿草地》文学刊物。并以此为载体，培养海关自己的文学骨干，创作出一批贴近海关工作、反映关员生活，内容积极向上的文学作品，成为天津海关文化建设的重要形式。进入21世纪，天津海关根据海关总署《海关文化建设纲要》，制定天津海关《文化建设实施方案》，推进天津海关文体活动实现经常化、群众化、专业化。据统计，天津海关先后举办过11届运动会，两届体育节、两届文化艺术节，先后以“纪念人民海关成立45周年”“纪念海关缉私警察成立10周年”“天津设立海关150周年”为题举办专题文艺活动。同时，组织广大关员参观博物馆、美术馆，观看健康有益、时尚清新的文艺演出活动，举办文学、书法、绘画、摄影等系列文化讲座及作品展，邀请专业运动队的运动员、教练到关进行技术指导，并开展教学比赛交流活动。通过编印文学刊物、书画、摄影画册，树立天津海关的文化品牌，提升关员的文化品位和审美层次。

在开展群众文体活动中，天津海关注重发挥关区各文体协会组织的引领带动作用。截至2014年底，天津海关拥有篮球协会、足球协会、网球协会、乒乓球协会、羽毛球协会、台球协会、毽球协会、桥牌协会、棋类协会、太极拳协会、摄影协会、书画协会及天津海关绿草地文学社、管乐队、女子弦乐队、合唱团等文体协会组织16个，组建篮球、足球、乒乓球、羽毛球、毽球、桥牌等关级体育代表队6个，他们既是天津海关开展群众文体活动的中坚骨干，同时，也代表天津海关积极参加全国海关系统及地方的各级文体比赛竞赛活动，为天津海关赢得荣誉、树立海关良好的社会形象。

2014年，天津海关本着修旧如故、复其旧貌的原则对营口道2号原津海关旧址进行保护性维修。修缮工作完成后，该楼既作为办公场所，同时又利用楼内有限的空间，展出反映天津海关历史的照片、实物、绘画800余幅、实物130余件，将始建于1888年的文物级历史建筑，修建成天津海关关史陈列馆。关史陈列馆开放后，除组织全关人员参观外，还多次接待社会团体参观。

第三章 廉政建设

海关作为国家的进出关境监督管理机关，始终处在反走私与反腐败的最前沿，具有执法点多、线长、面广，廉政风险高，反腐败任务重、责任大、情况复杂等特性，因此，自新中国海关建立后，加强廉政建设始终是海关队伍建设的重点内容之一。

天津海关是全国海关中较早成立监察室的直属海关。特别是改革开放后，随着海关系统纪检监察机构自身建设不断深入，天津海关纪检监察机构也逐步恢复，关区纪检监察组织机构不断健全，各项制度和内部管理逐渐完善，同时结合海关总署要求和关区实际，强化建章立制工作，并抓好贯彻落实，建立健全具有关区特色的制度、规章，在规范关员行为，抓好内部管理，争取社会监督，惩治腐败现象等方面发挥重要作用，并在实践中不断探索、实践，积累工作经验，努力形成用制度规范行为，按制度办事，靠制度管人的机制。

在中共中央和海关总署统一领导下，天津海关坚持每年组织开展多项廉政教育活动，强调突出廉政监督检查工作，利用正反面典型开展警示教育，强化纪检监察专门监督，督促各级干部廉洁从政，同时运用科技手段加大业务监督力度。

天津海关坚持从严查处队伍中发生的违纪违法案件，将案件查办工作作为纪检监察工作的重中之重，坚持惩治与预防并重，坚持查清问题与澄清事实并重，坚持追究责任与事后教育、妥善安排并重的工作思路，先后查处一批典型的腐败案件，有效地保障海关事业的顺利进行。

第一节 机构 制度

新中国成立后，天津海关在全国海关中较早成立监察室，但由于历史的局限、隶属关系的变动以及政治运动的影响，在1949年以后的30年中，海关的党风廉政建设多是融合于各种政治运动之中同步进行。改革开放以后，特别是从1981年海关总署党组设立纪律检查组（以下简称“纪检组”）起，海关系统纪检监察机构自身建设不断深入，1990年天津海关设立党组纪检组，天津海关的纪检监察机构得以恢复。

一、机构设置

新中国建立初期，海关总署对监察工作予以高度重视，1952 年 8 月 20 日，海关总署奉政务院指示增设监察室。1953 年 6 月 26 日，天津海关即早于上海、北京、广州等海关设有主管监察职能的机构。1953 年 9 月，天津海关发布的《监察室暂行办事细则（草案）》明确监察室的责任为“监督本关工作人员贯彻执行国家政策、法律、法令、方针、计划、决议、命令；监督检查经费使用、财政收支、遵守财政制度、纪律；纠正和惩戒工作人员消极怠工、贪污浪费等违法失职等问题；处理人民来信、来访等 7 项具体任务职权”。1956 ~ 1965 年，随着“反右倾”“大跃进”“四清”等政治运动的开展，海关纪检监察机构受到冲击，机构被精简，人员被下放。1966 年 5 月至 1976 年 10 月，天津海关与整个海关系统的纪检监察机构一样，基本处于无人管理的状态。

改革开放以后，海关系统的纪检监察机构和队伍逐步建立起来，并不断健全，天津海关纪检监察机构也逐步恢复。根据海关总署党组《建立和健全海关系统党的纪检组织和充实纪检干部的通知》的精神，1984 年 5 月，成立天津海关党组纪检组。1988 年 5 月，根据《国务院关于监察部设置派出机构的批复》精神，监察部向海关总署派驻监察局驻署纪检组、驻署监察局合署办公，各直属海关监察机构也逐步恢复。在此背景下，1988 年 10 月 31 日，天津海关设立监察室。1988 年 11 月 12 日，关党组决定撤销天津海关党组纪检组，纪检工作由天津海关机关党委负责。1988 年 12 月 27 日，关党组决定，审计室和监察室对内合署办公。1990 年 8 月 31 日，海关总署党组同意天津海关恢复党组纪检组。1995 年 2 月，明确监察室为独立机构。2003 年 12 月 29 日，监察室设立综合科和案件检查科。2004 年 11 月 2 日，监察室设立案件审理科。2009 年 7 月 30 日，监察室设立监控科。2011 年，根据“三定”方案，监察室内设综合科、案件检查科和案件审理科 3 个科，人员编制 7 人。2014 年，为适应中共十八大后党风廉政建设和反腐败斗争新形势、新要求，落实海关总署党组关于深入落实党风廉政建设主体责任和监督责任的有关部署，推动关区纪检监察机构“转职能、转方式、转作风”，关党组下发《天津海关党组关于调整党组纪检组、监察室承担办事机构和参与议事机构有关事项的通知》，调整或撤销原由纪检组、监察室承担的办事机构 5 项，退出议事机构 19 项；在开发区海关、保税区海关、机场海关、东疆海关和现场业务处设立监察内控科，新港海关向主要业务现场派驻廉政监督员，强化基层监督力量，健全基层监督网络，切实保障关区纪检监察机构聚焦主责主业、更好履行党风廉政建设监督责任。

天津海关监察室作为全关区纪检、监察工作的职能管理部门，为关党组纪检组下设日常工作机构，与驻海关总署纪检组、监察局实行业务对口管理。主要职责是根据《中华人民共和国行政监察法》《中华人民共和国公务员法》及有关党风廉政建设与反腐败规定和纪律，拟定关区党风廉政建设与反腐败工作方案，提出贯彻意见，分解党风廉政建设与反腐败工作任务，监督、检查、指导关区党风廉政建设与反腐败工作；负责组织推动落实党风廉政建设责任制，纠正行业不正之风，监督检查领导干部廉洁自律情况；受理、核查对监察对象的信访举报、检举和控告，调查监察对象的违反党纪和政纪行为，查办违纪违法案件，提出处理意见，维护监察对象的合法权益，受理监察对象不服纪律处分的申诉、复审和复核；组织开展行政执法监察和行政效能监察工作，开展源头治腐工作；推动党风廉政建设与反腐败教育、宣传工作；对关区廉政、行风、执法执纪等情况开展调查研究，开展廉政保障制度检查和廉政风险管理工作；对干部任免使用、惩处褒奖提出监察意见；掌握关区专、兼职纪检监察干部配备情况，对兼职纪检监察干部缺位及时提出调整建议，组织落实专、兼职纪检监察干部培训；负责与地方纪检监察和公检法等部门相关工作联系等。

二、制度建设

制度是组织成员共同遵守的办事规程或行动准则，目的是保证各项工作按计划按要求达到预计目标。天津海关的廉政建设制度包括党风廉政建设责任制、反腐监督制度、信访和案件查办制度、廉政监察机构自身管理制度和廉政相关纪律规范等五大类。通过一系列制度、规定，规范对海关工作人员的管理和形成海关工作人员的个人行为准则。

（一）党风廉政建设责任制

1996年9月，为贯彻海关总署《海关党风廉政建设领导责任制》的有关规定和要求，切实加强关区党风廉政建设，天津海关制定《党风廉政建设责任制》。对各级领导干部在党风廉政建设中的责任作出具体规定。

2000年8月，为保证党风廉政建设责任制的贯彻落实，做好责任追究工作，根据中共中央、国务院发布的《关于实行党风廉政建设责任制的规定》，以及海关总署和天津市的相关文件规定，结合天津海关实际情况，先后制定下发《天津海关关于党风廉政建设责任制责任追究实施办法（试行）》和《天津海关关于党风廉政建设责任制考核办法（试行）》。其中在责任追究实施办法中，规定责任追究的内容、政策界限、程序和组织领导；在考核办法中，规定责任考核的内容、标准、具体措施和要求。

2004年2月，天津海关党组下发《天津海关党风廉政建设责任追究制度》和《天津海关领导干部个人重大事项报告制度》，责任追究制度对关区各级领导班子、领导干部未履行党风廉政建设中应承担的领导责任，开展责任追究的内容和程序作出明确规定；个人重大事项报告制度对副处级以上领导干部报告本人、配偶、子女的房屋、婚丧喜庆事宜、因私出国（境）、经商或从业情况提出具体要求。

2010年10月，为进一步增强科级领导干部落实党风廉政建设责任意识，提高履行“一岗双责”的能力，推动基层党风廉政建设工作整体上水平，天津海关下发《基层科室党风廉政建设责任制规范化管理工作方案（试行）》，在关区开展党风廉政建设责任制基层科室规范化管理试点单位建设工作，确定新港海关接单处进口二科、开发区海关核销科为试点单位，建立科室日常党风廉政建设工作运作模式，“以点带面”，使科级领导干部切实负起应该承担的“六项基本责任”，进一步加强基层建设与管理，防范执法风险和廉政风险。监察室将会同其所在部门开展试点建设工作。

2011 年 5 月，为明确各级领导班子和领导干部在党风廉政建设中的责任，确保责任追究制度得到严格落实，根据 2010 年中共中央、国务院颁布的《关于实行党风廉政建设责任制的规定》和海关总署的有关文件精神，天津海关党组制定印发《天津海关党风廉政建设责任制追究实施办法》，对按照党风廉政建设责任制要求应该进行责任分析和责任追究中，涉及的追究原则、追究情形、追究方式、领导责任和追究程序等内容作出具体规定。是年 6 月，天津海关党组制订下发《基层科室党风廉政建设责任制规范化管理工作方案（试行）》，结合党风廉政建设责任制基层科室规范化管理试点工作情况，在关区全面开展基层科室党风廉政建设责任制规范化管理工作，对基层科室党风廉政建设的工作目标、建设标准和基本要求提出规范化的管理规定。

2014 年 3 月，天津海关党组印发《党组成员队伍和管理责任区及基层联系点制度》，建立关党组成员队伍和管理责任区，明确关党组成员对责任区的队伍建设和管理负有领导责任，督促责任区全面落实党风廉政建设责任制。同年 10 月，为落实党风廉政建设主体责任，修订《党组成员队伍、管理和党风廉政建设责任区及基层科级联系点制度》，明确天津海关党组成员在队伍、管理和党风廉政建设方面的管理区域和责任。

同年 9 月，为贯彻“党要管党、从严治党”方针，根据中共中央关于落实党风廉政建设主体责任的有关要求和海关总署相关文件精神，天津海关制定《党组深入落实党风廉政建设主体责任实施细则》和《党组纪检组深入落实党风廉政建设监督责任实施细则》，细化确定主体责任 51 项、具体措施和监督责任 36 项，并随附下发《天津海关党员领导干部落实党风廉政建设主体责任承诺书》，建立党员领导干部主体责任承诺制度，推动天津海关党风廉政建设主体责任和监督责任具体化、程序化、规范化、常态化。

（二）纪律规范

1995 年 5 月，为贯彻落实中共中央纪律检查委员会五次全会提出的规定和要求，依据海关总署制定《海关廉政规定》《海关工作人员与工作对象交往中具体问题的规定》和《关于重申不准参加可能对公正执行公务有影响的宴请和用公款支付的营业性娱乐场所活动的规定》，天津海关制定下发《关于重申不准参加可能对公正执行公务有影响的宴请和用公款支付的营业性场所活动的规定的具体实施办法》，办法中主要针对邀请海关出席一些单位较大型的庆典活动，工作对象举办宴请或参加娱乐活动及在外用餐等情况，明确海关工作人员应采取的规范行为。

1995 年 11 月，天津海关遵照《海关总署关于对海关工作人员收受礼品实行登记制度的办法》，结合关区实际，制定下发《关于海关工作人员收受礼品实行登记制度的实施细则》。明确海关人员不得收受可能影响公正执行公务的礼品馈赠，对未能拒收的礼品必须登记上交及对礼品的处理办法。

1996年12月，为强化外部监督，搞好海关廉政建设，对外发布《天津海关廉政公告》。公告规定海关工作人员不准利用职权和工作之便，徇情放私；不准以任何名义或方式接受、贪占工作对象的各种钱物；不准擅自参加工作对象为海关举办的宴请、游览、高消费娱乐活动和抽奖、摸彩等有奖联谊活动；不准擅自接受工作对象邀请，到境（国）外进行访问、参观、旅游；不准以任何理由私自向工作对象借用交通工具和通讯器材，不准接受工作对象免费或低价提供的样品、新产品、试制品、建筑装修材料和各种劳务；不准经商办企业等10项内容，主动接受社会监督。

2006年11月，天津海关依据海关总署《违反海关执法规定和廉政纪律行政处分办法》《海关人员六项禁令》等有关廉政纪律和公务回避制度规定，结合关区工作实际，制定《天津海关对“打招呼”的管理办法》，明确规定对遇有“打招呼”的情事，应按照“一级管一级，一级对一级负责”的原则，及时、主动向上一级领导报告，并做好登记工作；各级领导干部及其工作人员对“打招呼”的情事，应根据本人管理权限，依法依规公开办理，任何人不得违规操作、私自处理；并将落实“打招呼”登记报告制度情况纳入党风廉政建设责任制检查考核的一项重要内容，对关内各部门、各隶属海关、各直属单位的执行情况适时进行检查。

2012年7月，根据《海关总署党组关于印发〈海关党员领导干部廉洁从政若干规定〉〈海关工作人员廉政纪律若干规定〉和〈海关工作人员六项禁令〉的通知》（以下统称“三项廉政规定”）要求，天津海关党组要求全体关（警）员及海关工作人员认真学习，严肃落实，自我查找、严加纠正。并对关区贯彻执行有关要求发出通知，要求充分认识颁布实施“三项廉政规定”的重要意义；切实履行贯彻执行“三项廉政规定”的领导责任；认真抓好“三项廉政规定”学习培训和对外宣传工作；认真落实和完善相关管理监督制度和措施；认真纠正和严肃查处违反“三项廉政规定”的行为。

2014年2月，根据《海关总署党组关于印发〈海关落实防止发生利益冲突行为有关规定的实施办法（试行）〉并开展专项清理整治工作的通知》和《海关总署党组关于深入贯彻执行〈海关落实防止发生利益冲突行为有关规定的实施办法（试行）〉的通知》精神，天津海关制订《落实防止发生利益冲突行为有关规定实施细则（试行）》，对纠正和处理党员领导干部及其亲属在一定范围内从事有关利益冲突行为等情况予以明确规定，进一步推动落实海关总署关于防止党员领导干部以及其他从事公务的人员发生利益冲突行为各项制度规定，促进天津海关党员领导干部以及其他工作人员依法行政、廉洁从政。

（三）廉政监督制度

在干部监督方面，1998年12月，根据《海关总署关于对署管干部实行诫勉谈话的实施办法》，天津海关制定下发《对处科两级领导干部实行诫勉谈话的实施办法（实行）》，办法明确诫勉谈话的实施主体、对象、具体内容及处理等要求，以实现对各级领导干部的有效监督，促进领导干部依法廉洁行政，管好自己，带好队伍。

2001年8月，根据天津市纪律检查委员会颁发的《关于加强对廉政档案管理的意见》和天津市纪委、市委组织部、市档案局颁发的《关于进一步规范领导干部廉政档案的实施意见》，结合关区实际情况，天津海关制定下发《天津海关关于建立健全领导干部廉政档案工作实施办法》。对廉政档案的意义、建立廉政档案的范围和方式、内容、管理、使用及落实提出具体要求。

2004年2月，为认真贯彻中共中央办公厅、国务院办公厅《关于领导干部报告个人重大事项的规定》，进一步加强对天津海关领导干部的监督管理，促进党风廉政建设和领导干部的思想作风建设，天津海关党组制定下发《天津海关领导干部个人重大事项报告制度》，明确此制度的适用范围、报告的具体事项等内容。

2009年11月，天津海关党组制定印发《天津海关党组成员和厅局级领导干部向关纪检组通报廉洁从政有关事项实施细则》和《天津海关处级领导干部向纪检组、纪检监察部门报告廉洁从政有关事项实施细则》，针对不同级别领导干部，对适用范围、通报事项、所涉及表格的填报要求、通报材料的保管和监督检查等作出明确规定。2013年1月，天津海关重新修订《天津海关党组成员和厅局级领导干部向关党组纪检组通报廉洁从政有关事项实施细则》和《天津海关处级领导干部向关党组纪检组、监察室报告廉洁从政有关事项实施细则》，根据形势发展变化，对相关要求进行调整和重新规定。

2014年5月，天津海关依据海关总署《海关党风廉政建设责任制实施办法》和《直属海关提醒谈话实施办法（试行）》等规定，制定《天津海关提醒谈话实施细则（试行）》。对科级及以下非领导职务党员、干部以及其他一般工作人员和科级机构班子进行提醒谈话事宜予以细化规范。同年10月，根据《中国共产党党内监督条例（试行）》《中国共产党党员领导干部廉洁从政若干准则》《天津市党员领导干部廉政谈话办法》等有关规定，制定《天津海关领导干部廉政谈话办法（试行）》，确定廉政谈话分为履责谈话、警示谈话和诫勉谈话三类，是天津海关党组、党组纪检组或各部门（单位）领导班子，对关内各部门（单位）副科级（含）以上党员领导干部特别是主要负责人，采取正式谈话的规范方式，就其党风廉政建设方面的有关事项进行提醒、警示或了解核实并督促纠正的一种监督措施。

在廉政风险防控方面，2005年12月，为完善天津海关关廉政风险管理体系，建立廉政风险管理的长效机制，天津海关党组制定印发《廉政风险管理办法》，对风险信息采集、风险预告、风险处置、反馈与修正、责任落实五个方面作出具体规定。

2008年6月，为落实海关总署《海关系统建立健全教育、制度、监督并重的惩治和预防腐败体系指导方案》和《海关党风廉政建设责任制实施办法》有关规定，天津海关在总结实践经验的基础上，结合工作实际对《天津海关廉政风险管理办法》进行修订，形成《天津海关廉政风险管理办法（2008年修订）》。办法主要对廉政风险排查、廉政风险处置、廉政风险防控和廉政及相关责任追究作出明确规定。

2009年7月，根据《海关总署关于全面推广应用海关廉政风险预警处置系统的通知》精神，结合天津海关实际，就关区推广应用“海关廉政风险预警处置系统”（以下简称“HL2008系统”）

工作，印发《天津海关推广应用海关廉政风险预警处置系统工作方案》，方案对指导思想和目的、组织领导机构、实施步骤及任务区分等提出明确要求。同年9月14日，天津海关下发《使用海关廉政风险预警处置系统安全管理办法》，该办法明确天津海关HL2008系统的安全管理工作的主要环节、授权工作、维护工作、账户安全、功能和责任。9月21日，制定下发《天津海关应用海关廉政风险预警处置系统绩效评估办法（试行）》，办法对HL2008系统绩效评估的原则、指标、量化及通报工作提出明确要求。

2011年11月，为进一步规范和加强“海关执法廉政风险预警处置系统——HL2008”的应用管理，发挥系统作为职能监控主平台和专门监督部门内控评估平台的作用，根据《海关总署关于印发〈海关执法廉政风险预警处置系统直属海关单位应用管理办法（修订）〉的通知》要求，结合天津海关的实际，制定《海关执法廉政风险预警处置系统应用管理办法》，对组织领导、办事机构、风险预警处置、信息处理和共享、绩效评估及参数维护、数据安全、技术支持、运行保障等做出明确规定。

2014年6月，天津海关按照《海关总署关于印发〈金关工程二期监察审计监督工作规程〉的通知》的要求，制定《天津海关金关工程二期监察审计监督工作规程》，对审计监督、监察监督以及各部门间联系配合等方面的具体内容予以规定。同年11月，根据海关总署党组《建立健全海关惩治和预防腐败体系2013～2017年实施方案》要求，制定《天津海关建立健全惩治和预防腐败体系2013～2017年实施方案》，确定关区91项具体任务措施，从正风肃纪、查办案件、科学预防以及落实两个责任等方面对天津海关5年内反腐倡廉工作予以详细规划。

在纪检监察监督方面，2004年2月，天津海关党组印发《天津海关监察建议工作制度》和《天津海关查办违纪违法案件通报反馈制度》。监察建议工作制度明确对关内所属行政部门及其工作人员有相关行为的，监察部门和纪检监察特派员可以以采取下达《监察建议书》的方法加强廉政工作，并对《监察建议书》基本原则、适用内容、方法程序、责任追究等方面内容进行规范；案件通报反馈制度明确对涉及本关干部职工发生违纪违法案件，由关党组纪检组、监察室采取《违法违纪案件通报》的方式向全体干部职工进行公布，并要求全关各部门结合案例开展教育、进行分析，并将情况反馈给关党组纪检组、监察室。

2009年4月，根据《驻署纪检组监察局履行监督职责实施办法（试行）》及其他有关规定，关党组下发《天津海关纪检组、纪检监察部门履行监督职责实施办法（试行）》。办法中主要对9种监督措施作出明确，包括：协助加强制度建设；会议和会签文件；监督检查有关规定执行情况；参加民主生活会；联系沟通和谈话提醒；监察监督；廉政审核监督和参与、协助干部考核考察；调查研究和实地检查；受理信访举报和查办案件。

2012年4月，为进一步推动海关反腐倡廉建设，规范天津海关纪检监察机构监督工作，促使其全面履行监督职责，提升监督效果，天津海关党组根据《直属海关纪检监察机构开展监督工作若干规定（试行）》，制定《天津海关纪检监察机构及其工作人员开展现场监督工作有关规定

（试行）》。对监督工作的主体、对象、内容、流程和具体操作等方面作出规定。

在纪检监察特派员监督方面：2003 年 5 月，天津海关党组印发《纪检监察特派员工作规范》和《纪检监察特派员管理办法》。工作规范主要规定纪检监察特派员的职责范围、工作方式和工作要求。管理办法中主要对纪检监察特派员的选拔任免、教育培训和考核奖惩提出明确要求。

2011 年 5 月，根据《海关纪检监察特派员工作规定》要求，结合关区实际，关党组制定《天津海关纪检监察特派员工作规定实施细则（试行）》。对特派员工作领导体制；特派员选派；特派员职责、权限和工作方式；特派员纪律作风；特派员日常管理；驻在或被巡察单位职责；考核、考察和奖惩做出具体规定。

2013 年 2 月，为规范天津海关纪检监察特派员巡察监督工作程序及方法、提高监督效能、促进关区反腐倡廉建设和隶属海关机构领导班子建设，按照《直属海关党组开展纪检监察特派员巡察监督工作实施办法（试行）》规定要求，制定《天津海关党组开展纪检监察特派员巡察监督工作实施细则（试行）》。

另外，为加强日常的廉政监督工作，1999 年 8 月，天津海关制定印发《廉政工作特邀监督员实施办法（试行）》。办法对特邀监督员的选聘、职责、条件、权利及聘任期限、保护措施和奖励办法等做出具体规定，以保证落实社会各界对海关廉政工作的监督。

2003 年 8 月，为加强对纪检监察工作的组织领导，规范对兼职纪检监察员的管理，发挥兼职纪检监察员在加强党风廉政建设和反腐败斗争中的监督作用，天津海关关党组制定《兼职纪检监察员管理规定》。规定明确对兼职纪检监察员的日常管理、选拔任免、教育培训、工作职责、工作任务和工作要求。

2014 年 11 月，根据《驻海关总署纪检组监察局 驻质检总局纪检组监察局关于加强查办案件工作联系配合办法》精神，天津海关与天津检验检疫局签订《天津海关党组纪检组监察室 天津检验检疫局纪检组监审室关于加强查办案件工作联系配合实施细则》，对天津海关党组纪检组监察室、天津检验检疫局纪检组监审室加强查办案件工作的联系配合具体情况予以明确规定，确保将查办案件工作摆在突出位置，扎实有效地开展监督执纪问责工作。

（四）信访和案件查办

改革开放后，特别是从 20 世纪 80 年代开始，天津海关纪检监察机构不断健全，在关党组的直接领导下，坚持有案必查，办案力度逐年加大，在查办案件工作中坚持惩治腐败与预防腐败并重，坚持查清问题与澄清事实并重，坚持追究责任与事后教育、妥善安排并重，注意发挥以案正纪的综合效能，严肃查处违法违纪问题，协助配合检察机关查处内部腐败案件。

1989 年 2 月，天津海关印发《关于违纪案件办案程序的暂行规定》。规定明确办案形式、立案审批、立案调查、案件处理和材料归档等内容。是年 6 月，根据国务院《国家行政机关工作人员贪污贿赂行政处分暂行规定》和财政部相关文件精神，天津海关印发《关于海关内部违纪案件没收物品处理的暂行规定》，对海关内部违纪案件中的罚没物品的处理作出明确规定。

1993年2月，为惩治腐败，促进廉政建设，鼓励天津海关干部对违法违纪行为的检举揭发，天津海关制定《关于检举违法违纪案件的奖励办法》，办法主要对奖金的设置、检举人的认定及发放的流程及要求等作出规定。

1999年，天津海关原副关长沈焕骥等人的受贿案事发。据查，1997年1月24日，天津海关调查局对福建九州（集团）股份有限公司在报关进口电梯中有走私嫌疑问题立案调查，并将该公司进口的第二批电梯及相关人员扣留。天津海关副关长沈焕骥经人介绍与该公司副总裁丛真相识。丛真请沈焕骥予以“关照”，沈焕骥将天津海关调查局副局长宫金泉、共同具体负责查办此案的天津海关走私犯罪侦查局侦查处副处长张俊江等4人叫到丛真的住处，询问了解调查情况，并指示放人。随后张俊江等人对此案未继续深入调查，就以其行为违反海关法规，对福建九州（集团）股份有限公司仅处以10000元罚款结案。1998年1月间，沈焕骥在出国考察途经香港时收受丛真港币5万元；1997年12月，宫金泉在出国考察途经香港时收受丛真港币7万元。该案结案后丛真宴请张俊江等人，并给付张俊江人民币7万元；其他3名参与办理此案的海关人员，在办案期间接受丛真宴请，事后分别收受丛真给付的人民币6万元、3.25万元和2.6万元。上述6人利用职务上的便利为福建九州（集团）股份有限公司谋取利益，非法收受他人财物，损害国家机关的管理秩序和国家工作人员职务行为的廉洁性，触犯《中华人民共和国刑法》第三百八十五条第一款规定，构成受贿罪，于2002年3月6日，被天津市第二中级人民法院以受贿罪分别判处有期徒刑、缓刑。2002年7月18日，天津市纪律检查委员会第九次常务委员会决定，依据《中国共产党纪律处分条例（试行）》相关条款的规定，开除沈焕骥、宫金泉、张俊江党籍。

2002年12月，为加强海关打击走私和反腐败工作，搞好侦查、调查部门与纪检监察部门工作联系配合，天津海关印发《关于侦查、调查部门与纪检监察部门工作联系配合办法（试行）》，对信访举报中及侦查、调查工作中发现相关人员违法违纪线索时应如何通报，对负责查办的部门和人员提出明确要求。

2009年7月，根据海关总署《海关党风廉政建设责任制实施办法》等规定，天津海关印发《纪检监察部门和缉私部门反走私反腐败工作联系配合实施办法》，对线索的移送、线索的调查、奖励、监督和追究作出明确规定。

2010年11月12日，天津海关所属新港海关副关长胡丛华因涉嫌犯受贿罪被北京市人民检察院羁押，同年11月27日被逮捕。据查，胡丛华于1999年5～11月间，利用担任天津海关调查局稽查处副处长的职务便利，在查处北京某办公设备公司涉嫌走私案件中，为该公司逃避刑事处罚及针对该公司业务部经理夏某就与该公司竞争对手所作举报进行选择性执法以帮助该公司达到垄断生意目的等提供帮助，并为此先后收受该公司及夏某给予的人民币20万元和价值人民币302500元的广州本田雅阁轿车1辆。2003年，胡丛华利用担任天津海关调查局副局长的职务便利，在查处天津2家汽车贸易有限公司和北京某汽车贸易有限公司涉嫌偷逃进口环节税案件中，为上述3家公司得到从轻处理提供帮助，并为此收受上述公司的实际控制人和股东丁某给予的人民币 22 万元。2008 年 3 月，胡丛华利用担任天津新港海关副关长的职务便利，为北京某酒业有限公司涉嫌低报价格进口葡萄酒，提供通关放行帮助，为此收受该公司实际控制人刘某给予的人民币 9 万元。2008 年初至 2010 年 6 月间，胡丛华利用担任天津新港海关副关长的职务便利，为天津某货物代理有限公司经营活动及该公司参股的天津某国际物流有限公司申请设立出口查验监管场库等事项提供帮助，为此，先后 5 次接受该公司法定代表人胡某给予的人民币 55 万元。2011 年 12 月 15 日，北京市第二中级人民法院以受贿罪判处胡丛华有期徒刑 8 年，并处没收个人财产人民币 50 万元。2012 年 2 月 13 日，天津海关监察室依据北京市第二中级人民法院刑事判决书，对胡丛华违纪问题进行审理。根据《行政机关公务员处分条例》相关条款规定，经天津海关党组会议研究决定，给予胡丛华开除处分。经中共天津市市级机关纪律检查工作委员会研究决定，开除胡丛华党籍。

2000 年 12 月 4 日，天津海关缉私部门在对北京文森特经贸有限公司走私案进行调查过程中，发现审单处综合科科长毕钧涉嫌帮助说情，天津海关监察室当即组成调查组对毕钧说情一事进行初步核查，并于是年 12 月 15 日正式立案调查。翌年 1 月 21 日，毕钧被天津市公安局拘留。据查，毕钧存在帮助走私嫌疑人说情、收受贿赂、生活作风腐化、协助走私等违纪问题。1998 年，毕钧以天津某国际贸易有限公司的名义，以每辆人民币 121 万元的价格包证包税给河北省某局代理进口 8 辆韩国产 AERO（45+2）现代客车业务。毕钧通过内蒙古某公司申办进口汽车配额，并通过内蒙古某贸易公司办理进口许可证及对外签订进口合同。8 辆韩国产 AERO（45+2）现代客车到港后，毕钧指使吉某某按照每辆车 6 万美元的海关限价制作虚假进口报关单据，并委托天津市某报关行在天津新港海关以 48 万美元申报进口，8 辆韩国产 AERO（45+2）现代客车完税价格 707920 美元，偷逃海关关税和增值税款共计人民币 142.4 万余元。是年，北京某家居有限公司委托北京某进出口实业公司代理进口意大利家具。北京某进出口实业公司的副总经理刘某某、职员戴某某找到毕钧，共同商议在进口家具过程中偷逃关税。1998 年 8 月至 1999 年 6 月间，10 票家具先后到港。毕钧用成华公司的名义，以每个集装箱人民币 5 万元的“包税”价格，作进口货物的代理，采用低报进口货物价值方法走私，在毕钧的指使下制作虚假进口报关单据，并委托两家报关行，从天津新港海关以人民币 2367291 元申报进口，10 票家具完税价格人民币 7084754 元，偷逃国家海关关税和增值税款共计人民币 201.6 万余元。毕钧参与走私进口客车和家具总计偷逃国家税款总额计人民币 344 万余元。2002 年 12 月 7 日，天津市第二中级人民法院做出终审判决，因走私普通货物罪判处毕钧有期徒刑 15 年，并处罚金人民币 6881333.08 元。2003 年 5 月 29 日，经天津海关党组研究决定，开除毕钧公职，2003年6月9日，经中共天津海关机关党委研究决定，开除毕钧党籍。

同日，天津市人民检察院第一分院在办案过程中，发现天津海关财务处基建会计吴国栋涉嫌挪用公款人民币 600 万元。天津海关立即组成调查组立案调查。是年 12 月 26 日天津市检察院第一分院将吴国栋刑事拘留，翌年 1 月 5 日将其依法逮捕。据查，1996 年 5 月至 1999 年 7 月间，吴国栋利用其担任天津海关基建会计职务便利，单独或伙同经管天津海关基建资金账户的张某及天津开发区某公司董事长梁某，将天津海关在建设银行天津和平支行西宁道分理处、农业银行天津南开支行黄河道分理处账户内基建资金，擅自借给天津开发区某实业发展有限公司人民币1200万元、天津开发区某制衣有限公司人民币20万元、天津港保税区某国际贸易有限公司人民币575万元、天津市某科技开发有限公司人民币560万元、天津市开发区某广告创意有限公司人民币180万元、天津某国际贸易有限公司人民币510万元，天津某商贸有限公司人民币195万元，由上述私有公司经营使用。其间，吴国栋伙同张某及梁某挪用公款8次，挪用公款金额人民币1220万元；吴国栋伙同张某挪用公款7次，挪用公款金额人民币805万元；被告人吴国栋伙同梁某挪用公款3次，挪用公款金额人民币575万元；吴国栋单独挪用公款4次，挪用公款金额人民币640万元。吴国栋为掩盖其犯罪行为，以张某提供的两张假对账单和假利息清单为依据记账，并将划款用的转账支票存根、进账单藏匿于家中。案发前后，除相关公司已归还及检察机关追缴的相关款项外，尚有公款人民币2310万元未能归还。此外，吴国栋多次收受多家企业的贿赂，累计人民币28.5万元。2001年10月22日，天津市中级人民法院以挪用公款罪、受贿罪判处吴国栋无期徒刑，剥夺政治权利终身，并处没收个人财产人民币2万元。2001年12月26日，经关党组研究，开除吴国栋公职。

2011年7月，天津海关党组成员、副关长肖亚农因严重违纪违法案被刑事拘留，随后被免去行政职务。据查，肖亚农于1995 ~ 2010年期间，利用职务便利为他人谋取利益，采取以明显低于市场价格购买房产的形式，收受他人贿赂款折合人民币462.57584万元，数额特别巨大，构成受贿罪；肖亚农身为国家工作人员，其家庭财产及支出明显超过合法收入，不能说明来源的财产合计人民币120.355278万元、美元2.78936万元、港币15.611964万元、日元33万元，构成巨额财产来源不明罪。2014年6月，经广西壮族自治区高级人民法院终审裁定，肖亚农因犯受贿罪和巨额财产来源不明罪，判处有期徒刑16年，没收个人财产人民币100万元，并追缴其相关违法所得。2014年7月，海关总署党组决定给予肖亚农开除公职处分。

是年11月，根据《中共中央办公厅、国务院办公厅转发中央纪委等9部委〈关于加大惩治和预防渎职侵权违法犯罪工作力度的若干意见〉的通知》和《海关系统惩治和预防渎职侵权违法犯罪工作实施方案》要求，结合关区实际，天津海关制定《惩治和预防渎职侵权违法犯罪工作实施方案》，方案对指导思想、组织领导、工作措施及工作要求做出明确规定。2012年4月，天津海关党组下发《关于进一步推进关区惩治和预防渎职侵权违法犯罪工作的通知》，对关区如何有效预防“三大风险”，从指导思想、工作重点及工作要求作出明确要求。

2013年6月，天津海关党组在原有“一案双查”基础上细化出“查找管理漏洞”“一案三查”工作方法印发《深化“一案三查”工作的若干措施》，建立起缉私局和监察室、督察内审处的常态化联系配合机制，就“一案三查”的组织领导、联系配合、分工协作、监督检查等予以规定。同年7月，根据海关总署加强“一案三查”工作的要求，对天津海关《深化“一案三查”工作的若干措施》进行修订。2014 年 10 月，天津海关再次对《深化“一案三查”工作的若干措施》进行修订与完善。

（五）纪检监察机构自身建设

1991 年 9 月，监察室制定《天津海关监察工作管理制度》。明确监察机构的组织领导；监察对象和权力；监察工作的方针和基本原则；监察工作的基本任务；监察人员守则；监察机构信访举报工作管理规定；关于违纪案件办案程序的规定；关于海关人员与工作对象交往中若干具体问题的规定；关于若干具体问题规定的补充规定；关于内部违纪案件没收物品处理的有关规定；关于检举贪污贿赂案件的奖励办法。

2005 年 8 月，天津海关分别制定和完善《天津海关纪检监察干部政治业务学习制度》《天津海关纪检监察干部业务工作例会制度》《天津海关纪检监察特派员工作汇报制度》《天津海关纪检监察干部年度述职述廉制度》《天津海关信访案件督办制度》和《天津海关廉政信息报送及考核制度》等 6 项制度。学习制度明确学习内容、学习方式、学习时间、学习计划及学习监督等内容；业务工作例会制度规定参加例会的纪检监察干部范围、时间、工作例会议题、考勤及会议记录等；纪检监察特派员工作汇报制度规定工作汇报的方式和工作汇报的内容等；述职述廉制度中规定准备工作、述职述廉内容等；信访案件督办制度规定监察室督办职责、坚持首访负责制原则、工作时限、保障检举人的合法权利等内容；信息报送及考核制度规定信息报送的内容、要求、信息载体、计分方法及奖惩方法等。

2009 年 10 月 9 日，天津海关监察室制定下发《天津海关纪检监察信访举报、案件档案管理制度》《天津海关纪检监察部门廉政审核操作规范》《天津海关监察室企业分类管理审核操作规范》和《监察室保密工作管理规定》等 4 项制度规定，涵盖信访举报、案件档案管理、廉政审核操作，企业分类管理审核、保密工作管理等日常工作事项。

2011 年 7 月 1 日，为贯彻落实天津海关党组“脚踏实地，真抓实干，全面提升规范化管理水平”的工作要求，进一步提升纪检监察工作规范化管理水平，天津海关监察室对监察室岗位职责进行修订完善，形成《天津海关监察室岗位职责》（2011 年修订）。

2011 年 9 月 15 日，为贯彻落实关党组“脚踏实地，真抓实干，全面提升规范化管理水平”的工作要求，进一步规范监察室工作，提升纪检监察工作规范化管理水平，天津海关监察室根据《海关总署工作规则》及《天津海关工作规则（试行）》有关内容，在室内制定下发《天津海关监察室工作规则（试行）》。

2014 年 10 月 22 日，根据《驻署纪检组监察局关于纪检监察系统领导干部报告个人有关事项的通知》要求，天津海关下发《关于纪检监察干部报告个人有关事项的通知》，明确要求关区纪检监察干部遇到因公、因私离开天津市；本人因重大疾病或其他原因住院治疗，或者本人父母、配偶以及共同生活的子女因重大疾病住院治疗、亡故、遭遇车祸等重大事故、被采取司法措施的以及需要报告的其他重大事项和重要情况，应及时向党组纪检组、监察室报告。

第二节 教育 检查

1949 ~ 1965 年，天津海关根据不同时期的工作重点，配合国家开展的政治运动组织多种教育活动。如针对新中国和人民海关刚刚成立的实际和海关人员来源的复杂性，组织开展的热爱祖国、热爱海关、爱护公物、保护关产的教育活动；结合“三反”运动组织开展的反贪污、反浪费、反师爷作风教育运动；整风运动、“四清运动”（清政治、清经济、清组织、清思想）。通过运动提高海关工作人员的思想觉悟，提高工作的自觉性。

1966 ~ 1976 年，由于“文化大革命”的影响，天津海关廉政教育活动基本处于停滞状态。

1981 ~ 1989 年，天津海关干部队伍人数由 335 人增加到 704 人。海关队伍的快速发展，给海关廉政工作带来新挑战。为落实《国务院关于改革海关管理体制的决定》提出的建设一支思想觉悟高、政策业务强、工作干劲大、纪律作风好的海关干部队伍的要求，天津海关根据不同时期的形势特点和工作要求，先后开展“认清形势和提高素质”、树立“为国家把门，为祖国争光、为人民负责”的海关意识、培养“公正廉洁、文明把关”的海关职业道德、“爱岗敬业、公正执法、高效服务、文明廉洁”“文明窗口”创建、“坚持秉公执法、反对哥们义气”等正面教育活动；结合发生在海关队伍中的廉政案例，开展警示教育活动。同时结合制定廉政措施，向社会公开海关办事制度和职业纪律，教育与管理相结合，提高海关干部廉洁自律，遵纪守法。

1990 年后，天津海关的廉政教育活动重点是围绕加强对各级领导干部和党员的监督制约，抓好海关各项规章制度的落实，加大执法监督力度，严格落实责任追究制度，坚决清除执法腐败行为。教育对象的重点，一是各级领导干部，二是新入关的青年关员。在开展教育活动的同时，针对 1989 年关内发生的几起违纪案件，加强对有价单证管理制度的检查，共查阅各种收据 630 余本、25000 余票，以及各种账册 113 本，从单据的发放、回收、复核三个环节，检查财务部门对业务部门的监督，业务部门对财务部门的复核制度的落实情况。1993 年，针对汽车转关运输管理中容易出现的漏洞，对总关及下属分关审批的转关运输车队的审批、管理等情况逐个进行检查，对原有的 23 个车队进行清理整顿，按照海关总署和天津市纠风办公室的要求，对各项收费项目、天津关转关运输仓库海关监管程序、制约制度及超期货和查扣物品保管处理情况进行清理和检查。

进入 21 世纪以后，天津海关把廉政教育活动与解决海关队伍存在的具体问题相结合，一方面结合落实党风廉政建设责任制考核，开展“纠风整纪专项治理”，落实行风评议、公务回避。2000 年，天津海关开展针对干部职工自用小汽车的检查，共检查干部、职工自用小汽车 15 辆。其中，处级干部 3 辆、科级干部 4 辆、一般干部 7 辆、职工 1 辆；属于家庭购买的 11 辆、借用近亲的4辆，对情况做到心中有数。遇到逢年过节加强拒收和收受购物卡的情况调查等活动，提升海关干部执行海关廉政规定的自觉性，在工作中遵纪守法，廉洁自律。另一方面组织关员开展廉政建设课题政研，从理论上提升关员对廉政建设意义的理解和认识，2003年，围绕新的执法环境下如何加强海关党风廉政建设的课题，天津海关组织开展理论研讨活动，全关18个单位（部门）、50多人参与研讨并撰写出49篇论文。活动得到驻海关总署监察局、海关总署天津特派办和天津市纪律检查委员会的好评。2004年，天津海关缉私局在侦办“3·26”系列食品走私案件过程中，参战民警行程3万多公里，先后赴广东、上海、北京等地侦查取证、抓捕犯罪嫌疑人，在办案过程中先后拒绝当事单位、当事人宴请74次，拒收礼金15000元人民币。

2005年7～9月，海关总署第二巡视组对天津海关开展为期3个月的巡视工作，期间先后与2个副局级机构、58个处级机构的9名局级领导干部、104名处级领导干部、95名科级领导干部以及非领导职务干部，离、退休老同志共计264人谈话了解情况，先后到6个隶属海关实地巡视检查了解情况，并听取人事处、财务处和监察室三个部门的专题工作汇报，查阅关党组会议和选拔处科级领导干部的相关记录。并走访12个地方党政机关及有关部门。巡视结果各方面对天津海关各级领导干部廉洁自律的情况都给予肯定。

2006年，天津海关开展以整治收受“红包”等行为的纠风教育和检查工作，通过活动端正行风，树立正气。当年全关共拒收“红包”262人次。为加强对领导干部廉洁从政的检查监督，在关内政务网上设立“关领导个人重大事项报告栏”，开设仅3个月点击率就达4959人次。2007年，天津海关实行廉政风险分析制度，对关区4个业务职能处室、5个隶属海关、1个派驻机构的110个岗位和环节的作业流程进行廉政风险分析，对其中97个岗位、环节存在的廉政风险点提出具体处置和整改措施。

2010年，新一届关党组提出“把廉政建设的重点‘聚’到防范执法风险和廉政风险上，坚持不懈地把反腐倡廉工作放在突出的位置抓”的要求，以《反腐倡廉工作任务分解表》的形式，把年度全关廉政工作细化为81项具体内容，逐项明确责任单位和责任人，形成纪检监察部门牵头、各部门齐抓共管的反腐倡廉任务分解及督促机制。为加强对领导干部的监督管理，建立“天津海关领导干部廉政档案管理系统”，对副处级以上的领导干部实行“一人一档”网上申报登记管理。同时开展多种形式的廉政教育活动，通过案例教育、参观廉政教育基地、监狱等活动开展廉政警示教育。

2011年，以提高基层领导干部落实党风廉政建设责任意识，提高履行“一岗双责”能力为目的，天津海关制定并下发《天津海关基层科室党风廉政建设责任制规范化管理工作方案（试行）》，以新港海关接单处进口二科、开发区海关核销科为试点，开展基层科室党风廉政建设责任制规范化管理试点工作。是年7月1日，基层科室党风廉政建设责任制规范化管理工作在全关范围全面推开。

2012年，天津海关一方面通过推行应用海关执法廉政风险预警处置系统（HL2008系统），借助该系统的内控、监督、评估作用，在全关构建横向覆盖各业务现场，纵向贯穿各管理层级的全方位防控体系。在推行过程中，天津海关将 HL2008 系统应用与执法监察和效能监察、核查信访举报、案件查办相结合，发挥系统“由事及人”特点，进一步拓展系统监督效能。2012 年，关区应用系统制发处置单 8403 条，处置有效率达到 98.1%。另一方面在全关区开展廉政文化建设，提高干部职工的廉洁自律意识。

2013 年，结合开展群众路线教育实践活动，配合海关总署第一巡视组对天津海关的巡视，广泛听取关内外对天津海关作风和行风建设的意见建议。重新修订并组织 129 名处级领导干部和 470 名科级领导干部逐级签订《天津海关领导干部党风廉政建设责任书》；实行领导干部任前廉政法规考试制度，并组织关区 68 名新任处、科级领导干部参加任前廉政法规考试。落实海关总署的有关要求，天津海关制定《关于开展海关工作人员离职和退休后从业行为专项清理规范工作的实施方案》，对海关人员离职和退休后从业行为进行专项清理规范，摸查确定 44 人名单，在政务网上公示接受全关监督。政法部门还与天津市检察院签订《加强惩治预防渎职侵权违法犯罪工作实施办法》，着力预防职务犯罪。

2014 年，天津海关党组结合形势全方位加强廉政建设严肃整治“会所中的歪风”，组织关区科级、副处级（含副处级）以上党员领导干部做出“不出入私人会所以及夜总会、不接受和持有私人会所会员卡”的承诺；在政务网设立“天津海关违反中央‘八项规定’问题举报专栏”，面向全关区敞开受理违纪举报；组织人员完成对 1991 ~ 2013 年的 501 件历史信访举报线索的重新清理、登记造册，对其中 4 件进行再核实；举办专题津关大讲堂，邀请检察院办案专家开展查办案件专题培训，重点讲解案件调查、取证及突破策略，提升办案能力；并选派特派员参加市纪委职务犯罪专题培训班；组织关区 11 名局级干部、192 位处级干部完成本人廉洁从政有关事项登记，对 9 名局级领导干部及全关 132 名处级领导干部配偶、子女及其配偶的从业情况进行登记、公示并按规定向驻署组局进行报告。加大对领导干部任前廉政审核和考试力度，年内共组织 4 次考试，关区共 226 人参加，实现廉政制度“逢进必考”。2014 年，为贯彻落实中共中央八项规定和海关总署党组关于落实党风廉政建设主体责任和监督责任的部署要求，巩固纠治“四风”的成果，成立检查组，对全关办公用房出租出借管理情况、国庆期间公务用车封存情况及公车私用等违反中央八项规定行为组织开展专项检查，通过检查未发现办公用房存在出租出借情况。对检查中发现的 3 起车辆违规使用情事进行通报曝光。

第二篇

法治建设

海关是国家的行政执法机关，海关法律制度是海关履行职责任务的基本依据和保证。天津海关按照海关总署的部署，经过65年的发展，逐渐实现建成与社会主义市场经济体制相适应、与全方位对外开放的要求相一致、与国际贸易规则和国际海关通行做法相协调、与海关业务改革和廉政建设相配套的海关法律体系和海关执法规范的法制体系要求。在新中国成立初期，天津海关依据《中华人民共和国暂行海关法》《中华人民共和国海关进出口税则》和《中华人民共和国海关进出口税则暂行实施条例》，陆续制定覆盖货运监管、非贸易性物品监管、税收、缉私、统计等方面的业务法规和规章，初步建立起适应当时政治经济形势需要的海关法律制度，达到保护和发展经济的作用。而在“文化大革命”期间，天津海关的法律制度同样遭到严重的破坏。改革开放以后，特别是在《中华人民共和国海关法》实施后，天津海关的法制建设得到进一步加强，根据新形势的要求对缉私、保税、知识产权保护、执法监督、行政复议、行政诉讼、行政赔偿等相继做出新的补充和完善。

第一章 发展历程

海关是国家行政执法机关，海关法律、法规是海关履行职责的依据和保证。作为承担国家进出境监督管理职能的重要执法部门，海关实行垂直管理，行使中央事权，同时具有行政执法权。海关侦查走私犯罪公安机构履行侦查、拘留、执行逮捕、预审职责，并按照《中华人民共和国刑事诉讼法》的规定办理。厉行法治、依法行政是海关工作的生命线和基本准则。

自1949～2014年的65年间，天津海关法制工作的发展历程，概括分为三个阶段。

海关法制建设起步时期（1949～1966年）。天津解放后，天津海关贯彻中共中央对旧海关“完整接收，逐步改造”的方针，从各方面实施逐步改造。性质上，把海关从为帝国主义服务的工具，改造成为为人民服务、为国家服务的人民海关；职能上，使海关从一个单纯的税收机构，改造成为贯彻对外贸易管制为首要任务的人民民主专政机关。海关法制建设既是变革的主要内容，亦是实现变革的保证，同时也为未来中国海关的发展打下坚实基础。

1949年1月，津海关发挥国家对外贸易管制机关的作用，根据人民政府的相关法规履行监管职能。是年，随着春季海河解冻，开始有英、美等国船只驶达大沽口试探通航天津。为适应贸易需要，华北人民政府陆续颁布《华北对外贸易管理办法》和《进出口货物税暂行办法》等法令。3月，津海关以这些法令为执法依据，展开业务管理工作，实施经华北对外贸易管理局批准的“报关、纳税、检查办法”。6月，华北人民政府对各行署、省、市政府及华北人民政府所属各单位、津海关发布命令，决定自6月20日起，天津、秦皇岛及华北其他港口与上海、青岛及其他业已解放的港口间公私贸易往来，一律属于内地贸易，照章予以免税。

1951年5月1日，《中华人民共和国暂行海关法》发布实施，天津海关关长朱剑白在天津日报发表题为《贯彻执行海关法》的文章，并在天津人民广播电台播讲《海关法与海关工作》，向社会各界宣传海关法。10月，天津海关与天津对外贸易管理局、中国银行天津分行实施《联合审价办法实施条例》；海关总署、中央司法部联合抄发天津海关与天津市人民法院会商签定的关于处理走私案件暂行联系办法；天津海关施行中苏联营进口货物换票转运监管验收暂行办法。

1952年5月，天津海关、天津市邮局共同发布《海关监管国际邮袋装卸转运暂行办法》开始实施；天津海关与外贸局联合公告实施《海关对经过外国口岸，原船载运内销货物监管办法》。

1953～1966年期间，天津海关贯彻实施《中华人民共和国暂行海关法》，依法行政开展海关的各项工作，配合国家的经济建设，履行海关的管理职能，同时不断调整、充实、完善和加强海关的法制建设，发挥海关法制工作为中心任务服务的作用。

海关法制建设停滞时期（1966～1976年）。在“文化大革命”的10年间，受以阶级斗争为纲、无政府主义等“极左”思潮的干扰，海关的法制建设受到严重影响，基本处于停滞状态。

海关法制建设发展时期（1977年以后）。1978年，中共十一届三中全会决定全面实行改革开放，中国开始全面的市场经济改革。1980年，国务院发布《关于改革海关管理体制的决定》，海关的法制建设重新步入正轨。

1979年11月，天津海关与天津市工商行政管理局联合发布通告，重申经海关放行的从国外或港、澳地区携带或邮寄进口的物品，不准私自出售。1981年2月，天津市政府发布由天津海关制定的《天津市关于加强查私工作，打击走私贩私活动的10项规定》。1985年6月，天津海关、天津市财政局共同发布《关于技改免税项目核查办法》。1986年1月，天津海关与天津市经委共同制订《关于审批技改免税项目联系配合办法》。1987年2月，天津海关发布并施行《对国际航行船舶免税烟酒及人民币监管办法》。同年7月，天津海关制订《加强审价工作实施方案（试行）》；1988年5月，天津海关制订并实施《对现有企业技术改造进口减免税设备、仪器的管理办法》。天津海关一系列规章制度的制订实施，在保证海关日常依法开展工作的同时，使天津海关的法制建设得到规范和完善。

1987年1月22日，第六届全国人民代表大会常务委员会第十九次会议通过《中华人民共和国海关法》（以下简称《海关法》）。天津海关立刻成立关区学习、宣传《海关法》推动小组。3月，天津海关关长杨戊辰在天津市政府主持召开的商检、海关工作会议上，介绍《海关法》的主要内容；6月，天津海关关长杨戊辰在天津电视台就《海关法》实施问题回答记者提问，天津日报也相应刊登关于《海关法》实施问题的文章，就社会广泛关注的问题对《海关法》的相关内容进行解读。2000年7月8日，第九届全国人民代表大会常务委员会第十次会议通过《全国人民代表大会常务委员会关于修改〈中华人民共和国海关法〉的决定》，《中华人民共和国海关法》(以下简称“新《海关法》”)于2001年1月1日起施行。为增强各级海关领导和干部的法律意识，在全国海关形成学法用法、依法行政的良好风气，2003年，天津海关协助海关总署举办“全国海关法律知识竞赛”，按照海关总署的要求，完成“全国海关法律知识竞赛”天津赛区的预赛组织工作。天津海关代表队在“全国海关法律知识竞赛”决赛中获得三等奖，另有1人获得“海关法律学习标兵”称号，2人被评为“优秀选手”。2007年，以《中华人民共和国海关法》颁布实施20周年纪念活动为契机，天津海关利用“4·26”知识产权海关保护宣传周、“8·8”海关法制宣传日和“12·4”全国法制宣传日集中开展送法上门、法律咨询、新闻发布会等多项普法宣传活动。

1991年，针对外贸体制改革后，企业负担重、压力大的新情况，天津海关以“增进了解、扩大影响、提高地位、树立形象”为目标，深入企业调查研究，召开天津市外、工贸企业经理座谈会征求意见，并在此基础上，制定天津海关《支持外贸体改、方便出口创汇10条措施》；为提高关员的依法行政能力，天津海关通过开展执法检查和举办模拟法庭，强化干部的依法行政的意识、提高关员的执法水平；从加强基础工作入手，重点抓作业制度、工作规范的统一、完善和落实。由天津海关各职能处室负责，分类修订工作规范和作业制度；在各业务环节严格审批制度，同时简化货管现场作业单证和报表，由原来的180多种统一为30余种，减少重复劳动，提高工作效率。1993年，全国人大法制检查组到天津海关检查法制建设情况，在听取汇报后，检查组对天津海关的法制工作给予肯定。

1995年，天津海关在办公室设立法律室(正科级)，负责审核各部门起草的重要业务文件，就关区重大行政事项决策提供政策法律咨询；负责行政复议、行政诉讼和行政赔偿工作，请示处理有关法律事务和执法难题；负责对外法律咨询及就法律事务与法院、检察院及其他相关管理部门的协调与配合等。天津海关法律室成立后，在加强日常海关法制建设的同时，对1980年以后所有法规性文件进行全面清理，并逐一录入计算机，实行计算机管理。

2000年，根据海关总署机构改革的总体要求，结合天津海关通关作业改革实际，天津海关党组研究决定，设立法规处(正处级)，承担关区法制管理职能、知识产权保护职能及贸易管制职能。2012年，根据关区三定方案，贸易管制科划归监管通关处。截至2014年底，法规处内设综合科、法制科及知识产权保护科3个科级单位，在编干部12人。

2003年，海关总署依据《中华人民共和国律师法》和《律师执业管理办法》等有关规定，下发《关于开展公职律师试点工作有关问题的通知》，确定天津海关为公职律师试点单位。2003年，天津海关制定《公职律师管理暂行办法》。2005年，天津市司法局批准天津海关为天津市第二批公职律师试点单位，并批准天津海关申报的李晓坤等7人为公职律师。2009年，天津市司法局再次批准张常年等10人为公职律师。天津海关加强对公职律师的管理，通过开展征集《行政复议法》等法规修改意见、主题征文、重大案件研讨等活动，提高公职律师的业务水平。除因工作调动原因，截至2014年，天津海关尚有公职律师11人。

从1986年开始，中共中央宣传部、司法部共同组织实施普及法律常识的五年规划。在1986～1990年的第一个五年普法规划期间，天津海关为使广大干部和职工知法、懂法、守法，学会运用法律武器保护和促进经济建设和经济体制改革，于1985年制订为期两年的《法制教育计划》，规定处级以上干部参加天津市司法局举办的法律教育学习班，科级干部参加天津海关举办的短期轮训班，其余干部和职工以讲课方式进行普法教育。另外，还通过举办法律知识竞赛活动和法律知识考核等形式提升关区普法力度。1987年4月，天津市普法办公室授予天津海关“1986年普法先进单位”称号。“二五”普法期间，天津海关将《中华人民共和国海关法行政处罚实施细则》及《中华人民共和国统计制度》确定为普法的重点内容。同时，天津海关对从事进出口的单位普及统计法教育，组织报关员、报核员、报关行经理培训班，加强统计法律、法规的宣传，以增强进出口经营者的统计法律意识。1996年，天津海关成立“三五”普法工作领导小组，重点开展知识产权进出境保护及相关法律知识的培训，并通过培训班、讲座等形式，组织全体关员深入学习宪法、行政诉讼法、行政处罚法等法律法规。

在2001～2005年的“四五”普法工作中，天津海关采取灵活多样的形式开展法制在基层活动，服务执法一线，坚持“以促进天津地区经济发展为己任”，优化口岸执法环境。从2002年起，每年的“4·26世界知识产权日”和“12·4法制教育宣传日”，天津海关都会组织开展形式多样的专题法律活动。2006年，法规处获得海关总署“2001～2005年海关法制宣传教育先进集体”和“天津市2001～2005年普法依法治理先进集体”荣誉称号。2006～2010年，“五五”普法工作期间，天津海关紧贴中心工作，服务大局，在普法中体现海关特色，以“4·26世界知识产权保护日”“8·8海关法制宣传日”“12·4全国法制宣传日”等专题普法宣传活动为契机，有计划、有重点、分层次开展各种宣传活动，同时注意发挥地方政府和新闻媒体的积极作用，重点宣传进出口企业依法享有的各项权利，进一步强化企业的维权意识，增强广大进出口企业对海关法律法规的参与感和认同感。2007年12月的“12·4”全国法制宣传日，海关总署政法司领导及中央电视台法制频道的记者专程到现场采访报道天津海关的普法宣传活动。“五五”普法期间，天津海关法规处被天津市人民政府法制办公室授予“2006年度行政执法监督先进单位”称号。次年，天津海关荣获2007年“天津市商务系统普法依法行政先进集体”称号。1人获得“‘五五’普法先进个人”称号。2011～2015年“六五”普法期间，天津海关在普法教育培训中引入电视电话会议系统和网络教学等先进科技手段，扩大普法范围和影响力。

2014年，天津市对16个区县人民政府、43个市级政府部门实施依法行政年度考核，天津海关在考核中被评定为优秀等次，从2007年起连续8次考核获得优秀。

自2005年起，天津海关组织全关局、处级领导干部参加天津市商务系统局、处两级领导干部每两年进行一次的法律知识考试。为提高参考人员对考试的重视程度，要求所有参考人员均统一穿着制服、持准考证，按不同考场、考区按号依次入座，津塘两地考场同时开考。考试期间，天津市依法治市领导小组办公室、市级机关工委普治办巡考人员到天津海关考场巡视。截至

2014 年，天津海关共进行 5 次领导干部学法、用法考试，参加考核的局、处级领导干部共 706 人次，所有参考人员均通过考核。

第二章 行政复议、诉讼

第一节 行政复议

海关行政复议是指公民、法人或者其他组织不服海关及其工作人员的具体行政行为，认为该行政行为侵犯其合法权益，依法向海关行政复议机关提出申请，请求重新审查并纠正原具体行政行为，海关行政复议机关按照法定程序对上述具体行政行为的合法性和适当性进行审查并作出决定的法律制度。1951 年 4 月 18 日，中央人民政府公布的《中华人民共和国暂行海关法》规定，对海关对税则的解释和货物在税则上的归类和完税价格的审定，以及对走私案件的处分有异议的，可以向海关提出“申诉”。这是海关行政复议制度最早的雏形。

1987 年 7 月 1 日,《中华人民共和国海关法》的施行，正式确立海关纳税争议、行政处罚的行政复议法律制度，并对这两类具体行政行为的复议申诉期限、审理机关、审查程序、作出复议决定的时限等方面都做出具体的、有区别的规定。海关纳税争议类案件实行两级复议，第一级复议向原征税海关提出，并以纳税义务人先缴纳税款为受理条件；对复议决定不服可以向海关总署提出第二级复议；只有在海关总署作出最后裁决后才可以向人民法院提起诉讼，是为复议前置。当事人对海关行政处罚不服，则可以选择向原处罚海关或者其上一级海关申请复议，也可以直接向人民法院提起诉讼。

1990 年 12 月 24 日，国务院通过《中华人民共和国行政复议条例》，对行政复议工作做出比较系统的规定。1991 年 11 月 19 日，海关总署发布《中华人民共和国海关行政复议实施办法》，自 1992 年 1 月 1 日起实施。办法全文共 38 条，进一步明确和细化海关行政复议的申请、受理、答复、审理、复议决定和执行等各项复议程序及相关要求，形成完整的海关行政复议法律制度。

1999 年,《中华人民共和国行政复议法》颁布，海关总署于同年 10 月公布《中华人民共和国海关实施〈行政复议法〉办法》，包括总则、海关行政复议范围、海关行政复议申请、海关行政复议受理、海关行政复议审理与决定、法律责任、附则等 7 章，共计 53 条，将海关行政复议工作划分的更为细致。

2007 年 5 月，随着全面推进依法行政、推动法治国家建设进程的迅速发展，国务院颁布《中华人民共和国行政复议法实施条例》。为规范海关行政复议，发挥行政复议制度在解决行政争议、建设法治海关、构建社会主义和谐社会中的作用，根据《中华人民共和国行政复议法》《中华人民共和国海关法》和《中华人民共和国行政复议法实施条例》的规定，海关总署制定《中华人民共和国海关行政复议办法》（以下简称“《海关行政复议办法》”），于2007年11月1日施行。《海关行政复议办法》包括总则、海关行政复议范围、海关行政复议申请、海关行政复议受理、海关行政复议审理与决定、海关行政复议指导和监督、法律责任、附则等8章，共计115条。

2008年，天津海关为贯彻落实《海关行政复议办法》，结合关区办理行政复议案件的实际情况，制定实施《行政复议工作规程》，明确行政复议公开制度、答疑制度、案卷查阅制度和听证制度，规定除口头申请行政复议外，书面递交行政复议申请可以采取当面递交、邮寄、传真、电子邮件等多种方式；规定原具体行政行为由关税、审价、归类等业务职能部门出具参考或指导意见的，涉及的职能部门应予以协助并提出技术性意见。实行行政复议电子申请方式，开通接受行政复议申请的专用电子邮箱并向社会公布。

随着社会各界法律意识的不断增强，天津海关收到的行政复议申请也由最初的零星、个别，激增至每年几十件。经过多年的执法实践，天津海关摸索出一整套办理行政复议案件的有效方法：一是在复议案件办理过程中，不回避问题，不掩盖矛盾，坚持实事求是，有错必究，杜绝和稀泥式办案；二是坚持全面核实案情，注重开展复议调查工作；三是丰富案件结案方式，通过行政和解与调解形式，妥善处置行政争议；四是对复议案件中反映出的敏感事项、敏感争议明确第一时间上报制度，为统筹决策及有效解决争议赢得时间等。

天津海关落实海关总署和关党组的要求，畅通复议申请渠道，不断强化行政复议案件审理技能；在复议案件审理过程中，坚持公正、公平、公开的原则，不回避矛盾，通过做好行政复议案件的审理工作，发现业务环节中执法不统一的问题，纠正执法偏差，做到“定纷止争、案结事了”，切实维护进出口企业的合法权益；充分发挥行政复议在推进海关依法行政、提高海关执法统一性、维护相对人权益、化解行政争议等方面的作用，增强海关的行政执行力和执法公信力。2009年，海关总署对在2002 ~ 2008年在海关行政复议工作中作出突出贡献的天津海关法规处予以集体嘉奖。

2000 ~ 2014年天津海关历年受理行政复议案件一览表

表2-2-1-13

年份	件数	年份	件数
2000	4	2004	4
2001	1	2005	1
2002	3	2006	—
2003	7	2007	—

续表 2-2-1-13

年份	件数	年份	件数
2008	—	2012	—
2009	—	2013	—
2010	—	2014	9
2011	—		

第二节 行政诉讼

行政诉讼是指公民、法人或者其他组织认为行政主体的行政行为侵犯其合法权益，依法向人民法院起诉，由人民法院进行审理并作出裁判的活动。

《中华人民共和国行政诉讼法》（以下简称“《行政诉讼法》”）于 1989 年 4 月 4 日第七届全国人民代表大会第二次会议通过，1990 年 10 月 1 日起施行。1990 年，天津海关成立《行政诉讼法》学习推动组，负责全关区学习、组织协调和推动工作。同时，采取聘请法律专家讲课，编发《天津海关执法案（事）例选编》等形式组织开展学习。同时把《行政诉讼法》的学习与海关执法实践相结合，一方面按照行政诉讼的要求，对天津海关现行的各种法律文书进行清查，对不适应、不配套的部分进行修改和补充，对本关制定的有关规范性文件和各项业务制度进行清理、改进，使本关的各项行政行为管理活动和执法手段都有相应的法律依据。另一方面，把执法监督检查作为保证海关依法行政的一项长期措施。在总结过去执法检查工作经验的基础上，扩大执法检查的范围，延伸到包括海关监管、征税、调查等各个方面的执法活动，针对可能引起行政诉讼的环节，注意发现潜在的问题，清除存在的隐患。

2014 年 11 月 1 日，第十二届全国人民代表大会常务委员会第十一次会议通过《全国人民代表大会常务委员会关于修改〈中华人民共和国行政诉讼法〉的决定》，新《行政诉讼法》于 2015 年 5 月 1 日起施行。天津海关派员参加海关总署举办的新《行政诉讼法》专题培训班，并将培训班课件公布在法规处主页，供全关人员学习查阅；在关区政务网主页发布公告提示相关部门实施行政执法行为对外制发法律文书时，根据新《行政诉讼法》第四十六条的规定，将原诉权告知部分的三个月起诉期限调整为六个月。

天津海关提出“行政诉讼不败诉”的目标，在日常行政执法活动中，注意规范执法，不留瑕疵，让行政行为经得起“告”；在行政诉讼中认真履行举证责任，相关负责人要按照要求出庭，做到出现行政诉讼配合“告”；通过行政复议、行政调解、和解等方式纠正错误的行政行为，减少诉讼，发挥救济功能减少“告”。

2012年1月5日，深圳市诚捷尔贸易有限公司（以下简称“诚捷尔公司”）向天津新港海关申报出口一批运动鞋至阿联酋。经查验，货物中有8640双运动鞋使用近似的“耐克钩（图形）”商标，价值人民币17.3万元。“耐克钩（图形）”商标权利人耐克国际有限公司认为该批货物侵犯其商标专用权，并在规定时间内提交知识产权保护申请及担保金。2012年2月21日，天津海关向诚捷尔公司送达“行政扣留决定书”、“扣留清单”，依法将上述运动鞋予以扣留。2012年3月8日，诚捷尔公司向天津市第二中级人民法院提起行政诉讼，请求撤销天津海关扣留上述货物的具体行政行为。这是天津海关在《行政强制法》实施后的首起因行政强制措施引起的行政诉讼案件，也是开展知识产权保护工作以后遇到的首起行政诉讼案件。天津海关抽调业务骨干组成应诉小组，及时制定工作预案，从各方面为应诉做好充分准备，为法庭审理打牢基础。最终经法院审理判定，该案事实清楚，证据充分，程序合法，适用法律准确，天津市第二中级人民法院驳回原告诉讼请求、维持海关具体行政行为。该起行政诉讼案件，被作为典型案例刊录于天津市高级人民法院主办的《天津法院案例评论》（法院内部刊物）。

第三章　规范性文件管理

规范性文件是指以公告形式对外发布的涉及行政相对人权利、义务，具有普遍约束力的文件。由海关总署制定并以海关总署公告形式对外发布的涉及行政相对人权利、义务，具有普遍约束力的文件，是海关总署规范性文件；各直属海关在其职权范围内制定、发布的直属海关规范性文件，在本直属海关辖区内具有普遍约束力。

新中国成立后，海关立法工作得到长足发展。1951年5月1日，颁布实施《中华人民共和国暂行海关法》。1987年1月22日，第六届全国人民代表大会常务委员会第十九次会议通过《中华人民共和国海关法》；2000年7月8日，第九届全国人民代表大会常务委员会第十六次会议通过《关于修改〈中华人民共和国海关法〉的决定》，加之《中华人民共和国进出口关税条例》《中华人民共和国知识产权海关保护条例》《中华人民共和国海关行政处罚实施条例》《中华人民共和国海关统计条例》《中华人民共和国海关关衔条例》等发布实施，中国海关逐步形成以《海关法》为核心，包括2个法律、16个行政法规、131个海关规章的海关法律体系。

天津解放后，天津海关根据国家和海关总署的相关法律、法规、规章制定一系列的规范性文件。建国初期，天津海关先后与天津市人民法院会商签订《关于处理走私案件暂行联系办法》、与天津市邮局签订《海关监管国际邮袋装卸转运暂行办法》、与外贸局联合发布《海关对经过外国口岸，原船载运内销货物监管办法》等法规文件。在“文化大革命”的10年间，天津海关的法制建设受到严重影响，基本处于停滞状态。

改革开放以后，天津海关先后制定《天津市关于加强查私工作，打击走私贩私活动的10项规定》《天津海关、天津市财政局关于技改免税项目核查办法》《对多道工序进料加工审批和核销办法》《天津海关对国际航行船舶免税烟酒及人民币监管办法》《天津海关对企业实施分级管理的办法》《天津海关对加工贸易后续管理实施稽查的操作规程》《天津海关稽查工作操作规程》等一系列规范性文件。

1991年，天津海关印发《制定规范性文件规则》。规定规范性文件分为关级规范性文件和处级规范性文件。制定规范性文件的原则是，必须从天津海关实际出发，以海关法和有关法律、行政法规、规章为依据。关级规范性文件由职能主管部门草拟，经部门长签字后送总关办公室审核，呈关长批准或经关务会议讨论通过。总关各处室制定的处级文件，由综合科草拟，部门长签字，办公室文字审核，办公室主任签发。分关、办事处制定的处级文件，由分关办公室、综合科草拟，由分关长、办事处主任签发。各处、分关制定的只在处（关）内行使的文件由处（关）领导签发。处级规范性文件均需向总关办公室备案。

1996年，天津海关在法制基础建设中，加强对业务规范性文件的管理，组织人员对1980年后所有法规性文件，进行全面清理，并逐一录入计算机，实行计算机管理。经过近两年的时间，将2948件海关法律法规及规范性文件基本清理完毕，并在海关总署指导下，将规范性文件分为9类89个子目录，依据类目对所有规范性文件进行编号，以便于计算机管理程序的开发、编制。另外，设定发文号、发文年、收文号、发文字、标题等不同的查询条件，初步建立起内容基本准确、完整，程序设计科学、查询功能齐全、操作便捷的“天津海关规范性文件查询系统”。1997年5月，该系统实现网络管理，所有上网计算机可同时进入该系统，调阅有关规范性文件，为全国海关业务规范性文件数据库的开发打下良好的基础。

1998年6月，海关总署法律室和业务规范司会同其他司室组成鉴定小组对天津海关开发的“天津海关规范性文件查询系统”进行鉴定。在观看系统运行演示，并听取系统开发工作报告和系统用户的意见后，一致通过鉴定。随后，海关总署将该系统向全国海关推广、使用并决定在“天津海关规范性文件查询系统”基础上建立“中国海关业务规范性文件数据库”（以下简称“规范性文件数据库”），委派天津海关承担规范性文件数据库的日常维护工作。

此后，天津海关设专人专岗负责规范性文件数据库的日常维护管理工作。针对国家政策调整频繁、海关业务文件变化多、更新快等特点，在日常维护管理中，对于数据库中存在的、已经被新文件废止的旧文件，天津海关并未简单从数据库中删除，而是在文件标题前加注“废止”字样予以保留，以保证数据库的历史完整性，通过新旧文件的对比，既体现海关业务规范性文件的变化情况，也保证执法依据的准确性。在海关总署指导下，天津海关在数据库先后增设“涉及海关的法律”、“海关行政法规”、“海关规章”、“海关公告”、“国际海关公约协定”、“其他（包括复议应诉）”等分类目录，并完成规范性文件的转存工作，方便日常查询。通过该数据库的建设，系统地反映海关规范性文件的历史沿革，基本解决原先大量纸面文件需复印、分类、保存且查找困难等问题。

2001年7月，为适应中国加入世界贸易组织后法规公开透明原则的要求，天津海关根据海关总署的部署，在海关总署网站开通“中华人民共和国海关总署因特网文件公告栏”，将海关公告层级以上的规范性文件及时上网对外公布，使海关的规范性文件实现快速、系统对外公布，成为国内外企业和个人通过互联网适时了解中国海关政策法规变化情况，实现海关政务公开的窗口和平台。

2000年3月15日，第九届全国人民代表大会第三次会议通过《中华人民共和国立法法》。2002年，根据《中华人民共和国立法法》和国家有关行政法规，结合海关工作实际，海关总署印发《中华人民共和国海关规范性文件制定管理办法》，明确规定“海关规范性文件在发布前应当经海关法制机构审查”，旨在加强海关规范性文件管理，规范制定程序，保证海关规范性文件的质量。该办法下发后，根据本关实际情况，于2003年初印发《天津海关规范性文件制定管理工作规程》，明确关区制定规范性文件的部门及权限，规范关区立法程序，制定的规范性文件的审核、公布、备案流程。是年3月，天津海关召开专题规范性文件管理工作座谈会，介绍《天津海关规范性文件制定管理工作规程》，分析本关规范性文件管理中存在的问题。2005年，海关总署印发《中华人民共和国海关立法工作管理规定》后，于2007年天津海关对原《天津海关规范性文件制定管理工作规程》的部分内容重新进行修订。

2007年，由天津海关自主开发的“规范性文件管理查询系统”投入使用。该系统以天津海关业务信息网为依托，根据《天津海关规范性文件制定管理工作规程》规定，对规范性文件和业务管理规定的立项、起草、审查程序实现统一管理，该系统还设置对天津海关业务管理规定的查询、统计的功能。截至2014年底，通过该系统审核通过天津海关公告达100份。

2007年4月，根据《国务院办公厅关于开展行政法规规章清理工作的通知》，海关总署决定对海关行政法规、规章和规范性文件进行全面清理，并将拟保留的近500件现行海关规范性文件汇编成册。海关总署委托天津海关负责海关规范性文件汇编的审核校对及增加注释工作。5月，天津海关成立以关长黄胜强为组长的“天津海关协助海关总署清理海关规范性文件协调推动领导小组”，海关总署政法司派员对天津海关清理规范性文件工作进行指导。2008年10月，《中华人民共和国海关法规汇编》（以下简称《汇编》）出版发行。该《汇编》既是海关法制部门整理的海关执法依据，也是方便海关工作人员学法、用法的途径，成为海关总署全面推进政务公开工作的一项重要举措。

2009年，天津海关着重围绕统一执法标准、规范执法行为的要求，开展规范性文件清理工作。年内按照《海关总署关于开展直属海关规范性文件清理工作的通知》要求，对天津海关制发的规范性文件进行清理。从天津海关制发的2万余份文件中逐个筛选、审核，最终确定对187份规范性文件和内部业务规定进行登记，其中拟保留的规范性文件64份，拟废止的规范性文件

121 份，拟修改的规范性文件 2 份。

2010 年，根据《海关总署关于报送规章清理意见的通知》要求，天津海关组织有关业务职能部门对现行有效的 115 个海关规章以及 892 份规范性文件进行清理。提出废止文件建议 3 项，修改建议 9 项。同时，对海关业务规范性文件数据库进行涉密信息排查，排查文件近 1000 个，确保海关信息安全。当年，在天津市“利用现代化技术手段规范行政执法行为经验交流会”上，天津海关专题介绍“天津海关规范性文件管理查询系统”情况。

2013 年，天津海关开展清理自行制定的业务规范性文件工作，共涉及文件 505 份，清理结果为：318 份文件继续有效，拟修订文件 18 份，废止文件 169 份。2014 年继续开展清理自行制定的业务规范性文件的相关工作，结合 2013 年清理结果和各部门最新梳理汇总结果，审核确定保留、废止、拟修改的业务规范性文件 270 余份。

在 2013、2014 年法规处组织的清理规范性文件的基础上，天津海关各相关单位逐一梳理本单位制定及正在使用的规范性文件，由法规处对各单位上报的规范性文件逐一审核，对缺乏依据、违反上位法规定、明显脱离实际的予以废止，与现行法律、制度存在冲突的予以修改。经过历时三个月的规范性文件清理专项工作，天津海关共清理规范性文件 169 份，保留规范性文件 76 份。

2014 年 1 月，京津冀海关区域通关一体化改革研究工作启动，天津海关负责区域通关一体化作业规范的汇总、整理工作，涉及修改《海关业务标准化规范》3 篇、23 章、111 节、共计 80 余万字；天津海关、北京海关和石家庄海关先后召开 3 次研讨会，研究制定《京津冀海关法治共建一体化工作方案》《京津海关通关一体化改革任务清单》，根据海关总署要求确定简政放权、执法统一性建设和规制自由裁量权等 3 项年度重点工作任务和 7 项近期工作任务，夯实制度规范基础。

自 1998 年后，天津海关每年负责维护规范性文件数据库中的几百份规范性文件，包括法律、国务院令、海关总署令、海关总署公告、联合公告、联合文件、海关总署文件、废止文件等，以保证该数据库的内容更新、与时俱进。截至 2014 年底，规范性文件数据库所含文件总数已达 7120 份。

第四章　简政放权　转变职能

行政许可是行政机关管理社会经济、政治、文化的一种重要的事前控制手段。但是，行政许可在实际运作中也存在着许多问题，行政许可机构过多、过滥；行政许可环节过多、手续烦琐、时限过长；重许可、轻监管或者只许可、不监管的现象时有发生，导致现行的行政许可制度在一定程度上成为转变政府职能的障碍。中共十八大提出“深化行政审批制度改革，继续简政放权，推动政府职能向创造良好发展环境、提供优质公共服务、维护社会公平正义转变。”2013 年 4 月，国务院常务会议决定取消和下放71项行政审批事项。2013年5月，国务院常务会议决定取消和下放62项行政审批事项。2013年7月，国务院决定取消和下放50项行政审批事项。2014年2月，国务院印发《国务院关于取消和下放一批行政审批项目的决定》，再次取消和下放64项行政审批事项和18个子项。2014年6月，总理李克强主持召开国务院常务会议，取消下放新一批共52项行政审批事项，将36项工商登记审批事项改为后置审批。海关作为国家行政管理的机构，简政放权，转变职能刻不容缓。

第一节 行政许可

行政许可，是指行政机关根据公民、法人或者其他组织的申请，经依法审查，准予从事特定活动的行为。行政许可包括行政许可审批事项及非行政许可审批事项。2003年8月27日，第十届全国人民代表大会常务委员会第四次会议通过《中华人民共和国行政许可法》（以下简称《行政许可法》），并于2004年7月1日施行。行政许可法是继国家赔偿法、行政复议法后又一部规范政府行为的重要法律，对于保护公民、法人或者其他组织的合法权益，保障和监督行政机关有效实施行政管理，从源头上预防和治理腐败，都有重要意义。

2004年，天津海关通过开展《行政许可法》培训，有计划、分层次地开展行政许可法教育培训宣传活动。共举办副处长以下级别培训班4期，累计培训各级执法关员近600人。开展关区行政许可法理论研讨工作，研究拟定21个研讨参考课题在全关范围内征集研讨论文，征集到关区有关单位和个人撰写的论文50余篇，确定重点课题论文10篇。5月，天津海关举行两期“行政许可法岗位培训”，全关涉及行政许可业务岗位的非领导干部全员参加培训。开辟“天津海关贯彻学习行政许可法网站”，并在关区范围内组织开展“天津海关行政许可法全员考试”。《行政许可法》实施当天，天津海关举办行政许可法对外宣传活动，向企业宣传《行政许可法》及海关行政许可的申请条件和工作时限，主动接受企业监督，不断提高海关执法透明度。天津海关认真按照《行政许可法》的要求，调整作业流程和审批权限，保证关区行政许可全部实现“一个窗口对外”的工作模式。是年11月份，组织开展关区行政许可工作专项执法调研，对关区16个行政许可项目进行对照检查，发现有待改进的5个方面的问题，并向有关部门反馈。向社会发放《天津海关行政许可实施情况调查问卷》257份，征求管理相对人对海关行政许可工作的意见和建议，改进海关行政许可工作中的不足。

2005年，天津海关对关区12个行政许可部门和业务现场开展为期两周的“行政许可法”执法专项检查。针对执法检查中发现的问题，制发《天津海关关于改进行政许可工作的通知》，提出整改建议与要求，督促有关部门逐一改正。

2006年，按照天津市落实第二批进入市行政许可服务中心集中审批事项准备工作会议的部署，天津海关现场业务处企业备案科和关税处审批科按时进驻天津市行政许可服务中心，将11项行政许可和审批事项迁到天津市行政许可服务中心集中办理，综合审批一般在2个工作日以内完成，办结率为100%。为规范行政许可审批工作，还先后制定《天津海关进驻天津市行政许可服务中心实施方案》《天津海关驻天津市行政许可服务中心审批部门工作规范》《办事窗口索引》等规程50余件，确定11个进驻项目，对进驻审批项目实行对外统一窗口受理、审批内部流转的作业程序。为提高审批速度和质量，天津海关对一些重点审批事项建立回访制度，征询相对人的意见和建议，不断改进审批工作质量，对各有关作业环节实施计时办结，针对天津重点在建项目，设立专门审批窗口。

2010年7月4日，国务院发布《关于第五批取消和下放管理层级行政审批项目的决定》。海关总署根据该决定取消涉及海关的3项行政审批项目。调整后的海关系统行政许可项目共有18项，非行政许可审批项目共有5项。

2012年，国务院发布《关于第六批取消和调整行政审批项目的决定》，决定取消和调整314项行政审批项目。2013年11月底，国务院发布《关于取消和下发一批行政审批项目的决定》。海关总署要求各海关单位对于取消的行政审批事项，要转变管理理念，改革管理模式，取消事前审批，加强事中事后监管；对于下放的行政审批事项，要健全完善配套措施，做好项目承接。

2013年，海关总署党组下发《海关总署党组关于海关简政放权转变职能的意见》，指出“深化行政体制改革，简政放权，加快转变政府职能，是党中央、国务院作出的重大决策部署，是应对当前复杂严峻的经济形势，促进经济持续健康发展的重要举措。”要按照《行政许可法》确定的“三优先”原则和国务院审批改革办公室的有关要求，明确2013～2015年取消和下放行政审批事项的工作任务和进度安排。对海关现有的21项行政审批事项以及海关对外执法和业务管理领域具有审批性质的其他事项进行全面清理，能够取消和下放的审批事项，要尽快取消和下放；对应当取消和下放但目前条件还不成熟的审批事项，要明确工作任务和进度安排。

2013年8月28日，天津海关党组印发《天津海关实施简政放权转变职能的工作方案》，成立以关长李佩林为组长的天津海关简政放权、职能转变工作领导小组，根据海关总署党组要求，明确2013～2015年简政放权、职能转变的主要工作任务以及具体实施步骤。落实按照《减免税管理办法》《海关总署关于调整和完善减免税工作管理制度的通知》的有关规定办理减免税备案、审批手续；进一步向隶属海关下放减免税审批事权；落实“取消报关单修改、撤销审批”的后序监管工作，取消天津海关报关单修改撤销行政许可，简化内部审核手续；取消直接退运行政许可审批。根据《中华人民共和国海关进口货物直接退运管理办法》相关规定，废止《天津海关关于办理直接退运手续有关问题的通知》《天津海关关于办理直接退运手续有关问题的补充通知》《天津海关关于调整直接退运审批工作流程的通知》等文件，取消制发相应的《中华人民共和国海关进口货物直接退运申请受理决定书》。下发《天津海关关于办理直接退运和转关退运手续有关问题的通知》，重新规范直接退运的操作程序等10项简政放权、职能转变工作内容。

第二节 执法统一性建设

加强海关执法统一性建设，是海关总署党组确定的一项重要工作任务，是推进依法行政、建设法治海关的内在要求，是改进海关监管和服务、履行把关职责的有效途径，也是遵循国际贸易规则的客观需要。

1. 清理规范性文件 天津海关重视执法统一性建设工作，从源头上把住“执法依据要统一”环节，适时开展规范性文件清理工作。定期对已有的业务管理制度和对外公告进行清理、修改和完善，对缺乏依据、违反上位法规定、明显脱离实际的坚决废止，存在冲突的及时予以修改。

2. 规制行政裁量权工作 2013年7月，海关总署下发《海关系统开展规制自由裁量权工作实施方案》的通知，将规制海关自由裁量权工作纳入简政放权、转变职能框架体系，作为建设法治型海关的重要内容抓紧抓好，按照“先易后难，逐步推进，统一规划，分类实施，综合治理”的原则，摸清海关自由裁量权底数，有针对性地通过各种控制手段规制海关自由裁量权，保障各项法律、法规、规章正确实施。近期目标是尽快完成关于规制海关自由裁量权工作的指导意见的制定，为规制海关自由裁量权确定基础性依据，以便推动规制工作能够依法有序开展。远期目标是通过三到五年时间，明确主要业务领域规制自由裁量权的原则和标准，总关和隶属海关根据执法实践需要梳理、规范具有关区特殊性的自由裁量权，规范权力运行，有效提升海关执法统一性。

第五章 知识产权海关保护

知识产权海关保护是随着国际贸易的发展和海关任务的调整而形成的一项新型海关业务，是海关履行在进出口环节制止侵权货物贸易行为的职能。

1994年7月5日，国务院发布的《关于进一步加强知识产权保护工作的决定》中首次规定：“要强化海关在保护知识产权、制止侵权货物进出境方面的职能，采取必要的边境措施，有效地制止侵权产品的进出口。海关要加强与有关部门的联系和配合，依法严格实施知识产权的边境保护措施。”同年9月1日，海关总署就海关实施知识产权保护、制止侵权货物进出境的管理措施发布公告。

1995年，天津海关开始在进出境环节对与进出口货物有关并受中国法律、行政法规保护的商标专用权、著作权和与著作权有关的权利、专利权实施保护。1995年初，天津海关印发《关于深入开展知识产权保护工作及加强内部联系配合的通知》，明确监管处为知识产权保护工作的职能机构，提出“被动保护和主动保护相结合、以被动保护为主”的基本工作原则。1995年10月1日，《中华人民共和国知识产权海关保护条例》实施，天津海关及时制定《知识产权海关保护实施细则》，为关区开展知识产权保护工作提供法律支持和规范。

1996年，天津海关塘沽办事处查获北京地毯进出口公司涉嫌侵犯美国复兴公司地毯图案著作权的地毯出口案，查获侵权地毯6块，价值7000余美元，为树立中国海关保护知识产权的良好形象和当时正在进行的中美知识产权谈判新一轮磋商产生良好影响。

1998年，天津海关提出知识产权保护要坚持以“依职权主动保护”与“依申请被动保护”相结合的原则，以更积极主动的态度开展海关知识产权保护工作。

1999年，根据海关总署要求，天津海关党组决定，将知识产权保护职能由监管处划归法律室。是年，天津海关共查获侵权案件10起，扣留侵权棉涤纶布、镀锌铁丝、蜡烛等商品184万件。

2000年，重新修订的《中华人民共和国海关法》，增加关于知识产权海关保护的条款，以国家法律的形式确立海关对知识产权保护的执法地位和权限。同年，天津海关成立法规处，并设知识产权保护科，通过调整和加强关区知识产权保护职能机构，强化对海关知识产权保护工作的组织领导。2000年，天津海关共查获侵权案件28起，扣留侵权商品96万件。

2001年，天津海关进一步加大知识产权保护执法力度，全年共立案查处侵权案件65起，扣留侵权货物总值达人民币650万元，审结案件56起，罚款人民币56万元，居全国海关查处侵权案件排名之首。

2002年，天津海关共立案查处侵犯知识产权案件60起，扣留侵权货物总值人民币734万元。是年8月，天津海关与天津市知识产权局签订《加强实施专利权海关保护合作办法》。9月，天津海关召开知识产权保护工作总结表彰会暨公开处理侵权货物仪式。国际足联派代表专程赴津对天津海关保护“FIFA”商标工作表示感谢。

2003年，天津海关共立案查处进出口侵权货物案件22起，案件总值达人民币243万元，查获的侵权货物包括服装、手表、爽身粉、卫生香、电焊条、乐器等，有效保护“冷香”“天坛”“鹦鹉”“雄鸡”等中国外贸出口名牌和“ADIDAS”“NIKE”“PUMA”等国外知名品牌的合法权益。是年2月，中央电视台专题片《知识产权在中国》摄制组采访天津海关知识产权保护工作。10月31日，天津海关和天津市红十字会联合举行“天津海关、红十字会向京津大、中学校捐赠足球仪式”，将依法没收的26700个侵犯国际足联“FIFA”商标专用权的出口足球在消除侵

图 2-5-1-14 2005 年 4 月，天津海关公开处理查获的侵犯知识产权货物

权商标后，依法转交给天津、北京两市红十字会，用于支持包括北大、清华、南开等著名学府在内的京、津两市 1100 所大、中学校的教育事业。《法制日报》、天津电视台等 9 家中央、地方媒体对此项活动进行专题报道。

2004 年，天津海关全年共立案查处进出口侵权案件 29 起，案值人民币 421 万元，同比分别增长 32%、73%。是年 4 月 21 日，天津海关与天津市外经贸委联合召开“新《知识产权海关保护条例》宣讲会”。2004 年 5 月，天津新港海关查获淮安市某进出口贸易公司申报出口至阿联酋的侵犯奥林匹克标志专有权自行车 9579 辆，价值近 96 万元人民币。10 月，海关总署“中国海关保护知识产权执法”专题片摄制组采访天津海关。根据《海关总署关于转发〈国务院办公厅关于印发保护知识产权专项行动方案的通知〉的通知》要求，天津海关组织开展为期一年的“保护知识产权专项行动”。通过专项行动，维护知识产权权利人的合法权益，有效遏制天津口岸进出口侵犯知识产权货物的违法行为。专项行动期间，天津海关共立案查处进出口侵权货物案件 34 起，案件总值达 400 万元，保护 31 个国内外知识产权。

2005 年，天津海关共立案查处进出口侵犯知识产权货物案件 27 起，案件总值人民币 238 万元。是年 4 月，《天津知识产权动态》第三期刊发题为《天津海关采取措施加强对国内企业自主知识产权的保护》的文章，介绍天津海关开展保护知识产权执法的情况。2005 年 4 月和 6 月，天津海关驻邮局办事处查获寄往美国的假冒“伟哥”9847 粒。11 月 29 日，天津市副市长在天津海关上报的《天津海关积极开展保护知识产权专项行动取得积极成果》一文批示：“天津海关积极开展保护知识产权专项行动，取得显著成果，促进外贸发展。”

1999 ~ 2005 年，天津海关知识产权保护工作进入快速发展阶段。天津海关适应形势发展，探索实施依职权主动保护的思路，各业务现场共查处侵犯知识产权案件 241 起，案值 3250 多万元人民币，其中 95% 以上的侵权案件都是在权利人备案基础上主动采取措施查获的，保护“NIKE”“ADIDAS”“SONY”“NACHI”等多个国际知名品牌和“钻石”“雄鸡”“金杯”“飞燕”“333 麻雀”等一批国内外贸自主知识产权著名品牌。在加大对侵权货物的处置力度同时，与天津市红十字会签订将侵权货物用于社会公益事业的联系配合办法，首创依法向红十字会转交罚没侵权货物用于社会公益事业的做法，后被海关总署推广至全国海关。

2006 年，天津海关立案查处进出口侵权货物案件 32 起，案值人民币 2426.7 万元，同比分别增长 18.5% 和 924%，查获侵权货品 200 余万件，对 46 个国外知名品牌和国内著名商标专用权、1 个专利权以及第 29 届奥运会吉祥物“福娃”标志专有权实施保护措施，查处侵犯自主知识产权案件 6 起。天津海关隶属新港海关于 2006 年 1 月查获的“天津贤正国际贸易有限公司出口侵犯‘ADIDAS’‘NIKE’‘PUMA’‘REEBOK’商标专用权运动鞋、服装 55289 件案”被海关总署评为“2006 年中国海关保护知识产权十佳案例”。是年 4 月，天津海关与天津市公安局就《公安部、海关总署关于加强知识产权执法协作的暂行规定》进行座谈。天津海关法规处与报关协会联合举办“知识产权海关保护法规宣讲会”，报关协会会员单位及知识产权权利人 180 余人参加。8 月，根据《政法司关于作好打击利用邮递快件渠道侵犯知识产权行为专项行动的通知》要求，天津海关开展专项行动，并对天津市邮政局及其下属各单位进行培训，市邮政系统的 300 余名干部职工参加。11 月，天津海关隶属机场海关与两家快递运营企业签署“知识产权保护备忘录”。

2007 年，天津海关全年共立案查处侵权案件 58 起，案件总值 595 万元，扣留侵权货物 77 万余件。1 月，海关总署在北京举行国际海关日纪念活动，天津海关法规处干部魏凯被世界海关组织评为“杰出执法关员”。同年 10 月，全国人大科教文委员会视察团到天津海关检查知识产权保护工作，天津海关的工作得到视察团的肯定。2007 年 11 月 15 ~ 16 日，海关系统第一次知识产权保护专题会议“全国海关知识产权保护工作会议”在昆明召开。天津海关关长黄胜强在大会上作题为《切实履行保护知识产权职能　决不使天津口岸成为侵权商品的热点地区和通道》的经验交流发言。海关总署向天津海关颁发“2006 年中国海关保护知识产权十佳案例”证书。

2007 年 9 月，海关总署印发《关于开展知识产权保护“龙舟行动”的通知》，决定自 2007 年 10 月至 2008 年 3 月，开展以打击通过货运或者邮递及快件方式向美国和欧盟（包括中国香港地区和阿联酋迪拜）出口侵权货物活动的专项行动，代号为“龙舟行动”。“龙舟行动”期间，天津海关共查获侵权案件 38 起，案件总值 104 万元，查获出口到美国、日本及欧盟成员国和中国香港地区的侵权货物总计 74645 件。

2008 年，天津海关共立案查处进出口侵权货物案件 195 起，案件总值 265 万元，查获侵权货物 118 万余件，保护 64 个国内外商标专用权和北京奥运会标志专有权。2008 年北京奥运会前后，天津海关共查获侵犯奥林匹克标志专有权案件 6 起，扣留假冒的吉祥物、饰品、服装等 6182 件。

北京奥组委法律部专门致函天津海关表示感谢。2008年5月，四川发生特大地震灾害。天津海关在第一时间通过成都海关向四川灾区转交天津海关依法没收的侵权服装鞋帽等44528件，用于灾民生活救助。2008年，全球金融危机对中国外贸的影响逐渐加大，天津海关贯彻《海关总署关于落实促进经济增长10项措施加强对自主知识产权保护的通知》要求，深入辖区自主知识产权进出口企业走访调研，主动了解企业在保护自主知识产权方面遇到的困难和问题，采取针对性扶植鼓励措施，减轻企业寻求海关保护其知识产权的经济负担，同时努力压缩确权时间，保障通关效率。

2009年，天津海关共立案查处进出口侵权货物案件66起，案件总值人民币726万元，查获侵权货物81万余件，保护“NIKE”“安踏”等50个国内外商标专用权。年内天津海关以加强自主知识产权保护为重点，全面开展知识产权海关保护工作，共查获侵犯国内自主知识产权案件8起，案值人民币192万余元，保护“金杯”“钻石”等多个自主商标专用权。查办的自主知识产权案件数量占全部案件的12%，案值占全部案值的26%以上，自主知识产权保护效果明显。在案件处理中以和解方式结案，权利人增强知识产权保护的积极性，侵权企业减少损失，取得“双方多赢、促进出口”的良好社会效果。

2010年，天津海关共立案查处进出口侵权货物案件148起，案件总值人民币2186万元，查获侵权货物383万余件。是年5月，根据海关总署要求，天津海关向西宁海关调运服装等罚没侵权货物3千余件，价值人民币7万余元，用于青海玉树地震的灾后重建工作。6月，天津海关印发《知识产权保护工作制度》。7月，天津海关与天津市商务委员会联合举办“品牌注册与知识产权保护培训会”。天津市50余家外贸进出口企业参加会议。同年11月，海关总署转发《国务院关于印发打击侵犯知识产权和制售假冒伪劣商品专项行动方案的通知》，要求在2010年10月至2011年6月期间，在全国集中开展一次打击侵犯知识产权和制售假冒伪劣商品专项行动（以下简称“双打”专项行动）。天津海关制定专项行动方案，成立打击侵犯知识产权专项行动领导小组，加大监管查缉力度，严厉查处进出口领域侵权案件。专项行动期间，天津海关共查获侵犯知识产权案件124起，案值共计人民币1193.96万元，查获侵权货物169.88万件，保护包括“NIKE”“ADIDAS”在内的多个国际知名品牌以及“钻石”“雄鸡”“凤凰”“金桥”等国内自主品牌。天津海关查获案例的新闻多次被天津电视台、《国际商报》《今晚报》《渤海早报》等新闻媒体报道，在社会树立起海关严厉打击侵犯知识产权违法行为的决心和形象。天津海关法规处知识产权科获得集体二等功，天津新港海关1人获得个人二等功，天津海关4人获得天津市“打击侵犯知识产权和制售假冒伪劣商品专项行动”先进个人。

2011年，天津海关全年共查获侵犯知识产权案件140起，案件总值人民币1419.8万元，查获侵犯知识产权货物、物品共187.3万件，包括摩托车连杆、轴承、冲击器、服装、运动鞋、箱包、眼镜、化妆笔等货物，保护“金城（图形）”“SKF”“ADIDAS”等68个国内外知名商标专用权。是年4月，天津海关在全国海关率先开展审核报关企业承担知识产权合理审查义务工作。11月，天津海关受邀参加“全国决战‘亮剑’行动假冒伪劣商品销毁活动”天津现场会，展示天津海关在专项行动期间取得的成果。是年，天津海关查获的“北京某公司进口侵犯‘STOLICHNAYA’商标专用权伏特加酒案”，是天津海关首次在进口环节查获大宗侵权嫌疑货物案件。该案获评海关总署“2011 中国海关保护知识产权十佳案例”。

2012 年，天津海关全年共查发涉嫌侵犯知识产权案件 312 起，案值人民币 5140 万元，查获侵权货物达 296.7 万件，包括食品、机动车配件，服装鞋帽、箱包、轴承、自行车飞轮、手表等货物、物品，保护“金城（图形）”“SKF”“NIKE”以及“2014FIFA 世界杯官方标志”等国内外知名商标专用权和著作权。是年 5 月，天津海关查获的“深圳市某贸易公司出口侵犯‘耐克’商标权运动鞋案”和“北京某商贸公司进口侵犯‘STOLICHNAYA’商标权伏特加酒案暨销毁活动”，获得中国外商投资企业协会优质品牌保护委员会评选的“2012 ~ 2013 年度知识产权保护最佳案例”。中国外商投资企业协会优质品牌保护委员会主席在最佳案例发布会上称：“天津海关已经成为中国知识产权海关保护的一面旗帜。”

2012 年 6 月，天津海关根据海关总署提供的信息，通过风险管理手段，成功查获天津某公司出口侵犯镇江醋业协会“镇江香醋”商标权案，没收侵权香醋 599 箱、共 7188 瓶，价值人民币 27852.78 元。该案作为天津海关首次查获假冒地理标志商标案件，入选海关总署“2012 年度中国海关保护知识产权十佳案例”。在对该案的通报中海关总署称，此案“意义重大、示范性强”，“天津海关的知识产权保护工作已经走在全国海关的前列”。

2012 年底，天津海关与天津世纪五矿贸易有限公司就建立战略合作伙伴关系、加强知识产权边境保护领域的交流与合作等内容签署合作备忘录。海关与企业签署合作备忘录，是知识产权边境保护领域关企合作的创新，也是落实天津海关促进外贸稳定增长若干措施，提高天津口岸贸易安全与便利水平的一项具体措施。

2013 年，天津海关共查处侵犯知识产权案件 87 起，没收侵权货物、物品 82.4 万件，案值总计人民币 618.86 万元。是年 1 月“天津海关知识产权保护管理平台”正式启用。通过该平台，各业务现场查验关员，可在发现侵权嫌疑货物、物品后第一时间将实货照片和申报信息上报法规处。法规处将有关情况通知权利人，再将权利人意见反馈业务现场，以决定是否对有关货物、物品采取保护措施，从而降低业务现场的执法风险，提高现场作业的效率。5 月，天津海关与太原海关就知识产权海关保护工作签订关区合作协议。11 月，天津海关与上海新诤信知识产权服务有限公司签署加强知识产权保护合作备忘录，这是海关与知识产权服务机构就知识产权边境保护签订的第一个合作备忘录。双方决定建立战略合作伙伴关系、加强知识产权边境保护领域的交流与合作。

2014 年，天津海关共立案查处侵权案件 107 起，价值人民币 671.3 万元，扣留侵权货物 172.6 万件，包括运动鞋、自行车鞍座、旅行包、轴承、汽车配件等，保护“安踏（图形）”“金城（图形）”“飞鱼牌及图形”等国内外品牌。是年 6 月，“天津海关知识产权成果展”对社会开放，截至年底，共有240人次前往参观。11月底，受海关总署指派，天津海关派员出席由国际刑警组织、国际海关组织在沙特首都利雅得举办的第一届打击食品侵权犯罪工作会议。天津海关查获假冒“STOLICHNAYA”伏特加酒侵权案件及假冒“镇江香醋”侵权案件在会上作重点推荐。2014年，天津海关查获的上海某公司出口侵犯“AL OTHAIMAN”商标专用权阿拉伯袍案，获选海关总署“2014年中国知识产权海关保护典型案例”。

第三篇

货运监管

货运监管，是海关根据《中华人民共和国海关法》及其他有关法律、法规，对货物、运输工具的进出境活动所实施的行政执法行为，是海关代表国家在口岸行使监督管理职权的一项重要任务。海关监管的目的是通过对进出境货物的查验，以确定货物进出境是否合法。作为海关重要职责之一的货运监管工作，包括对进出口货物的监管和进出境运输工具的监管。

天津解放初期，天津海关建立以许可证为依据的进出口货物监管制度，对以私营为主的进出口货物进行监管。1951 年以后，监管的进出口货物逐渐过渡到以国营为主。1955 年起，天津海关把检查揭发货运事故，把好进出口货物的质量关和卸运安全，作为海关的一项重要工作内容。“文化大革命”期间，天津海关监管工作受到干扰，货运监管制度基础遭到破坏。

改革开放后，天津海关货运监管工作步入新的发展阶段。1979 年按照“坚持制度、依法监管、简化手续、加速验放”的货运监管工作方针，对所有进出口货物，不论采取何种经营方式，均根据进出口许可证或者有关批准文件验放。1980 年，海关总署决定揭发货运事故工作不再作为海关监管工作任务，把重点转移至监督货物的合法进出。之后，天津海关在继承多年行之有效的监管制度、办法的同时，对不合理、不适应的制度、办法进行改革。1998 年，天津海关作为全国海关通关作业改革首批试点单位之一，正式启动改革，建立起集中审核报关单据与现场对货物实际监管分离作业的新型通关作业模式。

进入 21 世纪，天津海关随着国家改革开放的深入，加快通关作业改革的步伐，将提高通关效率，优化口岸环境作为海关的重要职能。2005 年，启动“属地申报、口岸验放”区域通关模式的试点工作，提高跨关区进出口货物通关效率，更好地发挥天津口岸的辐射作用。2009 年，在货运监管中引入风险分析，对进出口货物实行分类管理。2012 年，实施无纸通关模式，当年通关作业无纸化报关单突破万票。2014 年，配合国家京津冀协同发展，启动京津冀海关区域通关一体化作业，为全国海关的区域通关一体化改革探索路径、总结经验。

天津海关依据《中华人民共和国海关法》，对由天津口岸进出境的运输工具实施监管。国际航行船舶是天津口岸数量最大的进出境运输工具，天津海关在不同历史时期，对进出境国际航行船舶分别实行登船联检、逐船检查、驻船监管、船边值勤等有效监管方式。天津解放初期，渤海水域仍不时有国民党军舰出没，对过往商船实施骚扰，海关缉私艇及工作船在实施正常船舶监管的同时，关员还要冒牺牲的危险与敌舰周旋斗争，保证海关的正常监管，维护天津口岸正常的进出口秩序。进入 20 世纪 50 年代，天津海关依法规范对国际航行船舶的监管，逐渐形成一套管理制度和监管方法。“文化大革命”期间，天津海关的船舶监管工作仅剩下为进出境船舶办理必要的通关手续。1980 年，天津海关简化国际航行船舶进出境手续，对停港期间船舶，海关实行一般和重点相结合的监管方式，在简化海关作业流程，提高通关效率的同时，又保证突出监管重点，完成监管任务。1994 年，天津海关实行船舶负责人或其代理人向海关申报制度，结束 40 多年逐船登轮办理联检手续的传统做法。1999 年，天津海关加强对进出境船舶实际监管，恢复港区巡查作业制度。2010 年，随着天津东疆国际邮轮母港的开港，天津海关主动配合保税港区开展国际船舶登记的试点工作。2014 年，天津海关按照海关总署操作规程对进出境船舶进行规范化监管，全年监管进出境船舶达 19019 艘次，比改革开放初期增长 7.7 倍。

天津海关对进出境航空器的监管业务，正式始于 1981 年 8 月 21 日，伴随天津至香港国际民航班机航线实现首航，天津海关增加新的监管职能。33 年间，从每天只有两班往来于北京—香港的经停航班，出入境旅客仅少则数人，多则不过百人；到 2014 年，天津海关全年共监管进出境航班 17217 架次平均每天出入境航班达到 47.2 架次；监管进出境人员 167.7 万人次，平均每天进出境人员达到 4595 人次。为适应监管工作需要，天津海关在对进出境航空器监管的制度、方法、手段上不断进行改革，在依法执政，严格把关的同时，坚持做好服务，为广大进出境旅客创造更加宽松的通关环境。

第一章　货物监管

第一节　一般进出口货物监管

天津解放初期，天津口岸的进出口贸易多种经营方式并存。据 1949 年的统计，在进口贸易中国营、私营、外商的比例分别占 23%、62% 和 15%；出口贸易中则分别占 27%、46%、27%。这一时期天津海关监管工作重点是在彻底清除旧海关传统观念影响同时，确立新海关的货运监管制度。通过执行《中华人民共和国暂行海关法》等纲领性文件，保证对外贸易管制政策和其他有关政策的实施（主要是进出口许可、外汇管理、商品检验等），监督货物的进出。在实际监管查验中，按照“分清情况、区别对待”的方针，注意纠正在旧的观念影响下产生的重视进口，轻视出口；重视查验，轻视监管；重视抓漏税，轻视查逃汇等倾向。

1950 年，国家实行进出口许可证制度，海关以许可证为主要监管依据，从凭单（报关单）监管，转向凭证（许可证）监管。同年 10 月，天津海关会同天津外贸管理局和中国银行在天津市实行《进出口货物联合审价办法》，使负责签发许可证的外贸管理局、管制外汇的银行和负责实际监督进出口货物的海关紧密结合，有效地遏制和打击国内外不法商人互相勾结，以合法贸易为掩护，逃避许可制度、逃套外汇等经济破坏行为。与此同时，对旧中国海关建立的监管作业制度进行改革，使用全国统一的新报关单，废除旧海关的不合理规章和不必要单据，并简化作业手续，缩短验货时间。在具体监管查验手续上，海关实行逐票查验、重点开验；仓库联锁（即海关一把锁、仓库主一把锁，任何一方都不能单独开启）等制度。及时发现进出口货物中的伪报欺骗及其他问题。在国内还存在私营外贸企业的情况下，天津海关对这类企业的监管着眼于督促其守法经营，发挥他们在反禁运斗争和为国家创汇方面的作用。同时，防止国内外不法商人互相勾结从事不法行为，对私商的进出口货物实施重点监管。在严密监管，保证合法进出的基础上，给予私商以方便，建立“社会服务部”便利自行报关，以减少报关行对私商的中间剥削。在易货贸易中，为鼓励出口，增加国家的外汇收入，天津海关准许私商在进口货物未办纳税手续前先行登记，并可立即办理出口领证手续，尽快装运货物出口。在特定历史环境下，天津海关的这些办法措施，起到既限制私商消极的一面，又调动起私商在进出口贸易中的积极性，对促进对外贸易的发展，稳定新中国成立初期的经济起到一定的促进作用。

1950年，国家针对帝国主义对新中国的封锁禁运，组织开展反“封锁”反“禁运”的斗争，为抢运物资，进口货物大量积压口岸。天津海关对部分海运货物施行“适时监管，加速货运”的方针，实行先申报、后补证，先分拨、后补税等变通办法，对陆运进口货物尽量采取“原车转运”和“换票运输”，并在码头设立办事机构，减少重复作业，适时现场放货，使国家急需物资尽量提前投入生产，减缓货物在口岸的积压。对苏联和东欧及其他地区的人民民主国家（简称“苏新国家”）的货物实行集中纳税，减少货物在口岸的停留时间。天津海关遵照政务院的指示，将中国进口公司所报的货物凭小提单免验放行，并配合公司需要，不分昼夜办理监管放行手续，为该公司完成抢购物资的工作予以便利。

1952年，天津海关开始对进口货物监管方法进行改革。转变以往在货物卸船后等待公司逐票申报、逐票查验征税放行的传统工作方法，在计划监管的基础上实行“船边验放”。在船到前，会同有关部门举行船前会议，全面分析全船货物情况。报运部门提出提运分拨方案，装卸部门制定具体卸货计划，海关提前审核单证，搞清货物部位和查验重点。对数量大的货物在卸货环节中一次完成监管和查验手续，使正常货物可以在卸下后随时提运。大宗货物可以边卸边提，有的货物在船上就可以直接卸入火车运走。1952年，天津海关率先选择在苏新国家船只装载的货物试行改革，1953年，又扩大推广到资本主义国家船舶装载的货物。在保证实现海关监管要求的基础上，加快货物的提运速度。

1952年10月17日，天津新港正式开港，天津口岸同西欧远洋运输逐渐恢复和扩大。随着国家经济建设高潮的到来，加之新港优越的地理条件，使天津的海运货物量迅速增长，从新港进出口的货物大幅增加。由于当时港口设施和其他方面的工作存在的问题，造成港口堵塞，货物积压，全年港口进口货物积压数达17818吨。为此，天津海关根据《中央财政经济委员会关于疏通港口的七项紧急指示》，采取措施为疏港提供方便：一是参与港口货运安排会议，根据监管中发现的问题，及时协调关系、提出建议；二是改变查验方法，以外形查验为主，尽可能采取船边、车边直接验放。争取在装运环节中完成海关对货物的查验工作，加快验放速度，便利进出口货物的及时提运和装船。同年9月6日，天津海关按照海关总署指示改进查验工作：对于海运进口的苏新国家合同货物，如单据齐全包装无残损迹象，估价征税亦无问题者予以免验放行。如进口公

图 3-1-1-15　1952 年 10 月 17 日，在海关引水船的引领下，新港码头迎来天津解放后驶靠的第一艘万吨轮船。《人民画报》刊登照片予以报道

司单据上所列货物名称、用途、规格等能够满足归类需要的，海关免予提取货样。对开箱后易损坏的精密仪器，不进行开箱查验。重点查验由资本主义国家进口的货物，以防短少、顶替、参假及阴谋破坏等情事。

1953 年，由于国家与英、法等国先后签订贸易协定，以出口农副产品，换取生产设备器材等物资进口，加之苏新国家货物大量经由格丹尼亚（波兰）转船至天津港，致使海运业务繁忙，全年进口货物共计 35 万余吨，出口货物共计 50 余万吨，进出口货运量为新中国成立后的最高一年。除对自苏新国家进口货物继续执行“船边验放”办法并作一些改进外，天津海关开始执行对国营公司自资本主义国家进口货物的“船边验放”办法。对于来自苏新国家的货物除因发现残短需要检验者外，一般在货物卸齐后当即核对放行，对于国营公司自资本主义国家进口的货物，除因需要商检的外，凡事先收到单证的，在货物卸齐后两天以内验放完毕，货物卸齐后才收到单证的，一般则在收单后 24 小时内验放完毕。1953 年，在“船边验放”的货物共有 14516 吨，货物大部分为纸、肥田粉、铁管、糖等，其中有铁道器材 4169 吨，由大船直接卸入驳船提走，肥田粉 7611 吨，由船直接装车起运等。当年，在天津的进出口贸易中国营贸易货物已占绝对优势达 98.8%，剩下的极少量私营货物，也是由国营公司代理。天津海关的工作方法随之改变，提出“区别情况，限制私商，便利国营”的方针，对私商出口从利润上限制，进口改为国营收购，切断私商与国内市场的直接联系。1954 年，在天津的进出口贸易公司经过联营和合营，全部转为国营。

1954 年，对外贸易部发布《海关对进出口货物残损、偷窃等货运事故的预防和检查办法》。明确提出海关的第四项任务是监督检查职责。1955 年，全国海关关长会议决定把“监督进出口货物在口岸上的正确装卸、保管、运输、检查揭发一切足以造成国家损失的事故”列为海关的一项基本任务。主要内容是:“预防、揭发和处理进出口货物的不规则现象,同一切货运事故作斗争,促进国营企业改善经营管理和保护货物安全”。此后,检查揭发货运事故成为海关货运监管的主要内容。检查的重点为出口货物着重防止品质和包装不良,以维护国家外贸信誉;进口货物注意重点货物的卸运安全。同时普遍注意发现进出口货物在装卸、存储、发运过程中的问题。天津海关检查揭发事故绝大部分是一般性的包装不良、装卸不当、单据填报差错等,每年均发现两三千起。处理这些差错事故的主要方法是:编制记录,事后分析汇总,向上级机关和有关单位反映,当场提出意见纠正等。有时还抓住一些倾向性的问题,深入到有关部门进行调查,在当时的历史条件下,这些做法对促进国营企业改善经营管理曾起过一定作用。

1956 年 3 月,由于货运量猛增,天津港口出现堆存拥挤、装卸迟缓、吞吐困难的严重情况。天津海关及时收集情况向地方党政部门反映,并参加输运和外贸备货等协作组织,在解决港口堵塞问题上发挥海关监管工作的作用。同年,根据对外贸易部指示,海关对进出口货物的监管依据,由许可证改为由各外贸专业公司,根据国家下达的计划填制的进出口货物明细单向海关申报,海关凭明细单查验放行货物,由外贸公司对国家计划负责。这一改变意味着,违法经营、非法进出不再是海关监管工作重点。而作为在港口对进出口货物进行全面监督管理的国家机关,海关的主要任务改为发现各个货运环节的不规则现象,通过自己的工作防止和减少损失。

1958 年,由于当时出口的货运量比较大,当时海关的监管人力不足,天津海关对出口货物实行先放后验的制度。该制度对国营公司的出口货物一般只是结合装货环节进行外形查验,在简化海关手续,加速外贸货运,促进货物尽快出口方面起到一定作用。1962 年,天津海关对重点公司或重点船的货物试行先验货后放单的制度。1963 年 2 月 20 日起,天津海关在天津口岸全面实行对出口货物先验货后放单的制度。

20 世纪 50 年代末至 60 年代初的三年经济困难时期,全国各条战线展开一场同自然灾害和物质匮乏的斗争。中共中央发出全党全民大办农业的号召,天津海关响应中共中央的号召,在监管中建立“农用重点物资账”,及时掌握全港进口支农物资的提运情况,加强催提,防止积压。对于进口粮食做好卸前巡视货仓、检查车皮、监督装卸操作和卸后清仓四个环节的监管,并注重结合当时港口的货运情况,加强货运监管和检查揭发货运事故。如丹麦籍“卡斯登斯考”轮从上海运送粮食 2478 吨,在监管工作中发现卸货后船舱内仍有散落的粮食,海关及时通知有关单位进行清理,最终在仓内扫起的地脚粮 550 多包,5 万多公斤;中国籍“和平 57 号”运送粮食 29714 包,卸船后经海关清仓发现收回撒漏粮 27 万公斤,占全部货物的十分之一以上。意大利籍“阿特拉塔”轮,从安特卫普运送一万多吨化肥,因途中海水渗入仓内,有 2000 多包化肥化成水浆,无法卸货,船方拟将水浆泵入海中,天津海关考虑到化肥是国家保粮的急需物资,虽被水泡,但肥料仍含在水浆中,于是一方面制止船方实施泵水计划,并及时联系商品检验部门进行化验取证。经化验证实水浆内含氮量 11%(原进口化肥为 21%)。经塘沽区委组织有关部门进行抢卸，共抢出化肥水浆5万公斤，约含化肥2.5万公斤，由此减少进口物资损失，以实际行动支援农业生产。1961年仅一个季度，天津海关就发现和纠正车体不洁、不良问题1600多起，清仓防止漏卸粮食200余吨。

1962年，天津海关围绕外贸工作的中心任务，执行“严密监管、坚持制度、简化手续、加速货运”的工作方针，在查验环节通过细致、深入的工作，尽可能发现更多的问题。在查验中，坚持外形查验和开拆包装相结合，从单纯核对标记，改为查核货物标记的同时，注意从包装以及从感官能够觉察到的有关规格、数量、品质（裸装货物）等方面发现问题。通过加强单证的审核、加强对入库归垛环节的监管；加强分析研究和加强工作制度规范等具体措施，如通过建立开验记录单，记录开验对象，开验目的和开验结果，以便随时进行总结和分析；通过划分岗位职责界限，明确对外形查验及开拆包装查验的具体要求；制定接受申报、查核件数、查验品质规格、检查货物损失等工作细则，提高监管查验工作效能。

1969年，由于当时港口和外贸企业受社会上无政府主义思潮影响，使海关客观上失去执行正常监管工作的环境条件。加之，对外贸易部发布的《关于废除海关对国营进出口公司货物的监管手续的通知》，决定取消外贸公司向海关递交明细单的报关制度，在事实上取消海关的监管职责，直接导致天津海关50%以上干部因此被撤换下岗。即使仍留岗继续工作的，在货运监管工作中，也因无章可循，难以实施管理。天津海关多年形成的行之有效的货运监管制度流程都被束之高阁，货运单证不审核，库场货物不查验，工作内容仅剩下给出口货物装货单和进口货物提货单盖印放行。是年10月1日，根据外贸部军代表的指示，废除进出口货物逐批申报、查验等手续，实行依据进出口载货清单，凭海关盖印的提单或装货单放行的监管方式，占全港货运量90%以上的新港海关，只留下两名干部负责给装货单和提货单盖放行印。

1969年4月，中共九大提出“狠抓革命，猛促生产，完成和超额完成发展国民经济的计划”的号召。在1970年2月召开的全国计划会议上，又提出《1970年国民经济计划和第四个五年国民经济计划纲要（草案）》，恢复经济发展生产重新提上议事日程。1972年，对外贸易部发布《关于实施海关对进出口货物监管办法的通知》，重新规定货物进出国境时必须向海关申报并接受海关监管。天津海关恢复外贸公司凭明细单向海关申报、对进出口货物查验等制度，并成立进口货物的联合验残小组。1972年9月，对外贸易部海关管理局召开海运口岸海关货运监管工作经验交流会后，天津海关贯彻会议精神，加强对进出口货运监管工作，对重点进出口货物加强监管、查验，先后发现进口货物违反国别政策、以次顶好、以假充真，出口货物包装不良、破碎、错发、错运等问题。1973年2月，国务院颁发《关于口岸工作的情况和改进意见的通知》，天津海关根据通知要求，修订相关的规章制度，根据形势变化及工作需要对组织机构和业务工作进行调整和完善，使天津海关的货运监管工作，基本恢复到“文化大革命”前的水平。

1976年，粉碎“四人帮”以后，天津海关在干部队伍中消除“极左”思潮影响，重新确立钻研专业技术、提高工作质量的学习氛围。1977年下半年，在天津市革命委员会口岸办公室的统一领导下，天津海关参加疏港大会战。对港口进口积压、出口退关货物进行彻底清理，催促提运。对进口到货中，具备直卸直提条件的4万多吨货物，先放提单，船边查验。对货物到港，单据未到的出口货物实行预验，收到单据后立即放行。

1978年，中共十一届三中全会召开后，天津海关根据海关总署的要求，逐步将工作方针从“以防范为主”，转为“以促进为主”。随着国家实行对外开放，对内搞活的政策，对外贸易迅速发展，贸易方式灵活多样，从事外贸经营的企业迅速增多，进出口货运量逐年增长，天津口岸进出口货物的年平均量达到1500万吨，给天津海关的货运监管工作提出新课题。天津海关按照海关监管工作要为“四个现代化”服务的要求，针对监管现场发现的问题，采取请进来，走出去和组织交流经验等方法，帮助企业完善管理、改进工作。天津海关以成套设备和进口汽车为重点，对进口货物加强监管，联系配合接货单位建立健全验收制度，避免企业丧失索赔权。在监管进口成套设备过程中，天津海关根据现场掌握的情况与大港、长庆、玉门等地的收货单位沟通联系，对企业验收货物提出建议，针对因港口卸货不细致以致成套机械设备中有部分配件和主体分离的情况，天津海关主动联系有关单位，及时找到用户，保证有关设备顺利投产。

1979年，全国海关关长会议提出“坚持制度、依法监管、简化手续、加速验放”新的货运监管工作方针，确立以监督货物合法进出为主，对违反国家规定经营的进出口货物，海关严格把关指导思想。要求对所有进出口货物，不论其采取何种经营方式，都要根据进出口许可证或者有关批准文件验放，在继承多年行之有效的制度办法的同时，对不合理、不适应的制度、办法进行改革。根据新的货运监管工作方针，天津海关坚持简化手续、加速验放的传统，配合天津港疏通港口，进一步提高船边、车边直接验放货物的比例。据统计，1980 ~ 1985年，天津海关每年船边、车边直接验放货物的比例达到60%。对不能直接验放的货物，也尽可能打破常规，针对不同货物的具体情况采取凭保放行，集装箱中转库分批验放、过期货港外仓库暂存处理等灵活措施，通过改革为方便货运，配合疏港，支持外贸进出口。

1980年1月1日，根据外贸部、国家统计局的规定，天津海关开始使用新的“进口货物报关单”和“出口货物报关单”，实行统一的报关制度。按规定一切进、出国境的进出口货物，收、发货人或其代理人必须填制进口或出口货物报关单一式两份向海关申报，经海关审核放行后，一份送海关管理局编制海关统计，一份由口岸海关留存。天津海关强调“单”和“证”是海关监管的依据，采取“严格审核单证和现场重点查验相结合”的方法，要求申报的单证必须齐全正确，符合有关政策法令的规定和要求，所报的货物名称、品质规格、数量、价格、贸易国别和原产国别或地区等必须单货相符。

1981年5月1日，海关总署公布实施《中华人民共和国海关征收规费的暂行办法》。根据该办法，海关应收、发货人要求，可派员到其仓库等海关监管区域以外地点执行监管任务和办理货物查验、放行等手续，以避免造成收、发货人在口岸查验时搬移、拆装箱和重封货物等不便。天津海关依据该办法改革进出口货物一律在口岸查验的传统做法，同意有关部门在港口之外设立集装箱监管点和中转库。天津海关还与北京、秦皇岛等海关制定联系配合办法，使集装箱的进口拆箱和出口装箱监管手续，尽可能在当地完成，加速集装箱流转，避免造成口岸积压。

1984年以后，世界航运市场摆脱石油危机造成的影响开始走出低谷，集装箱运输又重新走上稳定发展的道路，国际上发达国家件杂货运输的集装箱化程度已超过80%。天津海关适应集装箱发展趋势，针对集装箱的特点，在全国海关中率先试行出口集装箱货物的监装员制度。对部分出口商品，如高级木制家具和玻璃器皿等，试行监装员监督装箱出口，海关为企业培训监装员，由监装员在公司仓库按照海关要求自行监督装箱向海关负责。1986年，天津海关实施的监装员制度得到外经外贸部门的认同，认为通过此举简化手续、降低货损，减少运输费用从而提高国家的出口商品信誉，扩大商品的销路都起到推动作用。是年12月，天津海关在对试行期间制定的办法和规章制度进行修订和完善的基础上，开始在天津市范围内推广，使更多的外贸出口单位，可以直接从出口货物仓库按海关规定装箱出口，发挥集装箱“门对门”运输的优越性。

1990年9月，北京举办第十一届亚洲运动会，自中华人民共和国成立后，是国家第一次举办综合性国际体育比赛。天津海关贯彻海关总署提出的“关注重点，放宽一般”的监管要求，为亚运物资设立专门窗口和工作流程专线，从船舶进口联检的第一环节做起，各个环节均予优先，加速验放，使转往北京的亚运会物资20分钟内办结通关手续，港口验放不超过1小时。

1992年，天津海关进行通关作业改革，实行预申报制度。打破时空限制，由原来的进口货物抵港申报，变为船舶在国外启航后，即可凭电传装载清单预报关，在货物抵港实际报关前，即可完成审单、归类和录入舱单等大部分准备工作，既加速货物的流通，又降低货物在港口的存储费用。货物从抵港到放行的时间由原来的5天缩短为1天。天津海关在逐步探索的基础上，建立货运红绿窗口，对一般性进出口货物，按税证要求对不同货类、不同企业进出口货物分流验放，改变原作业程序中快慢不分的情况，进口验放速度加快四分之一，出口审单时间由30分钟下降到5分钟。不仅监管重点更加突出，也使业务量日益增大与人员相对不足的矛盾得到缓解。1993年，天津海关按照“前面放宽、后面管严”的思路，全面进行查验制度改革，实行以集中查验为主，辅以事后跟踪核查、单项稽查等多种形式的查验制度，改革原有进出口申报和查验的格局，设置查验中心，加强制约。

1998年1月4日，海关总署、交通部联合下发《关于加强协作共同做好进出境货物码头场站监管工作的通知》，要求海关和港务部门加强协作，严防进出口货物被骗提、偷盗或调包。天津海关联合港务部门，对存放进出口货物的码头、场站、仓库等监管场所进行清理整顿，对存放未办结海关手续的进出货物监管场所实行封闭式管理；对不符合海关监管要求的场所，责令其限期整改；对不具备海关监管条件的场所予以撤销处理。是年11月15日，海关总署下发《关于对海关监管区实行24小时巡查监管的通知》，天津海关自12月10日起，对海关监管区及海关批准设立的存放进出口货物的堆场、监管仓库等实行24小时巡查监管作业制度。

1999年12月14日，国内首套自主研发的H986大型集装箱/车辆检查系统在天津海关投入使用。该检查系统包括运行检查、加速器、探测器、图像获取、传送控制、传送装置等多个系统。通过该系统对集装箱货物进行扫描成像，利用机检图像判断实货与申报是否相符，有效提高海关查验工作效率和准确性。2000 年，天津海关以 H986 集装箱验放中心运行为契机，建立以 H986 集装箱验放中心为枢纽的港区物流监控新体系，利用集装箱检查设备查验货物是对过去人工掏箱的传统查验模式的重大改变，是海关查验手段的一次技术性革命。在发挥查验工作的威慑作用、保持天津口岸打私高压态势、提高海关查验效率、加速货物通关等方面起到积极的作用。当年，H986 机检设备日验箱量达到 160 个。

2000 年 8 月 1 日，天津海关在全国海关率先成立通关应急中心。应急中心负责处理各类通关应急情况，拥有组织协调、检查督办和直接请示的权力。并在各主要通关现场设立“咨询值班岗”，形成现场、职能处室和技术部门三方面的合力，为企业提供“一站式服务”。应急中心开通应急专线电话，跟踪落实，协调督办，及时解决通关过程中的各种疑难问题，力争对货主反映的每个问题都在最短时间内拿出处理办法，制定出应急处置方案和疑难单据处理时间表，对在通关过程中受阻的每一票单据都及时给予落实和解决，并做好解释工作。

2002 年 4 月 21 日，天津海关对海运口岸监管格局进行重大调整，将原来口岸的天津新港海关、天津东港海关和天津海关驻塘沽办事处三个隶属机构合并重组为天津新港海关，统一对外承担天津港区海运进出口货物的海关监管任务，实现海运口岸集中审单、集中接单、集中查验和“一个现场、一个标准、一个尺度”的“一站式”“一条龙”监管格局。通过重组新港海关，为加快天津口岸通关速度，实现天津海关执法统一、规范提供组织保证。

2003 年 4 月，天津市爆发严重“非典”疫情。天津海关落实海关总署和天津市委、市政府抗“非典”的有关指示精神，以“防范非典”与“把关服务”并重的工作思路，在做好非典防治工作的同时，履行把关服务职能，把非典疫情带来的损失减少到最低限度。天津海关先后制定预防、控制非典型肺炎预案和防治非典型性肺炎紧急措施，开设“非典”防治进口物资的“绿色通道”，对用于预防和治疗非典型肺炎的药品、试剂和医疗器材等进口货物随到随验，实行 24 小时预约通关，落实对外承诺的 1 小时审放时限，特殊紧急情况下，经关领导批准可采取专人押货监管，先放后验等监管应急措施，确保防治非典物资快速通关。在有效防范“非典”疫情的同时，天津海关坚持施行通关便利措施，为进出口企业提供良好的通关环境，促进外经贸发展。在抗击“非典”的非常

图 3-1-1-16 2003 年“非典”期间，天津海关关员坚守岗位，保证进出口货物正常通关

时期，天津口岸进出口业务量保持正常增长。在4月30日，天津口岸还创出历史单日出口接单5706票的最高纪录。

2004年5月1日，天津海关发布《关于实行全天候通关制度的通知》。为提高通关效率，最大限度地满足企业通关要求，实行全天候通关制度。对出口货物实行24小时通关、节假日、双休日预约和急事预约，并适当延长海关通关工作时间。

2005年10月30日，天津海关现场作业部门、全部通关和转关业务窗口正式进驻天津港国际贸易与航运服务中心（以下简称“航运中心”）。天津海关配合航运中心，克服困难，按期完成200余人、150余台设备的安置就位，保证通关现场准时搬迁进驻。10月31日，天津海关进驻航运中心的各部门正式对外办理进出口通关和转关业务，当日监管进出口报关单2775票，开单税款0.9亿元，办理进出口转关268票，共计10499吨。同年，天津海关经海关总署批准率先开展区域通关改革试点，会同天津市口岸办、天津港集团负责人先后走访郑州、西安、太原等9个内陆海关，签订区域通关合作备忘录，并在各地举办多场天津口岸便捷通关政策宣传会。

2006年，天津滨海新区正式纳入国家发展战略规划，成为国家综合改革配套试验区。天津海关在全关范围内组织开展为支持滨海新区开发开放献计献策的大讨论活动，制定出台《天津海关“十一五”期间支持滨海新区开发开放的若干措施》。同年9月1日，为进一步适应区域经济发展的要求，简化海关手续，提高通关效率，海关总署决定实施跨关区“属地申报，口岸验放”通关模式，凡符合海关规定条件的企业，可自主选择在属地海关申报进出口货物，在进境或出境地海关办理验放手续。进境地海关在确认运输工具负责人或其代理人申报的舱单电子数据后，进口货物收货人或其代理人即可选择“属地申报，口岸验放”方式，录入“进口货物报关单”电子数据，向属地海关申报。对海关规定的或纳入许可证件管理的进出口货物，须在属地或口岸海关申报并办理验放手续。天津海关在航运中心为北京、呼和浩特、乌鲁木齐等9个内陆、沿边海关开设“属地申报，口岸验放”窗口，8个海关派员进驻并按照“属地申报、口岸验放”的新通关模式开展通关业务，试点企业达到184家。当年，区域通关模式共放行进出口报关单3915票，货值13.1亿美元，货重155.77万吨，内陆海关征收税款共计8.56亿元。

2008年，北京举办第29届夏季奥林匹克运动会。同年4月7日，海关总署下发《海关通关监管奥运安保工作方案》，天津海关根据方案要求做好通关监管现场奥运安保工作，防控和查缉威胁奥运安全的货物进出境，防堵核、生、化、爆等危险品入境，保障涉奥进口食品安全通关。自2008年1月1日至9月17日北京残奥运动会闭幕，天津海关共验放进出口奥运物资173票，货运量5653.91吨，货值7.18亿美元；进出口转关170票，货运量4005.71吨，货值1.32亿美元。天津海关在奥运安保工作中，查获6起侵犯奥林匹克标志专有权案件，查获狙击步枪瞄准镜，连续查获三批违法进口有毒化学品。

2008年5月12日，四川省汶川县发生特大地震。海关总署下发《关于配合做好四川省汶川县抗震救灾工作的紧急通知》。天津海关立即部署抗震救灾物资监管通关工作，在海运现场设立

图 3-1-1-17　2008 年，天津海关关员验放北京奥运会专用车辆

三个赈灾物资通关专用窗口，专人专岗，采取登记放行方式直接办理进口物资通关手续，保证物资及时到达灾区。各通关现场特事特办，简化手续，对外公布赈灾物资通关热线电话，实行 24 小时通关服务。

2009 年初，天津海关党组印发《关于进一步提高通关效率的意见》，通过业务改革，进一步提高通关效率，支持天津市“保增长、渡难关、上水平”。实行当日未放行货物报表制度、解决制约通关效率提高的瓶颈问题、在海空运现场实施出口分类通关，试行通关过程中归类、化验、审价快速作业机制。天津海关承诺对所有进出口非涉税、不查验货物及当日已办结缴税手续的货物的放行时限不超过 7 个工作小时内。当年，进口申报 7 个工作小时放行率平均达到 78.64%；出口申报 7 个工作小时放行率平均达到 98.86%。同时，实行全程通关服务保障，对企业通关过程中遇到的各类疑难问题和应急处置要求承诺 100% 予以答复和解决。

2010 年 10 月 9 日，天津海关贯彻落实《海关总署党组关于印发〈海关大监管体系建设方案（试行）〉和〈海关大监管体系建设方案（试行）任务分解〉的通知》要求，制定《大监管体系建设实施方案》，找准制约提升天津海关监管水平的症结和关键，突出监管地位、调整监管布局、科学配置监管资源，有针对性地解决天津海关实际监管中存在的重单证，轻实货，重前期、轻后续，重传统、轻非传统等一系列问题，推动关区实际监管水平的不断提升。2011 年，天津海关以加强实际监管为着力点，提高效能，加强一线监管。建立风险式审单模式，优化审单作业机制，积极推进通关作业无纸化改革试点。规范监管场所管理，验收合格率达到 100%。保证进口查验率，适当提高出口查验率，综合查验率达到 4.5%，整体查获率不低于 13%。发挥复查复验小分队作用，提高复查复验比例。推动监管场所物联网建设，初步实现货物单证流、信息流、实货流比对验证。通过完善静海子牙循环经济区的海关监管，实行“转关运输、圈区监管、集中查验”的进口固体废物监管模式，积累对全国海关有借鉴意义的固体废物圈区管理成功经验。

2012 年 8 月 1 日，天津海关按照海关总署《海关通关作业无纸化改革实施方案（试行）》要求，启动海运进口货物通关作业无纸化改革试点工作。通关无纸化作业是海关以企业分类管理和风险分析为基础，按照风险等级对进出口货物实施分类，运用信息技术对企业联网申报的报关单及随附单证的电子数据进行审核、征税、验放的通关作业方式。企业将报关单及随附单证电子数据向海关发送并申报，海关对进出口货物进行风险分析，逻辑检控。对低风险和未知风险中不涉证不涉税、低风险涉证但许可证件已联网比对正常、低风险涉税但税费已电子支付的报关单，由计算机自动验放；对低风险和未知风险但不满足计算机自动验放条件的报关单和高风险报关单，海关人工审核，并按照风险等级实施验放作业。海关放行后，向监管场所和申报人发送放行信息。无纸通关改变以往报关企业到海关递交纸质报关单、等候审核的传统做法。报关企业只需在公司通过互联网向海关发送电子报关信息，海关即可审核，有效提高通关效率，方便进出口企业，成为天津海关支持促进外贸稳增长的重要举措。

2012年9月27日，海关总署印发《海关促进外贸稳定增长若干措施的通知》，天津海关结合本关实际，制定相应的《促进外贸稳定增长若干措施》。实行天津海关“12360”咨询热线全天候“7×24小时”服务，口岸及海关特殊监管区域所在地海关实行“7×24小时”预约通关。在服务窗口实行“首问负责制、限时办结制、服务承诺制”，及时有效解决企业在通关过程中遇到的紧急疑难问题。天津海关在较大业务现场设立AA类企业专门服务窗口。建立AA、A类生产型企业归类化验绿色通道，对A类及以上生产型企业的归类、化验业务予以优先处理。天津市企业可以在辖区海关办理报关。出口企业可以在辖区监管场所发送运抵报告，由辖区海关办理货物申报放行手续后，直接运输至港区装船出口，提高天津本地企业通关速度。10月1日，天津海关停止收取进出口货物纸质报关单证明联（进口付汇用、出口收汇用）和出口报关单退税联打印费、报关单条码费和海关监管手续费。10月30日，天津海关将无纸通关适用领域由海运进口扩大到海运出口，适用范围扩大到所有符合条件的试点企业。是年11月15日，天津海关将“属地申报，口岸验放”通关模式的适用范围放宽至一年内无走私违规记录、资信良好的B类生产型出口企业。

2013年4月20日，四川省雅安市芦山县发生7.0级地震。海关总署下发《关于做好四川雅安地震救灾物资进境监管工作的紧急通知》。接到通知后，天津海关立即做出部署，按照特事特办的原则，设立专门的救灾物资报关窗口，提供24小时通关服务，对进境救灾物资和载运救灾物资的运输工具加速验放，保证救灾物资快速通关。对经主管部门批准同意参与救灾的境外医疗队、救灾队和人员、专家随身携带进境的救护医疗、搜救设备，凭批准部门的证明文件给予通关便利并快速验放。

2013年7月24日，海关总署、国家质检总局联合下发《关于进一步扩大关检合作“三个一”试点工作的通知》，实行“一次申报”，企业只需一次录入申报数据，分别向海关和检验检疫部门发送；“一次查验”，海关、检验检疫双方需要对同一批货物实施查验/检验检疫的，海关与检验检疫部门按照各自职责共同进行查验/检验检疫；“一次放行”，对于运抵口岸的货物，海关和检验检疫部门分别发出核放信息，企业凭关检的核放信息办理货物提离手续，并确定天津海关为试点海关。实施“三个一”工作后，天津海关开发“一单两报”录入系统，为实现报关单向海关和检验检疫局的“一次申报”提供技术保障。海关的查验工作由原先的“先报检、后报关”的串行模式，调整为“海关、商检同时作业”的并行模式，缩短企业的通关时间、降低企业的通关成本。天津海关子牙业务现场对海关、检验检疫部门都需要人工查验的第七类固体废物全部实现“一次查验”。以单箱掏箱等作业费用平均千元计算，为园区企业每月节省支出近40万元。天津新港海关与检验检疫部门建立联系配合机制，设立“三个一”工作联络员，依托验放中心电子系统，搭建“三个一”工作运行平台，实现关、检联合查验信息对碰，设置“三个一”专用窗口、专用查验区，确定每日共同查验时间，建立“三个一”工作固定窗口、固定查验时间、固定查验地点的操作模式。通过“一次查验”，每箱货物企业可节省倒运费、吊装费、掏箱费等港口费用近千元，关检放行总时长平均缩短2天。

2013年9月29日，海关总署印发《全面深化区域通关业务改革实施方案》。天津海关按照方案要求，进一步优化区域通关作业模式，提高贸易便利化水平，推动进出口稳定发展。天津海关按照“由企及物”理念，实施区域物流分类监管，对资信程度不同企业的物流通关实行差别化管理，切实提高通关效率，提升海关通关监管工作的整体效能，实现有效监管和高效运作的有机统一。11月1日，天津海关启动全面深化区域通关业务改革，对AA类企业无需查验的低风险货物实行“属地申报、属地放行”（“属地申报、属地放行”是“属地申报、口岸验放”通关模式的一种方式，符合海关规定条件的高资信企业，在其货物进出口时，可以自主选择向属地海关申报，并在属地海关办理货物放行手续）。对B类出口生产型企业的进口货物实行“属地申报、口岸验放”。

2014年4月1日，按照海关总署要求，天津海关通关作业无纸化改革试点范围扩大至关区所有通关业务现场。在天津关区内全面启用电子代理报关委托系统，简化企业通关作业无纸化签约手续，企业签约申请实现即到即签。为提高通关作业无纸化水平，简化进出口申报手续，天津海关协商天津出入境检验检疫局，于7月1日起，在已实现通关单电子数据联网核查基础上，实施通关单无纸化试点。在天津关区各通关现场只需凭通关单联网核查比对正常的电子数据为进出境货物办理报关手续，除特殊情况外，海关不再向企业收取纸质通关单，检验检疫部门经电子口岸向海关发送通关单电子数据，不再向企业出具纸质通关单。2014年，天津海关放行通关作业无纸化报关单共计224.2万票，占报关单总量的82.23%。

2014年6月26日，根据《海关总署关于印发支持外贸稳定增长的若干措施的通知》要求，天津海关结合关区工作实际，制定发布《关于实施促进外贸稳定增长若干措施的通知》，决定天津海关各业务职能部门在滨海新区综合业务现场设立服务窗口，实现合署集中办公，减少企业往返奔波；在所有通关现场一律适用“三个一”模式通关；针对不同信用等级企业制定、实施差别化作业制度，进一步降低高信用（AA类和A类）企业查验率。根据企业守法状况、进出口规范和贸易安全状况等标准，对天津关区内所有A类、B类企业进行初步筛选，主动提醒符合条件的企业申请升级。对有意愿的企业，开展信用辅导和培育，引导企业向高信用企业过渡。对情节轻微的行政违规案件，实现“一次性告知、一站式办理、一体化执法”，基本实现业务现场直接办结；依托电子口岸平台，实现单一平台、一点接入，企业一次性提交满足各执法部门要求的信息，处理状态和结果通过单一平台进行反馈。

2014年7月1日，启动京津海关区域通关一体化改革。改革后，北京、天津两地企业可根据自身需求，选择在货物实际进境地海关或企业所属地海关申报，以减少物流环节和费用成本。9月22日，石家庄海关正式纳入京津冀一体化改革。京津冀企业按照经营单位注册地或货物进出境地自主选择接单现场，并据此确定申报口岸，非京津冀企业在京津冀口岸清关的，向进出境地海关申报。京津冀企业可根据物流需要自主选择口岸清关、转关、“属地申报、口岸验放”“属地申报、属地放行”、一体化通关等其中一种通关方式。对京津冀企业关于许可证件、原产地、归类、价格等专业认定结果，三地海关予以互认。取消报关企业在异地关区从事报关服务需设立跨关区分支机构的限制，试行“一地注册、三地报关”。三地海关建立企业信息共享机制，全面共享京津冀企业的注册登记、信用状况、通关管理、违法违规记录等信息。实现“一份保函区域通用”。探索应用新媒体等科技手段，实现京津冀三地企业共享“中国海关网上服务大厅”“12360统一服务热线”等公共服务，实现三地企业与海关间即时、便捷的信息互通。（区域通关一体化改革内容见第三章通关作业改革）

2014年9月11日，中共中央政治局常委、国务院总理李克强到天津海关视察，实地了解集装箱过机查验流程、通关无纸化操作、关检合作“三个一”、京津冀区域通关一体化等海关业务操作流程。视察期间，李克强对海关多项改革工作给予高度评价，勉励天津海关要“不负盛望，不负其名”。

第二节　转关运输货物

“转关运输货物”，是指由关境内一设关地点转运到另一设关地点应受海关监管的货物。包括由进境地入境后，向海关申请转关运输、运往另一设关地点办理进口海关手续的货物；及在启运地已办理出口海关手续运往出境地，由出境地海关监管放行的货物。新中国成立后，“转关运输货物”也曾被称为“转口进出口货物（转口输出入货物）”“转运货物”。

新中国成立初期，沿海金门、台湾、海南岛等岛屿仍在国民党政权控制之下，海上船舶不时遭遇劫掠与破坏，严重影响航运发展。加之国内运输尚未恢复，东南沿海与华东、华北沿海间尚未有直达航线，商人内销货物被迫取道香港改装外轮转运国内港口。1949年12月2日，天津海关接华北对外贸易管理局指示，经请示中央贸易部批复，由汕头经香港运土产到天津，如有汕头海关出具的证明注明目的地为天津的，货物到达后经海关检验确是土货可按解放区内地贸易办法规定予以免税进口。同年，天津市药商应对外贸易管理局请求恢复由天津经香港转广州货运，当年11、12月两个月天津经香港转运华南口岸货物以汉药（汉药是指日本、韩国等国从中国低价购入原料药后，运回国内精炼，提取制剂，制成胶囊、片剂和颗粒剂的成药）为最多，干果类、豆类及粉丝次之。

1951 年 3 月 29 日，海关总署指示天津海关及沿海各关，已经完税的洋货由穗、汕等地经港运津，应作为土货监管。对再有此类货物申请转运时，应由起运地海关先责令报运人取得当地外汇管理局同意后再照章办理海关手续。同年 5 月 1 日,《中华人民共和国暂行海关法》颁布施行。在第九章“转运货物”中规定：未办海关进口手续的货物，在中国设关地方换装运输工具，运往另一设关地方或不通过中国陆地运往外国；及已办出口手续的货物，运至国内另一设关地方换装运输工具转往外国，为转运货物。转运货物换装运输工具，应报请海关核准，由海关派员监视，并得将运输工具加封。转运货物，应列入进出口载货清单内。并就国外货物转运的条件、时限、海关监管要求、滞报的处理等作出规定。天津海关依据《中华人民共和国暂行海关法》对转关货物进行监管。

1953 年 11 月 21 日，天津海关依据外贸部、海关总署的规定要求，对外国货物运抵中国设关地方换装运输工具运往另一设关地点办理进口手续，或不通过中国陆地运往外国，由申请人填具“外国货物转运准单”送转运地海关凭核。

1956 年 2 月，对外贸易部颁布《海关对国际运输民航机监管办法》，对国际运输民航机承运海关监管转关运输货物作出相关规定。1958 年 11 月，对外贸易部、铁道部会商发文对铁路承运海关监管转关运输货物予以规定。天津海关依据上述规定对转关运输货物实施监管。

“文化大革命”期间，海关监管职能几乎被解除殆尽，海关对转关运输货物的监管受到冲击，天津海关的此项监管业务也呈停滞状态。

自 1979 年起，天津海关监管的承运转关货物的车辆逐渐增多。货物进口时，由进境地海关加封并运至指运地海关办理进口纳税手续；货物出口时，由所在地海关办理出口手续，加封后运至出境地海关查验放行。

1986 年 12 月 1 日，天津海关执行《中华人民共和国海关关于转关运输货物监管办法》。凡是公路转关货物，除因特殊情况外，其申请人须经海关核准并持有海关发给的证书。此类货物未经海关许可，不得开拆、改装、调换、提取、交付。办理进口转关货物手续时，申请人须向进境地海关填报一式三份“转关运输货物准单”并交验有关货运单证，同时须将进境地海关签发的关封带交指运地海关，并在 3 个月内办结进口手续。办理出口转关货物时，申请人须向启运地海关填报一式三份“出口货物报关单”，启运地海关办结出口手续后签发关封交承运人带交出境地海关。转关货物在国内运输途中发生损坏、短少事情时，收、发货人或其代理人应及时向海关报告。

1992 年，天津海关支持内地扩大开放，改革转关运输监管制度，就关际之间转关提出 10 条方便促进措施，年内集装箱货物的转关量比 1991 年增长 5.3%。同年 9 月 5 日，海关总署发布新的《中华人民共和国海关关于转关运输货物监管办法》，明确运载转关运输货物的运输工具和装备必须具备密封装置和加封条件（超高、超长及无法封入运输装置的除外），承运转关运输货物的企业是经海关核准的运输企业。天津海关统一批准 12 个转关运输车队，并实行担保制度，明确法律责任，加强对转关运输车队的管理，对查实存在违规操作情况的企业，采取暂停企业及车辆承运海关监管货物资质的方法，待企业整改完毕后，恢复其办理转关业务。同年12月1日，天津海关实施《中华人民共和国海关对过境货物监管办法》。天津海关按照“加强协作，密切配合，强化手续，加强验放”的原则，使过境货物尽快出境。在过境货物监管过程中，除发现有违法或者可疑的情事外，一般在作外形查验后，予以放行。

1993年8月18日，海关总署下发《海关对转关运输货物监管作业规程》，明确转关运输货物监管的具体做法，并建立对转关运输货物监管的协作制度，把全国海关分为东北、华北、华东、华南及全国空运管理五个协作区。年内，天津海关牵头召开华北片海关转关运输工作会议，制定转关运输管理细则和联系配合办法，加强对转关承运车队的审批和管理，对汽车等敏感商品加强监管，连续发现3起转关至西藏货物中途擅自拆箱的案件，案值达人民币590余万元。

1998年2月1日，天津海关转关作业全部实现计算机管理，转关运输监管业务不分转关地点，全部进入全国海关转关运输计算机网络管理系统操作。天津海关按照《中华人民共和国海关关于转关运输计算机网络管理系统操作规程》，规范作业程序，加强内部管理，转关回执核销率达93%以上。年内，天津海关先后与西安、太原、石家庄等海关签署支持大型企业和国家重点工程项目的进口货物转关方便措施备忘录。

1999年10月27日，海关总署下发《关于加强转关运输监管的通知》，规定凭联系单转关的货物，进境地海关一律验凭转关联系单办理转关手续；对进口转关运输货物，进境地海关负责进口转关申报单与舱单核销，对出口转关运输货物，出境地海关负责出口转关运输申报单与出口载货清单核销。天津海关转关业务比较全面，涵盖进出口转关业务，严格按照海关总署转关运输监管通知开展转关监管工作。

2000年1月27日，天津海关按照《核产品转运及过境运输审批管理办法》要求，对转运及过境货物严格审核，对《核出口管制清单》所列核产品，需向海关出示许可文件，天津海关凭外经贸部核发的许可文件办理相关手续。

2001年8月21日，天津海关正式采用跨关区快速通关作业系统。进出口货物在直属海关之间依托转关运输监管，采取提前报关方式，缩短车辆在通道和车检场的停留时间，实现“一次申报，一次查验，一次放行”。截至2001年年底，天津海关以提前报关方式共办理海运进口转关货物6646票，直转方式5631票，涉及北京、石家庄、太原、呼和浩特、南京、青岛、郑州、西安、兰州、银川、西宁、乌鲁木齐等14个海关，其中转关至南京、西安、沈阳、青岛、银川海关的进口货物，回执率100%。同年10月15日，天津海关实施《中华人民共和国海关关于境内公路承运海关监管货物的运输企业及其车辆、驾驶员的管理办法》，驾驶员在从事海关监管货物运输时，应出示“准载证”、“资格证”，如实填报交验“汽车载货登记簿”；天津海关作为指运地时，货物运抵天津后，由天津海关办理“汽车载货登记簿”核销手续。同年，天津海关实施《中华人民共和国海关关于转关货物监管办法》和《中华人民共和国海关关于转关货物监管办法的操作规程》，除废物、化工、汽车等 264 种商品外的进出口货物均可办理转关手续，明确转关货物申报的电子数据与书面单证具有同等的法律效力。

2002 年 4 月 25 日，天津海关按照海关总署要求，对内支线船舶中转和铁路承运的转关、过境集装箱货物，在其商业封志完好条件下，简化监管手续，不再施加封志。海关电脑录入商业封志号，确定一定的比例，凭船舶舱单或铁路运单，抽查核对货物商业封志是否完好无误，凭电脑转关申报单记录和船舶舱单或铁路运单，验核商业封志，办理海关手续，以确保海关有效监管。

2004 年，天津海关加强转关运输监管力度，同时做到应转尽转。全年，共办理进口转关 5.6 万票、转关集装箱 15.9 万标准箱、转关货运量 268 万吨，同比分别增加 24.44%、18.66% 和 24.25%；办理出口转关 7816 票、转关集装箱 13771 标准箱、转关货运量 15.1 万吨，同比分别增长 49.13%、39.28% 和 39.81%。

2005 年，天津海关作为华北协作区的主要口岸海关，贯彻海关总署部署，在转关业务中坚持绝不搞税往低处流，绝不利用口岸地位截流税源。同年，天津海关将风险管理理念引入转关施验封作业，改进转关货物施封模式，进一步提高转关效率。是年 7 月，天津海关与北京海关签订《天津新港海关、北京海关驻朝阳口岸办事处便捷海运集装箱转关运输监管合作备忘录》，以海关对转关运输货物承运企业资质风险评估为依据，取消部分转关进口集装箱货物的人工施封关锁手续。

2005 年 12 月 15 日，天津海关规范和简化转关监管工作，施行《区域通关改革转关运输操作规程（试行）》，进一步规范和简化转关运输手续，对转关方式为“提前报关”的转关货物，实行 H2000 系统转关申报单数据自动审核、放行；转关方式为“中转”和“直转”的转关货物，实行 H2000 系统转关申报单数据自动审核，人工确认放行。截至 2006 年 3 月底，天津海关共办理进口直转转关自动审核 11668 票，转关提前报关自动审核、放行 661 票，转关业务涉及北京、石家庄、太原、郑州、西安等 10 余个直属海关。

2008 年年初，津京两关在天津签署《天津海关、北京海关关际合作备忘录》，启用天津、北京海关间第二条海运转关运输通道，该通道启运地为天津港，经由津蓟高速、京平高速延长线，指运地为北京市平谷县马坊。8 月 22 日，首票货物在天津海关办理转关手续后经该通道运往北京。天津海关还在业务现场设立“北京企业转关专用窗口”，提高北京企业转关效率。对北京海关提出的一些转北京的重点企业的货物，天津海关相关业务现场采取“码头施封”“七号路卡口施封”等措施，降低企业物流成本，提高转关通关效率。同时加强风险分析工作，对于转往北京关区的涉奥货物，现场加强风险分析工作，确保奥运安保工作的顺利进行。2008 年，天津海关办理转往北京海关进口转关业务报关单 31943 票，57882 标箱，货重 189 万吨。

2009 年 8 月 10 日，天津海关严密转关拆换箱货物监管，对于进口转关货物需在口岸拆箱，以敞篷运输方式运输至属地海关的，各业务现场根据属地海关业务现场的相关传真等文件办理转关审批及业务手续。确保进口换装监管业务在严密监管的前提下，提高转关货物的通关效率。

2010年，天津海关加强转关货物实际监管。转关业务现场每周对未核销信息进行核查上报，对未核销数量不正常增长的情况及时进行清查，并与对方关区及时联系；每月对转关未核销信息进行兜查，对超过一个月未核销的转关单信息逐票与对方关区通过电话或传真方式进行联系，及时发现货物是否正常接收等情况；对进口转关敏感商品要求提供合同、箱单、发票等相关材料，必要时进行查验；在部分承运海关监管货物的转关运输车辆加装GPS卫星定位系统。

2012年10月22日，天津海关印发《天津海关促进外贸稳定增长若干措施》，取消汽车转关出口限制，汽车出口企业凭商务部门颁发的有效"出口许可证"办理汽车（包括整套散件及二类底盘）出口转关监管手续。与汽车出口企业签订联系配合办法，明确各自责任。

2013年9月，国家提出建设"一带一路"（"新丝绸之路经济带"和"21世纪海上丝绸之路"）战略构想。天津海关贯彻落实国家战略部署，为铁路过境运输货物提供更加优质的通关服务，根据铁路运输路线长、时间紧的特点，在确保海关有效监管的前提下，提供预约加班服务，做到正常货物进出口"当天报关、当天放行"。深入到"一带一路"贸易的重点企业开展调研，了解企业经营情况，在符合政策要求的前提下，为企业提供相应帮扶措施。并与新疆、内蒙古等地的口岸海关、铁路部门沟通联系，加强与内陆海关的联系配合。及时解决过境通关中存在的问题，确保过境货物的快速通关。

2014年10月，天津海关制定《关于承运天津港区海运海关监管货物运输企业及其车辆管理规定》，要求申请从事承运海关监管货物相关业务的企业，对所属车辆须实行GPS管理，并与海关共享车辆GPS信息。协调天津港（集团）有限公司技术部门，利用该公司发放的射频卡信息，随时掌握监管车辆动态及运营情况。天津海关利用物流平台监控和收集海关监管车辆进出监管场所、码头的相关数据，现场监管部门通过数据分析有针对性地开展日常巡查工作。天津海关现场物流监管部门不定期核查车辆的GPS记录、进出卡口记录，核查车辆运行情况；在码头、监管场所随机抽查运营车辆，检查实货监管情况。

第三节　暂时进出口货物

暂时进出口货物是指国际组织、外国政府或外国和香港、澳门地区的企业、群众团体以及个人为开展经济、技术、科学、文化合作交流而暂时运入或运出关境，在规定时间内需复运出境或进境的货物。

从20世纪70年代起，天津市开始承办英国和日本为数不多的中等规模展览会。但至20世纪80年代中期，国家对暂时进出口货物没有明确的监管规定。实行对外开放政策以后，国际经贸往来日益频繁，外商在天津举办的展览会和技术交流会也较前期明显增加。天津贸促会也曾组织数次出口商品去国外参加展览。天津海关监管的进出口展览品，包括外国来华与出国举办展览会的展品及有关的宣传品、布置品、售卖品、招待品和其他办公用品，天津海关对这些进出口展览品按暂时进出口货物实行监管。在天津举办的国外来华展览会都是由天津市对外贸易促进委员会进行接办或主管，有固定的展览场馆，在展览期间天津海关派有专人驻会进行实际监管。1975年11月3日，天津海关实施对外贸易部发布的《中华人民共和国海关对进口展览品监管办法》。外国来华主办展览会要得到中国贸促会的批准，展品进口前，展出单位或其代理人应向海关交验批准文件并且提交一式二份展品清单，清单应列明展品名称，摆放台号、标记、箱号、规格、重量、名称、数量、价值等内容，以便于海关监管核查。展品进境时，按进口转关办理手续，由报关人填写一式三份《转关运输货物准单》，将进口展览品转运到展览场馆，置于海关监管之下。在展览会开箱布展期间，海关派员根据展品清单内容对进口展品进行查验。对展览会期间，展出单位赠送给观众和工作人员的零星纪念品或表演品，需经海关审查同意。赠送的礼品，海关按照进口礼品的管理规定办理免税或征税手续后放行。在展览会上出售的物品，以及展出后留赠或售给境内单位或人员的物品，按照一般进口货物办理申领许可证和纳税手续。展览会结束时，由展出单位负责向海关递交展览品处理清单，分别列明消费、赠送、出售、放弃、复运出境等情况。展品复运出境时还应当填写《转关运输货物准单》和装载清单一式三份，以便转运出境或异地续展。国内有关单位出国举办展览会，其展品出口时，展出单位要向海关申报，交验主管部门的批准文件，填写“出口货物报关单”，附“展览品清单”一式二份，连同装箱单或装货单交海关。由海关派员验凭“展览品清单”监管装箱，予以放行。展品复运进口，也要办理海关手续。海关验凭原出口展品清单予以验放，办理审核销案工作。

1986年9月3日，海关总署下发《中华人民共和国海关对暂时进口货物监管办法》，天津海关根据该办法规定，对经海关核准的暂时进口货物，收取相当于税款的保证金，或提供海关认可的书面担保后，准予进口。暂时进口货物在6个月内必须全部复运出境。期满不复运出境的，应由申报人向海关办理正式进口手续和照章纳税；暂时进口货物只能用于特定的目的，未经海关许可不得出售、转让或移作他用。

1998年1月1日，天津海关开始施行《中华人民共和国海关暂准进口单证册项下进出口货物监管办法》。暂准进口单证册简称ATA单证册（ATA是法文Admission Temporaire和英文Temporary Admission的首字母组成，表示暂准进口，即货物在进口后一定时间内按原状复出口）。凭ATA单证册进出口货物，可免填进出口货物报关单并免向海关提供进口税费的担保。ATA单证册项下暂准进口货物复运出境时，应经海关核销、签注。对于超出中国所加入附约范围的ATA单证册项下的货物，海关不予受理。

2002年1月1日，天津海关施行海关总署修订的《中华人民共和国海关暂准进口单证册项下进出口货物监管办法》，办法明确暂准进口单证册项下的暂准进口货物，限于中国加入的上述公约及附约中规定的展览会、交易会、会议或类似活动项下的货物，超出上述范围的ATA单证册项下的暂准进口货物，不适用该办法。中国国际商会为中国 ATA 单证册的担保协会和出证协会。根据展示活动的性质、规模及观众人数等情况，在合理数量和总值范围内，可免税进口展示的小件样品等物品。

2007 年 3 月 1 日，海关总署发布《中华人民共和国海关暂时进出境货物管理办法》。该办法涵盖原有海关对出口展览品、暂时进口货物、进口展览品、暂准进口单证册项下进出口货物的监管办法。是年 5 月 1 日，天津海关依据该办法制定具体实施细则。明确由天津海关各隶属海关和天津海关监管通关处审批的暂时进出口货物范围和时限。

2007 年 7 月 26 日，天津海关按照海关总署通知要求，明确暂时进出境货物属免于商品检验的商品，其中不涉及动植物检疫的，在办理暂时进出口手续时无须提交《入 / 出境货物通关单》；暂时进境汽车不受国家汽车产业政策规定的整车进口指定口岸规定的限制，暂时进境汽车允许转关监管至指运地海关办理暂时进境手续，经海关同意在境内留购的暂时进境汽车，必须转关至整车进口指定口岸办理进口手续；作为货样暂时进境的车辆，自进境之日起 6 个月内必须复运出境，不得留购，不得延期。测试用车辆及其零配件无论是否损毁，期满必须复运出境，二手（旧）汽车、右舵车禁止进口。

2007 年 10 月 8 日，世界海关组织将中国海关接受奥运物资适用 ATA 单证册及办理相关海关手续问题的函转发各缔约国。天津海关按照海关总署监管司《关于奥运物资适用 ATA 单证册相关监管问题的通知》，接受奥运物资适用 ATA 单证册的时间为 2007 年 10 月 8 日至 2008 年 9 月 17 日。使用 ATA 单证册进境的奥运物资在进境申报时应当出具北京奥组委出具的证明文件，且 ATA 单证册用途栏应当填写“北京奥运会”或者“Beijing Olympic/Paralympic Games”（“北京奥运会 / 残奥会”）。其中，属于国家实行许可证件管理的货物，还应当提交相关证明文件。暂时进境奥运物资使用 ATA 单证册办理进境手续的，复运出境期限为一年。

2008 年 8 月 1 日，天津海关各业务现场对暂时进出境货物审批相关行政许可文书和暂时进出境货物所有人及其代理人提交的申请文书和相关单据等（包括延期审批和留购情况）建档、保存两年。天津海关监管通关处同时对其涉及的暂时进出境货物的审批和暂时进出境货物延期货物审批建档。

2012 年 4 月 20 日，天津海关制定《关于加强 ATA 单证册项下暂时进出境货物监管的通知》，严格审核 ATA 单证册项下进境货物用途，对于境外缔约方商会签发的 ATA 单证册，在“货物用途”一栏中没有签注“在展览会、交易会、会议或类似活动中陈列或使用的货物”（以下简称“展览品”）范围的，以及提供随附单证不能证明 ATA 单证册项下暂时进境货物为展览品的，一律不予接受暂时进境申请。

2013 年 11 月 1 日，海关总署修订发布《中华人民共和国海关暂时进出境货物监管操作规程》，明确暂时进境汽车不受国家汽车产业政策规定的整车进口指定口岸限制。暂时进出境货物的主管地海关为境内举办展览会、交易会、会议及类似活动所在地海关或者货物进出境地海关。

通过转关运输方式进出境的暂时进出境货物，主管地海关为转关指运地或启运地海关。经海关批准暂时进出境货物，除因正常使用而产生的折旧或损耗外，应当按照原状在规定的期限内复运出境或者进境。暂时进境的货物转入保税区、出口加工区等海关特殊监管区域和保税监管场所的，不视为复运出境，在境内停留的时间应当连续计算。天津海关根据操作规程强调明确：对于申请人申请暂时进出境货物，各隶属海关和业务现场根据暂时进出境货物情况能够确定暂时进出境期限的，或者自申请之日起期限在半年以内的，按照《中华人民共和国海关暂时进出境货物监管操作规程》规定的格式批注批准复运出境或者进境的日期。对于暂时进出境货物自申请之日起期限超过半年的，在《审批决定书》上注明"自进出境之日起半年内复运出境"字样。暂时进出境货物的延期和留购审批应分别按照《暂时进/出境货物延期审批表》《暂时进/出境货物留购审批表》由各隶属海关和业务现场受理，并经现场经办关员、科长和主管处长三级审批后报监管通关处审批。由监管通关处制发《中华人民共和国天津海关货物暂时进/出境延期申请批准决定书》或《中华人民共和国天津海关货物暂时进/出境延期申请不予批准决定书》，并交与现场海关送达货物所有人或其代理人。

第四节　贸易管制

天津解放至公私合营前，帝国主义对中国采取禁运政策，国内国营专业进出口公司刚刚成立，华商私营贸易行、外商洋行和联营组等多种性质的经营机构同时并存，国家主要通过进出口许可证来管理进出口贸易。

1949 年 3 月 5 日，根据毛泽东在中共七届二中全会上所作的"关于立即统制对外贸易，改革海关制度"的指示，国家开始实行对外贸易管制政策。

1950 年，国家颁布进出口许可证制度，海关从凭单（报关单）监管，转向凭证（许可证）监管，确立以许可证为主要依据的监管制度。同年 10 月，天津海关会同外贸局和中国银行在天津市实行《进出口货物联合审价办法》，使签发许可证、外汇管制和海关实际监督三项工作紧密结合，有效地制止和打击国内外不法商人互相勾结，以合法贸易为掩护，逃避许可制度、逃套外汇等经济破坏行为。进出口许可证的颁布实施，确立新中国海关货运监管工作初期的业务制度。

1951 年 5 月 1 日，天津海关施行《中华人民共和国暂行海关法》，要求进出口货物的收、发货人需依法交验对外贸易管理机关的许可证件。

1952 年 9 月 3 日，天津海关按照海关总署通知要求，对一般贸易货物，数量价值超出许可证在百分之七或以下，而货物急待装运者，凭保或押款先予放行，之后再补办改证结汇手续。

1953 年初，根据中共中央的统一部署，天津海关与天津对外贸易管理局合并，天津海关的业务范围内增加签发进出口许可证内容。1955年8月28日，根据国务院通知，天津海关又将负责签发许可证等项工作的机构及人员一并移交给天津市对外贸易局。

1954年6月1日，天津海关成立审核组，负责执行对资本主义国家贸易进出口许可证副本第二联的审核工作。同时为集中力量、避免分散，决定所有在秦皇岛、塘沽两地对资本主义国家进出口货物的许可证副本第二联的审核工作统一由总关审核组负责办理。凡在秦皇岛、塘沽两分关办完征税放行手续的进出口许可证副本第二联一律寄至天津海关总关审核。

1957年3月1日，外贸部颁布《进出口货物许可证签发办法》，天津海关除免领许可证的以外，凭进（出）口许可证监管、验放进出口货物。国营进出口公司进出口货物仅需在明细单上填列许可证号码，海关凭公司填写的明细单内容进行监管。

1963年，天津海关执行外贸部关于铜及铜制品出口的补充规定。铜及以铜为主要原料的制成品，单独作为一项出口商品时，如铜芯电缆、铜芯电线、铜锁、铜丝、铜材等，在未取得对外贸易部特许批准前，均一律不准出口。对含铜量低于20%出口商品则不予管制。此外，铜制特种手工艺品、中西乐器、机器零配件及其他配套出口的铜制品、成套出口项下供应的铜及铜制品不予管制。

1971年，天津海关按照全国海关工作座谈会有关对一切进出口货物进行实际监管的要求，对外贸公司进出口货物凭明细单查验放行；对机关、团体、部队、企事业单位和个人进口物品，海关验凭外贸部或省、市、自治区一级外贸管理机关签发的“进口许可证”查验征税放行。

1980年4月，天津海关执行海关总署“海关货运监管的任务就是监督货物的合法进出”的要求，以1957年版进口许可证式样为监管依据，对所有经营进出口贸易和开展对外经济活动的单位，凡超出经营范围或不按规定申领进出口许可证，擅自进出口货物的，海关一律不予放行，并区别情况进行处理。同年6月3日、8月26日，天津海关执行《关于出口许可证制度的暂行办法》和《对外贸易进口管理的试行办法》。凡进出口物资海关均凭进出口许可证验放。经批准经营进出口业务的外贸公司和工贸公司，在批准经营范围内的进出口商品，可视为取得进出口许可，海关凭公司填写的报关单验放，不必另行申领许可证。

1984年5月，天津海关根据《中华人民共和国进出口货物许可制度暂行条例施行细则》，严格根据各类进出口公司的经营范围验放进出口货物。对国家限制进出口的商品，凭进出口许可证验放。

1985年12月，天津海关对进口汽车严格管理，一律凭国务院机电设备审查办公室批准件及进口许可证验放。

1987年7月1日，天津海关实行《中华人民共和国海关法》，规定进口货物的收货人、出口货物的发货人应当向海关交验进出口许可证和有关单证。国家限制进出口的货物，没有进出口许可证的不予放行。

1988年3月，天津海关改进审单查验工作，加强对许可证管理商品和进口机电产品验放。

以旬报形式定期向海关总署报告许可证管理商品监督执行情况。

1989年2月，天津海关对进口汽车的零件、部件价值达到整车到岸价格60%及以上的，凭外经贸部签发的整车许可证验放；对进口汽车（整车）加验国务院机电设备进口审查办公室的批件。同年，为加强对进口许可证商品的监管，天津海关根据《中华人民共和国进口货物许可制度暂行条例》等制订《天津海关核验进口货物许可证及核销许可证规范》和《〈许可证问答书〉的填制规范》，建立健全各项许可证件审验制度，规定涉证问题的处理原则以及许可证问答书制度。

1991年7月26日，海关总署公布《海关总署、对外经济贸易部关于进口汽车零件、部件试行定点报关纳税的规定》，按照规定，凡进口汽车零件、部件的收货人或其代理人应限于天津新港海关等7个口岸海关办理进口纳税手续。除指定口岸外，进口汽车零件、部件一律不得以转关运输方式运到其他口岸办理进口手续。

1993年5月6日，天津海关对以一般贸易方式进口的汽车关键件，一律凭外经贸部及其授权的特派员办事处签发的进口许可证并加验国家机电产品进出口办公室签发的《机电设备进口证明》批件第一联验放。对向海关申报为汽车零件、部件的货物，天津海关逐批查验。

1995年4月24日，针对部分单位利用进口汽车关键件、零部件的方式，进口后组装整车，逃避配额许可证管理和国家税收的现象，海关总署颁布《关于加强对各种汽车及关键件、零部件进口管理的紧急通知》。通知规定，对向海关申报进口的汽车关键件及其他各种汽车零件、部件须从国家指定的天津等六个口岸进口，其他口岸一律不得进口。对向海关申报进口的汽车、关键件，海关除凭外经贸部或各地特派员办事处签发的进口许可证接受报关外，自当年5月10日起，一律加验国家机电进出口管理办公室签发的并与许可证内容一致的“进口配额证明”。

1998年，天津海关作为全国海关首批组织、推广进出口许可证核销管理系统试点单位，在全关区组织系统培训，并进行模拟核销试运行，同年7月，许可证件电子联网系统在天津关区各货管现场顺利运行使用。

2000年，为统一执法标准，天津海关制定《〈进出口监管证件问答书〉使用管理办法》，明确贸易管制工作规程，对所有进出口监管证件的审核、验放问题一律使用问答书向天津海关法规处请示。

2002年1月1日，天津海关施行《机电产品进口管理办法》，对限制进口机电产品、进口特定机电产品和非禁、限进口管理以外的部分机电产品，分别改凭“进口配额许可证”“机电产品进口许可证”和“自动进口许可证”验放。同日起，天津海关执行外经贸部发布的《货物自动进口许可管理办法》，对属自动进口许可管理货物，海关凭外经贸部授权的“自动进口许可证”发证机构加盖“自动进口许可证专用章”的“自动进口许可证”办理报关手续。

2003年，天津海关在全国海关率先开展贸易管制风险管理改革实践，创新推出许可证件风险级别管理、涉证案件信息分析共享、不合格废物舱单反确认等具体贸易管制风险监控措施，分析并提出监管中存在的风险动态，通过风险预警、信息监控、布控捕捉等手段，将职能管理思路转化为执法实践。

2004年1月1日，天津海关执行《敏感物项和技术出口许可证管理目录》。该目录列有：核出口管制清单所列物项和技术152项；核两用品及相关技术出口管制清单所列物项和技术156项；生物两用品及相关设备和技术出口管制清单所列物项和技术127项；有关化学品及相关设备和技术出口管制清单所列物项和技术37项；导弹及相关物项和技术出口管制清单所列物项和技术186项。

2004年，天津海关、国家濒危物种进出口管理办公室（以下简称“国家濒管办”）天津办事处共同制定《关于加强野生动植物种进出口管理工作联系配合办法》。2005年，又签署《天津海关、国家濒管办天津办事处濒危物种委托鉴定联系合作备忘录》，并制发《天津海关濒危物种委托鉴定工作规程》，规定各现场难以认定是否为濒危物种的商品，可以委托国家濒管办天津办事处鉴定，海关按照濒管部门鉴定结论实施监管，并定期与濒管部门结算鉴定费用。通过规范濒危物种委托鉴定行为，切实加强进出境野生动植物种保护，为确定案件证据提供支持。

2005年，天津海关组织推广《废物进口许可证》和《有毒化学品环境管理放行通知单》的电子数据联网工作。同年，天津海关参与海关总署进出口贸易管制措施海关监测系统建设的系统研发及试点运行，参与起草系统管理规范。2007年1月，海关总署开发的“进出口贸易管制措施海关监测系统”进行试点运行。该系统在2008年1月正式运行，主要用于开展贸易管制监控分析，发现执法风险，上报数据报表。

2008年，天津海关制定《贸易管制工作联络员管理办法》，在各监管现场设立联络员承担贸易管制工作的执法监督、业务协调、培训学习、信息交流、会议研讨任务。同年，天津海关参加地方反兴奋剂工作联合执法小组，掌握兴奋剂进出口准许证发放过程以及辖区兴奋剂商品生产经营情况，建立与药监部门间的反兴奋剂协作机制，形成有天津口岸特色的进出境兴奋剂管制体系。

2012年6月，天津海关贸易管制职能管理部门由法规处调整为监管处。是年7月31日，天津海关制订《贸易管制工作联络员管理办法》。在各隶属海关及审单处、现场业务处、邮局办事处的接单、查验部门设立贸易管制工作联络员，加强职能部门与执法一线的联系配合。通过联络员对贸易管制政策调整、执法风险等进行提示，协调解决贸易管制突发事件及日常执法疑难。

2013年1月31日，海关总署下发《海关总署关于加强进口固体废物监管严厉打击“洋垃圾”走私的通知》。是年2～11月，天津海关针对天津是北方进口固体废物类循环物资的重点口岸，按照通知要求组织开展加强进口固体废物监管，严厉打击“洋垃圾”走私的专项行动（代号“绿篱”专项行动）。采取措施全面加强固体废物正面监管：严格执行分类装运不得变通、分拣作业须经批准、夹杂物超标不予放行等海关现场作业监管措施，对通过香港“转运”“拼柜”或来自其他国家（地区）经过人为“混装”或“拼柜”的进口固体废物，严格执行查验规定，确保实际监管到位。通过调阅过往监管数据、提高布控查验比例等方式，重点审核高风险单据，布控固体废物 21000 余票，查获禁止进口医疗废物、生活垃圾等走私大案。对静海子牙循环经济园区全部 156 家企业的通关资信建立监管档案，内容涵盖移交缉私记录、漏补税记录、夹杂物超标记录等，实时调整企业风险等级，营造“守法便利、违法惩戒”监管理念。不断提高监管科技含量。开发应用天津港至子牙园区卡口数据对碰系统，所有转运车辆全程 GPS 轨迹实时监控，应用天津关区第一套人工查验单兵装备，实现人工查验视频实时后传、后台监控中心对查验关员实时指挥。专项行动期间，天津海关共监管进口固体废物 382 万吨，价值 33.3 亿美元，实征关税 36.3 亿元。共查办固体废物案件 208 起，其中刑事立案 28 起，案值 4416 万元，行政立案 180 起，案值 4741 万元。登临检查进出境船舶 213 艘次、航空器 105 艘次。共责令退运检验不合格废金属、废纸、废塑料等 75 批 2600 吨。

2014 年 2 月，为进一步强化口岸监管职能，提高执法准确性、规范性，天津海关在以往交流协作的基础上，商请国家濒危物种科学委员会，协助开展进出境濒危物种的鉴定工作。由天津海关隶属的新港海关、机场海关，驻邮局办事处等单位派员与国家濒危物种委员会联系，负责委托鉴定、送取样品、领取报告等具体工作。

第二章　运输工具监管

第一节　船舶监管

天津解放初期，天津港比较大的船舶一般都停泊在大沽口锚地，货物用驳船起卸或装运，天津海关派出一条工作船（缉私艇），停泊在灯船附近，对锚地船舶派员登轮值勤，一方面监管货物的装卸驳运，一方面对船舶进行实际监管。对停靠码头的船舶，派员实行专船专组昼夜轮流值勤进行监管。当时天津海关监管的船舶除进出境船舶外，还包括一般沿海贸易的船舶。

1949 年 8 月 8 日，在大沽灯船附近，一艘国民党军舰抢掠在锚地停泊的船舶，炮击自大连驶入商船“六十五号轮”致其沉没，并造成人员伤亡。津海关的工作船“天龙号”即刻驶往现场营救落水人员。事后，津海关对袭击事件进行反思，采取措施加强瞭望，制定紧急情况联络信号，密切与港口各单位的联系配合，提高警惕防范敌舰突然袭击。

1951 年 5 月 1 日，天津海关依据《中华人民共和国暂行海关法》，对国际航行船舶进出境、在设关港口航行或停泊、船用物料饮料食品及船员自用应税物品、船舶移动泊位、船舶装卸货物及上下旅客、船舶结关等实施监管职责。当时，海关对船舶管理主要以监管船舶货运及防止走私为主。同时，废除船舶复进口手续，即船舶结关后，如因故停留港内24小时或虽不过24小时仍有装卸货物必要的，船舶可不再向海关办理复进口申报等手续，但事先须经得海关核准。

1951年11月1日，天津海关停止对一般沿海船舶的货运监管。

1952年7月4日，天津海关按照海关总署《关于加强监管进出口船舶货物的几项具体指示》要求，对在港口停泊的船舶建立监事制度，对于船上的一切动态密切注意，防止偷漏。为使海关能够更有效地核查船舶行使的航程，天津海关在签核航行签证簿时，严格执行填注到达及驶离日期时间。船舶抵达后，根据起航地点海关或其他有关机关在航行签证簿上签注的日期和时间，审核航程所费时间与实际所需时间是否相符，确定重点船舶，密切关注其是否有绕道行驶进行走私活动情事。

1955年10月25日，对外贸易部海关总署发布《海关监管国际航行船舶及所载货物工作规程》，要求各关加强现场监管，简化内部作业手续，统一执行规程，如需变更规定必须报请海关总署核准后方可改动。天津海关依据此规程对进出天津口岸的国际航行船舶实施监管。

1956年，进出天津港口的国际船舶分属20余个国籍，有远洋、近洋（包括日本、印尼等地）及港澳航线船舶，其中又分班轮船舶和不定期船舶。当时，在资本主义国家船舶中以英、法、日等国的船舶为主，也有亚非国家如印度、巴基斯坦等国家的船舶，但为数不多。天津海关在船舶监管工作中坚持“区别对策，确定重点，严密监管”的原则，在对船舶检查和监管前研究情况、确定重点，拟订好船舶检查的计划；在船舶检查作业中，按照一般检查和重点检查两种方式，突出不同的检查重点。特别是配合国家不同时期的情况，对于来自重点口岸的船舶或船上船员情况比较复杂、船只情况不清及有可疑线索的船只进行重点检查，例如结合1955年国家发行新人民币和1956年国庆节期间重点对于港澳班轮和部分远洋船只进行检查，维护国家进出口秩序和安全。同年2月17日，天津海关对国际航行船舶存放在燃料舱、备用油舱以外的燃料等实行监管。

1960年，天津海关根据当时的国际、国内形势发展，将配合外交活动的船只和出口数量大、品种复杂或是任务紧急的船只确定为两类重点监管船舶。在监管中，会同外运、商检及有关外贸公司，提前进入仓库查备货、查包装，并针对检查中发现的问题，及时联系相关外贸公司，通过修改、换货，解决包装残破等问题，防止品质次劣、规格不符等。在装卸方面，海关与外贸公司及港务等部门相互协作，做到既快速、又安全，不使货物在装船时因为装卸不慎而出问题，保证重点船舶运输任务。

1961年10月，天津海关开始执行进出口船舶联合检查制度。海关会同港务监督、边防检查站和卫生检疫所等单位对进出境船舶实施联合检查。为便利船舶进出港口，海关在联合检查中对国际航行船舶采取一般与重点监管相结合的方法。对情况正常的船舶通常实行巡视为主的一般监管方式，对情况异常的则采取派员在船边日夜轮班或驻船值勤方式监管，一旦掌握船舶、船员走私嫌疑线索的，即对船舶实施抄查。

图 3-2-1-18 “文化大革命”期间，天津海关负责船舶监管的关员与外轮船员一起收听“最高指示”

1963 年 8 月，天津海关对外籍国际航行船舶，采取“一视同仁，有所不同和内紧外松”原则，在船舶停港期间，天津海关对不装载进出口货物或上下旅客的中国籍国际航行船舶，除装卸货物、上下旅客时海关派员监管外，其他时间不派员监管；对苏联及新民主主义国家的国际航行船舶实行抽查，对往来于资本主义国家的船舶则按常规检查。

“文化大革命”期间，天津海关除按要求正常办理船舶的进出口手续外，完全取消船边监管。船员上下船无人检查，只在港务局大门出入口处设一个卡口，对船员做象征性的检查。

1979 年，天津海关规范对国际航行船舶的监管手续。办理船舶进出口联合检查手续时，除少数重点船舶外，不再检查船体和船员房间，不派员对停泊在大沽口锚地的船舶实行驻船监管；对来自国内港口的外轮，不再到大沽口锚地办理相关手续；从 1981 年第四季度起，对停靠码头的船舶，实行定点监管（在码头的几个船员出入口处设立监管点）和船边巡视相结合的监管方法。

1988 年 6 月，天津海关改进船舶进出口联检工作。严格限制登轮联检人数，海关每船仅派 1 人参加。办理手续的正常时间为进口船舶不超过 30 分钟，出口船舶不超过 20 分钟。办理进口船舶手续前或出口船舶手续后，除特许人员外，其他人员一律不得上下船。同年 12 月 1 日，天津海关执行海关总署制定的《中华人民共和国海关对国际航行船舶船员自用和船舶备用烟、酒的管理规定》，统一使用海关总署印制的“船员自用和船舶备用物品、货币、金银清单”和“船员自用和船舶备用烟、酒加封清单”，在严格管理的同时适当照顾船舶备用、船员自用烟、酒的合理需求。

1992 年 10 月 10 日，天津海关根据海关总署《进出境船船舶长、船员注意事项》通知规定，要求进境船舶的船长或其代理人应按规定向海关交验《船舶进口报告书》《船舶进出境（港）海关监管簿》等文件、证册。船舶起卸、添装、调拨、放弃船用燃料、物料等物品，船长应向海关书面申请，经海关核准后方可进行。船舶公用和船员自用烟、酒，应向海关如实申报，除按规定每航次停靠期间，个人及公用的烟酒限额外，其余烟酒由海关加封。海关加封物品，在中华人民共和国境内期间未经海关许可，不得擅自启封。船员携带物品上下船，应向海关如实申报，并接受海关检查。船员不准携带中华人民共和国规定禁止进出境的物品进出境。船员离船公休、上船接班，应当事先办妥海关手续。

1993年，天津海关开始进行船舶联检制度改革。船舶监管工作以联检制度改革为重点，允许船舶提前报关，烟酒不加封。1994年，天津海关对停靠天津港的船舶实行由船舶负责人或其代理人向海关申报制度，结束40多年逐船登轮办理联检手续的传统做法，以方便船主、货主。1995年6月6日，海关总署发布《关于实施国际航行船舶监管制度改革的通知》。是年，国务院发布《国际航行船舶进出中华人民共和国口岸检查办法》，对国际航行船舶进出境检查制度进行根本改革。天津海关依据国务院、海关总署要求，对国际航行船舶，除确有必要外一般不再登轮办理船舶进出境手续；由船舶负责人或代理人事先办理船舶进出境手续，或在船舶到港后按规定时间到海关交验有关单证；对于船舶停靠时间较短等特殊情况，经海关同意，进出境手续可以一并办理；船舶出境时，可事先向海关办结手续。同时，天津海关制定并试行对国际航行船舶监管操作细则，规定海关一般不上船办理手续和检查，有走私或违规嫌疑的、有情报线索或举报的、在审核单证中发现问题或存在疑点的、船方要求海关上船办理手续的、因口岸联检管理部门或其他检查单位要求海关上船办理手续的、海关监管工作需要的，则上船办理手续和检查。

1998年，天津海关在进出境船舶管理方式上，改变手工操作的落后状态，与天津口岸船代公司实现舱单EDI传输。1999年1月6日，海关总署、对外贸易经济合作部、交通部联合下发《关于加强出口运输舱单管理的通知》。天津海关按照通知要求，完善海运舱单管理体系，基本实现进口舱单在船舶抵港24小时和出口舱单在船舶离境72时送达海关。同时，规范拼箱货物管理工作，在关区推行“分票报关，整箱验放”的作业模式，提高舱单核销的准确性。

1999年，天津海关加强对进出境船舶监管力度，采取登轮调研、现场蹲堵、重点查控、后续跟踪等方法，形成对进出境船舶的动态监管，并恢复港区巡查作业制度，年内对监管区内码头、场栈的巡查里程近15000公里。2000年5月，天津海关实施海关总署《加强对进出境国际航行船舶及其所载货物的实际监管》的通知，结合船舶监管、情报和调查工作，重点开展对停泊锚地船舶的巡查；在加强船边、现场巡视和卡口监管时，将巡视和卡口监管工作相结合，采取上船与船方核对舱单的监管办法；以舱单为主线，审核舱单时侧重了解船舶实际载货情况，并加强风险分析，确定监管重点；对船舶舱单核销率达到100%。

2002年11月20日，天津海关对进入天津港的船舶实施“海上申报”制度，船舶监管现场采取海上申报、船到作业方式，使船舶靠港后即可装卸货物。此措施使船舶在港时间明显缩短，作业周期缩短2.7小时。

2003年4月10日，天津海关按照海关总署要求，为维护国际航行船舶港口供应的正常秩序，除国家指定的外轮供应公司和中远公司外，其他任何单位和个人均不得从事船舶供应工作。供船物料、物品，由船舶负责人编制清单报请海关核准，在海关监管下进行国际航行船舶的供船业务操作。

2004年，天津海关在全国率先实行进出境船舶无纸化通关管理模式和新版海运舱单集中管理模式，实现新版舱单与H2000系统的自动对接，为物流风险管理提供完整、可靠、及时的数据来源。

2009年1月1日，天津海关执行《中华人民共和国海关进出境运输工具舱单管理办法》。要求进境集装箱船舶在装船24小时前，非集装箱船舶在抵达境内第一目的港24小时前，舱单传输人应当向海关传输原始舱单主要数据。海关接受原始舱单主要数据传输后，收货人、受委托报关企业方可向海关办理货物、物品的申报手续。海关发现原始舱单中列有国家禁止进境的货物、物品，可以通知运输工具负责人不得装载进境。出境船舶预计载有货物、物品的，舱单传输人应当在办理货物、物品申报手续以前向海关传输预配舱单主要数据。海关接受预配舱单主要数据传输后，集装箱船舶在装船24小时前，非集装箱船舶在开始装载货物、物品2小时前，舱单传输人应当向海关传输预配舱单其他数据。舱单传输人应当在运输工具开始装载货物、物品30分钟前，向海关传输装载舱单电子数据。海关接受装载舱单电子数据传输后，对决定不准予装载货物、物品的，以电子数据方式通知舱单传输人，并告知不准予装载货物、物品的理由。

2010年6月，天津东疆国际邮轮母港开港。2011年5月，国务院正式批复《天津北方国际航运中心核心功能区建设方案》。该方案允许境外游轮公司在保税港区注册设立经营性机构，开展邮轮服务业务，逐步将保税港区建设成游轮母港。天津海关积极配合保税港区开展国际船舶登记试点工作，为天津东疆航运有限公司办理国际航行船舶备案手续，签发“船舶进出境（港）海关监管簿”和“中国籍兼营船舶海关监管签证簿”，为发挥航运产业区位优势提供支撑。同时，天津海关启动与口岸相关部门的联系配合机制，以提高技术装备效能为重点加强监管，打造和谐通关环境。截至2012年底，游轮母港共接待游轮35艘次，进出境游客12万人，位列国际游轮前10位的“海洋航行者号”，还将天津港开辟为邮轮航线的母港。

2011年1月1日，海关总署发布《中华人民共和国海关进出境运输工具监管办法》，要求进出境运输工具、进出境运输工具负责人和进出境运输工具服务企业在经营业务所在地的直属海关或者经直属海关授权的隶属海关备案。海关对在海关备案的进出境运输工具服务企业和进出境运输工具所有企业、经营企业实施分类管理。进境运输工具抵达设立海关的地点时，运输工具负责人应当向海关申报，海关接受进境运输工具申报时，应当审核电子数据和纸质申报单证。进出境运输工具到达设立海关的地点时，应当接受海关监管和检查。2012年5月29日，天津海关根据《中华人民共和国海关进出境运输工具监管办法》制定《国际航行船舶代理企业备案操作规程》。明确天津海关监管通关处负责国际船舶代理企业备案的职能管理，天津新港海关经天津海关授权负责办理国际船舶代理企业备案、备案变更、备案撤销等具体业务。未经海关备案的国际船舶代理企业，不得在海关开展船舶申报业务。此后，天津海关借鉴进出口收发货人、报关企业的分类管理标准，尝试将船舶代理企业和船舶服务企业纳入分类管理范畴，建立企业诚信守法信用档案，对合法经营的企业给予提前申报等便利措施，对于达不到标准的予以取消企业备案、取消相关人员申报资格，通过引导企业守法自律，达到对船舶的有效管理，实现“由企及船”的管理方式。

2014年9月，天津海关根据船舶服务企业的经营范围，分析其经营的物料种类存在的相应风险，有的放矢开展监管。针对报关质量差、报关差错率高的企业，设置风险参数，实施重点监控。借鉴进出口收发货人、报关企业的分类管理标准，将船舶供应企业纳入分类管理范畴，建立企业诚信守法信用档案，对合法经营的企业给予提前申报等便利措施，对于达不到标准的取消企业备案、取消相关人员申报资格，促使船舶服务企业加强管理合法经营。运用科技手段对国际航行船舶物料供应活动开展事前、事中、事后全程控制。开发信息交互平台，整合天津港物流信息网船舶动态系统、天津海关物流监控信息平台国际航行船舶监管子系统的数据信息，实现海关与港口集团船舶信息共享。天津海关依托视频监控系统和监管场所标注化管理系统，对重点船舶和敏感物料进行实时监控。严密关港双方在船舶相关数据和审放信息上的对碰，对进出港船舶申报的供船物料数据进行底账核销式管理。天津海关简化单证审核流程，改双人复核为供船前单人审核，调配人力加强登轮检查，建立随机检查机制，前端放开，后端核查，加强实际管控。天津海关规范企业申报行为，要求企业如实申报作业时间段及作业使用的车辆或船舶等数据。明确海关监管场所经营人的监管责任，要求其凭海关签章的物料申报单放行，强化海关对供船物料的实际监控。加强对免税店人员和保税燃油供油船舶的备案管理，要求在申报时间段内由申报人及申报供油船舶供应免税烟酒及保税燃油上船。

2014年12月1日，天津海关执行海关总署《海关国际航行船舶监管操作规程（试行）》。明确进境船舶的监管流程，船舶进境驶达锚地或直接靠泊时，船舶负责人向海关申报。海关接受进境申报信息后，在系统中审核船舶进境申报电子数据，做出“通过”或“退回”处理。需要签注“海关监管簿”的，海关在海关签注栏内签章后，退交船舶负责人。对于经风险分析有走私嫌疑等情况的船舶，海关通过系统下达船舶登临检查指令，海关对船舶实施登临检查，包括船舶检查和监装监卸。检查完毕后，海关按照要求填写《中华人民共和国海关船舶登临检查记录单》，交由在场的船舶负责人签名确认。对于发现异常情况的船舶，海关可暂停办理相应船舶进境手续。天津海关对出境船舶的监管流程为：船舶出境驶离锚地或直接离泊时，海关接受船舶负责人船舶出境申报。海关接受出境申报信息后，在系统中审核船舶出境申报电子数据，做出“通过”或“退回”处理。纸质资料和电子数据均审核通过的，海关在《中华人民共和国海关船舶出境申报单》的“海关签注”项加盖海关印章并存档。需要签注“海关监管簿”的，海关在海关签注栏内签章后，退交船舶负责人。审核正常的，海关在系统中打印《中华人民共和国海关结关通知书》，签章交船舶负责人。已办结监管手续，如有船舶办结出境手续后24小时未能驶离等特殊情况，海关收回“结关通知书”，在系统中进行“反结关”操作，重新办理出境手续。2014年天津海关共监管进境船舶9548艘次、出境船舶9471艘次，同比分别增长2.34%和2.32%，登轮核查353

艘次，占全部进出境船舶的 1.86%。

此外，天津海关加强对进境修理国际航行船舶的监管。天津关区内有天津新河船舶重工有限责任公司和天津新港船舶重工有限责任公司 2 家船舶修理企业。天津海关对船舶修理企业采取风险评估、分类管理、年审等办法进行具体管理。船舶进厂维修由船舶代理企业向海关船舶监管部门办理进境（港）申报手续，手续办结前不准上下人员及装卸物品；船舶完成修理出境时和海关对维修期间申报企业递交的涉及修理船舶的各类单据审核无误后，为其办理出境（港）手续。修船期间海关根据工作需要派员对船舶维修账册、修船耗用材料、供 / 退物料等情况进行抽查。

第二节 航空器监管

新中国成立后，天津长时间未开通国际空运航线。

1981 年 8 月 21 日，天津至香港国际民航班机首航，天津海关随即派员对进出境民航机进行监管，由此开始天津海关对航空器的监管业务。天津海关依据 1974 年 10 月 1 日外贸部颁布的《中华人民共和国海关对国际民航机监管办法》对进出境民航班机实施监管。当时，除每天固定往返于津港的旅客班机外，每周还有数架国际货运航班起降，以及因受气候等情况影响，临时降落在天津机场的国际客货运班机，因监管业务量不大，海关没有设立专门的部门，在天津机场也没有海关固定的办公场所。

1985 年，随着天津机场国际航班业务的发展，天津海关在查私处设旅检科。1986 年，又调整为天津海关直属旅检科。1988 年 5 月 9 日，港龙航空有限公司开通天津至香港航班首航成功，天津海关旅检科的监管工作量进一步增加。

1991 年 9 月，天津海关设立“驻机场办事处”，正式实现海关驻机场办公。“驻机场办事处”下设旅检科、货管科和综合组，负责对进出境航空器运送的人员、货物、物品进行监管。经由天津机场的空运货物多为“三来一补”贸易货物、索赔货物、鲜冻货和其他一般贸易货物。进口货物运抵天津机场后，收货人或其代理人填具“进口货物报关单”，列明货物的名称、数量、价值、标记代码，连同发票、运单及许可证、免税审批表及有关单证，向天津海关驻机场办事处报验。经海关审查，进口手续齐全、单货相符，并完纳关税后，予以放行。出口货物装机前，发货人或其代理人填具“出口货物报关单”，向天津海关驻机场办事处办理申报手续。经审核单据齐全、正确、有效、即由机场办事处派员到货物存放仓库对所申报出口货物进行查验。经查验申报属实、单货相符，准予放行后，即在“出口货物报关单”上加盖海关印章，发货人凭此去民航办理装机手续。

1992 年 10 月，天津机场开通与俄罗斯、乌克兰等独联体国家的不定期的包机业务。从最开始的年进出境50架次快速发展到1997年鼎盛时期的年进出境2842架次。包机分为客、货两类。客包机多为独联体国家的个体户组成采购团包乘一架飞机以旅游者身份进境，用现金在国内购买大量物品后携带出境。其代理单位为中国青年旅行社、中国国际旅行社等国内旅行社。货包机大多是空载进境，满载出口货物离境。其代理单位主要有北京长城工业总公司、北京海外贸易有限公司、天津国际服务中心等货运代理单位。客包机的货源多为进境旅游者在北京秀水街采购的商品。货包机的货源主要产自国内沿海各省市，出口经营单位是北京、天津、上海、浙江、安徽、吉林等省市的外贸专业公司。客、货包机的主要出口商品结构是服装、鞋帽、玩具、家电、工艺品等日用消费品和轻工业品。天津机场的俄罗斯包机业务的发展，极大地促进中俄两国间的贸易发展，引起两国政府的广泛关注。在20世纪90年代初，随着苏联的解体，原中苏易货贸易的萎缩，在边境民间贸易掀起热潮的同时，俄大批商人纷纷深入中国内地采购商品。因此，选择比邻北京的天津航空港作为落脚点。此项业务在天津的迅猛发展主要原因是客观上天津空港是中国北方最大的航空货运基地，在北京空港无力接纳的情况下，积极承揽此项业务。主观上航空管理部门积极提供良好的服务，天津海关在通关上提供较大的便利和宽松的环境。随着包机业务的不断发展，天津海关采取“积极促进、政策宽松、正确引导、完善管理”的工作思路，做到“放得开、管得住”，通过简化手续，对客包机出境旅客因其携带的物品多，实施客货分流，快速验放。坚持24小时作业，保证全天候验放。对货包机出口货物采取专用通道，实施办理申报和验放一条龙作业。同时，比照海关对边贸监管的政策，从实际出发，适当放宽监管尺度。本着“先发展、后规范，先放开、后管理”的原则，帮助和扶持包机业务在健康的轨道上稳步发展。天津海关还制定《包机业务登记制度》《包机代理单位备案制度》《对代理公司办理包机业务的暂行规定》等办法以加强对包机业务的规范管理。

2001年12月13日，海关总署下发《关于同意天津机场海关开关的批复》。是年12月19日，天津机场海关正式开关对外办理海关业务。

2002年，天津机场海关面向高新技术企业和信誉良好的大企业推出8条便捷通关措施，实现空港通关初步提速。2003年针对制约空港通关效率的瓶颈——舱单环节，机场海关推进空运舱单SITA网联网工作，协调空港周边有关单位，共建空港“大通关”格局，从而为实现空运货物“空中申报、落地放行”创造有利条件。同时，机场海关从促进天津经济发展大局出发，牵头推进京津直通地面航班业务发展，并协调国航货运部、国风公司等单位，再造直通流程，促进CA1187和CA1181地面航班（地面航班是指利用运输航空物品货车等地面运输方式，将国际航班的运输能力在地面延伸到该航班不能到达的其他地点。地面航班的开行，需要得到海关的许可，接受海关的全程监管）。货物向保税区、开发区的延伸，并实现地面航班货物“途中申报，货到放行”，满足天津企业便捷通关需求。

2004年，天津机场海关率先实行无假日通关和每日延时至晚间8点的工作制度。率先启动网上支付和登记验放等便捷措施。为加强天津海关与北方片各海关在空运进出口转关方面的联系配合以及为航空公司、天津机场方面与相关省市的进出口转关业务的开展，机场海关牵头在津召开由天津、北京、大连等 9 个空港海关主要负责人参加的专题会议，推出支持机场发展的 10 项措施，支持机场改扩建发展。

2005 年 4 月，天津海关完成空运进出口舱单联网自动传输系统的改造升级，使空运进出口舱单与海关电子舱单数据库联网，实现单证电子信息与进出口监管货物电子信息有机结合，实现舱单提前申报和以舱单为主线的双信息放行物流监控作业流程，实现海关、监管仓库、卡口的放行信息互联，有效确保海关实货放行真实有效，进一步提升空港物流的监管水平。

2006 年，天津机场海关启动香港—深圳—天津的“陆空联运”监管模式。降低企业物流成本，解决天津机场没有与香港直通全货机航线的运输瓶颈问题。

2007 年，天津机场海关推进“空空转关”、“地面航班”等新型海关监管业务发展。通过主动联系兄弟海关，协调在津运营的国际、国内航空公司，将可搭乘“空空转关”货物的国内航空公司增加至国航、深航、厦航等 7 家，辐射面扩大到长沙、昆明、深圳、广州等 10 个空港口岸；通过主动走访周边地区机场海关，与中国国际货运航空公司等空港物流服务企业协商，扩大“地面航班”业务的覆盖面，使业务范围扩展至北京、太原、哈尔滨、兰州、长春等 10 个周边空港口岸，津京间地面卡车航班增加至每天 4 班，为天津企业进出口货物提供更为丰富和便捷的出口渠道。

2008 年 6 月 1 日，天津海关执行《中华人民共和国海关进出境航空旅客舱单电子数据传输暂行规定》，明确要求进出境航空器负责人按照海关备案的范围在规定时限向海关传输舱单电子数据。对未按照规定传输舱单电子数据的，海关暂不予办理航空器进出境申报手续。海关以接受原始舱单电子数据传输的时间为进口舱单电子数据传输时间；海关以接受预配舱单电子数据传输的时间为出口舱单电子数据传输的时间。原始舱单电子数据传输以前，民用航空企业应当将航空器预计抵达境内目的港的时间通知海关。航空器抵达境内目的港以前，民用航空企业应当将航空器确切的抵达时间通知海关；抵港时应当向海关进行航空器进境申报。是年，天津海关在协调有关单位促成空港口岸舱单数据平台迁至海关监管区，完成系统软件功能的升级的同时，全面推行舱单更改员备案和持证上岗制度，实行超期货物月度“兜查”和实地核查制度，进一步优化货物流和信息流双向监管模式。天津海关完成视频监控室机房搬迁和改扩建工程以及华宇航空货运站和空港货运有限公司新建监管仓库的视频信息联网工作，实现对监管场所的封闭式监控。

2008 年的 11 月 4 日，大陆海协会与台湾海基会在台北就两岸海运直航、空运直航、直接通邮签署协议，三项协议于是年 12 月中旬正式生效。12 月 15 日，在大陆的北京、上海、天津等地以及台湾地区分别举行两岸海运直航首航仪式、两岸空运直航新航路启动仪式、两岸直接通邮启动仪式，标志着两岸“三通”基本实现，是两岸关系发展取得的重大进展。天津海关为做好“大三通”开通首日的监管工作精心准备。伴随中国国际航空公司 CA187 次（天津—台北）航班搭载 162 名旅客自天津机场顺利首航，津台常态化直航客运包机正式运营。该航线初期每周运营2班次，作为该航线的通关保障单位，天津海关从航线运营准备阶段开始，坚持专岗化、专项化和专业化的工作模式，在旅检进出境现场开辟津台直航包机海关专用通道，设立样式统一指示牌，并采取设置“回形走廊”以及老弱病残旅客优先通关的方式，提高直航包机旅客的通关效率。同年，根据新航空公司进驻和新航线开通的运营需求，天津海关提供“点对点”咨询服务和“一站式”通关服务，营造出“服务零等候、通关无障碍”的运营环境。海关的便捷服务，吸引银河货运、翡翠航空和长城航空先后进驻天津机场，“天津—法兰克福—上海—天津”、“天津—首尔”等7条国际货运航线以及“天津—厦门—新加坡”、“天津—杭州—澳门”两条可上下国内旅客的国际客运航线陆续开通。

2009年，天津海关按照海关总署要求，加强对进出境航空器相关数据的管理。是年1月1日和7月8日，分别就相关数据传输义务人向海关传输所有进出境航空器所载旅客（包括过境旅客）舱单及相关电子数据等信息做出具体规定。明确舱单及相关电子数据传输人应向海关办理备案手续。原始舱单、预配舱单的总（分）运单数据以及装载舱单应当由航空运输企业或其地面代理企业向海关传输。航空运输企业直接接受出口货物发货人委托承运的，由航空运输企业或其地面代理向海关传输总运单的预配电子数据舱单。航空运输企业接受货运代理企业委托承运的，由货运代理企业向海关传输其所代理的货物总运单和分运单的预配电子数据舱单。经营不定期飞行，且未在海关备案的境外航空运输企业，应委托经海关备案的境内代理企业向海关传输舱单电子数据。海关接收到原始舱单、预配舱单主要数据和其他数据传输后，以总运单为单元向舱单传输人反馈接受传输、不接受传输及原因等审核结果。舱单传输人应当按照海关反馈的不接受传输的原因进行核查、更正，并重新传输舱单数据。海关决定不准予卸载的，以总运单为单元通知舱单传输人。该总运单所列货物或该总运单项下所有的分运单所列的货物均不得卸载。明确旅客舱单及相关数据传输义务人应向海关传输所有进出境航空器所载旅客（包括过境旅客）舱单及相关电子数据。旅客原始舱单、预配舱单、乘载舱单数据由航空运输企业或其代理企业向海关传输。旅客及托运行李物品结关申请数据应由航空运输企业或者海关监管场所经营人向海关传输。旅客舱单及相关电子数据传输义务人需向海关办理备案手续，旅客舱单传输义务人在境内有分支机构的，分支机构应当将分支机构地址、联系人和电话向经营业务所在地直属海关或其授权的隶属海关办理登记手续。

2012年2月，天津机场海关全面推行客货运航班的值机工作，制定《天津机场海关对进出境飞机的值机监管规范（试行）》。所谓海关值机监管，是指进出境航空器到达和驶离设立海关的地点时，海关根据企业申报情况对航空器进行检查，是海关重要的监管程序之一。货运现场采取登机、监装、监卸、巡查等手段，加大对航空器实际监管力度，保证规范有效落实。客运现场通过结合前期风险评估所明确的监管重点，采取常规检查的方式，对机上人员废弃物、随机印刷品等进行登机查验，对腹舱带货情况进行单据初审，信息核对，定期抽查的方式进行监管。

2014年9月，夏季达沃斯论坛在天津举办。天津海关按照天津市政府和海关总署的统一部署，成立专门监管小组，专职负责专机、公务机的监管工作，开设停机坪飞机机下通关服务，利用车载移动式 X 光机为乘坐公务机和专机进出境贵宾在机坪现场办理通关手续，在机坪现场快速为参会贵宾办理通关手续。结合参会贵宾乘公务机进境情况集中且易晚点的实际情况，天津海关与指挥中心建立直通电话专线，增加上述航班进境集中时段的监管人力，确保相关贵宾的即到即放。达沃斯论坛期间，天津海关监管要客贵宾乘坐专机和公务机共计 43 架次，机组 60 余人，保障通关礼遇最晚延时至 23:00，延时监管保障专机公务机 17 架次。

2014 年 12 月 1 日，天津海关执行海关总署《海关进出境航空器监管操作规程（试行）》，改进和规范监管程序，严密监管过程，提高监管效能。2014 年，天津海关共监管进境航空器 8872 架次、出境航空器 8345 架次，同比分别增长 50.25% 和 44.98%。

第三章　通关作业改革

20 世纪 90 年代中期，中国社会主义市场经济体制逐步建立，经济规模进一步扩大，对外开放的格局进一步向全方位、深层次、宽领域方向发展，进出口贸易持续迅猛增长，传统的海关业务管理体制和通关管理模式已无法适应新形势的需要，必须进行全面改革，以加快海关现代化建设进程，海关的通关作业改革在国家改革开放的大背景下应运而生。

1997 年，天津海关围绕建立现代海关制度的总体要求，通过对深化业务改革经验的总结和天津口岸实际情况的分析，在现代海关制度理论研讨的基础上，经过反复论证，制定天津海关通关作业改革方案。该方案以信息化管理为基础，以计算机自动审单和风险分析为手段，通过机构、业务重组，建立关区集中审核处理报关数据与现场对货物实际监管分离作业、海关各项职能有机结合，整体功能有效发挥，方便与严密，制约与效能相统一的新型通关管理模式。

1998 年 4 月 1 日，根据海关总署的统一部署，天津海关作为通关作业改革首批试点单位之一，正式启动改革试点。1999 年 6 月底，关区全部实现集中审单，将现场完成的审单工作改为企业报关电子数据一律由审单中心集中审核，现场海关则负责对报关单与随附单据、报关单与实际货物的一致性审核。集中审单重新划分审单中心与现场海关各级事权，明确岗位职责，确定电子数据审核管理与实际物流监控的监管范畴，使审单人员只见电子数据不见货主，最大限度避免监管过程的人为干预与主观过失，降低原现场审单岗位权力过大的廉险风险，形成互相协作、互相制约的管理机制。集中审单确定关区电子报关单集中处理模式，奠定执法统一的基础，提高专业化审单程度，避免各现场、各审单人员执法标准不一致现象，按照专业分工，合理配置人力资源，以电子信息、科技手段为依托，以风险分析的方法判定通道决策，提高依法行政水平，加快通关速度。

2001年，天津海关以高新技术为保障，以风险管理为依托，完善物流监控体系，不断将改革引向深入。在港区建成三个卡口通道，实现对集装箱货物全封闭管理。将港区外18个出口监装库和3个进口转栈库收缩到港区内，在进出港三条主干道上设立三个卡口通道，卡口安装集装箱箱号自动识别系统、电子闸门和闭路监控系统，在集装箱运输车辆通过卡口时，由计算机自动核对并控制电子闸门，十几秒钟就确定货物是否放行，结合H986集装箱检查设备快速验放的优势，形成三条快速高效的集装箱进出港验放通道，初步建立港区物流视像监控系统。在港务局南疆码头、第三作业区安装全天候、多方位的视像监控装置，将监控信号引入海关，关员在监控室内可以对港区物流实施24小时不间断、全方位监控，严密物流监管。开发“双信息放行系统”，实现港务局堆场必须验凭海关放行的纸面单据和电子数据才能交付进出口货物的“双信息放行”管理。实现与港区各监管仓库、码头场栈及外理公司等相关作业部门的EDI联网，开发“出口货物到海关监管场所报关的电子验证系统”，实现保税区封闭式管理。改造完善南北卡口，实行区内仓储、加工企业EDI联网，建立既相对封闭循环又与H883主系统兼容切换的物流监管体系。

2001年8月，天津海关制定《提高通关效率支持扩大外贸出口的10项措施》。并在天津市政府的统一领导下，协同进出口检验检疫局、银行等口岸相关部门，实行“全天候、无假日”出口通关制度和进口长假期通关制度，工作中严格遵守通关和服务承诺。与国税局建立联合办公机制，针对税务局专网缺少海关报关单信息，造成企业无法正常退税的问题，利用微机拷贝两年的出口报关单数据库信息，现场为433家企业核查电子数据，加快企业退税效率。为方便集装箱“门到门”运输和其他特殊商品的装箱、装车、装运，经企业申请，海关派员上门执行监管任务。对鲜活、易腐等特殊出口货物，设立专门窗口或快速通道，特事特办，提供通关便利。严格通关作业时限，加快通关速度。出口货物经审单和现场部门审核，确定无需开验和纳税的，自货物申报之日起1个工作日内予以放行。需要开验的货物，情况正常的应于验货完毕后的半个工作日内予以放行。应纳税的货物，应于海关收到盖有开户银行收讫戳记的税、费“专用缴款书”或者收到企业保证金后的半个工作日内予以放行。对规模大、资信好、管理信息化程度高、与海关联网并签订协议的大型进出口企业实行便捷通关模式，通过“电子口岸”，实现远程报关、提前报关、预归类、预审价、上门查验等支持措施，提高通关效率。

2002年10月14日，天津海关在海运进口现场实施“提前报关、实货放行”改革。企业可在进口货物启运后抵港前，在船舶代理部门向海关申报具有法律效力的舱单数据的条件下，提前向海关办理报关手续，递交有关单证，并办理税费手续，货物运抵后由海关监管现场直接验放。该项改革改变传统的进口货到报关作业模式，海关凭电子舱单提前接受报关、提前办结进口单证审核手续，对不需查验的货物，船舶到港后可立即放行。同时使海关各作业环节有充分时间进行风险分析，从而提高税收征管质量和实货监管水平。2003年，天津海关将改革扩大到空运现场，在“提前报关，实货放行”通关作业改革方案的基础上，结合空港实际和天津机场海关监管特点实行“空中报关、落地放行”。航班自境外起飞后至落地前，收货人或代理人在接收到舱单信息的条件下，可凭提单副本或复印件、备齐有效单证提前向海关办理申报、征税手续，待飞机到达后凭正本提单到海关办理验放手续。2005 年 12 月 7 日，天津海关发布《“提前报关，货到放行”操作规范》，使此项改革形成制度化、标准化。

2005 年 3 月 9 日，天津海关启动“四个一”工程。所谓“四个一”，即：“一点通全关区，不用跑第二处；一个窗口全可办，不用找其他部门；一次性告知，不会退第二次；一次性全解决，不用跑第二趟。”通过此举方便企业办理海关业务，有效减少通关时间，提高通关效率。企业在方便、快捷的原则下，可以自主选择在天津海关任何一个相关业务部门办理一个单项的海关业务。申请人涉及天津关区的进出口货物申报、缴税、核税、放行等业务可以在关区任何一个相关业务现场办理。报关企业注册、报关员从业资格、进口货物减免税、《加工贸易手册》可以在天津关区范围内实现通用。

2005 年 12 月 15 日，天津海关与北京海关环渤海区域通关改革试点正式启动。启动当日成功办理一票由天津机场海关接单、电子放行，当日下午在首都机场海关实货放行的“属地申报、口岸验放”空运进口货物。12 月 20 日，环渤海区域通关改革试点“属地申报、口岸验放”海运进口业务在天津新港海关正式实行。区域通关改革的主要内容包括：一是规范和简化转关监管，促进转关健康发展。二是贯彻守法便利的原则，实行跨关区“属地申报、口岸验放”通关方式。天津海关于 2005 年 12 月 15 日全面启动“规范和简化转关监管工作”，对原有进口转关程序进行调整，把转关单的人工审核、放行调整为机器自动审放。“属地申报，口岸验放”是指符合海关规定条件的守法水平较高的企业，在其货物进出口时，可以自主选择向其属地海关申报纳税，在货物实际进出境地海关办理货物验放手续的一种通关方式。为此，天津海关主动走访 9 个内陆海关并分别与乌鲁木齐、银川、太原、呼和浩特、兰州、石家庄、西宁、西安、郑州等海关，签署《区域通关合作备忘录》，并于 2006 年 2 月 21 日正式开展与 9 个内陆海关间的“属地申报，口岸验放”业务，邀请有条件的内陆海关派员进驻天津航运中心办公。通过采用“属地申报、口岸验放”的新模式，在一定程度上突破现有的关区限制，提高跨关区进出口货物通关效率，对发挥天津港辐射作用，促进区域经济协调发展，具有积极作用。企业采用“属地申报、口岸验放”新模式，可以直接在属地海关进行报关，海关电子放行后在口岸提货，避免过去要安排人力在属地与口岸之间奔波，提高进出口物流运转效率。“属地申报、口岸验放”采取“一次申报、一次放行”的新模式，一方面海关手续进一步简化；另一方面，由于货物放行后从口岸运往属地可以使用运费低廉的普通运输车辆，大大降低企业的物流成本。据企业统计，一个 40 英尺集装箱从天津到石家庄可降低物流成本 200 元人民币，以全年进口量 1.2 万吨货物、500 个集装箱计算，即可为企业节省费用约 10 万元。从 2007 年 9 月 7 日至 2012 年 8 月 27 日，天津海关先后与重庆海关、哈尔滨海关、沈阳海关、长春海关、福州海关、大连海关、厦门海关、南昌海关、昆明海关、长沙海关等10余个海关签署《区域通关合作备忘录》。

2009年6月26日，天津海关在空运监管现场启动出口分类通关改革试点工作，成为首批15个试点海关中第一个开展出口分类通关改革的海关。分类通关作业以企业守法管理为核心，综合企业类别、商品归类、价格、许可证件、贸易国别、航线、物流信息等各类风险要素，H2000系统对报关单电子数据进行实时风险分析，实施红绿通道判别，对绿通道的报关单直接转现场处置，按风险高低分别实施“低风险快速放行”“低风险单证审核”和“高风险重点审核”，对红通道的高风险报关单实施专业审单，根据专业审单结果，由接单现场实施上述3种作业方式。分类通关的核心是对报关单（货物）实施风险式管理。通过风险分析作业系统选择查验子系统，将相关风险参数纳入H2000系统，对报关单电子数据进行实时风险分析；专业审单作业环节和接单审核岗位，结合风险分析结果，对不同风险等级的报关单（货物）进行分类处置。物流监控岗位，结合风险分析结果，选择高风险货物作重点查验，同时对低风险货物进行抽查。天津海关在成功启动空运监管现场出口分类通关改革后，又相继在关区最大海运现场新港海关和特殊监管区域保税区海关推行出口分类通关改革。2010年8月，天津海关启动关区进口货物分类通关改革。2011年，天津海关在关区所有直接办理出口业务的现场，全部启动出口分类通关改革，同时扩大进口分类通关改革试点范围。2012年，天津海关总结三年分类通关改革试点工作经验，按照海关总署的部署，完成天津所有符合条件的口岸和隶属海关的分类通关改革。同时，天津海关进一步优化流程，扩大低风险快速放行报关单范围，推行“事后交单”的便捷通关模式，让更多的企业享受到改革措施带来的便利。是年9月底，天津海关实现进出口分类通关改革的关区全覆盖。

2012年8月1日，天津海关启动海运进口货物通关作业无纸化改革试点工作。通关无纸化作业是指海关以企业分类管理和风险分析为基础，按照风险等级对进出口货物实施分类，运用信息技术对企业联网申报的报关单及随附单证的电子数据进行审核、征税、验放的通关作业方式。试点启动首日，H2000系统、电子口岸三方协议签约系统，代理报关委托系统运行平稳，当日参与试点的1家自理报关企业和5家委托报关企业的11票进口货物顺利通过“通关作业无纸化”模式通关。同年10月30日，天津海关启动海运出口通关作业无纸化试点改革工作。天津海关总结试点经验，制定《天津海关通关作业无纸化改革试点企业签约暂行管理办法》不断扩大试点企业范围。同年12月11日，天津海关通关作业无纸化报关单首次单日突破千票。同年12月13日，天津海关通关作业无纸化报关单突破万票。

2013年11月1日，天津海关启动全面深化区域通关业务改革，对符合海关规定条件的高资信企业，在其货物进出口时，可以自主选择向属地海关申报，并在属地海关办理货物放行手续。根据此项改革，AA类企业无需查验的低风险货物可以实行“属地申报、属地放行”。11月4日，首票以天津海关为属地的“属地申报、属地放行”AA类企业货物在隶属开发区海关完成属地放行手续，由于采取“属地申报、属地放行”方式通关，从申报到放行仅耗时13分钟。

2013 年 12 月，天津海关贯彻中共十八届三中全会精神，推进京津冀区域协同发展，按照全国海关关长会议和海关总署深化改革领导小组的工作部署，京津冀海关工作组成立，共同研究制定京津冀海关区域通关一体化改革方案。

2014 年 3 月，京津冀海关工作组向海关总署上报《京津冀海关区域通关一体化改革方案》（以下简称《方案》）。方案确定改革目标为以深化通关改革为核心，以优势集成、资源整合、专业分工为导向，打破关区界限，尊重市场和物流规律，建立区域通关中心，打造统一的申报平台、风险防控平台、专业审单平台、现场作业平台（以下简称“一中心、四平台”），形成监管更加严密、通关更加便捷、流程更加科学、运转更加高效，覆盖京津冀海关通关全流程的一体化管理机制和运作模式，实现三地企业自主选择申报、纳税、验放地点，通过区域海关的通关作业一体化，促进京津冀区域经济协同发展，为全国海关通关一体化改革提供可复制、可推广的经验。

2014 年 4 月 3 日，《方案》获得海关总署正式批复。天津海关履行区域通关作业一体化改革的主体责任，落实《方案》中工作分工和实施步骤，及时将《方案》内容和实施步骤通报所在地党委政府，加强舆论宣传和培训工作，提前做好改革事项的对外公告发布工作，帮助社会各界和企业单位全面了解海关区域通关一体化改革带来的便利。2014 年 7 月 1 日，京津海关区域通关一体化启动。京津海关基本作业模式：京津海关搭建“一中心、四平台”，通过海关信息化手段共同构建一体化通关作业的基本框架，在原则上不改变现行组织体系和机构设置的前提下，通过京津海关通关中心的虚拟化运作，实现通关现场一体化作业。据企业反馈，实施京津海关区域通关一体化后，天津企业通过首都机场进出口货物的通关时间至少节约 8 个小时，途中运费可降低 30%；北京企业通过天津海运口岸进出口货物的通关时间缩短 3 个工作日，通关成本减少近 3 成。京津海关通关一体化改革集成京津两关各自监管优势，简化手续，统筹协调，破除业务运行中的关区壁垒，拆除实际存在的各种藩篱，打造京津一体化通关模式，实现互联互通。推动京津两关企业信息、审单验估结论和监管查验结果的互认共享，为京津“双城记”战略提供强力支持，为全国海关实现业务一体化运作提供“可复制、可推广”的经验和示范。

2014 年 7 月 1 日，京津海关区域通关一体化启动。天津海关关长李佩林为京津海关区域通关一体化首票空运报关单办理放行操作手续。

2014 年 9 月 22 日，石家庄海关正式加入京津冀区域通关一体化改革行列。天津海关做好石家庄海关加入京津冀海关区域通关一体化的各项准备工作，进一步完善优化一体化改革的配套政策，使企业感受到通关一体化的便利。京津冀通关一体化惠及三地 6 万余家企业；北京、天津、石家庄三个海关实现“一份保函、区域通用”，在关税、通关等多个领域共享参数信息、互认执法结果、统一执行标准。2014 年天津海关接收一体化报关单 168.9 万票，占三关总量的 60.8%。

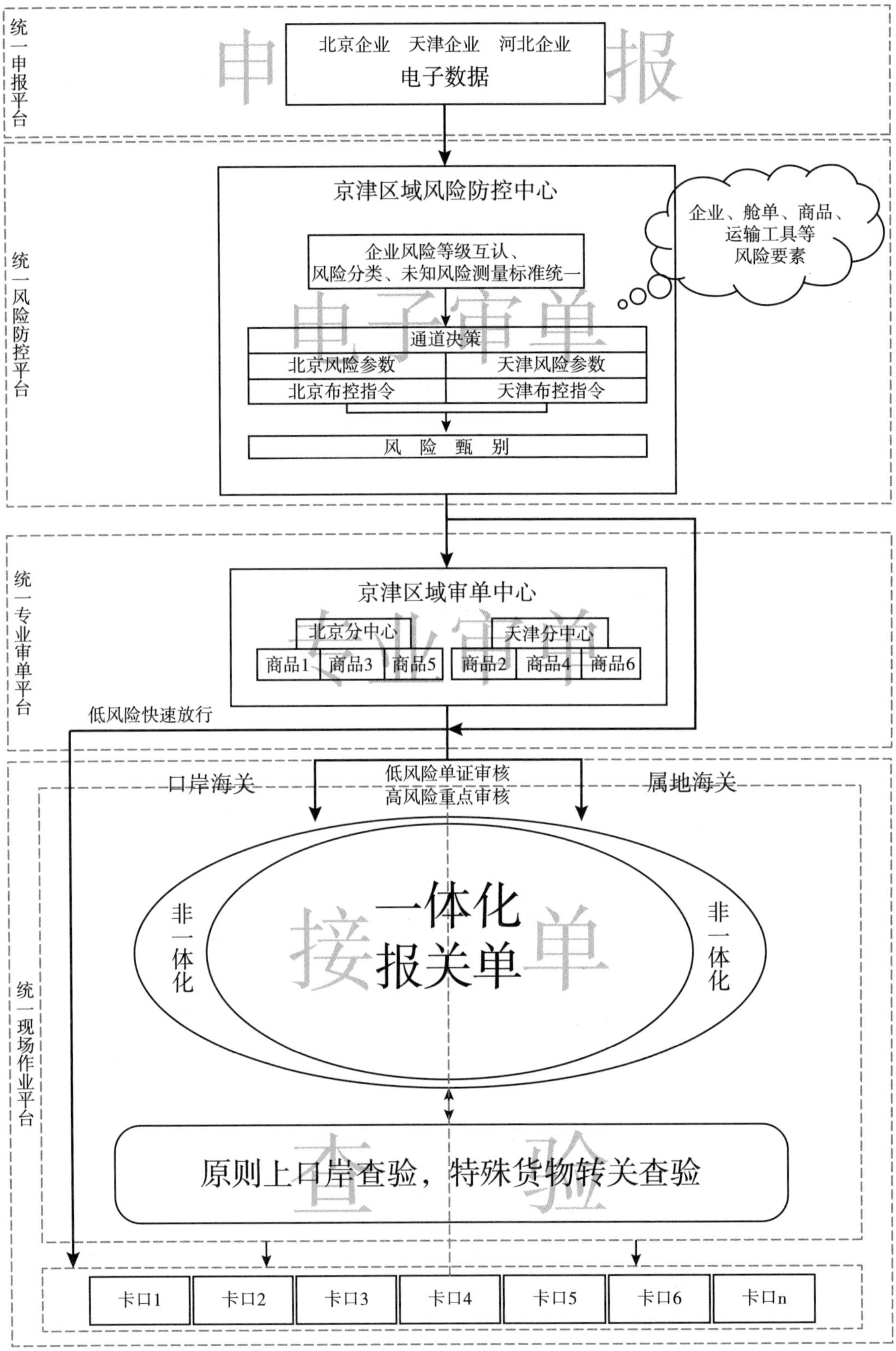

图 3-3-3-19 京津冀海关区域通关一体化流程示意图

第四篇

物品监管

非贸易性物品包括进出境旅客行李物品、邮递物品及快递物品等。对进出境非贸易性物品实施监管是中国海关的一项重要任务。

新中国成立后，天津海关对旅客行李物品监管的主要法律依据是对外贸易部 1956 年 2 月 8 日发布的《海关对进出国境旅客行李物品监管办法》，该办法明确海关监管旅客行李物品掌握的原则是自用、家用合理数量。在监管过程中，天津海关针对当时国内外敌对分子的破坏活动，对进出境旅客行李物品细查细验，并与公安部门加强联系，密切配合，达到良好防范效果。在“文化大革命”期间，由于“极左”思潮泛滥，在以“阶级斗争为纲”和“全面实行无产阶级专政”口号的影响下，海关对进出境物品的监管验放偏紧、偏严，手续烦琐，限制过多，引发进出境旅客颇多微词。改革开放以后，由于对外经贸发展，进出境人员逐年增加，为适应新形势，天津海关根据 1979 年全国海关关长会议提出的“坚持自用原则，照顾合理需要，防止走私漏税，加速物品验放”的工作方针，纠正“文化大革命”期间在验放工作中存在的偏差，根据《中华人民共和国海关法》“以自用、合理数量为限”的监管原则，合理区分贸易性与非贸易性物品的界限，简化手续，加快验放速度。1987 年，天津海关开始在海、空港旅检现场实行红、绿通道验放制度。1992 年，天津海关进一步简化旅客通关手续，绝大多数进出境旅客只需口头申报，不再填写旅客申报单。1995 年，海关总署和国家旅游局响应世界海关组织倡议联合组织 1995 年中国海关“旅客年”活动，以增强海关的服务意识，为进出境旅客提供更优质的服务。活动中，天津海关一方面提升关员为进出境旅客服务的意识和工作水平，另一方面采取措施，简化工作流程，提高旅客通关效率。活动结束后，天津海关机场办事处旅检科受到海关总署、国家旅游局和世界海关组织的表彰。2008 年，天津海关根据海关总署的统一部署实行新的进出境旅客申报制度，对需要申

图 4-0-0-20　1995 年，天津海关在天津新港客运码头举行“全国海关旅客年”启动仪式

报的旅客范围、申报单证、申报项目实行统一标准。2012 年，天津海关开展专项治理，加大打击“水客”（水客：旧指贩运货物的行商。海关专指受走私团伙雇佣、携带运输涉税或禁限物品通关人员）违规通关行为力度，使天津口岸杜绝“水客”现象。

对进出境邮递物品监管是海关非贸易性物品监管的重要内容，监管对象主要包括一般邮递物品，印刷品和音像制品。20 世纪 50 ~ 60 年代，由于当时的政治、经济原因，天津海关对进出境邮递物品采取“细查细验”监管模式，并采用“限量、限值、限次数”的做法，严格控制邮递物品进出境数量。20 世纪 80 年代，随着改革开放，进出境邮递物品数量大幅增加，科技手段在海关对邮递物品的监管中得到广泛应用，天津海关逐步放宽验放尺度，加快验放速度，以满足社会的需求。2010 年后，随着电子商务的发展普及，海关邮递物品监管工作面临新的挑战，为防止不法商家以个人物品名义开展贸易经营活动，区别兼顾正常的收件人、寄件人合理需要，天津海关按照海关总署的相关要求，对个人邮寄进境物品依法征收进口税。

1980 年天津海关开始办理快件监管业务。1998 年天津海关按照海关总署修订的进出境快件监管办法，对快件实施分类管理。进入 21 世纪以后，随着全球经济一体化进程不断加快，各国间的贸易壁垒陆续消除，国际贸易和国内贸易活动愈加活跃，生产、经营和社会活动趋于高效率和快节奏，大量的样品、单证、商务函件、资料需要快速传递，快递业迅猛发展。2000 年，天津海关在天津机场正式建立“天津机场海关快件监管中心”。2009 年天津海关实现快件机检图像与快件报关单信息同屏对比，在提高快件通关效率的同时保证海关的严密监管。2014 年，天津海关全年共监管进出境邮政快件 99.57 万件，同比增长 1.46 倍；监管进出境非邮政快件 224.55 万件，同比增长 48.99%。

第一章　行李物品

第一节　旅客行李物品监管

新中国成立后至 1996 年，海关对华侨、港澳同胞、出国人员等的行李物品管理，是按照不同对象，分别制定管理办法。1996 年 8 月，海关总署制定《中华人民共和国海关对中国籍旅客进出境行李物品的管理规定》，把中国籍居民旅客与中国籍非居民旅客合并，享受同等待遇。该规定沿用至 2012 年。

1950 年 9 月，天津海关执行海关总署《归国华侨携带行李物品免税优待暂行办法》，对归国华侨行李物品在应税总值人民币 150 万元（旧币，折合新人民币 150 元）以内的（不满 16 周岁的为 50 万元）免税放行，超出限额部分按最低税率征税放行。

1952 年 10 月，天津海关按照政务院通知要求，对受居住国迫害的归国难侨携带入境自用、家用物品，不论新旧均予以免税；超出自用范围的物品，交由国营公司收购，免征关税和货物税。

1953 年，中国政府通过民间团体就在华日侨归国的具体事宜达成协议，先后安排 21 批共 35000 多名日侨返回日本。1954 年，其中有两批归国日侨从天津港出境，包括居住在各地的日侨、前日本军人及眷属、被释放的政治犯及日籍渔民等，共计 1169 人。1956 年，中国政府决定对在押的 1062 名日本战犯宽大处理，宣布释放并遣返其中的 1017 名。1957 年，约 4000 名侨居在中国的日本侨民（包括侵华战争期间被俘自愿参加八路军、新四军的人员和被释放的战犯），由日本红十字会派遣日本籍“兴安丸”客轮，到新港码头接运其出境返回日本。天津海关在对上述人员进出境检查时，配合国家的对外政策，首先考虑到政治影响，在防止走私漏税的同时，更多的予以简化、照顾、方便。

1954 年，随着国家对外贸易及对外事务的发展，经天津口岸进出国境的人员大幅增多。全年由天津港进出国境的人员共 2839 人，其中进境 145 人中，以资本主义国家的外交人员为主，包括英国、印度、缅甸、瑞士、丹麦、荷兰及挪威等 8 个国家，身份有公使、谈判代表、参事官、职员及家属。出境 2694 人中以外籍旅客为主，多为原侨居于天津、北京、上海、东北及华东等地的外籍居民。其中以苏联籍（均为久居中国而重新恢复国籍者）和无国籍的白俄为主，二者合计约占外籍旅客的 80% 左右，而中国籍旅客仅有 17 人。天津海关在对进出国境人员监管时，根据不同的对象，结合有关的政策，区别对待，掌握不同尺度，做好监管工作。在对外交人员的监管中，对外交签证人员，均为免税免验放行；对于公务签证人员，掌握抽查比例约 10% 左右，除上述签证人员以外的使领馆人员及其家属等，一般比照公务签证人员办理。检查的时间，一般均为在预定的时间内优先办理，手续力求简便迅速，外交签证人员一般不超过 5 分钟。对初次入境人员，在办理手续时，天津海关主动说明政策规定及应办的手续。对于成批进出境的日侨、苏侨及华侨的检查，天津海关均事先做好充分的准备，与有关机关及红十字会、华侨事务委员会等接待部门沟通联系，并委托接待部门向出入境人员宣传介绍海关的政策与规定及应办的手续。在检查行李物品时，一般从宽掌握尺度，如对出境苏侨随身携带的 1320 件行李，日侨随身携带的 1691 件行李，均采取清查件数，口头核对，重点抽查的方法验放。在对一般旅客检查时，也事先进行分析研究，根据具体情况，确定重点对象。对于实施人身检查，天津海关坚持审慎原则，建立严格的人身检查制度。必须进行人身检查的，必须根据材料，以书面形式报请股长以上的领导干部批准。1954 年，天津海关共对 13 名进出境人员进行人身检查。其中依据历史上曾有走私行为并结合生活中的具体情况而确定的有 3 人，根据事先所获得的有走私嫌疑的情报而确定的有 10 人。

1956年2月，天津海关按照海关总署《海关对归国华侨携带行李物品的优待办法》要求，明确归侨行李物品应征税额在人民币150元（新币）以内予以免税，超出免税额度的征其超额部分。对华侨带进的重点物品，如照相机、收音机、缝纫机、打字机等，每一家庭免税放行1件，手表、钢笔等每人免税放行1件。

1958年，由于自天津出境的外侨绝大多数是住在本地的侨民，天津海关建立外侨档案，内容包括政治表现、社会关系和现行活动等情况。并且密切与公安部门及银行等单位的配合，在调研的基础上，划分出一般和重点监管对象，对大多数出境人员只进行一般性检查。

1960年1月14日，由于印度尼西亚排斥华侨，有大批华侨陆续回国。中共中央鼓励华侨转移资财回国参加国家建设，并对相关单位发出做好接待回国华侨的指示。规定对华侨带回的一切物资，必须检查从宽，一律免税放行。天津作为华侨入境的主要口岸之一，天津海关对进境华侨携带的行李物品按照“检查从宽，一律免税”的原则，除对华侨本人或托人携带的资财一律免税放行外；对侨胞携带进口的黄金、珠宝、钻石及其制品，不论数量多少，亦予以免税放行，对侨胞用各种方式进口的重点物品如手表、自来水笔、照相机、收音机、自行车和黄金、珠宝、钻石及其制品，以及重点物资如橡胶种子、机器等，以最简便的方法进行登记。侨胞出售进口物资时，不管何时进口的，一律不补征关税，不按走私处理。把中共中央关于归国华侨的政策，以及国家对归国华侨的关怀体现于海关实际监管工作之中。

1961年1月，天津海关根据国务院指示，对华侨进口粮副食品不受数量与次数限制免税放行。同年5月，对华侨携带进口国内医疗必需品也予以放宽，如国内暂时供应不足且医疗必需的中西药品、家庭常用药品，以及由于缺乏营养所需的补药制剂，可以不提供医院证明，不受原产国别限制，超出海关免税规定范围的征税放行。1963年，针对国内市场上利用进口物品投机牟利和套取侨汇的情况频发，天津海关根据上级指示，取消对华侨携带进口粮副食品不限量免税进口的规定。

“文化大革命”初期，天津海关对华侨、外籍华人等探亲旅客带进照相机、录音机、万能缝纫机等重点物品不予放行；对3年内首次回国的华侨只放行手表1块；对价值人民币60元以内的国内紧缺药品征税放行；控制“奇装异服”、旧服装进口。对出境旅客携带的少量冥纸、香烛之类予以没收。

1971年，天津海关根据海关总署指示，适当放宽验放尺度，对华侨带进的食品、国内紧缺药品等适当放宽限量、征税放行，不准携带旧衣服入境。

1972年，中日两国恢复邦交。1973年，在中国居住的日侨200余人从天津乘船出境，返回日本定居或探亲，同时，居住在日本的华侨乘船由天津入境回国探亲，中日之间恢复中断多年的民间交往。天津海关在办理旅日进出境旅客验放物品手续时，特别是针对从日本回国的华侨或探亲后返回中国的日侨，进境时携带的旧衣物、家具、家用电器等行李物品较多的情况，在政策允许下尽量给予方便照顾。同时，对个别旅客藏匿手表及贵重的物品走私进口的行为依法予以惩处。

1973年，日本三重县、兵库县“青年海洋大学”共700多人，乘大型客轮“日本丸”、“巴西丸”由天津新港入境，在天津、北京等地参观访问。此后，乘坐大型客轮由天津新港入境的参观访问、旅游团体逐渐增多，英国豪华客轮“珊瑚公主”“皇家之星”，世界第二大豪华客轮英籍“伊丽莎白二世”等著名游轮先后停靠天津新港。仅1985年由天津新港入境的日本及欧美等国家的游客就达到8万多人次。天津海关按照“坚持制度，简化手续，热情友好，便利进出”的原则，对这些集体旅游的旅客给予通关便利，对他们随身携带的行李物品，采取集体申报，只做登记，不做检查，只重点核对的方式监管。利用在天津大沽口锚地联检的同时为船上旅客办理入境手续，对乘坐旅游船集体进境的旅客，一般情况下免填入境申报单。尽量简化手续、缩短办理手续的时间，保证在船舶停靠码头后，旅客能迅速离船登岸。

1974年8月，天津海关执行海关总署《海关准许免税进出口物品限量表》规定，对进出国境的华侨、中国血统的外国籍人、定居中国的外国侨民、出国探亲的中国公民进出境行李物品按照同一标准验放，对手表、自行车、收音机、缝纫机等4种重点物品，每人每年首次入境可各免税放行一种，超出限量表的物品，总值人民币200元以内的征税放行。

1978年4月，天津海关执行海关总署《海关对进出国境华侨等旅客的行李物品监管暂行规定》，大幅度提高华侨免税优待额，把准许免税的物品列明品名、数量和价值对外公告。对华侨携带出境的行李物品，在自用、家用、合理数量范围内，均予免税放行。

1979年1月，天津海关将常驻境外机构人员、访问学者和留学人员、赴外劳务人员等出国人员合并管理，对其携带行李物品验放尺度开始按停留时间长短实施监管。同时对出国人员进境时携带在国外所购物品，以国家发给的外汇津贴费、零用费为限。海关对出国时间一年以上者，按长期出国人员对待，入境时每人免税放行手表、收录机、电视机、自行车、缝纫机、照相机、电冰箱、洗衣机等8种物品各1件（手表可放行2块）。在一年以内，按一般旅客监管，其每次回国只免税上述8种物品之中的1件；超出上述免税限量的准予征税进口。对出国人员带进的电唱机、电风扇、手风琴、小提琴、收音机、小型电子计算机等物品，以及一般生活用品、药品，海关不再规定限量，均予免税放行。同时，对劳务与援外人员因实际需要而托带或托运的海关重点管理物品进境，一次仅限两种，每种1件放行。

1981年8月21日，天津到香港客运班机开航，每个航班进出境旅客约70人次左右，一年达10000多人次，多是港商、外商、回国探亲观光的港澳同胞及出国的工作人员。天津海关按照海关总署通告要求，对回乡探亲港澳旅客带进行李物品，按照“来往港澳旅客免税和征税物品限量表”验放，对非回乡探亲者，只免税放行属于本人自用并使用的衣着和旅途必需的用品。

1983年12月，天津海关执行《中华人民共和国海关对回国探亲华侨进出国境行李物品的管理规定》要求，放宽华侨旅客携带行李物品的限制，对一年内进出国境超过一次的华侨，从第二次进境起，海关扩大免税放行范围。华侨携带出境的行李物品，除国家规定禁止和限制出境物品外，在自用、家用、合理数量范围以内，均可免税带出。

1984年，天津被确定为14个沿海开放城市之一。同年5月海关总署公告对设在中国经济特区和14个沿海开放城市的常住机构及台胞携带进境公私用品和自用交通工具，予以免税优惠放行。对设在这些地区的台商投资企业外方常住人员自用物品，海关也给予免税优惠。天津海关执行海关总署的规定，验放由津进境的台胞行李物品。

1985年1月，天津海关执行《海关对我出国工作人员进出国境行李物品的管理规定》，扩大长期出国人员重点管理物品的验放品种。按照"大件""小件"区别监管，"大件"物品包括电视机、电冰箱、录像机、收录机（包括音响组合、多用机）、照相机、洗衣机、微型计算机（包括主机和配套的专用配件）、摩托车和其他价值在人民币200～1000元的学习和生活用品等高档耐用消费品；"小件"物品指一般耐用消费品，如手表、播放机、自行车、缝纫机、电风扇、普通电子琴、电烤箱、幻灯机、投影机、打字机（包括电动的）、热水器和其他价值在人民币50～200元的学习和生活用品。海关按出国人员实际在外时间验放，上述两类物品每季度各免税放行1件。在外时间不满一季度的按一个季度验放，超过一个季度满15天的，按两季度验放，依此类推。对派驻人员托带重点管理物品进境，海关凭证核放，每年只限一次，每次限两种各1件，计入本人免税物品限量内。对带进的食品、衣料、衣着和价值人民币50元以下其他生活用品，海关按自用合理数量验放。同年10月，天津海关执行《中华人民共和国海关对回国探亲华侨进出境行李物品的管理规定》要求，放宽对华侨携带进口一般物品的限量限值，扩大高档和普通耐用消费品免税进口的品种范围，对华侨带进高档耐用消费品（即"大件"）由原限5种增至7种；一般耐用消费品（即"小件"）由原限5种增加为11种。自用小汽车，每户限一辆征税放行。华侨探亲、旅游携带出境的行李物品，除国家规定禁止和限制出境物品外，在自用合理数量范围内均可免税带出。

1986年8月15日，天津海关在天津机场旅检现场对进出境旅客试行国际通用的"红绿通道"验放制度，明确旅客申报责任，同时启用新格式旅客行李申报单。天津海关在"旅客填报、海关抽验"的基础上，将原"应税通道"和"免税通道"改设为"红色通道"和"绿色通道"。入境旅客携带行李物品超量超值，须办理有关手续的，以及出境旅客携带行李物品超值超量，或未将登记应复带出境的物品带出和有关物品未结清海关手续的，均应走"红色通道"通关。海关对选择"红色通道"通关的旅客行李物品，采用口询、抽查、重点检查相结合的方法，扩大口询面，缩小抽查面，控制重点对象，海关检查完毕，在其证件或申报单上签注；海关对选择"绿色通道"通关的旅客行李物品，不再核签、抽验。对填申报单从"绿色通道"通过的旅客，海关收回一联申报单并盖章。旅客行李申报单分设"旅行自用物品"和"申请进口物品"两个栏目。入境旅客须将外币、金饰、重点管理物品等填报在"旅客行李申报单"上，持有关证件通过通道。出境旅客，如入境时填写申报单的，须一并将申报单交给海关。对持"通行证"前往港澳地区定居、探亲、公干的旅客只需在"通行证"上登记申报，不填写申报单，简化旅客申报查验手续。

天津海关还在旅检现场专门增设各种宣传灯箱和指引路标，播放普通话、粤语、英语的《旅客须知》，使“红绿通道”验放制度顺利实施。

1987年7月，天津海关执行《搭乘旅游船进出境旅客办理海关手续须知》，对搭乘旅游船进出境的旅客，进境时仅携带旅行自用并保证复带出境的照相机、便携式收音机、摄影或摄像机进境，可免填“旅客行李申报单”。携带超出上述范围物品的，应向海关口头申报。进境旅客离团探亲访友或换其他运输工具出境，应填写“旅客行李申报单”向海关申报。出境旅客用外汇购买的珠宝、金银饰物、工艺品等物品，应持盖有“外汇购买”章的购物发票，在办理出境手续时，向海关口头申报。同年，全国海关关长会议提出海关工作方针由以“防范为主”，转为以“促进为主”，原有的监管模式已不适应海关新工作方针的要求。天津海关即时纠正工作中与新方针不相适应的做法，对进出境旅客行李物品的监管，进行一系列改革。如对搭乘旅游船进出境的旅客，取消人人填写申报单的做法，改为凡乘同轮出境而且未携带入境馈赠品的，一律免填申报单。

1988年9月，天津海关执行海关总署指示，对出国人员带进超过免税限量的重点管理物品，不再准予征税放行。同时，严格执行一季度免税放行高档耐用消费品类和一般耐用消费品类物品各1件的规定。临时出国人员在每一日历季度第一次出国，入境时准予免税放行上述两类物品各1件，在日历季度内第二次出国，入境时不再免税放行上述两类重点物品。

1989年9月，为加强对国家限制进口物品的管理，国务院调整出国人员携带免税物品政策，将出国人员可免税带进“出国人员带进免税物品限量表”第四、五项物品（第四项物品：电视机、洗衣机、电冰箱、照相机、录像机、组合音响、收录音机、摩托车和价值在人民币500元以上1000元以下的其他生活用品。第五项物品：普通电子琴、普通照相机、打字机和价值在人民币200元以上500元以下的其他生活用品）各1件的期限，由每季度改为在外满6个月（180天）。对长期出国人员，最多可以享受连续免税4年的额度。临时派驻人员在外不满6个月的，每公历年首次进境可以征税带进“出国人员带进免税物品限量表”第四、五项物品各1件。天津海关立即落实，及时做出相应的调整。同年，海关总署颁布《关于进出境旅客选择“红绿通道”通关的规定》，以法规形式确立海关实行的申报与查验融为一体的通关制度。通关制度改革，缩短海关对旅客的检查时间，加快旅客的通关速度，获得良好社会效益。

1990年，第十一届亚洲运动会在北京举办，天津海关为配合北京做好亚运会期间进出境旅客行李物品监管工作，贯彻海关总署“管住重点，放宽一般”的监管原则，快速高效地办理旅客通关手续。根据不同对象采取灵活措施，对于旅客携带的生活用品适当给予照顾。亚运会期间，天津海关共验放旅客1000余人。同年11月1日，天津海关按照海关总署、中国民航局的《关于国际航班国内段载运客货实施办法的通知》要求，对搭乘国际航班入出境的旅客和搭乘国际航班国内航段旅客采取分厅候机，分道上下，行李分装分卸等措施，以严密监管。

1991年12月24日，天津新港至韩国仁川的“天仁”轮航线首航成功。1992年1月17日，为配合国家旅游局“’92 中国友好观光年”活动，天津海关开始对乘“天仁”轮出境旅客实行口头申报制度。凡乘坐“天仁轮”来往中国、韩国的旅客出境时，除少数携带需附带进境重点物品旅客需要填写申报单外，其他人员均可免予申报。

1992 年，天津海关推行非贸监管改革。改革的主要内容体现在放宽尺度和调整监管模式上，在坚持内紧外松和相信大多数的原则下，从年初对出境旅客全部实行口头申报制度，适当放宽对一般生活用品的限量，在进出境班机、班轮增加的情况下，注意调查研究，把精力集中到监管重点物品上。当年查获出境文物 2585 件，其中，涉及二级文物 27 件，三级文物 206 件。同年 10 月 12 日，天津海关执行《关于回国服务的在外留学人员用现汇购买个人自用国产小汽车有关问题的通知》对在国外正规大学注册学习毕业的和进修期限在一年以上的留学人员回国工作，凭中国驻外使领馆出具的《留学人员证明》、聘用单位的上级主管部门出具的证明、公安部门出具的境内居留证明和有效的进境申报单证，海关核发的《回国人员购买国产汽车准购单》，在其免税限量和从境外带进的外汇额度内，可用现汇购买免税国产小汽车 1 辆。

1994 年，天津海关贯彻第二次全国海关旅检工作会议的精神，调整现场布局，优化通关环境，在海、空港旅检现场实现开放式、无障碍监管格局。在日常监管中，顺利完成对亚乒赛、远东及南太平洋地区残疾人运动会进出境旅客的监管任务。在方便进出境人员便捷通关的同时，发挥把关职能，在查获外币走私、文物走私和利用个人行李走私国家重点管理物品上取得新的突破，全年查扣外币折合美金 55 万元，查扣文物 800 余件，查扣淫秽录像带 250 盘，查扣走私 BP 机 450 台。天津海关在处理涉外敏感事件中，讲政策、重策略，有理、有节地妥善处理韩国旅客和美国著名记者进口违禁物品等涉外情事，得到海关总署和中央统战部致函表扬。

1996 年 1 月 1 日，天津海关执行海关总署《中华人民共和国海关关于进出境旅客通关的规定》。将 1992 年开始实施的旅客向海关申报物品和选择“红绿通道”通关的规定进行合并调整，重新设置“申报”通道和“无申报”通道。以旅客是否需向海关申报为分道原则，并由旅客根据有关规定和其携带的行李物品的情况自行选择相应的通道通过，把通道的性质和旅客申报责任主客观有机结合，在方便进出境旅客通关的同时，强化海关旅检制度的科学化、规范化。是年 8 月，天津海关执行《中华人民共和国海关对中国籍旅客进出境行李物品的管理规定》，把华侨等中国籍非居民旅客携带行李物品进出境的管理与因公和因私出国人员等中国籍居民旅客合并管理，取消对华侨“按公历年度首次进境”验放物品的规定，采用“中国籍旅客带进物品限量表”规定验放行李物品。

2002 年 9 月 1 日，天津海关执行《海关总署关于中韩海运航线进出境物品监管问题的通知》，严厉打击“带工”（即“水客”），加强对中韩海运航线的短期内多次进出境旅客（15 日内进出境 2 次或 2 次以上者）的行李物品监管。对于免税携带进境的行李物品，仅限旅客本人在本次旅行中必需的衣着及日常生活用品。其中，可携带进境香烟 100 支，或雪茄 25 支或烟丝 125 克。各类酒不允许携带进境。对于携带旅途自用的照相机、便携式收录音机、小型摄影机、手提式摄录机和便携式微型计算机进境，须报海关核准，并交纳与应税税款等额的保证金后允许携带进境，复带出境时经核实确属原携带进境的退还保证金。天津海关对中韩海运航线以快件形式进出境的物品，不再按照快件的监管办法接受申报，而按照个人行李物品的有关规定办理相应手续。

2005 年 5 月 31 日，海关总署下发《改革航空口岸进出境旅客申报制度有关问题的通知》。自 7 月 1 日起，天津海关机场旅检现场开始启用新修订的申报单，要求进出境旅客一律填写申报单，向海关书面申报。为保证申报制度改革顺利进行，天津海关在旅检现场设立引导员，对旅客进行解释说明，协助并指导旅客填写申报单。并制作中、英、日、韩文字的填写示范，使一些不懂中英文的旅客也能够顺利阅懂申报单内容，规范填写。由于准备充分，工作细致，在改革航空口岸进出境旅客申报制度过程中，天津海关机场旅检现场通关秩序良好，未发生旅客积压情况。

2005 年 8 月，根据海关总署与质检总局签署的《关于建立关检合作机制备忘录》以及《口岸旅检现场关检合作工作有关事项的通知》，结合天津滨海国际机场进出境国际航班的监管需要，天津机场海关与天津出入境检验检疫局驻机场办事处经过协商，在进境现场设置“一机两屏”监管设备，海关的“一机两屏”监管设备为主控机。通过“一机两屏”使海关和检验检疫部门共同锁定查验对象，在保持通关顺畅的前提下降低查验率，提高查获率，使监管更加具有针对性。

2008 年，北京承办第 29 届奥林匹克夏季运动会和残疾人奥林匹克运动会。为加强安保工作，天津海关于 2007 年 7 月 18 日，在天津滨海国际机场进行海关奥运安保反恐应急演习。演习设“应急处置爆炸可疑物”和“应急处置政治性突发事件”两个科目，对重点旅客查验，嫌疑旅客与危险物品人物分离，快速疏散旅客，使用防爆毯、防爆桶等物品紧急安置爆炸可疑物，通知上级安保指挥部门，接受新闻媒体采访等多个环节进行实战演练。北京奥运会和残运会期间，为加强安保工作，天津海关加大对进境旅客行李物品的机检比例，发现疑点全部开箱查验。同时，在借鉴国外奥运旅检监管经验的基础上，重新制定旅检现场工作规范和操作规程，完善旅检现场管理制度，提高通关效率，保证奥运会期间进出境旅客行李物品监管准确及时。针对北京奥运会前期到津旅游观光的进出境团体旅客增多的趋势，天津海关还实行对团队旅客“先置查验”和“集体抽验”的查验模式，为合法通关旅客提供便捷服务。对不定期抵港的国际游轮采取“随到随验”的方式，并临时开辟多条“绿色通道”，在保证监管到位的情况下，最大限度地简化通关手续，减少旅客在船滞留时间。

2009 年 5 月 1 日，天津海关旅检现场在办理马来西亚亚洲航空公司 D72612 次（吉隆坡—天津）航班进境通关手续过程中，发现一名尼日利亚籍旅客以体内藏毒方式走私毒品，共查获胶质包装毒品 45 丸，净重 357.27 克。经天津市公安局毒品检验中心鉴定，携带毒品为海洛因。

2012 年 4 ~ 11 月，天津海关按照《海关总署加强“水客”综合治理专项行动实施方案》要求，在关区组织开展“水客”专项治理查控工作。结合关区多年旅检现场打击“水客”工作经验，天津海关在空运、海运旅检现场，开展 10 余次联合、突击检查杜绝天津口岸的“水客”现象。

2013 年 3 月 1 日，天津海关落实《海关总署关于切实加强进出境旅客行李物品监管工作的

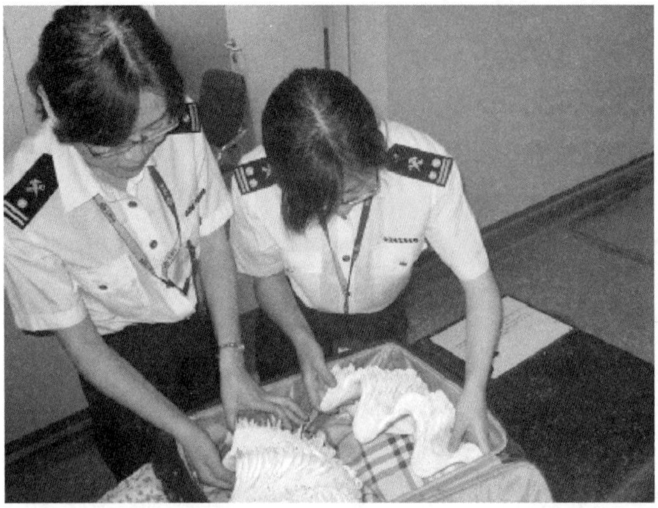

图 4-1-1-21 2013 年 4 月，天津海关关员在旅检现场查获疑似国家濒危物种砗磲的贝类

通知》和《监管司关于进一步落实切实加强进出境旅客行李物品监管工作的通知》有关要求，开展加强旅客行李物品监管专项行动。专项行动中，天津海关各旅检现场合理调配人力资源，确保工作人员的配置满足工作需要，确保对旅客行李物品实际监管到位。采取行之有效的措施，加强对旅客行李物品的严密监管，把原则上实施 100% 过机检查作为一项基本的工作要求。天津海关充分发挥 X 光机等检查设备的作用，强化旅检现场机检、人工查验、视频监控、判图分析等岗位的工作。对机检发现有疑问的行李物品，必须进行开箱（包）人工彻查。在整个专项行动期间，天津海关各旅检现场共查获非法携带货币现钞进出境情事约 200 起，折合人民币 1200 余万元，移交缉私立案 7 起。查获反动杂志 109 本，淫秽杂志 69 本，淫秽光盘 631 张，卫星接收器 7 个。查扣超量携带化妆品 188 件，手表、箱包等奢侈品 101 件，管制刀具 5 把，仿真弩 1 把，纪念银币 260 枚，精神类药品艾司唑仑 60 片。查获红珊瑚摆件 277 件，濒危动植物珊瑚、砗磲各 1 起，古钱币 55 枚，疑似牙雕、鹿角制品、海象牙制品、红海龟标本、象牙制品、虫化石、鱼化石各 1 件，清代木隔扇 1 件，鳄鱼标本 3 具。天津海关通过打、管、防、治等手段相结合，进一步提高监管能力和实战水平，严厉打击非法携带货币现钞等禁限物品走私违法活动，实现“既要管得住，又要通得快”的工作目标，同时也为营造天津口岸和谐、稳定、有序的社会环境发挥应有作用。

2013 年 4 月，天津海关旅检现场连续查获违规携带国家濒危物进境案件。在 KE805 次航班（首尔—天津）进境航班一名中国籍旅客行李中查获未向海关申报的疑似砗磲的贝类 2 个，后经国家有关部门鉴定为国家濒危物种砗磲。在 CA104 次航班（香港—天津）进境航班一台湾籍旅客行李中查获未向海关申报的疑似红珊瑚制品 318 件，经国家有关部门鉴定确为国家一级保护动物红珊瑚。

2014 年 9 月，天津夏季达沃斯论坛举办期间，天津海关根据参加论坛国外领导人和高级官员进境人员较多且集中的情况，专门制定《达沃斯论坛人员通关保障方案》，对身份特别的贵宾制定接待个案，明确现场关员岗位职责和办理时限，为做好通关保障提供制度支持。在旅客进出境大厅设立达沃斯论坛海关专用通道，并设立语言服务岗，按规定为与会代表、采访记者及进境新闻报道器材快速办理通关手续。9 月 8 ~ 15 日，天津海关先后为马里总统、俄罗斯副总理、日本议员等多名参会贵宾快速办理进境通关手续，对赴津参加 2014 天津夏季达沃斯论坛国际贵宾 120 余人予以通关礼遇。天津海关还指派专人配合达沃斯论坛筹备办公室进驻首都机场海关协助监管，为从北京空港口岸进出境的论坛 VIP 代表、一般代表和外方工作人员 500 余人提供通关保障。会议期间，天津海关严格落实国务院和海关总署关于埃博拉出血热疫情防控工作的各项要求，密切与口岸、卫生、检疫等部门联系配合，加强对来自疫区参会人员、物品的监管查控，对可能出现的突发情况制定紧急应对措施，确保通关秩序不受影响，并要求各现场及时做好信息上报工作，若发现异常情况立即上报，确保第一时间安全、有效处置。保证在达沃斯论坛期间，天津口岸未发现相关疫情。

第二节　进出境运输工具服务人员自用物品监管

1953 年 5 月 1 日，海关总署发布实施《海关对国际航行船舶船员携带自用物品征免验放办法》，天津海关依据该办法的监管原则，对国际航行船舶船员自用物品以自用、家用合理数量为限进行监管。船员携带进出境的物品，须事先在海关核发的手册上详细填报，经值勤关员查核、办理征免税手续后放行。除个人自用物品外，家住国内的，放行带进适量物品；家住国外的，放行带出适量物品；家住船上的，不准携带物品上岸。对船员所携带的手表、西药、糖精、食品、香烟等进行严格监管，船员上岸时若不如实向海关申报，一经查出，按走私或违规处理。

1958 年 9 月，天津海关对国际航行船舶船员不分中、外籍，实行统一验放原则。海关对船员带进的日用品、食品饮料、药品、衣服、鞋、玩具、文化用品等 7 个品种在限量内予以免税放行（回国公休的船员允许多带些日用品）；对超出规定品种和数量，仍属自用，数量合理，到岸价值在人民币 30 元以内的，海关征税放行。该办法一直沿用到 20 世纪 70 年代初期。

20 世纪 60 年代初，国民经济遇到困难，国内粮油食品等比较紧缺，经常航行天津港口的外轮中，有一批家住国内的香港船员和家住香港的中国籍船员，每航次都带进一批粮油食品。为方便船员，天津海关派人到大沽口锚地办理国际航行船舶船员物品核批征税手续。

1966 年 12 月 19 日，天津海关对船员携带上下的物品由梯口监管改为卡口监管。撤销原来在每船的梯口执行监管的执勤人员，在新港港口出入口处设立“海关值班室”，船员携带进出的物品，均统一在卡口向海关申报。

20 世纪 70 年代开始，中国远洋运输船舶蓬勃发展，到 20 世纪 70 年代中期由天津新港开出或到达的中国远洋运输船舶每月有 10 多艘，天津海关核批验放国际船舶船员自用物品工作重点，逐渐由港澳船员转向中远船舶船员。

1974 年 4 月，天津海关执行《关于对我国远洋船舶船员携带进口自用物品管理办法》，对中国籍船舶船员携带自用物品进出口，船员每一航次免税放行价值人民币 40 元的生活用品，包括衣着、衣料、食品、药品、文化用品、家用手工工具等（航行超过3个月者加倍）；超额部分价值在人民币30元以内的，海关征税放行，超过征税限值的不准进口；船员在外每满两年准许免税带进手表、收音机、照相机、缝纫机、自行车等5种重点物品中的1件，不计入上述免税限额之内；10年内准每种放行各1件。船员携带物品进境时，在登记本上逐一填写清楚，交海关检查，由海关办理征免税放行手续并在本上批注和加盖印章。

1979年，天津海关执行《关于海关对外国雇请的我国船员携带进出口自用物品的管理规定》，对受聘在外轮上工作的中国船员随外籍船舶进出境时携带的物品，按外籍船员规定办理，即对每一航次超过3个月的，海关免税和征税放行价值人民币各80元的一般物品；对航行在1～3个月的减半验放；对超出以上限值、限量的一般物品，不予进境；对手表、收音机、照相机、缝纫机、电视机、电子计算机、自行车以及其他重点物品，准许船员每年度完税进口其中1件；每航次免税带进烟200支，酒1瓶；船员购买合理数量的自用物品、药品、医疗器材携带出境，须向海关交验外币兑换单或向外轮公司借支人民币的清单，以及外轮供应公司、友谊商店和其他国营商品的发票，方予放行；期满回国时，按出国工作人员进出境行李物品规定办理，在外时间不满一年的按临时出国工作人员办理。

1985年5月，天津海关执行《海关对我国际运输工具服务人员进出境行李物品的管理规定》，按照运输工具服务人员实际在外天数，在外每个季度可以免税放行一定数量的生活用品、烟、酒。每季度放行的重点物品为限量表中第八项所列电视机、电冰箱、录像机、照相机、洗衣机、微型计算机、摩托车和第五项所列手表、播放机、投影机、打字机、热水器各1件，在同一年内，第八项所列物品中，同一品种不许重复。海关掌握的验放尺度进一步放宽。1986年，天津海关根据该规定制定对国际运输工具服务人员进出境物品核批工作细则。

1987年，天津海关针对天津市外派香港船员携带物品的特殊情况，批准设立进口大件的暂存仓库，以解决船员携带大件物品陆运入境时的困难。

1988年11月，海关总署根据国务院关于限制高档消费品进口的精神，下发《关于加强对运输工具服务人员携带自用物品管理的补充通知》，天津海关严格按照通知要求，对国内从事国际间运营的船员携带自用物品，严格按实际在外累计天数掌握验放尺度，满90天（即一个验放季度）准予免税放行“大件”和“小件”的重点物品各1件，满180天免税放行各2件；每个验放年度内，一季度免税放行进口录像带10盘；超出免税限量的自用物品不再征税放行；每满验放年度日数（360日），应将免税限量全部结清，逾期作废。

1989年12月，天津海关严格按实际在外累计天数掌握验放，超过规定的物品不再征税放行，对进境时携带的物品，按限量表验放第八项所列家用电器、照相机、摩托车和第五项所列微波炉、打字机等均按船员实际在外满180天准许每项进口各1件。船员带进上述限量表规定的物品和外币、金银制品，应如实填入《运输工具服务人员进出境携带物品登记证》，向入境地海关申报，经海关查验后放行。

1990年8月，天津海关按照海关总署调整后的“运输工具服务人员携带进境自用物品限量表”进行监管，对运输工具服务人员实际在外累计180日为一个免税验放期，限量表中第三项“价值在1000元以上的生活用品”一般不得带进，特殊情况，事先向海关申请，经海关审核同意后，予以征税放行；对船员携带中药材、中成药出境，总限值不超过人民币300元；其他土特产品也限于本人本航次自用范围内；对携带金银制品进境，按自用合理数量原则，各海关根据具体情况掌握。同年10月，海关总署再次调整该限量表，将普通电子琴（不论价值）按第五项物品验放；照相机按其价值分别计入第四、五项物品，对明显属于玩具类的简易照相机，则根据其价值归入第一项物品验放。

1992年1月，天津海关按照海关总署规定要求，对运输工具服务人员免税自用物品的验放期，由在境外累计达180天调整为120天；对调离运输工具、不再从事国际间运营的运输工具服务人员，其最后一个验放期天数不足120天，但超过90天（含90天）的，按120天验放。

1996年，根据国家政策调整，海关取消运输工具服务人员携带海关重点管理物品进出境的免税待遇，对其携带行李物品统一按照“中国籍旅客带进物品限量表”实施监管。该规定沿用至2014年。

第二章　邮递物品

第一节　一般邮递物品监管

1949年，津海关在天津市邮政局内设邮政支所，在东马路及罗斯福路（今和平路）邮局内设分支所。按照《华北区海关管理邮政包裹暂行办法》规定，津海关除负责检查进出境邮递物品外，还负责检查华北区与解放区以外地区来往邮递物品。

1950年，天津海关对个人进出口邮递物品的监管采取全部开包细查细验，以亲友之间相互馈赠为限，以自用合理数量为原则。明令不容许出售牟利和利用进出口邮包夹带违禁物品搞非法活动。当时，天津海关监管的进出口邮包数量较少。进口邮包的物品大多是西药、中成药（安宫牛黄丸、苏合丸占多数）、衣物、儿童玩具等。出口则多是土特产品、工艺品、字画、中草药和中成药等。天津海关对进出境邮递物品监管重点放在“防止和打击经济、政治上的破坏”和“假借自用名义寄递国内外差价大的物品进口贩卖牟利”等非法活动上，严格掌握验放尺度。

1955年10月，天津海关执行对外贸易部颁布的《海关对进出口邮递物品监管办法》和《海关对个人收寄香港、澳门邮递物品监管办法》规定监管邮递物品。以自用合理数量为限，每件不超过人民币 50 元的可免领许可证征税放行，每人每年收寄邮件总值不得超过人民币 300 元。对寄自港、澳地区的邮递物品，凭有效证明按限量规定免领许可证征税放行；寄往港、澳地区的限值人民币 20 元，每人每月只限一次。

1959 ~ 1961 年，正值国家遭受三年经济困难，国内粮食、副食品短缺，当时个人邮包大量涌进，邮寄的物品则多是大米、食糖、各种罐头食品等。天津海关执行国务院《关于加强对华侨及港澳同胞携带和邮寄进口粮食、副食品的管理》指示，对华侨、港澳同胞邮寄进口的粮副食品邮包一律免税，不作次数、价值限制；对华侨邮寄进口的粮副食品以外物品，价值人民币 50 元以内免税放行，超出部分不收购，不退寄，征税放行。三年经济困难时期，天津海关共监管验放进口邮包 280307 件，创历史最高水平。

1963 年 1 月，国内经济情况好转，进出境邮递物品有所减少。天津海关根据国务院指示，对华侨寄进物品不再给予特殊照顾，超出限额物品不准进境，除经特准征税放行外，均予以退运或收购；对华侨、港澳同胞邮寄进口的粮副食品恢复限制和征税，每人每月限收取邮包一次，超过限制则退运。是月，天津海关为加强对进出口个人邮递物品的监管，开始实行按户建卡管理。即：根据收件人的地址用四角号码排列卡片，并以人名卡为辅，两套卡片资料并用，让“卡片跟着邮包走”。通过此卡片，海关见物见人，对所有进出境邮包的收寄情况清晰明了，便于工作中确定重点监管目标，使现场监管和查验有的放矢。海关在监管过程中对卡片资料逐步充实完善，通过核对卡片资料，海关在现场监管中多次发现以化名、冒名顶替等方式进行的走私行为。寄进超出准许进口范围邮包的比例显著下降。1963 年第一季度共退运 2264 件，占进口总数的 12.24%，到四季度退运只有 324 件，仅占进口总数的 3.8%。

1964 年 9 月，天津海关执行对外贸易部修订的《海关对进出口邮递物品监管办法》，明确个人邮递物品以亲友间相互馈赠自用为限，对部分国内外差价大的个人邮递物品实行限制。是年 10 月起，天津口岸开始实行《海关委托邮局代收税款办法》。

1967 年 6 月，天津海关根据对外贸易部通知，禁止个人邮寄万金油、手表、收音机、照相机、自行车零件、“奇装异服”等进口；严格控制进境邮包收领次数和件数，核发“领取小包证”，把原每人每月限收一次（一件）改为每月每户限收一次（一件）；把进口药品改为除特效药外其余不准进口；提高进口物品关税税率；取消对陈旧衣着免税的规定。

1968 ~ 1969 年，海关对往来于与中国停止贸易的国家和地区的邮递物品予以退运；对由港澳进境的邮运亦采取临时管理措施，并禁止“走资派”“五类分子”（地主、富农、反革命、坏分子、右派）等收取寄自港澳的个人邮递物品，致使进出口邮运数量大幅减少。

1973 年 7 月，由于中美之间开办邮运互寄业务原因，进出口邮运数量短时间呈现增长。但至 1974 年以后，由于海关对进口邮运、邮件验放尺度偏严，及对邮运实行限量、限值等措施，邮运进口量再度下降，至改革开放前天津海关的此项监管业务虽未中断，但业务量有限。

1979年，中共十一届三中全会以后，随着改革开放政策的实施，海关对旅客携带行李物品的限制也逐步放宽，允许进出境人员随身携带进口，导致进出境邮递物品数量下降，原有的验放邮递物品的规定，也不能适应改革开放的新形势。1979年11月，天津海关执行对外贸易部修订的《海关对进出境邮递物品监管办法》，对个人进出境邮递物品放宽监管尺度。国际邮包由原来的限值人民币50元放宽到100元，港澳邮包由每包人民币20元放宽到30元，同时放宽限量表，海关仅重点管理家用电器、手表等，不准邮寄进口；对国内紧缺的中成药材不准邮寄出口。改革开放以后，国内人民生活水平不断提高，邮寄进口食品，日用品的情况日见减少，进出境邮包的数量较前也大幅度下降。自1980～1986年，天津口岸的进出境邮包年平均只有4万件左右。

1984年7月，天津海关按照海关总署通知要求，对入境华侨、外籍华人、港澳同胞、台湾同胞用自带外汇购买的价值5万美元以内的旅游纪念品、工艺品邮寄出口，不规定限量、限值、限品种，海关凭盖“外汇购买”章的发货票查验放行。中药材，除麝香、蟾酥外，在人民币100元内的准许寄出。天津海关结合邮递物品监管办法的变化，走访天津市政府台湾工作办公室和经常收寄台湾邮包的收件人，宣传海关对台湾进口邮包的规定，并编写散发海关对进出境个人邮递物品监管办法的文字材料，利用召开天津市归侨代表会议、各区召开政协会议的机会开展宣传活动。是年9月和次年12月，天津海关前后两次按照海关总署修订的对进出口邮递物品的管理规定，放宽邮递物品的品种，限量，对进境邮包免税额，国际邮包由30元提高到50元，港澳邮包由5元提高到10元。在天津市进出境的邮递物品中，增加电子计算器，小型手工工具及科学仪器等物品。

1985年，天津海关对进口邮递物品实施外形查验和技术检查相结合的查验方法，开验率不超过60%，改变过去件件开验的做法，提高通关效率，为收件人提供便利。

1988年，针对国内外市场商品价格的变化，天津海关根据海关总署的指示，调整对进出境邮递物品的限值，对寄自或寄往港、澳地区的个人物品，每次限值由人民币30元提高到100元；对寄自或寄往港、澳地区以外的个人物品，每次限值由人民币100元提高到200元。由于原规定的免税额度不变，绝大多数进出境邮递物品得到免税放行。在物品种类上，除国家禁止和限制进出境的物品外，只要不超过规定限值，都可以邮寄进出境。

1994年，天津海关通过增设进出境邮递物品收寄报关窗口，促进天津市国际邮政业务的发展。根据天津海关与天津市邮政管理部门联合制定的《关于促进国际邮政业务发展的实施意见》，批准邮政部门在区县增设27个国际邮政业务收寄局，开展出境邮件就近收寄业务。在邮递物品监管模式上采取分流管理办法，加速验放，为收寄人提供方便。同年11月21日，按照海关总署通知要求，海关对进出境邮递物品的限值和免税额再次进行调整，寄自或寄往港、澳地区的个人物品，每次限值为800元，免税额为400元；寄自或寄往港、澳地区以外的个人物品，每次限值为1000元，免税额为500元，超过限值规定的邮递物品仅对超出部分征税。该规定一直沿用至2010年8月。

2010年7月1日，天津海关按照海关总署通知，现场查验关员在对邮件开箱查验后，在邮件包装内明显位置放置统一格式的《查验告知单》，提高监管透明度，促进公正、公开和文明执法。同年9月1日，天津海关执行海关总署规定，个人邮寄进境物品，原邮寄限值不变，对应征进口税税额在人民币50元（含50元）以下的予以免征，超出50元的依法征收进口税。同时加强对邮递进境个人物品的审核，严格区别亲友间馈赠个人物品和商业性邮件，对商业性邮件一律按照货物办理进口手续，尤其对属品种单一且大宗的邮件，以及网购和邮购的“热门”商品加强监管，严防不法商家利用邮递渠道非法进口商品，逃避进口税和贸易管制。

2013年，跨境电子商务发展迅速，天津海关邮递物品监管量大幅增长。天津海关全年监管进出口邮递物品113.57万件，同比增长5.68倍，其中，监管出口邮递物品106.06万件，同比增长8.57倍。天津海关将机检随机筛查和高风险重点开拆查验相结合，提高查验的针对性；引入先进技术手段提高监管的效能，并与邮政企业探索邮件电子化管理。同时，针对电子商务要求快捷便利的特点，采取措施合理调整作业流程，提高监管质量，并定期与相关企业进行沟通，及时了解企业存在的问题和困难，在严格把关的前提下为企业提供优质高效服务。

2014年，天津海关在邮递物品监管中强化国家政治安全保卫职能意识，结合关区监管特点，加大风险分析力度，制定规程，对个人邮递物品的确认、拆封、布控、审单、查验、出入库、核销及放行等各环节做出明确规定，加大对重点违禁品的查缉防堵力度。2014年上半年，天津海关在邮寄渠道查获移交枪支类案件线索9起，同比增长2倍，涉及各类枪支、仿真枪及零部件等42件、BB弹56发。移交管制刀具类案件线索11起，同比增长1.75倍，涉及各类管制刀具等53件。

第二节　印刷品、音像制品监管

非贸易性印刷品是指进出境的书籍、刊物、报纸、照片、日历、录音、录像等制品。天津海关对邮递的印刷品和音像制品，根据国家有关规定，贯彻方便正常交往和防止政治破坏、文化渗透、泄露国家机密等原则监管验放。

1950年，天津海关根据《禁止进口反动书刊目录》，重点严查非贸性印刷品中有无违反对外贸易管制的商业行为，有无在印刷品中夹藏其他物品，发现夹藏物品即按走私惩处，予以没收。对发现有未列目录上的反动嫌疑书刊，海关查扣后，转送新闻出版部门处理。同年11月，天津海关根据《禁止进口反动书刊目录》，对未经批准进口的香港、澳门及国外其他地方出版的中文书报实施检查。

1954年，非贸易性印刷品的审查工作职能移交给公安部门。

1959年，全国海关关长会议决定，正式将进出境非贸易性印刷品列入海关监管范围。天津海关重新恢复对进出境非贸易性印刷品的监管。同年，根据全国旅客行李、邮递物品监管工作会议精神，对寄往或寄自苏联等社会主义国家的印刷品海关不做检查。1963 年，海关恢复对苏联等社会主义国家进口印刷品的查验工作。

1961 年 10 月，国务院外事办公室制发准许对外贸易出口、对外赠送、交换的报刊目录，天津海关据此对个人携带、邮寄数量零星的目录内报刊出境予以放行。

1963 年，根据当时国内外政治形势，天津海关对邮寄进出口非贸易性印刷品的检查，重点放在刊有“修正主义”内容的进口书报刊物。

图 4-2-2-22　改革开放初期，天津海关关员审查进口录像带的场景

1966 年，天津海关根据对外贸易部，公安部制订的《进出口印刷品管理试行办法》，制订实施细则，明确海关对进出境印刷品管理的要求、范围和禁止进出境印刷品的内容，对扣留、退运、放行的政策界限以及处理尺度等做出具体规定。

“文化大革命”中，天津海关受当时社会上“扫四旧，砸烂封资修”“极左”思潮影响，对进出境印刷品的验放尺度掌控过严，将一些属于正常范围的印刷品，也视为宣扬资本主义思想或黄色内容予以没收，把一些古典名曲和无标题音乐，都当作“靡靡之音”做扣留处理。

图 4-2-2-23　天津海关关员审查进境印刷品

1978 年，天津海关根据海关管理局相关规定，放宽对印刷品验放尺度，凡是对国内政治、经济、文化、道德无害，对繁荣社会主义科学、文化、教育有利的从宽放行，对现代外国文学作品，只要内容健康的就准予进境；对寄出不涉及国家机密的有关家庭生活、音乐、艺术、气功等内容的稿件，一些基础理论研究和学术交流的科技稿件，不

再凭单位证明，海关径予放行。

1979年7月，海关管理局根据国务院发布的对外贸易部修订《个人进出口自用印刷品管理的暂行规定》，适度放宽个人自用印刷品的验放，天津海关按规定把管理重点放在查缉有颠覆国家、策反宣传和宣传腐朽文化内容的印刷品。

1981年，中共中央和国务院发布《严禁进口淫秽色情书刊的通知》，天津海关严格掌握政策界限，结合国情，把淫秽色情与不够健康加以区别；把外籍人员进口的和中国籍人员进口的印刷品和音像制品加以区别。当年，天津海关共查扣各种色情书刊1991件，较1980年增加2.77倍。

1984年，随着录音机和录像机的逐渐普及，音像制品进出口数量增多。天津海关按照海关总署规定，对出国人员、华侨、外籍华人、出国探亲人员邮寄进境的2盘以内的空白录音磁带和空白录像磁带等音像制品免税放行，超出2盘但在自用、合理数量范围内的征税放行，邮寄进境仅限1盘征税放行。对特殊用途的天津海关则在政策允许情况下灵活处置，对天津市与神户、费城、墨尔本等友好城市之间进行节目交流的录像带，在不脱离海关监管的前提下，简化手续，快速放行。

1988年6月，海关总署颁布《中华人民共和国海关对个人携带和邮寄进出境印刷品管理规定》，1989年，海关总署发布《关于进一步加强进出境印刷品验放工作的通知》，天津海关采取措施，制定办法，对不同类型的印刷品，按不同办法进行管理，对内容反动、淫秽，宣传封建迷信之类的有害印刷品，一律不准进口，并根据内容情节予以处理，内容明显反动淫秽的予以没收，情节严重的除没收物品外并处以罚款，虽不够扣留没收条件但又不宜进口的则予以退运。

1989年，根据当时国内外的政治形势，天津海关根据海关总署指示，进一步加强对进出口印刷品、音像制品的验放工作。凡有对国家进行恶毒攻击，造谣、煽动、谩骂和鼓吹资产阶级自由化以及各种宣传淫秽、色情、凶杀、暴力和封建迷信等内容进出境印刷品和音像品，一律予以没收。是年3月底，天津海关机场办事处成功截留香港刘千石等人带进的2000多件所谓“人权”问题的印刷品。从1989年下半年到1990年，天津海关共查获各类反动印刷品13万件。

1994年，天津海关支持、配合天津市1994年秋季“扫黄”“打非”工作，制定措施加强现场监管，严格掌握政策，进一步加强对印刷品、音像制品的监管。通过调查研究，摸清情况，掌握活动规律，集中力量加强对重点地区、重点物品的检查。并严格掌握政策界限，把反动宣传同一般资产阶级政治见解和意识形态区别开来，重点查禁攻击我国社会主义制度和现行政策等现实政治斗争方面的反动宣传品；把淫秽色情作品同资本主义世界的流行艺术和生活方式区别开来，重点查禁“春宫”一类，毒害人们的思想，诱发犯罪的印刷品、音像制品；把荒诞、丑恶同一般神话传说区别开来，重点查禁恐怖、凶杀、离奇丑恶的出版物；把有组织地向中国传播宗教同个人宗教信仰区别开来，重点抵制国外宗教机构利用各种方式散发进境宣传品进行传教活动。同时，加强内部管理，对依法没收的违禁印刷品、物品，逐件登记，专人保管，定期销毁。自10月25日到11月3日，仅10天时间，就查扣自香港散发进境的《当代》《民主中国》《信息》等

“心战品”、反动书刊共 786 件。

1997 年，香港回归，天津海关根据海关总署指示，加大对印刷品及音像制品的监管力度，严格查禁违禁物品，先后查扣几十种列名反动印刷品，以及境外宗教机构散发性的大量宗教宣传品。全年共查扣各类违禁印刷品、音像制品 10.6 万件，同比增长 14.3%。

2007 年 6 月，天津海关执行《中华人民共和国海关进出境印刷品及音像制品监管办法》。对刊有反对宪法确定的基本原则；危害国家统一、主权和领土完整；危害国家安全或者损害国家荣誉和利益；攻击中国共产党，诋毁中华人民共和国政府；煽动民族仇恨、民族歧视，破坏民族团结，或者侵害民族风俗、习惯；宣扬邪教、迷信；扰乱社会秩序，破坏社会稳定；宣扬淫秽、赌博、暴力或者教唆犯罪；侮辱或者诽谤他人，侵害他人合法权益；危害社会公德或者民族优秀文化传统，以及国家主管部门认定禁止进境的法律、行政法规和国家规定禁止的其他内容的印刷品禁止进境：凡涉及国家秘密及国家主管部门认定禁止出境的印刷品禁止出境。对个人自用进境印刷品，单行本发行的图书、报纸、期刊类出版物每人每次限 10 册（份）以下；成套发行的图书类出版物，每人每次限 3 套以下，海关予以免税放行。

2012 年，天津海关加大对从重点地区邮件的查验力度，保持对印刷品、音像制品监管的高压态势。在行邮通关现场配发海关对外宣传版的印刷品和音像制品管理规定，争取管理相对人的理解和配合。加强敏感时期对进境杂志、报刊和邮件内夹带印刷品内容的审查力度，对进出境环节发现的新书目 100% 审查，坚持对刻录光盘 100% 进行计算机审查，确保不疏不漏。2012 年 10 月 12 日，在“天津海关查获违禁印音制品集中销毁交接仪式”上，天津海关在与会部门的共同见证下，将封存的 1.2 万余件违禁印刷品、音像制品交与天津市保密局销毁中心进行集中销毁。

2014 年 9 月 10 日，夏季达沃斯论坛在天津召开，天津海关根据海关总署和天津市“扫黄打非”办公室的指示要求，加强对印刷品音像制品的监管工作。在会议期间，天津海关为防止不法分子采用各种手段闯关，将反动宣传品夹带入境，根据航班信息，对风险航班旅客进行有重点的监管，保持对携带违禁印刷品和音像制品进出境情事的有效打击力度。自年初至夏季达沃斯论坛结束，天津海关共查获违禁印刷品及音像制品 1.28 万件。

第三章　快件监管

改革开放后，针对以快速商业运输方式承运物品进出境业务迅速发展，海关适时增加快件监管业务。

1980 年 7 月，根据邮电部、海关总署、民航总局联合发布的《关于处理国际特快专递邮件联系办法的通知》，天津海关开始办理“国际特快专递邮件”监管业务（以下简称“邮政快递”）。邮政快递业务开办初期，进口物品限金融、外贸、科研、文化等部门寄递时间性强的商业文件、合同契约、技术资料、工程图纸、商品货样以及设备零件等；出口物品多为办理护照、公证书、求学证书或其他急用物品的个人特快邮件。天津海关在办公时间内优先验放特快邮件；办公时间以外，经邮局或收寄件人申请，海关同意后办理验放手续。对货物、货样以及外商私人收取的单据文件等，均作为包件，开拆查验，办理征、免、扣、退、放手续。对于货物、货样及设备零件等需要办理申报的，则由收、寄件人填写报关单向海关申报。海关对外贸公司收取的商业文件、资料、印刷品，径予放行。其他进口邮政快递件，由邮局填写报税单一式两份向海关申报；出口邮政快递件，由寄件人填写报税单 1 份向海关申报。如按规定需另行办理报关手续的，寄件人还需另填出口报关单。天津海关自开办邮政快递业务至是年 9 月底，共监管 14529 件，其中，进口 6689 件，出口 7840 件。收寄地区主要是中国香港、澳门地区、美国，其次是日本、新加坡等。进出口物品多数系商业性文件，合同契约、技术资料、工程图纸，货样商品、来料加工辅料以及设备零部件等。收寄单位有银行、科研、外贸、工贸、外商驻津代表。

1985 年 3 月 1 日，天津海关执行海关总署《中华人民共和国海关对进出口快递物品监管办法》，对取得国家主管部门批准经营快递业务的单位实施登记注册管理，并准其代理报关。进出口快递物品必须存放在经海关认可的仓库场所并由经营单位妥为保管。进出口快递物品必须经海关查验放行后，经营单位方可寄发或投递。应予征税的快递物品，由经营单位或收寄件人缴纳税款后，海关予以放行。

1993 年 1 月，针对快件运输方式承运贸易性商品进出口开始大幅增加的情况，天津海关执行《中华人民共和国海关对进出境快件监管办法》，规定快件经营单位须在报关时限内向海关申报；收、寄件人为个人的，比照进出口邮递物品的限值和免税额执行；寄件人为企业的，比照货物海关凭报关人填制的“快件总清单”及所附每一快件分运单验放，不再逐一填制报关单。

1998 年 1 月，天津海关根据海关总署修订的进出境快件监管办法，对快件实施分类管理：A 类（文件类，即商业性文件、资料、单证、广告品等），B 类（低值免税类，即海关规定予以免税的物品），C 类（低值应税类，即超过规定免税限值但不超过价值人民币 5000 元以内的应予征税的商品），D 类（前三类以外的物品，海关按一般货物实施监管）。海关对 A、B、C 三类快件以总清单和运单作为监管基础，明确 EDI 方式申报与书面申报同等有效。

2000 年 9 月，天津海关根据海关总署“相对集中，统一监管”的快件监管原则，结合快件以航空运输为依托的特点，在天津机场正式建立“天津机场海关快件监管中心”，负责办理天津关区快件监管业务。同时，在口岸安检等其他部门的配合下，对快件运营人提供一站式服务。在天津机场开展快件业务的公司包括联邦（FedEx）、敦豪（DHL）、天地（TNT）、联合包裹（UPS）、欧西艾斯（OCS）、中远、川港等国内外知名快递公司。

2003 年 11 月，天津海关执行《中华人民共和国海关对进出境快件监管办法》，简化运营人

图 4-3-0-24　21 世纪初期，天津海关关员检查邮递进出境快件

的审批手续“由两级行政审批调整为登记制”，强调对快件监管实行集约化管理是海关监管的基本要求和发展方向等内容，将快件分类由 A、B、C、D 四类调整为文件类、个人物品、货物类等三类，“个人物品类”快件凭新制定的《进出境快件个人物品申报单》报关。

2004 年 4 月，天津海关为满足快件对通关时限的要求，推出“24 小时通关”便捷服务措施，通过延长监管作业时间、预约通关等方式，实现快件即到即验，进一步缩短快件通关时限。是年，天津海关完成《快件通关系统》的升级改造，关区快件工作信息化水平进一步提高。

2005 年，天津关区空运快件业务以 30% 左右的数量增长，天津机场海关推出《天津机场海关促进快件发展八项措施》。是年，天津海关将快件物品的进出口申报全部纳入 H2000 系统，规范快件条形码，进口实现电子仓单管理，完成快件物品双信息放行的工作。

自 2006 年 8 月 1 日至年底，天津海关执行《海关总署关于开展重点打击利用邮递快件渠道侵犯知识产权行为专项行动的通知》，在关区快件监管现场开展重点打击侵犯知识产权物品专项行动。对重点地区、重点线路、重点收寄件人进行登记、监控，对物品的数量、重量及其比例，申报商品与收发货企业关系等合理性分析，提高开验比例，坚决查处以分散寄递、“蚂蚁搬家”等形式出口侵犯知识产权商品；加强对涉嫌侵犯知识产权的快件以及箱包、香烟、鞋、光盘、服装等易侵权商品的查验力度，对品名、价值等申报不规范的物品提高开验率，对涉嫌侵权货物和超出自用合理数量的侵权物品坚决扣留，并移交法规处处理；进一步规范快件货物申报行为，要求快件企业在向海关递交的申报单据上注明货物品牌，并提交品牌授权书等相关文件的复印件；组织快件公司召开“保护知识产权政策宣讲会”，与快件运营企业签署“知识产权保护备忘录”，按照国家法律法规和国际快递行业惯例，列明快递公司在收货、通关等环节参与知识产权保护的权利和义务以及与海关工作配合的工作程序。通过海关对快递公司行业自律的引导和快递货物收货人对货主的引导，宣传海关保护知识产权的政策法规。此外，天津海关专门邀请“ADIDAS”、“COACH”、“VERSACE”、飞利浦（中国）投资有限公司、耐克国际有限公司、强生公司等知名知识产权权利人到关举办品牌知识培训。其间，天津海关在快件出口渠道共查获侵权鞋235件、侵权包176件、侵权香烟158条，查获盗版光盘300余张。

2008年，北京奥运会期间，天津海关快件监管现场开展清理整顿专项行动，为杜绝危害国家安全和政治稳定的各类危险品和反动宣传品，阻断威胁奥运会安全的货物、物品通过快件渠道进出境，所有进出境快件实行100%机检。对于申报为旗帜、条幅、地图、音像制品、文教用品、印刷品、旅游纪念品、玩具和侵权多发的服装鞋帽、电子产品、首饰、手表等货物和物品，实行100%开箱查验。

2009年5月26日，天津海关执行《中华人民共和国海关进出境快件监管操作规程》，个人物品类快件接受纸质《中华人民共和国海关进出境快件个人物品申报单》进行申报。普通货物类快件通过H2000通关管理系统接受申报。对个人物品类快件，验核进境快件收件人或出境快件发件人身份证件影印件。对于运营人承运的已验视内件，且核实品名与实物相符的进出境快件，天津海关适当降低开箱查验率。是年，天津海关根据海关总署统一部署，在快件业务监管现场使用快件同屏对比系统，实现快件机检图像与快件报关单信息同屏对比，既加快快件的通关速度，又严密监管，加强快件物品的实货流监管并实现快件物品100%过机查验，大大提高查验效率和查验质量。

2010年6月24日，天津海关执行《海关总署关于进出境快件渠道执行海关总署公告2010年第33号有关问题的通知》要求，从严掌握对无商业价值的货样和广告品的实际监管。对企业申报无商业价值的货样和广告品，经科级干部审核实行100%开箱查验，并填写快件查验记录单。相关快件报关单、查验记录单和审批单据材料单独留存备查。要求进出口货样和广告品（不论是否免费提供）申报主体为在海关注册登记的进出口收发货人或其代理人，快件运营人作为报关企业，不能替代进出口收发货人作为经营单位向海关申报，快件审单岗位要进入H2000系统审单岗位核查“企业简况”，对超出报关有效期或工商注册有效期等的海关不接受其申报。要求企业按照实际成交币种申报成交价格，企业在申报时，应填报品名、规格型号、商品编码、数量和计量单位等申报项目。同年7月1日，天津海关按照海关总署通知要求，快件现场查验关员在对快件开箱查验后，在快件包装内明显位置放置统一格式“查验告知单”。

2012年，天津海关监管进出境快件119.2万件，同比增长105.69%，监管货运量13727.07吨，同比增长70.21%；接受申报单99.69万票，同比增幅166.91%，而天津海关快件监管业务增长较快的主要原因是快件运营企业采取阶梯运价政策。天津空港快件监管中心运营企业对直航快件的地面操作费根据货运量大小最低可打6折，远低于其他空港对快件货物的地面操作费用。此外，天津空港快件监管中心运营企业对四大国际快递公司的转运快件仅适当收取场地使用费，实行免操作费政策优惠。同时，天津机场中韩航线和国内二程（续程）航班运力充足，舱位成本和运输费用较低，吸引部分外地货主将天津空港作为中韩快件货物的中转地。天津海关针对快件业务快速增长的情况，采取措施提升快件监管工作效率。快件监管现场实行6天延时工作制，快件监管现场每天的验放时间延至晚9点左右。海关协调天津空港口岸地面代理货栈，对快件货物采取整板运输、优先分拨、内场转运等几项措施，使快件货物的航班落地后入快件监管中心的时间由以往的3～4小时缩短至1～2小时，快件货物转运效率较以往提升一倍以上。同年12月1日，天津邮政承揽快件业务投入试运行。随着国际网络购物模式日益成熟，国际进口快件数量激增，天津市邮政企业探索实践邮政承揽快件新型业务模式。天津海关为保证该项业务规范有序开展，在前期听取各方面意见和建议的基础上，依据海关总署的相关法规政策，制订详尽的业务操作规范，对该项业务所涉及的确认、拆封、风险布控、审单、查验、出入库管理、核销及放行等各操作环节均做出明确具体规定，监管全过程做到有法可依、有据可循。天津海关依托先进科技手段，不仅在查验现场配置安装24小时全天候、全方位的视屏监控系统，而且自行研发“邮递物品辅助管理系统”，对该项业务所涉及的数据实现电子信息化管理，既简化通关流程，又为后期稽核工作提供数据保证。该业务运行一年，邮政承揽个人快件日均验放量由试运行之初的100件增至500件，并始终保持“零投诉”。

2014年，随着跨境电子商务日益成熟，国际进出境快件数量激增。1～12月份，天津海关监管进出境邮政快件99.57万件，同比增长1.46倍；监管进出境非邮政快件224.55万件，增长48.99%。天津海关加强对快件运营人和监管场所的监管，严控运营资质准入门槛，重点审核新增快件运营人企业的国际快递业务经营许可，对新建和改造的监管库区域，经海关实地验收合格后，要求及时变更租赁合同和位置示意图纸备案信息。规范快件库区管理制度，强化快件监管场所的物流监控要求，如场地管理、同屏对比、仓库管理、封志管理等。明确监管场所经营人不得从事进出境快件业务等要求，并通过不定期巡查的方式，对执行情况进行检查。

第四章　免税店

免税店是指经海关总署批准，由经营单位在中华人民共和国国务院或其授权部门批准的地点设立符合海关监管要求的销售场所和存放免税品的监管仓库，向规定的对象销售、供应免税品的商店。免税品进口时免征进口关税、增值税和消费税，在免税店向规定对象销售。海关对其经营品种、经营单位、销售场所、监管仓库进行审批，监管流程包括进口、运输、储存、销售、核销等。

1981 年，隶属于天津市对外供应公司的天津新港免税店经海关总署批准正式开业，主要经营进口烟、酒、饮料、首饰品、服装、化妆品、表类、笔类、皮货类以及日用小电器（电动剃须刀）等，供应对象为离境旅客及进出境船员。新港免税品商店设在隔离区外，离境船员分布在新港、塘沽两地，免税店给船员送货上船，由商店负责填写《送船免税品申报单》一式三份，送海关船舶监管部门审核批准后签印退还二份凭以送船，经船方签订确认后，一份留船，一份供商店作为向海关申请核销的依据。1981 年 5 月 9 日，天津海关制订《天津新港海关对新港免税品商店监管办法》，规范对免税店的监管。

1982 年 3 月，根据国家旅游局、中国民航总局、外汇管理总局、海关总署联合下发的《关于在杭州、天津、昆明、成都、南京、桂林机场开办免税品业务的联合通知》，隶属于天津民航管理局的天津机场免税店正式开业，主要经营进口香烟和酒类。自开业之初，天津海关即制定具体监管办法，从商品进库、销售、结存、核销等环节对免税店提出具体监管要求，海关指定专人负责适时核查监管。此后，随着海关政策的变动，对监管办法亦有针对性地进行修订。1982 年 2 月，天津海关制定《对机场免税商店监管办法》，规定机场免税品商店每月必须将进口、销售和结余商品的数量造表报海关，办理核销手续，海关对有关仓库、账册、单据进行抽查。

1987 年 6 月 13 日，天津海关修订《天津新港海关对新港免税品商店监管办法》。按规定免税品商店应严格设置在出境旅客的隔离区，根据新港具体情况，海关同意商店采用在友谊商店陈列货样、登轮销售的办法进行经营。商店进口免税品，凭中国免税品公司的订货合同，由商店填制报关单向海关申报，在海关监管下存入经海关同意的专用仓库，接受海关监管。海关按规定收取进货到岸价格 2% 的监管手续费。免税品销售对象限于即将离境的国际海员和其他已办出境手续即将离境的旅客。对即将离境的中国籍进出境船舶船员，也可以销售给烟、酒两个品种。给船员送货，每船在港期间只限一次。商店与其他口岸免税品商店相互调拨库存免税品时，按转关运输手续办理。免税品商店应建立详尽账册，记录免税品的进库、销售、结存等情况，每月编制《免税品销售清表》一份，并附送《送船免税品申报单》和有关销售发票，报送海关监管商店人员查核。海关认为必要时，可以调阅有关账册和单据。免税品如因质量降低而需内销处理，应报请海关批准，并按质估征关税。

1990 年 4 月，天津海关修订《对机场免税商店监管办法》。规定免税品商店经销的进口外国商品，应当存放在经海关同意的仓库、场所。免税品商店必须建立专门账册，并于每月 25 日，将当月进口、销售和结余商品的数量，造表函告海关，办理核销手续。海关对有关仓库、场所以及有关账册和单据有权进行检查和调阅，经营的外国商品，其销售对象，应严格限制在已办完出境手续，即将登机前往外国和港澳地区的旅客，不得出售给进境旅客、机组人员、非出境的外国驻华使领馆人员、商人、工程技术人员或者转为内销。滞销商品的调拨，残次商品的处理，必须通过海关，经海关认可。对某些虽无法外销但尚有一定销售价值的残次商品，可由海关按质估价，征收进口税后，商店始能自行处理。由于布置陈设商品而进口的橱柜、灯具和其他器具，应作为公用物品，一律按章缴纳进口税。随商品来的样品或宣传推销用的非卖品，除作为业务专用外，不得移作他用。

1993 年 5 月，设于海关监管区内的天津港客运站免税店正式开业。

1995 年 1 月，海关总署规定各地进、出境合一的口岸免税商店，改为单一出境口岸免税商店。天津有三家口岸出境免税商店，天津机场免税店，位于天津机场二楼国际候机厅内，主要销售对象是已办结出境手续，即将乘机前往香港、首尔等地的旅客和过境旅客。经营品种主要有烟、酒、化妆品和水晶摆件等几大类免税商品。此外机场免税店还经营部分国产旅游商品，如烟、酒、食品和水墨画等，1994 年免税商品销售额达 32 万美元。天津外供免税商店位于天津港内，主要供应对象是停靠在新港的国际航行船舶。经营品种主要是烟、酒和饮料。1994 年全年销售额为 104 万美元。塘沽免税品供应公司免税店，该公司开始时的销售对象主要是为渤海石油服务的外籍专家，后来增加对“天仁”“燕京”轮出境旅客。主要经营品种是烟、酒和饮料。1994 年全年销售额为 45 万美元。天津机场免税店和塘沽免税品供应公司免税店分别由天津海关驻机场办事处旅检科和新港海关保税科负责。天津外供免税店的监管由天津新港海关保税科和船管科共同负责。

2004 年，天津海关自行开发“海关免税品监管系统”，对免税店销售的烟、酒实行计算机管理；同时对免税品仓库实行海关与免税店共同加锁的“双锁制”。

2005 年 11 月 21 日，天津滨海国际机场免税店正式应用电子条形码管理系统，对免税品的出、入库实施管理，使免税品海关监管的时效性和准确性得到增强。同月，海关总署发布《中华人民共和国海关对免税商店及免税品监管办法》，规定“免税商店设立审批”由海关总署直接负责。免税商店分为口岸免税店、运输工具免税店、市内免税店、外交人员免税店和供船免税店等五类免税品商店。同年 12 月 2 日，天津机场免税店海关视像监控系统安装调试成功并正式启用。监控设备的投入使用实现海关对免税店营业现场的实时视频监控，进一步强化旅检现场海关的监控职能和监控水平，监督和促进免税店经营管理的规范化与秩序化。年底，利用该设备查获一起机场工作人员违规购买免税香烟的案件。

2007 年 7 月 1 日，天津海关实施《天津海关免税品监管作业规程》。规定免税店的经营品种和供应范围由海关核定。免税店应具备与海关联网的计算机管理系统，向海关提供免税品出入库、销售等信息。免税品业务实行两级管理：监管通关处行邮科负责业务职能管理包括负责《海关免税品监管系统》的企业编码、人员授权等工作。免税店所在地现场海关负责具体业务监管和日常管理。建立专门的仓库管理制度，编制月度进、出、存情况表，并配备专职仓库管理员，报海关备案。只能存放所属免税店的免税品，不得从事其他经营。免税品进口报关时，现场凭按现行相关规定办理接单审核手续。现场海关审核报关单内容是否完整准确，并在进口货物报关单的“税费征收”栏内，注明“存入某某监管仓库”。现场海关协同免税店对存放免税品的监管库实行双锁管理。免税品从异地进口的，经营单位按照《中华人民共和国海关对转关运输货物监管办法》规定办理进口转关手续。免税品入库时，免税商店填写《免税品入 / 出监管仓库准单》，现场海关实行双人复核清点入库。免税品入库后不得进行实质性加工、组装。入库数据由免税店在一个工作日内录入《海关免税品监管系统》，现场海关核准确认后导入系统的库存数据库。免税店将免税品调出监管仓库，进入经营场所（中转库）销售前，应当填写《免税品入 / 出监管仓库准单》，向现场海关提出申请。现场海关派员监管有关免税品从监管仓库调出进入销售场所，并在系统中进行出库审批操作。免税品入库后，按品名、规格堆放整齐，物品前设置详细记载出入库情况的存放卡以备海关核查。免税店销售免税品应通过系统实时向现场海关传输销售信息，销售信息包括：证件号码、航班号（船舶号）、商品条形码、销售数量等，现场海关通过对数据、图像的监控以及实时核查等手段确认其销售的合法性。口岸免税店的销售对象限已办完出境手续，即将前往境外的人员。免税店凭其登机（船）凭证或其进出境有效证件销售免税品。免税店按照海关要求，在免税品销售发货单据上填写进出境人员姓名、证件号码、机（船）票或登机（船）凭证信息等有关内容并向系统传输有关电子信息，现场海关根据实际监管情况进行数据审核与核销。供船免税店的供应对象限国际（地区）航行船舶及船员。供船免税店事先向现场海关提出供船申请，填写《免税品供船准单》，并在现场海关监管下进行供船工作。国际航行船舶收到免税烟酒后在《免税品供船准单》上加盖船名章及船长签字，供船免税店退现场海关核销；同时由供船免税店向系统提交供货电子数据，现场海关对数据进行审核与核销。免税店建立专门账册，并在每季度第一个月 25 日前把上季度免税品入库、出库、销售、库存、调拨、损毁、灭失、过期等情况编制清单，填写《免税品明细账》，随附销售小票、“免税品库存数量单”、“货物出口报关单”月统计报表等有关单据，向现场海关办理免税品核销手续。现场海关认为必要时可派员到免税品经营场所和监管仓库实地核查。

2013 年 5 月，天津海关根据海关总署要求，对批准设立的免税商店情况进行汇总统计。天津关区共有三个出境口岸免税店和两个供船免税店。三个出境口岸免税店为：天津机场免税店（天津滨海国际机场航站楼内）、天津东免免税店（天津东疆港区国际邮轮母港客运大厦 2 楼）、天津中免免税店（天津塘沽区新港六米客运站内）。两个供船免税店为：天津东免免税品有限责任公司、天津中免免税品有限责任公司。在实际监管中，天津海关依照《中华人民共和国海关对免税商店及免税品监管办法》要求，在依托自主开发“天津海关免税品监管系统”对敏感商品烟和酒的入出库、销售、核销等环节进行重点管理的同时，通过账目核销、视频监控、现场巡查等手段，加强免税店的现场管理和后续管理。

2014 年 8 月，天津海关做好天津中免免税店搬迁监管工作。按照天津港客运站整体搬迁和天津市口岸办关于“天仁”轮复航的工作安排，天津中免免税品有限责任公司由新港六米客运站搬迁至东疆保税港区营业。在详细制定免税品调拨方案的基础上，转入地和转出地隶属海关积极联络配合，派员现场清点核对需调拨的免税品，确保监管到位。此次调拨共涉及免税商品 366 种、1.8 万余件，总价值 217.9 万元人民币。

1949 ~ 2014 年天津口岸进出口货运量、人员、邮递物品、印刷品情况一览表

表 4–4–1–14

年度	进出口货运量（万吨）	人次	邮递物品（件）	印刷品（件）
1949	27.4	17120	1327	
1950	69.4	9823	48	8251
1951	69.6	2849	2022	11646
1952	68.6	1570	1487	4622
1953	146.4	15000	6165	6750
1954	131.2	2839	38195	2302
1955	155	3254	9743	422
1956	267	3131	44158	
1957	223	5501	53453	1418
1958	197	3182	76338	451
1959	205	190	6787	8098
1960	157	26	65286	96204
1961	322	133	105021	1012
1962	282	136	110000	819
1963	266	159	50000	644
1964	308	81	29329	81815
1965	368.3	136	23930	91113
1966	388.3	103		14956
1967	409	73		
1968	133	64	2424	
1969	490.7	8	4903	
1970	568.4	25	14865	19683
1971	533.5	11	92874	9878
1972	594	42	14643	84653
1973	668	979	19000	80000
1974	685	3129	16261	81000
1975	540	2985	39217	93759
1976	427	860	30257	79946
1977	589	2990	25875	91981
1978	726	7966	26297	121760
1979	857	12452	53908	177769
1980	942	18056	46797	253595
1981	877	12874	40869	397666

续表 4-4-1-14

年度	进出口货运量（万吨）	人次	邮递物品（件）	印刷品（件）
1982	953	29412	39819	2767464
1983	1099	21934	40119	225000
1984	1185	26866	33574	3940000
1985	1434	21331	42045	179946
1986	1406	58881	46321	750000
1987	1303.6	48080	15236	650000
1988	1666	51286	13230	630000
1989	1619.6	40955	31690	1786919
1990	1530	49866	50081	1697642
1991	1636.38	70416	48947	1890067
1992	1919.85	168472	43065	1259675
1993	2096.54	368324	210500	1484900
1994	2410.78	464975	267000	1658600
1995	3441	254995	291720	1897772
1996	2952.1	272123	271300	1774500
1997	3920.73	289212	436400	1113400
1998	3070.4	263823	398300	2146000
1999	3617.6	318091	400600	1966800
2000	4705.7	653000	102821	4892099
2001	5681.1	656000	150156	5485848
2002	6322.1	718237	122667	5041427
2003	8178.6	596750	111950	4467239
2004	9995.4	821623	124828	4859845
2005	11043.4	981980	135532	4971163
2006	12539.7	1026782	139275	6361613
2007	14741.4	1146480	120564	6364772
2008	14387.2	1056547	88511	5945282
2009	15966	1068096	88504	7381278
2010	15998.3	1360966	84359	5788645
2011	16738.5	1414889	387294	6070350
2012	18110.4	1553849	170138	6505773
2013	20071.3	1814462	1135679	6257478
2014	21156.6	2413548	2448698	4856519

第五篇

税费征管

1949年1月15日天津解放。是年3月15日，津海关即恢复关税征管工作。1950年，津海关更名为天津海关后，改组验估课为验估征税科，负责进出口货物关税征收、验货、调查、化验等与税收征管相关的工作。

1951年，新中国颁布第一部《中华人民共和国海关进出口税则》。作为设于北方主要对外贸易口岸的天津海关，按照国家新的关税政策及税则规定，对进口商品按必需品、需用品、非必需品、奢侈品及保护品5类予以征税；同时为促进出口，对长芦盐业公司出口的粗盐及开滦煤、部分烟草、纺织品等出口应税商品实施免征或允许以实物缴纳出口税，支持国家初步建立门类较齐全的工农业生产体制，实现关税政策对国民经济的保护作用。其间，由于帝国主义国家实行封锁禁运，国营企业与苏联及东欧新民主主义国家贸易迅速发展，1952年天津海关根据政务院财经委员会制订的《关于由苏联及新民主主义国家进口货物集中纳税及划拨结算办法》，对凡国营外贸总公司经营的从上述国家进口的货物都由北京划拨结算。1953年，天津海关与天津市外贸管理局合并，合并后的天津海关未设置专责关税征管的部门。1954年，对外贸易部、中国人民银行总行联合发布《关于国营由苏联及人民民主主义国家进口国家合同货物纳税暂行办法》，规定进口货物一律根据国外清算货款的银行账单计征税款，各进口公司收到国外账单办理结算货款的同时，代替海关计算应征和代征的关税、商品流通税（或货物税）向交货部门结算税款（即后来实行多年的集中纳税办法）。同年，天津海关设立征税处。1956年，征税处与货管处合并为业务处，负责办理天津各国营公司自资本主义国家联运进口货物集中纳税手续；国际邮递物品的征税工作则由海关驻邮局办事处办理。至1961年，集中纳税扩大到各外贸总公司从资本主义国家订购进口的货物，天津海关只征收各省、市外贸分公司进口货物的关税。随着1964年国务院对进口商品统一作价办法的施行，关税对国民经济的保护调节作用被削弱。自1967年7月1日起，天津海关根据外贸部转发国务院的通知，对外贸各进出口公司进口统一作价商品实行“利税合并”，海关停征其关税，税款由各外贸公司自行核算并入外贸利润统一缴库，天津海关仅对少数不执行统一作价的进口商品征收关税，海关征税职能基本停止。此现象一直延续至1979年底，长达12年之久。

中共十一届三中全会以后，随着改革开放政策的贯彻实施，海关的征税工作得到不断加强。1979年，国务院批准的财政部、国家计委、外贸部《关于改进征收关税办法和改革海关体制的报告》明确“恢复单独计征关税”。天津海关于1980年1月1日开始，恢复对进出口货物征收关税，并于同年6月起，恢复对外贸专业公司为其他部门代理进口的商品代征工商税。1982年，天津海关在货管处下设立征统科，由一名副关长直接分管征统科工作。随着经济发展及对外开放的需要，天津海关税收征管工作由最初以“为国家聚财”为目的，逐步向支持经济发展和地方建设转变，“把关”与“服务”并重的理念逐步确立。

20世纪80年代中期至90年代初期，国家针对外商投资企业、国内企业技术改造、引进国外先进技术、发展“三来一补”贸易以及扶持经济特区等方面出台一系列进口税收优惠政策。在此时期，天津海关在支持天津市老企业技术改造，引进先进技术设备及物资方面，按照国家税收优惠政策予以减免，为天津市传统产业发展和转型减压降负。在“天津大发”厢式货车及“夏利”轿车国产化过程中，天津海关按照预定进度对两种车型国产化率完成情况进行合算，经报请海关总署批准，使企业进口消化吸收引进技术所用关键件享受到国家给予的相应国产化程度的税收优惠政策。为促进对外贸易与引进技术相结合，依据国家对技术革新改造的税收优惠政策，对天津市的技贸结合进口物资及技术消化吸收进口货物给予一定税收减免。在支持地方经济发展的同时，天津海关更加注重发挥关税在国民经济中的宏观调控作用。1988年，天津海关成立关税处，作为统管天津关区征税统计工作的职能部门。在此阶段，天津海关逐步清理欠税，并完善缓税、税款担保等方面的作业制度，保证税款及时入库；注意进出口动态监控，为国家硅铁和生铁开征出口税提供数据支持，遏制企业不正当竞争。1993年，天津海关成立化验室。1996年，天津海关成立审价办公室，发挥北方传统主要对外口岸的优势，在关税征管专业领域协调北方片区海关开展相关课题研究等工作。

1998年，现代海关制度发展战略第一步的海关通关作业改革正式启动。天津海关作为通关作业改革首批试点单位之一，建立起集中审核报关单据与现场对货物实际监管分离作业的新型通关管理模式。为应对新模式对税费征管工作的影响，1999年，天津海关将关税处与监管处重组为综合业务处，把原关税处归类职能划归审单处归类科，以加强货管、征税的职能与通关业务的衔接，形成“归类、审价等工作环节适当前置，职能部门负责技术性工作，业务现场保证及时入库”的关税征管工作模式，同时加强税收监控与分析，在提高通关效率的同时保证税收征管质量。

2000年以后，由于履行加入世界贸易组织（WTO）的承诺，国家关税总水平逐年降低，海关归类、审价、原产地等规则也逐步与国际接轨。面对适应国际规则与保证关税收入财政功能的双重压力，天津海关主动摒弃长期形成的对标准性参考指标的依赖，建立起关税监控体系和业务部门间联系配合机制，加强税收综合监控和分析，关税征管工作更加重视法律层面的规范及法律依据的运用。2001年，为优化组织结构，合理划分海关总署、直属海关和隶属海关三级机构业务事权，天津海关恢复关税处设置，主要负责天津关区税收任务的下达与完成；考核税收征管工作质量；解释各项税收征管法规和文件；协助法律室处理纳税争议等职能。同年，海关总署在天津设立商品价格信息处和全国海关进出口商品归类分中心，发挥在全国海关系统价格管理和归类工作中的专业性优势。2002年，天津关区建立税收征管监控网络，开展综合治税，当年获得海关总署授予的综合治税特殊贡献一等奖。2004年，全国海关开始实施现代海关制度第二步发展战略。为适应“全天候通关”对税费征管工作的要求，天津海关施行并逐步完善税费网上支付、预审价、预归类、预化验、简化减免税审批手续等多项措施，实现税费征管效率的进一步提升。为实现税收工作量质并举，天津海关一方面通过优化通关环境、提高通关效率、切实服务企业来吸引和涵养税源，一方面建立重点商品和企业的税收风险动态每月分析制度，实现税收征管质量实时监控。2005年，海关总署从战略和全局的高度做出构筑综合治税大格局的决策，确立“以征管能力为基础，以征管质量为重点，以应收尽收为目标”的税收征管工作新方针。

2007年，天津海关在巩固基础的同时，按照“提质、增效、创一流”的要求，在关税工作方面建立事前预测分析、事中评估修正、事后总结比较的税收计划管理机制，形成税收日报、季报相结合的立体监控体系，将完成关键税收进度日期的预测精确到两个工作日内。2008年，天津海关实征税收突破1000亿元。自2006 ~ 2014年，天津海关历年税收总量基本保持在全国海关第二位的水平。

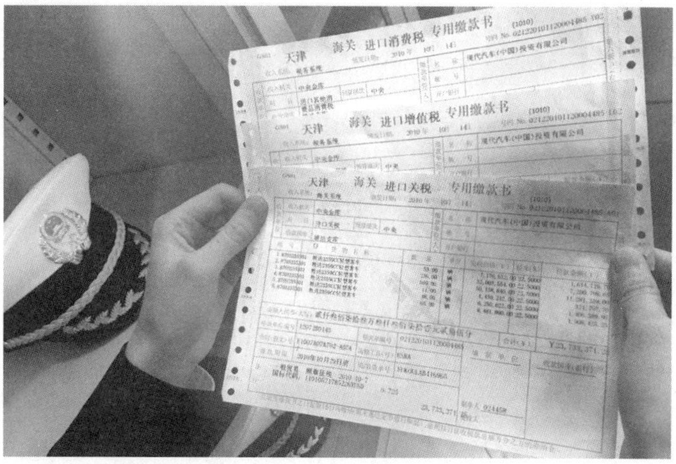
图5-0-0-25　2010年10月14日，全国海关税收突破一万亿元税单在天津海关保税物流园区诞生

第一章　税则、税费、征管

新中国成立后，天津海关按照国家关税政策与税则对进出口商品征收关税及代征税。1956年之前，征税对象以私营进出口商为主。1956年，社会主义改造基本完成，天津海关征税对象由国营企业、私商、外商并存变为以国营企业为主。1958年以后，国家对国营对外贸易进出口公司进口的合同货物实行集中纳税，天津海关只负责对各省、市外贸分公司在天津口岸进出口货物的征税工作。1967年，按照国务院规定，全国海关停止对按“统一作价办法暂行规定”作价的进口商品征收关税，天津海关自此停征关税长达12年之久。

1979年，国务院批准恢复海关征税，天津海关关税征管职能得以恢复。在贯彻海关总署“依率计征、依法减免、严肃退补、及时入库”的征税工作方针，全力完成关税征收任务的同时，作为北方主要对外口岸，天津海关在海关商品归类、完税价格审定、原产地管理、化验等相关技术工作方面也发挥着重要作用。1989年，天津海关牵头，建立起由16个直属海关组成的北方片区海关价格信息网（包括天津、北京、石家庄、哈尔滨、长春、满洲里、沈阳、大连、呼和浩特、乌鲁木齐、西安、郑州、太原、兰州、银川、西宁海关）。1993年，海关总署在天津设立化验中心，负责对北方片区海关进出口货物及物品的分析鉴定工作。2001年，成立海关总署商品归类中心天津分中心，负责研究、解答全国海关提出的涉及税则第47 ~ 49章、第72 ~ 83章的疑难归类问题。2001年，中国加入世界贸易组织（WTO）后，关税税率逐年下调。天津海关在全面减税的大背景下，把税收征管工作确立为海关各项工作的“核心”，逐步建立和完善税费网上支付及电子支付、集中汇总征税、预审价、预归类、预化验等制度，进一步提升征管工作效率，同时建立税收动态的监控和分析制度，形成税收征管工作立体监控体系，确保税收征管工作量、质并举。2006年以后，随着天津东疆保税港区、天津自由贸易（试验）区的设立及空客A320系列飞机总装线等大型项目落户天津，天津海关在融资租赁、期货保税交割等新兴贸易方式税费方面的征管业务得到迅速发展，综合治税内涵进一步丰富。2013年，天津海关关区税收工作小组荣获全国海关“2013年度综合治税集体一等功”。2014年7月，京津冀一体化通关启动，天津海关又在三地海关税费征管工作的区域协调、风险防控、支付便利化等方面发挥着重要作用。

第一节 税 则

天津解放初期，津海关基本沿用1934年《中华民国海关出口税则》和1948年《中华民国海关进口税则》。1949年3月16日，华北人民政府公布实施《华北对外贸易管理暂行办法》和《进出口货物税暂行办法》。自是年6月20日起，根据华北人民政府令，天津、秦皇岛等华北港口与上海、青岛等已解放的港口间的贸易往来属内地贸易不征关税。6月28日，华北人民政府决定停止征收出口税。至是年9月15日，全国开始实行统一的货物税税目税率。

1950年，天津海关提出旧税则中炭精板进口税率过高问题，建议海关总署增设炭精板品目并制定较低税率，以发展生产奖励本国工业。1951年5月4日，政务院召开第83次政务会议，审议通过《中华人民共和国海关进出口税则》（以下简称1951年《税则》）。1951年《税则》充分体现保护国内生产、建立全国统一的关税制度的原则，是自鸦片战争以后中国制定的第一部真正独立自主的海关税则。此后至1985年前，天津海关关税计征工作的依据均执行1951年《税则》。

1985年1月8日，以《海关合作理事会商品分类目录》（英文缩写CCCN）为基础修订的《中华人民共和国海关进出口税则》（简称1985年《税则》）及《中华人民共和国进出口关税条例》（简称1985年《关税条例》），经国务院第57次常务会议审议通过，并于是年3月10日起施行。1985年《税则》实施后，天津海关主动向天津市政府相关部门、外贸系统负责人等介绍海关合作理事会商品分类目录及调整税率等情况，同时派员在天津、郑州等地分片组织开展宣传活动；1985年3月19日，《天津日报》头版发表题为《天津海关关长谈：新关税法有利于发展对外贸易》的宣传文章，详细介绍、解读1985年《关税条例》及1985年《税则》。同时，天津海关注意收集社会各方对1985年《税则》的反应，以及工作中发现的存在问题，在1985年《税则》实施仅一个月后，即将相关情况及存在的问题向海关总署进行反馈。

1988年1月1日，海关合作理事会正式实施《商品名称及编码协调制度公约》及其附件《商品名称及编码协调制度》(以下简称《协调制度》)。1988年9月，天津海关派员参加海关总署举办的“协调制度研讨班”。1991年，根据《协调制度》转换的《中华人民共和国海关进出口税则》(简称1992年《税则》)对外公布，并于翌年1月1日起实施。为保证税则转换工作顺利实施，天津海关本着“加强领导，着力宣传，平稳过渡，不断不乱”的指导思想，成立《协调制度》领导小组，负责税则转换工作的组织领导；成立《协调制度》专家小组，负责研究和解决税则转换中的技术难题；同时开展对内培训、对外宣传。在1992年《税则》实施三个月后，天津海关对实施情况进行抽查，抽查结果归类申报正确率达到72%。

1996年，以《协调制度》(1996年版)为基础的《中华人民共和国海关进出口税则》(简称1996年《税则》)实施后，天津海关举办征税、归类骨干税则归类培训班，培训内容除商品知识、归类原则外，还与时俱进增加“入关谈判”“亚太经合会”等内容。

2002年1月1日起，中国实施以《协调制度》(2002年版)为基础的《中华人民共和国海关进出口税则》(简称2002年《税则》)。2002年《税则》取消1996年《税则》年度实施税率，设普通税率、最惠国税率、协定税率和特惠税率等4栏基本税率。是年天津海关以综合信息呈报方式向海关总署反映《国内投资项目不予免税的进口商品目录》中部分税号与2002版税则不符。2004年1月1日起,《中华人民共和国海关进出口税则》更名为《中华人民共和国进出口税则》。2007年1月1日起，中国实施以《协调制度》(2007年版)为基础的《中华人民共和国海关进出口税则》(以下简称2007年《税则》)。为做好2007年《税则》转换工作，天津海关制定税则转换与实施工作方案：成立转换工作领导小组，负责税则实施过程中协调领导工作；成立《协调制度》目录转换培训小组，负责关区培训、指导工作；归类分中心、关税处、价格信息处、办公室、法规处、监管通关处、审单处、加工贸易处、技术处分别派员，成立通关应急处理工作小组，应对因税则号列调整引起的归类核定、应急处理等工作。

2008年，天津归类分中心按照海关总署要求，对税则列目和税率设置等问题开展调研工作，通过调研查找发现存在的问题，以助力国家和天津地区的开发开放。2014年，天津归类分中心通过税政调研提出的“铝塑纸增列本国子目”“低减铝合金取消出口关税”“铝条杆取消出口关税”“镍铁降低进口暂定关税”等8个课题被国务院关税税则委员会采纳；另外提出的含硼合金钢、硬质合金刀头、钢铁链条、晶粒度小于0.8微米的金属陶瓷条杆4个课题、共计15项商品调整出口退税建议亦被采纳。

第二节 税 费

一、关税

（一）进口征税

自1949年3月15日起，津海关根据华北对外贸易管理局颁布的《华北区进出口货物税暂行规定》恢复开征关税。天津解放之初，津海关进口主要税源货物为染料、西药等。天津解放初期，私商（包括外商）在天津市的进出口贸易中占有比重达到73%，为了解进出口商对海关征税问题的反应，津海关在恢复关税征管工作3个月后与对外贸易管理局、外贸公司、进出口商和报关行举行座谈，征求社会各界对津海关关税征管工作的意见。针对提出的关于完税价格计算、市价调查、出口税率设定等方面的问题，津海关税务司朱剑白在会上作出检讨和分析，表示今后海关将加强法令宣传，调查工作将力求科学细致，同时鼓励进出口商摒弃旧社会思想，积极向海关提出佐证和意见，以便海关改进工作。通过座谈会，津海关在天津外贸商界树立起站在人民立场、为人民办事的“人民海关”形象，收到良好社会效益。此后，津海关定期召开与公、私营进出口商代表联席会议，并形成一项海关与商界加强沟通的制度。天津海关尊重贸易实际，为私商合法货运给予便利，使私商在打破美国等国家对中国实施的经济封锁中起到积极作用。

1950年4月，中国与苏联签订第一个贸易协定。1951年8月，中苏铁路联运贸易开始后，凡经满洲里、绥远运往关内的各种物资，除原车转运的外，大部分由天津办理进口手续，天津担当起中苏陆运贸易上关内最大转运站的角色。因当时进出口关税均在口岸征收。1951年，天津海关征收关税总额达18800亿元（旧币），比1950年增长92.4%。1952年开始，为简化手续，加速验放，天津海关执行政务院财经委员会制订的《关于由苏联及新民主主义国家进口货物集中纳税及划拨结算办法》，凡国营外贸总公司经营的从苏新国家进口的货物都在北京划拨结算。

1956年公私合营后，由国营外贸公司垄断国家对外贸易，在国民经济工作中海关的关税调节作用逐渐淡化。1957年4月12日，海关总署指示，天津各国营公司自资本主义国家联运进口货物一律在天津海关办理集中纳税手续。1958年1月1日，鉴于对外贸易部、财政部、中国人民银行总行联合发布的《关于国营各对外贸易总公司进口的合同货物集中纳税暂行办法》开始实施，并于1961年将集中纳税扩大到各外贸总公司从资本主义国家订购进口的货物，当时天津海关只征收各省、市外贸分公司进口货物的关税，即俗称的“地方纳税”。由此，天津海关征收关税的数额大幅下降，从1956年征收关税近8000万元，至1963年降到300多万元（含船舶吨税、行邮物品税等）。

1967年7月1日，为简化计征手续，根据国务院《关于外贸进出口公司商品的关税停征并入外贸利润交库问题的批复》，对国家实行统一作价的进口商品的关税，由外贸专业总公司并入外贸利润统一交库。虽然，对不按统一作价办法作价的进口货物，海关仍要按《税则》规定征收进口税，但因数量极少，加之当时缺乏严格的报关制度，海关无法区分货物是否属于统一作价，实际上已基本取消海关的征税职能。这种局面一直持续到1979年底，重新恢复海关单独计征关税为止，长达12年。

1980年1月起，根据国务院《关于改革海关管理体制的决定》，外贸专业进出口公司实行统一作价进口商品的关税恢复由海关单独计征，与外贸利润分开交库。天津海关于1980年恢复中断多年的征税、统计工作。贯彻“依率计征，依法减免，严肃退补，及时入库”的工作方针，天津海关当年共征收关税1.5亿元。20世纪80年代，天津海关进口主要税源商品为机械设备、交通运输工具、家用电器等，至20世纪90年代，汽车、钢材、豆油、食糖、化工品、纸及制品、棕榈油成为天津海关进口税收支柱商品，其中进口汽车是天津海关征税最多的税源商品。

2001年后，为履行加入世界贸易组织（WTO）时的关税减让承诺，国家在逐步降低汽车及其零部件进口关税税率的同时，为保护本国汽车工业发展，于2005年4月1日，由海关总署、国家发展改革委员会、商务部联合发布《构成整车特征的汽车零部件进口管理办法》，规定对进口全散件（CKD）或半散件（SKD）组装汽车、进口规定总成装车、进口零部件价格总和达到该车型整车总价格60%及以上的等三种情况，海关应按照整车归类征税。该项规定使一直以零部件进口名义享受关税优惠待遇的进口组装车不能再以散件名义进口，在一定程度上阻止以零部件名义进口整车，导致是年天津口岸进口汽车成套散件11辆，与2004年进口6880辆相比，下降99.8%。为了解该政策对国内汽车制造业影响，天津海关于2005年5月对天津一汽丰田汽车有限公司和天津一汽华利有限公司进行调研。调研结果显示，《构成整车特征的汽车零部件进口管理办法》实施后，天津汽车生产企业积极在国内寻找配套厂商，加快零部件国产化进程，以便推出国产化程度高的新车型；但《构成整车特征的汽车零部件进口管理办法》要求企业对所生产车型进口零部件是否构成整车特征进行自测和海关备案，由于车型较多，最终核定结果对企业的生产成本产生很大影响，天津海关针对存在的问题，建议海关总署对二级汽车零部件配套企业增加相应管理措施，确保其为汽车生产企业提供资料的真实性和及时性。

2005年9月，海关总署、国家发改委、商务部联合发布公告，规定自2005年10月1日起，以进入国内市场为目的的汽车（包括在保税区内）应直接在口岸海关办理进口报关、纳税等手续（以下简称“落地征税”政策）。为赶在“落地征税”政策实施前进口，9月16～30日，天津海关接受保税区集中申报出区汽车3827辆，征税5.71亿元，与上一年同期相比分别增长80.4%和58.2%，日均征税0.52亿元。自10月1日“落地征税”政策实施起，保税区申报出区进口汽车数量开始大幅下降。10月8～9日，天津海关接受天津市企业申报进口汽车53辆，征税0.07亿元，北京市企业进口汽车114辆、征税0.2亿元，“落地征税”政策对天津保税区汽车物流及经销业影响开始显现。为降低企业物流成本，提高通关效率，天津海关于12月23日实施《准提进口汽车管理办法》，选择7家有实力、信誉好的监管仓库作为准提汽车集中存储场所，允许进口企业经海关批准后先行将进口汽车存入监管仓库，待办结通关手续后出库并至查验现场核销，实现汽车提运和报关同步进行。由于环节设置合理，监管严密，因“落地征税”政策而滞港的汽车得以在最短时间内提运至指定仓库，天津海关此项便捷通关措施获得企业普遍好评。

2006年，是中国加入世界贸易组织（WTO）后过渡期的最后一年。是年4月1日，国家对排量2.5升以上的小汽车消费税率由5～8%调整为12～20%，消费税的提高引发国内消费能力提前释放。一季度天津口岸小汽车进口19296辆，同比增长2.3倍。7月1日起，整车（含小轿车、越野车和小客车）的进口税率由28%降至25%，零部件（含车身、底盘和发动机等）的进口税率由13.8～16.4%下降为10%。至此，加入世界贸易组织（WTO）后为期5年的汽车产业过渡保护期宣告结束。对关税下调的预期加剧国内市场持币待购，2006年二季度，天津口岸进口小汽车18757辆，相比一季度增速急剧下降。此后，随着国家调整政策逐步到位，天津口岸汽车进口总量基本保持稳定增长。

2009年一季度，进口汽车超过原油成为全国排位第一的重点税源商品。据统计，天津口岸2009年一季度进口汽车31267辆，货值10.87亿美元，实征税款64亿元，受金融危机影响同比分别下降25.4%、23.43%和12.1%，但三项数量指标降幅均低于全国平均水平，天津口岸进口汽车在全国所占比重仍然超过一半。2011年，由于天津口岸管理部门对进口汽车实行逐辆检测，口岸仓储费用居高不下，以及北京“限制新车上牌”等因素影响，1～4月天津口岸进口汽车占全国比重下降，对天津海关税收影响巨大。为确保天津的汽车进口重要口岸功能，天津海关在走访口岸各部门和企业的同时，对进口汽车实施便捷通关措施，在海运进口接单现场设立“大税额企业报关专用窗口”，在天津港保税区创新“园区直通车”便捷通关流程，保证汽车进口单据现场递单即可审核；加强综合治税，推广网上支付、网上担保等税款缴纳方式，深入研究跨国汽车公司转移定价策略，促进汽车类商品跨国公司转移定价难题成果转化，确保税款应收尽收；组织奔驰、宝马、丰田公司等大税额企业调研座谈，现场解决实际通关疑难。

进入21世纪，天津海关对集成电路及微电子组件、塑料、无线电讯设备等商品的税收呈明显增长趋势。

（二）出口征税

天津解放初期，津海关对出口货物依照旧制征收出口关税，蛋类、猪鬃、羊毛及羊毛毯等是津海关主要出口税源物资。为便于开滦煤出口打开销路，津海关奉华北人民政府及华北区对外贸易管理局通知对开滦煤特许出口税由30%降至15%，且准许该矿暂时以实物冲抵应缴纳的进出口税及产销税。1949年6月28日，为鼓励土产品出口，奉华北区对外贸易管理局通知，津海关对经华北区各港口出口物资免征出口税。1950年11月，天津海关奉政务院财政经济委员会、海关总署通知，对薄荷油、薄荷脑开征7.5%的出口关税，同年12月，又对猪鬃、花生油、桐油、花生等4种利润丰厚的出口货物征收出口关税。其后，随着国际市场和国内经济情况发生变化，海关分别于 1952 年 11 月和 1953 年 9 月停征桐油和猪鬃两种商品的出口关税。至 1980 年 1 月，经国务院批准，海关又停征薄荷油、薄荷脑、花生油、花生 4 种商品的出口关税。至此，全部出口商品均免征出口关税。

1982 年 6 月，根据海关总署《关于开征出口关税的通知》，为更好发挥税收的经济杠杆作用，落实以“计划经济为主，市场经济为辅”的工作方针，自 6 月 1 日起，对出口利润较大的部分矿产品、农产品和中药等 34 种出口商品开征出口关税。天津海关通过《天津日报》及时宣传国家开征出口关税的意义和做法，并向社会公布出口货物征税目录及税率表。是年 5 月 29 日，天津新港海关发布通知，鉴于国际航行船舶添装的伙食用品中涉及应征收出口关税的商品，故国际航行船舶需添装伙食用品的由原口头向海关申报改为书面申报，经海关批准后方可装船。

1983 年 10 月 1 日，接海关总署通知，暂停出口钛的出口关税。1984 年 8 月 20 日，海关总署、财政部通知，由于国内粮食连年增产，为鼓励出口暂停征收大米的出口关税。同日，海关总署通知暂免征收钒铁的出口关税。1985 年 8 月 15 日，海关总署通知对出口煤炭免征或减半征收出口关税。至 1987 年 1 月 1 日，国家确定应征出口关税的商品已减少到 7 种，同时为控制出口对生丝开征出口关税。出口关税商品的调整，导致天津海关 1987 年第 4 季度出口关税比上年同期下降 71.95%。1988 年，天津海关在对出口硅铁数据监控中发现有部分企业存在低价竞销，天津海关及时将相关风险数据上报海关总署，同时采取限制性措施阻止 3 万余吨生铁和 3 千余吨硅铁在国家开征出口税前突击出口。是年 9 月，为保护国内资源，抑制盲目竞争，维护国内市场正常经济秩序，国家对国内紧缺的原材料如铜、铝、镍、生铁、铁合金、钢铁碎废料，以及蚕茧、丝、丝纱线及其纺织物等开征出口税。同年，天津海关经调查发现因享受出口退税待遇以及银行外汇牌价和市场调剂价格存在差价，致使硅铁出口在提高离岸价和缴纳出口税后仍有厚利可图，国内企业为争夺市场竞相降价扩大出口，导致国际市场价格下跌，影响中国硅铁出口贸易正常发展，天津海关及时将此情况反映海关总署。1993 年 3 月，海关总署印发《关于转发〈国务院关于加强硅铁出口管理的通知〉的通知》，对出口的硅铁不论其是自产产品还是经加工后增值 20% 以上的产品，一律照章征税。

2005 ~ 2008 年，国家加大出口商品结构的调控力度，对 88 ~ 90 种商品征收出口税，税率为 20 ~ 50% 不等，涵盖煤炭、原油、钢材、铜、铝等绝大多数高耗能、高污染和资源性的“两高一资”产品以及主要粮食产品。在“两高一资”商品出口税赋提高与国际市场需求旺盛的双重作用下，2008 年，天津海关出口关税收入成倍增加，当年征收出口关税 137.29 亿元。2004 年，国家取消化肥出口退税加征出口关税，以稳定国内市场供应保障农业生产需要。天津海关通过强化价格审核、货物查验等工作，在监管中严格落实国家化肥出口关税政策。查获多起将高税率的硫酸钾申报为低税率的小包装化肥逃避出口关税，以及伪报瞒报品名、规格，低报价格等情事。

2008 ~ 2014 年，天津海关始终是全国征收出口关税最多的海关之一。

（三）关税附加税

关税附加税是国家出于特定需要对进出口货物除征收正常关税外，还需要额外征收的税种。关税附加税一般为临时性税种。新中国成立以后，海关即停止征收民国时期设定的各种关税附加税，也未再设定新的关税附加税。

1980年，随着海关关税作用逐步恢复加强，利用关税附加税对进出口商品进行调控成为国家宏观调控的有效手段。截至2012年，天津海关开征过的关税附加税主要有进口调节税、特别出口关税、报复性关税、反倾销税、保障措施关税等。

1985年4月1日至6月20日期间，为调控一些商品的盲目出口，国家曾征收出口利润调节税。是年7月16日起，根据海关总署《关于贯彻执行国务院〈关于对若干商品开征进口调节税的通知〉的通知》，天津海关对小轿车等11种14个税目的进口商品在征收进口关税的基础上加征20～80%的进口调节税。是年，天津海关共征收进口调节税1.12亿元。1992年2月22日，根据国家税则委员会决定，海关总署下发《关于取消进口调节税的通知》，除将小汽车和摄像机的进口调节税适当并入关税外，其余进口调节税于1992年4月1日起全部取消。

为维护对外贸易秩序和公平竞争，保护国内相关产业，1997年3月，《中华人民共和国反倾销和反补贴条例》施行。截至2014年，天津海关反倾销税征收情况见表5–1–2–15。

1998～2014年天津海关反倾销税征收情况一览表

表5–1–2–15

序号	商品名称	原产地（公司）	税率	起讫时间
1	新闻纸	加拿大、美国、韩国	9%～78%	1998年7月10日～2009年6月30日
2	聚酯薄膜	韩国	13%～46%	1999年12月29日～2005年12月28日
3	冷压硅钢片	俄罗斯	0%～62%	1999年12月30日～2004年12月30日
4	丙烯酸酯	日本、美国	31%～69%	2000年11月23日～2005年11月23日
5	不锈钢冷轧薄板	日本、韩国	17%～58%	2000年12月18日～2011年4月8日
6	二氯甲烷	英国、美国、荷兰、德国、韩国	4%～66%	2001年8月16日～2012年8月15日
7	涤纶短纤维	韩国	2%～48%	2003年2月3日～2008年2月3日
8	聚酯切片	韩国	5%～12%	2003年2月3日～2008年2月3日
9	冷轧板卷	俄罗斯、韩国、乌克兰、哈萨克斯坦、中国台湾地区	0%～55%	2003年2月3日～2004年9月10日
10	己内酰胺	日本、比利时、德国、荷兰、俄罗斯	5%～28%	2003年6月6日～2008年6月6日
11	铜版纸	韩国、日本	4%～71%	2003年8月6日～2008年8月6日

续表 5-1-2-15

序号	商品名称	原产地（公司）	税率	起讫时间
12	邻苯二酚	欧盟	20% ~ 79%	2003年8月27日~2008年8月27日
		美国、日本	4% ~ 46.81%	2006年5月22日~2011年5月22日
13	邻苯二甲酸酐	韩国、日本、印度	0% ~ 66%	2003年8月31日~2008年8月31日
14	丁苯橡胶	俄罗斯、韩国、日本	0% ~ 38%	2003年9月9日~2008年9月9日
		韩国	4.15% ~ 27%	2005年12月13日~2008年9月9日
		俄罗斯	4.02% ~ 6.81%	2006年8月22日~2008年9月9日
		韩国	2.90%	2007年11月22日~2008年9月9日
15	聚氯乙烯	美国、韩国、日本、俄罗斯、中国台湾地区	6% ~ 84%	2003年9月29日~
16	甲苯二异氰酸酯	日本、韩国、美国	3% ~ 49%	2003年11月22日~2008年11月22日
17	苯酚	日本、韩国、美国、中国台湾地区	3% ~ 144%	2004年2月1日~2009年2月1日
18	乙醇胺	日本、美国、伊朗、马来西亚、中国台湾地区、墨西哥	9% ~ 74%	2004年11月14日~2009年11月14日
18	乙醇胺	台湾东联化学股份有限公司	5.30%	2008年2月1日~2009年11月14日
		日本触媒株式会社	7.30%	2008年2月1日~2009年11月14日
19	三氯甲烷	欧盟、韩国、美国、印度	32% ~ 96%	2004年11月30日~2009年11月30日
20	非色散位移单膜光纤	美国、日本、韩国	7% ~ 46%	2005年1月1日~2010年1月1日
21	氯丁橡胶	日本、韩国	2% ~ 151%	2005年5月10日~2010年5月10日
22	未漂白牛皮箱纸	美国、泰国、韩国、中国台湾地区	7% ~ 65.2%	2005年9月30日~2006年1月9日
23	水合肼	日本、韩国、美国、法国	28% ~ 184%	2005年6月17日~2010年6月17日
24	三氯乙烯	俄罗斯、日本	3% ~ 159%	2005年7月22日~2010年7月22日
25	二甲基环体硅氧烷	日本、美国、英国、德国	13% ~ 22%	2006年1月16日~2011年1月16日
		英国道康宁有限公司	5.40%	2008年4月25日~2011年1月16日
26	呋喃酚	日本、欧盟、美国	44% ~ 113.2%	2006年2月12日~2011年2月12日
27	核苷酸类食品添加剂	日本、韩国	25% ~ 119%	2006年5月12日~2011年5月12日
28	环氧氯丙烷	俄罗斯、韩国、日本、美国	0% ~ 71.5%	2006年6月28日~2011年6月28日
29	PBT树脂	日本、中国台湾地区	6.24% ~ 17.31%	2006年7月22日~2011年7月22日

续表 5-1-2-15

序号	商品名称	原产地（公司）	税率	起讫时间
30	氨纶	日本、新加坡、韩国、中国台湾地区、美国	0% ~ 61%	2006年10月13日~2011年10月13日
31	耐磨纸	美国、欧盟	4.1% ~ 42.8%	2006年12月13日~2011年12月13日
32	马铃薯淀粉	欧盟	17% ~ 35%	2007年2月6日~2012年2月6日
33	壬基酚	印度、中国台湾地区	6.87 ~ 20.38%	2007年3月29日~2012年3月29日
34	电解电容器纸	日本	15% ~ 40.83%	2007年4月18日~2012年4月18日
35	磺胺甲恶唑	印度	10% ~ 37.7%	2007年6月16日~2012年6月16日
36	双酚A	日本、韩国、新加坡、中国台湾地区	5% ~ 37.1%	2007年8月30日~2012年8月30日
37	甲乙酮	日本、新加坡、中国台湾地区	9.6% ~ 66.4%	2007年11月22日~2012年11月22日
38	丙酮	日本、新加坡、韩国、中国台湾地区	5% ~ 51.6%	2008年6月9日~2013年6月9日
39	1，4—丁二醇	沙特阿拉伯，中国台湾地区	4.5% ~ 13.6%	2009年12月25日~2014年12月25日
40	白羽肉鸡	美国	50.3% ~ 105.4%	2010年9月27日~2015年9月27日
41	核苷酸类食品添加剂	印度尼西亚、泰国	4.8% ~ 29.7%	2010年9月24日~2015年9月24日
42	精对苯二甲酸	韩国、泰国	2% ~ 11.2%	2010年8月12日~2015年8月12日
43	碳钢紧固件	欧盟	6.1% ~ 26%	2010年6月29日~2015年6月29日
44	锦纶6切片	美国、欧盟、俄罗斯、中国台湾地区	4% ~ 96.5%	2010年4月22日~2015年4月22日
45	取向性硅电钢	美国、俄罗斯	6.3% ~ 64.8%	2010年4月11日~2015年4月11日
46	排气量在2.5升以上的小轿车和越野车	美国	2% ~ 21.5%	2011年12月15日~2016年12月15日
47	己内酰胺	欧盟、美国	2.2% ~ 24.2%	2011年10月22日~2016年10月22日
48	高性能不锈钢无缝钢管	欧盟、日本	9.2% ~ 14.4%	2012年11月9日~2017年11月9日
49	相纸产品	欧盟、美国、日本	17.6% ~ 28.8%	2011年8月10日~2016年8月10日

续表 5-1-2-15

序号	商品名称	原产地（公司）	税率	起讫时间
50	乙二醇、二甘醇的单丁醚	欧盟、美国	9.8% ~ 18.8%	2013 年 1 月 28 日 ~ 2018 年 1 月 28 日
51	间苯二酚	日本、美国	30.1% ~ 40.5%	2013 年 3 月 23 日 ~ 2018 年 3 月 23 日
52	吡啶	印度、日本	24.6% ~ 57.4%	2013 年 11 月 21 日 ~ 2018 年 11 月 21 日
53	太阳能级多晶硅	美国、韩国	2.4% ~ 57%	2014 年 1 月 20 日 ~ 2019 年 1 月 20 日
54	太阳能级多晶硅	欧盟	14.3% ~ 42%	2014 年 5 月 1 日 ~ 2019 年 5 月 1 日
55	高温承压合金钢无缝钢管	欧盟、美国	13% ~ 14.1%	2014 年 5 月 10 日 ~ 2019 年 5 月 10 日
56	四氯乙烯	欧盟、美国	27.6% ~ 71.8%	2014 年 5 月 31 日 ~ 2019 年 5 月 31 日
57	单模光纤	印度	7.4% ~ 30.6%	2014 年 8 月 14 日 ~ 2019 年 8 月 14 日
58	特丁基对苯二酚	印度	49.80%	2014 年 8 月 22 日 ~ 2019 年 8 月 22 日

根据 1992 年 4 月施行的《中华人民共和国进出口关税条例》中，关于对任何国家或者地区对其进口的原产于中国的货物征收歧视性关税或者给予其他歧视性待遇的，海关对原产于该国家或者地区的进口货物，可以征收特别关税的条款。2001 年 6 ~ 12 月，对原产于日本的汽车、手持和车载无线电话机、空气调节器在原进口关税税率的基础上加征税率为 100% 的特别关税。天津口岸作为汽车进口的主要口岸，且日产进口汽车数量最多，针对日产汽车开征的特别关税导致天津口岸当年下半年日产汽车进口量锐减，海关仅征收税款 10.33 亿元，较上半年减少 60%。2004 年 1 月,《中华人民共和国进出口关税条例》将特别关税更名为报复性关税。

2008 年初，受国际能源和粮食价格大幅上涨的影响，国内、国际市场化肥价格差异不断扩大，拉动化肥出口大幅增长。为抑制化肥产品出口增长过快，经国务院批准，国家税则委员会决定是年 4 月 20 日至 9 月 30 日期间，对所有贸易形式、地区、企业出口的化肥类产品及部分原料，在原出口税率的基础上，以出口价格为基础加征 100% 特别出口关税；是年 5 月 20 日至 12 月 31 日期间，对磷产品加征 100% 特别出口关税；是年 9 月 1 日至 12 月 31 日期间，将氮肥及合成氨的特别出口关税上调至 150%。因开征特别出口关税，2008 年 5 月，天津口岸化肥出口量仅有 2.1 万吨，同比下降 52.8%，环比下降 43.8%。是年 11 月 25 日，鉴于化肥出口关税调整达到预期效果，海关总署公告，自 2008 年 12 月 1 日起，原征收的化肥及化肥原料出口 100% 和 150% 特别出口关税均下调至 75%，并取消硝酸铵、硫酸铵的特别出口关税。

（四）进境物品进口税（行邮税）

自新中国成立至20世纪60年代前，海关行邮税没有单独的征管办法。海关对入境旅客行李物品和个人邮递物品，均依据《中华人民共和国海关进出口税则》征收关税、代征工商统一税，税率适用于相对应的最低税率。1960年，海关总署制定《中华人民共和国海关对入境旅客行李、物品和个人邮递物品征收进口税办法》，此后，全国海关自1964年12月1日起，统一参照执行广州、九龙（今深圳）海关编订的《进口旅客行李物品和个人邮递物品完税价格表》，以解决由各地海关以自行编制的完税价格表尺度出入较大，不统一规范的问题。天津海关以简化手续，便利正常往来为原则，对旅客行李和邮递进境包裹中超出免税额度的物品，只要不涉及出售、偷税、套汇，一般都从宽掌握。1958年，在印度尼西亚等国家发生“排华事件”，政府决定撤回大批华侨，并动员归国华侨将国外财产转移回国。为支持撤侨行动，天津海关坚持执行对归国华侨的政策规定，对归侨转移回国的所有物资一律予以免税放行。

“文化大革命”开始后，天津海关对行邮物品完税价格的管理重点集中在衣物、食品上，根据当时的政治形势，海关收紧对行李物品的验放尺度，除少量超出自用的衣物、布料和食品征税放行，高档家用电器等一律不准携带入境。

1976年，海关管理局征求对完税价格表的建议意见，天津海关提出对花生等干果带壳与无壳应分别作价；鞋类应按双计征不应按重量计征；包装食品用空铁听征税放行等建议。1978年，天津海关再次对进口自用物品完税价格表提出修订意见，建议减少税级，实行关税和进口环节税合并征税制度。是年，经国务院批准，外贸部和财政部重新修订《中华人民共和国海关对入境旅客行李物品和个人邮递进境物品征收进口税办法》，其中关税和进口环节税实行合并征收，统称进口税；税率表简化为6个税级，13个号列。

1981年9月25日，国家对个人进口自用的电视机、收音机、电子计算器及其主要零部件，在计征进口税时，完税价格由到岸价格改为参照国内零售价格审定。根据海关总署要求，天津海关搜集对完税价格调整后外界的反映呈报海关总署。完税价格调整后，多数往来天津的国内船员因税额过高停止从国外为亲友带进电视机、收录机，天津口岸电视机和收录机征税进口数量明显减少。20世纪80年代中期，随着国家对外开放，国内人员与国际的交往日益增多，旅客、邮包收寄件人纷纷反映海关对部分进境物品估价不合理。天津海关对外界反映强烈的问题进行搜集归纳，就毛、丝、人造纤维、合成纤维纺织品和衣着用品税率偏高，简易电子计算器、简易功能电子表等适当调低完税价格或适用低税率等问题，向海关总署提出建议。

2004年1月，新发布实施的《中华人民共和国进出口关税条例》将行邮物品进口税定名为“进境物品进口税”，明确海关应当按照由国务院制定的《进境物品进口税税率表》确定进境物品适用的税率；按照海关总署制定的《中华人民共和国进境物品归类表》《中华人民共和国进境物品完税价格表》进行归类、确定进境物品的完税价格（1962 ~ 2007年中国入境旅客行李物品和个人邮递物品征收进口税征管办法的沿革见表5-1-2-16）。

2008年后，随着国内居民消费档次日益提升，天津海关就进境物品完税价格表及归类表存在的问题向海关总署反馈意见，建议细化和明确实木家具、新型保健品、蓝光播放机及光盘等物品的价格；同时针对天津至日韩航线较多的特点，建议明确清酒、烧酒、米酒、日本FANCL美容用胶原蛋白营养液等物品完税价格。

1962～2007年间中国入境旅客行李物品和个人邮递物品征收进口税办法简表

表5-1-2-16

年份	税则号列	税级（含免税）	税率	主要商品
1962	21	14	12%～400%	粮食、食品、药品、高档消费品、纺织品、工具、医疗器材、自行车、收音机、电视机、化妆品等
1978	13	6	20%～200%	粮食、医疗器材、药品、工具、食品、纺织品、高档消费品、钟表等
1986	5	5	20%～200%	书报、科学仪器、电子计算机、纺织品、自行车、摩托车等
1991	6	5	20%～200%	书报、科学仪器、纺织品、录像机、摩托车等
1996	4	4	10%～200%	书报、原版录音带、录像带、金银制品、纺织品、摄像机等
2002	3	3	10%～50%	书报、教育用影片、原版录音带、金银制品、纺织品、钟表、摄像机、摄录一体机、数码相机、烟酒等
2007	4	4	10%～50%	书报、教育用影片、原版录音带、金银制品、纺织品、钟表、高尔夫球用具、高档手表、烟酒、化妆品等

2013年以后，通过跨境贸易电子商务方式进境物品进口税金额日趋增长。2014年5月起，天津海关按照海关总署行邮物品审价办公室要求，于行邮税报表中增设“跨境电子商务渠道”栏目，用以采集分析行邮税数据及决策参考。

二、进口环节代征税

海关在对进口货物和物品征收关税的同时，还受财政部、国家税务局、交通部等部门的委托，代为征收的进口环节工商统一税、进口环节货物税、进口环节特别消费税等其他税费，统称进口环节代征税。新中国成立后，海关按照国家的相关规定先后代征过：货物税、商品流通税、工商税、工商统一税、产品税、增值税、船舶吨税、盐税、消费税、对台贸易调节税、车辆购置附加费、特别消费税、出口商品利润调节税、废弃电器电子产品处理基金等。至2014年，天津海关的代征税税种主要还有增值税、消费税、船舶吨税和废弃电器电子产品处理基金。

天津解放初期，津海关沿袭旧制，对凡由国外及国内尚未解放地区运抵天津口岸的货物、矿产品、烟酒等应税货品在征收关税时代征货物税。1950年，海关总署根据政务院《货物税暂行条例》制定《海关代征货物税办法》，规定：凡由国外输入的应税货物，不论进口地点有无税务机关，概由海关按照《货物税暂行条例》规定代征货物税。1952 年 12 月，政务院财政经济委员会公布《商品流通税试行办法》，对从国外进口的流通税应税商品，于商品报运进口时由海关代征商品流通税。1958 年，国家按照“基本上在原有税赋的基础上简化税制”的工作方针，对工商税制进行改革，将商品流通税、货物税、营业税和印花税“四税合一”为工商统一税，工农业产品的进口环节工商统一税由海关代征。1972 年，工商统一税并入工商税，仍由海关代征。1984 年 11 月起，工商税并入产品税、增值税。1985 年 1 月 1 日起，海关照章代征产品税、增值税，并一律作为中央预算收入上缴中央金库。原来征收产品税的产品全部改为征收增值税以后，针对一部分纳税产品的税负大幅下降的情况设立消费税。对少数消费品在征收增值税基础上再征收消费税。1993 年 11 月，海关按照《中华人民共和国增值税暂行条例》，自翌年 1 月 1 日起对进口货物由代征产品税、增值税、工商统一税、盐税和特别消费税改为代征增值税和消费税。自 1950 年起，天津海关始终按照国家相关规定及不同时期的税种调整的要求，认真履行征收代征税的职责。

天津解放初期，对船钞沿用旧制由海关征收。1949 年 3 月，津海关规定其征收率为 150 吨以下船只（除民船外）按每吨人民币 15 元征收，150 吨以上船只，按每吨人民币 65 元征收。是年 8 月，因物价波动原因调整为 150 吨以下船只每吨 150 元，150 吨以上船只每吨 650 元。1949 年 10 月 1 日起，津海关遵照华北区外贸管理局指示，对 150 吨以下民船开始征收船钞。12 月，津海关将船钞征收率调整为 150 吨以下船只每吨 600 元，150 吨以上船只每吨 2600 元。1950 年 12 月 22 日，财政部、海关总署联合下发《关于〈海关代征吨税办法〉的联合通知》，自翌年 1 月 1 日起实施《海关代征吨税办法》。该办法将船舶吨税从关税科目中剔除，划入车船使用牌照税，收入归地方财政；外国船舶及外商租用的中国船舶，仍沿用船舶吨税的名称，由海关代征。1951 年 10 月起，中财委决定将船舶吨税从车船使用牌照税中剔除，由海关代财政部征收，列入关税科目，统一上缴国库。1952 年，海关总署公布实施《中华人民共和国船舶吨税暂行办法》，对在中国港口行驶的外籍船舶，外商租用的中国籍船舶以及中外合营企业使用的中外国籍船舶，由海关征收船舶吨税；凡应征吨税船舶的国籍或使用权属与中国有贸易互利条约或协定的国家，适用优惠税率，其他国家适用普通税率。该暂行办法一直沿用至 2011 年。

自 1986 年 10 月 1 日起，船舶吨税仍由海关代征，但不再入中央金库，而是作为预算外资金直接用于海上干线公用航标的维护和建设。进入 20 世纪 90 年代，随着国家对外开放的发展，各远洋公司船舶数量不断增加，使中国远洋船舶运力出现盈余。为此，各船舶公司纷纷以出租或与国外合营形式将船舶投入国际海运市场。但基于企业利益考虑，船方往往不主动申报，给海关船舶吨税的征收工作带来一定困难。为此，天津海关 1990 年针对国外以期租形式租用中国籍船舶和中外合营海运公司拥有船舶开展重点调研，把住进口、停港、出口三个环节，加强与船方、代理人、船公司的接触，确定船舶经营形式，防止吨税漏征。

自2001年1月1日起，船舶吨税作为中央预算收入，全部上缴中央国库。2003年，海关总署对外公布《适用船舶吨税优惠税率的国家和地区名单》，56个国家（地区）适用船舶吨税优惠税率。据天津海关统计，2002年，进出天津港船舶中有近10%的船舶使用台湾吨税执照。按照1979年外贸部下发的《关于台湾船舶免征吨税的问题的通知》规定，对外国籍船舶和中国台湾与外国合营企业的船舶，如果已经台湾海关征收吨税，凭有效期内的吨税执照，中国海关不再征收吨税。在实际监管中，天津海关发现除在台湾吨税执照中有违反“一个中国”原则字样问题外，还因台湾吨税较大陆吨税税率低，个别船公司在不挂靠台湾港口的情况下，直接邮寄船舶资料到台湾，购买台湾吨税执照，造成避税隐患。就此问题，天津海关向海关总署提出建议尽快规范台湾吨税执照在大陆的使用方法。2011年，海关总署发布公告，于2012年1月1日起执行《中华人民共和国船舶吨税暂行条例》，对凡自中国境外港口进入中国境内港口的船舶征收船舶吨税。2014年，天津海关全年征收船舶吨税3.19亿元。

废弃电器电子产品处理基金是国家为促进废弃电器电子产品回收处理而设立的政府性基金。自2012年7月1日起，天津海关开始对纳入基金征收范围的进口电器电子产品按照《废弃电器电子产品处理目录》征收废弃电器电子产品处理基金，首票废弃电器电子产品处理基金为摩托罗拉移动技术（中国）有限公司申报“便携电脑式坞站”，征收废弃电器电子产品处理基金5290元，其征收缴库管理按照关税征收缴库管理规定执行，基金全额上缴中央国库，纳入中央政府性基金预算管理。2014年，天津海关全年共征收废弃电子产品处理基金0.07亿元。

第三节　税费计征

新中国成立之初，中国海关为税费计征工作确立“依率计征、依法减免、严肃退补、及时入库”的工作原则。进入21世纪，国家已初步形成以《中华人民共和国海关法》为基本法律依据，以《关税条例》为核心，以《进出口税则》《海关征税管理办法》及其他税收征管办法为框架的海关税费计征法律体系。

国家根据实施关税政策的需要，对不同的商品制定的征收关税的依据称为关税计征标准（也叫征税基准），中国海关常用的关税计征标准有从价关税、从量关税、复合关税和滑准关税4种。1949～1996年，除对出口煤炭一度征收从量税外，中国对进出口货物一律从价征税。1997年以后，开始对少量进出口商品试行从量税、复合税、滑准税和季节税，但从价税仍是最主要的征税标准。

1997年6月，天津海关印发《关于印发施行从量关税复合关税的实施意见的通知》，规定对归入从量计征关税税号的商品按文件规定的计量单位如实申报进口数量，对未按文件规定的计量单位成交，有效单证上也未注明规定计税单位数量的商品，报关员应按文件规定换算标准单位后申报；从量或复合关税商品遇有减免关税情事，仍以实征关税额计征进口环节税；凡列入三级参考价格管理的从量或复合关税商品按有关规定办理，凡未列入三级参考价格管理的报审价办审批。1997 年 10 月，国家对进口新闻纸试行滑准税，以应对新闻纸的低价倾销。据统计，天津海关自实行滑准税后共进口新闻纸 2166 吨，价值 104 万美元，共征税款 412.64 万元，其中关税 227.55 万元，增值税 185.09 万元，平均关税税率为 26.4%。滑准税率的实施使进口新闻纸的关税税赋增加，进口环节税（增值税）税赋减少，税收总体增加。

税率是税额与征税对象之间的数量关系或者比例关系，是征税的尺度。中国进口关税的法定税率包括普通税率、最惠国税率、协定税率和特惠税率；对特定进出口货物,《关税条例》中规定可以实行暂定税率或配额税率；中国加入世界贸易组织（WTO）后，为承担对信息技术产品进口关税的减让义务，对部分信息产品实行信息技术产品协议税率。

新中国成立初期，海关税则只有一栏税率。1951 年 5 月 16 日起，海关税则设普通和最低两栏税率，实行差别关税政策，对购自与中国有贸易互利条约或协定的国家的进口货物，应按最低税率征税。1980 年 4 月 1 日起，对从香港、澳门地区进口的货物改按最低税率征税。1985 年 3 月 10 日，施行的《中华人民共和国进出口关税条例》规定，对产自与中华人民共和国签订有关税互惠条款的贸易条约或者协定的国家的进口货物，按照最低税率征税。1992 年 1 月 1 日起，最低税率改称优惠税率，适用原产于与中国订有关税互惠协议的国家或者地区的进口货物。2002 年 1 月 1 日起，优惠税率改称最惠国税率。最惠国税率适用原产于与中国共同适用最惠国待遇条款的世贸组织成员国或地区的进口货物，或原产于与中国签订有相互给予最惠国待遇条款的双边贸易协定的国家或地区的进口货物。协定税率适用原产于与中国订有含关税优惠条款的区域性贸易协定的有关缔约方的进口货物。2001 年，中国加入《亚太经社会发展中成员国之间贸易谈判第一协定》(以下称《曼谷协定》)，翌年 1 月 1 日起，对原产于韩国、斯里兰卡和孟加拉 3 个曼谷协定成员的 739 个税目的进口商品实行曼谷协定税率。2005 年，天津海关向海关总署反映，有 9 项商品（17 个税目）既适用《曼谷协定》税率又属于实施反倾销措施商品范围。其中三氯甲烷（29031300）、涤纶短纤（55032000、55062000）、聚氯乙烯（39041000）3 项商品（4 个税目）的协定税率低于最惠国税率。上述情况使得海关需要对同一货物同时采用两种原产地认定标准进行两次原产地认定，根据不同原产地认定标准进行原产地认定直接导致税率适用的不同。就此问题，海关总署印发《关于执行贸易救济措施时适用税率有关问题的通知》，明确“既属于反倾销反补贴措施范围又属于优惠协定项下的商品，按优惠贸易协定税率计征进口关税；即属于优惠项下又属于保障措施范围内的商品，应对其关税减让义务进行调整后确定税率，计征进口关税”的做法。此后，天津海关遇类似问题即依此办法办理。截至 2014 年，中国又先后与东盟、中国香港地区、中国澳门地区、巴基斯坦、智利、新西兰、新加坡、秘鲁、哥斯达黎加等国家和地区签署区域性优惠贸易协定。天津海关依照各协定条款及国家相关法规文件，对来自上述国家或地区符合关税优惠条件的进口货物按照协定税率征收关税。

特惠税率适用原产于与中国签订有特殊优惠关税协定的国家或地区的进口货物。2002年1月1日起，中国根据《曼谷协定》开始对原产于孟加拉国的18个税目的进口商品实行特惠税率。2004年，根据《中华人民共和国与东南亚国家联盟全面经济合作框架协议》，开始对原产于老挝、柬埔寨和缅甸若干进口商品实行特惠税率。2005年，对原产于苏丹等25个非洲最不发达国家的190个税目商品实施特惠零关税。目前中国对最不发达国家实施特惠税率的范围扩大到42个国家，其中非洲31个，亚太11个。

2013年7月，海关总署颁布《海关特殊监管区域和保税监管场所内销货物适用优惠税率原产地审核操作规程（试行）》。7月2日，天津海关依照此规程为嘉里粮油（天津）有限公司申报价值129.62万美元“精炼椰子油”办理海关特殊监管区域内销货物适用优惠税率原产地审核。

一、税费的计算

正确计征关税税款，是贯彻关税政策、依率计征的重要环节。在税款的计算中，商品归类、确定原产地和估价是海关税费征管工作中的三项关键技术。新中国成立后，天津海关通过正确归类、合理审价、据实确认原产地、正确运用折算汇率等手段计算关税税额。

（一）商品归类及海关化验

商品归类规则及技术 新中国成立初期，天津海关按照海关总署指示，在税则归类决定中实行“以结合关税政策为前提，视货物之用途、质料等为区分”的原则，允许当时国内暂无法生产的必需品，如油石、高压电缆等货物适用低税率税号。

1951年《税则》实施后，天津海关对税则内有品名的货物按品名归类。凡税则内未有品名的货物，根据1951年《税则》末尾列出的6条“税则注释”按照最合适的税则号列归类。

1958年10月22日起，天津海关对未具体列名商品、专用零部件成品、半成品、成套机器、包装物等按照对外贸易部海关总署发布的《进口货品税则归类办法》中相关规定进行归类。因此种归类规则并非海关进行商品归类时的硬性规定，而是“贯彻关税政策的手段”，天津海关对在实际工作中发生的税则归类问题，或遇税率有不利于国内生产情况的，报请海关总署统一予以解答。

1966～1980年关税逐步停征时期，因失去在关税征管及贸易管制方面的意义，天津海关归类工作除行邮物品外陷入真空状态。

1980年，天津海关恢复关税征管职能，相应恢复商品归类工作。

1981年，天津海关对天津轻工业品进出口分公司来件装配“海鸥”牌手表在广州贸易中心出售的部分予以核销。天津海关依照当时所执行的税则归类规则，对主机芯加4个外观件视为手表成品，对其他进口件按零件分别归类征税，经计算共需补征关税900491.10元，工商税

1294169.96元。因当时表芯或整套散装件在进口后组装成成品出售时，在国内仍要按成品征收一次工商税，天津轻工业品进口分公司对天津海关归类计征作法提出异议。天津海关就此问题请示海关总署。海关总署在回复中肯定天津海关的做法，但为避免重复征税，同意对进口表芯和套装手表零件仍可视为手表零件，按较低工商税率计征。

1985年3月起，国家通过以《海关合作理事会商品分类目录》（英文缩写CCCN）为基础的《中华人民共和国海关进出口税则》，天津海关开始采用《海关合作理事会商品分类目录》所规定的4条归类总规则归类。

1986年5～9月，天津裕年空调器有限公司陆续以具体零件名称申报进口2144台空调器的零部件及原材料。国家经济委员会认为此种情况已构成进口整机，应申领进口许可证。该公司对此提出异议，并向天津市领导反映，时任天津市副市长李岚清要求天津海关予以审定和处理。11月，天津海关经请示海关总署同意，鉴于该公司正处于试生产阶段，还未产生经济效益，为支持企业实现国产化，除对超过整机价值60%以上的零件按整机补税外，其余不予补征；同时，天津海关建议海关总署明确进口零部件按整机归类的标准。1987年海关总署、国家经济委员会、对外经济贸易部联合发布《国家限制进口机电产品进口零件、部件构成整机主要特征的确定原则和审批、征税的试行规定》，对进口零部件按整机归类的标准作出规定。此后，天津海关对国家限制进口的机电产品零部件均依照该规定简化归类。

1992年《税则》实施后，天津海关开始按照《商品名称及编码协调制度》所规定的6条归类总规则归类。是年12月22日，海关总署下发《关于执行海关合作理事会〈协调制度委员会〉审议通过的商品归类决定的通知》，要求各地海关执行协调制度委员会第七次会议审议通过的商品归类决定。此后，天津海关开始根据海关总署通知，执行海关合作理事会（世界海关组织）协调制度委员会历次会议审议通过的商品归类决定。

1997年，为适应现代海关制度建设的需要，提高税收征管水平，并为建立海关专家制度做准备，天津海关成立“税则归类研究组”，下设化工商品和机电商品两个专题研究小组，负责对税则子目设置及范围，化工、机电产品国家标准，归类数据库应用，国际海关归类动态，新商品归类与研究等做好资料收集、整理、建档工作；熟练掌握海关总署及本关的归类文件，着重对机电产品、化工产品、汽车及零部件进行深入研究。

1999年，海关总署成立“协调制度商品归类技术委员会”。4月，天津海关成立“协调制度商品归类技术小组”，主要负责根据海关总署有关归类文件对本关区重点敏感进出口商品的国家标准，归类数据库应用，国际海关归类动态等做好资料收集、整理工作；研究解决本关区疑难商品归类问题提出归类意见及依据；对本关区重点敏感进出口商品进行研究并收集新商品的资料等工作。是年8月1日起，天津海关开始执行中国海关协调制度商品归类技术委员会做出的归类决定。

2001年，海关总署商品归类中心天津分中心成立（以下简称“天津归类分中心”），除负责本关的归类职能管理外，并负责研究解答全国海关提出的《税则》第47～49章、第72～83章的疑难归类问题。

2004 年，天津海关根据 2002 年海关总署下发的《关于进出口商品实行简化归类的通知》制定《天津海关简化归类工作办法（试行）》，对一次进口品种较多而数量零星、单项货品价值较小且进口总值不超过 5000 美金的某些特定商品简化归类方法以及操作要求进行规范；同时进一步明确：简化归类需在所征税款与正常归类所征税款基本持平的前提下实行，原则上要求简化后所征税款与正常归类时所征税款的差额幅度在 5% 之内。

2013 年，天津归类分中心以归类疑难处置为切入点，为 A 类重点税源企业制定个性化归类服务措施：对企业提出的商品归类咨询实施专人指引和一站式解答；对企业通关中产生归类争议的商品实施专人快线处理；对企业预进口的新商品提供归类专家预约上门服务。

2014 年 7 月 1 日，京津冀区域通关一体化通关方式启动后，北京、天津、石家庄海关互认商品预归类和其他归类专业认定结果。为应对一体化通关方式实施后归类差异率有上升的趋势，天津海关归类分中心于 2014 年下半年开展对京津区域应税报关单归类质量考核集中工作。调取 3000 票京津一体化进口报关单据，归类正确商品项为 2829 项，归类正确率 94.3%；抽样数据中经北京海关审单处审核数据 278 项，归类正确商品项为 259 项，归类正确率 93.16%。

归类问答、归类决定、社会化预归类 新中国成立后，天津海关在商品归类中对难以准确归类或归类意见出现重大分歧的商品，均以公文形式签注意见向海关总署请示，海关总署则以公文形式予以解答；天津海关对商品归类的审核和确定大多发生在通关环节中，此外仅对个别企业和单位致函天津海关的归类咨询做出答复。

1980 年 1 月 21 日，海关总署印发《关于建立税则归类问题解答制度的通知》，其中规定归类问答书对提问海关具有约束力，但如发至全国，则对各地海关具有普遍约束力。

1991 年，天津海关根据海关总署《关于确定进出口货物税则归类的工作制度》，对天津关区归类人员队伍的建立、归类问答书的报送流程、提留货样或资料的操作等事项进行规定。

1993 年 10 月 21 日，海关总署印发《关于加强对废旧货品税则归类疑难问题上报的通知》，要求各关正确执行税则中对不同税号废旧货品的规定；对难以确定其中主要回收物，不易归类的废旧货品，应以归类问答书形式逐案上报核批。

1995 年，天津海关制定《进出口货物税则归类工作规程》，主要内容包括：关税处为负责协调、管理本关区进出口货物税则归类工作的职能机构；现场归类征税人员负责完成对申报进出口货物归类税号的确定，在难以确定归类或遇归类争议时，负责向总关职能机构报送《税则归类问答书》；因税则归类引起的纳税争议，由原征税海关征税部门受理，关税处负责指导。

1996 年，天津海关根据海关总署关税司《关于执行 1996 年调整进口关税税率有关问题的通知》要求，对涉及《1996 年进口商品暂定税率表（部分生产设备）》所列范围内的商品，均由关税处凭进口单位出具的进口合同、发票、商品说明书或其他技术材料进行商品编号及适用税率的税则预归类审批，并签发《天津海关进口商品税则预归类决定书》。

1999年，天津海关下发《进出口商品预归类暂行办法》，为从天津口岸实际进出口货物的收发货人或其代理人提供预归类服务，对接受、受理的商品预归类申请制发《进出口商品预归类建议书》，申请人可凭以报关，《进出口商品预归类建议书》限于天津关区各口岸，对其他关区无效。2000年，海关总署发布《中华人民共和国海关进出口商品预归类暂行办法》，允许申请人对实际进出口前的一般贸易货物向海关提交预归类申请和必要材料，由海关依法作出具有法律效力的商品归类决定。

进入21世纪后，为解决通关压力增大，海关人力资源紧张，预归类引发的执法风险难控等问题，2004年修订的《中华人民共和国进出口关税条例》首次明确正确归类是进出口货物收发货人的一项义务，海关负有依法审核的义务。这一权利义务的重新分配为海关预归类社会化提供法律基础。天津海关归类分中心与天津报关协会于2005年为来自天津关区的67家报关企业的300余名报关员进行专题归类培训。当年，经过考核72名报关员取得三级归类师资格，19家具有两名以上归类师的报关行获得社会化预归类企业资格。

2007年5月1日开始，依照《中华人民共和国进出口货物商品归类管理规定》有关内容，海关总署可以依据有关法律、行政法规规定，对进出口货物作出具有普遍约束力的商品归类决定，明确将对外公开的商品归类决定作为商品归类的法律依据之一；进一步规范预归类做法，规定预归类决定仅对该决定的申请人和作出决定的直属海关具有效力。同年，海关预归类社会化服务试点正式启动。海关总署会同中国报关协会先后在包括天津在内的11个关区进行试点。自2008年起，天津海关商品归类分中心依照海关总署《商品归类决定、商品归类指导意见管理规程》负责审核和接收天津海关上报的《税则》第47～49章、第72～83章商品归类申请，并根据相关法规、规定制发商品归类决定审批稿；对归类有明确规定的商品，以海关总署商品归类指导意见书形式答复归类申请海关。

海关化验 新中国成立初期，对化学成分和结构复杂的商品由口岸海关取样，交由海关总署设在天津、青岛、上海、广州、九龙等海关的化验室化验，以便确定最适合的税号。1953年5月12日，对外贸易部下发通知，各地海关化验室并入当地商品检验局，海关送验商品由各地商品检验局免费代验，按照要求天津海关化验室并入天津商品检验局。此后至1993年，天津海关不再设化验室。

1989年，海关总署提出在天津海关建立化验室、样品室，担负天津口岸进出口主要商品税则归类与许可证管理商品的化验鉴别任务。1993年4月，作为海关总署设立的三个区域性化验中心之一，天津海关化验室建成并正式投入使用，承担北方片16个直属海关进出口货物送检化验任务，16个海关依次为天津、北京、石家庄、哈尔滨、长春、满洲里、沈阳、大连、呼和浩特、乌鲁木齐、西安、郑州、太原、兰州、银川、西宁。1993年10月1日，海关总署《中华人民共和国海关对进出口货物实施化验鉴定的规定》明确，海关总署审核批准设在口岸的海关化验中心和经海关总署认可的其他化验部门的技术鉴定结论是海关行政决定的证据。1993年12月10

日，海关总署人教司下发文件，将天津海关化验室更名为“天津海关化验中心”，以便于执行中华人民共和国海关对进出口货物实施化验鉴定，方便对位联系。

1998年5月25日，海关总署下发《关于对部分进出口商品试行必检制度的通知》，自7月1日起，凡《进（出）口必检商品表（试行）》列名商品且单票合同金额为10万美元及以上的，必须取样送检。是年12月22日，海关总署下发通知，决定自翌年1月1日起对进出口必检商品实行两级动态管理，即将必检商品分为一级必检商品目录（13种）和二级指导性必检商品目录（不少于50种），并视进出口情况可以增减品种。为贯彻执行海关总署《关于对部分进出口商品试行必检制度的通知》要求，天津海关在关区内建立化验联络员制度：在各现场设立专兼职化验联络员，负责督促货主提供单证、资料，及填写化验申请单、统一编号、参与现场采样，取样、送验等工作。2000年，天津海关根据《中华人民共和国海关对进出口货物实施化验鉴定的规定》和《海关总署关于对部分进出口商品试行必检制度的通知》制定《天津关区取样送检工作规范》及《天津关区化验联络员工作制度》，明确规定应取样化验的11种情况及化验工作流程和相关部门的管理职能。同年12月，天津海关化验中心实施《北方片区海关取样送检工作规范》及《北方片区海关化验联络员工作制度》，借以规范北方片区海关取样送检工作，密切天津海关化验中心与北方片各海关业务现场的联系配合。

2002年1月14日，海关总署下发通知，自2月1日起实施《海关化验工作制度》和《海关委托化验工作规程》。2003年，天津海关化验中心通过中国合格评定国家认可委员会（CNAS）的监督评审，获得国家认可实验室资质。2007年，天津海关制定《天津海关化验送检工作规范》。

由于海关没有自己的部颁标准，天津海关通常采用国家标准、其他部颁标准或行业标准作为化验鉴定依据。2001年，考虑到当时国家标准与行业标准中均无税则4807.9000项下复合纸及纸板鉴定检测标准的实际，天津海关化验中心根据税则注释与中国制浆造纸研究院共同开发研究制定《复合纸及纸板的分析方法》，并向海关总署申请将此方法作为海关部颁标准，以填补海关部颁标准的空白。2007年3月28日，根据《中华人民共和国海关行业标准管理办法（试行）》，海关总署批准《硅铝处理的金红石型钛白粉的鉴定方法》和《有机表面处理的二氧化硅的鉴定方法》等14项海关化验标准，自2007年4月1日起实施。

（二）原产地规则

原产地规则，又称“货物原产国规则”。是指一国根据国家法令或国际协定确定的原则制定并实施的，以确定生产或制造货物的国家或地区的具体规定。为实施关税的优惠或差别待遇、数量限制或与贸易有关的其他措施，海关必须根据原产地规则的标准来确定进口货物的原产国，给以相应的海关待遇。

新中国成立初期，天津海关对进口货物实行单一税则税率，不实行差别关税政策。1951年5月起至1985年2月止，天津海关按照1951年《税则》的规定，对进口货物按购自国标准执行普通税率和最低税率，即凡自与中华人民共和国没有贸易互利条约或协定的国家购运的进口货物，应按普通税率征税；自与中华人民共和国有贸易互利条约或协定的国家购运的进口货物，应按最低税率征税。

1985 年 3 月起，天津海关按照 1985 年版《中华人民共和国进出口关税条例》对原产地规则的规定，对产自与中华人民共和国未订有关税互惠条款的贸易条约或者协定的国家的进口货物，按照普通税率征税；对产自与中华人民共和国订有关税互惠条款的贸易条约或者协定的国家的进口货物，按照最低税率征税。1986 年 12 月 6 日，天津海关对完全在一个国内生产或制造的进口货物，经多个国家加工制造获得的进口货物，进口石油产品，进口零部件、配件、备件及工具等根据《中华人民共和国海关关于进口货物原产地的暂行规定》中的 4 项原产地认定标准分别进行原产地确定。

1992 年 5 月 1 日起，天津海关执行国务院发布实施《中华人民共和国出口货物原产地规则》，以完全获得标准和实质性改变标准作为判别原产地的基本标准。

1993 年 10 月 21 日，天津海关根据海关总署印发《关于修改对进口石油产品原产地认定规则的通知》中“废止石油产品以购自国为原产国”的规定，对石油产品视同一般货物改按通常规则确定其原产地。

2001 年 9 月起，天津海关要求经营单位申报进口与实施反倾销措施的被诉倾销产品相同的货物时，应向海关提交原产地证明。

2004 年，《中华人民共和国进出口货物原产地条例》和《关于非优惠原产地规则中实质性改变标准的规定》颁布，于 2005 年 1 月 1 日起正式实施。天津海关根据其中所规定认定标准和管理办法，对非优惠贸易项下货物进行原产地管理。

2005 年，天津海关成立“天津海关原产地管理技术分委会”，负责研究原产地方面的疑难问题，防止潜在的原产地瞒骗情况。分委会下设“优惠原产地管理技术小组”和“非优惠原产地管理技术小组”，第一届委员共 23 人。技术分委会基本职责为：根据国务院《进出口货物原产地条例》对出台的各项非优惠、优惠性原产地规则和具体实施办法提出贯彻执行意见；跟踪、研究本关及其他海关在非优惠和优惠性原产地规则执行过程中出现的矛盾和问题；对关区内原产地预确定决定提出建议；参与和组织全国海关和关区原产地业务的理论研究，组织关区原产地业务培训等。2006年，为配合《中华人民共和国海关特别优惠关税待遇进口货物原产地管理办法》的落实，天津海关将该办法相对于 2004 年《海关关于执行〈中华人民共和国给予非洲最不发达国家特别优惠关税待遇的货物原产地规则〉的规定》调整之处进行整理，并下发关内各部门、各隶属海关及直属单位，要求各部门准确掌握特别优惠关税待遇政策起止时间，准确区分在“完全在受惠国获得或者生产”标准的区别，准确理解“从价百分比”定义及计算公式和“直接运输”原则等内容。2012 年，该文件废止。

2006 年，为给中国—澳大利亚和中国—新西兰自贸区谈判制定科学合理的原产地规则，按照海关总署和关税征管司通知，天津海关针对辖区内 81 家企业，出口澳大利亚、新西兰的 45 种重点产品展开产业调研。通过对企业问卷反馈情况分析，天津海关提出采用CTC标准符合国家相关产业利益的意见。

2013年4月，海关总署关税司对天津、上海、南京、青岛、广州、深圳6个海关所辖海关特殊监管区域和保税监管场所的《中国—新西兰自由贸易协定》项下同一批次进口、分批内销的拟享受协定税率优惠货物，试行原产地证书“一证多批”核销管理，试点期限为一年。天津海关结合本关区现有机制，对优惠原产地货物实行“入区核定，出区简化”，推进优惠原产地货物在特殊监管区域“产地预核，一证多批”原产地管理模式。试运行一年后，“一证多批”模式覆盖天津保税区、保税物流园区、综合保税区、保税港区等多个海关特殊监管区域；吸引82票经第三方转口的享受免关税待遇的非洲农产品在天津海关通关，合计货值3107.78万美元；吸引更多优惠原产地货物享受特殊监管区域物流分拨政策，受惠企业遍布北京、上海、山东、山西等地。

为确保《海峡两岸经济合作框架协议》（ECFA）货物贸易早期收获计划及后续《货物贸易协定》顺利实施，防范原产地瞒骗，2014年4月1日，海关总署开发的“两岸海关电子信息交换系统”正式上线运行，6月2日，中国电子口岸客户端正式运行原产地证书预录入系统。天津海关派员参加海关总署的培训，并在主要通关现场张贴海关总署公告，宣传进出口ECFA货物报关单填制要求及相关事宜；以各业务现场原产地联络员为骨干，为企业提供及时帮助，解决因企业申报错误导致无法享受协定税率的问题，并与海关总署保持24小时的热线联系。自系统上线运行至2014年底，天津海关共接受ECFA货物申报80票，价值8688万元人民币，全部顺利享受ECFA优惠税率，共享受税款优惠493万元人民币

2011年12月，国务院关税税则委员会决定对原产于美国的部分进口汽车实施反倾销和反补贴措施（以下简称“双反”）。天津口岸作为全国进口汽车重点口岸，2011年进口汽车的数量和所征税收分别占全国的38.66%和33.86%，其中原产美国并涉及“双反”税则号列的汽车57230辆，货值20.73亿美元，共计征税104.99亿元，分别占天津口岸进口汽车总量的16.91%、17.21%、17.19%。由于一些汽车制造商（如宝马、奔驰汽车）的生产营销模式等原因，在汽车销售的贸易实际中没有原生产厂商发票，也不提供原产地证明，因此经营单位申报进口涉及反倾销和反补贴措施的汽车时无法向海关提交原产地证明和原生产厂商发票，造成海关确定适用税率困难。鉴于上述情况，为确保此项工作顺利展开，天津海关成立专项小组，在中国汽车技术研究中心的协助下，先后对宝马、奔驰、通用等6大公司提交的300余页近15万字的VIN编码规则文字材料和其中近千条VIN编码记录进行审核、确认，最终提炼出美国装配厂识别方法上报海关总署。2012年4月，海关总署将《涉及贸易救济措施车辆的制造厂车辆识别码公司对照表》（以下简称《对照表》）下发天津等9个海关，通知对于经营单位申报进口部分汽车生产厂商（宝马、奔驰、通用等）公司汽车时能够提交原产地证明但不能提供原生产厂商发票的，海关应要求经营单位在申报时提交关于汽车生产厂商的说明材料及相关进口汽车的车辆识别码（VIN）信息，根据《对照表》确定进口货物所适用反倾销税和反补贴税税率；对于经营单位申报进口上述厂商汽

车时无法提交原产地证明和原生产厂商发票且海关能够通过上述方法确定原产商的，按规定确定“双反”税率，对于车辆识别码与《对照表》所列相关车辆识别码不一致的，可确认货物原产地不是美国，应不予征收反倾销税和反补贴税。

由于“双反”政策实施恰逢欧美国家圣诞节假期前后，造成梅德塞斯—奔驰等部分企业无法为到港的进口汽车提供原产地证书，大量汽车积压在港口。天津海关根据汽车商品的特殊性，在海关总署《进口货物原产地预确地办法（草案）》的基础上，对天津关区内“双反”汽车商品实施原产地预审核制度，对即将到港的非美国原产的汽车实施原产地预审核，并出具《进口货物原产地预审核作业单》，企业凭借《进口货物原产地预审核作业单》到业务现场办理进口汽车通关手续，然后在规定的时间内补交原产地证书。为防范执法风险和税收风险，天津海关将汽车“双反”纳入到原产地管理日常核查和原产地季度考核，建立自查、考核、跟踪机制；对查验确定原产地为美国但无法提供原厂商发票的进口汽车商品，一律按照“其他美国公司”适用的“双反”税率征收保证金，保证税款足额收缴；对涉及汽车“双反”超过法定期限不缴纳税款的报关单进行监控，及时采取税收强制等措施，保证国家的税款安全。

（三）完税价格

进口货物海关估价及价格管理 天津解放后，根据《华北区进出口货物税暂行规定》，津海关对进出口货物完税价格以当地批发市价作为估定依据。为确定进出口货物进口完税价格，津海关自恢复开征关税起即对符合正常状态、趸发数量、自由买卖、直接出售而非转卖4项标准的进出口货物批发市价进行调查采集。1951年《税则》实施后，天津海关取消按进口地批发市价计算完税价格的办法，开始以在采购地的正常批发价格为基础的到岸价格计算完税价格。

1951年9月，贸易部、海关总署、中国银行总管理处联合颁发《进口货物联合审价办法》，由各地对外贸易管理局、海关及中国银行成立联合审价小组，共同核定标准价格表，作为完税价格外的审定及银行结售外汇的依据。1952年8月25日，海关总署明确进口货物完税价格，当尽可能在核发进口许可证时审定，并在许可证上注明，以备货物进口时参考采用。此后，天津海关开始以许可证件所列价格作为计算完税价格的依据。

20世纪60年代中期至70年代末期，随着各口岸对外贸易管理局与海关合并及实行口岸纳税货物的大幅度减少，天津海关与各口岸单位的联合审价制度逐渐流于形式。

海关恢复关税征管工作后，随着税收征管工作地位日益突出，全国海关开始逐步建立价格管理体系，完善价格审核制度。1984年5月，为打击价格低瞒报等行为，海关总署决定在广东分署设立价格处，为全国海关收集和编印价格资料，答复价格查询。1986年，广东分署价格处撤销，海关总署在广州海关设立价格处作为全国海关的价格中心，承担收集价格资料、发布价格信息，答复价格查询的任务。价格中心派员常驻香港，对进境主要商品进行价格调查和追踪。1987年5月，海关总署下发《关于建立全国海关征税价格信息网的通知》，建立三级征税价格信息网。根据海关总署安排，天津海关于是年建立天津关区价格信息网，将本关区搜集的价格资料按月汇总成价格参考表，发关区内各征税现场供审价参考，并报送广州海关价格处。此后，三级征税价格信息网逐步演化为全国、片区和关区三级价格管理体系，对申报价格低于三级价格的进口货物实行海关估价。

改革开放之初，天津海关一直将税收征管工作的重点放在合法进出的监管和对税率、归类、币值的审核以及稽征上，而对完税价格的审核重视不足。以 1987 年为例，天津海关共发现价格低报情况 18 起，补征关税 56 万元，占全国比重 1.7%，与天津海关税收名列全国第四的地位极不相称。为贯彻全国海关征税价格工作会议关于“全面加强审价工作，保证关税政策的贯彻”的精神，天津海关于 1987 年提出将审价工作作为强化征税监管职能突破口，建立审价队伍，完善审价制度，搜集价格资料，加强重点货物价格管理。是年，天津海关制定《关于加强审价工作实施方案（试行）》，设立关区专职价格员负责关区价格工作指导、组织与协调，价格资料收集、汇总及分析，答复现场价格咨询，联系广州价格中心等工作，货管处和新港海关分设专兼职价格员，负责现场价格资料的收集、上报，日常审价、估价，以及对低报价格线索的核查和统计等工作；建立关区价格工作联系单制度、价格资料月报制度、价格工作例会等规章制度；对汽车、电子计算机、复印机、照相机等天津口岸常见、适于单项管理的商品建立专项商品价格档案，对食品、化工原料、机械电气设备、医疗器械等建立大类商品价格档案。在日常审价工作中，天津海关要求审价人员做到“全面审核，重点突出”，要求审价人员对货物名称、规格、原产国、成交价格及条件、成交币制、运费、保险费、回扣、预付款、追加付款、佣金、入门费、技术费等项目进行重点审核；对难以确定完税价格的进出口货物应报关税处进行价格查询；货主对海关估定完税价格有异议时，现场审价员按《天津海关纳税争议复议内部工作规程》相关规定办理。

20 世纪 80 年代中、后期天津海关审价重点

表 5-1-3-17

类别	内容
国别（地区）	中国港澳、日本
经营单位	境外华侨或外籍华人经营的贸易公司；特区贸易公司；外商投资企业；经济开发区企业；地方工贸、农贸、技贸公司；代理报关企业；国内外有联行或联营的企业
商品	日用工业品、家电产品、集成电路、装修材料、轻工原材料、成套设备；特殊经济关系之间的贸易商品、国家限制进口商品、最低限价商品、一揽子交易中的应税商品
伪瞒报手段	将名牌货、正宗货伪报为杂牌或次牌货；伪瞒报货物规格型号；伪报运费、保险费等；赠品低报价格，多报回扣；伪报币值；伪报原产国；伪报计量单位；伪报货物成分；以多报少；将设备硬件款伪报为软件费；漏报进口机械设备预付（迟付）款项；内外勾结使用假发票

1987年10月起，天津海关按照《中华人民共和国进出口关税条例》规定，以正常成交价格为基础的到岸价格作海关估价的原则性估价方法。

1988年，海关总署下发《关于从港澳地区进口的若干货物的完税价格实行最低限价的通知》，对从港澳地区进口的彩色胶卷、相纸、聚酯切片等若干货物实行最低限价制度。1989年1月实施的《审价办法》规定，对某些进口货物海关认为有必要时，可以进口地海关确定的最低限价作为该项货物的完税价格，完善最低限价立法。当年，在天津海关制定《审价工作细则（试行）》中规定，要严格执行最低限价，非经关税处批准不得擅自下浮。

1989年，"北方片海关价格信息网"投入运行。天津海关作为片区负责海关制定《北方片海关价格信息网联系配合办法》；开发计算机功能，编写常见的商品价格资料计算机分析程序和计算机审价案例档案管理系统；建立定期价格资料信息反馈制度；编辑《常见商品价格参考资料》《北方片海关进口化纤布协调价》《审价信息》三种资料。

20世纪90年代初期，瞒报价格现象出现从南向北，从沿海向内地蔓延的趋势，低瞒报手法渐趋隐蔽，伪瞒报价格幅度多者达几十倍，伪瞒报价格成为企业获取利润的一种普遍手段。在天津口岸，国营企业瞒报价格情况明显增多，大型企业所占比例增大，大案较多；大宗货物低报问题增多，手法隐蔽，大型成套设备瞒报部分款项问题开始显现。天津海关围绕海关总署"千方百计保证国家收入"的要求，结合天津实际，拓宽审价思路，及时调整审价工作重点。先后发现隐瞒"利润补偿"，瞒报引进二手设备境外运、杂费，利用特殊经济关系伪报成交价格等案件，并在瞒报大型成套设备分期支付中的预付、迟付款方面取得突破。1990年上半年，天津海关通过审价补税及防止漏税1050万元，科处罚款154万元，分别较1989年同期上涨0.3倍和44倍。1991年4月，海关总署下发《中华人民共和国海关关于进口货物实行海关估价的规定》。天津海关根据该规定，对有申报价格明显低于其他单位进口的大量成交的相同或类似货物的价格，而又不能提供合法证据和正当理由的；申报价格明显低于海关掌握的相同或类似货物的国际市场正常供货的价格，而又不能提供合法证据和正当理由的；海关掌握资料证明买卖双方有特殊经济关系的；及其他特殊成交情况且海关认为需要估价的进口货物实行估价征税。

1993年1月，在"复关"谈判背景下，海关总署将最低限价、协调价格和参考价格改称一级价格、二级价格和三级价格。1994年1月，全国海关实现价格资料计算机联网，海关总署遂废除各片区分头发布的协调价格（二级价格），改称"重点商品指导价"，由海关总署广州价格信息中心发布，全国海关统一执行。在海关总署"全面审价"的要求下，天津海关制定并下发《审价工作规范》，相较之前的审价规范，该版规范中强调海关审价的法律依据及程序，明确估价不得武断，其中规定：海关审价应严格依照《海关法》《关税条例》及《关于审定进出口货物完税价格的工作办法》及其他有关法规规定的程序和方法进行；对一级价格参数非经海关总署关税司审批不得下浮，二级价格参数下浮须经关税处批准，三级价格参数仅供现场参考，遇有疑问可向关税处审价科进行询价；明确规定参考性价格资料仅供估价时参考，不可直接作为完税价格；

关税处审价科负责价格复核及后期审价。同时下发《天津海关价格查询办法》规定，对于申报价格显失正常又不掌握其价格资料的商品、本口岸首次进口的商品、特殊经济关系项下的进出口商品、价格构成因素无法确定的商品、现有价格资料掌握有疑问而无法确定估价标准的商品等，现场审价员可直接向关税处审价科进行价格查询；价格查询以《进口商品审价问答书》形式提交，审价科在时限内答复；审价科根据解答询价情况，将代表性商品及价格以《进出口商品审价问答书》的形式整理下发天津海关各现场，以统一全关区的估价标准。

1995 年，海关总署、国家税务总局、对外贸易经济合作部联合下发《关于对进口货物实行具保跟踪审价的规定》，自是年 9 月 1 日起，对暂时难以确定完税价格的进口货物实行具保跟踪审价措施。天津海关落实规定要求，本着“依法行政、实事求是、促进效率”的原则，制定《关于对进口货物实行具保跟踪审价的管理办法》，规定对进口货物的申报价格明显低于同期进口的相同或相似货物价格而又不能提供合法证据和正当理由的；买卖双方存在特殊经济关系且有嫌疑影响进口货物成交价格的；首次进口的新商品，海关尚无法认定申报价格的真实性和完整性的，以及其他有必要实行具保跟踪审价的进口货物实施具保跟踪审价。实行具保跟踪审价的货物按关税处暂时审定的完税价格收取相当于税款的保证金后先予放行；关税处审价科对该货物价格进行跟踪核查并建立具保跟踪审价档案；结案后保证金多退少补，转为税款入库。根据此办法，天津海关对天津尚赫保健品有限公司特殊经济关系项下进口鱼油进行估价补税，以及对天津本田摩托车有限公司进口摩托车发动机关键件以接受其成交价格结案。具保跟踪审价措施为天津海关审价工作扩展调查取证的时间和空间，使海关估价向国际惯例靠拢，建立起天津海关现场审价与事后审价相结合的审价工作新格局。

1995 年，海关总署在 17 个直属海关设立审价机构，并将全国海关的审价机构分为 3 个片区，天津海关审价办公室作为北方海关审价片区负责单位，负责联系协调片区内各海关的审价工作。1996 年 5 月，海关总署取消三级价格中“最低限价”和“重点商品指导价”的称谓，统称为海关参考价格，但仍分三级：一级参考价格（21 种）由海关总署关税司管理，各关不得自行下浮使用；二级参考价格（30 种）由海关总署价格信息中心管理，各关原则上不得下浮使用；三级参考价格（43 种）由华南、华东、华北价格片区负责海关管理，各关可直接采用；其他参考价格，供各关审定进口货物价格时参考。天津海关在此时期审价工作以一、二级参考价商品为主，包括汽车、毛豆油、钢材等，将价格资料收集、传送工作作为工作重点，实行关区价格资料指标分解，让各相关部门均承担搜集价格信息的任务，以便加强价格统计分析，同时开展后期价格复核。通过加强审价，1996 年上半年天津海关查获多起大要案，补税 10 万元以上案件占补税总额 89%。

1997 年，天津海关按照海关总署“建立关区重点商品审价制度”的要求，制定《关区重点商品审价管理办法》，由审价办每月对本关区三级参考价格以外商品确定一批作为关区重点审价商品，根据国内外各种渠道获取的同期或大约同期进口货物成交价格确定其参考价格。关区重点审价商品主要包括：在天津关区征税额排名较前的非三级参考价格管理商品、进口量突增的商品、伪瞒报价格现象较严重的进口商品及海关总署临时指定的重点审价商品。当某项进口货物成交价格经海关审查未能确定时，关区重点审价商品参考价格可作为相同或类似货物的成交价格，供审价时使用；参考价格确定后输入“全国海关价格资料网”，供现场使用。

1999年，天津海关作为北方片区海关负责单位，根据《海关总署关于在部分直属海关设立审价机构的通知》和《海关总署关于印发〈海关参考价格管理规定〉的通知》，制订《北方片海关价格管理与协调制度》，明确天津海关负责对北方片区内各关申报价格低于第三级参考价格10%以上的进口商品进行价格核定，并报海关总署关税司和价格信息中心备案；片区内各关建立本关区参考商品价格，报天津海关审核；天津海关对各关区重点审价商品进行综合平衡后，报海关总署关税司和价格信息中心；北方片区各关每年由天津海关牵头组织，召开审价例会并开展审价互查。

由于通关作业改革启动后执行集中审核报关单据与现场实际监管相分离的新型通关管理模式，天津海关审价工作面临完成税收任务、适应WTO《估价协议》与通关作业改革的三重挑战，以进口货物实际成交价格确定完税价格的审价原则使审价工作难度加大；海关赖以为标准的三级参考价格范围减少，企业掌握海关参考价格后直接以参考价格申报，发现低瞒报手法的难度加大；社会法制意识增强，因价格原因引起的复议案件增多，关员商品知识及政策水准不高造成估价信心减弱；通关作业改革使电子数据审核与现场单据审核相分离，影响审价效率和质量，导致2000年审价补税数字呈现持续下滑态势。针对此种情况，天津海关将提高税收征管水平作为挖掘税收潜力的主要手段，加强审价工作，探索和建立审价工作新模式，以网络程序监控与单据综合分析相结合，数据分析与审价风险分析相结合，审单、审价、查私部门联系配合，逐步建立价格监控体系。通过价格监控，2000年天津海关先后查获奥林帕斯“全自动生化仪”、以化整为零手法进口“心血管X光发射检查系统”等医疗设备低瞒报价格案。

2001年，海关总署决定分别在上海、天津、深圳、宁波和哈尔滨设立海关总署商品价格信息处，负责收集发布价格信息。是年，天津海关制定《简化进出口货物审价手续管理办法》，对经海关批准的实施A类管理的企业、实施B类管理的企业中信誉较好的国有大中型企业、大型三资企业、进口商品种类单一数量较大进口相对稳定的外贸专营公司等企业制发《XX企业申请按合同价格征税登记表》，企业在货物启运后报关前凭该《登记表》与其他随附单证报价格信息处审核价格，对接受其合同价格的由价格信息处制发《XX企业先按合同价格征税通知单》，交企业报关。

2006年3月，海关总署发布公告，对符合条件的进口货物，海关以买卖双方约定的定价公式所确定的结算价格为基础审定完税价格。公式定价商品多为大宗散货，其中黄大豆、铁矿砂、铜矿砂、石油原油等均属于天津口岸重点税源商品，为贯彻落实海关总署公告要求，天津海关结合关区实际制定《关于审定公式定价进口货物完税价格的操作办法》。同时，设立专门窗口办理公式定价货物备案和审单；针对不同定价方式根据其侧重点制订审价方法；将重点税源商品列入税源户籍管理范围，以企业为单元建立档案，对进口量、定价机制、市场行情等进行跟踪及综合分析；增强关企双向联系，与企业互通信息；加强国际行情跟踪及后续监管。这些个性化审价措施在保证税款应收尽收、及时入库的同时也便捷天津口岸以进口大宗散货商品的重点税源企业通关。

2008年，天津海关各通关现场开始根据海关总署设置的两级价格风险参数审定进出口商品价格。同时，根据海关总署三级价格监控制度，天津商品价格信息处开始对重要大宗商品、管理难度大的重点税源商品、价格瞒骗敏感商品等履行二级价格监控职能，包括跟踪价格变化趋势、开展重点风险商品监控、发现价格瞒骗动向及风险等；天津海关对天津关区主要税源商品、价格风险参数管理商品、国际行情波动剧烈商品、量大高额的单票商品等开始实施三级价格监控，包括监控分析本关区价格瞒骗风险、监控本关区价格风险参数执行情况、落实价格监控报告和价格风险预警信息等。

2008年下半年，国际金融危机波及全球。在金融危机影响下，国家实体经济下行压力加大，产能过剩问题凸显。天津部分企业生产经营困难，一些中小企业资金短缺、开工不足、亏损增加，甚至处于停产、半停产状态。为应对急剧变化的国际国内经济形势，2009年，天津海关将进一步提高通关效率作为支持天津市“保增长、渡难关、上水平”的抓手，尽可能降低企业通关成本，增强进出口企业竞争力。除实行预审价的汽车商品外，天津海关进出口其他商品审价作业主要集中于通关环节；审价风险管理仍以商品为主线，而未体现企业资信对于价格监管的影响；对公式定价大宗货物的管理模式相对落后。针对以上审价瓶颈，天津海关采取一系列措施加强审价管理，提高审价效率，主要包括：重点货物审价前置，将预审价制度由单一汽车商品扩大到主要税源产品；对AA类生产型企业及A类本地生产型企业的审价环节后移，同时加强后续价格监控；下放公式定价合同备案权限至通关现场。

2011年，根据国家及海关总署相关的行政法规和规章，天津海关制定出《审价工作规范》，从审价作业程序、审查内容、价格质疑和磋商、价格专业认定、价格信息资料管理与使用、价格咨询、价格监控、价格核查等方面对本关进出口货物审价工作做出具体规定，明确审单部门、现场海关、保税监管业务现场均应设审价人员对商品完税价格进行审核；明确天津关区估价技术疑难问题范围，提出具体解决办法，并实行重点商品价格风险管理。

2012年年初，多家北京贸易公司增加空运进口挪威产三文鱼业务。天津海关通过与企业前期沟通，做好价格预审核工作，保障冰鲜产品落地通关。是年，国家出台对农业、农村、农民重点扶持政策。为做好“三农”商品价格管理，天津海关为现代种业、种植、农用科技设备、农药、化肥等相关货物设立“绿色通道”，实行24小时快速审价措施，支持“三农”发展。

2014年7月1日，京津冀区域通关一体化通关方式启动后，北京、天津、石家庄海关实现互认商品价格预审核等价格专业认定结果。

出口货物海关估价及价格管理 新中国成立初期，天津海关对向资本主义国家出口的货物依外管局以限价规定而掌握，对向苏新国家出口的货物参照海关总署发给合同价格进行审价。1951年5月实施的《中华人民共和国海关进出口税则暂行实施条例》规定，出口货物以该货售与国外的离岸价格除去出口税作为完税价格。为便于全国各关、各口岸部门掌握天津口岸离岸价，天津海关除答复各关价格咨询函外，另依照外贸部要求将棉籽、蓖麻子、红小豆、绿豆等天津口岸主要出口货物价格变化情况抄送全国，供各有关单位掌握执行。

天津海关恢复关税征管职能后，暂时沿用1951年计算办法，以离岸价格为基础计算出口货物完税价格。1986年10月，在实施的《中华人民共和国海关审定进出口货物完税价格办法》中明确出口货物完税价格的计算公式，即：完税价格 = 离岸价格 /（1 ＋出口税率）。

1988年，国家对铁合金、纺织品等国内紧缺原材料开征出口税之后，出口应税商品价格低瞒报现象逐渐引起关注。天津海关接连发现企业以低报成交价格、高报运保费、以含量计算价格的有色金属低报含量等手法对出口应税商品进行价格瞒报，涉及商品有硅铁、骨粉、山羊绒、钼铁等。为加强出口商品的审价工作，天津海关在各出口现场配备兼职审价员，并对出口应税商品价格资料和海运费价格进行整理，供审价人员参考。1989年1 ~ 10月，天津海关发现出口价格瞒报问题40起，涉及的出口应税商品补税和防止漏税34.5万元。

1992年9月1日起，天津海关依据《中华人民共和国海关审定进出口货物完税价格办法》，实行以出口货物的实际成交价格，即一般贸易项下出口货物的买方为购买该项货物向卖方实际支付的价格为基础审定完税价格的审价办法。

1994年，国家外贸体制和外汇体制进行重大改革后，出口商业瞒骗及低价倾销的情况严重，国务院要求海关“在继续做好进口商品审价工作的同时开展对出口商品的审价工作”。1995年2月起，根据《海关总署关于开展对出口商品审价工作的通知》和《中华人民共和国海关对出口商品审价暂行办法》，天津海关对出口商品开展全面审价工作，在各出口现场设立专门“审价环节”，负责出口应税商品、出口许可证商品、出口协调价格商品价格；制定硅铁、硅钡、锌锭、黄磷、骨粉、骨粒6种商品的参考价格，其中硅铁、黄磷、锌锭被广州价格中心列入二级价格，在全国统一执行；此外，天津海关还将出口商品审价工作注意力由出口应税商品扩展到打击出口套汇、骗退税等领域，形成出口商品价格管理新理念。全面审价工作开始后，天津海关先后查获四川绵阳进出口公司出口硅铁价格低报案，厦门某公司纺织品高报价格骗退税案等。1997年，根据对外贸易经济合作部《关于处罚低价出口行为的暂行规定》《中华人民共和国海关对出口商品审价暂行办法》《中华人民共和国海关对出口商品审价实施细则》和对外贸易经济合作部、海关总署《关于印发出口商品海关审价工作有关规定的通知》，天津海关制定《关于对出口商品审价的工作规程》，对出口商品的海关估价内容、流程、要求做出明确规范。

2002年1月1日起，天津海关对成交价格无法确定的出口货物依次使用相同货物价格法、类似货物价格法、计算价格法、合理方法，对其完税价格进行估定。2002年5月1日起，进出口商会对部分出口商品实行审价制度，海关凭商会预核签章放行。该措施实施后，在出口商品整体价格持续下降的形势下，实行预核签章制度的商品价格反有大幅度的上扬。如天津口岸2002年5～10月，蜂蜜出口平均单价为1.09美元/千克，比上年同期增长13%。彩电出口在经历欧盟长达15年的反倾销立案调查之后，于当年获准重返欧洲市场，2002年5～10月，天津口岸出口21寸彩电5.67万台，单价131.24美元/台，与上年同期相比分别增长29.2%和15.8%。

进口汽车价格管理 天津是国家最早批准的首批汽车进口口岸之一。进口汽车关税在天津海关总体关税中占重要份额，因此对进口汽车价格的管理是天津海关税收工作的重要内容。

1995年，为打击进口小汽车整车及其零部件中的价格瞒骗行为，海关总署将进口小汽车整车的完税价格列入一级价格管理，指定包括天津在内的6个进口整车定点口岸海关每月将进口小汽车价格资料上报海关总署关税司审价办和广州价格信息中心。天津海关按照海关总署要求对进口汽车的审价工作实行集中管理，成立“进口汽车审价工作小组”，集中负责天津关区进口汽车完税价格审定、价格资料信息报送等各项工作。是年8月1日以后，进口的汽车逐票上报海关总署审批。并制定《天津海关关于进口二手汽车估价办法》，明确二手进口汽车估价完税价格公式为：

完税价格 =（外观情况系数 ×10%+ 使用年限系数 ×30%+ 行驶里程系数 ×20%+ 发动机情况系数 ×40%）× 新车完税价格

1998年1月，天津海关下发《关于审定二手汽车完税价格办法的通知》，参照交通管理部门对二手车新旧程度认定标准的规定，明确天津海关对二手汽车完税价格的审定在综合考虑使用年限、行驶里程、外观情况等因素后，可按下列公式计算：

二手汽车完税价格 = 新车价格 × 新旧程度系数

新旧程度系数 =1–（外观情况下浮幅度 ×30%+ 行驶里程下浮幅度 ×30%+ 使用年限下浮幅度 ×40%）

二手汽车完税价格最低不得低于新车价格的60%。

2001年8月起，海关总署要求对现代、起亚、奥迪、宝马4种品牌下进口汽车全部加验原厂发票，对不能提供原厂发票者均须报送审价部门进行价格审批。此项规定实施后，因多数进口商无法向海关提供原厂发票，天津海关各现场向审价部门报送大量汽车审价备核单据，造成天津商品价格信息处日常审批单量大增，审价部门各种职能作用发挥受到影响。为解决上述问题，天津海关一方面通过针对4种品牌汽车制定暂定价格缓解通关压力，同时开展对4种品牌汽车价格的专项调研，并将结果反馈海关总署建议完善和下发新的参考价格。2002年9月，天津海关下发《关于对一般贸易项下买断方式进入保税区的汽车实行预审价的操作办法（暂行）》，开始探索对保税区进口汽车实施价格预申报管理，规定对以一般贸易项下买断方式进入保税区进行仓储，同一合同项下进口相同规格型号的数量超过40辆的或不同规格型号的数量超过50辆的汽车实行预审价。符合上述条件的进口汽车在其申报入区后出区前经企业申请并提交相关单据，天津海关对确定其申报价格为真实成交价格的制发《进口汽车预审价通知单》，并分别通知审单中心、保税区海关及企业；经过预审价并已备案的进口车辆在申报出区时审单部门和保税区海关在预审价所确定的价格基础上加入仓储、运输等区内产生费用确定完税价格；企业在货款全部支付后将付汇单据递交商品价格信息处审核，保税区海关对进出区车辆进行不定期后续监管。

2004年，为提高进口汽车审价工作效率，保证天津口岸重大税源商品快速通关，天津海关制定《提高进口汽车审价工作效率的操作规范》，建立海关与高资信企业合作备忘录制度（MOU），签订MOU的企业定期向海关提供进口汽车情况，各业务现场根据企业提供的价格按照《审价办法》直接进行估价；对部分与海关达成协议的企业的进口汽车及可实施凭原厂发票征税的部分车型，实施现场即决式审价；加大批量进口入区汽车预审价力度，对保税区批量进口入区的同一品牌、规格、型号、合同，数量在20辆以上，以及同一合同、同一品牌项下不同规格数量在30辆以上的进口汽车，企业可参照《天津海关关于对一般贸易项下买断方式进入保税区的汽车实行预审价的操作办法（暂行）》向天津海关办理入区审价，出区时根据价格信息处的审价意见直接审单、征税、放行；对部分高资信的保税区汽车进口企业实行通关环节征税，后续汇总审价，对政府采购等大额进口车辆直接到价格信息处进行预审价。

2009年，宝马公司新款730LI进入中国市场前，集中进口近4000辆旧款730LI轿车降价销售。天津海关通过分析降价部分的不同属性，用毛利率倒算方法将降价部分进行合理拆分，根据《审价办法》的规定，对因关联企业间特殊安排导致的降价部分计入完税价格，此举致使全国各汽车进口口岸成功补税达1546万元。2009年10月14日，德国宝马汽车集团公司派员向天津海关介绍宝马公司有关售后保修服务的供应链调整及相关引起的海关估价问题。12月，宝马总部正式致函海关总署关税司，报告该公司Pro-F-IT计划中关于保修商誉的计划安排（以下简称新保修模式），其中声明进口宝马汽车的CIF价格中将不再包含保修费，保修责任将全部转移给宝马中国公司。2010年5月，海关总署关税司发布《关于加强宝马汽车进口审价工作的通知》，成立宝马汽车保修费审价核心技术小组，由天津海关牵头负责，尽快制定出宝马汽车审价的基本程序和方法，及时评估各关对宝马汽车的审价决定。11月，天津海关召开宝马汽车保修费审价核心技术小组工作会议，天津、大连、上海、深圳、黄埔5个海关的技术小组成员一致认定，海关应不接受宝马中国公司进口新保修模式项下宝马汽车的申报价格并对其审价补税，而应根据《审价办法》规定，以成交价格为基础审查确定进口货物的完税价格。另外，2011年上半年由天津海关牵头，全国开展水货车审价补税工作，共计补税2.67亿元，同比增长147%。

二、税款的征收

（一）一般贸易货物税款征收

新中国成立初期，纳税方式沿用旧制，由口岸海关对应税货物作出征税决定后出具税款缴纳证，交由货主或其代理人向中国人民银行缴纳税款，海关凭加盖银行收讫章的税款缴纳证回执放行货物。1967 年，外贸专业公司实行税利合一后，实行口岸纳税的货物仅限于不按统一作价办法作价的进口货物及行邮物品。

1980 年，天津海关恢复关税征收工作后，与中国人民银行天津分行和天津市财政局制定关于关税单独计征问题的执行办法，除对外贸部各总公司自行进口或代其他单位订购进口并负责对外承付货款的货物仍在北京集中纳税外，对外贸部各总公司向外订购但并不负责对外承付货款的进口货物和地方外贸公司自行订购或代非外贸部门订购进口的以及非外贸部门自行订购在天津口岸办理进口手续的货物，均由天津海关征收关税，并代征工商税。应税进口货物先征税后放行，中国人民银行天津分行与中国人民银行塘沽区办事处新华路分理处凭申报人持有的天津海关签发的“海关专用缴款书”和“海关代征工商税专用缴款书”办理税款交纳手续，对于欠税不交并屡催无效的单位，银行凭天津海关罚款通知从其存款账户中扣收应纳税款及滞纳金。

1987 年，为贯彻执行海关总署下发《中华人民共和国海关关于进出口货物申请担保的管理办法》，天津海关明确天津口岸一般应凭保证金放行货物、凭保证函先放行的货物仅限于船边直装或直放的货物、紧急疏港货物、供生产或市场急需的物资且经有关主管部门认可的货物、危重病人急救用药品及医疗器械等，需凭保证函缓缴税款的，除应由缓缴税单位的上级机构或开户银行担保外，还需经天津海关正、副关长批准。同年，在《天津海关执行〈加强对缓税管理工作〉的实施细则》中，天津海关规定缓税范围仅限于海关总署批准后，通知天津口岸的缓税项目，由于国家提高进口税率或开征新的附加税后进口单位缴税有困难的，缓税只应批准由于税率提高或开征附加税而增加的税款部分，对缴纳全税确有困难的可先征一部分，缓税一部分；缓税应严格遵循审批权限，天津新港海关及天津开发区海关关长有权批准 10 万元以及以下税款的缓交，超过 10 万元但未超过 30 万元的（含 30 万元），报天津海关关长批准，其他业务处凡遇申请缓税均需报天津海关关长审批，缓税期限一般不得超过 6 个月。超过规定数额的缓税项目以及缓税期限超过一年的项目，均需报海关总署批准。1988 年，天津海关仅允许海关总署特准缓税，主管地海关批准缓税的货物申请缓税放行，对光大实业公司、中国国际信托投资公司（不包括各省、自治区、直辖市公司）自担风险购进后再转手出售的设备，凭该公司的保函先予缓税放行，待设备出售后，公司应在第一次收取货款的 7 天内向海关缴清应付税款。1989 年，天津海关因在上一年税收任务增加的情况下实现无欠税，受到海关总署通报表扬。1988 ~ 1990 年天津海关实现连续三年无欠税。

1991 年，天津海关为支持外贸体制改革，开始对天津市外贸、工贸公司及天津海关批准的 17 家“信得过企业”实行“先放后征”。1993 年 1 月 1 日起，取消集中纳税制度，所有进出口货物均在口岸纳税。

2002 年，根据国务院关于加快电子口岸建设的有关指示，海关总署开始研发网上支付系统。2004 年 2 月 23 ~ 27 日，按照海关总署部署，天津海关与工商银行天津分行对“网上支付税费”

进行联合测试。4月1日，天津口岸“网上支付”项目签约开通仪式在天津经济技术开发区泰达会馆举行，天津海关、中国银行、工商银行及首批签约企业等单位参加开通仪式。2005年5月10日，天津海关与中国工商银行天津分行推出进口汽车税款网上支付便捷通关项目，天津港保税区进口汽车通关速度大幅提高，企业资金和海关税款的安全得到保证。

海关税费电子支付系统（以下简称电子支付系统）是由海关业务系统、中国电子口岸系统、商业银行业务系统和第三方支付系统组成的进出口环节税费缴纳信息化系统。2010年9月，海关总署在包括天津海关在内的16个直属海关试点推广电子支付系统。2011年，符合条件的企业可在天津海关采用电子支付方式缴纳进出口关税、反倾销税、反补贴税、进口环节代征税、缓税利息、滞纳金、保证金和滞报金。2012年7月1日，天津海关对进口废弃电器电子产品处理基金开通电子支付功能。

2013年2月1日起，为确保AA类企业享受无纸化通关便利，天津海关对天津本地的AA类企业担保验放流程进行优化调整，凡天津本地AA类企业开通电子支付业务并办理银行电子担保后方可继续享受担保验放通关优惠措施。2013年11月，海关总署启动船舶吨税电子文件管理试点项目，天津海关作为试点单位之一，选取中国天津外轮代理有限公司等7家船舶代理公司作为首批试点企业，12月4日成功打印首票吨税缴款证明书以及吨税执照，税款金额144260.6元。

按照海关征管业务顶层设计的要求，海关总署决定自2013年起在部分关区和企业中试行集中汇总征税，即对经审核符合条件的进出口纳税义务人，海关可以对其一段时期内多次进出口产生的税款集中进行汇总计征。天津海关作为第一批试点海关，先期在关区重要税源企业中宣传集中汇总征税政策及流程，在尊重企业参与试点意愿的基础上选取宝马（中国）汽车贸易有限公司等10家企业作为试点企业上报海关总署，其中5家得到海关总署批准。2013年10月24日，天津海关为宝马（中国）汽车贸易有限公司申报553辆宝马轿车以集中汇总征税方式办理通关手续，货值1818.84万欧元，涉及税款9077.65万元，天津海关进口汽车集中汇总征税通关征管模式正式开通。在实际执行中天津海关发现由于受企业资质限制，信誉担保放行优惠冲抵，税单操作流程等因素的影响，集中汇总征税优势受到制约，故建议海关总署允许天津海关对试行集中汇总征税降低企业资质要求，依托“天津海关银行税款担保系统”，灵活规定汇总纳税期限。海关总署关税司采纳天津海关建议，允许天津海关扩大集中汇总试点范围，选取20家汽车进口企业，利用“天津海关银行税款担保系统”，合理确定集中汇总缴纳期限，开展汇总征税工作。

（二）特殊进口货物税款征收

租赁货物 2009年，经天津东疆保税港区管理委员会申请，天津海关依据《中华人民共和国海关保税港区管理暂行办法》，同意在天津东疆保税港区内具有独立法人资格、具备向海关缴纳税款及履行其他法定义务的企业开展飞机租赁业务。12月，空客（天津）总装有限公司交付首架飞机，由法国空客公司销售给爱尔兰奇龙航空租赁公司，四川航空公司从爱尔兰奇龙航空租赁公司租赁使用，成为飞机租赁中国“第一单”。

2012 年初，在天津滨海新区综合保税区进出口贸易和保税业务逐年提高、区内航空产业及租赁企业高度聚集、空客 A320 总装线及其配套项目初步形成产业链条的背景下，天津港保税区管理委员会致函天津海关，拟在天津滨海新区综合保税区开展融资租赁等新型保税服务业务。天津海关按照《海关总署、天津市人民政府关于加强署市合作的备忘录》中，“支持探索研发、检测、维修、融资租赁等新型保税业务”的要求，报请海关总署拟同意在天津滨海新区综合保税区试点开展融资租赁等新型保税服务业务。2012 年 7 月，财政部、海关总署、国家税务总局下发《关于在天津东疆保税港区试行融资租赁货物出口退税政策的通知》，给予东疆保税港区在租赁出口货物和海洋工程结构物等视同出口货物享受出口退税的先行先试政策。2014 年，针对航空公司购机模式逐渐由一般贸易转向租赁贸易的情况，为确保综合治税成果，天津海关集中开展租赁飞机税款专项核查，查发飞机漏报首付款问题，涉及税款 960 万元。

期货保税交割 期货保税交割是指以海关特殊监管区域或保税监管场所内处于保税监管状态的期货合约所载商品作为交割标的物进行期货交割的过程。2012 年，为推动天津东疆保税港区作为中国北方大宗商品价格中心和资金运营中心的功能，在天津东疆保税港区管理委员会申请下，天津海关报请海关总署拟同意在天津东疆保税港区开展期货保税交割业务试点。2013 年 9 月，海关总署同意在天津东疆保税港区对进口保税存储的 LLDPE（线型低密度聚乙烯）通过大连商品交易所开展期货保税交割业务试点，试点期限 1 年。对以“期货保税交割”方式销售的进口货物以“保税交割结算价”作为成交价格向海关申报。

保税交割结算价 =[（含税交割结算价－相关费用）/（1+ 进口增值税税率）－消费税]/（1+ 进口关税税率）（“相关费用”指商品进口报关报检及代理服务费）

试点 1 年后，东疆保税港区大型化工贸易企业呈现聚集之势，化工类进口贸易大幅增长。

第二章　关税减免

减免税又称税收优惠，是对关税及环节税减征和免征的合称。在国家对外经济贸易交往中，由于受某些国际惯例、国家间关系、国内经济发展政策、国内经济状况和突发事件等因素的影响，需要国家在关税上采取一定的措施给予特别的扶持和照顾，把某些应上缴国家的一部分或全部税款留给纳税人，这种措施就是减免税。中国的减免税分为三大类，即法定减免税、特定减免税和临时减免税，其中又以特定减免税作为海关减免税审批和管理的工作重点。

新中国成立初期，天津海关减免税主要针对进口科教用品和部分进境行邮物品，关税优惠面较窄。20 世纪 60 年代中期至 1978 年，由于当时国内外的特殊环境，天津海关减免税工作基本处于真空状态。1979 ~ 1992 年，为吸引国际市场资金，降低企业引进先进技术设备成本，解决当时经济体制改革中企业自筹资金困难，国家共制定出 50 项关税优惠政策，涉及 157 项优惠规定。在此基础上，天津海关的关税减免工作体系在改革开放过程中逐渐形成和发展起来。在“依法减免”的方针下，天津海关对天津市老企业技术改造、“天津大发”微型厢式货车和“夏利”轿车国产化、天津经济技术开发区建设、天津市利用外资“实益专项”等重点项目所需进口物资依照国家税收优惠政策，进行减免税的审批、请示、执行和后续监管等工作。减免税政策为改革开放初期的天津市在筹集和利用外资，降低企业赋税成本、发展国家扶持行业等方面均起到积极作用。

随着中国加入世界贸易组织（WTO）带来的政策调整和关税税率降低，国家对进出口货物减免税政策中一些不符合国际通行规则的内容被逐步取消，符合国际惯例的关税优惠同时得以完善和发展。2002 年年初，为体现关税减让义务，国家对科教用品的减免税范围做出调整；随着再次大幅度降低进口关税的税率，从 1994 年开始实行的“双限暂定税率”基本取消；此外，国产化率与税收优惠挂钩的关税优惠政策也在此期间终止；外商投资项目的税收优惠政策开始与国家产业调整相关联。针对政策调整和减免税系统的应用，天津海关及时制定相关审批规程和操作规范，在加强减免税管理规范性、科学性的同时，保证国家税收优惠政策落实到位，为企业提供更大发展空间。

第一节　法定减免税

法定减免税是指按照《中华人民共和国海关法》《中华人民共和国进出口关税条例》和其他法律、法规的规定给予的减免税。法定减免税是法律、法规中明确列出的减税或免税类别，其变更需要重新立法，因而具有较强的稳定性，许多是属于国际通行规则规定的税收优惠。

1951 年，在《中华人民共和国暂行海关法》中规定，进口货物有如下情形之一的，经海关查明属实，可酌情减免其进口税：在国外运输途中或起卸时遭受损坏或损失的；在起卸后海关放行前因不可抗力而遭受损坏或损失的；在海关查验时业已破漏损坏或腐烂且非因货物关系人保管不慎导致的。但因对于国际贸易中常见因货物残短、商业习惯、自然条件影响而产生的减免税手续缺乏规范统一的指导办法，致使天津海关与隶属分关在执行减免税上存在分歧，故当时此种情况常以货主申请，天津海关批复方法解决。1954 年，天津海关参照海关总署有关文件，结合具体情况，制订《自资进口货物征税减免退补内部掌握办法》，其中规定：货物发现残短并影响使用价值或超出合理幅度，可在提交商检、人保证明并经海关审核属实后，按商检或人保贬值率予以减征税费；货物超出数量若属气候影响或按商业习惯或合同规定，其超出数量在合理幅度以内且不影响原实付价格的，免予征税；笨重货物在习惯上重量难以要求严格标准的，经查验与许可证重量相差甚微时可按许可证数量计征。此后，对于如粉末状化工品因吸湿潮解而增重部分，或发货方为弥补沿途重量损失而溢装部分等，天津海关均视实际情况根据该办法予以关税减免。

20 世纪 60 ~ 70 年代，海关停止关税征管职能期间，天津海关法定减免税多体现于对个人进出境物品行邮税的减免。

除个别情况外，大多数法定减免税无须事先向海关提出申请，海关即可按规定直接给予减免，同时海关对其一般不进行后续管理，也不作减免税统计。1950 ~ 2014 年，天津海关按照国家相关法律法规，对规定数额以内货品、无商业价值的货样广告品、海关放行前损坏或损失货物、外国政府与国际组织无偿赠送的物资、进出境运输工具装载途中必需的燃料物料饮食用品、按国际公约或协定规定的货品、无代价抵偿货物、暂时进口货物等实行法定减免税，例如，2003 年 11 月天津丰田汽车技术中心（中国）有限公司暂时进口 6 辆丰田汽车，用于研发适用于国内路况的新型规格车辆工作，天津海关按暂时进口货物允许其免税进口，后由于研发工作时间延长，鉴于该项目对天津汽车工业发展重要性，天津海关将其免税期限延长至 2005 年 5 月底。

1949 ~ 2014 年天津海关执行关税法定减免项目一览表

表 5-2-1-18

项目	时间	减免方法
额定数额以内的货品	1950 ~ 1984 年	关税应纳税额不足 1 元的免征
	1985 ~ 2003 年	关税应纳税额不足 50 元的免征
	2004 ~ 2014 年	关税应纳税额不足 11 元的免征
无商业价值的广告品和货样	1951 年	免费赠送的广告品及货样如无其他用途和贸易价值，应予免税；对苏联商务代表处申请货样进口，予以免税
	1956 ~ 1974 年	进出口广告品和价购专用化验用货样及国家机关和国营企业与国外相互免费赠送的货样，免征关税和代征税
	1980 ~ 1986 年	无商业价值和其他用途的货样和广告品，以及纯用于分析化验并将耗费掉的货样，准予免征关税和代征税
	1986 ~ 1990 年	海关核定合理数量内，且每次总值 200 元以下的货样及广告品，免征关税和代征税
	1990 ~ 2014 年	海关核定合理数量内，且每次总值 400 元以下的货样及广告品，免征关税和代征税

续表 5-2-1-18

项目	时间	减免方法
海关放行前损毁或损失的货物	1951 ~ 1987 年	在国外运输途中或起卸时遭受损坏或损失的；在起卸后海关放行前因不可抗力而遭受损坏或损失的；在海关查验时业已破漏损坏或腐烂且非因货物关系人保管不慎导致的，酌情予以减免其进口税
	1987 ~ 2004 年	海关放行前遭受损坏或者损失的货物，可减征或免征关税
	2004 ~ 2014 年	在海关放行前损失的货物，可免征关税；在海关放行前遭受损毁的货物，可根据海关认定的受损程度减征关税
外国政府与国际组织无偿赠送的物资	1949 ~ 1980 年	外国政府赠送物品经国务院（政务院）批准后，予以特案免税进口
	1980 ~ 1985 年	对联合国所属组织或其他国际组织利用其基金或捐赠无偿提供的技术资料和物资设备等，免征进口关税和代征税
	1981 ~ 1985 年	对国际红十字会组织提供的援助物资凭有关证明文件免税放行
	1985 ~ 2014 年	国际组织、外国政府无偿赠送的物品，经海关审查后，可予以免税
进出境运输工具装载的途中必需的燃料、物料和饮食用品	1951 年	驶往国外的运输工具所装途程应用燃料物料，服务人员和旅客所需饮食用品，免征出口税
	1975 ~ 2004 年	对中国国际航行船舶船用燃料、物料，除留船自用的外，对卸地备用和互相调拨使用的均予以免税
	2004 ~ 2014 年	进出境运输工具装载的途中必需的燃料、物料和饮食用品免征关税
按国际公约或协定规定的货品	1951 ~ 1987 年	我国驻外使领馆和外交代表团公用物品进出国境，免征进口税
	1987 ~ 1999 年	中华人民共和国缔结或参加的国际条约规定减征、免征关税的货物、物品，海关按规定予以减免关税
	1999 ~ 2014 年	中国履行国际条约规定进口物资减免关税、进口环节增值税和消费税
无代价抵偿货物	1953 ~ 1980 年	对资本主义国家进口货物因属次劣或与定购合同不符而退运国外的，换回无代价抵偿货物或索赔的，免征关税
	1980 ~ 2014 年	原进口货物退运国外而运进的抵偿货物已缴纳税款的；因原件短少而向国外索赔运进的抵偿货物已缴纳税款的，予以免税
暂时进出境货物	1951 ~ 1956 年	应征进出口税的货样、暂时进出口的工程器材、展览物品、剧团服装道具等，6 个月内复运出（回）国，予以免税进口
	1956 ~ 1985 年	进口的应税货样 6 个月内复运出境的，免征关税、货物税或商品流通税

续表 5-2-1-18

项目	时间	减免方法
暂时进出境货物	1985 ~ 2003 年	经海关核准暂时进出口并在 6 个月内复运出口（进口）的货样、展览品、施工机械、工程车辆供安装用的仪器和工具、电视或电影摄制器械、盛装货物的容器及剧团服装道具，免征进口税（出口税）
	2001 ~ 2014 年	经海关批准暂时进口或者暂时出口的货物，以及特准进口的保税货物，准予暂时免征关税

第二节　特定减免税

特定减免税是根据国家政治、经济政策的需要，对特定用途、特定地区、特定资金来源、特定贸易性质及特定贸易国别的进出口货物，按照国务院制订的减免税规定实行的减免税。

一、特定用途减免

自新中国成立以后，天津海关执行国家不同时期的减免税政策，对科教用品、残疾人专用物品、捐赠物资、技术改造项目、汽车国产化、引进技术消化吸收进口关键件、海洋和陆上开采石油进口物资、渔业及水产品等特定用途的进口物资依法予以关税减免，落实国家的关税优惠政策，支持国家和地方的经济发展。

1949 年 6 月，津海关依照华北人民政府相关命令，对各文化教育卫生机关、公私立学校、公私立医院及公私立慈善机构所进口的图书、仪器、标本、实验用器械及其零件、化学实验用品等，准予申请免税进口。1950 年 12 月，天津海关开始依照经政务院批准实施的《文化教育用品报运进口免税暂行办法》办理相关减免税业务。

1957，天津市民盲人朱怀璋，委托中国仪器进口公司天津分公司从英国进口若干盲人专用仪器和专用物品，用于盲人教学。天津海关根据规定对其进口的教育用品予以免税，另对同批进口的闹钟、卷尺、分度规等课征关税放行。事后，朱怀璋以人民来信的形式上书海关管理局，请求特案予以免税。经海关管理局了解情况后，同意并责成天津海关为其办理退税手续，退还已征的税款。

从 20 世纪 60 年代至“文化大革命”期间，特定用途的减免税情事极少发生，在天津海关的历史档案中也没有此类内容的记载。直至改革开放以后，经天津口岸入境的科教用品、残疾人专用物品、捐赠物资、技术改造项目、汽车国产化、引进技术消化吸收进口关键件、海洋和陆上开采石油进口物资、渔业及水产品等特定用途进口物资激增，执行国家关于减免税的相关规定，对上述进口物资予以关税减免成为天津海关税费征管工作的重要内容之一。由于当时内陆地区许多省份未设立海关机构，按照海关总署确定的职权管辖范围，天津海关除接受天津地区科教用品减免税申请外，还负责管辖山西、河南、青海、甘肃省和宁夏回族自治区各学校及科研单位进口科教用品减免税海关事务。例：1982 年 3 ~ 8 月，在天津海关审批的 433 份科教用品免税申请表中，五个省的份额占到 75%；天津海关严格执行国家减免税政策把好审批关，在 433 份申请中，对因不符合国家减免税条件的 65 份申请未予批准，占申请总数的 15%。20 世纪 80 年代，根据石油工业部对外签订的合作进行物理勘探协议，英、法、美、日等国有关公司派船到中国渤海、南黄海和南海海域进行勘探作业（见表 5-2-2-19）。天津海关依据海关总署《关于来我国勘探石油的外国公司进出口货物和行李物品管理的通知》精神，对外国公司进出口的勘探物资和个人行李物品，外国公司进出口专供勘探用的设备、仪器、工具、器材和船用零备件、通信器材、复印机等物资和供其人员工作、生活需要的物品进行监管，对符合减免税规定的物资予以免征关税和工商税。

1992 ~ 1994 年天津海关执行中国海洋开采石油（天然气）项目表

表 5-2-2-19

区块	批准日期	合作方	主管单位
11/19	1992 年 5 月 13 日	雪佛龙德士古中国能源公司	中国海洋石油总公司 中海石油（中国）有限公司天津分公司
04/36	1994 年 9 月 14 日	科麦奇中国石油有限公司 能源资源海外公司	中国海洋石油总公司 中海石油（中国）有限公司天津分公司
11/05	1994 年 12 月 13 日	康菲石油中国有限公司 康菲石油渤海有限公司	中国海洋石油总公司 中海石油（中国）有限公司天津分公司

改革开放以后，国家鼓励引进国外先进技术，促进企业技术改革和产品升级换代，提高综合经济效益。1983 年 3 月 14 日，国务院批准《关于引进技术改造中小企业在天津进行扩权试点的报告》，对于列入天津市 1983 年技术改造规划，经天津市主管部门批准为改造 200 个中小企业，在 2 亿美元总额度以内进口的设备，可验凭有关批件免征关税和进口工商税。（见表 5-2-2-20）1983 年 3 月 1 日 ~ 11 月 15 日，天津海关共办理引进技术立项免税手续 20 项，总金额 7925320 美元，共免征关税 2665157 元，免工商税 850843 元。对已列入各省、市经委或中央主管部技术改造规划，并已签发立项证明书的富拉尔基重型机器厂、包头钢铁公司、天津钢厂等规模较大的企业均予以核准减免税申请。1985 年，天津海关核准天津市重点改造项目之一的天津食品厂引进丹麦曲奇饼生产线全部免税进口。但随生产线进口的两辆散装面粉专用车不属于免税范围，天津海关经报请海关总署批准，归入与技改项目配套的必需器材，对面粉车按法定税率减半征收进

口关税、增值税和进口调节税，为企业减轻税费 112041.63 元。1989 年，天津海关因支持天津市技术改造工作，受到天津市政府表彰。1990 年 9 月 1 日，天津海关开始实行《对技术改造项目减免税实施联络员制度的管理办法》，以保证各企业减免税设备审批和使用管理到位。天津海关除依法做好减免税审批外，还通过多种手段支持天津市技术改造工作，协助各企业将优惠政策用足用好。是年，为支持国家重点项目“大无缝”（“天津钢管公司无缝钢管工程”的简称）工程“百日会战”，天津海关主动到工程现场办公，通过对 127 台套、价值 425 万美元的设备办理调剂手续，使闲置设备形成新的生产能力，避免重复进口。天津作为老工业基地，技术改造与产品更新换代的任务十分繁重，天津海关落实国家对技术改造的优惠政策，促进企业增强活力，提高技术水平与产品在国际市场的竞争能力。天津电机总厂引进美国雷达公司潜油电泵等主机产品制造技术生产的潜油电泵成为当时天津市十大拳头产品之一，并替代进口，创造出可观的经济效益和社会效益；天津电焊条公司通过引进瑞士技术，使产品达到美国标准，获国际 8 国船级社认可和西德总统颁发的银盾奖，被国家定为电焊条出口基地，年出口产值 1300 万元；天津碱厂技术改造项目总投资 850 万美元，引进设备 28 台套，通过对引进的日本蒸汽煅烧炉技术进行消化吸收，不仅填补国内空白，而且翻版制造出两套煅炼炉设备，节省外汇近 5000 万美元。该厂生产的“红三角”牌纯碱三年累计实现出口创汇 1115 万美元，成为当时国际市场畅销货。据天津海关统计，1984 ~ 1990 年，天津市 900 多家企事业单位进行的 1103 项技术改造和技术引进项目，至 1989 年已累计验收 1026 项，1990 年验收“七・五”期间技改引进项目 785 项，实现新增产值 79.22 亿元，利税 18.40 亿元，创汇 1.29 亿美元，项目平均达产率 87%。1989 ~ 1990 年，天津海关共审批技术改造减免税 282 笔，合同金额 8277 万美元，免税 14349 万元。

1989 ~ 1990 年天津市技术改造项目行业分布表

表 5-2-2-20 单位：万元

	电子	轻工	纺织	机械	化工	公用	石油	物资	铁路	汽车	建材	邮局	医药	乡镇企业	总计
1989 年合同金额（USD）	1412	1418	1316	308	331	98	—	—	—	27	19	3	3	402	5337
1989 年免税金额（RMB）	2108	2376	2124	497	488	146	—	—	—	50	8	5	5	608	8435
1990 年合同金额（USD）	1261	242	50	301	62	147	113	133	104	—	—	12	29	85	2539
1990 年免税金额（RMB）	2429	472	150	467	117	275	264	48	195	—	—	22	43	165	4847
总计合同金额（USD）	2673	1660	1366	609	393	245	113	133	104	27	19	15	32	487	7876
总计免税金额（RMB）	4537	2848	2274	964	605	421	264	48	195	50	28	27	48	773	13282

1986 年，天津市残疾人活动中心委托中国机械进出口总公司在日本订购 60 座大客车 8 辆，用于天津市残疾人活动中心、中国盲人聋哑人协会和天津市盲人的交通工具，提出免税申请。按

规定，车辆不属免税范围，但天津海关考虑到残疾人组织收入经费有限，为残疾人解决困难更体现社会主义制度的优越性，特报请海关总署。经海关总署与财政部研究，同意对该批车辆，全部按法定税率减半计征进口关税和增值税。此后，天津海关按照海关总署的要求，监督上述车辆仅用于为残疾人服务，不得转让、出售或移作他用，否则需按规定照章补税。1994年9月4～10日，第六届远南残疾人运动会在北京举行。根据海关总署通知要求，天津海关为远南运动会5辆残疾人运输专用车、16辆残疾人专用移动厕所及其备件等，共计货值296820美元的捐赠物资办理免税手续。

1989年，南开大学东方艺术系主任、著名画家范曾用在日本、中国香港等地个人作品义展筹集的数百万资金建设东方艺术大楼，许多海外人士纷纷捐赠物资用于建设。天津海关在对捐赠物资的监管中对符合减免税的物资按照相关政策予以免税，对超出减免税政策之外的物资，根据实际情况向上级部门提出减免税建议，帮助学校完成建设。天津海关在监管中严格执行政策，同时坚持“促进为主”的工作方针，在政策规定允许的范围内为地方提供优惠和便利。是年，天津海关依据规定先后为天津大学、天津医疗急救指挥中心、天津市港澳台同胞联谊会接受捐赠的小轿车、救护车办理免税手续。同时，发挥把关职能打击以捐赠名义的各类走私行为，先后查获以捐赠名义走私进口汽车、天然橡胶、旧轮胎等违法违规案件。

1991年，承担培训旅游从业人员工作的天津市就业培训中心，为提高对参训人员外语教学质量，通过中国教学设备公司购置日本松下WE-7600N语音教学设备一套，价值人民币191489元。天津市就业培训中心不属于享受减免税优惠的单位，但因其无力支付税款提出减免税申请，天津海关在核实情况后，经报请海关总署批准，对上述语音教学设备特准按法定税率减半计征进口关税和增值税。1990～1991年，天津音乐学院因教学需要，进口8架韩国生产的TARLMULLER牌钢琴，并接受华侨捐赠的钢琴1架，鉴于学校经费困难，申请减免关税105000元。天津海关经调研了解钢琴是音乐学院教学急需设备后，报请海关总署拟同意予以减免税，后经海关总署特案批准，问题得到圆满解决。1991年1月1日起，天津海关开始实施《对科教用品免税实施联络员制度的管理办法》，以加强和规范对免税进口科教用品的管理工作。

1993年，天津市科技馆进口一套穹幕电影设备，价值229万美元；电视墙系统28万美元；天象厅球体表面用金属复合材料26.7万美元；高科技展品30万美元，合计金额313.7万美元，提出减免税申请。天津海关了解到该设备直接用于青少年科技教育，利于宣传和推广科技领域新技术，具有较高的社会效益，而且此类设备国内尚无法生产，特就此事报请海关总署，建议比照进口科教设备规定给予免征进口关税和增值税。由于恰逢国家对税收优惠政策进行清理，海关总署已暂停对临时减免税的审批，该申请被搁浅。为解决该问题，天津海关主动与天津市人民政府实益专项办公室研究，在天津市人民政府实益专项办公室支持下，按实益专项对181.68万美元的电影设备全部免税，30万美元的高科技展品按具体货名办理减免税，其余进口建材及电视投影设备照章征税，使问题得到圆满解决。

1983 年 4 月，国家确定天津为全国微型汽车大批量生产基地。1985 年，天津市汽车工业公司引进日本大发公司 860 系列微型汽车产品的设计和制造技术，并计划至 1988 年形成年产 2 万辆汽车、3 万台发动机的生产能力，1986 年底“天津大发”微型厢式货车国产化率达到 48%，1987 年底国产化率达到 85%。当时微型厢式货车进口税赋为 252%（关税 120%，增值税 14%，进口调节税 80%），加之日元升值等原因，每辆车的成本达到 32650.67 元，而每辆车售价仅为 27000 元，企业每生产一部“天津大发”汽车就净亏损 5650.67 元。为解决面临的困难，天津市汽车工业公司向海关提出减免汽车散件进口税的申请。天津海关以促进经济发展为己任，由关长带队到企业现场办公了解情况，并根据调研结果提出具体的解决方案报请海关总署。经海关总署与财政部、国家经委研究后，特准同意该企业进口的汽车散件关税税率减按 50% 计征，增值税税率减按 5% 计征，免征进口调节税。此税收优惠政策一直延续至 1987 年。1988 ~ 1990 年，天津汽车工业公司年均进口“大发”微型汽车关键件 13000 台（套）左右，在国家税收优惠政策未明确的前提下，天津海关按照关税税率 50%、增值税税率 5%、进口调节税免征的优惠税率对该公司进口的 38600 台（套）汽车关键件予以担保放行，以缓解企业的资金压力。1991 年底，天津大发微型厢式货车国产化率达到 89% 以上，天津海关经报请海关总署特准，对该企业进口的 23000 套汽车关键件关税按税率减按 50% 计征，增值税税率减按 5% 计征，同时对 1988 — 1990 年凭保进口的关键件亦按此优惠税率转税结案，对天津微型汽车引进技术的消化吸收和国产化给予扶持。

1987 ~ 2000 年，天津海关对天津市的“夏利”轿车国产化生产予以长时间持续的关注和支持。在 13 年里天津海关多次派员到天津内燃机厂、天津制动器厂、天津客车桥厂和天津微型汽车厂（总装厂）等相关企业，实地考察汽车总成及零部件生产过程，查阅企业生产供货计划、入库单证，核查配套能力及国产件与进口件生产搭接的具体情况，了解企业面临的实际困难，帮助企业尽可能争取税赋优惠政策。直至 2001 年 12 月 11 日，根据《中美世界贸易组织市场准入协议》，与国产化率直接相关的优惠政策废止前，“夏利”轿车国产化一直享受着相关的关税优惠政策。

自新中国成立以后，天津海关除对上述特定用途物资依据国家相关规定实施减免税外，还先后对体育用品、广播电视宣传用设备器材、对外宣传品、抗震救灾、抗击“非典”等用途的进口物资依法执行特定减免税。

1990 年和 1992 年天津市引进技术消化吸收进口关键件减免税情况一览表

表 5-2-2-21

年份	引进单位	技术项目	进口设备名称	货值	国产化率	减免意见
1990	天津市机房设备厂	全封闭大功率压缩机制造技术	全封闭压缩机关键件	30685 美元	86%	按法定税率减半计征
1990	天津市自动化仪表四厂	工业用隔膜阀制造技术	工业用隔膜阀关键零部件	12126.93 英镑	92%	按法定税率减半计征
1992	天津市第四机床厂	交流主轴电机制造技术	交流主轴电机伺服系统关键零部件	8347920 日元	85%	按法定税率减半计征
1992	天津市数控机床配套公司	HY01-10 温控式主轴润滑装置制造技术	高压制冷压缩机	8750 美元	89%	按法定税率减半计征
1992	天津市光学仪器厂	红外分光光度计制造技术	光度计关键件	74395 美元	82%	按法定税率减半计征
1992	天津市绘图机厂	绘图机制造技术	磁片	6708000 日元	92%	按法定税率减半计征
1992	天津重型机器厂	曲轴加工技术	多头泵、联轴器、配套法兰盘	11049 德国马克		免征关税和增值税

1988 ~ 1993 年天津市引进技术消化吸收进口样机减免税情况一览表

表 5-2-2-22

年份	引进单位	样机名称	货值	减免意见
1988	天津轻工机械厂	竹片湿法备料设备及 FT－80 竹片洗涤系统	SEK.4940000	—
1990	天津通信广播公司	列车公务旅客移动电话系统	FIM.843915	免征关税和产品税（增值税）
1990	天津市肉类联合加工厂	RI45/114 型组合式绞肉机	DM.79500	免征关税和产品税（增值税）
1990	天津市汽车研究所天津市微型汽车厂	夏利三厢式轿车	J￥.1387000	按法定税率减半征收关税和产品税（增值税）
1991	天津电子高频设备厂	热封熔接机及附件	USD.20580	按法定税率减半征收关税和产品税（增值税）
1991	天津中环电子仪器公司	1253 频率响应分析仪	GBP.5305.50	按法定税率减半征收关税和产品税（增值税）
1991	天津中环电子仪器公司	TEK2211 存储示波器	USD.4232.00	按法定税率减半征收关税和产品税（增值税）
1991	天津中环电子仪器公司	HP8165A 信号源	USD.11527.00	按法定税率减半征收关税和产品税（增值税）

续表 5-2-2-22

年份	引进单位	样机名称	货值	减免意见
1991	天津中环电子仪器公司	HP8116A 脉冲 / 函数发声器	USD.4981.50	按法定税率减半征收关税和产品税（增值税）
1991	天津中环电子仪器公司	HP6033A、6038A 电源	USD.6159.80	按法定税率减半征收关税和产品税（增值税）
1991	天津市电机总厂	变频调速装置	USD.41768.85	按法定税率减半征收关税和产品税（增值税）
1991	天津市自动化仪表厂	PC–0984–685 型可编程序控制器	USD.19736.55	按法定税率减半征收关税和产品税（增值税）
1992	天津动力机厂	D963A1 型柴油机	DM.20000	按法定税率减半征收关税和产品税（增值税）
1992	天津市中环科学仪器公司	化学分析智能光度计	USD.3000	按法定税率减半征收关税和产品税（增值税）
1992	天津市骨科医疗器械厂	骨科手术台上动力器、骨科手术用微型手动动力器	USD.120712	按法定税率减半征收关税和产品税（增值税）
1993	天津汽车公司总公司汽研所	S85 大发厢式货车	USD.10000	按法定税率减半征收关税和产品税（增值税）

二、特定地区进出口物资减免

1984 年 5 月 4 日，中共中央、国务院下发《关于批转〈沿海部分城市座谈会纪要〉的通知》，决定“进一步开放天津、上海、大连、秦皇岛、烟台、青岛、连云港、南通、宁波、温州、福州、广州、湛江和北海 14 个沿海港口城市”。对这些沿海城市技改项目和“三资企业”进口的机器设备等物资予以免征关税和进口工商统一税。是年 6 月 2 日，海关总署下发《关于贯彻中共中央、国务院批转的〈沿海部分城市座谈会纪要〉的通知》，要求各地海关对规定范围内进口的物资，予以免税放行。针对免税货物范围，天津海关建议海关总署，对沿海开放城市进口生产管理设备、建筑器材，为生产出口产品而进口的原材料，元器件、零部件、包装物料等和进口自用的交通工具，办公用品给予中外合资企业同等的税收优惠待遇；对技术改造必需的器材从宽掌握，凡属生产设备的附属件，消耗性的试车材料，专用工具、模具、夹具以及外商无价赠送的设备、零部件等均列为“其他器材”范围，予以免税；对中外合资餐馆、酒馆、美容店等进口的餐料、佐料、化妆品等除烟酒外，进口税率高于 50% 的减半征税，低于 50% 的仍依率计征；明确办公用品范围，对冰箱、洗衣机、烤箱等不应作为办公用品给予税收优惠。

1984 年 12 月，经国务院批准，天津市经济技术开发区成立。1987 年 1 月，天津经济技术开发区海关经海关总署批准成立，并于当年 7 月 1 日正式开关，成为全国沿海开放城市经济技术开发区中设立的第一个海关机构。

1988年5月15日，海关总署发布《中华人民共和国海关对经济技术开发区进出境货物的管理规定》，适用于经国家批准的沿海港口城市兴办的经济技术开发区。天津海关依据《中华人民共和国海关对经济技术开发区进出境货物的管理规定》及其他相关法律法规对经济技术开发区的进出境货物予以减免税优惠。

三、特定资金来源进出口物资减免

天津市拥有中外合资企业始于1979年。至1982年底，天津已有中法葡萄酿酒有限公司、津华盘针制造厂有限公司、天津丽明化妆品合营公司、中国大塚制药公司和天津奥的斯电梯有限公司等5家中外合资经营企业，总投资额达850万美元，其中外方投资403.5万美元，占总投资额47.5%。

1983年，国家经济委员会与对外经济贸易部向国务院提交《关于进一步办好中外合资经营企业的报告》，提出应对合资经营企业进一步放宽政策，建议对作为投资进口机器设备和其他必要物料免征进口关税和工商税；对合营企业为生产外销产品而进口的原材料、元器件、零部件和包装物料等，免征进口关税和工商税。根据此报告，天津海关就如何执行中外合资经营企业进口物资减免税办法拟定《关于执行中外合资经营企业进口物资减免税办法的具体规定》，明确天津海关负责办理天津市、河南省、山西省、甘肃省、青海省、宁夏回族自治区的合资企业的备案登记、减免税审批、制发进口物资手册及进料加工进口物资免税申请表，以及核销、补税工作；对国外合营者按照合同规定作为投资的进口机器设备和其他必要的物料、为开办合资企业以注册资本在国外购买的机器设备和其他必要的物料以及追加投资进口国内不能保证供应的机器设备，经海关审查有关批准证件和许可证，并核对品名、规格、数量、价格相符，一律免征进口关税和工商税。在海关总署未就此问题下达具体监管办法前，全关区暂时以该规定作为统一执行标准。

1983年6月，海关总署、财政部、对外经济贸易部联合下发《中外合资经营企业进口货物的征免税和管理规定》，对外国合营者按照合同规定作为投资进口的机器设备和其他必要物料、为开办合营企业以注册资本在国外购买进口的机器设备和其他必要物料、用追加投资进口国内不能保证供应的机器设备，免征关税和工商统一税；合资经营企业专为加工外销产品而进口的原材料、元器件、零部件、辅料和包装物料免征进口关税和工商统一税，加工后的副次品和内销部分照章征税。同年，天津海关根据国务院《关于加强利用外资工作的指示》，结合天津市利用外资情况，从“放宽税收政策、简化监管手续、加强监督管理”三方面加强对利用外资的管理。据统计，自1980年天津市第一家中外合作经营企业天津市滨海养虾场开业起，至1986年上半年，天津市中外合资企业共签约164项，总投资额55759万美元，利用外资27228万美元。其中有126家在天津海关办理登记备案手续，核准减免税共计9127万元。中国大塚制药有限公司仅用3年时间就成功引进吸收日本大塚30年的葡萄糖大输液生产技术成果；中日合资华意电子有限公司在电子表微型灯泡的生产中吸收国外先进管理经验，日产量超国内同行近一倍，副次品率也低于国内同行。中法葡萄酿酒有限公司的王朝牌葡萄酒、丽明化妆品合营公司的威娜宝系列化妆品、天津奥的斯电梯公司的电梯等实现返销出口，打入国际市场。

1983年，天津市塘沽渤海对外服务总公司、天津市国际信托投资公司与日本东京产业株式会社签订关于在天津市塘沽区合资兴建、经营“北方宾馆”的合同。1984年2月28日，天津海关派员参加北方宾馆项目审查会，介绍海关在吸收侨资、外资建设旅游旅馆进口物资征免税方面的政策规定。1984年8月1日，天津宾馆与神户加西商事株式会社合资经营的“神户之海”酒吧间正式开业，主要接待来自京津的日本和其他外国客商与常驻人员。天津海关依据相关规定对“神户之海”酒吧间进口的装饰品、电冰箱、烤面包机及沙发椅子等59个品种的物品，全部予以免税放行，免税额约为79500元；根据企业的申请，对用于酒吧间进口的洗衣机、打火机、圆珠笔、工作服、化妆品等14个本应按章征税的品种，特准临时免征关税约13800元。

1987年，国务院同意天津市扩大利用外资规模，加快工业技术改造和必要的基础设施建设，为发展天津市以轻纺产品为主的外向型经济。天津市政府成立由副市长聂璧初牵头的领导小组，天津海关关长杨戊辰作为领导小组成员参加。并将促进天津市扩大利用外资规模工作列为天津海关的重点工作内容之一。1988年3月，天津海关本着“优惠、方便、促进、支持”的工作方针，天津海关货管处设专人办理实益专项减免税审批工作，对手续齐全的随到随办；天津海关下属各分关和办事处设专门窗口，对实益专项的进口基础设施和工业项目货物优先办理报关手续；指派联络员参加实益专项办公室工作，主动为市政府提供信息、统计数据、通报动态，提供海关业务的咨询服务。

第三节　临时减免税

临时减免税是指法定减免税和特定减免税以外的其他形式的减免税。临时减免税是海关总署或海关总署会同财政部按照国务院的规定，根据某个单位、某类商品、某个时期或某批进出口货物的特殊情况需要，对其进出口应税货物特案予以的关税减免。

临时减免税的申请必须在特殊情况下提出。通过天津海关申请的临时减免税一般主要有以下几种情况：由于国别政策或经济体制的变化等政策方面的原因，造成经营上亏损或税负过重的；进口用于救灾的；税则税率明显不合理但一时难以调整，造成税负过重的；因特殊原因，国家需要给予专门照顾或扶持的。

1984年，天津市为地震灾后恢复重建工程需进口钢材3万吨、水泥5万吨。天津市人民政府以《关于免征我市专项进口钢材、水泥关税、工商统一税的请示》向国务院申请对该批物资予以税收减免。该申请经国务院批转海关总署办理，海关总署经与财政部研究，为支持天津市灾后重建工作，特准对此批物资关税和工商税按法定税率减半征收。

1984年，天津市人民政府为筹建青少年儿童活动中心，用全市人民捐款进口250万美元游乐机械及配套设备。天津市政府函请海关总署，对该批游乐设施予以免税。鉴于此项目对于丰富天津市青少年儿童游乐教育事业确有明显社会效益，且系市民捐款购置，为将款项尽量用于天津市青少年和儿童事业，海关总署经研究同意给予总值为224万美元的游乐设备予以免征关税和进口环节税；总值17万美元国家限制进口的电声、电视器材本应照章征税，现因其与游乐设施配套使用，特准予以按税率减半计征；对总值9万美元的胶片、相纸、冲洗液等，因属对外营业用品，照章征税。

1989年，天津海关制定《天津海关审批临时减免税实施办法》规定：天津市各单位的临时减免税申请需经天津海关关税处征税科调查核实后报处长及天津海关关长审批，关长审批同意的方可上报海关总署；进口小轿车、旅行车、家用电器、烟、酒、饮料等的临时减免税不再受理；进口专门供救灾用物资由天津市人民政府转报海关总署、财政部及国家税务局联合审批；关税处稽查科负责对临时减免税货物的后续管理。

1992年下半年，天津钢管公司无缝钢管工程作为利用外资兴建的国家重点项目开始试车生产。因当时配套的直接还原铁厂项目尚未开工，作为炼钢原料的直接还原铁国内无法生产，只能依靠进口。天津钢管公司1992年4月拟进口试车用直接还原铁6万吨（关税税率3%，增值税率14%，其中1.8万吨从同中国无关税互惠的特立尼达—多巴哥进口，关税税率6%，增值税率14%），价值884万美元，应征税1003万元人民币。由于该项目全部利用贷款建设，还款付息负担较重，故企业向天津海关提出减免税申请。当时中国石油开采所需套管全部从国外进口，天津海关考虑到该项目建成后年产无缝钢管50万吨，所生产的石油套管将满足国内石油行业急需，可为国家节省大量外汇，且企业在试车期间无经济效益，项目所需资金为“自借自还”，外资贷款达7.5亿美元，还贷期12年，初期确实存在较大困难，因此将天津钢管公司减免税申请上报海关总署，并建议对其试车期间进口的6万吨直接还原铁进口关税税率和增值税税率均按3%征收。在该项目主体工程热负荷试车完成，即将正式投产前，海关总署考虑到企业负担确实过重，同意对天津钢管公司包括4.2万吨试车用料在内的76.2万吨直接还原铁，特准免征关税和进口环节增值税。

1992年，黄河小浪底水利枢纽工程因世界银行贷款资金未到位，建设资金严重短缺，工程施工难以为继。水利部致函海关总署，申请对该工程所需进口大型施工机械给予减免税。为支持国家重点工程项目，海关总署指示天津海关，对其所申请的全液压凿岩台、液压挖掘机及自卸车等31台（架）施工机械特准按法定税率减半计征。

自1994年起，国家停止临时减免税的审批工作，天津海关即不再受理和转报各地区、各部门向天津海关申请或要求海关转报的临时减免税事项。

1980 ~ 2014 年天津海关税收情况一览表

表 5-2-3-23 单位：亿元

年份	征收税款	年份	征收税款
1980	1.62	1998	82.67
1981	3.46	1999	127.98
1982	2.21	2000	185.54
1983	2.69	2001	191.34
1984	5.99	2002	221.14
1985	22.84	2003	290.24
1986	17.95	2004	373.00
1987	14.57	2005	460.74
1988	17.96	2006	562.35
1989	20.64	2007	781.23
1990	17.25	2008	1052.22
1991	19.01	2009	980.84
1992	25.71	2010	1424.47
1993	49.43	2011	1684.51
1994	61.41	2012	1863.93
1995	72.63	2013	1758.60
1996	77.93	2014	1867.22
1997	91.72		

第六篇

保税及加工贸易监管

保税制度（Bonded system），是国际上通行的海关制度。中国海关的保税制度是指中华人民共和国境内企业经海关批准暂缓缴纳各种进口税费所进口的货物，在境内指定的场所储存、加工、装配或使用，在确定动向办结海关手续前始终处于海关监管之下，海关保留征税权。据史料记载，中国海关的保税制度始于 1888 年。

新中国成立初期，由于帝国主义国家的经济封锁，中国实行对外贸易管制政策，中国海关的保税制度既未发展亦未取消。在 1951 年 5 月实施的《中华人民共和国暂行海关法》中规定，对于保税货物的监管办法由海关总署会同中央人民政府贸易部、财政部协商制定，而不受该法限制。

天津解放后，天津海关尚存旧海关遗留的保税关栈制度。1950 年，天津海关发布公告，缩短货物在保税关栈的存栈期限。1951 年，随着《中华人民共和国暂行海关法》的发布，鉴于其内容中已无保税关栈的相关规定，天津海关通告限期停止使用保税关栈，并吊销各关栈的执照。在当时，保税关栈制度的废止，标志彻底消除旧海关为便利洋商洋货所制定的不平等规定，彻底清除掉帝国主义把持旧中国海关的时代烙印。

新中国成立后，中国与苏联缔结《中苏友好同盟互助条约》，是新中国成立后采取的重大外交行动，对当时的国际格局产生着巨大的影响。1951 年 4 月 14 日，铁道部天津铁路管理局天津分局制定《中苏铁路联运货物保税运送暂行补充办法》，规定为便利对进出口及过境货物的监管，天津海关分别在天津站、天津南站、天津北站、新河等站设立海关驻车站办事处，由于塘沽海关距离塘沽站较近故暂不设办事处。海关要配合各车站的工作时间，全天候进行监装、监卸、加封、启封及押运等监管工作。海关指定适当的仓库、场所作为保税区域存放保税货物，不得与其他货物混淆。1952 年 1 月，国家对苏新国家进口的国家合同物资、国营外贸公司从苏联和东欧国家进口货物实行集中纳税，保税制度逐渐淡出。

1953 年以后，随着国家建立国营经济和新经济秩序工作的完成，几乎所有进出口贸易都由国营公司经营，在计划经济的体制下，对外贸易一般按照互通有无、调剂余缺的需要进行，故使海关保税业务未得到发展。1962 年开始，经对外贸易部批准，只有少量用于国际航行船舶物料储备的仓库仍在实行实际意义上的保税制度。此状况一直持续到 1978 年。

1978 年，实行改革开放的政策后，以加工贸易管理为主的保税制度开始在全国各地逐步完善，并迅速发展。1979 年 3 月 26 日，国务院批准公布《以进养出试行办法》，充分利用国外的资金、先进技术和管理经验，促进对外加工制造的发展，降低出口产品成本，提高产品质量，增强出口创汇能力，增加就业，促进改革开放。此后，海关制定出一系列针对对外加工装配、进料加工、补偿贸易、保税工厂、保税集团、保税区以及其他海关特殊监管区域的监管规章制度，保证保税及加工贸易得以发展。

1978 年 7 月 15 日，国务院印发《开展对外加工装配业务试行办法》，次月 30 日，广东省东莞县第二轻工业局和香港信孚手袋制品公司签下全国第一个对外来料加工合同。第一年就获得加工费人民币 100 万元，为国家赚取外汇 60 多万港元。此后“三来一补”（来料加工、来样加工、来件装配、补偿贸易）企业在全国各地得到迅速发展。1978 年，天津市发布《天津市来料加工、来件装配业务的试行办法》，是年 11 月 28 日，天津海关就该办法执行中存在的相关问题向天津市外贸局、天津市计划委员会提出三个方面的 7 条具体意见建议。当年 8 月 18 日，天津手表厂和香港华成国产表行签订全部来件装配海鸥牌手表的协议，成为天津市的首个对外来料加工合同。到 1981 年，天津海关关区的来料加工和补偿贸易的协议或合同已达到 553 份，收取工缴费 702.10 万美元。

1983 年 2 月 9 日，天津海关党组在拟定的《关于天津海关工作改革的初步安排》中，将实行“经营单位自查自报和海关重点核查相结合”的新贸核销制度，给正常的新贸进出口方式以更多的方便和更有实效的监督管理。在调查研究的基础上，试行进料加工保税工厂、保税仓库和按成品率征税的制度确定为业务改革的重点课题。

保税业务的发展，使海关监管从时间上和空间上都提出新的要求。初期，天津海关是由货管部门的人员兼办保税业务。此后，在总关的货管处设立专门负责管理加工出口业务的新贸科。1987 年，在新贸科的基础上扩大成立新贸监管处。

1988 年 5 月 5 日，又正式定名为保税业务监管处。1987 年 7 月成立的天津经济技术开发区海关、1993 年 12 月成立的天津港保税区海关以及 2010 年 12 月成立的天津东疆保税港区海关的主要业务也都是以保税及加工贸易管理为主，保税及加工贸易监管在天津海关的总业务量中占有重要份额。

1981 年 2 月，天津海关批准成立第一家寄售型保税仓库。1983 年 9 月 18 日，天津市第一家海关保税工厂——天津市第二运动鞋厂海关保税工厂举行开工典礼。1987 年 3 月 1 日，天津海关对进料加工一律改用《进料加工登记手册》。1988 年 6 月 18 日，天津海关批准中国外运总公司天津储运分公司建立综合性保税仓库。

20 世纪 80 年代，天津市的保税及加工贸易业务迅速发展，从 1985 年到 1989 年 3 月，在天津海关登记备案的各类加工贸易合同共 10673 份，批准保税工厂 36 家，保税仓库 41 家，海关命名“信得过”企业 6 家。到 1991 年，天津海关批准保税工厂、保税仓库已有 125 家，出口货值 5.73 亿美元，占天津市出口总值 36.1%。从 1979 ~ 1983 年，天津市的中法葡萄酒有限公司、中国大塚制药有限公司、中德合资的丽明化妆品合营工业公司、与香港合资的中国化纤棉制造厂、津华盘针制造有限公司及滨海养虾厂相继投产，经营进料加工生产，1986 年 12 月，上述合资企业都被批准为海关保税工厂。

1987 年 9 月 10 日，海关总署颁布《中华人民共和国海关关于对外加工装配业务管理规定》。是年 12 月 30 日，海关总署颁布《关于进料加工、来料加工、补偿贸易进出口货物使用专用报关单的通知》。1988 年 3 月 1 日起，进料加工、来料加工、补偿贸易进出口货物统一使用专用报关单。

1993 年 12 月 18 日，中华人民共和国天津保税区海关正式对外办公，成为全国 14 个保税区内第一个正式开关的海关。

2005 年 3 月 21 日，天津保税物流园通过预验收，是年 5 月 11 日正式封关运作。在海关、保税区管委会、港务局的协作配合下，一年时间，区内企业增至 33 家，进出货值 37.6 亿美元，征收税款人民币 3.52 亿元。

2005 年 8 月，天津保税区空港物流加工区正式运行，区内注册成立企业近 500 家，初步形成机械及汽车零部件、电子信息、高新纺织等优势产业集群，并形成丰田海外最大零配件分拨基地和国内最大的番茄制品出口加工基地。2008 年 3 月，天津保税区海关对空客 A320 项目实施监管，为空客项目提供量体裁衣的个性化服务和管理模式，使空客项目进展顺利。2008 年 9 月 28 日，国务院总理温家宝出席空客 A320 天津总装工厂投产仪式。

2007 年 10 月 24 日，天津海关组织并通过对天津出口加工区 B 区隔离设施、卡口设施及相关配套设施的预验收。是年 12 月 6 日，天津东疆保税港区（一期）和天津出口加工区 B 区通过国务院联合验收小组的验收。

2011 年，天津海关制定和重新修订《天津海关保税监管执法工作监督检查规定》《天津海关关于加强加工贸易保证金和银行保函管理若干问题的通知》《天津海关防范加工贸易企业逃逸管理办法》《天津海关对保税仓库和出口监管仓库设施管理的通知》《天津海关对保税仓库和出口监管仓库有关业务操作规范》《天津海关加工贸易电子化手册业务操作规范》等一系列保税及加工贸易监管的规章制度，对关区 1400 余家加工贸易企业进行摸底调研。推动天津海关特殊监管区域（保税场所）信息化管理平台建设及对各类特殊监管区域的覆盖工作，“信息围网”监管手段已覆盖天津关区各类海关监管区域。2011 年前 3 季度，天津海关加工贸易手册结案及时性为 99.91%，高于全国平均水平 0.65 个百分点，天津海关加工贸易进口价格水平为 113.52，高于全国水平 13.52，单耗水平 101.25，全国排名第七。

2011 年 1 ~ 12 月天津市企业加工贸易实际进出口金额为 376.47 亿美元，占天津市对外贸易进出口额的 36.48%，同比增长 17.68%。进料加工方式进出口 357 亿美元，同比上升 19.4%，来料加工进出口 19.32 亿，同比下降 10.7%。

2013 年，天津市加工贸易进出口总值 449.9 亿美元（含海关特殊监管区域加工贸易，下同），同比增长 7.9%，占天津市对外贸易进出口总值的 35%，占全国加工贸易进出口总值的 3.31%，增速高于全国平均增速 6.9 个百分点。其中，进口 199.5 亿美元，同比增长 24.1%，增幅高于全国加工贸易进口平均增速 20.8 个百分点，占天津市进口总值的 25.1%，占全国加工贸易进口总值的 4.01%；出口 250.4 亿美元，下降 2.3%，降幅高于全国平均水平 2.1 个百分点，占天津市出口总值的 51.08%，占全国加工贸易出口总值的 2.91%；加工贸易项下实现贸易顺差 50.9 亿美元。是年，全市实有加工贸易经营企业共 1353 家，备案加工合同（电子手册）6651 份，同比下降 7.83%，合同备案金额（电子手册)56.66亿美元，同比增长5.57%。来料加工进出口 33.43 亿美元，同比增长 49.3%，进料加工进出口 416.49 亿美元，同比增长 5.5%。进料加工进出口占加工贸易进出口的92.57%。

2014年1～10月，天津市加工贸易经营企业1173家，备案加工合同（电子手册）4533份，同比下降9.9%，合同备案金额54.78亿美元。

第一章 加工贸易

1979年开始，天津海关逐步开展对外来料加工、进料加工、补偿贸易、出料加工的审批、减免税监管和核销工作。经过30多年发展演变保税业务在不断创新规范和发展，加工贸易的劳力密集型产业相对弱化，补偿贸易等方式相继退出历史舞台，取而代之的保税物流园区、出口加工区、自由贸易实验区等海关特殊监管区域应运而生，成为保税业务的主干。

第一节 来料加工

加工装配（来料加工）业务，是指由外商提供一定的原材料、零部件、元器件，必要时提供某些设备，由国内工厂按对方的要求进行加工或装配，成品交给对方销售，中方收取工缴费。外商提供的设备价款以工缴费偿还。也可以采取灵活作法，运进的原料和运出的成品各作各价，分别订立合同，中方赚取差价，用差价即工缴费偿还设备价款。或者由外贸部门同外商签订合同，承接加工装配业务，然后组织工厂生产，外贸部门同工厂之间按购销关系办理。

中小型补偿贸易，是指国家重点的大型补偿贸易项目以外的，一般轻纺产品、机电产品、地方中小型矿产品和某些农副产品，由外商提供技术、设备和必要的材料，由中方进行生产，然后用生产的产品偿还。补偿贸易原则上要用所产产品偿还，如须用其他商品偿还的，属于中央管理的商品由国家计委及外贸部审批；属于地方管理的商品，由省、市、自治区审批。

海关监管的“加工装配和中小型补偿贸易进出口货物”，是指符合加工装配和中小型补偿贸易规定范围内的，由外商提供进口的原材料（包括辅料和包装物料）、零部件、元器件和设备，以及出口的加工装配成品和补偿产品。

来料加工的贸易方式兴起于20世纪60年代的广东地区，主要限于对香港商人的来料加工，但不享受保税待遇，海关只是按一般贸易管理，在海关统计里也没有单列专项。1978年，伴随对外开放，中国经济发展面临着原材料、人才、外汇短缺的实际情况，而来料加工方式能增加创汇，大量吸纳劳动力，经营简单，风险小，受到政府的鼓励和企业的欢迎，成为首选的创汇方式。是年7月15日，国务院印发《开展对外加工装配业务试行办法》，次年进行补充修订。国务院文件规定加工装配依靠各地方、各部门放手去办，不受现行口岸商品经营分工限制，对加工装配企业给予外汇留成，所用进口料件和设备免征关税，海关凭加工合同查验放行。天津市也适时出台《天津市来料加工、来件装配业务的试行办法》，天津市的加工装配业务开始逐步发展起来。是年11月28日，天津海关根据当时的监管要求，以及相关的法规文件，就该办法执行中存在的与国务院《开展对外加工装配业务试行办法》中不统一的相关问题向天津市外贸局、天津市计划委员会提出三个方面的7条具体意见建议。

1978年8月18日，天津手表厂与香港华成国产表行签订全部来件装配海鸥牌手表的协议。协议规定，香港华成国产表行从国外订购全部手表部件，经天津手表厂装配成“海鸥牌”自动日历手表，由华成国产表行包销，每只收工缴费20元（港币）约折4美元。到1979年7月的一年时间里，天津手表厂与华成表行签订全部来件装配合同6份共5.7万只，装配完成并发往香港7500只，收入工缴费109万港元（约折22万美元）。天津海关从备案审批到核销结案实施全程监管。

1979年7月21日，天津市第一轻工业局提出申请，天津手表厂原有装配能力不能满足来件装配的要求。特别是缺乏自动日历手表的测量仪器设备。为此需引进设备、仪器6台及部分工具。约需外汇86.235万港元（约折17万美元）。根据国务院《关于颁发〈开展对外加工装配业务试行办法〉的通知》中关于“外商提供装配线、零部件和元器件，由我工厂装配成品，交给对方，逐年用应得的工缴费偿还装配线价款。”和“工缴费外汇收入，可用于进口必要的技术设备和物资”的精神，以及双方协议条款第五条“为保证‘海鸥牌’手表质量，香港华成国产表行有责任向天津手表厂提供先进检验仪器”的规定，天津海关同意该申请，经外贸轻工公司协助进口，货款所需的外汇由乙方（华成表行）从应付给甲方（天津手表厂）的工缴费中分期扣除。天津海关按补偿贸易对此合同实施监管。

1979年9月3日，国务院颁发《开展对外加工装配和中小型补偿贸易办法》，肯定开展对外加工装配和中小型补偿贸易，是较快的提高出口产品生产技术，改善产品质量品种，扩大出口商品生产，增加外汇收入的有效途径。有利于发挥劳动力、自然资源和生产的潜力，扩大出口货源，增强出口产品的竞争能力。明确规定，加工装配和中小型补偿贸易所需原材料（包括辅料和包装物料）、零部件、设备的进口，一律免征关税工商税。要求有关单位应将加工装配和中小型补偿贸易合同副本，事先交给入境地海关。原材料、零部件和设备进口以及产品出口时，应填写明细单向海关申报，凭以免税放行。同时废止《开展对外加工装配业务试行办法》。

1980年2月6日，国家进出口管理委员会、国家发展计划委员会、对外经济贸易部、海关总署联合印发《海关对加工装配和中小型补偿贸易进出口货物监管和征免税实施细则》。根据中共中央、国务院关于加强对加工装配和中小型补偿贸易的管理和打击经济领域中的犯罪活动的指示精神，针对加工装配和中小型补偿贸易渠道存在的问题，规范海关对加工装配和中小型补偿贸易进出口货物监管和征免税执法行为。细则建立核发统一的《加工装配和中小型补偿贸易进出口货物登记手册》制度，经营单位须持营业执照、项目批准书、合同备案证明书和对外签订的正式合同副本，向海关办理申领手册手续。经营单位所在省、市、自治区未设有海关机构的，应向分工管理的海关申领手册。同时明确，天津海关负责分管山西、河南、青海、甘肃省和宁夏回族自治区经营单位的手册申领工作。

天津海关依据国务院和海关总署的规定，在对加工贸易、补偿贸易给予支持的同时，结合本关区的实际情况，依照实施细则的规定，重点加强申报审核、货物查验、核销结案和案件处理环节的工作。

在合同审批、登记、立卷环节，天津海关以批准证件作为货物合法进出的依据，以批准的合同作为批准文件的附件，作到征免有序。在审核中，坚持“一定两掌握”，即：定贸易性质，严格区分一般贸易与补偿贸易的界限；掌握合同的批准权限，掌握关税的征免界限。重点审核进口的料、件和设备的品名、数量、价格是否超过批准证件和合同的范围；是否是利用补偿贸易的渠道变相进口物品；以补偿贸易用以补偿的产品和用汇额度是否符合有关政策规定；以补偿贸易进口的汽车和各种机器设备是否经主管部门批准等内容。1980 年，国家进出口管理委员会和国家发展计划委员会按补偿贸易批准的天津市投资公司利用贷款外汇续建大沽化工厂甲烷氯化物工程，在实际运作中，该公司引进的不是设备，而是 600 万美元的贷款。并用其中 65 万美元购买续建工程所需的钢材、木材和车辆，余下的 535 万美元则用于从国外购买市场短缺的电视机、手表、涤纶面料等商品投放市场，用增值的人民币再投资该工程。对购买的短缺商品增值的作法，主管机关在批准证件中未加可否，而且在海关对补偿贸易管理中也无先例可循。是年 7 月 16 日，天津海关就此事请示海关总署，提出对用于该工程建设的进口建筑材料和车辆机械予以免税，对于不符合补偿贸易的规定、与工程无直接关系的其他商品、车辆机械予以征税。8 月 6 日，天津海关接到海关总署的批复，利用外资贷款进口货物，不论是用于续建工程所需的建筑材料和车辆，还是投放市场的物资，均不应视为补偿贸易，应按一般进口货物照章征税。此后，天津海关按照海关总署的批复意见对该批进口商品办理相关征税手续。

是年 8 月 6 日，对外经济贸易部印发经修订的《海关对加工装配和中小型补偿贸易进出口货物监管和征免税实施细则》，规定来料加工项下涉及国家许可证管理及国外有配额限制的商品，企业可凭进出口许可证到海关办理保税货物的进口免税手续。

天津海关为及时掌握各类经营单位的进出口货物动态情况，按来料加工、补偿贸易、中外合资、合作经营等 4 种贸易性质建立登记账本，把经审核符合规定的合同和批件，按其主要内容分别登记在账本上，然后将合同和批件按贸易性质按公司分别立卷既便于查找和统计，又能及时掌握核销进度。在 1982 年 3 月召开的全国海关来料加工、补偿贸易和进料加工的进出口货物监管工作座谈会上，海关总署副署长王斗光在讲话中肯定天津海关采用登记的做法，对海关严密监管、加速验放、便利经营单位、密切主管海关与进出口地海关的联系配合、方便核销起到好的效果。

1981 年 1 月，针对天津口岸的来料加工货物，经常发生同一个合同的货物分别从天津、塘沽、新港三地进口，每次报关经营单位都需要复印一份合同和批件，一方面给经营单位造成不便，另一方面仅凭合同和批件的复印件验放容易发生监管漏洞，造成重复进口。天津海关开始实行签发《加工装配和中小型补偿贸易进出口物品报关手册》(简称《报关手册》) 制度。具体作法是海关在对合同和批件审核后，按合同签发《报关手册》。《报关手册》的封面有贸易性质、合同号、外商名称、经营单位、批准机关及文号等项目，内容共分四栏：第一栏为合同规定外商提供的料、件和设备情况；第二栏为料、件及设备进口记录；第三栏为加工成品出口记录；第四栏为核销情况。经营单位凭《报关手册》向进出境地海关办理进出口报关手续，再将合同执行情况在核销栏内填写清楚退回海关，凭以核销。该制度实行后既便利经营单位报关，又达到海关严密监管的目的。

1981 年 8 月 1 日，正式实施财政部、外贸部、海关总署印发的《专为制造外销商品而进口的原材料、零部件免税和管理办法》。7 月下旬，天津海关与天津市外贸局联合，召集天津市外贸专业公司、工贸公司以及外省、区驻津代表连续召开三次会议，宣传学习新办法，研究具体落实问题。天津海关为此制定《进料加工的原材料、零部件申请免税和办理核销简则》和内部工作措施。

1982 年 1 月开始，在海关总署和相关口岸海关的支持下，天津海关的《报关手册》制度得到推广，先后在多地得到应用。通过应用《报关手册》既节省海关审核合同、批件的时间，也为后序核销提供可靠的依据，既做到加速验放，也起到严密监管的效果；有效地简化经营单位的报关手续，提高通关效率；由于没有《报关手册》经营单位的料、件进口无法放行，成品无法出口，促使经营单位主动向分管海关申领《报关手册》及时办理核销，经口岸海关登记签章进出口数字的《报关手册》，便于分管海关及时掌握情况，及时核销，有效密切分管海关与口岸海关的联系配合。

1982年6月15日，芜湖海关行文天津等9个口岸海关，通知结合安徽省具体情况就实行《报关手册》存在的问题采取三项具体措施，一是针对部分合同存于异地，同时进出口的情况，发放《报关手册》分册；二是对几个合同货物同时进口，而外商提供的发票或装箱单没有分别注明数量的，申报单位要在其中一本《报关手册》上写清进口总量，并在其他各本《报关手册》上分别加注“与 × × 合同一并进口”字样，由进出口地海关签证；三是《报关手册》经营单位栏由负责核销的责任单位盖章，作为海关核销依据。上述措施对严密《报关手册》的管理起到补充完善的作用。

在监管查验环节，天津海关坚持“两按三不放”的原则，即按合同规定验放；按批准证件验放。对查验的实货与合同规定不符的不放；无合同到货或合同到货无批准证件及前批到货应纳税而未完税的不放；没有货运单据或单据与合同不符的不放。天津机械进出口分公司，进口来料加工中周变速器散件，其中有两箱小马达，申报为来料加工合同内货物，经查证落实，该货是公司通过来料加工的客户用留成外汇购买的，本着查验的实货与合同规定不符的不放的原则，经天津外贸局补证后，方予以征税放行。河北省电子工业局进口密封双联可变电容器散件两箱共1000套，查验发现有夹藏未报的录音机、收音机各1台，电子玩具3个，电容分选仪2个，海关予以补税325元并处以罚款500元结案。在依法监管的同时，在政策允许的范围内天津海关尽量给予企业方便，天津友谊罐头厂与西德麦罗索尔公司签订的琥珀桃仁补偿贸易协议，进口的设备及包装材料为17个集装箱，为配合疏港，方便运输，应厂方要求，海关派员下厂查验货物，为企业节省时间和费用，受到企业好评。

在核销环节，天津海关实行统一审核、统一核销。在具体工作中，坚持重点核销与一般核销相结合的方法，把在核销工作中收集到的资料，进行分析研究，对排出的服装、电视机、录音机、手表、收音机、纺织品等重点商品。以及外贸轻工、纺织、服装等重点单位进行重点核销。核销中把重点商品的合同分别登卡立专卷，把进出每一票货物的报关单、登记在核销卡片上，随时与合同数量对比，对卡片登记数与合同相符的单位，海关发“催报函”，敦促经营单位及时到海关办理核销手续，对经营单位退回的《报关手册》，通过与核销卡片的数字进行比对，确定是否相符。但是，仅凭核销海关的“催报函”和经营单位函报的合同执行情况仍具有局限性，天津海关坚持下厂核销，查账、盘点剩余料、件，弄清疑点，掌握第一手的真实情况。天津服装十五厂与香港松柏公司签订衬衣来料加工合同。海关在核销中通过资料分析，发现该合同的设备已进齐，但不见来料，也不出口成品。经下厂调查，了解到松柏公司不供料的原因是认为供料占用资金，负担利息不如提供设备出口衬衫有利。针对核实的情况，海关根据国家相关的政策对其的进口设备予以补税结案。

在开展来料加工和补偿贸易初期，由于主管部门、经营单位对开展国际贸易的经验不足，对规则、概念和管理权限了解不够全面，许多问题陆续发生。如天津文教体育用品进出口公司在签订对外加工转笔刀合同时，由于在合同中忽略约束对方的条款内容，合同规定应于1979年8月开始提供的8吨原料，延至1980年3月仅首付3吨，使得合同不能按期执行。天津轻工业品进出口公司对外加工袖珍收音机机芯5万套，也是由于在合同中忽略约束对方的条款内容，后因客户与美国的订货合同已过期，美方不再要货，致使余下的14747套机芯，积压在仓库无法出口。在海关监管过程中，类似情事屡有发生，导致国内企业处于被动，经济受到损失。再如，由于在合同中规定由国外提供的设备，没有列明名称、规格、数量等具体内容，导致实际进口时海关无法验放，发生纠纷时企业无法索赔。天津海关在对进出口货物监管过程中，本着“促进为主”的工作方针，对在工作中发现的这些问题及时进行归纳，并且有针对性地提出建议意见，呈报给海关总署和地方相关管理部门，供其参考。对天津海关所提的建议，大部分被相关部门所采纳，并运用于具体操作中，保证和促进天津市来料加工和补偿贸易的健康发展。1979年9月至1981年底，在天津海关备案的来料加工和补偿贸易协议或合同达 553 个，其中天津市 443 个，其他省区 110 个。

来料加工和补偿贸易业务的发展，对解决劳动就业、引进先进技术、增加外汇收入等起到促进作用的同时，利用来料加工和补偿贸易进行走私违法活动的案件也不断出现。1981 ~ 1982 年期间，天津海关在对来料加工和补偿贸易的监管环节发现违规案件 11 起，在核销环节发现违规案件 52 起，共计补税 2961471.96 元人民币。对在监管、核销过程中发现的问题，天津海关坚持无论案值大小，所涉及的对象是谁，都坚持依法处理，以维护正常的贸易秩序。天津服装进出口公司与香港怡贸行签订来料加工男长裤合同，进口纯涤纶花呢 81600 码，加工长裤 5400 打，未经批准买给天津市国际信托投资公司，由该司在国内市场上出售，被海关核销时发现，后补交税款 711856.05 元。1982 年 3 月，天津海关在对分管的河南省来料加工进行核销时，发现河南省清丰县仙庄服装厂与香港新新企业公司、河南省安阳县安丰、友谊服装厂与香港雅丽公司内外勾结，签订秘密协议，利用来料加工走私倒卖尼龙布，以高报单耗损耗手段多进料 27000 码，由港商以每码 8 ~ 10 元在国内倒卖。对上述案件天津海关予以依法处理，两案罚没收入共计 351078 元。天津轻工进出口分公司和无线电四厂与香港电捷公司签订 20 英寸彩色电视机来料加工合同，客户用来料加工产品送礼，留下 10 台彩电分送给关系单位，天津海关发现后予以补税结案。天津轻工业进出口分公司与日商签订的录音机来料加工合同，该公司函报其中 25 台录音机留作测试用途，但天津海关在下厂调查核销中了解到，所留的 25 台录音机实际是以物代汇，并被私分送予关系单位，海关查实后予以补税结案。天津机械进出口分公司进口来料加工中周变压器散件，查验发现其中有两箱小马达，申报为来料加工合同内货物，而实际是公司通过来料加工的客户留成外汇购买的，不属于来料加工货物，后经天津外贸局补证后予以征税放行。

1982 年 10 月 1 日，海关总署印发《关于印制、换发〈加工装配和中小型补偿贸易进出口货物登记手册〉等有关问题的通知》，天津海关根据通知精神，对经营加工装配和中小型补偿贸易的单位核发统一印制的《加工装配和中小型补偿贸易进出口货物登记手册》，对已按规定向海关办理过登记手续的单位，换发《加工装配和中小型补偿贸易进出口货物登记手册》。按照通知的规定，每本《加工装配和中小型补偿贸易进出口货物登记手册》收取人民币 1 元的工本手续费。

1983 年 7 月 27 日，天津海关下发结案通知，河南省获嘉县狮子营服装厂与香港青春服装公司签订的服装来料加工协议，因故中断合同导致厂方损失后，港方拟以 5421 条成品裤、16842.7 码布料及部分辅料无偿给予厂方弥补合同损失，海关同意征补关税、工商税合计 3840529 元结案。同时明确港方无偿提供的 38 台各种缝纫设备，仍属海关监管的保税货物，不得擅自处理。在维护企业正当权益的同时，坚持履行海关依法依规监管的职责。

1985 年 1 月 5 日，《天津日报》刊登题为“天津海关对辅料进出口实行新管理办法”的报道，介绍天津海关为适应对外开放，简化手续，便利进出，决定从是年元月起对外商、港商免费提供的辅料，取消进口前的免税申请和出口后办理的核销手续。新办法规定，辅料进口时，有关单位可直接向海关报关，海关则凭销售合同和外贸（工贸）公司填写的“进口货物报关单”免税放行。

1986年5月，天津海关加强对来料加工免税进口货物的后续管理和来料加工到期合同的检查，先后查处天津经济开发公司伪报来料加工情事和天津棉纺四厂、天津棉纺二厂李七庄分厂擅自内销来料加工成品的3起违法违规案件，保护来料加工业务的健康发展。

1987年5月，海关总署会同经贸、财政、工商等部门，联合召开全国对外加工装配管理工作会议，研究各部门各司其职、综合管理措施。国务院办公厅批转上述部门关于加强综合管理促进对外加工装配业务发展意见的通知。是年9月，海关总署转发国务院办公厅上述通知，并下发《海关关于对外加工装配业务的管理规定》，明确来料加工业务范围和备案、核销、深加工结转、内销等做法及法律责任。是年11月13日，天津海关印发通知，要求申报办理来料加工进口报关手续时，在向海关递交的进出口货物报关单备注栏内，须注明核发登记手册的海关名称和登记手册的海关编号，并随附登记手册，以纠正登记手册使用混乱的情况。

1988年5月11日，海关总署转发对外经济贸易部《关于放宽来料加工装配品种限制及有关问题的规定》，除规定不得搞来料加工装配的18种商品外，其他商品经有关管理部门批件、协议合同在海关备案，不再申领出口许可证。

1989年10月，天津海关经调查发现山西省金属材料公司违反来料加工规定出口生铁一案。当事单位无证出口生铁4.3万吨，漏税376万余元。经报请海关总署同意处以罚款200万元结案，对公司进口的23万吨矿粉中尚未履约的部分出口生铁，允许串料加工出口，履行对外加工合同。

1990年底，天津海关根据海关总署《关于京津冀地区开展打击服装来料加工企业违法活动联合行动的通知》要求，开展关区打击服装来料加工“飞料”专项斗争，确定以唐山地区14个加工厂、26个合同，蓟县、静海地区92个加工厂、17个合同，重点打击进料不进厂、进厂不加工，加工不出口的违法活动。

进入20世纪90年代后，天津市的来料加工业务日渐减少。

第二节　进料加工

进料加工贸易，系国际贸易方式之一，简称进料加工。是指国内经营进出口企业用外汇购买进口的原材料、辅料、零部件、元器件、配套件、包装物料等，经加工成品或半成品后再外销出口的交易形式。进口料件由经营企业付汇进口，制成品由经营企业外销出口的加工贸易，进口原材料的所有权和收益权属于经营企业。

中国开展进料加工业务始于20世纪50年代，仅在个别沿海口岸城市开展，业务量不大，也无特殊的关税优惠。从历史资料看，当时天津口岸没有开展该项业务的记录。“文化大革命”期间该项业务中断。改革开放以后，特别是20世纪80年代初进料加工贸易得到快速发展。特别是1987～1988年，国家进行外贸体制改革，凡国家授权机关批准的进出口企业都可开展进料加工业务，使得天津口岸的进料加工贸易走上快车道，其进出口额在加工贸易中的比重超过来料加工，成为加工贸易的主体。

1979年开始出现进料加工业务时，海关尚未恢复征税职能，虽有规定进口时免除应征关税的85%，对其中15%作为不能出口部分照章征税，但至1980年海关恢复征收外贸货物关税后，也只能按照报关人在《报关单》上加注的“进料加工”字样办理征免。此后，尽量对进料加工出台一系列管理制度，但在进料加工业务发展过程中不断出现新的问题和矛盾，天津海关始终本着支持发展的原则，经海关总署的批准同意，采取措施予以解决。

1980年2月，天津畜产进出口公司开拓新的业务途径，公司所属的尾毛加工厂和肠衣加工厂针对国内原料减少的情况，开展细尾毛、马鬃尾、牛尾、猪、羊肠衣的进料加工业务，既解决企业原料不足的问题，同时为国家赚取更多外汇。但由于进口原料关税过高，导致企业亏损严重。如进口尾毛原料平均每公斤44.13美元（折人民币63.99元），加工包装费38元，总成本为101.09元。出口每公斤售价75.86美元（折人民币110元），每公斤可赢利人民币8.01元。但加上进口原料的80%关税（折合人民币41.19元），实际每公斤亏损40多元。羊肠衣原料进口每把为人民币0.6元，加工费1.04元，总成本1.64元。成品出口售价为0.88元，加上进口原料的80%关税（折合人民币0.48元）则亏损1.24元。若按当年进料加工的出口计划为700万美元计算，征收关税后企业实际亏损高达900万元。为此，是年9月2日天津市对外贸易局依据国务院1979年3月发布的《以进养出试行办法》第十四条：“对以进养出中由于进口原辅料国内调拨价格或利润、税率偏高而使出口成品外贸亏损大的少数品种，只要国际市场好销，创汇率合算，经过批准，可采用外贸部门代理进口只收手续费，或免征关税、工商税的办法处理”，向天津海关提出为其免征进口原料关税的申请。后经海关总署同意，天津海关按文件规定为其办理免税手续。是年3月22日，天津海关就进料加工贸易减免税执行问题行文海关总署报请核备，建议海关应凭报关单上加盖的“进料加工原材料”戳记，按对外经济贸易部、财政部的规定予以征税或减免税核放。

1980年5月29日，海关总署印发《关于纺织品公司采用“对口合同”方式进口面、线料加工成品出口关税征免问题的通知》，明确由客户提供面线料进口，加工成品出口，与外（港）商签订购销对口合同，采取开信用证的方法进行结算的，只要企业能够同时向海关提供买卖双方签订的购销对口合同，可按来料加工予以免税。对于购进面线料，加工成品，备货对外推销进口的原料，根据对外经济贸易部、财政部《关于进料加工中的20种进口原材料减免关税、工商税的通知》规定，按进料对待，照章计征15%关税和工商税。是年6月2日，中国纺织品进出口总公司给天津等12个所属的分公司下发《关于海关总署对进料加工贸易免征关税、备料出口贸易改为最低税率的通知》，为顺利执行进料加工贸易免征关税、备料出口贸易改为最低税率。要求各单位配合海关工作，凡进料加工贸易执行统一规定的合同编号，附对口合同编号，并在进出口对口合同上加盖“进料加工贸易”专用图章。6 月 7 日，天津市对外贸易局将海关总署的通知转发给天津纺织品进出口分公司，要求该公司遵照执行，并提示其他各公司类似业务，可按此精神与海关研究办理。

1981 年 3 月，天津海关发布《进料加工进口原材料、零部件申请减免税和管理办法》，公布统一格式的“进料加工减免税申请表”及具体操作流程，此表为一式三份，使用中一份留档，一份在料、件进口前送交进口地海关，一份报关时送进口地海关核查。每份表以一个合同为限，如需分批进口的，进口单位在报关时，应将此表交海关查核，由海关批注实际到货后，签单退回，待该合同料、件全部进口后由原进口地海关核销。

1981 年下半年，天津海关开始实施进料加工免税管理办法。该办法根据相关规定，明确使用“以进养出”外汇进口专为制造外销商品所需的 50 种原材料和零部件，准予免征关税、工商税。但国内加工装配后的副次品，和其他原因不能出口转为内销处理的部分，按品种分别给予 95% 和 85% 的免税优惠后，其余部分照章征收关税和工商税。超出规定的 50 种商品范畴，但确属专为制造外销商品进口的原材料和零部件，其价值占出口成品料、件总值 20% 以上的，海关可给予 85% 免税优惠。该办法还就进料加工成品出口期限，海关的管理、检查，对伪报、违章行为的处罚等都做出具体规定。是年 9 月 14 日,《天津日报》以《为发展对外贸易开绿灯，天津海关实施进料加工免税办法》为标题予以报道。

1983 年 12 月 8 日，天津畜产进出口分公司就与香港大华皮革行、香港德丰裕贸易有限公司分别签订进口生黄狼尾和生山羊尾合同，经加工为成品把毛后出口国外，赚取外汇一事致函天津海关。该公司进口的生黄狼尾和生山羊尾的原产为上海、江苏等地，香港制裘商人从内地购买黄狼原皮和山羊原皮，生黄狼尾和生山羊尾为生产过程中的下脚料，每年都有大量的积压。天津畜产进出口分公司利用天津口岸拥有独特细尾毛加工工艺的优势，以生黄狼尾每根进口价约为人民币 2 元左右，生山羊尾每根进口价仅为人民币 0.2 元的低价，进口生黄狼尾和生山羊尾，经加工后出口成品。按平均每 1000 根生黄狼尾可生产成品把毛 1 公斤，出口售价为人民币 4200 元计，可为国家赚取大量外汇。该公司认为此做法符合进料加工的相关规定，请示海关尽早放行已经到港的进口货物。是年 12 月 20 日，天津海关根据实际情况，认为上述货物不属于出口产品复进口，并请示海关总署。

1984 年 3 月 1 日，根据海关总署通知精神，在中国纺织品进出口总公司及其所属各分公司系统内试行《海关对进料加工进出口货物的管理办法（草案）》。天津海关落实海关总署通知要求，结合天津关区监管工作的实际，拟定在纺织品进出口公司试行《海关对进料加工进出口货物的管理办法》的实施细则，统一关区各部门的做法，规范经营单位自觉遵守规定。同时，走访天津服装、纺织品进出口分公司和企业，组织座谈会听取意见，先后在市区、葛沽、静海等地组织政策宣传活动，天津市经营进料加工业务的54家服装厂中有43家企业参加上述活动，使各方面了解新规定，充分利用好优惠政策。

1985年10月23日，天津海关按照国务院关于在全国范围内认真开展一次税收、财务大检查的指示，印发《关于对进料加工集中纳税减免税进口货物进行核查的通知》，决定对1982年1月1日至1985年9月30日前进料加工集中纳税减免税进口的原料、材料、辅料、零部件、配套件和包装物料进行加工出口执行情况核查。同时对加工后的付次品和以出顶进，销往特区及其他原因转为内销的补税情况进行一次全面检查。要求进料加工企业认真全面开展自查。

天津服装进出口分公司，1984年曾签订142份销往深圳特区的进料加工合同，当年因部分原料、成品内销向海关补缴1534万元税款。核查中经公司自查再补缴税款30余万元。在海关复查中，又发现应补报的偷漏税款46万元，海关追补回税款后，对其偷漏税行为课罚5万元。同时还发现执行上述合同的加工厂偷漏税5万余元，海关按违章情节对其中的4家企业也课以处罚。

1986年3月31日，海关总署下发通知，要求各关对来料加工、进料加工、补偿贸易、保税工厂和各类保税仓库的监管和核销情况进行专题总结。自1979年天津海关逐步开展来料加工、进料加工、补偿贸易、保税工厂、保税仓库的审批减免税监管和核销工作，截至1985年底，得到快速发展，由1980年天津只有8家外贸专业公司开展上述业务增加到55家公司；海关审批进料加工合同从1981年的213份增加到1322份，增长达5.2倍；涉及的加工生产企业由几十家增长到929家；进料加工的品种由1980年的7类增加至21类。进料加工的产品也由最初的简单加工逐步发展为复杂加工。海关在监管过程中，培养起一支既熟悉海关业务又懂财会知识和生产常识的核查队伍，形成一套科学的监管方法和工作流程，完善健全起内部管理制度，在坚持促进为主的同时，严厉有效地打击偷漏税及违章走私行为。

1986年9月12日，天津海关制定《对多道工序进料加工审批和核销办法》，发外贸工贸公司执行。是年，天津市对外签约的中外合资企业164家，正式开业投产的64家，生产性从事加工贸易经营的24家，占合资企业37.5%。

1987年1月1日，天津海关正式启用《中华人民共和国海关对外商投资企业履行产品出口合同所需进口料件加工复出口登记手册》，手册由海关对外商投资企业合同或进出口合同进行登记备案后核发。

是年3月1日，天津海关对外贸、工贸经营的进料加工业务全面实行《登记手册》管理办法。同时，改革进料加工核销办法，建立进料加工经营单位核销员制度，由“双轨”制改为“单轨”制，由海关既向外贸公司核销，又向承接加工业务的工厂核销，改为海关只向外贸公司核销，而由外贸公司向加工厂核销。通过此项改革，把海关的专管与企业的自管相结合，实现核销的规范化、制度化，同时简化海关的核销层次和手续，改逐个合同核销方法为按不同经营方式和不同商品为主核销，提高工作效能，促进并增强企业的政策及法治观念。在由“双轨”制改为“单轨”

制后，为加强核销环节的监管力度，强化后续管理，除提高海关核销人员的专业水平外，还在企业建立起专职核销员制度。是年5月27日，天津海关在蓟县举办首期加工贸易核销员训练班，来自天津市、唐山、秦皇岛地区的服装、毛纺、针织、丝绸行业143个加工厂和外贸、工业公司的223名核销员参加为期7天的脱产培训。培训结业时，通过考试对197名考试合格的学员，海关颁发结业证书，并予以登记注册，批准担任本厂、本公司的专职核销员。对一贯遵守海关规定，按海关要求设立专门账户并有专人管理，没有发生违反规定和违法行为的单位，经上级主管部门担保认可，授予进料加工企业合格单位称号。

是年9月10日，海关总署印发《中华人民共和国海关关于对外加工装配业务管理规定》。11月1日起实施。12月30日，海关总署印发《关于进料加工、来料加工、补偿贸易进出口货物使用专用报关单的通知》，1988年3月1日起实施。专用报关单的使用，从制度上使核销工作得到进一步的保障。

1987年12月，海关总署印发工作简报，介绍广州、上海、天津海关加强进料加工核查核销，取得成效的经验。1985年至1987年10月，天津海关追补税达1259.56万元。偷漏税商品是国内外差价大的原料和成品，如化纤布料、化工原料、金属材料、服装、皮革、包装材料等，违法主体为外贸公司和加工厂，集中纳税单位尤多，其手法多为海关不到厂不申报核销、国产原料串换进口料件出口、高报单耗、擅自内销等。

1988年3月17日，天津海关接海关总署通知，即日起，全国海关对进料加工统一实行《登记手册》管理。

1988年11月，天津海关在全国海关货管统计工作会议上专题介绍坚持制度，做好对进料加工业务的核销管理工作的情况。自1980～1988年，天津市共登记进料加工合同12141项，1987～1988年仅一年登记的合同就达3549项，进口料件金额约6亿美元。针对“进料加工”已经成为天津市加工贸易的主体，天津海关从实际出发，采取灵活措施，支持进料加工业务的健康发展。从1983年开始，在加强海关对进料加工业务的规范管理的同时，先后实行进料加工保税工厂、进料加工备料保税仓库，对转厂加工实行两次保税，对精加工、深加工、多环节、多程序加工的，试行按消耗定额比例征收进口关税和核定出口成品定额数量相结合的管理方法，方便和促进企业的经营和生产，降低换汇成本，扩大出口创汇。通过建立健全管理制度，保证各项监管的有效性。从审批、监管、核销三个重点环节着眼，内部完善登记、统计制度，审批、复核制度，档案管理制度，岗位责任制；对外建立进料加工企业核销员工作制度，经营单位自查自报制度，对不按期到海关核销企业的警告制度，与主管部门的联系制度。

1989年6月12日，天津海关针对进料加工成品销往经济特区的监管问题，依据国家和海关总署的相关管理规定，拟定《对进料加工成品减免税销往经济特区管理的暂行规定》。是年9月18日，海关总署批复同意天津海关试行此规定，并请各特区主管海关予以配合。在予以进料加工贸易支持的同时，天津海关针对在当时贸易活动中，以进料加工方式申报出口国内产品而将进口原料在国内擅自销售，偷逃进出口关税的案件突出的情况，加大打击力度。当年，仅天津新港海关就查获此类案件 6 起，追补税款 100 万元，罚款 41.3 万元。

1990 年 4 月，天津海关根据海关总署要求对开展进料加工监管情况进行总结。1985 ~ 1990 年，天津海关共受理登记备案进料加工合同 11590 份，办理核销结案合同 10400 份，核销比例达 89%。经营单位由初期的不足 10 家，增加到 200 家，加工生产单位由几十家增加到近 2000 家。1989 年，天津市进料加工进口值 29004 万美元，占全市进口的 31%，出口值 52967 万美元，占全市出口的 34%。进料加工的品种由 20 世纪 80 年代初期的服装、餐具、皮革等几类，发展到包括建造船舶在内的数十个门类千余个品种。海关采取措施，提供方便，支持进料加工业务的发展，制定《加快天津市外向型经济发展的 12 项优惠措施》。同时加强核销监管，查处违法违规案件。中国天鹅进出口公司进料加工合同进口羊毛加工出口提花纯毛毛毯，擅自内销 19747 条，偷逃税 20 万元，擅自以国产羊毛替代进口羊毛生产出口纯毛毛毯 18678 条，偷税 19 万余元。海关依法追缴其等值价款 111 万元、罚款 5 万元。

1992 年 8 月 19 日，天津海关印发通知，开始试行《对进料加工保税集团的管理办法》。保税集团为经海关审核批准的，由有进出口经营权的外贸公司、工贸公司或自营出口企业和若干加工生产出口产品的企业组成，进口一种或多种原料，需经两道以上工序或若干企业加工生产同一最终产品出口的连锁保税联合体。保税集团成员单位，享受海关保税工厂待遇。1993 年 1 月 5 日，海关总署正式颁布《中华人民共和国海关对进料加工保税集团管理办法》。

20 世纪 90 年代中期开始，天津市的进料加工贸易发展开始逐渐减弱，海关对进料加工的监管也趋于常态化、规范化。

1996 ~ 2002 年，国家对来料加工和进料加工实行的不同优惠政策逐渐趋同，海关对其的差别管理也统一为加工贸易管理，监管的重点是整顿加工贸易秩序，规范保税企业经营。天津海关依据国家和海关总署的相关规定适时调整自己的工作重点和方式。

第三节　补偿贸易

补偿贸易是国际贸易方式之一，在国际贸易中占有重要位置。补偿贸易是用返销产品或劳务的价款偿付进口货款，即由境外厂商提供或利用境外出口信贷进口生产技术或设备，由境内厂商进行生产，在约定的期限内，以返销产品方式，分期偿还对方的技术、设备价款或借款本息。补偿贸易分为直接补偿，即以其进口的技术、设备生产的产品返销给境外供货商；间接补偿，即经贸易双方同意，可用其他产品进行补偿。此外还有部分补偿、部分现汇、来料加工以加工费补偿等形式。

20世纪80年代改革开放初期，中国广泛采用补偿贸易方式引进国外先进技术设备，但规模不大，多为小型项目。补偿贸易在天津发展初期，作为一个新事物，社会各界对其了解有限，海关对补偿贸易进出口货物的监管也是一项新业务，经常出现一些新情况，新问题。天津海关对不符合补偿贸易的进出口货物坚持严格依法监管，对符合补偿贸易的则本着支持、促进的原则，尽量为企业提供通关便利。

1980年4月12日，天津海关致函天津市进出口管理委员会，就天津棉纺四厂与香港松柏补偿贸易合同一事，按照国家相关政策规定提出五条具体意见。明确凡未经批准的未列名物资或合同外物资海关均不予以放行，同时明确办理报关手续的责任部门、要求和程序。既严格履行海关的监管职责，同时指导企业正确理解海关规定，掌握海关通关流程，加快货物验放速度。

1981年1月17日，天津海关在关区试行“加工装配和中小型补偿贸易进出口物品报关手册”（简称“报关手册”）制度，海关接到合同副本和批准证件，经审核后发给“报关手册”，进出口货物凭手册办理相关手续。为严密监管和简化手续，天津海关致函北京、九龙、广州海关，请求予以配合。如有天津有关单位经营加工装配和中小型补偿贸易而进口的设备和原材辅料在上述各关进口的，请按“海关监管货物”转运至天津海关办理进口手续，如持有“报关手册”的，请在核放后在报关手册上签章。

是年11月16日，天津市进出口管理委员会印发《关于实行对外加工装配、补偿贸易合同（协议）备案证明书的通知》，根据该通知要求，于1982年1月1日起，天津海关对利用外资在300万美元以下的对外加工装配、补偿贸易合同（协议），凭天津市进出口管理委员会颁发的备案证明书，按规定办理有关手续。对利用外资超过300万美元的对外加工装配、补偿贸易合同（协议），凭国家进出口管理委员会颁发的备案证明书，按规定办理有关手续。

至1982年，天津海关有来料加工、补偿贸易合同、协议或洽谈纪要共185份。其中包括来料加工装配合同173份、补偿贸易8份，天津口岸的加工装配和中小型补偿贸易初见规模，天津海关在促进为主思想的指导下，逐步摸索监管和核销方式。

1982年，天津海关在对补偿贸易进口货物监管查验中实行“两按三不放”的作法，即按合同规定和批准证件验放，对查验实货与合同规定不符的、没有货运单据或单据与合同不符、无合同到货或合同到货无批准证件和前批到货应纳税而未完税的货物都不予放行。天津市投资公司申报拟引进外资，以补偿贸易方式续建大沽化工厂甲烷氯化物工程，天津市、国家进出口委和国家计委都是按补偿贸易批准该项目。天津海关在审核合同中，发现该公司引进的不是设备，而是600万美元；在引进外资600万美元中，只有65万美元用于购进续建工程厂房所需的钢材、木材，而535万美元用于购进市场短缺物资，如电视机、手表、涤纶面料等投放市场，换取增值的人民币再投资大沽化工厂工程。天津海关认为此举不符合补偿贸易的规定。后经请示海关总署得到批复，明确不能按补偿贸易方式对待。在依法监管的同时，也尽量给予企业方便。天津友谊罐头厂与西德麦罗索尔公司签订的琥珀桃仁补偿贸易协议，进口的设备及包装材料装于17个集装箱内，天津海关为配合疏港，应企业要求派员下厂查验，既方便企业快速通关，也为企业节省相关的费用。

1984年8月31日，天津海关接海关总署通知，同意对天津钟表厂申请的以补偿贸易方式进口价值17.5万美元的生产大钟机芯的机器设备及工模具，特案准予免征进口关税和工商税。对该厂进口的6.3万美元半成品件，按进料加工办理，按实际情况规定复运出口限期，届时不能出口则予以补税。

1984年12月11日，天津海关回复天津市对外贸易局，鉴于塘沽外运公司进口五十铃工具车12辆办理补偿贸易手续一事，明确答复该批车辆拟用运输费分批偿还车款的做法不属于补偿贸易，需按一般贸易领证征税办理进口手续。

1986年2月15日，天津海关开始执行《对加工装配、补偿贸易、进料加工的核销办法》，明确对外贸公司和工贸公司的核销内容为：核查实际进口的原、辅料的品名、规格、数量以及调拨使用情况，核查从加工厂收购的和已出口的成（产）品的品名、规格、数量，核查原、辅料及成（产）品的剩余情况。对加工厂的核销内容为：核查加工厂从外贸、工贸公司调进的原、辅料的品名、规格、数量，核查成（产）品的单耗量，总耗量核查加工厂交给外贸、工贸公司的成（产）品的品名、规格、数量，核查原、辅料及加工成品有无剩余等情况。

1986年11月6日，天津海关给天津市各外贸专业分公司及天津、唐山、秦皇岛、石家庄服装工业公司、天津地毯工业公司、开发公司、信托投资公司发函要求各单位对1984年1月1日至1986年10月31日来料加工、进料加工、补偿贸易进出口货物征免税情况进行自查。重点检查申报不实和未经海关批准，擅自转让、出售减免税货物的问题。此后，天津海关连续三年以自查方式对来料加工、进料加工、补偿贸易进出口货物征免税情况进行检查。

1987年，据天津市对外贸易局统计，天津市对外加工装配和中小型补偿贸易共与10个国家和地区的145家客商签订加工装配和中小型补偿贸易合同458项，工缴费和补偿贸易成交额3244万美元，比上年增长47%，其中补偿贸易29项，引进设备总额435万美元，全年实际收汇919万美元，已补偿设备款217万美元。成交的主要商品达60余个品种。香港、美国、日本占成交额的前三位。

1988年，天津市对外经济贸易委员会制定《天津市进一步发展加工装配和补偿贸易的几项规定》，放宽加工装配和小型补偿贸易的审批权、签约权，实行新的征、免税政策。

1996年4月1日，天津海关执行国家控制减免税政策规定，对补偿贸易项下进口设备，给予一定的免税宽限期后，一律按章征税。

20世纪90年代中期以后，对外开放初期签订的补偿贸易合同陆续完成，补偿贸易项目享受免税的优惠政策又进行调整，补偿贸易额在中国进出口贸易总额中逐渐减少，1982年为0.43%，1993年为0.33%；1998年为0.03%；2003年占0.02%；2008年占比可忽略不计。2000年以后，补偿贸易也不再列入海关统计。

第四节 出料加工

出料加工是指境内厂商提供原材料、零部件、元器件或半成品，交由境外厂商按要求进行加工或装配，成品复运进境，支付加工费的国际贸易方式。出料加工在中国仅限于因国内技术无法达到产品要求而必须运至境外进行某项工序的加工，加工后再复运进口。

20世纪80年代初，中国境内一些企业由于国内技术限制，有将料件运到境外进行某项工序加工，以提高产品质量的需求。1984年2月15日，海关总署下发《关于对进料加工业务中从境外进口和经在境外简单加工后进口我原出口产品有关监管征税问题的通知》。明确出料加工是境内企业运送料件出境，交由境外企业按其要求加工后复运进境，支付加工费。海关使用纸质手册备案、核销。规定货物出进口时，采取缓征出进口税的保税方式，海关凭主管部门批件验放。

1983年，由于内地加工水貂皮技术所限，天津畜产进出口分公司与香港德丰裕贸易有限公司签订生标水貂皮销售合同，以每张人民币2元的价格出口生貂皮68000张。经加工后，再以每张人民币15.6元进口熟貂皮68000张，应属于出料加工业务。是年12月20日，天津海关根据天津畜产进出口分公司的申请，就如何办理出料加工后的产品的进口手续问题请示海关总署。

1988年下半年，海关贯彻治理整顿方针，采取措施，控制国家紧缺物资出口，但发现境内企业利用出料加工逃证、避税，继续进出国家紧缺和限制进出口商品。

1989年11月16日，针对一些单位钻出料加工免证、免税的空子，进出国家紧缺和限制进出口的商品问题，为加强对出料加工进出口货物的管理，保证出料加工业务的健康发展，海关总署、对外经济贸易部印发《关于加强对出料加工进出口货物管理的通知》，明确出料加工仅限于因国内生产技术无法达到产品要求而必须运至境外进行某项工序的加工；对国内具有生产能力的出料加工，经贸主管部门应不予批准，海关不予备案；出料加工，原则上不改变原出口货物的物理形态；出料加工货物在境外加工期限为6个月，如确需延期的，须报经海关核准，但延期的最长时间不得超过3个月；出料加工项下经加工后复进口的货物，海关以其进境到岸价格与原出境货物的相同的、类似的货物在进境时的到岸价格之间的差额作为完税价格计征进口关税和产品（增值）税。

截至1999年底，全国出料加工贸易额为0.22亿美元，在全国贸易进出口总额3606.3亿美元中仅占0.006%。而天津口岸的出料加工业务更是零星稀少，但天津海关并未因其量小而忽视，对在监管过程中发现的问题，及时归纳向海关总署及相关管理部门报告。

2001年7月26日，天津海关编发题为《海关出料加工监管手续亟待完善》的《综合信息呈报》，上报海关总署。针对天津化工厂原从日本引进生产环氧氯丙烷的设备，同时大批量购买生产过程中使用的催化剂。由于催化剂已失去活力，企业欲将催化剂运回日本进行激活加工以降低成本。北京大农园艺有限公司拟将蔬菜种子运至韩国进行精选提纯等类似情况的企业，在短期内频繁向海关咨询出料加工的手续，出料加工业务呈现增长趋势的情况。提出将出料加工纳入保税业务监管范畴；改变按物理形态确定出料加工性质的模式；规定出料加工进出口货物须在同一口岸办理出口和复运进口手续三条建议，以严密海关的监管。

各种常见加工贸易项目比较表

表 6-1-4-24

比较项目	进料加工	来料加工	出料加工	补偿贸易
法律依据	《海关对进料加工进出口货物的管理办法》 《关于对加工贸易进口料件试行银行保证金台账制度暂行规定》 《进料加工进口料、件征免税比例表》	《海关关于对外加工装配业务的管理规定》 《对外加工装配业务有关问题的规定》 《关于对加工贸易进口料件试行银行保证金台账制度暂行管理办法》 《不得搞来料加工装配业务的商品目录》	《关于加强对出料加工进出口货物管理的通知》	《海关对加工装配和中小型补偿贸易进出口货物监管征免税实施细则》
定　义	国内企业自购物料、自销产品	由国外厂商提供料件或机器设备、国内厂商依国外厂商的要求进行加工、代工、收取工缴费，而成品由外商负责	因国内技术无法达到产品要求，而必须将半成品运至境外进行某项工序的加工	指用商品支付进口货物货款的一种贸易方式。亦即由外商进口生产技术设备，由国内企业进行生产，以返销其产品的方式分期偿还对方技术、设备价款
特　色	需动用国内外汇； 国内企业拥有货物所有权； 经营单位是国内企业； 进口合同及出口合同基本是不同的； 自负盈亏、自负风险；	不需动用国内外汇； 货物所有权属外商； 经营单位之进出口由外商负责、国内企业仅负责加工代工； 进口合同与出口合同基本是同一外商委托加工关系收取工缴费；	不得改变原出口货物的物理形态； 在境外加工期限为6个月需如期将出境加工的货物复运进口； 进口时需计征关税及增值税；	支付的是商品； 须靠信用贷款； 交易双方既是买方又是卖方；

资料来源:《海关对进料加工进出口货物的管理办法》及《对外加工装配贸易的管理规定》

2005 年 4 月 26 日，天津海关编发题为“海运出料加工进出口货物监管规定亟待明确”的

《综合信息呈报》，上报海关总署。鉴于《国务院关于第三批取消和调整行政审批项目的决定》已取消商务部门对出料加工业务的行政审批权，部分海关也相继取消备案手续。海关总署《关于加强对出料加工进出口货物管理的通知》“出料加工要由经贸主管部门批准，海关凭经贸主管部门的批准证件登记备案”的规定已无法执行，在实际监管中已经发生海关无法及时准确地认定国内生产技术是否能够满足产品加工要求，从而无法确定货物是否属于正常的出料加工范围，引发的通关争议；出料加工货物复运进境时，一般以加工费或货物增值部分为基础确定完税价格，但是如果企业存在出口高报价格、进口低报加工费等价格瞒骗行为，海关无法提供相关具有可比性的价格资料，难以审定货物的完税价格等问题，建议尽快规范出料加工的监管，明确对出料加工进出口货物备案、核销、通关等环节的操作要求，统一管理模式，从而有效控制海关监管风险。

第二章　保税监管

海关保税监管包括保税加工监管和保税物流监管两部分。保税加工是指经营者经海关批准，对未办理纳税手续进境货物，进行实质性加工装配和制造以及相关配套业务的生产性经营行为，包括来料加工、进料加工和以出口为目的在国内采购货物后与保税进口的料件进行混合加工等常规形式，也包括研发、试制和检测、维修等产品前后端配套工序以及出料加工等特殊的生产经营方式。保税物流是指经营者经海关批准，将未办理纳税手续进境的货物从供应地到需求地实施空间位移过程的服务性经营行为。包括进口货物在口岸与海关特殊监管区域、海关保税监管场所之间或在海关特殊监管区域与海关保税监管场所的内部和这些区域、场所之间，以及境内区外出口货物与海关特殊监管区域、海关免税监管场所之间的流转。在供应链上体现为采购、运输、存储、检测、分销、分拨、中转、转运、包装、改装、组拼、配送、调拨等流通性简单加工业务及其增值服务。海关依据国家的相关法令和法规对上述经营者和经营行为实施监管的过程概括为保税监管。

第一节　保税加工监管方式

自20世纪70年代末期开始，加工贸易在全国迅速发展起来，为适应形势的需要，海关对保税加工的监管，逐渐从传统的海关监管中分离出来，独树一帜，形成新的海关工作职能和监管模式。此后从备案核销、实行银行保证金台账、单耗核定、到联网监管，海关与时俱进地不断调整、完善、规范保税加工监管方式，以实现严密监管、促进发展的目的。

一、备案核销管理

加工贸易合同备案是指加工贸易企业持合法的加工贸易合同到主管海关备案，申请保税并领取加工贸易登记手册或其他准予备案凭证的行为。对符合规定的加工贸易合同，海关应当在规定的期限内予以备案，并核发加工贸易登记手册或其他准予备案的凭证。加工贸易手册核销是指加工贸易单位在合同执行完毕后将《加工贸易登记手册》、进出口专用报关单等有效数据递交海关，由海关核查该合同项下进出口、耗料等情况，以确定征、免、退、补税的海关后续监管的一项业务。

1981 年 11 月 16 日，天津市进出口管理委员会印发《关于实行对外加工装配、补偿贸易合同（协议）备案证明书的通知》，于 1982 年 1 月 1 日起，实行对外加工装配、补偿贸易合同（协议）备案证明书办法，天津市工业、外贸及其他部门对外签订的加工装配、补偿贸易合同（协议），利用外资在 300 万美元以下，由区、县、局主管部门报市进出口管理委员会经审核同意后，发给备案证明书，天津海关等部门凭备案证明书，按规定办理相关手续。300 万美元以上的凭国家进出口管理委员会的备案证明书办理有关手续。

1982 年 10 月 1 日，海关对办理“三来一补”业务的企业，须审核来料加工、补偿贸易企业提交的合同副本、批件，核发纸质《加工装配和中小型补偿贸易进出口货物登记手册》进行备案。纸质手册成为海关以合同为单元核发的监管凭证，记载企业签订合同、进口料件、出口成品等情况。海关以此核销企业保税进口料件，完成合同结案。1986 年 12 月 1 日起，海关对外商投资企业开展加工贸易核发《中华人民共和国海关对外商投资企业履行产品出口合同所需进口料件加工复出口登记手册》进行备案核销。1988 年 6 月 1 日，各地海关根据海关总署文件，办理进料加工业务，须审核进料加工企业提交的省级以上主管部门批准书和合同副本，核发纸质《进料加工报关登记手册》进行备案。《进料加工手册》记载企业签订合同、进口料件、出口成品等情况，海关以此核销企业保税进口料件。2006 年 1 月 1 日，海关总署对上述纸质手册进行改版，将三种（来料加工、进料加工、外商投资企业手册）统一为同一样式，名称为《中华人民共和国海关加工贸易手

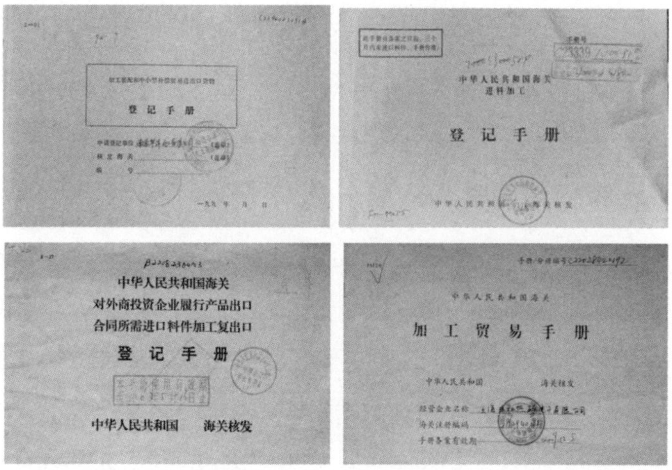

图 6-2-1-26 图为纸质手册的封面左上、右上、左下为早期手册，分别是来料加工、进料加工、外商投资企业手册。右下为 2006 年改版后的手册

册》，以手册封面海关编号来区别贸易性质。

1984年1月31日，海关总署、财政部、外经贸部发布《关于中外合作经营企业进出口货物的监管和征免税规定》，是年4月30日，又发布《关于中外合资经营企业进出口货物的监管和征免税规定》。明确外商投资企业开展加工贸易，企业向海关备案后，加工贸易合同无须逐一经外经贸部门审批和海关备案，可直接办理料件和设备的进口手续，核销作法等同于中国境内企业。此做法一直沿用至1986年11月底。

随着纸质手册成为海关备案核销的关键依据，利用假印章、假单证、假手册的“三假”走私案件开始增多。防伪成为海关加工贸易监管的一项重要工作内容。1988年9月，广州海关在全国率先使用红外线检查仪及立体显微镜，并查获涂改纸质手册数字、品名的案件。是年12月，海关总署决定在广州等5个海关的业务现场应用防伪印油检测。1993年6月1日，天津等8个沿海海关也开始使用防伪印油检测。1995年4～5月，天津海关分两批集中对天津市公安局车管所送检的53份《货物进口证明书》进行鉴定，结果发现有42份系伪证。

1989年10月15日，海关实行在办理合同备案时，审核企业资信，对少数来料加工企业收取保证金再核发登记手册，加工成品出口核销后，退还保证金。自1996年7月1日起，海关不再收取保证金，开始试行加工贸易银行保证金台账空转的担保制度。

1995年7月14日，天津海关印发《对加工贸易登记手册使用激光防伪标签的管理办法》，决定自次日起对加工贸易的进料、来料、补偿贸易和三资企业加工贸易登记手册加贴激光防伪标签，是年10月31日以后，无防伪标签的登记手册，现场一律不接受报关。是年，天津海关从海关总署共计领取激光防伪标签13000个，实际使用9951个。

1996年10月22日，天津海关印发《保税核销报批工作制度》，明确各级工作人员的工作权限，并强调加工贸易合同核销，涉及需报批的问题，核销经办人员须严格按照该制度的有关规定，逐级报批。

1997年，天津海关运用技术手段降低合同备案风险，强化对企业台账合同监控力度，在H883保税业务管理子系统内台账管理的初审环节增设“备案合同检索监控程序”。运用该程序，当海关审核企业备案的新合同时，程序将自动累计并显示该企业自台账实施以后，所有备案未核销结案的合同总数及合同总金额，以提示审批人员供其审批时做参考，并将企业的备案信息及时向核销环节反馈。通过该程序有效减少海关审批工作的盲目性，降低合同备案的风险，同时突出监管重点，加强核查、核销工作的针对性，防止企业备案大量合同、进口大批料件内销后出现企业倒闭、失踪、无力纳税等问题，而造成国家税收的流失。

1998年9月15日，天津海关印发《关于加强加工贸易监管和核销补税工作的紧急通知》，要求加大加工贸易的监管力度，严厉打击利用加工贸易渠道走私违法活动，确保完成当年核销补税工作任务。

1999年9月21日，天津海关印发《关于做好加工贸易合同中期核注和异地报关备案资料计算机传输工作的通知》，根据海关总署的规定，全国海关系统自1999年8月31日起，分片推广应用加工贸易合同中期核注及异地报关备案资料计算机传输系统。天津海关在通知中对加工贸易异地传输工作提出以下具体要求：在进行合同传输时，要合理安排传输计划，按次序分批传输，避免发生由于集中传输造成网络塞车现象。企业异地口岸报关时，有关海关尚未收到传输的备案资料的，由企业提出申请并经各分关长或处长批准同意后，可通过加密传真方式与口岸海关联系，以方便企业。为保证异地报关备案资料计算机传输系统的顺利推广应用，该关保税处还设专人负责与海关总署和兄弟海关的联络工作，集中协调和解决传输工作中出现的问题。

2000年，天津海关根据海关总署的要求，对1996年实施保证金台账制度以前和1996年实行保证金台账制度后至1999年12月31日之间的到期未核销结案合同进行一次彻底清理。查清天津关区到期未核销结案合同共有290份，到期未核销结案合同结存货物金额为8461.12万美元。其中1996年实行台账后至1996年12月31日到期未核销结案合同1份，结存货物金额2.89万美元；1997年33份，金额635.98万美元；1998年120份，金额3232.82万美元；1999年136份，金额4589.43万美元。涉及原木、铁矿石、聚酯切片等多种商品。移交稽查、调查、侦查部门立案处理的加工贸易合同65份，结存货物金额6386.42万美元，税款待追缴合同11份，结存货物金额23.97万美元

2001年4月25日，天津海关印发《加工贸易委外加工管理办法》，以统一执法尺度，规范和加强关区加工贸易委外加工的监管。明确“委外加工”是指加工贸易经营单位由于本企业的加工工艺和技术能力等原因达不到独立生产出口产品的要求，需将进口料件或加工的半成品委托国内加工生产企业进行某道环节或某道工序的加工。规定开展委外加工的企业资格、条件和海关的审批、管理流程。

2002年7月5日，天津海关印发《加工贸易到期合同催报核销管理办法》，以加强对加工贸易合同的后续管理，规范加工贸易合同核销催报工作。明确各加工贸易核销部门负责所监管区域内的加工贸易合同核销催报工作，加工贸易经营单位超过规定报核期限未主动报核的加工贸易合同均列为合同核销催报范围。

天津蓟县海关是以加工贸易业务监管为主的天津海关一个分关，业务受理范围包括蓟县企业及部分宝坻区企业。2003年，蓟县地区企业备案合同323份，同比下降5%。2004年上半年，蓟县地区企业备案合同128份，同比下降23%。与蓟县地区加工贸易业务下降相反，宝坻区企业在蓟县海关备案的加工贸易合同反呈上升趋势，2003年，宝坻区企业在海关备案合同160份，占当年蓟县海关审批合同总数的33%，2004年上半年，宝坻区企业在蓟县海关备案合同已达115份，占到该关审批合同总数的47%。天津海关及时调整业务分工，将宝坻区海关业务整体划归蓟县海关监管，以方便加工贸易企业办理海关业务。

2004年，天津海关加工贸易各业务现场以前期服务到位、中期补税及时、后期监控保障的方式，拉动税收增长，截至至11月底，加工贸易内销补税达人民币16.78亿元，占全关实征税

款的4.93%，同比增幅53.70%，比全国海关加工贸易内销补税增幅高出23.75个百分点，加工贸易内销补税额稳居全国海关第二，比上年同期比重高出2.21个百分点。天津开发区海关通过电子账册补税总额已达到人民币7.6亿元，仅摩托罗拉公司补税达人民币4.13亿元。为加强到期合同的催报核和遗留合同的清理工作，关区还建立健全《加工贸易合同催报核制度》和《遗留合同清理方案》。

2005年8月22日，海关总署印发《关于简化“加工贸易备案（变更）、外发加工、深加工结转、余料结转、核销、放弃核准”行政许可手续问题的通知》，规定当海关同意受理和准予办理“加工贸易备案（变更）、外发加工、深加工结转、余料结转、核销、放弃核准”等行政许可事项时，不再单独制发《中华人民共和国××海关行政许可申请受理决定书》和《中华人民共和国××海关准予办理加工贸易业务决定书》，在下列相关作业单证仅加盖海关行政许可专用印章，加工贸易备案（变更）——《加工贸易登记手册》；外发加工——《加工贸易货物外发加工申请审批表》；深加工结转——《中华人民共和国海关加工贸易保税货物深加工结转申请表》；余料结转——《加工贸易剩余料件结转联系单》；核销——《核销结案通知书》；放弃核准——《加工贸易企业放弃加工贸易货物交接单》，可视同行政许可法律文书。行政许可申请人要求海关出具受理或准予办理行政许可法律文书的，仍应当依法出具。对不予受理（或不予办理）行政许可的，仍应严格按照有关规定制发《中华人民共和国××海关行政许可申请不予受理决定书》或《中华人民共和国××海关不予办理加工贸易业务决定书》。关于“出口监管仓库、保税仓库设立的审批”“海关派员驻厂监管的保税工厂资格的审批”等行政许可项目仍按照有关规定执行。天津海关根据海关总署通知要求，调整简化“加工贸易备案（变更）、外发加工、深加工结转、余料结转、核销、放弃核准”行政许可手续。

2006年，天津海关针对关区加工贸易总量大、企业类型多、规模层次杂、产业链条长等特点，在前期备案环节抓住风险信息收集、识别、处置和评估，及时发现风险、化解风险，提高保税监管的风险管理水平。将租赁厂房或者设备、首次开展加工贸易业务、申请加工贸易手册两次及两次以上延期的和办理加工贸易异地备案的企业列为高风险加工贸易企业，进行有针对性的重点风险分析。对超生产能力备案手册以及备案手册数量畸多的企业加强重点审核。

是年6月30日，天津海关对外印发《关于执行“由报关员办理加工贸易合同备案、变更和核销及保税监管等事宜”规定的通知》，根据《海关总署关于执行〈中华人民共和国海关对报关单位注册登记管理规定〉第八条有关问题的通知》，自7月1日，申请加工贸易合同备案、变更和核销及保税监管等事宜属于报关业务范畴，一律由报关员办理，办理上述业务提交单证时需同时加盖报关员章和企业报关专用章。

2007年，天津海关在长期的加工贸易核销作业中，分析情况总结经验，归纳形成加工贸易核销的“内销征税审价预算成本核定法”“联网核销双限预警监控法”“库存盘点三项核对法”和“加工贸易产业链式监管法”等4种工作方法，保证核销的相关数据最大程度反映企业的生产实际，提高核销效能。

2008 年 6 月 2 日，海关总署印发《海关保税加工监管作业流程再造改革整合实施方案》，通过改革创新，实现保税加工监管模式的转型升级。以电子化手册为载体，实现“电子申报、网上备案、无纸通关、网上报核、在线服务”，达到简化监管手续、统一规范执法、强化全程监控的目标。方案提出调整备案和核销作业方式，实行内外勤人员分离。备案和核销分属于内、外勤，有利于工作效率的提高和监督制约机制的发挥。

是年 10 月 15 日，天津海关向海关总署加工贸易监管司报呈《天津海关引入中介机构协助保税核查核销工作改革实施方案》，拟引入中介机构协助海关开展核查、核销工作，并成立关引入中介机构协助核查改革领导小组暨资格审核小组和推动小组，负责此项改革的组织推动工作。

是年，天津海关针对关区联网监管占加工贸易总量 90% 和内销税源大户集中于联网企业的特点，在服务联网企业的同时，强化联网核销工作，确保实际监管到位和内销征税应收尽收，全年完成周期核销 466 家次，联网核销征税人民币 17.93 亿元。

2009 年开始，天津海关将引入中介工作在关区范围内全面展开，在对关区 1400 多家加工贸易企业开展风险分析的基础上，最终确定 18 家重点企业开展审计核销，共计补税人民币 3015 万元，投入与补税比例达到 1∶60。

2011 年，天津海关针对部分加工贸易企业停产、逃逸现象，采取有效措施，进一步加强对加工贸易企业的规范化管理，提升海关对加工贸易企业风险判别的能力。建立由保税加工监管前期备案作业部门、保税监管作业实施部门、通关作业实施部门、企业管理实施部门、稽查作业实施部门的风险分析人员共同组建的风险分析工作团队，对企业基本信息数据进行风险分析，确定风险企业名单。海关定期与地方政府和商务部门进行风险企业信息互换，实现最终风险数据分析结果在企业前期投资、企业日常运营等各环节共享。

2013 年 1 月 5 日，海关总署加工贸易监管司在南宁海关召开“工单式核销试点启动会”，由上海海关介绍工单式核销的管理理念、作用、意义以及应用情况和成效，准备全面推动试点工作，天津海关代表出席会议。“工单式核销”是按照“据实核销”“准确核销”的原则，解决核销难核销时间长的问题一项业务工作改革。

是年，天津海关以现场业务处辖区为试点，率先开展“引入中介机构参与保税核销”工作，发挥中介机构财务专业优势，引入现代审计理念，实行内控体系有效性测试与交易轨迹实质性验证的“双核心”审核方法，共审核企业 20 家，审核征税人民币 944.56 万元。为保证核销工作质量，建立起职能部门、业务现场和中介机构的定期例会制和重大线索会商制，以及中介机构与业务现场“日通报、周反馈”时限承诺制度，中介机构以“工作日报”形式通报审核进展与查发问题，展示次日工作计划，业务现场以“周”为最长时限认真答复并有效解决各种问题。

2013 年，全市实有加工贸易经营企业共 1353 家，海关备案加工合同（电子手册）6651 份，同比下降 7.83%，合同备案金额（电子手册）56.66 亿美元，同比增长 5.57%。

2014年5月16日，全国海关开始推行通关无纸化作业模式，天津海关在监管中发现，各直属海关对无纸化通关模式下海关是否应签发用于办理加工贸易核销的报关单核销联存在执法差异，对企业加工贸易手册（账册）通关、核销造成影响。建议海关总署统一无纸化通关模式下的报关单签发操作，明确加工贸易核销以电子数据核销为主，不强制要求企业提供纸质核销联；并对《海关加工贸易监管业务操作规程》相关条款进行及时修订。

二、银行保证金台账管理

银行保证金台账，是指经营加工贸易单位或企业（包括有进出口经营权的贸易公司、工贸公司、国有企业、外商投资企业和经批准可从事来料加工业务的企业）凭海关核准的手续，按合同备案料、件金额向指定银行申请设立加工贸易进口料件保证金台账，加工成品在规定期限内全部出口，经海关核销后，由银行核销保证金台账。这里指定银行是指加工生产企业主管海关所在地中国银行分（支）行。

1988年1～7月海关查获的来料加工走私案件数量和案值比上一年同期上升120%和37%。国务院总理李鹏批示，对来料加工“建议进口收税，出口返还，以杜绝飞料现象”。海关总署经与财政部、经贸部、中国人民银行、国家税务局会商，决定对部分企业收取保证金进行税收保全。经国务院批准，是年9月17日，上述五部委联合颁发《对来料加工进口料件收取保证金问题的通知》，规定企业申请保税加工备案时，海关须审核，对有走私违法前科或资信不好、管理混乱的企业和特定进口料件，先收取相当进口税款的保证金，成品出口核销后，海关退还保证金。对无力缴纳保证金的，提出向银行申请保证金贷款方法。1989年10月至1995年，天津海关在办理加工贸易合同备案时，主要采取审核企业资信，对少数来料加工企业收取保证金再核发登记手册，加工成品出口核销后，退还保证金的方式实施监管。

1995年9月27日，海关总署制定《关于保证金、风险担保金、抵押金的收取和管理办法》，建立起关于保证金收取范围、标准、审批程序以及财务收支的管理制度，规范保证金管理。

1996年，国家实行涉外税收改革，国务院决定对加工贸易进口料件实施银行保证金台账制度。实施银行保证金台账制度是针对一些不法企业利用加工贸易名义，从事走私违法活动，逃避国家税收，冲击国内工业发展，扰乱正常生产经营秩序，损害守法经营者正当权益的行为，通过发挥海关、银行等部门的监督作用，加强综合管理，堵塞管理漏洞，制止和打击加工贸易渠道的走私违法活动，保证国家税收，促进加工贸易健康发展的一项举措。

是年3月26日，国家经贸委、外经贸部、海关总署、财政部、国家税务总局、中国人民银行、国家外汇管理局联合下发《关于进一步完善加工贸易银行保证金台账制度的意见》对加工贸易实行按商品分类管理，按商品将加工贸易分为禁止类、限制类、允许类。对限制类商品的加工贸易实行银行保证金台账“实转”。对加工贸易企业实行分类管理，将加工企业分为A、B、C、D四类，实行区别管理。A类企业进口限制类料件时，实行银行保证金台账“空转”。

是年4月1日，天津市实施加工贸易银行保证金台账制度的试点工作在天津经济技术开发区先行开展，并于当年7月1日起，在全市推广实施。

是年4月2日，天津海关向天津市人民政府提交《关于建议成立天津市实施加工贸易银行保证金台账制度工作领导小组的报告》，建议成立以天津市副市长任组长的“天津市实施加工贸易银行保证金台账制度工作领导小组”，负责领导、组织和推动天津市实施加工贸易银行保证金台账制度工作；就工作计划、实施步骤的要求等重要事宜进行研究和部署；协调和解决工作中的有关问题等。小组成员包括海关、中国银行、市外经贸委、开发区管理委员会、市计委、经委、商委、农委、科委和财政局、国税局、工商局。“保证金台账领导小组”在天津海关设办公室。4月23日，天津海关编写《加工贸易进口料件银行保证金台账制度有关内容介绍》，印发全关各部门，组织学习宣传。

是年6月，天津海关作为试点海关，根据《关于加工贸易进口料件试行保证金台账制度暂行管理办法》制定《天津海关对加工贸易进口料件试行银行保证金台账制度业务操作规程》，规定除保税区备案并在区内加工的企业和驻有海关监管人员的保税工厂外，其他具有加工贸易经营权的企业、备案加工贸易合同均按操作规程管理。操作规程的主要内容是：对敏感商品和非敏感商品根据其价值的不同，实行分级核准；对加工贸易合同项下深加工跨关区范围内结转的，从其他关区调入天津关区的，凭调入、调出地企业双方签订的购销合同，双方签章的转厂加工申请表，按照内部操作程序审批开具《开设银行保证金台账联系单》和《转关运输货物联系单》做成关封交企业带至调出地海关办理转关运输手续；从天津关区调至其他关区的，凭调入地海关核发的《加工贸易登记手册》和《转关运输货物联系单》双方签订的购销合同,《转厂加工申请表》，在与调入地海关联系核实无误后，按照操作规程办理有关结转手续，跨关区结转料件一律实行三级报批审核。同时对企业向海关提交申请时所须提供的相关材料作出明确规定。

是年7月1日起，在天津市全面推行加工贸易银行保证金台账制度。海关不再收取保证金，试行加工贸易银行保证金台账空转的担保制度。企业须凭海关核准的进口料件金额向指定银行申请设立加工贸易保证金台账，方完成备案。加工成品在规定期限内出口，海关核销进口料件，银行核销台账。7月7日，天津市政府组织召开推行加工贸易进口料件银行保证金台账制度会议。会上，天津海关及有关单位分别介绍天津经济技术开发区试行加工贸易银行保证金台账制度的情况。会议对天津海关等单位在试点期间所做的工作，为全面推行所积累的经验予以肯定。

1999年6月1日，全国推行加工贸易银行保证金台账制度，天津海关依照执行。对A类企业开展的加工贸易进口料件由海关保税监管，不实行银行保证金台账制度。B类企业继续实行银行保证金台账“空转制度”。C类企业实行银行保证金台账“实转”。海关对其加工贸易进口料件征进口关税和进口环节增值税税款等值的保证金。D类企业不予办理加工贸易合同备案手续。加工贸易进口料件1万美元以下，不实行银行保证金台账，保税区内企业开展加工贸易不实行保证金台账制度。

是年9月23日，中国银行、海关总署联合印发《加工贸易进口料件保证金台账“实转”联系配合办法实施细则》，对保证金台账“实转”业务操作流程做出具体规定。10月1日，加工贸易银行保证金台账“实转”制度正式实行后，天津海关先后制定《关于规范报核员办理加工贸易手续的通知》《加工贸易保税监管业务报批制度》《对实施停账、挂账的加工贸易台账合同的处理办法》等规定，使作业流程更加具体规范。海关办理合同备案核发手册，须区分不同商品和企业管理类别，对部分商品和企业实行银行担保的“台账实转”，企业在规定期限内加工出口，海关办理核销并向银行出具《台账核销联系单》，企业以此向银行收回保证金及其利息。

2008年底，为积极应对金融危机，按照国务院“保增长”的要求，商务部、海关总署联合发布公告，规定自2008年12月1日开始，暂停加工贸易限制类保证金“实转”政策。

2010年1月20日，海关总署印发《关于推广加工贸易银行保证金台账电子化联网管理工作有关问题的通知》，通过推广台账电子化联网管理系统，要求各海关简化台账办理手续，提高海关台账管理质量和效率，规范台账的管理工作。是年2月1日，天津海关制定《推广应用加工贸易银行保证金台账电子化联网系统工作方案》下发执行。方案决定成立专项推动领导小组和工作小组，分阶段进行准备、实施工作，至5月份台账电子化联网系统正式开始运行。1月25日，中国银行天津市分行致函天津海关，通知该行已确定中国银行股份有限公司天津市分行延伸柜台等11个业务机构为办理台账业务的网点，并备案“台账专用章”。2月10日，中国工商银行天津市分行致函天津海关，通知该行已确定津西支行西青开发区支行等5家分支机构为办理台账业务的分支机构，并备案“台账专用章”印鉴。2月23日，天津海关分别向中国银行天津市分行和中国工商银行天津市分行备案天津海关加工贸易台账业务专用章，以便双方加强合作，严密监管。

三、深加工结转

20世纪80年代初，有些企业将保税加工产品转至另一企业进一步加工后复出口。对这种货物未实际进出境，海关仍进行跟踪监管的方式，被称之为深加工结转。深加工结转是指加工贸易企业，将保税进口的料、件所生产的成品，通过购销关系卖断给另一个加工贸易企业继续深加工后，将产品（或成品）再出口的经营活动。海关按照加工贸易进出口货物的管理规定对此进行监管。天津海关是全国较早开展深加工结转业务的海关之一。

1985年，天津化纤棉厂的进料加工成品腈纶棉出口滞销，而其他服装出口企业却需要从境外购进腈纶棉加工成服装出口。天津海关准许进料加工出口滞销的天津化纤棉厂将成品腈纶棉转销给服装企业，在海关监管之下再加工出口，此为“二次保税”监管模式。是年9月，天津海关针对一批原料经过不同地区、不同企业进行多层次加工的实际情况，制定并施行《对多道工序进料加工审批和核销办法》，以满足企业开展精加工、深加工，多收外汇的需要。

1987～1988年间，海关总署相继印发对来料加工和进料加工业务的管理办法，其中明确对加工贸易深加工结转的管理规定。企业进口料件加工成品如不直接出口，转让给另一企业进一步加工复出口，须接受海关监管。转出、转入单位凭有关单据向海关办理结转和核销手续，转入单位申领新的《登记手册》，运输结转料件和成品的企业应遵守海关规定并承担相应的法律责任。

进入20世纪90年代，深加工结转尤其是跨关区结转业务发展较快，但由于当时科技条件的限制，海关对承运车辆缺乏有效的制约，造成转出和转入地海关监管脱节，尤其跨关区的结转存在严重监管漏洞，一些不法企业乘机以深加工结转名义飞料走私。

1998年5月25日，天津海关印发《对保税料件深加工结转管理办法》，对办理保税料件深加工结转手续予以具体规范。是年，天津海关共办理保税料件深加工结转手续6604笔，料、件结转金额达到2.46亿元。保税料、件深加工结转业务不断增长，给海关的监管工作提出许多新的课题和要求。天津海关主动采取措施，在支持该项业务健康发展的同时，将海关对保税料、件深加工结转的监管落到实处。是年5月25日，天津海关制定并印发《对保税料件深加工结转管理办法》。该办法明确保税料、件深加工结转各监管环节的职责和任务，统一结转手续一律由调入地主管海关实行二次报关，规范、统一深加工结转《保税货物转厂、结转申请表》中贸易方式代码、贸易国别、运输方式、成交方式、境内目的地和用途的填报要求。

根据深加工结转的转出企业和转入企业双方所在区域的不同，深加工结转又分为跨关区和同关区两种形式，其中跨关区结转保税料、件业务所占比例，是全部结转业务的55%。1999年9月22日，海关总署印发《中华人民共和国海关关于加工贸易保税货物跨关区深加工结转的管理办法》，该办法基本上采纳《天津海关保税料件深加工结转办法》的内容，明确加工贸易企业开展深加工结转业务，须获得外经贸主管部门的批准，海关凭批件办理结转手续。要求转入、转出地主管海关应加强联系配合，通过加强对结转货物的查验、下厂核查，保证海关对货物的实际监管。该办法借鉴天津海关对加工贸易深加工结转的管理模式和经验，并在全国海关范围内统一执行。从此，全国海关对加工贸易保税料件的深加工结转形成统一、规范的监管模式，整体提高海关的办事效率，降低企业的业务成本。天津海关为落实海关总署的要求，多次派员走访兄弟海关、沟通情况、协商严密对深加工结转货物的监管。为解决因监管做法不统一造成企业多次往返两地海关，审批效率低的问题，天津海关派员到杭州海关协商对保税料、件结转监管事宜，两关并签订《关于办理海关保税料件结转手续的联系配合办法》。天津海关还制定结转信息核对制度，要求对结转单核对率达到100%，保税料件在结转环节监管到位。

在实际监管中，经常出现企业先调拨料、件，后补办海关相关手续的情况，导致企业账册数量与手册登记的海关监管数量不一致，给海关的后续监管工作加大难度，甚至造成海关监管出现真空，易引发违法违规行为。1998年3月开始，为大宇（天津）电子有限公司供料的新韩部品有限公司先后3次结转机芯4.52万个，价值30.65万元，直到6月份才到海关办理结转手续，严重违反海关对深加工结转保税料、件应先办理结转手续后调拨料、件的管理规定。天津海关在依据规定对当事企业进行批评处理的同时，举一反三制定出加强对保税货物结转的有关规定的宣传、强化查验工作注意货物流向、加强中期、后期核销，对重点企业和重点敏感商品保证100%的下厂核销率三项具体措施，防范和遏制不法企业利用深加工结转渠道进行的走私违法行为，保证海关深加工结转的监管。

2001年3月27日，海关总署和国家外汇管理局印发关于加工贸易深加工结转售付汇的通知，明确深加工结转是海关对进料和来料货物监管的转移和延伸，转入视同进口，转出视同出口。规定各海关办理深加工结转，应签发相应的报关单外汇证明联，按联网核查规定，验核国家外汇管理局及其分局出具的出口收汇核销单。

2002年，随着加工贸易企业不断引进先进的生产技术、设备和管理经验，以及国内劳动力素质的逐步提高，许多原来直接从国外进口或直接出口的产品，都改为在国内企业间作深加工结转业务。是年1～6月，天津口岸进料深加工结转货值5.2亿美元，增长33.16%。其中，进料深加工结转出口货值2.57亿美元，进料深加工结转进口货值2.65亿美元，分别增长28.5%和38.74%。天津海关针对监管中存在的注重单据审批，而对实货监管不足、相关手续不规范和进出口时间倒挂等问题，建议制订统一、有效的抽查制度督促企业严格遵守海关规定，编制深加工结转计算机管理程序，使用现代化科技手段解决跨部门监管问题，实行企业结转货物预报制度等措施，加强对深加工结转的监管。

2004年3月1日，天津海关正式启用新的深加工结转程序。是年3月18日，天津海关就海关系统正式启用新的深加工结转放行程序，在运行中出现的问题行文海关总署，建议修改计算机放行程序，以解决结转报关过程的操作复杂，影响现场放行速度和效率的问题。

2008年9月27日，天津市人民政府对外贸易办公室印发《支持企业开展深加工结转业务的实施细则》，规定加工贸易企业开展深加工结转业务，按商品分类管理的规定，报商务主管部门批准。企业凭商务主管部门的批准文件到海关办理结转手续，海关根据商务主管部门的批件进行保税监管。转厂深加工上、下游企业之间可比照进出口贸易以外汇结算，并按规定办理进口付汇和出口收汇核销手续。

2011年，天津关区开展深加工结转业务的企业为267家，占加工贸易企业总数的18.34%；天津海关审批申请表22730份，同比下降11.33%。深加工结转进口总额13.73亿美元，同比增长5.94%，占加工贸易进口总额的12.08%。深加工结转出口总额11.87亿美元，同比增长2.86%、占加工贸易出口总额的5.71%。

2012年，天津海关共为524家企业办理加工贸易保税货物深加工结转业务，转出审批6920份，同比下降37.6%；转入审批份数7847份，同比下降37.2%；实际结转进口金额13.5亿美元，同比下降3.6%；实际结转出口金额12.7亿美元，同比增长16.5%。

是年12月17日，海关总署印发《关于全面使用深加工结转管理系统进行深加工结转管理的通知》，次日，“H2000深加工结转管理系统”更新上线运行。2013年6月1日起，关区内深加工结转业务必须全面使用系统进行审批，停止纸质《中华人民共和国海关加工贸易保税货物深加工结转申请表》审批。2013 年 10 月 1 日起，跨关区深加工结转业务必须全面使用系统进行审批，停止纸质申请表审批。

2013 年 5 月 1 日，天津海关为提高贸易便利化水平，规范深加工结转和外发加工管理工作，比海关总署规定时间提前一个月启用 H2000 深加工结转管理系统和 H2000 外发加工管理系统。通过启用该系统，在为天津市加工贸易转型升级提供便利条件的同时，对于海关，有助于及时掌握企业审批和收发货的实际情况，加强转入和转出企业间的相互约束，缩减审批的时间；对于企业，则可以足不出户就完成向海关结转申报、收发货登记和报关申报，减少企业到关办理手续的时间，提高通关效率，降低运营成本。是年，监管深加工结转进出口总值 30.2 亿美元，同比增长 16.9%；其中结转出口 15.9 亿美元，同比增长 25.4%，结转进口 14.3 亿美元，同比增长 8.6%。

四、单耗核定管理

1978 年，保税加工业务开展后，主管海关根据以企业生产实际消耗为依据的核销原则，由企业申报和关员下厂核查确定单耗，保税核销关员对单耗核定有宽松的解释权和自由裁量权，存在“企业虚拟备案，海关逐一核定”的情况，不同关区对同类企业加工成品单耗核定的差别较大。个别不法企业伪报单耗骗核销，擅自内销进行走私的情事时有发生。

单耗管理作为海关加工贸易管理的基石，是海关加工贸易监管的核心，天津海关始终重视单耗管理工作。但据《中国海关通志》记载，自 1978 ~ 1997 年，全国海关系统均未设专门管理单耗的机构，直至 1998 年 11 月 23 日，海关总署决定在北京海关设立“加工贸易单耗核定办公室”，海关的加工贸易单耗核定管理工作纳入规范管理轨道。

1997 年 11 月 20 日，海关总署下发通知，规定各关审批加工企业备案产品消耗定额，应根据海关总署下发的《加工贸易重点敏感商品消耗定额表》，不得擅自提高或降低幅度。表中未列名和虽列名但企业要求重新核定的，海关须下厂核查，并报主管关长批准，其中列名商品，还须报海关总署审核，而重新审核认定的消耗定额仅适用于该企业。海关中期核查发现核定单耗定额与实际生产不一致的须及时进行修正。

1999 年开始，全国制定并发布统一的单耗标准，部分加工贸易商品单耗核定得到规范和相对统一。由于制定单耗标准涉及商品多，按规范程序制定单耗标准的速度不能满足加工贸易管理需要，1999 ~ 2000 年，海关总署通过调研、协调相关主管部门、行业协会，采取批复形式，界定天津等海关所报商品的单耗，使一线海关核定单耗的自由裁量权受到限制，加工企业相同产品但单耗差距过大的现象得到改变。

2001 年 3 月 29 日，天津海关向海关总署报送《加工贸易单耗管理工作实施方案》，决定成立天津海关加工贸易单耗管理领导小组，负责组织指导关区加工贸易单耗标准的制定和规范管理工作；建立关区加工贸易单耗的收集、整理和考核的联络员制度，形成由专、兼职人员构成的加工贸易单耗管理骨干队伍；在加工贸易监管处内设立专司单耗管理业务的科室，统一负责全关区加工贸易单耗的计划、考核、审定、维护和组织协调、监督执行等管理工作，各保税业务现场设1名单耗管理联络员，负责本关区加工贸易单耗标准考核计划、审定及报备等联络工作。以及建立固定的单耗业务会议制度、对单耗管理专、兼职人员工作进行培训、考核，建立全关区加工贸易单耗标准规范管理体系、健全完善相应的管理办法。

自2005年起，天津海关正式开展单耗标准和单耗课题研究的申报、制定、审核工作。截至到2014年底，天津海关共承担单耗标准制定35个，单耗课题研究8项，平均每年制定单耗标准4个，撰写单耗课题1项，百余人次参与到此项工作。

2007年1月4日，海关总署公布《海关加工贸易单耗管理办法》。明确单耗管理"如实申报，据实核销"的管理原则，确定单耗标准以公告形式公布，提出单耗标准的执行要求、企业申报程序，规定企业的权利和义务，完善海关单耗审核、质疑的程序和方法，审核的权利和义务。增加单耗复核的技术救济途径，为企业申诉提供便利。取消要求企业建立单耗资料库和超出国家单耗标准程序性审批的规定。天津海关参与《中华人民共和国加工贸易单耗管理办法》的修订工作。是年5月30日，海关总署发布公告，明确规定全国范围内适用国家单耗标准，直属海关关区范围内适用直属海关制定的关区单耗标准。是年，天津海关根据《中华人民共和国海关加工贸易单耗管理办法》，采取规范申报行为、强化实货核查、建立综合管理机制和加强宣传解释等措施，提高加工贸易单耗管理的针对性、准确性和有效性，一是规范企业商品名称、规格型号及单位的备案申报，把好单耗管理头一关；二是面向关区报关企业和报关员开展单耗知识培训，向企业宣讲海关单耗管理办法和监管原则，避免企业混淆相关定义；三是针对所辖企业特点，制定关区边角损耗管理操作细则，加强单耗的规范申报。同时，每年对企业进行1次的净耗、损耗、库存实货"三要素"核查，将实货与在账数据比对，实现海关对实货的监管贯穿于保税商品流转的全过程。

是年，海关总署加工贸易监管司"贯彻新《单耗管理办法》工作电视电话会议"召开后，天津海关立即部署、采取措施加强单耗管理工作，充实H2000单耗数据库三级单耗参数1809条，制作关区单耗标准110个，协助海关总署及兄弟海关对25个单耗标准进行函审；主导开发并试运行"中国海关加工贸易单耗信息网"。

2008年3月，天津海关加贸处成立单耗管理科，专门负责天津关区的加工贸易单耗管理的职能工作。是年7月23日，海关总署印发《海关加工贸易单耗管理操作规程》，明确全国海关单耗管理工作的主管部门、加工贸易单耗管理办公室的职责。对加工贸易单耗备案、申报、变更、核查、复核等环节管理作出具体规定，统一和规范全国海关单耗管理操作。

2008年起，海关总署加工贸易监管司组织包括天津海关在内的8个直属海关开展一级单耗参数制定工作，截至2014年底，天津海关共计承担制定一级单耗参数1000余条。

2009年12月，天津海关先后派出学习考察组赴广州、福州就两关共同承担制定"避孕套""显示器塑胶件"的国家单耗标准损耗率认定等问题进行考察、学习和交流。是年，天津海关通过制定单耗标准、开展单耗核查等方式规范单耗管理，加强对保税料件的监管，有效防止税款的“跑、冒、滴、漏”。全年单耗核查补征税款人民币744.29万元，完成35项单耗标准的项目申报、15项商品单耗参数核定及1项单耗课题研究工作，聚酯再生材料制化纤地毯、尼龙丝带、排钉、卷钉等6项单耗列入国家单耗标准制定计划。

2010年，单耗水平列入天津海关关区重点考核指标。是年，天津海关通过完善单耗管理监控体系、单耗管理分析体系和单耗管理培训体系，构筑与监管环境相适应的单耗管理效能体系，实现有效监管、科学监管、严密监管。单耗管理避免税收流失金额人民币7640.75万元，单耗效能率2.3%，其中通过单耗磋商避免税款流失人民币642.23万元，通过单耗核查核销补征税款人民币6998.52万元。

2011年，天津海关制定《加工贸易企业单耗培训工作实施方案》，成立单耗培训工作领导小组，加大对加工贸易企业单耗管理培训的力度，面向辖区内5个保税业务现场，241家加工贸易企业开展单耗管理培训工作，培训企业部门主管和经办人员550人。

2012年，天津海关组织对武清海关辖区内20家企业，开发区、保税区海关辖区内30家企业，现场业务处辖区内50家企业和蓟县海关辖区内20家企业共计120家企业进行单耗业务培训。是年，天津海关完成18项单耗标准的项目申报、600条商品单耗参数制定工作，有7项单耗标准和1项单耗课题被海关总署列入审定计划。

2014年，天津海关根据京津冀海关加工贸易一体化工作的统一安排部署，就单耗管理方面的内容、编写《京津冀加工贸易一体化单耗管理操作指南》。按照海关总署加贸司的要求，天津海关牵头组成京津冀海关共享互认单耗参数制定工作组，具体落实《京津冀海关区域通关一体化改革方案》中关于“京津冀海关共享互认关级加工贸易单耗参数”的实施工作，在对1000余个税号项下的单耗数据进行认真分析基础上，最终制定并通过审核单耗参数259条，于年底前全部予以发布，并维护进H2010系统，作为单耗审核的重要风险条件之一，为京津冀海关区域单耗管理提供保障。

五、联网监管

1988年，天津海关与其他海关分别开始利用和H883相配套的微机、小型机管理系统开发计算机软件程序，用于保税加工管理。

1991年7月20日，海关总署在调查分析天津等海关情况的基础上，印发通知移植推广汕头海关在MicroVAXII小型机、拱北海关在长城0520微机上开发的计算机管理系统。截至1993年8月底，全国海关系统已有7个保税部门使用H883保税子系统，28个海关开发移植微机、小型机管理系统。各关保税部门初步形成保税业务计算机监管网络。

1995年，海关总署结合开发银行保证金台账管理软件，组织力量在H883系统预留的子系统中重新修改开发，形成统一版本的保税加工计算机管理系统。该系统具备合同备案、变更、深加工结转、核销及电子数据交换（EDI）处理等企业管理功能，以及保证金银行台账、单耗数据库、监管手续费及统计报表等海关管理功能。翌年6月28日，结合银行保证金台账制度实施，全国海关全面推广使用保税加工计算机管理系统。

1996年12月，国务院加工贸易台账工作组下发通知，对采用计算机管理、进出口量大、内部管理完善的企业，不实行银行保证金台账管理。海关与企业启动联网监管，海关通过计算机调阅、检查进出料件的情况，企业凭报关单直接进出料件，数据转换至联网监控系统，在保证海关有效监管的前提下，提高企业效率和竞争力。

1999年4月1日，结合通关作业改革试点，海关总署推广加工贸易中期核注计算机功能模块。通过加工贸易合同备案、进出口报关单的予录入，建立起“底账”，并具有自动比对、核销的功能。审单部门调用计算机合同“底账”，核对报关单申报内容，保证货物品名、规格、计量单位与备案数据一致，控制超量、超期进出口。保税部门调用计算机报关单“底账”，对加工贸易合同进行核注、核销。是年10月1日，海关对加工贸易实行全国计算机数据联网传输。

是年9月6日，天津海关印发《关于加快推动加工贸易企业实施计算机联网监管改革试点的通知》，在全国首次提出对加工贸易探索实施联网改革。

2000年10月，海关总署在苏州召开加工贸易联网监管试点工作会议，天津海关及天津摩托罗拉（MOTOROLA）公司的代表参加会议。

2001年5月11日，天津海关印发《关于调整对加工贸易企业实施计算机联网监管模式改革试点领导小组和工作小组的通知》。明确加工贸易监管处作为关区加工贸易业务的职能管理部门在推动加工贸易联网改革中要发挥主导作用，会同有关部门推动加工贸易联网监管改革工作进入实质性研究和实施。同年天津海关与天津市商务委员会签订《联网审批联系配合办法》，进一步简化联网企业的业务审批手续。

是年10月25日，外经贸部经商海关总署，印发《实施计算机联网监管企业加工贸易审批管理暂行办法》的通知，外经贸部、海关总署决定对部分具备条件的加工贸易企业实施联网管理，对其开展的加工贸易业务不实行银行保证金台账制度，外经贸部门取消加工贸易进口料件逐个合同的审批管理，根据企业的资信和加工生产能力，审定企业的加工贸易经营范围；海关取消《登记手册》监管，实施计算机联网监管。是年12月6日，海关总署决定在全国推广统一版本的联网监管系统。

2002年，天津海关加工贸易联网监管系统第一期A网平台建设完成，是年12月9日，天津海关正式启用第一本电子账册，实现通关业务操作。同年，对9家符合联网条件的大型加工贸易企业审批实施联网监管，2家企业电子账册实现通关。

2003年，天津海关与企业加工贸易联网开通。是年2月27日，海关总署加工贸易司批复天津海关，同意摩托罗拉（中国）电子有限公司、天津三星电子有限公司、乐金电子（天津）电器有限公司、天津三星电子显示器有限公司、天津三星电机有限公司、天津三美电机有限公司、西迪斯（天津）电子有限公司等7家企业，开展加工贸易联网监管试点工作。是年3月19日，海关总署发布《中华人民共和国海关对加工贸易企业实施计算机联网监管办法》，明确联网企业须是海关实行A类管理，以出口为主的生产型企业。规定联网企业备案、核销、货物进出方式及联网企业和海关的权利义务、法律责任。是年4月10日和10月10日，天津海关分别在天津三星电子有限公司和摩托罗拉（中国）有限公司举办海关与加工贸易企业联网开通仪式。

2004年，天津海关加工贸易联网监管系统B网平台建设完成，适用于数据导入或录入以及公网连接方式，增强联网适用性；完成A网、B网系统并网运行。完成电子账册通关业务向H2000系统的切换，保证联网企业在海关H2000系统启动后的顺利通关。是年12月，天津海关印发《加工贸易联网操作规范》，当年，天津海关联网覆盖率达到78%，在全国居于领先。

2005年，天津海关开发商务加工贸易联网系统在天津经济技术开发区实现商务管理部门、海关和联网企业的数据交互和网上业务办理。是年4月，天津海关调查局根据海关总署《关于进一步加强加工贸易稽查工作的通知》精神，对已加入加工贸易联网的现代电子（天津）有限公司、天津统一工业有限公司、英保达资讯（天津）有限公司等4家企业实施常规稽查。稽查发现，部分企业在进行纸质手册向电子账册切换的过程中存在数据差错影响税收的情事。英保达资讯（天津）有限公司自2003年12月8日开始启用电子账册，但在实行纸制手册和电子账册切换时发货数据统计出现差错，经稽查计算需补税22.2万元。是年9月，经海关总署加工贸易司同意，天津海关与天津漆原服饰有限公司等36家企业实施加工贸易联网。至是年底，天津联网监管企业突破100家，联网覆盖率达到85%，居全国海关前列。

2006～2007年，天津海关结合监管实际需要完善和优化联网系统风险预警、风险核查等系统程序，实现对业务数据和异常业务的分析和自动预警。开始建立联网企业人员培训的长效机制，组建模拟的网络环境，采取多媒体方式教学，实现计算机考试，坚持每年培训考试上岗制度。

2006年6月14日，海关总署印发《加工贸易企业联网监管办法》。重新明确“加工贸易联网监管”的定义是“加工贸易企业通过数据交换平台或者其他计算机网络方式向海关报送能满足海关监管要求的物流、生产经营等数据，海关对数据进行核对、核算，并结合实物进行核查”。联网监管扩大到符合条件的所有加工贸易企业。管理类别从A类放宽到B类、C类，企业是否联网监管由主管海关根据条件决定。海关采取以企业为单元管理的“电子账册+联网核查”和以合同为单元管理的“电子手册+联网核查”两种方式进行联网企业的备案核销。并具体规定联网监管的接入方式和外发加工、内销补税的时限、担保等要求。天津海关的加工贸易联网监管工作，始终得到海关总署的支持和肯定，在2006年全国海关加工贸易保税监管工作会议、2009年全国部分海关加工贸易综合治税工作会议和2011年海关加工贸易转型升级座谈会上，应海关总署的要求，天津海关多次做大会发言，专题介绍联网监管工作的经验。

2008年，天津海关完成H2000电子化手册推广应用工作，使用近30年的纸质《登记手册》

退出历史舞台。联网平台开发对电子化手册数据的监控和预警功能，同步数据，实现联网平台对关区加工贸易业务的一体化管理。

是年，海关总署加贸司在《关于加强对联网监管（E 账册）企业盘库核查工作的通知》中，对天津海关坚持保税监管工作以“税”为中心，以规范化管理为重点，认真有效执行相关监管规定，采取部署核查重点、组织开展自查、量化税收指标、征税情况反馈、职能部门巡查等措施，有效开展对加工贸易联网监管账册企业盘库核查工作，全面核对保税料件的海关系统数据、企业在账数据和企业库存数据，准确掌握保税货物实际库存情况，及时进行盘点征税情况予以肯定。2008 年，天津海关完成对关区内 137 家联网企业的盘点核查征税工作，共计征收税款人民币 3.26 亿元。2009 年 6 月 11 日，海关总署加工贸易司司长率队到天津海关进行专题调研，详细了解开展联网企业盘库专项核查、确保加工贸易税收应收尽收的有关措施和做法。是年 7 月 21 日，海关总署办公厅《综合信息呈报》编发题为《天津海关强化盘库核查提高加工贸易监管水平》的信息，介绍天津海关开展联网企业自查和海关盘库核查“两查”工作的情况。在当年召开的全国保税监管工作会议上，海关总署推广天津海关开展联网企业盘库核查工作的经验。

2009 年，结合联网监控工作的实际需要，天津海关对 2004 年制定的《加工贸易联网监管操作规范》进行重新修订和完善，在核销、核查、预警处置等业务方面提出更加细化和规范的要求，强化盘库核查工作，实现“联网监管 + 盘库核查”并使之成为常态监管模式。是年，海关总署在天津召开全国部分海关加工贸易综合治税工作会议，介绍天津海关工作经验。同年在海关总署开展的全国海关科技项目清理整顿的工作中，天津海关加工贸易联网系统经海关总署评估作为辅助执法系统予以保留。

2010 年，依据《中华人民共和国海关公告》，在全国范围完成加工贸易银行台账保证金电子联网系统的推广应用工作。

2011 ~ 2012 年，为进一步顺应加工贸易发展需要，提升加工贸易联网监管系统的运行效能，天津海关提出加工贸易联网系统硬件设备的改造需求，取得地方政府的资金支持，全面更新联网平台硬件设备，顺利完成系统平移和数据切换，提高系统的安全性和运行效能。

2012 年 7 月 26 日，天津海关加工贸易监管处、技术处、数据分中心与中国电子口岸联合召开“集成通系统”工作会议，研究确认中国电子口岸集成通系统与加贸联网平台对接改造方案以及集成通系统在天津关区的应用、系统测试、分期迁移等工作实施计划，以及时间、任务和责任要求。加工贸易联网平台实现与集成通系统的对接改造后，将彻底解决联网系统与电子口岸系统分离的历史问题，全面实现电子账册建账、变更业务的无纸化，并为加工贸易业务的通关无纸化奠定基础。

2013 ~ 2014 年，天津海关为落实《海关总署与天津市合作备忘录》相关项目，引导和促进天津市加工贸易转型升级和健康发展，提出创新加工贸易管理模式，全面推进信息化管理工作目标，会同天津市商务委提出“建设加工贸易网络升级改造系统”的工作计划，此后该系统正式命名为“天津市加工贸易易网通系统”，得到市政府主管领导的肯定和政府资金支持。2014 年，天津市商务委员会，天津海关联合发布《建设加工贸易网络升级改造系统实施方案的通知》，建设加工贸易网络升级改造系统（即天津市加工贸易易网通系统）正式进入实质性建设阶段。当年完成加工贸易工单核销系统和商务、海关、企业三方联网系统的研发工作。是年 8 月 19 日，在天津三星电子有限公司召开加工贸易工单系统开通暨“易网通”系统一起建设启动仪式，各管理部门领导参加仪式，天津电视台做新闻报道。

2014 年 4 月，天津、北京海关加工贸易系统人员在海关总署武清基地开展“京津海关通关业务一体化”集中工作。双方就“简化京津两地异地加工贸易备案手续，合作建设京、津海关加工贸易工艺数据库、共享共认关级单耗参数，以及海关特殊监管区域（场所）间保税货物结转允许企业自行运输”等三项涉及保税监管领域的工作任务进行研讨。

第二节　保税工厂、保税仓库、保税集团

保税工厂是指经海关批准，并在海关的监管之下，用免税进口的原材料、零配件进行加工、制造外销商品，可以对外国货物进行加工、制造、分类以及检修等保税业务活动的场所。保税仓库是指经海关批准设立的专门存放保税货物及其他未办结海关手续货物的仓库。

保税仓库按照使用对象不同分为公用型保税仓库、自用型保税仓库。公用型保税仓库由主营仓储业务的中国境内独立企业法人经营，专门向社会提供保税仓储服务。自用型保税仓库由特定的中国境内独立企业法人经营，仅存储供本企业自用的保税货物。保税仓库中专门用来存储具有特定用途或特殊种类商品的称为专用型保税仓库。专用型保税仓库包括液体危险品保税仓库、备料保税仓库、寄售维修保税仓库和其他专用型保税仓库。液体危险品保税仓库，是指符合国家关于危险化学品仓储规定的，专门提供石油、成品油或者其他散装液体危险化学品保税仓储服务的保税仓库。备料保税仓库，是指加工贸易企业存储为加工复出口产品所进口的原材料、设备及其零部件的保税仓库，所存保税货物仅限于供应本企业。寄售维修保税仓库，是指专门存储为维修外国产品所进口寄售零配件的保税仓库。

保税集团是指经海关批准，由一个具有进出口经营权的企业负责，同一个关区内，组织关区内同行业若干个加工企业，对进口料、件进行多层次、多道工序连续加工，并享受全部保税的企业联合体。

自 20 世纪 80 年代，天津海关在全国率先试行“保税工厂”监管模式。随后，在海关总署的支持下，保税工厂、保税仓库、保税集团在天津地区得到快速发展，成为天津市发展对外贸易和改革开放的生力军。随着形势的发展，至 20 世纪与 21 世纪的世纪相交时，保税工厂与保税集团

开始逐渐淡出，而保税仓库则自21世纪开始呈现更加繁荣气象。

1981年2月，经天津海关批准，天津市的第一家寄售型保税仓库成立，截至1992年，天津关区累计批准建立各类保税仓库及出口监管仓库66家，其中加工贸易备料型保税仓库14家。

1981年，天津市进料加工合同为213份，次年增至1023份，至1983年9月15日前，已达到2100余份，全市进料加工成品的出口已经占到出口总值的40%以上，承担进料加工业务的工厂已有198家。

1983年，在海关总署尚未对保税工厂制定出管理办法前，天津的进料加工企业针对当时海关实行的进口料件按比例征免关税的办法不利于企业的发展，提出要求仿照国际通行的“保税工厂”做法，实行专料专用，按实核销，多出多免。鉴于进料加工贸易形势的快速发展，本着“促进为主”的工作方针，是年4月7日，天津海关行文海关总署，提出试办进料加工保税工厂的设想，陈述在天津市试办进料加工保税工厂的紧迫性及必要性。并拟定《进料加工保税工厂监管办法（试行）》和《天津海关对进料加工保税工厂管理规定的实施细则》，规范海关对进料加工保税工厂的监管问题，保税工厂本着“简化手续，合理赋税，严格管理”的原则，成熟一个批准一个。

1983年9月7日，经天津海关批准，全国第一家进料加工保税工厂——天津市第二运动鞋厂海关保税工厂举行开工典礼。该厂为美商耐克公司加工生产耐克运动鞋，产品（包括副次品）全部由对方包销。成为保税工厂后，企业享受保税优惠，每双运动鞋平均降低成本人民币0.6元，以年生产100万双计算，工厂便可多赢利60万元，以每双平均售价6.30美元计算，可创汇630万美元。美商耐克公司得知该厂成为海关保税工厂后，当即表示要扩大合作，逐步发展到年产500万双规模。进料加工保税工厂制度率先在天津海关试行。

通过试办保税工厂，达到降低企业的生产成本，增强出口商品在国际市场的竞争力，简化海关监管、征税手续，加速进出口运输及企业的资金周转，促进企业改善自身的经营管理的效果。为保证海关监管，保税工厂要达到“四专”要求，即专门车间或工厂进行生产、设立进料加工原材料专用仓库保管进口原材料，不允许与其他材料混合存放，设立成品专用仓库存放进料加工生产的成品，设专门账册登记进料加工的原材料及其成品。通过试办保税工厂，一方面简化海关的监管、审批、征税、核销手续，促进海关的业务改革；另一方面提升海关依法行政的水平。

1983年9月14日，《经济日报》头版刊登《就有关进料加工保税工厂问题，天津海关负责人答本报记者问》，同时编发该报采写的关于天津海关在天津市第二运动鞋厂试行进料加工保税工厂制度的报道。9月22日，海关总署货运监管司就此报道事下发通知，在海关总署对进料加工保税工厂的海关管理规定未正式下达前，各关暂可参照《就有关进料加工保税工厂问题，天津海关负责人答本报记者问》的有关内容答复相关咨询，各关也可以选择1～2个条件比较好的企业试办保税工厂。

是年10月26日，海关总署印发《海关对进料加工保税工厂的管理规定》，于1984年1月1日起试行。

是年11月，天津海关制定《对进料加工保税工厂管理规定的实施细则》，细则共九条，对保税工厂应具备的条件、海关监管的内容、企业进出口原料、成品的流程和海关对违规行为的处罚都做出具体规定。

1984年1月1日，天津海关发布公告，开始试行对进料加工保税工厂管理规定。

是年4月，天津海关根据天津服装进出口公司提出的，该公司进料加工业务虽经国家批准采取“对口合同”形式进口可以享受全部免税，但由于国际市场形势瞬息万变，同时办理出口合同和进口手续往往赶不上业务的需要实际问题，批准天津市服装进出口公司成立天津市的第一家进料加工材料的备料保税仓库。此后又有11家外贸、工贸公司的备料保税仓库相继成立。

1985年，天津海关批准建立保税工厂达12家，批准建立各类保税仓库达21家。

1979 ~ 1985年底，天津海关共审批进料加工合同4629份，客供铺料合同4544份，来料加工合同843份，补偿贸易合同74份，批准建立保税工厂12家、各类保税仓库21家。共计核销进料加工合同3091份，客供辅料合同373份，来料加工合同599份，补偿贸易合同31份，补税人民币4172万元，处理违规案件56起，罚款人民币3658万元，处理走私案件3起，罚没收入人民币68万元。天津市的进料加工品种，由1980年时仅有的服装、餐具、皮革等7类产品，发展到钟表、各类服装、电子产品、电器产品、轻工机械、塑料制品、文教用品、金属餐具、衣箱皮鞋、床上用品、毛毯地毯、劳保用品、肠衣食品、五金制品、各类工具、电焊条、网、异型钢材、蜡烛、相册、皮革制品、工艺制品及各种包装物料等20余类产品。生产能力也由只能从事简单加工，逐步发展到可完成由几个加工厂、多道工序的复杂加工生产。

1986年12月7日，《人民日报（海外版）》在第三版刊登题为《天津12家中外合资企业列入保税工厂》的报道，天津海关根据国家关税政策和税法，参照国际通行做法，对中日合资大塚制药厂、中法合营葡萄酿酒有限公司、中美合资汽车零件库、中国和联邦德国合资丽明化妆品合营工业公司等12家中外合资企业实行的进料加工保税工厂制度，是改革开放后对海关监管办法的一项改革，起到简化海关监管手续，降低企业生产成本，加速产品外运和资金周转的效果。

1987年，天津港经国家批准设立与外商合资经营的天津港商业保税仓库。此举将原来只由外贸公司自行经营转口贸易，扩大为在港口设置一个供境内外企业公司用于经营转口贸易的公共存储场所，为发展天津港的国际转运业务创造必要的条件。天津海关责成东港办事处负责管理港口公用商业保税仓库。

1988年4月6日，海关总署印发《中华人民共和国海关对加工贸易保税工厂管理办法》，对海关保税工厂的管理作出具体规定。是月14日，海关总署又印发《中华人民共和国海关对保税仓库及所存货物的管理办法》，对保税仓库监管制度适用的范围予以明确规定。是年4月19日，经天津海关批准，天津市第一家坐落在天津市东郊区由乡镇企业经营的加工贸易公共保税仓库—天津市新兴公共保税仓库正式开业，重点服务于从事出口加工业务的乡镇企业。6月18日，经天津海关批准的中国外运总公司天津储运分公司综合性保税仓库建成开业。

自 1985 ~ 1989 年 3 月底，在天津海关登记备案的各类加工贸易合同共 10673 份，经对其中的 8809 份合同进行核销，补税人民币 1.2 亿余元，发现并处理违法案件 147 起，罚没收入 133 万元。批准保税工厂 36 家，保税仓库 41 家，海关命名“信得过”企业 6 家。加工贸易已呈现取代一般贸易成为天津市主要贸易方式的趋势。

1990 年 2 月，天津海关根据海关总署要求，对天津市 108 家保税工厂、保税仓库和海关信得过企业开展清理整顿。经检查验收，对 102 家企业准予重新登记，6 家企业因未能达到海关监管要求吊销登记证书。在清理整顿的过程中，新批准 26 家已具备海关监管条件的企业为保税工厂、保税仓库。是年 5 月 10 日，天津海关在经济技术开发区召开批准开发区外商投资企业建立保税工厂大会，批准天津万利服装辅料有限公司等 16 家外资企业为保税工厂，使区内保税工厂由 13 家增至 29 家，占区内加工贸易企业的 60% 以上。

1991 年 3 月，天津海关贯彻“促进为主”方针，支持和促进天津市大中型出口企业创汇，先后批准试办天津针织品进出口公司和天津市餐具公司为龙头的腈纶棉制品保税集团和不锈钢制品保税集团。天津市腈纶棉及腈纶制品保税集团是由 4 家企业组成，形成从腈纶棉进口、纺纱、织布到加工成衣出口的多环节深加工保税生产联合体，保税集团成立后，年降低总成本费用人民币 24 万元，企业直接获利人民币 50 余万元。天津市不锈钢制品企业有 23 家，成立保税集团后，每出口一打餐具降低成本费用人民币 0.22 元，企业全年可获效益人民币 400 余万元。

是年 10 月，天津海关贯彻国家大力扶植国营大中型企业的政策，批准 10 家国营大中型骨干企业为保税工厂。随后，又批准 5 家国营大中型骨干企业为保税工厂。

1991 年，天津市保税工厂、保税仓库已有 125 家，出口货值 5.73 亿美元，占天津市出口总值的 36.1%。1991 年，天津海关已批准 182 家保税工厂、58 个保税仓库。

1991 年天津海关批准的国营大中型骨干企业保税工厂名录

表 6-2-2-25

序号	企业名称	序号	企业名称
1	天津市手表厂	9	天津市外贸地毯厂
2	天津市仁立毛纺织厂	10	天津市搪瓷厂
3	天津油墨公司	11	天津 712 厂
4	天津市玻璃纤维总厂	12	天津长城电视机厂
5	天津市复印设备公司	13	天津香料厂
6	天津市无线电元件十四厂	14	天津电焊条公司
7	天津市制鞋厂	15	天津皮鞋集团
8	天津市无线电六厂		

1992年天津海关又批准保税工厂21家、保税集团3个。

1993年8月28日,《天津日报》以《海关提高办事效率上门服务，电机总厂成为保税工厂》为题刊登消息，报道天津海关仅用7天时间就为天津市电机总厂办好申报“加工贸易保税工厂”的相关审核验厂等报批手续，为企业做好服务的事迹。该企业是当时批准的保税工厂中唯一具有产品进出口自营权的大型一类企业。但由于进口原材料价格高影响产品的成本，致使一些合同不能承接，进而丢掉部分市场，企业在国际市场的竞争中处于被动。天津海关了解到此情况，主动进厂服务，帮助企业用好、用足国家政策。在天津海关的支持下，电机总厂申办“进料加工保税”业务，仅半年时间降低产品成本人民币94万元。是年，天津海关先后批准以天津市地毯公司为首的15家地毯加工企业组成的天津地毯保税集团，以及由天津针织品进出口公司牵头的12家毛纺和羊毛衫厂为成员单位的天津毛针织品保税集团。至此，天津海关批准的保税集团已达到6家。

1996年3月26日，海关总署专门印发《关于保税仓库不准从事转口香烟、洋酒业务的通知》，明确自是年4月1日起，凡经中国港口转口至任何国家或地区的香烟、洋酒一律不准存入保税仓库。对经海关批准的保税仓库内现存的转口香烟、洋酒，主管海关应限期货主，通过外代公司并由国际航行船舶用集装箱运输，转口至港、澳、台地区以外的国家和地区。

1997年3月18日，海关总署批复天津等7个直属海关，同意对包括摩托罗拉（中国）电子有限公司、天津三星电机有限公司、天美汽车配件有限公司在内的14家保税工厂实施海关驻厂监管。

1998年，天津海关根据海关总署对保税仓库、保税工厂和保税集团进行检查的通知要求，成立专门的领导小组和检查小组，对天津市的保税仓库、保税工厂和保税集团的情况进行检查，截至1997年底，天津关区共有保税工厂238家，天津市区及武清124家，新港2家，开发区98家，蓟县14家。备案合同共计11172份，其中开发区保税工厂的备案合同为8143份，占总数的70%。全关区累计备案金额356824万美元，其中开发区161449万美元，占总金额的45%。保税工厂的经营效益差异显著。如摩托罗拉、三美电机、天美汽车配件等大型三资企业年进出口金额在数千万美元以上，而一些国营或集体企业的保税工厂则长期萎靡不振，效益低下。通过检查，天津海关有针对性地提出严格对保税仓库、保税工厂，特别是投资额较小企业的审批措施。对已不适合再享受保税仓库、保税工厂和保税集团的坚决予以暂停或撤销其资格。是年5月，天津海关根据国家经贸管理部门的要求，组织开展对关区内公共型保税仓库、油料保税仓库1995～1997年经营情况的专项核查。

是年7月22日，天津海关印发《对保税仓库及所存货物监管细则》，明确保税仓库限于存放供来料加工、进料加工复出口的货物，或者暂时存放后再复运出口的货物；备料仓库只能存放本企业加工复出口的进口料、件，非加工复出口的进口料、件不得存入备料保税仓库。规定保税仓库应具有专门储存、堆放进口货物的安全设施；有健全的仓储管理制度和详细的仓库账册；配备经海关培训认可的专职管理人员。保税仓库必须独立设置，专库专用，不得与非保税仓库相通或共用等条件。同时规范海关对保税仓库及其所存货物的具体监管方式、流程。

天津关区共有保税仓库50家，其中公共型保税库7家，寄售型保税库22家，备料型保税库12家，出口监管型保税库2家，转口型保税库1家，油料保税库1家，免税店5家。参加年检的47家各类型保税仓库，1997年进仓货物累计价值66758万元，出仓货物累计价值41536万元，库存货物总值5297万元。另外，天津关区还有保税集团5家。

1999年，在天津海关的支持下，天津市的加工贸易继续保持健康、稳定、蓬勃发展的势头，全年进出口总值82.6亿美元，其中进口39.6亿美元、出口43亿美元，分别占天津外贸进出口总值、进口值、出口值的65%、63%和67%，加工贸易已发展成为带动天津市外贸增长的主要力量。

2000年，天津海关根据《海关总署关于深入清理整顿保税仓库有关问题的通知》要求，成立保税仓库清理整顿专项工作小组，全面清理整顿保税仓库。清理整顿前，天津海关共有保税仓库49家，其中备料保税仓库11家、出口监管仓库2家、公共保税仓库8家、寄售维修保税仓库21家、油料保税仓库1家、转口保税仓库1家、免税店5家。通过清理整顿后，天津关区有保税仓库33家，其中备料保税仓库4家、出口监管仓库2家、公共保税仓库8家、寄售维修保税仓库17家、油料保税仓库1家、转口保税仓库1家。在33家保税仓库中，有1家备料保税仓库被暂停，有7家备料保税仓库、4家寄售型保税仓库和5家免税店被撤销。5家免税店被撤销后交由监管处管理。

2001年6月，天津蓟县海关在对辖区内14家保税工厂进行全面调查摸底的基础上，对已无进出口经营或已经倒闭的5家企业，撤销其保税工厂的资格。翌年12月18日，该关又撤销7家不具备保税工厂条件的公司保税工厂资格，并吊销其保税工厂证书和牌照。2001年11月15日，天津武清海关通过检查发现有6家保税工厂已经不符合保税工厂的有关要求，决定撤销其保税工厂资格。

是年9月18日，天津海关印发《对保税仓库及所存货物监管细则》，明确保税仓库是指经海关批准存放加工贸易复出口的进口料件、国际转运货物以及海关批准可缓税货物的专用仓库。规定经营保税仓库的单位必须是经国家批准有权经营进出口业务，并经工商行政管理部门注册登记的法人；保税仓库应有专门存储、堆放进口货物的安全设施；建立健全的仓库管理制度，配备海关认可的专职管理人员；具备向海关缴纳税款的能力，向海关承担保管保税货物的责任和纳税的义务；保税仓库应实行计算机管理，并具备与海关计算机联网的条件；保税仓库及所存保税货物应接受海关监管，海关可对保税仓库的经营管理、货物保管、账册管理等情况进行核查。并对保税仓库的设立、变更、年检，以及保税仓库的日常监管做出具体规定。是年10月19日，海关总署批复同意，天津裕华经济贸易总公司在天津市东丽区张贵庄机场路东设立公共保税仓库，专门存放供加工贸易企业及外商投资企业为加工复出口产品所需进口的化学危险品。

2002 年 5 月 21 日，经海关总署同意，天津泰达公共保税仓有限公司在天津开发区设立公共保税仓库。专门存放供加工贸易企业及外商投资企业为加工复出口产品所需进口的生产性原材料，以及除汽车、办公用品、家用电器、烟、酒之外的境外一般转口货物。由天津海关按照《中华人民共和国海关对保税仓库及所存货物的管理办法》实施监管，并负责培训仓库经营人员。

2003 年 7 月 21 日，经海关总署批准同意，天津空港保华公共保税仓有限责任公司在天津空港国际物流区 1 号路设立公共保税仓库，专门存放供加工贸易企业及外商投资企业为加工复出口产品所需进口的生产性原材料，以及除汽车、办公用品、家用电器、烟、酒之外境外的一般转口货物。

2004 年 7 月 9 日，经天津经济开发区海关审核，天津大田物流有限公司已具备设立公用型保税仓库的条件，符合《中华人民共和国海关对保税仓库及所存货物的管理规定》，为促进天津市建立和发展现代物流企业，天津海关同意天津大田物流有限公司在天津西青微电子工业区设立公用型保税仓库。是年 7 月 16 日，天津海关批复同意天津北辰科技园区总公司在天津北辰科技园区设立公用型保税仓库。

2005 年 5 月 19 日，经天津新港海关审核，鉴于天津中外运集装箱发展有限公司已具备设立公用型保税仓库的条件，符合《中华人民共和国海关对保税仓库及所存货物的管理规定》，天津海关同意天津中外运集装箱发展有限公司设立公用型保税仓库。是年 11 月 15 日，经天津新港海关审核，天津海关同意天津港散货物流有限责任公司在位于海防路 526 号车场南路西头 M403 堆场设立公用型保税仓库，该保税仓库为露天堆场。

2006 年 6 月 26 日，天津海关批复同意中国储备棉管理总公司天津直属库在天津市东丽区华明镇北坨村北设立公用型保税仓库，按照国家有关规定开展保税仓储业务。明确规定保税仓库不得转租、转借给他人经营，不得下设分库。保税仓库所存货物不得超出营业执照规定的经营范围，不得存放国家禁止进境货物，不得存放未经批准的影响公共安全、公共卫生或健康、公共道德或秩序的国家限制进境货物以及其他不得存入保税仓库的货物。是年 10 月 9 日，天津海关同意天津开发区陆海矿业贸易有限公司在天津港第五港埠公司码头前沿 502 库、503 库、504 库设立公用型保税仓库，开展保税仓储业务。

图 6-2-2-27 天津海关关员给被批准为海关保税仓库的企业挂标志牌

2007 年 9 月 27 日，天津海关批复同意天津泉兴国际物流有限公司在天津武清开发区京津塘高速公路北侧设立公用型保税仓库，按照国家有关规定开展保税仓储业务。是年，天津海关在保税仓库监管工作中规范作业流程，严格审批管理，制定《天津海关对保税仓库及所存货物监管细则》等操作规范，严格规定由直属海关批准保税仓库审批及变更项目；并建立健全职能部门与业务现场的联系配合机制，加强保税仓库业务审批流程登记，避免各业务现场因政策理解不同、业务流程不同等原因造成管理尺度不一。

2008 年 4 月 24 日，天津海关批复同意天津空海物流有限公司在天津市津南区八里台镇泰达（津南）微电子工业区设立公用型保税仓库。是年 5 月 27 日，天津海关批复，经天津新港海关审核，天津孚宝南疆石化仓储有限公司已具备设立公用型液体危险品保税仓库（保税罐）的条件，符合《中华人民共和国海关对保税仓库及所存货物的管理规定》和《中华人民共和国海关对保税仓库及所存货物管理操作规程》，同意天津孚宝南疆石化仓储有限公司在天津市塘沽区南疆路 2770 号设保税罐 1 座，设立公用型液体危险品保税仓库（保税罐）。是年 12 月 15 日，天津海关同意天津天保国际物流集团有限公司在天津港临港路 5 号设立公用型保税仓库，该保税仓库为露天场地。

2009 年 4 月 10 日，天津海关批复，经天津新港海关审核，同意五洋海产（天津）有限公司在天津塘沽海洋高新技术开发区内东江路西，香山道北地段设立公用型保税仓库，该保税仓库为低温冷库。是年 5 月 11 日，天津海关批复，经天津新港海关审核，天津港国际物流发展有限公司已具备设立公用型保税仓库的条件，符合《中华人民共和国海关对保税仓库及所存货物的管理规定》和《中华人民共和国海关对保税仓库及所存货物管理操作规程》的有关要求，为促进现代物流企业的发展，同意天津港国际物流发展有限公司在天津塘沽区新港七号路 499 号院内设立公用型保税仓库。是年 5 月 31 日，天津海关同意天津市名仕创元科技开发有限公司在天津北辰经济技术开发区设立公用型保税仓库。是年 7 月 27 日，天津海关同意天津港中化国际危险品物流有限责任公司在天津港集装箱物流园区跃进路以西 49 号场院内设立公用型保税仓库。是年 9 月 3 日，天津海关同意天津港第二港埠有限公司在天津市塘沽区天津新港二号路以北、供油西路以西地段设立公用型保税仓库。是年 10 月 9 日，天津海关批复，经天津新港海关审核，中化天津有限公司已具备设立公用型保税仓库的条件，符合《中华人民共和国海关对保税仓库及所存货物的管理规定》和《中华人民共和国海关对保税仓库及所存货物管理操作规程》的有关要求，同意中化天津有限公司设立公用型保税仓库。

2011 年 3 月 28 日，天津海关印发《对保税仓库和出口监管仓库有关业务操作规范》，以规范海关对保税仓库、出口监管仓库及所存货物的管理。

2012 年 7 月 10 日，天津海关印发《关于规范保税仓库货物入库管理有关问题的通知》，根据《中华人民共和国海关对保税仓库及所存货物的管理规定》和《中华人民共和国海关对保税仓库及所存货物管理操作规程》相关条款，明确各隶属海关、业务现场对保税仓库入仓货物可不按转关运输监管，由企业在主管海关办理报关手续后自行提取货物入仓。同时，要求各保税仓库的主管海关要加强保税仓库货物的实际监管。是年，天津海关以保税业务的审核、核销、核查为抓手，加强保税仓库的监管工作。是年上半年，天津新港海关共完成保税仓库抽查 11 次，盘查 3 次，核查覆盖率达到 100%，发现问题 2 起，补税人民币 11702.74 元。

2014 年 12 月 23 日，海关总署印发《关于取消保税工厂和进料加工保税集团行政审批项目有关问题的通知》，根据《国务院关于取消和调整一批行政审批项目等事项的决定》的规定，海关保税工厂和进料加工保税集团行政审批项目予以取消。自决定下发之日起，各直属海关不再对保税工厂和进料加工保税集团项目予以审批。天津海关执行海关总署通知的要求，不再办理与此相关的海关业务。

第三章　海关特殊监管区域

"海关特殊监管区域"是保税区、出口加工区、保税物流园区、跨境工业园区、保税港区、综合保税区的统称；海关特殊监管区域是经国务院批准，设立在中华人民共和国关境内，赋予承接国际产业转移、联接国内、国际两个市场的特殊功能和政策，由海关为主实施封闭监管的特定经济功能区域。所有海关特殊监管区都具有采取封闭式围网管理和保税功能。

2005 年 11 月 28 日，海关总署颁布《中华人民共和国海关对保税物流园区的管理办法》，于 2006 年 1 月 1 日起施行。在该办法中首次正式使用"海关特殊监管区域"的提法。

2006 年 7 月 26 日，海关总署印发《关于加强海关特殊监管区域卡口监管工作的通知》，要求各地海关组织对本关区特殊区域的卡口监管工作进行自查，为实现全国统一的卡口信息化管理系统，以实现特殊区域卡口与其他监管场所卡口系统的数据互通奠定基础。

2007 年，据天津海关统计，天津港保税区、天津出口加工区和天津保税物流园区进出口货值分别为 68.8 亿美元、10.2 亿美元、21.5 亿美元，分别占天津市外贸进出口总值 715.5 亿美元的 9.62%、1.43% 和 3%。

2008 年 10 月 28 日，海关总署印发《关于进一步加强海关特殊监管区域监管工作的通知》，要求各地海关进一步规范特殊区域管理、加强对进出区域货物的监管工作，清理本关自行出台的进出特殊区域货物管理便利措施，凡不符合法律、法规、规章和海关总署规范性文件的，一律予以撤销和停止执行；对辖内的特殊区域的基础和监管设施进行全面检查，完善使用管理制度；细化卡口管理岗位职责，加强特殊区域卡口的实际监管。

2009 年 4 月 27 日，天津海关成立天津关区海关特殊监管区域（场所）信息化管理平台建设领导小组和工作小组，着手构建覆盖天津关区各特殊监管区域和场所的"海关特殊监管区域信息化管理平台"。

是年 12 月 30 日，天津海关正式启动天津保税区海关分类通关改革，该关成为第一个启动分类通关改革的特殊监管区域海关。

2010 年 3 月 5 日，天津海关印发《特殊监管区域（场所）海关协管员管理规定（试行）》，规范对天津港保税区、天津出口加工区、天津保税物流园区、天津东疆保税港区、天津滨海新区综合保税区等海关特殊监管区域和天津经济技术开发区保税物流中心等保税场所协助海关从事不涉及海关行政执法权力的辅助性工作人员的管理，对海关协管员的聘用、管理、使用都作出具体规定。

是年 9 月 28 日，海关总署印发《关于整合设立的海关特殊监管区域加强管理的通知》，要求各海关要严格依法行政，强化规范管理，发挥海关特殊监管区域整合后的管理效能，发挥区域整合的综合优势，促进区域经济的发展。

2012 年 10 月 27 日，国务院印发《关于促进海关特殊监管区域科学发展的指导意见》，为适应国家不同时期对外开放和经济发展的需要，国务院先后批准设立保税区、出口加工区、保税物流园区、跨境工业区、保税港区、综合保税区等 6 类海关特殊监管区域，在承接国际产业转移、推进加工贸易转型升级、扩大对外贸易和促进就业等方面发挥着积极的作用，但发展中也存在种类过多、功能单一、重申请设立、轻建设发展等问题。为此，提出整合特殊监管区域类型，完善政策和功能，强化监管和服务，促进特殊监管区域科学发展，更好地服务于改革开放和经济发展的要求，以达到合理配置，协调发展；注重质量，提升效益；深化改革，强化监管的目标。形成管理规范、通关便捷、用地集约、产业集聚、绩效突出、协调发展的格局；完善政策和功能，促进加工贸易向产业链高端延伸，延长国内增值链条；鼓励加工贸易企业向特殊监管区域集中，发挥特殊监管区域的辐射带动作用，使其成为引导加工贸易转型升级、承接产业转移、优化产业结构、拉动经济发展的重要载体。

2013 年 5 月 17 日，天津海关向天津市人民政府报送《关于积极促进海关特殊监管区域科学发展的情况报告》，汇报海关落实《国务院关于促进海关特殊监管区域科学发展的指导意见》，发挥监管服务职能作用，促进天津地区特殊监管区域更大发展的情况。是年 6 月 3 日，天津市领导在《天津海关关于积极促进海关特殊监管区域科学发展的情况报告》上批示："天津海关促进我市海关特殊监管区健康发展措施有力，效果好。"

是年12月16日，经海关总署会同国家发展改革委、财政部、国土资源部、住房城乡建设部、交通运输部、商务部、税务总局、工商总局、质检总局和外汇局共同研究，制定印发《海关特殊监管区域设立审核办法（试行）》和《海关特殊监管区域退出管理办法（试行）》，明确确立海关特殊监管区域设立条件、健全退出机制的要求。

2014 年 5 月 23 日，海关总署印发《海关特殊监管区域间保税货物结转管理操作规程》，规范海关特殊监管区域间保税货物结转管理，提高保税货物流转效率。对结转备案、收发货管理、货物申报等作出具体规定。

天津海关特殊监管区域分布及类型比较表

表 6-3-1-26

海关特殊监管区域类型	全国数量	天津设立的特殊监管区域	数量	海关特殊监管区域功能
保税区	12	天津港保税区（海港、空港）	各 1	转口贸易，出口加工，保税仓储
出口加工区	51	天津出口加工区 A 区、天津出口加工区 B 区	各 1	仅限于出口加工
保税物流园区	5	天津保税物流园区	1	仅限于对进出口货物的储存、贸易及开展流通性简单加工和增值服务
跨境工业园区	2	无	无	以发展工业为主，兼顾物流、中转贸易、产品展销
保税港区	14	天津东疆保税港区	1	仓储物流，对外贸易，国际采购、分销和配送，国际中转，检测和售后服务维修，商品展示，研发、加工、制造，港口作业
综合保税区	18	滨海新区综合保税区	1	整合保税区、出口加工区、保税物流园区的功能
自由贸易试验区	4	中国（天津）自由贸易实验区	1	投资贸易便利、货币兑换自由、监管高效便捷、法制环境规范等

第一节　天津港保税区

改革开放以后，保税区作为海关特殊监管区域，以其所具有的进出口加工、国际贸易、保税仓储商品展示等功能，享有的“免证、免税、保税”政策，实行“境内关外”运作方式，成为中国对外开放程度最高、运作机制最便捷、政策最优惠的经济区域之一。因此，也成为诸多具备相应条件的地方政府提升区域经济的首选。1990 年 5 月，国务院批准建立中国第一个保税区——上海外高桥保税区。同时，确定保税区的功能定位为“保税仓储、出口加工、转口贸易”。

1991 年 5 月 12 日，经国务院批准设立天津港保税区，是中国北方第一个规模最大、符合现代国际经济发展要求的保税区。是年 10 月 11 日，天津市人民政府在北京召开新闻发布会，宣布天津港保税区正式招商。是年 12 月 21 日，天津港保税区首批企业开工建设。

1992 年 4 月 24 日，在天津市人民政府举行的新闻发布会上，天津海关关长杨戊辰宣布天津港保税区 1.2 平方公里地域的隔离设施已通过海关总署验收，天津港保税区正式进入运营阶段。

自是日起，天津海关依据《中华人民共和国天津海关对天津港保税区货物、物品和运输工具的监管实施细则》，在区域内正式行使监管职能。天津港保税区是当时国内实现在海关监管下整体封闭面积最大的保税区。

在天津港保税区建立初期，社会各界对保税区的政策还不甚了解，天津海关就率先入区办公，开展政策宣传。根据当时实际情况，海关通过召开新闻发布会、政策宣讲会和举办企业经理培训班，帮助企业利用好保税区优惠政策开展经营活动，同时协助保税区管委会招商引资。并出台多项扶持企业发展的措施，为企业在保税区投资经营提供便利。

天津港保税区正式运行后，仅是年4～7月，批准、立项企业186家，投资总额达2.71亿美元，批准立项15项，领取工商营业执照企业120余家。在海关登记注册的企业63家。是年8月20日，天津海关召开“保税区首批企业颁发海关登记注册证书大会”，为保税区首批在海关注册的100家企业颁发登记证书。

是年9月18日，经国务院批准，成立中华人民共和国天津保税区海关（处级），隶属于天津海关。是年11月17日，海关总署印发《关于设立天津保税区海关的通知》，根据国务院关于同意设立天津保税区海关的批复意见，设立天津保税区海关，该关全称为“中华人民共和国天津保税区海关”。

是年10月9日，海关总署向天津海关转达国务院《关于同意天津港保税区扩大面积的复函》，同意把天津保税区的面积扩大到5平方公里。具体范围为东至津京塘高速公路延长线，西至临港路以东100米处，南至天津港五号路和中心材料场，北至天津港七号路。

1993年10月28日，天津市第十二届人民代表大会常务委员会第三次会议通过《天津港保税区管理条例》。

是年12月18日，中华人民共和国天津保税区海关在天津港保税区举行开关仪式，成为全国14个保税区内第一个正式开关的海关。

1994年5月31日至6月4日，全国保税区工作座谈会在天津召开。天津、上海、福州、厦

图6-3-1-28　左图：1992年3月12日，天津海关举行天津保税区海关办公楼奠基仪式；右图：天津海关关长杨戊辰与天津市相关部门的领导共同为保税区海关办公大楼奠基

门、海口市副市长，全国13个保税区管委会的代表以及国务院有关部门、海关总署、各直属海关、保税区海关的代表共84人出席会议。国务院副总理李岚清出席会议并讲话。会议讨论《中华人民共和国海关对进出保税区货物、运输工具和个人携带物品的管理办法》。

1996年，天津保税区海关逐步建立保税区海关监管新模式，形成区内进出口货物一次报关、就地提取或发运，由保税区海关径直验放的口岸直通式通关管理格局。是年，天津保税区海关全年监管入区保税货物18.67万吨，货值2.66亿美元，分别比上年同期增长1.59倍和40%；监管出口卖断保税区货物40.45万吨，货值5.32亿美元，分别比上年同期增长79%和1.22倍；监管保税区企业经营的非限制性进出口货物价值6200万美元，增长3.7倍；监管过境、转口货物3700吨，货值6800万美元，分别比上年同期增长32%和1.34倍。接受报关单24022份，增长1.24倍。

1997年，据天津海关统计，进出天津港保税区货物209.15万吨、总值达27.4亿美元，与上年同期相比，分别增长76%和61%。进出区货物涉及汽车、酒、纸张、润滑油、纺织原料及服装、羊绒及制品、机械设备、化工品等大类商品。全年出口卖断保税区货物总值8.69亿美元，比上年增长66%；全年出区货物货值13.86亿美元，比上年增长48%；保税区企业全年经营非限制性进出口货物25.8万吨价值1.58亿美元，分别比上年增长146%和154%。全年出区内销货物4.01亿美元，比上年增长1.03倍。

1998年9月24日，天津保税区海关在查验天津汇晟国际贸易公司申报出口韩国的一批工艺品时，发现申报货物中除有少量工艺品外，其余大部分为古旧物品。经请天津市文物局专家鉴定，确定货物中夹藏有国家禁止出境文物39件、国家二级文物5件和国家三级文物38件，全部为宋、元、明时期的“韩国瓷器”。

2000年，天津保税区海关全年接受进出区报关单42415份，征收税款人民币34.06亿元。是年，天津海关以海关H883保税区货物监管子系统为数据来源和依据，以区内仓储、加工EDI联网监控为主线，以货物出入区首尾数据对接为监管点，实现不同界质之间自由交换以及远程查询与控制。通过天津保税区海关对在天津港保税区注册的1708家企业进行年度审核，发现区内企业存在注册多而实际经营少、区外运作多区内运作少、贸易型多实体企业少、内贸多外贸少的情况。

2001年，受国家汽车税率下调等政策的影响，天津保税区的汽车进口大幅增长。截至上半年共进口汽车12702辆，占天津口岸进口量的85%，同比增长85%。1～9月，天津保税区海关共验放各类进口汽车16564辆，占天津口岸的90%，居全国各保税区之首。同期征收税款34.64亿元，其中汽车税款31.2亿元，占该关征税总额的90%。

2001年12月28日，天津市第十三届人民代表大会常务委员会第二十九次会议通过的《天津市人民代表大会常务委员会关于修改〈天津港保税区管理条例〉的决定》，删除第二十七条“保税区企业可以按照国家有关规定，在外汇市场进行外汇买卖。”

2002年1月，在全国保税区工作座谈会上，海关总署将起草《中华人民共和国保税区条例》初稿的工作交与天津负责。天津市成立由天津市副市长王述祖任组长、保税区管委会主任苟利军、天津海关关长赵桂芬为副组长的领导小组，并抽调专人组成起草工作班子。至是年5月，在借鉴国际上有关自由贸易区的通行规则的基础上，形成《中华人民共和国保税区条例》初稿。

是年10月9日，天津海关印发《关于对一般贸易项下买断方式进入保税区的汽车实行预审价的操作办法（暂行）》，对以一般贸易项下买断方式进入保税区进行仓储，同一合同项下进口相同规格型号的数量超过40辆的或不同规格型号的数量超过50辆的汽车实行预审价。进口汽车预审价工作由天津海关商品价格信息处负责，审单部门和保税区海关负责实际的审核和核销。并规定通过预审价并已备案的进口车辆须在自入区之日起3年内申报出区，办结进口手续。

2003年1月24日，天津海关向海关总署加工贸易司提交《关于对天津市政府申请扩大天津港保税区范围的意见的报告》，就天津市政府申请扩大保税区范围一事提出两点意见，供海关总署决策参考。一是随着天津外向型经济特别是高科技IT企业的发展，天津港保税区除海运外，空运进出口物流不断增长，扩大天津港保税区范围很有必要；二是天津港保税区经过12年的发展，其经营管理已逐步走向成熟，海关对保税区的管理日臻完善，扩区后具备海关监管条件。

是年7月，海关总署同意天津市人民政府在国务院批准的总面积不变的情况下，对天津港保税区部分土地进行置换。天津港保税区置换区域定名为“天津港保税区（空港）”，位于天津滨海国际机场东北部2.5公里处，置换面积1平方公里。天津港保税区（空港）自2004年5月开始建设，于2005年2月28日，具备封关运作条件。

是年10月22日，天津海关印发《关于对保税区管理规范的经营进口汽车企业实行通关环节审价的操作办法》，根据世界贸易组织（WTO）的“精明商人和诚实商人”估价原则，明确规范管理的汽车进口商、进口汽车经销商可通过向天津海关通关处提出申请、出具保函，通关处会同价格处、现场海关、调查局对企业资信进行审核，取得资格企业可实现登记后审结，不再进行价格布控。在保障国家税收的前提下，削减汽车审价保证金的征收数额，解决企业的资金困难，提高海关估价工作的有效率。

是年12月12日，天津市第十四届人民代表大会常务委员会第七次会议通过《天津港保税区条例》，自2004年3月1日起施行。该条例明确天津港保税区具有国际贸易、国际物流、加工制造、商品展销等功能。重点发展进出口贸易、转口贸易、出口加工、临港加工和高新技术产业等；鼓励兴办货物仓储、运输、分拨、配送和进出口商品展示、展销等现代服务业。规定进出保税区的货物、物品和运输工具，应当接受海关监管。货物在保税区与境外之间进出，免领许可证件，由海关登记放行。

2004年4月7日，天津海关印发《天津海关与企业签订保税区汽车价格合作备忘录实施办法》，以提高保税区进出区汽车的通关效率，保证高资信企业和大税源商品的快速通关。同日，天津海关还印发《天津海关关于对买断进入天津港保税区汽车价格预审核操作办法（暂行）》。4月27日，天津海关正式印发《对保税区管理规范的经营进口汽车企业实行通关环节审价的操作办法》，建立审价工作风险机制、提高海关估价工作的有效率，同时削减汽车审价保证金征收数额、解决企业资金困难，提高通关速度。

是年7月1日，《中华人民共和国行政许可法》实施后，由于国家及海关总署对保税区内汽车经营企业的管理未做出任何的规定，所以对保税区汽车经营企业的审批也未列入行政许可事项范围。8月27日，天津保税区海关建议取消海关对保税区汽车经营企业资格的审批工作。

是年8月16日，国务院批准设立天津保税物流园区，规划面积为1.5平方公里。是年11月3日，天津港保税区管理委员会就保税物流园区隔离设施建设和保税区隔离设施调整事致函天津海关，根据《国务院办公厅关于同意扩大保税区与港区联动试点的复函》精神，决定将保税区东侧隔离设施沿临海路西侧部分向西平移176.5米，沿嘉里粮油公司、龙威粮油公司东侧及新港大道北侧隔离设施向东调整，与上述隔离设施调整后位置顺接，调整出用地16.22万平方米划入港区，调入原天津港储运公司使用的用地13.88万平方米作为保税国际物流园区用地。保税国际物流园区首期海关隔离设施围合面积0.6平方公里，其中占用保税区现有隔离设施内用地46.12万平方米，该用地范围内的保税区企业划为保税国际物流园区企业。

是年12月31日，海关总署致函天津市人民政府，同意天津保税区与港区联动试点方案。天津保税区与港区联动试点区域定名为天津保税物流园区，位于经国家批准的天津保税区现有规划建设用地范围内，面积1.5平方公里，四至范围为：东至临海路，西至海滨六路，南至东方大道和新港四号路，北至京门大道。由天津市人民政府责成天津保税区管理委员会严格按照批准的四至范围进行封闭围网、卡口及相关配套设施的建设。封闭围网内不得有商业、住宅、营业性生活消费设施和管理部门的办公设施，并会同天津海关按照《海关总署关于印发〈出口加工区隔离设施及海关有关监管设施标准〉的通知》等相关文件规定和要求进行预验收。

2004年，随着天津港保税区的货物仓储、分拨功能优势和国际物流分拨中心地位的逐步增强，以及保税区保税功能对国际物流、国际贸易的吸引，促进天津港保税区物流业的发展。是年，天津保税区海关共接受进出区货物报关单110406份，监管进出区货物278万吨，货值97亿美元，同比分别增长36.4%、29.8%和51.2%。

2005年初，天津海关着手“优化保税仓储功能”“推动天津现代化国际物流中心建设”，对保税区内企业空运进口货物采取“属地接放”的监管模式，区内企业由天津机场进出口货物无须转关，直接在保税区海关申报，减少流转环节，加快空运进出口货物通关速度。海关按照现代物流企业通关需求，推出“分批出区，集中报关”的便捷通关措施，并开发网上监控系统，缩短企业出区报关审批时间。投资环境的优化，吸引新加坡叶水福、日本丰田通商、韩国三星爱商网、香港亚洲物流、嘉里物流等一批国际知名的物流公司到保税区投资、经营。是年一季度，保税区海关接受进入国内市场的加工贸易货物申报6163票，货值5.1亿美元，占同期进出区货物的

28%和22%，分别是上年同期所占份额的9.3倍和12.2倍。天津保税区的辐射功能增强。一季度，经保税区进口销往北京的货物占全部出区货物20%，销往华北、西北及其他地区的货物占全部出区货物40%。天津保税区和香港地区的贸易往来达2.78亿美元，是上年同期的1.96倍。天津保税区一季度出口境外货物72255吨，货值11063万美元，同比分别增长39%和3.8%。

是年，天津保税区海关针对天津棉花交易市场拓展中亚市场的需求，经与乌鲁木齐海关沟通，采取扶植措施，批准中亚棉花从阿拉山口转关到天津保税区。中亚棉区的生产国是乌孜别克斯坦和哈萨克斯坦，从产地到伊朗阿巴斯港再到天津港办理入保税区手续，一般需要60～75天的运输时间，每吨棉花的运输成本达200美元。保税区海关针对实际情况，与乌鲁木齐海关签订转关协议，建立起一条连结中亚与天津港保税区的“棉花之路”，使中亚棉花直接进入天津港保税物流园区。由此为企业节约三分之一的运输费用和二分之一的运输时间。

是年3月，天津港保税区（空港）隔离设施、海关监管设施及区域内各项基础与配套设施已竣工，具备封关运作条件。该项目自2004年5月份开工建设，历时10个月，完成该区域长度5.2公里的隔离围网和卡口设施（包括海关检查口、验货场、验货平台、停车场、地磅、交通工程、监控系统等）施工。为保证顺利建成并投入使用，天津海关协助保税区管委会承建骨干光纤、网络设备、通讯设备、综合布线、物流监控系统、卡口软件、卡口硬件设备等卡口部分海关监管设施。

是年6月21日，海关总署对天津海关《关于核准天津港保税区置换土地区域验收情况的请示》批复。海关总署同意是年5月19日，天津市人民政府会同天津海关与天津市有关部门组成的联合验收小组，对天津港保税区土地置换区域（1平方公里）的隔离设施和监管设施进行正式验收的意见，认定该区域的隔离设施和监管设施基本符合《海关总署关于印发〈海关对保税区隔离设施验收程序（试行）〉和〈海关对保税区隔离设施及监管设施验收标准（试行）〉的通知》的规定和要求，验收合格。责成天津海关根据《保税区海关监管办法》对天津港保税区土地置换区域（1平方公里）实施监管。

是年8月，天津港保税区（空港）正式运行。

是年9月，天津海关根据海关总署的部署，以“应收尽收、能补则补”作为加工贸易综合治税的目标，以保税区企业经营保税进口货物转内销业务为重点，开展关区加工贸易、保税仓库和保税区的综合治税专项核查工作。

2007年6月25日，天津保税区海关正式对外办理天津保税区（空港）进口通关业务。

2008年1月17日，天津海关、保税区管委会共同到国务院办公厅就天津空港加工区申请设立综合保税区事宜进行工作汇报。综合保税区是经国务院批准设立在内陆地区的具有保税港区功能的海关特殊监管区域，与保税港区享受同样的政策，具有口岸、物流、加工、贸易等功能的海关特殊监管区域。

是年3月10日，《国务院关于同意设立天津滨海新区综合保税区的批复》，明确同意设立天津滨海新区综合保税区，规划面积195.63公顷。四至范围南至津北公路；北至京津塘高速公路；西至天津滨海国际机场规划三跑道和赤海路；东至大寨路。天津滨海新区综合保税区位于滨海新区内，紧邻天津滨海国际机场和京津塘高速公路，距天津中心城区10公里，距天津港30公里，距北京市110公里，既紧邻空港和中心城区又临近天津海港，区位优势明显。天津滨海新区综合保税区的功能和有关税收、外汇政策按照《国务院关于设立洋山保税港区的批复》的有关规定执行。天津滨海新区综合保税区实行封闭管理，按照海关特殊监管区域的有关规定组织综合保税区隔离监管设施的建设。海关总署要会同有关部门，切实做好天津滨海新区综合保税区的监管和服务工作，促进其健康有序发展，推动空客A320系列飞机天津总装线项目顺利实施。

是年3月30日，海关总署印发《关于协助做好天津滨海新区综合保税区建设相关工作的通知》，要求天津海关积极参与天津市人民政府抓紧做好滨海新区综合保税区的筹建工作，制订好《天津滨海新区综合保税区建设实施方案》，协助天津市人民政府及其有关部门做好综合保税区隔离监管设施的建设工作，并适时做好滨海新区综合保税区的预验收工作。做好政策宣传工作，按照国务院批复要求，引导符合天津滨海新区开发开放功能定位以及与空客A320系列飞机天津总装线项目相关的企业入区发展。

自是年3月开始，天津保税区海关对空客A320项目实施监管，为空客项目提供量体裁衣式的个性化服务和管理模式，为空客项目打造一流的管理平台，使空客项目进展顺利。截至是年9月底，保税区海关累计监管空客项目进口货物567票，货重3414吨，货值1.7亿美元，实货查验302票。主要进口商品为飞机部件、厂房基建货物、工装夹具、各种手动工具等。9月底空客项目已完成投资的55%、厂房建设进度的73%。9月28日，国务院总理温家宝和空中客车有限公司总裁兼首席执行官托马斯·恩德斯共同出席空客A320天津总装工厂投产仪式。

是年10月30日，海关总署及国务院有关部门组成的联合验收小组，对天津滨海新区综合保税区（一期）进行的正式验收和评审，认定天津滨海新区综合保税区（一期）开发的120公顷的基础设施、隔离和监管设施等符合《国务院关于同意设立天津滨海新区综合保税港区的批复》和《海关总署关于印发〈海关特殊监管区域基础和监管设施验收标准〉的通知》等文件的规定和要求，验收合格。海关总署要求天津海关根据相关文件和规定要求，组织实施对天津滨海新区综合保税区（一期）封闭监管，开关运作。

2009年1月9日，天津保税区海关综合保税区现场正式对外开展业务。是年12月30日，天津海关正式启动天津保税区海关分类通关改革。改革后，报关单据流转环节缩短，出口离境货物的通关作业时间平均缩短近50%，非查验货物保证当日放行，出口入区货物通关作业时间平均降低30%。

2010年1～6月，天津港保税区进出口值为53.6014亿美元，同比增长45.8%；进口值为10.0574亿美元，同比增长21.1%；出口值为43.544亿美元，同比增长53%。进出区值为57.4亿美元，同比增长37.5%；进区值为27.41亿美元，同比增长21%；出区值为29.99亿美元，同比增长 57.09%。保税区上半年海关税收为人民币 23.33 亿元，同比增长 26.45%。

天津保税物流园区进出口值为 5.1528 亿美元，同比增长 158%；进口值为 2.62266 亿美元，同比增长 130.3%；出口值为 2.53014 亿美元，同比增长 194.9%。进出区值为 70.87 亿美元，同比增长 1.09 倍；进区值为 19.25 亿美元，同比下降 15.54%；出区值为 51.62 亿美元，同比增长 3.61 倍。保税物流园区上半年海关税收为人民币 165.82 亿元，同比增长 95.15%。

截至 2010 年上半年，天津港保税区实际在区内的加工贸易企业有 52 家、贸易型企业有 281 家、仓储企业有 104 家，从业人员合计 14936 人。天津物流园区有 185 家企业，其中实际在区内的贸易型企业有 11 家、仓储企业有 21 家，从业人员合计 700 人。在两区内投资的世界 500 强企业有 70 余家。

2011 年，保税区管委会与全球最大的专业航空产品制造商、空客飞机总装线的供应商之一美国古德里奇公司研究决定，拟将飞机发动机短舱维修业务由天津港保税区迁入天津滨海新区综合保税区运营。但根据《海关总署关于修改〈中华人民共和国海关保税港区管理暂行办法〉的决定》“在保税港区内开展维修业务的企业所维修的产品仅限于我国出口的机电产品售后维修，维修后的产品、更换的零配件以及维修过程中产生的物料等应当复运出境。”的规定，该公司在综合保税区内开展飞机发动机维修业务受到政策限制。天津海关落实海关总署、天津市合作备忘录精神，主动协调、推动，终使该公司在滨海新区综合保税区内开展飞机发动机短舱维修业务获得批准。

2012 年 1 月 12 日，古德里奇航空结构服务（中国）有限公司建立综合保税区的第一本减免税货物电子账册（HD 账册），并顺利通过 23 项进口减免税设备审批程序。海关通过该手册将能准确、及时掌握企业减免税设备备案及进出口情况，提高海关对特殊监管区域的实际监管水平。

是年 1 月 14 日，天津保税区海关办结空中客车（天津）总装有限公司 2012 年首架总装飞机通关手续，该飞机为上海吉祥航空有限责任公司申报进口，空载重量 39.6 吨，货值 3800 万美元，对其首付款及第一期季度租金征收税款人民币 650 万元。

是年 6 月 12 日，新华社、《人民日报》、中央电视台、《天津日报》、天津电视台等多家中央、地方媒体就空客 A320 系列飞机总装项目第 100 架飞机大部件通关到海关进行采访报道。2012 年，天津海关共为 38 架空客总装飞机办理进口通关手续，货值 17.18 亿美元，缴付税款人民币 3.98 亿元，同比分别增长 7.1% 和 49.1%。

是年 12 月 3 日，天津保税区海关完成空港经济区内首家公用型保税仓库亨特尔公用型保税仓库验收发证工作。

2013 年 2 月 7 日，天津保税区海关快速办结国家重点项目“时速 350 公里动车组制造能力提升工业化改造项目”11 套设备通关手续，设备价值 348 万美元，该关开辟绿色通道，专人办理单据审核、征税、验放，以保证该项目春节前进行调试，保障国家重点项目物资顺利通关。

是年 2 月 27 日，天津海关在天津保税区海关空港接单现场使用排队叫号系统，以规范空港接单现场的通关秩序，缓解报关单量快速增长给现场造成的通关压力。该关还结合实行企业分类管理，体现高资信企业“守法便利”的原则，在系统内设置AA类企业进出区货物专用通道和空客货物进出区专用通道等便捷通道，以缩短AA类企业和区内重点企业通关申报的排队等候时间。

是年10月24日，天津保税区海关启动“海空直通”物流监管模式。该模式利用海港保税区的出口便捷优势，以及保税区海、空港关区代码相同的特点，优化转关流程，通过海关认证的第三方承运人，将保税区（空港）加工贸易产品运输至海港保税区办理出口通关手续，以降低区内企业出口成本，加快通关速度。启动当天，天津保税区海关空港业务科应用此模式，为美卓织物（天津）有限公司出口的2337.18平方米“过滤布”办理首票“海空直通”业务。

2013年，天津海关共为46架空客总装飞机办理进口通关手续，货值22.13亿美元，缴付税款人民币5.63亿元，同比分别增长21.1%、28.8%和41.5%。年内，天津保税区海关创新“园区直通车”通关模式，为汽车纳税大户制定“园区直通车”业务流程，形成进口汽车通关的“差异化”、“链条式”和“户籍式”管理，实现进口汽车“一站式”通关，大幅提升中规进口汽车通关效率，捷豹、路虎、奔驰、宝马、斯巴鲁等国际知名汽车厂商均将天津口岸作为主要通关口岸，促进区域的经济发展。全年，应用为汽车纳税大户制定的“园区直通车”业务流程，共为162971辆进口汽车办理快速通关手续，货值66.2亿美元，征收税款人民币280.3亿元。

2014年，天津保税区海关全年共接审进出口报关单20.62万票，监管货运量410.71万吨，货值165.25亿美元。共为46架空客总装飞机办理进口通关手续，货值22.03亿美元，缴付税款人民币2.9亿元。全年，应用为汽车纳税大户制定的“园区直通车”业务流程，共为185068辆进口汽车办理快速通关手续，货值74.1亿美元，征收税款人民币293亿元。

第二节 天津开发区出口加工区

出口加工区（Export Processing Zone）是国家划定或开辟的专门制造、加工、装配出口商品的特殊工业区。出口加工区，狭义是指某一国家或地区为利用外资，发展出口导向工业，扩大对外贸易，以实现开拓国际市场、发展外向型经济的目标，专为制造、加工、装配出口商品而开辟的特殊区域，其产品的全部或大部供出口。广义则包括自由贸易区、工业自由区、投资促成区和对外开放区等。世界上第一个出口加工区是1956年建于爱尔兰的香农国际机场。20世纪80年代，中国实行改革开放政策后，沿海一些城市开始兴建出口加工区。

2000年4月27日，经国务院批准设立天津出口加工区，成为首批15个出口加工区之一，2001年6月29日，天津出口加工区通过海关总署等国家八部委的联合验收，正式封关运作。天津出口加工区是由海关对进（出）区的货物及区内相关场所，进行24小时监管的“境内关外”的特殊封闭区域。

天津出口加工区是国务院批准设立在直辖市国家级经济技术开发区内的出口加工区，具有行政层次少，渠道直接，速度快捷，有利于通关和与政府部门的各项协调工作的优势，天津市人民政府设立天津出口加工区管理委员会，作为政府的派出机关，负责区域的一切行政管理工作，为投资者提供最全面、优质的服务。天津经济技术开发区海关则具体行使对天津出口加工区的海关监管职能。

天津经济技术开发区是首批国家级经济技术开发区之一。天津经济技术开发区主要经济指标在全国49个国家级开发区中居首位，4千多家中外企业注册落户，其中500强企业82家，投资总额超过500亿美元，形成以摩托罗拉、三星、丰田等跨国集团为代表，以电子通信、汽车制造、生物制药、食品饮料、化学工业等支柱产业为主导的现代化工业加工制造基地。

2000年6月21～23日，国家计委、国家经贸委、外经贸部、财政部、国家税务总局、国家工商行政管理局、国家外汇管理局、海关总署等8部门在山东省威海市召开全国出口加工区试点工作会议，研究落实《国务院办公厅关于进行设立出口加工区的复函》精神。会后，天津海关即成立以主管关长任组长的“天津海关出口加工区工作小组”，主动协助地方政府部门起草申请报告和加工区规划设计方案。

2001年4月4日，海关总署印发《关于转发对外贸易经济合作部〈出口加工区加工贸易管理暂行办法〉的通知》，并要求各地出口加工区海关需与出口加工区管委会密切配合，搞好出口加工区内企业的进口料件、设备及出口成品的备案等项工作。在《口岸电子执法系统》未启用前，出口加工区内企业可暂时采用终端或报关行传输的方式进行电子账册备案和进出口报关。《口岸电子执法系统》正式投入使用后，出口加工区海关和企业应按照海关总署下发的《出口加工区加工贸易管理操作规范》《出口加工区企业加工贸易管理须知》等有关规定进行电子账册备案审批及进出口报关。

2001年4月19日，天津海关印发《关于成立出口加工区验收工作领导小组和协调工作小组通知》，为迎接海关总署对天津出口加工区的总体验收，保障验收工作的顺利进行，确保一次验收、一次通过，天津海关成立出口加工区验收工作领导小组，负责天津海关对出口加工区预验收工作中的领导和有关事项的决策；领导小组下设协调工作小组，具体组织协调预验收工作及海关总署对出口加工区总体验收的联系协调工作。4月24日，海关总署印发《关于转发对外贸易经济合作部〈出口加工区加工贸易管理暂行办法〉的通知》，海关开始执行《出口加工区加工贸易管理暂行办法》。

是年5月31日，海关总署下发经修改完善后的出口加工区计算机管理子系统，要求各关接到通知后，立即进行系统的安装、调试。

是年6月13日，天津海关向海关总署提交《关于成立天津经济技术开发区海关驻出口加工区办事处的请示》，根据业务运作的需要，拟建立天津经济技术开发区海关驻天津出口加工区办事处。是年6月25日，海关总署批复，同意天津经济技术开发区海关增设审批科和核销科，专门负责天津出口加工区的海关业务；同意天津经济技术开发区海关对外启用“天津经济技术开发区海关驻出口加工区办事处”印章并挂牌。是年6月29日，天津出口加工区正式封关运作。

天津出口加工区通过国家验收正式封关运作后，虽已完全具备全方位运作的能力，但由于出口加工区的政策优势不明显，与区外的外工贸企业实行的便捷通关优惠相差无几；出口加工区的企业取消加工贸易手册，管理不设台账，而区外从事加工贸易企业，尤其是对高新技术企业则实行海关与企业的电子账户等优惠措施；出口加工区对区内产品销往区外按成品征税，与其他区域的税收政策不平等等原因，导致半年时间仅有一家企业从天津开发区迁入加工区，招商形势很不乐观。天津海关及时将这一情况反馈天津市人民政府，主动密切与地方主管部门的联系配合，并就出口加工区的申请及有关政策问题提出建议和支持措施。

是年8月10日，天津经济技术开发区海关行文天津开发区管委会，根据出口加工区海关对加工区监管设施的要求，加工区的卡口设施功能尚存在一些缺陷，需要进一步完善，以便达到海关监管和快捷通关的要求，要求管委会相应为卡口增加LED显示板、扩音设备及音箱。

是年8月31日，天津经济技术开发区海关行文请示天津海关，鉴于日前接到开发区企业爱津服装有限公司“关于进入出口加工区经营的申请”及开发区管委会“同意该企业入区经营的函”。因为是天津出口加工区接收到的首个入区企业的正式申请，经研究，同意该企业的入区申请。同时，考虑到该企业为保持生产的连续与稳定，在短期内不能全部迁入区内运营，同意该公司在2002年05月迁入加工区之前将所有工序在不中断生产的情况下，由后工序向前工序陆续迁入。对其迁入加工区后，在区外原厂房内生产加工所使用的区内原材料，比照《国务院关于〈中华人民共和国海关对出口加工区监管的暂行办法〉的批复》的精神办理。同时严格审核其在区外加工部分的生产工艺、单耗标准，并要求企业分别做好区内外生产台账。对委外加工环节，由开发区海关驻加工区办事处实施监管。该建议得到天津海关的认可。

2002年4月3日，天津海关印发《区外企业迁入出口加工区过渡期内海关管理操作规范（暂行）》。是年6月27日，天津海关印发《天津出口加工区进出区货物通关监管操作规范》，根据《国务院关于〈中华人民共和国海关对出口加工区监管的暂行办法〉的批复》文件精神，对进出出口加工区的货物通关实行“一次申报、一次审单、一次查验”的高效运作模式。对从天津口岸进、出加工区的货物实行“直提直放”（快递货物除外），从其他口岸进出区的货物实行转关。并对承运加工区海关监管货物的车队、进出区货物的监管流程作出明确规定。是年，天津出口加工区的进出口货运量达到2823吨、货运值达到3380万美元。

2003年11月4日，天津市人民政府就在天津空港物流加工区设立出口加工区事请示国务院。为进一步扩大对外开放，促进加工贸易发展，有效发挥天津的口岸功能和对腹地的辐射作用，申请在天津空港物流加工区设立出口加工区。

2004年2月9日，海关总署印发《关于推广出口加工区深加工结转试点工作的通知》，经国务院批复同意，在已经通过验收并封关的出口加工区开展深加工结转业务。在2002年6月，国务院正式批准在江苏昆山、上海松江出口加工区区内企业与区外企业之间开展深加工结转试点。是年8月，海关总署以《关于在江苏昆山和上海松江出口加工区进行深加工结转试点工作有关问题的通知》下发全国海关，开始试点工作。

2005年1月26日，海关总署回复天津市人民政府《关于同意天津出口加工区部分土地与天津开发区微电子工业区部分区域进行置换的函》，海关总署经商有关部门上报国务院的关于天津出口加工区土地置换问题的请示，已经国务院同意。同意天津出口加工区部分土地与天津开发区微电子工业区部分土地进行置换，并在天津开发区微电子工业区设立天津出口加工区B区。天津出口加工区B区的面积为0.2726平方公里，四至范围：东至微四路，南至张衡道，西至微七路，北至爱迪生道。经国务院批准的天津出口加工区A区规划面积相应缩减为2.2674平方公里，天津出口加工区A区和天津出口加工区B区总规划面积为2.54平方公里。

是年3月21日，海关总署印发《中华人民共和国海关出口加工区货物出区深加工结转管理办法》。是年5月9日，海关总署又印发《关于执行〈中华人民共和国海关出口加工区货物出区深加工结转管理办法〉有关问题的通知》，对《中华人民共和国海关出口加工区货物出区深加工结转管理办法》执行过程中出现的问题予以说明和明确。

是年8月12日，天津市人民政府致函海关总署恳请批准将天津经济技术开发区微电子小区出口加工区部分土地与天津经济技术开发区西区部分区域置换。鉴于开发区已开发土地上项目分布已趋于饱和，开发区西区作为开发区土地、产业、管理和服务的延伸，将成为天津经济技术开发区未来的经济增长点和招商亮点。在开发区西区建立新的出口加工区，一些原定进入微电子出口加工区的企业入驻此区，可以彻底解决企业出口退税、快速通关、节约运营成本等问题。拟用开发区西区约0.27平方公里土地与微电子出口加工区土地进行置换，建立新的出口加工区。四至范围为：开发区西区新兴路以东、新环东路以西、新业九街以南、新业六街以北。

2005年，天津出口加工区的货运量16.35万吨、货运值61150万美元，比上年分别增长11.11倍和6.5倍，货运量突破10万吨。

2006年3月10日，海关总署印发《关于转发〈出口加工区加工贸易管理暂行办法〉的通知》，将商务部制定的《出口加工区加工贸易管理暂行办法》转发各海关，要求各地海关按照有关规定，并结合监管实际，做好出口加工区的管理工作。是年，天津海关实施五项服务举措：一是对国内采购料件全面采取"分批入区、集中报关"的通关监管模式；二是对空运进口转关急用货物实行"实货验放、事后报关"便捷通关；三是以企业为单元提供个性化的政策跟踪指导；四是增加报关单证明联打印业务，提高对外办事效率；五是针对企业需要，落实周末加班制度，以促进出口加工区的发展建设。是年一季度，出口加工区共有3家新企业注册备案，注册资本1540万美元。在出口加工区注册企业已达19家，注册资本共计1.86亿美元。2006年，天津出口加工区新增备案企业5家，新增注册资本1310万美元，海关监管进出区货物货值达10.16亿美元，较上年同期增长66.08%，首次突破10亿美元。

2007年6月27日，天津海关根据天津经济技术开发区管委会请求协助天津出口加工区申请拓展保税物流功能，向海关总署提交《关于天津出口加工区拓展保税物流功能的请示》。鉴于2006年，天津出口加工区工业总产值达人民币48.46亿元，进出口总额达10.1亿美元，与上年相比增长1.14倍，其中出口6.03亿美元，与上年相比增长81.65%，位于全国出口加工区前列。由于区内注册企业已有20家，产业涉及电子、家具、服装、食品、包装等，投资总额2.42亿美元，但保税物流功能的缺失已成为制约天津出口加工区发展的瓶颈，如果出口加工区拥有保税物流功能将大大降低企业生产成本和运输成本，缩短生产周期，实现其投资利润最大化。建议海关总署批准天津出口加工区拓展保税物流功能。

是年4月19日，海关总署印发《关于出口加工区拓展保税物流功能及开展研发、检测、维修业务试点有关问题的通知》，出口加工区拓展保税物流功能涉及的货物纳入现行的电子账册管理；区内企业开展研发业务，经主管海关同意，企业将用于研发的货物在电子账册管理，单独设立电子账册；区内企业开展检测业务，出口加工区与境外之间进出的检测货物，在货物进境时，区内企业填写《进境备案清单》贸易方式填写“修理物品”。在上海松江等7个出口加工区试点，但未包括天津出口加工区。

是年10月26日，天津海关向海关总署呈送《关于对天津出口加工区B区进行封关验收的请示》，鉴于天津出口加工区（B区）隔离设施、卡口设施及相关配套设施的建设已全部竣工，具备封关运作条件，并于是年10月24日，通过天津海关组织的预验收，特报请海关总署对天津出口加工区（B区）进行正式验收。

是年12月6日，天津出口加工区（B区）通过国务院联合验收小组验收。国务院联合验收小组组长、海关总署加贸司副司长吕伟红代表联合验收小组与天津市委常委、滨海新区管委会主任苟利军签署《联合验收小组对天津出口加工区B区基础和监管设施验收纪要》，并为天津出口加工区（B区）揭牌、颁发验收合格证书。是年12月11日，海关总署正式就关于天津出口加工区B区海关监管隔离设施验收的问题批复天津海关，天津出口加工区B区开发的0.435平方公里地域的隔离设施、卡口设施及相关配套设施基本符合《国务院办公厅关于进行设立出口加工区试点的复函》《中华人民共和国海关对出口加工区监管的暂行办法》《海关总署关于印发〈海关特殊监管区域基础和监管设施验收标准〉的通知》的规定和要求，认定验收合格。指示天津海关根据《中华人民共和国海关对出口加工区监管的暂行办法》的规定，组织实施对天津出口加工区B区的封闭监管和开关运作。

是年，天津海关探索多种监管模式，满足不同企业的通关需求。对常规货物，实行“一次申报、一次查验、一次放行”；对空运进口转关急用货，实行“实货验放，事后报关”的便捷措施，方便企业生产料件及时投产。

2008年12月26日，由海关总署、财政部、国家税务总局、国家外汇管理局联合发文，批准设立天津经济技术开发区保税物流中心。

2009年2月9日，海关总署印发《关于出口加工区拓展保税物流等功能海关监管有关问题的通知》，明确海关的操作规定。是年6月22日，天津经济技术开发区保税物流中心通过国家联合验收小组验收。

2009年，在全国39个出口加工区进出口总值排名中天津出口加工区位列第15位，比上年下降3位。制约出口加工区发展的主要因素，一是政策优势不明显。二是地方政府产业布局和招商引资不完善。

2010年，天津出口加工区已开发土地面积达1.435平方公里，占规划面积的56.5%，备案企业19家，实际运营11家，出口加工区周边尚未形成其专属的产业配套区。

2011年11月14日，海关总署印发《关于做好天津出口加工区整改工作的函》，为规范海关特殊监管区域管理，提高土地利用效益，经海关总署对全国海关特殊监管区域的土地利用情况进行摸底调查，发现天津出口加工区存在国务院批准设立超过10年尚有规划土地未验收利用的情况。要求天津海关将有关情况和整改要求及时函告天津出口加工区管委会，并协助管委会尽快组织实施整改。整改期限为6个月，至2012年5月31日。届时，海关总署将会同有关部门对整改情况进行检查，并对整改期限过后仍不能实施封关验收的区域启动部分退出程序。次日，天津海关致函天津经济技术开发区管委会，转达海关总署关于组织做好天津出口加工区整改工作的函的具体要求。

2012年，天津海关按照《海关总署、天津市人民政府关于加强署市合作的备忘录》的要求，推动保税展示业务的开展。出口加工区内企业天津原野贸易发展有限公司提出在出口加工区内建立进口商品保税展示中心的申请，并得到开发区管委会的批复。是年9月11日，首票保税展示货物，价值23.52万美元的2架轻型飞机顺利入区。

2013年，天津海关对出口加工区卡口进行改造，实行客货分流，采取换证通行制度，截至是年12月底，内销征税突破人民币6.1亿元，创历史新高。

2014年，天津海关部署出口加工区作为特殊监管区域，利用政策优势，复制推广14项上海自由贸易实验区海关监管创新制度。并深入企业生产一线调研，召开政策宣讲会，与各企业座谈，鼓励企业运用新的辅助监管系统。是年8月1日起，天津海关在每周六、日上午及每天下班后，根据天津出口加工区企业的要求，安排关员加班为企业办理通关手续，实现7×24小时通关。

第三节　天津东疆保税港区

天津东疆保税港区是继上海洋山保税港区后中国批准设立的第二个保税港区。它在拥有开发区、保税区、高新技术产业园区等区域的全部政策的同时，享受国家批准的涉及税收、口岸监管外汇管理等众多优惠政策。

东疆保税港区设立后成为中国租赁行业创新发展的综合服务平台，全国九成以上的飞机租赁业务在东疆完成，东疆保税港区的租赁发展团队与国内外租赁业一起，相继开发出 SPV 租赁、联合租赁、出口租赁、进口租赁、离岸租赁、保税租赁、资产包转让租赁，人民币跨境结算等 30 多种创新租赁模式。

东疆保税港区的太平洋、汇盛、国际邮轮母港三个码头，涵盖并满足集装箱、杂货、客运、滚装船等各类码头的业务操作需求，先后开通韩国、东南亚、欧洲、美国、地中海等 13 条集装箱航线，集装箱吞吐量占到天津港的 20%。

东疆保税港区还成为总部经济和结算中心，大批贸易结算企业聚集东疆保税港区。天津海关按照国务院和海关总署的要求，始终为东疆保税港区的建设和发展提供支持和全方位的保障。

2005 年 12 月 16 日，天津市人民政府向国务院递交《关于建立天津东疆保税港区的请示》，落实中共十六届五中全会《中共中央关于制定国民经济和社会发展第十一个五年规划的建议》中提出的“继续发挥经济特区、上海浦东新区的作用，推进天津滨海新区等条件较好地区的开发开放，带动区域经济发展”的战略部署，申请在天津港东疆港区内建立保税港区。东疆港区位于天津港的东北部，为浅海滩涂人工造陆形成的三面环海半岛式港区，南北长 10 公里，东西宽 3 公里，面积 30 平方公里。规划分为码头作业区、物流加工区、综合配套服务及预留发展区三大区域。东疆保税港区将建设成为国内发展保税物流层次最高、政策最优惠、功能最齐全、区位优势最明显的海关特殊监管区域。发展国际中转、国际配送、国际采购、国际转口贸易、保税加工和保税物流等业务，并积极拓展相关功能。由海关按照“一线放开、二线管住、区内自由、入港退税”的监管原则，实行全域封闭化、信息化、集约化监管。

2006 年 8 月 31 日，国务院正式批复同意设立天津东疆保税港区，将天津港东北部正在建设的 33 平方公里的 10 平方公里规划为东疆保税港区。

是年 10 月 8 日，天津海关向海关总署上报《关于设立天津东疆保税港区海关机构的论证报告》，经 9 月 15 日天津海关党组会议研究，建议在天津东疆保税港区设立海关机构。

2007 年初，海关总署出台支持滨海新区开发开放的 14 条措施，明确提出支持东疆保税港区建设，深入推进海关特殊监管区域的功能整合、政策叠加。条件成熟时，在东疆保税港区进行建立自由贸易港区的改革探索。随后，天津海关成立由党组书记、关长黄胜强任组长的东疆保税港区筹备工作领导小组。是年 4 月 13 日，天津海关设立东疆保税港区海关筹备处，负责具体落实东疆保税港区的各项筹建工作。

5 月 30 日，天津海关就天津东疆保税港区（一期）封关项目设计方案事致函天津港（集团）有限公司东疆港区建设指挥部，就封关围网的布置、卡口技术设备需求、海关查验场地技术设备需求、海关光纤联网需求、围网及卡口视频监控系统技术设备需求及办公楼内监控室技术设备需求等方面的建设对方案提出具体意见建议。

7月18日，天津海关东疆保税港区海关监管系统建设工程组成立，负责编制业务需求报告、业务操作规范及H2000通关测试方案，并协助技术建设组进行软件开发，编制建设规划方案，编制预算，编写软件程序，搭建硬件平台环境。

10月，海关总署印发《中华人民共和国海关保税港区管理暂行办法》后，天津海关按照暂行办法的要求，编写海关对东疆保税港区管理操作规程。同时本着“高效便捷、区内自由、卡口管理”的设计理念，完善东疆保税港区海关监管模式创新方案。

10月8日，天津海关致函天津市人民政府口岸管理办公室，经海关现场勘查，同意该办公室的意见，允许天津港东疆保税港区北港池东一段、东二段、东三段、东四段、东五段、东六段集装箱泊位临时停靠外籍船舶。

10月18日，海关总署印发《关于协助做好天津东疆保税港区相关建设工作的通知》，要求天津海关协助天津市人民政府抓紧做好保税港区的筹建工作。协助天津市人民政府及其有关部门做好保税港区隔离监管设施的建设和保税港区的预验收工作，并积极参与保税港区管理办法的制定工作。

11月15日，天津海关按照国务院联合验收小组的验收方式及验收项目，组织并通过对天津东疆保税港区（一期）4平方公里范围的预验收，按有关标准检查港区基础和监管设施的建设情况。针对预验收中发现的问题，提出6项具体整改意见，确定完成时限。

11月30日，海关总署传真通知天津市人民政府和天津海关，由海关总署、国家发展改革委、财政部、国土资源部、交通部、商务部、税务总局、工商总局、质检总局、外汇局组成的联合验收小组，将于12月6日对天津东疆保税港区进行联合验收。

12月6日，国务院联合验收小组对天津东疆保税港区（一期）进行实地验收，国务院联合验收小组组长、海关总署加贸司副司长吕伟红代表联合验收小组与天津市委常委、滨海新区管委会主任苟利军签署《联合验收小组对天津东疆保税港区（一期）基础和监管设施验收纪要》，并为天津东疆保税港区（一期）揭牌，向天津东疆保税港区筹备领导小组办公室颁发验收合格证书。

天津东疆保税港区封关运作后，海关采取预约通关、集中申报、预归类等举措，促进保税港区与其他各类海关特殊监管区域、“无水港”联动，提高通关效率，优化港区投资环境，使保税港区的政策功能优势得以充分发挥，逐步建立起“通关集约化、管理信息化、区内自由化、一线无纸化、卡口智能化”的新型海关模式。

12月4日，天津海关在东疆保税港区海关机构、人员编制尚未获得批准的情况下，在东疆保税港区海关筹备处原有9人的基础上，又抽调业务骨干31人，率先进驻联检服务中心，成为第一个进驻东疆保税港区的口岸监管部门。12月11日，天津东疆保税港区正式开港运作后，在一个月时间内，天津海关共监管货物2710标准箱，其中进口货物1246标准箱，出口1449标准箱，国际中转15标准箱，涉及西非、南美、韩国等多条航线。

2008年，为响应天津市委、市政府的要求，天津海关又从各现场业务抽调骨干，充实天津东疆保税港区监管力量，至是年4月1日，东疆保税港区卡口实现24小时全天候物流通关，综合管理、卡口管理、物流管理等监管系统也已部分投入运行。

7月2日，天津海关请示海关总署，根据东疆保税港区管委会和部分企业先后向海关提出在东疆保税港区开展进口汽车保税仓储业务的申请，本着“促进科学发展、允许先行先试和坚持务求实效”的原则，拟同意在天津东疆保税港区试点开展进口汽车保税仓储业务，并做好后续监管工作。

是年，正值北京举办第29届奥林匹克运动会，为支持奥运物资快速通关，天津海关在东疆保税港区专门设立“奥运物资专用通关窗口”，实现奥运物资的进区、仓储、组装、进口的无缝对接，以降低企业的通关成本。同时，设立奥运物资通关热线、咨询呼叫中心等对外服务热线，对奥运物资实行预约通关制度。珠海新康杰特种车辆有限公司代国药控股北京华鸿有限公司在东疆保税港区内仓储、组装、进口82辆奔驰牌机动医疗车，总价值489.13万美元。天津海关通过“奥运物资专用通关窗口”快速验放该批车辆，受到企业和奥组委的好评。

2009年7月24日，国务院下发《国务院关于同意天津港口岸扩大对外开放范围的批复》，正式同意在东疆保税港区设立海关。是年8月12日，海关总署印发《关于设立天津东疆保税港区海关的通知》，通知天津海关，根据《国务院关于同意天津港口岸扩大对外开放范围的批复》精神，在天津东疆保税港区设立“中华人民共和国天津东疆保税港区海关”，机构级别为正处级，隶属天津海关。天津东疆保税港区海关所需监管场所、查验场地及其软硬件设施，由天津海关按照《中华人民共和国海关监管场所管理办法》的有关要求商当地政府办理。筹备期间对外不开办业务，具体开关日期需经海关总署验收后确定。是年8月23日，天津市领导批示，责成天津市口岸办公室、东疆保税港区管委会与天津海关一起做好筹建海关的工作。是年10月26日，天津海关向海关总署申请配备一台通道式H986大型集装箱检查设备。

是年10月27日，天津海关致函天津东疆保税港区管理委员会，经研究，根据《中华人民共和国海关保税港区管理暂行办法》相关条款规定，同意在天津东疆保税港区开展飞机租赁业务。要求在区内开展飞机租赁业务的企业必须具有独立法人资格，具备向海关缴纳税款以及履行其他法定义务的能力，必须在海关办理海关监管手续。飞机租赁进口时，飞机必须飞抵天津海关指定的监管区域，以确保海关能够实施有效监管。2009年12月，天津东疆保税港区完成飞机租赁中国“第一单”业务。

2010年6月3～4日，由海关总署（国家口岸办）、公安部、交通运输部、国家质检总局和中国人民解放军总参谋部共同组成的国家口岸开放验收组，对天津港口岸东疆保税港区对外开放予以验收。国家验收组各成员单位与天津市共同签署《关于天津港口岸东疆保税港区对外开放前准备工作的验收纪要》，一致同意东疆保税港区对外开放通过验收。

是年6月26日，北方国际邮轮旅行最大口岸天津东疆国际邮轮母港开港。天津东疆国际邮轮母港与东疆保税港区毗邻，位于天津港东疆港区南端，总建筑面积120万平方米，岸线长1600米，共有6个泊位，可供世界上最大的邮轮停靠，设计年旅客通过能力50万人次。天津国际邮轮母港正式开港后，意大利歌诗达“浪漫”号、美国皇家加勒比“海洋神话”号邮轮皆以天津作为母港首航。

7月7日，天津海关向海关总署提交《关于天津东疆保税港区海关验收开关的请示》，天津东疆保税港区海关筹备工作基本完成，已具备开关条件。申请海关总署验收，并批准开关。隶属于天津海关的天津东疆保税港区海关，坐落在天津东疆保税港区美洲路联检服务中心，监管区域为天津东疆保税港区全部行政区域。负责东疆保税港区海运进出口货物及进出口转关运输、中转、过境货物的监管；东疆邮轮母港码头进出境行邮物品监管；区内企业管理、仓库管理及企业自用设备的减免税审批；区内企业海关稽查；进出区车辆、停靠保税港区船舶的监管；对业务管辖范围内走私违规案件的处理、移交和办理其他海关业务。

12月13日，海关总署就天津东疆保税港区海关开关一事批复天津海关，“同意天津东疆保税港区海关经你关验收合格后于2010年12月16日开关，对外正式办理海关业务”。其业务管辖范围：东疆保税港区、北疆港区、南疆港区和临港工业港区。

据天津海关统计，自2008年3月开展注册登记工作，至2010年11月份，东疆保税港区共有注册登记企业134家，注册资本合计9.64亿美元（66.22亿元人民币）。其中，国有企业6家，中外合资企业9家，外商投资企业11家，私营企业108家。有28家企业经海关批准在东疆保税港区从事保税仓储业务。

2011年5月，国务院正式批复《天津北方国际航运中心核心功能区建设方案》，同意天津东疆保税港区开展船舶登记、国际航运税收、航运金融和租赁业务试点。

12月26日，天津市人民政府致函海关总署，鉴于天津东疆保税港区（二期）6平方公里，区域内土地已规划到位并依法取得国有土地使用权，基础设施已基本建设完毕，实现“七通一平”，建成主干道、巡逻道、雨水污水排放系统和供水、供电、通信等设施。区内无商业、住宅、营业性生活消费设施。隔离设施、通道卡口、监管配套设施等都已具备验收条件，特申请对天津东疆保税港区（二期）进行验收。

2012年7月26日，海关总署就天津东疆保税港区（二期）验收事宜批复天津海关，天津东疆保税港区二期6平方公里区域位于国务院批准面积内，符合国务院有关设立天津东疆保税港区的批复要求。根据其基础和监管设施建设情况，同意对其进行验收。为简化手续，提高办事效率，委托天津海关组织正式验收，并在验收后将验收纪要和验收情况报海关总署确认。

是日，财政部、海关总署、国家税务总局联合下发《关于在天津东疆保税港区试行融资租赁货物出口退税政策的通知》，给予天津东疆保税港区在租赁出口货物和海洋工程结构物等视同出口货物方面享受出口退税的先行先试政策。随后，天津海关做好与相关单位的试点协调工作，支持区内企业租赁货物出口业务。是年，民生金融租赁股份有限公司在东疆的项目公司从福建冠海造船厂采购6条6000马力三用工作船，并租赁给中海油下属公司在国内沿海采油作业使用，总价款达人民币5.64亿元，该笔业务是国内首单海洋工程结构物融资租赁视同出口退税业务，实现退税额人民币8195万元。翌年，民生金融租赁股份有限公司在东疆的项目公司从江苏熔盛重工采购三艘载重7.6万吨的散货船并出租给香港某航运公司在境外使用，总价款约人民币7.4亿元，实现退税额人民币约1.07亿元，该单业务不仅是第一单船舶融资租赁出口退税业务，也是国内首单跨境跨关区海关异地监管船舶出口租赁业务。

是年9月19日，天津海关就在天津东疆保税港区开展期货保税交割业务一事请示海关总署。天津东疆保税港区管委会与东疆海关、东疆国地税、外管局保税办等单位，在借鉴上海开展期货保税交割业务的基础上，结合本区实际情况，制定完成《天津东疆保税港区期货保税交割实施方案》，选定进口LLDPE（线型低密度聚乙烯）为试点品种，确定交割业务模式、交割仓库，梳理交割业务流程，制定交割实施细则等，鉴于在东疆保税港区开展期货保税交割业务已经具备可操作实施的条件，拟同意在天津东疆保税港区开展期货保税交割业务试点。

截至2012年12月，天津海关重点支持东疆港区发展航空租赁产业，打造租赁产业“东疆模式”特色品牌，打破外国公司对国内飞机租赁市场的垄断，推动东疆港区成为国内最主要的单机、单船融资租赁集聚地取得成效，在东疆港区注册的租赁企业达345家，其中注册资本在人民币1亿元以上的企业9家；累计完成97架飞机、7台飞机发动机和26艘船舶的租赁业务，租赁资产总额累计约57亿美元，海关征收税款人民币4.35亿元。

2013年4月15日，天津海关向海关总署提交《关于在天津东疆保税港区开展期货保税交割业务的请示》，鉴于天津东疆保税港区开展期货保税交割业务已经具备可操作实施的条件，拟同意在天津东疆保税港区开展期货保税交割业务试点，对以期货保税交割方式销售的进口货物以保税货物交割结算价作为成交价格向海关申报，海关将对该业务试点加强实际监管，以进一步拓展东疆保税港区的功能，促进东疆保税港区的建设和发展，请海关总署予以批复。

是年9月12日，海关总署就关于在天津东疆保税港区开展期货保税交割业务试点的问题批复天津海关，同意在天津东疆保税港区对进口保税存储的LLDPE（线型低密度聚乙烯）一个品种通过大连商品交易所开展期货保税交割业务试点，试点期限为1年。同意“期货保税交割”方式销售的进口货物以“保税货物交割结算价”（“交割结算价”扣除关税和进口环节增值税）作为成交价格向海关申报。海关以申报的“保税货物交割结算价”为基础，按照《中华人民共和国海关审定进出口货物完税价格办法》规定，审查确定以期货保税交割方式销售的进口货物完税价格。天津海关根据海关总署批复精神，制定《天津东疆海关期货保税交割业务监管方案（试行稿）》。

2014年5月21日，天津市人民政府口岸服务办公室会同天津海关、天津检验检疫局等单位，共同制定的《天津口岸促进东疆保税港区便捷通关服务措施》由天津市人民政府口岸服务办公室正式下发实施。措施涉及海关全面推进无纸化通关改革，当年无纸化报关单量力争达到报关单总量的80%；推进国际航行船舶电子申报、审批通关式，实现国际船舶通关无纸化。优化查验流程，将海关机检查验环节前置，使货物卸船后直接机检查验，解决货物重复搬倒的问题。对入区备案货物，试行简化申报要素，固化填报参数监管模式。创新海关特殊区域监管模式，对符合条件的区内企业，可先提货进区，再在规定时限内办理海关申报手续；分批进出区货物，可以在规定期限内集中办理海关报关手续；可不再使用海关监管车辆，在各特殊监管区间自行运输结转货物；在向海关提供足额税款担保后，可以在区外或者区内指定场所开展保税展示；对从特殊监管区进口、适用协定税率或者特惠税率的货物，海关对其原产地证书采取“一证多批”的作业模式，降低企业的资金压力和物流成本；对特殊监管区域内加工贸易企业逐步取消单耗审核与备案，以企业申报的工单数据为基础进行核销，促进加工贸易企业按照自身运作管理模式开展生产经营活动；允许符合条件的特殊监管区内企业，开展高技术、高附加值、无污染的境内外维修业务，推动加工制造向研发及检测、维修等生产链高附加值的前后两端延伸，促进加工贸易转型升级等。

2014 年 6 月 1 日起，天津东疆保税港区海关全面办理东疆口岸业务。7 月 1 日起实施京津冀海关通关一体化改革；开展业务创新，首家期货保税交割仓库落户东疆保税港区，首票期货保税交割并享受中国—新加坡自贸区优惠协定的货物（“线性低密度聚乙烯”LLDPE）在东疆保税港区通关，实现特殊监管区域保税期货异地交割的新突破；积极研究新型业态，推动跨境电子商务、游艇保税仓库进口商品直营中心发展。

截至 2014 年底，天津东疆保税港区海关共接受报关单、备案清单 33.9 万份，监管货运量 1213.06 万吨，货值 436.4 亿美元。办理新增注册企业 479 家，同比增长 64.6%；已完成 171 架飞机、8 台飞机发动机、2 艘船舶的租赁业务，租赁资产总额累计约 106.22 亿美元，同比增长 30.38%；监管邮轮 55 航次，班轮 36 航次，进出境旅客 25.5 万人次。

第四节 天津自由贸易试验区

自由贸易试验区虽未列入海关特殊监管区域的范畴，但仍属于海关特殊监管区域的一种类型，是海关特殊监管区域的深化与拓展。中国（天津）自由贸易试验区是设立在天津市滨海新区的区域性自由贸易区。

2014 年 12 月 12 日，天津市政府决定设立自由贸易试验区，试验区总面积为 119.9 平方公里，主要涵盖天津港片区、天津机场片区、滨海新区中心商务片区 3 个功能区。

是年 12 月 28 日，第十二届全国人民代表大会常务委员会第十二次会议通过关于授权国务院在中国广东、天津、福州以及上海自由贸易试验区扩展区域暂时调整有关法律规定的行政审批的决定。天津自由贸易区将着力打造成北方国际航运中心和物流中心，进行国际船舶登记制度、国际航运税收、航运金融业务和租赁业务4个方面的政策创新试点，开展建设中国特色自由贸易港区的改革探索。

图6-3-4-29 建设中的中国（天津）自由贸易试验区

天津海关为支持天津自由贸易试验区的建设发展，制定出整合优化海关特殊监管区域、筹划布局不同功能的保税监管场所、集中受理保税仓库和出口监管仓库业务申请事项、简化国内采购物料登记，以及保税货物自行运输、工单式核销、自主核销和内销选择性征税等支持措施。天津海关为推进中国（天津）自由贸易试验区的建设，促进贸易便利化，首批推出18项监管创新制度措施。打造海关监管体系和通关管理体系，实现优势叠加，口岸辐射、贸易便利的目标。

第七篇

查缉走私

走私（Smuggling）是一种国际（或地区）间的经济违法犯罪活动，是逃避海关监管、偷漏关税的非法贸易行为。海关合作理事会《关于为防止、调查和惩处违犯海关法罪实行行政互助的国际公约》（亦称《内罗毕公约》）规定，走私是"指以隐秘方法偷运货物越过海关边境的瞒骗海关偷漏关税罪"。查缉走私，是海关依照《中华人民共和国海关法》及相关法律法规，在海关监管区和海关附近的沿海沿边及规定以外地区，针对走私行为展开的相关执法活动，是维护国家主权和利益，保证海关顺利完成监管和征税等任务而采取的保障措施。中国政府实行的是"联合缉私、统一处理、综合治理"的缉私体制。

新中国成立后，天津海关坚持把反走私斗争作为重要工作内容之一，根据不同时期经济形势的特点，开展卓有成效的反走私斗争，维护国家主权、利益和正常的经济秩序。

新中国成立初期，天津口岸的走私活动以货运渠道走私为主。据统计，在天津解放后的前五年，天津口岸货运渠道走私案值共达 1650 多亿元（旧币），占走私总案值的 80%。

1956 年，国家实行对外贸易统制后，国营公司统一经营进出口贸易业务，货运渠道的走私基本匿迹。1958 ~ 1965 年期间，天津口岸的走私活动转向非货运渠道，走私物品则以出口黄金等贵重物品和进口钨钢、糖精、药材等国内紧俏商品为主。1959 ~ 1965 年，国家处于经济困难时期，借海关照顾人民合理需求，适当放宽食品、副食品进口数量之机，一些回国探亲的外派工人、回国华侨、国外留学生、驻华使领馆工作人员等参与走私贩私活动，海关查私工作的重点是打击非货运渠道的走私及贩私活动。"文化大革命"开始后，天津海关的查私工作也受到一定程度干扰和削弱。查私工作的重点则以政治保卫为主，与边防部队、公安部门等分工合作，开展反走私宣传和查缉旅检渠道走私。在此期间，海关根据不同时期不同的走私特点不断调整查私工作的重心，以适应反走私工作的需要，完成好国家赋予的为国把关职能。

改革开放以后，随着市场经济的发展，少数不法分子试图通过走私谋求暴利，各类走私案件的数量和案值都呈现大幅上升态势，团伙性走私、法人走私和走私活动的大规模、多渠道、多领域、多方式，使海关的反走私形势变得十分严峻。在此期间，天津海关贯彻国务院、中央军委《坚决打击走私活动的指示》，侧重抓大案要案，仅 1985 年，天津海关就查获走私案件 389 起，同比增加 15%，私货案值则由 1984 年的不足百万，直接跃升至 2279 万元人民币，同比增加 24 倍，达到天津海关查获的走私案的最高值。进入 20 世纪 90 年代，天津海关针对走私形势的变化，历时 3 年完善反走私情报信息工作及反走私情报网络建设，对内形成一套较为完整的管理制度。并将原调查处升格为调查局，加强专职缉私力量。

1999 年 1 月 12 日，随着天津海关走私犯罪侦查分局的成立，天津口岸反走私工作的新局面形成。天津海关走私犯罪侦查分局成立后，在海关总署侦查局和天津海关党组领导下，密切与海关各职能部门及地方执法机关的协作配合，建立全新的缉私体制。工作中坚持"联合缉私，统一处理，综合治理"的原则，"破大案，打团伙，抓逃犯"。2003 年 1 月 1 日，天津海关走私犯罪侦查分局更名为天津海关缉私局。根据海关总署部署，天津海关缉私局贯彻"打防结合、综合治理、突出重点、坚持不懈”的缉私工作方针，破大案、打团伙、摧网络，摧毁一批重大走私犯罪团伙。针对走私情况的变化，每年组织开展各类专项行动，打击重点地区、重点渠道、重点商品的走私活动。2012年以后，先后按照海关总署部署开展“国门之盾”、“打私联合行动”、“绿篱”、“绿风”等专项行动，相继侦破象牙、紫檀、冻品、固体废物、资源性矿产品等一批海关总署挂牌督办的有影响的大要案，打私成效显著。同时，天津海关缉私局建立健全规章制度，加强缉私警察队伍的思想、纪律、作风建设，努力打造一支秉公执法、团结精干的海关缉私队伍。

第一章　建置发展

1949年1月15日天津解放后，新政权即在接管的津海关设缉私课负责查缉走私工作。是年7月，缉私课分设缉私股，与查抄股、巡查股同由课主任领导。9月，又将缉私课与稽查课合并为查缉课。

1949年12月30日，根据政务院颁布《海关总署试行组织条例》，各地海关设立查私科，负责查缉走私工作。1950年4月，天津海关查缉课改称查私科，内设查私股、调查股和处理股。

1950年5月24日，政务院公布的《进出口列车、车员、旅客、行李检查暂行通则》规定，公安机关负责检查旅客证件及保证行车安全，配合海关检查物品；海关负责检查列车、车员、旅客行李及携带物品等有关查禁私运事项。是年5月19日，海关总署印发经政务院4月18日批准的《关于统一全国海关查私部队建制意见》(以下简称《意见》)。规定海关总署查私处下设关警科，各地方海关查私科下设关警股；海关查私及警卫武装部队一律称为中华人民共和国海关人民关警队，简称“人民关警队”，负责查私、押运、看守私货关产及警卫工作。在各地方海关查私科下设关警股负责关警队的管理工作，关警队统一服装、标志，着与公安部队相同的草绿色制式服装。是年8月，天津海关根据《意见》要求规范关警队。

1951年，政务院下达《关于关税政策与海关工作的决定》，规定海关工作以口岸为主，沿边、沿海查私工作改由边防部队和公安部门负责。是年3月22日，海关总署、公安部颁发《海关总署、公安部共同商定移交接管海关所属范围巡卫国境海岸的职务，武装舰艇及海关所在地范围以外的查私职务通则》，规定海关缉私工作转以口岸为主，沿边、沿海查私工作改由边防部队和公安部门负责。据上述规定，天津海关撤销人民关警队，武器装备移交给地方公安部门，原海关管辖的沿海地区移交公安机关管辖，并制定联系配合办法，规定双方要及时通报走私线索，明确涉及国内倒运贩卖私货的线索、船员走私、涉及地下关系的由公安进行侦查，侦查完结由海关处理，或经双方交换意见后移送法院处理。对于政治嫌疑分子，公安向海关收集材料，或通过海关对走私案件的查询进行侦查。海关与边防的职责划分为有关走私资料由海关处理，有关政治性材料由边防处理。

是年5月12日，天津海关致函河北省公安厅，根据海关总署、公安部《移交接管海关所属范围巡卫国境海岸的职务和武装舰艇及海关所在地范围以外的查私职务通则》的指示，河北省境内除秦皇岛一处设有海关外，其他未设有海关沿海国境的查私职务，均应由河北省公安厅所属的各地公安机关负责执行。该厅所属边防公安机关如查获走私案应一律送海关处理。秦皇岛地区的查私范围划定，拟由秦皇岛分关与当地公安机关直接共同商洽。是年6月16日，河北省公安厅复函同意天津海关意见，并责成秦皇岛市公安局与秦皇岛海关商议办理接收查私范围及任务。7月11日，经海关总署批准，秦皇岛分关与秦皇岛市公安局签署《划分查私范围的议定书》，规定秦皇岛港口海岸（东至新开河，西至汤河，海滨路及通新开河马路以南地区）、凡经海关登记核准的进出口仓库场所及临时批准之存货场所、距大码头汤河新开河等处海岸线以南5海里以内的海面地区为海关的查私范围；除海关查私范围以外地区查私工作由公安机关执行。

1953年4月，中央人民政府对外贸易部海关总署等12个部门召开联合查私会议决定，建立地方联合查私会议制度，制定具体联系配合办法，实行公安、边防、税务、工商等有关部门统一查私。明确没收的走私物品应由海关处理，罚金及变价由海关缴库。为配合筹备此次会议，天津海关与天津市税务局、天津市公安局和河北公安总队分别制定配合查私暂行办法。在与河北公安总队的配合查私暂行办法中，确定双方职责范围，明确"天津海关在海关管辖范围内对于进出国境货物、邮件、旅客及其行李、运输工具及其职工进行查验、监管与查私工作，在海关业务管辖范围以外河北省沿海地区的查私工作，由公安总队负责。""双方会同工作时，查获的走私物品、货币及金银，应由海关扣留处理，查获的武器及有关反动文件书报等，应由边防检查站扣留处理。"在与天津市税务局的配合查私暂行办法中明确，税务机关在办理业务中发现走私情事后，要扣留货物移送海关处理。海关在案件处理中如不没收货物的，应代税务局向当事人取具完纳各税保结放行，并将保结送原移送案件单位。在与天津市公安局的配合查私暂行办法中明确"天津海关在海关管辖范围内对于进出国境货物、邮件、旅客及其行李、运输工具及其职工进行查验、监管与查私工作，在海关业务管辖以外，市公安局管辖地区以内的查私工作由天津市公安局负责。""在海关管辖范围内，如海关查私力量不足，公安机关有协助海关缉私责任。"还规定海关在调查传询人犯遇到困难时可请公安局协助；海关对重大现行犯审查中可视需要移送公安局暂为扣留；海关需要对商店、住宅进行搜查时，公安机关应协助执行；公安机关单独破获的走私案件应将嫌疑人及走私物品一并移送海关处理；海关查获的破坏性走私案件应移交公安部门处理。在上述暂行办法中，还均对双方的情报交流、案件移交及处理都予以明确规定。同时，天津海关与铁路、邮局、港务、银行、工会共同制定配合查私暂行办法。是年，天津海关成立查私处。7月7日，塘沽分关将货管验征股与查私股合并改称货运监管股。

1956年7月14日，天津海关将货运监管处、查私处合并为业务处，两处原有任务由业务处全部接办，撤销股级编制。是年，天津海关与公安部门依据1951年海关总署、公安部颁发的《海关总署、公安部共同商定移交接管海关所属范围巡卫国境海岸的职务，武装舰艇及海关所在地范围以外的查私职务通则》，在走私线索经营、走私案件管辖、走私行为处置等方面进一步明确分工合作事项，与边防检查站订立联系配合办法，建立工作交流制度。

1957年12月，为贯彻执行国务院所发《关于严格管理外国货物经由西藏等地流入内地的规定》，各地共同开展对外货市场的管理工作，海关总署对于内地未设海关的省份，划定有关海关分工负责的联系范围，指定天津海关负责联系河北、河南、陕西、四川。天津海关在20世纪60至70年代，多次与上述地区有关部门联系，配合当地开展反走私斗争，发挥指导和带动作用。

1959年10～11月，经河北省人民委员会批准，天津海关会同保定、张家口财政局，分别在当地举办小型反走私展览。在两地的实际展出时间为15天，参观展览的人数保定为33100人次、张家口为24700人次，总数达到57800人次。在两地展览期间天津海关与当地相关部门召开多次座谈会。在保定展览期间，天津海关关长专程到场主持展览并向归国华侨做报告。展览期间，海关收到群众检举揭发走私线索2件、主动交代走私行为的1起。

1963年，最高人民法院、对外贸易部、财政部、公安部和中央工商行政管理局联合发布《在反走私斗争中加强联系配合的指示》，明确各部门在联合查私中的责任分工，确定海关为查私工作的主管部门，要求海关加强与各有关部门联系、走访沿边、沿海等重点地区，了解走私情况，介绍查私法令，推动查私工作开展，必要时，可以派出干部协同有关部门对重大走私活动进行调查破案。赋予海关走私案件主管权、联合查私的召集权、沿海沿边调研权、打击走私的宣传主办权。

1964年5月5日，天津海关根据最高人民法院等单位发布的《在反走私斗争中加强联系配合的指示》精神，拟定出河北省联合查私会议方案，计划于6月中旬在天津召开河北省联合查私会议，参加会议的除河北省对外贸易局、高级人民法院、财政厅、公安厅、工商局，天津市、秦皇岛市的外贸、法院、财政局、公安局、工商局，以及天津海关、秦皇岛海关，唐山、张家口、承德、保定专署税务局外，还邀请河北省商业厅、天津和秦皇岛边防检查站、中国人民银行天津市分行及河北省外事办公室列席会议。会议的主要内容是总结自1954年第一次联合查私会议以后全省反走私工作中联系配合的情况；分析走私形势、研究解决工作中存在的问题；交流查私工作经验；建立、健全联系配合制度，修订联系配合办法。

是年，在天津海关开展的“四清”运动中，对查私工作中存在的问题进行检查，并总结出工作中存在着重业务、轻政治，没有把思想政治工作放在第一位；没有抓好思想工作，用人唯才，只重业务表现，忽略做人的思想政治工作，政治空气不浓；业务与政治的地位摆位不当，以“思想工作可以过年，业务工作不能过夜”，用业务挤掉政治工作，阶级观念薄弱等原因并予以批判。

是年12月31日，外贸部海关管理局印发《海关查私工作试行规则（草稿）》，天津海关执行规则的要求，坚持海关查私与群众反走私相结合，集中力量打击政治性和集团的、惯常的、重大的经济走私活动。是年，对外贸易部决定，将原由北京海关负责联系的陕西省查私工作划归天津海关负责。

1968 年，在“文化大革命”中，天津海关成立“革命委员会”，取消原科室建制改为连队建制，查私部门也随之改为连队建制。

1972 年 6 月，根据海关管理局的决定，天津海关恢复查私科建制，设查私一科和二科，分别明确各自的职责任务：查私一科是全关查私工作的主要负责单位，负责市内和省区查私、天津船舶监管及行李检查工作。具体负责市内及四川、陕西、河南、河北一部分的查私工作；监管进入天津港的船舶，并核批船员物品；负责陆运托运行李、分运行李和海运在天津下地的旅客的行李检查工作；统一管理天津办事处各科没收及放弃物品、罚没收入的报解工作；编制天津办事处各科查私案件统计表。查私二科是现场查私的主要负责单位，负责船舶调研及塘沽下地旅客调研。具体任务为统一负责全关的船舶调研工作；结合业务环节，开展对外宣传；负责对船舶的重点查抄；负责船舶、船员走私案件的处理；负责对塘沽船员家属的调研工作；办理走私案件的统计。

1974 年，根据最高人民法院、对外贸易部、财政部、公安部、商业部、总参谋部发布的《关于在反走私斗争中加强联系配合的指示》重申各部门在联合查私中的分工，海关负责口岸现场查私，公安部门注意发现走私线索和负责侦办重大走私案件，税务部门负责内地查私工作，工商部门负责市场管理，海防边防部队负责堵截偷渡越境走私活动，法院负责审理走私案件。天津海关根据这一指示，做好工作职责分工，并与公安、税务、工商、边防、法院做好查私配合和案件交接工作。是年 8 月 29 日至 9 月 2 日，天津市第三次联合查私会议在天津宾馆召开。天津市委书记王一、外贸部海关管理局局长朱剑白出席会议并讲话。参加会议的除联合查私单位的代表外，还有天津警备区、市外事办公室、口岸办公室、办公厅政法处、外贸局、港务局、文化局、民政局、铁路分局、外轮供应公司、市邮局等单位代表，共 167 人。会议提出为加强对联合查私工作的领导，互相配合，统一行动，成立天津市联合查私领导小组，由各联合查私单位的负责人组成，市公安局任组长，海关任副组长。领导小组暂时不设常设机构。要求公安、法院、财政、工商 4 个系统的市局（院）和区、县机构，都指定部门或专人负责查私工作。查私的具体措施要落实到日常工作中。负有外贸、援外、远洋运输任务的单位，要加强对出国人员的路线教育，抵制资产阶级思想的侵蚀。责成海关不定期印发关于查私工作的《情况通报》。

1978 年 5 月 1 日至 8 月 31 日，对外贸易部海关局和天津海关联合举办的《全国海关反走私斗争展览会》在天津自然博物馆展出。该展览展出面积 2000 平方米、展线长度 420 米，展出实物黄金、手表、烟土、黄色物品及重要资料共 4000 余件。展览期间共接待观众 27.4 万人次。北京、九龙、汕头、厦门等海关，天津警备区、天津市公安局、市内电话局、济南市博物馆等单位从各方面对展览提供支持与保障。

1981 年 5 月 30 日，按照国务院《关于加强市场管理，打击投机倒把和走私活动的指示》精神，经与有关部门共同研究，天津海关代天津市人民政府拟定的《天津市人民政府关于加强查私工作，打击走私贩私活动的10项规定》正式印发。同时，拟定《关于天津市处理走私案件暂行办法（草稿）》，报天津市人民代表大会常务委员会审批后正式颁布。

是年11月，经海关总署批准，天津海关部分科级编制改为处级编制，查私科升格为查私处。所属分关从事查私工作的科室更名为查私科。

1986年7月1日，鉴于查私和货管两部门工作职能交叉、分工不明确的问题，天津海关对查私工作体制进行改革。经海关总署同意，自7月10日起，天津海关撤销查私处，成立调查处，下设调查科、审理科。调查处既是对走私违法案件的调查、审理机构，也是对案件综合分析和政策研究的职能部门，其主要任务是：调查走私及其他违法行为的线索和案件；统一审理走私违法案件，并按审批程序和海关法作出处理决定及执行处罚；协同公安、税务、工商等行政管理部门，开展反走私斗争；负责反走私情报工作，开展政策宣传和群众工作；审理走私违法申诉案件。新港海关查私科名称亦改为调查科，实行对辖区走私、违章案件统一办案，统一审理。在情报工作上，提出“开展情报工作的设想”，配备专职人员开展情报工作。

1990年5月5日，海关总署下发《走私、违规案件审理工作规则》，对海关查办走私、违规案件的审理工作制定明确的规定和标准。同日，还印发《关于缉私工作执行〈海关工作国家秘密及其密级具体范围的规定〉的实施细则》，确定缉私工作中国家秘密的范围和秘级的具体内容，要求在调查业务中认真贯彻执行。

1992年，天津市打击走私领导小组成立，负责统一组织和协调天津市的打击走私综合治理工作。天津海关是领导小组主要成员单位之一。

1994年初，按照海关总署“三定”方案的要求，天津海关调查处更名为调查局。是年，考虑到海关查私工作的特殊性，尤其是渤海湾走私活动日益猖獗的情况，经国家无线电管理委员会办批准，天津海关BP机查私寻呼网建立，寻呼频点为279.7825MHz。

1996年6月27日，天津海关贯彻海关总署关于加强查缉快件渠道毒品走私活动的通知精神，制定《关于加强查缉快件渠道毒品走私活动的五条措施》，要求现场一线工作人员牢固树立缉毒意识，提高对毒品、麻醉药物、精神药物的识别能力，从加强组织领导、开展情报调研、建立奖励机制等方面强化海关的缉毒工作。

1998年9月10日，按照中共中央和海关总署的统一部署，天津海关组成走私犯罪侦查分局筹备领导小组，天津海关副关长邹志武任筹备领导小组组长，成员由天津海关和天津市公安局相关人员组成。筹备领导小组在天津海关设办公室（临时性机构）负责筹备中的具体工作。此后，天津海关走私犯罪侦查分局的筹备工作全面展开。

1999年1月12日，天津海关走私犯罪侦查分局正式成立。海关总署副署长牟新生、天津市委副书记宋平顺、副市长王述祖等出席揭牌仪式。天津海关走私犯罪侦查分局为副厅（局）级建制，首期编制为63人，内设5个正处级机构，下辖天津新港海关走私犯罪侦查支局（正处级）。天津海关走私犯罪侦查分局成立后，在海关总署侦查局和天津海关党组领导下，本着“联合缉私，统一处理，综合治理”的原则，密切与海关各职能部门及地方执法机关的协作配合，建立起全新的缉私体制，严厉打击走私犯罪活动。

是年1月21日，印发《天津海关走私犯罪侦查分局与天津海关调查局缉私办案配合办法》，要求走私犯罪侦查分局与调查局在查办走私案件工作中，要本着各司其职，通力合作的原则，从有利于打击走私犯罪活动的目的出发，互相支持，密切配合。明确侦查分局及其支局负责对辖区内走私犯罪案件的侦查、拘留、执行逮捕、预审和移送起诉工作；不构成犯罪的走私案件和虽构成走私犯罪但司法机关决定不追究刑事责任退回海关作行政处罚的案件，以及对走私货物、物品的处理，由调查局负责。天津市区及郊县的公安机关（包括公安边防部门）和工商等执法部门向海关移交案件，统一由侦查分局负责接受，构成走私罪的进行立案侦查，不构成走私罪的，一律移交调查局。塘沽区、汉沽区、大港区、开发区、保税区的公安机关（包括公安边防部门）和工商等执法部门向海关移交案件，统一由天津新港海关走私犯罪侦察支局负责接受，构成走私罪嫌疑的立案侦查，不构成走私罪的统一移交调查局。对地方公安机关和工商等执法部门移交案件的处理结果反馈、罚没收入划拨等事项，由侦查分局按照海关总署有关走私案件、走私物品移交的管理规定办理。监管部门在监管现场发现的走私案件，如构成走私罪嫌疑，应当及时以线索移交单形式向侦查分局或支局移送。确定侦查分局与调查局双方应建立案件通报制度及联席会议制度，并应组成在主管关长领导下的由双方负责人等人员参加的指挥中心。

3月25日，天津海关缉私指挥中心成立，由天津海关副关长兼任指挥中心主任，侦查分局、调查局负责人担任副主任。5月5日，印发《缉私指挥中心工作规程（试行）》，明确指挥中心负责整合侦查、调查缉私资源，本着“依法分工、联合办案”的原则，研究确定缉私工作重点、统一调配关区缉私力量、协调关区大要案的查缉和专项斗争的组织实施工作及关区反走私情报工作。

是年8月10日，天津海关又印发《走私犯罪侦查分局与调查局关于缉私办案联系配合办法的补充规定》，根据海关总署《办公会议纪要》及海关总署《走私犯罪侦查机关案件审查办法》精神，对原《天津海关走私犯罪侦查分局与天津海关调查局缉私办案配合办法》中，关于案件移交、私货移送、处理等问题予以完善规范。

2000年3月，根据侦办大要案的需要，经海关总署批准，天津海关走私犯罪侦查分局增设情报技术处和直属队两个正处级机构。海关情报工作归口合并，由侦查分局统一负责关区缉私情报工作。情报技术处设正、副处长各1名。统一负责全关区缉私情报的收集、分析等工作。直属队设队长（正处级）、副队长（副处级）各1名，负责突发案件及领导交办案件的侦查工作。

2001年，为进一步完善缉私体制，加强有关方面的协调与配合，加大打击走私犯罪工作的力度，根据《中华人民共和国海关法》和《国务院关于缉私警察队伍设置方案的批复》《国务院办公厅关于组建缉私警察队伍实施方案的复函》的有关规定和要求，海关总署走私犯罪侦查局就设在各直属海关和海关广东分署的走私犯罪侦查分局列入地方公安机关机构序列问题提出指导意见：第一，除深圳、广州、拱北、汕头、黄埔、江门、湛江海关走私犯罪侦查分局外，各走私犯罪侦查分局和广东分局在海关现行垂直领导管理体制下，列入所在省（自治区、直辖市）公安厅（局）机构序列，仍分别设在各直属海关和海关广东分署。第二，各省（自治区、直辖市）公安厅（局）要积极协助海关总署走私犯罪侦查局加强走私犯罪侦查分局的思想建设、作风建设和业务建设。要定期听取走私犯罪侦查分局的工作汇报，大力支持走私犯罪侦查分局依法履行职责。要与走私犯罪侦查分局建立经侦、刑侦、缉毒、情报、技侦、边防等业务方面的联系制度以及案件移交办法和相关情报交换制度，并对走私犯罪侦查分局提出的边控、通缉、追捕、羁押及维护缉私秩序等请求予以协助。第四，各走私犯罪侦查分局要自觉接受所在省（自治区、直辖市）公安厅（局）的监督与指导。要主动汇报工作，及时抄报有关信息，参加公安工作会议以及与打击走私犯罪相关的专业会议和专业培训。要根据打击走私犯罪斗争的需要，积极参加有关联合行动和专项斗争。要自觉接受地方公安督察部门的现场督察。

2001年下半年，根据当年全国走私犯罪侦查分局长会议精神，为进一步加强缉私警察基础工作建设，巩固和深化“三项教育”成果，经走私犯罪侦查局党组研究决定，在全国走私犯罪侦查机关开展管理规范化活动。此次活动是适应缉私警察面临的新形势和当时海关工作大局，为加强缉私警察队伍基础工作建设和科学管理而采取的一项重要措施，目的是通过规范化管理，为缉私警察业务建设和队伍建设打下坚实基础，强化内部管理，规范执法行为，防范违法违纪行为，进一步转变各级走私犯罪侦查部门的工作作风，提高工作质量和效率，提高缉私警察队伍的执法水平和整体素质。天津走私犯罪侦查分局作为全国13个试点分局之一，具体完成两项工作任务，一是按照试点工作具体分工，对走私犯罪侦查部门所有最基础的工作进行梳理。在梳理出所有工作项目的基础上，对各项工作项目按照任务（干什么）、方法（怎么干）、标准（达到什么要求）模式进行文字表述，形成走私犯罪侦查部门基本工作规范；二是在上述工作基础上，管理规范化工作的最终任务是依据国家有关法律法规和公安部、海关总署的有关规章制度及党风廉政建设方面的规定，确定各级走私犯罪侦查机关的部门职能及各项职能应设定的工作岗位。进而以部门职能为横向，以工作岗位为纵向，形成部门职能责任制和工作岗位责任制，构筑纵横交错的立体化管理体系。试点工作由天津海关走私犯罪侦查分局一名局领导负责，办公室牵头并会同有关职能部门组成管理规范化试点工作领导小组，在调查研究并发动民警广泛参与的基础上，拟制规范条文，报海关总署侦查局审定。

2001年11月，由于新组建的走私犯罪侦查分局缺乏经验，并缺少执法规范化程序，在办案过程中遇到很多疑难问题。为此，天津海关走私犯罪侦查分局制定颁布《关于办案疑难解答和提前介入的规定》，规范内部作业程序，提高办案水平，强化干警依法办案意识。规定明确，法制处所属各科均有义务解答办案部门提出的法律问题；各办案部门在办理走私犯罪嫌疑案件遇有法律难题应填写“办案疑难问答书”，经部门长签批后送法制处，法制处在接到“办案疑难问答书”后，应就有关问题认真研究，在24小时内给予答复；遇重大问题，需经讨论决定的，可以延长到 3 日。法制部门应认真填写“办案疑难问答书”，经处领导签批后，将答复意见反馈给提出问题的办案部门；遇有紧急案件和特殊情况，办案部门也可向法制部门进行口头咨询或电话咨询，问答双方均应做好记录，对不能如实介绍案情的，法制部门可以拒绝口头答复；遇有重大疑难案件和紧急情况，法制部门可提前介入了解案情，与办案部门共同研究侦查预案和讯问当事人及讯问证人提纲，但应按法定程序和职责分工，由侦查部门实施侦查。

2002 年，为适应打私形势的变化，完善缉私警察基础工作建设，根据《海关总署关于印发〈海关总署部分司局职能调整方案〉的通知》的有关规定，按照《海关总署关于做好调查、侦查部分打私职能调整工作有关问题的通知》精神，天津海关走私犯罪侦查分局经反复调查论证，在经天津海关党组审核批准后报请海关总署，拟对内设机构进行调整。是年 12 月 23 日，根据《海关总署关于调整天津海关缉私局内设机构设置的批复》意见，天津海关缉私局增设查私处和法制二处（均为正处级），原法制处更名为法制一处。调整后，查私处下设查私一科、查私二科两个科，均设正科长一名，副科长一名。查私一科主要负责关区内滨海新区各业务现场进口环节发现的涉嫌走私等行政违法案件的立案调查。查私二科主要负责关区内滨海新区各业务现场出口环节及保税、旅检等业务现场发现的涉嫌走私等行政违法案件的立案调查。法制二处下设审理一科、审理二科两个科，均设正科长一名、副科长一名。法制一科主要负责查私处移交的走私等行政违法案件的审理，并配合法规处办理案件的应诉，同时做好查处案件的法律文书制做和上报工作。法制二科主要负责本处案件审理结果的执行和法律文书的送达，接待来函来人信访、办理申诉、复核工作，同时负责组织、主持案件听证会以及听证复核。

2003 年 1 月 1 日，根据海关总署指示，天津海关走私犯罪侦查分局更名为天津海关缉私局，内设 9 个处级机构，下辖新港海关缉私分局。11 月 24 日，天津海关向海关总署提出申请，设立天津机场海关缉私分局。2004 年 3 月 26 日，经海关总署批准，设立天津机场海关缉私分局（正处级），领导职数为局长 1 名（正处级）、政委 1 名（正处级）、副局长 1 名（副处级），其业务管辖范围与天津机场海关一致。是年 11 月 20 日，天津海关缉私局就关于在天津海关隶属开发区海关、武清海关、蓟县海关设立缉私科事请示海关总署缉私局。是年 12 月 12 日，海关总署缉私局批复，同意天津海关缉私局在天津经济技术开发区海关、武清海关和蓟县海关设立缉私科。

是年 11 月 27 日，依据《海关缉私部门行政违法案件调查工作规程》和《海关行政处罚审理工作规程》的有关规定，结合缉私局工作实际，天津

图 7-1-1-30 2003 年 8 月 25 日，天津市市长戴相龙在天津海关关长赵桂芬等人陪同下到天津海关缉私局调研、慰问

海关缉私局印发《关于适用简化程序查处行政违法案件实施办法（试行）》，强化依法履行打私的职责，简化案件移交、报批等程序，提高行政违法案件查处工作的效率，保护行政处罚相对人的合法权益。

是年，天津海关缉私局落实海关总署缉私局《关于转发〈公安部关于印发五条禁令的通知〉的通知》精神，制定印发《天津海关缉私局贯彻落实“五条禁令”的紧急通知》，全局民警逐级签订《天津海关缉私局“五条禁令”责任状》，对出差和探亲休假的民警通过电话告知的方式传达禁令内容，做到不漏一个人。同时加强监督管理工作，把八小时以外的人员、车辆和枪弹管理工作列为重点，严格防止枪、酒、车、赌4方面违反禁令行为的发生。

是年，人事部、海关总署、公安部、国家工商行政管理总局联合表彰全国119个反走私先进集体和150名反走私先进个人，天津海关调查局、天津海关缉私局获得全国反走私先进集体称号，天津海关调查局副局长胡丛华、天津海关缉私局直属队一科副科长陈东获得全国反走私先进个人称号。

是年6月，海关总署授予全国海关94名缉私警察“全国海关优秀缉私警察”荣誉称号，天津新港海关缉私分局办公室副主任阎振江、天津新港海关缉私分局副局长吕庆泉荣获“全国海关优秀缉私警察”称号，受到表彰嘉奖。

2003年11月19日，天津海关向海关总署提交《关于在未设缉私机构的隶属海关增设缉私分局的请示》，经天津海关关党组审议，结合天津关区打私工作实际，参考海关总署缉私局对天津海关缉私局在部分分关设立缉私机构的调整建议，申请在机场海关、保税区海关分别设立缉私分局，负责相关隶属海关的行政违法案件的查处工作。2004年3月26日，海关总署批复同意设立天津机场海关缉私分局（正处级），对外全称“中华人民共和国天津机场海关缉私分局”，其业务管辖范围与天津机场海关关区一致。

2004年12月22日，天津海关缉私局制定《向天津海关党组请示报告制度》，落实关区反走私责任制，强调天津海关党组对缉私工作的领导，要求缉私局要自觉将队伍建设和缉私工作纳入海关整体工作之中，置于关党组的领导与监督之下。缉私局必须坚决贯彻落实关党组的指示及部署的各项工作，并及时报告落实情况。缉私局每半年要向关党组或主管关领导汇报队伍建设和业务建设情况。

是年12月23日，天津海关印发《缉私工作联席会议制度（试行）》，明确缉私工作联席会议分为总结部署会议和业务协调会议。总关办公室、缉私局负责督办缉私工作联席会议所部署的工作及决定事项的执行情况。通过联席会议加强关区缉私工作的组织领导，密切各部门、各隶属海关的协作配合，规范相关会议的管理。同日，天津海关印发《关于下发关税、监管、加贸、调查、统计部门与缉私部门联系配合有关规定的通知》，用制度规范相关部门和隶属海关与缉私局的协作配合。

2005年4月5日，海关总署缉私局印发《关于为天津海关缉私局“3·26”专案组记功的命令》，对成功侦破“3·26”系列食品走私大案的天津海关缉私局“3·26”专案组记集体二等功，并颁发奖状和奖金。

图 7-1-1-31 天津海关缉私局特勤队队员进行射击训练

是年7月7日，天津海关印发《天津海关调查局职能配置和机构设置调整实施方案》，鉴于海关由两个部门查处走私、违规案件的模式已不能适应新形势下打私工作的需要，造成海关管理资源浪费的情况，根据海关总署党组实施现代海关制度第二步发展战略、构筑综合治税大格局，进一步整合资源、理顺关系、优化配置的部署。天津海关决定将调查部门的查私办案职能全部移交给缉私部门，以提高打击走私的整体能力。调查职能调整后，新组建的稽查部门重点突出风险管理、企业稽查、企业管理三项工作，集中力量开展后续管理和风险防控，更好地发挥在综合治税大格局中的作用。至7月下旬，原调查局尚未办结的45宗案件全部移交给缉私局终结。被调整人员在完成交接工作后，到新部门、新岗位报到，天津海关调查局的职能配置和机构设置调整工作基本完成。

2011年6月初，天津海关缉私局组建缉私特勤队伍，从全体缉私干警中挑选50名政治素养高、业务能力强、身体素质好的干警为特勤队员。缉私局成立训练组、保障组、协调组，从每个细节抓好特勤队的日常训练和后勤保障工作。通过强化训练，把特勤队伍建成一支“拉得出、顶得住、打得胜”的队伍，在缉私工作中，发挥其装备精良、反应迅速、业务过硬的特点，以快速、有效应对各类突发事件。是年9月，天津海关缉私局牵头召开环渤海海关缉私办案协作区联席会议第一次会议，海关总署缉私局领导及有关部门负责人参会。会议讨论通过《环渤海海关缉私办案协作区工作办法》，明确协作区内打击走私的重点工作。

2012年12月4日，天津海关申请设立天津保税区海关缉私分局。翌年1月22日，海关总署批准设立天津保税区海关缉私分局（正处级）。核定领导职数为局长1名（正处级）、政委1名（正处级）、副局长1名（副处级）。

2013年5月17日，天津海关向海关总署提出申请，在天津东疆保税港区海关、天津经济技术开发区海关分别设立缉私分局。是年9月28日，海关总署批准设立天津经济技术开发区海关缉私分局（正处级），核定领导职数为局长1名（正处级）、政委1名（正处级）、副局长1名（副处级）。

2013年12月24日，天津海关印发《缉私部门与监管业务现场开展缉毒犬缉毒工作联系配合办法》，以健全缉私部门与监管部门关于缉毒犬使用过程的联系配合机制，加大关区打击毒品走私工作力度。该办法对缉私部门和监管业务现场涉及缉毒犬使用的案件线索侦办、反馈、信息

1999 ~ 2014 年天津海关缉私局侦办刑事案件情况一览表

表 7-1-1-27

年度	立案数（起）	案值（万元）	涉税（万元）	破案数（起）	案值（万元）	涉税（万元）	移诉数（起）	移诉人数（人）	判决起数（起）	判决人数（人）	3年以下（人）	3～10年（人）	10年以上（人）	虚刑（人）	抓获人数（人）
1999	38	47092	10708	23	—	—	5	13	1	5	1	2	—	2	—
2000	40	21936	13203	19	9923	5964	15	37	6	10	3	2	2	3	—
2001	27	17337	6339	29	38370	21252	24	59	13	38	1	6	10	21	181
2002	11	7169	3800	9	3021	1777	11	65	12	22	6	1	1	15	32
2003	24	92447	4205	20	16744	3842	13	32	8	15	4	1	3	7	57
2004	27	30637	5510	27	86810	6948	30	80	15	25	—	3	3	19	71
2005	29	51619	7230	22	28167	3606	15	30	11	30	1	3	—	26	46
2006	25	83968	4885	20	44749	2769	13	24	15	27	4	1	1	21	48
2007	31	65976	6760	23	61051	7199	16	36	12	20	1	1	2	16	76
2008	23	25784	2419	11	33169	2501	14	40	10	23	—	1	—	22	48
2009	40	135566	10169	36	44005	3432	28	48	16	25	3	1	5	16	71
2010	57	956486	68288	48	137922	5857	47	76	26	43	—	—	—	—	109
2011	85	155862	23655	53	249390	29499	51	78	36	56	—	—	—	—	123
2012	101	649134	162738.03	69	685168.05	139551	59	93	46	65	—	—	—	—	121
2013	97	112077	6615.95	11	6800.02	577.27	27	52	—	—	—	—	—	—	101
2014	111	320958	48145.94	0	138954.83	9668.7	66	89	—	—	—	—	—	—	116
合计	766	2774049	384670.92	420	1584243.9	244442	434	852	227	404	24	22	27	168	1200

沟通都做出具体规定。

2014 年，海关总署印发《海关总署党组关于加强新形势下打击走私工作的意见》，决定在全国设立三个区域性缉私战区。第一战区主要涵盖华北、西北、东北“三北”地区和环渤海经济圈，包括北京、青岛、大连、石家庄等 18 个关区，天津海关缉私局被列为第一战区中心局。

截至 2014 年底，天津海关缉私局内设处级机构 9 个、下辖缉私分局 4 个、共设科级机构 54 个（其中 3 个为外驻科级机构），共有警员 292 人，工人 5 名。

第二章　查缉走私

自新中国成立后，海关的反走私斗争始终没有停止。伴随着国内外政治、经济形势的变化，不同时期走私的方式和物品各不相同，天津海关的反走私工作的重点亦随着不同时期的走私特点予以调整。在天津解放初期，天津口岸的走私主要是在货运渠道专营走私的组织及私商利用进出口贸易，伪报、瞒报、夹藏等手段，逃汇套汇、转移资财、牟取暴利，以及船员和旅客走私生活用品、黄金、古玩字画为主。20 世纪 50 年代末期，随着社会主义改造的基本完成，走私案件当事人多以外籍人员和华侨、不法商人为主，走私的物品进口以钨钢、药材及工具为主，出口则以黄金为主，帝国主义出于政治渗透目的的思想、政治宣传品开始增多。20 世纪 60 年代初，国家遭受自然灾害，经济遇到暂时困难，社会上的不法分子借海关照顾群众合理需要，适当放宽食品、副食品进口限制之机，大肆进行走私贩私活动。总体上讲，新中国成立后的前 30 年，走私活动规模相对较小，且多集中在旅客行李和邮递物品渠道。20 世纪 80 年代以后，随着国家实行改革开放，各类走私贩私活动数量明显增长，内外勾结的集团性走私和企事业单位的法人走私行为明显上升，走私案件呈现出规模大、案值大的特点，走私形势十分严峻，个别时期走私贩私甚至达到猖獗的地步，海关的反走私斗争任务亦愈加艰巨。

第一节　查缉通关货运渠道走私

通关货运渠道是指港口、国界通道、机场、车站等进出口岸的海关货运监管现场。通关货运渠道，既是海关查缉走私的一个重要关卡，又是发现走私线索，扩大查私战果，推动通关货运渠道以外缉私工作的重要一环。通关货运渠道的走私案件一般具有内外勾结的性质，走私进出口的货物、物品数量大、价值高、多为国家限制进出口的许可证管理或征收高额关税的商品的特点，通关货运渠道的走私手法复杂多变，最常见的走私手法有伪报、瞒报货物性质、品名、数量、价格、原产地，使用假批文、假印章、假单证；走私的方式多为集装箱夹藏、夹带等。由于实施通关货运渠道的走私，要经过多个主管部门、执法单位、多个业务环节，因此重大的货运走私案件多是境内外相互勾结，形成一个有严密分工的走私链，往往涉及包括海关在内的主管部门、执法单位，并伴随着严重的执法腐败。因此，查缉通关货运渠道的走私始终是天津海关缉私工作的重中之重。

1949年2月，天津港口正式恢复对外贸易。3月9日，香港货轮“高华利号”停靠天津港，津海关正式恢复海关对进出口货物的监管工作，同时打击走私的斗争也随之开展。

据统计，1949～1951年天津海关共查获进出口货运渠道走私案件217起，案值达70.26亿元人民币（旧币），占查获案件总数的70.56%。其中涉案的走私黄金1471两、美钞163205元、海洛因45包。查获套汇案件8起，案值29.83多亿元（旧币）；破坏贸易管制案件2起，案值15.92多亿元（旧币）。依据“严缉宽处、教育改造”，重点打击以走私为业的走私者，瓦解地下走私组织的缉私工作方针，3年中严缉宽处的案件达58起。

在1949～1952年，天津口岸的通关货运渠道走私多以逃汇、套汇为主，主要表现为进口高报价格、出口低报价格。3年中，天津海关查获逃汇、套汇的进出口商478家，逃汇、套汇金额1591.2亿元（旧币）。天津海关在查私工作中，采取加强调查研究和对进出口货物查验工作、加强与有关机关的联系配合、组织发动相关行业的工人和店员监视、检举揭发不法资本家的违法行为，对重大走私人犯及时移送公安、法院扣留侦讯等措施，打击通关货运渠道走私及专营走私组织。

1952年，海关总署印发《关于加强查私工作的决定》，提出缉私工作方针是“明确斗争目标，加强调查研究，争取主动，掌握重点，有计划有目的地反对走私”，明确海关查私工作的重点是打击专营走私组织、严格查禁货运走私。天津海关按照海关总署的指示，结合天津口岸的具体情况，以“重点打击专营走私组织，严格查禁货运走私”为中心任务，加强调查研究，根据海关所掌握的情况，按照经营范围将447户商行分为20类，将263户进出口贸易商行进行审查排队，并根据违法情节的轻重分为5类，在违法严重、经营大五金的商户中选择18户进行重点调查。在工作中，按照海关总署规定的查私工作6条政策予以区别对待，对帝国主义分子、土匪、特务等反革命分子的走私，坚决给予打击和镇压；对于不法资产阶级的走私，在打击其违法行为的同时，注意指导他们遵守法令、进行合法贸易，提升他们遵纪守法的自觉性；对以工商业名义掩护的专营走私组织，则坚决从严惩处，以达到摧毁其走私组织的目的。据1953年天津海关《关于对主要走私力量进行审查排队工作的报告》中记载，1949～1953年天津海关共查获走私案件1694起，案值150余亿元（旧币），摧垮专营走私组织6个，移送法院究办的重要走私犯31人、移送公安局扣留侦讯的29人。

1952 年 2 月 8 日，天津海关查获“汉阳”轮船员毛某某的走私问题，在其交代中提及曾受太古公司职员陈某某的委托数次私运珠宝出口。根据这一线索天津海关展开调查，并破获利贞祥玉器局老板蒋某某走私出口翡翠珠宝的大案。据天津海关的调查结果和蒋某某的交代，自 1949 年 7 月至 1951 年 11 月，经北京同源斋玉器店杨某某及香港元丰公司介绍，蒋某某经太古公司职员陈某某之手，勾结“鄱阳”轮、“湖北”轮、“汉阳”轮、“湖南”轮的船员多人，55 次走私出口翡翠 120 包、珠宝 86 包至香港，交与其在香港的表弟杜某某代为出售，所得货款再经黑市汇调转至内地，其私货总值按照当时市价计算约为 15.1 亿元（旧币）。

是年 10 月 9 日，天津市税务局第一分局向天津海关移交一起走私线索。该局在前日晚查获上海行商余某某等 6 人走私手表 13 只，走私手表的收售人是天津的走私手表惯犯周某某。经审理查明此案的当事人同属于一个有组织、有计划长期从事走私的大型团伙，以经营国产钢笔为掩护，以藏匿、夹带等走私方法贩运销售私货往来于广州、石歧、汉口、上海、天津等地。该团伙自 1950 年开始逐步形成，于 1952 年形成规模，共有成员 20 余人，走私物品涉及手表、火石、笔尖等。据统计，该团伙先后走私贩运新旧手表 380 只，打火机用火石 35 万粒，988 笔尖 162 摞。

1953 年，天津海关查获通关货运渠道走私案件 44 起，约值 3.8 亿元（旧币），占全年查获走私总值的 40% 以上。涉及的私货主要有电工器材、五金材料、科学仪器、药材手工艺品等。是年，天津海关重点打击由南方向北方地区贩运私货的行为，查获火石、刀片、笔尖等私货，其中查获火石 66.5 万粒，并破获一个活动于广州、天津、沈阳三地的专营走私组织。

1954 年，天津海关查获及调查的案件共计 56 起，确定为逃汇、套汇及走私的案件 38 起，多为不法资本家采取隐匿佣金及谎报价格的方式逃汇、套汇，且方式手段更为隐蔽。通过查缉隆锐贸易行、三泰华行、裕中商行 3 个走私案件，不仅有效打击不法人员的走私气焰，并且总结出一些有益的经验，以利于改进海关的查私工作。是年，天津海关还重点打击经东北向天津贩运朝鲜私货的行为，全年查获此类贩私案件 82 起，主要涉案货物为红参、钢材等，私货估值近 7 亿元（旧币）。

是年 9 月 28 日上午，经天津海关建议人民法院召开公开宣判大会，对张连甲走私组织案进行公开宣判。参加大会人员主要有行商、经济人及重点地区的百货业人士，各有关机关、团体的代表共计 700 余人。会上，人民法院当庭宣布，判处走私组织成员张连甲、傅书斋有期徒刑 5 年、李德福、王天远有期徒刑 4 年，查获的物品及私货价款全部没收，另科李德福罚金 8000 万元（旧币），将王天远留存的 X 光机 1 架拍卖缴库。天津海关担任陪审员，海关、税务、工商等机关在会上号召有关行业从业人员应守法经营并检举揭发不法分子的活动。

1955 年，天津海关针对西藏商人与内地行商相勾结，自西藏昌都走私贩私至天津，天津地区形成贩私渠道的情况，重点打击此类走私贩私行为，是年查获由西藏贩运至天津的走私手表 1100 多只，尼龙牙刷 4270 多打。

1956 年，国家实行对外贸易统制，国营外贸公司统一经营进出口贸易业务，货运渠道的走私活动基本停止。据天津海关1956年上半年的查私工作报告记载："国内贩运私货的情况，半年来尚未查获现行案件。"

1964年上半年，天津海关连续收到10多起非法倒卖英格牌25钻日历新手表的线索。关里组织有关人员根据已经掌握的材料，研究分析确定调查的重点，并在有关部门的配合下，查清手表是北京的一名华侨勾结某使馆工作人员走私进口后，运至天津非法出售，在1年之内已经销售80余只。

1979年，随着国家改革对外贸易经营体制，逐步放开对外贸易经营权，货运渠道走私活动重新出现。随着天津地区的对外贸易经营单位逐渐增多，与外界的联系亦渐密切。加之，天津具有地处京畿门户，历来是华北地区重要的国际贸易口岸和贸易的中心，京山、京沪等铁路交会的枢纽交通便利，工商业发达，人员流动频繁的优势，20世纪80年代初，天津市成为走私贩私销售市场的转运点，东南沿海的私货通过铁路运输的渠道运至天津，再转运到东北三省。走私的手法主要是瞒报货物数量、在货物中夹藏私货，走私的进口物品以尼龙布、手表和家用电器居多。走私人员通过货运渠道携带手表、服装等生活用品到内地贩卖，再收购黄金等硬通货及古玩、钻翠、字画等文物走私出境。天津海关主动联系天津铁路公安部门，加强对天津铁路分局所管辖的铁路沿线包括德州至秦皇岛各站的缉私工作，堵塞私货流通渠道。天津海关全年共查获各类走私案件1414起，私货估值人民币1889660元，较上年查获的案件及案值分别增加73.71%和122.32%。在查缉的走私人员中以港客、特别是由内地移居至香港的人员居多，他们利用在内地有大量的社会关系进行非法活动。如港商郭某与天津市第二电子厂行政科科长郑某相勾结，走私进口手表200只，搜购黄金走私出口。港客黄某分两次走私进口手表156只，利用在北京和天津的亲友转手销售，又将带进的港币2万元经黑市交易换成人民币8000元，搜购黄金走私出口。这一阶段天津地区的走私方式转向更为隐蔽，由原来随身携带，改为利用行李、邮包，通过铁路、邮政等货物运输渠道伪报物品名称交付运输。总体趋势是走私案件起数减少，私货数量趋向大宗；走私进口的物品中进口手表明显减少，化纤布料、衣服大量增加；走私出口仍以黄金、白金为主，涉及文物、珠宝、字画、药材走私的案件也有发现，并突破性地查获裸体扑克和毒品买卖的案件。先后查获天津棉纺一厂职工刘某等6人私贩鸦片、烟土的案件。查获澳门走私集团先后走私进口手表500余只、人参30公斤，变卖后再搜购金银走私出口的案件。该走私集团从天津无线电十二厂工人孙某处购得黄金840克，而黄金的来源则是孙某的老婆（天津第五半导体器件厂镀金小组组长）利用工作之便从厂内盗窃所得。通过查获走私案件还引申出刑事案件线索。

1982年，天津地区走私呈现出新的情况，主要特点是平均案值升高、大要案和单位参与走私贩私的案件增加。根据是年的统计，1～6月份天津海关查获走私案件348起，估值295万元人民币，与上年同期相比，案件数下降55%，案值却增加2.55倍。天津海关分析单位走私的新特点，确定打击走私的重点，先后查获塘沽某商场委托某商店、综合修配厂等5单位贩私情事，总值达120万元人民币；查获天津某大型商场、塘沽某五金店等9个单位自广东潮阳县5个公社的“社办企业”采购进口集成电路、录音磁头等走私物品34批，总案值达5万元，以及香港某发展有限公司与天津客车生产厂家、机电公司相勾结，签订假合同，企图从银行套汇26.4万元人民币的案件。是年，根据海关总署指示，天津海关加大打击加工贸易渠道走私力度，采取“单位自查与海关重点核查相结合”的方法，对河南省的来料加工贸易进行审核，发现港商与内地企业相勾结，私订秘密协议，伪报、藏匿大批进口料件在国内非法销售，取得人民币后套汇出境的案件3起，总案值达人民币40余万元。

20世纪80年代，天津口岸的货运量迅速增长，外贸主体呈现多元化，货运渠道走私活动在天津关区亦呈现逐渐增加的态势。天津海关针对口岸现状，在货运监管方面，确定对海运出口货物实行“全面审单，重点查验”；在查私工作中，确立“收缩战线，以查获本口岸货运走私为主”的指导思想，把查处天津本口岸的货运走私大要案作为查私工作的重点，并根据走私活动的动态变化及时调整工作的重心。1985年，天津海关以查缉企事业单位走私为重点，开展打击走私专项斗争，全年查获涉及国家机关、事业单位及国有企业的走私案件总案值超过人民币2700万元，罚没收入达人民币638万元。自1983年开始，按照海关系统的分工，河南省的查私工作交由天津海关负责。1985年1月，天津海关在河南省洛阳市查获一起文物走私大案，涉案人员109人，涉及文物1037件，案值约人民币50万元。

1986年，涉及非法倒卖进口汽车的案件增多，个别企业采取伪造或涂改《货物进口证明书》进口汽车，再通过调换牌照改头换面，变非法为合法。某单位批准进口野外水质检测装置，上述单位擅自涂改批准证件上的“详见附件”栏内容，并将许可证的用汇金额9.68万美元改为39.68万美元后，从国外多进口6辆汽车被海关查获。仅1986年上半年，天津海关就查获非法倒卖捐赠汽车案件8起，涉案汽车31台。随着保税加工业务在天津的快速发展，有个别不法企业借机从事走私活动。是年6月天津海关查获首起加工贸易渠道的走私案。天津某半导体器件厂与香港惠城公司勾结，以来料加工名义，采取多进少出、擅自内销的方法走私，获利17.5万元。10月，又查获某轻工合资公司“飞料”走私案。该公司以合资企业名义进口加工料件尼龙布料和拉链坯及辅料，在境内欲图销售获利，被海关查获时大部分料件已经售出，案值达人民币75.5万元。

1987年1月，海关总署部署开展查缉来料加工走私违法的专项行动。天津海关按照海关总署的要求，加大打击加工贸易渠道走私的力度，确定将逃避国家许可证管理，进出口应证货物行为作为打击的重点。至1988年10月，先后查获此类案件10余起。包括天津工艺品进出口部门逃证出口羽绒制品24580件，价值223.9万元；中国天鹅毛毯联合进出口公司从日本订购进料加工腈纶条5500吨，申报原产国为日本，经查验发现有1836吨为台湾货，未经台办批准也未申领许可证，货值3912万余元；北京针织品进出口部门申报出口T恤衫4011打零88064件，价值23.3万元，实为汗衫和背心；中国外运天津分公司无证进口离心铸造钢管，价值10.7万元；北京三洋维修企业在维修零件中无证带进10台冰箱压缩机等案件。1987年，天津海关全年共查处伪报货名、隐瞒不报、擅自转让保税货物、逃避国家许可证管理规定等货运走私违法案件51起。

1988年，针对天津口岸分散走私进口汽车、机电产品案件比较严重的情况，天津海关历时4个月，走访调查广州、深圳、西安、福建、天津等地区的10多个单位，发现一批走私线索，并查获多起重大走私案件。天津航运公司下属部门勾结港商，从韩国订购“皇冠”牌电冰箱5000台。该公司将冰箱箱体与压缩机从西安和深圳两个口岸分别进口，以分散进口的方式逃避许可证管理，每台冰箱低报价格51.1美元，偷逃税款175万元人民币，案值达558万元人民币，海关对当事单位处以没收走私物品及罚款527万元人民币的处罚。查获天津进口汽车配件公司和河北安国县汽车厂自1986年底开始，先后以汽车维修名义，通过不同口岸以分散进口汽车部件的方式，先后进口旧工具车31辆、新“三菱”吉普车17辆的案件，案值达人民币150万元。还查获多起以长期包租形式变相出售免税进口汽车的走私案件。天津某公交厂擅自将免税进口“尼桑”4辆轿车以每辆12.5万元的高价“租金”，变相出售给河北青县某公司，收取车款人民币50万元；天津某出租汽车公司擅自将免税进口的25辆“尼桑”轿车、面包车，以平均每辆车16万元的“租金”假包租方式，出售给天津市的10多家单位，共收取车款400余万元，逃税121万余元。是年查获的中国机械进出口总公司以分签合同、异地进口方式走私进口汽车396辆的案件，案值达人民币180余万元，成为当年最大的一起分散进口解体汽车案，还被海关总署列为专案。

1989年第二季度，天津口岸擅自处理保税料件和进料加工成品的案件呈现上升趋势。该季度内共查处此类案件14起，为上一季度的2.3倍。占全部查处案件的13%，罚款1314777元人民币，占全部罚没收入的63%，补征税款960余万元，是上一季度违法补税总额的2.07倍。所查获的3起擅自处理进料加工成品的案件，违法漏税均在30万元以上。天津国际轮胎橡胶有限公司擅自将进料加工天然橡胶原料28万吨制成轮胎内销，漏税人民币40余万元；天津五金矿产进出口公司先后3次内销进料加工盘条4142吨，价值5715605元，漏税665715元；天津地毯公司擅自将进料加工羊毛和毛纱制成价值人民币137万余元的胶背地毯内销，漏税52万余元。

从20世纪90年代开始，随着加工贸易的发展，倒卖保税料件走私的问题日趋严重，海关总署要求各海关在缉私工作中务必取得地方政府支持，加强与外贸、公安、工商、税务等有关部门联系，宣传海关有关规定，及时沟通走私信息，争取相关单位的配合，实现综合治理。1990年上半年，海关总署在全国范围内开展为期4个月的打击来料加工走私的专项斗争。自是年11月起，又用4个月的时间，针对服装来料加工中存在的走私违法情况，海关总署组织京津冀地区开展打击服装来料加工违法活动联合行动。天津海关按照海关总署的要求，一方面发挥海关在查缉走私工作中的主导作用，加强与相关单位的

图7-2-1-32 20世纪90年代，天津海关查获的大批走私汽车

联系配合。同时，持续加大对来料加工走私违法活动的打击的力度。1993 年，天津海关先后查获河北省某公司以进料加工名义走私进口洗净羊毛 420 吨，案值达人民币 800 万元；福建石狮某服装织造有限公司伙同中纺辅料进出口公司以进料加工方式走私进口涤纶短纤 300 吨，获得赃款人民币 365 万元两起走私大案。

1991 年 11 月，天津天惠办公自动化有限公司借口整修仓库，向海关出具保函和人民币 9 万元保证金，将香港天祥洋行存入天津港保税库的复印机、晒图机、传真机共计 29 台提出。此后，未经海关批准擅自将其中的 13 台复印机、晒图机售出，获利人民币 34 万元。事后，该公司又将 15 台废旧复印机、油印机存入保税库顶替结关；是月，该公司又以来料加工名义将香港天祥洋行存在保税库的 80 台佳能牌复印机提出伺机出售，再将残损的复印机以“返销”名义退回保税库充数顶替。是年 12 月至翌年 3 月间，该公司还先后 4 次以“进料加工”名义将晒图机整机 85 台、传真机整机 100 台向海关伪报成散件进口，同时以藏匿的方式走私进口复印机、传真机、裁纸刀共计 261 台。1992 年 4 月，该公司持唐山某汽车配件公司合同、进口批文申报进口复印机耗材，但实际进口皆为复印机整机和晒图机、传真机。在打击来料加工走私的专项斗争中，终被天津海关查获。经查，天津天惠办公自动化有限公司勾结香港天祥洋行职员冯某某，在两年里先后采取伪报、藏匿等手法进口应证应税物品复印机、传真机、晒图机、裁纸刀共计 666 台，总价值 1672 万元人民币，偷逃税款 579 万余元。

1992 年上半年，天津海关以查处货运渠道利用集装箱运输走私和倒卖、转让保税货物为重点，相继查获北京新世纪饭店有限公司报关员刘某与深圳建材公司经理助理张某相勾结，以“北京五矿发展实业公司”名义申领进口许可证，利用新世纪饭店有限公司的免税指标进口胶合板 4000 立方米，价值 154 万美元，货物进口后即出售给国内企业非法获利；天津天惠办公自动化有限公司利用集装箱和保税库逃避海关监管，夹带、伪报货名等手段走私进口复印机、传真机、卡片机、晒图机 729 台，价值人民币 1079 万元；西藏自治区对外贸易公司与珠海特坚发展有限公司勾结，出具假合同、假发票、低报价格并利用转关运输走私进口 2000 台摩托车发动机，案值 101 万美元，偷税约 152 万元；永宁时装（香港）公司在天津申办的独资企业“天津龙基服装服饰有限公司”，以独资企业名义向海关办理免税进口小轿车、面包车 10 辆，价值 4331127 元。经查永宁时装（香港）公司在未投资的情况下，以伪造单证取得批准注册手续，向海关备案后骗取车辆进口优惠待遇，逃证逃税走私；以及某港商以空箱和农用机械配件为名走私价值人民币 30 余万元的 4 部尼桑公爵王超豪华小轿车的案件。

是年，天津海关还查获香港某发展有限公司利用宁夏某进出口公司，将一般贸易的天然橡胶 3000 吨，以假捐赠的方式偷逃关税进口，并在转关运输途中全部出售谋利的案件，案值达 2839 万元人民币。

1993 年，单位走私的案件呈现出发案率高、案值大的特点，天津海关全年共查获单位走私案件 44 起，占查获案件总数的 55%，案值约 6252 万元人民币，占全年案件总值的 88.3%。在查获的单位走私案件中，以加工贸易名义“飞料”走私的案件尤为突出。

是年，各地的走私汽车情况日益严重，天津口岸以货运渠道利用集装箱走私进口汽车及零部件的走私活动较为突出。适时，海关总署印发《关于加强监管、查缉走私汽车的紧急通知》，要求各地海关开展打击汽车走私的专项行动，天津海关随即组织开展专项查缉，全年查获走私汽车572台，估值1.8亿元。是年8月27日，天津《今晚报》头版以“天津海关缉私成果显著”为题刊登消息，报道天津海关在上半年查获走私案62起，总值人民币2.1亿元的情事。报道称：适时，天津口岸仍以货运进口走私案件居首位，该类案件占查获案件的85.7%。走私手法除采用伪报瞒骗、低报价格外，还出现借转关、转口之际内外勾结，雇用外籍货轮偷运入境的新方法。是年5月，天津海关连续查获2起内外勾结，雇用外籍货轮共走私汽车763辆，案值达1.12亿元的大案。

1994年，天津口岸进出口货运量和商品总值分别达到2410万吨和161.7亿美元，尤其集装箱运输货物增幅明显，全年监管集装箱突破50万标准箱。由于集装箱的箱体屏障，传统的外形查验已不能满足海关监管的需要，加之各种客观原因的限制，仅能做到少量开箱查验，给不法人员利用集装箱运输伪报、夹藏和“飞料”走私提供可乘之机，也给海关监管带来新的挑战。天津海关在不具备先进科技手段检验集装箱运输货物的情况下，摸索出一套查缉集装箱走私的有效方法。1994～1995年，共查获集装箱走私大要案43起，案值达3.8亿元。是年，海关总署提出“预防与惩治相结合，打击与管理相结合，社会综合治理与海关加强监管相结合”的货运渠道缉私工作的指导思想，并印发《关于开展打击“三假”走私专项斗争的通知》，组织全国海关统一开展为期3个月的打击“三假”走私专项斗争。要求各海关要根据关区的实际，严厉打击走私活动。是年3月15日，天津海关印发《关于开展打击利用假单证、假印章走私专项斗争的通知》，成立由主管副关长担任组长的打击利用假批文、假单证、假印章走私专项斗争领导小组，组成打假机动队，组织开展打击利用假单证、假印章走私专项斗争。根据“三假”走私案件形式多样、手段复杂，涉及海关货管、保税和非贸等业务部门中的审批、申报、核销、退税、验放、转关运输等诸多环节的特点，强调加强组织领导和各部门间的联系配合。

1995年，天津海关以成立调查局为契机，将重点放在货运渠道走私大要案上，针对不同时期的走私热点问题和热门商品，组织专项斗争。针对一般贸易进口羊毛大幅度下降，而进料加工项下进口羊毛却大幅度上升的现象，组织开展打击以羊毛为主的加工贸易走私专项斗争，相继查获14起加工贸易渠道走私大要案，案值人民币2.36亿元。针对天津东港海关监管集装箱进口货物的特点，在该关开展打击集装箱走私专项斗争，相继查获集装箱伪报夹藏走私大要案15起，案值人民币1亿余元；针对天津新港海关主要监管进出口大宗散货的特点，组织开展打击以利用易货贸易走私为主的专项斗争，查获2起假借易货贸易，走私进口909辆小轿车的大案，案值人民币1.7亿元；针对保税区海关的监管特点，开展打击利用转关运输走私的专项斗争，查获利用转关运输走私小轿车30部、外产香烟2540箱的大案，案值人民币2500万元。在缉私工作中，调查部门加强与各监管部门、岗位的联系配合，从申报、查验，到征税、统计层层把关，不放过任何蛛丝马迹。发现走私违法线索，监管与调查人员密切配合，协调行动，发挥调查与监管的各自优势，全年通过业务现场提供的线索查获大要案 17 起，案值人民币 2.4 亿元。

是年 4、5 月间，天津中贸发进出口公司勾结香港高宁发展有限公司以假易货贸易方式走私进口轿车。由天津中贸发进出口公司与中国机械工业供销总公司签订国内销售合同，办理“易货贸易”全部手续和通关事宜，高宁发展有限公司负责境外购货、租船发运到国内，并提供与“易货贸易”相关的提单、装运单等单据，天津中贸发进出口公司从中收取货款 1% 的好处费。1995 年 6 月 13 日，天津中贸发进出口公司与中国机械工业总公司签订 1000 辆布鲁斯卡小型轿车的《购销合同》，合同总金额为人民币 1.84 亿元。随后，天津中贸发进出口公司通过哈尔滨普利工贸有限公司委托具有边贸经营权的双龙公司出具易货贸易合同，并在黑龙江省边贸管理局和哈尔滨海关办理易货合同备案手续。国内手续全部办妥后，是年 6 月，高宁发展有限公司与韩国大宇公司签订购买 1000 辆大宇轿车合同，根据合同分两批、每批到货 500 辆。是年 9 月 30 日，第一批轿车（实为 499 台）由韩国经越南换装轮船驶往天津港。越南明信公司受高宁发展有限公司委托提供伪造的产地证明。10 月 12 日，天津中贸发进出口公司副经理刘某青持上述单证委托报关行以双龙公司名义向天津新港海关申报易货贸易方式进口越南产布鲁斯卡小轿车 499 台，单价 4000 美元，总价值 199.6 万美元，货物进口后被天津海关查获。

是年 3 月 7 日，河北盛辉毛纺织有限公司向天津东港海关申报在加工贸易项下进口原羊毛 490 吨。该关在审单过程发现，该公司利用一本加工贸易手册，在半年内累计进口 600 吨原羊毛，却无成品出口，引起该关怀疑，遂对该公司的加工贸易情况展开调查。经查河北盛辉毛纺织有限公司与境外港商勾结，以国内几家外贸公司和三资企业的名义在不同口岸向海关申领进料加工羊毛、腈纶短纤维手册，并分别报关进口，货物进口后统一集中到河北盛辉毛纺织有限公司，由该公司将货物非法出售，谋取暴利。1994 ~ 1995 年，河北盛辉毛纺织有限公司以“飞料”方式，共走私进口羊毛 2950 吨，腈纶棉 360 吨，走私案值达 1.3 亿元人民币。天津海关以一本手册入手，深入开展调查，从而破获这起特大加工贸易“飞料”走私案。中央电视台在黄金时间曝光此案，引起社会各界的强烈反响。

是年 8 月 11 日，天津港保税区旺达报关行报关员李某向天津保税区海关申报，从韩国转口至马来西亚 40 英尺集装箱 3 个，箱内装有“555”牌香烟 860 箱、“希尔顿”牌香烟 1680 箱，总值 474.4 万元港币。是日 16 时，委托报关的北京某装饰材料有限公司副总经理牛某某租车将上述 3 个集装箱运至北京。车到北京后便被北京某装饰材料有限公司董事长赵某某、牛某某、步某某安排的司机接替，将集装箱运至事先租好的仓库卸货存放。转天早晨，他们又将卸空的集装箱装入沙石交由租用赴京送货的司机运回天津港口。存放在仓库的香烟全部售给个体烟贩，烟款转交香港发货人，总计人民币 500 余万元。经海关查证，这是一起由香烟走私团伙策划的利用天津武川国际贸易有限公司的单据，假借转口贸易方式，将向海关申报为转口贸易项下的香烟，进口后逃避海关监管，偷运至北京销售谋利的重大走私行为。

1996年，在“全民经商”的热潮中，天津涌现出大批商贸公司，一些政府部门也热衷于经商办企业。在利益的驱使下，有些企业直接参与走私活动，走私工业原材料和内地市场热销的消费品。天津海关加强综合分析和情报工作，以打击货运渠道走私为重点，相继开展打击集装箱走私、转关走私、易货贸易走私等多次专项斗争。全年查获各类走私违法案件195起，案值18.4亿元。

是年4月1日，国家终止易货贸易政策。当时利用易货贸易政策进口的商品主要是汽车，天津口岸作为国家6个定点进口汽车的口岸之一，1995年进口的易货贸易汽车达到2.1万辆。走私分子为借易货贸易终止前的最后机会再捞一笔，加紧汽车走私。天津海关根据海关总署调查局《关于开展打击以易货贸易名义走私进口汽车专项斗争的通知》精神，组织开展打击以易货贸易走私进口汽车专项斗争。自1995年第四季度至1996年第一季度，天津海关共查获假借易货贸易走私进口汽车大案6起，涉案汽车4704台，扣留汽车3567台，案值11.25亿。

是年3月28日，新疆合力公司向天津东港海关申报进口铝箔，装在9个20英尺集装箱内转关到乌鲁木齐。天津东港海关通过审单分析，认为该批货物有“飞料”走私嫌疑，随即展开跟踪调查，发现该批货物并非转至乌鲁木齐，而是运往沈阳。鉴于新疆合力公司此前在天津口岸申报转关、转口货物较多，天津海关立即对该公司转关、转口业务展开全面调查。查实该公司自1994年4月至1996年3月间，采用涂改单证、假借转关、转口、低报价格及擅自内销保税货物等方式走私进口货物57批，涉及私货到岸价值约人民币1.15亿元，造成逃税7000余万元。1994年12月至1996年3月，该公司以一般贸易方式向天津东港海关申报转关进口23批货物转关至乌鲁木齐，在办结转关手续后，未向乌鲁木齐海关办理申报纳税手续，直接在国内销售，偷逃税款人民币1700余万元，货物涉及汽车配件、化工品、铝箔。1995年3月29日，该公司在天津东港海关以保税货物转关至乌鲁木齐为名，申报进口日本三洋空调器1735套，价值3.95亿日元，进口后自天津发往成都、武汉等地销售，该公司总经理唐某某采用涂改单据方式，仅以173套空调器向乌鲁木齐海关办理上述货物的入保税库手续，偷逃税款人民币1800余万元。以及采取低报进口货物价格，偷逃税款人民币134万元；擅自销售免税进口的企业自用“沃尔沃”牵引车20辆，偷逃税款人民币700余万元；擅自内销保税进口家具、家电及展品，到岸价达人民币2000万元的走私情事。

1997年，天津海关以“依法行政、狠抓基础、突出重点、综合治理”作为缉私工作目标，全年共查获走私大要案54起，案值近人民币5亿元，罚没入库人民币3.16亿元。

是年4月，天津津华国际运输有限公司代西藏土畜产进出口公司向海关申报以铁路运输方式转关至西藏拉萨海关热轧卷板1万吨，价值270万美元。天津海关跟踪发现上述热轧卷板并非转关至拉萨海关，而是直接运往天津市静海县尧舜钢管厂使用。经过海关立案调查，是年年初，天津合天钢铁有限公司的1万吨钢材到港，为达到逃税目的，该公司与西藏土畜产公司签订非法协议，西藏土畜产公司以每吨货物400元的低价包干费（包括进口税在内的所有通关费用，而实际仅进口关税就达500元左右），负责货物的通关并提供转关手续，天津合天钢铁有限公司则负责组织货源及货物的销售。为把“包税”行为做得更为真实，在向海关申报前，西藏某畜产公司伪造报关所需要的假转关、多报残损的假商检证书、低报价格的假单据，准备依次实施假转关、多报残损、低报价格等手段达到逃税目的，是一起有预谋、有计划的以假转关方式出现的“包税”走私案。偷逃税款达人民币570万元。

是年，天津海关全面开展稽查工作，以专项稽查为重点，打击货运渠道走私。1～10月份，全关稽查企业403家，查获违规案件90起，稽查补税入库人民币4515万元，收缴罚款人民币77万元，征收税款保证金人民币1248万元。案值人民币11255万元，移交调查走私案件8起。根据海关总署提供的线索，该关对润华农水公司进口双限聚乙烯情况开展专项稽查，发现该公司将双限进口的聚乙烯售给非定点企业，部分定点企业将划拨的聚乙烯倒卖的情况，查获一起倒卖减税进口聚乙烯的大案，案值超过人民币2000万元。调查部门在关区各部门聘请11名稽查信息员、在10个相关业务部门聘请13名兼职报关管理员，负责收集信息线索。所查获的飞马（天津）缝纫机有限公司擅自转让进料加工制成品1000余台包缝机，漏税人民币245万元的案件，就是由稽查信息员提供的线索。该关为拓宽稽查工作领域，与审价部门共同制定《天津海关稽查处、审价办关于开展价格稽查工作的联系配合办法》，由审价办定期向稽查部门提供各级参考价格及关区重点审价商品和低（瞒）报价格较突出的商品及企业名单，提供低（瞒）报价格案件线索。通过审价部门提供的线索，相继查获湖北某公司低报价格进口钢材的两起大案，分别补税人民币159万元和198万元。并陆续查获一批漏报技术转让费、少报包装物价格等低报价格案件。是年，天津海关共查获此类案件68起，案值989万元，补税710万元。价格稽查已成为调查工作的重要手段。

是年9月23日，天津海关印发《关于开展打击货运渠道走私专项斗争行动方案》，针对当时汽车、香烟、食用油、成品油、化工原料、纺织原料、施工机械等重点商品走私和利用“三假”闯关走私猖獗的状况，决定自即日至翌年1月，开展打击货运渠道走私专项斗争行动。在专项斗争中，查获一批案值在300万元以上的大要案。全年查获成品油走私案件15起，案值9000万元。

1998年，天津海关的缉私工作配合通关制度改革，调整工作方式，以情报为先导，突出对货运渠道重点、敏感商品走私的查缉，抓“大”放“小”，集中力量稳、准、狠地打击案值大、逃税额大，敏感性商品和集团性走私的违法案件。先后查获中国包装国际贸易公司利用国家税制改革对新闻纸进口实行滑准税而高报价值逃税人民币260万元；河北省南宫市第一化工厂采取包税方式利用假手册走私进口蓖麻油2000吨，案值人民币1700万元；天津津枫木业有限公司伪报数量走私进口850立方米胶合板的案件。

是年7月，针对当时全国范围的走私活动愈演愈烈，已严重危害到国家经济建设和社会安定的严峻形势，国务院召开全国打击走私工作会议，要求军队、武警和政法机关在规定时限内停止经商活动，使“特殊法人”的走私活动得到有效控制。7月28日，天津海关党组印发《关于加强打击走私工作的决定》，要求把反走私斗争作为一项政治任务抓紧抓好，确立全关一盘棋的反走私格局，抓住重点，坚决遏制走私势头。在组织上成立由调查局人员为主的机动查私队，必要时抽调监察、监管、稽查、关税、保税等部门的人员参加，举全关之力，运用机动查私手段加强对关区进出境货物和各业务环节进行有效监控，加大对转栈进口回空集装箱的查验以及非监管码头沿海运输船舶的监管。是年1～9月，天津海关共查获单位走私大案35起，案值2.27亿元。走私货物涉及汽车、白糖、重烧镁等大宗商品。全年通过机动查私共立案调查大要案12起，案值近人民币4000万元。

是年4月14日，中国包装国际贸易公司与韩国现代公司以每吨460美元的价格签订5000吨新闻纸的购销合同，总价值达到230万美元。随后，该公司为其驻加拿大的公司开出4000吨，每吨680美元、总计272万美元的信用证。驻加拿大的公司按购销合同给韩国现代公司付款230万美元。再按照中国包装国际贸易公司的要求，制作出两套假单据。中国包装国际贸易公司凭此假单据报关时，被天津海关查获。这是一起利用海关对进口新闻纸实行滑准税，采用高报价格走私逃税的典型案例。该公司所报新闻纸按实际成交单价460美元计算，关税率31%，税款约为997万元人民币，而高报单价680美元后，按照滑准税计算关税税率为6%，税款约为664万人民币，偷逃关税达333万元人民币。

1999年，天津海关以缉私体制改革为契机，保持打击走私违法活动的高压态势。年初，天津海关走私犯罪侦查分局成立后，本着“破大案、打团伙、抓逃犯”的工作方针，以抓捕案件嫌疑人为突破口，协同调查局侦破一批有影响的走私大案，追逃工作也取得突破。同时，对外加强与公、检、法等部门的联系配合，理顺工作关系，完善天津口岸的打私综合治理格局。相继侦破“周某、贺某走私新闻纸案”、“广西某公司走私进口发动机案”、“梁某等5人涉嫌走私香烟案”等一批有影响的大要案件。天津海关走私犯罪侦查分局成立当年即立案38起，案值达4.7亿元。

是年1月20日，天津海关根据相关情报对天津市海运公司所属的“亚洲之荣”轮进行查验，发现在船上的9个20英尺空集装箱内藏匿有“555”牌香烟30箱、旧摩托车103辆、旧自行车99辆。经查，梁某等人利用空集装箱走私进口香烟、摩托车，已构成走私罪。是年12月17日，“梁某等5人涉嫌走私香烟案”经天津市第二中级人民法院审理后依法判决，也成为该分局成立后首起经人民法院审判的自侦案件。

是年4月20日，中共中央成立“4·20专案组”，彻查新中国成立以来最大的经济犯罪案件“厦门远华特大走私腐败案”。是年11月7日，在中央“4·20专案组”、天津市纪律检查委员会和海关总署侦查局的领导下，天津海关侦查分局立案侦办“4·20厦门远华特大走私案”的分支案件“丛某犯罪集团走私普通货物系列案”。经过历时10个月的侦办，查明以丛某为首的犯罪集团，勾结天津海关内部腐败分子，先后走私建筑材料、“奔驰”轿车、手机、香烟、柜员机及磁盘机、磁带机等进口普通货物的系列走私案。全部案值共计人民币5.74亿元，偷逃税款1.68亿元。该案查获涉案单位8家，抓获丛某、李某等犯罪嫌疑人16名，查扣一批涉嫌走私的建筑材料、汽车、香烟、自动柜员机等走私物品，为国家挽回经济损失4000余万元。2001年9月此案侦查终结，移送起诉。

是年，天津海关走私犯罪侦查分局共侦办走私案件38起，涉案总值人民币47092.5万元，偷逃税款人民币10708.7万元，抓获犯罪嫌疑人77名，先后破获“中国机床总公司走私390辆汽车案”、“天津兰吉尔通讯设备有限公司走私电话机案”等一批案值在千万元以上的大要案，有效地遏制猖獗的走私犯罪态势。

1998年6～12月，中国机床总公司从匈牙利进口390辆“欧宝”汽车，到岸价实为15800美元/辆，该公司提交给海关的报关单及发票价格为每辆11572美元，低报价格达164万多美元，构成伪报价格走私进口汽车。1999年2月1日，天津海关立案侦查此案。1998年1～12月，天津兰吉尔通讯设备有限公司通过深圳时达公司经理黄某某以包税形式走私进口IC卡电话机6000余部。1999年4月13日，天津海关立案侦查此案。

2000年，天津海关走私犯罪侦查分局共受理各类涉嫌走私犯罪49起，立案38起，立案总案值人民币1.39亿元，涉嫌偷逃税额人民币5540.46万元；抓获犯罪嫌疑人71人，其中逮捕24人。由于海关加大打击走私的力度，与上年相比，受案、立案数分别下降16%和7%，案值及偷逃税额分别下降72%和53%，而移送起诉案件和执行逮捕分别上升160%和72%。侦查分局、调查局、稽查部门密切合作，先后侦破河北太行毛纺集团涉嫌走私羊毛案、北京深奥公司涉嫌走私空压机案、石油勘探设备走私案等社会影响大、性质恶劣的走私犯罪大要案件。

是年3月10日，天津海关走私犯罪侦查分局立案侦查河北保定太行毛纺集团有限公司涉嫌走私羊毛案。经查该公司自1998年1月起的两年多里，从天津口岸以进料加工贸易方式进口新西兰产羊毛1382.14吨在国内直接销售。同时查明该公司为骗取海关核销，在国内收购大量国产羊毛用以顶替进口羊毛，以进料加工成品名义出口，偷逃税款人民币1412万元的走私犯罪事实。

是年11月10日，天津海关走私犯罪侦查分局立案侦查北京深奥兴业石油技术有限责任公司涉嫌走私空压机案。经查1999年12月至2000年4月间，该公司先后3次利用辽河油田进出口公司的免税表进口空气压缩机配件1批，柴油机2台，扭矩变换器2台，可遥控震源发动机4台。设备进口后，该公司将进口合同项下货物以内贸方式倒卖给长江石油管理局和江汉石油管理局第四机械厂，偷逃税款人民币189万元，构成走私。

是年11月15日，天津海关走私犯罪侦查分局立案侦查中国石油天然气总公司地球物理勘探局引管处石油勘探设备走私案。经查1998年10月至1999年1月间，该公司以用于塔里木石油勘探名义向天津东港海关申报进口免税石油勘探设备。设备进口后，该公司擅自将上述设备销售给北京金华龙油气测试技术开发公司，偷逃税款人民币237.50万元，构成走私。

2001年，天津海关加强清理积案的工作，先后清理各类积案3起，涉案案值达人民币8152万元，涉嫌偷逃税款约人民币2020万元，抓获犯罪嫌疑6人。

是年3月5日，天津海关走私犯罪侦查分局立案侦查天津市纪律检查委员会交办的“1107”专案。查获走私自动柜员机、手机、磁带机和香烟的系列案件。经查，1996年10月至1997年1月，福建实达计算机设备有限公司（以下简称实达公司）将本公司经营进口自动柜员机（ATM）的业务非法委托给北京盛康公司总经理丛某代理，以口头合同形式约定，实达公司向国外生产商订购自动柜员机（ATM），由北京盛康公司代理进口，实达公司按进口货值比例的12%，以人民币形式向北京盛康公司支付通关费用（包括关税、进口环节税及代理费），远低于自动柜员机（ATM）38.06%正常进口的综合税率。此后，北京盛康公司驻津办事处总经理王某某在丛某的指使下，伪造合同、发票、装箱单等用于报关的文件，冒用九州公司名义，分7次将各种型号的136台自动柜员机（ATM）伪报为“钢条”向天津海关申报进口。货物通关后，丛某、王某某又指使属下在天津以“仪器”为名发货给实达设备公司或按其指令直接发货给其国内用户。丛某并向实达公司提供虚假的国内贸易合同和增值税发票，以掩盖外贸进口的事实。经查实，实达公司与北京盛康公司相勾结，在天津口岸走私进口自动柜员机（ATM）136台，共计偷逃税款人民币954.85万元。同时查证，1998年10月至1999年1月，北京盛康电子有限公司还冒用福建九州集团股份有限公司的名义，用伪造的进口合同、发票、箱单等单据以低报价格的手法，分两批将该公司进口的“富士通磁盘子系统”（磁盘机）3套、“富士通磁带子系统”（磁带机）2套委托报关行向天津东港海关申报进口，偷逃税额257.54万元人民币。

另查实，该案犯罪嫌疑人丛某等人于1996年1月30日，利用非法购买的《进料加工手册》，以石家庄兰星化工有限公司名义向天津海关申报免税进口进料加工项下化工原料“二聚酸”65.5吨，而实际货物为“希尔顿”香烟800箱、“万宝路”香烟850箱、“555”香烟850箱，涉嫌偷逃税额人民币1057.95万元。1997年6月9日，利用天津飞奇装饰材料有限公司名义，委托天津天保报关行向天津海关申报进口浮法玻璃，实货为松下G500型手机3990部，涉嫌偷逃税额人民币274.32万元的走私犯罪事实。

是年2月5日，天津海关走私犯罪侦查分局立案侦查“天津正义国际贸易有限公司走私皮革鞣剂案”。经查，天津正义国际贸易有限公司自1996年成立后，先后将16票、240.87吨皮革鞣剂以低报价格方式在天津保税区海关申报进口，该行为涉嫌偷逃税额人民币120万元。经与检察院、法院协商，在此案中，天津海关走私犯罪侦查分局首次尝试以电子数据作为证据。

是年，天津海关加强协查工作。先后为3个国外海关、31个兄弟海关侦查分局以及地方的公安机关办理协查案件87起，其中接待来人协查26起、来函协查61起，反馈协查事项71件。协助出动警力213人次、车辆116台次，共协助获取证据528件，协助没收犯罪嫌疑人银行存款人民币970余万元，协助核查汽车“货物进口证明书”60份，查明伪造“货物进口证明书”26份。

2002年，天津海关走私犯罪侦查分局按照海关总署的部署，将打击价格瞒骗犯罪活动作为缉私工作重点，成立打击涉税走私活动专项斗争领导小组，组织开展打击涉税走私专项斗争，保障天津关区税收任务的完成。专项斗争期间，情报、侦查、法制等部门打破部门界限，通力合作，共刑事立案5起，案值人民币5924.42万元，偷逃税款人民币2622.65万元，抓获犯罪嫌疑人19名。是年5月，天津海关走私犯罪侦查分局查获“北京丰联广场大厦有限公司涉嫌走私三菱电梯案”。该公司将实际成交价格为614.32万美元的进口电梯，申报为239.92万美元，以低报价格方式走私进口大厦自用电梯（滚梯、升降梯）44部，低报价格幅度超过50%，偷逃税款达人民币737.38万元。

是年8月31日，天津走私犯罪侦查分局接到天津新港海关的报案，在中国石油天然气总公司管道局从苏丹退运回国的物资中夹藏有未申报的象牙及其制品，共查获象牙214根，象牙制品3249件。此案是天津走私犯罪侦查分局侦办的首起涉嫌走私珍贵动物制品案，该局定名为“8·31”象牙走私大案。该局出动办案警力80余人次，分赴徐州、郑州、兰州、西宁等地取证，终查实上述象牙及其制品系管道局职工在装运退运货物时藏匿进口的，涉案人员多达149人，最终确定的犯罪嫌疑人111名，在完成对犯罪嫌疑人的移送审查起诉工作后，是年12月，天津市人民检察院第二分院对该案中4名犯罪嫌疑人提起公诉。

是年9月，天津海关走私犯罪侦查分局会同湛江、汕头海关缉私部门成功侦破国务院领导批转并由海关总署指挥侦破的“9·26”特大走私犯罪案件，该案被称为“2002年中国海关第一案”，案值达人民币3.29亿元，偷逃税款人民币5941万元，抓获犯罪嫌疑人28名，其中8人被判处有期徒刑。

是年12月31日，大连京大国际货运代理公司代天津工艺品进出口集团有限公司以货样广告品方式向天津新港海关申报出口至美国的书籍5木箱，报关单的随附说明为“儿童读物，是货样无商业价值，请海关放行”，并加盖天津工艺品进出口集团有限公司印章。经查验，发现实货包装方式并非通常的纸捆包装，而是木箱套旧纸盒，盒内有的书籍还用报纸包裹。书籍大部分为民国到新中国成立初的旧书和旧宣传画，以及部分伪满洲国时期的书籍资料。在两卷民国时期的宣传画中发现夹有一张题为“大东亚战争日军大战果”的日军侵华时期彩色地图，地图上除标注日军舰船、飞机、车辆及战俘的战果统计数字外，还印有宣扬“大东亚战争”及“反共”的口号，海关将货物全部扣留处理。此案是天津海关首次在出口海运货运渠道查获印有日军侵华内容的货物。

2003年1月8日，天津机场海关发现天津市鸿华医疗器材有限公司在以一般贸易方式申报进口监护仪零件的过程中，有伪造发票、低报价格嫌疑，并将线索移交缉私局。经查实，天津鸿华医疗器材有限公司利用其作为国外供货商的代理商的特殊经济关系，采取伪造发票、低报价格走私后，通过正常渠道支付申报货款，其低报部分货款并不对外付出，而是以替国外供货商在华办事处进口零配件代缴税款的方式予以充抵。2000～2002年期间，该公司以同样的手法先后20次走私进口医疗设备零件，案值达人民币299.86万元，涉嫌偷逃税款人民币35.41万元。此案采用新手法低报价格偷逃税款，在进口商账目中购货、付汇始终以申报货值入账，其充抵货款也不在账目中体现，仅从账目里难以发现当事人低报价格走私的行为，具有极强的隐蔽性。

是年6～9月期间，为贯彻全国打击走私工作会议和海关打击走私工作会议精神，落实海关总署缉私局的“破案会战”方案，天津海关缉私局组织开展为期3个月代号为“流火”的缉私战役。以打击进出口贸易渠道价格瞒骗走私、加工贸易渠道和海运集装箱夹藏走私为重点，打团伙、破大案、抓逃犯，掀起反走私的高潮，遏制行业性走私的扩散趋势，始终保持天津口岸打击走私的高压态势。战役期间，破获新闻纸、硅铁、胶印机等一系列走私大案。刑事立案12起，案值人民币7.84亿元，偷逃税款人民币2200万元，抓获犯罪嫌疑人33人，在扣款物计合人民币3880万元；行政立案87起，案值人民币12.3亿元，偷逃税额人民币4800万元，征收抵押金人民币7174万元，罚没入库人民币3149万元。

是年，海关总署为加大缉私工作中的科技投入，在天津等9个海关先后安装10套大型集装箱检查系统。该集装箱检查系统在天津关区运行10个月，查获走私违规集装箱548个标准箱，涉案案值逾2000万元人民币。

是年，在全国范围内冻品走私活动十分活跃，海关总署统一部署，分区域开展专项斗争或破案战役。天津海关按照海关总署的统一部署，组织开展打击冻品走私的专项行动，成功破获“5·10冻品走私系列大案”，案值达人民币3.67亿元，偷逃税款人民币2840万元，同时打掉3个以伪报规格、品名，低报价格手法走私冻品的犯罪团伙。该案被海关总署列为一级挂牌督办案件，并得到相关部门和各级领导的肯定。是年3月17日，天津海关缉私局立案侦查走私进口冷冻牛杂案。经查，2001年，犯罪嫌疑人焦某通过中国振华进出口总公司天津分公司代理进口冻牛副产品。在进口过程中，该犯罪嫌疑人利用更改贸易国别、低报价格的手段向海关申报进口冻牛副产品，涉嫌偷逃税款人民币13.9万元。是年12月9日，天津海关缉私局立案侦查伪报走私冻带鱼案。经查，犯罪嫌疑人何某某勾结福州宏龙海洋水产有限公司和福州豪有力渔业发展有限公司，从印度购买冻带鱼，以远洋自捕鱼名义进口，涉嫌伪报走私。是年12月26日，天津海关缉私局立案侦查“天津上进冻带鱼”案。经查，2001年1月至2003年11月，天津上进国际贸易有限公司委托中化天津进出口公司从天津口岸以低报价格方式走私进口冻带鱼，据估算，该公司共计走私各种规格冻带鱼11票，重量约1434吨，该案案值约人民币879.2万元，偷逃应缴税款人民币86.3万元。

2004年，天津海关缉私局推行“一套人马、两种职能”的办案新模式，成立缉私机动小分队，加强对放行后货物的监管。是年1～10月份，该局开展“打击矿产品出口逃证走私”专项行动，先后查处26起逃证出口矿产品的行政违法案件，案值累计达人民币2765万余元，截获焦炭、镁砂、萤石等无证走私出口矿产品1.8万吨，天津市委书记张立昌曾两次在天津海关呈送的情况汇报上批示肯定海关的缉私成效。

2004年3月10日，天津新港海关在查验一票由天津外总集团建材有限公司进口的日本国际交流基金会赠送给北京外国语学院的170箱日文书籍时，发现这批书籍中有歪曲侵略中国历史、粉饰日本侵略中国行为、为日本侵华战争树碑立传以及攻击中国共产党、国家领导人、攻击社会主义的图书62册。天津海关依据相关规定对违规书籍予以扣留。

是年3月26日至8月20日，天津海关缉私局侦破以汕头市润汕商贸总公司为犯罪主体的“3·26”系列食品走私大案。立案侦查9起刑事案件，总案值人民币1.3亿元，涉嫌偷逃税款人民币2890.6万元，抓获犯罪嫌疑人20名，收缴及冻结赃款人民币785万元，收取取保候审保证金人民币144万元，扣押在港货物集装箱7个（估值人民币400万元），查扣嫌疑人房产3处，扣押作案工具（包括汽车、电脑等）一批。彻底摧毁一个以家族成员为主体、长期从事走私犯罪活动的团伙，为国家挽回数千万的经济损失，打击和震慑走私分子的嚣张气焰，社会各大媒体相继对破获此案进行报道。在侦办“3·26”系列食品走私案件过程中，参战民警累计加班411个工作日，先后赴广东、上海、北京等地侦查取证、抓捕犯罪嫌疑人，行程3万多公里，拒绝当事单位、当事人宴请74次，拒收礼金15000元人民币。2005年4月5日，海关总署缉私局为天津海关缉私局“3·26”专案组记集体二等功一次。

2005年1月11日，天津海关缉私局在天津口岸首次查获以伪造印章方式闯关走私矿产品的案件。不法分子通过伪造海关放行章、伪报货名等手法，勾结海关内部人员，利用H2000系统的漏洞擅自更改31票电子数据，多次走私矾土、焦炭、镁砂等出口招标许可证管理商品，走私货值达143万美元。案发后，天津海关及时对H2000系统功能进行升级完善，以避免利用系统漏洞实行走私犯罪的案件发生。

是年3～5月，天津海关缉私局组织开展“打击船舶走私专项行动”。在行动中刑事立案3起，案值达人民币1.46亿元，涉案偷逃税款人民币246万元。查获天津市港海船务有限公司自2002年11月至2004年12月，以一般贸易方式从天津口岸申报进口二手船舶4艘，犯罪嫌疑人该公司负责人陈某某未将进口船舶的燃料油、配件等物品向海关申报，涉案案值636万元人民币，涉嫌偷逃税款140万元人民币。查获中国港湾建设集团总公司代理中港第一航务工程局第一工程公司于2003年5月自日本中和物产株式会社购买进口2艘二手工程船舶，申报离岸价格（FOB）分别约为人民币410.3万元和638.4万元，申报运费总计约人民币207万元。经调查发现，上述船舶的实际进口运费约为人民币393.3万元，未申报运费约186.3万元人民币，涉嫌偷逃税款约人民币38万元。查获天津航道局2004年4月从美国进口2艘绞吸式挖泥船，委托中远航运股份有限公司负责从美国运回天津，双方确定的包干运费为139万美元。为达到偷逃税款的目的，天津航道局程某、景某要求运输单位将139万美元的运输合同拆分为100万美元的运输合同和39万美元的技术服务协议，运输合同用于向海关申报。该案案值约人民币1.3亿元，涉嫌偷逃税款人民币68万余元。另外，行政立案1起，涉案偷逃税款人民币16万元。

是年6月，天津海关缉私局组织开展打击涉税走私专项行动，重点打击价格瞒骗和加工贸易、减免税货物的走私。在打击“伪报技术参数骗取鼓励项目减免税待遇走私进口胶印机”的专项行动中，立案查获中国印刷总公司、西安新华印刷厂、北京盛通彩色印刷有限公司、河南第二新华印刷厂采取高报印速的手段，骗取国家鼓励项目减免税审批，走私进口胶印机6台等4起案件，国家确定单纸张胶印机（多色）印速大于每小时15000张（394×273MM）、卷筒纸胶印机印速大于每小时60000张（394×273MM）为享受鼓励项目减免税待遇的进口胶印机主要技术参数，一些不法企业采取境外洗单、篡改商品标识等手段，高报技术参数，骗取国家鼓励项目减免税审批，以达到偷逃国家税款、获取非法利益的目的。涉案金额达人民币2.09亿元，偷逃税款人民币5546万元。在打击加工贸易渠道走私违法活动的专项行动中，立案23起，涉案金额达人民币4590余万元，涉税金额人民币270余万元。

是年6月27日，天津海关缉私局立案调查北京某机械设备有限公司和北京某过滤材料有限公司伪报价格走私进口氮气压缩机等生产设备案件。经查，2003～2005年的两年间，北京某机械设备有限公司和北京某过滤材料有限公司在以内贸方式代理山东威海某液压机电有限公司（其为瑞士某公司境内代理销售商）进口氮气压缩机、空气压缩机过程中，伪造报关单据低报价格分别在北京、天津口岸走私进口氮气压缩机、空气压缩机14票17台，案值人民币6289.72万元，涉嫌偷逃税款人民币813.18万元。

是年10月21日，北京达仕服饰有限公司以一般贸易方式向天津新港海关申报出口羽绒服679包，共计54320件，价值1347.14万美元。经海关查验，实际货物为羽绒服216包，共计17280件，其余463包为废碎布条。该公司在装运货物时将羽绒服置于集装箱箱口，将废碎布条置于集装箱后半部，有采用伪装手法逃避海关监管的重大嫌疑。天津新港海关缉私分局立案调查后，发现该公司在货物出口过程中存在多报少出的违法行为，外汇往来数额巨大，收付频繁，涉嫌高报价格、虚开增值税发票骗取出口退税的重大违法嫌疑，且数额巨大。鉴于管辖权的问题，天津海关缉私局建议通过海关总署缉私局，正式向公安部二局移交该案线索以及全部证据材料，由公安部二局责成北京市公安局经济犯罪侦查总队予以刑事立案侦查。经海关总署缉私局批准，12月16日上午天津海关缉私局与公安部二局完成线索移送工作。

是年7月下旬，根据《天津海关调查局职能配置和机构设置调整实施方案》，决定将调查部门的查私办案职能全部移交给缉私部门，同时将原调查局遗留的各类未办结案件45宗全部移交给天津海关缉私局终结，包括20宗移交时尚未调查或审理的案件。

2005年天津海关缉私局接收原天津海关调查局移交未执行终结案件一览表

表7-2-1-28 单位：元

类型	案件名称	案发时间	案件性质	案值	罚款	补税	没收
应当申请法院强制执行但已超过法定期限的案件	张宇、张喆走私化石案	2001.8.4	走私	0.00	1000.00	0.00	禁止出境的文物

续表 7-2-1-28

类型	案件名称	案发时间	案件性质	案值	罚款	补税	没收
应当申请法院强制执行但已超过法定期限的案件	天津冠达实业违规案	1999.7.1	违规	14205703.60	3000000.00	2963994.69	无
	黄鹤9轮在香港水域擅自加免税燃油案	1999.9.17	走私	545030.34	451413.17	0.00	无
	潘宝拉走私文物案	1998.12.1	走私	0.00	10000.00	0.00	文物3件
	河南平顶山树脂厂走私案	1997.10.28	走私	22890000.00	11848656.09	1166076.00	无
	司小龙低报价格走私案	1999.5.1	走私	665500.00	100000.00	129991.59	无
	中国磨料磨具走私案	1998.6.9	走私	410105.66	410150.00	0.00	无
	中国天龙深圳实业公司走私案	1998.5.28	走私	100000000.00	80931376.00	0.00	无
需继续采取必要手段开展执行工作的案件	天津市第一香料厂违规案	2002.3.31	违规	525653.40	90000.00	89461.65	无
	提爱斯塑料制造有限公司走私案	1999.12.1	走私	1781847.00	1383227.31	0.00	无
	天津五方石材违规案	2000.4.1	违规	18678581.95	9000000.00	5442044.77	无
	中陕国际违规案	1998.8.1	违规	13727224.26	2830000.00	2845000.00	无
	贵州云雀汽车案	2000.6.21	撤案	170508.26	0.00	0.00	无
已申请法院强制执行的案件	天津福津木业走私案	1998.5.1	走私	6437321.26	5542582.00	0.00	无
	中陕国际走私案	1997.7.1	走私	3422028.00	3422028.00	0.00	无
	山东青岛海运走私案	2001.9.10	走私	2960000.00	2942869.95	0.00	无
	天津嘉利达化工违规案	1997.12.31	违规	3496306.19	300000.00	779578.39	无
	华润瑞琛进出口违规案	1999.1.13	违规	1356332.97	100000.00	0.00	无
	天津广夏违规案	2001.4.5	违规	17415197.00	4600000.00	4616408.09	无
	天津广夏违规案	2001.4.5	违规	67630941.75	8,800,000.00	0.00	责令当事人将擅自移作他用的设备调回
已不具备进一步开展执行工作条件的案件	苑富起走私案	1994.1.3	走私	4605084.00	23025420.00	0.00	无

2006年，天津海关先后开展“打击汽车走私”“打击应证矿产品走私”“打击棉花走私”“打击废旧金属走私”“打击价格瞒骗走私”和“打击瞒报海运费走私”等6个专项行动。

在打击汽车走私专项行动中，刑事立案6起，案值人民币2.7亿元，涉嫌偷逃税款人民币1200余万元，查获走私汽车456辆，摧毁2个长期在天津港区走私进口汽车的犯罪团伙。经对天津港保税区瑞克国际贸易有限公司涉嫌走私“大众途锐”越野车的立案侦查，查明上述公司于2003年12月至2006年1月间，在徐氏兄弟的操纵下，采取伪造进口合同、发票等业务单据，低报价格从天津、大连口岸共走私进口“大众途锐”“奔驰”“奥迪”“陆虎”等汽车294辆，案值约人民币1.95亿元人民币，偷逃应缴税款人民币657.27万元。依法扣押涉嫌走私车辆36辆，价值人民币3000余万元，收缴非法所得人民币100万元，主犯被批准逮捕。查获天津港保税区瑞克国际贸易有限公司和北京迎时捷汽车贸易有限公司，于2004年1月至2006年1月间，采取伪造进口合同、发票等业务单据的手段，以低报价格方式申报进口“大众途锐”越野车等欧美汽车130余辆，案值约人民币1.1亿元，涉嫌偷逃应缴税款人民币200余万元的案件。

在打击废旧金属走私专项行动中，刑事立案7起，案值人民币4.41亿元，涉嫌偷逃税款人民币4200万元。查获隶属于天津滨海投资集团的天津海润实业集团有限公司及其下属企业天津景盛金属实业有限公司，于2004年1月至2006年10月间，勾结国外供货商，由外商直接提供真假两套进口合同、发票等业务单据，采取低报实际成交价格的方式申报进口废电线、废电机、废五金、废塑料等各种废料5万余吨，价值约人民币3.12亿元，涉嫌偷逃税款超过人民币1000万元。天津钜鸿国际贸易有限公司自2005年6月起，采取伪造业务单据，低报成交价格的方式走私进口废铜50余批，总价值人民币5000余万元，涉嫌偷逃税款超过人民币250万元。

在打击价格瞒骗走私专项行动中，天津海关缉私局根据天津新港海关提供的线索，破获一起通过价格瞒骗走私进口澳大利亚产密度板大案，涉案金额达人民币1.1亿元，涉嫌偷逃税款人民币522万余元。经查，犯罪嫌疑人刘某控制的家族企业北京安利通公司和澳松恒润公司，于2003～2006年勾结香港某公司采取低报价格手法在天津、北京、上海等口岸185批次走私进口高、中密度板，平均低报价格幅度达到20%。此案海关扣押涉嫌走私货物及违法所得总价值人民币520余万元。

在打击整治瞒报运费进口货物专项行动中，天津海关缉私局综合分析业务现场反馈的线索，通过走访船代公司、船公司了解运费支付操作特点等相关情况，确定存在较大走私风险的重点企业和重点商品。是年4月13日，立案侦查北京某公司瞒报海运费走私进口意大利产蜜蜂牌瓷砖的案件，案值达人民币190余万元，涉嫌偷逃税款约人民币60余万元。查获北京某生物科技有限公司伪造单据瞒报运费走私进口智利产红鱼粉案件，案值人民币2962万元，偷逃税人民币46万元。查获北京某建筑材料有限公司瞒报运费走私进口意大利产蜘蛛、艳坊达等品牌瓷砖案件，案值达人民币150万元，涉嫌偷逃税款人民币45万元。

2007年，根据海关总署的统一部署，结合天津口岸的走私动态，天津海关先后组织开展“1·19打击汽车走私专项斗争”“打击皮革走私专项斗争”“打击废金属等三废走私专项斗争”，与国家税务部门配合开展“整治船舶配件骗取出口退税专项行动”。

在开展打击皮革走私专项行动中，天津海关缉私局通过对天津口岸进口皮革类货物的长期监控及情报调研分析，发现存在行业性走私的可能。例如，同种货物申报单价相近，且明显低于全国平均价格的正常水平。盐渍牛头皮进口价格集中在 0.11 ～ 0.15 美元 / 公斤之间，远低于 0.24 美元 / 公斤的国际市场价格等。是年 3 月 20 日，该局组织开展打击低报价格走私皮革专项行动，全局各有关部门统一行动，分赴河北省石家庄、张家口、衡水、枣强及津、京、沪等地，对涉嫌走私违法企业立案查处。专项斗争期间，刑事立案 7 起，涉案案值达人民币 1.09 亿元，涉嫌偷逃税款人民币约 1500 万元；先后对 14 名犯罪嫌疑人采取强制措施，征收抵押金、保证金人民币 1442 万元，暂扣装有牛皮、牛头皮的集装箱 87 个，以及兔皮 15434 张。

据统计，自 2006 年 1 ～ 9 月，有 140 家经营单位从天津口岸进口铜废碎料项下废铜 48.8 万吨，价值 4.46 亿美元；有 118 家经营单位进口铝废碎料项下废铝 12.1 万吨，价值 890 多万美元。通过对天津口岸进口废旧金属情况的专项调研，发现废铜、废铝含量申报混乱，申报价格相对固定，但与国际市场正常价格存在较大差距。由特情、工作关系提供的情况也证实天津口岸进口的废旧金属存在走私违法的重大嫌疑。在开展打击废旧金属走私专项行动中，天津海关缉私局立案查处废旧金属走私案件 8 起，其中刑事案件 7 起，案值人民币 4.41 亿元，涉嫌偷逃税款人民币 4200 万元；行政案件 1 起，案值人民币 1100 余万元，涉嫌偷逃税款人民币 33 万元。先后查获天津钜鸿国际贸易有限公司伪报价格走私进口废五金案，涉案金额人民币 3700 余万元，涉嫌偷逃税款人民币约 322 万元；查获天津海润实业集团有限公司伪造合同、发票等单据，低报价格走私进口废旧金属案，涉案金额人民币约 7100 万元，涉嫌偷逃税款人民币约 670 余万元；天津景盛金属实业有限公司伪造合同、发票等单据，低报价格走私进口废旧金属案，涉案金额人民币约 4800 余万元，涉嫌偷逃税款人民币约 360 余万元；麦克斯（天津）金属加工有限公司低报价格走私进口废金属案，涉案金额人民币 6000 万元，涉嫌偷逃税款人民币 575 万元；天津风彩进出口有限公司伪造合同、发票等单据，低报价格走私进口废旧电线等货物案，涉案金额人民币 570 万元，涉嫌偷逃税款人民币 48 万余元；河北省保定市杰诺康有色金属有限公司低报价格走私进口废五金案，涉案案值人民币 570 万元，涉嫌偷逃税款人民币 37 余万元；天津开发区亨旺达货运代理有限公司低报价格走私进口废旧金属案，涉案金额人民币约 2.1 亿元，涉嫌偷逃税款人民币约 2167 万元。是年 5 月 22 日，天津海关缉私局对天津开发区亨旺达货运代理有限公司涉嫌走私废金属案开展侦查。查明 2005 ～ 2007 年的两年间，该公司总经理马某伙同他人，采取伪造进口通关单据、低报成交价格的方式，委托天津塘沽海洋高新技术开发区进出口有限公司、北京杂质泵厂等企业，经天津口岸分 200 余批走私进口美国、欧盟、日本等国的废金属，案值人民币 2.1 亿元，涉嫌偷逃税款人民币 2000 万元。

天津海关缉私局根据 2006 年 11 月 15 日得到的情报，掌握天津港保税区捷和国际贸易有限公司总经理梁某某涉嫌走私汽车的线索。情报显示其将正常通关的汽车卖给部队。由于部队申领牌照不需要相关进口证明，梁某某便截留进口证明、商检证等相关证件，然后从香港、越南等处走私入境相同型号、颜色的汽车，在广东由其走私团伙成员更改与截留相关证件中的号码完全一致的车架号和发动机号，最后运输到天津销售。其走私手法特殊，走私形式恶劣，偷逃国家税款数额巨大。2007年1月19日，天津海关缉私局成立由局长挂帅指挥的“1·19”专案组，对此案立案侦查。在天津市国家安全局行动技术部门的配合下，经过为期近10个月的前期秘密侦查，获取该公司更改车架号、发动机号及大量低报价格走私汽车的违法证据。随后在海关总署缉私局的指挥协调下，天津海关缉私局会同广州、深圳、南宁海关缉私局确定行动方案。是年9月21日8时，天津海关缉私局组织50余名干警，在天津市安全局、天津市公安局行动部门以及广州、深圳、湛江、上海海关缉私局的配合下，对广东地区的7名涉案人员、天津地区的9名涉案人员实施抓捕，并对相关公司和住所进行搜查。通过犯罪嫌疑人的供述，确定该团伙涉嫌从广西非设关码头进口汽车入境，然后更改车架号、发动机号在国内销售。专案组在获取真实合同、发票的基础上，梳理出300余辆汽车涉嫌低报价格，并确定该公司的5700万元人民币通过地下钱庄非法汇到境外。在与该公司有业务往来的香港中华汽车有限公司天津办事处及上海斯玛特公司进行搜查时，又获取两公司涉嫌瞒报价格的2000余辆进口汽车的真实合同、发票。彻底摧毁该汽车走私团伙，对涉案的13名犯罪嫌疑人采取刑事拘留和取保候审强制措施，扣留库存车辆23辆，冻结资金人民币400多万元。

2008年，为贯彻中共中央宏观经济调控政策相关要求，严厉打击粮食、化肥及部分“两高一资”商品出口走私违法活动，保障国家宏观经济政策的稳步实施，维护国家对外贸易和长远经济利益可持续发展，海关总署在全国海关组织开展为期5个月的打击粮食、化肥、钢铁、镁砂、稀土等商品及其制品走私违法活动的专项行动。天津海关根据海关总署统一部署，相继组织开展打击焦炭、化肥出口走私的专项斗争。专项行动期间，共查获走私焦炭刑事案件5起，案值人民币1.44亿元，涉嫌偷逃税款人民币876万元；走私化肥刑事案件7起，案值人民币4450万元，涉嫌偷逃税款人民币1030万元。

是年5月30日，天津新港海关在对一票申报品名为玻璃制品的出口货物进行放行后审核时发现，该货物已于是年5月26日以轻钢龙骨的品名装船出口，经核对码头装货单据，未发现海关放行电子信息，涉嫌走私出口，该关立即向天津海关缉私局移交案件线索。缉私部门将无海关电子放行信息的装货单送天津市公安局刑科所鉴定，经鉴定装货单上的海关放行章印鉴与海关提供原始印模一致，确定案件可能涉及海关内部人员。情况汇报后引起关领导的重视，马上抽调精干警力组成“6·05”专案组侦破此案。侦查证实，“6·05”专案是一起有组织、有预谋、内外勾结的团伙性走私案件。天津某船代公司石家庄办事处经理孙某与天津某货代公司经理冯某、天津个体货代田某合谋与天津新港海关接单处出口科组长戴某内外勾结，在出口货物不向海关申报的情况下，偷盖海关放行章走私出口应税、应证商品轻钢龙骨130吨，待走私货物装船出口后又采取伪报品名方式向海关申报该货物以骗取核销舱单。同时发现，采取伪报品名方式走私出口应税、应证商品螺纹钢410吨的案件，也是海关的戴某与天津个体货代赵某内外勾结所为。据相关犯罪嫌疑人供述，在实施走私过程中，走私分子均向国内实际发货人收取数额不等的“通关费”，并将部分“通关费”支付给海关的戴某。此案件是一起通过海关自查发现的案件，该案具有组织严密，分工明确，行动隐秘的特点。在走私过程中，戴某与同案人员始终进行单线联系，并指使其妻与对方签有“劳务协议”，借以掩盖其收受贿赂走私放私的事实；在实施走私时分工明确，赵某、田某负责联系走私货源和伪造通关单据，戴某作为海关的内应负责快速放行走私货物。在案发后，戴某与同案人员订立攻守同盟，企图诱导、干扰侦查工作。据犯罪嫌疑人戴某供述，该团伙采取将预备走私出口的无电子信息报关单据夹杂在正常单据内递单或者直接伪报品名的手法，走私出口应证、应税、应检的货物，戴某负责在海关内部直接接单、快速电子放行，不给监管部门留出布控时间。自2008年4月起，采取上述手段，内外勾结走私出口钢材、焦炭等应税、应证货物10批次。

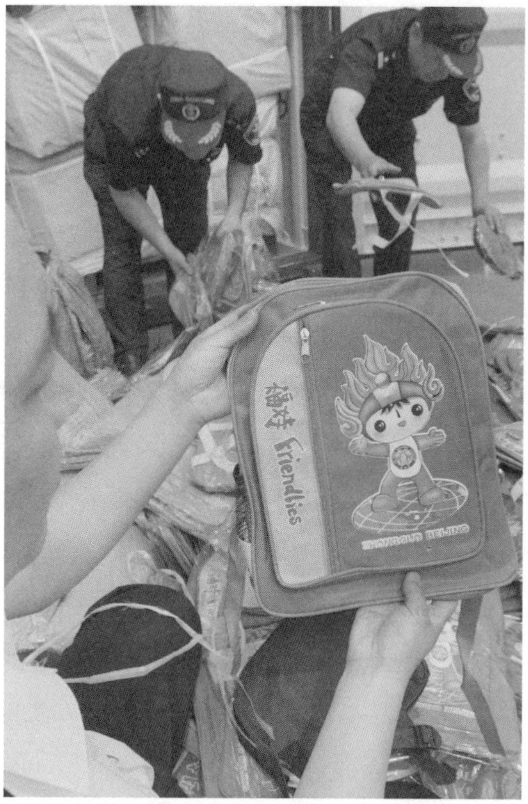

图 7-2-1-33 2008年，北京奥运会期间，天津海关实施知识产权保护，查获侵权的奥运产品

是年8月，第29届夏季奥运会在北京举行，天津海关组织警力做好奥运安保工作，加大对涉奥违禁品、危险品等案件的查处力度，开展机动查私行动20余次，出动警力120余人次，查获卫星电视接收器、仿真枪、放射性物质等案件14起，为成功举办北京奥运会提供保障。2007年12月19日，天津海关驻邮局办事处运用风险分析，对重点邮路、重点邮件进行重点监控，首次查获侵犯第29届北京奥运会标志专有权的“福娃晶晶”饰品2400件。

2009年4月20日至11月20日，面对国际金融危机的影响和进出口量下滑、税收形势严峻的情况，天津海关“以打促税”，组织开展为期7个月的“打击涉税走私，全力保障税收的专项行动”。行动期间，立案查获涉税走私犯罪案件19起，案值人民币2.55亿元，偷逃税款人民币2365.87万元；查获走私行为案件15起，案值人民币6390万元，偷逃税款人民币227万元；查获违规案件61起，案值人民币7524.6万元，偷逃税款人民币494万元。先后破获原料铝、硅铁、汽车、工程设备等一批走私大要案。在“打击铝制品走私专项行动”中，查获2起走私原料铝案件，案值人民币5.07亿元，偷逃税款人民币4900万元。在“打击硅铁走私专项行动”中，查获11起硅铁走私案件，案值人民币3.66亿元，偷逃税款人民币1.42亿元。另外，查获5起汽车及配件走私案件，案值人民币1.5亿元，偷逃税款人民币1206万元。是年6月4日，天津海关缉私局立案侦查“天津晟润达国际贸易有限公司涉嫌走私普通货物案”。经查，涉案单位自2007年

11月起，在不到两年时间内，以低报价格的方式在天津口岸走私进口奔驰GL550、保时捷凯宴等汽车12台，案值达人民币1500余万元，涉嫌偷逃税款约人民币70万元。

自2010年起，天津海关查获走私案件的数量和质量均跨入全国海关缉私系统第一集团，达到一个新高度。是年查办案值超过亿元人民币的大要案7起，占全国缉私部门过亿元以上案件总数的14.6%，查获涉税刑事案件数量在全国海关缉私部门排列第五。

2010年，通过风险分析，天津海关发现进口起重机存在重大行业性走私违法嫌疑，缉私部门随即开展查缉行动，连续查获3起低报价格走私进口起重设备的案件，涉案案值人民币6.6亿元，涉嫌偷逃税款人民币2700余万元。在打击金属硅走私专项行动中，天津海关立案6起，案值达人民币5.05亿元，涉嫌偷逃税款人民币1100万元。天津海关缉私局与广东海关缉私部门配合，在津粤两地同时出击，破获"6·27"走私进口轮胎大案，案值人民币2.1亿元，涉嫌偷逃税款人民币3700万元，打掉广东、天津两个专门走私进口轮胎的犯罪团伙，截断活跃于津粤两地的进口轮胎走私通道。在"8·13"专案中，在天津关区首次查获走私红酒。同时，天津海关提出的走私犯罪渠道北移的分析，得到海关总署领导和相关部门的重视。

是年9月，天津海关缉私局接海关总署缉私局的核查函，接群众举报，天津有不法分子勾结深圳商贩从天津口岸走私进口冻肉产品。鉴于该案案情重大，涉案人员众多，被列为海关总署一级挂牌督办案件，随即展开长达18个月的专项调查。至2012年5月29日，天津海关成立"国门之盾——5·29破冰行动"专案组，围绕前期秘密获取的大量证据材料，基本理清以香港佳鑫公司、天津鑫安公司等为中心的犯罪团伙的组织构架、走私手法以及涉案货物基本情况。是年6月12日，在海关总署的直接指挥下，在天津、北京、上海、广州、深圳、哈尔滨、大连等7个地区同时行动，一举摧毁该专业从事走私冻品活动的犯罪团伙，抓获犯罪嫌疑人39名，扣押在港集装箱182个及在库货物共计6500余吨。经查明，自2010年起，以香港佳鑫公司、广州陈氏家族等为中心的3个走私犯罪团伙，将来自南美、美国等疫区国家的猪、牛、羊、鸡冻肉产品、鸡副产品在香港元朗地区进行更换包装后走私进口至大陆地区。其采取直航低报价格，转航拆箱换货，伪报品名、原产地，瞒报数量、重量等手段，偷逃关税、增值税、反倾销税和反补贴税。2010～2012年间，该走私犯罪团伙在天津口岸共计进口冷冻肉产品达8000余个集装箱，重量约为20.5万吨。是年12月17日，依法将"5·29"专案涉案的香港佳鑫公司、天津弘爱国际贸易有限公司等9家犯罪嫌疑单位及25名犯罪嫌疑人移送人民检察院审查起诉，该案案值人民币52.38亿元，偷逃税款人民币13.2亿元人民币

是年10月15日，天津海关根据"B类企业抽查"布控指令，对饶河县远东经济贸易有限公司申报出口的331件"石墩"实施查验。经查，实货仅有4件，外观为旧石墩，石质带有明显的树木、树皮纹理，年轮清晰可见，疑似古树木化石。是年11月29日，该关根据布控指令对深圳市恒顺源进出口有限公司申报出口的"新石制工艺雕刻"实施查验时，发现实货疑似古生物骨骼化石及恐龙蛋化石，共计13件。后经国家古生物化石专家委员会办公室组织专家对上述两批货

物进行现场鉴定。认定第一批货物为中生代硅化木化石 4 件，第二批货物为包括翼龙化石 1 件、尾羽龙类化石 1 件、鹦鹉嘴龙化石 1 件、兽脚类恐龙化石 3 件、大型哺乳类头骨化石 1 件、恐龙窝蛋化石 1 件和鱼龙类化石 5 件，共计 13 件脊椎动物化石。专家认为，这些化石具有较高科研价值，属于国家重点保护的古生物化石，未经国土资源部批准，均不允许出境。国土资源部办公厅也对该关查获的两起走私出口的古生物化石给出鉴定结论，确认 17 件化石为硅化木、脊椎动物化石等古生物化石。这也是天津海关在货运渠道首次查获禁止出境的古生物化石。

2011 年 1 月 6 日，天津海关组织开展代号为“雷霆 2011”的缉私专项行动，调集干警 130 余人，组成 20 个行动小组，采取集中办案模式，在天津市区、塘沽地区、北京、广州、上海等地同时开展工作。“雷霆 2011”缉私专项行动仅一个月时间，查获天津鹰皇仁兄汽车配件有限公司采取伪造合同、发票等方式，在天津口岸包税走私进口汽车配件，涉嫌偷逃税款 5240 万元、北京朝阳普惠经贸有限公司进口汽车配件 156 票，涉嫌偷逃税款 1339 万元等 14 起走私进口汽车配件案，案值人民币 7.2 亿元，偷逃税款人民币 8500 万元。收取违法所得 1681 万元，冻结银行账户资金 1832 万余元，扣押在港已通关货柜 16 个、未通关货柜 25 个，对 20 名犯罪嫌疑人采取刑事强制措施。是年 5 月，在“5・10”打击冻海产品走私专项行动中，天津海关立案 13 起，案值人民币 3.67 亿元，偷逃税款人民币 2795 万元。全年共侦办刑事案件 85 起，案值人民币 15.59 亿元，偷逃税款人民币 2.37 亿元，刑事案件数量创历史新高，涉税案件数在全国海关缉私系统排名第四。

早在 2009 年，天津海关缉私局即对汽车配件走私的态势保持着密切关注。在立案侦办北京巨隆双友商贸有限公司涉嫌走私汽车配件案时，发现涉案公司曾以包税、包柜方式自韩国进口汽车配件 20 余票，物流目的地主要为北京。相关的情报也显示，香港从事汽车配件走私活动的公司和人员十分活跃，有向北方转移的迹象，目的地大多集中在北京。天津海关缉私局组织人员对天津口岸进口汽车配件情况进行风险分析，排查重点嫌疑企业，经过长达 14 个月的准备，2011 年 1 月全面展开代号为“雷霆 2011”的案件侦办工作。1 月 4 日，天津海关缉私局召开“雷霆 2011”抓捕行动小组组长会议，详细制定抓捕行动方案，调集 130 余名警员，组成 20 个行动小组，部署在天津、北京、广州、上海四地统一实施的抓捕、搜查行动。1 月 6 日，四地统一行动，抓获犯罪嫌疑人 19 人，控制涉案人员 150 余人。经查明，以李某某和冉某某为首的犯罪团伙以包税、包柜方式代理国内货主进口汽车配件，每个集装箱货物收取 5 ~ 10 万元的费用，然后伪造虚假合同发票、低报价格走私进口汽车配件，并形成较为固定的操作模式。由于走私进口的汽车配件申报价格一般仅为真实价格的 20% ~ 50%，合法进口的配件在价格上处于劣势，走私进口汽车配件已成为行业性行为。犯罪团伙低报价格走私进口汽车配件，造成广州、北京等地市场充斥大量走私进口汽车配件，严重扰乱进口汽车配件市场的经济秩序。“雷霆 2011”行动期间，共查获走私进口汽车配件案件 24 起，案值人民币 6.18 亿元，偷逃税款人民币 9900 余万元，摧毁 3 个长期盘踞在天津口岸低报价格包税走私进口汽车配件的犯罪团伙。该案也被海关总署列为一级挂牌督办案件。

2011 年 7 月 27 日，云南省瑞丽某公司向天津新港海关申报自迪拜进口转关鸟足紫檀原木 1 票，转关目的地为北京。经天津新港海关查验实际货物与申报不符，存在伪报品名走私嫌疑。随后，通关现场再次发现该公司以同样手法进口的另一票“鸟足紫檀原木”亦到港，天津海关即扣留上述货物。经送交国家林业局林产品质量检验检测中心（广州）、国家濒危物种进出口管理办公室抽样鉴定，证实实际货物为蝶形花科紫檀属的檀香紫檀，即俗称的小叶紫檀。该树种主产于印度，生长速度缓慢，树木成才需数百年且极易出现空心，由于存世逐渐稀少，檀香紫檀被列入《濒危野生动植物种国际贸易公约》附录Ⅱ物种，进口该物种应向国家濒危物种进出口管理办公室申办《允许进出口证明书》。国内市场售价一般在 100 ～ 180 万元 / 吨。

翌年 2 月 2 日，天津海关缉私局立案侦查“王某、范某伪报品名走私进口檀香紫檀案”，扣押涉案檀香紫檀两批，总重量 44.93 吨，案值人民币 5200 余万元，抓获犯罪嫌疑人 6 名，该案也被海关总署缉私局列为一级挂牌督办案件。经查明，该案实际货主为温州商人范某某。范某某联系外商从迪拜购进檀香紫檀海运至天津港口，再联系负责货物通关的犯罪嫌疑人王某，由王某以包税代理方式通关。王某利用瑞丽公司的非《进出口野生动植物商品目录》物种证明，制作虚假单据，将 2 个货柜的檀香紫檀伪报为鸟足紫檀进行通关。在前两个涉案货柜被海关查扣后，第 3 个货柜也已到港，范某经人介绍，结识外籍华人杨某，商定由杨某到海关办理第 3 个货柜的退运手续，退运未成，杨某随同王某到海关缉私部门，冒充涉案货物的货主，伪造“发错货”的虚假事实，企图蒙混过关亦被识破。该案不仅是天津海关在进口环节查获的数量最大的一起走私国家禁止进出口野生濒危动植物种的案件，在全国海关系统此类执法中亦属少见。

2012 年，海关总署部署全国海关统一开展代号为“国门之盾”的大规模反走私行动，天津海关在“国门之盾”反走私行动中，举全关之力，缉私、风险、审单、关税、稽查及一线监管部门通力协作，实现资源共享、信息互通、人力互助。经海关业务部门查发的案件逾 5000 起。监管、风险、归类、价格等部门服务于缉私办案，在实货监控、数据分析、归类认定、价格确认、原产地认定等方面密切配合，为案件成功破获提供有力支持。全年刑事立案 100 起，案值人民币 61.1 亿元，涉税人民币 14 亿元，案值、涉税两项均居全国海关第二位；全年侦办的刑事案件数首次突破 100 起，居全国海关第五位；查获案值超亿元的大要案 8 起，占全国海关查获案值超亿元大要案的 12.5%，与黄埔海关并列全国海关第一；查获涉税超亿元的特大案件 4 起，案件数量排名全国第一。年内侦办的“1·05”象牙走私案、“2·02”檀香紫檀走私案、“5·29”冻品走私案均被海关总署列为一级挂牌督办案件。“5·29”走私冻品案，涉案进口货物报关单 4065 票，包括天津海关 3956 票，其他海关 109 票；其中，涉案低报价格类报关单 2146 票、伪报夹藏类报关单 1810 票。案值人民币 52.38 亿元，偷逃税款人民币 13.2 亿元，出动警力 210 余人次分赴广州、深圳、哈尔滨、大连、合肥、沈阳等地，抓获犯罪嫌疑人 35 人，查扣涉嫌走私的冷冻牛、羊、猪、鸡副产品等共计 6701.86 吨。该案被列为当时全国海关查处的最大一起冻品走私系列案。

是年 1 月 5 日，天津海关缉私局接到情报称：2011 年 12 月 23 日，已到港放行的从非洲某国家进口的集装箱货物中夹藏有大量象牙。1 月 6 日，天津海关缉私局在天津新港海关查验处关员的协助下，对该批集装箱货物进行开箱查验，在申报为“铜矿砂”的集装箱中后部发现 3 个装有象牙的编织袋，查获象牙原牙共计 363 段。经送交天津濒危物种进出口管理办公室鉴定确为象牙原牙。1 月 8 日，该案的犯罪嫌疑人宋某被抓获归案。1 月 16 日，经国家林业局森林公安司法鉴定中心对该批象牙进行司法鉴定，确认涉案象牙共 931.7 公斤，总价值为人民币 3882 万元。经查明，犯罪嫌疑人宋某，自 2011 年 9 月起，在非洲坦桑尼亚陆续收购象牙 900 多公斤，委托当地一家货运代理公司帮其办理出口通关手续。货物发运前，宋某将象牙切割成段后，以白色编织袋包装，或用麻布包裹装入小编织袋中，放置到集装箱的中后部，再用小袋铜矿砂掩盖企图蒙混过关。货物到港后，宋某则以铜矿砂向天津新港海关申报进口。最终，宋某因犯有走私珍贵动物制品罪，被法院判处有期徒刑 15 年，并处没收个人财产人民币 30 万元。依法没收涉案象牙 363 件、铜矿砂 23.8 吨。“1・05”象牙走私案被海关总署列为一级挂牌督办案件。

是年 5 月 29 日，在海关总署缉私局的指挥下，天津海关缉私局成立“5・29”专案组，开展打击冻品走私行动。查获天津、广东等地不法分子伙同香港某公司采取低报价格和伪报货名方式走私冷冻牛、羊副产品及“双反”商品原产美国冷冻鸡产品。是年 6 月 12 日上午，天津海关缉私局出动 160 余人分为 19 个行动小组，分别在天津、北京、上海、广州、深圳、哈尔滨、大连等 7 个地区同时展开行动，摧毁 3 个专业从事走私冻品活动的犯罪团伙，抓获犯罪嫌疑人 39 名。“5・29”走私进口冻品专案案值达人民币 52.38 亿元，涉嫌偷逃税款人民币 13.2 亿元。经查实，自 2010 年 1 月至 2012 年 6 月间，佳鑫投资有限公司以包税方式，根据货物种类的不同，每吨收取人民币 4000 ~ 7000 元不等的代理费用，代理天怡国际贸易有限公司等多家国内实际货主，以天津鑫安进出口贸易有限公司、天津皓翔贸易有限公司等单位的名义，从天津口岸走私进口原产自美国、新西兰、丹麦、德国等地的冷冻猪、鸡、牛、羊等副产品。佳鑫投资有限公司将所有货物先运至香港，根据伪报需要组织换装集装箱，内侧放置高价值货物，箱口处以低价值货物“封尾”，再使用伪造的原产地证明、合同、发票、装箱单等单证，以伪报原产地、伪报品名、低报价格、瞒报数量的方式向海关申报进口。涉案货物共计 14.38 万吨，案值人民币 43.14 亿元，涉嫌偷逃税款人民币 12.9 亿元。在侦办上述案件过程中，缉私人员通过梳理案件线索，又查获 2 个以低报价格手法在天津口岸走私进口冻品的犯罪团伙。其中，张某、陈某某犯罪团伙走私进口原产自美国、丹麦、加拿大等国的冷冻猪、鸡副产品共计 5 万余吨，案值人民币 7.43 亿元，涉嫌偷逃税款人民币 2298.55 万元。恒胜坤宇（北京）贸易有限公司、北京恒信诚国际贸易有限公司犯罪团伙走私进口冷冻猪副产品、冻火鸡产品共计 1.11 万吨，案值人民币 1.81 亿元，涉嫌偷逃税款人民币 684 万元。

2013 年，在巩固“国门之盾”行动成果的基础上，按照海关总署的统一部署，天津海关开展“绿篱”专项行动，打击“洋垃圾”走私违法犯罪活动，行动中刑事立案 31 起，全国海关排名第二位，查扣废金属、废塑料、废纸及其他废物近2万吨。破获全国首起利用货运渠道走私进口海马案，查获干海马290公斤，年内，还相继开展打击“美规”汽车、萤石、镁合金、焦炭等重点涉税商品和资源性矿产品走私的专项行动。在打击出口焦炭行业性走私专项行动中，刑事立案8起，查获焦炭数量10.5万吨，案值人民币4.49亿元，涉税人民币2351万元，该行动入选2013年全国打私联合行动十大典型案例。是年，天津海关刑事、行政案件数连续两年位居全国第五位。

天津是北方进口固体废物类循环物资的重点口岸。天津海关成立由关长任组长的关区“绿篱”专项行动领导小组，抽调各部门40余人组成专门行动队。专项行动期间，共监管进口固体废物382万吨，价值33.3亿美元，实征关税人民币36.3亿元。查办固体废物案件208起。其中，刑事立案28起，案值人民币4416万元；行政立案180起，案值人民币4741万元。关区稽查人员共出动3900人次，稽查报关单60720票、货物490万吨，货物总值人民币52亿元。在对148家企业实施稽查中，查发各类问题并移交缉私处罚的企业14家，涉及货物6.1万吨，货值人民币8.23亿元。

是年6月7日，天津博信天诚环保科技开发有限公司以直接退运方式向天津海关申报出口至美国的1票废塑料，申报净重10.9吨，价值8611美元。经布控后对货物实施彻底掏箱查验发现，实货全部为纸箱内杂乱混装的以针头、针管等医疗用品为主的垃圾，依据出入境检验检疫局出具的“品质证书”，均为禁止进出口的医疗废物。经查，2013年3月2日该公司进口箱号为TGHU6303505的集装箱运抵天津港。3月6日，商检验货时，该公司方知道该集装箱货物为禁止进口的医疗废物。3月18日，天津东港出入境检验检疫局出具“品质证书”，认定该公司报检毛重11268.142公斤的废塑料实际为医疗废物，并向该公司出具“检验检疫处理通知书”，鉴于进口的货物为固体废物，需移交海关处理。4月7日，天津出入境检验检疫局出具退运函，明确天津博信天诚环保科技开发有限公司进口的废塑料需移交海关处理。4月27日，天津新港海关发出责令进口货物直接退运通知书，要求该公司在收到通知书的90日内持有关材料到海关办理货物的直接退运手续。由于该批货物经商检验货后没有向海关办理申报进口，却以直接退运贸易方式向天津新港海关申报出口，现场海关查验后移交缉私部门处理。6月20日，天津海关缉私局对该公司涉嫌进口医疗废物进行调查。并未发现该公司进口医疗废物为主观故意，也未发现该公司之前有走私进口医疗废物的嫌疑，属国外公司因没有监装货物，导致货场将医疗废物装至集装箱内并发运至天津港。海关在收取该公司案件处理抵押金人民币30万元后，对涉案货物做退运处理。天津海关侦办的走私固体废物案件,《人民日报》《法制日报》《天津日报》等先后予以报道，中央电视台的《朝闻天下》《第一时间》，天津电视台的《天津新闻》，中央人民广播电台的《新闻和报纸摘要》等栏目都进行播报，中央电视台的《焦点访谈》栏目也对此进行专题采访。

是年7月10日，天津海关缉私局立案侦查天津东云兴商贸有限公司走私普通货物案，24日立案侦查天津众兴行国际贸易有限公司走私普通货物案。天津东云兴商贸有限公司、天津众兴行国际贸易有限公司主要经营美规越野车进口及国内销售业务，为达到少缴海关税款、获取非法利润的目的，采取制作假单据，低报进口汽车价格向海关申报进口，进口汽车报关部分的货款通过开立信用证向外商支付，与真实价格之间的差价货款通过个人银行账户支付给外商的方式实施走私。经查，2012 年 2 月至 2013 年 6 月期间，上述公司以此方式分 6 次申报进口奔驰 ML350、宝马 X5、保时捷凯宴等品牌汽车 37 辆，偷逃税款人民币 1853575.46 元。2014 年 12 月 22 日，天津市人民检察院第二分院对上述二公司以走私普通货物罪向天津市第二中级人民法院提起公诉。

焦炭是大宗战略物资，属于“两高一资”（即高耗能、高污染、资源性）商品。自 2008 年 8 月 20 日起，国家加强对焦炭的出口管制，除实施出口配额许可证管理之外，又加征 40% 的出口关税。较高的出口门槛与税赋，使焦炭出口走私违法活动增多。是年，天津海关针对关区焦炭出口中存在的问题，组织开展打击焦炭走私的专项行动。行动中，刑事立案 5 起，案值人民币 2.95 亿元，涉嫌偷逃税款人民币 1522 万元。打掉两个长期在天津口岸从事走私出口焦炭的犯罪集团。经查明，自 2010 年 10 月起，犯罪嫌疑人田某、王某等人为牟取非法利益，采用制作使用虚假合同、发票等手法逃避海关监管，自天津口岸向日本、韩国和东南亚国家低报价格走私出口涉案焦炭约 7 万吨，案值人民币 2.95 亿元，偷逃税款达人民币 1522 万元，平均低报价格幅度达到 50%。

是年 12 月 4 日，天津海关在货运渠道查获一起走私濒危动物制品海马进境案，查扣《濒危野生动植物种国际贸易公约》附录Ⅱ所列干海马 520 公斤。天津海关通关现场在对河北某化纤有限公司申报进口的废塑料实施查验时，当场查获藏匿于集装箱中的 29 个包裹，内装干海马共 290 公斤；此外，口岸检验检疫部门在犯罪嫌疑人同批申报进境的其他货物中也查获藏匿的干海马 230 公斤。经查，犯罪嫌疑人白某为牟取非法利益，在埃及零星收购涉案共 520 公斤干海马后，分包藏匿于上述进口废塑料货柜中，拟走私进境后转售牟利。是当时全国海关查获的数量最大的一起海马走私案。

2014 年，经过上年度开展“国门之盾”和打击走私的联合行动，天津海关缉私局各项工作取得进步，在海关总署设立的三个区域性缉私战区中，天津海关缉私局被列为第一战区中心局。年内，天津海关组织开展三次大规模打私专项行动。在侦办“3·20”冻品走私系列案专项行动中，刑事立案 26 起，案值人民币 10.46 亿元，涉嫌偷逃税款人民币 1.51 亿元；在侦办“6·20”低报价格走私进口汽车系列案专项行动中，刑事立案 2 起，案值人民币 4.2 亿元，涉嫌偷逃税款人民币 4876.4 万元，该案也入选 2014 年全国海关缉私十大典型案例；在侦办“7·09”走私进口动物毛皮系列案专项行动中，立案 28 起，案值人民币 7.39 亿元，偷逃税款人民币 2.19 亿元。2014 年，天津海关全年共侦办刑事案件 111 起，案值人民币 30.92 亿元，涉嫌偷逃税款人民币 4.5 亿元，有 4 起涉税案件被海关总署列为一级挂牌督办案件，刑事案件数量达到天津海关缉私局建局后最高值，侦办的涉税走私大要案也是建局后最多的一年。

是年 3 月 20 日，天津海关缉私局根据情报，组织开展代号为“3·20”的打击边贸走私进口冻海产品专项行动，破获边民互市贸易渠道涉税走私进口冻海产品案18起，打掉走私团伙5个，抓获犯罪嫌疑人20名，逮捕犯罪嫌疑人5名。该案被海关总署列为一级挂牌督办案件。经查，2011～2013年，青岛锦灿食品有限公司、青岛鑫烨水产食品有限公司、宁波奥鹏贸易有限公司、福建省易利食品冷冻有限公司、上海启华食品有限公司、烟台久隆食品有限公司等犯罪嫌疑单位，以及范某、高某、包某、史某等犯罪嫌疑人为降低成本、获取更多利润，通过蓬莱市京水伟业贸易有限公司或自行联系东兴市南通进出口贸易有限公司的梁某，将本应以一般贸易方式申报进口的货物以中性包装的形式运输到越南，并由梁某收集大量边民证，将货物以边民互市物品的名义"化整为零"免税运至国内东兴市，然后再将货物"化零为整"运到上述犯罪嫌疑单位及个人指定的地点偷逃国家关税、销售牟利。该案案值达人民币5.5亿元，偷逃税款人民币1.12亿元。

是年5月，天津新港海关在对天津某皮草有限公司申报的两票加工贸易出口货物进行查验时发现，伪报为兔皮褥子的货物，实际为卫生纸，存在走私加工贸易项下皮革的可能。天津海关通过分析价格数据发现，从2011年下半年开始，天津口岸兔皮在总体进口量相对平衡的情况下，加工贸易项下进口比例逐年提高，2014年前7个月，天津口岸加工贸易进口兔皮占全部进口兔皮的比例已达98%，而2010年时仅为12.9%。为进一步掌握加工贸易项下毛皮走私的总体情况，天津海关缉私局跟进调查，逐渐掌握多家企业的走私线索。是年10月21日，天津海关在石家庄海关缉私部门的配合下，出动280余名警员，在天津、北京、石家庄等地同时开展查缉行动，摧毁多个伪报贸易性质走私进口动物毛皮的犯罪网络，抓获犯罪嫌疑人29名，控制涉案人员30余名，搜查涉案企业、犯罪嫌疑人常驻地、仓库等场所40余处。经查明，以闵某、张某、温某等人为首的多个走私团伙，自2012年1月起，利用来料加工手册伪报贸易性质自天津、北京等口岸保税进口西班牙、意大利等国涉案兔皮、貂皮共计500余票，直接销往山东、河北等地牟利。涉案值约为人民币7.4亿元，偷逃税款约人民币2.19亿元。

是年6月20日，在海关总署缉私局的统一指挥下，天津海关缉私局与兄弟海关缉私局联合开展缉私行动，破获"6·20低报价格走私进口汽车"系列案件。是年6月20日，大连海关缉私局查证天津鈺驰国际贸易有限公司自2011年起在进口汽车报关过程中采取低报价格的方式偷逃税款，鉴于该公司的犯罪发生地多以天津口岸为主，决定将此案移送天津海关缉私局。6月22日，天津保税区海关缉私分局接收移送的案件后，决定立即对天津鈺驰国际贸易有限公司涉嫌伪报价格走私进口汽车案立案侦查，代号为"6·20低报价格走私进口汽车"专案。经查，该公司成立于2011年1月19日，主要经营进口汽车及国内的销售业务。2011年12月至2014年6月间，该公司为达到少缴进口税款、牟取非法利润的目的，采取用低于销售价格物假单据委托报关行向大连大窑湾海关、天津东疆保税港区海关申报，而后将未向海关申报的部分货款通过个人账户从非法付汇渠道支付给外商。大部分进口汽车通过大连盛弛国际货运代理有限公司销售给国内客户。海关查实，自2011年12月至2014年6月间，天津鈺驰国际贸易有限公司采取低报价格方式走私进口汽车共计320辆，偷逃关税人民币33264041.45元。其中，大连盛弛国际货运代理有限公司参与走私进口汽车 133 辆，偷逃关税人民币 21860175.51 元。

是年 10 月，天津新港海关缉私分局接到情报线索，河北省枣强县大华皮革有限公司、河北省故城县鑫宝裘革制品有限公司、秦皇岛新艺皮草制品有限公司、衡水得润进出口贸易有限公司以及河北省南宫市啸腾马氏皮革有限责任公司在从国外进口生兔皮类货物过程中，存在伪报贸易性质走私普通货物、偷逃税款的嫌疑。10 月 21 日，天津新港海关缉私分局决定对上述涉案公司立案侦查。经查，2010 年 8 月至 2014 年 6 月间，大华皮革有限公司总经理张某某与外商代理人商定以一般贸易方式从法国、西班牙进口生兔皮。为达到少缴进口关税、牟取非法利润的目的，张某某分别与加工贸易企业鑫宝裘革制品有限公司、南宫市啸腾马氏皮革有限责任公司、秦皇岛新艺皮草制品有限公司合谋，由上述公司骗领来料加工手册，制作虚假来料加工报关单据，将大华皮革有限公司以一般贸易方式进口的生兔皮伪报为来料加工贸易货物保税进口，偷逃进口关税和增值税。张某某以每张兔皮人民币 2 元左右的价格向上述企业支付造假费用，货物通关后交由张某某在国内销售。大华皮革有限公司与上述企业合谋采取伪报贸易性质方式先后从天津新港海关走私进口生兔皮共计 40 票，涉嫌偷逃税款人民币 1493.7 万余元。2013 年 6 月至 2014 年 5 月，鑫宝裘革制品有限公司开展从国外进口生兔皮在国内销售业务，为牟取非法利润，采取骗领加工贸易手册、利用制作的虚假报关单据，将一般贸易进口的生兔皮伪报为来料加工贸易保税货物保税进口，货物通关后在国内销售。该公司以此种方式先后走私进口生兔皮共 10 票，涉嫌偷逃税款人民币 278.1 万余元。2014 年 3 月，衡水得润进出口贸易有限公司在从事国外进口生兔皮国内销售业务中，为牟取非法利润，与南宫市啸腾马氏皮革有限责任公司合谋，采取骗领加工贸易手册、利用制作的虚假报关单据，伪报贸易性质的方式，走私进口生兔皮 1 票，涉嫌偷逃税款人民币 28.5 万余元。天津新港海关缉私分局经过数月侦查破获此案，该案合计涉嫌偷逃税款人民币 1800 余万元，上述相关企业和相关责任人的行为构成走私普通货物罪。

第二节　查缉行邮、旅检渠道走私

海关对行邮、旅检渠道的监管，主要是指对通过旅客和邮递、快递等渠道进出境的旅客行李物品、邮递、快递物品，印刷品及音像制品，文物、货币、金银及其制品，境内外机关、团体等机构互赠的礼品以及中国常驻境外和外国（国际组织）常驻中国机构的办公或公务用品等非贸易性物品。海关对进出境物品的监管任务是依法监督管理物品的合法进出，在方便绝大多数正常往来的同时，制止和打击极少数的走私违法行为，查缉行邮、旅检渠道的走私是海关缉私工作的重要内容之一。

一、查缉旅检渠道走私

天津解放初期，津海关的查私工作主要集中在旅检渠道，津海关与地方公安局配合共同完成对旅客进出境的检查工作，对进出境旅客中的一些民主人士的检查工作，则由天津市政府交际处负责派专人到码头进行。

由于社会制度发生根本的变迁，致使一些久居中国的外籍侨民选择返回到自己的国家或迁往其他国家定居。在这些出境人群中时有走私情事的发生，携带的走私物品主要是黄金、钻石、翡翠、金饰等贵重物品，以及少量携带枪支、文物等违禁品出境的走私行为。1949 ~ 1951 年，天津口岸共查获旅检渠道走私案件 187 起，私货估值 8.92 亿元（旧币）。

1950 年 9 月，根据天津海关北京办事处查私工作报告记载，该办事处驻邮局支关在北京各邮政支局收到的寄自西北各地包裹中查获毒品 2 件及制毒原料 1 件。从寄太原的 1 件爽身粉中夹藏咖啡因 4.9 公斤；从寄山西侯马镇 1 个邮包中，查获夹藏在两盒缝衣针中的松竹梅毒品 2 块；在寄山西新绛照相用玻璃板内查获改装成底板的松竹梅毒品 4 包。

1951 年 11 月 7 日，天津海关在一德籍旅客已报关验放的三件行李箱夹层中查获夹藏的美钞 1285 元。是月 17 日，天津海关在会同公安机关查验一位出境外侨的 5 件出口行李时，从木箱夹层中查获金锭 112 个，重量达 3.485 公斤；金条、金块 101 个，重量 5.70 公斤。

1952 年，国家开展“三反”“五反”运动，一部分留存有黄金、珠宝、首饰等贵重物品的人企图通过旅客渠道将物品转移到境外。在此背景下，外籍出境旅客利用行李走私物品的情事增多。当年，天津海关共查获旅客出境携带贵重物品走私案件 84 起，案值达人民币 4.6 亿余元（旧币），占同期查获走私案值的 32%，仅次于货运渠道走私。是年 9 月 16 日，在出境外籍旅客苏姆克西一人行李中就查获钻石、翡翠、金饰品等计 98 件，价值人民币 6000 万元（旧币）。11 月 11 日，外籍出境旅客契柯宁在大型行李箱木板结口处打孔，将 120 两黄金放入孔中，再用木栓堵塞孔口以逃避检查被海关查获。是年，乘船往来于香港—天津的旅客中，一些贩私人员、“单帮客”（“单帮客”是指以经商为职业的个人往来各地贩卖货物牟利人员。改革开放以后，人们将这类人又称为“倒爷”）从香港、广州分别途经武汉、上海到天津运送私货，涉案物品以手表为主，有的一次携带数量多达百余只。

新中国成立初期，由于历史的原因，在华居留的外国人人数较多，情况复杂。当时中国仅与少数国家建立有外交关系，因此许多在华的外国人的国籍和身份都难以确定，从管理上统称为外国侨民，简称“外侨”。国家对外侨的管理工作具有鲜明的时代特征，即对来自帝国主义及其仆从国家的侨民采取“赶、挤”为主的管理政策，对来自苏联及其他人民民主国家的侨民实行较为温和的管理措施，对来自日本国的侨民则实行在自愿的基础上遣送回国的政策。在这样政策影响下，许多外侨感到不便继续在华居留自动要求离境，据资料显示，从 1949 年 10 月至 1956 年 4 月，帝国主义及其仆从国家的侨民共有 48111 人离境，而继续留在中国的只有 7833 人。鉴于进出境人员以外侨为主，在 1953 ~ 1958 年间，天津口岸查获的旅客走私行为多见于外国侨民和在华工作的外籍人员。1953 年，定居在日本的大批华侨回国定居，人数达近 8000 人，占当年旅客总量的半数以上，天津港是其主要入境口岸。在回国华侨中，天津海关查获走私案件 23 起。1954 年，天津海关在出境外侨的行李中查获古玩近 500 件，以及大批有文物价值的书籍。是年，还查获一起走私者将美钞 2395 元藏于挖空的餐刀把柄内，走私出境的案件。1955 年，天津海关查获旅客走私案件 12 起，案值人民币 5 万余元，其中某油厂经理古利维地斯与印度大使馆职员相勾结多次走私价值过万元的黄金、珠宝。1956 年，天津海关查获 2 起意大利籍和英国籍侨民在分运行李中夹带文物走私出口的案件，查获商、汉、唐、明等朝代陶器、铜器及黄花梨木器等文物 24 件。

20 世纪 50 年代后期，天津口岸仍以离境的外国籍人员为主。据资料显示，1957 ~ 1958 年，每年约有 4000 名在侵华战争期间被俘后自愿参加八路军、新四军的人员，以及被释放的战犯、在华的日本侨民自天津港离境返回日本，成为出境旅客的主体，其次在出境旅客中还有少数白俄罗斯人。1959 年以后，天津口岸的进出境旅客开始大幅下降，根据 1961 ~ 1964 年的统计，天津口岸平均每年进境旅客仅有 40 人，监管的行李 910 件，旅客多为来自日本的归国华侨。在出境渠道以外籍人员走私为主，查缉的主要走私物品是携带黄金、货币、金饰品等。1959 年 11 月 4 日，天津海关查获白俄罗斯旅客伊丽依娜携带金戒指 5 枚、美金 1080 元走私出境案。1960 年，天津海关配合天津公安部门，查获苏联籍归侨石尼德曼走私出口黄金、美钞案件，私货案值达人民币 8.5 万元。1959 ~ 1961 年，天津海关在赴苏联务工回国的工人行李物品中查获走私手表 178 只。1962 年，天津海关还首次发现在密封罐头中夹藏走私物品出境的案件。进境人员则以华侨、自苏联和蒙古国务工的回国人员和客商为主，走私的物品主要有手表、羚羊角、钨钢、糖精、刀片、濒危动植物制品等。天津海关曾在 1 名归国华侨的行李中查获羚羊角 400 只、钨钢 10 公斤。

20 世纪 70 年代，天津口岸进出境的旅客开始增加，至 1979 年时年进出境人数已经突破 12000 人次。这一时期走私情事不多，1974 年，天津海关曾查获一起走私工业钻石案件，根据走私分子陈某到国营公司销售工业钻石的线索跟踪调查，查明陈某的母亲以华侨身份自境外带入工业钻石，交与陈某与其姐在境内销售的走私贩私事实，涉案工业钻石 4000 多克，估值人民币 17 万余元。1979 年，天津海关先后查获 4 起走私文物案。走私文物涉及 2 幅郑板桥画作，3 幅宋、清皇室字画及多幅文物级字画。

图 7-2-2-34　20 世纪 70 年代，天津海关旅检关员清点查扣的走私货币、手表等物品

20 世纪 80 ~ 90 年代，随着改革开放，天津口岸的走私活动重新趋向活跃。1980 年，天津海关全年查获走私、贩私案件 923 起，私货估值人民币 95 万元，较 1979 年分别增长 65 倍

和29倍。其中，多为利用旅客身份携带私货到津贩卖，盈利后转手购买金银玉翠、文物等贵重物品带出境倒卖，以谋求双向盈利。

由于历史的原因，在天津民间存有大量金银、玉翠、文物等贵重物品，因此成为搜购此类物品走私出口人员的目标。随着南方贩私人员的涌入，以私货换购或倒卖贵重物品走私出口的情事日益增多，是时天津海关共查获此类案件20余起。1980～1981年，天津海关查获在天津搜购准备运往南方走私出口的黄金100余两，银圆近3000枚，用于购买黄金、银圆等物品的人民币26.4万余元。1981年7月，福建云霄县走私分子方某某，用一捆中间挖空的杂志藏匿人民币17000元，企图到天津购买黄金，并利用渔船走私出口黄金30多两被天津海关查获。被天津海关查获的港客黄某某原就读于北京，后移居香港。1981年他两次入境走私进口手表156块，利用其在京、津两地的亲友、社会关系转售，并将走私进口的港币投放黑市换取人民币8000元，准备搜购黄金走私出口。此人还扬言要在京津地区建立专门从事走私活动的组织。港客郭某某，原是天津居民后移居香港，1981年以入境探亲为名，多方设法购买黄金，被天津海关查获时没收用于购买黄金的现金达人民币31000元。

这一时期，天津海关与公安部门紧密配合，连续查获多起单位干部和现役军人参与走私、贩私的案件。1980年，天津海关查获一起由领导干部指挥，集体性有计划的走私案件。以海洋石油勘探局副局长曹某某为首23人的出国接船人员集体走私案件。查获走私的手表、电视机、收录机、电冰箱、照相机、电风扇、电算器（一种小型电子式计算工具）等物品167件，连同船舶用备件两批和机关办公用品复印机零件、录音机、照相机、对讲机、医用灯泡等全部私货估值达11.8万余元。查获天津力生制药厂供销科副科长张某某的贩私行为，其借工作之便多次往返广州等地，购买收录机9台、手表5只、电算器40多台、摩托车2辆等走私物品。带回天津后，除部分为本厂及本人留用外，其余均出售给厂里有关领导和关系户。天津海关还当场查获北京军区3名现役军人，筹集人民币5万元，为港客购买黄金4.5公斤走私出口的案件。由于天津市内加强反走私斗争，管理控制较严，一些来自福建、广东地区的贩私人员无法进入市区从事走私、贩私活动，转而流窜到天津郊区及沧县等地，走私分子通过当地农民，搜购金银文物走私出口。针对走私、贩私行为波及郊区农村的情况，天津海关调整打击走私的重点，是年共查获市区外的走私案件6起。1983年，查获的涉案私货数量大幅增加。天津海关与公安机关合作，是年8月16日，查获广东出差人员携带的走私手表817块，估值人民币8300余元；1984年3月，查获香港走私分子伙同天津不法分子走私贩卖假金首饰28公斤，价值人民币3万余元。1987年，港商黄某同天津出国人员服务部经理串通以夹藏和瞒报方式进口“金利来”领带888条，英格女表、石英表58块，以及陶瓷滤波器、小型信号发生器等物品被海关查获。1989～1990年，旅客超量携带国内外价差较大的中成药、中药材、药物化妆品情事增多。1989年3月，天津海关查获延安医学院3名赴韩国的出境人员走私携带鹿茸、熊胆、片仔癀珍珠膏，价值人民币近万元；1990年1～3月，天津海关连续查获5起探亲旅客偷带大量限制出口的中成药出境案件，价值人民币3.7万元。随着天津新港—日本神户班轮“燕京号”、天津新港—韩国仁川班轮“天仁号”先后通航，天津口岸旅客利用人身携带和行李藏匿等手法走私违法的案件增多，涉案货物多为摄像机、照相机。1990年12月，仅一个月时间天津海关就在乘上述班轮旅客中查获走私照相机17架。1995年，随着天津机场国际航班的增多，进出境旅客人数也大幅增加，天津海关加强在旅检渠道查缉走私力度。是年，先后查获走私进口的手表1100多块、化妆品6箱。1996年，天津口岸外籍旅客携带超量货币出境的走私行为增多，是年1～6月，天津海关在海、空港旅检现场共发现此类案件8起，涉案人民币145.5万元，美金4万元。其中2起案件偷带人民币115万元、美金4万元，旅客走私货币涉案值之高前所未有。1998～1999年，韩国商贩利用两国间商品的差价，从旅检渠道大量携带生活用品、电子产品等走私进境倒卖牟利。1998年，天津海关查获搭乘“天仁号”班轮入境的韩籍旅客携带8万支香烟和24台卫星电视接收器走私案。1999年6月1日，天津海关查获韩国旅客携带未向海关申报的旧BP机1000余台、手机14部入境，因构成走私受到海关的处罚。

这一时期，走私进口反动宣传品、淫秽色情印刷品、音像制品的情事亦增多。1984～1985年，天津海关多次查扣日本来华人员携带入境的淫秽色情印刷品。查获某入境日商随身携带色情刊物、日中石油开发公司职员入境时携带8种黄色书刊；某日本专家在进口的安家物品中，夹带36盘包含淫秽色情的录像带的案件。1987年7～9月，查获出国人员携带淫秽物品回国的案件4起，涉案11人，查扣淫秽物品47件。1989年3月28日，香港宗教工业委员会主任刘某一行7人从天津入境转赴北京，在其行李中发现“致全国人大常委会的公开信”“海内外华人自主争取民主人权声明”等反动宣传材料10余种2000多份。1993年，天津口岸海关、邮政、民航等部门密切配合，查获淫秽印刷品和音像制品1060件，比1992年增加84.4%。1995年，天津海关在旅检渠道多次查获走私禁止进出境物品案件，查扣瓦斯手枪一支及子弹一批、淫秽录像带200盘。1998年，天津海关查获搭乘“天仁号”班轮入境的韩籍旅客携带的色情录像带195盘，淫秽VCD光盘12张、散发性宗教宣传品500余册。

图7-2-2-35 1992年，天津海关关长杨戊辰与缉私关员审查查缉的走私文物

这一时期，外籍人员乘改革开放之机，以经商名义入境，从国内文物交易市场及民间收购文物走私出境。1986年5月，天津师范大学的美国专家哈比克先是以邮包夹藏方式走私出口中国历代古钱币49枚，被查处后变换手法，改以随身行李夹带由广州走私出境，天津海关会同广州海关现场将其查获，查获走私出口的古钱币及其他文物704件。1992年10～12

月，天津海关在空港查获21起走私文物案件，查扣文物534件，其中包括国家二级珍贵文物4件，三级珍贵文物50件，重要文物200多件。是年，天津海关加大打击走私濒危动植物及其制品的力度，在一名赴韩国旅客携带的精致木雕熊腹中查获国家二级保护动物猿麝一只和熊胆20颗。是年，天津海关共查获走私濒危动植物及其制品案件12起。1994年，天津海关机场办事处分析文物走私案件特点，采取有针对性的措施，加强对重点航线、重点旅客的监管，密切与有关部门的配合，并开展打击文物走私专项活动。据统计，是年共查扣文物234件，其中国家二级珍贵文物6件，三级珍贵文物68件，禁止出境文物160件。1995年，天津海关在旅检渠道查扣各类文物百余件。1996年，天津海关在旅检现场查获一起走私文物案，查扣走私出境古钱币72枚、古化石蛋2枚、银元宝2个。1997年，文物走私分子采用多种手法逃避海关的监管。采取用衣物或锡箔纸包裹后夹藏在托运行李中闯关、将数量较少价值较高的文物藏匿在手提箱中随身携带闯关或虽然持有文物管理部门签发的《文物鉴定证明书》，但所携带的文物数量、名称与证明书不符，以珍贵文物替代普通文物。天津机场海关旅检现场总结查缉经验，并运用科技手段辨别查验，一个季度即查获国家三级珍贵文物5件，禁止出境文物6件。

1992年5月6日，北京国际集装箱运输公司受加拿大伟达国际有限公司驻北京办事处的委托，代当事人法国通用电气阿尔斯通公司北京办事处行政经理莫丽雅向海关申报出口装有私人行李物品的20英尺集装箱一个，集装箱内装纸箱144个。经海关查验，发现在这批纸箱中有22个蓝布工艺品包装囊匣，在底部衬垫设有夹层，里面藏匿有古旧物品一批，未向海关申报。5月13日，经天津市文化局文物专家鉴定，认定其中有二级珍贵文物41件、三级珍贵文物181件、一般文物1731件，合计1953件。此后该局会同国家文物管理局组织对该批文物进行再次鉴定，最终确定其中有二级珍贵文物23件，价值47300元、三级珍贵文物225件，价值70400元、一般文物1650件，价值45910元，合计文物1898件，价值163610元。同时断定该批文物的年代上至东周、下到明清，几乎历朝皆全。鉴于当事人的上述行为已违反《中华人民共和国海关法》，构成逃避监管走私行为且数额较大，情节严重。天津海关于1992年5月20日将此案移送司法机关追究当事人刑事责任。同年5月21日天津市塘沽区公安分局受理此案后，经审查以“当事人在事发前已出境，无法追究”为由，于6月13日退回海关，依照海关法相关规定处理。经天津海关研究，决定依据《中华人民共和国海关法行政处罚实施细则》相关条款规定，没收所扣留的二级珍贵文物23件，三级珍贵文物225件，一般文物1650件，科处罚款人民币54663元，以当事人所交10000美元保证金按外汇牌价折算为人民币54663元抵冲。对当事人的私人物品及55件工艺品予以发还。此案是自中华人民共和国成立以后，在天津口岸查获的手段最为隐蔽、文物数量最多、级别最高、性质最严重的一起文物走私案。

1999年，天津海关查获“黄京三走私文物案”。外籍人士黄京三1998年9月到中国，在北京潘家园旧货市场，先后购得瓷器、铜器82件，精心包装后装入定制的木箱，委托某贸易公司代理出口运至韩国。黄京三没有按照出口文物的相关规定向文物管理部门申请出境许可鉴定，谎报为工艺品以逃避海关监管。运输出境时被天津保税区海关查获。经天津市文物鉴定委员会鉴定，黄京三申报出口的“工艺品”中有禁止出境文物82件，其中二级珍贵文物5件，三级珍贵文物38件。天津海关走私犯罪侦查分局立案侦查，确定其行为构成严重的文物走私犯罪。2000年4月7日，天津海关走私犯罪侦查分局向海关总署呈报《关于对黄京三实施边控的请示》，要求相关单位协助缉捕黄京三。4月14日，在北京出入境边防检查站的协助下，将再次来华的黄京三抓获归案。

这一时期，天津口岸亦出现走私毒品的情事。1993年，天津海关在旅检现场通过调研，有效选准监管重点，从外籍旅客携带的行李中查获走私出境麻黄碱0.9公斤，大麻脂4.84公斤。1996年9月9日上午，天津海关的旅检关员在办理俄罗斯客包机AFL–7095航班旅客入境手续时，通过机检发现两名俄罗斯籍旅客所携带的行李中有可疑物，经开包检查发现在其黑色手提包的最低部有一个塑料袋，包裹着18小包白色粉末状物质和400余片药片，现场用试管检验呈阳性反应，经送样鉴定确认，属于国际缉毒公约组织列名的合成毒品“苯巴比妥”。

1994年，在全国海关行邮监管工作会议上海关总署提出，旅检渠道查缉走私的重点是查处禁限物品走私违法大要案，天津海关根据要求，采取过境旅客资料分析、重点对象专门检查和过机检查等方法，取得成效，查获旅客携带BP机450部走私进境案。1995年，天津海关针对国内市场计算机零配件需求剧增，集成电路板体积小、便于旅客藏匿携带的情况，加强在旅检通关渠道的查缉力度，从一名旅客行李中查获集成电路15000块，价值人民币100万元。

进入21世纪，随着天津海关走私犯罪侦查分局的成立和海关缉私体制的改革，加强缉私力量，加大缉私力度，使海关查缉旅检渠道的走私成效得到提高，查获多起重大走私案件。

2000～2001年，天津海关加强对中韩航线韩国“带工”携带商货进境的监管，天津东港海关多次查获通过“天仁”轮携带进境物品夹带走私违规的案件。先后查获某公司在进口空压机设备中夹带的韩国产化妆品20箱；天津某体育用品有限公司在进口PU革中夹带的圆珠笔10万枝；塘沽某外贸进出口公司在进口韩国产辣面和小食品等物品中夹带的化妆品、咖啡各100箱；天津鹏达体育用品有限公司在进口人造革中夹带的台球桌14套，眼镜800副、镜片1000片和眼镜加工设备1台等。查获的夹带部分商品总价值达人民币500万元。

图7–2–2–36　2000年10月，天津海关“放飞小组”人员专程赴新疆放飞查扣的30只猎隼

2000年9月13日，天津海关在天津—香港的国际航班上，成功截获偷运出境的国家二级保护动物猎隼44只，并将尚存活的30只猎隼运往新疆

野生动物保护区成功放飞。是日，两名天津籍旅客拟乘中国国际航空公司CA103航班，由天津飞往香港。在办理完海关手续并通过机场安全检查后，该旅客勾结机场有关工作人员将事先藏匿在机场角落里的4只木箱偷运上飞机，天津海关机场办事处的旅检关员通过边防部门的监控录像及时发现情况后，立即登机将木箱截获，经查为4箱未申报的“猛禽”，后经动物专家鉴定，“猛禽”为禁止出境的国家二级保护动物猎隼。天津海关走私犯罪侦查分局接到天津海关机场办事处移交的线索后，与天津海关调查局合作展开侦查。经查，犯罪嫌疑人张某与其夫黄某及其子，曾以游客身份到过阿拉伯联合酋长国，了解到在当地一只未经驯服的猎隼至少可以卖到2～3万美元，而在中国西北地区购买一只猎隼只需人民币1000元，有的甚至更低。回国后，黄某、张某便积极联系货源，自2000年8～9月间，以平均每只人民币1000元的价格，分4次从天津大丰桥鸟市贩子刘某手中收购国家禁止收购、运输、携带、销售、出境的二级保护动物猎隼44只，共付货款人民币近4万元。在与阿联酋方面联系后，准备由王某、黄某乘飞机将这批猎隼走私偷运至阿联酋。为达到能顺利将走私猎隼带上飞机的目的，犯罪分子通过关系找到天津机场公安处的民警左某、机场安检站监护科副科长冯某。左、冯二人帮助张某等人购买机票，办理安检、通关手续，并在货物逃避海关、动植物检验检疫、机场安检等部门检查的情况下，由左某给货物贴上由冯某提供的事先准备好的安检封，并利用自己在机场工作的便利为走私的珍贵动物办理好值机手续。至9月28日，案件的8名犯罪嫌疑人全部归案。一起偷运珍贵动物猎隼出境的特大走私案成功告破。案件破获时，部分猎隼已经死亡，天津海关及时将存活的猎隼送交天津市动物园，委托暂时代为喂养，将已经死亡猎隼的遗体移交给天津市自然博物馆制成标本。

由于猎隼只适合在中国西北高寒地区生存，人工饲养的难度很大，在运输及饲养期间死亡率较高。为保护国家珍贵动物，10月26日，经海关总署侦查局批准，天津海关、天津海关走私犯罪侦查分局、天津市濒危物种管理办公室以及有关新闻单位的记者组成“放飞小组”专程飞赴新疆。10月27日，在乌鲁木齐海关、该关侦查分局的配合下，“放飞小组”人员前往距乌鲁木齐市200余公里的阜康县附近的卡拉麦里山自然保护区，将尚存活的30只猎隼全部放飞，让它们重新回归大自然。此案是天津海关查获的大数量走私偷运国家濒危保护动物首案，数量之大在全国罕见。该案经中央电视台、天津日报等新闻媒体宣传报道后，在全国范围引发很大反响。

自2001年起，天津海关按照海关总署《关于开展2001年打击走私非法出版物专项斗争的通知》要求，历时3年，不间断地开展打击走私非法出版物的专项斗争，严格查缉走私反动、淫秽、盗版等违禁印刷品和音像制品、邪教类和其他宣扬愚昧迷信与伪科学的气功类非法出版物、政治性非法出版物和散发性宗教宣传品。仅2003年，就相继查获多起日本籍、新加坡籍、菲律宾籍驻华记者携带反动书籍入境案件，现场查扣违禁书籍300余册。

2002～2004年，天津海关在旅检渠道重点开展打击走私文物和反动宣传品的专项斗争。根据国家相关规定，属于国家馆藏一、二、三级文物、乾隆六十年（1795）以前的文物，以及1949年以前生产、制作的具有科学、历史、艺术价值的少数民族文物，与中国近现代运动、重大历史事件和重要人物有关的具有重要纪念意义和历史价值的文献资料、图书资料、纪念物，各时期有代表性的书画家的作品一律不得出境。文物出口和个人携带文物出境，都必须向海关申报，凭国家文化行政管理部门加盖的鉴定标志和许可出口凭证，经过海关查验才可以从指定口岸运出。如果携带、邮寄文物出口不向海关申报，不论是否藏匿，都属于走私行为。根据《中华人民共和国刑法》规定，走私国家禁止出口的文物，处五年以上有期徒刑，并处罚金；情节较轻的，处五年以下有期徒刑，并处罚金；情节特别严重的，处无期徒刑或者死刑，并处没收财产。

改革开放以后，随着国际文物黑市价格的高涨，不法分子盗掘、走私珍贵文物的活动十分猖獗，仅 2002 年年底至 2003 年上半年，天津新港海关在海运旅检现场就连续查获 6 起文物走私出境案件，查获各类文物共计 1781 件，其中国家二级文物 70 件、三级珍贵文物 130 件、禁止出境文物 1581 件。2003 年 3 月 7 日，天津新港海关旅检关员在查验天津金狮报关行代中国电子国际经济贸易公司以一般贸易方式申报出口至韩国的铜制品等货物时，查获新石器时代文物 60 件、元代石蛙 1 件、明代石狮镇 1 件，以及旧木门 64 扇，经天津市文物保护部门鉴定，均属于禁止出口文物。此案是在海运现场查获的文物年代最久远、石器数量最多的一次。是年 3 月 12 日，韩籍旅客 PARK JONG KAK 委托天津外运报关行，以旅游商品方式向海关申报出境其在华购买的山水画、景泰蓝、陶瓷器等各类旧工艺品一批，申报数量为 1035 件。其中，有已作过文物检验并获得允许出境证明的文物 741 件。天津新港海关旅检关员通过现场查验发现，出境物品共重 3.5 吨，体积达 28 立方米，实际物品数量为 7036 件，大大超出实际申报数量，在大多数物品上都铃盖有“国家文物出境 ×× 鉴定站”允许出境的“B”字头火漆印。经过天津文物局初步鉴定，并会同国家文物鉴定委员会委员组成的鉴定专家小组进行二次鉴定，最终确认在上述出境物品中有各类禁止出境文物 1160 件，其中国家二级珍贵文物 47 件、三级珍贵文物 83 件、其他禁止出境文物 1030 件。文物数量仅次于 1992 年查获的“莫丽雅文物走私案”，而文物珍贵级别则高于上述案件，是天津口岸查获文物数量最多、级别最高的一次。随后天津新港海关将该案件线索移交给海关侦查部门处理。是年 6 月 2 日，某进出口公司以一般贸易方式申报出口至美国旧家具 254 件。经天津新港海关查验部门布控查验，在这些旧家具中查获夹藏的 28 件禁止出口的文物，其中包括新石器至战国时代的陶罐 15 个、商周石三孔璧 1 个、辽代黄彩花口盘 1 个、明青花瓷罐 1 个、明朝石砖 4 个、刻花法螺 1 个、瓷制《春宫图》5 个。是年 7 月 21 日，海关总署监管司发文对天津海关连续查获文物走私案件予以通报表扬。是年 12 月 5 日，国家文物局致函天津海关，肯定该关坚持严守国门，始终将保护祖国历史文化遗产的重任放在首要位置，屡次查获文物走私大案要案，决定为表彰天津海关在防止珍贵文物外流、保护祖国优秀文化遗产方面做出的突出贡献，为该关颁发奖金人民币 20 万元。

2003 年 12 月 22 日，海关总署与天津海关联合在天津海关开发区综合业务楼大厅举办“天津海关查缉走私文物移交仪式”。仪式上，海关总署和天津海关将海关查获的 8691 件走私文物移交给天津市文物局。在移交的文物中，既有中新世晚期的三趾马头骨化石、一亿二千多万年前的

图 7-2-2-37 2003 年，天津海关举办查获的走私文物移交仪式，海关总署、天津海关将查获的走私文物移交给天津市文物局

蝗虫化石，也有商代的铜兽面纹出脊觚、南宋的青釉划鹦鹉纹碗、明代的石狮子、清代的雕龙纹红漆方尊及佛像、陶瓷、漆木铁器。其中，包括二级珍贵文物 9 件、三级珍贵文物 226 件（套）。据文物鉴定专家介绍，海关所移交的 8000 多件文物价值大，等级高，涉及从生活用品、宗教文物到生产工具等，涵盖除字画和玉器之外所有质地的文物。中央电视台、天津电视台、《人民日报》《天津日报》等新闻媒体对“走私文物移交仪式”予以报道。同时，天津海关还专门编印《国宝辉煌——天津海关移交文物部分图片集》一册，图集中收录部分移交的精品文物图照，国家文物局局长和海关总署的领导还分别为图册题词。

2008 年，适逢第 29 届夏季奥林匹克运动会在北京举办，境外各种反动势力、宗教组织借北京举办奥运会之机大肆进行渗透活动，在天津口岸的旅检渠道利用行李携带各种反动出版物、散发性宗教宣传品和各类违禁物品的事件屡有发生。仅上半年，天津新港海关在海运旅检现场，就查获反动宣传品、散发性宗教宣传品、淫秽出版物、管制刀具、仿真枪支、禁止出境文物等各类违禁物品共计 6781 件，而在上年同期该关旅检现场查获的上述物品数量总共仅有 2 件。在奥运安保期间，天津海关加大对进出境旅客携带刀具及仿真枪的查缉工作，在进境渠道查获管制刀具 17 把、仿真枪支 6 支。是年 12 月 5 日和 23 日，天津海关还在机场旅检进境渠道连续查获 2 起象牙走私案件，共查获非洲象牙原牙及制品 23.63 公斤。实现天津海关旅检现场查获象牙案件零的突破，海关总署为此致电向天津海关表示祝贺。

2012 年 4 ~ 11 月，天津海关组织开展“水客”专项治理工作。“水客”原是指受走私团伙雇用，以赚取“带工费”为目的，通过旅检等渠道频繁往来于粤港、粤澳两地之间，携带生活用品以赚取两地商品的直接差价，或把涉税货物或国家禁止、限制进出境的物品化整为零携带、运输进出境，逃避国家政策监管和高额关税的人员。后扩展为对所有从事此类活动人员的通称。研究制定《加强“水客”综合治理专项行动实施方案》。收集被查缉过的“水客”护照、复印件及相关个人资料，建立起“水客”风险资料库，在办理进出境手续前将旅客名单与风险库的资料进行比对确定查验重点。在旅检现场，通过采取增设视频监控设备、加强与各有关单位的联系配合，加大对重点运输工具、重点航线、重点旅客携带或托运的行李物品的核查、查验等措施，有效打击“水客”违规通关的行为。同时，注重针对航空公司、船公司和大型旅行社的政策宣传工作，通过专项治理在天津口岸杜绝“水客”现象。海运“天仁轮”航线的“带工”人次由原来每航次近 50 人下降为 2 ～ 3 人。专项行动期间，现场查获一起 2 名蒙古籍过境旅客携带较大量名牌运动鞋入境的违规情事，现场海关对查扣的物品按规定予以退运处理。

2009 年，天津机场海关在旅检渠道连续查获毒品走私案件 6 起，抓获犯罪嫌疑人 6 名，缴获毒品海洛因 4959.7 克。

2012 年 3 月 2 日，天津机场海关旅检科关员通过提前获取的马来西亚亚洲航空公司 D7312 次（吉隆坡—天津）航班进境旅客舱单进行前期风险分析时，初步锁定一名来自毒品走私高风险国家、只身入境、无托运行李的利比里亚籍 35 岁男性旅客。由于此人多项情况均符合携毒进境高风险旅客的基本要素，遂将其列为重点布控旅客，并事先做好对其携带的行李进行重点查验的准备。该航班到港后，海关关员通过现场视频监控发现一名棕色皮肤，形迹可疑的旅客正尾随另两名同肤色旅客企图蒙混过关。值班关员立即上前对其进行询问，证实该旅客正是前期重点布控的对象。其谎称到广州做生意，随身只携带一个提包，包内行李物品简单，面对海关的询问神色慌张，言语前后矛盾，出现诸多疑点，经请示领导决定对该旅客进行人体 X 光检查。结果发现，其腹部肠腔内显示有多个圆形及椭圆形高密度阴影，符合人体藏毒特征，具有走私毒品重大嫌疑，随即向天津机场海关缉私分局报案。天津机场海关缉私分局接到报案后，立即抽调警力赶赴现场，将该旅客控制住，并带往天津武警总队医院进行身体检查。通过拍摄胸片发现，其体内有疑似毒品的椭圆形颗粒物若干。缉私干警当即实施排毒工作，历经 80 余小时，犯罪嫌疑人体内的 75 粒颗粒物全部排出。经天津市公安局物证鉴定中心检验，这批颗粒物全部为毒品海洛因，共计净重 1014.64 克。经查明，2 月 28 日，犯罪嫌疑人受国外贩毒集团指使，开始吞食胶囊状毒品，3 月 1 日，将 75 粒胶囊状毒品吞服完，3 月 2 日，搭乘吉隆坡至天津的 D7312 次航班于当日 15 时许抵达天津滨海国际机场，并准备转机到广州进行毒品交易。这起案件是天津海关历史破获的最大一起人体藏毒案。

二、查缉邮递渠道走私

对进出境邮递物品的监管是《中华人民共和国海关法》赋予海关的职责之一。依据《中华人民共和国海关法》的规定，个人邮寄进出境的物品，物品的所有人应当向海关如实申报，以自用、合理数量为限，并接受海关查验、监管。自天津解放始，天津口岸在邮递物品渠道的走私与反走私较量始终没有停止。

新中国成立初期，在天津口岸通过邮递渠道走私的物品，主要涉及黄金、白银、武器、文物、制毒原料、贵重金属，以及手表、西药、玻璃丝袜等国内紧俏商品，走私的方式则以夹带、夹藏为主。1949 ～ 1950 年，天津海关所属的塘沽、北平分关先后查获多起此类案件，是年 4 月，在出境邮包内查获勃朗宁手枪 2 支和弹夹 2 个。是年 5 月 8 日，自香港邮寄进境的邮件中，查获夹带游泳手表 5 只。是年 10 月 29 日，通过举报线索，查获在寄出境外的邮件中夹带白银 130 克。1950 年 6 月，查获走私邮寄银圆 3400 元。是年 7 月，在寄往太原的卷烟中查获咖啡因 5 × 460

公分（折合为 0.46 公斤，中国邮政自清代、民国、直至新中国成立初期，在邮件计量上经常使用“公分”为重量单位，按照 1929 年 2 月 16 日国民政府颁布的《中华民国度量衡法》规定，公分等于公斤的千分之一，即 0.001 公斤）。是年 8 月，查获配制麻醉剂的原料奴佛卡因 1520 公分（折合为 1.52 公斤）。1953 年，天津海关查获利用邮件夹带私货案件 39 起，估值 700 余万元（旧币），私货以玻璃丝袜、外币为主。1958 年，可以入药的珍稀动物制品和国内紧缺的钢材制品成为邮递走私的热点物品。是年 1 月，天津海关在寄自苏联的两个邮件中查获羚羊角 4040 公分（折合为 4.04 公斤），锋钢条 680 公分（折合为 0.68 公斤）、车刀钢 1130 公分（折合为 1.13 公斤）。

20 世纪 50 ~ 60 年代中期，通过邮包、邮件夹带涉及攻击国家制度、政策的国外报纸、反动宣传品进口的情况时有发生。天津海关有针对性地加大对此类邮件的检查。1957 ~ 1959 年，3 年间共查获进境反宣品 4146 件。

据统计，天津口岸 1962 年时进口的个人邮件多达 12 万余件，此后便逐年下降，至 1964 年仅有 2.9 万件，而每年出口的邮件不过千件。从 1962 年开始，天津海关总结此前建卡工作的经验，逐步改进个人进出口邮递物品卡片，由过去以人建卡，按人名排列，改为以人建卡，按户排列，并增加附卡，便于相互查找，防止重复建卡。并有重点地建立以国外寄件人为中心，把国内有关的收件人串联在一起的群卡，对全面研究分析情况，有效开展反走私工作起到更好的参考作用。

由于 20 世纪 60 年代初，国家经济处于暂时困难，国外敌对势力和国内资产阶级及不法分子，借机进行政治渗透和破坏。1961 ~ 1964 年，天津海关在邮递物品中共查获反动宣传品 1288 份。仅 1962 年，在邮递进出口渠道就查扣禁止出境书刊 63 起、225 份；进口反动宣传品 123 起、594 份。此外，查获 87 起利用宗教掩护在国内散发“救济小包”进行政治破坏情事。

20 世纪 60 年代中期至 70 年代末期，天津口岸通过邮递渠道走私的行为较少发生。1971 年，天津海关曾查获反动宣传品 1073 件。

20 世纪 80 年代以后，随着国家的对外开放，通过天津口岸进出境的邮递物品呈现大幅增长的趋势，邮递渠道的走私情事也逐年增加，禁限物品、违禁印刷品和音像制品、珍贵动植物及其制品、文物、毒品甚至枪支弹药，邮寄走私的物品呈现多样性。

天津第四棉纺厂供销科科长王某与广州贩私人员郭某相勾结，在不到一年的时间里，非法购买走私物品收录机 9 台、电视机 12 台转卖给厂内外干部，并与本厂的 3 名职工组成贩私团伙。1980 年 8 ~ 12 月，该团伙自广州通过邮局以邮寄糖果、衣服等夹藏走私手表 7 次共计 90 多只被海关查获。天津北郊区东堤头公社干部刘某，经天津驻军某部参谋张某牵线，与曾在该部队服役的福建晋江县贩私人员吴某相识。自 1981 年 4 月起，自福建晋江通过邮局寄至天津 33 个装有走私物品的包裹，加之通过往返人员携带等方式，共贩卖走私进口手表 25 只、布料 130 多米、尼龙衣裤 100 多件、照相机 2 架，私货总值达人民币 5000 多元，1982 年，被天津海关查获。1988 年，天津海关查获中日合资某公司以邮寄货样的名义，偷运国家限制进出口物品的案件。

经查，是年7～9月，该公司多次邮寄出口的“化妆品”货样，实为鹿胎膏、人参蜂王浆、三鞭振雄丹等6种国家限值限量出口的中成药。进入21世纪，随着互联网技术的发展和电子商务的广泛应用，利用邮递、快件渠道进行走私违法的活动呈现新的特点。2005年4月27日和6月9日，天津海关驻邮局办事处在监管出境邮寄物品过程中，分别发现邮包中夹带1384粒和5239粒印有“PFIZER VIAGRA”字样的蓝色药片未予申报。经美国辉瑞制药有限公司确认，这些药片均属假冒该公司生产的“万艾可”的产品。这是天津海关在邮递渠道首次查获侵犯知识产权的案件。

1981年1～9月，天津海关在邮递渠道查获的淫秽色情书刊、物品达1250件，比上年同期增长7.3倍。1982年1月，天津海关查获某国营公司使用外汇在境外先后购买淫秽书刊159册，分批夹带于邮件中邮寄进境的案件。是年，设在香港的国外宗教机构不断向国内寄送大量散发性宗教宣传品，境外的敌对势力也通过邮递渠道向境内大量邮递“心战”反动宣传品。1981～1983年，天津海关共截获“心战”反动宣传品12792件，品种多达30余类。1986年，天津海关在邮递渠道查获的淫秽物品、散发性反动、宗教宣传品共计26492件，较上年查获的淫秽物品增长5.4倍，散发性反动、宗教宣传品增长17倍。1987年，随着海关查缉力度加大，邮寄进口淫秽印刷品和录像带的手法更趋隐蔽，海关查获的中国远洋运输总公司常驻境外人员杨某走私淫秽录像带，是将“春宫”录像带与原盒分离，将磁带卷成很小的一卷，裹挟于衣物内邮寄入境，稍不留意就容易蒙混过关。至1989年，邮递进境的反动宣传品的数量创历史之最，仅6～7月天津海关即截获反动宣传品10余万份。1998年，中国国际邮递业务的发展，也为非法出版物邮寄进境提供便利。1～9月，天津海关在邮递渠道共截获反动、淫秽、散发性宗教宣传品及非法出版书刊音像制品共4.41万件。1997年，天津海关配合香港回归，维护社会稳定，加强对违禁印刷品、音像制品的封堵查禁工作，全年共查获邮寄进境的各类违禁印刷及音像制品10.36万件，其中包括港澳台特类报刊4.71万件。查获寄自台湾的“第九任总统”就职纪念邮票、邮票定位册8本、768枚，印有反动字样的整版连票9版450枚等一批反动邮票。

自20世纪70年代后期开始，天津口岸通过邮递渠道走私文物和珍贵动植物及其制品的案件增多。

1979年，天津市轧钢一厂工程师、日本归侨杨某申请前往日本定居，以“坐飞机出境携带行李不便”为理由，将4个邮包邮寄出境，申报品名为“毛毯、衣服、被子、鞋”等，收件人是杨在日本的日籍妻子。天津海关经查验，在其中的两个邮包内查获企图走私出境的唐代殉葬品古碗2只，古代及民国初期钱币47枚、清代及民国时期的珍品墨8块、玉镯1个，翡翠戒石及玉坠8块、鼻烟壶1个，瓷盘1个，民国初期仿造的战国时代刀币1枚、中外邮票共约5市斤等一批文物及禁止邮寄出口的物品。1987年，天津海关查获日商将古钱币藏匿于儿童玩具内走私邮寄出境案，涉案古钱币79枚，包括西周铜斧币、宋明清时期的刀币等。2006年4月，天津海关在寄往日本名古屋的两个邮件中发现椭圆形和长圆纺锤形“石蛋”18枚，经送有关部门鉴定，其中11枚为“晚白垩纪恐龙蛋化石”。

1998年以后，出国人员向国内非法邮寄象牙及制品情况增多，天津海关在是年即查获6起非法邮寄象牙及制品的案件，查获象牙及制品27件。2009年1月17日，天津海关在一件寄自乌干达的邮包中查获动物皮2张、象牙2根。经鉴定，2张动物皮分别为猎豹皮和豹皮（非洲产），外形完整未经鞣制；象牙为幼象原牙，重1.13公斤。天津电视台、今晚报等多家媒体对此案予以报道。2013年，天津海关相继查获通过邮递渠道走私进境象牙制品案37起，查获象牙总重量达17.78千克；查获邮寄走私进境红珊瑚制品案件1起，查获红珊瑚制品318件；查获邮寄走私进境穿山甲鳞片案件1起，查获穿山甲鳞片重约45公斤，还先后查获走私进境砗磲标本、玳瑁标本案件各1起。

1996年，海关总署印发《关于加强查缉快件渠道毒品走私活动的通知》，要求对寄自或寄往泰国、美国、中东等敏感国家或地区的快件实施重点查验。是年6月19日，天津海关召开旅检、邮检、货管、调查等部门负责人会议，专题研究并制定快件监管中加强查缉毒品工作的措施，就现场监管、情报调研以及奖励等制定相关制度。

2007年12月19日，天津海关驻邮局办事处关员运用风险分析，对重点邮路的重点邮件进行监控，在一出境邮件中查获侵犯第29届北京奥运会标志专有权的“福娃晶晶”饰品2400件。

2009年4月28日，天津海关驻邮局办事处关员在对进境邮件进行过机查验时，在寄自美国的一个邮件中查获一支左轮手枪枪体。天津海关首次在邮递渠道查获真枪枪体。是年7月13日，天津海关政治部对查获此案的2名关员给予嘉奖。

是年8月，天津海关驻邮局办事处通过风险分析，连续查获邮递活体蜥蜴、象牙等物品，累计查获活体蜥蜴16只；象牙原牙6根、象牙雕刻品2件，共重34.94公斤，其中最大象牙长达1.4米，重14.32公斤。此案是天津海关首次在邮递渠道查获濒危动物活体及由欧洲国家进境邮件中查获象牙原牙的案件，所查获的象牙的体积和批量都为邮递渠道查获之最。是年10月13日，天津海关政治部对查获此案的3名关员给予嘉奖。

图7-2-2-38　2009年1月，天津海关查获通过邮递渠道走私进境的象牙制品

2011年，天津海关首次在邮递渠道查获走私大麻案，查获大麻10.12千克。是年2月12日，天津海关缉私局接北京海关线索，称自尼日利亚寄往天津申报为假发的进口CP911545048NG号邮件经布控查验，发现除有4小袋假发外，另有疑似大麻原植物10.12千克。2月13日（周日），缉私办案人员与天津海关驻邮局办事处关员在天津邮政局邮件分拨

中心第一时间截获该邮件，对邮包进行开封查验，经对疑似物做初步检测呈阳性，随后送天津市公安局刑事科学技术研究所鉴定，确认该物品为毒品大麻，净重 9447.23 克。天津海关经与天津市禁毒总队共同确定工作方案，采取蹲守方式确定收货人所在地并抓获真正收货人，但由于可供直接侦查的信息较少且线索模糊，经办案人员排查，包裹单所留收件人姓名、地址信息不实，所留手机也非天津市的号码。根据上述情况侦查人员决定改为控制下交付的方式引蛇出洞，按照邮包正常流通的模式，投递到离收件地址近的河北区某邮政分局，先找出收件人，再确定其是否为真正收件人。2 月 15 日，天津海关缉私局与天津市禁毒总队在多个部门配合下，根据邮政局周边环境，安排监听录音、化装、跟踪共 5 个组，通过监控邮件跟踪收件人。邮单上显示的收件人张某系天津市红桥区人，家住天津市北辰区的一个居民小区内，在河北区世纪天乐商贸大厦一层 C 区 95 号商铺从事服装生意。在网上与犯罪嫌疑人结识，嫌疑人利用张某在其不知情的前提下作为第一收件人，指令其取出邮包后，再寄往广州。而真正的收件人为广州的犯罪嫌疑人 Mike Azubuike。2 月 21 日下午，经侦查最终锁定尼日利亚籍犯罪嫌疑人 Mike Azubuike 及其租住地的准确地址。在广东省公安厅、广州海关缉私局等相关部门的协助下，经过 3 天的定位、蹲守，于 2 月 24 日上午在广州市越秀区淘金北正平北街 4-402B 其住地，将尼日利亚籍犯罪嫌疑人 Mike Azubuike 抓获，并于 27 日押解回津，此案告破。

2012 年 8 月，经海关总署批复同意，天津海关缉私局直属缉毒科成立，该科拥有 3 只经过北京缉毒犬基地专业培训的缉毒犬，每名缉毒犬配备一名带犬员。是年 12 月 11 日，该科首次带犬作业，即在天津海关驻邮局办事处快件监管中心从一件由阿根廷寄往天津的可疑邮包中查获毒品可卡因 500 克，这也是天津口岸查获的首起邮寄走私毒品可卡因案。

21 世纪开始，天津海关多次在邮递渠道查获走私枪支弹药等危险物品。2011 年，天津海关先后查获走私武器、弹药案 11 起，共查获制式手枪 1 把，子弹 238 发，气枪弹 9463 发。2013 ~ 2014 年，随着户外军事游戏的盛行，国际市场上对仿真枪及配件的需求趋于旺盛，由于仿真枪及配件国内外市场价差近 20 倍，走私分子为谋求暴利，千方百计将仿真枪走私出口。天津海关适时组织开展专门打击邮递渠道走私仿真枪的专项行动，2013 年共查办走私仿真枪、弹药及配件类案件 317 起。2014 年 4 月，在寄自香港的邮包内一次性查获走私枪支 3 支。

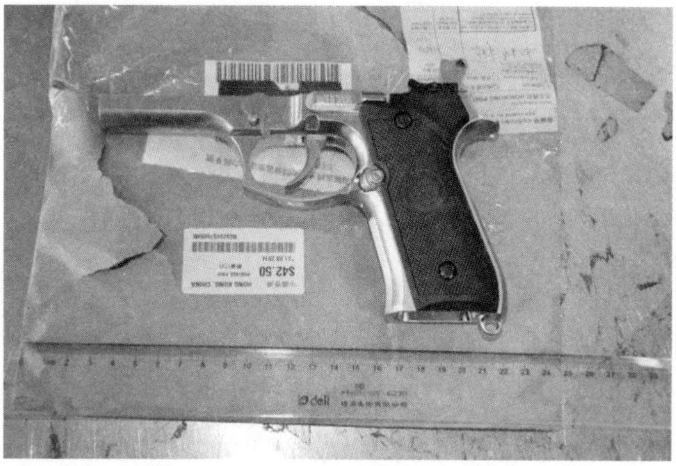

图 7-2-2-39　2011 年，天津海关查获的通过邮递渠道走私进境的枪支部件

2011 年 2 月 9 日，天津海关驻邮局办事处关员在例行查验一个邮寄自美国的邮件时发现一支缺少枪管、复

进机、弹夹部件的制式枪支以及 138 发子弹，其中口径 32 毫米手枪子弹 38 发、口径 45 毫米美国老鹰牌子弹 50 发、口径 45 毫米温彻斯特牌子弹 50 发。立即将案件线索移交给天津机场海关缉私分局。缉私分局接案后，立即展开侦查工作。根据现场提供的线索，该邮件的收件人为居住在湖南省长沙市开福区湘江中路华盛新外滩 4 栋 1808 室的舒珊，邮件申报的品名为“书”，存在重大伪瞒报走私枪支的嫌疑。天津机场海关缉私分局立即成立专案组，开展对案件的侦查工作。2 月 11 日，另一封由美国寄给同一收件人的邮件亦到达，经查验实际货物为枪管、复进机和弹夹部件，与前一邮件的枪体恰好可组装成一只整枪及 2 个弹夹，邮件中还有口径 32 毫米子弹 100 发，及化妆品若干。由于两个邮件中所涉及两种口径子弹，其中有一种是与邮寄枪支相匹配的子弹。根据另一种子弹的口径，专案组判断犯罪嫌疑人舒珊很可能还持有枪支。经查，犯罪嫌疑人舒珊，女，41 岁，原为湖南邵阳人，2006 年加入中国台湾籍，持有往来大陆通行证，经常居住于长沙市开福区湘江中路华盛新外滩 4 栋 1808 室。缉私局决定采取控制下交付的方法，对邮单收件人舒珊及联系电话实施技术侦查手段，并派员于 2 月 16 日到达长沙，俟机抓捕犯罪嫌疑人。在长沙海关缉私局、长沙市公安局技术侦查支队、长沙市公安局刑事侦查大队的支持配合下，2 月 18 日，在犯罪嫌疑人舒珊家中将其抓获，在其家中搜出口径 32 毫米缺少枪管、复进机的手枪一支、弹夹两个及口径 32 毫米子弹 30 发。至此，案件告破，该案海关共查获 45 毫米手枪一支，32 毫米手枪枪身一支，子弹 268 发。

三、查缉运输工具服务人员走私

进出境运输工具服务人员是指在从事国际（地区）间运营业务的运输工具（包括航空器、船舶、火车、汽车等）上工作的服务人员。中国海关对上述人员的管理分为中国籍运输工具服务人员和外国籍运输工具服务人员，并分别制定不同的管理规定。在天津口岸查缉的运输工具服务人员的走私行为多发于在进出境船舶上工作服务的船员。

1949 年 3 月，天津海关对进出境船舶实施监管后，查私部门即对进出天津港的船舶及船员情况开展调查，了解、熟悉船员走私情况。据查，一些船员仍依旧海关的习惯继续从事走私活动，适时在进出境船员中走私行为或代运私货的情况时有发生。是年，天津海关全年查获此类案件 332 起，总案值达人民币 3.26 亿元（旧币）。走私进境的物品主要涉及手表、西药、香烟、糖精等国内紧缺产品，走私出境的主要是黄金、美钞等。当年的统计，海关共查获手表 1613 只，玻璃丝袜 99 双，西药 340 瓶，糖精 381 公斤、自行车链 133 根，黄金 4.5 公斤，香烟 13800 余支。破获的重大案件有“东方贸易”轮走私糖精案、“捷盛”轮走私手表、西药案、“津通”轮走私黄金出口案、“捷报”轮走私钟表零件及自行车链案。是年 5 月，一次查获某靠港货轮船员走私进口盘尼西林 1246 支，糖精 64.5 公斤。是年 12 月，一次查获某货轮船员走私手表 145 只。

1950 ~ 1951 年，天津海关查私部门逐步改进查缉方法，注重调查研究和发动群众，重点做好对码头工人的宣传工作，组织发动他们举报走私，并有的放矢进行查抄，船员走私行为受到有效控制，查获的案件数量较 1949 年大幅减少。以此时期查获的主要走私物品手表计，两年共查获走私手表 1930 只，两年之和略高于 1949 年。

1952 年，国家开展“五反”运动，走私行为进一步受到打压，一些靠走私获利的船员因无利可图辞职离船，走私案件发案率明显减少，全年共查获船员走私案 43 件，案值人民币 0.68 亿元（旧币），案件数和案值分别为 1949 年的 13% 和 21%。

1953 年，仍偶尔出现货轮的封建把头指使下级船员进行走私的情事。如海关查获“德高”轮船员，受船上管理人员指使走私手表 14 块。同期还有个别船员与香港走私者勾结，钻海关工作人员不轻易进行人身检查的特点，以身上携带的方式进行走私活动。是年 11 月，天津海关查获“湖北”轮船员金某某随身藏匿手表 11 块走私入境的案件。是年，天津海关协助公安机关粉碎多起国民党特务收买进出境船舶的船员进行阴谋破坏的活动，先后破获“湖北”轮船员潘某、蒋某走私炸药、毒药进口及窃取情报出境的案件，以及船员偷运假币进口的案件。

1954 ~ 1958 年，虽然船上走私惯犯与地下走私分子相勾结，有组织进行的走私活动依然存在，但天津口岸船员走私的数量和案值比从前大为减少。1955年，天津海关共查获（天）津（香）港班轮船员走私案件 17 起，案值人民币 1300 余元，查获的走私进口物品主要为手表。1958 年，天津海关曾查获一起走私手表的大案。英籍“鄱阳”轮船员受利益驱使，同地下走私分子相勾结，一次走私进口手表 301 只，被天津海关查获，此案也是自天津解放后天津海关查获的最大一起船员走私案。

1959 ~ 1965 年，主观上，天津海关一方面改进船舶监管工作，同时加强打击走私的宣传力度，另一方面通过密切同友谊商店、外供公司、中国银行和兄弟口岸的联系配合和对人民币的管理。客观上，随着各项社会主义教育运动的深入开展，以及社会治理工作的不断加强，广大人民群众的思想觉悟和守法意识普遍得到提高。另外随着国家有关部门对船员管理的规范严格，停泊天津口岸的进出境船舶上，家住天津地区或在此地有社会关系的船员数量减少，也从很大程度上削弱和限制船员的走私基础。因此，这一时期，天津海关除偶尔发现少量船员的违章行为外，天津口岸未发生船员重大走私案件。

1966 ~ 1974 年“文化大革命”期间，海关的正常工作秩序受到严重影响，除办理船舶进出口手续外，取消船边监管，船员上下船无人检查，海关只在港区出口处设一卡口，对船员做象征性检查。查缉船员走私既没有要求也不进行统计，所以从历史资料中无法查询当时是否有船员走私情事发生或海关是否查缉到船员走私案件。

1974 年，海关开始逐步加强对船员的监管。是年，天津海关查获首起外轮船员走私毒品案，查获新加坡“泰城”轮 5 名船员走私进境生鸦片 1270 两。翌年，又查获挪威籍“瑞特捷德”轮船员走私大麻 2250 克、鸦片 595 克、迷幻药 90 片的走私毒品案。从事毒品走私者均为外籍船舶上的香港船员，大多是受雇于香港贩毒集团，充当“马仔”进行偷运，从中获取酬劳。毒品从曼谷、卡拉其、槟城等国际上传统的烟毒集散地偷运至香港、新加坡。由于香港、新加坡对由烟毒集散地直接进口的船舶、人员查缉甚严，因而采取迂回手法进行国际贩毒活动，将毒品经中国口岸偷运上岸再转往广州，交与同伙利用人身、行李藏带或夹带在来料加工的成品复运出境货物里，最终运达香港贩毒集团。1975年，天津海关共查获中国籍船舶的船员走私案件43起，涉案物品包括半导体收音机、手表、香烟、淫秽图片、黄色录音带等。是年，天津海关一次查获“天门”轮船员黄某走私进口“春宫”图及黄色书刊291件。

1977年2月27日，天津海关查获“BARCLAY SUCCESS”号轮水手长邓某，在船中藏匿鸦片膏515克企图走私入境的案件。1978年9月27日，天津海关自索马里籍货轮“凯运”号查获该轮香港籍船员吴某自马来西亚槟城购买熟鸦片850克、“白粉”0.5克藏于船中走私的案件。

1979年，随着国家对外开放，国际航行船舶上的中国籍船员走私数量增多、案值增大。特别是携带外币走私出境行为增多，其目的是到境外购买国内紧俏商品，带回国内销售获利。1980年5～8月，天津海关连续查获船员走私出境外币案件25起，没收港币2万余元及美钞、马克、新加坡币。是年11月，天津海关查获在香港某公司所属货轮上的16名外派船员参与走私案件，涉案人数占该船外派船员总数的76%，走私案值达5千余元。

1980年，海关总署进一步简化对国际航行船舶的监管手续，以方便船舶、船员的进出，适应和促进改革开放的发展。天津海关按照海关总署的要求在办理船舶进出口联合检查手续时，除少数重点船舶外，不再检查船体和船员房间，也不派员对停泊在大沽口锚地的船舶实行驻船监管。对停靠码头的船舶，海关实行定员监管和船边巡视相结合的方法实施监管，而对国内远洋船舶的船员则依靠远洋运输公司和各船上的党支部做好教育管理工作。

20世纪80年代，随着中国船舶参与国际远洋运输的增加，中国籍船员走私的案件及案值呈逐年上升，在天津口岸还出现中国籍远洋运输船舶上的船长、政委等干部船员参与走私的趋势。天津海关先后查获天津远洋公司“新昌”轮船长任某某走私进口手表12只，收录机1台、收音机3台、电算器8台，价值人民币5千元的案件；查获“大理”轮轮机长走私进口高档收音机，手表等，价值人民币4千余元的案件；查获广远“跃华”轮船长走私出口外币，购进电冰箱、电视机等价值人民币7千多元的案件。1981年1～8月，天津海关即查获干部船员走私案件29起，案值人民币2.7万元。是年7月，查获“雁门”轮政委沈某，指使同船船员将国外赠送的1台电视机，伪报为个人航贴外汇购买的自用物品带回国内的走私行为。干部船员走私起到消极负面的示范带动作用，同期远洋公司船员走私案件有所增长，天津海关查获此类案件122起，涉案估值人民币5.6万多元。1982年，天津海关查获海洋石油勘探部门以副局长曹某某为首的出国接船人员23人，集体走私手表、电视机、收录机、电算器、照相机、电风扇、香烟等物品，案值达人民币11万余元。是年1～3月，天津海关连续查获3起船员偷运黄色印刷品进境的案件，收缴裸体画片、“春宫”剪报173张，黄色、反动书报刊物、淫秽小说20种共245件。

1983年，天津海关查获一起中国籍进出境船舶的船员与随船旅客合谋走私的案件。朝鲜族旅客张某从日本探亲乘天津远洋公司“汶河”号轮从天津新港入境，该旅客所携带物品远超国家规定的自用合理数量，该船水手崔某主动向其传授蒙骗海关的方法，并协助其将部分物品携带下船，此案海关共查获走私手表 19 只，照相机远射镜头 2 个，以及计算器 5 个，价值人民币 6000 元。

1984 年 3 月 15 日，天津海关根据线报查获巴拿马籍“新熊”轮上 11 名中国外派船员走私进口手表、照相机、收录机等国内紧俏商品，案值人民币 8 千元；11 月 11 日，查获巴拿马籍“新牡马”轮上 12 名中国外派船员，走私进口布料、皮鞋、手表、电熨斗等日常生活用品，案值人民币 5 千元。

1985 年 10 ~ 12 月，天津海关查获 46 起中国远洋船员走私出口外币的案件，走私出口的外币折合成人民币达 3 万多元，走私出口外币案占同期船员走私案件数量的 75%。

1986 年 1 ~ 7 月，天津海关查获船员走私案件 72 起，为上年同期的 2.13 倍，案值达人民币 4.5 万余元。走私方式由船员个人或几人合伙走私发展为集体走私。天津海关查获的“远大”“青云”“广州”等轮船员走私案件，涉案人数均超过全船人员的 25%。

1987 年 1 ~ 6 月，天津海关共查获船员走私进口香烟案件 23 起，涉案香烟共计 1079 条（21.58 万支）。天津远洋运输公司与其所属的“北戴河”轮合伙，由船员在香港代购香烟，进境时隐藏不报，然后假借公司内船舶之间调拨香烟的名义，蒙骗海关达到走私目的。此案查获走私进口香烟 20 条（4 万支），价值人民币 0.6 万元。

1988 年，天津海关根据天津口岸走私形势的变化，在船舶监管工作中，改变单一卡口“坐堂”式被动监管方式，主动出击、主动查控、综合治理。全年共查获船员走私案件 74 起，私货估值人民币 30 余万元。是年 1 月，查获某海运局“龙首山”号轮部分船员走私录像机 13 台以及照相机、淫秽录像带、印刷品一批，估值人民币 4 万余元。是年 11 ~ 12 月，天津海关在香港某航务公司所属“华琼轮”连续两个航次中查获走私“良友”牌香烟 1486 条（29.7 万支），估值人民币近 10 万元。

1989 年一季度，天津新港海关通过抄船共查获不法船员将走私物品藏匿于船上夹壁墙、天花板、机舱油柜、食品包装箱等处，以隐匿的方法走私国内畅销商品案值在万元以上的案件 6 起。是年 3 月，查获的大连远洋公司“飞云岭”轮船员走私案，全船共有船员 28 人，其中有 15 人参与走私违法活动。他们偷带日币 65 万余元出境，在国外购买 7 台录像机以及进口香烟和部分淫秽画刊，进境时藏匿不报以求走私谋利，案值达人民币 6 万余元。青岛远洋公司所属“岱海”轮船员走私进口录像机 5 台，录像带 100 盘，香烟 300 条（6 万支），案值人民币 5 万元。在大连远洋公司的“平型关”轮、“江浦”轮，庆丰公司的“庆荣”轮，海南船务公司的“建昌”轮等船舶上查获的走私案件，私货估值也均在万元以上。天津海关 6 起案件，查获录像机 21 台，香烟 800 条（16 万支）。

进入 20 世纪 90 年代后，天津口岸船员走私呈现新的情况，走私物品向多样化、高价值、大批量发展，走私案件值较以往更是大幅增加。1991 年夏天，天津海关查获天津海运公司船长徐某走私汽车案。经查，1990～1991年徐某在任天津海运公司“天兴”“天昌”轮船长期间，利用职务之便，先后走私日产旧轿车、面包车各2辆。徐某在日本装船时，将汽车申报为拖带物品，轮船到达天津港后，在天津港集装箱码头偷卸下船，装上军队牌照后直接驶离港口。徐某将其中的3辆车通过天津警备区现役军官卖给部队，获走私款人民币22.5万元。该案曾引起国务院领导的高度重视，批示“对走私者一定要严肃处理”。

1992～1994年，随着改革开放，国内消费者对国外商品的需求量大增。进入港口内，到船边接运私货由过去个人的秘密活动，发展成公开或半公开的合伙上船接货，接货人员也趋复杂。需求增长也进一步刺激船员的走私热情，仅1994年1～9月，天津海关即查获各类船舶、船员走私案件42起，案值达人民币170万元。

1995年，天津海关将打击香烟等重点商品走私从港区扩大到渤海湾海域，开展海上缉私行动，打击船员走私行为。是年通过情报经营，在海上成功截获两艘走私渔船，查获“希尔顿”“金桥”牌走私香烟1411箱（1400万余支）。

1997年，海关实行船舶监管的改革，简化供船物资和船员物品申报手续，一些不法船员认为有机可乘。是年1～6月，天津海关共查获船员走私违规案件20起，涉案物品主要有香烟、食品、野生动物、家用电器、淫秽音像制品等。查获来往于韩国航线的“烟通”号货轮勾结不法商贩，直接将应证出口的芝麻偷运上船，实施闯关走私，案值达人民币7万余元。

1998年，从东南沿海进境的走私货物或贩私分子从南方购买的私货，利用沿海运输船舶走私呈上升趋势。为达到躲避沿途陆路关卡的检查，走私者谎称国内航运，通过涂改单据、伪报品名等手段对私货进行伪装后，由沿海运输船舶运至天津港。是年，天津海关通过加强对非监管码头沿海运输船舶的监控和巡视，查获利用沿海运输船舶从韩国走私进口白糖1350吨，从南方运至天津的无合法进口证明汽车4辆，以及利用回空集装箱走私进口汽车6台等案件。是年1～8月，天津海关通过加强对非监管码头沿海运输船舶的监控和巡视，查获此类案件5起，案值人民币1416万元。查获轿车13辆，白糖1350吨，重烧镁5380吨。

1999年1月20日，天津新港海关侦查支局在有关部门的配合下，破获天津海运集团公司所属“亚洲之荣”号班轮123航次的2名船员利用回空集装箱走私进口旧摩托车103辆、自行车99辆、“555”牌香烟30箱（30万支）的重大案件，并在查缉利用回空集装箱实施走私活动中取得突破。

进入21世纪以后，随着社会法制教育的加强，以及海关加大打击船员走私力度加大，加之国内社会经济的快速发展，国际物流的迅速发展，致使天津口岸的运输工具服务人员走私现象基本消失。

第三章　反走私相关工作

新中国海关的反走私工作是一个完整的管理体系，不仅是在监管环节始终保持对各类走私活动的高压态势，反走私情报工作和必要的奖励是反走私工作的重要手段；依法对各类案件做出公平、公正的处理是保证反走私工作健康发展的重要环节；对罚没的走私货物、物品进行合法、合规、合理的处置是做好反走私工作的重要内容（此部分的详细内容见本书第一篇第三章第二节）；而开展反走私综合治理，调动社会各方面的力量，形成牢固的反走私群众基础，则是反走私工作的重要保障。

第一节　反走私情报工作及查私奖励

一、反走私情报工作

反走私情报工作是海关打击走私违法活动的重要手段。根据《海关反走私情报工作规则》的定义：海关的反走私情报工作，是采取公开和秘密的方法，有组织、有目的地搜集、分析、传递，使用对海关查缉走私有用的信息的工作。应本着为调查工作服务，为领导决策服务，为综合治理服务的宗旨，在海关的职权范围内，按照统一领导，集中管理，分散活动的原则，积极而慎重地开展工作。新中国成立初期至20世纪80年代中期，海关的反走私情报工作称之为“密报”制度，主要是依靠发动群众揭发举报、提供走私线索。

1949年，天津海关与公安局、海员工会、码头运输工会、法院等通力合作，建立密报关系网，在打击船舶和船员走私工作中发挥辅助作用。天津海关通过密报在“南昌”轮煤仓里查获价值500两黄金的走私货物；在“湖南”轮查获糖精、西药等走私货物。是年12月，通过密报在“泰安”轮查获黄金40两，在旅客行李内查获黄金30两，白银4公斤多。

1950年4月24日，天津海关根据上海海关查私科转送的关于4名外籍旅客将携带美金由上海转至天津乘船出境的密报，对4月29日至5月11日由塘沽出境的6艘船舶上的1020名旅客进行重点布控和查验。

1951年，在全国查私工作会议上，海关总署决定改善密报工作方式，摒弃旧海关单纯依靠奖金鼓励，重点在走私者中间发展密报人的做法，建立新的密报制度，注重在相关部门和企业培养和发展积极分子，广泛收集走私情报。天津海关按照海关总署的要求，在船员、商贩及走私人员中建立密报关系，收集走私线索。

1957年7月8日，天津海关收到哈尔滨分关的密报线索，称一名苏联侨民将于7月26日乘“湖南”轮经天津出境，在其随身行李中可能藏匿有违禁物品，经天津海关关员现场查验，发现其焊在行李箱暗锁内的黄金3条，重560克。是年9月19日，天津海关接到哈尔滨分关转哈尔滨外侨检查站的密报，称一名苏联侨民将携带违禁物品由天津出境赴瑞典。10月10日，该旅客在塘沽乘“湖北”轮出境时，经天津海关现场检查，查获藏匿未申报的人民币。

1958年，国务院印发通知，要求海关审慎建立一些有价值的密告关系，扩大反走私情报信息来源和渠道。

1960年，根据海关总署的要求，天津海关停止密报工作。

1973年，天津海关在完善船舶查私情报工作中，在对到港的60余艘外轮开展重点调研的基础上，新建和补充船员卡片644张。并在调研中发现政治性线索21起，经济性线索31起。

1983年2月，海关总署印发《关于开展反走私密告工作通知》，天津海关按照通知要求改进反走私情报工作，通过开展反走私宣传教育；与有可能接触走私方面的人和物的行业，如旅店、委托、运输、钟表、药材收购等部门建立工作关系；积极慎重地发展反走私密告关系等做法，发动群众，争取社会各方面的支持。一年时间里，海关共收到群众检举揭发走私线索29件，通过海关调研后的成案率达到23%。

1985年10月21日，海关总署印发《海关反走私情报工作试行规则》。

1986年7月1日，天津海关成立调查处，配备专职人员开展情报工作，将情报工作列入全关工作重点。并提出1987年开展情报工作的设想，在全关建立情报信息网络，加强与兄弟海关的横向联络，与公安、安全、监察、税务、工商等有关部门的情报互通。根据关领导的指示，情报工作重点解决好两个问题，一是情报来源要多渠道；二是要克服只调查不研究的现象，纠正只注意线索，不重视从日常收集的点滴情况中综合分析走私动向。是年底，天津海关通过信息情报得知香港市场的棉坯布和苇帘“水货”情况严重，而临近天津港口的河北省棉纺工业发达，芦苇生长面积大，存在走私的可能性大，并总结出口货物逃证的情况和手法，及时提醒各现场注意监管。随后，连续查获两起棉坯布、一起苇帘无证出口的走私案，私货估值达人民币2196万元，罚没收入达人民币205万元。

1987年，在天津海关调查处直接查处的走私案件中，由情报提供线索的占全部案件的26%，案值占全年走私案件案值的96%，并向兄弟海关提供走私违法线索18条。调查处成立1年多，收到由报关员、监装员、核销员以及企事业单位其他人员提供的走私线索9条，成案6起，私货估值人民币27万多元，罚没收入人民币74300元，补税人民币15万余元。是年11月20日，天津海关决定在海关内部各业务部门设立兼职情报信息员，并印发《兼职情报信息员联络工作试行规则》，明确兼职情报信息员的职责任务和相关要求。

1988年，天津海关在调查处设立综合科，负责分管反走私情报工作。针对当时反走私工作的重点转移至查缉天津口岸的货运渠道走私，在情报工作中转变情报工作就是发展密报关系的传统观念，拓宽情报范围，注重收集各方面资料、信息、动态，搞好综合分析，适时提供准确的走私动态与分析；扩大反走私情报队伍，在涉外经贸单位和运输企业发展情报关系；扩展情报渠道，改变过去靠情报人员“单干”的做法，建立兼职情报信息员，并规范情报信息报告制度。使情报工作为现场监管服务，为调查案件服务，为领导宏观调控、决策服务。是年，天津海关加强社会情报网络、发展密报关系取得效果，收到各种密报线索37条，立案查获的走私违法案件27起，占全年案件总数的9%，结案处罚10起，罚没收入人民币270万元，补税人民币106万元，占全年案件罚没收入的33%。

是年6月9～12日，海关总署调查司在天津组织召开“北方海关缉私情报片会”。北京、上海、天津、青岛、大连、秦皇岛海关及海关总署主管情报工作的相关人员出席会议，昆明、厦门两海关作为特约代表列席会议。会上各关交流开展缉私情报工作的情况，研究情报工作的方式及关际间联网与协作的问题。与会代表对天津海关实行兼职情报信息员制度的做法予以肯定。

是年，国务院印发《关于加强海关工作的通知》，要求各地海关充实缉私力量，拓宽情报工作渠道。天津海关根据海关总署提出的“组织系统化、制度规范化、方法专业化、管理科学化”的调查情报工作目标，建立系统、科学、实用的内外情报网络。从信息员管理、密报工作和情报网络三项工作入手，内部建立起海关兼职情报信息员联络网，对外发展密报关系，形成具有收集、传递、加工和交换功能的情报网络。

是年，天津海关与天津市检察院经济案件举报中心建立联系，拓宽情报信息来源。是年9月仅半个月时间，举报中心就给海关移交线索11起，经海关调查对其中3起立案查办。根据提供的某单位擅自出售免税进口设备的线索，经海关调查，查获该企业偷逃关税17000余元的案件。是年9月13日，《人民日报》在第四版刊登该报记者肖获采写的题为《网，在收紧》的报道，专题介绍天津市经济犯罪举报中心与海关配合打击走私的情况。

1990年6月12日，根据海关总署印发的《海关反走私情报工作试行规则》，天津海关制定《〈海关反走私情报工作试行规则〉的实施细则》，对情报工作的组织领导、工作程序、专兼职情报信息员的职责任务，以及保密和特费使用等都做出具体规定。细则规定，由调查处综合科统一负责关区反走私情报工作，在各调查部门和业务监管现场设立专、兼职情报信息员，组成关区内反走私情报系统。规定专、兼职情报信息员的职责任务，并规定对兼职情报信息员实行奖惩制度。

1993年11月22日，天津海关根据海关总署颁布的《海关反走私情报工作试行规则》，为加强本关反走私情报工作的交流、协作，使关区情报网络规范化、系统化、印发《天津海关反走私情报网实施办法》，明确调查处是全关区反走私情报工作的主管部门，情报科是其办事机构，负责协调、指导各分关办事处的反走私情报工作；在新港、东港海关调查科设立情报组，在开发区海关、塘沽办事处调查科配备专（兼）职情报干部，负责本部门的反走私情报工作；在全关区实施“兼职情报信息员”制度；调查处情报科负责与市区的公、检、法、工商、税务、渔政、安全、边防及军队等有关部门的联系、配合工作，建立情报信息相互交换制度、新港海关调查科情报组负责塘沽地区与上述机关在情报信息方面的联系配合，做到全关区情报信息共享。该办法还就情报信息的整编及传递提出具体要求。

1994年，天津海关的情报工作在查私工作中发挥着重要作用，全年查获的各类走私案件中39.8%是来源于动态情报。

1995年初，按照海关总署“三定”方案的要求天津海关正式成立调查局，局内设立情报处，业务现场设立兼职情报信息员，情报工作力量得到进一步加强。仅1～5月，关区情报部门提供的案件线索达100条，其中调查成案38起，案值达人民币2.3亿元。同时，通过新闻媒介公布反走私举报电话，及广泛的社会宣传。情报处设立半年，收到举报密报线索72条，成案22起。关内各部门兼职情报信息员发展至64人，其中85%以上是从事货运监管业务一线的人员，全年提供的仅集装箱走私案件的线索即成案20起，案值约人民币7000万元。

1997年，天津海关调查、技术、信息等部门密切配合，发挥科技优势，利用现有的科技手段，为调查办案服务，应用H883系统对走私高风险企业及走私热点或敏感商品进行综合查询，做出动态综合分析，确定缉私重点；查私人员通过H883系统快速调阅货物进出口报关单据，以电子数据验证情报线索的可靠性，提高情报工作的及时性和准确性。是年，调查部门通过H883系统查获走私案件13起，案值人民币1.3亿余元。天津新港海关在开展打击倒卖免税设备走私专项斗争中，通过调阅H883系统资料，经过分析和判断，在专项斗争中立案4起，案值人民币近亿元。调查处在查获某公司走私进口6个集装箱计算机及配件的案件中，通过调阅H883系统中的企业进口情况，又发现该公司此前以同样手法还曾走私进口过4个集装箱的计算机，从而扩大战果，破获案值达人民币5000万元的大案。另外，调查部门通过开发案件管理程序，在案件的立案、上报、进程、统计等方面达到立案规范、上报及时、统计准确，提高办案效益的效果。

1998年，在打击利用回空集装箱走私的专项行动中，天津海关通过情报网络的支持，查获天津海运集团所属“亚洲之荣”号班轮不法船员利用回空集装箱走私进口旧摩托车、旧自行车及香烟的案件，使天津海关在查缉利用回空集装箱走私上取得突破。

1999年，天津海关走私犯罪侦查分局成立后，更加重视情报资料工作。该局成立之初，就针对公安机关对犯罪人员登记、对犯罪嫌疑人进行摄、录像、指纹按捺方法和情报资料的计算机管理等问题，专程走访天津市公安局情报中心、天津市公安局红桥分局等单位，并结合海关侦查工作的特点，创建一套符合海关工作需要的情报资料体系。天津海关走私犯罪侦查分局成立不到一年时间，即收到情报线索15条，经转侦查或调查部门侦办，对其中的10起案件进行查处，案件涉及摩托车、香烟、电脑设备、柜员机、电梯、机械设备及配件等重点敏感商品，其中侦办案值达人民币百万元的“亚荣”轮船员利用空集装箱走私案，中央电视台还在《新闻联播》节目中予以报道。

2000年2月12日，随着技术侦察手段在侦办大要案过程中的重要性日益突出，天津海关申请在天津海关走私犯罪侦查分局增设情报技术处，并得到海关总署的批准。情报技术处的职责是负责培养、发展并管理特情人员，进行情报信息的搜索、整理、积累、分析，建立和维护情报资料档案，以及对情报线索的甄别、评估，对案件现场及实物进行录像、拍照等现场取证等技术侦查工作。

是年，天津海关走私犯罪侦查分局为情报工作配备充实人员、设备，加强情报经营和对情报工作的统一处理、分析、预测工作。先后搜集各类情报线索46条，协助破获案件6起，抓获犯罪嫌疑人6名，发挥技术侦查的作用，先后破获案值人民币2900万元，偷逃税款人民币600余万元的北京中环汽车配件走私案，以及德欣电子走私案、加利电子走私案。在协查工作中，全年协助各地海关侦查机关、地方公安局、检察机关等执法部门执行来函协查的案件158起，来人协查的案件84起，抓捕犯罪嫌疑人4名。

是年12月19日，海关总署印发《海关缉私情报由侦查部门归口管理的实施方案》，要求各地海关将调查局、走私犯罪侦查分局的情报系统进行合并，由海关走私犯罪侦查分局归口管理。天津海关按照海关总署的要求将海关缉私情报工作合并归口，由侦查分局统一负责。

2001年，经海关总署批准，天津海关走私犯罪侦查分局增设侦查二处和情报技术处。按照海关总署的要求，天津海关调查局情报处在归口合并后，正式并入天津海关走私犯罪侦查分局情报处，由侦查分局统一负责天津关区缉私情报工作。归口管理后，提出强化情报工作的先导作用，树立全员情报意识，完善情报网络建设，规范情报作业程序的反走私情报工作思路；先后制定和完善《侦查分局情报工作规则》《情报联络员管理办法》《情报联络员考核办法》等10余项内部管理制度；建立起以17个部门及业务现场为依托、以54名情报联络员为主体的情报网络，并对情报员进行情报业务培训。是年，共收集情报200余条，通过情报自侦立案5起，占立案总数的19%。

2005年，为加强缉私情报基础建设，有效整合、管理缉私情报信息资源，海关总署缉私局组织研发“海关缉私情报综合应用系统”，在全国42个直属海关缉私局推广应用。天津海关缉私局作为第二批试点运行单位，自是年6月20日起，正式开展情报系统的试运行工作。是年，缉私部门共搜集各类情报线索193条，立案查处刑事案件13起，案值人民币4.07亿元，偷逃税款人民币5621.58万元，分别占刑事立案总案值的79%，偷逃税款总值的77.7%；行政立案12起，案值人民币2.02亿元。

2006年，随着现代化网络信息技术的飞速发展和走私犯罪案件数量的逐年递增，侦办案件过程中应用现代化技术侦察手段的重要性日益突显。天津海关缉私局依托海关业务现场，加强情报网络建设，在注重情报经营与风险分析并重的同时，开展电子信息获取工作。天津海关缉私局成立电子信息获取工作小组，由情报处负责，先后派员参加海关总署缉私局在厦门和杭州举办的电子信息获取技术培训班。以参加海关总署培训人员为骨干，在关内举办“电子信息获取”培训班，向一线办案民警介绍电子信息获取设备和软件的使用方法、现场取证的注意事项等内容，同时着手 FL200 电子取证设备安装、使用等事宜。为使此项工作规范化，天津海关制定《电子取证工作规则》，设计出《电子数据申请鉴定表》《电子数据鉴定报告书》等工作表格，规范电子信息获取工作审批手续。是年，电子信息获取工作小组在案件侦办工作中，对 10 余起案件中涉及的 38 块各式硬盘进行恢复、分析和提取，数据总量达 1000GB，恢复完成数据量达 200GB 以上，对开拓侦查思路，完善证据体系起到重要作用。

是年 1 ~ 11 月，天津海关运用风险管理手段搜集走私情报线索，进行风险分析，查获各类走私违法案件 7 起，涉案案值人民币 6.43 亿元，涉嫌偷逃税款人民币 2667 万元。缉私情报部门在获取天津口岸进口棉花存在高报价格走私嫌疑的线索后，通过风险分析、数据比对等方法，利用风险分析手段，对相同产地、规格、进口时间的棉花进口数据进行分析，确定天津棉花交易市场有限公司等 28 家企业为高风险单位，并查获案值人民币 2600 万元的天津棉花交易市场有限公司走私棉花案。据统计，全年共搜集各类走私情报线索 160 余条，移交侦查、查私部门的情报线索 40 条，据此立案查处刑事案件 12 起，涉案案值人民币 5.05 亿元，涉嫌偷逃税款人民币 3514.85 万元，行政立案 9 起，案值人民币 1.2 亿元。

2007 年，天津海关缉私部门发挥情报在缉私警务工作中的主导作用，依托海关业务现场，结合天津口岸实际情况，开展各项情报技术工作，推动情报主导型缉私警务建设。年内，共搜集情报线索 150 余条。在根据天津港保税区某公司走私进口汽车案件线索，开展的专项打击行动中，查获走私汽车案件 5 起，案值人民币 3.05 亿元，涉嫌偷逃税款人民币 1519 万元，抓获犯罪嫌疑人 19 名，依法扣押、冻结涉案资金人民币 956 万元。

2008 年，第 29 届夏季奥运会在北京举行，天津海关为此制定《奥运安保情报工作方案》，建立起一条集收集、整理、报送、处理、反馈等多环节，密切配合、快速高效的情报处理输送渠道，有关部门主动配合奥运安保的情报收集工作，确保天津口岸的奥运安保工作顺畅进行。天津海关缉私局的情报部门对外注意完善与天津市公安局、国家安全局等部门的联系配合机制，理顺沟通渠道，实现涉奥情报信息共享；对内协调关区内各业务部门和现场，利用情报网络多方搜集奥运安保方面的情报信息，加强风险分析。参加天津海关缉私局奥运安保别动队的 6 名情报部门人员，按照《奥运安保工作实施方案》《监管现场突发事件应急预案》的要求，从情报工作方面保证各项奥运安保任务的圆满完成。是年 1 月 14 日，天津海关党组决定，对在 2007 年向缉私部门移交重大案件线索的海关业务现场 10 个集体和 5 名个人予以表彰奖励。

2009 年，为进一步加强天津海关缉私情报工作，推进关警深度融合，提高关区整体打私效能，天津海关建立缉私部门与海关监管现场联系配合机制，在海关业务现场及有关职能部门设立兼职情报信息联络员。按照“统一领导，公秘结合，数质并重，安全保密”的原则，由天津海关缉私局牵头管理，由缉私局情报技术处具体负责该项工作的筹备、协调、日常联系、人员培训以及情报信息的汇总、整编、上报和反馈工作。兼职情报信息联络员结合业务现场和本部门的情况，分析研究口岸的进出口监管动态和走私违法趋势，将有关分析、总结和预测以书面形式通报情报技术处。情报技术处根据情报调研或案件线索经营的需要，请兼职情报信息联络员协助调阅、复制与本部门相关的有关业务单据、资料，并根据情报部门提供的信息对有关情况进行查询。是年 8 月 12 日，天津海关印发《缉私部门与监管部门兼职情报信息联络员联系配合办法》，建立情报技术处与兼职情报信息联络员联系沟通机制，明确兼职情报信息联络员的职责任务和工作方式。是年 9 月 21 日，天津海关正式上线试运行《海关缉私案件线索移交反馈系统》，各相关业务部门的缉私案件线索移交和反馈工作统一改为通过《海关缉私案件线索移交反馈系统》移交反馈与纸质移交反馈并行的方式进行。

是年 4 月 7 日，天津海关党组决定，对在 2008 年度发现并向天津海关缉私局移交案件线索，缉私局据此侦破刑事案件并由检察机关提起诉讼，以及查获行政案件并依法罚没入库工作中，做出突出贡献的关内 20 个集体和 11 名个人予以表彰奖励。

2011 ~ 2014 年，天津海关在缉私情报工作中，致力于海关大情报体系建设，按照“广泛搜集、专业研判、科学处置、共享互联”的海关大情报体系建设的要求，注意发挥情报工作在查缉走私中的主导作用，实现情报工作“为科学决策服务、为海关监管服务、为打击走私服务、为社会管理服务”。对内整合已有信息资源，以 H2010 海关情报信息综合管理系统为依托，将海关内部所有的信息资源加载为大情报体系的基础信息源，培养以缉私警察、海关关员为主体的专业化情报分析研判队伍，赋予相应的职责和分工；对外协调工商、税务以及相关电子口岸单位，实现数据交流共享。在与地方公安情报平台的全面对接后，天津海关在全国海关缉私系统中率先实现与地方公安网联网，开通“电信资料传输查询系统”、手持“移动警务通”和“移动公安网”。

2010 年，天津海关通过建设“分散搜集、集中分析、专业处置、执法联动”的海关大情报体系，提高海关缉私情报工作效能，全年经营、搜集各类情报线索 260 余条，移交缉私办案部门 40 余条，通报海关业务现场处置 90 余条，并据此查获案值人民币 2.1 亿元的“6 · 27”特大轮胎走私案、案值人民币 1.27 亿元的“8 · 13”闯关走私案，并为打击镁锭出口走私专项行动和“雷霆 2011”专项缉私行动提供情报支持，刑事立案 14 起，案值人民币 7.2 亿元，涉嫌偷逃税款人民币 8500 万元。

2011 年，天津海关制定《天津关区走私情报分析专家组章程》，成立走私动态情报分析专家组，初步实现集中各职能部门和现场的专业人才，整合资源、发挥合力开展情报工作的目标。是年 1 ~ 11 月，天津海关缉私部门共查办行政案件 2991 起，其中现场移交案件线索 2921 起；共查办刑事案件 78 起，其中现场移交案件线索 31 起。

2014 年 5 月 21 日，天津海关印发《案件线索移交反馈工作办法》，用以规范关区缉私案件线索的移交与反馈工作。该办法规定缉私案件线索的移交与反馈需在“海关缉私案件线索移交反馈系统”作业，除涉密和涉及国家安全的线索外，均需录入该系统，并对线索移交和反馈提出具体的操作标准和要求。

是年 11 月 13 日，天津海关印发《海关查验部门办理涉嫌违法案件线索移交程序及标准》，明确海关查验部门发现涉嫌构成走私或者违反海关监管规定的行为，以及依照法律、行政法规、规章规定由海关实施行政处罚的其他违法行为的，应当移交缉私部门处理，并对移交程序做出具体规定。

二、查私奖励

天津解放后，津海关为有效开展反走私工作，给予查缉走私的有功人员和举报人适当的奖励。1949 年 4 ~ 6 月，津海关曾查获出境古物 28 件。1950 年 2 月 22 日，海关总署通知天津海关，文化部将对查获古物有功的天津海关 4 名关员给予奖励。

1953 年 1 月 24 日，依据《中华人民共和国暂行海关法》第 196 条之规定，中央人民政府对外贸易部海关总署发布《海关奖励查私暂行办法》和《海关分配查私奖金办法》。《海关奖励查私暂行办法》明确查私奖金一律按每案没收物品查获时批发市价的 15% 作为核算标准。《海关分配查私奖金办法》则对海关领取查私奖金的程序、评奖的对象及条件、评奖的方式都做出具体规定。此后各地海关均按此执行。

1958 年，国务院下发通知，要求海关审慎地建立一些有利用价值的密报关系以扩大耳目。是年 1 月 9 日，对外贸易部印发修订的《海关奖励查私办法》，其中规定除海关单独查获的案件外，由处理机关从每案的罚款和没收物品变价收入中，提出 15% 作为查私奖金。根据告发人提供的线索而查获的，可发给告发人奖金总额四分之一至四分之三的奖励，余额发给查获机关。

1966 年，“文化大革命”开始，《海关奖励查私办法》被定性为“用物质刺激代替突出政治”，受到批判。翌年 8 月，对外贸易部发文废除《海关奖励查私办法》，规定“对检举查获的走私案件不再发给奖金，只予以口头或书面表扬，或者发给毛主席著作。”

1967 年 8 月 18 日，天津海关按照对外贸易部文件精神，印发《关于废除现行海关奖励查私办法的通知》，提出“今后发动和鼓励群众查私，主要是靠突出无产阶级政治，宣传毛泽东思想，靠人民群众的政治觉悟，不能靠经济主义的物质刺激；对于检举查获的走私案件，一般不再发给奖金，可以根据贡献的大小，区别不同对象，采取口头或书面表扬，或者发给毛主席像章、语录或毛主席著作等；对于个别有特殊情况的，认为需要发给奖金的，可专案报海关管理局审批；因奖励所需的费用，可从查获案件的罚没收入中开支。”“当前，无产阶级文化大革命正从革命的大批判逐步转入本单位的斗、批、改，各关应将奖励查私问题列为批改内容之一，边实践，边总结，在试行一定时期后（大体半年时间），再根据实际工作中的经验，来共同研究，提出符合客观实际的做法，从而正确地改革不适应社会主义经济基础的奖励制度。”

1973 年，对外贸易部恢复《海关奖励查私办法》，海关对查私有功人员，执行政治奖励与物质奖励相结合，以政治奖励为主的原则实行奖励。

1979年1月1日，海关总署印发《海关奖励查私办法（草案）》，明确对查获或协助查获走私案件有功的单位和个人，应该按照政治鼓励和物质奖励相结合的原则，给予奖励。政治鼓励分表扬、颁发奖状和建议地方有关领导机关或其所在单位给予记功，物质奖励是发给奖金。海关查获和其他机关查获移交海关处理的走私案件，海关依法处理后，可以从每案的罚款和没收物品变价收入中提出15%作为查私奖金。

1979年10月15日，为鼓励人民群众和有关部门协助查禁走私，对外贸易部修改并公布《海关奖励查私办法》。对群众告发或者其他部门协助查获走私案件，可在有关案件的处罚和没收物品的变卖价款中提取15%作为查私奖金，告发人可得奖金总额25%～75%，最高限额为人民币1000元。

1980年3月24日，天津海关就对协助海关查获走私案件有功的个人和单位发放奖金问题致函天津市革命委员会。6月11日，天津市革命委员会办公厅复函天津海关，经天津市领导批示，根据外贸部关于《海关奖励查私办法》，同意对检举走私或协助查获走私案件有功的单位和个人给予奖励。奖金从人民银行解放北路综合服务处查私费账户内提取。

1982年，根据全国海关查私会议精神，天津海关结合本关实际，研究如何加强反走私密报工作，着手在曾有走私问题的人员中，建立反走私密报关系。

是年3月8日，海关总署印发《关于对〈海关奖励查私办法〉的补充规定的通知》，针对1979年10月15日印发的《海关奖励查私办法》在执行过程中存在的问题，补充规定，对其他部门查获移交海关处理的走私案件，每案奖金最高限额为人民币5万元。对有特殊贡献奖励需要超过5万元的，应报海关总署核批。

1984～1985年，海关总署两次修订《海关奖励查私办法》，提高对检举人奖金数额，对全民、集体所有制企事业单位提供线索和协助查私的走私案件，也可发给一定数量奖金。

1985年1月12日，《天津日报》刊登题为《海关制定奖励缉私新办法》的报道，详细介绍海关奖励缉私新办法的内容，文章提到“为鼓励个人和单位协助海关查禁走私，维护我国社会主义经济秩序，海关制定并从15日起实行新的奖励缉私办法。新办法对协助海关查禁走私的个人和单位，将发给更加丰厚的奖励金。如原规定发给告发人的奖励金一般不超过1千元，新办法则规定可发到3千元，而且有特殊贡献的案件告发人不受此限。对提供线索和协助破案的单位，最高奖金额由1万元增至2万元。对免予处罚仅予补税的走私案件，必要时可发给告发人或协助单位200元以下的奖励金。海关对走私案件的告发人，负责严格保密。”

1988年5月25日，海关总署印发《关于设置缉私奖励费的通知》，规定各海关每年上缴海关总署罚没收入50万元的，按累计总额的5%，海关总署从办案经费中核拨奖励费，作为自行购买缉私、监管专用车辆及有关设备的费用。

1990年6月13日海关总署印发《关于对检举或协助海关查获低报、瞒报价格案件的有关人员给予适当奖励的通知》，鉴于海关所查获的低报、瞒报价格偷逃税的案件中，有许多是根据知情人的检举和协助查获的，为调动有关人员协助海关开展审价工作和查处低、瞒报价格行为的积极性，按《中华人民共和国海关对检举和协助查获违反海关法案件有功人员的奖励办法》，给予协助海关查缉案件有功人员适当的奖励，所需奖励费用在办案费中开支。

1996年，海关总署印发《海关系统奖励暂行规定》，按照规定，天津海关制定相关奖励办法和实施细则，对查处案件有功单位和个人按贡献大小给予奖励，对有特殊贡献的个人发给特别奖。是年4月29日，天津海关印发《关于对海关工作人员查获走私案件的奖励办法通知》，对查获走私案件本着“一案一奖”的原则，根据个案的实际罚没收入和办案人员的贡献大小，兼顾案情查获的难易程度给予奖励，并规定具体的奖励标准，对海关工作人员向调查部门举报查获的案件以及从关系人处获取情报查获的各类走私案件的奖励标准做出具体规定。

2001年4月12日，天津海关走私犯罪侦查分局经请示海关总署走私犯罪侦查局，拟将走私罪嫌疑人王文安网上追逃奖励金额由人民币9000元，提高至人民币1.8万元。

2002年6月24日，天津海关走私犯罪侦查分局请示海关总署走私犯罪侦查局，拟将“丰联电梯走私案”犯罪嫌疑人王凤桐的上网追逃奖励金额由人民币5000元提高至人民币3万元。

2004年10月23日，天津海关印发《天津海关缉私局举报人奖金及协助办案费管理办法》。

2006年7月，天津海关依据相关规定，向提供线索，并根据所提供的线索查获案值人民币97万元的出口侵权服装案件的举报人，支付奖励金人民币3万元。

2007年4月，天津海关依据相关规定，向提供线索，并根据所提供的线索查获案值人民币24万元的出口侵权服装案件的举报人，支付奖励金人民币3000元。

2011年6月22日，海关总署印发《海关查缉走私毒品案件奖励标准（试行）》。该规定从规范和加强海关查缉走私毒品案件奖励工作，调动关警员打击毒品走私工作的积极性目的出发，对海关查缉走私毒品案件奖励标准做出具体规定，明确集体查获的案件，查获毒品海洛因80千克或易制毒化学品麻黄碱20吨以上可记一等功；查获海洛因15千克或麻黄碱10吨以上可记二等功；查获海洛因5千克或麻黄碱2吨以上可记三等功；查获海洛因1千克或麻黄碱0.6吨以上可予以嘉奖。个人查获的案件，查获毒品海洛15千克或易制毒化学品麻黄碱6吨以上可记一等功；查获海洛因5千克或麻黄碱2吨以上可记二等功；查获海洛因1.5千克或麻黄碱0.6吨以上可记三等功；查获海洛因0.5千克或麻黄碱0.1吨以上可予以嘉奖。

第二节　走私案件处理

对于走私案件的处理是指海关依照法定的程序和国家相关的法律、法规，通过审查案件当事人和各种证据材料，认定违法事实，适用法律、行政法规，对案件作出定性、量罚决定并实施决定执行的执法活动。

天津解放初期，津海关依据《华北区进口货物税暂行办法》和《华北区对外贸易管理暂行办法》对走私案件进行处理。

1951 年 5 月 1 日,《中华人民共和国暂行海关法》施行后，将走私行为列为一般走私行为、重大走私行为和走私罪三个等级。并规定走私案件的处理权属于海关。各部门查获的走私案件和走私物品，不需要追究刑事责任的，在设有海关的地方，应交由当地海关处理，在未设海关的地方，交由县、市一级税务局依照海关法规处理。需要追究刑事责任的，由司法部门依法判处后，走私物品和罚款一律交由海关处理。天津海关执行《中华人民共和国暂行海关法》之规定，对走私行为，基本上是贯彻严缉宽处，教育改造的精神处理案件，对于主动地、有计划的与被迫的无知的或技术上的错误有分别；初犯与重犯有分别；涉及大批货物与零星货物有分别；禁运物品与应税物品有分别。对于无知初犯，零星应税物品，或技术上的错误，原则上是重教育，不予处罚，完税放行，或予退运，或处以轻微的罚款，绝不使其赔本。对于有计划性的走私活动予以重点打击，一般没收走私物品，并处以等值以下罚金；对违章行为，分别情况处以相应数额的罚金。当事人不服海关处分的允许向海关提出申诉。是年 9 月，在全国海关查私工作会议上，确定“严格依法办事，分清对象，区别轻重，处罚与教育相结合”的走私案件处理方针，天津海关严格执行对走私案件处理原则，在案件处理前着重做好调查工作，依据调查的情况，作出正确的处理决定，避免出现处理上的失误。

1952 年，在全国海关关务会议上，对查私工作制定出具体政策，明确对待帝国主义分子、土匪、特务等反革命分子的走私，必须给以坚决的打击与镇压。对于不法资产阶级的走私，在打击其违法一面的同时，注意指导他们遵守法令，进行合法贸易，团结调动他们积极的一面，但对以工商业名义掩护的专营走私组织，则必须从严惩处，以达到摧毁其走私组织的目的。对于运输工具职工、旅客、华侨、边境居民以及沿海渔民的走私，采取教育改造为主的方针，除屡教不改、情节恶劣者应从严处理外，一般酌情从宽处理。天津海关执行海关总署提出的缉私方针，“明确查私对象，加强调查研究，有计划、有目的地重点打击有组织的重大走私”。在处理案件时，则坚持“严格依法办理，分清对象，区别轻重，处罚与教育相结合”的原则，主要打击组织走私的首要分子、惯常收购走私物品者、屡犯以及涉及政治嫌疑的走私犯，对其除将走私物品没收外，并科以罚金，严重的移送司法机关究办。如 1954 年 9 月 28 日，经天津海关建议，天津市人民法院召开公开宣判大会，对走私组织成员进行公开宣判，由海关担任陪审员。同时，慎重处理旅客、船员的走私案件，对为生活而从事零星走私者作没收私货处理，对不知国家法令的初次入境返乡人员，处以罚款或完税放行。

1956 年，进出境旅客人数增多，走私案件也相应增加。天津海关在对走私案件处理时，执行海关总署“既要达到查私目的，又要争取人”的要求，对查获的走私案件，以三种方式酌情处理：在检查行李时能补充申报的，免处罚款，仅对物品做退运处理；属非重大走私及走私惯犯，在调研问话时能主动坦白交代的，一般不没收物品，仅处罚款及物品退运；在海关做出搜身决定时能坦白交代的，也只没收物品，免除罚款。

1957年，天津海关执行海关总署《关于贯彻执行国务院〈关于严格管理外国货物经由西藏地区和其他边境地区流入内地的规定〉的几项补充规定》，严厉查处经由西藏贩运走私洋货到内地的走私活动。但在处理案件时，则依据相关政策，对身份为少数民族的从宽处理，其情节轻微者，予以补税免于处罚，并进行教育，对情节重大者，予以严肃处理；对少数民族上层人物的走私，联系民族事务委员会处理。

1958年，天津海关执行国务院《处理走私案件10项原则》，在处理案件时注意区分“敌我和人民内部两类矛盾”，重点打击集团、惯常、重大走私者，教育并从轻处罚一般走私者。1960年第二季度，天津海关共处理走私案件18起，确定为敌我矛盾的2起，人民内部矛盾的16起，对人民内部矛盾的案件视情况，采取免于处理或没收走私物品结案。

1964年12月5日，对外贸易部海关管理局针对各海关在划分走私界线、掌握案件处理原则，以及核实案情等方面存在的一些问题，印发《关于改进处理走私案件工作的通知》，明确：一是港澳同胞寄给内地亲友的邮包，超过每人每月一次限量规定的，只要有关小包封皮上所写的名字确实是收件人的真名或别名，而且小包又确实是他本人的，不能视为走私；二是进口邮包内放有重点物品未在包外注明的，如果重点物品只是放在包内的衣服口袋里，而没有用其他物品伪装掩护的，不能算为藏匿走私。对于小包中只有一件物品藏有私货的，不能把包内其他没有藏匿私货的物品，也看成是掩护走私，予以没收；三是进口邮包收件人或入境旅客将进口食用物品（钟、表、自行车除外）私自出售，应由工商行政管理部门按违反市场管理规定，进行处理。海关不能因为邮包收件人曾经私自出售过进口邮递物品，而把正常邮寄给他的进口邮包，也作为走私处理；四是入境旅客藏带必须申报的重点物品，但没有超出自用家用合理数量和免税、限量的范围，或者携带一般物品，并公开放在行李内，在海关检查询问时未据实申报，发现后均不能按走私处理；五是市场上买卖走私物品的案件，海关已向买方追补税款的，一般对买方可不再追究。但如果购买人是惯常、重大的捣卖私货分子，仍可以根据情节，没收捣卖人手中的私货或者处以罚款；六是确立走私案件，要靠真凭实据，不要轻信口供。尤其对重大复杂和事后发生的案件，更应充分掌握案情有关的可靠材料，对于在查问中当事人所交代的情况，应当认真进行核对，不能仅凭口供或片断材料，分析定案。对于套汇案件，应当取得套汇人和国内被套汇的关系人的书面证据。对于走私申诉案件，应对当事人所提事实和理由，逐一核对落实。天津海关按照《关于改进处理走私案件工作的通知》精神，在处理查缉的案件时，以有无逃避海关监管的故意行为作为区分是否违章的标准，如果没有主观故意以走私牟利为目的动机的，按违章行为处理。

1966年，天津海关根据海关总署指示精神，对走私违章案件处理工作以“扩大教育面，缩小打击面”为原则，对当事人重在说服教育，做思想政治工作，如其认识错误，有悔改表现，多给予从宽处理。

“文化大革命”期间，由于国家的法律体系和海关的缉私工作都受到严重的干扰破坏，天津海关的缉私工作亦受到影响，对走私案件的审查工作也无法正常进行。

1980 年 1 月 1 日,《中华人民共和国刑法》正式生效，该法第 118 条规定：以走私、投机倒把为常业的，走私、投机倒把数额巨大的或者走私、投机倒把集团的首要分子，处 3 年以上 10 年以下有期徒刑，可以并处没收财产。给海关审理处置走私犯罪活动提供明确的法律依据和量刑尺度。1981 年 1 月 7 日，国务院发布《关于加强市场管理打击投机倒把和走私活动的指示》，是年 5 月 30 日，天津市人民政府发布《关于打击走私贩私活动的公告》，定性 8 类走私行为，并明确对走私行为由海关依据情况，分别处以强制收购，补税，补价，罚款，没收，或没收加罚款。对集团性的、惯常性的、武装掩护的或数额巨大的走私犯罪分子，必须依法严厉制裁。自动投案的，可酌情从轻处理。1982 年 3 月 8 日，全国人民代表大会常务委员会公布《关于严惩严重破坏经济的罪犯的决定》，对《中华人民共和国刑法》中一些涉及走私犯罪的条款作相应的补充和修改。在这一时期，天津海关按照国家和天津市相关法律、法规和文件的要求，加大对走私犯罪案件的查缉审理力度，严格区分走私与非走私、自用和贩卖、不明法令和有意违法，以及个人行为或属国家机关、企事业单位所为的界限。对一般不明法令的，着重思想教育，补税结案；对少量走私自用的，以批评教育为主；对惯犯、以走私为业从事大量走私的则予以坚决打击，没收走私物品，并处以罚款。通过依法严惩走私违法行为，遏制猖獗的走私等经济犯罪活动。是年，根据海关总署的相关规定，天津海关在总关和分关设立两级案件审理委员会，划定走私案件按照案值大小，分别交由总关、分关案件审理委员会审理。对违章案件的审理，以案值大小为处理权限的划分。

1984 年，海关总署对进出口货运中违章行为定性做出新的调整，普通货物在货物和运输工具进出口申报时，由于不明规定或工作失误，没有如实向海关提供有关货物或运输工具情况的，非故意而为的，认定为违章行为，处理时以教育处罚为主。

1985 年，天津海关执行国务院《关于严禁淫秽物品的规定》，对携带进境的各种淫秽书籍、录像带等，不论出于何种目的，一律予以没收，并视情况处以罚款。

1987 年 7 月 1 日,《中华人民共和国海关法》和《中华人民共和国海关法行政处罚实施细则》同时施行，对走私行为列为走私罪、以走私罪论处、走私行为以及走私行为论处 4 个类别。同时对走私行为与违反海关规定行为的性质予以划分：一是侵害的客体不同。走私行为侵害的客体是国家对外贸易管理、进出口物品管理或关税管理；违规行为侵害的客体除有些涉及上述问题外，主要是海关正常的监管程序、手续和要求；二是违法的客体方面不同。走私行为在客观上必须是既违反进出口管理法规，非法进出口物品，又逃避海关监管，产生破坏经济秩序的结果，违规在客观上则主要是没有按照海关章则法令办事，导致违反海关法所调整和保护的社会关系和经济秩序；三是行为人的主观方面不同。走私行为的主观方面必须是出于故意，违规行为的主观方面则有故意与非故意两种。

天津海关在对走私案件实施处理时，实行调查案件与审理案件分管制，在处理案件时实行调查人员、案件审理人员和领导的“三结合”体制，对案件实行三级管理。对重大走私案件或政策性强、影响大的案件则由天津海关“案件审理委员会”研究决定。

规定当事人对海关的处罚决定不服的，可以向做出决定的海关或上一级海关申请复议，也可以向人民法院起诉。并在法律中首次规定对企事业单位、国家机关、社会团体犯走私罪的，依法追究刑事责任。天津海关结合关区实际，制定具体操作办法。按照海关法对走私行为，处理原则和尺度进行处理，在案件处理上，坚持重证据、重事实，教育为主、处罚为辅，重点打击大要案为主的方针。实行调查案件与审理案件分管制，在处理案件时实行调查人员、案件审理人员和领导三结合制，对案件实行三级管理。对重大走私案件或政策性强、影响大的案件由“案件审理委员会”研究决定。

1988 年 1 月，全国人民代表大会常务委员会发布《关于惩治走私犯罪的补充规定》，对走私犯罪的刑事处罚作出补充规定，个人走私货物、物品价额在 2 万元以上的，依法追究刑事责任。

自 1987 年《中华人民共和国海关法》实施至 1990 年底，天津海关处罚走私案件 490 起，受海关处罚的当事人不服海关处罚复议申诉的案件有 11 起，所申诉案件维持原处理意见的 8 起，变更 3 起，无一起案件向法院起诉。

1992 年，天津海关执行海关总署《查获走私、违规案件报告制度》和《关于走私违规大要案审理报告制度的规定》，对个人走私案件案值在人民币 30 万元以上的，单位走私案值人民币 100 万元、违规案件案值在人民币 200 万元以上的，在作出行政处罚决定前，按海关总署规定的报批手续和程序，提出处理意见，报海关总署审批。

1996 年 10 月 1 日，《中华人民共和国行政处罚法》正式施行。是年 10 月 14 日，海关总署印发《关于实施行政处罚法的通知》，对海关行政处罚程序作出规范。是年 12 月 1 日，《中华人民共和国行政处罚法实施暂行办法》实施，规定海关做出取消或暂时取消企业报关资格、吊销报关员证书、对自然人处以 1 万元以上、法人或其他组织处以 10 万元以上的罚款，以及海关认为有必要进行听证的其他行政处罚，在行政处罚决定之前，应告知当事人有要求举行听证的权利。当事人要求举行听证的，海关应组织听证，建立健全海关处罚听证制度。天津海关按照海关总署的要求，落实听证制度。

1997 年 10 月 1 日，施行的《中华人民共和国刑法》对不同情节的走私罪刑事处罚作出规定，将走私普通货物、物品罪的起刑点修改为偷逃应缴税额在 5 万元以上。同时明确海关查获的走私犯罪案件均移送司法机关追究刑事责任。此后，天津海关将所查获的走私犯罪案件全部移送司法机关。

1949 ~ 1990 年天津海关查缉的走私违规案件统计表

表 7-3-2-29

年份	查获案件（起）	私货估值（万元）
1949	178	14103
1950	332	32600
1951	470	365648
1952	291	102
1953	153	150000
1954	204	36000
1955	160	40
1956	62	25
1957	48	16.9
1958	109	48.4
1959	109	16.4
1960	104	5.4
1961	132	36.5
1962	321	5.0
1963	84	3.7
1964	61	2.7
1965	24	1.5
1966	—	—
1967	—	—
1968	—	—
1969	9	0.7474
1970	5	2
1971	8	1.3
1972	13	3.4
1973	23	4
1974	83	23
1975	109	5.3
1976	93	3.5
1977	178	5.1
1978	120	6.6
1979	14	3
1980	923	95.2
1981	1414	188
1982	594	422

续表 7-3-2-29

年份	查获案件（起）	私货估值（万元）
1983	740	89
1984	338	95
1985	389	3297
1986	248	652
1987	331	1873.5
1988	88	1350
1989	132	2136
1990	139	274

1999 年，天津海关走私犯罪侦查分局成立。是年起，天津关区所查获的走私犯罪案件，一律由该局立案侦查，不再移交地方公安机关。侦查分局成立后，与有关部门密切配合，侦破一批走私犯罪案件，涉案走私分子受到法律制裁。是年 5 月，海关总署走私犯罪侦查局下发《走私犯罪侦查机关案件审查办法（试行）》，规定侦查部门负责侦办的案件，由侦查部门按照有关规定制作报告文书，经由法制部门提出审查意见，报侦查机关负责人批准。6 月，海关总署走私犯罪侦查局关于对涉嫌走私犯罪的外国人采取强制措施执行程序有关问题发出紧急通知，要求对涉嫌走私犯罪的外国人采取拘留、监视居住或者取保候审的，有关分局在采取强制措施 48 小时内，传报海关总署走私犯罪侦查局转报公安部。

2000 年 7 月 8 日，第九届全国人民代表大会常务委员会第十六次会议通过重新修订的《中华人民共和国海关法》规定，海关侦查走私犯罪公安机构、拘留、执行逮捕、预审职责。各有关行政执法部门查获的走私案件，应当给予行政处罚的，移送海关依法处理，涉嫌犯罪的，应当移送海关侦查走私犯罪公安机构、地方公安机关依据案件管辖分工和法定程序办理。

是年 9 月，最高人民法院颁布《关于审理走私刑事案件具体应用法律若干问题的解释》，就审理走私刑事案件具体应用法律的若干问题做出补充解释，其中包括走私普通货物物品、淫秽物品及固体废物等罪名。同时规定单位走私普通货物、物品罪案件的起刑点由偷逃应缴税额人民币 5 万元调高至人民币 25 万元。天津海关执行海关总署《关于调整审批案件权限的通知》，提高行政案件的案值审批权限，对查处案值在人民币 1000 万元以上的案件，在作出行政处罚决定前，报海关总署审批。

是年，天津海关实行案件审批和责任追究制度，强化管理机制。对受、立案，强制措施适用、变更、撤销等环节实行侦查员、科、处、局逐级审批制和责任追究制，并建立案件归档制度和案件进展一览表，使执法工作更加严谨。加强业务培训，提高执法素质。分局在继续开展“四法三规”学习的基础上，开展“岗位练兵”，组织业务考核。各部门经常进行案件分析会、业务知识讲座和经验交流等活动，使侦办人员的执法能力和综合素质得到提高。经常组织执法检查，杜绝执法过错发生。分局认真开展执法检查，在海关总署侦查局“百案大倒查”“纠风整纪自查互查”的基础上，对取保候审保证金的管理，强制措施的变更，法律文书的制作和犯罪嫌疑人扣留物品保管等环节进行专项检查，及时将发现的问题进行通报并监督业务部门进行改正。

2001 年，海关总署走私犯罪侦查局与最高人民检察院公诉、侦监厅和最高人民法院刑二庭协商确立联席会议制度，协商解决执法办案中法律疑难问题。各地海关走私犯罪侦查分局也与当地检察院、法院定期召开联席会议，协调和解决在办理走私犯罪刑事案件过程中遇到的难点。此后，天津海关与天津市检察院、法院建立起联席会议制度。

2002 年，海关总署指定《海关缉私部门办理走私、违规以及其他行政违法案件若干问题的暂行规定》，明确规定对走私等行政违法案件的查处，由案发地处级以上海关缉私部门管辖；对海关监管业务现场发现的走私等行政违法案件或者线索，应当由现场业务部门直接移交有管辖权的海关缉私部门办理；对地方公安、工商行政管理和烟草专卖等执法机关查获的需要移送海关处理的走私等行政违法案件，由有管辖权的海关缉私部门统一受理并负责查处；对经过海关缉私部门侦查认为不构成犯罪或者情节显著轻微，不予追究刑事责任的，以及经人民检察院审查依法不起诉，或者经人民法院审理依法免予处罚，但需要海关行政处罚的案件，由海关缉私部门统一处理。是年，天津海关走私犯罪侦查分局执行最高人民法院、最高人民检察院、海关总署联合下发的《关于办理走私刑事案件适用法律若干问题的意见》，在办理案件过程中，严格依法办案，注意加强电子数据证据的收集、保全、提高破案效率。

2003 年 7 月，海关总署印发《海关行政案件审理工作规程（暂行）》，明确规定审核案件的证据材料和适用的法律程序，准确认定案件事实，正确适用法律、行政法规、部门规章，合法、公正、及时处理走私、违规及其他行政违法案件。案件实行专人审理、分级审批，重大、疑难及给予较重处罚的案件由案件审理委员会审议。是年 9 月 23 日，天津海关印发《案件审理委员会议事规则》，对设置和人员组成、议事范围、议事程序等作出具体规定，规范和加强案件的审理工作。是年 11 月 27 日，天津海关缉私局印发《天津海关缉私局关于适用简化程序查处行政违法案件实施办法（试行）》，简化案件移交、报批等程序，以提高行政违法案件查处工作效率，保护行政处罚相对人的合法权益，依据《海关缉私部门行政违法案件调查工作规程》《海关行政处罚审理工作规程》的有关规定，结合缉私局工作实际，制定相关工作规范。

2004 年 11 月 1 日，《中华人民共和国海关行政处罚实施条例》正式施行，天津海关执行该条例，规范行政处罚行为。

是年，天津海关收到控告天津海关缉私局所属新港海关缉私分局违法办案一事的《海关总署缉私局督察受理检举控告登记表》，该局党组立即责成督察部门对所控告的内容进行调查。经查，2003 年 12 月 18 日，华德公司委托河南经贸国际运输有限公司向天津新港海关申报免税进口 5 套威尔顿织机。新港海关经查验，并由中国进出口商品检验天津公司认定，货物大部分为旧设备，涉嫌逃税、逃证，于 2004 年 1 月 7 日，移交新港海关缉私分局处理。新港海关缉私分局当日即派员赴华德公司调查，并于1月30日行政立案，2月10日将涉案货物依法扣留。2月10日，商检天津公司出具检验鉴定报告，再次确认涉案的5套威尔顿织机均为旧设备。新港海关缉私分局鉴于该批货物涉嫌偷逃税款人民币300余万元，于2月26日对此案立案侦查。对华德公司法定代表人白某某取保候审，由于其为郑州市、巩义市两级人大代表，新港海关缉私分局于6月22日依法报请郑州市人大常委会批准，后虽就此事又进行多次交涉，但未得到合法、合理的答复，导致案件进展困难，涉案货物亦无法进行相应的处理。在控告信中，华德公司控告海关有非法扣留货物、索贿、诱供、非法搜查、刑讯逼供等违法行为。针对控告内容经调查，所谓非法扣留货物，事实是新港海关因货物涉嫌走私而决定不予放行，属于海关正常的监管措施，并非对货物进行扣留；所谓索贿一说，只是天津货贷的人员个人提出要花钱疏通海关人员，而新港分局的办案民警从未就案件及货物处理对外发表过任何意见，也不存在索贿问题；关于诱供问题，办案民警于2004年1月18日、2月26日和4月3日对当事人进行询、讯问的笔录，以及当事人亲笔书写的情况说明内容基本一致，不存在诱供问题；关于非法搜查，调查人员查阅有当事人本人签字和指印的搜查笔录，其亲笔签署的“被搜查人意见”为:“在搜查过程中，侦察员依法搜查，搜查过程中未出现任何物品损坏丢失情况”，故此说亦不成立。对刑讯逼供等违法行为的控告内容也无证据支持。经过调查却证实，该公司曾试图对办案民警进行干扰恐吓和拉拢腐蚀。2月26日，办案民警在郑州海关缉私局民警的协助下到该公司调查取证时，受到该公司纠集的20余名无关人员的拦截、围堵、跟踪；该公司有关人员及当事人本人曾先后于2月26日、4月30日试图将高级香烟、礼品、银行现金卡等赠送给办案民警，均被严词拒绝。最终调查结果证明所有控告内容不实。

2005年，海关总署缉私局制定《海关缉私部门刑事执法过错责任追究暂行规定》《海关缉私刑事执法部门与行政执法部门案件移送程序规定》，与最高人民检察院侦查监督厅、公诉厅和最高人民法院刑二厅联合印发《关于建立重大走私刑事案件挂牌督办制度的通知》，天津海关缉私部门遵照执行。

2005年8月1日,《海关总署关于行政处罚案件审批权限的规定》实施，规定各海关对货运渠道和海上案件案值在人民币1000万元以上、收缴物品价值在人民币500万元以上，对案件在人民币500万元以上案件拟减轻处罚的幅度低于规定下限的行政处罚案件，在告知前上报海关总署审批。

2006年，根据海关总署缉私局部署，推广“网络缉私”、电子信息取证等侦查工作方法，完善重大刑事案件督办制度，协调、推进与检、法机关同步督办，强化对案件侦办工作的指导协调和法制监督，促进走私犯罪案件处罚能力的提高。

2006年3月1日,《中华人民共和国海关行政处罚听证办法》施行，规定海关做出暂停从事有关业务、暂停报关执业、撤销海关注册登记、取消报关从业资格，对公民处人民币1万元以上罚款、对法人或其他组织处人民币10万元以上罚款、没收有关货物、物品、走私运输工具等行政处罚决定之前，应当告知当事人有要求举行听证的权利；当事人要求听证的，海关应当组织听证，进一步完善海关行政处罚听证制度。

2007 ~ 2008 年，天津海关缉私部门执行国务院《关于进一步加强反走私工作的通知》和海关总署《关于在缉私办案中实施宽严相济和加强理性执法若干问题的指导意见》，严把办案质量关，严格按照程序规定办理走私犯罪刑事案件。

2011 年 4 月 28 日，天津海关根据海关大监管体系建设的要求，以及人事变动的情况，重新调整天津海关案件审理委员会的成员，调整后的委员会由 12 人组成，关长李佩林任该委员会主任。

2013 年 5 月 2 日，天津海关在各主要业务现场正式启动业务现场简易案件处罚工作。为保证此项工作的顺利开展，事先对 100 余名现场执法关员进行上岗前培训，归纳简易案件的 19 种违法类型、取证要求、处罚标准逐一进行讲解。参加培训的执法关员通过考核，合格者颁发《海关查缉证》，持证上岗。天津新港海关成立简易案件当场处罚工作组，现场业务处制定《适用简易程序实施行政处罚的实施方案》，在办案过程中，强化内部审批、双人办案和争议提交等监督机制。截至 2013 年底，天津海关成功办结行政处罚简易案件 2299 起，平均办案周期缩短 50%，当日案件办结率达到 90%，案件 100% 执行结案。

2002 ~ 2014 年天津海关缉私局侦办的行政案件情况一览表

表 7-3-2-30

年份	案件数量（起）	案值（万元）	涉税（万元）	罚没入库（万元）	补税（万元）
2002	9	340	62	—	—
2003	346	142990	6896	6844	—
2004	141	60079	3127	3367	—
2005	268	67845	2844	7042	4160
2006	497	64371	2685	6068	2355
2007	776	68322	2098	6169	1805
2008	2804	151253	6035	7725	1535
2009	1849	64855	2329	9066	1791
2010	2611	279390	39462	10286	1309
2011	3941	101818	2445	10297	2684
2012	6050	114692	2329.89	14464	302
2013	6136	126907	1250.93	5754	—
2014	5562	165839	2571.97	10256	—
合计	30990	1408701	74135.79	97338	15941

表 7-3-2-31

1999 ~ 2014 年天津海关缉私局侦办的刑事案件情况一览表（一）

年份	立案数（起）	案值（万元）	涉税（万元）	破案数（起）	案值（万元）	涉税（万元）	移诉数（起）
1999	38	47092	10708	23			5
2000	40	21936	13203	19	9923	5964	15
2001	27	17337	6339	29	38370	21252	24
2002	11	7169	3800	9	3021	1777	11
2003	24	92447	4205	20	16744	3842	13
2004	27	30637	5510	27	86810	6948	30
2005	29	51619	7230	22	28167	3606	15
2006	25	83968	4885	20	44749	2769	13
2007	31	65976	6760	23	61051	7199	16
2008	23	25784	2419	11	33169	2501	14
2009	40	135566	10169	36	44005	3432	28
2010	57	956486	68288	48	137922	5857	47
2011	85	155862	23655	53	249390	29499	51
2012	101	649134	162738.03	69	685168.05	139551	59
2013	97	112077	6615.95	11	6800.02	577.27	27
2014	111	320958	48145.94	0	138954.83	9668.7	66
合计	766	2774049	384670.92	420	1584243.9	244442	434

1999～2014 年天津海关缉私局侦办的刑事案件情况一览表（二）

表 7-3-2-32

年份	移诉人数（人）	判决起数（起）	判决人数（人）	3 年以下（人）	3～10 年（人）	10 年以上（人）	虚刑（人）	抓获人数（人）
1999	13	1	5	1	2		2	
2000	37	6	10	3	2	2	3	
2001	59	13	38	1	6	10	21	181
2002	65	12	22	6	1	1	15	32
2003	32	8	15	4	1	3	7	57
2004	80	15	25		3	3	19	71
2005	30	11	30	1	3		26	46
2006	24	15	27	4	1	1	21	48
2007	36	12	20	1	1	2	16	76
2008	40	10	23		1		22	48
2009	48	16	25	3	1	5	16	71
2010	76	26	43					109
2011	78	36	56					123
2012	93	46	65					121
2013	52							101
2014	89							116
合计	852	227	404	24	22	27	168	1200

注：1999 年天津海关走私犯罪侦查分局成立时，调查局机构尚在，根据职责分工，行政案件由调查局负责，故缉私局行政案件由 2002 年调查局撤销后开始统计

第三节　反走私综合治理

自新中国成立后，新中国的反走私工作始终坚持打人民战争，依靠广大人民群众和各相关部门的通力合作。至 20 世纪 90 年代，正式确定为反走私综合治理。

天津解放后，实行联合查私制度，天津海关作为查缉走私的主要部门，会同公安局、邮电局、工商局、银行等部门联合组织开展查缉走私工作。1951 年，天津海关与天津对外贸易管理局、中国银行天津分行制定实施“联合审价办法实施条例”，规范商品进出口行为。与天津港务局订立《联合检查通则》，对国际航行船舶实施联合检查。与天津市人民法院会商订立关于处理走私案件的联系办法，就处理走私案件建立联合机制，保证走私案件查缉和处理工作顺利开展。

1953 年，中央人民政府对外贸易部、海关总署等 12 个国家机关召开联合查私会议，建立地方联合查私会议制度。天津海关在天津市外贸局的领导下，主持制定《天津市联合查私会议暂行

制度》，确定13个部门共同负有查缉走私的责任，并明确各部门的工作分工，联合查私会议定期召开，通报情况，作出决策。是年，在打击火石走私的行动中，公安局、税务局配合海关开展调查、审讯工作，公安局所属的16个派出所先后派员参加行动，成功告破火石走私案件，有效地打击火石走私团伙。

1954年，召开天津市地方联合查私会议，进一步明确分工，各单位在反走私斗争中的联系配合进入有组织、有计划的新阶段，各部门互相交换情况，共同研究，配合行动得到保障。是年起，对市内走私活动的侦查，逐步过渡到由公安部门负责，从而提高侦查效率。1955年开始，天津海关落实联合查私制度，配合公安机关对社会上疑似走私分子进行排队摸底，共整理出450名走私分子的材料，并逐一甄别，对有重大嫌疑的进行重点监视。海关将所掌握的走私材料提供给公安机关，公安机关根据这些材料掌握一些贩运私货和船员走私的具体材料和市内走私的基本情况。两年时间，记录在册的人员中先后有26人被控制。

是年，配合私营企业的社会主义改造工作，天津海关与中国银行联合组成专门小组，在天津市私企改造委员会和对外贸易局的布置与领导下，全面清理天津市私营进出口商历年逃汇和违章等案件。至1955年底，追回外汇折合港币32000多元，收缴罚款及押金计人民币50万元（旧币）。不仅为国家建设增加部分资金，而且对严肃法纪、推动私营企业的改造起到一定的促进作用。

1959年，正值纪念新中国成立10周年，天津海关协助公安机关打击境外敌对势力的政治性破坏活动，配合公安部门抓获以船员身份为掩护的特务分子2名。

1964年，根据外贸部海关管理局制定的《海关查私工作试行规则》精神，天津海关坚持海关查私与群众反走私相结合的原则，集中力量打击政治性和集团的、惯常的、重大的经济性走私活动。

1968年，天津海关联合工商、税务等部门向全市印发《在革命大批判中开展反走私，加强市场管理》的公开宣传材料1万份，指出走私、倒卖的危害性，发动广大群众与走私倒卖活动展开针锋相对的斗争。

1973年3月，天津海关在全国海关查私工作会议上介绍“恢复和加强联系配合，搞好查私工作”体会，提出“海关与公安、银行、税务，工商等部门是紧密配合、互相支持的有机整体，恢复和加强与这些部门的联系配合，是积极开展反走私斗争，搞好内地查私的重要保证。”在反走私斗争中，会同天津市的“清理指挥部”（以公安为主）和“打击投机倒把办公室”（以工商为主），组成联合专案组，共破获走私、倒卖案件8起，其中走私倒卖惯犯张某用黄金到某驻华大使馆换取手表一案，查获走私进口英格手表52块、黄金500余两，全案估值人民币5万余元。在办案过程中，天津海关与当事人所在单位结合组成专案组，以单位为主，海关介绍案情，宣传政策，支持、配合破案工作。天津海关用协同办案的方法先后破获走私、倒卖案件12起。在平时加强反走私宣传工作。天津海关先后印发《有关处理走私案件的文件资料》汇编500本，通过实际案例介绍查私工作的内部资料5000份，发至有关部门的基层单位。天津海关与公安主管华侨的部门、银行国外业务部、华侨集中的派出所等重点单位举行座谈会，介绍海关有关政策、规定，收集、发现走私线索。仅1972下半年，公安、银行两个单位就向海关提供逃套汇线索近20起。另外，天津海关与工商部门签订《关于反走私斗争和市场管理工作中建立分工联系的制度》，明确职责分工，加强部门之间的联系配合；与税务部门制定《关于加强对国外带进自行车的管理规定》，明确进口新车领照时，税务部门凭海关验证才能办理手续。

“文化大革命”后期，最高人民法院、外贸部、财政部、公安部、商业部、总参谋部联合印发《关于在反私斗争中加强联系配合的指示》，要求各地认真贯彻执行党在整个社会主义历史阶段的基本路线，在反走私斗争中进一步加强联系配合，坚决打击阶级敌人的破坏活动和制止投机牟利行为。根据这一指示，天津海关主持制定联合查私配合办法，对海关和公安部门的工作做出明确分工。确定海关负责作好港口、机场、车站、邮局等现场的查私工作，并向公安部门介绍走私情况、通报有关查禁走私的法令、规定；公安部门发现走私线索，要及时与海关联系，凡经海关审查认为属于重大的和集团性走私案件，一律由海关交由公安机关负责侦破，海关予以配合。公安机关在查清全部违法事实并确定为走私行为后，将案情材料及有关物品一并移交海关处理。

1980年，天津海关参与制定《天津市人民政府关于打击走私、贩私活动的公告》，并印刷2万份公开张贴、宣传。并分别通过报刊、电台、电视，以通讯、特写、报道、问答、新闻和“为听众服务”等多种形式，发表宣传反走私内容的稿件20多件。以法制宣传报告会的形式，向外事、侨务、工会、公安等部门的干部群众2000多人，宣传海关政策和反走私工作。天津塘沽分关还与该地的文化馆一起，举办小型反走私展览会。通过宣传、教育、发动群众，形成全社会反走私的声势，两年间，公安部门及所属各系统、分局、派出所为海关提供线索200多起，仅1982年上半年海关就收到群众揭发走私线索的检举信50封，海关根据群众的检举，查获天津油墨厂副厂长套汇港币5300元，购买18英寸彩电1台、收录机4台及手表的案件。

1981年3月，国务院成立打击走私临时领导小组后，天津市明确由一位副市长主管查私工作，海关和公安局负责打击走私的日常工作。是年6月4日，天津市人民政府发布《关于打击走私贩私活动的公告》，明确属于走私的若干行为，以及走私应负的法律责任，要求全市广大干部、群众自觉遵纪守法，不买私，不卖私，并积极检举揭发走私贩私活动。

1983～1984年，天津海关针对天津口岸走私贩私活动增多，加大反走私宣传力度。除通过电台、电视台、街头宣讲等方法开展宣传外，还通过报纸、橱窗展览开展宣传，1984年，先后在《中国法制报》《今晚报》刊载多篇以典型案例为主的报道，并在市内繁华地区举办3期以查禁走私为内容的图片展览，观看者达20多万人。

1984年，天津海关分管河南省的缉私工作。根据昆明海关提供的昆明市某汽车司机走私手表6只，在河南省周口地区出售的线索，天津海关与河南省和周口地委配合在该地区开展一次反走私斗争。天津海关、当地领导部门指派的干部一起组成专门班子，周口地区各县委都指定一名书记亲自部署反走私工作，编印“反走私斗争宣传提纲”散发至各单位，并先后在9县1镇举办巡回反走私展览，共接待观众近3万人次。在普遍宣传的基础上，当地群众对走私、贩运、购买走私物品危害性认识得到提高，有的揭发检举走私活动，有的主动检查进行登记。在2个月内，共查获走私手表400只。

1989年，天津市文化市场管理委员会开展“扫黄”活动。天津海关予以配合，主动向天津市委宣传部汇报海关对进出境非贸印刷品、音像制品监管工作情况，争取当地有关部门的支持配合，并制定具体措施加强对出境印刷品的查验工作。

1991年10月，根据全国打击走私工作会议精神，天津市召开打击走私工作会议，提出要充分认识走私犯罪活动对社会稳定和经济发展的严重危害，切实加强对反走私的领导，坚持“露头就打”的原则，依法从重从快打击走私犯罪，在斗争中要按照“海上抓、岸边堵、陆上查、市场管”的总体方针，全方位开展打击走私贩私活动，实行综合治理。翌年4月30日，天津市打击走私领导小组成立，由主管外贸、商务工作的副市长担任组长，市政府副秘书长、天津海关关长、市公安局局长任副组长，成员包括市口岸委、市工商局、市财政局、市烟草专卖局、市民航局、市港务局、天津铁路分局、塘沽区政府主管领导，领导小组负责统一组织和协调天津市的反走私斗争。领导小组成员单位要协同作战，本着“露头就打”的原则，开展打私专项斗争和联合行动。

1998年天津市在原有打击走私领导小组基础上成立市打击走私综合治理领导小组，在天津海关设立打击走私办公室，确定专人组织开展日常工作。领导小组成员主要由政府职能部门组成，并根据工作需要逐年调整。成员单位设联络员负责联系工作。打击走私综合治理领导小组和打击走私办公室的主要任务是指导、检查、协调、监督各部门反走私联合行动和综合治理工作。

1999年以后，天津海关深化缉私体制改革，树立大缉私观念，建立反走私责任制，明确各级领导的职责，一级抓一级，一级对一级负责。全市各相关执法部门密切配合，互相支持，联合行动，综合治理，在全市形成严厉打击天津口岸走私违法犯罪活动，多管齐下的反走私局面，为天津市的改革开放和经济建设服务。天津海关在打私综合治理过程中，采取多种形式宣传《海关法》等反走私法律、法规，坚持“打防结合、以防为主”的工作方针，与公安、工商、烟草等缉私执法部门密切配合，形成严厉打击走私态势。

2002年，天津海关与12个政府部门和行业主管部门签订合作备忘录，与工商管理部门配合，实行“路上查、市场管”的打私原则，对全市178个大中型商场、9个电器专业市场和24个销售进出口商品的商场进行专项检查，集中整治塘沽新洋货市场及周边地区的走私贩私行为，对走私照相器材、家电、通讯器材、汽车、化妆品等违法案件进行查处。与天津市烟草专卖局配合，坚持“辖区管理、守土有责”和“内清外打”的原则，强化市场管理，把打击卷烟走私与打假、打非统筹兼顾，整顿卷烟市场的流通秩序。天津海关主动到港务、船务、货代公司召开政策宣讲会，宣讲新海关法等国家政策；规范企业行为，从源头上杜绝走私、违规现象发生，并通过报

图 7-3-3-40　2011 年天津市反走私综合治理工作会议现场

纸、电视等媒体宣传打击走私综合治理的成果。

2003 年，天津市打私办协调打私领导小组各成员单位，按照全市统一部署和市领导要求，结合天津口岸走私违法活动形势及特点，制定《天津市开展打私专项斗争和联合行动实施方案》，建立反走私责任制。

2004 年 5 月，根据全国打击走私领导小组办公室的指示精神，天津市打私办机构设置由天津海关调查局移交至天津海关缉私局。为保障打私办职能的顺利移交，天津海关缉私局指定缉私局办公室承接打私办的职能和工作，并注意创新工作方法，全面推进天津市的打私工作，促进反走私综合治理整体效能的发挥。

2006 年 6 月，天津市反走私工作领导小组组织召开全市 19 个反走私综合治理成员单位负责人及联络员参加的反走私综合治理工作部际联席会议，并印发《天津市反走私综合治理工作联系配合办法》。

2010 年，天津市滨海新区成立预防和打击走私工作领导小组，由主管商务工作的副区长任组长，成员由新区相关职能部门、功能区管委会分管领导组成，下设办公室。负责指导、检查、协调、监督新区的打击走私综合治理工作。

2012 年，天津市打击走私综合治理领导小组在各区（县）建立打击走私综合治理工作联络员制度，由区（县）政府办公室一名副主任任联络员，负责组织、协调本区（县）的反走私综合治理工作。

2014年，海关总署下发《海关总署党组关于加强新形势下打击走私工作的意见》，明确在全国42个直属海关缉私局设立三大战区，从各战区中选择一个综合实力强、业务类型全、实战经验丰富、资源优势大的直属海关缉私局作为“战区中心局”。第一战区主要包括华北、西北、东北“三北”地区和环渤海经济圈，含括北京、青岛、大连、石家庄等18个关区，天津海关缉私局被列为第一战区中心局。是年，天津市打击走私办公室印发《2014年天津市打击走私综合治理工作要点》和《天津市打私办关于联合开展打击农产品走私“绿风”专项行动的通知》。滨海新区、津南、和平、北辰、东丽、红桥等区（县），市农委、人民银行、边防、边检、国税、工商、公安等职能部门也在此基础上制定本部门“绿风”行动方案，提升专项行动开展的针对性和有效性。同时，天津市打击走私办公室与全市各区（县）签订《打击走私综合治理责任书》，将打击走私综合治理工作责任具体到区（县），落实到人，形成齐抓共管反走私的良好格局。

第八篇

海关统计

海关统计是《中华人民共和国海关法》赋予海关的四项基本职能之一，是国家国民经济统计的组成部分。海关统计的主要任务是对进出口货物实施贸易统计调查、统计分析和统计监督，提供统计服务。海关统计通过对进出口监测预警，编制、管理和公布海关统计资料，客观地反映国家对外贸易和海关依法行政的过程和结果，是国家制定对外贸易政策、进行宏观经济调控的重要依据，是研究中国对外贸易发展和国际经济贸易关系的重要资料。

新中国成立后，天津海关的统计工作随着时代的变迁，经历过波澜起伏的变化沿革。自1949 ~ 2014年的65年间，天津海关统计工作的发展历程概括分为四个阶段：

海关统计工作发展起步时期（1949 ~ 1967年）。在1949年1月天津解放至1967年海关停止统计工作的18年里，天津海关统计工作的主要任务是向海关总署提供与海关统计相关的原始资料；主要工作内容是按照《中华人民共和国对外贸易海关统计制度》的规定，在进口货物完成验放手续，出口货物以及装运货物的运输工具结关放行后，将收、发货人或其代理人向海关交验的进出口许可证、进出口货物明细单或者免领许可证进出口货物验放凭单和其他单据。天津海关将统计的原始资料，按照对苏联和人民民主国家贸易及对资本主义国家贸易类别，区别编号、批准代号，把报单装订成册，按规定送至海关总署。其间，海关统计数据审核的重点随着不同时期的工作特点多次发生变化，如1950年增列经营成分指标，对社会主义与资本主义成分经营比重进行比较。1952年，为“更准确地观察我与兄弟国家贸易日益繁荣的情况”，开始对苏新贸易和资本主义国家贸易分别统计并分别以卢布和美元计值。由于当时过度重视“经营成分”，导致忽略海关统计中“重量”“产销国别”“商品构成”等基本指标。1953年后，国家大规模的开展经济建设，海关统计工作的作用日益重要，政务院发布“关于充实统计机构，加强统计工作的决定”，明确海关统计是国家编制计划与决定政策的重要依据，海关统计的定位也适时调整。海关统计不单是海关业务统计，其作用在于全面地系统地反映国家对外贸易商品的实际进出口情况，以简单扼要的指标说明国家对外贸易在一定时期的历史发展。同年，外贸管理局与海关合并，将合并前外贸管理局批准统计与海关作实际进出口统计的两部分工作合并，进一步强化海关提供统计原始资料的工作职能。1954年，为正确反映国家对外贸易的商品构成，统计指标进一步调整，采用中华人民共和国对外贸易部统一商品目录（草案）编制统计。1955年，统计工作由办公室领导，与海关对实际进出国境货物的监管、查验、征税工作分开。1956年1月，统计工作改由业务处领导，贯彻“在货运监管工作的基础上进行统计工作”的原则，统计工作成为货运监管工作的一部分，不再与业务脱节；1957年1月1日，执行对外贸易部颁布的《统计制度实施细则》，统计工作得到进一步规范。这一阶段，天津海关统计工作在为国家服务的同时，也为天津市政府进行经济决策提供数据支持，对天津市经济发展产生过积极的作用。

海关统计工作减缓发展时期（1957 ~ 1965年）。1956年，社会主义改造基本完成，在对私营进出口商进行社会主义改造后，“关局合并”，国营外贸公司垄断国家的对外贸易，海关统计同外贸进出口业务统计并存，导致海关统计的作用逐渐降低，而外贸部门编制的业务统计资料则成为国家进行政治、经济决策的重要参考依据。其间，海关统计月报表和季报表相继停编，仅保留年报表及年刊。

海关统计工作停滞时期（1966 ~ 1979 年）。“文化大革命”期间，在“统计无用论”等思潮的影响下，国家统计局被撤销，1967 年 1 月 1 日，海关停止统计工作。是年 9 月 14 日，因“与外贸部门业务统计重复”，根据对外贸易部通知，停止编制对外贸易海关统计。

海关统计工作高速发展时期（1980 年以后）。自 1980 年起，海关统计逐渐呈现出以数据工作为基础，统计监测预警、执法评估工作为侧重的多元化发展态势。

1978 年，中共十一届三中全会召开，国家的工作重心转至社会主义现代化建设。随着国家对外开放政策的实施和对外贸易体制改革，海关统计的重要性被重新认识。1979 年 5 月，对外贸易部海关管理局成立“恢复海关统计筹备小组”。同年 11 月，全国海关征税、统计、货管工作专业会议讨论通过《中华人民共和国海关统计制度》及其实施细则，并由对外贸易部和国家统计局联合颁布，自 1980 年 1 月 1 日起执行。该制度首次确立“实事求是、科学实用、准确及时、简明完整”的海关统计工作方针。全面恢复中断 13 年的海关统计工作。1980 年 1 月 1 日，天津海关恢复对进出口货物征收关税和编制海关统计工作。并从各个岗位抽调 20 名干部，在塘沽新港举办征税统计业务学习班，进行统计业务培训，为恢复天津海关统计业务奠定基础。初期，天津海关在征统科设统计组开展统计工作。统计工作除按规定向海关总署报送原始资料外，还对天津市出口货物进行汇总统计，并在此基础上逐步扩大统计范围。1989 年，天津海关成立直属统计科，负责指导分关、办事处等 6 个业务现场的统计工作，集中管理关区的统计工作。同时，统计制单工作全部分发现场。货管处和驻邮局办事处的制单人员由直属统计科配备或培训，直属统计科所辖理单室一同并入货管处，统计工作逐步规范化。1992 年综合统计处成立，下设贸易统计科、综合统计科。同年 11 月 26 日，经关党组批准，自动化管理科由技术处划归综合统计处。天津海关的统计工作由综合统计处负责组织实施，自此以数据工作为基础，统计功能多样化模式初显。

进入 21 世纪，海关业务改革不断深化，统计工作也随之发生变化，工作形式更多样，手段更先进，传统职能得到深层开发。2000 年 6 月 15 日，经天津海关党组决定，综合统计处成立统计分析科，原综合统计科更名为业务统计科。2003 年，综合统计处成立数据管理科。是年，天津海关统计学会成立。2008 年 3 月，天津海关党组决定，综合统计处成立执法评估科。至此，天津海关统计工作形成“一棵树两支花”的格局，即以贸易统计、数据管理工作为基础，深化统计分析与执法评估职能，最大限度地发挥数据服务发展的重要作用。2004 年 2 月 9 日，按照《海关总署关于加强海关统计工作的通知》精神，在天津新港海关成立统计科。2005 年，《中华人民共和国海关统计条例》发布实施，天津海关借此开展宣传活动，提高全员对统计工作重要性的认识，增强关区统计人员依法履行职责、遵守职业道德和职业纪律的自觉性，更好发挥统计工作在提高海关管理水平中的作用。2008 年 11 月 3 日，天津海关党组根据关区统计业务发展需要，分别在开发区海关、保税区海关和机场海关设统计科，同时，制定《关于对关区隶属海关统计工作业务职责的指导意见》，规范关区统计工作。2012 年，根据海关总署《关于建立海关专家制度的指导意见（试行）》，在海关各业务领域设置海关专家。经过选拔天津海关评选出全国海关统计二级专家、三级专家各 1 名。2014 年，结合实施京津冀通关一体化改革，天津海关与北京、石家庄海关的统计部门协同合作，对各项统计业务进行改革，为区域通关一体化提供支持和保障。

截至 2014 年底，天津海关综合统计处内设贸易统计科、数据管理科、统计分析科、执法评估科和综合科 5 个科级机构，在编人员 18 人。全关区共有专、兼职统计人员 90 余人。由于工作成绩突出，自 2002 ~ 2014 年，天津海关在全国海关统计工作综合考评中连续 12 年评为一等。

第一章　贸易统计

贸易统计作为海关统计工作的重要组成部分，发挥着基础保障的作用。其主要职能是：对本关区报关单及统计数据库的审核、上报、维护及职能管理；监督执行统计数据审核、查询、更正的操作规范，监督、检查和考核本关区各有关业务部门和业务环节的统计数据质量；研究拟定并维护统计子系统计算机处理贸易统计数据用的各种参数文件（包括统计指标代码变更对照表、统计数据错误信息检控、逻辑检控、价格检控和数量检控参数文件）；向海关总署综合统计司上报统计监督。

第一节　贸易统计审核

一、审核方式

（一）手工作业阶段

20 世纪 50 年代，天津海关贸易统计工作的主要任务是向海关总署提供原始资料。统计工作人员按照《中华人民共和国对外贸易海关统计制度》规定，在进口货物完成验放手续，出口货物以装运货物的运输工具结关放行后，将收发货人或其代理人向海关交验的进出口许可证、进出口货物明细单或者免领许可证进出口货物验放凭单和其他单据，作为统计的原始资料，加以审核、挑注、计算、复核，然后按照对苏联和人民民主国家贸易及对资本主义国家贸易分别加注编号、批准代号，把报单装订成册，按规定寄送海关总署，并不负责编制统计报表。20 世纪 60 年代，天津海关的数据审核实行边收单边审核、交叉作业的方式，即通过专人全面负责与具体的监管相结合的交叉作业办法来实现统计资料的审核，在监管人员接受申报之后由统计人员对明细单进行审核，审核完毕及时交予现场监管人员进行监管和查验货物，既保证数据质量，又便于统计数据的完善与修订。

1980年，重新恢复海关统计工作以后，计算机作为审核工作的新技术手段逐步替代手工作业，但对报关单等进出口单证的审核，仍采用人工审核批注代码的方式。审核完结的报关单被整理成册，通过二次录入的方法，将统计指标逐一录入计算机系统，之后再对过录表进行人工审核，这种审核方法一直沿用至1995年。1983年，因天津海关上报的数据准确、及时，被海关总署列为免复核海关。同年，天津海关实现计算机磁带统计数据汇总，数据审核报送效率进一步提升。

（二）手工作业向计算机作业过渡阶段

1984年，根据海关总署关于移植计算机应用程序的安排和对海关统计工作的新要求，天津海关移植经上海海关修改完善的贸易统计程序，并在天津新港海关应用，天津海关贸易统计工作现代化迈出重要一步。1985年，天津海关结合本关特点，在移植上海海关统计程序基础上，改变统计工作流程，加强审单和审查过录表工作，实行报关单三遍审核，过录表双人交叉复核，通过修改程序降低统计差错率。同年，天津海关正式以计算机取代手工与磁带的统计手段，逐步将电子计算机和传真电报等现代化手段应用到统计工作中，使原始资料汇总和传输效率得到较大提高。1986年8月，“进出口邮递物品统计程序”正式投入使用，印刷品、音像制品和邮包数据全部输入计算机。是年年底，天津海关实现贸易统计数据通过长途电话专线在北京海关计算中心联机汇总处理。1993年，天津海关实现全面使用计算机传输统计数据。同年10月起，天津海关停止用磁带（软盘）向海关总署综合统计司报送海关统计数据。1994年，天津海关贯彻海关总署H883统计子系统应用推广座谈会精神，在各隶属分关应用统计子系统，建立和完善统计参数检控条件的日常维护制度，对计算机的检控资料进行调整和必要的补充，指定专人维护，使统计检控手段始终处于完备，预警状态。

（三）应用计算机审核阶段

1995年，为全面提高海关贸易统计数据采集自动化程度，提高统计数据质量，进一步统一、优化和完善H883统计子系统，海关总署综合统计司、信息中心在广泛听取各方面意见的基础上，集中开发H883统计子系统统一版本。随着H883子系统的应用，现场统计工作由单纯依靠统计人员审核逐步过渡到审单、统计人员共同把关，取消手工批注报关单统计代号和统计数据两次录入计算机作业，实现数据的自动采集。H883统计子系统的应用，使天津海关统计工作基本结束手工作业，贸易统计工作制度化、规范化和业务科技一体化建设进入新的发展阶段。

2007年1月1日起，天津海关正式运行H2000/贸易统计系统（以下简称TSD系统）。TSD系统是以H2000通关作业系统为基础，对H2000中已放行结关的进出口货物的报关单数据的贸易统计指标项进行数据采集、质量控制、数据审核、记录修改和数据上报等管理工作的计算机综合应用系统。通过该系统可确保贸易统计数据的准确、及时和完整，并实现全国海关贸易统计作业的统一化、规范化和标准化，实现贸易统计考核工作的透明化、规范化及有效的量化管理。天津海关综合统计处及各业务部门按照海关统计作业规范的要求运用 TSD 系统完成贸易统计的提取、检控、审核、核查等工作。

2008 年，为充分发挥 TSD 系统作用，提高系统运行效率，天津海关指定专人对 TSD 系统的运行进行监控，对系统参数进行及时更新和个性化设置，并纪录使用中遇到的问题，先后撰写出《天津海关 TSD 系统试运行应用报告》和《天津海关关于数据审核参数设置的做法和建议》，为全国海关贸易统计系统参数设置及数据监控做出示范。2010 年，天津海关作为进口货物分类通关的第一批试点的直属海关，配合关区分类通关工作，派员参加海关总署综合统计司对 TSD 系统参数进行修改维护的工作。天津海关在分类通关统计参数试行期间，还通过价格控制和大数量、大价值价控补税 100 余万元，纠正出口多退税 10 万余元。2013 ~ 2014 年底，配合海关总署加强对虚假贸易管控，利用 TSD 系统加强对异常数据的管理，通过设立风险参数筛选异常点，结合贸易实际进行数据比对、分析、核查，及时发现、核查处置逻辑不符、数据异常情事，保证统计数据准确。

二、审核内容

新中国成立前的津海关，统计分为对外贸易和国内贸易两大部分。新中国成立初期，因国内贸易统计数据繁多，工作复杂，人手不敷，此外编制统计数据所需卡片价格不菲，成本过高。且国内贸易一般只以轮船运输往来各设有海关地点的转口货物为限，其由铁路、公路、民船等以及内河小轮船装运的货物并不包括在内，不能代表全面国内贸易，参考价值不大。又因海关逐步解除监管国内转口货运职责，国内贸易统计无法继续编制。津海关在接管之初，即停编国内贸易统计。海关统计的商品分类则仍沿袭旧海关作法，按照《进出口税则分类须知》办理。

国家进入经济建设时期后，由于进出口商品结构发生很大变化，而海关税则分类过于简单，不能满足国家建设时期对统计的需要。1953 年，对外贸易部参照苏联的对外贸易统一商品目录编制《中华人民共和国对外贸易统一商品目录》，海关总署根据该目录缩编成《海关统计商品目录》，目录分为 5 篇 60 大类，共列出 3380 个具体商品，并按 8 位数级编码，以便机械汇总。1954 ~ 1967 年，天津海关统计沿用该目录，规定出口商品应根据《海关统计商品目录》填报商品编号，统计商品计量单位则参考《天津口岸主要进出口商品统一名称及统计编号表（草案）》填报，如遇有未列明的新品种，与海关总署联系研究决定。

1955 年，对外贸易部发布《中华人民共和国对外贸易海关统计制度》，于 1956 年 1 月 1 日起实施。是年，根据该制度的相关要求，天津海关对统计资料实行集中保管，统一对外提供。

1957 年至“文化大革命”结束前，海关统计工作从弱化到停滞，海关统计审核内容亦无从谈及。

1980年1月1日，重新恢复海关统计后，海关统计开始使用进出口货物报关单作为海关统计的原始资料。是年，海关总署根据联合国《国际贸易标准分类》(SITC)第二次修订本，编制《中华人民共和国统计商品目录》，对进出口货物进行分类统计。该目录共分10大类93章，每章下再分“组”、“分组”、“项目”和“子目”，商品编码采用6位数级，使海关统计在商品分类方面，既有国际可比性，又具有中国特色，基本上满足各方面使用数字的需要。1984年12月，海关总署和国家统计局联合修订颁发《海关统计制度》，明确规定海关统计原始资料是进出口货物报关单。1991年7月，海关总署综合统计司制定《海关统计作业流程规范》(试行稿)，对贸易统计数据审核流程作出规范。天津海关随着海关总署对统计工作的规范要求，适时调整统计审核内容，具体落实海关统计工作制度。

2005年《海关统计条例》颁布，天津海关依据该条例规范统计工作流程，完善工作制度，逐步实现天津海关统计的制度化、标准化、统一化。

2008年，海关总署印发《关于对敏感出口商品进一步加强监管打击走私的紧急通知》等文件，强调加强重点敏感商品的出口监管。天津海关在重点审核微观数据的同时，加强对影响口岸发展的宏观数据的审核，根据数据变化特征扩大进出口商品审核范围。同时，将增长较快、在全国占比重较大的商品税号，及时加入H2000系统自控商品审核参数中，丰富检控参数，利用技术手段从源头做好数据的核查工作。

2009年，受环球金融危机影响，国内进出口亦受到严重影响，综合治税成为当年海关任务的重中之重。天津海关调整数据审核重点，提炼参数，抓风险商品，通过数据审核环节发现大量偷、漏税案件，补税7600万元，海关统计在综合治税中发挥出重要作用。

2012年下半年，虚假贸易抬头，对统计数据准确性造成冲击，按照海关总署要求贸易统计工作重点审核黄金、集成电路等高风险产品，以监控虚假贸易的发生。

第二节　规范贸易统计

一、完善规章制度

(一)业务操作规范

此类规章制度大都顺应时代特点和海关工作的重点，对当时的海关贸易统计工作起到规范和指导的作用。

1950年，海关总署制定《海关对外供给贸易统计资料暂行办法》，暂准各关将自编贸易统计数字连同已出版的对外统计刊物，供外界参考，并出台相应措施对此进行管理，天津海关执行此办法，为外贸单位提供相应数据。

1951 年，为进一步加强货运统计工作，规范数据申报，天津海关编制《货运统计规则办法》，对统计地点的划分、统计日期、统计范围、指标含义作出明确规定。同时对海运、陆运、邮运统计标准做出相应要求，为新中国成立后贸易统计数据的规范化做出重要贡献。

1953 年，根据政务院《关于充实统计机构，加强统计工作的决定》以及海关总署关于建立统计专人专责复核制度的指示，天津海关拟定《统计指标分工负责审核制度》，初步建立指标审核工作协调制度，使指标审核的及时性与准确性得到提高。

1954 年，针对货运统计标准不明确等问题，天津海关制定《天津港海陆进出口货物统计标准和办法》，对统计地点、统计日期、统计范围、指标含义等作出规定，进一步完善统计指标体系，规范统计数据的采集与上报。

1956 年，天津海关发布《关于统计工作的情况》，在对此前天津海关统计工作配合制度与联系方法进行总结的基础上，确定统计工作分工负责办法，明确接受申报人员、监管人员、征税人员、统计人员的职责任务。

此后，在特定的历史条件下，海关统计工作作用淡化，并终因“文化大革命”而停滞，直至 1979 年恢复海关统计后，这项工作重新启动。

1989 年，天津海关成立直属统计科，负责集中管理关区统计工作。在贸易统计方面，天津海关制定《贸易统计工作细则》，对贸易统计工作流程进行细化，对接收单据、审单批注、复核工作、输机工作、审查过录表、上报统计资料各个方面都做出明确要求，实现贸易统计工作的标准化、规范化。

1991 年，天津海关针对贸易统计差错率较高情事，加强统计基础工作。统一、规范各基层统计单位批注的商品代号，编制天津口岸常见商品归类手册，如《天津口岸常见化工品》和《天津口岸常见纺织服装》统计归类分册；开展对主要指标的专项调查，如经营单位一项，将在本关报关注册备案的 1100 余家经营单位（包括外省市）企业性质、经营范围等情况整理成册发至现场，供统计人员使用；重新修订《贸易统计流程及工作规范》《天津海关统计报告单流转办法》《统计工作流程规范》，明确业务现场与职能科室的责任，提高单据流转的及时性。

1992 年，天津海关成立贸易统计科。同年，根据海关总署统一部署使用《中华人民共和国海关统计商品目录》，促进海关管理的现代化，发挥海关统计的信息、咨询和监督作用。

1998 年，天津海关以通关改革为契机，探索统计工作的新途径，将统计工作改革与通关改革新程序相结合，重新修订《统计工作流程及操作规范》，推行统计数据二级审核制，实现现场与审单中心对统计数据共同审核的双轨制。

2002 年，鉴于天津海关通关制度改革不断深入，业务流程变化较大，现场业务格局重新划分，原有的统计作业规范已不适应关区统计工作现状。根据海关总署综合统计司《海关统计作业规范》，结合关区实际，制定《天津海关贸易统计工作操作规范（试行）》，进一步明确统计职能部门及有关部门对报关单统计指标审核、采集、复核和监督管理工作的职责分工。

2005年，完善《天津海关报关单数据管理操作规范》，严格统计工作流程。

2008年，根据《中华人民共和国海关统计制度》《通关作业改革指导方案》及综合统计司的相关文件，天津海关制定《贸易统计工作职责范围》，明确贸易统计作业规范、贸易统计岗位责任制以及数据审核的联系配合办法，建立权责明确、高效简明的工作机制。

2010年，天津海关发布《关于加强海关统计数据和信息管理的通知》，规定每月12日发布天津贸易统计数据（包括口岸的进出口数据和单项商品的进出口数据等），国际合作中需提供海关统计数据，须报海关总署综合统计司批准，不得提前披露或泄露。

2014年，为配合京津冀一体化改革，天津海关牵头，组织京津冀三地海关统计部门成立"贸易统计一体化参数检控小组"，拟定《京津冀区域通关一体化统计检控参数设置及联系配合办法》及《京津冀区域通关一体化海关统计数据质量控制工作联系配合办法》，密切统计部门与风险部门、审单部门的联系配合。

（二）监督考核

20世纪90年代前，因国家对外贸易发展速度较为缓慢，海关的统计工作、数据质量等均未受到足够重视，相关的规章制度亦不完备。恢复海关统计后，海关贸易统计进出口数据激增，数据质量问题日益凸显，数据考核工作的重要性开始得到重视，历经10余年，海关统计基础工作重建完成。

1991年，天津海关编订《统计记错考核办法》，开始重点考核数据质量。

1994年，天津海关重新修订《统计质量考核办法》。对内以统计差错的形式考核各业务现场；对外以黄牌警告、暂停报关，取消报关资格等方式监督各报关员、报关企业，内外结合促进数据质量的提高。

1996年，天津海关制定《统计工作综合评比奖励办法》和《对海关统计项目申报不实行为的内部处罚规定》，健全和完善制约机制，初步形成以基层和职能处两级管理，层层把关的监督制约机制。

1997年，根据当年全国海关关长会议精神和天津海关领导干部工作会议要求，重新修订统计工作质量标准，调整《统计工作综合评比奖励办法》。

2001年，为适应通关作业改革和统计工作发展的要求，根据《通关作业改革指导方案》中对审单处和各业务现场职责分工的界定，天津海关按照海关总署印发的《关于修订〈海关统计工作综合评比办法〉》精神，对《天津海关统计工作综合考核评比办法》进行重新修订。同时，为加强统计数据管理，规范全关统计处罚工作，制定《天津海关统计处罚管理规定》。

2004年，天津海关修改和完善《数据质量考核及差错追究办法》。完善数据质量通报制度，每月编写差错分析，汇总差错类型，并就差错总体情况在关区进行排名，使数据质量通报制度化和规范化。

2010年，为提高天津海关统计数据质量，更好地发挥统计工作管理职能，促进各业务现场统计数据审核工作的开展，根据《中华人民共和国海关统计条例》，制定《天津海关统计数据差错通报制度》，减少统计差错，提高数据质量，强化对统计工作的监督。

2011年，制定《统计监督工作办法》，规范统计监督的发布、反馈、处理工作，促进统计监督整体工作水平的提高。

截至2014年，海关统计的监督考核类办法沿用之前制定的规范。

二、调整工作流程

自新中国成立至20世纪60年代末，海关的贸易统计由海关统计部门与海关货管部门、国营贸易公司相配合，共同完成数据审核、核查等工作。1953年6月9日，海关总署下发《通报天津海关试行“统计指标分工负责审核制度”初步总结希参考拟具你关实现办法报署凭核》文件，对天津海关试行建立统计专人专责复核制度的作法予以肯定。根据此统计指标分工负责审核制度，规定由货管处每日保证将当日全部放行之报单抄列清单连同报单一并送交统计部门编号加注代号复核后寄送海关总署。其有免抄统计报单或未了手续者，均由货管处在报单及清单上加注说明，以保证不致遗漏。统计部门对每日放行之报单以每月一起讫，进行编号，便于海关总署归档。各业务部门明确统计原始资料由各业务部门负责供给。关于货物放行后发现错误或有退关短卸情事需要更正时，明确由各货管部门抄单做最后掌握，并负责在原报单上加以更正。其原报单已送出时，应作更正报单通知统计股。1955年，根据《中华人民共和国对外贸易海关统计工作制度（草案）》要求，海关统计部门负责对统计资料的收集、审核、寄送，原始资料由国营公司正确填报，依据《海关统计商品目录》填报商品编号及统计商品计量单位，并确定海关与国营公司在统计工作上的各项联系制度。1956年，海关统计进一步加强初审工作，并密切和外贸公司方面的联系，对初审批注代号的工作建立复核制度，以保证代号批注的正确。在初审发现某项指标有疑问时，以口头或联系单方式联系企业解决。1962年，天津海关贯彻中共中央和国务院关于加强统计工作决定精神，加强对统计工作的领导，指定一名股长负责统计工作，并固定与统计业务需要相适应的干部人数。在加强内部监管的同时，采取书面联系或走访的方式密切与各外贸专业公司的联系。

20世纪80年代，海关统计恢复后，贸易统计工作日趋专业化。1984年12月，海关总署和国家统计局联合修订颁发《海关统计制度》，明确规定海关统计原始资料是进出口货物报关单。同年，天津海关举办北京、天津、河北省等有关省市各专业进出口公司的报关专业会议。会议确定移植上海海关的统计程序，并根据天津海关特点作部分修改，并调整统计工作流程以适应新的程序的需要。通过加强审单和审查过录表等工作环节的审核，最大程度将差错杜绝在上报海关总署之前。该年4月10日，天津海关制定《加强贸易统计工作的10项措施》，规定各处室、分关、办事处在保持统计队伍相对稳定基础上，指定一名科长主管统计工作，在进口审单环节增设一名统计人员，进行归类并批注商品统计代号。关区制定统计工作考核办法，加强对现场统计工作的考核，形成统计工作联系配合机制。1986年，天津海关制定《关区统计工作任务的规定》，要求关区内各处（科），按照《海关统计制度》和《海关业务统计制度》规定，负责原始资料和数据的搜集、审核汇总与保管。

20世纪90年代，经过近10年的基础建设，天津海关的统计工作，经历“集中—分散—多层协调配合”等阶段，逐渐形成以统计部门管理为主，规范化的贸易统计工作流程。1990年，统计复核归由直属统计科集中处理，以提高数据上报的及时性。1992年，直属统计科升格为综合统计处，下设贸易统计科，集中行使贸易统计职能。但贸易数据的审核与复核工作由贸易统计科统一进行后，现场统计人员与岗位撤销，导致数据监管源头控制松懈，贸易统计差错率上升。1995年，为改变松散的监管现状，天津海关在各业务现场设置专职统计人员，负责统计指标的审核、整理和报送。同时在预审环节利用计算机的提示功能，审核报关单录入的统计指标，加强数据源头的监管。1998年，全国海关实行通关作业改革，贸易统计工作流程也随着改革的推进而调整。天津海关探讨通关作业改革中加强统计工作的新途径，在建立关区集中审核处理报关数据的情况下，为现场重新开启统计审核程序，使现场能够继续对过录表进行审核，实现业务现场和审单中心对统计数据共同审核的双轨制。同时完善商品预归类制度，为2000余家企业的经常性进出口商品进行统计预归类。1999年，贸易统计工作主动适应集中审单作业模式改革，取消现场的统计职能，将贸易统计二级审核变为集中审核。

进入21世纪，海关的贸易统计工作针对新形势、新常态，转变传统职能，调整工作重点。2001年3月，为使统计工作适应通关作业改革，天津海关根据《通关作业改革指导方案》要求，重新规划审单处和各业务现场的职责分工。撤销各关业务前台的统计预审岗位。2002年，随着改革的深入，原有的统计作业规范已不适应关区统计工作现状，根据海关总署《海关统计作业规范》，并结合本关区的实际，天津海关制定《贸易统计工作操作规范（试行）》，重新划分全关区业务流程和现场业务格局。进一步明确统计职能部门及有关部门对报关单统计指标审核、采集、复核和监督管理工作的职责分工。2007年，根据《天津海关关于综合统计处与缉私局工作联系配合的规定》，采取发现问题后，通过业务现场移交缉私局处理的模式来开展统计处罚工作。2009～2010年，为切实落实综合治税精神，天津海关在保证统计工作传统职能的基础上，利用数据资源，实现数据审核工作流程再造，制定与风险、稽查、缉私、归类、关税等部门的配合机制，突出自身优势，依托贸易统计数据，调整审核角度，确定风险点，查核币值差错并最终补税105万余元。利用贸易统计TSD系统同名异号功能查核流量计补税200.6万元，并通过数据的进一步分析，查核“梅塞德斯奔驰底盘车”补税115万元，实现贸易统计工作的新跨越。天津海关在统计工作中，时时关注国家宏观经济政策变化，从中获取信息，确定工作重点。例如天津海关通过TSD系统对风电设备进行实时监控，关区联合补税7600余万元，而后又将相关线索推至全国，借助此线索全国海关共补税1.5亿元。2014年，根据京津冀一体化改革要求，通过综合管理平台实现跨关区数据核查，并结合统计工作的特点修改跨关区直接流转联系单的具体模式和内容，进而更好地服务三地口岸经济发展。

三、考核数据质量

贸易统计工作的核心是保证数据的正确性、规范性，加强数据质量考核是贸易统计工作的重点。天津海关统计部门凭借严格的考核与监督制度保证关区进出口的数据质量。

新中国成立之初，国营公司所申报单证出现指标差错，一般由海关当面或单独代为改正。1956年1月，正式施行《中华人民共和国对外贸易海关统计工作制度》后，海关依据国务院赋予的监督检查职责，对严重编制事故记录，分送有关部门，轻微的差错由海关累加记载，定期汇总抄送有关公司，以协助其改进。

20世纪60年代，数据质量考核工作随着海关统计功能与地位的削减而被忽视。

20世纪80年代，恢复海关统计之初，数据质量考核并没得到相应的重视。直至1988年，为促进海关统计质量提高，海关总署对各直属海关统计工作评定特殊贡献奖，天津海关定期开展关区内的统计质量评比工作，通过引入激励、竞争机制，统计数据质量得到一定程度的提高。

20世纪90年代，天津海关重点加强数据质量的管理工作，并经过10余年的努力，贸易统计数据质量得到大幅提升，在全国海关统计工作中的地位也得到提高。在1994年，天津海关因对数据质量考核重视不够，导致贸易统计差错率较高。为改变此状况，天津海关重新修订《统计质量考核办法》，对内设立兼职考核员，对日常审核中发现的问题予以记录，每月汇总编制统计质量反馈表向现场反馈。对现场实行统计查询制度，对有疑问的报关单，要求有关现场在规定的时间内提供原始数据，对未按规定时间及时提供单据的按重大差错予以记录。对外则建立对各报关单位的考核档案，对报关单位填报的统计指标差错分门别类，予以记录，对屡次出现差错的报关员予以黄牌警告、暂停报关，直到取消其报关资格，从而促进报关质量的提高。1995年4月，天津海关进一步采取措施整治统计差错率。在进出口量较大的机场办事处、塘沽办事处开设上机预审，对在统计指标上有问题的单据坚持退单处理，使大部分有统计指标问题的单据得以“过滤”；同时开展强化统计指标的培训。各现场采取措施强化对报关员的考核管理，如新港海关现场设立统计差错登记簿，开发区海关规定给予超过三次的统计小差错警告处分，对仍不改正的将在报关员证上予以登记。1996年12月，天津海关开展统计质量综合治理。在内部协调监管、稽查、信息中心等各部门力量，加强报关单库的维护和净化；在外部源头治理上，采取以“预防为主、以处罚为辅”的“两条腿走路”的办法，开展对企业报关员、报核员、制单员的海关统计专业知识培训，提高企业负责进出口工作人员的素质以及报关质量。同时，规范统计处罚实施办法，加大企业报关责任，从源头上保证贸易统计质量。改革统计数据报送方法，实行计算机报送软盘制度，提高报送数据的及时性、准确性和规范性。1998年，开始以“有效监管”与“高效运作”为改革目标的通关作业改革，为减轻现场工作压力，提高通关速度，统计数据质量考核一度被取消。

2001 年 6 月，天津海关强化内部考核，制定贸易统计工作记分考核办法。考核的重点是经过审核的数据中不再有差错，对所有被列入统计考核的部门，根据其差错占审单量的比率，计算有关积分予以定时公布。考核中加分标准以通过数据审核能否发现走私、违规等问题为依据。通过制定结关数据删改统计备案方法，规范结关后因故数据删改的情况，要求审单中心及各业务现场对结关数据进行删改，一律通过微机向综合统计处备案登记，综合统计处定期对其执行情况进行检查。2004 年，就关区贸易统计出现的数据差错情况召开关区数据差错分析会，选择重点现场进行指导，并自行开发连动更改程序，保证 H883 库与贸易统计库数据一致，注意收集报关企业及报关员在报关环节出现差错的信息，反馈给调查局，不定期地召开报关企业座谈会，公布差错情况提出整改要求。2005 年，一方面对保税区、保税区仓库、单项统计、不统计数据进行全面的跟踪审查，防止数据错统、漏统、重复统计现象的发生；另一方面规范系统审核数据的应用，修正制定符合天津口岸的检控参数，确保通关数据质量。2006 年，完成 H2000 统计子系统测试及推广应用工作后，以技术手段强化数据监控，提高数据审核纠错效率。当年共审核报关单 420 万余条，发现各类重大统计差错 315 起，差错率严格控制在千分之零点一以下。2007 年，完成贸易统计新老系统的并行和过渡，确保 TSD 系统和报关单数据质量检控分析系统（简称“CSD”）平稳运行；扩大贸易统计数据审核范围，将数据质量管理前推，把大差错消灭在一级审核中。该年实现上报海关总署数据一般差错率控制在万分之一以下并保证无大差错的考核要求。

2008 年，天津海关对数据审核实行月发布、季评比的职能管理机制，每月对现场发生的较大错误发布统计监督限时修改，每季度对现场数据质量审核情况进行考评，使天津海关的数据质量有明显提高。2009 年，天津海关加强内部统计部门与缉私局的配合机制，落实海关总署《综合统计司、缉私局（打私办）关于开展统计处罚工作情况调查的通知》，全年处理统计处罚 300 余起，保障统计数据质量的提高。2010 年，天津海关对在统计数据审核工作中发现的重大差错和典型差错，通过天津海关政务信息网的公告信息栏目予以发布。2011 年，根据海关总署下发的《关于办理统计项目申报不实案件有关问题的通知》，统计部门与缉私局配合，开展关区统计项目申报不实行为的整治。2013 年以后，天津海关把维护统计数据准确性作为工作重点，建立虚假贸易高风险企业和商品参数库，发挥统计的监督作用，遏制虚假贸易蔓延，维护统计数据权威性，促进进出口贸易的健康发展。

四、深化统计功能

随着国家改革开放和海关通关作业改革的深入发展，贸易统计工作功能也随之相应改革。

2007 年，天津东疆保税港区正式建立，新的关区代码及关区间业务调整导致数据报送困难颇大，为保证新数据的正常流转，天津海关多次与东疆管理委员会进行座谈，加强合作与协调，最终确保东疆保税港区数据的及时准确上报。

同年，根据《天津海关关于综合统计处与缉私局工作联系配合的规定》，采取发现问题后通过现场移交缉私局处理的模式来开展统计处罚工作，下半年共移交 264 票报关单，处罚 52.8 万元。

图 8-1-2-41 2009 年，天津海关召开关区统计工作研讨会

2008 年，根据国内经济形势及天津口岸特点圈划重点商品与敏感商品，并进行调研，在此基础上进行风险分析与研判，发挥贸易统计数据安全防线的功能。通过调研，天津海关开发区企业手册废料出境审报问题得到合理解决。

2009 年，天津海关贯彻和落实全国海关统计工作会议精神和全国海关综合治税工作会议要求，发挥海关统计服务保障综合治税工作的作用，加大数据审核和监控力度，密切与业务一线的联系配合，为海关税收应收尽收提供服务和保障。在保证数据质量的同时，编发综合治税类的《统计监督》41 期，及时向现场反馈存在的问题，查核问题中共补税 500 余万元。核查 2008 年的百余条报关单信息，共补税 1181.2 万元。联合归类分中心和审单处对风力发电设备及零件进行专项核查，关区共补税 7600 万元，全国共补税 1.5 亿元人民币。一人因综合补税成绩突出被海关总署授予“个人一等功”，贸易统计科被授予“集体三等功”。

2010 年，针对海关构建大监管体系和分类通关改革与原有统计管理措施不相适应的情况，天津海关转变综合统计部门管理机制，将以往被动的统计管理职能变为主动，充分发挥统计监督、统计处罚、统计质量考评等多种管理手段，多管齐下，建立数据质量保障长效机制；针对开展分类通关以后出现的新问题、新情况，转换传统数据审核方法，创新数据审核模式；探索数据微观表象与宏观特征之间的联系，把握宏观数据动态特点的同时，对微观数据进行阶段性循环审核，对其进行检测、复核。并在此基础上着力做好由点到面的延伸，从具体差错表象推至对同类差错的整体防范，将随机抽查与批量复核相结合，将宏观监控与微观审核紧密联系在一起。

2011 年，根据全国海关关长会议“着力精准狠打击走私、打击货运渠道低价瞒骗行为”精神。天津海关发挥统计监督职能，调取并审核 2010 年 1 月 1 日至 2011 年 6 月近 120 余万条贸易统计数据，比对海关总署和关区贸易统计价格参数，利用科学方法，最终筛选出涉及 10 大类商品近 8000 条低价可疑数据，通过与关区稽查、缉私部门通力合作，2011 年度立案 2 起，补税 2300 余万元。

第二章　业务统计

海关业务统计是对海关进出境监督管理和海关内部管理资源、业务量以及结果的统计。海关业务统计工作内容是统计调查、数据采集、数据审核、数据整理、数据上报、编制统计报表及提供统计服务。海关业务统计任务是为各级领导和有关部门了解情况、制定措施、指导工作、编制计划和行政管理提供海关业务数据参考依据，为开展统计监督提供基础数据。

第一节　统计报表

新中国成立初期，天津海关业务统计工作是向海关总署统计处报送进口商船吨位统计表、进出口货运统计表、进出国境旅客统计表、未了案件先行放货统计表等报表。

1954 年，天津海关在明确统计工作内容时，对全关主要业务统计的内容进行规定，统一关区指标口径，为天津海关重点业务检查与定期工作总结提供可靠的数字依据。同时向海关总署统计处报送进口商船吨位统计表、进出口货运统计表、进出国境旅客统计表、未了案件先行放货统计表等报表。

1961 年，根据“调查研究为主，统计报表为辅”的精神，结合关区的实际情况，对天津关区各种报表及文字报告进行精简，最终保留 8 种业务统计报表。包括：进出国境旅客统计季报、查获政治性破坏案件统计季报、查获走私案件走私人类别及走私方式统计季报、查获私货数量估值季报、收入解库月报表、经运中国领土过境外国货物统计表（年报）、货运监管和检查揭发货运事故统计表（季报）、货运统计年报。

1962 年 12 月 18 日，根据对外贸易部海关管理局下发的《关于改进海关业务统计工作的通知》，对业务统计工作作出改进，如改变对货运违章和事故的统计办法；对 6 种统计表的某些指标作出修改；增加旅客携带和个人邮递进口重点物品、各国驻华使领馆进口公私物品两种统计。同时根据工作需要和业务情况变化，对 6 种统计报表中的部分指标进行修改。

海关统计停办期间，天津海关除按要求报送“货运事故统计报表”外，其余业务统计报表全部停编。

1980 年恢复海关统计后，天津海关的业务统计工作随之恢复，并逐渐得到加强。

1985 年，统计报表增加到 10 种。同年，天津海关制定《关区统计工作任务的规定》，要求关区内各处（科），按照《海关统计制度》和《海关业务统计制度》规定，负责原始资料和数据的搜集、审核汇总与保管。

1986 年，天津海关按照海关总署规定每月报送业务统计数据，并由办公室负责汇总编制《海关业务统计月报》。天津关区的海关业务统计统一由办公室对外提供。

1987 年 1 月 1 日，天津海关执行海关总署修订的《海关业务统计制度》，实行修订后的海关统计指标。

1988 年 1 月起，业务统计增加“天津市实益项目”、“进料加工项目”、“来料加工项目”、“补偿贸易项目”、“审计项目”和“报准临时减免税项目”等。同年，根据海关总署《海关业务统计制度》和天津海关业务统计目录制定《天津关区业务统计人员岗位责任制度》，对业务统计人员岗位责任进行规定。当时，天津海关的业务统计月报表由货管处负责报送海关总署综合统计司。

1989 年 1 月，天津海关决定全面核实 1988 年度的关区业务统计月报，重点为审批减免税、偷漏税、进出口货运量。关区业务统计的对上、对外发表均由直属统计科统一提供，杜绝“数出多门”，此后，天津海关业务统计工作从制度上归口统计部门。

1990 年，天津海关制定《业务统计工作流程及工作规范》《业务统计制度》，规范业务统计数据上报工作，加强业务统计工作规范化。

1993 年 1 月，天津海关根据海关总署修订的《海关业务统计制度》，报送业务统计报表，修订后的业务报表有 16 个大表，含 46 个分表。

1996 年 12 月，海关总署再次修订业务统计报表。修订后的海关业务统计报表包含 13 个总表，38 个分表、3000 余个统计项目。天津海关停止向海关总署报送《进出口货物减免税月报表》。《海关税收缴库月报表》则由天津海关财务处按月统计上报海关总署财务司，生成汇总表后再转送综合统计司归入海关业务统计。

1999 年，天津海关的业务统计报表增加走私犯罪侦查局的《走私犯罪案件统计表》，下设《受案及案件审查情况类别表》《立案、破案情况类别表》《主要走私物品类别表》等 7 个分表。全面调整《运输企业及运输工具注册、备案情况》和《企业报关及报关员注册备案》2 个分表。修订后的业务统计常规报表总计有 16 个总表，49 个分表，指标 8400 余个。

2004 年 10 月，海关总署正式推出基于 H2000 系统的业务统计自动采集程序的《海关业务统计管理系统（4.0 版本）》。对业务管理需要的统计指标进行分类整理，归结成为 9 类、40 多个分类、300 多个统计项目。

2012 年，根据构建新型海关统计体系指导方案以及 H2010 工程建设的要求，启动“海关业务统计系统”平台项目建设。截至 2013 年底，天津海关业务统计系统指标共计 3697 个，其中 2912 个底层指标中，自动采集指标 1413 个，反馈指标 861 个，合计 2274 个，占底层指标的 78.1%。其中，类指标 9 个，分类指标 52 个，统计项目指标 245 个。

2014年，为配合开展“京津冀一体化”，京津冀三地海关业务统计报表增设“京津冀一体化”综合报表。

第二节 工作流程

新中国成立初期，天津海关采用海关业务统计纸质报表报送方式，由各分关、办事处填制，再按照统一要求的报表格式汇总后，寄送至海关总署（海关管理局）。“文化大革命”期间，海关业务统计报表除“货运事故统计报表”外，全部停编。

1980年起，恢复各类业务统计报表的编制。业务统计数据由办公室负责收集、审核、上报。纸质报表报送方式一直延续至1985年。

1986年后，海关业务统计微机应用程序投入使用，业务统计数据由人工汇总转换为计算机汇总，采用数据磁带或软盘邮寄上报业务统计报表，至此结束手工汇总业务统计数据的历史。1987年底完成业务统计项目程序试运行。1988年，为改变因“数出多门”和“口径不一”导致计算不准，统计数据频频出现差错的情事，业务统计职能由总关办公室移交总关货管处，开发区海关、东港办事处和塘沽办事处的业务统计月报，按规定报送总关货管处。新港海关的全部业务统计报表仍由其办公室汇总报送总关货管处。凡以天津海关名义对上、对外提供的“官方统计”数据统一由总关货管处输入输出，各业务职能部门无权对上、对外提供业务数据，上级或外界的临时要求且超出《海关业务统计》和关区目录范围的，承办部门必须和总关货管处共同研究处理。1989年1月，天津海关决定各职能部门对上（包括对关长、对海关总署、对天津市政府书面报告或口头汇报或提供信息）或对外使用关区业务统计数据，必须采用统计科编制的“官方统计”，各职能部门之间不能横向交换和使用关区统计数据。

1990年，天津海关使用计算机向海关总署综合统计司报送业务统计报表数据。

1996年，天津海关一方面将业务统计程序下放，由现场上报软盘，推进技术手段在业务统计中的应用；另一方面对专业性较强的数据改由各职能处汇总审核、归口把关，改变以往职能处不能有效占有和利用有关业务数据状况，保证天津海关的数据准确、完整、科学。

2000年，天津海关采用H883系统的自动采集程序，直接从海关业务信息化管理系统及其他业务管理系统提取业务统计数据，审核后以网络形式上报海关总署综合统计司。

2003年1月，海关业务统计管理系统升级为3.0版本。2004年1月，海关业务统计管理系统又升级至3.1版本。为方便天津海关业务统计数据的有效使用，天津海关对业务统计的组合查询功能进行完善，建立关区“多用户链接”及“分组链接”查询模式，为关区人员充分使用业务统计数据创造便利条件。自2004年起，每月编辑《关区业务统计月报》，向关领导及各职能处室提供关区业务统计数据，为领导决策和科学管理提供依据。

2006年1月1日，海关业务统计管理系统（4.1版本）在天津关区全面启用。该系统基于H2000系统实现数据自动采集，综合统计处负责从海关总署指定公共目录下将本关区自动采集数据接收到本关区服务器公共目录，各隶属海关自行到天津关区的指定公共目录下提取本关数据，并将数据装入本关的预录入数据库。隶属海关的各业务部门按指标要求，填制报表，并将数据录入预录入数据库。数据汇总由各级海关统计部门专人负责，并在规定时间内完成。隶属海关结合本关的实际情况，建立业务统计数据初审、复核制度，确保上报数据具备二级审核标志。综合统计处于每月规定时间完成全关区业务统计数据的审核工作，并将上报数据传到海关总署指定公共目录，并发布海关业务统计数据。

2008年，天津海关落实直属海关与隶属海关的数据双重审核制度，使数据层层有把关，级级有审核。加强业务统计数据库、业务统计经验值检控参数库、关别代码数据库的管理和维护。从职能上明确技术部门管理服务器，综合统计处管理客户端及共同管理数据备份的工作分工，做到每份业务统计数据综合统计处都要在服务器端进行备份，技术部门每天对数据库进行异机备份，并要求各数据使用部门使用程序端口进行操作，严格禁止违规传输操作，进而有效地防止数据安全隐患的发生。2009年，天津海关结合开展统计工作岗位练兵，编制《业务统计操作手册》。制定《天津关区业务统计考核办法》，实现每月有考核，每季度将考核成绩在关区进行公布，在公布考核成绩的同时也将数据差错一并上网公布。

2010年，海关总署综合统计司对原有自动采集程序和相对应的基础数据查询系统进行修改，对业务统计部分指标设置、采集口径、检控规则和报表参数进行调整，是年4月份起使用新的业务统计系统参数，天津海关事先做好系统运行前的各种准备，保证业务统计工作的正常运行。

2011年，天津海关下发《业务统计工作管理办法》，对业务统计工作职责分工、系统授权管理、数据使用与监督做明确的规定，加强部门间的协同配合，保证业务统计工作的顺利进行。同年，海关总署综合统计司下发《关于发布和对外提供海关业务统计数据有关事项的通知》，按照规范、有序和逐步扩大的原则，从2012年1月起，试行对外发布部分业务统计指标数据，并对外提供相应业务统计数据服务，天津海关按照海关总署文件精神并根据本关实际情况对业务统计数据的使用进行调整，制定下发《关于海关业务统计数据使用有关注意事项的通知》，规定天津海关发布和对外提供海关业务统计数据的时间，不得早于海关总署对外公告的海关统计数据发布日期。

2012年，海关总署启动"海关业务统计系统"平台项目建设。天津海关派员参与完成《海关业务统计系统业务需求报告》，对新系统的检控规则、参数修改、指标设置等进行管理。新系统采用数据和参数集中管理的架构，通过统一的数据库、统一的参数标准、统一的操作流程、统一的发布规则，以保证海关业务统计数据管理机制的规范实施。

2014年，根据海关总署《综合统计司、科技发展司关于海关业务统计系统试运行的通知》，为保证数据的完整性与准确性，决定实行业务统计新旧系统并行过渡。

第三章　统计分析

统计分析是海关统计工作的重要内容，其主要职能是：为领导决策、对外贸易和海关管理服务。新中国成立初期，天津海关的工作内容主要是按月编写统计说明，不承担海关统计分析的职能。“文化大革命”期间，海关统计停止编制，统计分析工作亦随之停止。1980年，恢复海关统计后，海关总署鼓励有条件的口岸海关开展统计分析，天津海关逐渐开展统计分析工作。但由于当时统计业务刚刚恢复，工作的重点侧重于贸易统计、业务统计等基础性工作，天津海关的统计分析发展缓慢。1989年，随着天津海关统计归口、统计人员下现场等系列改革，统计分析工作有所起色。1992年，天津海关成立综合统计处，统计工作的几大职能分化更加清晰，统计分析的地位与功能得到确定。1994年海关总署综合统计司设立统计分析处，2000年天津海关成立统计分析科，由此，统计分析在组织管理和效能发挥等方面得到更大的发展空间。2005年后，天津海关进出口监测预警系统开发完成，统计分析进入常规分析与监测预警并重，进入高速发展期。2007～2011年天津海关撰写的统计监测预警文章连续5年在全国海关系统居海关总署要情和中央办公厅、国务院办公厅采用第一位。

第一节　工作制度

1986年，天津海关制定《关区统计工作任务的规定》，规定每月15日之前，由各处、科协助提供重大情况素材，由总关办公室负责撰写本关区的进出口统计分析和海关业务统计分析，并反馈给关长和各处（直属科）负责人。天津市进出口统计和分析，由总关办公室于每月15日提供给天津市政府主管副市长、天津市统计局、天津市外经贸委、天津市外贸局和天津经济技术开发区管委会。

1989年，天津海关将统计分析文章以情况简报、专题报告和对外宣传等形式报送海关总署和地方有关单位。

1990年，天津海关制定《关于加强统计综合分析的八项措施》，加强统计分析和综合分析工作。由于海关统计分析质量提高，可参考价值增强，地方各主管部门和有关单位由被动等海关提供转变为主动向海关索要统计分析。

2002年，针对天津海关统计分析工作特点，天津海关制订《统计分析科岗位责任制》《统计分析人员绩效考核管理办法》《统计分析联络员管理办法》《统计分析人员工作量化目标》等一系列规章和制度。统计分析科针对科内人员的分工，进一步细化分析人员的工作任务和相关责任，同时引入量化考核机制。

2010年，天津海关落实海关总署《关于加强海关统计数据和信息管理的通知》要求，对海关总署提供的进出口统计初步数据（月初快报、旬报），以及依据上述数据进行初步分析、绘制图表等深加工处理的统计资料和信息进行严格管理。同时发布《天津海关关于加强海关统计数据和信息管理的通知》，对天津海关进出口监测预警系统以及天津海关统计数据查询分析系统的已授权人员及其使用情况进行统计梳理，明确已授权人员的保密责任，规范海关统计数据的使用范围。严格掌握报送范围，保证海关统计数据使用安全。

2011年，天津海关完善《天津关区统计监测预警分析工作规程》《天津海关监测预警专业小组工作制度》，安排小组成员参加地方政府和相关企业开展的实地调研活动，支持小组成员承担部分全国性监测预警工作任务，全面提升关区进出口监测预警小组成员的自身水平。

2012年，天津海关按照海关总署《关于印发常态化进出口监测预警分析应急机制工作细则的通知》要求，建立天津海关常态化应急机制小组，并制定《常态化进出口监测预警分析应急机制工作细则》，开展常态化应急机制查询系统构建与维护工作、进行基础数据下载、安装、运算及维护，指导并带领现场工作小组成员完成常规及突发性应急机制的相关工作。同时制定《统计监测预警常态化应急机制保密规定》，设定用户权限，严格控制统计数据的使用范围；对授权用户进行资格审查，控制授权人员数量，与授权用户签订《海关统计数据安全使用保证书》，加强相关保密规定的宣传与培训；定期检查授权人员和系统使用情况，及时清理账户，保证海关统计数据使用安全。

第二节　工作模式

20世纪90年代，天津海关统计分析处于起步期，贸易统计与业务统计尚未分离，统计分析作为贸易统计工作的延伸，并未成为独立的业务门类。

1989年，天津海关直属统计科成立后，着手建立统计数据库，先后开发出天津口岸及天津市进出口商品、商品进出口动向、机电产品、重点商品、工业用原料、日用消费品等计算机程序，为开展统计分析提供及时、准确的数据资料。1991年，天津海关把外向型经济发展作为分析的重点，先后组织编写《天津市三年来加工贸易发展简析》《天津市进料加工出口下降》《天津市来料加工贸易简析》《天津市外商投资企业稳步发展》等专题分析文章。针对外贸体制改革新情况，开展外贸专业公司进出口动态跟踪分析，并及时向有关部门反馈。在天津市着手制定“八五”计划及十年规划过程中，天津海关汇总计算机中前8年的数据，编制出天津市“七五”期间进口、出口、加工贸易等系列分析，为天津市制定“八五”计划及领导决策提供依据。1992年，天津海关直属统计科升格为综合统计处。2000年，统计分析科成立，从组织上为开展统计分析工作提供保障，统计分析工作在关区内的地位和作用也随之得到提升。

进入21世纪，天津海关党组提出“强化基层，提高质量，多出精品，发挥预警监测职能”的工作思路，确定从四个方面为预警监测工作打好基础：一是建立统计数据预警监测机制，编制和开发重点、敏感商品监控程序；二是主动与地方政府有关部门、兄弟海关的统计分析部门、业务现场联系，主抓敏感性、突发性较强的课题；三是加大人力、财力、物力投入，为分析工作提供可靠保障；四是在统计分析报送程序上严格遵守“处科长负责制”。天津海关建立的《执法评估长效核查机制》，在全国海关成为首创。

2001年底，中国加入世界贸易组织，对外贸易和海关管理方式面临着深刻的变革。为更好地适应这种变化，有效地促进对外贸易的发展，维护国家经济利益，海关总署着手建立海关进出口监测预警系统，加强对进出口货物特别是关税配额商品的预警监测工作。2005年6、7月份，天津海关完成直属海关版监测预警系统测试，至年底进出口监测预警工作已在天津海关展开。经过前期的积累与发展，结合天津关区实际特点，形成“集中选题—分题调研—专人撰写—集中修改”的作业模式，统计分析的质量不断提升，各项考评指标开始在海关总署评比中跃居前位。

2006年，天津海关搭建起关区平台，形成各业务现场沟通协调机制，制定并细化统计分析文章数量和质量的具体指标，提高分析的准确性、前瞻性。2009年，天津海关结合关区和地区实际，实行上报信息的双人复核制度，对重要的跟踪监测专题设立AB角制度，保证重要敏感监测预警信息第一时间上报。2012年，海关总署决定将监测预警工作常态化，天津海关成为海关总署常态化进出口监测预警分析应急机制成员单位，负责每天检查日报数据导入运行情况，调取日报数据监测总表。是年，根据《海关总署关于编制中国外贸出口先导指数的通知》要求，天津海关在关区范围内成立“出口先导指数编制”专项工作小组，从2012年6月起，对天津关区52家企业进行网络问卷调查，召开“出口先导指数”网络问卷调查宣讲会，建立现场联络员制度，每月督促企业填报，保证填报及时率达到海关总署要求。2014年，配合京津冀一体化改革，天津海关建议海关总署在进出口查询分析系统和监测预警系统设立“京津冀”地区代码参数。并将一体化后分析报告的写作频度调整为一季度。同时加强三地海关配合，实现三口岸贸易数据和分析文章的沟通交流，共同监测重点商品，对各自牵头的联合调研商品及时沟通，及时跟踪进出口重点商品在各自口岸的变化情况。

第三节　工作载体

“文化大革命”以后，自 1980 ~ 1989 年，海关形成的统计分析文章没有相对应的载体刊登。

1989 年，统计分析文章开始以《情况简报》、专题报告和对外宣传等形式报送海关总署和地方有关单位。

1998 年，统计部门利用统计数据进行深层次服务的意识增强，为此在继续提供 10 个常规性数据报表的基础上，增加有关天津市进出口情况的统计分析，并将刊物更名为《海关统计与天津外贸动态》，针对热点敏感问题加强统计分析，加强统计服务。另增加《决策参考》作为发布统计分析文章的载体。

2002 年，天津海关创刊《津关统计分析》，此后几经改制一直沿用。

2005 年，天津海关开辟专为天津市领导及相关政府部门提供统计信息的《海关统计专报》，并创编《数据风险监控呈报》。

2009 年，随着计算机和互联网的应用，在天津海关网站设立进出口监测预警专栏并及时维护，及时向社会公众发布海关数据和监测预警信息，为企业经营决策提供信息服务，帮助企业提高应对市场变化的能力。

2011 年，天津海关以及时准确的数据和全面深入的分析为天津市领导决策和滨海新区开发开放服务为目的，创建《天津海关统计速报》和《天津海关统计专报》，按月向天津市委、市政府上报天津市外贸发展现状及存在的突出问题，并提出相关建议。

1990 ~ 2014 年天津海关统计分析重要成果一览表

表 8-3-3-33

年份	批示文章名称	领导批示（省部级以上）	备注
1990	《机电产品进增出降》、《进口 B 超严重威胁我国超声工业的发展》	国务院领导批示	—
1992	《天津市对韩贸易持续增长》	海关总署采用	向海关总署、天津市及有关部门提供专题分析材料 20 余份，信息近 140 条
1998	《天津口岸出口锌锭激增》、《天津口岸整顿苇帘出口秩序》	海关总署采用	撰写统计信息 150 余条，统计分析文章 58 篇

续表 8-3-3-33

年份	批示文章名称	领导批示（省部级以上）	备注
2002	1.《进口汽车零件稳步增长，个别问题值得关注》 2.《转基因豆油进口代替转基因大豆大量进口》《涤纶短纤进口成倍增长，价格偏低亟待关注》 3.《一、二月份天津口岸及天津市外贸进出口主要指标低于全国水平》 4.《我天津市加工贸易彩电出口渐成规模，出口成绩喜人》	1. 被中央办公厅、国务院办公厅采用 2. 被海关总署采用 3. 天津市委书记张立昌批示 4. 天津市副市长王述祖批示	—
2003	1.《1 ~ 5 月份钢材进出口情况》 2.《1 ~ 5 月份汽车零件进出口情况》	1. 中央办公厅采用 2. 国务院办公厅采用	—
2004	—	—	共撰写统计分析 216 期，各种媒体和载体采用 362 篇次，同比分别增长 42% 和 89%
2005	—	—	撰写统计分析 259 篇，海关统计专报 56 篇，统计数据风险预警呈报 45 期；全年统计分析文章被海关总署要情采用 34 篇，中央办公厅、国务院办公厅采用 21 篇，国内动态清样采用 13 篇
2006	1.《天津口岸小麦进口骤降　国产量少质差待关注》 2.《环渤海地区外贸发展现状、优势与制约因素调研报告》 3.《今年以来我国纺织服装出口面临的新情况及突出问题》	1. 国务院总理温家宝批示 2. 海关总署署长牟新生批示 3. 海关总署《海关统计专报》采用，国务院总理温家宝批示	撰写统计分析文章 379 篇，各种媒体和载体采用 665 篇次，同比分别增加 39 篇和 62 篇次，海关总署要情采用 53 篇，首次名列全国第二，中央办公厅、国务院办公厅采用 20 篇，名列全国第三，21 篇统计分析文章得到国务院总理温家宝等领导和天津市委、市政府领导的批示
2007	1.《聚氯乙烯出口骤增　应及早防范遭国外反倾销风险》 2.《2006 年我国高新技术产品出口再创新高》 3.《提高出口关税后　我国硅铁出口依然大幅增长》 4.《2007 年上半年农产品分析调研报告》	1. 商务部副部长高虎城批示 2. 中央政治局常委批示 3. 国务院总理温家宝批示 4. 海关总署署长牟新生批示，国务院总理温家宝批阅	2007 年中央和地方领导对天津海关统计分析文章批示 23 篇次；天津海关统计分析被海关总署海关要情和中央办公厅、国务院办公厅采用 156 篇，名列全国海关第一

续表 8-3-3-33

年份	批示文章名称	领导批示（省部级以上）	备注
2008	1.《今年1月天津口岸成品油进口量增价扬》 2.《滨海新区进出口成绩斐然，天津海关积极采取措施助推新区外贸发展》 3.《关于在东疆港区建设进口棉花保税库和构建进口棉交易平台的调研报告》 4.《1月我市外贸情况报告》 5.《从海关口岸进出口情况看我国外经贸宏观政策调整的作用和需要关注的问题》 6.《天津海关出口增幅放缓低于全国平均水平》	1. 新华社内参采用；国务院总理温家宝批示；国务院副总理李克强批示；海关总署署长盛光祖批示；海关总署副署长龚正批示 2. 天津市委副书记、市长戴相龙批示 3. 天津市委副书记、市长批示 4. 天津市委常委、常务副市长批示 5. 天津市委常委、常务副市长批示 6. 天津市委书记张高丽批示	本年度共撰写编发《津关统计分析》等各类分析文章528篇次，各类载体综合采用789篇次。被海关总署要情采用186篇次，名列全国第一；被中央办公厅、国务院办公厅采用110篇次，名列全国第一；共有36篇次获得中央、海关总署和天津市领导批示
2009	1.《1至5月我国油菜籽和乳制品进口情况》 2.《上半年我国煤炭进口大幅增长，出口明显下降》 3.《1至8月我国焦炭出口大幅下降，须进一步做好应对WTO诉讼准备》	国务院领导批示	撰写监测预警分析文章750期，比上年同期增长23%，海关总署要情采用221篇，中央办公厅、国务院办公厅采用88篇，国务院领导批示7篇，以上均居全国直属海关首位。海关总署专门下发文件予以通报表扬
2010	1.《今年2月份我国进出口继续恢复性增长，前两个月外贸规模超过2008年同期》 2.《5月上中旬我国外贸出口增速高于进口增速，对美出口增长较缓》 3.《11月上旬我国进出口增速有所提高，进口价格进入新一轮上涨通道》 4.《海关统计专报》第一期	1～3获国务院总理温家宝、副总理王岐山批示 4天津市委书记张高丽、常务副市长批示	海关总署下发文件对在进出口监测预警工作中做出突出贡献的集体和个人作出奖励，天津海关一人荣获二等功
2011	1.《今年前2个月我国玉米净进口1917万吨》 2.《4月份我国乳制品进口数量价格均创新高》 3.《今年1至7月我国乳制品进口快速增长，奶粉进口均价持续高位运行》	1～3获国务院总理温家宝、副总理王岐山批示	本年度共上报分析文章1416期，被海关总署海关要情采用200篇次，监测预警分析上报数量和海关总署要情采用连续5年居全国直属海关第一位。同时，监测预警分析文章被中央办公厅、国务院办公厅采用31篇次，其中4篇得到国务院总理温家宝、副总理王岐山等中央领导批示

续表 8-3-3-33

年份	批示文章名称	领导批示（省部级以上）	备注
2012	1.《今年前5个月我国外贸进出口增速平稳，外贸回升基础尚不牢固》 2.《今年10月上中旬我国外贸进出口增速回落，债务危机和“购岛”闹剧重创中欧中日贸易》 3.《11月上旬我国外贸进出口下降，对美出口增速连续3个月加快》 4.《海关统计专报》	1～3获国务院总理温家宝、副总理王岐山批示 4获天津市副市长任学锋批示	共向天津市领导上报《海关统计专报》24期，1篇获天津市领导批示
2013	1.《5月份我国外贸几乎停止增长，多重因素导致进出口失速》 2.《2012年天津市对外贸易走势分析及与主要外贸城市对比分析报告》 3.《今年1～7月天津滨海新区外贸出口情况分析》	1. 国务院总理李克强批示一次、副总理汪洋批示两次 2. 天津市副市长任学峰批示 3. 天津市委常委、滨海新区区委书记袁桐利批示	《5月份我国外贸几乎停止增长，多重因素导致进出口失速》为我关首次在一篇分析文章上三次获得中央领导批示 海关总署要情采用74篇，位居全国第三名
2014	1.《5月份以来我国出口逐渐向好 继续增长面临诸多制约因素》	1获得国务院总理李克强、副总理张高丽、汪洋批示	编发监测预警分析677期，海关总署要情采用54篇，中央领导批示4篇

第四章　数据管理

2002年之前，天津海关的数据管理工作归口于监管通关处数据管理科。2002年，根据海关总署机构改革方案，海关总署将报关单管理职能划归综合统计部门，并规定2001年报关单量在20万张以上的直属海关综合统计处应设立数据管理科。2003年，根据海关总署的规定，天津海关综合统计处数据管理科成立，负责报关单数据质量检控分析系统（CSD）的参数维护审核和质量控制、报关单数据安全管理工作、报关单证管理工作、提供统计数据咨询服务、统计数据风险预警呈报的编写等五项工作。

第一节　报关单数据质量检控

进入21世纪以后，天津海关以报关单数据检控系统为依托，通过对数据库日常管理及对数据审核、维护，保证关区报关单数据质量。

2004年，海关总署报关单数据质量检控分析系统（以下简称CSD系统）在各直属海关开始推行，该系统以海关通关作业系统（H883/H2000）的结关报关单电子数据为基础，通过集中式的数据管理模式，将报关单数据审核人员有机联系起来，形成一个立体的网状的数据审核管理模式，既方便上一级海关及时对下指导、也便于监督下一级海关的数据审核工作。是年12月8日，天津海关作为CSD系统试点，召开关区CSD系统推广及培训会，印发《天津海关报关单数据质量检控分析系统使用管理办法》，要求各部门落实核查监督、加强组织推动、保证岗位、人员到位；通过三级管理机制，明确职责，确保天津海关数据高质量。

图8-4-1-42　2006年8月，天津海关集中关区统计人员开展统计分析

2006年，结合天津关区的业务实际，天津海关将CSD系统的工作重心转移到参

数的完善和维护上。制定《报关单数据质量检控分析系统参数维护规范》，指定专人开展参数维护工作。通过现场调研，将具有天津海关特殊性的报关单差错进行汇总，编写可行性报告，定期对相关的检控条件进行评估并反馈，根据报告对参数进行修改，提高运行效益。

2008 年，成立“天津海关数据管理研究小组”，负责对统计数据管理系统参数的开发、维护、完善及研究工作，不断提升海关数据管理系统效能。

2009 年，随着 H883 小型机系统的更新换代，天津海关完成对历史数据迁移以及在微机系统环境下查询系统的移植、更新工作，完善和提高数据资源的保存和查询能力。

2012 年，天津海关全年检控报关单 270 万份，报关单数据检控率达到 100%，一般差错率控制在万分之一以内且无重大差错。

2013 ~ 2014 年，报关单数据检控率 100%，报关单差错率达到万分之 0.8 以下，无重大统计差错。

第二节　报关单数据安全管理

2002 年前，全国海关的统计部门均不承担报关单数据管理的职责。

2003 年，天津海关报关单数据库的维护管理工作转由综合统计处数据管理科负责，统计部门开始承担报关单数据管理职责。

2005 年 10 月，海关总署印发《海关报关单数据使用安全管理办法》，天津海关依据海关总署提出的安全管理要求制定《天津海关统计数据管理和咨询办法》，对数据提供范围、时间范围以及提供时效等予以具体规定。

2007 年，天津海关印发《报关单数据使用安全管理实施细则》，规范关区报关单数据档案管理工作。同时，修订和完善关区统计考核制度，每季度在网上发布对各现场单位考核情况，并有步骤地开展关区报关单数据档案管理大检查。

2008 年，根据《海关总署关于开展全国海关报关单数据使用安全大检查的通知》，天津海关制定具体的报关单数据使用安全大检查实施方案。在天津海关保密委员会下设报关单数据安全管理委员会，从组织形式上落实对报关单数据安全管理工作的领导；建立报关单系统监督员、联络员队伍，形成天津海关报关单数据安全系统的监管体系。

2010 年 9 月，针对全国海关系统发生的对外贸易数据的提前泄露，提前发布业务统计集装箱、货运量数据等多起数据安全事故，天津海关举办全关区报关单数据质量检控分析系统（二期）的操作使用培训，严格数据检控纪律，禁止未经批准随便汇总数据，随意对外提供数据。同时，印发《天津海关关于加强海关统计数据和信息管理的通知》，要求严格按照《天津海关报关单数据使用安全管理实施细则》管理报关单数据。

2014 年，根据《海关总署关于开展全国海关报关单数据使用安全大检查的通知》要求，天津海关制定《2014 年报关单数据使用安全大检查实施方案》，成立天津海关报关单数据使用安全大检查领导小组，在全关区范围内开展报关单数据使用安全管理大检查。对全关 24 个涉及报关单敏感字段的报关单应用系统或平台进行检查，从制度保障、职责分工与履职、数据流向审批管理、用户授权与访问控制管理、对外数据提供管理、数据使用日志记录与安全审计、安全事件处置等方面进行风险评估，对检查出的问题制订具体整改计划。

第三节 报关单证档案管理

新中国成立初，海关总署统计处编制科负责整理、保管全国各海关寄送至海关总署的统计报单。

1989 年起，全国各海关利用磁带或软盘报送统计数据，纸质单证由各直属海关自行管理。1991 年 7 月，根据海关总署《海关统计作业流程规范（试行稿）》要求，各海关报关单证按月整理造册归档，按照档案管理要求保管三年。1994 年 11 月，海关总署、国家统计局联合修订《海关统计制度》，明确规定海关统计机构是海关统计资料的管理部门，全国海关统计资料由海关总署统计机构管理，地方海关统计资料由各地海关统计机构管理。

2002 年 5 月，海关总署发布《海关总署关于加强海关统计工作的通知》，增加海关统计管理海关报关单及随附单证的档案等 5 项工作职能。天津海关按照海关总署相关要求，对进出口货物结关后单据的存储、建档、保管和查询进行管理。

2003 年，海关总署发布《进出口货物报关单证档案管理制度》，明确报关单证档案管理实行统一领导，分级管理。海关总署综合统计司负责指导全国海关报关单证的档案管理工作。各直属海关统计部门负责指导、检查本关区的报关单证档案管理工作。天津海关印发《进出口货物报关单证档案管理实施细则》，规范关区进出口货物报关单证的管理。2007 年 3 月，天津海关对关区 2006 年 7 月 1 日以后的报关单证档案管理情况进行检查。结果显示各业务现场按规定启用新的 H2000 理单子系统，各业务现场报关单证档案都已实现归口管理，由专人负责进出口货物结关后纸质报关单证的存储、建档、保管和查询等相关工作。报关单的归档范围基本符合要求，单证交接顺畅、有序，报关单证档案管理总体上完整、安全，便于查阅。

2012 年 8 月 1 日，作为全国 12 个试点海关之一，天津海关按照海关总署的统一部署启动通关作业无纸化改革。为配合海关通关作业无纸化改革，统计部门加快报关单证电子档案库及其配套系统建设，从交接、归档、保管、查阅、销毁等环节规范电子档案管理。根据《海关通关作业无纸化改革实施方案（试行）》要求，货物放行结关后，将报关单、企业递交基本随附单证、海关作业单等电子数据和进出口监管证件电子数据汇总形成报关单证电子档案库。

2014年，海关总署下发《关于印发进出口纸质、电子报关单证档案管理办法的通知》，对进出口纸质报关单证档案和进出口电子报关单证档案管理办法进行细化，天津海关贯彻执行相关规定，保证报关单证档案管理的规范化。

第四节 对外数据咨询服务

1950年，海关总署制定《海关对外供给贸易统计资料暂行办法》，暂准各关将自编贸易统计数字连同已出版的对外统计刊物，供外界参考，并出台相应措施进行管理。天津海关贯彻该项办法，为外贸单位提供相应数据。出于统计数据保密的原则，咨询数据一般以海关总署出版的各种统计刊物为限。需要咨询数据的单位，需提供其单位公文，书面申请，经海关批准后，在海关指定的地方按规定项目进行抄录。未经海关特许，海关统计资料不得借出，不能随意将海关统计资料在报刊上公布。1955年，对外贸易部拟定《中华人民共和国对外贸易海关统计制度》，规定："海关统计资料的搜集和审核为海关货运监管工作的任务之一。"此规定于1956年1月1日起实施。是年，天津海关对统计资料实行集中保管，按照制度统一对外提供。

20世纪60年代，外贸公司的业务统计逐渐取代海关统计，海关统计咨询工作基本停滞。

20世纪80年代，恢复海关统计，外界社会对海关外贸数据需求日益增加，海关统计凭借其准确性、及时性、全面性和可靠性得到广泛认可，对外数据咨询服务功能也逐步凸显。此间服务方式主要是抄录或复印。1986年12月，天津海关印发《关区统计任务工作的规定》，由总关办公室于每月15日向天津市政府主管副市长、天津市统计局、天津市外经贸委、天津市外贸局和天津经济技术开发区管委会提供天津市进出口统计和分析。社会各界可凭局级机关的证明，无偿摘抄《海关统计》。

1989年，天津海关直属统计科成立后，对外数据服务部分归由直属统计科负责。当年印发的天津海关《关于对外提供统计服务工作的暂行办法》规定，中央和地方领导机关，团体和综合部门索取统计数据由办公室接待；地方企事业和研究单位索要统计数据由统计科接待。

20世纪90年代，随着统计工作智能化程度的提升，对外数据服务工作的手段也发生变化。1993年，统计咨询建立固定的对外咨询网络系统，数据使用率特别是突发性、时效性较强的数据使用率得到提高。自1994年始，统计工作在提高内部统计质量的同时，注意加强向海关总署和地方政府及有关部门的信息反馈，创办《海关统计月报》，向天津市有关领导及市委、市政府、经贸委、计委、口岸委和统计局等13个部门报送海关统计信息。1998年后，天津海关利用统计数据进行深层次服务，在提供10个常规性数据报表的基础上，实行编程咨询的新做法，提高对外咨询层次。针对外贸统计与海关统计的差异问题，天津海关与天津市外经贸委综合部门共同到外贸企业调研，并与天津市计划工作委员会建立例会制度，每季互通情况，共同开发统计课题。1999年，天津海关对外提供数据统一归口由综合统计处负责，其他部门未经批准不得自行对外提供。是年3月，根据对外经济贸易合作部、国家发展计划委员会、海关总署《关于地方政府部门统一使用海关进出口统计数据有关问题的通知》要求，天津海关制定《向天津市政府部门提供海关统计数据实施办法》。对提供海关统计数据的对象范围、数据范围、提供时间等做明确规定。对提供的超出所列范围，需要海关再做加工的数据，按《海关总署关于执行〈海关统计资料及统计数据开发费收费标准〉的通知》予以收费。

2001年，为规范天津海关统计数据的管理，确保统计数据和海关管理相对人商业数据的安全，天津海关制定《统计数据管理和咨询办法》，并于2005年5月，根据形势发展对该办法进行修订。2009年5月，天津海关以报送《海关统计旬报》的方式向天津市党政领导提供天津市进出口有关数据。对内增设《关长专报》随时为关领导提供天津口岸及天津市的外贸进出口实时信息。2011年6月，天津海关落实《海关总署关于进一步规范向外方提供海关统计数据管理工作的通知》，重新制定《天津海关统计数据管理和咨询办法》，新办法对海关开展咨询工作作出具体规定：

海关统计数据咨询范围为海关贸易统计数据库、报关单数据库及业务统计数据库中经批准可对外提供的数据。

海关统计咨询服务对象、对外服务对象：1. 企业及有关科研、教育等事业单位；2. 地方政府及有关管理部门；3. 公检法等司法机关及律师；4. 其他单位（上述以外的，包括媒体、中介机构等）。

对内服务对象为海关内部各职能部门用于本部门业务分析使用的数据。

统计咨询规程向有关单位或部门提供数据咨询应按照相关程序办理：企业及其代理律师以及有关科研、教育等事业单位只能咨询本单位数据，并提供经办人身份证明、单位介绍信，填写《海关统计数据对外查询、出证登记表》；2. 地方政府及有关管理部门咨询数据，须按照《海关总署统计司关于各直属海关向地方政府部门提供海关统计数据的办法》提供有关数据；3. 公检法等司法机关咨询数据，须经天津海关法规处核实后填写《海关查询或提取报关单数据联系单》，联系天津海关综合统计处办理；4. 其他单位咨询数据，须经天津海关办公室批准后填写《海关统计数据对外查询、出证登记表》，联系天津海关综合统计处办理；5. 海关内部各职能部门查询数据，需填写《海关统计数据查询联系单》，联系综合统计处办理。

第五章　执法评估

执法评估工作源于统计监督。20世纪90年代后，为配合各关区业务改革，各海关陆续开展统计监督。1996年，围绕全国海关关长会议提出“提高统计信息的决策辅助和监测监督作用”的要求，海关总署综合统计司制发《统计监督情况月报表》，进一步深化统计监督的作用，拓展统计监督领域，使统计工作在更高的层面上发挥作用。1999年7月，海关总署综合统计司结合海关执法工作和统计工作实际，提出建立“海关执法评估系统”的设想。是年11月，海关总署综合统计司正式启动“海关执法评估系统”一期方案的工作，执法评估工作开始走向专业化道路。

20世纪90年代末，天津海关根据海关业务发展趋势，健全统计监督机制，做好《统计监督情况月报表》上报工作。为发挥统计监督职能，在海关总署基础报表基础上增设线索案情及处理结果说明报表，以区分统计监督发现问题与日常统计纠错处罚。2001 ~ 2004年，天津海关的执法评估工作只停留于完成日常的系统维护和一般性的评估文章撰写，工作缺乏针对性、有效性。2008年3月，天津海关在综合统计处设立执法评估科，天津海关的执法评估工作开始制度化、规范化，评估工作的领域也得到扩展。当年，天津海关执法评估工作位列全国海关第一。2013年，海关总署下发《海关总署办公厅关于明确执法评估工作有关事项的通知》，明确执法评估指标本身不作为海关总署对各直属海关、各项业务执法活动的考核指标。自2013年9月起，海关总署综合统计司停止下发执法评估系统中综合评价指标的分值和排序，仅下发执法评估指标结果供业务管理使用。

（一）制定执法评估工作规范

2001年，天津海关开始着手制订关区执法评估工作的部门分工和作业规范。2004年，根据海关总署执法评估核查工作的要求，建立天津海关执法评估核查长效机制。根据天津海关在历次核查工作中的做法和经验，制定《天津海关执法评估核查工作规范》和《天津海关执法评估核查长效工作机制实施方案》。2011年，天津海关印发《统计执法评估联络员管理办法》。2014年，根据京津冀海关区域通关一体化要求，执法评估工作的重点转向对三地海关一体化业务改革后，业务运行质量和效率进行综合评估分析，为保证工作效能的发挥，联合北京海关、石家庄海关合作撰写执法评估一体化的《工作规范》和《工作制度》，并持续跟进京津冀海关区域通关一体化后的执法评估工作的发展和变化。

（二）开发应用执法评估系统

2002年，各直属海关安装执法评估系统，按照海关总署《关于上报执法评估数据准备情况的通知》，天津海关将 1998 ~ 2001 年的 224 字节统计上报数据和反馈数据装入服务器。2006 年，安装运行执法评估系统二期（试用版）和数据下载程序。在执法评估二期系统中，包括税收、监管、价格、通关、加工贸易五个功能模块，涵盖海关的主要监管业务方面，包括 46 个评估方案，500 余个评价指标。2009 年，受海关总署综合统计司委托，负责开发执法评估系统参数维护子系统。建立执法评估数据开放平台，向新港、开发区、保税区、机场 4 个已设立统计科的隶属海关和相关职能部门下发评估结果数据并指导隶属海关独立完成辖区内执法评估工作，利用系统增强综合治税力量。在分析历史数据特征基础上，编程调取并整合具有同样特征的价格类监控指标数据，通过与现场自查监控相结合，加强个案分析，实现数据的相互印证。通过对内销价格异常数据的核查，发现某企业内销申报币制错误情事，补税 120.52 万元。2010 年，开发“天津海关执法评估网”，用于及时发布执法评估结果数据和优秀评估文章。2011 年，天津海关利用 SAS 系统开发“执法评估数据平台”和“查验指标预警程序”，为日常监控指标，掌握评估风险数据创造条件。

（三）发挥执法评估效能

2001 年，按照全国海关科技大会“认真做好上报执法评估提示核查工作”的要求，天津海关对关税征收、加工贸易管理、物流监管等 5 个部分 11 个方面，6000 多条记录，全面开展核查工作。在正常安装运行系统的同时，利用海关总署下发的评估数据和利用评估系统挖掘的本关区可能存在的业务风险进行核查，核查命中率和补税额在全国均名列前茅。2002 年上半年，天津海关首次根据“直属海关执法评估系统”下载参数文件自行开展核查工作。结合当时海关的工作重点，突出税收方面评估内容，细化价格方面评估结果，对外审问题的整改进行督促检查。2005 年后，天津海关加大执法评估的力度，利用统计分析方法，完善口岸税收预测模型，提高税收预测精确度，为全关完成全年税收任务、实现应收尽收提供科学依据。2008 年，天津海关采取措施“加强风险防控，有效防范海关税收风险”对税源商品和企业的异常变化做出评估分析，对商品口岸转移、价格异动等进行专题评估。定期提取在全国所占比重增减幅度超过 10 ~ 15%的进出口贸易统计商品作为重点风险商品。2009 年，天津开发区海关加工贸易现场利用统计部门提供的需催报核手册明细，金额倒挂手册以及企业库存时点数据等万余条数据信息开展核查，共计补税 600 余万元。2014 年，京津冀区域通关一体化正式实施后，天津海关负责“人工审单价格水平评估指标”工作，通过京津冀区域通关一体化执法评估报告指导和推进京津冀区域通关一体化建设。

第九篇

海关稽查

海关稽查，又称外部审计制度。20 世纪 80 年代，随着国际海关现代化的兴起，率先在德国、荷兰等西方发达国家海关推行以企业内部管理和财务制度作为海关管理基础的海关稽查制度，并以此替代传统的海关监管模式，逐渐成为世界海关的通行做法。

自新中国成立至 1994 年，中国海关未正式实行稽查制度。

1991 年，海关总署把建立并推行海关稽查制度作为业务改革的一个重要课题，组织力量在对西方发达国家海关的稽查制度进行考察、研究、论证后，结合中国海关的实际，提出推行海关稽查制度是海关业务改革的重点，是建立现代海关制度的重要内容，通过建立以稽查为核心的现代海关监管模式，从根本上解决海关传统监管模式机制性的弊端。从 1992 年 4 月起，海关总署开始分批在部分海关开展实行稽查制度的试点工作。是年，天津海关即自行组织以关税处、保税处为重点的稽查制度试点工作，从单项稽查摸索路子、寻找突破口，同时注意开展专业定向培训，为日后开展稽查工作做好人才储备。

1993 年，海关总署将开展稽查制度的试点范围扩大，天津海关正式开始在全关区范围试行稽查制度。1994 年 8 月 10 日，天津海关稽查制度专家小组召开会议，讨论修改《天津海关推行稽查制度实施方案》。12 月 7 日，天津海关稽查处经海关总署批准成立，随即《天津海关对企业实施分级管理的办法》和《天津海关对加工贸易后续管理实施稽查的操作规程》等管理制度相继出台。1997 年 1 月 3 日，国务院发布施行《中华人民共和国海关稽查条例》（以下简称《稽查条例》）后，3 月 7 日，天津海关又印发《稽查操作规程》，规范关区稽查人员的行政执法行为。

1994 年后的 10 余年间，天津海关的稽查机构和职能，按照海关总署对稽查机构设置和职能任务要求的变化，先后进行过多次调整。海关稽查工作的指导思想和工作重心亦伴随海关监管工作重点的变化进行调整，并逐步形成以企业管理为基础，以风险分析为依据，以企业稽查、贸易调查和企业管理为手段，以促进企业规范进出口行为为目标，防范走私违法活动，维护正常进出口秩序，为快速通关服务的海关稽查工作思路。海关稽查工作的重点也逐渐转移到促进企业规范进出口行为。

2007 年以后，天津海关开始在稽查工作中试行验证稽查；在企业管理工作中试行企业信用管理；在风险管理中实行风险管理指标评估管理等一系列的改革。2010 年，天津海关根据海关总署《海关大监管体系建设指导意见》要求，作为优化海关管理机制、强化海关实际监管的具体措施将企业稽查、减免税核查和保税中后期核查统一实现归口管理（以下简称“三查合一”）。

海关稽查，是国家法定的行政管理行为。通过实施海关稽查，在管理思想上，由传统的海关单一对货物的监管向以企业和货物监管并重转变；在管理范围上，扩大海关监管的时间和空间，将海关管理延伸到企业内部和货物放行之后；在管理模式上，海关应用风险分析、外部审计、贸易调查等现代化的管理方法和手段，以提高海关的管理效能，促进企业守法自律。天津海关通过建立和推行海关稽查制度，对提高海关整体管理水平，促进税收增长，规范企业的进出口活动和企业的守法自律，打击和防范走私违法活动都起到积极的促进作用。

第一章 实施稽查制度

天津海关的企业管理工作始于新中国成立初期，当时依据《中华人民共和国暂行海关法》相关规定，在进出口环节对企业实施管理，不仅管理范围有限，而且缺乏完整的企业管理制度。

“文化大革命”期间，海关工作受到严重冲击，海关亦无法对企业实施正常的监管。自改革开放开始，随着国家外贸体制的改革和进出口业务量的快速增长，海关的监管职能作用得以充分体现，海关对企业的管理工作才随之开展并不断完善。

1980年，海关恢复报关制度，海关的企业管理职能划归监管部门，企业管理工作开始逐渐步入正轨。天津海关根据海关总署的部署，逐步恢复和发展企业管理工作。1994年以后，随着天津海关实施稽查制度，企业管理工作纳入稽查职能管理部门的职能范围。

海关实施稽查制度始于20世纪90年代。1992年4月9～11日，海关总署在上海召开海关稽查制度专题研讨会，明确推行海关稽查制度是海关业务改革的重点，是建立现代海关制度的重要内容。对建立海关稽查制度必要性、可行性，以及基本内容和改革措施进行探讨。同时决定在上海、广州、拱北海关开展稽查制度试点工作。会后，天津海关立即对贯彻海关总署“海关稽查制度专题研讨会”精神作出具体安排，成立以主管副关长任组长，人事、关税、保税、技术等部门负责人为成员的稽查制度改革专家小组，以全面推行稽查制度改革为目标，从机构设置、队伍建设、法规制度、监管模式和技术保障等方面展开研究。本着海关总署“解放思想，大胆试验，配套改革，稳步实施”的统一要求，确定以关税处稽查科、保税处核销科为重点部门，开展单项稽查工作，按照建立海关稽查制度的目的和要求，自行组织探索稽查工作的经验。同时，着手稽查队伍建设的准备，采取与社会院校联合办班、短期培训、鼓励业余学习等方式，有针对性地开展专业定向培训，为全面开展稽查工作储备骨干力量。

1994年7月15日，天津海关稽查筹备组成立。8月19日，向海关总署上报《天津海关全面推行海关稽查制度的实施方案》。是年9月27日，海关总署党组决定，在北京、天津等17个海关先行建立稽查机构，尽快开展稽查工作。同时，转发《天津海关全面推行海关稽查制度的实施方案》，供各海关在筹备稽查工作中参考。是年11月，天津海关向海关总署上报设立稽查机构方案。确定在总关成立稽查处，内设企业管理科、稽查科、加工贸易核销科和综合科。12月7日，经海关总署批准，天津海关稽查处成立，内设审批科、核销科和稽查科。

1995年1月26日，根据开展稽查工作需要，天津海关党组决定：稽查处下设综合科、企业管理科、稽查科、核销科。3月23日，关党组决定：新港海关、开发区海关原保税科更名为稽查科。

1996 年 9 月 24 日，天津海关根据业务改革发展需要，本着更好发挥综合效能，方便高效履行职能的原则，重新划分保税处、稽查处和监管处的职能分工。调整后的稽查处设企业管理科、稽查科和综合科，明确综合科负责审理稽查中发现的违规案件及分关稽查部门、保税处移交的违规案件，并按规定向调查局移交走私案件。

1997 年 1 月 3 日，国务院颁布施行《中华人民共和国海关稽查条例》(简称《稽查条例》)。是年 2 月 20 日，天津海关印发《稽查经费管理办法》，对海关稽查经费的使用范围、审批流程等做出具体要求，严格规范海关稽查经费的使用。3 月 7 日，印发《天津海关稽查操作规程》，该规程内含 25 条具体内容，对天津海关稽查人员开展行政执法活动提出具体规范要求。根据《中华人民共和国海关稽查条例》和海关总署《关于使用〈中华人民共和国海关稽查证〉的公告》的规定，自是年 7 月 15 日开始，海关稽查人员在执行稽查任务时，必须持有《中华人民共和国海关稽查证》，作为依法行使稽查职权的法律证件。

1998 年，根据国务院、海关总署关于机构改革、重新划分海关工作职能的部署，天津海关将稽查、调查两个机构合并成立调查局，稽查职能划入调查局。是年 3 月 23 日，为加强关区间稽查部门的联系配合，弥补稽查力量的不足，天津海关成立稽查大要案指挥中心，负责统一协调关区稽查大要案的指挥。集中办理案值在百万元以上、案情重大、影响较大的案件，以及海关总署交办的专项稽查案件和涉及其他海关和关区多个部门或现场的案件。遇有稽查大要案时，指挥中心在关区范围内抽调稽查业务骨干组成专案组对案件实施海关稽查。指挥中心的日常业务联系由稽查处综合科承担。

1999 年 1 月 6 日，天津海关党组决定，调查局设立稽查处（副处级），原稽查处稽查科划归该处；原稽查处企管科划归监管处；撤销原稽查处综合科。同年 7 月 26 日，天津海关作为海关总署开展全程式风险管理试点的 6 个直属海关之一，开始在全关区全面推行风险管理试点工作。

2000 年 3 月 15 日，海关总署人事教育司发文，对天津海关在 1999 年度稽查工作中取得的突出成绩予以表扬。4 月 26 日，天津海关党组决定，稽查处不再隶属调查局，成为独立的正处级机构。6 月 15 日，稽查处设立稽查一科、二科；开发区海关原稽查科划分为审批科和核销稽查科。

2001 年 2 月 9 日，根据《海关总署关于天津海关机构改革方案的批复》，调查局为天津海关内设机构，下设综合处、调查一处、调查二处、审理处、稽查处，调查局局长高配为副厅局级，副局长为正处级；其下设机构的正职按正处级、副职按副处级配置。稽查处再次纳入调查局。

2002 年 5 月 20 日，天津海关党组决定，监管处企业管理科归入调查局稽查处。是年 9 月 3 日，根据海关总署部分司局职能调整方案要求，企业管理职能和风险管理职能划归调查部门，并在调查局增设企业管理处和风险管理处两个正处级机构。原调查局稽查处企业管理科划归调查局企业管理处。

2002年4～12月，海关总署成立风险管理平台开发领导小组，组织全国海关各方面业务、技术骨干，完成风险管理平台的设计和测试。是年10月9日，根据海关总署《关于成立全国及各直属海关风险管理委员会有关问题的通知》精神，将原有的风险管理委员会、企业分类管理委员会和通道决策管理委员会的工作统一纳入新成立的风险管理委员会，明确其职能为审议决策本关风险管理工作的重大事项，统一领导和组织推动关区风险管理工作，其办事机构设在调查局。

2003年3月，海关总署决定在天津等10个海关开展风险平台试运行和8个重点课题攻关工作。是年11月3日，海关总署党组召开扩大会议，听取关于风险管理平台试运行工作情况的汇报。天津海关结合口岸特点和自身优势，探索建立现场监管、风险管理和企业稽查相互配合的联动监管模式，将风险管理成果作用于监管一线的课题研究方面取得进展。

2004年11月30日，按照海关总署要求，关党组决定，调查局内设办公室、风险管理处、企业管理处、稽查处、贸易调查处。

2005年6月22日，中央机构编制委员会办公室印发《关于海关总署调查局职能调整及更名的批复》，同意将调查局承担的“在调查稽查过程中查处走私和违规案件”的职能全部转由缉私局（全国打击走私综合治理办公室）一并承担，并将海关总署调查局更名为海关总署稽查司。7月4日，海关总署印发通知撤销各直属海关单位调查局，天津等19个直属海关设立稽查处，负责组织实施本关区进出口货物常规稽查、专项稽查和贸易调查、市场调查等项工作。7月25日，天津海关党组决定撤销天津海关调查局。原调查局所属的稽查处、风险管理处、企业管理处提升为职能处。其主要职责划分为：稽查处负责组织实施本关区进出口货物常规稽查、专项稽查和贸易调查、市场调查等项工作；风险管理处负责指导协调本关区风险管理工作，并组织实施本关区风险分析监控工作；企业管理处负责组织实施本关区企业进出口行为规范和报关单位、报关员的管理工作，组织实施对本关区企业的分类管理和报关从业资格的处罚。8月1日，新组建的稽查处正式成立，内设综合科，承担原调查局办公室和贸易调查处的工作职能。8月9日，天津海关办公室下发通知，天津海关调查局撤销后，稽查处所办理的机关发文代字改为：“津关稽发”、“津关稽函”和“津关稽传”；企业管理处所办理的机关发文代字为：“津关企管发”、“津关企管函”和“津关企管传”。

2006年1月1日，天津海关按照海关总署的统一要求，正式启用海关稽查作业系统（JC2005）。是年11月24日，天津海关印发《稽查工作规范》《稽查风险线索管理办法》《稽查作业审核管理办法》《稽查业务数据管理办法》和《稽查业务档案管理办法》5项业务制度。

2007年1月15日，天津海关印发《风险管理长效机制建设框架方案》，提出通过整合创新、共同参与、信息共享、分工合作，健全决策机制、监测机制、风险管理考评机制，实现建设“耳聪目明的智能型现代化海关”的目标。是年，根据海关总署关于开展“企业验证稽查”工作模式，把稽查工作重心由“注重查发企业问题”转移到“监督企业进出口活动、查发企业各类问题、验证企业守法状况、完善海关内部管理”的要求，天津海关开展“企业验证稽查”工作模式的探索，制定《天津海关企业验证稽查指导方案》。是年12月29日，海关总署重新开发的“稽查部门作业管理系统（JC2006）”正式上线，替代原海关稽查作业系统（JC2005），在全国海关企业稽查、风险管理、企业管理部门推广应用。天津海关根据海关总署的统一部署，按计划完成新旧系统的切换工作。

2008年1月11日，天津海关印发《风险管理指标评估工作管理办法》，通过制度规范评估工作公开、公平、公正。是年5月22日，海关总署印发《关于开展“企业稽查借助中介机构审计力量”试点工作的通知》，决定在天津等5个海关开展借助中介力量开展常规稽查、专项稽查和验证稽查的试点工作。

2010年10月，海关总署印发《海关大监管体系建设指导意见》，提出实行企业稽查、减免税核查和保税中后期核查统一归口管理（以下简称“三查合一”）是海关大监管体系建设的重要内容，是优化海关管理机制，强化海关实际监管的措施之一。11月16日，天津海关根据《海关总署关于做好企业稽查、减免税核查和保税中后期核查归口管理工作的指导意见》，制定《“三查合一”工作实施方案》（以下简称《方案》）成立“三查合一”领导小组，关党组书记、关长李佩林兼任组长，组织落实“三查合一”工作。2011年1月1日，天津关区的“三查合一”工作正式启动。一个月后，全关区实现职责调整、业务切割、机构人员调整、工作规范制定“四个到位”，隶属海关稽查科由6个增加到10个，全关区调整充实稽查核查人员29人，总人数达到85人。是年12月23日，根据海关总署《关于天津海关机构设置主要职责和人员编制的批复》，天津海关内设正处级机构稽查处（企业管理处）、风险管理处。稽查处（企业管理处）主要职责为：承担企业稽查、减免税核查、保税中后期核查工作；负责海关贸易调查、市场调查；监督管理报关单位、报关员及报关从业资格；负责规范企业行为、企业海关注册、企业分类管理等工作。风险管理处主要职责为：开展风险分析，指导、协调、监督、检查风险管理工作，负责风险管理平台推广、应用、维护及授权等工作，发布各类风险信息，归口管理海关风险布控和风险参数。

2012年3月30日，天津海关成立风险分析及防控中心。通过整合风险管理资源，建立集约化风险管理机制，强化风险信息分析、处置及风险防控工作，提高风险管理能力。是年6月27日，稽查部门作业管理系统（JC2006四期）企管子系统上线切换，开发区海关运用该系统办结天津关区首家企业注册登记业务。

2014年9月16～25日，天津海关和美国海关供应链安全管理专家组成的2个联合验证小组分别对天津海关所辖14家申请企业进行实地验证。中美双方依据《中美C-TPAT联合验证中方操作指引》《外国制造商安全标准》，秉持相互尊重、平等协商、合作共赢的原则，通过了解企业基本情况、提问和查看文件记录、实地查看、闭门磋商等程序，对企业开展C-TPAT验证，并逐家提出最佳实践和改进建议。后经双方一致认定，12家企业成为关区首批通过C-TPAT联合验证企业，企业通过率高达85.7%。《国际商报》、天津电视台等多家主流媒体对本次C-TPAT中美联合验证工作的完成进行报道。C-TPAT的全称为“Customs-Trade Partnership Against Terrorism”，即“海关—商贸反恐贸易伙伴”，是美国国土安全部海关边境保护局在“9·11”事件发生后所倡议成立的自愿性计划，2002 年 4 月 16 日正式开始实行。透过 C-TPAT，海关与相关业界合作建立供应链安全管理系统，以确保供应链从起点到终点的运输安全、安全讯息及货况的流通，从而阻止恐怖分子的渗入。C-TPAT 适用于所有行业。

第二章　企业管理

海关的企业管理工作是海关对进出口货物监管的基础性工作，贯穿于海关对进出口货物监管的前期、中期和后期。企业是否具备进出口货物的资格，经营运作是否符合相关法律法规的规范，有关的程序和手续是否完备，是否守法经营等都属于海关企业管理的范畴。

新中国成立之初，天津海关主要是依据《中华人民共和国暂行海关法》中对企业实施管理的相关内容，只负责对“进出国境的货物和运输工具，及与之有关的码头、仓库、场所、受货人或代理人的监管。”当时，海关企业管理所涉及的范围仅限于进出口环节的实际监管，由于没有完整的报关注册管理、稽查等相关制度，无法形成中期和后期的管理。

随着 1956 年新中国完成生产资料私有制的社会主义改造，开展对外贸易和进出口业务都由国营外贸专业公司按国家下达的计划进行，外贸公司凭根据国家下达计划填制的进出口货物明细单向海关申报，海关凭明细单查验放行。海关监管的重点亦不再是进出口货物是否具备资格，手续是否完备，企业是否规范守法经营。海关监管中已没有对企业管理的职能。

实行改革开放以后，随着进出口活动的快速增长和外贸体制的改革，对外贸易经济成分和经营方式呈现多元化的发展，在海关陆续恢复各项监管职能过程中，海关的企业管理工作随形势的发展得以恢复，并逐步完善。工作内容也由最初的只负责企业、报关员资格审查、注册、年审，发展到负责对企业的分类管理、信用管理等。

第一节　注册登记

新中国成立初期，天津海关即实行企业登记备案工作。企业登记备案的对象为公营企业和私营企业，其目的主要是防止国家税款流失。1950 年 9 月 27 日，中央人民政府海关总署署长孔原在签署批复天津海关关于公私营企业进口钢管的分类原则中明确，根据共同纲领精神，公私营企业在税则税率的适用上应一视同仁，唯有所具保证“一般私营企业不如公营企业更足信任。”天津海关依据此原则对公私营企业实施管理，日常的主要工作内容则是实行企业登记备案及变更登记。如：1953 年 1 月 14 日，经天津对外贸易管理局及天津市工商局核准，天津海关为原“华峰贸易有限公司”更名为“华峰贸易行”办理海关变更登记手续。同年 3 月 31 日，依据经中央工商行政管理局核准，原“华有企业股份有限公司”变更为“华有贸易股份有限公司”核发的登记执照，为该公司办理变更登记手续。4 月 1 日，依据经中央工商行政管理局核准，原“京华有限公司”改组为“京华股份有限公司天津分公司”核发的登记执照，为该公司办理变更登记手续。6 月 12 日，依据经中央私营企业管理局核准，原“三一企业公司”变更为“三一企业有限公司”核发的登记执照，为该公司办理变更登记手续。

1956 年公私合营改造完成之后，由于受国家计划经济体制影响，外贸经济被削弱，海关工作的重点转移，许多职能被弱化，加之受“文化大革命”的影响，海关的企业登记备案工作中断长达 20 余年。

改革开放以后，海关企业注册登记工作得以恢复。1981 年 4 月 24 日，国家工商行政管理总局印发《关于实行中外合资经营企业的登记审批程序的通知》。天津海关依据有关规定，开始凭企业提供的有效证照办理海关登记手续。

1985 年 2 月 25 日，海关总署印发《中华人民共和国海关对报关单位实施注册登记制度的管理规定》。自同年 7 月 1 日起，向海关办理报关手续的相关企业及其人员要持相关证件到有关海关办理注册登记手续，经海关审核批准后，发给“报关注册登记证明书”。未向海关办理注册登记的企业单位，不得直接办理报关手续。天津海关按照规定要求，开始为报关企业和人员办理相关备案登记的手续。

1992 年 11 月 7 日，海关总署印发《关于“报关注册登记工本手续费”收费问题的通知》，根据国家物价局、财政部《关于发布海关系统行政事业性收费项目和标准的通知》中规定“报关单位注册登记手续费”征收标准为人民币 30 元，将海关总署《关于发布〈中华人民共和国海关对报关单位和报关员管理规定〉的通知》中第七条规定的“报关注册登记工本手续费应收取人民币 200 元”，改为收取“报关注册登记手续费”人民币 30 元。天津海关落实该通知精神，严格按文件规定的价格标准及时调整收费金额。

1993 年，天津海关为更好地适应和促进天津市外商投资企业的发展，开展业务改革，通过计算机管理，简化手续等措施，方便外资企业注册登记。过去外商投资企业到海关注册登记需由三个部门分别审核办理登记备案、企业报关注册、统计 10 位编码，改为联合办公后，企业只需到一个窗口即可一次性办结全部海关注册登记手续。据当年 6 月 13 日《天津日报》报道，1993 年“1 ~ 5 月份，海关注册登记新增外商投资企业 1010 家，比上年同期增长 4.67 倍。在海关注册登记的天津市外资企业已达 2665 家。”

2000 年 5 月 7 日，海关总署印发《关于清理整顿代理报关企业的通知》，开展历时两个月的对代理报关企业清理整顿工作，各海关一律暂停对新批准的代理报关企业的注册登记。9月13日，海关总署又印发《关于恢复代理报关企业注册登记的通知》，各关重新恢复对代理报关企业的注册登记，但在审批报关资格时，要严格按《中华人民共和国海关对代理报关企业的管理规定》执行。其间，天津海关遵照海关总署有关通知精神，在整顿阶段一方面暂停对新批准的代理报关企业进行注册登记，一方面组织人力对代理报关企业进行清理，对于发现的问题及时进行整改。9月13日，按照海关总署的要求，重新恢复办理代理报关企业注册登记业务。

2004年7月9日，海关总署印发《关于对外贸易经营者和报关企业办理报关注册登记事项有关公告执行问题的通知》，明确对外贸易经营者和报关企业办理报关注册登记10个方面的注意事项。是年，天津海关在企业管理方面实行新举措，在做好为对外贸易经营者和报关企业办理报关注册登记工作的同时，根据《对外贸易经营者备案登记办法》中国家允许个人从事外贸活动的规定，为3家个体工商户办理入网手续。

2005年3月31日，海关总署印发《中华人民共和国海关对报关单位注册登记管理规定》(以下简称《规定》)，自当年6月1日起施行。同时废止《中华人民共和国海关对报关单位和报关员的管理规定》《中华人民共和国海关对专业报关企业的管理规定》《中华人民共和国海关对代理报关企业的管理规定》《海关总署关于对外贸易经营者办理报关注册登记事项的公告》《海关总署关于办理报关企业注册登记事项的公告》等5个文件。是年5月16日，海关总署印发《海关总署关于执行〈中华人民共和国海关对报关单位注册登记管理规定〉有关问题的通知》，明确改革企业年审制度，自是年6月1日起不再对企业施行年审。同时要求各地海关要加强对企业进出口行为的日常管理和规范工作，定期以专项调研、电话查询、下厂核查、与其他地方部门数据共享等多种形式及时了解和掌握企业的变化情况。天津海关以《规定》为依据，结合天津关区的特点，制定具体实施方案，就《规定》中关于报关业务范围、分支机构设立等比较敏感而又被广大报关企业关注的问题，以公告形式对外发布关于执行《规定》若干问题的说明；在《规定》实施前，利用报纸、电台、电视、网络等媒体资源，进行宣传报道；主动走访天津市商务委员会和天津市工商行政管理局，就行政许可审批的原则和程序、资格审查和后续管理等事宜进行交流并达成共识；与地方报关协会、货代协会等行业协会进行沟通，宣传新《规定》的主要内容，讲解许可审批的基本程序，利用行业协会加大社会宣传力度；自行研发企业年审程序并在天津海关互联网主页上启用，该程序具有查阅年审须知及注意事项、下载相关表格、核对企业信息等功能，企业年审前期的准备工作可全部在网上完成，同时还推出A级企业免于递交纸质年审材料的便利措施，为企业减轻压力、节省时间，鼓励企业诚信自律、守法经营；在审批过程中，坚持公开便民的原则，严格执行行政许可审批程序，严格接单操作流程，认真执行受理告知制度，落实审批时限。通过一系列的工作，使海关行政许可审批的原则、标准、程序和办理的方式方法被广大社会了解和接受，确保报关单位注册登记管理规定得以顺利实施。是年，行政许可审批49家报关企业，实际完成报关企业注册手续36家，未发生一起行政许可复议情事。

2006年7月13日，海关总署印发《关于执行〈中华人民共和国海关对报关单位注册登记管理规定〉有关加工贸易监管问题的通知》，明确《中华人民共和国海关对报关单位注册登记管理规定》有关加工贸易监管问题：强调自2006年7月1日起，加工贸易企业办理加工贸易备案、变更、核销及保税监管等事宜的，应由本企业经海关注册的报关员或者报关企业的报关员向海关申请办理。加工贸易企业由报关企业办理上述业务的，报关企业报关员应向海关递交《代理报关委托书/委托报关协议》。本企业报关员在向海关办理上述业务时，应在递交的申请表及其他有关单证上加盖本企业报关专用章。如由报关企业报关员办理上述业务的，应在递交的申请表及其他有关单证上加盖本企业公章的同时加盖报关企业报关专用章。加工贸易企业若继续需由本企业人员办理海关手续且尚无报关员的，应利用年度报关员考试机会培养本企业报关员。天津海关采取措施，加强企业注册信息核对，提高企业风险管理质量。根据规范企业进出口经营行为以及企业分类管理工作的需要，年内将核查企业注册信息列为企业管理风险工作的重要任务，全年完成对2005年进出口额前1000位的本地企业注册备案信息进行核对，对进出口额1亿美元以上的41家企业实施大客户管理模式，为50家企业建立资信档案。

2008年9月22日，海关总署印发《关于对"企业注册登记内容失实"企业实施通关布控的通知》，由于新的《中华人民共和国对外贸易法》《中华人民共和国公司法》修订实施后，国家全面放开对外贸易经营权，在市场主体准入门槛普遍降低，海关注册登记企业数量快速增长的同时，一些企业因未按规定及时办理海关注册登记项目内容变更手续，或者恶意逃避海关管理，造成企业名称、性质、地址、法定代表人等海关注册登记项目内容与实际不符，致使海关无法查找，或者查找时"人去楼空"。天津海关执行海关总署通知精神，针对"企业注册登记内容失实"，导致海关不能真实掌握企业贸易情况，中断管理链条，法律责任不能落实，对海关管理带来风险和隐患的问题。采取对发现"企业注册登记内容失实"或已被当地工商、商务部门通报、被工商部门注销、吊销营业执照和商务部门取消企业申领的《对外贸易经营者备案登记表》《外商投资企业批准证书》的企业，在海关H2000系统企业管理子系统中实施通关布控，发现问题及时通报并移交有关部门处理的措施，保证对企业实施有效监管。

2009年，海关总署为保障海关注册登记企业信息、H2000企业数据库和企业信息综合管理系统的真实、准确、有效，在全国海关开展注册登记企业信息核查和数据清理工作。同年6月1日，海关总署印发《关于开展注册登记企业信息核查和数据清理工作的通知》，要求对在本关注册登记的所有进出口货物收发货人和报关企业，以及加工生产企业注册登记信息进行核查和数据清理。是年，天津海关按照要求开展注册登记企业信息核查和数据清理工作，成立以分管关领导为组长，企业管理职能部门和各隶属海关主要负责人为成员的工作领导小组；在对天津关区报关企业注册登记信息进行核查和数据清理的同时，对整个信息核查工作进行全程监督，保证核查清理工作进度和质量。各注册登记业务现场作为信息核查清理工作的执行部门，负责督促属地企业交纳《海关注册登记企业信息核查表》，进行企业注册信息与实际信息的核对和清理。据是年12

月22日天津海关向海关总署提交的《开展注册登记企业信息核查和数据清理工作的情况报告》记载，全关区有效期在2009年6月1日以后的报关企业、进出口货物收发货人、对外加工生产企业共计12823家。天津海关将这些企业分为必查、重点查和普查三类，对信息进行核对和数据清理。开展清理工作期间，共收取《海关注册登记企业信息核查表》10892份，完成信息核查企业数量占拟核查企业数的87.82%，其中报关企业、非B类企业以及上年度进出口总值在3000万美元以上的企业全部完成信息核查，对于无法联系的企业及拒不配合海关信息核查工作的企业，列明清单另作处置。核查发现共有6070家企业自2008年后无进出口业务，占到企业总数量的47.34%。同时，督促74家不再经营的企业办理注销手续。完成对108家企业在工商管理部门已办理注销手续，187家企业已经破产的布控工作。根据企业提交的《海关注册登记企业信息核查表》以及核查和清理的结果，修改H2000系统中企业存在的不规范和不准确信息共计19000余条。

2011年4月15日，天津海关为规范关区进出口货物收发货人注册登记审批，维护行政管理相对人合法权益，根据《中华人民共和国海关法》《中华人民共和国海关对报关单位注册登记管理规定》等有关条款，印发《天津海关进出口货物收发货人注册登记操作规范》（以下简称《操作规范》）。《操作规范》共计11章48条，就适用范围、进出口货物收发货人注册登记、注册登记的变更、换证、注册登记的注销、重新注册登记、对外加工生产企业注册登记、数据管理、业务统计、H2000企管系统授权等作出详细说明和具体规定。

2012年5月24日，海关总署印发《关于出口监管仓库注册登记有关问题的通知》，根据管理需要，海关为出口监管仓库注册编码第7位设置专门的类别代码，其中“J”为国内结转型出口监管仓库，“P”为出口配送型出口监管仓库。天津海关根据通知要求，对新批设立的出口监管仓库，依据核准出口监管仓库名称后批注出口监管仓库性质及第7位代码的流程，办理注册登记手续。对已批准设立的出口监管仓库，根据关区实际，集中统一进行注册登记，或结合出口监管仓库延期审查办理注册登记。出口监管仓库被注销或撤销的，保税监管部门在办结相关手续后及时通知企业管理部门办理相关注册登记的注销或撤销手续。是年，天津海关与天津市工商行政管理局开展两次企业信息交换工作。交换辖区企业注册、注销、换证、变更信息48468条/次，企业违法违规信息374条/次，企业分类管理信息850条/次。全年办理报关单位注册登记3403件，报关单位注册登记变更2672件，报关单位延期1351件，报关单位注销171件，年底关区有效报关企业共计15511家，同比增长9.5%。

2013年1月14日，天津海关与天津市工商行政管理局开展企业信息交换工作。共交换辖区企业2012下半年注册、注销、年检、换证、变更信息67684条/次，企业违法违规信息200条/次，企业分类管理信息880条/次。协助天津市商务委员会处理国际贸易纠纷案件涉案企业，天津海关全年共受理国际贸易纠纷26起，通过甄别对其中7家注册信息不真实或无法查找且已在海关注册的涉案企业及时进行“通关限控”，保持对涉案企业的有效监控，有效维护天津市的对外贸易良好形象。全年办理报关单位注册登记4134件，报关单位注册登记变更3911件，报关单位延期1404件，报关单位注销157件。年底，全关区有效报关企业共计16777家。

2014年8月30日，根据《中华人民共和国海关报关单位注册登记管理规定》，在天津关区正式启用新版《报关单位注册登记证书》。全年办理报关单位注册登记3469件，报关单位注册登记变更4510件，报关单位注销157件。截至2014年底，关区有效报关企业共计19945家，同比增长18.9%。

第二节 分类管理

20世纪80年代末，海关开始探索对企业实施分类管理，通过引入风险管理理念，实施守法便利措施，方便合法进出，促进企业守法自律，提高企业的国际市场竞争力，同时达到海关的有效监管，实现海关、企业的双赢目的。

1988年4月6日，海关总署印发《海关对信得过企业管理办法》(以下简称《信得过办法》)，对“信得过企业”应具备的条件、义务、便利措施、申请程序等都作出相应规定。明确海关对“信得过企业”，给予“三优先，两简化”的通关便利。即：优先办理来料加工、进料加工、补偿贸易等合同备案登记手续、优先办理报关和验货手续、优先办理进口料、件减免税审批手续和简化进出口货物验关手续，实行自查、自验和海关重点查验相结合的验货制度、简化核销结案手续的便利。海关总署在下发《信得过办法》的通知中特别强调，对中外合资、合作企业暂时不命名信得过企业，对外商独资企业不搞命名信得过企业活动。7月9日，天津海关召开首次海关“信得过企业”命名大会，按照《信得过办法》规定的条件和要求和分期分批命名的原则，经过严格审核，天津海关向首批获得“信得过企业”称号的6个单位颁发《信得过企业证书》。迈出天津海关探索对企业实行分级管理制度的第一步。

1991年，天津海关针对外贸体制改革后，企业负担重、压力大的新情况，制定《支持外贸体改、方便出口创汇10条措施》，分批对全市93家外贸、工贸和海关“信得过企业”的进出口货物实行“先放货、后征税”的便利措施，加快企业资金周转，缩短货物通关时间，降低企业物流成本。海关“信得过企业”、国家“八五”重点工程的天津无缝钢管厂(俗称“大无缝”)，1989年开始破土动工，至1991年形成企业设备材料进口的高峰，天津海关为支持企业发展，满足企业工程进度需求，同意对急需安装使用的全部进口设备由港口直接转运至施工现场，海关派出监管小组在施工现场随验随放，加速进口设备的通关速度，得到企业和天津市政府的表扬。年内，天津海关又命名20家企业为海关“信得过企业”。

1994年，天津海关制定《对企业实施分级管理的办法》，以企业档案管理为依托，推进企业分级管理工作。并提出海关主管、企业自管、社会共管的管理思路，构成“三位一体”的企业管理格局。为配合企业分级管理的实施，在《天津海关通关改革管理规范》中，对资信好、认真遵守海关规定的企业给予更多的方便措施。天津海关的《对企业实施分级管理的办法》，一直沿用至1999年5月。

1999年4月2日，海关总署、对外贸易经济合作部、国家经济贸易委员会联合制定下发《中华人民共和国海关对企业实施分类管理办法》（以下简称《分类管理办法》），自是年6月1日起实施。《分类管理办法》明确要求，海关根据企业的经营管理状况、报关情况、遵守海关法律法规情况等，设置A、B、C、D4个管理类别，对企业实施动态的分类管理。同时，《分类管理办法》规定：企业适用的管理类别由企业所在地主管海关审定，其中适用A类、D类管理的企业名单报海关总署备案。海关总署将适用A类管理的企业名单抄送外经贸部。B类和C类管理由主管海关统一布置在本关区范围内实施。A类和D类管理由海关总署统一布置在全国海关范围内实施。同年4月5日，根据国务院指示，在国家经贸委、外经贸部、海关总署、财政部、国家税务总局、中国人民银行、国家外汇管理局参加的加工贸易部际联席会第二次会议上，通过加工贸易企业分类管理的评定标准和审定程序。7月14日，海关总署、对外贸易经济合作部、国家经济贸易委员会联合下发《关于加工贸易企业分类管理评定标准和审定程序问题的通知》，对“加工贸易企业不实行银行保证金台账制度的条件、加工贸易企业适用C类管理的审定标准、加工贸易企业管理类别评定程序”等作出具体要求。7月29日，为做好企业分类管理工作，海关总署印发《中华人民共和国海关对企业实施分类管理办法实施细则》。9月15日，为配合《分类管理办法》和《中华人民共和国海关对企业实施分类管理办法实施细则》的实施，海关总署开发的“企业分类管理程序”投入启用。是年6月1日，关党组决定，成立以关长赵桂芬为主任的“天津海关企业分类管理委员会”，具体负责《分类管理办法》的实施，处理企业分类管理工作中出现的重大问题，讨论决定天津关区适用分类管理的企业名单，对各分关（处）的贯彻落实工作进行督促检查。年内，天津海关共批准91家企业为加工贸易A类企业。

2000年4月14日，根据国务院有关指示，海关总署、中国银行联合下发《关于加工贸易银行保证金台账“实转”有关问题的补充通知》（以下简称，《补充通知》），决定自当年5月1日起，对“B”类企业在加工贸易项下进口的限制类商品，按其合同备案金额应缴纳税款的50%征收保证金。天津海关根据《补充通知》要求，对B类企业在加工贸易项下进口的限制类商品，开始按其合同备案金额应缴纳税款的50%征收保证金，以解决B类企业从事限制类商品加工贸易备案时一次性缴纳合同料件应征税款等值保证金负担较重的问题，既保障国家税收，又简化海关、银行手续，方便企业经营。

2001年6月21日，海关总署、对外贸易经济合作部、国家经济贸易委员会联合对外公告：自7月1日起，对企业分类管理评审标准进行调整。《分类管理办法》第六条关于A类管理企业评审标准中“连续二年无走私违规行为记录”调整为：“连续6个月无走私违规行为记录”；“不涉及进出口许可证件管理并不涉及海关税收的”、“涉及进出口许可证件管理或者涉及海关税收，但海关罚款金额在人民币 1 万元（含 1 万元）以下的”可不作为企业分类管理评定的记录。是年下半年，天津海关延伸企业分类管理外沿，将专业报关行和代理报关企业纳入实施分类管理。7 月 19 日，按照海关总署调整后的“对企业分类管理评审标准”，天津海关印发《对专业报关行、代报企业实施分类管理办法（试行）》的通知，开始将专业报关行和代理报关企业纳入实施企业分类管理范围。该办法规定，企业所适用的管理类别由企业申请、天津海关审定，并统一布置在天津关区范围内实施，在其他关区无效。该办法的实施，为加强对天津关区报关市场的监督和引导，促进报关行和代理报关企业守法自律，规范报关行为，有效实施海关管理进行有效的尝试，收到显著成效。

2002 年，天津海关自主研发《企业信息管理系统》。该系统内含“企业编码、企业法人、企业地址、经营地址、企业类别、联系人”等基本信息，在全关区范围内实现企业信息共享，为海关严格审核企业提交的有关文件和档案资料的真实性，对企业实施分类管理提供必要的依据。

2004 年，天津海关首次开展 A 类报关企业评定工作。天津振华报关行有限公司等 4 家企业成为首批达标的 A 类报关企业；天津市福荣达地毯有限公司在企业分类调整中通过天津海关风险管理委员会审核评为 A 类管理企业，成为《分类管理办法》实施以后，天津市第一家适用海关 A 类管理的私营企业。

2005 年，天津海关为净化口岸通关环境，规范进出口贸易秩序，促进口岸经济发展，倡导诚信守法、为守法企业提供便利，全年对 9100 余家进出口企业实施分类管理，调整企业类别总计 102 家，其中涉及升级的企业 59 家、降级的企业 43 家。

2006 年，天津市有 13 家企业入选海关总署年度进出口企业“红名单”，为天津市企业历年入选数量之最。“红名单”是海关对企业良好的诚信守法程度认可的一种形式，入选“红名单”的进出口企业可以享受到海关提供的更多通关便利。

2007 年 8 月 6 日，根据海关总署印发《关于〈中华人民共和国海关企业分类管理办法〉再次征求意见的通知》的要求，天津海关在组织召开企业座谈会，听取企业的意见和建议的基础上，对照《分类管理办法》具体条文和配套的《措施目录》及相关附件的内容，梳理《分类管理办法》实施后存在的具体问题，向海关总署稽查司提出：对《分类管理办法》第 14 条“适用 A 类管理的报关企业条件”，增加类似款项“报关企业应当对委托人所提供情况的真实性进行合理审查，未发生重大统计差错”等 8 条修改建议。同年，天津海关制定《对企业实施监管便利措施管理办法》，以守法便利为原则，以企业分类管理和守法评估为依托，为诚信守法企业提供最大便利，首批 87 家诚信守法企业全面享受到海关的监管便利措施。截至 2007 年底，天津关区共有 AA 类企业 140 家，A 类企业 372 家，B 类企业 12765 家，C 类企业 66 家，D 类企业 13 家。

图 9-2-2-43 2008 年，天津海关向首批获得 AA 类管理企业的单位颁发证书

2008 年 1 月 30 日，海关总署公布新修订的《企业分类管理办法》。2 月 4 日，天津海关制定下发《关于推动落实〈中华人民共和国海关企业分类管理办法〉有关工作安排的通知》，成立“天津海关企业分类管理办法推动落实工作领导小组和工作组”，从组织保障到内部培训及统筹协调、政策宣讲、对外公告等方面都提出明确要求，确保新《企业分类管理办法》顺利实施。4 月 3 日，根据《企业分类管理办法》和《中华人民共和国海关企业分类管理操作规程（试行）》，天津海关制定下发《企业分类管理操作办法》和《企业分类管理工作人员管理办法》，自是年 4 月 1 日起，统一企业分类管理操作流程，发挥各相关部门在企业分类管理工作中的作用，实现企业分类管理工作的规范化、制度化。新修订的《企业分类管理办法》实施后，天津海关对原有的 509 家 A 类以上企业按照新《企业分类管理办法》的相关要求进行重新审核，确保实现平稳过渡。截至 2008 年 11 月 30 日，天津关区共计注册企业 11886 家，其中，AA 类企业 31 家，A 类企业 551 家（包括进出口收发货人 481 家，报关企业 70 家），B 类企业 11259 家，C 类企业 39 家，D 类企业 6 家。企业注册备案户籍式管理模式取得进展，完成 4000 余家企业的信息核对工作。企业信用管理工作机制逐步健全完善，对 80 家不同类型企业建立资信档案。

2009 年，天津海关坚持“因天津而立，依天津而兴”和“以促进天津经济发展为己任”的思路，通过企业分类管理，使守法企业享受更多通关和海关事务便利。一方面缩短 A 类、AA 类企业评定时间，对投资规模大或从事涉及国计民生商品经营的大型企业的 A 类申请，将审批时限由三个月缩短为一个半月；对申请 AA 类别的大型企业，在验证稽查后两个月内完成审核并上报海关总署核准；优先办理 A、AA 企业注册登记换证及报关员注册登记手续，将审批时间由 10 天缩短到 5 天。年内在关区注册的企业达到 13082 家，其中 AA 类企业达到 72 家，A 类企业达到 547 家。为表彰在企业分类管理工作中作出突出成绩的关员，1 月 8 日，天津海关党组作出《关于对在新〈企业分类管理办法〉宣传推动工作中表现突出的个人予以表彰奖励的决定》，对工作中做出突出成绩的 7 人予以嘉奖、5 人予以通报表扬。2010 年 3 月 3 日，根据海关总署《“稽查部门作业管理系统”管理办法》《“稽查部门作业管理系统”绩效考核实施办法（试行）》以及《中华人民共和国海关企业分类管理操作规程（试行）》的有关规定，天津海关下发《“稽查部门作业管理系统（企业分类管理作业模块）”绩效考核实施办法》，成为做好“稽查部门作业管理系统（企业分类管理作业模块）（JC2006 系统）”的数据维护工作，保证资料录入准确、及时和有效，制定有可操作性的规范性文件。

2011年1月1日，海关总署新修订的《中华人民共和国海关企业分类管理办法》和新的《中华人民共和国海关企业分类管理操作规程（试行）》公布施行。是年，天津海关针对企业分类工作涉及面广、政策性强、对企业影响较大的特点，印发《天津海关落实〈中华人民共和国海关企业分类管理办法〉工作方案》，修订《天津海关企业分类管理操作办法》和《天津海关企业分类管理工作人员管理办法》，成立以主管关长牵头的推动工作领导小组，设立工作组，抽调精干力量，整体规划，有计划分步骤地做好《分类管理办法》的宣传培训和配套执行文件的修订等工作，对关区300余家报关企业、80余家AA类进出口货物收发货人以及天津中环电子集团等大型企业集团开展专题政策宣讲活动，400余名企业负责人参加培训，使新旧《分类管理办法》实现顺利实施平稳过渡。

2012年7月10日，海关总署印发《关于开展企业分类管理执法统一性问题专题调研的通知》。天津海关集中20天时间对关区企业分类管理执法统一性问题进行专题调研，通过对关区12家AA类报关企业和14家AA类进出口货物收发货人企业进行走访，召开座谈会，向企业就通关便利等问题征求意见和建议。针对企业反映的主要问题，天津海关在职权范围内及时进行整改、调整和完善。7月31日，天津海关召开对外大型政策宣讲会，AA类及A类企业代表280余人参加会议。会上天津海关向企业介绍加工贸易、企业稽查、商品归类和企业分类管理政策调整情况，并现场回答企业提出的问题。8月1调研结束后，天津海关向海关总署稽查司书面报送《开展企业分类管理执法统一性问题专题调研情况》。10月8日，"海关企业信息管理系统"（以下简称"HQ2012系统"）正式在全国海关上线运行。为做好"HQ2012系统"项下"企业分类"监控模块的应用，以及监控结果的处置工作，根据《中华人民共和国海关企业分类管理办法》《中华人民共和国海关企业分类管理操作规程（试行）》的相关规定，天津海关下发《关于处置涉及企业分类管理监控结果的作业规程》，以保证"HQ2012系统"正常运行。10月18日，天津海关与天津报关协会联合举办促外贸稳增长政策介绍暨通关无纸化政策宣讲会，全关区108家AA类及A类进出口企业和报关企业158人参加。是年，天津海关共组织举办企业培训和召开各种规模的政策宣讲会120场次，培训企业2423家，参会人数达2930余人次。培训企业范围覆盖关区全部A类以上企业（含进出口企业及报关企业）及部分进出口值在50万美元以上的B类生产型企业。全年受理企业上调管理类别申请137家，审批115家，其中A类企业审批59家；对未达标的4家A类企业继续适用A类管理；将10家已降为B类的企业，恢复其A类企业管理类别。截至2012年底，天津关区共有AA类企业104家，A类企业659家，C类企业74家，D类企业19家。

根据2012年10月15日，海关总署稽查司印发的《关于企业类别特殊调整有关问题的通知》精神，2013年2月18日，天津海关印发《关于企业类别特殊调整的操作规程》。建立企业类别调整提示制度，对符合AA类或A类条件的企业主动给予晋级提示和辅导；尽量增加AA类和A类企业数量，慎重调降企业类别；对一年内无走私违规记录，资信良好的B类生产型企业，继续适用“属地申报、口岸验放”通关模式，并印发《天津海关企业类别调整提示和辅导办法》，使更多的守法企业享受到“属地申报、口岸验放”通关模式所带来的便利，以促进外贸经济的稳定和发展。11月4日，“通用半导体（中国）有限公司”向天津海关所属天津开发区海关申报进口一批“硅基聚酰亚胺”，进境口岸为北京海关，货值64万日元，天津开发区海关采取“属地申报、属地放行”方式为其快速办理属地放行手续，从申报到放行仅用时13分钟，成为首票以天津海关为属地的“属地申报、属地放行”AA类企业进口货物。是年，天津海关通过创立企业类别提示辅导制度，编写《天津海关晋级AA类企业宣传册》，举办晋级AA类企业政策宣讲会和辅导，帮扶158家企业晋级为A类和AA类管理。受理企业上调管理类别申请186家，审批175家，向下调整企业管理类别53家，不予适用企业管理类别或企业撤销申请9家。年底，天津关区共有AA类企业113家，A类企业768家，C类企业62家，D类企业19家。关区实有注册企业16690家，其中进出口货物收发货人16333家。

2014年，天津海关制定《企业协调员工作实施细则（试行）》，全力推进对企业多角度、全方位的信用管理，完善培育高信用企业长效机制，推进企业诚信体系建设，使关区企业分类管理实现全面改版“升级”。年内坚持定期梳理高信用企业的违法违规记录，向风险管理部门反馈201家次企业信息用于风险布控，向稽查部门反馈214家次企业处罚情况用于后续监管，向地方政府部门反馈971家次企业守法情况信息。举办高信用企业政策宣讲会6次，培训企业经理3200余人次，100%覆盖关区A类以上企业，并扩大到天津利和进出口集团有限公司等B类以上集团企业。全年完成企业认证1103家（报关企业153家），超额完成年初预定任务。对关区880余家高信用企业进行年度审核和日常监控，帮扶企业完善内控机制。对于存在降级风险的50余家企业及时约谈，帮助其及时整改。对28家企业管理类别按照海关总署的相关政策规定进行升级特殊调整，得到地方政府和企业的好评。年底，天津关区高信用企业首次超过1000家，达到1006家，其中：AA类企业115家（报关企业13家），A类企业891家（报关企业94家）。全年办理向上调整管理类别企业291家，向下调整管理类别企业51家，不予调整管理类别企业21家，撤销管理申请企业9家。年底关区共有高级认证企业124家（报关企业13家），一般认证企业979家（报关企业102家），失信企业54家（报关企业5家）；共有注册企业19945家，其中：进出口货物收发货人19537家，报关企业408家。

第三节 AEO制度

“AEO制度”是世界海关组织（WCO）以《全球贸易安全与便利标准框架》（以下简称《标准框架》）形式制定的一套旨在保护和便利日益增长的国际商业、国际贸易的标准。“AEO”译成中文为：经认证的经营者（Authorized Economic Operation）。2005年6月，世界海关组织（WCO）在海关合作理事会年会上制定通过的《标准框架》中，确定“AEO”为：“以任何一种方式参与货物国际流通，并被海关当局认定符合世界海关组织或相应供应链安全标准一方，包括生产商经营者、进口商、出口商、报关行、承运商、理货人、中间商、口岸和机场、货站经营者、综合经营者、仓储业经营者和分销商。”是年6月24日，海关总署副署长刘文杰代表中国海关在实施意向书上签字，中国海关开始逐步实施《标准框架》中的有关内容。

2007年，新的《中华人民共和国海关对企业实施分类管理办法》（以下简称《分类管理办法》）作为一类立法项目进行修订时，引入“AEO”的概念，从适用范围上为建立“AEO制度”提供前提条件，从类别设置上为建立“AEO制度”提供操作空间，并确定海关与商界的合作伙伴关系。同年，天津海关派员参加海关总署在北京举办的中欧安全智能贸易航线试点计划项下“AEO”制度专题培训班，了解欧盟海关实施“AEO制度”的有关情况，提高对推行“AEO制度”目的意义的认识。

2008年4月1日，新的《分类管理办法》正式实施后，天津海关结合新《办法》以强调保障进出口贸易的安全与便利，最大程度地整合现有的企业分类管理措施为立法目的，从符合“AEO制度”的公开性要求、增加“海关稽查验证”环节、与“AEO”的海关授权环节接轨等方面，组织开展“AEO制度”的可行性研究。

2012年12月，天津海关根据海关总署要求，派员参加由天津、北京、上海、福州、青岛、广州、拱北等7个海关有关人员组成的“海峡两岸海关‘AEO’互认工作小组”集中工作。是年，天津海关接待韩国海关AEO代表团到访时，推荐摩托罗拉移动技术（中国）有限公司、天津三星LED有限公司以及霍尼韦尔（天津）有限公司3家企业参加中韩海关AEO互认活动。

2013年10月16日，天津海关与天津滨海新区商务委员会联合召开企业分类管理政策宣讲会，介绍《分类管理办法》和《天津海关企业类别调整提示和辅导办法》等与“AEO制度”相关的内容，以及世界各国海关开展“AEO制度”互认的情况。对113家AA类企业的注册信息进行全面核查，便利企业通过新加坡等地国际海关合作AEO认证。

2014年4月18日，天津海关召开中韩海关“AEO制度”互认宣讲会。会上就中韩海关AEO互认的重要意义及实施互认的具体内容、双方海关给予对方AEO企业的进口货物的通关便利措施等进行讲解，帮助天津市AA类企业用足用好韩国海关给予的通关便利，降低物流成本，提升内部管理、增强出口竞争力。天津关区50余家与韩国有直接进出口贸易的AA类企业负责人参加会议。

第四节　报关管理

天津解放初期，天津海关基本沿袭旧海关的报关管理模式，1949年11月24日，海关总署发布《海关管理报关行暂行办法》后，天津海关即依据该办法管理报关行。从1951年开始，随着国家对外贸易管制政策的实行和《中华人民共和国暂行海关法》实施，在以许可证为依据的进出口货物海关监管制度下，报关主要由国营外贸公司自行办理，报关行逐步退出。1956年，社会主义改造基本完成，对外贸易由多种成分转为单一的国营经济，对外贸易都经国家批准的国营对外贸易专业公司经营，进出口货物全部在统一领导下，有组织、有计划进行，报关则均由各外贸公司直接单独办理。由于报关单位对象较为单一，报关单位管理不再是海关工作的重点。1969年，对外贸易部发布《关于废除海关对国营进出口公司货物的监管手续的通知》，决定取消外贸公司向海关递交明细单的报关制度，海关对进出口货物的监管职能从形式上基本取消，更谈不上对报关单位的管理。

1980年1月1日，全国海关开始实行报关单制度。天津海关按照报关单制度要求，开始启用新的"进口货物报关单"和"出口货物报关单"办理海关业务。实行报关单制度，为海关恢复对报关单位的管理提供必要的客观条件。

一、报关企业

天津解放前，津海关的《报关行管理章则》规定："为便利商民报关纳税，减免中间敲诈拖延免致无谓损失，并保障合法之报关行业务起见，凡为便利商民报关纳税而组织之报关行，经本关核发报关行执照后并须向本市工商局领取营业执照，方可经营业务。如不能取得前项营业执照时，本关即将其已发报关执照撤销。来本关申请登记之报关行，须取得殷实铺保两家，如遇所保之报关行欠缴税款或讨款时，兹铺保应付保额内之负责，所有以前施行之现金押款制度暂行废止。所有登记之报关行，均得参加报关行同业公会之组织，以便与本关取得经常联系。单纯经营代人报关业务之报关行，及进出口商同时借营代人报关业务均须事先领得本关所发之报关行执照。无报关行执照者不得代人报关"。天津解放初期，津海关仍参照此章则对报关行实施管理。

1949年11月24日，海关总署发布《海关管理报关行暂行办法》。鉴于当时的政治环境，在该办法中着重强调：凡有反动行为，经当地人民政府查明属实者；曾违犯关章，受有重大惩罚未满3年者；以及海关员工因涉案裁撤者等均不得从事报关业务。是年，在天津关区共有美昌代理店等7家报关行从业。

1949 年天津关区部分报关行登记情况一览表

表 9-2-4-34

名　称	经 理	地　址	工商局营业证号	海关执照号	担保商号
美昌代理店	皮紫垣	东沽团货街 11 号	1052 号	16 号（28—4—49）	谦德庄、太生米庄、钰丰米庄、新华路源开米庄
同义代理店	魏兰亭	东沽中和街 43 号	1053 号	192 号（30—8—49）	天津三益庄、钰丰米庄及东兴栈、海成货栈、海丰、公大船店
海兴代理店	高玉璋	大沽三岔斜街 44 号	（记载不详）	5 号（22—4—49）	金刚桥鸿盛渔店 德懋渔店
海城货栈	樊星三	东沽土坝街 6 号	（记载不详）	3 号（19—4—49）	钰丰米庄
海丰	孙殿文	东沽西河沿 8 号	（记载不详）	14 号（27—4—49）	同盛和、谦德庄
东兴栈	冯云城	东沽福申街 60 号	（记载不详）	2 号（16—4—49）	钰丰米庄、义泰成什货铺等
公大船店	艳锡祥	东沽仪大码头 3 号	（记载不详）	7 号（23—4—49）	文兴成什货庄（杂货店）

1951 年，国营进出口公司及一般组织健全且较有能力的私营进出口商大都是自行报关。海关总署决定由各地海关根据实际需要审核暂准国营运输机关、私营轮船公司及中国旅行社等若干指定机构、附设报关服务机构，可代理外国使馆人员、进出口旅客，以及经营应受海关监管的沿海贸易货物的商人等办理报关事务。是年 11 月 1 日，海关总署明确一般沿海船舶的货运和经营国内转口货物的报关行，与海关没有业务关系，不再接受海关的管理。根据海关总署的指示，天津海关停止上述监管工作。是年，由于海关改进通关制度，简便报关手续，报关行的作用开始弱化。加之，在“三反”“五反”运动中，各地海关均发现利用报关行为桥梁，不法资本家勾结、腐蚀关员，从事违反贸易管制及走私偷税等不法行为，报关行的存在失去意义。

1952 年 6 月 11 日，海关总署下发通知，就报关行存废问题广泛征求意见。指出报关行是一种中间剥削性的行业，是过去帝国主义把持下的旧海关时代的产物。新中国成立以后，由于一部分进出口商，对于办理报关事务尚不习惯，有些平时进出口货物数量不多，委托报关行代办报关手续较为节省，加之报关从业人员的转业问题一时不易解决，政府采取的是在鼓励、协助进出口商自行报关的过程中逐渐淘汰报关行。是年底，天津海关致函天津市人民政府外侨事务处会商对百利、福利、金龙 3 家外商报关行是否还准予登记换证，继续经营报关业务。翌年 1 月 26 日，天津市人民政府外侨事务处函复天津海关，建议对上述 3 家外商报关行可暂不予处理，待将来废除报关制度时统一解决。4 月 7 日，外交部亦就此事批复天津市人民政府外侨事务处，并抄送海关总署、天津海关，表示同意上述意见。

1953年4月，对外贸易部宣布进出口货物废除报单制度，实行《进出口贸易许可证办法》，进出口商不再填写报关单，海关以进出口许可证为主要监管依据实行海关监管。同时规定凡进出口货物，从申请许可证到货物放行，所有海关应办手续，均由领证的进出口厂商向海关直接负责，进口货物由收货人向海关申报，出口货物由发货人向海关申报。海关监管凭许可证进行，货物抵岸不再填写报单。报单制度的改革加速废除报关行的进程，天津海关根据海关总署关于报关行存废问题的意见精神，分别向海关总署和天津市财政经济委员会报送关于废除报关行的意见。

是年5月10日，海关总署对天津等海关下达《关于解放前伪海关所存报关行保证金清偿问题指示》。针对武汉等各关先后请示解放前伪海关所存报关行保证金的清偿问题，经与协商中国人民银行商定，海关存有的报关行保证金存单，经报关行申请，海关可验凭存单收据背签后发还报关行，由其径向银行办理清偿手续。报关行保证金用海关名义统一存放银行的，海关待报关行请求后，查明收据与银行商洽办理。8月6日，海关总署就保证金清偿问题再次指示天津等海关，由于此事情形较为复杂，牵涉面广，经海关总署与中国人民银行联系，暂不处理各地海关、银行已经登记或查询的案件，待搜集各地情况后，拟出具体处理办法，报请政务院财政经济委员会核示后再予处理。按照海关总署的指示，天津海关不再接受此类申请。12月21日，海关总署向天津等关下发《银行对解放前报关行保证金存款不予处理》的密函。最终明确“伪海关所收保证金存款，不问登记与否，一律不予处理；报关行如有意见，应告以此项在伪海关的存款，是一种业务保证金性质，业经上级研究，不能援引解放前存款给付办法处理。”天津海关按照密函要求，对于查询此类事项者依照上述精神予以答复，现场的经办关员耐心解释国家政策，争取对方理解，以避免产生不良影响，使得天津的此类事件均得到妥善处理。

是年7月9日、13日，天津市人民政府财政经济委员会、海关总署分别批复同意天津海关关于废除报关行的意见。7月28日，中央工商行政管理局致函海关总署和天津等地工商管理部门，提出《关于海关报关办法改变后对报关行的处理问题》意见。鉴于海关报关制度的改变，报关行与海关原有的关系消失，报关行失去其法定的申报人资格，不再作为一个单独的行业。在报关行业淘汰过程中，为避免发生歇业，及部分人员失业等引起的波动，各地工商行政机关要加强管理，慎重处理，并提出3条具体指导意见：一是报关行户数和人数不多，能够取消或合并到其他行业兼营，而不致发生失业的地区，在新办法颁布后，可掌握取消该行业，但不宜公开宣布；二是报关行户数和人数较多，取消或合并到其他行业兼营确有困难，影响较大，可能造成失业问题的地区，为避免引起波动，在海关新的报关办法颁布后，该行业除依规定取消其法定申报人资格并改变与海关之关系外，可暂准其继续代进出口行业向海关、税务、商品检验局、银行、仓库等办理有关进出口的具体手续，惟应改由当地工商行政机关管理，至其原有报关行名义，可根据情况，酌予改变，或改称运输行；三是对一些兼营运输业，或有条件转业者，可通过工商联协助其转营运输业或其他行业，并可动员较大的运输行、进出口商及国营公司、对某些报关行的人员，根据其业务需要，予以接收，但不宜由政府出面组织，以免陷于被动。8 月 26 日，中央人民政府对外贸易部印发《关于报单制度废除以后对报关行的处理问题》的通知，明确废除报单建立以许可证为依据的实际监管制度实施后，对报关行的处理，要在对外贸易部驻各地特派员领导下，结合海关总署有关指示精神，会商有关部门妥为处理。12 月 10 日，天津海关在外贸部特派员办事处、天津市财经委的领导下，根据中央人民政府对外贸易部和海关总署的指示精神，在前期进行认真调研摸底的基础上，经过与天津市工商局及劳动局多次研究，根据该行业的实际情况，本着尽可能减少失业人员的原则提出具体处理意见。经报天津市财委批复同意，对截至 1953 年 11 月底，领有天津海关注册证的 46 家报关行（国营单位兼营 3 家、转运业兼营报关 3 家、专营报关的 38 家、外商 2 家，其中：1 家为轮船业兼营，1 户专营代报行李）、122 名从业人员，分别批准按转运行合伙、组织合营运输行、单独改组为转运行、自行设法转入贸易行等方式，向劳动介绍所办理备案手续后转业，向所在区人民政府劳动科办理登记申请就业或部分遵照天津市私营工商业处理委员会统一布置的规定由有关单位安排。使 46 家报关行、122 名报关从业人员均得到妥善转业安置。

1954 年 7 月 26 日，天津海关向海关总署上报关于对天津市报关行业的清理和从事报关行业人员转行安置问题的情况报告。至此，自 1953 年 3 月海关总署下达废除报关行业指示起，天津海关历时 16 个月圆满结束此项工作。

此后，在国家高度计划经济体制及当时政治、经济政策的背景下，外贸经营单位执行国家计划，所有进出口货物的报关业务皆由国家外贸主管部门指定的中国对外贸易运输公司独家垄断经营。海关对报关单位和个人在法律责任上没有特别的规定和要求，海关对报关单位也无须进行资格审查、批准和履行管理职能。1969 年，根据对外贸易部发布《关于废除海关对国营进出口公司货物的监管手续的通知》，取消外贸公司向海关递交明细单的报关制度，从形式上基本取消海关对进出口货物的监管职能，海关对报关单位的管理更是无从谈起。

1980 年 1 月 1 日，全国海关开始实行报关单制度。在由计划经济向市场经济的转变中，随着对外贸易的迅速发展以及海关监管职能的强化、完善，报关制度逐步得到恢复。是年，天津海关按照报关单制度要求，开始启用新的“进口货物报关单”和“出口货物报关单”办理海关业务。实行报关单制度，也为海关最终恢复对报关单位的管理提供必要的客观条件。

1985 年 2 月 25 日，海关总署发布《中华人民共和国海关对报关单位实施注册登记制度的管理规定》。明确规定：报关单位的范围和报关员的资格条件，以及相应的权利、义务和法律责任等内容。该管理规定也成为新中国海关首个全国统一的报关管理制度，它标志着中国海关报关制度的基本形成。是年 7 月 1 日，全国海关开始对各类报关单位进行注册登记。天津海关按照对报关单位的管理规定，由货管处按规定程序统一归口办理。要求申请注册登记的报关单位，必须提交国务院和省、自治区、直辖市有关管理部门或其授权部门批准开业的文件、工商行政管理部门核发的营业执照，并填写报关注册登记申请书，必要时还需提交银行开具的经济担保书。对经审核批准的报关单位，由海关发给《报关注册登记证明书》。12月20日，天津海关为“中国外运北京公司天津开发区分公司”办理注册登记手续，成为改革开放后天津海关注册登记的首家专业报关企业。

1987年1月22日，第六届全国人民代表大会常务委员会第十九次会议通过的《中华人民共和国海关法》(以下简称《海关法》)对报关管理做出明确规定：进出口货物，除另有规定的外，由海关准予注册的报关企业或者有权经营进出口业务的企业负责办理报关纳税手续。上述企业的报关员应当经海关考核认可。进出境物品的所有人可以自行办理报关纳税手续，也可以委托他人办理报关纳税手续。《海关法》首次以国家法律的形式对报关注册登记、报关单位和报关员的管理作出规定，为报关管理制度的发展和完善奠定法律基础。

自1985年7月1日，全国海关开始对报关单位实施注册登记制度以后，天津海关以《海关法》和相关法律法规、制度规定为依据，严格掌握报关单位和报关员的资格条件，严格审核企业注册登记材料，严格按程序办理报关单位注册登记手续。据统计，至1990年12月底，天津海关共审批注册报关企业558家，其中：三资企业388家，外贸企业138家，保税仓库22家，其他类型企业10家。注销不具备报关条件或者已经转业的12家报关单位的注册登记资格。

1992年9月9日，为更好地适应改革开放的形势，促进对外经济贸易和科技文化交流，加强对进出口货物报关单位和报关员的管理，海关总署印发《关于发布〈中华人民共和国海关对报关单位和报关员管理规定〉的通知》(以下简称《通知》)。《通知》指出：报关制度改革的方向是报关专业化、社会化和网络化。要求各关应积极支持、鼓励和扶植专业报关企业，逐步形成以专业报关、代理报关和自理报关三结合的报关制度。对条件成熟、需组建专业报关服务企业（报关行）的，由各关将报关服务企业的章程、合同、可行性研究报告上报海关总署监管一司核准。核准后，由各关正式审批报关服务企业。是年，天津海关按照对报关单位和报关员新的管理规定精神，结合天津关区报关市场快速发展的实际，改革报关体制，开始试行报关行制度，并会同相关企业迅速组织开展组建专业报关行的可行性研究工作，积极推动报关制度向报关专业化、社会化和网络化迈进。12月24日，经海关总署核准天津经济技术开发区报关行正式成立。成为天津市自1954年废除报关行制度后，时隔38年又成立的首家专业报关行。1993年，又有天津外代报关行有限公司、天津港保税区旺达报关行有限公司、天津港保税区天保报关行有限公司、天津开发区利顺报关行等11家专业报关行相继成立。

1994年10月24日，海关总署印发《中华人民共和国海关对专业报关企业管理规定》。对专业报关企业的性质、设立的程序、具备的条件、法律责任、业务经营范围等做出明确规定。1995年7月3日，海关总署印发《关于清理整顿报关企业和报关员队伍有关问题的通知》。要求各海关根据海关对专业报关企业管理规定要求，对报关企业和报关员队伍进行清理整顿。是年，天津海关根据海关总署的统一部署，开展为时3个月的天津关区报关企业和报关员队伍全面清理整顿工作，规范各类报关行为。经过严格考核，天津海关取消12家条件不合格企业的代理报关权。8月18日，海关总署印发《关于建立企业档案数据库工作的通知》。天津海关按照海关总署要求，组织人力开展业务培训，建立企业档案数据库，并集中力量在11月底前完成全关区企业档案数据的录入工作。企业档案数据库内存包括已在海关注册登记的专业报关、代理报关和自理报关企业及其所属报关员的档案资料，为海关依法加强对企业的有效管理提供依据。据统计，截至1995年，在天津关区注册备案的报关企业达到4202家，其中：外商投资企业3852家，专业报关企业（报关行）27家，代理报关企业44家，自理报关企业270家。上述企业的相关档案资料全部录入企业档案数据库。

1985 ~ 1995年天津关区专业报关企业一览表

表9-2-4-35

企业名称	十位编码	注册日期	法定代表人	企业地址
中国外运北京公司天津开发区分公司	1207988006	1985.12.20	郭会民	天津开发区洞庭路2号
天津天山国际货运有限公司	1207980029	1990.5.18	胡训海	天津市滨海新区塘沽新北路4668号
天津经济技术开发区报关行	1207280008	1992.12.24	张　堃	天津开发区第四大街80号
天津外代报关行有限公司	1207980002	1993.1.5	许景宏	塘沽区新港二号路38号
天津港保税区旺达报关行有限公司	1207480001	1993.1.10	郑　菊	天津港保税区海滨九路131号
天津港保税区天保报关行有限公司	1207480007	1993.1.10	郑　菊	天津港保税区海滨九路131号
天津开发区利顺报关行	1207288025	1993.1.13	王善龙	天津开发区洞庭路6号
天津中货报关行有限公司	1207980006	1993.1.20	刘凤华	天津开发区欣园南街4号
中外运—敦豪国际航空快件有限公司天津分公司	1213980002	1993.7.13	姬　钢	天津空港经济区国际物流区第一大街50号
天津嘉里大通报关有限公司	1210980006	1993.7.15	孔伟成	天津市东丽区卫国道204号
天津市春晓报关有限公司	1201980010	1993.7.17	景　桥	天津市和平区重庆道70号
天津市盛达报关有限公司	1202980005	1993.8.28	阎　玮	天津河西区解放南路475号
天津天富报关行	1201980013	1993.9.17	杨　青	天津市和平区常德道56号
天津市天船报关行有限责任公司	1207280074	1993.10.5	曹文学	天津开发区黄海路88号
天津振华报关行有限公司	1207280020	1994.1.15	戴　军	天津开发区第二大街62号
天津宏达报关行	1207980021	1994.1.20	曾长柏	天津市滨海新区塘沽三槐路86号

续表 9-2-4-35

企业名称	十位编码	注册日期	法定代表人	企业地址
天津四达报关行有限公司	1207280022	1994.1.24	齐　城	天津经济技术开发区黄海路 3 号
天津海兴报关行	1207280024	1994.2.3	陈燕彬	天津经济技术开发区欣园新村 41 号
北方国际集团天津报关行有限公司	1207280103	1994.3.1	于庆祝	天津开发区宏达街 11 号
天津中外运报关有限公司	1207980025	1994.5.6	曹俊敏	天津市滨海新区塘沽新港路 86 号
天津津通报关股份有限公司	1207280070	1994.7.19	李洪运	天津经济技术开发区南海路 12 号
天津交通报关有限公司	1207980070	1994.12.13	张金宽	天津市滨海新区赵新路 21 号
天津泛艺国际货运代理服务有限公司	1201980076	1994.12.22	LoiTong Kiam	天津市和平区南京路 235 号
天津宏利报关行	1207280099	1994.12.22	孟玉霞	天津经济技术开发区宏达街 3 号
五矿物流集团天津货运有限公司	1207980071	1995.1.20	梅旺年	天津市滨海新区塘沽新港路 155 号
天津大田集团有限公司	1207480036	1995.5.17	王树生	天津空港经济区环河北路与中心大道交口空港商务园东区 13
天津口岸经济发展公司	1207280076	1995.8.7	乔德勇	天津开发区翠园生活区 11 号楼 201 室

1996 年 11 月 30 日，为进一步规范企业行为，完善对报关企业的管理，海关总署针对《中华人民共和国海关对专业报关企业管理规定》发布实施后，在各地海关批准开办的一些专业报关企业中存在的责任心不强、报关业务不熟悉，经常出现报关差错，影响通关速度，货主反应较大，违规情事时有发生等问题，印发《关于暂停报送专业报关企业审批材料的通知》，决定暂停对专业报关企业的送审工作，并对关区内专业报关企业情况进行综合调查和定量分析，提出改进意见。天津海关按要求暂停审批新的报关企业，并对已批准的专业报关企业开展调查分析，查找问题，组织业务培训，提高报关水平，净化报关市场。

1998 年，天津海关加大对报关行和代理报关企业的管理力度，整顿规范报关市场，为通关改革创造良好的外部环境。年内，对发生所属报关员参与走私违法活动的 7 家报关行和代理报关企业予以暂停报关权处理并对外公告。通过年审，暂停 2000 余家长年无进出口业务企业的报关权。通过对报关企业实施分级管理，评出 106 家年度 A 级企业，使其享受到在通关、纳税等方面的优惠政策。是年，国务委员吴仪考察天津海关时，对企业分级管理工作给予肯定。

1999 年，天津海关为净化报关市场，规范报关行为，提高报关质量，加大对报关企业的管理力度，对违反报关企业管理规定有关条款的做出处理，暂停 2 家报关行的报关权，对 4 家报关行给予亮“黄牌”警告。

2001年7月19日，为加强对报关市场的监督和引导，促进报关行、代报企业守法自律，规范经营，有效实施海关管理，规范报关行为，根据海关法和有关法律、法规，天津海关印发《对专业报关行、代理报关企业实施分类管理试行办法》，自8月1日起实施。办法对适用A类管理的企业，在天津关区范围内统一执行，在实行常规管理制度的基础上，主动提供政策咨询服务，优先指导其建立标准、规范的报关质量服务体系；为企业优先办理海关提供的EDI联网报关的便利等6项便利，鼓励企业守法自律。到2003年底，天津口岸共有专业报关企业41家，代理报关企业57家，自理报关企业9084家。

2005年6月1日，中断近10年的报关行审批工作全面恢复。2005年7月6日，海关总署下发《关于印发〈中华人民共和国海关对报关单位注册登记管理规定〉所涉及行政许可项目法律文书统一格式样本的通知》，对报关企业涉及行政许可有关事项作出明确规定。天津海关贯彻海关总署通知精神，根据《中华人民共和国海关实施〈中华人民共和国行政许可法〉办法》的有关规定，开始为报关企业办理注册登记许可事项。据统计，当年办理报关企业注册登记许可33家，办理报关员相关手续769人次，其中：注册486人次，注销206人次，调转77人次。

2008年4月1日，新修订的《中华人民共和国海关企业分类管理办法》开始实施。天津海关根据海关总署新的企业分类管理办法相关规定，将报关企业纳入分类管理范围，并视其业务发展、制度建设、账册管理、诚信守法等情况对企业实行差别化动态管理，及时调整企业管理类别，鼓励企业守法经营，天津关区报关企业数量大大增加，报关企业的管理水平和报关质量以及报关企业的诚信守法意识都得到显著提升。到2010年底，天津关区报关企业发展到AA类报关企业1家，A类报关企业73家，B类报关企业240家，C类报关企业8家，D类报关企业1家。到2013年底，天津关区专业报关企业总数发展到357家。

2014年，天津海关按照《海关报关单位注册登记管理办法》的要求，简政放权，取消报关企业注册资本限制、报关人员数量限制、跨关区分支机构注册登记许可及办公面积等要求，进一步激发市场活力。为配合国家实施京津冀协同发展战略，开启京津冀一体化门户，建立三地企业信息共享，实现“一地注册，三地报关”的快捷便利报关管理模式，简化程序，降低企业经营成本。全年共计办理报关企业注册登记行政许可71家，变更35家，延续103家，注销24家。关区实有注册报关企业408家；有效报关单位共计19945家。

二、报关员

天津解放前，津海关报关行管理章则规定，进出口报关须经本关核发报关行执照后并须向本市工商局领取营业执照，方可经营业务。无报关行执照者不得代人报关。但对从事进出口业务的专业报关员未见管理规定，也无须海关注册核准。据1949年11月的统计，天津关区共计有7家报关行，在全部122名从业人员中，从事报关业务的职员不足三分之一。

1953年3月，中央人民政府对外贸易部决定废除报单制度，海关总署决定取消报关行合法申报人资格，撤销海关核发的注册登记证，报关员职业亦随之消失。

直至1980年，随着国家实行对外开放，以及海关恢复正常的对进出口贸易的管理职能，海关实行对外贸公司进出口货物实行全国统一报关制度，报关员职业随之逐步恢复。1985年2月，海关总署发布《中华人民共和国海关对报关单位实施注册登记制度的管理规定》，明确报关单位的范围和报关员的资格条件以及他们的权利、义务和法律责任，自同年7月1日起，全国海关开始对各类报关单位进行注册登记，按照报关员的资格条件对报关员进行注册登记，到1986年底，天津关区报关单位报关员已达到1000余人。

1987年，天津海关针对日益壮大的报关员队伍，为提高报关员业务素质和报关质量，共举办6期报关员培训班，对1016名报关员分批进行报关业务培训，并给经考核合格的808名报关员重新颁发报关员证书，取消208名考核不合格的报关员资格。

1988年12月16日，天津海关首次召开优秀报关企业、优秀报关员表彰大会，表彰10个优秀报关企业，向自觉遵守海关管理规定、业务素质好、报关差错率低、守法意识强的21名报关员颁发"优秀报关员证书"，口头表扬41名报关员。据统计，自1980年恢复报关员职业至1995年，天津关区报关员队伍从无到有逐渐壮大，15年间累计批准注册登记的报关员达2917名，一支专业的报关员队伍在天津关区基本形成。

1997年4月8日，海关总署颁布《中华人民共和国海关对报关员管理规定》，明确海关实行报关员资格全国统一考试制度。考试合格取得《报关员资格证书》者，方可申请报关员注册。经海关核准，符合有关规定的海关予以注册，颁发报关员证书，并按规定进行年审。4月21日，海关总署印发《报关员资格全国统一考试暂行规定》，自7月1日起实施。暂行规定明确中华人民共和国海关是报关员资格考试的主管机关。报关员资格考试面向全社会，海关总署核定并公布全国统一合格分数线。考试地海关公布考试合格者名单，负责对成绩合格者颁发"报关员资格证书"，并报海关总署备案。12月21日，海关总署组织实施中国海关首次报关员全国统一考试，天津关区设立分考场。

1998年，天津海关贯彻《中华人民共和国海关对报关员管理规定》，整顿报关市场，做好报关员管理工作。对7家报关行和代理报关企业所属报关员参与走私违法活动予以暂停报关权处理，并对外予以公告。1999年，天津海关继续加大对报关员管理的力度，为净化报关市场，规范报关行为，营造良好的报关秩序，针对在报关员队伍中存在的违规行为，取消112名报关员的报关资格。同时，分期分批组织对报关员开展专业和法律知识的学习培训，以提高报关技能，增强法律意识。经过连续两年组织对报关员队伍开展学习培训和清理整顿，使天津关区报关员队伍的综合业务素质得到显著提高，5年未发生重大差错，报关员队伍保持整体稳定。

2003年3月18日，为进一步完善报关员资格考试的管理，根据《中华人民共和国海关法》有关条款，海关总署发布《中华人民共和国海关关于报关员资格考试的管理规定》(以下简称《规定》)，自5月1起施行。1997年4月21日发布的《报关员资格全国统一考试暂行规定》和

1997 年 4 月 8 日发布的《中华人民共和国海关对报关员的管理规定》第六条和第七条的规定同时废止。《规定》明确：海关实行报关员资格全国统一考试制度。报关员必须通过报关员资格全国统一考试，取得《报关员资格证书》，方可申请报关员注册。经海关核准，符合规定的海关予以注册，并颁发报关员证书。海关总署组织、领导报关员资格全国统一考试工作，确定考试原则，制定考试大纲、规则，审定考试命题，指导监督各地海关组织实施考试，处理考试工作中的重大问题。是年，天津海关根据海关总署授权，组织完成从报名、资格审查、组织考试到颁发资格证书等工作。2003 年 5 月 19 日，中国报关协会印发《关于委托地方报关协会开展报关员资格考前培训的通知》。通知指出：报关员资格考前培训，是提高报关队伍素质和报关质量、提高通关效率的一项基础工作，是规范报关市场和实现行业道德规范的重要内容，各地报关协会要认真组织落实。为此，天津报关协会筹备组协同天津海关相关部门根据中国报关协会的通知要求，按照海关总署安排的完成时间、指定教材（2003 年版本），本着收费合理、考生自愿的原则进行报名，制定实施方案，组织报关员资格考试的考前培训工作，以提高当年参加报关员资格考试人员的综合素质。

2004 年 8 月 30 日，天津海关会同天津报关协会制定《报关复核员管理办法》，决定自是年 9 月 1 日起，在天津关区报关企业中试行报关复核员制度。报关复核员，是由专业、代理报关企业推荐，经报关协会培训考核备案登记后，向报关企业发放《报关复核员证书》和“报关复核员专用章”，专门负责进出口报关单复核的报关员，其目的是实行行业的自我管理、自我约束，规范报关行为，提高报关质量。报关复核员实行定额管理，其职数一般按报关企业报关员总数的 30% 核定，报关员人数在 10 人以下的不超过 3 人，报关员人数在 5 人以下的不超过 2 人。首批共有 123 家报关企业申请试行报关复核员制度。同年 12 月 13 日，天津报关协会对天津丰田国际货运有限公司、天津交通报关行、天津千联报关行、北方国际集团天津报关行有限公司、中新国际运输服务有限公司天津分公司、天津永和物流有限公司、中国外运河北分公司、天津通汇报关行、天津新贸货运有限公司等 9 家企业报关复核员和报关员严重违反《天津报关行业自律准则》《天津报关协会报关复核员管理办法》的有关规定，出借使用“报关复核员印章”的情事进行通报。对 5 名报关复核员分别给予通报批评，并暂停 15 天报关复核员资格。报关复核员制度的实施，为减少报关差错，提高报关质量和通关速度，营造良好的通关环境起到促进作用。

2005 年 10 月 1 日，海关总署决定对报关员试行 IC 卡管理。天津海关作为全国 4 个报关员 IC 卡管理试点海关之一，对报关员进行重新注册登记，建立关区报关员信息数据系统，并改革报关员计分管理办法。是年，办理报关员记分累计 551 人次。通过实行报关员 IC 卡记分管理，对提高报关员的业务水平和自律能力以及天津关区的报关单申报质量起到良好效果。

2006 年 6 月 6 日，天津海关全面启用报关员 IC 卡管理系统。8 月 1 日，天津海关为加强对报关员的管理，提高报关质量，开始对报关员 IC 卡管理系统设置记分上限，对扣分超出上限的报关员暂停开展报关业务，须重新进行业务培训和考核，经考核合格后方可继续办理报关业务。

年内累计举办报关业务岗位培训考核3次，162名报关员参加培训，148名通过考核。9月21日，国家劳动和社会保障部召开新闻发布会，对外发布新增“报关员”等12个新职业，报关员职业正式纳入国家职业分类体系。

2012年，天津海关全年共计办理报关员注册登记许可956人次，比2011年同期增加34.65%；报关员实习备案281人次，比2011年同期减少3.44%；报关员注册登记注销690人次，比2011年同期增加21.48%；报关员注册登记延续832人次，比2011年同期减少39.13%。截至年底全关区共有注册报关员3799名，比2011年同期增加6.87%。

2013年10月12日，根据国务院关于简政放权、转变职能，进一步减少资质资格类许可和认定的有关要求，海关总署发布《关于改革报关员资格管理制度》的公告，对报关员资格核准制度作出“取消报关员资格核准审批，对报关人员从业不再设置门槛和准入条件”的改革。并自2014年起不再组织报关员资格全国统一考试。11月3日，天津海关组织完成最后一次报关员资格全国统一考试天津考区的考试。天津考区2506名考生通过报名资格确认，最终1133名考生参加考试，参考率45%。全年办理报关员注册登记795人次，报关员注册登记注销700人次，报关员注册登记延续579人次，截至2013年底，天津关区共有注册报关员3602名。

2014年，根据《海关总署关于改革报关员资格管理制度的公告》，报关员资格全国统一考试制度取消。11月2日，天津海关企业主管部门会同天津报关协会按照中国报关协会组织开展的面向全国的第一次报关从业人员及在校学生报关业务水平测试工作要求，组织进行天津考区的报关业务水平测试，共计491名考生参加测试，其中，报关从业人员350人，在校学生141人。

三、报关协会

报关协会是经民政部门注册，由经海关批准的从事报关的单位和个人自愿结成的非营利性质的具有法人资格的行业组织。其宗旨是配合政府部门加强对报关行业的管理，维护、改善报关市场的经营秩序，促进会员间的交流与合作，依法维护报关行业利益，保护会员的合法权益，促进报关服务行业的健康发展。

1992年，为配合海关报关制度改革，推动报关专业化、社会化和网络化进程，维护各报关企业的合法权益，协助各报关企业更好地开展经营活动，协调各报关企业的行动步调，及时传达有关政策法规和监管信息，海关总署根据署领导的指示，开始着手成立中华全国报关协会。全国各大沿海海关也开始酝酿成立地方报关协会。

是年10月15日，天津海关针对当时天津口岸已有2家专业报关企业，且申请成立专业报关企业的数量仍在不断增加的情况，为加强报关管理，规范报关市场，决定成立天津市报关协会，并开始相关筹备工作。但由于当时海关总署筹备中华全国报关协会的工作因故搁置，天津市报关协会的筹备工作并没有取得实质性进展。

2001年3月8日，海关总署印发《关于筹备地方报关协会有关问题的通知》，对筹备成立地方报关协会工作提出指导性意见。是年7月31日，天津海关成立“天津市报关协会筹备领导小组”，天津市报关协会的筹备工作正式启动。

2002年4月22日，天津海关向海关总署书面报呈《天津市报关协会筹备工作方案》，正式申请成立天津市报关协会。4月30日，海关总署批复天津海关，同意实施《天津市报关协会筹备工作方案》，批准筹备成立天津市报关协会，并要求按照《社会团体登记管理条例》的有关规定，有计划、有步骤、积极稳妥地开展报关协会的各项筹备工作，天津市报关协会的筹备工作取得实质性进展。是年12月11日，中国报关协会第一次全国会员代表大会暨成立大会在北京召开。中国报关协会的成立，为各地正在开展筹备地方报关协会的工作起到政策引领和组织保障的作用。

2003年7月17日，天津报关协会发起人向天津海关递交《关于申请开展天津报关协会筹备工作的报告》，同日，天津海关批复同意筹备“天津报关协会”，并要求按有关规定及时呈报天津市社会团体管理局审查，依照《社会团体登记管理条例》和海关总署《关于筹备地方报关协会有关问题的通知》精神，积极稳妥地开展报关协会的各项筹备工作。10月9日，天津市社会团体管理局批复同意筹备天津报关协会，并要求在6个月内召开会员代表大会，通过章程，产生执行机构、负责人和法定代表人，并向登记管理机关申请成立登记，在筹备期间不得开展筹备以外活动。10月24日，经天津海关批准，天津报关协会第一次会员代表大会暨第一届理事会在天津礼堂召开，会议讨论通过《天津报关协会章程》等相关事宜。10月28日，天津报关协会筹备组向天津海关书面呈报《关于申请成立天津报关协会的请示》。11月6日，天津海关批复天津报关协会筹备组，同意成立天津报关协会，并同意天津报关协会第一次会员代表大会和第一届理事会通过的《天津报关协会章程》、理事以上成员和法定代表人人员名单。12月19日，天津报关协会成立大会在天津大礼堂中剧场举行。天津海关及天津市、海关总署的有关领导、中国报关协会会长等出席会议，天津报关协会第一届理事、常务理事和企业代表100余人参加会议，天津海关副巡视员吴士浩当选首任天津报关协会会长。聘请天津市政府常务副市长夏宝龙、天津市人大常委会副主任王述祖为名誉会长，天津市对外经济贸易委员会主任张云年、天津经济技术开发区管委会主任李勇、天津市委副秘书长、天津保税区管委会主任苟利军、天津出入境检验检疫局局长赵国庆、天津市口岸委副主任周德洪作为协会的高级顾问。

天津海关作为天津报关协会的业务主管单位，在组织领导、机构设置、人员配置以及办公场所等方面给予支持和保障，在制度建设及业务管理方面与中国报关协会共同给予帮助指导。

2004年2月12日，为规范委托报关行为，降低海关监管风险，进一步促进天津口岸报关行业的自律和加强海关监管，天津报关协会经请示中国报关协会同意，开始在天津关区进行规范统一委托报关纸质格式的试点工作。据统计，2003年天津关区专业报关和代理报关企业共计申报进出口报关单125.74万票，占报关单总量的94%。为此，天津报关协会经中国报关协会同意，开始在天津关区试行规范统一委托报关纸质格式试点工作，以规范企业报关行为。实践证明，规范统一委托报关纸质格式，对于提高报关质量，降低监管风险起到积极的作用。

2005年1月13日，天津报关协会在天津礼堂召开第一届第二次会员代表大会暨表彰“天津优秀报关企业”和“海关服务企业最佳窗口”大会。会上表彰天津振华报关行有限公司、天津经济技术开发区报关行、天津外代报关行、天津天海空运代理有限公司、五矿国际货运天津分公司、天津天远报关行、天津市天船报关行有限责任公司、天津港保税区天保报关行有限公司、天津海兴报关行、天津宏利报关行、天津武清报关行、天津航星国际货运代理有限公司、天津市大通报关行、天津市天海报关有限责任公司等14家企业为“天津优秀报关企业”，天津海关的新港海关接单处进口一科放行窗口、接单处出口一科放行窗口、接单处进口二科放行窗口、查验处进口查验接单窗口、查验处出口查验接单窗口和天津开发区海关审单科进口免税接单窗口、天津保税区海关进出口货物放行窗口、天津机场海关核放科出口审单窗口、天津武清海关业务一科接单窗口、天津海关现场业务处加工贸易审批窗口等10个单位为“天津海关服务企业最佳窗口”。

2006年1月11日，天津报关协会召开第一届第三次会员代表大会，会议聘请天津海关副关长肖亚农担任该协会高级顾问。2月14～23日，经天津海关批准，应台湾台北市报关商业同业公会的邀请，天津报关协会会长吴士浩率天津报关协会考察团一行14人，赴台湾开展为期10天的业务考察。在考察期间，天津与台湾海峡两岸的同行开展广泛的学习和交流。8月17日，天津报关协会会长吴士浩出席天津市常务副市长召集的全市行业协会发展座谈会，并做题为“正确传达政府要求，维护企业合法权益，努力为口岸大通关建设保驾护航”的发言，介绍天津报关协会在天津海关的支持下，为服务企业所做的工作。常务副市长对天津报关协会的工作给予肯定。

2008年5月，经天津海关批准，天津报关协会派代表参加亚洲报关协会论坛，并在论坛上介绍中国报关制度的沿革及发展情况。

2012年4月26日，天津报关协会召开第三届第一次全体会员代表大会。大会选举天津海关关长李佩林任天津报关协会名誉会长，副关长王家鹏任高级顾问，副巡视员马振泰出任新一届报关协会会长。

2013年8月15日，天津海关提出提高报关质量，加强商品归类的准确性的要求。天津报关协会予以配合，在对报关企业开展商品预归类培训的基础上，实行“预归类服务单位资质证”制度，经中国报关协会批准天津市有9家报关企业获得预归类服务单位资质。

2014年4月，天津报关协会经天津市社会组织评估委员会审核，被评为4A级社会团体。

第三章　稽查业务

20世纪80年代末，天津海关开始试行以税收为重点的单项稽查。1989年，天津海关通过开展税收稽查，发现“应税试车材料混在免税技术改造设备中进口”“构成整机特征的进口散件以分批和元、器件方式报关进口”“货物规格申报不实”等偷漏税情事15起，追缴涉税款人民币580余万元。

1992年，海关总署决定在上海等海关开展建立稽查制度试点工作。是年，天津海关以关税征收和保税监管领域为重点，自行组织试行海关稽查。

1993年，海关总署扩大建立稽查制度的试行范围，天津海关作为试点海关之一在全关区全面推行稽查制度。是年，以天津皮鞋集团等20家企业为试点单位开展稽查业务，共发现偷逃税案件415起，补税8959万元人民币。

1994年，天津海关经过近两年建立稽查制度的试行和准备期，总结开展稽查工作的经验，确定天津口岸以分类管理为主要内容的稽查模式，并制定《天津海关对企业实施分级管理的办法》和《天津海关对加工贸易后续管理实施稽查的操作规程》，使稽查工作初步实现规范化、制度化。

1994年，天津海关正式实施海关稽查制度。在2007年之前，主要稽查业务内容为常规稽查和专项稽查，自2007年开始，根据海关总署的统一部署开始实施验证稽查。1994～2014年的20年间，天津海关的稽查工作从起步到成熟，稳步发展，为建立现代海关制度打下良好的基础。

第一节　常规稽查

所谓常规稽查，是指海关依照法定职权和程序，以监督被稽查人进出口活动的真实性、合法性和规范性为目标，通过人工计划选取、计算机随机选取等方法确定稽查对象，对被稽查人的会计账簿、会计凭证、报关单证以及其他有关资料和有关进出口货物进行稽查的执法行为。

1994年7月4日，海关总署公布海关稽查暂行规定，自1994年10月1日起，凡是从事进出口贸易的企业、加工贸易企业、经营和使用减免进出口关税货物的企业、事业单位以及其他与货物进出口有关的企业、事业单位，应接受海关稽查。海关在企事业单位的货物进口或出口后三年内、使用受海关时效监管进口货物的单位在规定的时限内，对企事业单位实行定期或不定期的稽查。

1995年，天津海关以关区企业档案资料数据库为基础，以实施货物分类、企业分级的风险管理模式为手段开展常规稽查。仅上半年全关区就稽查企业146家，查获案件25起，补税3186.8万元人民币、罚款6.6万元人民币。全年累计稽查补税9400万元人民币，稽查发现涉及假单证、假印章、假合同的“三假”大案5起，案值2400余万元人民币。

1996年，天津海关坚持常规稽查与专项稽查相结合，加大稽查工作力度，严厉打击偷逃关税行为。先后开展对羊毛、废旧金属等敏感商品以及一般贸易货物低报价格的专项稽查，全年稽查补税7082万元人民币，超额完成海关总署下达的6050万元人民币稽查补税任务。

1997年，天津海关落实《海关稽查条例》，制定《稽查工作操作规程》，采取量化指标等相应措施加强稽查工作力度，全年共稽查企业539家，超过关区企业总数的5%，稽查补税6815万元人民币，移交调查走私案件9起，案值1.13亿元人民币。

1998年，全国打击走私工作会议后，在全国开展以打击偷逃关税重大走私犯罪案件为重点的缉私行动，使各类走私活动得到有效遏制，此后天津关区的企业走私违规行为和案件相对减少，海关常规稽查的重点逐步由一般贸易企业扩展到加工贸易企业。通过加强对加工贸易企业从验厂、设备减免税审批、合同备案、商品单耗到核销等关键环节的监管，既防止国家税收的流失，也有效促进天津关区加工贸易企业的健康发展。稽查工作也由过去的发现企业违规问题或监管风险后进行阶段性稽查，发展到以督促企业建章立制，规范企业经营行为，诚信守法为目的的常态化稽查。

2004年，天津海关确定“稽查一家，规范一家，打击一点，震慑一片”的工作方针，通过创新稽查工作模式，强化后续稽查。年内共稽查企业267家，查出追补税情事148起，同比增长2.44倍；立案20起，案值5348万元人民币，同比分别增长25%和42.39%；罚没入库2079.02万元人民币，同比增长3.64%；移送涉嫌走私案件6起，案值2944万元人民币，补税入库2.75亿元人民币，同比增长48.54%。

2005年，天津海关以税收作为海关各项工作的“轴心”，实施综合治税，为防止国家税款的流失，年内共稽查企业257家，同比减少11.3%；其中查出追补税情事135起，同比减少15.6%，实际补税入库3.06亿元，同比增长1.1倍，列全国稽查系统第一位。移送涉嫌走私案件9起，案值8506万元人民币。

2006年3月2日，天津海关制定下发《2006年常规稽查任务量化分解表》《2006年稽查补税任务量化分解表》，确定天津纺织集团进出口股份有限公司、天津服装进出口股份有限公司、中化天津进出口公司等97家企业为稽查对象，组织力量对企业在进出口商品归类、价格申报、单损耗、保税原材料和加工成品内销等方面开展重点稽查，稽查补税达3.1亿元人民币。

2007年，在全国海关关长会议上，海关总署党组提出海关稽查和企业管理是综合治税的重要防线，是提高海关业务管理效能的重要手段。要进一步完善稽查工作机制，有效延伸海关监管时空，切实强化后续管理职责。全国海关共稽查企业 8458 家，发现问题企业 2176 家，发现追补税情事 2766 起，实际补税入库 23.29 亿元，发现并移交缉私部门涉嫌违法案件 995 起，涉及货值 142.92 亿元。是年，天津海关认真落实全国海关关长会议精神，加大综合治税工作力度，延伸海关监管时空，强化后续监管职能，全年常规稽查补税达 1.24 亿元人民币。

2008 年，天津海关根据海关总署企业稽查工作的总体要求和关区稽查业务的实际，结合管理学原理，提出以危机意识（Crisis）、彼此关联（Combination）、集体共享（Communion）、创新发展（Creativity）为主要内容的“4C 理念”，科学推动稽查工作的有效开展。是年上半年完成稽查作业 234 项；移交缉私部门线索 26 起，追补税款 1.09 亿元人民币。当年全国海关共稽查企业 10030 家，其中天津海关稽查企业 433 家，占全国海关稽查企业数的 23.16%；全国海关实际补税入库 9.20 亿元，天津海关稽查追补税 3.31 亿元人民币，占全国海关追补税款的三分之一强，居全国海关第二位。稽查业务覆盖率、稽查有效率等 7 项稽查业务绩效考核指标均达到海关总署要求。稽查信息综合评分名列全国海关第三。

2009 年，天津海关发挥常规稽查在综合治税中的作用，年内共计稽查企业 514 家，稽查覆盖率达 6.51%，对进口风力发电设备等 3 项专项稽查行动的成效明显。全年稽查追补税款 4.84 亿元人民币，增长 46.22%，列全国海关第 4 位。

2010 年，天津海关贯彻落实《稽查司关于认真做好 2010 年企业稽查工作的通知》精神，创新稽查工作思路，充分利用风险平台优势，从企业数据分析入手，对企业进行常规稽查。在实施稽查过程中，通过风险管理平台调取 2007 年 5 月至 2010 年 5 月三年内关区鼓励项目和科教用品项下的减免税货物进口数据，并对涉及鼓励项目项下的 32950 条数据和科教用品项下的 5173 条数据进行全面分析研判，从中发现问题，确定稽查重点开展常规稽查。当年共计稽查企业 471 家，办结稽查企业 394 家，完成年度计划的 101.81%，稽查追补税款 282 起，税款实际入库 4.68 亿元人民币，完成年度任务指标的 107.64%。共接受 6 家企业申请提前解除海关减免税设备监管，补税 567 万元人民币。

2012 年，天津海关落实海关总署《关于落实“国门之盾”行动部署，进一步做好常规稽查工作的通知》，强化常规稽查后续监管职责。是年，通过稽查查发某公司 2008 年 10 月至 2011 年 10 月间，在天津口岸申报进口饲料级蛋氨酸 128 票，共计 28499 吨，货值 8.1 亿元人民币，存在低报价格情事，涉税 544 万元人民币予以追缴；稽查查发漏报特许权使用费情事 1 起。天津某公司 2009 年 8 月至 2011 年 9 月间，以一般贸易方式进口手机用集成电路 685 万个，漏报特许权使用费 1.04 亿元人民币，涉税 1775 万元人民币予以追缴。为落实海关总署关于分类通关改革工作部署，强化对 AA 类企业后续监管工作力度，全年对 10 家 AA 类企业开展常规稽查，发现 2 家企业存在违规处理不良商品等问题，涉及税款 2000 余万元人民币予以追缴，发现并整改企业在内控制度等方面存在的问题 10 个。同时，引入会计师事务所协助海关对 3 家企业开展常规稽查，取得较好效果。全年，稽查部门完成保税中后期核查652家/次，超额完成海关总署稽查司绩效考核指标640家次的任务。稽查追补税款3.3亿元人民币，稽查企业覆盖率达5.02%。

2013年，天津海关根据海关总署《关于进一步强化常规稽查工作的通知》及《关于落实〈创新观念优化监管查验工作机制实施方案〉的措施》要求，结合关区企业特点，确定对高资信企业实施常规稽查。年内对A类以上企业开展常规稽查121家，其中AA类企业31家，A类生产型企业90家。通过有计划地对高类别的企业实施常规稽查，发挥对高资信企业的监管职责，为通关监管部门落实“守法便利”和实施“差别化管理”提供保障。全年稽查补税共计10.93亿元人民币，比2012增长231%。

2014年，天津海关采取“五项措施”，稽查补税再次突破10亿元人民币大关。一是以专利品牌特征明显、对外支付数额巨大的大型跨国公司特许权使用费为要素，集中开展特许权使用费专项稽查；二是以进口量大、产品更新较快、归类风险较高的机电商品为要素，联合归类、审单等部门组成专家稽查小组开展行业性专项稽查；三是以推进企业自律管理为要素，加大政策宣讲力度，提升企业自律管理的积极性，促使企业主动申报漏缴税款；四是以新兴产业高端商品融资租赁为要素，开展租赁费用较高、数量较大的公务机商品专项稽查；五是以大型加工贸易企业常规稽查为要素，对企业“盘亏”、残次品处理不当等问题及时补税。全年开展稽查追补税81起，补税款10.47亿元人民币。

第二节　专项稽查

海关专项稽查，是指各海关在海关总署的统一部署下，依据信息、统计资料的分析结果，在规定的时间内，以特定的企业或特定的商品为对象实施的重点稽查。一般是下级海关接受上级海关所下达的稽查任务，具有稽查目的及目标具体，指令性、针对性、时效性强的特点。

1995年，全国海关稽查工作会议提出，要点面结合抓好专项稽查，带动稽查工作的全面开展。当年着重对氧化铝、棕榈油、原（白）糖、羊毛、胶合板、钢材、成品油、汽车零配件等的专项稽查。以专项稽查带动稽查工作的全面开展。天津海关根据海关总署的部署，结合天津口岸的实际，对进口羊毛、农用聚乙烯原料、成品油等20种重点敏感商品开展专项稽查工作，重点查处低报价格和擅自移作他用的违法行为。通过对天津口岸1994年进口羊毛的全部报关单综合分析，进行价格比较，选择50余票开展专项稽查，查获11票存在低报价格，追缴税款115万元人民币。通过对减免税进口农用聚乙烯原料专项稽查，查获两起擅自出售减免税农用物资案件，追缴税款66万元人民币。并首次对一般贸易出口硅铁低报价格开展专项稽查，在对1995年从天津口岸出口的500多票18万吨硅铁的稽查中，查实23家企业出口硅铁，存在不同程度的低报价格、偷漏关税情事，追缴税款 913 万元人民币。全年专项稽查共计查获违法案件 16 起，追缴税款和罚没共计 3084 万元人民币。

1996 年，天津海关通过专项稽查打击偷逃关税行为。重点对羊毛、废旧金属等敏感商品以及一般贸易货物低报价格的商品开展专项稽查，全年完成稽查补税 7082 万元人民币。

1997 年，根据海关总署稽查司《关于进一步落实 1997 年部分重点商品专项稽查的通知》要求，分别对文件列名的天津北洋集装箱有限公司、天津市对外贸易总公司、中国有色金属进出口天津公司、静海县对外贸易公司、天津西方物产有限公司、杰诺康天津金属工业有限公司等 6 家企业加工贸易项下进口铜及钢材的情况开展专项稽查。稽查查发静海县对外贸易公司 1996 年度进口废旧电缆、废五金等 6328 吨，出口废铜等成品 360 吨，擅自内销含铜废料 1960 吨，价值约 400 余万元人民币，偷漏税近 80 万元人民币，案件移交调查局处理。7 月 2 ~ 31 日，根据海关总署关于对植物油开展专项稽查的指示，组织对北海粮油工业（天津）有限公司 1995 年 7 月 1 日至 1997 年 4 月 30 日期间，在海关备案的植物油加工贸易合同全面进行专项稽查。期间通过对该公司异地报关出口货物，到出口和异地深加工结转的货到地海关逐票开展延伸稽查，发现该公司在 1996 年 5 月 28 日结转至石家庄市山海发食品有限公司的 500.08 吨棕榈油，货物实际未进厂加工，有飞料走私嫌疑，移交调查处立案调查处理。

1998 年，海关总署组织各关对进口移动通信设备、显像管、食用油、成品油、硅铁、白（铜）板纸、不锈钢、香蕉、橡胶等近 20 种重点商品以及一些保税仓库组织开展专项稽查。天津海关成立关区稽查大要案指挥中心，发挥关区稽查工作合力，查获天津通广三星公司以包税方式走私进口大屏幕彩管大案，排除各种阻力，查出涉嫌走私彩管 5700 多只，受到海关总署的嘉奖。并根据海关总署统一部署，查获天津通信公司长途通信局进口移动通讯设备漏税案件，补税 4000 余万元人民币。年内，天津海关专项稽查企业 288 家，查获违规案件 51 起，稽查补税 9420 万元人民币，罚款 139 万元人民币。

1999 年，按照海关总署调查局《关于对加工贸易进口聚酯切片等有关企业开展专项稽查的通知》，天津海关稽查处与天津经济技术开发区海关组成专项稽查组，重点对以加工贸易方式进口聚酯切片的亚洲（天津）鞋业有限公司、正大集团（天津）实业有限公司 2 家列名企业开展专项稽查。通过对正大集团（天津）实业有限公司进出口业务资料、财务账册及加工生产有关账册稽查，发现该公司保税进口 1000 吨聚酯切片，其中 614 吨用于生产，加工成编织袋内膜装运豆粕复运出口，尚余 386 吨原料，价值 189140 美元，企业不再用于生产编织袋内膜装运豆粕复运出口。根据以上情况，对该企业尚余 386 吨原料除做补征税款 56 万元人民币外，另科处 47 万元人民币的罚款。

2001 年 8 月 24 日，天津海关根据海关总署调查局《关于对部分大理石的企业开展稽查的通知》要求，对文件中涉及的天津扬珊石材有限公司和天津五方石材有限公司开展专项稽查。并在对天津五方石材有限公司的稽查中，查获该公司在 2000 年 4 月至 2001 年 6 月期间，以一般贸易方式向海关申报进口的102票原产西班牙等国的大理石板材，采取混淆计量单位、瞒报、低报成交价格、伪造虚假账目，隐瞒真实的与进口相关的财务资料等手法，将真实成交价格分别为每吨2501美元、每吨204.71美元，申报为每吨854美元、每吨816美元，追缴偷逃税款616万元人民币。同年10月，天津海关按照海关总署的统一部署，抽调稽查、保税业务骨干15人组成专项稽查组，对涉及摩托罗拉（中国）电子有限公司下属的5个产品事业部2000年度进出口、核销、补税等相关情况实施为期6个月的海关稽查。通过稽查发现，该企业在生产经营过程中存在着偷漏税和违规行为。依照《中华人民共和国海关法》《中华人民共和国海关稽查条例》及《海关法行政处罚实施细则》，对该企业追缴和补缴税款2825万元人民币；对未经海关许可，擅自将保税料件移至区外加工、生产使用的料件，造成中断海关监管的行为，予以行政处罚和违规罚款320万元人民币。

2002年8月9日，海关总署人事教育司决定给予对天津五方石材有限公司进口石材开展专项稽查有功的天津海关调查局稽查处二科记集体二等功；对天津口岸进口及关区内经营进口不锈钢企业进行专项稽查中，查获天津大亚不锈钢制品有限公司勾结日本供货商，将一般贸易方式进口的4300余吨冷轧不锈钢卷板（税率20%）伪报为热轧不锈钢卷板（税率9%），案值5007.5万元人民币，涉嫌偷逃税款460余万元人民币稽查有功的天津海关调查局稽查处一科记集体二等功。是年，天津海关在开展反价格瞒骗专项斗争中，稽查企业104家，稽查补税7339万元人民币。

2004年5月25日，天津海关根据海关总署调查局《关于开展组合电线专项稽查行动的通知》，对文件中列名的幸星电子（天津）有限公司、太成电子（天津）有限公司、天津野田电子有限公司等三家企业，以加工贸易方式进口生产加工组合电线散件的经营情况开展专项稽查。通过专项稽查发现，幸星电子（天津）有限公司有部分保税料件加工成品未能全部出口，漏税62.8万余元人民币，通过稽查企业主动补缴税款。同年10月27日，天津海关根据海关总署调查局《关于对部分橡胶加工贸易企业开展专项稽查的通知》，对文件中列名的“普利司通（天津）轮胎有限公司、天津三王丰展轮胎有限公司、天津诺曼地轮胎有限公司、天津国际联合轮胎橡胶有限公司”等4家企业，以加工贸易方式进口生产加工轮胎等保税原料的经营情况开展专项稽查。在稽查工作中，稽查人员改变以往的工作模式，首先到生产车间了解生产轮胎的加工情况，实际掌握从投料到加工成品的每一个环节工艺特点；其次，向企业管理人员了解从原料采购到原料入库、从领料到生成成品、从成品到出库销售的管理情况，从中查找稽查企业存在问题的薄弱环节；通过企业提供的生产轮胎的配方表，掌握企业生产轮胎耗用相关材料的明细和比例。通过稽查发现上述4家企业，由于备案单耗与实际耗料不符的原因，造成1430吨天然橡胶未能加工成品出口，涉税470万元人民币，督促4家企业补缴税款。

2005年，天津海关加大加工贸易后续监管工作力度，重点开展加工贸易专项稽查，确保加工贸易税款应收尽收。2005年4月，天津海关稽查关员根据现场审单部门提供的“天津某贸易有限公司以加工贸易方式进口铁矿粉单耗不符”的线索，通过考核工艺损耗，发现该公司在代理天津某钢铁公司以加工贸易方式从天津口岸保税进口铁矿粉加工生铁过程中，利用加工贸易出口生铁免征出口税这一优惠政策，存在通过采取低报单耗骗取加工贸易出口额度进行生铁出口，漏缴一般贸易出口税款的情事，致使以加工贸易方式多报出口生铁 1318 吨，货值 300 余万元人民币，追补税款 60 万元人民币。全年专项稽查企业 19 家，发现涉税情事 9 起，追补税款 4050 万元人民币。

2006 年，天津海关先后组织对“进口欧洲产瓷砖”“出口实木地板”“特许权使用费”等 7 个项目，304 家企业开展专项稽查，追补税款入库 3.59 亿元人民币，稽查补税金额位居全国海关第三位。移送涉嫌走私案件线索 15 起，案值 1.2 亿元人民币。

2007 年，天津海关在打击行业性价格瞒骗行为中，组织开展对进口旧钻杆专项稽查。是年，针对在日常监控中发现的北京市汇通瑞源贸易有限公司申报进口的旧石油钻杆、钻铤存在价格风险，表现为同型号产品申报价格长期不变，且低于其他企业申报的新旧程度更低的同类商品价格的情况，稽查部门对进口旧钻杆、钻铤开展风险分析和市场调研，通过数据对比，发现天津口岸旧钻杆、钻铤进口货值从 2004 ~ 2006 年逐年递增，增幅达 4.1 倍。通过走访终端用户企业了解到由于国内石油产业快速发展，致使钻具等配套物资需求持续增长，而国内能够生产钻杆的钢铁企业产量严重不足，造成供求缺口，导致进口旧钻具热销，引发经营商无序竞争。针对风险分析和贸易调查掌握的情况，稽查部门锁定重点企业开展专项稽查。由稽查、缉私部门组成 3 个专项稽查行动小组，利用 10 天的时间，同时对北京、哈尔滨、乌鲁木齐 3 个城市的 6 家重点风险企业开展专项稽查，并对 3 家涉案企业和相关人员进行立案侦查，案值达 3562 万元人民币，涉税 272 万元人民币。

2008 年，为确保第 29 届北京夏季奥运会取得圆满成功，天津海关重点围绕奥运安保开展专项稽查。至北京残奥会闭幕，先后查获 6 起侵犯奥林匹克标志专有权案件；连续查获三批违法进口有毒化学品；并查获狙击步枪瞄准镜和夹藏十四世达赖喇嘛亲笔密函的象牙制品等案件。4 个集体和 15 名关、警员分别受到表彰和嘉奖。是年，根据《海关总署关于对敏感出口商品进一步加强监管打击走私的紧急通知》和海关总署《稽查司关于对煤炭出口行业开展专项稽查的通知》，自 10 月 15 日至 11 月 25 日对中国煤炭能源集团、神华集团、五矿集团、山西煤炭进出口集团公司等 4 家企业开展专项稽查。2008 年，天津海关全年专项稽查企业 433 家，同比增长 33%，通过稽查追补税款 3.31 亿元人民币，居全国海关第二位，稽查业务覆盖率、稽查有效率等 7 项稽查业务绩效考核指标均达到海关总署要求，稽查信息综合评分名列全国海关第三位。

2009 年初，天津海关开展对天津一汽丰田发动机有限公司进口汽车发动机归类专项稽查。稽查发现该公司自 2005 年 4 月 1 日至 2008 年 1 月期间，以一般贸易方式进口以缸体、缸盖、曲轴、连杆、活塞等为主的发动机散件共计 217838 台套，总价约 2.8 亿美元，用于组装不同类型的发动机。因其进口的发动机散件多为发动机产品的主要特征部件，且进口发动机零件价格比例均已超过散件总价的 60%，初步认定原进口商品归类存在明显错误，构成以成套散件进口发动机整机的风险。后经海关总署天津归类分中心认定，上述进口发动机散件按税则归类，均应按照发动机整机归类。经查实企业对进口发动机散件归类错误系因对修改后的政策规则理解偏差所致，企业并非主观故意，故决定予以从宽处理。3月27日，天津海关对该企业开出单笔1.17亿元人民币的补税单并及时全部追缴入库，成为天津海关最大一笔专项稽查补税实例。同年8月，天津海关对天津口岸13家进口风力发电设备及其零部件企业开展行业性专项稽查，确认其中11家企业进口申报的风力发电设备存在着税则号列的申报错误，并补征西门子电气传动有限公司等企业税款共计7400万元人民币。

2012年，天津海关开始试行借助会计师事务所开展专项稽查业务。利用跨国会计师事务所掌握的信息资源，发挥中介机构的审计专业优势，请会计师事务所参与转移定价、特许权使用费、转售收益等技术含量较高的稽查工作。在对锂电池保护板开展的专项稽查中，通过对14家进口“锂电池保护板”企业的专项稽查，发现企业商品归类不准确等问题，稽查追补税款1280万元人民币。7月27日，海关总署稽查司发布2012年上半年专项稽查工作情况通报，对天津海关专项稽查工作给予肯定，在全国海关稽查追补的约6.42亿元税款中，天津海关稽查追补税款达1.85亿元人民币，约占全国海关稽查补税额的28.8%。

2013年，天津海关重点开展对飞机融资租赁、进口大型设施设备特许权使用费和设计费专项稽查。通过对融资租赁行业的风险分析，重点对飞机融资租赁已备案在册的公务机进行筛查，共查发33架融资租赁公务机存在漏税情事，追补税款4.19亿元人民币。是年12月4日，在对15家租赁公司以租赁贸易方式分别进口的“莱格赛650飞机”“波音BBJ型飞机”“庞巴迪挑战者850型飞机”“达索FALCON7X飞机”等型号共计15架公务机进行专项稽查过程中发现，15家企业已对外支付的“首付款”货值总计12.65亿元人民币，未按第一期租金申报纳税，追补税款2.31亿元人民币，成为公务机专项稽查以来开出的最大一笔补税单。12月13日，专项稽查某公司在以租赁贸易方式进口1架“湾流G550”型公务机过程中，查发该公司对外已支付的“留购款”未按第一期租金申报纳税，涉及货值1.85亿元人民币，补税3436.64万元人民币，成为公务机专项稽查以来单架货值最大、补税额最高的飞机。是年，通过风险分析研判，开展对特许权使用费的专项稽查8起，涉及商品包括“集成电路、催化剂、机床、塑料板”等，货值1.54亿元人民币，稽查补税3151万元人民币。开展对天津口岸进口大型设备、娱乐设施等专项稽查，发现天津某石化有限公司进口60万吨丙烷脱氢制丙烷设备涉及的613.5万美元设计费、华侨城进口三套过山车涉及的706万欧元设计费以及玉圭园进口过山车涉及的196万欧元设计费存在需纳入完税价格情事。通过对进口货物相关部分设计费的拆分，对上述公司追补税1500万元人民币。全年共专项稽查企业162家，发现问题企业108家，专项稽查查发问题率达到66%，同比增长13%，专项稽查补税4.66亿元人民币。

2014年，天津海关确定开展专项稽查的“三要素”，即以专业技术强和品牌特征明显的大型跨国公司特许权使用费为要素，通过对银行、外汇局、专利局开展外围调研，掌握企业非贸付汇明细和商品专有技术，找准价格磋商突破口，实现特许权使用费专项稽查有理有据；以进口量大、品目繁杂、产品更新快、归类风险高的机电商品为要素，通过走访大专院校、行业协会，掌握生产工艺和商品的原理及性能，共同开展风险研判和印证工作，突出行业性专项稽查的针对性；以新兴产业高端商品融资租赁为要素，选取租赁费用较高、数量较大的公务机商品为突破，开展租赁业务研究和市场调研，超前做好企业政策法规宣传和疑难问题解答，通过专项稽查促进企业自律。是年，天津海关对75家企业开展专项稽查，发现66家企业存在不同性质的问题，专项稽查有效率达到88%，同比增长36个百分点，专项稽查补税3.34亿元人民币。全年委托社会中介机构开展各类专项稽查24起，支付委托费用人民币51万元，协助海关追补税款人民币3200万元，补税额与委托费用比为63∶1。

第三节　验证稽查

验证稽查，是指海关稽查人员针对需稽查验证企业或已稽查验证企业，通过准入式稽查或监控式稽查，验证企业守法状况或贸易安全情况，动态监督企业进出口活动，规范企业经营管理，促进企业守法自律的一种企业稽查方式。验证稽查的“验证内容”是企业守法经营状况和贸易安全情况，对企业的贸易安全情况作出客观公正的等级评估和资质认证。其“工作目标”是通过评估验证企业守法状况或贸易安全情况，有针对性地规范企业内部经营管理，引导企业守法自律，保障其更好地享受海关监管便利。验证稽查的“管理对象”主要是具备条件申请评为或已经评为AA类的企业及申请AEO企业的贸易安全验证工作。验证稽查的“管理方式”则采取“事前准入验证”与“后续监控管理”相结合的方法，通过“前验后管”确保相关企业的进出口活动不脱离海关监管。

2007年，全国海关开始验证稽查试点工作。是年11月8日，海关总署决定在天津、北京、大连、上海、南京、宁波等19个直属海关中开展验证稽查试点工作。天津海关按照海关总署要求，在关区注册企业中选取30家A类管理类别以上，2007年度进出口总值达到3000万美元，且本年度1～10月无走私罪、走私行为、违反海关监管规定的行为、报关差错率在3%以下的企业，开展验证稽查试点工作，以验证企业守法状况和贸易安全情况。为通过开展海关验证稽查规范企业经营管理，促进企业守法自律。年底，天津海关制定“建立验证稽查结果通报制度”，并开始执行。

2008年3月27日，海关总署稽查司通报2007年全国海关开展验证稽查试点工作情况，对“天津海关建立验证稽查结果通报制度，向一线现场提示企业诚信守法信息，落实‘守法便利’原则的做法予以充分肯定。”同时，对天津、石家庄、南昌、拱北、湛江海关向企业发放海关政策法规资料，宣传企业分类管理和验证稽查的有关规定要求，促进企业诚信守法也予以肯定。同年4月20日，海关总署为规范验证稽查工作程序，明确验证稽查工作内容，统一验证稽查工作方法，制定印发《海关验证稽查工作暂行办法》(以下简称《暂行办法》)。《暂行办法》指出，验证稽查包括准入式稽查和监控式稽查两种具体方式。准入式稽查是指对需稽查验证企业所实施的验证稽查行为；监控式稽查是指对已稽查验证企业所实施的验证稽查行为。验证稽查应当坚持“前验后管、守法便利”的原则。对《分类管理办法》《全球贸易安全与便利标准框架》下“经认证的经营者（AEO）”制度等所规定的所有需稽查验证企业或已稽查验证企业实施验证稽查适用本办法。是年，天津海关以《暂行办法》为依据，适时组织海关稽查业务培训，提高稽查队伍业务技能，坚持“验证稽查结果通报制度”，严格操作程序，保证企业验证稽查工作顺利开展。

2009年，为进一步统一和规范海关验证稽查作业行为，防范验证稽查执法风险和廉政风险，天津海关以海关总署《海关验证稽查工作暂行办法》为依据，以海关总署《海关验证稽查测试表》作为验证稽查作业内容的标准，认真总结开展验证稽查一年多来的经验，结合关区验证稽查工作实际，坚持落实“验证稽查结果通报制度”和“守法便利”措施，认真开展对全关区A类以上管理类别企业验证稽查，使全关区A类以上管理类别企业的诚信守法意识得到不断增强，也为海关有效防范执法风险和廉政风险起到保障作用。

2010年6月25日，海关总署稽查司制定印发《海关验证稽查作业标准（试行）》(以下简称《标准》)，并明确指出该《标准》是对验证稽查作业的基本要求和最低标准，各海关不得自行降低标准要求，可根据稽查实际适当提高作业标准和要求，自7月1日起，全国海关要按照此《标准》开展验证稽查作业。是年，天津海关企业稽查部门按照《标准》要求，统一执法尺度，先后对天津钢管国际贸易有限公司等32家企业开展验证稽查，其中，向丰田通商（天津）有限公司等19家企业下发准予验证通过的稽查结论，向斯必克冷却技术（天津）有限公司等4家企业下发不予以验证通过的稽查结论；同时依据企业向海关递交的“撤销AA管理类别的申请”，对天津彼恩特通信有限公司等6家企业终止验证稽查工作。

2012年，天津海关首次引入社会中介机构开展验证稽查，发挥会计师事务所实施符合性测试和实质性测试的专业审计优势，严格执行验证稽查4类35项验证指标，确保验证稽查工作质量。

2013年4月26日，海关总署深化验证稽查履行AA类企业事前监管的职责，实现差别化稽查作业要求，推动验证稽查与AEO国际互认合作，结合稽查业务创新发展的形势要求，稽查司制定印发《海关验证稽查作业标准（修订稿）》，自2010年7月以后试行的《海关验证稽查作业标准（试行）》同时废止。是年，天津海关稽查部门落实新的《海关验证稽查作业标准》，结合关区稽查工作实际，开展企业验证稽查工作。全年验证稽查企业15家，其中：企业在海关注册登记信息准确、无走私违法行为、诚信守法的高信用企业10家；属于首次注册登记、适用失信企业管理满1年，且未有走私犯罪或者走私行为等问题的一般信用企业5家。未发现被稽查企业存在涉嫌走私或者违规情事、存在追补税情事及违反《稽查条例》有关规定等问题企业 7 家；因各种原因，海关对被稽查人无法继续实施稽查，暂时停止稽查程序而终止稽查企业 3 家。2014 年，完成企业验证稽查 25 家，其中：高信用企业 15 家，一般信用企业 10 家，未发现问题企业 11 家，终止稽查企业 5 家。

第四节 贸易调查

贸易调查，是指海关为加强对进出口商品监管、规范企业进出口行为、保证税收应收尽收，有针对性地对特定商品、行业、企业进出口贸易全过程开展的综合性调查，收集与企业从事进出口贸易以及与商品进出口有关的各种信息，审核进出口行为的真实性、合法性，做出科学的调查分析结论。

据资料记载，1953 年 6 月，天津海关即开展过与毛麻纺织抵羊牌毛线有关的进出口贸易调查。但此后由于国家政治、经济等原因，海关不再开展贸易调查，直至 20 世纪 90 年代中期，海关的贸易调查业务才得以恢复。

1996 年 12 月 26 日，海关总署转发《广东分署关于开展海关贸易调查的工作方案》(以下简称《方案》)。《方案》指出：海关贸易调查的基本目标及其任务是要利用海关对进出境实施监督管理的有利条件，通过对进出口贸易管理工作的实际运作情况及存在问题进行深入的调查研究，提出改进措施和解决办法的建议，为国家进出口宏观管理和海关监管提供决策参考和依据。海关贸易调查的范围及其重点是国内外市场差价大、国家严格实行配额许可证管理、某一时期进出口数量异常、容易对国家民族工业和国内生产造成冲击的进出口贸易重点敏感商品的专项调查。《方案》还对“海关贸易调查的方法和步骤”提出建议。

天津海关参与或单独组织开展贸易调查业务始于 2003 年。是年 7 月 31 日，受商务部等国家部委的委托，天津南开大学专家组成课题组，就天津市电子通信产品加工贸易开展调查研究，并邀请天津海关等有关部门参加，为调查研究提供必要的支持和方便。此次调查，天津市从“全国 2003 年 1 ~ 5 月外商投资企业出口前 100 位名单”中选取主营产品属于电子显示器、手持（车载）无线电话、集成电路、激光视盘放像机、打印机、收录放音组合机、印刷电路、硬盘驱动器、光盘驱动器、微型计算机的 15 家电子通信产品生产企业完整填写“电子通信产品加工贸易企业情况调查表”，再从重点调研的 15 家企业中选取 5 家不同类型、不同产品的企业开展多项分析，最后完成天津市电子通信产品加工贸易的优势分析，撰写贸易调查报告报送商务部。此次参与以大专院校为牵头单位组织开展的贸易调查，为天津海关后来独立开展进出口贸易调查业务打下良好的基础，也积累下经验。

2004年5月31日，为进一步规范调查业务，做到依法行政、严格执法，根据调查部门职能调整的需要，海关总署印发《调查局关于建立贸易调查业务立项审批制度的通知》，决定建立贸易调查业务立项审批制度。要求各海关调查部门在开展贸易调查前，必须填写《贸易调查业务立项审批表》，并逐级进行审批。其中，直属海关调查局在主管局领导签字同意、隶属海关调查科（处）在主管关领导签字同意后2日内将有关贸易调查的情况录入DC2003系统。对调查部门通过风险分析、企业稽查、贸易调查等手段查获或发现的明显构成走私罪嫌疑，但不进一步调查取证而直接移交缉私部门的案件或线索，必须依据《调查工作规程》的有关规定填制《立案审批表》，并将有关数据及时录入到DC2003系统，对海关开展贸易调查进行规范。2004年12月至2005年4月，天津海关组织对有色金属矿产品开展贸易调查，共计调阅资料、数据1万余条，走访相关部门10余家，并在研究有色金属行业特殊成交方式的基础上，确定重点，深入调查。调查发现，金川集团有限公司在天津口岸进口的铜、镍、钴精矿基本均采用"点价法"定价，因近年国际金属市场行情呈明显上涨趋势，导致该公司所进口的矿产品实际成交价格大多高于其申报价格。经核算该公司目前已结算的业务，总计应补税款约1900万元人民币。对此，经海关与该公司进行多次沟通，宣讲海关政策法规，公司表示理解，并提出重新申报、补税的申请，涉税金额如数补缴入库。这是天津海关首次独立开展贸易调查，并取得显著成效的成功案例。

2005年2月24日，天津海关首次利用贸易调查方式查获天津开发区某公司价格瞒骗走私案件。调查发现该公司在3年内进口连接器等电子元器件时采取低报价格、漏报运费、模糊申报税号等多种方式偷逃关税，低报货值约1000万元人民币，偷逃税款近200万元人民币。该案移交缉私部门予以侦办。

2007年4月10日，为适应新形势下企业稽查职能的要求，确定贸易调查工作的性质，指导全国海关有效开展贸易调查工作，海关总署印发《海关贸易调查操作规程（试行）》，对海关开展贸易调查业务作进一步的规范。2008年1月4日，为规范海关稽查部门贸易调查工作，促进贸易调查工作的有序发展，海关总署印发《海关稽查部门贸易调查管理办法（试行）》，并开始执行。《海关贸易调查操作规程（试行）》和《海关稽查部门贸易调查管理办法（试行）》的实施，为天津海关开展贸易调查业务，统一操作规程，依章依法行使调查职能提供依据。

2009年9月3日，海关总署副署长孙松璞在综合信息呈报《天津海关反映原料铝存在走私出口风险》（2009年8月26日第580期）上作出批示："请天津海关开展相关贸易调查，并提出相关建议。"根据批示，天津海关对2009年1～9月天津口岸未锻轧铝出口贸易情况开展贸易调查，并于10月14日完成《天津海关关于天津口岸未锻轧铝出口贸易调查有关情况的报告》。调查发现，2009年以后，天津口岸未锻轧铝出口同比大幅下滑。据海关统计，1～9月天津口岸出口未锻轧铝（含未锻轧铝合金）3061吨，价值638.6万美元，分别比去年同期下降93.1%和95.2%；出口平均价格为2086美元/吨，下降29.5%。调查还发现，未锻轧铝存在走私出口风险。由于未锻轧铝的出口退税率为零，而铝管等商品不仅出口关税为零且可享受出口退税，不法企业即利用未锻轧铝与铝管等商品的同质性，以伪报金属含量或品名、伪报工艺、逃避监管，虚开增值税发票，骗取出口退税。是年，天津海关查获2起涉嫌走私出口原料铝案件，两案合计走私出口铝棒65票，共计26223吨，案值5.07亿元人民币，涉嫌偷逃税款4900万元人民币，涉嫌骗取出口退税5449万元人民币都如数追缴和清退。

2010年9月25日，海关总署依据《中华人民共和国海关法》《中华人民共和国海关稽查条例》《〈中华人民共和国海关稽查条例〉实施办法》和《海关稽查操作规程》等有关法律、行政法规、规章和规范性文件的规定，印发《海关常规稽查作业标准（试行）》，自2011年1月1日起施行。此后，随着海关常规稽查、专项稽查和验证稽查业务的常态化开展，海关贸易调查业务逐渐减少。

第四章　风险管理

风险管理作为一种管理思想和管理方法，最早起源于银行和保险业，此后扩大到贸易界、工商业等许多行业。20世纪70年代以后，海关引入风险管理理念，以适应全球贸易化发展对海关提出的新挑战，解决既实现有效监管，又简化手续，便利国际贸易、保障贸易安全的要求，至20世纪90年代后，风险管理应用的水平已经成为考量一个国家海关现代化水平的重要标志。1999年，海关总署在推进通关作业改革中，将风险管理理念和技术手段，正式融入海关通关作业改革。

1999年8月11日，海关总署印发《关于在部分海关开展全面推动风险管理试点工作的通知》。决定由海关总署统一领导全国海关风险管理工作，自7月26日开始在天津等6个海关全面推动风险管理的试点工作，为在全国海关全面推行风险管理摸索经验。是年，天津海关作为海关总署全面推动风险管理试点海关之一，完成人员机构的配置和岗位设置，建立风险管理制度，并开始在通关、查验等岗位引入风险管理，为在全关区推广风险管理进行探索和实践。

2001年，全国海关实行通关作业改革。天津海关为配合落实海关总署《通关作业改革指导方案》，提出要建立科学完善的风险管理机制，制定一系列风险管理工作规程和作业规范，明确风险管理职能部门与其他业务职能部门和隶属海关的风险管理职责，建立风险管理联络员队伍和通关风险管理联系配合反馈机制，为通关作业改革服务，确保有效监管与快速通关的有机统一。

2002年7月19日，天津海关根据全国海关调查工作会议精神，申请在调查局内设立风险管理处。8月15日，海关总署印发《海关总署部分司局职能调整方案》，明确风险管理职能划归海关总署调查局，海关总署调查局是全国海关风险管理的主管部门。各直属海关的风险管理职能也进行相应的调整，划归调查局。9月3日，天津海关调查局风险管理处成立。其主要职责是：根据海关总署制定的风险管理工作制度、工作程序、工作方法和标准，制订相关工作规范、实施细则并组织实施，检查关区内执行情况；制定并组织实施风险管理工作规划；负责指导、检查和协调关区风险信息的采集、整理、加工和发布；负责关区风险管理平台应用的授权管理、数据参数维护和跟踪检查；组织和协调关区开展综合风险分析与研究；组织建立健全风险评估指标体系和评估标准；研究和组织开展企业或行业守法测量、商品风险测量、开展针对特定企业的守法评估工作；负责关区和跨关区风险处置的协调管理工作、对关区内风险处置的实施情况进行跟踪监控，组织开展关区风险管理工作绩效综合分析与评估；建议、组织、协调开展关区内与风险管理有关的业务、技术培训，以及内外工作和信息交流等。调查局风险管理处的成立，使风险管理的职能更加明确，为天津海关有效开展风险管理工作得到组织保障。

2003年10月31日，海关总署印发《关于风险管理工作方面各类问题的沟通与处理机制（试行）》。天津海关按照海关总署要求，明确风险管理工作运作、风险平台、H2000通关系统中有关风险管理相关应用功能等问题的处理方式，形成各部门间各司其职、各负其责，工作协调，齐抓共管。

2005年2月5日，海关总署印发《建立健全风险管理机制总体框架》。提出：在海关总署和直属海关两级设立风险分析监控中心，建立统一的风险管理工作机制。是年，海关总署调查职能调整，各直属海关调查局机构撤销，调查局风险管理处提升为职能处。天津海关党组对关区风险管理体制亦做出相应调整，将原来的通关风险办公室转换为风险管理办公室，修订风险管理委员会章程。关长黄胜强担任风险管理委员会、风险管理办公室和风险分析监控中心三个机构的主任，提出“研究思路，探索模式，争取实效，创新机制”的十六字风险管理工作思路，拟定激励机制，实行量化硬指标；制定《天津海关风险管理工作奖励方案》，完善风险管理绩效考核；发挥风险信息工作优势，创刊《风险信息呈报》《风险分析通报》《风险预警》《风险信息》等专栏，编制《风险管理指导手册（2005年版）》。通过量化指标考核，把风险管理由“软任务”变成“硬指标”，创出具有天津海关特色的风险管理品牌。

2006年12月14日，海关总署印发《现代海关制度第二步发展战略规划（2006年修订）》，并开始实施。在《现代海关制度第二步发展战略规划（2006年修订）》的战略目标中，继续赋予“以建立健全风险管理机制为中心环节”的重要地位。

2007年，针对直属海关在风险管理应用中面临的具体情况和出现的问题，海关总署印发《加强直属海关风险管理工作的指导意见》（以下简称《指导意见》）。是年，天津海关认真落实《指导意见》精神，加强组织领导，明确风险管理主管部门、各职能部门、各业务现场的职责任务。坚持统筹海关各项改革，建立健全风险管理机制，合理配置人、财、物资源，确保风险管理工作有效开展，实现全员参与，切实增强全员的风险信息资源共享意识和实施风险防控的协作意识。《指导意见》的实施，为海关在后来相当长的一个时期内，有效化解和正确处置在风险管理应用中出现的问题起到重要作用。

2011 年 12 月 23 日，海关总署在《关于天津海关机构设置主要职责和人员编制的批复》中明确，风险管理处为天津海关正处级内设机构。主要职责是开展风险分析，指导、协调、监督、检查风险管理工作；负责风险管理平台推广、应用、维护及授权等工作，发布各类风险信息，归口管理海关风险布控和风险参数。

第一节 制 度

风险分析、企业稽查、企业管理是海关稽查的三项基本工作内容，三者缺一不可、相辅相成、密不可分。风险分析是前提，企业管理是基础，实施稽查是手段，其共同目标都是规范企业进出口行为，建立企业进出口诚信守法体系，完善海关监管的全过程。为达到这样的目标，制度建设是根本的保证。

2001 年 9 月 6 日，天津海关为建立科学完善的风险管理机制，根据海关总署《通关作业改革指导方案》，制定《天津海关通关风险管理机制建设方案》。成立以关长赵桂芬任主任的风险管理委员会，调查局、走私犯罪侦查局、各分关、办事处和通关处、监管处、法规处、归类分中心、价格信息处、加工贸易处、统计处、技术处、关税处主要负责人任委员。其目的是逐步建立以高科技手段为基础、覆盖通关作业全过程、全员参与、各负其责的风险管理机制，有效地预测、捕捉高风险目标，科学确定监管重点、优化资源配置，提高物流监控、审单作业和职能管理效能和效率，防范和化解通关风险，保持口岸打私高压态势，方便绝大多数合法企业进出口货物的正常通关。

2002 年 10 月 11 日，天津海关为适应建立海关风险管理体系工作的组织保障，依照海关总署的要求，重新组建风险管理委员会及其办事机构，并将原有的风险管理委员会、企业分类管理委员会和通道决策管理委员会的工作一并纳入新成立的风险管理委员会中，进行统一部署和安排。关长赵桂芬兼任新成立的风险管理委员会主任。该委员会作为天津海关风险管理工作的最高协调组织，主要负责审议决策全关风险管理工作的重大事项，统一领导和组织推进关区风险管理工作，并确立 6 项主要工作内容。风险管理委员会在调查局设办公室，作为日常办事机构。调查局局长兼任该办公室主任。

2004 年 4 月 16 日，海关总署印发《关于印发风险管理平台应用管理相关制度规范的通知》，制定出台《风险管理作业单应用管理暂行办法》等 7 个关于风险管理平台应用管理相关制度规范。是年，天津海关坚持“以建立风险管理机制为中心环节，全面、协调、持续推进海关各项业务改革和综合改革”的指导思想，提高建立风险管理机制重要地位和作用的认识。按照海关总署提出的“要树立风险管理意识、要全面应用风险管理平台、要制定科学的风险识别和风险评估标准、要采取有效的风险处置措施、要实现风险管理的业务联动、要围绕风险管理开展综合改革、要开展风险管理外部合作”的要求，于4月29日，制定下发《天津海关风险管理平台应用管理相关制度规范》，提出“风险管理平台是海关开展风险分析的工具，是建立统一风险管理机制的重要载体”，明确操作规程和具体要求，作为全关区风险管理平台应用管理的依据。

2005年4月5日，关长黄胜强主持召开天津海关通关风险管理办公室第一次例会。会议提出，各部门要高度重视信息安全，任何人不得泄露风险布控信息；要按照“集中统一、规范程序、加强反馈、及时调整”的要求提高风险布控水平，对布控情况进行绩效评估；各隶属海关应在审单、接单环节设专职风险分析岗；对发现并成功处置重大风险的关员要给予奖励等6项具体要求，以提高防范和处置对海关工作危害性较大风险的水平。

2006年3月2日，天津海关为加强风险管理工作，强化风险管理委员会组织协调作用，健全风险管理机制，召开关长办公会，会议审议通过《天津海关风险管理委员会章程（修订稿）》和《天津海关风险管理工作评分方案》，进一步明确风险管理操作规程、风险管理主管部门、各职能部门、各业务现场的职责任务，使关区开展风险管理工作有章可循。是年，天津海关还先后修订《天津海关风险管理委员会章程》《各部门风险管理硬指标》《风险信息管理办法》《风险信息处置管理办法》《风险管理工作评分方案》《风险信息联络员管理办法》等多项规章制度，并试行《风险信息报送标准》，首创专家辅助决策机制，启动环渤海区域风险联动机制，风险管理工作取得初步成效,《天津海关风险管理长效机制框架方案》基本形成，风险管理长效机制基本建立，风险管理的中心位置更加突出，风险管理手段得到广泛应用。

2012年，天津海关风险管理工作，认真贯彻关区工作会议精神，加强制度建设，促进风险管理工作不断向科学化、规范化、制度化迈进。3月30日，天津海关风险分析及防控中心成立，制定下发《风险分析及防控中心业务操作规范（试行）》。6月8日和6月28日先后制定下发《天津海关风险分析及防控中心督办工作制度》和《天津海关风险分析及防控中心综合研判组织实施办法》，为确保风险管理各项工作有序开展提供制度保障。7月12日，根据《2012年全国海关稽查工作要点》及海关总署稽查司有关风险信息考核办法调整的要求，结合天津海关风险分析及防控中心建设的实际，制定下发《天津海关风险信息工作指引》，为提高风险信息采集、质量加工和实战应用水平提供依据。7月30日，为加强风险分析及防控中心保密工作，制定下发《天津海关风险分析及防控中心保密工作制度》。8月29日，为进一步深化分类通关改革、提高分类通关效能，结合海关总署风险管理绩效考核指标调整要求，经天津海关风险管理委员会成员单位审议通过，制定下发《天津海关分类通关风险参数及风险布控考核指标》。9月7日，根据《海关总署关于做好海关综合业务管理平台推广应用上线准备工作的通知》要求，制定下发《天津海关综合业务管理平台HZ2011上线工作实施方案》。11月15日，天津海关综合业务管理平台开始上线试运行。为确保该平台上线运行期间海关各项业务的平稳运行，及时处理和妥善解决上线运行期间的系统突发问题，11 月 22 日，制定下发《天津海关综合业务管理平台上线运行业务应急处置预案》，做到预案到位，措施到位。

2013 年 9 月 23 日，天津海关制定下发《天津海关风险布控中心实施方案》，为进一步加强风险布控中心建设，充分发挥风险布控中心在业务监管中的作用提出具体标准和要求。

2014 年，为进一步强化风险布控规范化管理和内控管理，先后出台《风险布控中心与相关部门布控指令联系配合办法》《天津海关报关单解控管理办法》《业务现场报送解布控建议基本条件及格式》《风险布控中心应对信访标准问答集》《布控指令制作办法》，形成一套系统的规章制度和操作规范。

第二节　应　用

1998 年，天津海关被列为通关作业改革首批试点单位，并于 4 月 1 日正式启动通关业务改革。在通关作业改革中，加强风险管理机制建设是业务改革的重点环节和保障，在关区范围内建立以通关改革领导小组、职能管理部门和通关现场为主体的三级风险管理机制建设体系。在通关处和主要海运进口通关现场成立专职风险分析布控管理部门，并建立通关“实时监控小组”，形成通关预警、通关作业环节实时布控及通关数据事后分析三个时段，覆盖通关全过程的风险管理制度，取得初步成效。是年，通过对通关作业风险管理和数据风险分析，确定高风险企业 58 家，高风险商品 84 种，移交违规案件 16 起，防止偷漏税款 4000 余万元人民币。

2001 年，天津海关加强通关环节风险布控，突出风险管理在货物查验工作中的作用。上半年，现场查验风险管理部门布控货物 4885 票，查获各类问题 811 票，查获率达 16.6%。其中，移交成案案件 51 起，货值 5785 万元人民币，约占现场移交成案案件货值的 85%。全年关区对进口货物实施布控 22828 票，布控率达到 15.5%，分别比上年同期增长 2.21 个百分点；对出口货物实施布控 13305 票，布控率达 5.07%，分别比上年同期增长 0.44 个百分点；通过风险布控发现走私违规案件线索 1973 起，布控有效率达到 5.46%，分别比上年同期增长 74.14%；移送“三查”部门立案案件 140 起，案值 11831 万元人民币，分别比上年同期增长 42.86% 和 43.72%。天津海关查获率始终保持在全国海关系统的前列，2000 年居全国海关第一位。

2003 年 3 月 11 日，为进一步做好风险管理平台试运行工作，天津海关风险管理委员会办公室按照海关总署“分步实施、整体推进”的原则和有关风险管理平台试运行的要求，制定《天津海关风险管理平台集中试运行计划》。同年 4 月 20 日，风险管理平台开始集中试运行。

2004 年，天津海关稽查部门通过开展风险分析，利用风险管理平台和执法评估系统，对从事化工产品生产染料中间体行业的调研，发现由于环保问题，一些欧洲发达国家限制上述原料的生产，致使生产染料中间体的生产企业逐渐向中国和印度等发展中国家转移。稽查发现天津某化工公司、秦皇岛某经贸有限公司等6家企业以加工贸易方式从天津口岸进口的工业萘存在高报单耗情事，共计5032吨保税进口工业萘未能加工成品出口，货值1950万元人民币，追补税款455万元人民币。同时，通过比对近年加工贸易的重点商品，选取从事与“三高一大”（即：高科技、高创汇、高信誉，大型生产性出口企业）商品相配套的产品加工企业—天津某电子有限公司。稽查组利用风险平台调取近年该公司的进出口数据，通过分析比对、筛选、归类、整理，准确把握被稽查企业加工贸易进出口动态和异常情况，成功查发该企业存在未经许可擅自将保税成品手机键盘内销的违法事实。内销成品折合保税料件价值约1200万元人民币，追补税款369万元人民币。是年，经天津海关风险管理委员会审核，天津市福荣达地毯有限公司在第三季度的企业类别调整中被评为A类管理企业，这是自《中华人民共和国海关对企业实施分类管理办法》实施以后，天津市第一家适用海关A类管理的私营企业。

2005年6月1日，海关总署党组决定对参与风险管理平台研发和起草《建立海关风险管理体系框架方案》的有功人员予以奖励。天津海关两名关员受到表彰，分别予以记个人三等功和嘉奖的奖励。同年8月，天津新港海关接单现场通过审核报关单据，发现天津某进出口贸易有限公司、唐山市某金属材料有限公司进口铁矿砂存在重大隐瞒价格漏税嫌疑。风险管理处通过风险分析，得出两公司一般贸易进口铁矿砂和加工贸易进口铁矿砂出口生铁存在风险的判断。9月，天津海关成立由稽查处牵头、新港海关稽查科参加、风险管理处风险处置科督办的专案小组，对上述公司进口铁矿砂及出口生铁的情况进行专项稽查，查获上述公司漏税2255.67万元人民币的违法事实。9月30日，天津海关党组决定：对在风险管理工作中做出突出贡献的先进个人予以表彰奖励，给在工作中做出突出成绩的6名关员记个人三等功；对在工作中表现突出、取得优良成绩的10名关员予以个人嘉奖；对在工作中兢兢业业、高质量完成本职工作的20名关员予以个人通报表扬。12月31日，天津海关政治部作出决定，对在铁矿砂进口及生铁出口专项稽查工作中表现突出的个人予以表彰奖励。是年，天津海关风险管理工作按照“研究思路，探索模式，争取实效，创新机制”的工作思路，求实创新，稳步推进，工作取得明显实效。全年通过应用风险管理共计完成补税6.4亿元人民币，指导和协助查获并移交违规走私案件3起。风险信息考核列全国海关第三。

2006年，天津海关稽查部门认真贯彻关党组中心工作要求，充分利用风险管理平台优势，加大对具有行业性特点的商业瞒骗行为的稽查力度，取得显著成绩。4月初，利用风险管理平台，通过对全国各口岸一般贸易项下进口欧洲产瓷砖的风险分析，发现部分进口企业的重大疑点，并组成稽查组与缉私局密切配合，开展对“进口瓷砖专项稽查”行动。先后查获“世纪伟龙”等三家公司伪报成交方式瞒报运费、低报价格等走私违法案件，瞒报运费440万元人民币、低报价格28万欧元、共涉税220万元人民币，缉私部门立案侦查3起，刑事拘留2人。同年5月，天津海关派员赴拱北海关学习考察风险管理工作，与该关风险管理处进行风险管理工作方面的经验交流和座谈。是年，在全关区21个职能部门、隶属海关实行风险管理硬指标管理，109项硬指标完成率达86.2%。全年通过信息管理平台处理风险信息3047条，编发风险信息载体754期，发布信息2013条，向海关总署报送信息1342条，采用333条；分析和采用风险信息81条，发布风险处置建议78条，风险信息针对性、可处置性及处置有效性分别达到99%、96%和52%。

2008年，风险管理工作重点围绕《天津海关风险管理长效机制建设框架方案》，在坚持硬指标考核、风险预警和处置、专家辅助决策机制的基础上，以风险信息、预警处置、布控评估工作为龙头，不断增强运用风险管理理念指导海关监管实际的主动性，稳步推进风险分析作业系统及直属海关风险管理平台建设，发挥风险分析作用于现场实战的功能，努力实现风险管理与海关各项业务改革工作的有机融合，在全国海关树立起自己的品牌，实现风险管理工作的新跨越。是年，天津海关风险管理整体水平得到大幅提升，实战功效日益显现。初步实现对商品和企业的异动分析监控，天津口岸的重大风险基本做到有预警、不失控。关区全年下达布控指令近7万条，捕中报关单29.51万票，布控有效4.02万票，有效率达13.62%。风险与缉私、现场监管进一步融合，成功查获石家庄崇德进出口贸易有限公司出口粮食走私等重大案件。全关区利用风险管理补税1.06亿元人民币，风险有效率、风险补税额两项指标均大幅超额完成年初任务；报送海关总署风险信息采用率44.5%，风险信息分数增长39.57%，名列全国第二。

2009年2月27日，天津海关党组为表彰先进，鼓舞士气，决定对风险管理处予以集体嘉奖，以表彰2008年关区风险管理工作取得的成绩。年内，通过风险管理，加强综合治税，追补税款5.16亿元人民币；风险信息采用全国海关排名第一。

2010年，天津海关以风险管理为中心环节，加强风险管理在稽查、关税、查验、审价等部门的联系配合，从数据分析入手，紧密结合减免税货物后续监管特点，积极开展减免税货物常规稽查。通过风险管理平台调取关区三年中鼓励项目和科教用品项下的减免税货物进口数据，对涉及鼓励项目项下的32950条数据和科教用品项下的5173条数据进行全面分析，发现问题，规范监管。全关区共计稽查企业471家，追补税款入库4.68亿元人民币，有效防止国家税收流失，为增加国家税收做出贡献。

2012年，天津海关风险分析及防控中心建成并投入运行。建立多部门风险信息情报联合分析研判机制，将风险管理贯穿业务监管全过程，推行以“参数为主、信息为辅”的风险管理方式，探索形成具有天津海关特色的运行模式，使其成为加强实际监管、防范执法风险的指挥中心，达到分类通关风险集中度、分类通关效能、人工风险布控率、风险布控实体性有效率和风险布控管理水平等5项指标保持整体均衡。在业务风险防控中，突出发挥风险分析管理平台信息优势的作用，加强风险分析在海关监管工作中的应用，为各部门提供数据筛查和布控支持。围绕海关总署“国门之盾”部署的“四个方面、八个重点领域”，在全面关注涉证涉税风险情事的同时，加强枪支弹药、毒品（含易制毒化学品）、三废、文物、濒危物种、知识产权等非贸领域走私风险信息的收集力度；瞄准行业性走私风险，引入税收弹性、税率结构、地区分布等分析维度，开展关区主要业务异动监控；创新运用“报关单与舱单对比分析、数重比分析、贸易航线分析、企业关联性及存续性分析”等方法手段，着力开展自主风险分析，挖掘走私线索。全年为各部门调阅筛选全国通关数据47.5万条；在缉私部门侦办象牙、红木、牛皮、冻品等走私案件中，协助其对200多个提单进行不同类型的布控，并将103票高风险报关单移交缉私部门处理，将9票高风险报关单移交法规部门处理。召开研判会议17次，研判风险议题106项，通过研判发布风险处置作业单370份；采集风险信息2323条，编发《风险信息》载体228期，报送海关总署风险信息1141条，信息转化率达27.1%，风险信息总量和转化率均并列全国海关第一；开展自主专项风险分析16项，排查数据70余万条，形成专题风险分析报告9篇，关长专报4篇，专项分析成果移交缉私7项，移交专项稽查2项，其中4项移交线索的涉税额均在千万元人民币以上，得到风险处置部门及关领导的认可。与此同时，风险分析及防控中心强化协作，延伸触角，助推风险管理贯穿监管全过程。贯彻企业分类管理，强化事前风险评估，探索AEO制度在风险管理业务中的具体应用；运用风险参数和通道决策等手段，将AA类生产型企业报关单直接纳入“绿通道”管理，实现A类生产型企业查验率低于关区平均水平，通过落实高资信企业通关便利措施，促进外贸稳定增长；落实“三查合一”工作要求，为专项稽查建议和保税重点核查建议提供全面的风险评估，全年通过风险分析移交的专项稽查线索，占所有专项稽查作业的60%，有效率为54%，超额完成海关总署考核指标。

2013年，天津海关风险管理工作，以风险分析及防控中心为抓手，突出发挥综合业务管理平台和风险布控中心的作用，全力构建综合风险分析与防控新机制，风险管理工作再创佳绩。3月13日，天津市副市长任学锋考察天津海关风险分析及防控中心，详细了解风险分析及防控中心的功能，对该中心“科技+制度”双轮驱动，推进风险管理的做法给予肯定。同年7月，天津海关运用风险管理手段成功查获“镇江香醋”出口案，被海关总署评为“2012年中国海关保护知识产权十佳案例”，并得到海关总署通报表扬。通报指出，此案“意义重大、示范性强”，“天津海关严格依法办案、公正高效执法，是海关总署2012年开展打击侵权药品、食品、汽车配件专项整治工作中的重大、典型案件之一，丰富了海关知识产权保护执法的类型，在海关系统知识产权保护执法方面具有一定的地位和贡献度，是一起重点打击和精准打击的典型案例”。8月20日，关长李佩林主持召开关长办公会，就建立风险布控中心和通关便利化等工作进行专题研究。9月23日，天津海关召开第九次关务会，通报《天津海关风险布控中心实施方案》。10月1日，天津海关风险布控中心开始试运行。全年编发重点实战信息57篇，发布风险处置作业单1353份，向缉私、稽查部门移交风险线索95条。

2014年5月13日，天津市副市长任学锋带队到天津海关风险监控中心进行调研，观看大屏幕监控指挥系统功能演示，听取风险监控中心工作情况汇报。是年，天津海关风险管理工作，突出发挥风险布控在差别化管理中的作用，按照守法便利、违法惩戒的原则，制定并实行针对不同资信级别进出口企业的差别化作业制度，深化风险信息实战应用，不断提升风险信息含金量和应用转化绩效。全年布控中心下达预定式布控指令 1.13 万条，调整指令 8000 余条，查验预定式布控占 75.94%，现场即决布控占 15.99%；关区进出口企业查验布控覆盖率比上年度提高 1.5 个百分点，长期未查验企业减少约 90%；同时坚持自主下达精确化布控指令，对 5718 票捕中报关单进行风险处置，其中 172 票报关单移交缉私部门进行查处。关区 AA、A、B、C、D 类企业查验布控率分别达到 0.69%、2.47%、7.69%、31.84% 和 100%，充分体现“守法便利、违法惩戒”的监管原则和要求。在布控制度建设上，形成《风险布控中心与相关部门布控指令联系配合办法》等一系列规章制度和操作规范，使风险布控向规范化制度化迈进。

第十篇

科技应用

海关是政府部门中较早注重科技应用的单位之一。伴随着国家科技的发展、改革开放的深入和海关业务量的不断攀升，海关科技从无到有、从小到大，一步步发展壮大，形成以“电子海关”“电子总署”“电子口岸”的信息化为龙头，涵盖海关各业务领域的监控检查、通讯、化验等全方位的科技应用格局，在海关工作中发挥着不可替代的重要作用。

天津海关设技术处承担天津海关科技应用的职能管理与服务保障工作。设中国电子口岸天津数据分中心负责中国电子口岸数据中心科技应用项目在天津关区的应用推广和服务支持。

第一章　技术革新与发展

20 世纪 50 年代初期，天津海关除有几台手摇计算器外，基本没有其他技术装备，业务现场检查则主要依靠手工作业和钳子、改锥类的小工具。1958 年，根据海关总署《关于开展技术革新运动的决议》，天津海关自行研制出 X 射线检查设备，应用在邮递物品和行李检查现场。

“文化大革命”中，技术检查设备的革新和应用被批判为“唯武器论”，刚刚起步的海关科技工作又陷入止步状态。改革开放以后，天津海关的科技应用工作得以逐渐发展。1979 年，天津海关成立技术革新小组，依靠拥有的总价值约 30 万元的十几台 / 套各类设备，结合业务需要开展技术革新和技术改造。1983 年，天津海关开始使用 PDP-11 小型机，并自行编写征税、统计、人事管理程序，实现自动计税；缉私艇使用无线电台进行通讯联络；旅客检查引入 X 光行李检查设备。至 1990 年底，天津海关技术装备资金投入达 2614 万元，技术设备的类别品种数量已发展到门类配套较齐全的计算机、通信、检查、录证、监听、监视、鉴别等 8 大类、77 种、1748 台套，其中的大部分设备都达到当时的国际先进水平。在计算机应用方面，1990 年，天津海关共装备中小型计算机系统 8 套，终端 157 台，微型计算机系统 44 套。1993 ~ 2000 年，天津海关的计算机系统由 VAX 系列小型机逐步升级为 Alpha 系列小型机，至 2000 年底，共有 Alpha 小型机 4000 系列和 1200 系列各 4 台。

主机房是保障海关计算机和通讯正常运行的核心和中枢。天津海关主机房最早设在拥有百年历史的营口道 2 号天津海关老办公楼内，由原办公室改造而成，面积不足 40 平方米，作为小型机主机房，简单配备 UPS 电源和空调等基础设施。1990 年，天津海关六纬路 2 号新办公大楼建成，在楼内建设起面积 100 余平方米的主机房，安置专业的机房设施，达到小型机专业机房水平。2002 年，天津海关对主机房在原基础上进行扩建，面积增加至 360 平方米，机房内包括服务器机房、网络机房、通讯机房、SCA 及政务网机房和控制室等区域，采用先进的现代机房环境建设技术，增加机房安保、监控、消防等系统。2005年，海关总署调拨天津海关梅兰日兰100KVAUPS2台，通过电源系统改造，主机房供电系统环境得到改善，信息系统安全性进一步提升。2008年底，天津海关再次对主机房进行扩建，建成1个核心主机（服务器）房、3个核心网络机房，10个分关综合机房，34个监管点网络节点机房的整体机房环境，并根据机房的级别分别部署机房监控系统网络，实现远程监控、远程管理，为信息系统安全运行提供安全和可靠的基础运行环境。2012年起，天津海关采用云计算和绿色智能机房建设技术，构建约270平方米的云计算专用机房。2014年6～10月，云计算专用机房开始进行光纤布线、迁移核心设备、私有云平台测试部署、迁移环境联调测试等工作。

1979年，天津海关成立技术革新小组，负责关区的技术革新和技术改造工作。1981年，天津海关正式设立技术科。1983年，技术科升格为技术处。1985年，天津海关在隶属的新港海关设技术科。1988年，天津海关在技术处分设计算机中心（科级），通讯中心（科级）和综合科。1991年，技术处设自动化管理科；1992年，技术处自动化管理科划归统计处；1995年设应用管理科；2000年，设微机科、检查设备科、网络科，是年，检查设备科撤销，设立防伪检查科；2001年，计算机中心更名为软件一科，微机科更名为软件二科，应用管理科更名为运行管理科，是年6月，成立天津海关科技应用领导小组；2002年，天津海关开始设立总工程师职位；2004年，设信息安全科，负责信息系统安全管理工作；2005年1月10日，设现场维护科；2009年，设运行监控科，运行管理科更名为系统管理科。2012年6月4日，根据《天津海关关于印发〈天津海关内设部门机构设置和人员编制〉的通知》，天津海关技术处内设综合科、网络科、通讯中心、运行监控科、系统管理科、软件一科、软件二科、信息安全科、防伪检查科共9个科级机构，人员编制37人。2012年7月31日，根据《天津海关关于印发〈天津海关隶属海关和派驻机构科级机构设置和人员数量〉的通知》，天津新港海关设立直属现场维护科。

天津海关注重从制度上加强科技管理工作，先后制定《技术经费管理办法》《关于下发科技政府采购经费及设备管理操作规程的通知》《小额科技经费开支操作规程》《技术类消耗器材管理规程》《运行监控工作流程及联系配合办法》《现场运维中心技术保障联系配合办法》《H2000客户端安全管理及监控系统联系配合办法》《防病毒入侵及漏洞扫描联系配合办法》《天津海关科技应用分级运行保障管理规定》《天津海关信息系统“7×24”运行监控工作实施方案》《天津海关技术处值班室工作管理规定》《天津海关固定电话设备使用管理办法》《天津海关各分支机房安全管理规定》《天津海关技术处安全消防管理规定》等多项管理规定，规范海关的科技管理。

随着技术管理工作的深入，天津海关的科技力量，从只能从事简单、低端技术改造的技术革新小组，发展到拥有具备全国海关一流科技应用水平，专业化、高层次的科技队伍。涌现出一批科技工作带头人。经国务院批准，天津海关技术处高级工程师吴志民自1993年1月起享受政府特殊津贴；天津海关技术处高级工程师马长生自 1994 年 1 月起享受政府特殊津贴。2005 年，天津海关派员参加海关总署举办的“注册信息安全专业人员（CISE）”培训，2 人通过中国信息安全产品测评认证中心的考试获准资质认证；此后，在 2008 ~ 2013 年，天津海关又有 7 人获得注册信息安全专业人员 CISE 资质认证。2012 年，全国海关系统实行专家制度后，天津海关有 1 人被评为海关科技系统二级专家；2 人被评为海关科技系统三级专家。2013 年，天津海关有 6 人被评为天津海关科技系统专家。2013 年，海关总署首次组织“注册信息安全审计师（CISA）”培训，天津海关 1 人通过培训获取注册信息安全审计师（CISA）资质认证。

2003 年 6 月 17 日设立中国电子口岸数据中心天津分中心（以下简称“天津海关数据分中心”）。2011 年 6 月 27 日，在天津海关数据分中心设综合部、技术服务部、业务部。

2013 年度，天津海关立项科技项目 33 项，其中包括海关总署交办的署级科技项目 8 个，关级重点科技项目 9 个，关级普通科技项目 8 个，关级基础科技项目 8 个。2014 年度，天津海关立项科技项目 20 项，其中包括海关总署交办的署级科技项目 8 个，关级重点科技项目 8 个，关级普通科技项目 2 个，关级基础科技项目 2 个。

截至 2013 年，天津海关通信、检查、计算机设备资产总数达到 11298 台 / 套。截至 2014 年底，天津海关计算机前台设备总数达到 5812 台 / 套，其中微机 3770 台，笔记本电脑 770 台，打印机 1272 台。与 2005 年相比计算机类前台设备数量增加 99%。

自 1986 ~ 2008 年期间，天津海关先后有 70 余项科技成果获得国家及地方科技进步奖或被评为海关优秀科技项目。从 1949 ~ 2014 年期间，天津海关科技人员中先后有 2 人获得天津市劳动模范称号，3 人获得全国海关先进科技工作者称号。

第二章 检查技术设施应用

天津海关科技在监管业务中的应用始于新中国成立初期。20 世纪 50 年代，天津海关即自行研发出 X 射线检查设备，应用于对邮递物品和旅客行李物品的检查。但由于特定的历史原因，海关科技应用真正实现快速发展则始于改革开放以后。20 世纪 80 年代后的 10 余年间，从简单的旅客行李检查设备，到 H986 大型集装箱检查技术，加之与其配套的地磅和箱号识别系统、电子车牌和车牌识别系统、车辆定位和电子标签等技术的应用，使海关的物流监控手段更加丰富、监管效能得到提升、在降低海关现场监管工作强度的同时不断提高通关效率。在改革开放后的 30 多年里，天津海关监管工作中的科技应用始终紧随着计算机、互联网、云计算的发展步伐，与时俱进地革新升级、发展完善。

第一节 货物、物品检查设备

新中国成立初期，天津海关的技术设施维持新中国成立前的简单检查装备，对行李物品和进出境货物的检查，基本上靠人工操作，辅以简单的机械工具。

1956年，天津海关按照全国海关查私工作座谈会决定的关于改进科学技术设备的意见，开始检查技术设备应用的革新。经过广泛征求意见和发动群众讨论，在邮递物品的检查方面，自行设计检查邮件夹带用的强光照明灯，并在实际监管工作中应用。

1960年8月，天津海关开始自行研制X光机装置，于1961年4月研制成功正式投入使用。此后，天津海关先后自制7台X光机，并在应用过程中对该装置不断加以改进，逐步提高设备性能。

1975年3月，天津海关派员参加海关管理局在上海召开的技术工作座谈会，同与会的广州、九龙、拱北、汕头、江门、上海、北京、大连等海关和广东省外贸局海关处从事海关技术工作的人员，共同研究技术检查、电子计税器、流动技术检查车、探测仪器和化验鉴别设备等重点科研项目的开发应用。1987年，海关总署配发给天津海关两台系统12型X光机，安装于天津海关机场旅检现场，用于对旅客行李物品的检查。

1998年11月，天津海关开始采用清华同方威视FG9056技术，建设全国首套国产固定式集装箱检查系统（以下简称：H986）。1999年1月，H986天津东港系统工程设计方案通过审查。1999年4月，H986天津东港系统工程的集装箱检查通道底板开始进行连续24小时的混凝土浇筑。1999年11月9日，东港海关首批H986工程操作人员完成在清华大学的H986系统培训。1999年12月，全国首套国产固定式集装箱检查系统在天津东港海关投入运行。H986设备采用清华同方威视FG9056技术，使用9兆加速器辐射源，能有效穿透重载海运集装箱，分辨率高，图像清晰，操作简单，无放射性残留，用于货运集装箱的快速检查，能够将集装箱的检查时间从传统人工开箱约4个小时缩短到2分钟，并且能够发现人工开箱难以发现的暗藏于集装箱箱体上、货物中的违禁物品。当年，H986机检设备日验箱量达到160个。

2000年9月，天津海关在新港客运站行李大厅设立天津新港海关海运快件监管中心，并配备SMEX-V10080型X光行李物品检查机。

2001年5月17日，天津海关采用清华同方威视MB1215HS技术建设的国产组合移动式H986系统工程通过海关总署验收。是年12月3日，天津海关组合移动式H986设备投入运行。

2004年12月，天津海关完成关区组合移动式H986集装箱箱号识别系统及电子车牌识别系统工程建设。

2005年8月5日，天津海关完成机场海关旅检现场与天津出入境检验检疫局“一机双屏”连接信号测试，关、检“一机两屏”合作机制进入设备实质安装阶段。8月11日，天津机场海关旅检现场“一机两屏”安装成功，经调试设备图像显示清晰、流畅。使用“一机两屏”，为天津海关、天津出入境检验检疫局加强监管配合提供硬件支持，天津空港口岸关检合作机制进入实施阶段。

2009年5月27日，天津海关由天津港四号路外运综合库搬迁至天津子牙环保产业园的组合移动式H986大型集装箱检查设备完成搬迁工作，并通过海关总署验收小组的验收，正式投入使用。2010年12月28日，天津海关技术处、现场业务处完成对静海子牙固体废物监管现场H986设备的改造工作。改造后的组合移动式H986设备，实现远程视频摄录监控、磅检数据自动数字化转换和存储复核功能，杜绝人为干预磅检结果的风险，设备每工作日的集装箱查验量由不到40箱提高至55箱。

2012年11月21日，海关总署调拨给天津海关，分别安装于天津海关东疆保税港区进口和出口查验场地的两套大型集装箱检查系统，通过验收正式交付现场使用。

第二节 单证检查设备

天津海关自20世纪80年代起开始配备防伪技术设备。

1985年，天津海关开始把文件检验技术应用于海关单证检查。是年，天津海关配备视频光谱比较仪和立体显微镜，用于鉴别进出口许可证等报关单证的真伪。1987年，天津海关又配备综合检查灯和紫外线检查灯，用于鉴别单证的真伪。

1994年11月，天津海关执行海关总署《防伪印油使用管理办法》，在关区全部监管业务中统一应用海关防伪印油。

1995年7月，天津海关启用防伪标签。自1996年3月，天津海关在进出口报关单上加贴防伪标签。年内，天津海关根据海关总署要求，印发《关于报关单加贴防伪标签和加强防伪鉴别措施的通知》，对防伪标签的领取、发放、保管、使用进行规范，明确由监管处负责将各现场签发出口退税报关单、进出口付收汇核销报关单，所加盖的海关验讫章印模样本送交税务、外汇管理部门备案，并依据与税务、外汇管理部门签订的MOU，协调双方间的工作，共同把好防伪打假关。

1996年5月，天津海关印发《防伪工作暂行规定》，规定防伪印油、防伪标签的保管和发放由办公室设专人负责，防伪检查设备的配备由技术处负责，加强对防伪工作的领导，严密防伪设备的保管和使用。是年10月，天津海关分别在总关技术处和新港海关组建防伪检查技术机房，安装2台WQF-400型傅立叶红外光谱仪。11月，又通过配备视频光谱比较仪、印油识别仪、标签识别仪、光学比对仪、紫外线检查灯、综合检查灯、立体显微镜等设备，进一步提高关区防伪鉴别能力。是年，由天津海关各业务部门送到防伪检查技术机房鉴定的单证达120份，通过机检发现有问题的单证8份，案值近100万元人民币。

1998年，天津海关贯彻落实全国打私工作会议和全国海关关长工作会议精神，印发《防伪工作量化标准（试行）》规范关区防伪工作。该标准要求关区各部门要充分重视防伪工作，严格按照重点防伪检查范围，加强防伪工作，加大打击“三假”（假批文、假单证、假印章）力度。截至1998年底，天津海关配备包括防伪印油识别仪、紫外线检查灯、检测笔、傅立叶变换红外光谱仪等在内防伪设备，建立相应的防伪技术应用管理制度和管理办法，初步形成关区防伪技术应用体系。

1999年，全国进出口报关单联网核查系统正式运行，天津海关按照海关总署的要求，在进出口报关单证明联上加盖使用新型防伪印油的“验讫章”。是年4月1日，天津海关关区范围内的进出口报关单证明联上停止使用防伪标签。

2007年以后，随着天津海关业务信息系统的全面联网，天津海关业务数据全面建立电子底账，防伪技术设备在关区单证防伪、防止假数据等方面的作用逐渐弱化，天津海关所配备的傅立叶变换仪、红外光谱仪、视频光谱比较仪、标签识别仪、光学比对仪、紫外线检查灯、综合检查灯、立体显微镜等防伪设备逐渐停止使用。

进入21世纪，海关和各部委、口岸相关单位之间通过电子口岸数据中心进行电子数据交换，实现海关单证电子数据的自动核查。

第三节 监控设备

一、视频监控系统

20世纪90年代，随着社会科技的发展，海关开始在各业务现场使用视频监控系统实施监管。视频监控系统通过监控摄像机及其监视器、云台、镜头等辅助设备，直接反映被监控场所现场的实时影像状况。

1990年10月，天津海关机场办事处在旅检现场正式配备闭路电视监控系统。该系统包括6台12英寸彩色监视器，10个摄像头，15个监控信号源。闭路电视监控系统的应用，对事前提供监控线索，事后录取证据提供技术保障，为在旅检工作中发现和处理走私违法情事发挥辅助作用。

2000年9月，天津海关开始在关区范围内进行电视闭路监控系统的安装工作。2001年12月，天津海关在天津港保税区卡口应用电视监控系统，实现对保税区卡口的24小时录像监控管理。2002年5月23日，天津海关建成海关监管堆场的电视监控系统，监控信号能够覆盖天津港港区海关卡口通道、重点的海关监管码头、新港海关查验处固定式H986和组合移动式H986查验作业现场等场所。2005年4月，包括保税物流园区的围网视频监控系统、卡口监控系统、网络系统和通讯系统的天津港保税区保税物流园区技术基础环境建设项目建成并投入使用。是年9月，在港区视频监控系统建设取得经验后，天津海关又完成天津机场海关视频监控系统的建设，设备完成安装调试投入使用后，天津机场海关业务现场实现全方位远程视频实时监控。是年11月，包括围网视频监控系统、卡口监控系统、网络系统和通讯系统项目的天津开发区保税物流中心（B型）技术基础环境建设项目建成并投入使用。是年12月，天津机场免税店海关电视监控系统安装调试成功并正式启用。至此，在2005年天津海关视频监控的科技应用水平得到大幅提升。

2006年12月1日，天津海关开始在全关区范围内采用《科技应用项目使用效益统计报告》《视频监控系统使用情况调查表》《业务运行网信息系统安全情况通报》和《电话使用情况通报》，每月对上个月的科技应用项目使用情况进行通报，以促进天津海关科技应用项目、视频监控设备的使用效益和应用水平。

2008年11月，天津海关完成静海子牙环保产业园技术基础环境的建设工作，建设内容包括园区视频监控系统、卡口监管设施、光纤联网、网络设备、通讯设备等技术设备安装调试完成，正式投入运行使用。

2008年11月，包括园区视频监控系统、卡口监控系统等在内的天津海关滨海新区综合保税区（一期）技术基础设施建设正式通过验收投入应用。

2010年6月，天津东疆保税港区邮轮母港技术基础环境建设项目建成并投入使用，该项目包括天津东疆保税港区邮轮母港视频监控系统、网络机房、联网光纤、光纤监控系统、网络设备等建设。是年11月，天津海关完成对关区静海子牙环保产业园区的监管场所视频监控系统的升级改造，实现视频监控系统的集中布局、监控场位划分、监控点位增设等工作，实现对静海子牙环保产业园区监管隔离区的24小时全方位重点监控。

2012年3月，天津海关风险分析及防控中心技术基础设施项目建设完成并投入使用，该项目包括数字视频监控平台、大屏幕墙系统、通讯调度、网络设备等技术设备的建设。是年，完成静海子牙业务现场无线单兵查验设备的设备选型、测试工作和安装调试工作，2013年该系统投入使用，成为天津海关第一套无线单兵查验系统。

2013年1月，天津海关按照海关总署要求，完成关区视频监控图像资源上传至海关总署指挥中心系统工程建设工作。应用该系统海关总署指挥中心可以远距离调用天津关区视频监控信号。

2014年3月，海关总署印发《全国海关监控指挥中心基础设施建设指导方案》，根据海关金关工程（二期）监控指挥中心建设的总体规划，天津海关规划建设二级一类监控指挥中心1个，天津机场海关和天津新港海关规划建设三级一类监控指挥中心各1个，天津保税区海关、天津开发区海关、天津东疆保税港区海关规划建设三级二类监控指挥中心各1个。天津海关关区范围内的各级各类监控指挥中心技术装备包涵语音指挥系统、视频指挥系统、单兵系统、大屏显示平台、视频集中处理系统、音频集中处理系统、视频采集系统、视频监控系统、录证系统、集中调度系统和中央控制平台等。

2014年7月，天津海关按照海关总署关于建设现代化海关监管查验场所（海运）示范区建设的相关批复意见，在东疆保税港区开始具体实施现代化海关监管查验场所（海运）示范区工程。天津海关现代化海关监管查验场所（海运）示范区监管装备包括视频监控、箱号识别、单兵查验、电子地磅、大型集装箱检查系统等单元，通过综合发挥各类设备的优势，有效提升海关的实际监管效能。

二、卡口物流监控系统

20世纪90年代以后，卡口通道物流监控系统陆续在各海关监管现场应用。海关卡口通道物流监控设备主要包括集装箱箱号识别系统、电子车牌识别系统、电动抬杆、电子地磅等，通过以上设备的应用，实现对进出海关监管区域集装箱及车辆的实时监管。

1998年，天津海关按照全国打私会议精神，在海关总署的统一安排下，与青岛、大连、上海、南京、宁波和黄埔海关分别进行电子地磅、电子车牌、IC卡、闸门栏杆、集装箱号识别等不同卡口设备的配置应用试点。1999年，海关总署为天津海关查验中心配发3套电子地磅，天津海关分别将2台安装于查验中心集装箱进口通道，1台安装于查验中心集装箱出口通道，开始卡口设备的应用试点工作。

自2001年初，天津海关先后在天津港二、四、五号路出港通道海关监管卡口自行设计、建设相关物流监控系统设备。其后，天津海关根据海关总署海关监管卡口的建设标准，在天津海关新港二号路等4个进出港区卡口、东疆保税港区卡口等8个特殊监管区域进行海关卡口通道物流监控设备的建设。各项工程均于建设当年投入使用。上述系统包括集装箱箱号识别系统及电动抬杆，通过该系统可以实现对集装箱箱号的自动识别，替代人工录入方式。

2005年3月30日，天津海关完成保税物流园区进出区卡口通道物流监控系统设备（包括集装箱箱号识别系统、电子车牌识别系统、电子地磅、电动抬杆、车辆牌照识别系统等设备）建设，并通过由海关总署、财政部、国土资源部、商务部、税务总局、质检总局和外汇局组成的联合验收小组的验收。是年4月，天津海关完成天津港保税区（空港）进出区域卡口通道物流监控系统设备（包括集装箱箱号识别系统、电子车牌识别系统、电子地磅、电动抬杆等设备）建设，并通过验收。是年11月，天津海关完成天津开发区保税物流中心（B型）进出区域卡口通道物流监控系统设备（包括集装箱箱号识别系统、电子车牌识别系统、电子地磅、电动抬杆等设备）建设，并通过验收。

2007 年，天津海关完成东疆保税港一期新办公地点进出区域卡口通道物流监控系统设备（包括集装箱箱号识别系统、电子车牌识别系统、电子地磅、电动抬杆、车辆牌照识别系统等设备）建设，并通过国家各部委的联合验收。当年，天津海关还完成开发区西区出口加工区 B 型进出区域卡口通道物流监控系统设备（包括集装箱箱号识别系统、电子车牌识别系统、电子地磅、电动抬杆等设备）建设，并通过验收。

2008 年 10 月 30 日，天津海关完成滨海新区综合保税区进出区域卡口通道物流监控系统设备（包括集装箱箱号识别系统、电子车牌识别系统、电子地磅、电动抬杆等设备）建设，并通过海关总署、发改委、财政部、国土资源部、商务部、税务总局、工商总局、质检总局和外汇局组成联合验收小组对天津滨海新区综合保税区的正式验收。

2009 年，天津海关完成静海子牙环保产业园区进出区域卡口通道物流监控系统设备（包括集装箱箱号识别系统、电子车牌识别系统、电子地磅、电动抬杆等设备）建设，并通过验收。

2012 年，天津海关完成东疆保税港区 2 期封关过渡卡口进出区域卡口通道物流监控系统设备（包括集装箱箱号识别系统、电子车牌识别系统、电子地磅、电动抬杆等设备）建设项目，并通过验收。

截至 2014 年底，天津海关对关区所有在用的监管区域卡口通道实现物流监控系统的全覆盖。

第三章　通信技术应用

天津海关的通信技术应用，从早期租用电话直线通信线路，先后经历天津关区微波通信网络、全国卫星通信网络、无线寻呼网络、依托公共网络的海关专网、380 兆无线通信网络等的应用，最终形成覆盖全天津关区的光纤网络应用，移动虚拟网应用，互联网应用，网络电话（VOIP：Voice over Internet Phone）；互联网协议电话（Voice over Internet Protocol）通信应用直至智能通信网络的管理，实现语音、视频、数据“三网合一”。

第一节　有线通信技术应用

自天津解放后至 20 世纪 70 年代，天津海关主要是租用市内电话直线通信线路进行关内外的通讯联络。

1974年，经天津市电话局批准，天津海关安装京津直通电话和津塘直通电话。

1986年4月26日，天津海关技术人员利用自行研制的JG通讯软件与海关总署进行远程通讯试验。通过专用电话线，把设在海关总署的长城0520个人计算机与设在天津海关内的PDP 11/23计算机进行联机。是年8月1日，海关总署至天津的专线完成测试，正式开通使用。

自20世纪80年代中期至1990年，天津海关先后安装程控交换机5台，装机容量达900门，传真机7台，超短波通信基地台，车载台和手提机212部/台，逐步建立起布局合理通信网络，形成基本适应海关工作需要的现代化技术设备体系。

1991年10月，天津海关安装使用爱立信MD110程控交换机。

1995～1996年，天津海关为彻底解决微波通信出现的误码率高、数据传输稳定性差等问题，采用DDN数字数据网先进的网络传输技术，在网络核心机房引入电信公司的数据光缆和DDN节点机设备，有效改善数据信道传输质量。

1999年1月22日，天津海关程控电话交换机与海关总署及兄弟海关联网成功，实现与海关总署程控通信专网的互联互通，以及与全国海关的专网电话直拨。

1999年12月29日，技术处完成各应用系统传输信道由全国海关卫星网向国家口岸专网（ATM网）的切换工作。

2001年8月7日，天津海关8420局电话开通。8420局可布放2000个号码，以满足天津海关市内办公区域内线电话的需求。

图10-3-1-44 2005年3月，天津海关技术人员在调试通讯设备

2001年，天津海关建成覆盖关区主要业务点、监管区域卡口、各监管场所、码头前沿的光纤体系，实现数据、语音、图像三网合一的千兆路由交换主干网络，成为全国海关第一家采用“三网合一”技术并覆盖全关区的光纤网络工程。当年12月7日，天津海关召开光纤网络系统第一期建设验收会。海关总署科技发展司及16个海关相关人员在听取天津海关网络建设情况汇报，参观主要业务现场后，对天津海关全程光纤、数据、语音、图像三网合一传输的网络建设及新大楼局域网建设予以肯定。

2001年，天津海关在海关系统率先开展程控通信系统的VOIP改造，实现全关范围的程控交换机联网、电话呼叫的等位直拨。2002年7月10日，天津海关完成天津移动公司至天津海关的虚拟网光纤建设工程，该光纤主要用于虚拟网的开通使用。是年8月1日零点，天津海关移动电话虚拟网准时开通。该网络实现海关工作人员移动电话的普及，成为天津海关程控通信系统的补充。

2003年1月21日，天津海关驻邮政二枢纽局办事处现场千兆光纤联网工作完成。

2004年9月29日，天津海关首部现场对外自动咨询电话开通。

2006年年初，天津海关开通津塘两地的备份光纤，并且在此光纤上安装MSTP传输设备，提高津塘两地数据传输的可靠性，为红机网等保密通信提供传输通道。

2008年1月24日，天津海关完成海关总署天津教育培训基地的互联网宽带接入系统建设工程，同年4月23日，基本完成机场新航站楼海关办公区域综合布线系统、联网光纤、网络设备、视频监控系统的安装调试工作。

2009年，天津海关完成光纤监控和带宽扩容系统的安装和调试，涉及光纤路由走向31条、光纤线路43条，整个安装过程共安装调试服务器、电源设备、OTDR设备、光开关、光功率检测等核心设备33台，波分复用设备193台，实现全关97%的光纤线路的实时监控和带宽扩容。

2010年，天津海关继续做好大型通信项目的实施工作，建设完成机场海关转关中心和东疆邮轮母港两个新业务监管现场项目。完成天津海关无线对讲录音系统的方案论证和实施工作，实现塘沽地区无线对讲机编码管理和全程录音查询功能，将通话过程管理到人，实现对通信资源利用率的统计和分析。开通天津海关12360服务热线。建设SOLARWIND网络监控系统，完成对7台爱立信程控交换机和16套IP设备的监控。

2011年，天津海关协助海关总署进行语音网络改造所涉及的入网设备测试，按时完成海关总署语音通信专网改造项目的实施，安装中兴通信TCG通信网关一台，并与全国海关进行全面的呼叫测试。完成天津海关MSTP数据传输网络的核心节点的建设，在开发区宏达大街15号海关大楼、河东区六纬路2号海关大楼和航运中心三个骨干节点之间开通10G的MSTP传输网络，实现原有数据传输网络的平滑割接。该网络开通千兆数据传输电路8条，红机网、天津市政府联网、互联网等百兆数据传输电路6条，有效提高天津海关光纤线路的利用效率和数据传输的稳定性和安全性，并为天津海关数据网络的进一步优化提供奠定基础。

2012年，天津海关完成天津海关加工贸易A网用户的数据联网线路的改造，淘汰原DDN节点机，采用155M光口实现与路由器的直连，累计实现65家企业的联网改造。

2014年，天津海关完成阿尔卡特程控交换机的“IP集中化管理”改造，该项技术以软交换技术为核心，通过信令的集中控制和处理，将原本分散的独立交换机整合在一起，实现信令集中交换和集中维护管理。

第二节 无线技术应用

天津解放后至20世纪50年代，天津海关的通讯联络主要使用电话和电报。

20世纪70年代，天津海关海上缉私、联检等工作，主要通过无线电台实现前后方的通信联络。

1977年5月，为解决天津海关的业务需要，经天津市无线电管理委员会同意，在天津海关新港办公楼设置116新型短波发讯机和139-A型收讯机各一部，在“海卫”号缉私艇上装设N-212，N-213型中、短波发讯机和N-411收讯机各一部，建立不定期无线电话通信联络，输出功率最大40瓦。

进入20世纪80年代，天津海关的无线电话专用网、微波技术应用得到快速发展。1988年，天津海关建成自动拨号无线电话专用网，该网采用大区覆盖半人工方式工作。解决海关一般工作人员在监管现场通信联络及机关行政管理、车辆调度等使用的需求。

1988年11月，天津海关向天津市无线电管理委员会报送拟建天津海关微波通信网络的计划，开始筹备天津海关微波通信网络建设的相关事宜。1990年，天津海关完成微波通信网络工程最终实施技术方案。1993年，天津海关微波工程的一个中心站，两个中继站和五个外围站，全部开通投入使用。至20世纪90年代中期，天津海关的微波网络建设基本完成。

1992年，天津海关根据监管范围扩展的需要，开始筹备在天津海关建设无线寻呼系统，该系统在1992年11月下旬基本完工并投入使用，至1995年4月6日，天津海关完成设于宝坻县的BP机发射天线工程，海关BP机寻呼范围基本覆盖天津全境。

1997年之后，为改善天津海关的无线通信网络，天津海关向海关总署申请实施全国海关380M集群通信系统的开发试点，该系统在1998年正式投入使用后，形成覆盖津塘两地的无线对讲网络。通过该网络为海关缉私、查验等工作提供可靠的通信手段，解决应急通信和调度指挥的通信需求。

进入21世纪，天津海关通信技术应用进入大发展时期，陆续上马多个项目，覆盖范围涉及全关区。

2001年7月11日，天津海关完成与海关总署之间国家口岸专网带宽扩容项目。

2003年1月2日，天津海关“08420”短信服务中心投入使用，提供业务应用短信的自动收发服务。

2006年，天津海关在原有的380M集群通信系统的基础上，经过系统改造和扩容，完成天津海关无线应急对讲通信系统建设，在网通信终端设备达到100余部，该系统在天津海关2008年奥运安保通信指挥中发挥作用。

2007年，天津海关完成语音邮箱和传真服务器系统开发建设，实现面向全关的语音邮箱系统，解决固定电话和手机、留言邮箱的整合；传真服务器实现每人一部虚拟传真机，并解决传真的归档和共享的难题。

2007年，天津海关完成VOIP语音网关监控平台的建设，调试完成阿尔卡特4760监控平台，实现对全关在用VOIP语音网关运行情况的实时监控，保证故障的及时上报和处理，初步完成该平台的监控信息与“信息系统安全运行管理平台”的信息共享。

2010年12月6日，天津海关正式开通“12360”统一服务热线。

2011年，根据海关总署H2010工程综合业务网络平台骨干传输网工程实施计划，天津海关完成至海关总署管理网骨干网的改造，将业务数据和电视电话会议系统数据由ATM专线割接到新MSTP（基于同步数字体系的多业务传送平台）专线上，线路带宽由2M扩容至8M。同年2月25日，天津海关核心节点间的MSTP传输网络投入正式运行，该传输网络大幅度提高数据传输带宽和网络的可靠性、安全性。

2012年3月，天津海关完成全关17套阿尔卡特程控交换机全网升级改造，将程控交换机的版本从R6.1升级到R9.1。5月，完成总关大楼—航运中心—新港海关—东疆海关的光纤线路优化改造，实现上述各办公地点的光纤网络组环，提高数据传输的可靠性。同时在上述区域安装MSTP传输设备，按计划完成MSTP传输网络的二期建设。6月，完成Solarwinds网络管理系统的扩容升级，从100用户端口升级到250用户端口，提高监控系统的监控能力和设备的运行保障水平。9月，完成天津海关加工贸易A网用户的数据联网线路的改造，淘汰原DDN节点机，采用155M光口，实现与路由器的直连，累计实现65家企业的联网改造，提升加工贸易A网用户的数据传输的可靠性。11月，对在用的7套爱立信程控交换机进行系统软件升级。

2013年，天津海关采用Solarwinds网络监控系统实现整合各类通信设备的运行监控，实现从程控交换机、MSTP传输网络，SIP电话终端的统一集中监控，并开发告警分析处理系统，提高设备运行可靠性和故障及时处理能力，提升维护管理水平。是年，天津海关启动设于营口道2号的指挥中心建设工作。

第三节　视频会议技术应用

视频会议又称会议电视，它可以实现在两点间或多点间实时传送活动图像、语音及应用数据等形式的信息。20世纪90年代，随着互联网数据交换技术的发展，视频会议系统技术逐渐成熟，进入商用领域，海关系统即开始研究部署视频会议系统。

1998年，天津海关按照海关总署的统一部署，启动全国海关视频会议系统终端建设工程，使用美国全视通（Picture Tel）会议电视系统 Concorde 4500 为终端设备，采用多点控制单元 Montage570 进行多点会议控制管理，借助全国海关 ATM 骨干传输网进行广域传输。

2004 年，天津海关建成关区内部的视频会议系统。该系统通过天津关区光纤 IP 网络，实现津塘两地间召开视频会议的需求，而且能够将全国海关视频会议转播到津塘两地。

2009 年，全国海关高清视频会议系统建成，实现全国海关 720P 的高清视频传输。同年，天津海关在全国直属海关中第一个建成高清视频会议系统的备份系统。翌年，天津海关在全国直属海关中第一个建成覆盖关区的内部高清视频会议系统。该系统可覆盖天津海关总关机关及全部 8 个隶属海关节点，实现天津关区内部召开 720P 高清会议的需求，系统具有报告、培训、演示、讨论等功能，能够借助组播 VPN 技术在管理网全网进行会议直播；并与 2009 年建成的全国海关高清视频会议系统相配套，能够实现天津关区各视频会议室同时或独立地与海关总署召开高清视频会议的功能。另外，该系统将作为视频和音频输出设备的电视机与视频会议终端以及麦克风、摄像机等配套设备全部集成于一辆落地车中，能够灵活移动，变换会场，只需连接网线、电源，实现开机即用。

2014 年，为落实京津冀海关区域通关一体化工作，满足一体化联合应急工作组入驻海关总署天津武清教育培训基地办公需要以及审单中心等一体化业务相关业务部门与异地海关进行沟通联络的需要，天津海关协调海关总署信息中心和北京、石家庄海关调整相关网络路由以及电视会议系统设置，实现京津冀一体化海关间召开电视会议的功能，并在京津冀海关一体化切换工作中投入使用，起到便利指挥与沟通协调的作用。

第四章　信息化技术应用

20 世纪 70 年代后期，天津海关信息化技术应用开始起步。1983 年，天津海关即在小型机上自行开发征税、统计、人事管理等业务应用程序。经历从单项应用、系统化应用、系统内跨部门地区联网应用、口岸执法管理跨部委综合应用、业务监控分析及辅助决策应用等不同阶段的发展历程，逐步建立起完善、可靠、安全、高效的天津海关信息化系统基础环境，为以 H2000 通关业务为核心的海关信息系统正常运行提供可靠的技术保障。1996 年，经关党组研究决定，成立信息管理中心筹备组，由主管副关长兼任组长。2012 年，天津海关业务信息化系统从 H2000 系统又升级为 H2010 系统。至 2014 年，天津海关已实现在业务、政务各领域信息化技术应用的全覆盖。

第一节　业务应用

一、通关系统应用

（一）报关自动化系统（“H883”工程）

1983年1月1日，天津海关PDP–11/23型小型计算机正式投入使用。之后自行编写征税、统计、人事管理等程序，使用计算机实现自动计税，提高业务工作效率和准确性。1984年，海关总署酝酿开发报关自动化系统。1988年3月，报关自动化系统经海关总署批准立项。是年5月，天津海关派员参加海关总署组织的代号为“H883”的“报关自动化系统集中开发试点工程”（简称“H883”系统）集中工作。1989年，“H883”系统开始在天津海关试运行。1990年5月，“H883”系统利用电子计算机技术实现货运监管、征税、统计三大海关业务的一体化管理模式，其记录和存贮的数据信息反映进出境货物及其监管过程的全面情况，构成海关进出境货物的综合数据库。有效解决前期管理、现场监管和后续管理以及海关监管、社会综合管理和企业自身管理相结合的问题。该系统包括18个子系统。其中，用于预录入、审单、征税、选择查验、放行、理单、统计等现场直接处理报关业务的“基本子系统”7个；用于对舱单、许可证、特定减免、保税加工合同、保金保函、企业注册登记、税收核销、现场监控等前期管理、后续管理及相关业务管理的“可选子系统”9个；另有2个“系统管理子系统”。1991年2月3日，“H883”系统在天津海关正式运行。

1991年6月，海关总署报关自动化系统（“H883”工程）通过国家科委主持的技术鉴定，并于1992年12月获得国家科技进步一等奖。1992年4月27日，经天津市总工会批准，天津海关的“H883”工程组荣获天津市“八五”立功奖状。

1993年，天津海关派员参加海关总署H883/EDI系统的开发工作，通过该系统可实现企业无纸化报关，以及海关与其他单位的信息交换。1995年，天津海关开始应用该系统与20多家企业直接联网进行信息交换。此后，为提高传输的稳定性，天津海关又对EDI数据交换接口进行重新开发。1995年2月21日，天津海关计算中心将VAX–6300计算机报关自动化系统移植到新配置的DEC Alpha计算机上。

1996年7月30日，天津海关完成H883系统切换至新的H883/EDI系统工作；10月4日，H883/EDI系统在天津海关开始运行；10月14日，H883/EDI统一版本开始在业务处现场试运行；11月4日，新版H883/EDI系统在全关区全面推广使用；11月25日，天津海关H883/EDI与外轮代理公司实现EDI联网。1997年1月20日，天津海关召开H883/EDI通关系统应用发布会，宣布H883/EDI通关系统全面启用。

1998年，海关总署确定天津海关为4个通关改革试点海关之一；1月27日，全国海关转关运输计算机监控系统在天津关区试运行；4月1日，京津两关全面实行海、空运对等口岸转关直通；6月26日，全关区使用新的“减免税管理系统”；7月3日，减免税管理系统开始报关单试运行；8月10日，天津海关与港务局EDI联网的硬件联调工作完成，建立起天津海关与港务局之间电子数据交换所需的网络硬件平台；8月13日，Alpha小型机系统SW500磁盘存储阵列的双主机连接完成；9月24日，海关放行信息交换系统与天津港务局联网调试启动；11月2日，海关放行信息传输至港务局凭以交付或装船子系统模拟运行。2000年9月20日，天津海关与港务局联合开发的“双信息放行”系统启动。

1999年1月1日，“全国进出口报关单联网核查系统”在全国正式运行。1月21日，天津海关承担的“天津市EDI示范工程”项目被评为该年度的“天津信息港工程优秀工程”。6月14日，H883/EDI通关系统V5.0版本全面投入使用。7月29日，EDI报关系统新增169网通关数据查询系统。

2001年3月27日，天津海关对天津港进境汽车实行“双信息放行”。4月17日，天津海关和港务局联合构建物流监控信息系统框架。7月16日，天津海关与北京海关就非贸物品转关进行专题座谈，商定自2001年8月1日起，两关间非贸物品转关实现H883电子信息传输，取消手工操作，纳入规范的计算机管理系统。8月10日，技术处开发的自动审单监控程序投入运行。8月21日，天津关区正式启用全国海关跨关区快速通关作业系统。12月1日，天津海关自行开发的“货到报关”程序投入试运行。12月17日，天津海关正式启用H883/EDI5.1版程序。

2002年1月1日，海运进口免税通道正式启用“接打放一体化”程序，实现海关接单审核、税费打印和货物放行一站式服务。5月17日，出口加工区H883系统正式启用。6月27日，天津海关H883 / EDI5.2无纸通关系统全部安装、调试完毕。7月2日，“天津海关卡口放行程序”通过测试。7月29日，H883/EDI5.2版程序正式启用。8月21日，天津海关出口无纸通关系统正式启动。9月2日，天津海关正式启用加工贸易管理系统单耗数据库。11月19日，天津海关第一本加工贸易电子账册通关测试成功。11月20日，零时起天津海关正式实施船舶提前申报制度。2003年5月19日，天津海关海运出口集装箱箱号管理程序切换。5月20日，海关、港务局海运出口集装箱箱号管理对接程序联网成功。天津海关条形码识别系统开发完成。

2007年2月12 ~ 15日，天津海关配合海关总署分步骤完成H883系统中的许可证、原产地证书、企业管理等子系统退出运行的切换工作。2008年1月14日，天津海关配合海关总署完成H883转关、业务统计系统及单耗标准同步退出运行的切换工作。是年3月26日，天津海关配合海关总署完成H883税单上报、增值税联网、CDR报关单日报及价格资料系统退出运行工作。5月，天津海关顺利完成“H883”系统向海关通关管理系统（H2000系统）的平稳过渡。此后，“H883”系统退出运行工作。

（二）海关通关管理系统（“H2000”系统）

海关通关管理系统（H2000）（简称“H2000”系统），是海关总署为适应经济全球化和国家对外经贸高速发展，特别是在中国加入世界贸易组织之后，进出口业务以每年超过20%的速度增长，面对前所未有的压力和挑战，在总结通关作业、便捷通关、快速转关、无纸通关、联网监管等多项重大业务改革经验的基础上，针对原有的“H883”系统存在的问题，研发的升级版海关通关管理系统。

“H2000”系统包括：预录入、电脑审单、人工审单、征税、查验管理、放行管理、海关单证打印、税收管理、通道决策、物流管理共10个子系统；配套系统包括：保税加工管理系统、转关运输管理系统、减免税管理系统、舱单管理系统、数据采集汇总系统、风险布控系统、企业管理系统、报关员管理系统、许可证管理系统共10个子系统。“H2000”系统是使用微软的COM+技术开发，采用微软的DNA三层体系结构，集中式数据库，开放式标准化软件技术，总体设计具有高性能、高可用、高可靠、高安全性的特点，能为海关现代化第二步发展战略目标提供可靠的技术支持和保障。

天津海关作为较早应用“H883”系统的海关之一，被海关总署列为“H2000”系统工程首批扩大试点海关。天津海关组成推广应用领导小组，制定详细的切换方案，在长达一年半的切换过渡时间里，先后完成前期测试环境安装、测试、培训、网络改造、正式环境安装调试、交接系统安装调试、逐现场切换、加工贸易电子账册及联网平台的顺利切换以及天津海关外挂系统开发等多项任务。2003年11月30日，天津海关成功进行“H2000”系统的切换；12月2日，“H2000”系统正式环境IC卡安全认证系统测试成功并投入使用；12月29日，随着天津海关正式切换“H2000”企业管理系统，“H2000”系统所有的业务操作类型在天津海关的实际业务中都得到应用。2004年5月1日，天津海关试行船舶申报无纸化。7月1日，天津口岸全面实行船舶无纸化申报。11月1日，天津海关海运舱单集中管理系统投入试运行。11月22日，天津海关与招商银行合作的“网上支付”项目异地支付功能测试成功，为首票业务办理通关手续。11月29日，天津海关在海、空口岸实施“集中审单、属地接放”通关模式。12月1日，天津海关正式切换启用新版海运进口舱单系统。12月8日，天津海关H883电子账册成功切换到“H2000”系统。

图10-4-1-45 2005年3月，天津海关技术人员测试计算机系统

2005年5月18日，“H2000”容灾切换测试工作指挥中心建立。2005年5月21日，“H2000”异地容灾系统切换测试成功。按照海关总署的统一部署，当日6时，“H2000”异地容灾系统准时开始切换；9

图 10-4-1-46 2011 年，8 月 24 ~ 25 日，海关总署科技司在天津海关举办“海关 H2010 工程开发技术培训会”

时，海关总署切换指挥中心宣布全国海关“H2000”异地容灾系统切换成功。切换当日新港海关办理 2635 票出口接单放行手续，系统运行正常。是年 7 月 21 日，天津海关完成“H2000”系统容灾正式切换工作。之后，天津海关每年平均两次配合海关总署完成“H2000”系统容灾切换工作。

2005 年 7 月 19 日，天津海关配合海关总署完成汽车进口证明书系统切换。12 月 7 日，天津海关与北京海关间的区域通关试点改革联网测试取得成功。12 月 20 日，天津海关全部查验现场按海关总署要求，启用“H2000”查验自动派单系统。

2006 年 1 月 27 日，天津海关“H2000”贸易统计系统（TSD）培训环境安装成功。2 月 10 日，天津海关完成武清海关加工贸易“H2000”电子手册试点前期准备工作。2 月 16 日，天津海关完成海关通用财务（小型机系统）V4.03 版税收财务管理系统的升级工作。系统升级后，大幅提高“H883”系统同步到“H2000”系统的税费核销数据质量，保证“H2000”系统税单数据的完整和准确。3 月 23 日晚，报关员 IC 卡管理系统在天津机场海关“H2000”系统通关环境中顺利通过试点，通过该系统可实现校验报关员身份、监控报关员报关行为。3 月 24 日，天津海关“H2000”系统运行网安装、部署微软补丁分发工具 WSUS 工作完成，保证通过 WSUS 系统为“H2000”系统服务器及客户端成功下发安全补丁。3 月 31 日，天津海关在“H2000”系统正式环境中完成贸易统计子系统的安装和调试。4 月 29 日，天津关区首票“一点通全关”通关模式项下海运出口货物顺利通关。5 月 25 日，报关员 IC 卡管理系统在新港海关试运行。6 月 6 日，天津关区全面启用报关员 IC 卡管理系统。8 月 1 日零时，天津海关正式对报关员 IC 卡管理系统设置上限。是年 12 月 2 日，H2000 正式环境 IC 卡安全认证系统测试成功并投入使用。12 月 8 日，天津机场海关正式切换“H2000”系统。12 月 29 日，天津海关企业管理系统正式切换到“H2000”系统。

2007 年 6 月 11 日，天津海关正式开通网上支付银行担保业务。10 月 23 日，天津关区全面启动海关总署“H2000”保税货物内销征税管理系统。

2008 年 8 月 1 日，天津海关正式开通“H2000”预录入备份通路。

2009 年 3 月 27 日，“H2000”保税核查操作系统正式启用。

2012 年 12 月 1 日，天津海关全面启动通关作业无纸化改革。各通关业务现场均可接受通关作业无纸化报关单的申报，“H2000”系统、电子口岸三方协议签约系统运行正常。

2012 年 12 月 9 日，天津海关“H2000”系统升级为“H2010”系统。

（三）海关电子政务信息系统（H2010 系统）

2012 年 12 月 19 日，天津海关实现“H2000”系统升级为“H2010”系统的工作。当日天津海关配合海关总署科技司完成“H2000”系统 2.2.0 版程序的更新，更新后正式升级为“H2010”系统。该版本在 2.1.0 版的基础上新开发进口自动许可证联网核销系统、海关船舶吨税电子支付系统，并对其他各子系统进行修改完善。系统升级后，业务测试正常。

2013 年 5 月 28 日，天津海关完成关区快件系统纳入“H2010”系统推广运行相关客户端安装工作，新快件系统正式上线。

2014 年，为落实京津冀区域协同发展重要国家战略，加快经济紧密联系地区区域通关一体化改革步伐，为企业创造更加公平、公正的进出口环境，切实提高通关效率，促进贸易便利，海关总署决定在北京、天津、石家庄海关启动京津冀海关区域通关一体化改革。是年 5 月 6 日，天津海关派员赴北京参加海关总署监管司组织的京津冀区域通关一体化改革业务测试集中工作，对“京津冀海关区域通关一体化”系统相关功能进行业务测试，并编写操作手册；6 月 16 日，天津海关完成京津冀海关区域通关一体化测试环境的迁移、搭建和配置工作，并同时完成“H2010”系统培训环境 2.7.0 版本升级工作，升级完成后，系统运行正常；6 月 20 日，天津海关根据京津冀区域通关一体化保障组安排，完成“京津冀区域通关一体化应急中心”技术基础环境筹备工作，包括微机客户端、通讯设备、网络环境的调试安装到位，同时完成京津冀区域通关一体化协调组与北京海关综合业务管理平台、“H2010”通关管理系统的连通测试；6 月 16 ~ 24 日，天津海关完成“京津冀海关区域通关一体化”相关“H2010”通关作业系统中间层服务器扩容，包括硬件设备安装调试、“H2010”通关作业系统中间层程序安装部署、纳入负载均衡集群联调等；6 月 27 ~ 30 日，天津海关完成京津冀一体化项目正式切换；7 月 1 日京津冀区域通关一体化改革正式启动，北京海关和天津海关率先实现区域通关一体化；9 月 15 日，按照京津冀一体化工作组要求，天津海关完成海关总署天津教育培训基地与石家庄海关管理网、运行网的互联互通；9 月 19 日，天津海关派员参与石家庄海关启动京津冀一体化联调测试工作；9 月 22 日，与石家庄海关正式实现京津冀区域通关一体化。

二、业务信息系统开发推广

（一）署级项目开发

2005 年之前，天津海关曾多次派员参与海关总署的 H883、H883EDI、H2000、HB2004 等大型科技项目的集中开发工作。2005 年，海关总署发布《关于印发〈海关科技应用项目交办承办实施管理办法（试行）〉的通知》后，根据通知要求，天津海关开始独立承办署级项目的开发工作。

2005 年 11 月 16 日，天津海关承办开发的“中国海关进出口商品归类系统”完成系统的集中测试。同时完成《“中国海关进出口商品归类系统”作业与管理规程（试行草案）》《“中国海关进出口商品归类系统”用户手册》等文件的起草工作。2006年7月13～14日，该项目通过验收。10月10日，天津海关完成系统相应授权工作后，“中国海关进出口商品归类系统”在天津、青岛、大连等7个直属海关同时开始试运行。2014年，天津海关在完成该系统数据源的切换工作，并根据业务需求修改归类2014版归类指导意见流程、完善归类决定的互联网查询功能，新增微信app子系统。同时，结合归类系统的推广应用开展用户培训。

2006年4～5月，天津海关接受“国家电子口岸协调指导委员会门户网站”项目开发任务。天津海关成立筹建项目组，对该项目进行需求分析，制定实施方案及文档编写工作，用时一个月完成系统设计和代码编写工作。是年7月，天津海关报送系统实施方案，并根据反馈意见对项目实施方案进行完善。2007年1月12日，“国家电子口岸建设协调指导委员会办公室工作网站”通过验收组验收后正式上线运行。

2006年7月5日，全国海关科技应用项目管理系统（二期）正式上线运行。2010年，天津海关接受“全国海关项目管理系统”（三期）的开发和上线工作。天津海关在对该系统2006～2012年度163个署级项目数据进行整理补录后，2013年，相关项目的绩效功能开启工作。

2008年，天津海关承接的“运输工具动态管理系统”开发工作完成。2009年1月4日，进出境运输工具动态管理系统正式上线试运行并一次成功。2010年初，天津海关又完成来往港澳小型船舶子系统的开发任务。2011年，“运输工具动态管理系统——来往港澳小型船舶子系统”正式环境上线运行。此后，天津海关又配合海关总署开展该系统的试点推广工作。2011年，天津海关依照《海关总署科技司关于下发运输工具动态管理系统（海、空运）业务需求变更任务书的通知》的要求，完成项目升级改造工作。2012年9月1日，扩大试点工作启动，天津海关派员赴广州海关对试点工作进行技术支持。2012年5月，天津海关派员参加H2010物流项目工程组召开的物流项目验收会，运输工具公路系统、公路舱单系统和联网卡口系统三个项目一并通过验收。2013年11月，天津海关和海关总署信息中心、数据中心以及深圳海关协同工作，完成深圳海关原有车管系统内的备案数据导入运输工具系统的工作，并参加公路运输工具系统培训教材、操作规程整理和公路舱单、运输工具等六系统联调。是年，根据海关总署的要求，天津海关又相继完成运输工具管理系统三期水运登临检查模块、增加备案和动态数据主管关区灵活申报、待办事项链接相关业务操作界面、统计查询改造等20个水运任务书和空运登临检查模块、空运报文重新设计、航空器备案拆分、增加国际转国际航班备案、待办事项链接相关业务操作界面、统计查询改造等30个空运任务书。完成开发测试任务221个，累计新增和修改功能点113个，并配合业务组完成业务测试工作。2014年1月底，运输工具三期上线。截至2014年11月30日，全国海关已有31个关区切换空运运输工具系统，23个关区切换海运运输工具系统，10个关区切换公路运输工具系统。

2010年5月，根据海关总署《科技司关于下发海关进出口商品归类系统修改完善任务书的通知》要求，天津海关承担归类系统2010版的开发任务。随即启动设计、开发工作；6月24日，该系统设计方案通过海关总署关税司组织的业务测试；7～9月，天津海关先后完成编写新版的《用户手册》和《系统使用技巧》，至此完成全部开发、测试和上线准备及应用培训工作。9月7日，系统正式上线运行。2013年，原有归类系统使用的通用授权平台更换为三统一平台，将全部代码升级到Net Framework 4.0。并对老数据进行清洗。根据海关总署《科技司关于启动海关科技应用绩效管理有关技术准备工作的通知》，天津海关通过修改归类系统程序实现点击量、授权用户数、活跃用户数、变更数、故障数、开发工作量和建设周期等绩效评估指标项的集中采集。于2013年10月，完成原系统三统一改造、原系统修改完善部分及重点商品归类表管理子系统网站部分的上线部署及重点商品归类表管理子系统客户端的开发工作。2011年4月，天津海关承办的“海关商品归类监控综合系统”项目业务需求和实施方案通过论证，5月9日“海关商品归类监控综合系统”正式立项。2011年7月天津海关完成系统任务书的编写工作。2011年8月项目进入开发测试阶段，10月底完成所有程序开发和页面美工设计。11月中旬项目完成功能、安全性和性能测试。

图10-4-1-47 2010年7月20日，海关总署在天津海关召开《海关信息化标准体系》编制工作启动会

2013年6月，经过全国海关信息中心5轮安全代码扫描和3次联调测试，天津海关承建的海关总署科技司平台和直属海关平台上线运行。是年8月，完成北京海关的平台安装、部署和联调工作，至此科技司平台、全国海关信息中心节点、天津海关、北京海关平台实现四点连通；10月，完成长沙海关平台安装、部署和联调。

2014年2月17日，海关总署科技司召集信息中心、数据中心以及北京、天津海关的技术业务人员集中工作，确定京津一体化项目内容并制定工作计划。2月21日至3月19日，海关总署信息中心、数据中心和北京、天津海关技术人员会同一体化工作组业务人员，共同梳理出项目涉及的技术问题，形成任务书88个，其中风险类任务书49个、审单类任务书18个、监管类任务书18个、企管类任务书2个、电子口岸任务书1个，并正式上报。海关总署批准后，两个中心和两个海关的技术人员以及一体化改革涉及其他署级项目的承办海关技术人员分头组织项目实施工作。4月底，完成核心通关系统开发工作。4月27日至5月16日，在海关总署信息中心配合下，京津冀海关45名业务和技术人员对系统进行全方位的业务测试。测试涉及H2010系统、新舱单系统、JC2006等系统。经过两周测试，确定一体化项目满足上线运行业务条件，可以正式上线运行，已具备“可控”推广条件。7月1日，京津冀区域通关一体化改革正式启动，北京海关和天津海关率先实现区域通关一体化。9月22日，石家庄海关正式加入京津冀区域通关一体化。截至2014年11月10日，京津冀三个海关共接受一体化报关单154.7万票。

2014年，天津海关承担金关工程二期项目“D0102工程管理系统及相关工具”项下全国海关科技应用项目管理系统修改完善工作。8月底，天津海关牵头完成业务需求编写工作。10月28日，业务需求通过海关总署科技司组织的论证。当年，天津海关还承担金关工程二期项目“关税—归类风险监控子系统”的开发任务。

（二）署级项目推广

天津海关在做好独立承办署级项目开发工作的同时，根据海关总署的统一部署，落实署级项目在天津关区的推广应用工作。

2010年，天津海关先后完成海关总署下发的统一OLAP（联机分析处理）服务上线及署级项目“油气液体化工品物流监控系统”在天津海关的安装部署和联调工作。

2011年，天津海关完成“全国海关科技应用项目管理系统”等署级项目改造工作。内容包括平台基础数据初始化；天津海关的2000多名人员、200多个机构及天津特派办40余名人员、机构的数据准备；关区代码初始化和关区代码以H2000通关系统为基准与平台中相应机构建立对应关系；管理网邮件系统改造工作等。

2012年，天津海关基本完成海关总署要求的“中国海关进出口商品归类系统”“全国海关进出口商品归类系统”和“中国海关大型集装箱车辆检查设备管理系统机检效能评估子系统”的三统一改造工作。完成了三统一平台天津海关分布点的部署工作。天津海关根据海关总署要求，建立三统一平台多级维护机制，将机构人员维护权限下放到各部门。2012年9月底，组织对各部门管理员进行培训，指导其完成三统一平台通用视角的维护工作；形成《天津海关三统一平台管理规范实施细则（试行）》，开发完成“三统一维护工作网站”。是年1月，天津海关联系海关总署与全国海关信息中心，成功成为首批获得海关总署全新下发历史数据的7个海关之一，2012年2月，完成全量历史数据的入库工作。4～5月，天津海关完成新版直属海关风险管理平台数据源切换工作。6月，天津海关开始对海关管理网预定系统进行升级改造。是年，天津海关还完成天津关区QuickPass4.0改进版系统部署完成并正式完成系统切换工作。

2013年，天津海关完成海关进口舱单管理子系统（海运）、运输工具动态管理子系统在天津关区测试及推广工作。是年12月，天津海关完成进口海运新舱单的切换。翌年5月，完成进口空运新舱单的切换。翌年10月，完成出口海运散杂货新舱单的切换。当年，还完成海关总署数据中心下发的QP4.0改进版分布式系统在天津关区推广工作。

（三）关级重点项目建设

天津海关在做好独立承办署级项目开发工作，及落实署级项目在天津关区的推广应用工作的同时，针对本关的业务工作特点及相关工作需求，确立关级重点项目，组织开发、推广、应用。

2005年1月25日，天津海关组织业务现场进行H2000海运出口预配舱单系统功能测试，并于2月5日开始进行海运出口预配舱单传输测试。3月1日，天津新港海关舱单数据联网传输工作启动，预配舱单数据正式开始联网传输。3月8日，天津海关出口预配舱单管理程序在保税区海关开始试运行，3月15日，天津海关出口预配舱单管理程序在开发区海关切换运行。4月25日，天津海关各业务现场全面实行出口预配舱单管理，在保税区、开发区已成功切换的基础上实现全关区整体切换。5月11日，天津海关空运舱单、国库联网系统切换完成。7月4日，天津海关舱单风险分析布控短息提示程序切入通关系统投入运行，利用该系统成功实现对舱单进行布控预警。2009年1月8日，进出境舱单管理系统正式上线试运行成功，天津海关向海关总署上线试运行的新版进出境舱单管理系统正式传输数据。

2005年9月12日，天津开发区加工贸易联网信息管理系统正式运行，实现联网企业、外经贸系统、海关的电子数据交互。10月11日，天津海关加工贸易内销补税监控系统研发完成投入使用。初步实现关区内加工贸易内销补税工作进程的实时监控和加工贸易内销补税重要数据信息的采集和分析。2007年9月，天津海关与天津经济技术开发区管委会共同开发的“天津开发区加工贸易联网信息管理系统”进行客户端程序和邮箱软件的安装和调试，随后投入运行。

2006年，天津海关开始组织力量开发“天津国际航运·物流中心信息系统”项目。2006年7月27日，天津市科委和信息化办公室邀请国内外7名知名专家组成专家组，对被征集的12套方案进行专家评审，随后项目组按照专家评审形成的综合意见，有针对性地对系统技术方案进行修改和完善。2006年9月，天津海关项目组先后走访中国天津外轮代理有限公司和中国外运天津有限公司调研，撰写出《关于天津国际航运中心和物流中心信息系统建设情况的说明》，完成研究课题申报书、预算申报书和《天津国际航运中心和物流中心信息系统项目建议书》等相关申报资料的准备工作，通过二轮答辩通过项目，并于是年12月完成IDC项目的委托招标工作。2007年7月19日，“天津国际航运·物流中心信息系统”建成正式上线运行。

2010年，天津海关开始“特殊监管区域（保税场所）信息化建设项目”的研发工作。项目重点包括保税加工主体业务部分的业务需求分析、程序开发、业务测试、正式环境部署、系统试运行等。2011年3月，天津海关完成账册盘点、底账修改、业务申请及核销历史数据查询等三个模块的开发上线工作；6月，完成出区离境与出区进口后报关业务、报关申请单变更等功能的开发上线工作；7月，完成出区离境后报关、未参与业务底账变更查

图10-4-1-48　2012年4月26日，天津海关技术协作区在海关总署黄山教育培训基地举办“网络云技术培训”

询、底账信息变更查询模块的开发上线工作；8月，完成业务申请查询、盘点查询等功能的开发上线。2013年完善该项目保税物流模块的“出入区申请单变更”业务功能和“境外入区后报关”业务功能。

2013年，天津海关开始着手“天津东疆保税港区海关信息化建设项目”的研发。该管理系统包括区内企业管理、港口信息管理、保税物流管理、卡口管理、临时进出区管理、综合管理等10个子系统。2013年，该项目投入正式运行。是年，针对物流模块进行升级改造工作，包括内外网门户子系统优化、保税物流管理子系统优化，主要涉及的业务包括：直接出口散货、出入区业务、简单加工业务、港区内企业间货物流转、单据删改业务、风险担保管理、临时进出区等业务以及新增底账查询统计功能。2014年，开展天津东疆保税港区海关信息化管理系统2014版的建设工作，包括涉及网络接入环境、系统运行环境、身份认证授权平台、数据库存储优化等方面的系统平台环境迁移；新增报关单、申请单、载货清单删单管理，暂准设备进出区业务，统计分析，风险管控功能模块；以及对原临时进出区业务和保税业务的升级改造。

2013年，天津海关开始“商务、海关、企业三方电子化联网管理系统”研发工作。确定业务需求，制定技术方案以及确定项目资金预算，并向政府相关部门申请项目建设资金。2014年，完成该项目一期程序的开发工作，包括海关端、商委端、企业端的企业注册管理、生产能力管理、业务范围管理、内销管理、不作价设备管理、变更管理、综合统计管理、查询管理、用户管理等共计57个子功能。

2013年，天津海关组织开展“联网监管工单式核销系统”的研发。确定系统的业务需求和主体业务流程，该系统主要包括账册备案管理、货物通关管理、内销征税管理、货物放弃管理、核销核算管理、核销差异处置管理等子系统，共计22项功能、108个子功能。2013年，完成页面代码量的70%和应用程序服务程序代码量的50%；2014年，完成应用层开发，包括公告管理、底账管理、报关清单管理、工单管理、内销管理、核销管理、盘点管理、企业管理、系统设置管理共计64项功能，以及系统主体服务，包括报文解析服务、完成性检查服务、核销服务、盘点服务、自动审批服务等开发工作，以及完成项目与相关系统数据接口的开发、调试工作，包括在数据接口层，采用WCF数据服务及双层身份认证体制完成对报关单、企业、账册等信息的数据查询。

2014年，天津海关启动天津自由贸易试验区建设项目系统开发的准备工作。

第二节　政务应用

信息化在海关政务工作中的应用，对提高海关的工作效率、决策质量、调控能力、廉洁程度，改进海关的组织结构、业务流程和工作方式，全方位地提升海关的管理水平和服务质量发挥着重要的作用。

海关廉政风险预警处置系统是海关总署为防控海关执法风险和廉政风险而开发并在全国海关推行的论处化应用系统。该系统通过自动提示、监控分析、组合查询、风险处置、信息共享等功能，从规范操作、执法效率入手，对岗位和人员的执法活动、廉政勤政情况进行全方位、全过程的实时监督，达到同步防控执法风险和廉政风险的预期目的。2009 年 7 月 20 日，按照海关总署的统一部署，天津海关完成海关廉政风险预警处置系统（HL2008 系统 2.1 版）上线的软件安装、调试、数据整合及后期升级、更新、维护工作，并制定出系统推广应用技术保障方案及系统运行监控预案。翌年 10 月 25 日，根据海关总署的统一部署，天津海关完成海关执法廉政风险预警处置系统（HL2008）3.0 版的试点部署调试工作。2013 年 1 月，天津海关完成海关执法廉政风险预警处置系统（HL2008 系统）3.01 版升级工作，通过升级对 HL2008 系统海关总署信息服务平台、报送信息、报送成效表、推广应用动态等相关功能进行新增和完善。是年 11 月，天津海关将海关执法廉政风险预警处置系统（HL2008 系统）升级至 3.02 版，通过升级对部分异常功能进行完善。2014 年 9 月 26 日，天津海关又将海关执法廉政风险预警处置系统（HL2008 系统）升级至 3.03 版，通过此次升级，除对部分异常功能进行完善外，另新增 6 项风险监控功能。

在财务管理方面，2011 年，天津海关完成财务管理平台（三期）、医疗费用报销系统及差旅费管理系统等三个财务系统的开发工作。以上管理系统应用后，2013 年 5 月，天津海关又对医疗费用报销系统二期进行升级。2013 年 12 月，天津海关采购管理系统上线运行。该系统涵盖天津海关政府采购预算需求编制、计划编制、计划调整、预算调整、政府采购执行与支出等 6 个子业务。2014 年，对财务管理平台“政府采购系统”二期进行完善升级。

在人事管理方面，2012 年，天津海关完成人事信息化管理平台、“四好”考评系统等系统的开发、升级、改造工作。是年 11 月 20 日，人事业务辅助平台面试成绩计算系统、干部考核模块完成系统上线部署工作并开始试运行。2013 年 9 月，天津海关完成人力资源智能管理系统个人申报、专家评任、所在部门审核、人事处审核、业务领域审核、专家评任申报审核及查询统计等功能模块的上线运行。

第三节 电子口岸

中国电子口岸是国务院有关部委将分别掌管的进出口业务信息流、资金流、货物流等电子底账数据集中存放到口岸公共数据中心，为各行政管理部门提供跨部门、跨行业的行政执法数据联网核查，并为企业及中介服务机构提供网上办理进出口业务服务的数据交换平台。

2000年12月，海关总署、对外贸易经济合作部、国家税务总局、国家工商行政管理局、国家外汇管理局联合下发《关于对“口岸电子执法系统”入网用户进行资格审查的通知》文件，要求对“电子口岸执法系统”入网用户进行联合资格审查，大力推广该系统在进出口企业领域的应用。2001年2月2日，天津市成立由对外经济贸易委员会牵头，海关、工商局、国税局、外汇管理局等五部门参加的联合审查组。自2月14日起，联合审查组在天津海关（六纬路2号），采取一站式联合办公方式，集中3个月的时间，为天津市2000多家进出口企业进行电子口岸入网资格审查。同时开展“电子底账+联网核查”项目的应用推广工作。

为保障电子口岸系统能够长期正常运行，2002年10月，中央机构编制委员会批准中国电子口岸数据中心在全国41个直属海关所在地设立数据分中心。根据中央机构编制委员会办公室《关于海关总署设立中国电子口岸数据分中心的批复》和《海关总署关于设立中国电子口岸数据分中心有关问题的通知》，天津海关党组决定组建中国电子口岸数据中心天津分中心，2002年12月，筹建组成立并开始筹建工作。按照海关总署的统一部署，在中华人民共和国国家事业管理局先后办理注册事业法人证书、组织机构代码证书；在天津办理税务登记证、银行开户、开办验资、劳动局社险和人才中心备案等；完成一个具有独立法人事业性机构所需的全部注册登记备案工作。

2003年5月，中国电子口岸数据中心天津分中心（以下简称“天津数据分中心”）正式挂牌成立，级别为正处级，为天津海关直属事业单位，具有独立法人资格，经费独立核算，实行国家差额拨款，人事管理体制采用事业单位聘用与社会招聘人员相结合的方式。海关总署核定天津数据分中心为5名事业编制指标，其中主任1名（正处级）、常务副主任1名（副处级）。天津数据分中心共设主任和常务副主任各一名，均为海关在编公务员。

天津数据分中心业务上受海关总署数据中心指导，行政关系隶属于天津海关，负责承办中国电子口岸政务卡、企业卡在本地区的录入、制作等项工作；负责本地区中国电子口岸应用项目应用推广及开发维护；负责联网企业的技术支持、操作培训、热线值班，及时收集、报告项目运行情况及各方反映；办理本地区中国电子口岸系统服务业务；支持地方电子口岸平台建设等。

天津数据分中心注册地坐落在天津市河东区八经路新关公寓1号楼一层。按照天津市委、市政府的要求，天津数据分中心于 2005 年 11 月在滨海新区的天津国际贸易与航运服务中心（塘沽跃进路 1 号）设立分支机构，实行津塘两地办公，方便天津市区和滨海新区企业办理电子口岸业务。

天津数据分中心承办本地区政务卡、企业卡的录入、制作等项工作；负责办理新企业电子口岸入网认证、企业变更、数字证书更新、报关员 IC 卡制发；企业客户端技术支持（技术维护、热线支持、IC 卡授权等）。负责本地区电子口岸应用项目及联网企业的技术支持、操作培训、热线值班，及时收集、报告项目运行情况及各方反映；主要涉及：报关预申报、网上支付进口付汇核查、出口收汇联网核销、机场快件管理、电子化手册、汽车零部件、加工贸易等 19 个子系统。办理本地区电子口岸系统服务业务；负责本地区用户集中托管服务器的运行、维护管理等。

2005 年 1 月 26 日，天津市政府与海关总署签订《建设天津电子口岸合作备忘录》。同年，天津数据分中心出资 20% 项目资源股份，与其他部门合资成立天津电子口岸发展有限公司，用以开发、运行和维护地方电子口岸平台工作。天津电子口岸，以政务项目为主导，天津口岸海港、空港电子货运项目为主线，扩大和完善地方电子口岸物流、商务等领域服务功能为目标，开发 21 项服务于进出口企业急需的项目，主要包括进出口商品一次录入分别申报（简称：一单两报）、天津空港电子货运、国际航行器船舶集中申报、数据传输以及门户网站等项目。

2010 年，天津数据分中心投资约 300 余万元建设本地分布式实体 QuickPass 平台，发展 QuickPass 预录入联网客户端达 500 多个，平均年处理报关单证约 240 多万份，2000 多家加贸企业应用电子化手册管理项目。2011 年 6 月 27 日，天津数据分中心设立综合部、技术服务部、业务部。

2012 年 2 月 20 日，天津数据分中心进行 QuickPass4.0 改进版分布式系统的部署工作。是年 5 月 11 日，天津数据分中心对津机快件正式启用出口货物分类通关系统。5 月 28 日，天津数据分中心对现场业务处、武清海关、蓟县海关正式启用出口货物分类通关系统。8 月 1 日，天津关区通关作业无纸化改革试点工作正式启动。8 月 24 日，天津数据分中心配合中国电子口岸数据中心完成天津关区电子口岸专网二级节点与一级节点的接入工作。9 月 3 日，天津数据分中心完成对关区内各现场预录入系统由 QP4.0 升级至 QP 改进版的切换升级工作。2012 年，天津数据分中心共办理新入网企业 1705 家，使天津地区入网企业总数达到 20159 家。全年共接听咨询电话 10856 个，为企业代办各项业务（含核销、报税）1846 票单。新增开通保税仓库企业 1 家、出口加工区企业 13 家。签订“网上税费支付”服务协议的企业达 1785 家，开展“网上税费支付”业务的企业达 1761 家，备案网上担保适用企业 46 家。

2013 年 1 月 5 日，天津数据分中心完成天津关区 182 家企业、312 台终端 QP4.0 改进版升级切换工作。截至 2013 年 11 月 30 日，天津数据分中心共办理新增入网企业 1754 家，天津地区入网企业总数达到 22014 家；办理企业信息变更 3033 家，代理出售东方口岸安全数据库软件 2354

套，IC卡读卡器2527个，制作IC卡3899张、报关员IC卡547张；新增开通保税仓库的企业1家、变更1家；新增开通出口加工区的企业6家，变更1家。

2014年，天津数据分中心办理企业入网2136家，办理企业信息变更1780家。入网企业总数达到24150家；变更企业总数18729家，办理企业IC卡4727张，报关员卡845张，代售东方口岸数据库软件2224套，读卡器2563个；为企业代办业务2414票单，为1761家企业办理IC卡延期业务。新增开通保税仓库企业2家、出口加工区企业6家。是年，电子口岸服务热线并入海关12360统一服务热线，业务部全年共接听话务10742例，接待企业现场办理业务数量2174例。

截至2014年，天津数据分中心在线运行包括QuickPass预录入系统、企业管理系统出口收汇（出口收结汇核查系统）、出口退税、进口付汇（进口付汇联网核查系统）、网上支付（网上支付银行保函）、报关申报、快件管理、转关申报、加工贸易、减免税申报、电子化手册、保税仓库、出口加工区等19个应用项目。与13家商业银行签署网上支付服务协议、与5家银行签署网上担保服务协议并全部开展具体业务。

1986 ~ 2008年天津海关部分科技项目获奖情况一览表

表10-4-3-36

年份	项目名称	奖项等级	获奖类型
1986	EDJ汉字转换软件	三等奖	天津市科技进步奖
1987	天津海关TCWG文书档案微机管理系统	四等奖	国家档案局科技进步奖
1988	PDP-11/23、PDP-11/73计算机应用系统	二等奖	海关科技进步奖
1988	长城0520CH微机海关贸易统计应用系统	四等奖	海关科技进步奖
1991	天津海关报关自动化系统试点运行工程	一等奖	海关科技进步奖
1991	天津海关办公自动化系统	三等奖	海关科技进步奖
1993	天津海关微波及计算机网络工程	一等奖	海关科技进步奖
1993	北方片海关查私情报网管理系统	三等奖	海关科技进步奖
1993	天津海关计算机系统硬件维护管理	三等奖	海关科技进步奖
1993	海关通用财务软件系统	四等奖	海关科技进步奖
1993	天津海关教育培训管理系统	四等奖	海关科技进步奖
1993	MD-110程控交换机自动计费系统	四等奖	海关科技进步奖
1994	DEC3000-600计算机性能测试和报关自动化软件移植	三等奖	海关科技进步奖
1994	档案计算机管理系统	三等奖	海关科技进步奖
1995	DID和全关区话务专用网	二等奖	海关科技进步奖
1996	天津海关无线寻呼系统	四等奖	海关科技进步奖
1996	京津口岸直通式转关系统（与北京海关联合开发）	四等奖	海关科技进步奖

续表 10-4-3-36

年份	项目名称	奖项等级	获奖类型
1996	信息自动化管理系统	四等奖	海关科技进步奖
1997	天津海关计算机网络系统工程	二等奖	海关科技进步奖
1997	天津海关无线扩频技术应用	三等奖	海关科技进步奖
1997	触摸屏业务咨询系统	四等奖	海关科技进步奖
1998	天津海关办公自动化及规范性文件查询系统	二等奖	海关科技进步奖
2000	现代海关业务信息化管理系统试点工程	二等奖	海关科技进步奖
2000	天津海关计算机网络管理系统	三等奖	海关科技进步奖
2000	决策支持系统	三等奖	海关科技进步奖
2000	天津海关微型无绳电话 DECT 系统	四等奖	海关科技进步奖
2000	天津海关语音服务系统	四等奖	海关科技进步奖
2000	天津海关技术经费管理系统	四等奖	海关科技进步奖
2001	天津海关 H986 天津东港工程和物流卡口放行系统	一等奖	海关优秀科技项目
2001	天津海关保税区物流监管系统	三等奖	海关优秀科技项目
2001	集中审单工作审批管理系统、通用仓库管理系统、查验作业管理系统、网上放行系统、微机—小型机交换平台、海关化验鉴定证书网络发布管理系统和常用数据库综合管理系统	三等奖	海关优秀科技项目
2001	天津海关通关业务计算机数据存储系统	三等奖	海关优秀科技项目
2001	天津海关网上办文管理系统	三等奖	海关优秀科技项目
2001	天津海关微机网络安全防护系统和计算机通信网络防雷工程	三等奖	海关优秀科技项目
2002	天津海关物流监控系统	二等奖	海关优秀科技项目
2002	天津海关信息网络系统	二等奖	海关优秀科技项目
2003	天津海关移动通信办公网系统	二等奖	
2003	天津海关复合纸及纸板分析方法	三等奖	海关优秀科技项目
2003	天津海关空运舱单联网管理系统 2.0	三等奖	海关优秀科技项目
2003	海关总署归类（天津）分中心归类作业管理系	三等奖	海关优秀科技项目
2004	天津海关 H2000 扩大试点工程	二等奖	海关优秀科技项目
2004	天津海关加工贸易企业联网监管系统	二等奖	海关优秀科技项目
2004	无尘纸分析方法	二等奖	海关优秀科技项目
2004	天津海关行政管理综合应用平台	三等奖	海关优秀科技项目
2004	天津海关风险数据与报关企业信息管理系统	三等奖	海关优秀科技项目
2004	天津海关化验信息综合服务系统	三等奖	海关优秀科技项目
2004	天津海关非贸物品监管系统	三等奖	海关优秀科技项目

续表 10-4-3-36

年份	项目名称	奖项等级	获奖类型
2004	天津海关服务器运行综合监控系统	三等奖	海关优秀科技项目
2004	人造刚玉的分析方法＋聚氯乙烯糊树脂分析方法	三等奖	海关优秀科技项目
2005	天津海关风险管理平台试点工程	二等奖	海关优秀科技项目
2005	天津海关计算机网络系统改造工程	二等奖	海关优秀科技项目
2005	天津海关物流监控及 H986 联网查验系统	二等奖	海关优秀科技项目
2005	线性低密度聚乙烯分析方法	二等奖	海关优秀科技项目
2005	天津海关业务信息平台运行管理及主机远程监控系统	三等奖	海关优秀科技项目
2006	天津海关信息系统安全运行综合管理	二等奖	海关优秀科技项目
2006	天津海关 HB2004 试点推广及扩展应用开发工程	二等奖	海关优秀科技项目
2006	矾土的鉴别方法	二等奖	
2006	天津海关科技服务综合管理系统	三等奖	海关优秀科技项目
2006	尼龙的鉴别方法	三等奖	海关优秀科技项目
2007	中国海关进出口商品归类系统开发及推广应用	一等奖	
2007	膨润土的鉴别方法	二等奖	海关优秀科技项目
2007	天津海关高可用多业务承载网络建设	三等奖	海关优秀科技项目
2007	全国海关下一代通信系统（NGN）技术测试工程	三等奖	海关优秀科技项目
2007	天津海关 X 光机图像联网管理系统	三等奖	海关优秀科技项目
2007	天津海关报关单修改及撤销管理系统开发	三等奖	海关优秀科技项目
2007	天津海关归类差异监控系统	三等奖	海关优秀科技项目
2007	溴化环氧树脂中溴含量的快速鉴定— X 射线荧光光谱法	三等奖	海关优秀科技项目
2007	国家电子口岸建设协调指导委员会办公室工作网站	三等奖	海关优秀科技项目
2008	海关服务器资源整合技术应用研究及试点推广工程	二等奖	海关优秀科技项目
2008	天津海关东疆保税港区物流监控体系工程建设	二等奖	海关优秀科技项目
2008	全国海关科技应用项目管理系统	二等奖	海关优秀科技项目
2008	天津海关无纸化通信系统建设工程	三等奖	海关优秀科技项目
2008	天津海关运抵报告项目推广与应用	三等奖	海关优秀科技项目
2008	萘含量的测定方法	三等奖	海关优秀科技项目
2008	碳酸钙的鉴别方法	三等奖	海关优秀科技项目

第十一篇

督察　审计

审计是国家授权或接受委托的专职机构和人员，依照国家法规、审计准则和会计理论，运用专门的方法，对被审计单位的财政、财务收支、经营管理活动及其相关资料的真实性、正确性、合规性、合法性、效益性进行审查和监督，评价经济责任，鉴证经济业务，用以维护财经法纪、改善经营管理、提高经济效益的一项独立性的经济监督活动。作为国家权力体系的重要组成部分，审计通过发挥“预防、揭示、抵御”功能，有效制衡提升海关治理成效。从 1949 年 10 月中华人民共和国成立至 1983 年 8 月的 34 年间，国家没有设立独立的政府审计机关，对国家财政收支的监督工作主要是由财政部门内部的监察机构完成。

1982 年，根据《中华人民共和国宪法》，中国确立独立的审计监督制度。1983 年 9 月，国家审计署正式成立，随后各省、市、县地方政府陆续设立审计机关。1984 年 8 月，按照全国审计工作会议精神，海关总署建立审计室，同时在天津等 14 个海关分批建立审计机构，负责按照国家的方针政策、财政制度，对海关系统的税收、财务收支、外汇收支、基建支出、罚没财物处理等进行审计监督，对海关系统各项资金使用的经济效果进行审计。根据海关总署的要求，1984 年 10 月 30 日，天津海关党组决定成立审计室，本着“边组建、边工作”的原则开始全面试行审计工作。在初创试审阶段，审计工作的主要内容大多涉及财务收支及固定资产，对海关经费实行定期试审制度。

1988 ~ 1994 年是天津海关审计初步发展时期。其间，审计机构、人员得到完善和加强，在财务收支审计的基础上，工作内容逐步拓展至关税、代征税、保税等各项税费专项审计及基本建设预、决算审计。在制度建设上，制定出天津海关第一个关于审计类的规范《天津海关审计工作规范》，对审计机构的组织领导、任务、职权，审计工作的主要程序、审计的方式、审计的时间、范围等有关内容，做出明确的规定。

1997 年 5 月，根据海关总署的指示，审计室更名为审计处，以规范全国海关审计机构的设置，适应当时审计工作的需要。而在业务内容上，则把海关业务执法高风险作业环节的审计列入工作重点。

1998 年 9 月，海关系统建立督察制度。海关督察制度，是在海关系统建立的、分别对同级和下级海关机构及其工作人员依法行政、履行职责的情况进行监督、检查、纠正的一种内部监督制度。形成海关管理中相互关联、相互作用的决策、执行和监督三个系统，成为海关队伍建设和推行业务改革的保障。此后，审计工作纳入海关督察体系。

天津海关根据海关总署的要求，通过设立机构、组建队伍、健全制度、探索方法，在实践中逐渐掌握督察工作的规律，并不断完善、创新，通过常规督察、专项督察、关长任期经济责任审计和海关管理审计以及配合国家审计机关的审计，使督察成为海关监督工作中不可或缺的一部分。

2007 年，天津海关正式启动海关督察审计长效内控机制建设，形成以“职责明细，权责明确，纠错及时，自控到位”为内容的内控机制建设标准，以《天津海关对隶属海关及相关部门建立督察审计长效内控机制的检查、评估办法（试行）》为依据，在全关范围内开展检查评估工作。

截至2014年，天津海关共对26名隶属海关关长和3名事业单位负责人进行经济责任审计；先后对10个隶属海关开展管理审计；开展执法领域、非执法领域专项督察、常规督察1347项，发现问题296个，提出督察审计建议324条，建设项目督察审计核减金额2252万元；配合国家审计机关完成对天津海关的9次审计工作。

经过30余年的发展、完善，天津海关的督察审计工作由初期的单一财务收支审计，逐步形成专业、规范、制度化的覆盖海关业务、政务和事务的全面督察审计，为促进天津海关依法行政，强化队伍管理和廉政建设，保障海关各项业务的正常发展，成为海关一体化管理的一种重要手段。

第一章　建置发展

1984年11月，根据海关总署要求，天津海关审计室成立，为正处级机构，定员4人。

1988年12月，天津海关党组决定，审计室和监察室对内合署办公。

1995年1月，为审计工作的独立性，审计室重新成为独立机构。

1997年5月，为适应当时审计工作的需要，同时参照全国审计机关职能部门的设置规范和各行业系统内设置审计机构的通行做法，按照海关总署《关于海关内部机构印章的规定》要求，审计室更名为审计处。

2001年2月，根据海关总署建立督察制度的要求，审计处更名为督察审计室，设综合科、督察科、审计科。主要职责：1.组织开展海关系统行政执法常规督察和专项督察。2.组织开展对全国缉私警察执法常规检查和专项督察。3.组织完成海关总署领导交办的其他综合调研及考察任务。4.负责内部审计中税费及执法审计工作。根据海关总署《人事教育司关于海关系统督察机构的人员配置等有关问题的通知》。天津海关的督察审计人员按直属海关人员比例的0.5%配编，编制为10人。

2002年，天津海关督察审计室被海关总署督察特派员办公室评为全国海关督察审计先进集体。

2004年，根据《海关总署关于设立副厅级天津新港海关有关问题的通知》，在隶属天津新港海关内设监察审计室。

2005年，督察审计室更名为督察内审处。主要负责研究制定关区督察审计工作计划，并监督实施；组织开展对海关行政执法常规督察和专项监督，组织开展对缉私警察行政执法监督；负责督察审计内控机制建设的组织推动工作；组织开展关区隶属海关经济责任审计和管理审计；审计关区海关经费、预算外资金、查私办案费、税费征管、罚没收入、基建经费等财政、财务收支情况；组织完成关领导交办的其他综合调研及考察任务，承办海关总署督察内审司交办的工作；负责组织完成审计署有关外审事宜；组织完成关领导交办的其他综合调研及考察任务，承办海关总署督察内审司交办的工作。

2011年，天津海关下发《天津海关内设部门机构设置和人员编制》，督察内审处设综合科、督察科、审计科，编制为7人。

2014年，天津海关党组决定，分别在隶属开发区海关、保税区海关、机场海关、东疆海关和现场业务处设立监察内控科，作为监督的责任主体，承担本单位的监察、督察、内控工作。

第二章　审　计

第一节　海关财政财务收支审计

1986年7月，天津海关按照海关总署对海关经费实行定期试审制度要求，对关区上半年经费收支进行定期试审。每年对总关和隶属海关经费开展经费定期审计。

1987年，依据海关总署《海关内部审计工作实施办法》，天津海关由经费定期审计逐步扩展为经费日常审计、基建修缮购置审计、固定资产审计和税费审计。对内部控制制度的健全、有效及执行情况进行监督检查。对税收、会计报表、决算的完整真实、正确、合规、合法进行审计。

1989～1990年，对隶属东港办事处会计以退保证金名义挪用公款进行专案审计。通过内查外调、查对账册，追还公款等工作，将问题核实查清。针对查发的问题，制定《关于严格管理现金的管理规定》《天津海关采购、仓储管理制度》等管理文件。

1991年，制定《关于加强行政、技术设备基建项目等有关开支进行事先审计规定》，明确购置和车辆维修经费超过5000元必须事先审计后开支，新开工或复工改造和房屋维修等基建项目开工前，向审计部门报送项目立项，批复、资金来源文件经审核确认后，方可开工。

1992年，对总关已入库收回的各种税费收据凭证及全关区的监管手续费审计，针对监管手续费的审计发现问题，制定《天津海关关于加强监管手续费的管理规定》。受海关总署委托，天津海关完成对海关总署秦皇岛海关学校和郑州海关轮审工作。

1993年，为加强基建、专项、修缮、装饰资金的管理，制定《天津海关基建、修缮、装饰费用审核实施办法》。审核范围为基建及房屋修建、装饰等10万元以上的基建、修缮、装饰工程。

截至1997年，开展各种关税及进口环节税征收管理、一般贸易货物监管、保税货物监管、罚没财物管理、包干经费、专项经费、科技经费、基本建设、财务税收大检查等36项审计工作。

1998年，随着海关督察制度的建立，天津海关将海关财政财务收支审计纳入督察系列，包含在执法领域督察和非执法领域督察中，此后不再单独进行海关财政财务收支审计。

第二节　关长任期经济责任审计

2000年，根据全国海关关长会议提出在海关系统开展关长离任审计工作的要求，天津海关尝试对6位隶属关、处长进行离任审计。

2001年3月，下发《天津海关关长任期经济责任审计实施办法（试行）》，明确天津海关关长任期经济责任审计对象是指：各隶属海关关长或主持工作的副关长，各正、副处级海关办事处主任或主持工作的副主任。关长任期经济责任审计是指督察审计部门通过对关长所任职海关、办事处财政、财务收支的真实性、合法性、效益性进行的审计，对关长任职期间对本部门依法行政情况应当负有的主管责任和直接责任做出的评价。督察审计部门在关党组的领导下，负责开展隶属海关的关长任期经济责任审计工作，并接受海关总署督察特派员办公室的业务指导。

2007年6月，修订《天津海关对隶属海关关长经济责任审计实施办法》。要求隶属海关关长经济责任审计中发现的问题，按规定做出审计决定，对潜在风险提出前瞻性、建设性的意见和建议，按规定做出审计意见，进一步堵塞在管理上的漏洞，完善管理制度，落实风险管理机制，提高管理水平，增强把关服务能力，高质量地完成工作任务。

同年6月，下发《天津海关关于加强隶属海关关长经济责任审计工作联系配合的通知》。明确相关部门的职责和主要工作流程。

2010年，根据海关总署要求，天津海关将审计范围扩大为“各隶属海关单位、各处级海关办事处及经济实体、社会团体的正职领导干部或者主持工作一年以上的副职领导干部；上级领导干部兼任部门、单位的正职领导干部，且不实际履行经济责任时，实际负责本部门、单位常务工作的副职领导干部。”

通过开展对隶属海关关长任期经济责任审计，对隶属海关领导干部履行经济责任的情况与效果进行评价，促进领导干部依法行政，履行职责，遵守财经纪律，廉洁自律。截至2014年，天津海关共对26名隶属海关关长和3名事业单位负责人进行经济责任审计。

第三节 海关管理审计

2007 年 6 月，海关总署印发《海关总署关于开展管理审计的指导意见（试行）》。天津海关贯彻执行指导意见，本着围绕完善综合治税大格局，精心组织，明确重点，讲究效率，本着“查出一个问题、完善一项制度、堵塞一个漏洞”的原则开展管理审计工作。

天津海关的管理审计工作一般和隶属海关关长经济责任审计工作同时进行。海关管理审计是对海关管理活动的效果性、效率性、效益性的审计。以税收征管、通关监管、保税监管、稽查、财务等方面的具体执法活动和管理活动为切入点，突出对决策管理、职能管理和执行管理的效果、效率和效益情况审计。

隶属海关的管理审计突出对执行管理的效果、效率、效益情况审计，重点是在构建综合治税大格局中执行政策、履行职责、落实风险管理机制，建立健全长效内控机制，加强财务管理，提高资金使用效益，增强执行力的效果情况。

隶属海关管理审计要重点评价：加强执行管理的效果、效率和效益情况；落实风险管理制度的效果、效率和效益情况，建立健全适合本关特点的内控机制，提高自查自纠能力的效果情况。

截至 2014 年，天津海关先后对 10 个隶属海关开展管理审计。

通过管理审计，加强海关管理，特别是对风险管理的做法和经验，管理绩效进行评价，进一步堵塞管理漏洞，完善管理制度，落实风险管理机制，提升海关管理的整体效能起到一定的作用，为建设“责任型”海关、“服务型”海关、“法治型”海关做出贡献。

第四节 配合国家审计

1994 年，按照审计署统一部署，审计署京津冀特派办对天津海关 1993 年度关税及代征税征管情况进行审计。是天津海关首次接受国家审计。

1999 年 7 月，下发《天津海关接受外部审计工作操作规范（试行）》，要求各单位树立长期接受国家审计的意识，不断加强和完善基础工作，促进“依法行政，为国把关”新工作方针的贯彻落实。遵循审前充分准备、审中密切配合、审后有效整改的基本原则。并对接受外部审计提出具体要求。

2001 年，下发《天津海关关于运用〈海关业务审计软件〉进行自查和审计的实施办法（试行)》，要求各部门要指定熟悉业务和责任心强的人认真做好此项工作，不断提高审计工作水平。全关区自查 1999 ~ 2001 年的业务数据，其中报关单 108 万票，加工贸易手册 4.5 万册，减免税证明 4.3 万份，查出违规金额 40 余万元，补征税款 6 万多元，并对 4 个方面的存在问题进行整改。

2002 年 4 月，天津海关根据《海关总署关于向审计机关提供电子数据有关问题的通知》要求，电子数据全部向审计机关开放，并按照审计机关的要求转换成能够读取的格式输出。将完整的数据库和数据文件用系统命令 RMU 和 COPY 转换成能读取的文本格式文件，提供审计机关使用。同时同意审计人员直接进入信息系统查询。依法接受审计机关对海关信息系统进行全面测试和检查。要求各单位树立依法接受审计的观念，及时、完整、真实地提供所需资料，按照审计法等有关规定，积极做好配合工作，以保证审计工作的顺利进行。

2005 年起，审计署京津冀特派办首次应用审计署的《H2000 海关联网审计系统》对天津海关关税及进口环节税征管情况进行审计。

2006 年 7 月，下发《天津海关接受外部审计工作操作规范(修订稿)》，要求确立长期接受外部审计的意识，在工作中逐步建立长效内控制度，形成内部纠错机制，不断加强和完善基础工作，促进“依法行政，为国把关、服务经济、促进发展”工作方针的贯彻落实。要以积极的态度对待外部审计，充分发挥本部门纠错机制的作用，认真开展自查自纠，做到往年审计出的问题，今后不再重复出现。

从 1994 ~ 2009 年，天津海关共 9 次接受审计署审计。2010 ~ 2014 年审计署再没对天津海关实施过审计。

1994 ~ 2014 年天津海关接受审计署审计基本情况表

表 11-2-4-37

实施年度	审计年度及内容	审计单位
1994	1993 年度关税及代征税征管情况的审计	审计署京津冀特派办
1995	1995 年度关税及进口环节代征税征管情况	审计署京津冀特派办
1996	1996 年度关税及进口环节代征税征管情况	审计署南京特派办
1997	1997 年度关税及进口环节代征税征管情况	审计署沈阳特派办
1998	1998 年度关税及进口环节代征税征管情况	审计署京津冀特派办
1999	1999 年度关税及进口环节代征税征管情况	审计署哈尔滨特派办
2002	2001 年 1 月至 2002 年 4 月年度关税及进口环节代征税征管情况	审计署京津冀特派办
2005	2004 年 1 月至 2005 年 1 月年度关税及进口环节代征税征管情况	审计署京津冀特派办
2009	2009 年 1 月至 2009 年 12 月年度关税及进口环节代征税征管情况	审计署京津冀特派办

第三章 督 察

1998年海关建立督察制度后，天津海关运用风险管理和督察审计方法对海关执法领域、非执法领域对外依法行政、对内按规则办事的实际效果开展多种形式的督察工作，在保证政令畅通、提高管理效能、促进规范管理等方面发挥重要作用。先后制定《天津海关督察内审工作实施办法》《天津海关督察工作操作规程》等督察作业制度及操作规程，规范指导督察工作。

第一节 执法督察

1998年，开展对开发区海关、东港海关等隶属单位滞纳金征收情况的审计等6项日常执法监督项目。尤其是滞纳金征收情况的审计，对进一步加强税收征管基础工作起到推动作用。

1999年，开展对机场办事处未核销税款情况的审计调查、对保税区海关区外储存保税货物情况的审计等日常执法监督项目。在解决税收及时入库、健全保证金台账，促进依法行政、督促有关部门遵守财经法规等方面发挥督审职能作用。

2000年，利用《海关业务审计软件》对20种不予减免税商品进行审计调查、对天津海关至北京海关转关运输货物情况开展专项督察，对关区保证金、风险担保金、抵押金审计调查，提出4条审计建议。

2001年，开展对加工贸易项下进口重点敏感商品专项督察、隶属保税区海关进口基站等6项督察审计，提出建议4条。同年根据《海关总署关于2001年上半年各海关执法评估情况的通报》召开天津海关开展“执法评估”专题工作会议，对本关执法评估工作进行部署。

2002年，对关区进出境快件监管情况开展专项督察，发现征税适用税种不当、税单使用不规范等问题，提出尽快推广专门快件通关程序、明确快件承运部门的责任与义务及违规处罚标准等整改意见。根据《海关总署关于2002年上半年各海关执法评估情况的通报》，会同综合统计处及相关职能部门完成2002年上半年执法评估核查工作。

2003年，针对关区2002年以前在账超期保证金的状况，进行督察审计，下发《督察审计意见建议书》，经过8个月的工作，收到明显成效，清理超期保证金2925笔，占96%，金额1.3852亿元，占94%。根据海关总署对关务公开的要求，完成关务公开的检查工作。利用“海关业务辅助审计软件”发现应属不予免税 20 种商品范围的商品误批为免税情事，就此督促有关部门及时整改，将 6698.56 元税款补缴入库。

2004 年，完成加工贸易合同项下内销补税情况和对进口飞机及航材的监管、税收征管情况的两项专项督察。以建立健全内部控制制度为出发点，运用风险管理平台，调取电子数据和开展实地督察。两项督察共计发现涉及审价、归类、内控制度不健全等 5 方面问题，提出相关建议 9 条，针对部分倾向性问题下发《督察审计意见建议书》督促有关部门及时整改。

2005 年，完成税款入库、进口零关税商品征管、非居民长期旅客（外商常驻人员）自带车审批程序及执行政策情况等 3 项专项督察。发现问题 19 个，其中纠正归类差错 168 项，涉及报关单 144 票，提出督察审计建议 16 条，补征税款 104.97 万元。牵头制定《天津海关税款核注、核销联系配合办法》等内控制度，促进规范执法。根据《天津海关建立执法评估核查工作机制实施方案（试行）》，首次通过直属海关评估系统与统计处共同开展对 2005 年第一季度执法评估数据核查，完成 154 条异常数据的核查工作。

2006 年，围绕完善综合治税大格局，开展对进出口货物退补税和暂时进出口货物监管情况的专项督察以及保证金征管情况的常规督察。发现退税审批制度落实不到位、暂时进口保证金超期等执法问题，提出强化基础工作、规范操作程序，加强关员责任心教育，避免工作差错等督审建议。

2007 年，根据海关总署要求，对本关 2005、2006 年国家鼓励发展的内、外资项目减免税备案及设备免税的审批情况开展专项督察。共核查数据 42182 条，发现审批超限、分拆备案、减免税备案引用条目不符等问题 8 个，补缴税款 46.33 万元，提出督察建议 4 条，3 个问题移交稽查部门处理。

2008 年，为加强对海关工作程序的监督力度，督审部门与职能部门合作，强化风险控制导向，开展对进口挖掘机监管情况常规督察。发现在制度建设方面及操作方面存在的 5 大类 7 方面问题，有针对性地提出整改建议 6 条，对自由裁量权过大的岗位、业务接合部和联系配合中存在的薄弱环节，加强有效监督，兼顾实体合法和程序合法两个方面，建立健全相关业务操作制度和程序，有效防范两大风险。相关部门均制定整改措施。同期还完成对天津关区出口商品监管情况的专项督察。

2009 年，依照《海关总署党组重大决策部署专项督察办法》开展“天津海关支持扩大内需促进经济增长 10 项措施”落实情况督察，与办公室等其他 10 个职能处室联合检查基层单位落实情况，保证各项支持措施落到实处、取得实效。开展对进口固体废物情况和提前报关货物计征税率、汇率情况两项专项督察。共发现 10 个风险点，提出 4 项整改建议，督促业务现场移交线索 1 件。

2010 年，督审部门开展针对出口螺旋弹簧伪报为减震器存在骗取出口退税风险的常规督察项目，发现 2 类问题，涉嫌骗税 13 万余元，将线索通报稽查、缉私部门。按照海关总署专项执法督察的通知要求，对天津海关2010年上半年加工贸易内销及征税情况开展督察自查。

2011年，天津海关首次开展督察内审缉私行政执法联合检查工作。调阅分析新港分局2010年度办结案件相关数据1300条，重点复核案件300宗，提出加强缉私与业务部门的联系配合，健全相关制度、操作办法，消除个别监管现场执法盲点，防止海关执法过程出现脱节现象等整改建议6条。是年，开展对税号3206项下2010年进口商品监管情况常规督察。并应用HL2008系统开展督察，发现一起银行税单遗失、税费入库时间超长情事，涉及税款179.55万元，经制发处置单，相关部门进行整改。

2012年，按照海关总署部署，开展“国门之盾”行动重大决策部署、改进海关监管和服务重大决策部署、加工贸易放弃货物监管情况等专项督察项目。采取分阶段督察、验证式督察和延伸式督察方式，收到较好效果，“国门之盾”行动专项督察相关综合信息得到海关总署转发。自行组织开展天津机场海关缉私分局缉私行政执法联合检查、代保管物品监管情况、进口舱单核注核销管理情况、保税区海关物流监管情况等4项常规督察项目。

2013年，按照海关总署部署，组织开展“绿篱”专项行动、通关作业无纸化改革、打击走私专项斗争和联合行动、“一案双查”等重大决策部署专项督察4项。开展子牙物流园区物流监控情况、东疆海关查验工作、进口固体废物监管情况、开发区海关和邮办处滞报金征管情况常规督察5项。各类督察共计发现并纠正问题49个，提出督审建议59条，完善作业制度3项。指导隶属关及派驻机构开展常规督察16项。

年内，为规范海关督察工作，促进海关依法行政，保障海关法律法规和决策部署的贯彻实施，制定并下发《天津海关督察工作操作规程》和《天津海关督察通知书使用操作规程》。

2014年，按照海关总署部署，开展监管场所规范化建设和大型集装箱检查设备使用管理情况、缉私行政执法检查专项督察2项。组织开展加工贸易“三查合一”和外发加工业务制度执行情况、回收类商品查验情况、开发区海关加工贸易手册重量倒挂核销情况、新港海关出口油井用射孔器监管情况、新港海关出口硼合金方钢查验情况等5项常规督察项目。各类督察共计发现并纠正问题8个，提出督审建议21条，完善作业制度3项。指导隶属关及派驻机构开展常规督察16项。2014年共指导隶属关及派驻机构开展自主督察39项，发现问题21个，提出建议33条，完善制度28项。

第二节 非执法领域督察

1998年，天津海关督审部门开始对非执法领域（含海关事业单位及其下属经济实体的经营管理活动）开展督察。

2002年，开始借助社会审计力量对基建工程和大项修缮项目进行预决算审计。

2003年，下发《天津海关关于对基建、修缮、购置、制做专项审计暂行办法》(以下简称建设项目)，建立健全天津海关建设项目内部审计制度。审计范围为对购置、制做、维修技术设备、车船及其他物品，超过2万元的项目；基建、修缮超过10万元的项目进行事前、事中、事后审计。明确规定审计内容、重点和审计权限。

2008年，制定《天津海关政府采购专项审计暂行办法》，办法明确督审部门负责对30万元以上（含30万）的政府采购项目进行事前审计，基建、大项修缮项目进行跟踪审计，30万元以下项目进行事后审计。事后审计重点是审核决算，购置、制作、维修细目有无乱套定额、虚列项目、多报工程量和采购程序等问题。其中增减项金额超过10万元以上项目，财务部门应凭审计结果，办理最终结算手续。

2013年，下发《天津海关关于进一步加强对财务管理监督工作的通知》，明确设有财务管理职能的各隶属海关（单位）主要负责人不能直接分管财务、工程招标、物资采购等涉及财务事项相关工作，进一步加强对设有财务管理职能的隶属海关（单位）的财务管理的监督工作，确保对财务管理中重点环节和重点部位的有效制约，理顺涉及财务审批事权关系，更好地满足财务管理工作要求，确实强化财务管理工作。

同年，下发《天津海关关于对基建、维修改造项目进行督察审计的通知》，通知明确督审部门对天津海关所有新开工基建、大项维修改造项目进行全程督察审计，对已经开工的基建、大项维修改造项目进行项目结算审计。

2014年，开展罚没财物、“三公经费”、超期保证金清理等常规督察12项，发现问题16个、提出建议15条。

截至2014年，天津海关共开展执法领域、非执法领域专项督察、常规督察1317项，发现问题221个，提出督察审计建议247条。建设项目督察审计核减金额2764万元，为国家节约大量资金。

1998～2014年天津海关建设项目督察审计情况一览表

表11-3-2-38 单位：万元

年份	项目数	事前督审项目数	事前督审金额	核减金额	结算督审项目数	结算督审金额	核减金额
1998	47	47	4678	4.5	—	—	—
1999	172	172	7900	—	—	—	—
2000	161	161	11025.4	226.7	—	—	—
2001	55	55	2653	—	—	—	—
2002	113	113	2369.9	928.3	—	—	—

续表 11-3-2-38

年份	项目数	事前督审项目数	事前督审金额	核减金额	结算督审项目数	结算督审金额	核减金额
2003	121	111	2414.42	—	10	9000	820
2004	128	122	2167.24	—	6	141.47	10.91
2005	4	—	—	—	4	58.75	2.27
2006	141	129	1921	—	12	—	100.0
2007	143	140	2219.97	—	3	291.28	33.64
2008	92	85	2082.25	—	7	334.57	15.97
2009	14	13	1382.27	—	1	109.87	10.66
2010	16	14	851.83	—	2	210.46	90.8
2011	8	8	3186.54	—	—	—	—
2012	13	11	650.41	—	2	196.33	8.34
2013	11	2	2930.77	—	9	7592.91	1585.48
2014	6	2	225.15	—	4	2807.57	86.72
合计	1245	1185	48658.15	1159.5	60	20743.20	2764.78

第四章 督察审计长效内控机制

2005 年，天津海关按照《海关总署印发〈2004 ~ 2010 年建立健全海关督察审计长效内控机制指导方案〉》要求，结合天津海关实际，制定分步实施、各有侧重、整体推进的落实原则。确定机场海关、新港海关查验处和武清海关为三个试点单位。

2007 年，全面启动具有天津海关特色的长效内控机制，制发《天津海关在相关部门和各业务现场建立健全长效内控机制实施办法（试行）》，当年超额完成海关总署督审司提出的 80% 隶属海关开展长效内控机制建设的目标。为提升内控机制建设，检查评估开展长效内控机制建设单位实际效果和不足。

2008 年，制定《天津海关对隶属海关及相关部门建立督察审计长效内控机制的检查、评估办法（试行）》，并依此开展检查评估工作。隶属海关根据辖区业务特点，有针对性的加强内控管理力度。新港海关自主开发的《新港海关长效内控管理平台》，集内控管理、指标监控、风险预警和制度规范为一体，形成内部职能处室、内控平台、业务科室间的三级内控构架。专人定期维护平台数据并发布《工作月报》，特别是在未启用 HL2008 系统前，确实发挥一定的查发问题、化解风险的作用。

2010 年，天津海关确立“贯穿一条主线，实施四级联动，把握五个融合”的内控机制建设工作思路，内控机制建设得到长足的发展。制定《天津海关党组关于贯彻落实〈海关总署党组关于进一步加强和完善海关内控机制的意见〉的意见》，成立由党组书记、关长李佩林为组长的关区内控工作领导小组，及内控工作办公室、部门内控工作联络员队伍。充实各隶属海关、派驻机构内控工作领导机构，明确各层级的分工、任务和职责。关区各部门开展对自订制度的清理和对关级执法类项目的核查工作，先后修订《天津海关风险布控工作实施细则》等 19 项规章制度。以“纠正一个问题，堵塞一个漏洞，健全一项制度”为目标，打牢内控机制建设的基础。9 月，开展“加强和完善海关内控机制建设”的专项督察，确保党组重大决策部署的落实。

2011 年，制定并下发《天津海关关于在内控机制建设中落实“四好”总体要求的通知》，以“十个是否”为切入点，开展内控节点落实和应用情况的检查评估。

2012 年，天津海关在隶属新港海关召开“内控在科室”基层海关内控机制建设现场汇报会。保税区海关海港查验科等 4 个不同业务领域一线科室做经验交流演示，充分发掘关区内控工作亮点并做以推广。

2013 年，以规范制度、科技应用、人工监督为手段，加快基层自控、职能监控和专门监督“三道防线”建设，在重点领域、重点部门、重点环节、重点岗位实施内控权。制发《天津海关深入开展内控机制建设、健全权力运行制约和监督体系工作规划（2013 ~ 2015 年）》，谋划关区内控工作总体布局；制定下发《天津海关内控前置审核工作管理办法》，进一步规范内控相关工作；初步形成“稽查集中法”“机检复核法”“科室联控法”等“天津海关基层内控工作八法”，推动“内控在科室”深入开展。

2014 年，天津海关完善内控组织领导体系，推动内控建设整体协调发展，在 5 个隶属单位设立监察内控科。加强京津冀海关区域通关一体化改革同步内控监督，制定《一体化改革前期内控工作指引》，结合一体化后监督工作特点制定形成内控、督察、审计监督三方面操作规范，牵头京津冀三地海关对一体化内控节点进行梳理，形成一体化专用节点，并实现专用节点风险分级，积极推进内控监督与改革同步谋划、同步研究、同步实施。

截至 2014 年，编发《天津海关内控工作简报》30 余篇，其中有部分被海关总署督察内审司和海关总署驻天津特派员办事处转发。

天津海关内控机制建设，坚持以“内控节点指标体系应用管理”为主线，贯穿内控机制建设全过程，将内控节点指标落实和应用到制度建设、执行控制、职能控制、职能评估、专门监督各个工作环节，覆盖全部工作领域和作业环节。要求各职能处室首先根据上位法变化和监管实际，对照内控节点指标，及时补充修订规章制度，统一关区执法尺度，完善作业基础；同时不断加强对基层的分类指导，形成本业务领域制约有效、监督有力的业务运行监控体系。各业务现场，始终以其所辖基层科室的作业规范和内控有效程度，验证上述要求是否达标。监督部门在专门监督环节，认真把握“五个融合”，不断深化和完善监督机制。一是内控监督与经济责任审计工作相融合；二是内控监督与督察工作相融合；三是内控监督与监察工作相融合；四是内控监督与风险分析相融合；五是内控监督与科技手段应用相融合。在每项经济责任审计、管理审计、专项和常规督察中，监督部门将内控评估检查同步进行，利用风险部门分析成果和科技应用手段，逐步提升检查监督的针对性和有效性。

第十二篇

人 物

毛泽东曾说过，政治路线确定之后，干部就是决定的因素。天津解放的翌日，新政权即迅速接管津海关。江明作为天津市军事管制委员会对外贸易接管处副处长，受军事管制委员会委派任军代表，负责组织接管津海关的工作。是年4月27日，华北人民政府任命朱剑白为津海关税务司。海关总署成立后，1950年5月12日，朱剑白又被政务院任命为天津海关首任关长。此后至2014年，天津海关先后由10位关长、40余位副关长，共同组成10届领导班子（详见第一篇第一章第二节表1-2-2-8），带领着天津海关的全体干部职工，按照不同历史时期海关的工作方针，努力建设人民海关，完成国家赋予的为国把关职能。

第一章　天津海关历任关长传记

江明（1911—2001年） 原名姜文彬，汉族。清宣统三年（1911）3月18日出生于山东省掖县（今莱州市）的一个书香世家。

青少年时代江明就读于山东省立济南一中。1929年7月考入北平师范大学（今北京师范大学）。1930年12月，因积极参加共产党领导的进步学生读书活动，他遭到国民党当局的通缉无法继续学业。在北平师范大学肄业后，先后在三联书店当过店员，到河北省正定省立第七中学当过教员。在正定期间他投身中国共产党石家庄特委领导下的革命活动，坚定地走上革命道路并成为骨干力量。1935年，他再次回到北平师范大学复学读书，是年12月9日，他参加了北平数千大、中学生在中国共产党领导下举行的震惊全国的反对华北自治，反抗日本帝国主义，要求保全中国领土完整，掀起全国抗日救国新高潮的抗日救国示威游行活动（史称"一二·九运动"）。1936年1月江明加入中国共产党。此后，他在北平参与发起组织中国先进青年的抗日救国组织——中华民族解放先锋队，开展抗日救国斗争。

1937年7月，"七七事变"爆发后，他回到家乡，在中共山东省鲁西南特委领导下，继续开展抗日宣传工作，并参与组织建立了中华民族解放先锋队掖县队部。不久，党组织安排他赴延安学习。此后，他一直在中共中央北方局跟随彭德怀、浦安修、邓小平等领导人工作，先后担任过中共中央北方局青年委员会负责人，中共中央太行分局秘书长、中共太行区八地委书记兼八军分区政委、中共冀南区二地委书记兼二军分区政委等职务。1943年，太行地委迁至山西陵川县后，他带领冀南八路军为守护地处晋豫两省重要的交通枢纽、兵家的必争之地开展武装斗争，清除汉奸、建立兵工厂、宣传共产党的抗日主张，赢得广大老百姓的拥护和支持。

1946年夏天，江明被中共晋冀鲁豫中央局派往国民党管治区的天津、上海从事党的地下经济工作。

天津解放前夕，在河北省霸州的胜芳镇，天津解放后的首任市委书记、市长黄敬向江明布置新的工作任务，派他担任天津市军事管制委员会对外贸易接管处副处长、兼天津海关军代表，负责全面接管津海关。黄敬明确接收海关工作的方针是："完整接收、逐步改造"。指示江明"对旧海关完整地接收下来后，要尽快恢复业务。这不仅对全市社会秩序的稳定、生产的恢复、经济的发展有好处，而且对以后解放上海，接收旧海关总署的影响也很大。"黄敬告诫江明，"对旧海关的人员不要一脚踢开。海关是个洋玩意儿，我们不懂，要依靠原来的人做事情，我们逐步学习，不要搞乱。"

1949年1月15日一早，天津刚解放，江明就带领对外贸易接管处的干部迅速完整地接管了津海关。接收当日，接管组立即召集原税务司及海关课长以上人员，宣布津海关已被接管，并向旧海关人员介绍中国共产党的方针、政策。同一天接管组还召开了海关全体人员大会，宣传党的政策，稳定人心，并要求所有人要坚守岗位，为新政权服务。

津海关被接管后，江明带领接管组的干部在形势错综复杂、没有任何经验可以借鉴的情况下，坚决执行中共中央对海关"完整接收，逐步改造"的方针，先后较好地处理了旧海关人员留用、工资待遇、旧海关制度的过渡改革及新政策的宣传工作，保证了津海关各项业务在政权更迭过程中的平稳过渡，圆满地完成了新政权接收第一个口岸大关的任务，并为此后接收新解放地区的海关积累了宝贵的经验。江明既是这场伟大变革的担当者，又是天津海关新旧体制变迁的亲历者和见证人。是年3月18日，华北对外贸易管理局成立，江明出任副局长。

是年4月，中共中央书记处书记，中央人民政府副主席刘少奇在天津调研期间，专门听取了江明关于接收津海关工作的情况汇报，刘少奇对确定的接管方针和具体做法都给予了充分的肯定。作为新政权接收的第一个口岸大关，津海关成功的接收工作经验，为新生人民政权此后顺利接管全国海关打下了良好的基础。此后北京等地曾派人到津取经，北京市市长彭真在北京召开的一次会议上还引用过津海关的接管工作经验。

是年10月22日，天津市军事管制委员会主任黄敬签署命令，鉴于接管工作基本完成，海关总署也已成立，决定撤销在海关的军代表。10月26日，华北对外贸易管理局正式通知海关军代表奉令撤销。是年11月8日，中央贸易部通知江明于当月26日前赴中央财政经济委员会报到。此后，他先后出任政务院财经委员会贸易处处长，对外贸易部局长、副部长等职务。1963年6月至1969年12月期间，作为对外贸易部的副部长，他兼任海关管理局局长职务，成为中华人民共和国海关总署的第四任领导者。在任海关管理局局长期间，他先后主持拟定了《关于在反走私斗争中加强联系配合的联合指示》，组织有关部门协同开展反走私斗争；主持拟定了《进出口印刷品管理试行办法》，规范海关对物品的监管。在"文化大革命"期间，别有用心的人炮制了涉及全国多个海关、数十名干部的"伪海关案"，江明在此案中被打成刘少奇的黑爪牙，复辟伪海关的骨干分子，受到迫害和冲击。

1978年，江明调任国家科学技术委员会任副主任。1995年11月离休。历任全国政治协商会议委员会第五、六届委员。还受聘为中国国际贸易促进委员会、中国海关学会顾问。

2001年8月1日，江明在北京病逝，享年91岁。

朱剑白（1914—2011年） 原名朱桂蕊，汉族。1914年9月21日出生于山西临汾县城姚家胡同的一个城市平民家庭。

幼年的朱桂蕊勤奋好学，但因家境贫寒，靠友人资助才完成了高小学业。随后他考入山西省立第六师范学校，靠半工半读，自己养活自己，而艰苦地生活也磨炼了他坚强的毅力。"九一八"事变后，全国的抗日浪潮风起云涌，朱桂蕊受周围具有进步思想的老师和同学的影响，积极投入到抗日救亡运动之中，在与压制抗日民主的反动势力斗争中，他很快成为学生运动中的领导骨干，并在斗争中得到了锻炼，思想逐渐成熟，同时逐渐确立了他的革命理想和人生目标。

1934年7月，朱桂蕊从山西省立第六师范学校毕业后，到山西临汾省立第六女子师范学校任图书管理员，并兼任附小教员。此时，他立誓"我要把自己的青春和生命铸成一把锋利的宝剑，杀向万恶的敌人。"并把自己的名字改为朱剑白，取意以正义的红色之剑直指白色恐怖，杀尽一切黑暗的恶势力。1936年冬天，在抗日救亡的运动中，他加入了在中国共产党领导下由先进青年组建的抗日救国组织——中华民族解放先锋队。1937年5月他加入了中国共产党。

1937年11月，中共山西省公开工作委员会任命23岁的朱剑白为山西安泽县政府秘书兼教育科长，此时他的另一个身份是山西安泽县牺牲救国同盟会（以下简称牺盟会）公道团联委会的领导成员之一。由于当时他经常代理抗日县长全权处理县政府的公务，常被人戏称"二县长"。当时的安泽县正处于各方政治势力的争夺之中，斗争形势十分复杂，其间朱剑白既聆听过八路军总司令朱德做的抗日形势报告，也当过国民党第九十三军军长刘戡的阶下囚。1938年3月8日，朱剑白与县政府机关的其他工作人员被刘戡的军队抓起来，逼他交出县政府的大印和经费。当时朱剑白身上藏着党的重要文件和组织人员名单。为了保护党的秘密，朱剑白想方设法与对方周旋，找机会骗过监管人员的视线安全地把机要文件处理掉，机智地解决了危机。此事发生后，党派朱剑白赴山西和顺县政府任财政科科长，负责为抗日部队筹集粮食、款项、鞋帽、衣物的工作，他千方百计做好工作，保证作战部队的给养需求。1939年初，日寇突然对和顺地区进行疯狂扫荡，来不及转移的朱剑白等人被包围在驻地。临危不乱的朱剑白迅速弄清敌情，组织县政府会计，带着的印鉴和经费突破敌人包围安全转移。在这段时间里，朱剑白还先后担任过山西第三专员公署财政科税务股长、冀南太行太岳行政联合办事处财政处税务科长、晋冀鲁豫边区税务总局稽征科长、漳北区税务分局长、晋冀鲁豫边区工商总局税务、工商行政科长、商务副处长，晋冀鲁豫边区税务稽征总局长兼边区政府财政厅税务科长、晋冀鲁豫边区政府贸易厅秘书主任、华北人民政府工商部出入口处处长等职务。长期从事财税工作的经历使朱剑白积累了丰富的工作经验，也为他日后的海关工作打下了坚实基础。

1949年1月15日天津解放，时任天津市军事管制委员会外贸接管处研究室主任的朱剑白参与了中国共产党接管第一个口岸大关的全过程。同年4月27日，不足35岁的朱剑白又被华北人民政府任命为刚刚接管的津海关税务司，从此步入一个全新的工作领域，开启了他精彩人生的另一个新篇章。

津海关是人民政府接管的第一个口岸大关，所以等待他去处理的问题接踵而来，既要进行海关组织人事制度的改革、解决旧海关留用人员的思想认识问题，转变旧海关职员的工作作风，又要发挥海关的职能恢复正常的海关业务为新政权的经贸工作服务。在那段日子里，朱剑白不知疲倦地工作，经过一年多的努力，把津海关——这个为帝国主义服务，处处深刻着半殖民地化烙印的旧海关成功接收改造成独立自主的为人民服务、为新中国服务的人民海关，使一个具有80多年历史的旧海关焕发了新生。其间，朱剑白还参与了新中国海关总署的创建工作，在中央档案馆里至今还珍藏着姚依林、孔原、朱剑白署名给党中央的关于建立海关总署的意见报告。当时，朱剑白是海关总署筹备小组的成员之一，结合在津海关的工作经验和体会，为海关总署的建立和新中国海关事业的发展提出了许多有价值的建议和意见。1950年，海关总署成立后，津海关划归海关总署直接领导，改称为“中华人民共和国天津海关”。1月23日，华北对外贸易管理局下发特函，奉海关总署令任命朱剑白为天津海关关长，并代表海关总署负责接收津海关。同年5月12日，时任政务院总理周恩来签署命令，任命朱剑白为天津海关关长。在中国海关历史上，朱剑白是大陆海关的最后一任税务司，在天津海关历史上，朱剑白是人民海关的第一任关长。

1957年1月，朱剑白调离天津海关到中央外贸部工作。此后，曾历任中央外贸易部三局副局长、外贸部第三、第四业务组（亦称海关商检局）负责人等职。其间还出任过中国驻印度大使馆商务参赞，无论在哪个岗位上，朱剑白都凭着坚定的党性觉悟以及出色的工作能力圆满地完成国家赋予的使命职责。

1972年1月，朱剑白又重新回到海关战线，担任外贸易部海关管理局局长。在海关事业的又一个转折期，为中国海关的建设发挥出重要的作用。在这段时间里，朱剑白坚定执行中央的决议，为消除“文化大革命”的影响，恢复海关工作殚精竭虑。他组织领导复查海关历史的遗留问题，客观地纠正各种错误结论，使一大批在“文化大革命”中因各种原因调离海关的优秀业务骨干重新回到海关队伍，为此后恢复海关体制奠定了坚实的基础。朱剑白认为重新建设海关，没有一支合格的队伍不行，要重新建设海关干部队伍，提高干部素质，培养海关专业大学生势在必行，他提议恢复海关学校并升格为大专，并在北京外贸学院（后称北京对外经济贸易大学）建立起一个海关系，从零做起，组织编写海关专业教材、建立海关专业教师队伍，1978年海关系招收的首届本科生入校学习。此后，该系为海关培养出一大批中高级人才，这些人中的许多人走上海关各级领导岗位，成为改革开放和海关事业的中坚力量。随着国家对外开放的快速发展，海关队伍急需补充大量的干部，为满足海关业务发展的需要，他还为秦皇岛海关学校和中国海关管理干部学院的建设奔走忙碌。1980年恢复海关体制后，朱剑白担任海关总署副署长、党组副书记，成为海关总署第五届署领导成员之一。在海关业务建设上，朱剑白凭借对海关工作的深入了解和丰富的工作经验，抓关键、谋大局，重新整顿恢复了海关的四大任务，领导建立起一套既适应改革开放形势发展需要，又符合海关监督管理原则的规章制度，在组织力量恢复海关集中统一管理体制、恢复海关独立计征关税、恢复编制海关统计和调整适应改革开放需要的海关管理政策、法规、制度中做出突出的贡献，为新时期中国海关的腾飞打下坚实基础。1984年4月，70岁高龄的朱剑白被批准离职休养。

1985年6月30日，71岁高龄的朱剑白又迎来了新的历史使命。经他倡议和筹建，海关系统以研究海关理论和实际问题的全国性学术团体——中国海关学会宣告成立。在北京召开的中国海关学会成立大会上，朱剑白当选为中国海关学会的首任会长。时任国家主席李先念为中国海关学会成立发来贺信“希望学会加强同学术界、理论界的联系，团结海关系统的同志，共同努力，加强理论研究和学术交流，为建设具有中国特色的社会主义海关，更好地为四化建设服务，做出积极贡献。”中国海关学会在朱剑白的带领下扬帆起航。在担任中国海关学会会长期间，在会长的岗位上，他继续为所钟爱的海关事业建言献策、谋篇布局，为海关的理论研究和学会的未来发展打下坚实的基础。五年间，中国海关学会建立起各级组织机构，天津分会、上海分会、各海关的学会组织都相继成立，为学会开展理论政策研究活动提供了组织保障；在他的领导下，中国海关学会成立伊始就把组织编写中国海关史，总结海关管理的历史经验列为重要工作内容并写进学会章程。在他任期内，中国海关学会举办了为期20天的“地方海关史志讲习班”，为海关史的研究培养骨干人才。在学会的推动下，全国海关系统陆续完成编写出版了一批海关史、志书。学会还与厦门大学联合在厦门大学组建起“中国海关史研究中心”，开启了中国海关近代史的研究之门。创刊中国海关学会会刊《海关研究》，为学会开展研究活动提供了阵地；组织编写出版《海关职工革命斗争史文集》《中国近代海关史问题初探》《中国海关简史》，翻译出版了《法国海关与对外贸易》《海关技术》等书籍；举办“中国泉州市舶司设置九百周年纪念活动”和“中国海关史国际研讨会”，在全国海关范围组织开展“中国海关发展与改革问题”征文活动。

晚年的朱剑白虽患病卧床，仍关心着国家的改革建设，对海关事业的发展充满着信心和祝福。2011年1月11日，96岁高龄的新中国海关开拓者之一、海关人朱剑白停止了呼吸，带着对中国海关事业的希冀离开了这个世界。

梁家瑛（1913—1999年） 曾用名梁少泉、梁杰，汉族。祖籍广东省中山县（现珠海市），1913年8月14日出生于天津。

梁家瑛生长于一个家境殷实的铁路职员家庭，从小过着衣食无忧的生活。但“九一八”事变的爆发，不仅使中国东三省的大好河山落入日寇手中，也打破了梁家宁静的生活。不愿做亡国奴

的父亲辞去在铁路的工作，失业后携一家老小从天津迁回广东中山老家。梁家瑛为完成学业独自留在天津，寄居在同学家中并得到朋友的经济资助才得以完成高中学业。国仇、家恨，友情、感恩，青少年时的人生经历影响了梁家瑛一生的价值取向，造就了他爱憎分明的性格，奠定了他日后坚定投身革命的思想基础，并在这个具有爱国情结和正义感的莘莘学子心中，播下了追求真理和光明的种子。

梁家举迁回广东后，仅靠父亲给人看病和借债维持9口之家的生计，急切希望身为长子的梁家瑛能尽快找份工作补贴家用。1933年，20岁的梁家瑛从天津扶轮中学（1950年改称为“天津铁路职工子弟中学”）高中毕业后，听说海关薪酬优厚是“金饭碗”，就决定报考上海税务专门学校（以下简称“税专”），以期毕业后进海关赚钱养家。但由于报考人数众多未被录取。翌年，再考仍遭落榜，经同学母亲劝说并予以经济资助，当年他考进了北平师范大学英文系，但他考“税专”的想法并没有改变。1935年他第三次报考“税专”，功夫不负有心人，这次终得录取，进入外勤十期学习。1936年6月，梁家瑛由上海税务专门学校分配到江海关任稽查员。海关优厚的待遇帮助梁家在经济上翻了身，不仅全家再也不愁吃喝，还还清了家里的欠债。

进入海关工作后，梁家瑛亲眼目睹日本走私浪人无故殴打海关关员，海关当局却不出面维护关员的利益，深深挫伤了他强烈的民族自尊心，也更加痛恨政府的腐败无能。1937年7月，梁家瑛转调到总关设在澳门的拱北关工作。在拱北关期间，他开始接触革命思想和共产党人。抗战爆发后，冒着被海关开除，丢掉养家的“金饭碗”危险，梁家瑛义无反顾地投身于抗日救亡运动之中，并于1938年9月加入了中国共产党，成为一名以海关职业为掩护的中国共产党的地下工作者。是年，在“七七”事变周年时，他组织发动了关内职工为八路军捐款的活动，还把两个弟弟送到延安投身革命。1938年9月14日，梁家瑛在给两个弟弟的离别赠言中写道：“今天有机会你们去陕北，你们可以实地去学习，去工作，光明的前途，自由的园地，是要你们自己去开辟。日本帝国主义一天不撵出我们的土地，我们是一天不能得到自由的空气，你们去陕北是抱着多大的使命，希望你们能自己明白，不断的努力！我预祝你们的成功！胜利！中华民族万岁！”1939年二弟梁家煌在抗日战争中牺牲。三弟梁家焯在抗大毕业后在八路军一二九师政治部工作，新中国成立后在邮电部担任领导职务。

1939年，拱北关发生英籍监察员福斯特无端打骂关警事件，关警群情激愤，经中共澳港工委的批准，他成功组织了海关关警队的罢工斗争，并在此次斗争中发展了关警中的5名积极分子加入党组织，在华南地区海关系统建立起第一个共产党支部。

1939年，梁家瑛由拱北关转调四川万县关任分卡主任。地下党川东特委指示他利用其海关身份和广东同乡会、师大校友会的关系在上层社会开展统战工作。1944年初，海关总税务司署调梁家瑛去洛阳分关工作。但地下党组织考虑到当地统战工作的需要，指示他继续留在万县开展工作。这对梁家瑛却是个两难的抉择，服从组织的决定就要拒绝海关的调动，而按照当时海关的规定，不服从调动就要被开除，离开海关家庭的正常生活都难以维持。他几经思考终于想出一个以病休拖延赴任的办法，虽然暂时延缓了赴洛阳的时间，但因病休却使家庭收入大幅降低，当时已是 4 口之家的梁家瑛，生活立刻变得十分艰苦拮据，为补充家用他又到万县女中做兼职教员。直到 1944 年 5 月情况才发生了转机，由于日本侵略军占领了洛阳，洛阳分关被迫西撤西安，调梁家瑛赴洛阳分关的命令也被撤销，他又重回海关岗位。在万县女中教课期间，他利用教学的机会，向学生们宣传革命思想和共产党的宗旨，培养积极分子、发展学生党员。后来在重庆解放前夕，与江竹筠（江姐）一起牺牲在渣滓洞的黄玉清烈士就是经他发展成为共产党员的万县女中学生。

抗战胜利后，1946 年海关调梁家瑛到青岛关工作，途经上海时中央社会部指示他去天津，利用在海关工作的便利和广泛的社会关系收集国民党军事运输的情报，并为他办好改调津海关的命令。从 1946 年 6 月至 1948 年 3 月，他在津海关利用海关监管进出口轮船的有利条件，收集到大量国民党运输军队和武器的情报，用密码通过上海的联络员及时转给了中共中央。1947 年，他被调到津海关的大沽民船分卡任主任。分卡的任务是封锁解放区和天津的交通联系。但他却利用分卡主任的职权对报关行以收“方便费”的名义，放行解放区与天津来往的船只，破坏了敌人对解放区的封锁。是年，他还协助东北社会部在天津建立起地下交通站。1947 年，梁家瑛遇到了抗日战争时期在四川万县认识的好朋友杜执中，当时他在盐务局长芦盐场任税警大队长。在过去友谊的基础上，梁家瑛适时向他介绍解放战争的性质和形势，让他听延安广播电台的广播，并借他一些进步的书籍和杂志，在他的引导下杜执中终于选择走起义之路，回到了人民阵线。1948 年 3 月，党组织考虑到他的安全，调他到香港九龙关等候接受新任务，期间他又配合九龙关的地下党组织发动群众，做好迎接九龙关解放的准备工作。

1949 年 3 月，平津解放后，党组织决定让他脱离海关，经由香港回北平到中央社会部学习，准备南下接管新区。是年 4 月，中央人民政府副主席刘少奇到天津视察接管工作，梁家瑛随同接管调查小组到津。在津期间，刘少奇得知他过去一直在海关工作，便与时任天津市军事管制委员会主任的黄敬商量决定将他留在天津海关工作。1950 年，海关总署成立时，各部门的负责人都是以地下党为骨干，与他一起工作战斗过的甚至比他入党晚的同志都被任命为处长。虽然他是 1938 年参加革命的老地下工作者又是老海关，但当时为了工作的需要，在天津海关他的身份只是旧海关留用人员，没有安排担任任何领导职务，从一般干部开始，科员、股长、副科长、科长、查私主任一级级踏踏实实地做起来。1952 年定级时与他一起工作过的人都定为 11 级，有的甚至定为 10 级，而他仅定了个 14 级，直到 1978 年才提到 12 级。但对此他没有发过一句怨言。

1952 年，在“三反、五反”运动中，由于“假老虎”的“出卖”，他莫须有地受到牵连，被停职审查。其间，由于长期接受审查不准回家，加之用脑过度，引发低血糖，突然昏厥，摔在厕所水箱上，将额头和右眼摔伤，经北京中苏友好医院全力救治，终因伤势过重右眼球被摘除，导致终生失明。问题查清后党组织征求他的意见，他说“在运动中有问题涉及到我，受审查是应当的，无可埋怨，而摔坏眼睛是自己昏厥病造成的和运动无关，如果说有意见，就是希望组织能尽快恢复我的工作。”

1956年4月，梁家瑛升任天津海关副关长。1961年10月，又被任命为天津海关党组书记、关长。“文化大革命”开始后，因受“伪海关案”的牵连，被扣上“叛徒”“特务”“走资派”三顶政治帽子，受到长达10年的审查，甚至被投入监狱“军事监护”21个月。“文化大革命”结束后，直到1979年4月，中共天津市委员会决定给梁家瑛彻底平反，恢复其名誉。面对强加在身上的种种莫须有的罪名和不白之冤带给他的长时间身心摧残，他没有委屈和不满，唯一遗憾的是时间和生命被浪费。他先后给各级党组织和国务院总理周恩来写过10多封信，要求尽早恢复他的工作。

1975年7月，他出任天津商品检验局革命委员会副主任，一个处级机构的第五把手，但他仍把分管的工作做得有声有色。1977年12月，海关总署决定筹建北京外贸学院（后称北京对外经济贸易大学）海关系，梁家瑛被借调到海关总署任筹建组负责人。他组织编写了全部海关专业的教材，建立起海关专业教师队伍。1978年海关系开始招收第一届本科生。此后，作为海关培养海关管理专业大学本科毕业生的基地，该系为海关培养出一大批掌握海关工作基本理论、基本技能、国际海关知识、外贸金融知识，能用英语阐明中国海关政策、法规，处理涉外海关业务，进行国际海关交流的专门人才。梁家瑛则是北京外贸学院海关系的主要奠基人之一。

是年11月，结束了北京外贸学院海关系的筹建工作后梁家瑛希望能回到天津海关工作，但在向天津市委组织部报到时，组织部考虑到正在恢复的市侨务办公室尚无主要负责人，建议让他出任天津市人民政府侨务办公室（以下简称“侨办”）的副主任，他再次无条件地服从组织的安排走上新的工作岗位。在侨办他先后参与了为归侨、侨眷落实政策的工作，为平反冤假错案殚精竭虑；组织了对广东特区的调研工作，为天津市的改革开放提出了可借鉴的意见；成立了经贸处和“华建”公司，利用归侨和侨眷的国外关系，争取华侨回国投资开展经济活动；参与并促成了与华侨合资建立“国际科技咨询中心”的项目。1980年他当选为天津市政协常委兼归侨台胞组组长。在这个岗位上他一直干到1985年4月离职休养。

1985年6月，中国海关学会成立，梁家瑛先后出任中国海关学会副会长、理事，天津分会会长，天津海关学会名誉会长等职，继续为海关事业呕心沥血。1986年，他受中国海关学会的委托，担任编辑组长主持编写中国海关斗争史丛书，历时4年，编辑出版了25万字的《海关职工革命斗争史资料选集》两辑，并在此基础上整理出版了《海关职工革命斗争史文集》。他还不辞劳苦，先后应邀到北京、桂林、西安、兰州、青岛、秦皇岛、南宁等地海关宣讲海关地下党史和个人的革命斗争史，向青年关员进行党的传统和爱国主义教育。

他在工作中始终追求高标准，但在生活中却保持着普通劳动者的本色，不居功，不自傲。20世纪90年代，海关人的住房条件普遍都得到了改善，但他仍然住在海关1959年分配给他的两间旧房子里，冬天没有暖气，夏季下雨漏水，8旬的老人还要端煤倒灰。即使后来给他调剂了有双气的三居室单元房，面积也只有56平方米。梁家瑛一生从不向组织伸手，因为在他看来，共产党员争名、争利是件很可耻的事情。

1999年3月27日梁家瑛在天津病逝，享年86岁。在他逝世后，4月3日，天津海关的第一任关长、前海关总署副署长朱剑白在悼辞中写道："家瑛同志是一个好党员、好干部、好同志。和我交往有40余年的历史，知之较深，概括数言，以表怀念：乐观上进，淡泊名利；能屈能伸，随遇而安，身残志坚，陷囹圄而无怨；屡遭坎坷，处逆境如坦途。耄耋之年，犹奋斗不息；堪称一代楷模，值得我等学习。"

第二章　天津海关历任关长简介

余进贤（1911—1993年） 四川宜宾县人，汉族。中国共产党党员。1957年1月至1961年7月担任天津海关关长、党组书记。

余进贤1937年7月参加工作。1937～1939年，在陕甘宁边区、陕北公学、晋东南抗大分校学习。1940～1946年，在太行第六工商分局、八专区、晋源涌商店、太行贸易总店等处任监察委员。1946～1948年，任冀中永茂总公司第四分店监察委员。1948～1952年，任天津市军事管制委员会外贸接管处人事室主任。1953年1月～1957年1月，任天津海关副关长。1957年1月～1961年7月，任天津海关关长、党组书记。1961年7月～1962年，任天津市财政局局长。1962～1983年，任天津市对外贸易局党委书记、副局长。1983年离职休养，1993年在天津病逝，享年82岁。

石振华（1913—1979年） 河北省完县人，汉族。中国共产党党员。1966年8月至1972年2月先后担任天津海关关长、党组书记，革命委员会主任。

石振华1937年10月参加工作，1938年2月加入中国共产党。历任完唐满易四线自卫会、抗日义勇军第三路军委员、科长。1937年12月～1945年，在晋察冀军区历任学员、指导员、巡视员、总支书记、主任、政治委员等职。1945～1946年，先后在宣化市物资管理委员会、张家口兴华、光大公司等处任主任、副经理。1946～1949年，在晋察冀军区工业局、大连办事处、聚兴商行（军区办事机构）任组织部长、经理。1949～1951年，在华北外贸局秦皇岛分公司、大连办事处、华北油脂公司等处任副经理、主任。1951～1956年，任天津商检局局长。1956～1968年8月，任天津外贸局副局长、党委书记。1966年4月，经中共中央华北局批准兼任天津海关关长、党组书记。1968年8月～1972年2月，任天津海关革命委员会主任。1973年2月～1978年，任天津市对外贸易局革命委员会副主任、副局长。1979年离职休养。同年在天津病逝，享年66岁。

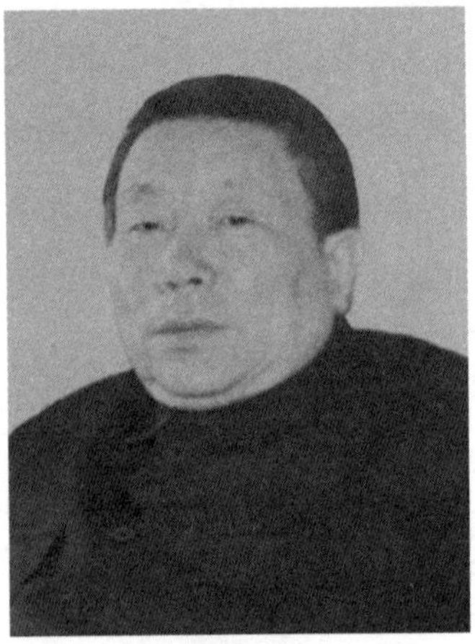

徐玉峰（1920—2002年） 1920年3月出生于河北省饶阳县，汉族。中国共产党党员。1972年2月至1978年5月担任天津海关党委书记、革命委员会主任，主持天津海关工作。

徐玉峰1938年12月参军入伍。1940年1月加入中国共产党。1938年12月～1945年8月期间，先后任晋察冀一分区20团、3团战士、排长、连长、支队指导员。1945年8月～1949年7月，任华北军区独立团教导员。1949年7月～1957年12月，任空军杨村场站站长。1957年12月～1966年3月，任北京军区空军后勤部车管处处长。1966年4月，从部队转业到天津外贸局，先后任五矿进出口公司党委书记、天津对外贸易局武装部部长。1970年1月，调入天津海关工作。1971年2月22日，天津市革命委员会批准天津海关重新组建革命委员会，徐玉峰任主任。1971年4月，经天津市外贸局革命委员会批复，中共天津海关委员会成立，徐玉峰任书记。1972年2月，天津市外贸局革委会正式任命其为革委会主任。1978年5月12日，经中共天津市委组织部决定，被任命为中共天津对外贸易运输分公司委员会书记，由于本人身体原因无法履职，1978年11月13日，经中共天津市对外贸易局委员会同意，免去中共天津对外贸易运输分公司委员会书记职务离职休养。1982年12月，经海关总署批准正式办理离职休养手续。2002年10月在天津病逝，享年82岁。

戴克忠（1930—1999年） 1930年1月出生于河北省青县大孝子墓乡戴庄子村，回族。中国共产党党员。1978年5月至1983年12月担任天津海关党委书记、关长、党组书记。

戴克忠1945年2月参加工作。1946年4月加入中国共产党。1945年2～6月，在晋察冀边区招待所工作。1945年8月至1946年12月期间在河北青县工作，曾任青县辛集税务所稽察长。1946年12月至1947年12月在河北任河县卧佛堂税务所工作。1947年

12月至1948年12月任冀中出入口管理局行政科经济工作组组长。1949年1～3月，在天津接收伪输出入管理委员会工作。1949年3月至1952年12月任天津外贸管理局人事科副科长。1953年1月至1961年7月，调入天津海关先后任保卫科副科长、驻邮局办事处、查私处主任。1961年7月至1966年7月，任天津海关副关长、党组成员。1966年7月，在“文化大革命”中遭受迫害、批斗，被关进“牛棚”劳动改造。1971年5月，得到平反落实政策后，先后任天津外贸局企管处处长、办公室主任。1978年5月12日，经天津市委组织部决定，由天津外贸局办公室主任调任天津海关党委书记、关长。1981年7月7日，海关总署根据国务院《关于改革海关管理体制的决定》，确定天津海关升格为局级机构，任命戴克忠任关长。1981年10月28日，天津市委组织部批准成立天津海关党组，戴克忠任党组书记。1983～1985年，任中共天津市委员会对外经济贸易工作部部长，1985～1993年，任中国国际贸易促进委员会天津分会党组书记。1983～1988年期间，先后当选为中共天津市第四次代表大会代表、中共天津市第四届委员会委员；第五次代表大会代表；天津市第十、十一届人民代表大会代表。1993年离职休养。1999年12月28日在天津病逝，享年69岁。

杨戊辰（1933年—　） 曾用名杨武臣，1933年3月1日出生于河北省清苑县，汉族。中国共产党党员。大专文化程度。1983年12月至1993年12月担任天津海关关长、党组书记。

杨戊辰1951年7月参加天津海关关警训练班学习，结业后编入关警队第三小队任国际船舶监管员。1952年1月调码头办事处监管组。1956年10月～1959年2月，在海关总署天津干部学校脱产学习海关专业知识及外语（根据1985年海关总署《关于认定海关一些干部现有文化程度的通知》精神，认定相当海关管理专业大专文化程度）。1962年11月加入中国共产党。1959年3月～1981年7月，在天津海关塘沽分关历任科员、办公室副主任、副关长。1981年8月～1983年12月，任天津海关副关长。1981年7～9月，选派参加奥地利发展中国家海关高级关员培训班学习。1983年12月至1993年12月任天津海关关长、党组书记。1988年9月，海关总署授予海关高级关务监督专业技术职务。1988年3月，在中共天津市第五次代表大会当选市委候补委员。1991年12月30日，增补为天津市委委员。1993年1月30日，当选为第八届全国人民代表大会代表。1993年6月～1998年7月，任中国政治协商会议天津市第九届委员会常委。1998年6月，经海关总署批准退休。

赵桂芬（1944年—　） 1944年2月2日出生于河北省孟村回族自治县。女，汉族。中国共产党党员。大学本科学历。1993年12月至2004年2月担任天津海关关长、党组书记。

赵桂芬1965年12月加入中国共产党。1969年毕业于天津南开大学政治系政治经济专业。但由于“文化大革命”的原因，延期至1970年8月正式离校参加工作，被分配至天津海关。

1970年7月～1976年6月，先后任天津海关办公室机要秘书、政治处党务干部、兼职党总支书记。1976年6月～1979年8月，任天津海关党委委员、革命委员会副主任（副处级）。1979年8月～1983年10月，任天津海关政治处副主任、人事处副处长。1983年10月至1985年2月期间，借调至中共天津市委对外贸易工作部任干部处处长。1985年4月，结束借调回天津海关任人事处副处长、处长。1986年9月～1993年12月，任天津海关副关长。1992年12月31日，海关总署授予高级经济师专业技术职务。1993年12月～2004年2月任天津海关关长、党组书记。成为中国海关历史上首位在厅局级海关担任关长职务的女性。在1993年12月～1996年1月，还同时兼任天津海关党组纪检组组长。2003年9月，被授予海关一级关务监督关衔。2004年2月到达退休年龄后，不再担任天津海关关长、党组书记职务。2004年7月至2009年2月，经中共天津市委员会任命，担任中共天津市委巡视组组长、正局级巡视专员。2004～2007年当选中国海关学会副会长，2009年，当选中国海关学会天津分会会长。2009年8月经海关总署批准退休。1998年1月，当选天津市第十三届人民代表大会代表和第九届全国人民代表大会代表。2003年1月，当选天津市第十四届人民代表大会代表、常务委员。

黄胜强（1955年—　） 江苏省泰县人，1955年9月出生于南京市。汉族。中国共产党党员。博士研究生学历、经济学博士学位。2004年2月至2009年12月担任天津海关关长、党组书记。

黄胜强1973年4月参加工作，1982年12月加入中国共产党。1973年4月～1976年12月，在江苏江宁向阳公社插队任民办教师。1976年12月～1980年7月，在北京对外贸易学院法语系学习。大学毕业后进入海关总署。1980年7月～1994年3月，任海关总署关税统计司干部、征税处副处长、减免税处副处长、征税一处处长。1994年3月～1998年9月，任海关总署外事司副司长、海关总署办公室副主任。1998年7月，中国社会科学院研究生院博士研究生毕业。1998年9月～2002年8月，任海关总署办公厅（口岸规划办公室）副主任（副司局级）、主任（正司局级）。2002年8月～2004年1月，任海关总署办公厅（口岸规划办公室）主任兼国际合作司司长。2003年9月，被授予海关一级关务监督关衔。2004年1月～2009年12月，任天津海关关长、党组书记。2009年12月，调任上海海关关长、党组书记。2013年1月，担任国家口岸管理办公室主任，上海海关关长、党组书记。2013年7月，担任海关总署党组成员、国家口岸管理办公室主任。2007年6月，当选为天津市委委员。2008年1月，当选为天津市人民代表大会代表。2012年5月22日，当选中共上海市委候补委员。2012年，当选中国共产党第十八次全国代表大会代表。2012 年 12 月 12 日，当选上海市人民代表大会代表。2013 年 2 月 27 日起，担任上海市第十四届人民代表大会财政经济委员会委员。

李佩林（1956 年—　） 河北省满城县人。汉族。1956 年 3 月出生。中国共产党党员。中共中央党校在职研究生班经济学专业毕业。自 2009 年 12 月起担任天津海关关长、党组书记。

李佩林 1975 年 10 月参加工作，1982 年加入中国共产党。1975 年 10 月 ~ 1978 年 10 月，任天津市河北区粮食局业务员。1978 年 10 月 ~ 1982 年 7 月，在南开大学中文系汉语言文学专业学习。1982 年 9 月 ~ 1987 年 7 月，南开大学毕业后，分配至中共天津市纪律检查委员会调研处任干事。1987 年 7 月 ~ 1989 年 5 月，任中共天津市纪律检查委员会调研处主任科员、副处长。1989 年 5 月 ~ 1993 年 6 月，任中共天津市纪律检查委员会调研室副主任。1993 年 6 月 ~ 1997 年 10 月，任中共天津市纪律检查委员会编辑室副主任（副处、正处）。1997 年 10 月 ~ 1998 年 4 月，任天津市监察局副局长。1998 年 4 月 ~ 2002 年 1 月，任中共天津市纪律检查委员会常委、市监察局副局长。1999 年 9 月 ~ 2002 年 7 月，就读于中共中央党校研究生院在职研究生班经济学专业。2002 年 1 月 22 日，经海关总署党组任命，担任天津海关党组成员、党组纪检组组长（副厅局级）。2003 年 9 月，被授予海关二级关务监督关衔、2004 年晋升为一级关务监督关衔。2004 年 7 月 ~ 2009 年 12 月，海关总署任命其为黄埔海关关长、党组书记。2009 年 12 月，调任天津海关关长、党组书记。2012 年 5 月，当选为中共天津市第十届委员会委员；2013 年 1 月当选为中国政治协商会议天津市第十三届委员会委员、常委。

附　录

本志中使用海关业务专业名词，解释如下：

加工贸易：是指经营企业进口全部或者部分原辅材料、零部件、元器件、包装物料经加工或装配后，将制成品复出口的经营活动，包括进料加工、来料加工。

核销：加工贸易的核销是指加工贸易单位在合同执行完毕后将《加工贸易登记手册》、进出口专用报关单等有效数据递交海关，由海关核查该合同项下进出口、耗料等情况，以确定征、免、退、补税的海关后续管理中的一项业务。

缉私课：1949 年 1 月，新政权接管津海关后设立的查缉走私的部门，相当于科级单位。

冻品：是储存在摄氏零下特定度数的食品，包括海产类、水产类、农产类、畜牧家禽类及其他肉类等肉质或非肉质食品。

瞒报：是在货物申报进出口环节，故意隐瞒货物的实际进出口情况，不向海关申报，以达到偷逃应缴税款的目的。

夹藏：是以向海关合法申报的进出口货物，掩盖未向海关申报非法进出口的货物、物品。

低报价格：在货物进口环节，故意对货物价格压低申报，达到偷逃应缴税款的目的。

“飞料”走私：即保税原材料申报进口后，不进加工厂，直接出售，以赚取高额差价，然后用其他原料产品代替出口的偷逃税手段。

伪报品名：即向海关申报了某种低价值、低税率或者非许可证管理商品，但运输工具运载的全部或者部分是不同品名的另外一种商品，其目的是偷逃应缴税款。

伪报贸易性质：将真实的贸易方式伪报成其他贸易方式，以利用国家的保税等优惠制度，偷逃应缴税款。

易货贸易：是指在买卖双方之间进行的货物或劳务等值或基本等值的直接交换，不涉及现金的收付。

水货：即走私物品的统称。

水客：泛指经常在大陆、港澳之间随身携带产品进出的人，携带的产品品种、数量、规格不一。

虚假贸易：是指企业以套取汇差、利差牟利以及利用地方政府稳定外贸增长支持措施骗取奖励或补贴等优惠为目的，扰乱正常贸易秩序，造成进出口数据失真的非正常贸易行为。

单项统计：为了更好地发挥海关统计在国民经济核算和海关管理中的作用，对于部分不列入海关统计的货物、物品，海关可以根据管理需要实施单项统计。单项统计的数量和金额不计入海关统计的数量和总值。海关实施单项统计的货物、物品有 31 种。

外贸出口先导指数：2012 年 6 月，为建立动态趋势预测体系，海关总署在进出口监测预警系统下的预测子系统中增加“中国外贸出口先导指数”模块，通过构建指标体系、计算指数方式，对国家未来 2–3 个月的出口走势进行趋势性预测。外贸出口先导指数由 7 个对出口有先导作用的宏观统计指标和 3 个通过问卷调查获取的微观指标合成。其数值扩大，表明国家未来 2–3 个月的出口形势趋于乐观；反之表明出口将面临一定的下行压力。2013 年 3 月，指数的编制方案通过来自发改委、商务部、人民大学、社科院等10多位专家评审，2014年4月起正式对外公布。通过外贸出口先导指数的应用，提高对出口形势研判的前瞻性、增加宏观调控的科学性和有效性的先期目标。

报关单数据：指进出口货物的收发货人、受委托的报关企业按照报关单的规范格式填制、以电子数据交换的方式向海关传输并经海关接受申报的，以及通过海关业务处理产生的所有报关单电子数据，包括海关特殊监管区域进出境备案清单数据、经加密处理的加密报关单数据及其派生数据。

海关执法评估系统：运用先进的统计分析软件和数理统计分析技术，通过对海关执法活动中产生的数据以及有关国家（地区）的数据进行科学的分析与比较，实现在海关税收征管质量、贸易管制条件执行情况、加工贸易监管状况等主要业务方面的动态监测分析，并对各关行政执法和业务管理水平作出量化评估的业务分析管理系统。

报关：海关报关业务是指：（一）按照规定如实申报进出口货物的商品编码、实际成交价格、原产地及相应优惠贸易协定代码等，并办理填制报关单、提交报关单证等与申报有关的事宜；（二）申请办理缴纳税费和退税、补税事宜；（三）申请办理加工贸易合同备案、变更和核销及保税监管等事宜；（四）申请办理进出口货物减税、免税等事宜；（五）办理进出口货物的查验、结关等事宜；（六）应当由报关单位办理的其他报关事宜。

报关员：是指依法取得报关员从业资格，并在海关注册登记，向海关办理进出口货物报关业务的人员。

专业报关企业：依照规定程序设立，主要从事接受进出口货物经营单位和运输工具负责人以及他们的代理人委托，办理进出口货物和进出境运输工具的报关、纳税等事宜，具有境内法人地位的经济实体。

AEO制度：是中国海关针对AEO管理的有关制度规定。根据《中华人民共和国海关企业信用管理暂行办法》第四条规定：认证企业是中国海关经认证的经营者（AEO），中国海关依法开展与其他国家或者地区的AEO互认，并给予互认AEO企业相应通关便利措施。AEO经授权的经营者（Authorized Economic Operation）是指在世界海关组织（WCO）制定的《全球贸易安全与便利标准框架》中被定义的“以任何一种方式参与货物国际流通，并被海关当局认定符合世界海关组织或相应供应链安全标准的一方，包括生产商、进口商、出口商、报关行、承运商、理货人、中间商、口岸和机场、货站经营者、综合经营者、仓储业经营者和分销商”。

企业分类管理：是海关根据企业遵守法律、行政法规、海关规章、相关廉政规定和经营管理状况，以及海关监管、统计记录等，设置AA、A、B、C、D五个管理类别，对有关企业进行评估、分类，并对企业的管理类别予以公开的管理模式。

海关风险管理：是通过一整套管理程序和操作的系统运用，为海关提供必要的信息，以用于处理进出境活动及货物，从而避免风险（The systematic application of management procedures and practices which provide Customs with the necessary information to address movements or consignments which present a risk)。来源于修订后的《京都公约》

海关风险布控：是指海关为实时甄别和处置海关管理对象风险，通过各种风险布控系统（或布控功能）布设处置风险的指令，并由被指定的现场作业环节执行处置和反馈处置结果的风险防控措施。

H883：应用计算机的海关通关管理系统。该系统工程利用电子计算机技术，实现了货运监管、征税、统计业务的一体化。因 1998 年 3 月立项开发，故称为“H883”。

H986：大型集装箱货柜车检查系统，有固定式、车载式、组合式三种，技术和设备均为国内开发研制。

H2000：海关通关管理系统，为“H883”的升级版，是海关信息化建设的核心工程。通过该系统，海关建立起全国集中式的业务数据库，统一存放各种海关的各项业务数据，可随时调用，使企业在办理各种跨关区进出口业务时享受相关工作便利。采用该系统后，有效解决了转关手续繁杂、时间长等问题，可以随时调用业务数据，提高了转关速度。

EDI：EDI 是英文 Electronic Data Internet 的缩写，电子数据交换系统。

EDI 无纸通关：指企业在电子计算机上录入进出口货物报关数据，通过联网的“中国电子口岸”网络系统向海关传输电子数据，进行电子申报；海关通过 EDI（电子数据交换系统）对电子报关数据进行审核，在无纸质书面报关单证的情况下，办理进出口货物的征税、放行等通关手续。事后，企业须在海关规定的时间内向海关补交纸质书面报关单证，供海关核对，海关再办理各类签证手续。

编后记

《天津市志·海关志》是一部系统记述自新中国成立始65年天津海关发展历史的专业志书。此志书的编纂出版，如同本书所记载的史实，亦是天津海关文化建设的一件极富历史和现实意义的重大事件。

“盛世修志”，编纂《天津市志·海关志》是历史赋予当代海关人“功在当代，利在千秋”的神圣使命，也是天津海关事业兴旺发展的历史必然。自20世纪80年代始，天津海关历届党组都十分重视此项工作，并于1993年编辑出版了第一部《天津海关志》。由于当时特定的情况和条件，此书对天津海关150余年历史的记载存有诸多不足和缺憾。2008年天津海关成立关志办公室，开展新一轮编纂志书的工作，但因多种原因修志工作进展迟缓。2013年10月，天津海关党组书记、关长李佩林提议重启海关志书的编纂工作，关党组提出要举全关之力，争取编撰出版一部能全面反映天津海关历史的高质量海关专业志。关长李佩林在生前曾为本部志书的编撰投入了大量的精力，给予了重要的指导，并为该志书的顺利编撰提供了各方面的支持保障。自2013年10月启动至2017年底截稿，在两届天津海关党组的领导和全关各部门全力配合支持下，一部具有较高质量的《天津市志·海关志》终于面世。此书的出版，即填补了天津海关文化建设的一项空白，亦为天津海关历史的研究，乃至当代中国海关史的研究提供了系统、完整的参考资料。

在修志过程中，天津海关党组对修志工作给予了大力支持，在人员和物质上为修志工作尽可能提供便利；关党组多次在党组会上专门听取修志工作的汇报，具体指导修志工作。修志过程中，无论涉及关区的任何部门和个人，都是予以热情支持，尽可能提供帮助。承担编纂志书组织工作的天津海关学会全力以赴，克服时间紧迫、缺乏经验、查找资料困难等难题，精心、科学、有序地安排工作，忙而不乱，层层推进，保证了修志进度和质量。参与撰写志稿的专、兼职主笔们，以高度的事业心和责任感，发扬自觉奉献精神，克服困难、忘我工作、边学边干，其间涌现出许多令人感动的好人好事。在四年左右的时间中，参与撰写志稿的各篇目主笔，共查阅、收集了数千万字的各类资料，制作出800余万字的资料长编；为保证志书的科学性，反复修改篇目大纲，九易其稿；在编撰过程中对志稿更是字斟句酌、反复调整修改，重点篇目志稿修改都达到10稿以上，力求做到精益求精。

在《天津市志·海关志》的编纂过程中，得到了全关各方面的热心参与和大力支持，本书凝聚了全体天津海关人的心血和付出。天津保税区海关在办公、生活及后勤保障上为修志工作的顺利进行提供了诸多便利；退、离休干部刘恩甫、火树贤、王逸樵、张鸿基等诸多老同志，以及青年关员颜晨、郭玉娜等同志都为志书的编辑出版贡献了力量。同时，在编纂本书过程中，还得到了上海海关学会原会长顾振兴、秘书长金曙；中国第二历史档案馆研究员孙修福；厦门大学教授戴一峰、连心豪；天津市社会科学院历史研究所原所长罗澍伟；天津师范大学国际教育交流学院教授谭汝为；天津市地方志编修委员会办公室市志指导处张月光处长及宋铭月；北海航海保障中心天津航测科技中心处长李鲜枫，以及天津市邮政博物馆、天津市利顺德大饭店博物馆等单位的帮助、指导，在此一并表示感谢!

《天津市志·海关志》涵盖65年的历史，时间跨度大，涉及的事件繁多，由于资料收集困难，编纂时间紧迫，修志人员的水平等原因所限，难免存在疏漏、谬误之处，敬请海关同仁、社会各界专家、学者及广大读者给予批评指正。

《天津市志·海关志》编纂委员会

2017年10月